Betriebliches Gesundheitsmanagement

Michael Treier

Betriebliches Gesundheitsmanagement

Ein Lehrbuch für Bachelor- und Masterstudierende sowie Berufstätige

Michael Treier
Hochschule für Polizei und öffentliche Verwaltung Nordrhein-Westfalen
Duisburg, Deutschland

Zusätzliches Material zu diesem Buch finden Sie auf http://www.lehrbuch-psychologie.springer.com.

ISBN 978-3-662-67151-1   ISBN 978-3-662-67152-8   (eBook)
https://doi.org/10.1007/978-3-662-67152-8

Die Deutsche Nationalbibliothek verzeichnet diese Publikation in der Deutschen Nationalbibliografie;
detaillierte bibliografische Daten sind im Internet über https://portal.dnb.de abrufbar.

© Monster Ztudio/Adobe Stock

Planung/Lektorat: Joachim Coch, Dr. Angelika Schulz
Springer ist ein Imprint der eingetragenen Gesellschaft Springer-Verlag GmbH, DE und ist ein Teil von
Springer Nature.
Die Anschrift der Gesellschaft ist: Heidelberger Platz 3, 14197 Berlin, Germany

Das Papier dieses Produkts ist recyclebar.

Vorwort

Betriebliches Gesundheitsmanagement (BGM) ist erwachsen geworden – das zeigt sich u. a. daran, dass das Thema in vielen Disziplinen von der Betriebswirtschaftslehre über die Psychologie bis hin zu den Gesundheits- und Arbeitswissenschaften vertreten ist. Gesellschaftliche und wirtschaftliche Herausforderungen wie der demografische Wandel oder der Fachkräftemangel erfordern ein strategisches Umdenken der Unternehmen als sozial-empathische Arbeitgeber. BGM kann einen wertvollen Beitrag zur Bewältigung dieser Herausforderungen leisten. In einer sich schnell verändernden Arbeitswelt nimmt das BGM eine zentrale Position im Management einer Organisation ein und definiert die Gesundheitsstrategie als Grundlage für eine gesunde Organisation, die das Human- und Sozialkapital stärkt, gesunde Arbeits- und Organisationsbedingungen schafft und Personalrisiken entgegenwirkt. BGM koordiniert die verschiedenen betrieblichen Gesundheitsakteure und stellt durch einen qualitätsorientierten Ansatz sicher, dass Strukturen, Prozesse und Ressourcen auf die Gesundheitsstrategie ausgerichtet sind und das organisationale Gesundheitshandeln effizient und effektiv fördern. In einem Lehrbuch, das Praxis und Theorie des BGM aus verschiedenen Perspektiven umfassend darstellen will, sind zahlreiche neue Regelungen, Themen und Trends zu berücksichtigen. Dazu gehören die zunehmende Bedeutung der psychischen Gesundheit, die Digitalisierung oder die sich verändernde Gesetzgebung, die das Anliegen des BGM unterstützt. Das Lehrbuch will die relevanten Handlungsfelder des BGM darstellen und beschränkt sich dabei nicht nur auf die Ansatzpunkte der Verhaltens- und Verhältnisprävention, sondern beschreibt auch Kontextfaktoren wie Gesundheitspolitik, Gesundheitskultur oder Gesundheitskommunikation. Entscheidend für ein erfolgreiches BGM ist auch, dass es sich legitimieren kann. Legitimation ist das Rückgrat des BGM. Das Lehrbuch widmet sich insbesondere dem Nachweis von Nutzen und Wirksamkeit, denn auch was plausibel erscheint, muss letztlich bewiesen werden. Um BGM adäquat umsetzen zu können, müssen Schlüsselfaktoren identifiziert werden, die helfen, das Haus der gesunden Organisation zu errichten und zu öffnen. Vor diesem Hintergrund vermittelt das Lehrbuch ein theoretisch und empirisch fundiertes, konzeptionell schlüssiges Bild eines zeitgemäßen BGM. Oberstes Ziel ist eine gesunde Arbeit, die von gesunden Mitarbeiter*innen in einer gesunden Organisation ausgeführt werden kann.

An dieser Stelle möchte ich allen, die an der Erstellung des Lehrbuchs mitgewirkt haben, meinen herzlichen Dank aussprechen. Mein besonderer Dank gilt auch den kritischen und zahlreichen Anregungen von Kolleg*innen und Studierenden, die sich die Zeit genommen haben, Auszüge aus dem Lehrbuch zu lesen. Mein besonderer Dank gilt Frau Dr. Angelika Schulz vom Springer Verlag für ihren fachlichen Rat und ihre Geduld bei der Erstellung des Lehrbuchs. Meiner Familie danke ich für die emotionale Unterstützung – meine Frau Mirjam Treier hat mich oft nur im Büro gesehen, was die Work-Life-Balance auf die Probe gestellt hat, aber insgesamt konnten wir die Arbeit aus familiärer Sicht gemeinsam gut schultern. Und genau diese soziale Ressource ist auch der Schlüssel für eine gesunde Organisation.

Hinweis: Die verwendeten Internetverweise beziehen sich auf den Aktualisierungsstand September 2023. Obwohl fast ausschließlich Internetreferenzen verwendet werden, die seit Jahren stabil sind, kann es aufgrund der inhärenten Dynamik zu Abweichungen kommen.

Michael Treier
Duisburg, Deutschland
September 2023

Inhaltsverzeichnis

Über den Autor

Michael Treier

Prof. Dr. phil., ist Diplom-Psychologe und Diplom-Arbeitswissenschaftler. Er lehrt an der Hochschule für Polizei und öffentliche Verwaltung Nordrhein-Westfalen. Seine fachlichen Schwerpunkte liegen in den Bereichen Personal- und Gesundheitsmanagement. Nach einer Ausbildung zum examinierten Krankenpfleger und Tätigkeit in der Gesundheits- und Krankenpflege absolvierte er Studiengänge in Psychologie, Arbeitswissenschaft, Wirtschaftspädagogik und Organisationsmanagement an den Universitäten Bochum, Hagen und Wuppertal. Weiterbildungen u. a. zum systemischen Organisationsberater und zum Qualitätsmanagement runden sein Kompetenzprofil ab. Vielfältige Tätigkeiten rund um das Betriebliche Gesundheitsmanagement als Unternehmensberater, als wissenschaftlicher Institutsleiter, als Angestellter in einem Konzern, als Beirat von Unternehmen und als Hochschullehrer prägen sein Erfahrungsspektrum.

Abkürzungen

Fachabkürzungen

AGS schutz	Arbeits- und Gesundheits-
ArbSchG	Arbeitsschutzgesetz
ArbMedVV	Verordnung zur arbeits-medizinischen Vorsorge
ASA	Arbeitsschutzausschuss
ASiG	Arbeitssicherheitsgesetz
ASMK	Arbeits- und Sozialminister-konferenz
ArbStättV	Arbeitsstättenverordnung
ArbZG	Arbeitszeitgesetz
AU	Arbeitsunfähigkeit
BAuA	Bundesanstalt für Arbeits-schutz und Arbeitsmedizin
BDSG	Bundesdatenschutzgesetz
BEM	Betriebliches Eingliederungs-management
BetrSichV	Betriebssicherheitsverordnung
BetrVG	Betriebsverfassungsgesetz
BfArM	Bundesinstitut für Arznei-mittel und Medizinprodukte
BGF	Betriebliche Gesundheits-förderung
BGM	Betriebliches Gesundheits-management
BGV	Berufsgenossenschaftliche Vorschriften
BildscharbV	Bildschirmarbeitsverordnung (Teil der ArbStättV)
BMAS	Bundesministerium für Arbeit und Soziales
BetrSichV	Betriebssicherheitsverordnung
BSC	Balanced Scorecard
BZgA	Bundeszentrale für gesund-heitliche Aufklärung
CHA	Corporate Health Award
CSR	Corporate Social Responsibi-lity
D-BGM	Digitales Betriebliches Gesundheitsmanagement

DFPG	Deutsches Forum für Prä-vention und Gesundheits-förderung
DGB bund	Deutscher Gewerkschafts-
DGE	Deutsche Gesellschaft für Er-nährung e. V.
DGUV	Deutsche Gesetzliche Unfall-versicherung
DiGA	Digitale Gesundheits-anwendungen
DNBGF	Deutsches Netzwerk für Be-triebliche Gesundheitsförderung
DSGVO	Datenschutz-Grundverordnung
DVG	Digitale-Versorgungs-Gesetz
EAP	Employee Assistance Program (professionelle Mitarbeiter-beratung)
EFQM	European Foundation for Quality Management
ENWHP	Europäisches Netzwerk für Betriebliche Gesundheits-förderung (European Network for Workplace Health Promo-tion)
EU-OSHA	Europäische Agentur für Sicherheit und Gesundheits-schutz am Arbeitsplatz (Euro-pean Agency for Safety and Health at Work)
Eurofond	European Foundation for the Improvement of Living and Working Conditions
EWCS	European Working Conditi-ons Survey
GBE	Gesundheitsberichterstattung
GPSG	Geräte- und Produktsicher-heitsgesetz
GRG	Gesundheitsreformgesetz
GUV	Gesetzliche Unfallver-sicherung
HERO	Health Enhancement Re-search Organization
HMI	Human-Machine-Interface

HRM	Human Resource Management (Personalmanagement)		psyGA	Psychische Gesundheit in der Arbeitswelt, ein Angebot der Initiative Neue Qualität der Arbeit
IAB	Institut für Arbeitsmarkt- und Berufsforschung		PSA	Persönliche Schutzausrüstung
IAO	Internationale Arbeitsorganisation (s. ILO)		QALY	Qualitätsadjustiertes Lebensjahr
ICD	Internationale Klassifikation der Krankheiten (International Statistical Classification of Diseases and Related Health Problems)		RKI	Robert Koch-Institut
			ROI	Return on Investment
			SCOHS	Social Capital & Occupational Health Standard
IGA	Initiative Gesundheit und Arbeit		SGA	Sicherheit und Gesundheit bei der Arbeit
ILO	Internationale Arbeitsorganisation (International Labour Organization)		SGB	Sozialgesetzbuch
			SUGA	Sicherheit und Gesundheit bei der Arbeit, Unfallverhütungsbericht Arbeit
INQA	Initiative Neue Qualität der Arbeit			
JArbSchG	Jugendarbeitsschutzgesetz		TQM	Total Quality Management
KAN	Kommission Arbeitsschutz und Normung		WAI	Work Ability Index (Arbeitsbewältigungsindex)
KMU	Kleine und mittlere Unternehmen		WHO	Weltgesundheitsorganisation (World Health Organization)
KVP	Kontinuierlicher Verbesserungsprozess			

LastenhandhabV	Lastenhandhabungsverordnung
LASI	Länderausschuss für Arbeitsschutz und Sicherheitstechnik
MMI	Mensch-Maschine-Interaktion
MuSchG	Mutterschutzgesetz
NAK	Nationale Arbeitsschutzkonferenz
OSHA	Occupational Safety and Health Administration
PGF	Private Gesundheitsförderung
PrävG	Präventionsgesetz
ProdSG	Produktsicherheitsgesetz

Allgemeine Abkürzungen

bspw.	beispielsweise
d. h.	das heißt
etc.	et cetera
EU	Europäische Union
e. V.	eingetragener Verein
ggf.	gegebenenfalls
Hrsg.	Herausgeberin, Herausgeber
Jh.	Jahrhundert
s.	siehe
s. o.	siehe oben
s. u.	siehe unten
u. a.	unter anderen, unter anderem
usw.	und so weiter
v. a.	vor allem
vgl.	vergleiche
z. B.	zum Beispiel

Abbildungsverzeichnis

Tabellenverzeichnis

Einstieg in das Betriebliche Gesundheitsmanagement

Inhaltsverzeichnis

© Der/die Autor(en), exklusiv lizenziert an Springer-Verlag GmbH, DE, ein Teil von Springer Nature 2023
M. Treier, *Betriebliches Gesundheitsmanagement*, https://doi.org/10.1007/978-3-662-67152-8_1

1

Betriebliches Gesundheitsmanagement (BGM) weist als Ausdruck des dynamischen Wandels in der Arbeits- und Lebenswelt unterschiedliche Ausprägungen und Entwicklungsstufen auf. In diesem Kapitel wird nach einer Einführung, in der grundlegende Definitionen und Kernaussagen erläutert werden, das Setting zur Verortung des BGM beschrieben. Dazu werden zunächst die Entstehung und Meilensteine dargestellt, um zu verdeutlichen, dass die moderne Denkweise der gesunden Organisation historisch verankert ist. Anschließend widmet sich das Kapitel den Herausforderungen, mit denen das BGM konfrontiert ist, um seine Bedeutung zu unterstreichen. Regelungen bestimmen das weitere Vorgehen im BGM und dienen als Kompass für eine gesunde Arbeitswelt. Abschließend werden allgemeine Trends aufgezeigt, die die Gestaltung des BGM der Zukunft bestimmen. Das erste Kapitel dient der **Standortbestimmung des BGM**.

🏠 Lernziele
- BGM von angrenzenden Ansätzen wie die BGF abgrenzen können.
- Einen Überblick über die Phasen und Meilensteine des BGM erhalten.
- Herausforderungen des BGM wie den Wandel der Arbeitswelt kennen und deren Implikationen verstehen.
- Regularien im BGM von Deklarationen über Gesetze bis zu Normen als Rückgrat begreifen.
- Wichtige Trends im BGM benennen können.

Dieses einführende Kapitel widmet sich den **Grundlagen**, um das Verständnis für die Rolle des BGM in der modernen Arbeitswelt zu erleichtern. Denn BGM passt sich den Rahmenbedingungen und Anforderungen der modernen Arbeits- und Lebenswelt an und wandelt sich von einer passiven Rolle des Schutzes vor Risiken hin zu einer proaktiven Rolle im Kontext einer gesundheitsförderlichen Arbeits und Organisationsgestaltung (vgl. Uhle & Treier, 2019; Ulich & Wülser, 2018). Entstehung und Herausforderungen sowie Regelungen und Trends bestimmen die Rahmenbedingungen des BGM als **Setting**. Im Setting spielt v. a. die soziale **Bindungskraft der Organisation** eine zentrale Rolle, die „weiche" Faktoren wie Kultur, Betriebsklima und Führung adressiert (Badura, 2017, S. 26 f.).

1.1 Einführung – Wegweiser zur gesunden Arbeitswelt

Es ist ein dezidierter Managementauftrag und eine klare Führungsaufgabe, den Weg zu einer gesunden Arbeitswelt zu beschreiten. Dieser Auftrag bezieht sich nicht nur auf die individuelle Gesundheit und Arbeitsfähigkeit der Mitarbeitenden, sondern berücksichtigt im Rahmen eines ganzheitlichen Präventionskonzepts auch die Handlungsebenen Kultur, Organisation und Arbeitsplatz (▶ Abschn. 4.3). Nur ein systematisches und strategisches Vorgehen kann die Gesundheit der Organisation in einer anspruchsvollen, aber auch auszehrenden bzw. erschöpfenden Arbeitswelt nachhaltig verbessern (vgl. von Oelsnitz et al., 2014) (▶ Kap. 3). Darüber hinaus muss die **Schnittmenge zur Lebenswelt** in den Fokus der Gesundheitsbemühungen gerückt werden, da die Grenzen zwischen Arbeits- und Lebenswelt zunehmend verschwimmen. BGM greift damit den Megatrend der Gesundheit als gesellschaftlichen Wert auf (▶ Abschn. 1.3.3) und trägt wesentlich zur Attraktivität und Handlungsfähigkeit der Organisation bei (▶ Kap. 6). Fachkräftemangel, alternde Belegschaften und diffizile Gesundheitssituationen in Organisationen fordern zum Handeln auf und sind auf ein systematisches Präventionskonzept angewiesen.

1.1.1 Kernaussagen zum Betrieblichen Gesundheitsmanagement – eine Navigationshilfe

In der ◘ Tab. 1.1 wird der **Fahrplan zur gesunden Arbeitswelt** beschrieben. Das Lehrbuch berücksichtigt nicht nur die theoretischen Grundlagen, sondern widmet sich gleichermaßen der praktischen Umsetzung, denn BGM ist als Handlungskonzept zu verstehen. Zum besseren Verständnis empfiehlt es sich, die **Inhaltspfosten als Orientierungshilfe** zu nutzen.

1.1.2 Definitionen zum Betrieblichen Gesundheitsmanagement

Die **Definition von BGM** ist nicht trivial, da betriebliche Gesundheitskonzepte wie BGF oder AGS mit BGM um seine Rolle in der Organisation konkurrieren und BGM zunehmend in eine Komplexitätsfalle gerät. In der Praxis werden dem BGM immer mehr Aufgaben zugewiesen.

▪ Definitionsbrücken zum BGM
Unabhängig von der unternehmenspolitischen Übersetzung (▶ Abschn. 3.2) lassen sich allgemeine **Definitionsbrücken zum BGM** identifizieren (vgl. Faller, 2017; Uhle & Treier, 2019).
- BGM ist kein Instrument der Anwesenheitsdisziplin oder der Sanktionierung von Fehlzeiten.

◻ Tab. 1.1 Navigationshilfe zu den Inhaltspfosten des Lehrbuchs

Inhalts-pfosten	Themenfelder	Kernaussagen
Ein-führung ▶ Kap. 1	- Kernaussagen und grundlegende Definitionen - Entstehung und Meilensteine als Verankerung - Regularien als Kompass - Trends im BGM	In diesem Kapitel erfolgt eine Standortbestimmung des BGM. Grundlegend ist dabei eine Abgrenzung des BGM zu bisherigen Ansätzen des Arbeitsschutzes und der Personalerhaltung. Besonders schwierig ist die Abgrenzung zwischen BGF und BGM, da diese Begriffe häufig synonym verwendet werden. BGM koordiniert verschiedene Bemühungen um eine gesunde Organisation und realisiert Gesundheit am Arbeitsplatz als konzertierte Aktion. Aus historischer Sicht werden wegweisende Phasen des BGM als Transformationsstufen vorgestellt. Meilensteine wie die Gesundheitsdeklaration der WHO oder die Ottawa-Charta begleiten diese Entwicklung. Modernes BGM stellt sich den aktuellen Herausforderungen, die mit dem Wandel der Arbeitswelt in Richtung Arbeit 4.0 und der Veränderung des Krankheits-panoramas im Hinblick auf die Zunahme psychischer Belastungen verbunden sind. Die hohe Bedeutung spiegelt sich in den Regelwerken von Leitlinien über Gesetze bis hin zu Grund-sätzen wider. Sie sind der Kompass für eine gesunde Arbeitswelt. Ein Blick auf die Trends im BGM schließt das Kapitel ab.
Theorie ▶ Kap. 2	- Konstrukt der Gesundheit in seiner Mehrdimensionalität - Gesundheitsmodelle als Reflexionsfolie - Ressourcen-aktivierung als Zielgröße - Das Haus der Arbeitsfähigkeit als Entwurf	In diesem Kapitel wird zunächst der Begriff Gesundheit in seinen inhaltlichen Facetten definiert. Dabei wird die Position betont, dass Gesundheit mehr ist als die Abwesenheit von Krankheit. Das Verhältnis der Pole Gesundheit und Krankheit bestimmt das Verständnis von Gesundheit. Die Annahme einer Balance aus biopsychosozialer Perspektive im Spannungs-feld von Ressourcen und Belastungen prägt das aktuelle Verständnis. Prävention, Eigenver-antwortung und Aktivierung sind zentrale Attribute. Um nicht in Aktionismus zu verfallen, muss sich BGM einer theoretischen Reflexion stellen. Dabei sind verschiedene Disziplinen zu berücksichtigen, denn BGM versteht sich als multidisziplinärer Ansatz. Neben der stress-theoretischen Perspektive sind arbeits-, sozial- und gesundheitswissenschaftliche sowie betriebswirtschaftliche Denkweisen zur theoretischen Fundierung heranzuziehen. Im Mittelpunkt steht die Ressourcenorientierung als Gesundheitshebel in einem proaktiven Gesundheitsparadigma. Das Kapitel schließt mit dem Haus der Arbeitsfähigkeit als Entwurf für ein ressourcenorientiertes BGM.
Organisa-tion ▶ Kap. 3	- Management aus funktionaler und institutioneller Sicht - BGM als Dach-strategie - Akteure des BGM als tragende Säulen der Dachstruktur - Zentrale Prozess- und Strukturelemente - BGM-Basismodell als Referenz	In diesem Kapitel geht es um die Organisation des BGM in Bezug auf Führung, Strukturen und Prozesse. BGM darf nicht als Nebentätigkeit oder temporärer Projektauftrag verstanden werden, sondern muss aufgrund der steigenden Anforderungen als Managementaufgabe umgesetzt werden. Eine stabile Verankerung des BGM in der Organisation unter Berück-sichtigung der Anspruchsgruppen erfordert ein bereichsübergreifendes Organisationskonzept im Sinne einer Dachstrategie, die den betrieblichen Gesundheitsauftrag als konzertierte Aktion koordinierend umsetzt. Einen Goldstandard für die Organisation des BGM gibt es nicht, da die Besonderheiten jeder Organisation berücksichtigt werden müssen. Das Basismodell des BGM konkretisiert die für das Organisationskonzept erforderlichen Struktur- und Prozessbausteine. Dabei gehen die Prozesse den Strukturen voraus. Der zugrunde liegende Gesundheitszyklus ermöglicht das Gesundheitslernen in der Organisation und sichert die Anpassungsfähigkeit des BGM. Das Basis- als Referenzmodell schließt das Kapitel ab.

(Fortsetzung)

1

◘ **Tab. 1.1**   (Fortsetzung)

Inhalts-pfosten	Themenfelder	Kernaussagen
Ansatz-punkte ▶ Kap. 4	- Kontextfaktoren im BGM in Bezug auf Politik, Kultur, Dialog und Didaktik - Verhältnisprävention im Hinblick auf Aufgabe, Arbeitsplatz, Führung und Organisation - Verhaltensprävention von der Gesundheitskompetenz zum Gesundheitsverhalten - Präventionsmatrix als verbindender Ansatz	Ressourcen fördern und Risiken minimieren ist die Maxime dieses Kapitels, das verschiedene Ansatzpunkte aus Sicht der Kontext-, Verhältnis-, und Verhaltensprävention behandelt. Als Kontextfaktoren sind aus Makroperspektive die betriebliche Gesundheitspolitik und Gesundheitskultur zu berücksichtigen, damit Gesundheit als Zielgröße authentisch und nachhaltig verankert wird. Darüber hinaus ist BGM aus Mikroperspektive durch eine offensive Kommunikations- und Marketingstrategie zu begleiten, um ein hohes Aktivierungs-potenzial zu erreichen und zu sensibilisieren. Aus gesundheitsdidaktischer Sicht sollen die Mitarbeitenden befähigt werden, sich eigenverantwortlich im beruflichen und privaten Kontext für eine gesundheitsförderliche Lebens- und Arbeitsweise unter Berücksichtigung von Ressourcen und Belastungen einzusetzen. Nach dem klassischen TOP-Prinzip des Arbeitsschutzes haben die Verhältnisse als Basis des Präventionskonzeptes Vorrang vor dem Verhalten. In der modernen Arbeitswelt mit dezentralen Arbeitsplätzen ist diese Prioritäten-setzung jedoch zu hinterfragen. Das Kapitel beginnt aus didaktischen Gründen mit der Verhältnisprävention und stellt gesundheitsförderliche Ansatzpunkte in den Bereichen Aufgabe, Arbeitsplatz, Führung und Organisation sowie deren Wechselwirkungen dar. In der Verhaltensprävention geht es um die Gesundheitskompetenz und das Gesundheitsverhalten der Mitarbeitenden und deren Wechselwirkungen. Hier stehen Eigenverantwortung und Selbstwirksamkeit im Vordergrund. In der Präventionsmatrix wird deutlich, dass die Ansatzpunkte Verhältnisse und Verhalten aufeinander auszurichten sind und Maßnahmen die Ebenen Primärprävention (Vorbeugung), Sekundärprävention (Früherkennung) und Tertiärprävention (Wiederherstellung) berücksichtigen sollten. Das Kapitel schließt mit der Erkenntnis, dass ein Präventionsmanagement hinsichtlich der Ansatzpunkte und Ebenen ganzheitlich zu konzipieren ist.
Digitali-sierung ▶ Kap. 5	- Treiber der Digitalisie-rung als Impuls - Potenziale und Risiken der Digitalisie-rung im BGM als abwägender Diskurs - Konzepte für digitale Strategien im BGM - Digitale Toolbox auf der Handlungsebene - Anforderungen an die Qualität der digitalen Werkzeuge	Der digitale Trend ist auch im Gesundheitswesen angekommen und transformiert das BGM in Richtung BGM 4.0. In diesem Kapitel werden zunächst die maßgeblichen Treiber der Digitalisierung vorgestellt. Sie verdeutlichen, dass das Digitale im BGM Einzug hält. Trotz vieler Vorteile empfiehlt sich jedoch eine reflektierte Transformation, da mit dem digitalen Moment auch Risiken einhergehen. So entstehen durch die Digitalisierung neue Gesundheits-probleme wie digitaler Stress. Eine konstruktive Digitalstrategie im BGM zielt nicht darauf ab, analoge Angebote aus Effizienzgründen zu ersetzen, sondern setzt auf Synergien zwischen digitalen und analogen Ansätzen, um bspw. die Erreichbarkeit und Reichweite der Angebote zu erhöhen. Dabei gilt es, die Qualität der digitalen Werkzeuge zu steigern, die hinsichtlich ihrer Nutzungsszenarien in den Bereichen Information, Kommunikation und Transaktion zu verorten sind. Problematisch ist, dass die technische Innovation oft schneller voranschreitet als die inhaltliche Validierung. Das Kapitel schließt mit der Forderung, dass BGM mit der Zeit gehen muss und sich der Digitalisierung nicht verschließen darf. Der digitale Impuls muss als Sprungbrett für das BGM der Zukunft genutzt werden, um der Flexibilisierung von Ort und Zeit in der Arbeitswelt und der digitalen Realität in der Lebenswelt gerecht zu werden.
Legitima-tion ▶ Kap. 6	- Nutzen von BGM aus empirischer Sicht - Treiber-Indikatoren-Modell als Abbildung der Nutzenvektoren - Gesundheits-controlling und Risikomanagement als Instrumente - Wirtschaftlichkeit und ihre Messung als Anforderung an unternehmerische Entscheidungen - Gesundheitsrendite als Zielgröße	Kann das BGM seinen Nutzen für die Organisation nicht nachweisen, besteht die Gefahr, dass es auf das gesetzlich Notwendige reduziert wird. Um die Potenziale des BGM zu heben, sind Investitionen erforderlich, die über das Pflichtprogramm hinausgehen. Diese müssen legitimiert werden. Der Nutzen von BGM aus empirischer Sicht liegt auf der Hand. Eine fundierte Nutzenbetrachtung erfordert dabei eine Verknüpfung der ursächlichen Faktoren, wie z. B. gute Arbeitsaufgaben, mit den Wirkungen, wie z. B. Fehlzeitenreduktion. Das Treiber-Indikatoren-Modell veranschaulicht und erklärt diese Ursache-Wirkungsketten. BGM darf sich aber nicht auf den Ergebnissen externer Studien ausruhen, sondern muss als integralen Bestandteil ein aussagekräftiges und berichtsfähiges Gesundheitscontrolling als Gesundheitscockpit implementieren. Dieses dient nicht nur der Wirtschaftlichkeitsmessung und Legitimation von Investitionen, sondern auch als Instrument des Risikomanagements in Zeiten, in denen das Humankapital eine knappe und fragile Ressource darstellt. Das Kapitel schließt mit der Forderung, die durch BGM erzielte Gesundheitsrendite sichtbar zu machen. Es gibt keinen Grund, vor einer monetären Betrachtung von Gesundheit in Organisationen zurückzuschrecken. Letztlich ergibt sich eine doppelte Rendite, da zum einen die Arbeits- und Leistungsfähigkeit der Mitarbeitenden gesteigert wird und zum anderen die Organisation als Ganzes durch BGM gewinnt.

◘ **Tab. 1.1** (Fortsetzung)

Inhalts-pfosten	Themenfelder	Kernaussagen
Qualität ► Kap. 7	- Grundsätze für qualitätsgesichertes BGM - Basiswissen zu Qualitätskonzepten im BGM - Erfolgsfaktoren im BGM als Prüfpunkte im Qualitätsmodell - Schritte zur gesunden Organisation - Konsolidierung als Zielgröße	Anstelle eines Fazits werden in diesem Kapitel die aus den vorangegangenen Kapiteln abgeleiteten Schlüsselfaktoren dargestellt. Diese bilden die Grundlage für ein modernes, qualitätsgesichertes BGM. Das Qualitätsmanagement dient dabei als Referenzmodell. Zertifizierungskonzepte und Gesundheitswettbewerbe orientieren sich an diesen Prüfpunkten, um erfolgreiche BGM-Konzepte auszuzeichnen. Darüber hinaus eignen sie sich als Erfolgs-faktoren im Rahmen von Benchmarking und ermöglichen Vergleichsringe. Der Weg zur gesunden Organisation erfordert aber nicht nur die Berücksichtigung dieser Prüfpunkte, sondern auch einen Fahrplan, um die Etappen zur gesunden Organisation angemessen zu planen. Das Kapitel schließt mit der zentralen Forderung, dass BGM nur dann erfolgreich und nachhaltig sein kann, wenn es qualitätsgesichert in der Organisation verankert ist.

Eine Orientierungshilfe zu den Inhaltspfosten des Lehrbuchs

- BGM zielt nicht auf die Korrektur des individuellen Gesundheitsverhaltens, sondern v. a. auf die allgemeine Präventionsarbeit.
- BGM unterscheidet nicht zwischen Gesundheit und Krankheit als Pole bzw. Antipoden.
- BGM bevormundet nicht den gesundheitsmündigen Beteiligten.
- BGM zielt auf aktive Teilhabe als Partizipationsanspruch.
- BGM versteht sich als ganzheitlicher Ansatz unter Berücksichtigung der Handlungsebenen Individuum, Arbeit, Organisation und Umwelt.
- BGM setzt auf die Zielgrößen Prävention und Gesundheitsförderung.
- BGM erstreckt sich zeitlich von der Verhütung über die Früherkennung bis zur Wiedereingliederung.
- BGM betont die Zielgruppenorientierung als maßgeschneidertes Konzept.
- BGM ist aktuell und passt sich den Veränderungen der Arbeits- und Lebenswelt an.
- BGM fokussiert die Lebenswelt der Menschen bzw. ihr Setting.

Setting-Ansatz als Fundament

Gesundheitsmaßnahmen auf individueller (Verhalten) und struktureller (Verhältnisse) Ebene benötigen einen Rahmen zur Einbettung und Verankerung. Dabei werden einerseits die Interventionen zielgruppenspezifisch übersetzt und andererseits die Lebenswelten der Mitarbeitenden unter Einbezug der vorhandenen Ressourcen berücksichtigt. Gesundheit ist das Ergebnis von Wechselwirkungen zwischen ökonomischen, sozialen und organisatorischen Umwelten einerseits und dem persönlichen Lebensstil und der individuellen Disposition andererseits (WHO, 1999, S. 82). Um dieser Komplexität gerecht zu werden, setzt der Setting-Ansatz eine konstruktive Gesundheitskultur als Grundlage voraus und versteht den Gesundheitsauftrag als Ansatz einer partizipativen Organisationsentwicklung. Sowohl im Präventionsgesetz (PrävG) als auch im § 20 SGB V wird der Setting-Ansatz für eine nachhaltige Gesundheitspolitik formuliert.

► https://leitbegriffe.bzga.de/alphabetisches-verzeichnis/settingansatz-lebensweltansatz/

■ BGM als Managementmodell

In ► Abschn. 3.2 werden verschiedene Akteure und ihr Zusammenwirken dargestellt – sie bestimmen die konkrete betriebspolitische Ausgestaltung des BGM. BGM ist an dieser Stelle abzugrenzen von BGF und AGS (vgl. Faller, 2008). BGM wird als **übergeordnetes Managementkonzept** verstanden, um der Komplexität des Setting-Ansatzes gerecht zu werden (vgl. Habermann-Horstmeier, 2019; Ulich & Wülser, 2018) (► Abschn. 3.1). Diese hierarchische Konzeption von **BGM als Dachstrategie** ist keineswegs unumstritten, denn zum einen entstehen bei einer Top-down-Strategie blinde Flecken durch die Nichtbeachtung von Gruppen und Bereichen, die nicht im Suchscheinwerfer der Strategie liegen, und zum anderen hängt es von der Breite des Begriffs ab, welche Interventionen auf der Verhaltens- oder Verhältnisebene der BGF, dem AGS oder

1

dem BGM zuzuordnen sind (Faller in Faller, 2017, S. 28 & 31 ff.). Darüber hinaus zeigt sich in den Entwicklungsstufen auch ein verändertes Verständnis im Kontext neuer Arbeits- und Lebenswelten (▶ Abschn. 1.2). *Vereinfacht wird BGM als Managementmodell, BGF als Verhaltensmodell und AGS als Verhältnismodell der gesunden Organisation beschrieben.* BGM steuert verhaltens- und verhältnispräventive sowie gesundheitsfördernde Maßnahmen zur gesunden Organisation (s. ▶ Box „Aufgabenbeschreibung BGM").

Definition BGM

Betriebliches Gesundheitsmanagement ist die strategische, strukturelle und systematische Steuerung und Abbildung gesundheitsbezogener Maßnahmen auf der Verhaltens-, Verhältnis- und Kulturebene als koordiniertes Handeln in der Organisation. Der Managementzyklus von der Planung über die Umsetzung bis zum Controlling sichert Wirksamkeit und Nachhaltigkeit der Interventionen.

Aufgabenbeschreibung BGM

Betriebliches Gesundheitsmanagement (BGM) verankert Gesundheit als strategisches Ziel mit Hilfe von Managementinstrumenten. BGM versteht sich als **Führungsaufgabe**, um Arbeitsfähigkeit, Gesundheit und Wohlbefinden der Beschäftigten zu erhalten und zu fördern. In der Gesundheitsplanung werden auf Basis einer Standortbestimmung **Handlungsfelder** vom Arbeits- und Gesundheitsschutz über die Gesundheitsförderung bis zur Wiedereingliederung als ganzheitlicher Ansatz konzipiert und die abgeleiteten Interventionen im Setting aufeinander abgestimmt. **Betriebliche Strukturen und Prozesse** verankern die Gesundheitsbemühungen in den Handlungsfeldern, gewährleisten die Anschlussfähigkeit zu anderen Bereichen wie z. B. Personal und schaffen die Voraussetzungen für ein koordiniertes, systematisches und nachhaltiges Vorgehen. Als **Gestaltungsprinzipien** kristallisieren sich Ganzheitlichkeit, Partizipation, Integration und Evaluation heraus. Als **Leitmaxime** gilt, dass Gesundheitsgewinne wesentlich zur Leistungs- und Handlungsfähigkeit der Organisation beitragen.

■ **BGF als Verhaltensmodell**

BGF als Verhaltensmodell orientiert sich an den individuellen Gesundheitspotenzialen in den Bereichen Psyche, Bewegung und Ernährung und unterstützt die Beschäftigten in ihrem gesundheitsförderlichen Verhalten, indem die individuellen Gesundheitsressourcen gestärkt werden (Faller, 2017) (▶ Abschn. 4.2.4). BGF ist salutogenetisch geprägt *(Was hält den Menschen trotz vielfältiger Belastungen gesund?)* und fokussiert auf Partizipation und Selbstbestimmung (▶ Abschn. 2.2.4). Grundlage ist die Ottawa-Charta, die Umfang und Anforderungen an eine moderne BGF definiert (▶ Abschn. 1.2.2). Entscheidend ist, dass sich BGF angesichts der Verflechtung der Lebensbereiche nicht von der privaten Gesundheitsförderung (PGF) trennt. Je nach Verständnis können auch gesundheitsförderliche Arbeits- und Organisationsbedingungen unter BGF subsumiert werden. Damit ergibt sich eine Schnittmenge zum AGS als Verhältnismodell.

■ **AGS als Verhältnismodell**

AGS als Verhältnismodell orientiert sich an den Arbeits- und Organisationsbedingungen und zielt auf eine nach arbeitswissenschaftlichen Kriterien ausführbare, schädigungs- und beeinträchtigungsfreie sowie gesundheitsförderliche Arbeits- und Organisationsgestaltung (vgl. Schlick et al., 2018) (▶ Abschn. 4.2.3). AGS ist pathogenetisch ausgerichtet *(Was schädigt den Menschen?)* und konzentriert sich v. a. auf die Verhütung und Beseitigung arbeitsbedingter Gefahren für Sicherheit und Gesundheit bei der Arbeit. Hohe Standards definieren die Präventionsarbeit, die möglichst frühzeitig bzw. primär ansetzt. Bei den Beschäftigten steht das sicherheitsgerechte Verhalten im Mittelpunkt (▶ Abschn. 4.2.4.2.1). Grundlage ist das Arbeitsschutzgesetz (ArbSchG), das nicht nur physische, sondern auch psychische Belastungen bei der Gefährdungsbeurteilung berücksichtigt (▶ Abschn. 1.4.3). Das moderne Verständnis des AGS ist auf die **menschengerechte Gestaltung** der Arbeitsbedingungen ausgerichtet (▶ Abschn. 4.2.1). Dabei geht es dann nicht nur um eine Defizitorientierung im Zusammenhang mit der Schutzbedürftigkeit des Menschen (Schutzschirmmetapher), sondern auch um gesundheitsförderliche und ressourcenaktivierende Belastungsformen (Potenzialorientierung). Hier besteht eine Schnittmenge zur BGF als Verhaltensmodell, da sich der Nutzen gesundheitsförderlicher Verhältnisse erst dann erschließt, wenn sie von den Beteiligten aktiv genutzt werden. Der Begriff der Gesundheitsförderung fungiert daher in der Fachliteratur häufig als gemeinsame Klammer sowohl für das Verhaltens- als auch für das Verhältnismodell (vgl. Michel & Hoppe, 2022).

■ **Präventionsmanagement**

Im **Präventionsmanagement** wird Nachhaltigkeit durch eine Verknüpfung des Verhaltens- und Verhältnismodells im Sinne des Leitsatzes *„Gesundheit und Ressourcen fördern sowie Risiken erkennen und minimieren"* erzielt (▶ Abschn. 4.3) (Uhle & Treier, 2019, S. 117 ff.). BGM wird somit als **übergeordnetes Steuerungskonzept** beschrieben, um die Paradigmen der Gesundheitsförderung und Prävention hinsichtlich der Handlungsebenen der Person, Arbeit und Organisation nicht als Konkurrenz, sondern in ihrer Synergie aufzugreifen und ihre Maßnahmen entsprechend zu synchronisieren. Diese **integrale Sichtweise** zeigt sich schrittweise auch in den Entwicklungsstufen des BGM mit den begleitenden Meilensteinen, die im folgenden Kapitel zur Verortung des BGM betrachtet werden.

1.2 Entstehung des Betrieblichen Gesundheitsmanagements

Die **Entwicklung des BGM** dient als **Spiegel für den Bedeutungswandel** von Gesundheit in Gesellschaft und Arbeitswelt (vgl. Singer, 2010; Kuhn in Faller, 2017, S. 39 ff.; Staut in Matusiewicz et al., 2021, S. 3 ff.). Es lassen sich Phasen und Meilensteine identifizieren, die diesen Wandel dokumentieren und offenbaren, dass das BGM kein statischer Ansatz ist, sondern sich mit seiner Herangehensweise den Anforderungen des jeweiligen sozioökonomischen Kontextes aus historischer Sicht stellen muss. Als genereller Trend lässt sich in Bezug auf die Phasen konstatieren, dass BGM nicht nur mit der Zeit geht, z. B. in Bezug auf die Digitalisierung, und sich ganzheitlicher im Sinne eines Systemansatzes positioniert, sondern insgesamt einen **Bedeutungsschub in den Organisationen** erfährt.

1.2.1 Phasen des Betrieblichen Gesundheitsmanagements

Die Redewendung *„Mens sana in corpore sano"* des römischen Dichters Juvenal (60–140 n. Chr.) betont, dass ein gesunder Geist in einem gesunden Körper wohnt.

Ein BGM, dass dieses Motto als Maxime verinnerlicht, würde vermutlich auf der Verhaltensebene v. a. Angebote zu Bewegung und Ernährung in sein Programm aufnehmen. *Ist dieses Motto noch zeitgemäß?* Ist Fitness das Breitbandantibiotikum für gesundheitliche Herausforderungen im Zeitalter von hohem Leistungsdruck und Arbeitsstress? Antworten zur inhaltlichen Ausprägung des BGM finden sich im ▶ Kap. 4. Die Entwicklungsstufen des BGM greifen diese inhaltlichen Schwerpunkte auf. Sie manifestieren, wie das BGM auf die Herausforderungen der jeweiligen Arbeits- und Lebenswelt antwortet (▶ Abschn. 1.3). Die Interpretation hängt vom jeweiligen gesellschaftlichen und wirtschaftlichen Kontext ab.

❯ BGM findet nicht im luftleeren Raum statt. Die Ausgestaltung des BGM orientiert sich an gesellschaftlichen und wirtschaftlichen Trends.

■ **Phasen als Entstehungsgeschichte**

◻ Tab. 1.2 stellt diese nicht überschneidungsfreien Phasen dar (vgl. Singer, 2010; Ternés et al., 2017, S. 1 ff.). Sie geben eine Orientierung über die leitenden **Paradigmen des BGM** und verdeutlichen, wie sich das BGM seit Mitte des 19. Jh. mit der aufkommenden Industrialisierung als Managementmodell entwickelt hat. Die **Eckpfeiler des BGM** sind teilweise bereits Ende des 19. Jh. definiert und spätestens seit den 80er-Jahren des 20. Jh. liegt das **Leitparadigma** zur Übersetzung des modernen BGM vor. Diesem Paradigma liegt ein **ganzheitliches Gesundheitsverständnis** zugrunde, das neben der körperlichen Fitness (Physical Health) auch psychische Gesundheit (Mental Health) und soziale Bedingungen nebst Umweltfaktoren (Social Health) berücksichtigt. Nicht nur Risikofaktoren, sondern auch Gesundheitspotenziale rücken in den Blick (▶ Abschn. 1.1.2). Das Leitparadigma offenbart sich v. a. in den Meilensteinen der WHO-Konferenzen als Spiegel des jeweiligen Zeitgeistes (▶ Abschn. 1.2.2), denn die WHO gilt als wichtiger Akteur und Impulsgeber im Gesundheitsbereich.

Diese Phasen werden durch entsprechende Meilensteine begleitet, die im folgenden Kapitel skizziert werden (vgl. auch Exkurs zu ▶ „Rahmenkonzept „Gesundheit für alle" – GESUNDHEIT21").

1

◘ **Tab. 1.2**   Phasen des Betrieblichen Gesundheitsmanagement als Entstehungsgeschichte

Phase	Paradigma	Skizze
Vorphase *19. Jh. bis Nach-kriegszeit*	Regularien zum Schutz der Be-schäftigten	- v. a. bürokratisch geprägt - Gesundheit als verbindliches und geregeltes Orientierungsmuster (Legalitätsprinzip) - Aufklärung (Vernunftbasis) und aufstrebendes Bürgertum als Träger - Schwerpunkt auf Sozial- und Arbeitnehmerschutzgesetzgebung und flankierenden Verordnungen
Wendepunkt *Präambel zur Verfassung der WHO von 1946*	Förderung und Erhaltung der Gesundheit als umfassender Auftrag	- Einführung von New Public Health mit dem mehrdimensionalen Gesundheitsbegriff der WHO, der Gesundheit nicht nur als Abwesenheit von Krankheit oder körperlicher Unversehrtheit definiert - Gesundheit als Ergebnis einer komplexen Wechselwirkung zwischen Arbeits- und Lebensbedingungen und dem Gesundheits-verhalten der Menschen - Förderung und Erhalt von Gesundheit als gesamtgesellschaftliche Aufgabe *- Berücksichtigung in allen weiteren Phasen*
Phase 1 *50er bis 60er-Jahre des 20. Jh.*	Gesundheitserziehung und gesund-heitliche Aufklärung auf der individuellen Ebene	- biomedizinische Gesundheitsaufklärung - „Gesundheitskatechismus" mit dem Schwerpunkt auf Maßnahmen zur Gesundheitserziehung - paternalistische bzw. bevormundende Präventionskonzepte, z. B. in der Sozialhygiene - Annahme: Der Mensch ist durch kritische Verhaltensweisen für die Entstehung von Krankheiten mitverantwortlich.
Phase 2 *70er-Jahre des 20. Jh.*	Gesundheitsförderung aus ganzheit-licher Sicht	- zunächst Fortsetzung des paternalistischen Ansatzes, aber allmählicher Paradigmenwechsel von der Krankheitsverhinderung (Risikofaktoren) zur Gesundheitsförderung (Potenzialfaktoren) - zunehmend ganzheitliche Ausrichtung, d. h. Physis, Psyche und soziale Umwelt - Anerkennung der Arbeitswelt als wichtiges Setting der Gesund-heitsförderung - Initiierung diverser Kampagnen, ausgelöst durch WHO-Konferenzen, zur Förderung eines gesunden Lebensstils in der Arbeitswelt
Phase 3 *80er-Jahre des 20. Jh.*	Präventiver Arbeits- und Gesundheits-schutz als Humanisierungsauftrag	- Humanisierung der Arbeitswelt unter Verhältnisgesichtspunkten - umfassender Präventionsauftrag unter Berücksichtigung der sozialen Verhältnisse - Vereinheitlichung der unterschiedlichen nationalen Rahmen-bedingungen im Arbeitsschutz in der EU - gemäß der Ottawa-Charta Betonung der Selbstbestimmung als Maxime, d. h. die Beschäftigten sind aktiv Handelnde - Gesundheit als Basis für ein gutes Leben
Phase 4 *90er-Jahre bis etwa 2010*	Qualitätsanforderungen an das BGM – Initiativen auf dem Weg zur gesunden Organisation	- selbstbestimmtes und ganzheitliches Gesundheitsverständnis gemäß Phase 3 - von der Deklaration zur qualitätsorientierten Umsetzung und Festlegung von Qualitätskriterien für BGF und BGM - Netzwerke wie Enterprise for Health und Initiativen wie INQA bestimmen im Dialog den Fortschritt
Phase 5 *Beginn 21. Jh. bis heute*	Etablierung des Management- und Setting-Ansatzes als steuernde und ganzheitliche Konzeption im BGM	- Wirtschaftlichkeit und Legitimität als Zielgrößen - Managementmodell als Steuerungskonzept - Fokus auf Prozesse und Strukturen - Setting- oder Lebensweltansatz (gesellschaftliche Zusammenhänge im Blick) - WHO erklärt Gesundheit zur zentralen Strategie für alle (Rahmen-konzept GESUNDHEIT21)

(Fortsetzung)

□ **Tab. 1.2** (Fortsetzung)

Phase	Paradigma	Skizze
Phase 6 *2010 bis heute*	Digitalisierung des BGM als Herausforderung und Trend zur Individualisierung	- *überlappend mit Phase 5* - Vernetzung interner und externer Akteure als netzwerktheoretisches Konzept im BGM - Entstehung neuer Belastungsformen im Kontext von Arbeit 4.0 - Individualisierung von Gesundheit mit Verlagerung der Verantwortung auf das Individuum, jedoch mit der Gefahr ungleich verteilter Gesundheitsressourcen

Die Phasen sind nicht trennscharf, sondern überlappen sich zeitlich.

Rahmenkonzept „Gesundheit für alle" – GESUNDHEIT21

Das Rahmenkonzept der WHO für die Europäische Region wurde 1998 auf der 51. Weltgesundheitsversammlung verabschiedet und fordert eine bessere Gesundheit für alle Menschen als grundlegendes Menschenrecht und die Sicherung gesundheitlicher Chancengleichheit durch solidarisches Handeln (WHO, 1999). Aus Sicht des Rahmenkonzeptes sind eine multisektorale Strategie zur Schaffung nachhaltiger Gesundheit über die gesamte Lebensspanne auf der Grundlage vielfältiger Gesundheitsdeterminanten (Setting-Ansatz) und ein partizipativer Gesundheitsentwicklungsprozess unter Einbeziehung gesundheitsrelevanter Partner – dazu gehört auch die Arbeitswelt – von hoher Bedeutung (► Abschn. 2.1.4). *„Hier sollte man das Ziel verfolgen, nicht nur die Expositionsrisiken zu verringern, sondern auch Arbeitgeber und Arbeitnehmer stärker in die Förderung eines sichereren und gesünderen Arbeitsumfelds und in den Abbau von Stress einzubeziehen."* (WHO, 1999, S. 123)

1.2.2 Meilensteile zum Betrieblichen Gesundheitsmanagement

Viele Meilensteine sind nicht so fest verankert, wie es den Anschein hat. Der **§ 20 SGB V und die Gesundheitsreformen** stehen für eine wechselvolle Geschichte der **Sozialgesetzgebung** (vgl. Dörr, 2004) (► Abschn. 1.4). □ Abb. 1.1 illustriert **zentrale Meilensteine** als Zäsuren, die die historische Entwicklung des BGM flankieren (vgl. Singer, 2010; Faller, 2017; Ternès et al., 2017). Meilensteine können Gesetze, Verordnungen, Konferenzen oder Deklarationen sein (Uhle & Treier, 2019, S. 85 ff.). Aktuelle Regelungen werden im ► Abschn. 1.4 dargestellt. Aus historischer Sicht sind v. a. vier **Marksteine als Grenzsteine** des modernen BGM hervorzuheben, die dazu beitragen, das Selbstbewusstsein des BGM zu stärken und es vor seiner Marginalisierung zu bewahren.

■ **Marksteine des BGM**

A. **Ottawa-Charta** (1986) als wesentlicher Impuls für das BGM durch die explizite Übertragung der Gesundheitsförderung auf den Arbeitsbereich als Setting (intersektorale Zusammenarbeit).

B. **EU-Rahmenrichtlinie zum Arbeitsschutz 89/391/EWG** (1989) und deren nationale Umsetzung als Arbeitsschutzgesetz zur Festlegung von Mindeststandards im Arbeitsschutz (1996) und später die Novellierung des ArbSchG von 2013 in Bezug auf die Erfassung psychischer Belastungen.

C. **Gemeinsame Deutsche Arbeitsschutzstrategie** (2007/2008) vereinbart von Bund, Ländern und Trägern der gesetzlichen Unfallversicherung auf der Basis internationaler und europäischer Vorgaben mit dem Ziel, die Sicherheit und Gesundheit der Beschäftigten durch einen koordinierten Arbeitsschutz, flankiert durch Maßnahmen der BGF, zu erhalten und zu fördern.

D. Die **Luxemburger Deklaration** (1997), die eine einheitliche und ganzheitliche Definition von BGF anstrebt und als Arbeitsdefinition des Europäischen Netzwerkes für Betriebliche Gesundheitsförderung (ENWHP) dient.

E. **Präventionsgesetz** (2015), das die Bedeutung der Gesundheitsvorsorge als Lebensweltansatz begreift und sowohl auf ein selbstbestimmtes gesundheitsorientiertes Handeln als auch auf die Stärkung gesundheitsförderlicher Strukturen setzt und die Zusammenarbeit der Gesundheitsakteure im Präventionsanliegen stärkt.

❯ Die Ottawa-Charta und die Luxemburger Deklaration sind die am häufigsten zitierten Meilensteine des BGM.

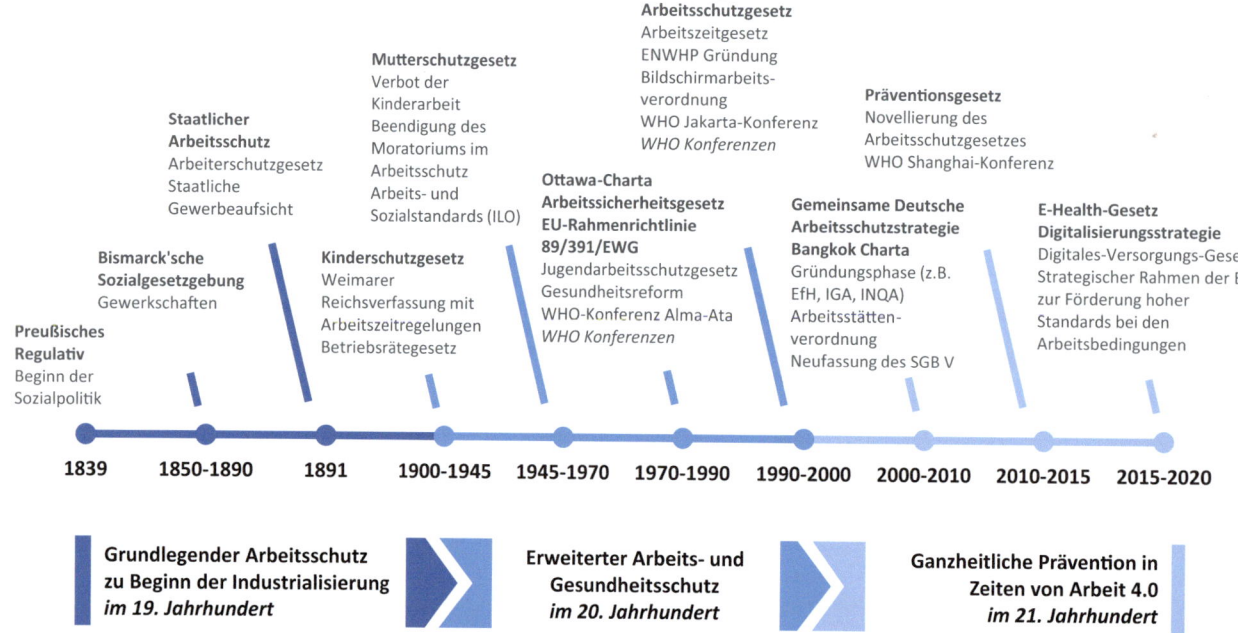

◘ Abb. 1.1 Meilensteine zum BGM

■ Ära des Arbeitsschutzes

Das **Zeitalter des Arbeits- und Gesundheitsschutzes** begann mit der Verabschiedung des Arbeiterschutzgesetzes als Novelle zur Reichsgewerbeordnung im Jahre 1891, denn die Gewerbeordnung enthielt eine Verordnungsermächtigung zum Arbeitsschutz als Grundlage für das deutsche duale Arbeitsschutzsystem (▶ Abschn. 1.4.1). Vorbereitend fand 1890 in Berlin eine internationale Arbeitsschutzkonferenz statt (zu weiteren Konferenzen

s. ▶ Exkurs „Konferenzen"). Vorläufer finden sich z. B. im Preußischen Regulativ von 1839 über die Beschäftigung jugendlicher Arbeiter. Die Chronologie als Erweiterung und Konkretisierung des AGS spiegelt den Weg von der Vorschrift zur aktiven und selbstbestimmten Gestaltung wider, denn eine moderne Präventionsarbeit, wie sie das BGM anstrebt, ist weit mehr als der Vollzug und die Überwachung des Arbeitsschutzrechts (◘ Abb. 1.1).

Konferenzen

Weltkonferenzen, Kampagnen und Initiativen setzen Wendepunkte in der Entwicklung des allgemeinen Gesundheitsverständnisses und prägen damit auch die betriebliche Gesundheitsarbeit.

Die **Weltkonferenzen der WHO** von 1986 bis 2018 als schrittweise Proklamation eines umfassenden Gesundheitsverständnisses im Setting-Ansatz, beginnend mit der Deklaration von Alma-Ata 1978 (Sowjetunion) zur primären Gesundheitsversorgung und Gesundheitsförderung, bestimmen auch die Leitlinien im BGM (Kaba-Schönstein, 2018).

1986 Ottawa (Kanada; Umsetzungsstrategie für das Programm „Gesundheit für alle" und Schlüsselkonzept), 1988 Adelaide (Australien; Empfehlung für eine gesundheitsfördernde Gesamtpolitik und Chancengleichheit), 1991 Sundsvall (Schweden; Entwicklung gesundheitsfördernder Lebenswelten), **1997 Jakarta** (Indonesien; Gesundheitsförderung für das 21. Jh. und Determinanten

von Gesundheit), 2000 Mexico Stadt (Mexiko; Rahmen für nationale Aktionspläne), **2005 Bangkok** (Thailand; Gesundheitsförderung in einer globalen Welt, Empowerment und gesundheitliche Chancengleichheit), 2009 Nairobi (Kenia; Förderung von Gesundheit und Entwicklung zur Überwindung von Umsetzungsdefiziten bspw. in Bezug auf Kapazitäten zur Gesundheitsförderung oder Erhöhung der Gesundheitskompetenz), 2013 Helsinki (Finnland; intersektorale Gesundheitspolitik und Erfassung der Folgen politischen Handelns für Gesundheit, Health Impact Assessment als Gesundheitsverträglichkeitsprüfung), **2016 Shanghai** (China; Förderung von Gesundheit bei der Verwirklichung der Ziele für nachhaltige Entwicklung: Gesundheit für alle und alle für Gesundheit), 2018 Astana (Kasachstan; anlässlich des 40. Jahrestages der Erklärung von Alma-Ata als Bekenntnis zur Stärkung der primären Gesundheitsversorgung).

Konferenzen, Grundsatzdokumente, Kampagnen und Initiativen im Umfeld des ENWHP (▶ www.enwhp.org) wie die Luxemburger Deklaration als Arbeitsgrundlage des Netzwerks (1997), das Cardiff-Memorandum (1998) und die Lissabonner Erklärung (2001) zur Integration kleiner und mittlerer Unternehmen, die Barcelona-Deklaration (2002) zur Verbreitung guter Praxis mit den Prinzipien Partizipation, Integration, Systematik und Ganzheitlichkeit und der Vision *„Gesunde Mitarbeiter in gesunden Unternehmen"*, die Linzer Konferenz (2006) zum demografischen Wandel oder die Berliner Konferenz (2010) zur psychischen Gesundheit. Maßgeblich sind die Qualitätskriterien für BGF als Erfolgsfaktoren von 1999. Seit 2002 widmet sich das ENWHP dem Aufbau nationaler Plattformen bzw. Netzwerke für die BGF – in Deutschland seit 2002 das Deutsche Netzwerk Betriebliche Gesundheitsförderung (DNBGF). Darüber hinaus sind verschiedene Initiativen wie Move Europe (Gesunde Lebensstile im Fokus der Arbeitswelt) oder die Initiative Neue Qualität der Arbeit (INQA) mit dem erklärten Ziel, Mensch und Arbeit in Einklang zu bringen, aus den Anliegen des ENWHP hervorgegangen.

1.3 Herausforderungen im Betrieblichen Gesundheitsmanagement

Der **Unfallverhütungsbericht Arbeit** (BAuA & BMAS, 2022) als datengestützter Überblick zum AGS gibt seit Anfang 2000 vielfältige Hinweise auf sich verändernde Anforderungen und Bedingungen, die Einfluss auf das BGM haben und sich zeitversetzt in den Regularien niederschlagen (▶ www.baua.de/suga) (▶ Abschn. 1.4). BGM kann sich daher nicht auf Routinen verlassen. So steht bspw. das BGM in den Jahren 2020 bis 2022 im Zeichen der Pandemiebewältigung (COVID-19) hinsichtlich Fragen der Sozialhygiene über Mehrbelastungen bis hin zur massiven Ausweitung von Homeoffice (vgl. Badura et al., 2021). In der Praxis sieht sich das BGM mit vielfältigen **Herausforderungen** konfrontiert, die nicht nur episodischer Natur sind, z. B. dem demografischen Wandel mit der Folge einer sinkenden Arbeitsfähigkeit, dem Wandel des Krankheitsspektrums mit der Dominanz psychischer und chronischer Erkrankungen, dem Fachkräftemangel mit der Notwendigkeit eines gesundheitsorientierten Retentionsmanagements, der Digitalisierung mit der Entstehung neuer Belastungsformen im Kontext von New Work oder der zunehmenden sozialen Verarmung mit der Gefahr der Ausdünnung sozialer und familiärer Netzwerke als Gesundheitsressource (Treier & Uhle, 2019, S. 1 ff.). V. a. die Veränderung des Krankheitspanoramas (▶ Abschn. 1.3.1), der Wandel der Arbeitswelt (▶ Abschn. 1.3.2) und der Bedeutungszuwachs von Gesundheit als gesellschaftlichem Wert (▶ Abschn. 1.3.3) bestimmen das aktuelle Geschehen im BGM.

1.3.1 Veränderung des Krankheitspanoramas

Gesundheitsberichte wie z. B. der BKK Gesundheitsreport (Knieps & Pfaff, 2021), der Psych-Report der DAK (2022) oder der DKV Report (2021) bestätigen unisono den **Wandel des Krankheitspanoramas** aus empirischer Sicht. Schwerpunkte sind psychische, lebensstil- und altersbedingte Erkrankungen. Die Zahlen zeigen sich dynamisch und werden von episodischen Ereignissen wie der Pandemie beeinflusst. V. a. langfristig werden die neue Normalität der Digitalisierung und der Klimawandel das Gesundheits- und Krankheitsgeschehen beeinflussen. Aus Sicht der Lehrbuchdidaktik sind jedoch nicht kurzlebige absolute Zahlen von Bedeutung, sondern **stabile Trends**, die sich in Langzeitanalysen zeigen und die Arbeitswelt prägen.

■ **Stabile Trends im Krankheitsspektrum**

1. **Tendenz: Psychische Störungen sind auf der Überholspur.** Die Steigerungsraten der psychischen Erkrankungen in den letzten Jahren fordern das BGM zum Handeln auf. So weist der Psych-Report (DAK, 2022) darauf hin, dass Gesundheitskompetenz und psychische Gesundheit zentrale Anliegen im BGM sein sollten, denn die Fehlzeiten aufgrund psychischer Erkrankungen erreichen seit Jahren regelmäßig Höchststände. Angststörungen, Depressionen, Suchterkrankungen und andere psychische und Verhaltensstörungen nehmen zu. Das Spektrum psychischer Erkrankungen ist breit. Bevor es zu einer Erkrankung kommt, weisen häufig Vorboten auf die Problematik hin, wie das gehäufte Auftreten von Erschöpfungszuständen oder Schlafstörungen bis hin zu funktionellen Störungen wie Herzschmerzen und Magenbeschwerden.

2. **Tendenz: Wohlstandskrankheiten sind prägend.** Der DKV-Report (2021) macht deutlich, dass es ebenso wichtig ist, den Lebensstil in den Fokus der Maßnahmen zu rücken, denn die Sitzzeiten in der modernen Arbeitswelt nehmen zu, die körperliche Aktivität nimmt ab, das Essverhalten am Arbeitsplatz, z. B. bei Schichtarbeit, erschwert ein gesundes Gewichtsmanagement und gleichzeitig fühlen sich immer mehr Menschen am Arbeitsplatz gestresst – eine Kakofonie aus Sicht des Gesundheits- und Krankheits-

1

geschehens. Zivilisationskrankheiten im Zusammenhang mit den modernen Lebensgewohnheiten prägen das Gesamtbild, das v. a. durch Kreislauf- und Stoffwechselstörungen, Rückenschmerzen bis hin zu Stresserkrankungen gekennzeichnet ist. Bewegungsmangel ist eine der bekannten Ursachen. Studien belegen, dass Bewegung eine der wirksamsten Präventionsmaßnahmen ist, die auch die Psyche stärkt (► Abschn. 4.2.4.2.2).

3. **Tendenz: Alters- und alternsbedingte Leiden nehmen zu.** Die Belegschaften werden aufgrund der demografischen Entwicklung immer älter. Umso wichtiger ist es, sich mit dem Verhältnis von Altern und Arbeit zu befassen (vgl. Richter, 2021). Das Alter als demografischer Faktor hat einen erheblichen Einfluss auf das Krankheitsspektrum, wobei das Altern nach den Berliner Altersstudien in seinen Facetten heterogen verläuft und einige klassische Annahmen auf den Prüfstand zu stellen sind (► https://www.base2.mpg.de/de). Die altersbedingte Zunahme von chronischen Erkrankungen wie Diabetes (Chronifizierung), von körperlichen Einschränkungen durch degenerative Muskel-Skelett-Erkrankungen wie Arthrose und bandscheibenbedingte Rückenschmerzen, von psychischen Störungen wie Depressionen sowie von Multimorbidität (Mehrfacherkrankungen) erfordert zielgruppengerechte Angebote im Bereich der Gesundheitsförderung und in der Verhältnisprävention eine alterns- und altersgerechte Arbeitsgestaltung. Mit zunehmendem Alter steigt das langfristige Ausfallrisiko und die Arbeitsfähigkeit nimmt ab (► Abb. 2.10). Viele Krankheiten treten im Alter häufiger und gleichzeitig auf. Demografie-Fitness als Zielgröße einer gesunden Organisation zielt darauf ab, die Arbeits- und Leistungsfähigkeit älter werdender Belegschaften langfristig zu erhalten (Treier, 2019b, S. 434 ff.).

❯ Die zunehmende Bedeutung der Psyche, des Lebensstils und des Alterns beschreibt den Wandel des Krankheitsspektrums. Das BGM muss sich in seinem Angebotsportfolio an diesen Trends orientieren.

Krankheitspanorama im Wandel

Eine **Zunahme der Prävalenz chronisch-degenerativer und psychosozialer Störungs- und Krankheitsbilder** steht im Zusammenhang mit der demografischen Entwicklung, der Verlängerung der Lebensarbeitszeit und der zunehmenden Arbeitsverdichtung. Im Arbeitsunfähigkeitsgeschehen spiegelt sich die Verschiebung der Schwerpunkte des Krankheitsspektrums *von akuten zu chronischen* und *von somatischen zu psychischen Erkrankungen* u. a. auch in der Relation des Anteils der Fälle zum Anteil der Tage in Prozent wider, denn dieses Verhältnis bei der Langzeitarbeitsunfähigkeit (mehr als 42 Tage) schwankt je nach untersuchter Kohorte zwischen 4:40 und 6:55, d. h. 6 % der Fälle verursachen 55 % der Ausfalltage, wobei die uneinheitliche Meldepflicht für AU-Meldungen mit einer Dauer von bis zu drei Tagen zu einer Unterschätzung der Kurzzeiterkrankungen führen kann (vgl. auch Exkurs zu ► „Zunahme psychischer Erkrankungen").

Zunahme psychischer Erkrankungen

Der **relative Anteil psychischer Erkrankungen** gemäß der Diagnosegruppe F00-F99 (Psychische und Verhaltensstörungen) nach ICD 10 am Arbeitsunfähigkeitsgeschehen nimmt zu – der aktualisierte ICD 11 hat die Kodierung auf Basis digitaler Anforderungen modernisiert. Psychische und Verhaltensstörungen sind je nach Berufsabhängigkeit und Altersgruppe die zweit- bis vierthäufigste Diagnosegruppe bei Krankschreibungen bzw. Arbeitsunfähigkeit. Sie liegen nahe am Krankheitsgeschehen bei Erkrankungen des Bewegungsapparates und des Bindegewebes, bei akuten Atemwegserkrankungen und bei Erkrankungen des Kreislaufsystems. Laut DAK-Report (2022) haben die Fehlzeiten im Jahr 2021 bei den psychischen und Verhaltensstörungen mit 276 Fehltagen je 100 Versicherte einen Höchststand erreicht – ein Anstieg um 41 % im Vergleich zu vor 10 Jahren (► Abschn. 4.2.4.1). Ähnliche Zahlen finden sich auch in anderen Gesundheitsberichten wie z. B. TK (2021), wo festgestellt wird, dass im Vergleich zum Jahr 2000 die Fehlzeiten mit der Diagnose psychische Störungen bei Erwerbstätigen im Jahr 2020 um 109 % höher liegen. Ein psychisch bedingter Krankheitsfall dauert im Durchschnitt zwischen 32 und 40 Tagen. Der Bedeutungszuwachs der Psyche lässt sich auch am relativen Anteil psychischer Erkrankungen am Arbeitsunfähigkeitsgeschehen ablesen, der je nach Gesundheitsberichterstattung bei etwa 15 bis 17 % liegt und damit geschätzte Produktionsausfallkosten von 12 bis 15 Mrd. Euro verursacht (vgl. bspw. Knieps & Pfaff, 2021). Laut SUGA-Bericht (BAuA & BMAS, 2022, S. 163) sind im Jahr 2021 von 697,9 Mio. Ausfalltagen 123,3 Mio. auf die „Psyche" zurückzuführen mit Produktionsausfallkosten von 15,8 Mrd. € und einem Verlust an Bruttowertschöpfung von 27,1 Mrd. €. Zudem sind psychische Erkrankungen laut dem Info-Portal der Deutschen Rentenversicherung

(▶ www.ihre-vorsorge.de) die häufigste Ursache für eine vorzeitige Rente wegen verminderter Erwerbsfähigkeit – im Jahr 2020 mit 41,5 % an der Spitze. Seit zwei Jahrzehnten ist trotz Schwankungen ein deutlicher Anstieg der Erwerbsminderungsrenten aufgrund psychischer Erkrankungen als Trend zu beobachten. Damit das BGM das Handlungsfeld Psyche gezielt aufgreifen kann, muss der Zusammenhang zwischen Arbeit und psychischer Gesundheit ermittelt werden (vgl. Rothe et al., 2017a) (▶ Abschn. 4.2.4).

Die Website der psyGA als Angebot der INQA bietet aktuelle und verlässliche Informationen zur psychischen Gesundheit in der Arbeitswelt.

▶ www.psyga.info

■ **Gesundheitsmonitoring als kontinuierliche Beobachtung**

Eine verlässliche Datenlandschaft zur Veränderung des Krankheitspanoramas findet sich in den DEGS-Studien des RKI auf Basis eines **systematischen Gesundheitsmonitorings** (▶ www.degs-studie.de) oder in den Nachfolgestudien wie der NAKO Gesundheitsstudie (Nationale Kohorte, ▶ https://nako.de) (vgl. Jaeschke et al., 2020). Die wachsende und öffentlich zugängliche **Gesundheitsberichterstattung** ermöglicht eine valide empirische Herleitung der Ausgangslage und entsprechende Ableitung von Implikationen für ein zeitgemäßes BGM (Uhle & Treier, 2019, S. 12 ff.). ◘ Abb. 1.2 stellt markante Eckpunkte dar, die die aktuelle Gesundheitssituation beschreiben. Das BGM muss sich des **veränderten Risikokatasters** bewusst sein, um gezielt und nachhaltig auf den Gesundheitszustand der Beschäftigten und der Organisation einzuwirken und einen wertvollen Beitrag zur sektoralen Präventionsarbeit im Sinne der WHO Strategie *„Health in All Policies"* zu leisten, denn Gesundheitsförderung und Gesundheitsversorgung finden nicht nur im Gesundheitssektor, sondern insbesondere auch in der Arbeitswelt statt.

┌─ **Gesundheitsmonitoring** ─────────────

Das **Monitoring der öffentlichen Gesundheit** erfasst systematisch, kontinuierlich und repräsentativ den Gesundheitszustand und die Risikofaktoren der Bevölkerung oder bestimmter Kohorten und ermittelt Trends und Veränderungen der gesundheitlichen Lage. Zentrales Instrument sind Befragungen (Gesundheitssurveys). Diese Datenlandschaft dient als Grundlage für epidemiologische Forschungsarbeiten, für die Dokumentation von Risikokatastern und für Risikoabschätzungen. Für Deutschland hat das Robert Koch-Institut (RKI) ein bundesweites Gesundheitsmonitoringsystem aufgebaut, das auf den drei Komponenten KiGGS (Kinder- und Jugendgesundheitssurvey), DEGS (Studie zur Gesundheit Erwachsener in Deutschland) und GEDA (Gesundheit in Deutschland aktuell) basiert.

■ **Lebensstile im Fokus der Gesundheitsziele**

Der Sektor Arbeitswelt zielt nicht auf die Therapie von Krankheiten ab, kann aber durch **lebensstilfördernde Maßnahmen** der Prävalenz und dem Schweregrad von Krankheiten entgegenwirken. Die Bedeutung von **Lebensstilrisikofaktoren** bspw. im Bereich der Ernährung oder Bewegung für die Entstehung chronischer Erkrankungen bis hin zu Krebs ist unbestritten und empirisch belegt (Li et al., 2014). Informationen finden sich beim Deutschen Krebsforschungszentrum (▶ www.dkfs.de). Die NAKO-Gesundheitsstudie als Langzeitstudie mit etwa 200.000 Teilnehmenden greift als Kohortenstudie die Erkenntnisse der EPIC-Studie (European Prospective Investigation into Cancer and Nutrition) und die Daten des Gesundheitsmonitorings des RKI auf und will den Ursachen von Volkskrankheiten wie Diabetes, Herzinfarkt oder Krebs auf die Spur kommen. **Risikofaktoren** für kardiovaskuläre (Herz-Kreislauf) und metabolische (Stoffwechsel) Erkrankungen sollen identifiziert werden, um die Präventionsarbeit gezielt darauf auszurichten. Sowohl der jährliche DKV-Report und als auch die Gesundheitsberichterstattung des Bundes (▶ www.gbe-bund.de) zeigen die Bedeutung des Lebensstils auf. Im Mittelpunkt stehen das Ernährungs-, Bewegungs- und Stressverhalten sowie der Umgang mit Suchtmitteln wie Alkohol. Die **nationalen Gesundheitsziele**, die von einem Kooperationsverbund zentraler Akteure des Gesundheitswesens nach dem Grundsatz *„Health in All Policies"* verfolgt werden (▶ www.gesundheitsziele.de), fokussieren diese Lebensstile. So sollte der allgemeine Grundsatz *„Gesund aufwachsen und gesund älter werden"* in der Lebensdomäne Arbeitswelt aufgegriffen und weitergeführt werden, insbesondere vor dem Hintergrund der Entgrenzung der Lebensbereiche. Dieser Wandel wird im ▶ Abschn. 1.3.2 thematisiert.

❯ Wenn BGM an Lebensstilen ansetzt, wird automatisch die Grenze zwischen Arbeits- und Lebenswelt überschritten. BGM in der Moderne kann sich nicht nur auf die klassischen „Berufskrankheiten" konzentrieren, weil die moderne Arbeitswelt per se zu Entgrenzungen führt und weil lebensstilbedingte Erkrankungen für die Arbeits- und Leistungsfähigkeit entscheidend sind.

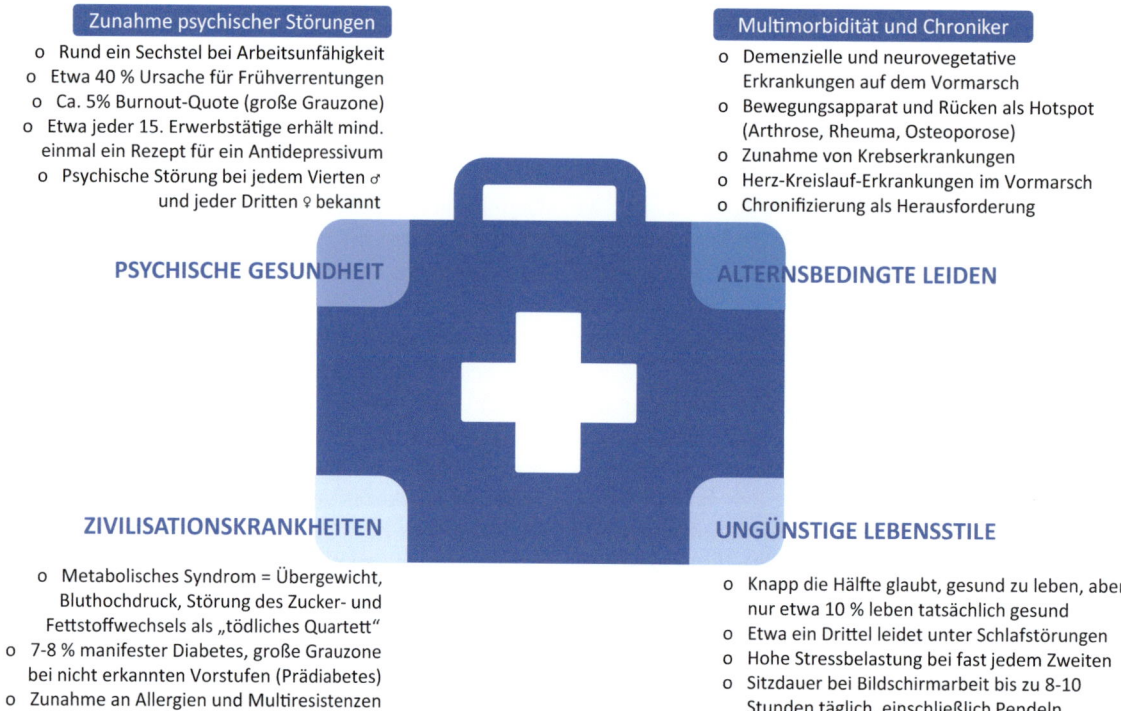

Zunahme psychischer Störungen

o Rund ein Sechstel bei Arbeitsunfähigkeit
o Etwa 40 % Ursache für Frühverrentungen
o Ca. 5% Burnout-Quote (große Grauzone)
o Etwa jeder 15. Erwerbstätige erhält mind.
  einmal ein Rezept für ein Antidepressivum
o Psychische Störung bei jedem Vierten ♂
  und jeder Dritten ♀ bekannt

PSYCHISCHE GESUNDHEIT

Multimorbidität und Chroniker

o Demenzielle und neurovegetative
  Erkrankungen auf dem Vormarsch
o Bewegungsapparat und Rücken als Hotspot
  (Arthrose, Rheuma, Osteoporose)
o Zunahme von Krebserkrankungen
o Herz-Kreislauf-Erkrankungen im Vormarsch
o Chronifizierung als Herausforderung

ALTERNSBEDINGTE LEIDEN

ZIVILISATIONSKRANKHEITEN

o Metabolisches Syndrom = Übergewicht,
  Bluthochdruck, Störung des Zucker- und
  Fettstoffwechsels als „tödliches Quartett"
o 7-8 % manifester Diabetes, große Grauzone
  bei nicht erkannten Vorstufen (Prädiabetes)
o Zunahme an Allergien und Multiresistenzen
o Adipositas und Übergewicht weit verbreitet,
  z. B. Übergewicht bei fast zwei Drittel ♂
  (davon ca. 30-40 % Adipositas) und etwa ein
  Drittel ♀ (davon ca. 20-30 % Adipositas)

Stoffwechsel, Infektionen & Co.

UNGÜNSTIGE LEBENSSTILE

o Knapp die Hälfte glaubt, gesund zu leben, aber
  nur etwa 10 % leben tatsächlich gesund
o Etwa ein Drittel leidet unter Schlafstörungen
o Hohe Stressbelastung bei fast jedem Zweiten
o Sitzdauer bei Bildschirmarbeit bis zu 8-10
  Stunden täglich, einschließlich Pendeln
o Hochverarbeitete Lebensmittel mit wenig
  Ballaststoffen und vielen Zusatzstoffen
o Laut WHO erreicht nur ein Viertel ein
  ausreichendes Aktivitätsniveau

Bewegungsarmut und Fast Food

◼ **Abb. 1.2** Eckdaten zum Gesundheitszustand

1.3.2   Wandel der Arbeitswelt

» „Der Dialogprozess hat einerseits gezeigt, dass es mit dem digitalen und technologischen Wandel der Arbeitswelt in Zukunft besser gelingen könnte, nicht nur gesunde und sichere Tätigkeiten zu gestalten, sondern insbesondere auch Gute Arbeit zu schaffen. Gute Arbeit, die dem Ideal einer humanen Tätigkeit nahekommt, für mehr Menschen als bisher. … Andererseits wurde im Dialogprozess auch deutlich, dass sich mit der zunehmenden Digitalisierung die Anforderungen an die Beschäftigten gravierend verändern. Denn die Anzahl der Tätigkeiten, bei denen kognitive, informatorische sowie emotionale Faktoren dominieren, steigt stetig. In vielen Berufen findet somit eine Verschiebung von vormals physischen zu überwiegend psychischen Anforderungen statt. Hinzu kommen tätigkeitsübergreifende Entwicklungen wie Entgrenzung, Verdichtung, Flexibilisierung und mobiles Arbeiten." (BMAS, 2017, S. 135)

Die Janusköpfigkeit der modernen Arbeitswelt offenbart sich im obigen Zitat aus dem Weißbuch Arbeiten 4.0 des BMAS (2017, S. 42 ff.). Die moderne Arbeitswelt birgt Chancen und Risiken für Gesundheit und Sicherheit in Abhängigkeit von Kompetenzen, Führungsqualität und der organisationalen Resilienz des Unternehmens, wie Studien belegen (vgl. Studie Social Health@Work, 2022; Backhaus et al., 2021; Hartwig et al., 2016). Aus Sicht des BGM gilt es, diesen Spannungsfeldern durch einen **Arbeits- und Gesundheitsschutz 4.0** zu begegnen (vgl. Matusiewicz et al., 2021; Prümper & Hornung, 2016). Aber nicht nur die Digitalisierung bestimmt den Wandel der Arbeitswelt mit neuen Belastungsformen wie bspw. der Zunahme der Mental Workload durch Multitasking oder der Entgrenzung zwischen den Lebensdomänen durch flexible Arbeitsmodelle, sondern auch der demografische Wandel sowie eine dezidierte Anspruchshaltung der Beschäftigten an „*Gute Arbeit*" wie gesunde Arbeitsbedingungen, Work-Life-Balance oder mehr Selbstbestimmung (▶ Abschn. 1.3.3). Dieser Anspruch auf eine gesunde Gestaltung drückt sich nicht nur im

Dialogprozess Arbeiten 4.0 bei den Betroffenen aus (▶ www.arbeitenviernull.de), sondern wird auch im Fachdiskurs bestätigt (vgl. Rudow, 2014) und aus arbeitspolitischer Sicht im DGB-Index „Gute Arbeit" als Instrument zur Messung der Arbeitsqualität unterstrichen (▶ www.index-gute-arbeit.dgb.de). Ein modernes BGM wird daher verstärkt die **psychischen und psychosozialen Belastungen**, die aus der digitalen Arbeitswelt resultieren, in seinen Handlungsfeldern berücksichtigen und einen ganzheitlichen Blick auf das Arbeits- und Gesundheitsgeschehen in flexiblen Arbeitsmodellen wie Homeoffice, Job- und Desk-Sharing, Co-Working oder Open Space werfen müssen (▶ Kap. 5) (vgl. Drupp, 2018; Keller et al., 2017; Wieland & Groenewald, 2021). *„Digitalisierung verändert das gesamte soziotechnische System aus Mensch, Organisation und Technologie."* (BMAS, 2017, S. 69) Arbeitsstrukturen, -weisen und -tätigkeiten definieren sich im Zuge der Transformation neu (Gerdenitsch & Korunka, 2019). So wird bspw. das **Job Crafting** als proaktive Selbstgestaltung der Arbeitsaufgabe und des Arbeitsplatzes durch die Beschäftigten zunehmen (vgl. Schachler & Mißler, 2021) (▶ Abschn. 4.2.3.2.3). Diese Veränderungen sind kein fernes digitales Zukunftsszenario, sondern bereits Realität, wie die Ergebnisse der Europäischen Erhebung über die Arbeitsbedingungen (EWCS) zur Verbreitung flexibler Arbeit bestätigen (Eurofound, 2022).

■ **Ambivalenter Wandel mit Blick auf die Digitalisierung**

Der digitale Dammbruch schafft **Chancen für eine bessere Arbeitswelt**. Neue Aufgaben und Rollen entstehen, die Zusammenarbeit verändert sich in einer kollaborativen Arbeitswelt, zeit- und ortsflexibles Arbeiten ermöglicht neue Lebens- und Beschäftigungskonzepte, Prozesse werden nicht mehr hierarchisch und sequenziell, sondern dezentral, synchron und integriert ablaufen. Die Teilhabe an Arbeit wird sich im Kontext des demografischen Wandels erweitern, indem z. B. körperliche Einschränkungen durch Assistenzsysteme kompensiert

werden. Es gibt aber auch die **Kehrseite der Digitalisierung**. So kann durch Standardisierung und Automatisierung die Monotonie von Arbeitsaufgaben zunehmen, Kontrolle wird umfassender und durchgängiger möglich, Qualifizierungslücken bei den Beschäftigten können durch die rasante Entwicklung entstehen, die Arbeitsdichte nimmt durch Flexibilisierung und Intensivierung zu oder Arbeit wird durch Digitalisierung ausgelagert mit der Folge, dass atypische und zum Teil prekäre Arbeitsverhältnisse die Normalarbeitstätigkeit verdrängen. Im Weißbuch wird daher zwischen zwei Szenarien unterschieden, die die **Ambivalenz des Wandels der Arbeitswelt** charakterisieren (BMAS, 2017, S. 71, s. auch ▶ Exkurs zu „Eurofond Erhebung").

▬ **Technikzentrierte Komplementarität:** Die Automatisierung vieler Arbeitsprozesse reduziert den menschlichen Anteil auf Tätigkeiten, die sich aus technischen, ökonomischen oder ethischen Gründen einer Automatisierung entziehen. Der Mensch passt sich der Technik an, wie es bereits die klassische Organisationstheorie des Taylorismus (Scientific Management) Ende des 19. Jh. postulierte (Re-Taylorisierung).

▬ **Menschenzentrierte Komplementarität:** Der Mensch wird in seiner gestaltenden und entscheidenden Rolle im digitalen Arbeitsprozess anerkannt und durch digitale Technologien aufgewertet. Hier steht weniger die Technik im Mittelpunkt, sondern vielmehr der technikanwendende Mensch im Potenzialfeld des technologischen Wandels. Dies wird bspw. auch im Konzept der Selbstgestaltung (Job Crafting) berücksichtigt.

Badura (2017, S. 13) verdeutlicht diese Komplementaritäten an zwei Dimensionen, die den Wandel der Arbeitswelt bestimmen: von der Fremdorganisation (Hierarchie und Geld als Gestaltungsfaktoren) zur Selbstorganisation (Human- und Sozialkapital als Gestaltungsfaktoren) sowie von der Handarbeit (physische Belastungen) zur Kopfarbeit (psychische und informationstechnische Belastungen).

Eurofond Erhebung

Der **EWCS** (European Working Conditions Survey) ist eine repräsentative Erhebung über die Lebens- und Arbeitsbedingungen in Europa, die seit 1990 alle fünf Jahre von Eurofound (Europäische Stiftung zur Verbesserung der Lebens- und Arbeitsbedingungen) durchgeführt wird. Die siebte Erhebungswelle stammt aus dem Jahr 2020/2021 (Eurofound, 2022). Diese Erhebungen bieten eine valide Grundlage, um die Auswirkungen des Wandels der Arbeitswelt zu erfassen, da das Arbeitsleben in

den letzten Jahrzehnten erheblichen Veränderungen unterworfen war. Nicht nur die bewertende und vergleichende Quantifizierung der Arbeitsbedingungen auf europäischer Ebene und die Beobachtung von Trends, sondern v. a. auch die Analyse von Zusammenhängen zwischen verschiedenen Arbeitsfaktoren sowie die Identifikation von Risikogruppen und Risikofaktoren ermöglichen eine datengestützte kritische Reflexion des Wandels.

▶ https://www.eurofound.europa.eu/de

1

■ Die „Neue Normalität" in der Arbeitswelt

Die Arbeit muss neu definiert werden. Die *„Neue Normalität"* der Arbeit wird mit Buzzwords wie New Work oder Arbeit 4.0 beschrieben (vgl. Hackl et al., 2017). Problematisch sind die Unschärfe der Begriffe, die variierenden Verwendungskontexte und das Sammelsurium an Methoden und Ideen, die mit New Work oder Arbeit 4.0 assoziiert sind. Sie beziehen sich auf Globalisierung, Digitalisierung, kulturellen Wandel, Technisierung oder die Ablösung des Normalarbeitsverhältnisses. Gemeinsam ist den Begriffen, dass eine **Abkehr von starren Arbeitsmodellen** hin zu einer flexiblen und wissensbasierten Wertschöpfung stattfindet. So nehmen vermehrt Arbeitsmodelle bzw. **neue Arbeitsformen** wie Telearbeit (Homeoffice oder alternierende Konzepte), Job-Sharing (zwei oder mehr Personen teilen sich eine Vollzeitstelle), Desk-Sharing (freie Wahl des Arbeitsplatzes innerhalb einer Organisationseinheit), Coworking-Spaces (offene Gemeinschaftsräume bspw. für Freiberufler oder digitale Nomaden) oder das Crowdworking (Kooperation und Arbeitsteilung über Arbeitsplattformen, Auslagerung interner Aufgaben an digitale „Tagelöhner") zu – mit Folgen für die Qualität der Arbeit und die Gesundheit der Beschäftigten. Basis für vernetzte Arbeitsformen ist der Digital Workplace als zentrale digitale Arbeitsplattform. **Operatoren der Modernität** sind Flexibilität, Anpassungsfähigkeit (Adaptivität), Agilität und Durchlässigkeit (Permeabilität) in einem VUCA-Umfeld (Volatilität, Unsicherheit, Komplexität, Ambiguität). Mit der Digitalisierung verbunden ist die Bedeutungszunahme von Wissen als zentrale menschliche Ressource, denn „Wissen ist menschlich" (vgl. North, 2021).

❗ Die **Kehrseite von New Work** können Entgrenzungsprobleme, quantitative und qualitative Überforderung, digitaler Stress und Verunsicherung durch Rollenunklarheit sein, da der Preis der Flexibilisierung von Ort und Zeit aus gesundheitlicher Sicht subjektiviert wird bzw. in die Selbstverantwortung verschoben wird und das BGM hier quasi blind ist, da der Zugang zur mobilen Arbeitswelt eingeschränkt ist.

■ Evolutionsstufen zur Arbeit 4.0

Im weiteren Verlauf stilisiert **Arbeit 4.0** den Wandel als zentralen Begriff. Arbeit 4.0 ist definitorisch nicht abschließend deduktiv erklärt, da zum einen eine theoretische Konzeption des multidisziplinären Themas fehlt und zum anderen die Dynamik des Wandels, z. B. durch disruptive Technologien, nicht hinreichend vorhersehbar ist. Im Grünbuch Arbeiten 4.0 (BMAS, 2015, S. 33) wird der Wandel durch die **Präfixe bis Arbeit 4.0** in Anlehnung an die industrielle Revolution verdeutlicht

und kennzeichnet v. a. die Optimierung von Geschäftsprozessen. Am Horizont zeichnet sich ein weiterer Sprung zum **Arbeiten 5.0** ab.

- **Arbeit 1.0:** Ende des 18. Jh. ➔ Anfänge der Industriegesellschaft, Dampfmaschine und andere technische Innovationen, Urbanisierung, Fabriken, neue Berufsfelder, erste Ansätze der Arbeiterbewegung
- **Arbeit 2.0:** Ende des 19. Jh. ➔ Massenproduktion durch Fließbandfertigung, Pauperismus (Verelendung großer Bevölkerungsteile, Arbeiterklasse), Mensch als Werkzeug im Produktionsprozess, Grundsteinlegung für den Wohlfahrtsstaat, Beginn des AGS (Sozialgesetze)
- **Arbeit 3.0:** 70er-Jahre bis Ende 20. Jh. ➔ Globalisierung, soziale Marktwirtschaft (Arbeitnehmerrechte), beginnende Informatisierung und Automatisierung sowie Professionalisierung von Dienstleistungen, Stärkung von Arbeitnehmerrechten
- **Arbeit 4.0:** Anfang des 21. Jh. bis heute ➔ vernetztes Arbeiten in einer globalen Welt, Wertewandel und neue Lebensstile (eigenverantwortliches Arbeiten als Selbstverwirklichung), flexible Arbeitsmodelle, neue Produkte und Dienstleistungen, digitale Plattformen, intelligente Mensch-Maschine-Interaktion, Work-Life-Balance als Anforderung an die moderne Arbeitswelt
- **Arbeit 5.0:** zeitversetzt und parallel zur Arbeit 4.0 ➔ Netzoffensive 5.0, zunehmende Interoperabilität, Mensch-Maschine-Kollaboration als Normalität, künstliche Intelligenz, Work-Life-Blending (Entgrenzung), lebenslanges Lernen im Kompetenzmanagement, Anspruch auf Muße im Sinne einer digitalen Balance, Lebensrhythmusmanagement mit Fokus auf „Me-Time" (Zeit für sich selbst, Auszeiten)

New Work

New Work ist der internationale Begriff für die moderne Arbeitswelt, in der Individualisierung, Autonomie und Selbstorganisation im Vordergrund stehen. Charakteristisch sind flache und partizipative Arbeits- und Organisationsmodelle. Die Digitalisierung wird als Katalysator gesehen.

Arbeit 4.0

Arbeit 4.0 ist Ausdruck einer digitalen, vernetzten und flexiblen Arbeits- und Lebenswelt mit konsekutiver Entgrenzung von Ort und Zeit bzw. Aufhebung der Präsenzkultur. Digitalisierung wird als primärer Faktor verstanden. Das digitale Ökosystem stellt den Dreh- und Angelpunkt für den Wandel der Arbeitswelt dar.

■ **Gesundheitliche Auswirkungen von Arbeit 4.0**

Die **Gestaltung der modernen Arbeitswelt** ist umfassend und reicht von der Umgebungs-, Technik- und Aufgabengestaltung über Führung, Organisationsentwicklung und Unternehmenskultur bis hin zu Arbeitsrecht und Arbeitsschutz (vgl. Bamberg et al., 2022; Kaiser et al., 2021; Maier et al., 2020). Insbesondere die digitale Transformation wirft **gesundheitliche Fragen** auf, da mit der Arbeit 4.0 eine deutliche und schnelle Veränderung der Belastungskonstellation einhergeht (vgl. Badura et al., 2019). „Nach aktuellem Forschungsstand ist jedoch festzuhalten, dass Arbeit von zuhause ohne konkrete betriebliche Vereinbarungen mit durchschnittlich höheren Anforderungen und einem größeren Risiko der negativer Beanspruchungsfolgen einhergeht." (Backhaus et al., 2021, S. 6) Steigender Leistungsdruck, zunehmende Informationsflut, stetig wachsende Arbeitsverdichtung, Hyperflexibilisierung euphemistisch als Zeit- und Ortssouveränität vermarktet, Beschleunigung ohne Entschleunigung, Entgrenzung mit Angriff auf Erholungszeiten und -orte, Serviceorientierung und permanente Freundlichkeit als emotionale Belastung knüpfen das Netz der Arbeit 4.0, das mit psychischen Belastungen einhergeht (vgl. Treier, 2019a, S. 5). Projekte wie MEgA (Maßnahmen und Empfehlungen für die gesunde Arbeit von morgen, ▶ www.gesundearbeit-mega.de) geben Antworten auf die zentrale Frage, wie die Flexibilität und Vernetzung der Arbeit 4.0 präventiv und gesund gestaltet werden kann (Sonntag, 2017). Entscheidend für die Beantwortung ist, dass Arbeit 4.0 **grenzüberschreitend** ist, d. h. die Auswirkungen betreffen alle Lebensräume. Zeit- und Leistungsdruck steigen, Kommunikations- und Interaktionsdichte nehmen zu, psychische Belastungen werden zur neuen Normalität, Multitasking und Beschleunigung erschweren die Aufmerksamkeitsregulation, fortschreitende Arbeitsverdichtung auf quantitativer und qualitativer Ebene macht krank, mehr Verantwortung (Autonomie) kann zu Überforderung führen, Flexibilisierung von Arbeitszeit und Arbeitsort zerstören Rückzugsräume und führen ohne Aufgabenanpassung zu Inkonsistenzen, trotz sozialer Medien nimmt die soziale physische Isolation zu und die Mobilitätsanforderungen steigen (vgl. Backhaus et al., 2021). ◘ Abb. 1.3 illustriert die **gesundheitlichen Auswirkungen von Arbeit 4.0**. *Digital, vernetzt, flexibel und trotzdem gesund?* Dies wird nur gelingen, wenn das BGM die Herausforderungen der Arbeit von morgen aufgreift und Baustellen wie die ständige Erreichbarkeit, die Aufweichung von Arbeits- und Gesundheitsschutzvorschriften bei ortsflexibler Arbeit oder die psychosozialen Aspekte einer digitalen Arbeitswelt wie veränderte soziale Interaktionen und unzureichende Trennung von Arbeit und Privatleben auf seine Agenda setzt (vgl. Bamberg et al., 2022; Matusiewicz et al., 2021).

◘ **Abb. 1.3** Gesundheitliche Auswirkungen von Arbeit 4.0

1

❗ Mit dem Überschreiten der Grenze von der Arbeits- zur Lebenswelt wird auch das **BGM in die Lebenswelt** hineinreichen. Dabei ist darauf zu achten, dass die durch das BGM initiierten Gesundheitsmaßnahmen nicht selbst zur Belastung werden.

Wandel der Arbeitswelt als Herausforderung

Die **Herausforderungen** aus Sicht des Wandels der Arbeitswelt zur Arbeit 4.0 für das BGM sind nicht nur Digital- und Technostress als Schattenseiten der Digitalisierung wie ständige Erreichbarkeit, Zunahme der informationellen Belastungen oder generell eine digitale Verdichtung des Lebens, sondern auch die Aushöhlung und Ausdünnung ergonomischer und arbeitswissenschaftlicher Mindestschutzstandards, die Gefahr der sozialen Isolation trotz virtueller Kooperation (mehr Task- als Teamwork), die fortschreitende Entgrenzung von Work-Life-Balance über Work-Life-Integration bis hin zu grenzenlosem Arbeiten ohne Rückzugsmöglichkeiten als Work-Life-Blending, die Arbeitsverdichtung durch Multitasking und Synchronizität (Mental Overload), die Überforderung der Selbstregulationskompetenz bei zunehmender Flexibilität und Souveränität hinsichtlich Aufgabe, Ort und Zeit. Fluide und agile Arbeitswelten erfordern ein Pendant als positives Stress-Mindset als Resilienzfaktor und die Stärkung des Sozialkapitals als Gesundheitsressource.

Sowohl das Verstehen der individuellen Voraussetzungen und psychischen Belastungen aus der Generationenperspektive als auch die Gestaltung der Arbeitsumgebung mit ihren Aufgaben im Kontext des Wandels der Arbeitswelt gehören zum Auftrag des BGM mit dem Leitbild *„Gute Arbeit im digitalen Wandel"*. Arbeit 4.0 benötigt mehr als ein digitales Pendant D-BGM, sondern erfordert eine Verzahnung analoger und digitaler Komponenten des BGM, um die Handlungsfähigkeit als gesunde Organisation zu gewährleisten (Matusiewicz et al., 2021) (▶ Kap. 5). Dies ist umso bedeutsamer, als Gesundheit als gesellschaftlicher Wert seit Jahren stabil verankert ist und sich als fundamentaler Wert erweist.

1.3.3 Gesundheit als gesellschaftlicher Wert

❯❯ „Das ‚Gesunde Unternehmen' ist als relativ junges Phänomen im Ganzen der gesellschaftlichen Transformationsprozesse der Zeit – und als deren Ausprägung – zu sehen. Eine besondere Rolle spielen dabei die aktuellen gesellschaftlichen Veränderungen im Bereich der Arbeitsorganisation und im Gesundheitsverständnis." (Petzi & Kattwinkel, 2016, S. 13)

Das 21. Jh. kann als das **Jahrtausend der Gesundheit** bezeichnet werden, denn Gesundheit behauptet sich als Grundwert und Menschenrecht im postindustriellen Zeitalter und wirkt als treibende Kraft in der Gesellschaft in ökonomischer, politischer und sozialer Hinsicht (vgl. Kickbusch & Hartung, 2014). Gesundheit als soziales Konstrukt spiegelt sich im vielschichtigen Gesundheitsbegriff wider (▶ Abschn. 2.1). Der Megatrend Gesundheit bzw. das gesellschaftliche Streben nach mehr Gesundheit hat einen **ganzheitlichen Charakter**, da er alle Lebensbereiche durchdringt und in Anlehnung an die Ottawa-Charta alle einflussnehmenden Sektoren zur Zusammenarbeit bei der Gesundheitsförderung auffordert. Die Kluft zwischen den Erwartungen der Gesellschaft und den Gesundheitsleistungen des Einzelnen wird immer größer. Dies zeigt sich v. a. in der Health Literacy als Gesundheitskompetenz (▶ Abschn. 4.2.4.1). Denn in Gesundheitsgesellschaften sind die Menschen mit oft widersprüchlichen Gesundheitsinformationen in einem komplexen und intransparenten **Gesundheitssystem** konfrontiert und überfordert, sich darin zurechtzufinden und die richtigen Entscheidungen zu treffen. Die Gesellschaft wandelt sich von einer risikovermeidenden zu einer fördernden Gesundheitsgesellschaft unter Berücksichtigung der veränderten Lebenswelten der als gesundheitsmündig und selbstbestimmt definierten Akteure. Gesundheit und gesundheitsorientierte Lebensstile werden zur gesamtgesellschaftlichen Aufgabe erklärt, ohne das Individuum aus seiner Eigenverantwortung zu entlassen. Selbstbestimmung im Gesundheitsbereich ist jedoch nur dann sinnvoll, wenn die Rahmenbedingungen dies ermöglichen (Empowerment). Der **Setting-Ansatz** verdeutlicht, dass die Bedingungen der Settings, z. B. Betrieb, Familie und Wohnumfeld, aus gesellschaftlicher Sicht auf den Prüfstand gehören und nicht unabhängig voneinander betrachtet werden dürfen (vgl. Hurrelmann et al., 2018) (▶ Abschn. 1.1.2).

▪ **Gesundheit als ambivalenter Anspruch der Gesellschaft**

Die Sentenz *„Gesundheit ist nicht alles, aber ohne Gesundheit ist alles nichts"* (angeblich von Arthur Schopenhauer, 1788–1860, vermutlich ein Kuckuckszitat) unterstreicht, dass Gesundheit als Basis einer agilen Arbeits- und Lebenswelt zu verstehen ist und dass der Erhalt von Gesundheit und Lebensqualität im Fokus der Gesellschaft stehen muss – ein einhelliger **gesellschaftlicher Appell**. Diese **instrumentelle Rezeption** bedeutet jedoch nicht, dass ein gutes Leben ohne Gesundheit nicht möglich ist, denn gerade Krankheit und Funktionseinschränkungen sind mit dem Altern verbunden und stellen somit die Normalität im demografischen Wandel dar. Bei einer unreflektierten Rezeption besteht daher die Gefahr, dass Gesundheit als gesellschaftlicher Wert mit der **Steigerung der Leistungs- und Arbeitsfähigkeit** legitimiert wird und damit Erwartungen an die Erfüllung bestimmter gesundheitsbezogener Verhaltensweisen bis hin zum **Gesundheitszwang** entstehen (Konformitäts- und Machbarkeitsmaxime sowie Gesundheit als moralische Appellkategorie), die im **Zeitalter des demografischen Wandels** hinsichtlich ihres Stigmatisierungs- und Diskriminierungspotenzials kritisch zu bewerten sind (vgl. Petzi & Kattwinkel, 2016, S 19 ff.). Der demografische Wandel stärkt Gesundheit als gesellschaftlichen Wert und als gesellschaftliche Aufgabe, aber nicht im Sinne eines Gesundheitsdiktats. Der WHO-Report „*Decade of Healthy Ageing*" (2020) macht deutlich, dass **Gesundheit und Altern in ihrer Ambivalenz** zu sehen sind und dass es gesellschaftliches Ziel sein muss, durch ein integriertes Versorgungsmanagement und eine multisektorale Berücksichtigung des demografischen Faktors die Leistungsfähigkeit im Alter zu erhalten und zu erweitern. Gesundheit als Wert stellt eine Komponente **intergenerationeller Gerechtigkeit** dar und sollte sich von einem normativ fremdbestimmten Gesundheitsdiktat distanzieren (**Public Health Ethik**) (vgl. Egger & Habermas-Horstmeier in Egger et al., 2021, S. 25 ff.; Hähner-Rombach, 2014). Neben dem Altern ist auch die Frage der **psychischen Gesundheit** aus gesellschaftlicher Sicht in ihrer Ambivalenz zu diskutieren und nicht zu tabuisieren, denn psychische Störungen nehmen im Krankheitsspektrum massiv zu (▶ Abschn. 1.3.1) – und die zugrunde liegende Ätiologie ist nicht ausschließlich individuell bestimmt, sondern in hohem Maße gesellschaftlich erklärbar. Entsprechend sind psychische Störungen und die sie auslösenden Bedingungen ein gesellschaftliches Handlungsfeld. Um die skizzierten Ambivalenzen und Exklusionsrisiken zu vermeiden, sollte die **gesellschaftliche Konstruktion** daher Gesundheit als Kontinuum und nicht als Antipode von Krankheit begreifen (▶ Abschn. 1.4.2).

■ **Soziale Verantwortung zwischen Utopie und Dystopie**

Betriebliche Organisationen als relevante Settings werden sich zunehmend ihrer **sozialen Verantwortung** für die gesellschaftliche Aufgabe Gesundheit bewusst. Dies zeigt sich bspw. in der Etablierung eines **Corporate Health Codex** als Verhaltenskodex in Anlehnung an den Corporate Governance Codex als gute Unternehmensführung börsennotierter Organisationen. **Arbeit und Gesundheit** im 21. Jh. bestimmen sich wechselseitig als gesellschaftliche Wertphänomene (vgl. Badura, 2017).

Damit Arbeit die Gesundheit und Gesundheit die Arbeit bereichern kann, bedarf es einer Abkehr vom Verständnis einer Arbeitswelt, in der die Abwesenheit von Krankheit als Zielgröße verfolgt wird. Die Missachtung von Gesundheit kumuliert in einer **erschöpften und auszehrenden Organisation** als Risikoszenario (von Olesnitz et al., 2014). Die gesellschaftlichen Rahmenbedingungen heutiger Arbeitsprozesse in einem auszehrenden Arbeitsumfeld einerseits und in einer anspruchsvollen Arbeitswelt andererseits müssen hinsichtlich ihrer **potenziellen gesundheitlichen Auswirkungen** hinterfragt werden, denn Erschöpfung in Organisationen ist nicht nur ein organisationsinternes, sondern auch ein gesellschaftliches Problem. Bislang haben sich Unternehmen beim Thema Gesundheit teilweise in der trügerischen Annahme zurückgelehnt bzw. ausgeruht, dass das Thema Gesundheit aus ökonomischer Sicht auf das Solidarsystem abzuwälzen sei und sich gesundheitliche Beeinträchtigungen erst weit im Rentenalter bemerkbar machen würden. Der demografische Wandel und die Veränderung des Krankheitsspektrums greifen jedoch sukzessive auf die Arbeitswelt über (▶ Kap. 6). Anwesenheit als Indikator ist nicht mehr der Garant und Erfolgsfaktor für eine gesunde Organisation, denn nicht alle Abwesenden sind krank, aber auch nicht alle Anwesenden sind gesund und produktiv (Präsentismus als Herausforderung). Gesundheit ist weder ein soziales Projekt im Sinne von CSR-Kampagnen (Corporate Social Responsibility) noch Privatsache, sondern eine **betriebswirtschaftliche Notwendigkeit** (▶ Abschn. 6.2.3). Die betriebs- und volkswirtschaftliche Bedeutung ist evident (vgl. BAuA & BMAS, 2022) (▶ Abschn. 6.1). Dies betrifft v. a. auch den Mittelstand, der sich bei der Implementierung von BGM noch zurückhaltend zeigt und Gesundheit zu selten in der Gesamtstrategie verankert (vgl. Hahnzog, 2014). Die Grenzen des traditionellen Verständnisses der Arbeitswelt im Hinblick auf ihren Beitrag zur Gesundheit müssen im *Jahrhundert der Gesundheit* hinterfragt werden, denn die klassischen Maßnahmen zur Verhütung von Arbeitsunfällen und Berufskrankheiten sowie zur Erhöhung der Anwesenheitszeiten der Mitarbeitenden reichen nicht aus, um dem gesellschaftlichen Auftrag gerecht zu werden. Gesundheit kann gewissermaßen als **Kontrapunkt zum Opportunismus** einer rationalen ökonomischen Sichtweise verstanden werden. Es muss aber auch deutlich werden, dass die gesunde Organisation zwischen *Utopie* (Arbeit als Selbstentfaltung und Gesundheitsressource, kooperatives Akteursverständnis) und *Dystopie* (Gesundheitsdiktat und Selbstoptimierung der Arbeitskraft, kompetitives Akteursverständnis) oszilliert und BGM kein Allheilmittel für gesellschaftliche Probleme ist. Insbesondere im Hinblick auf den Wandel der Arbeitswelt besteht die Gefahr (▶ Abschn. 1.3.2), dass

1

Freiheiten bei der Arbeit (Aufgabe, Ort und Zeit) dazu dienen, Überlastungen zu subjektivieren bzw. einseitig dem Selbstmanagement der Person zu überantworten und damit zur *„Selbstausbeutung im Namen der Selbstverwirklichung"* beizutragen (Petzi & Kattwinkel, 2016, S. 31). Damit würde das BGM den **gesellschaftlichen Schutzmechanismus als Grundauftrag** aushöhlen bzw. durch entgrenzende Maßnahmen unterminieren und den Beschäftigten im Sinne des Mythos vom flexiblen Menschen in einer globalisierten Welt zum Arbeitskraftunternehmer stilisieren, ohne die Gefahren der Hyperflexibilisierung und der Gestrandeten zu erkennen (vgl. Sennett, 2006).

❗ Die größte Gefahr aus Sicht des BGM besteht im **Gesundheitsdiktat aus sozialer Verantwortung**, wenn Expert*innen festlegen, was Gesundheit für den Einzelnen bedeutet und durch entsprechende Maßnahmen ein adäquates Gesundheitsverhalten in der Organisation indirekt erzwingen.

■ **Gesundheit im Spiegel der staatlichen Ordnung**

Auch der **Staat** greift Gesundheit als gesellschaftlichen Wert in seinen Regelungen wie dem SGB zur Steuerung des Gesundheitswesens auf, legitimiert u. a. durch das **Sozialstaatsprinzip**. Allerdings zeichnet sich hier eine Diskrepanz zwischen gesamtgesellschaftlicher Verantwortung und entsprechender Regulierung sowie dem Trend zur Individualisierung und Eigenverantwortung ab. *Wie viel Gesundheit darf der Staat verordnen?* Diese Frage kann verfassungsrechtlich, politisch, ökonomisch oder organisatorisch diskutiert werden. Das **Gesundheitssystem** in Deutschland ist in seiner Struktur und Funktionsweise als komplex und intransparent zu bewerten (vgl. Simon, 2017). Grundprinzipien wie Versicherungspflicht, Beitragsfinanzierung, Solidaritätsprinzip, Bedarfsdeckungsprinzip und Selbstverwaltung prägen das Gesundheitssystem. In einem komplexen Gesundheitssystem mit einer Pluralität von Akteuren und Regelungen bedarf es einer Orientierung, die z. B. in den **nationalen Gesundheitszielen** als Ergebnis der Zusammenarbeit der gesellschaftsprägenden Gesundheitsakteure zu finden ist (▶ www.gesundheitsziele.de). Selbstverantwortung erfordert Ressourcen, ansonsten besteht die Gefahr, dass es Verlierer gibt, die nicht auf die erforderlichen sozialen, kulturellen und ökonomischen Ressourcen zurückgreifen können. So wird nach einem neuen **Ordnungsrahmen** für das Versorgungsmanagement und die Gesundheitsfinanzierung wie z. B. Bürgerversicherung gesucht, die darauf abzielt,

soziale Ungleichheiten im Sozialraum abzubauen, ohne den Einzelnen zu entmündigen. Kardinalproblem ist oft die **rückständige Gesetzgebung** im Bereich des Arbeitsschutzes und des Sozialrechts (▶ Abschn. 1.4). Darüber hinaus ist das **Subsidiaritätsprinzip** zu beachten, wonach aus gesellschaftspolitischer Sicht die Wahrnehmung von Gesundheitsbelangen nur dann durch übergeordnete Einheiten erfolgen soll, wenn untergeordnete Einheiten dies nicht gewährleisten können. *Soll der Staat im Gesundheitswesen ein Gewährleistungsstaat oder ein gestaltender Staat sein?* Diese Frage ist gesellschaftspolitisch umstritten. Als Spiegel des gesellschaftlichen Gesundheitsdiskurses fungieren die Regelungen von programmatischen Leitlinien über Richtliniengesetze bis hin zu empfehlenden Grundsätzen, die im folgenden Abschnitt skizziert werden.

❯ BGM braucht einen **Ordnungsrahmen** aus Leitlinien, Gesetzen und Empfehlungen, der jedoch das Subsidiaritätsprinzip nicht in Frage stellen darf. In der Praxis ist dies ein Spagat.

Gesundheit als gesellschaftliches Gemeingut

Gesundheit ist ein soziales Gut, das alle Bereiche des Lebens betrifft. Gemäß der inter- und multisektoralen WHO-Strategie *„Health in All Policies"* kann der gesellschaftliche Wert Gesundheit nur dann nachhaltig umgesetzt werden, wenn alle Sektoren den Gesundheitsauftrag als konzertierte Aktion realisieren. *Occupational Health* als betrieblicher Ansatz leistet einen wesentlichen Beitrag zu *Public Health* als gesellschaftlicher Aufgabe zur Verbesserung der Gesundheit der Bevölkerung (vgl. Habermann-Horstmeier, 2017; Schwartz et al., 2022). Diese unternehmerische Gesundheitsleistung ist nicht nur dem Eigeninteresse des Unternehmens geschuldet, sondern auch in seiner gesellschaftlichen Verantwortung begründet. Der gesellschaftliche Wert darf jedoch nicht unkritisch in ein Leitbild der gesunden Organisation übernommen werden, um nicht Gefahr zu laufen, dass die **Gesundheitsbestimmung der BGM-Konzeption** als moralische Kategorie oder normativer Zwang erfolgt. BGM wird v. a. in seinen positiven Potenzialen als Utopie in der Praxis diskutiert. Mitunter bedarf es jedoch einer kritisch reflektierten Distanz, damit BGM nicht zum Kompagnon eines normativen Gesundheitsverständnisses einer Gesundheitsgesellschaft wird und damit seinem ureigenen Auftrag der Gesundheitsförderung und Prävention nicht gerecht werden kann.

1.4 Regularien im Betrieblichen Gesundheitsmanagement

Die nationalen **Sozialversicherungssysteme** bilden die tragende Basis für die Gesundheitsförderung und Prävention in Organisationen. Die Regelwerke der Unfall-, Renten-, Pflege- und Krankenversicherung sowie die Regelungen zur Rehabilitation und Teilhabe behinderter Menschen (Disability Management) sind hier zu subsumieren (vgl. Maack-Schulze et al., 2020, S. 5 ff.). Besonders hervorzuheben ist die **Rolle des Sozialgesetzbuches** (SGB) in Bezug auf die Ableitung von Zielen und Ansatzpunkten des BGM, z. B. zur betrieblichen Gesundheitsförderung (§ 20b SGB V), zur Verhütung von Arbeitsunfällen, Berufskrankheiten und arbeitsbedingten Gesundheitsgefahren (§§ 1,14 SGB VII) oder zum BEM (§ 84 SGB IX). Neben dem SGB als rechtliche Säule unterstützen weitere gesetzliche Regelsysteme v. a. im Arbeitsschutzrecht das BGM in seiner Entwicklung, wie z. B. das Arbeitsschutzgesetz (ArbSchG), das Arbeitssicherheitsgesetz (ASiG), das Arbeitszeitgesetz (ArbZG), die Arbeitsstättenverordnung und ihre Anhänge (ArbStättV) sowie weitere Arbeitsschutzverordnungen zur Konkretisierung. Das Präventionsgesetz (PrävG) gehört zu den neueren Gesetzen und verdeutlicht die Relevanz der Präventionsarbeit. Diese rechtlichen Anknüpfungspunkte mit präskriptivem Charakter basieren auf Leitlinien (▶ Abschn. 1.4.2) und Grundsätzen (▶ Abschn. 1.4.4). Entscheidend ist, dass das BGM eine breite rechtliche Basis hat und damit in seinen Aktivitäten legitimiert werden kann (Faber und Faller in Faller, 2017, S. 57 ff.). Unabhängig von dieser Rechtslage bleibt jedoch eine notwendige Voraussetzung für ein erfolgreiches BGM das **betriebliche Engagement** bei der Ausgestaltung und Umsetzung (Singer, 2010, S. 45).

Anwaltschaft für das BGM

Das BGM ist zwar nicht gesetzlich vorgeschrieben, hat aber eine wichtige und breite Verankerung in den Regelwerken (Richtlinien, Gesetze und Grundsätze), die sowohl verpflichtenden als auch empfehlenden Charakter haben. Aus rechtlicher Sicht sind für das BGM insbesondere das Arbeitsschutzgesetz (ArbSchG), das Sozialgesetzbuch (SGB) und das Präventionsgesetz (PrävG) von Bedeutung. Die Luxemburger Deklaration und die Ottawa-Charta sind programmatische Vorgaben für die Gestaltung und Konzeption des BGM. Weitere Regelwerke dienen der Konkretisierung wie die DGUV Vorschriften oder definieren Qualitätsstandards im BGM wie die nicht mehr gültige DIN SPEC 91020 oder die DIN ISO 45001 als integriertes Managementsystem für Sicherheit und Gesundheit bei der Arbeit.

Bevor Leitlinien, Gesetze und Grundsätze als Regelwerk und Anwaltschaft des BGM erläutert werden, ist auf eine **deutsche Besonderheit** hinzuweisen, die sich trotz harmonisierter EU-Richtlinien seit über 100 Jahren behauptet – das duale System.

1.4.1 Das duale System – der tragende Sockel

» „Gesetze, Vorschriften und Regeln im Arbeitsschutz werden in Deutschland im Rahmen des sog. dualen Arbeitsschutzsystems realisiert – im staatlichen Arbeitsschutzrecht und im Autonomen Unfallverhütungsrecht der Unfallversicherungträger." (Brauweiler et al., 2018, S. 1)

Das **dual organisierte Arbeitsschutzsystem** basiert auf zwei Säulen – die staatliche Gewerbeaufsicht und die Träger der gesetzlichen Unfallversicherung nehmen hoheitliche Aufgaben im Bereich des Schutzes vor Arbeitsunfällen und arbeitsbedingten Gesundheitsgefahren nebst Präventionsaufgaben wahr (vgl. Brauweiler et al., 2018). Das duale System hat seine Wurzeln bereits im 19. Jh. (Geburtsstunde der modernen Arbeitsschutzgesetzgebung 1853, in der die Bestellung von Fabrikinspektoren als Aufsichtsorgane geregelt wird; ▶ Abschn. 1.2) und erfüllt nicht nur den Anspruch der Einhaltung und Überwachung gesetzlicher und normativer Vorgaben, sondern stärkt durch die hohe Fachkunde auch die Wahrnehmung unternehmerischer Verantwortung und schafft einen betriebswirtschaftlichen Nutzen (vgl. IFAA, 2017, S. 2). Neben dem **staatlichen Arbeitsschutzrecht** wird auch **autonomes Recht** umgesetzt (Deinert, 2014). Autonomes Recht bezeichnet man das von den beteiligten Akteuren selbst geschaffene Recht und findet sich v. a. in den Unfallverhütungsvorschriften der Träger der gesetzlichen Unfallversicherung nach § 15 SGB VII wieder. Die konkrete Ausgestaltung kann bspw. in Betriebsvereinbarungen erfolgen.

- **Der deutsche Sonderweg im Arbeitsschutz**
Allerdings stellt das duale System im europäischen Raum einen **Sonderweg** dar. Kritisiert wird v. a. die Zersplitterung, Unübersichtlichkeit und Aufsichtsorientierung. Zudem führe das duale System von Gewerbeaufsicht und Berufsgenossenschaften zu unnötigen Überschneidungen und Konflikten. Außerdem sei die Gewerbeaufsicht aufgrund von Mittel- und Personalkürzungen nicht mehr in der Lage, ihrer Aufsichtspflicht in vollem Umfang nachzukommen. Es wird daher vorgeschlagen, die staatliche Aufsicht auf die Berufsgenossenschaften zu übertragen und damit die Gewerbeaufsicht von Aufgaben des Arbeitsschutzes zu

1

entlasten. Die Gewerkschaften und einige Bundesländer sehen solche Tendenzen jedoch kritisch und sprechen sich für eine bessere Aufgabenverteilung als Lösung aus, um eine **durchsetzungsfähige Arbeitsschutzverwaltung** in den Ländern zu gewährleisten. Aus europäischer Sicht entspricht dieses duale System mit seinem doppelten Schutz zudem nicht der Maxime der Liberalisierung und Deregulierung und war in der bisherigen Form nicht mit dem EU-Recht vereinbar. Mit Hilfe einer Bündelungsplattform (s. u.) konnte dieser Streit inzwischen beigelegt werden. Es wird befürchtet, dass eine starke Regulierung zu einem Zusammenbruch des Arbeitsschutzsystems im Kontext des raschen Wandels der Arbeitswelt führen könnte (▶ Abschn. 1.3.2). Grundsätzlich funktioniert Arbeitsschutz auch ohne diesen **doppelten Boden**. Durch die flankierende autonome Regulierung des betrieblichen Arbeitsschutzes durch die Unfallversicherungsträger wird jedoch eine hohe Fachkompetenz und Orts- bzw. Branchennähe und damit eine bessere Durchsetzungskraft und Wirksamkeit erreicht. Zudem hat sich die Zweigleisigkeit auch im Krisenfall bewährt, z. B. bei der COVID-19-Pandemie hinsichtlich der zeitnahen Umsetzung von Maßnahmen des betrieblichen Infektionsschutzes (vgl. BAuA & BMAS, 2022, S. 97 ff.).

❯ Arbeitsschutz funktioniert auch ohne den **doppelten Boden**, der den deutschen Sonderweg kennzeichnet. Der Sonderweg ist vorteilhaft, wenn die Anstrengungen der staatlichen und der autonomen Arbeitsschutzverwaltung gebündelt und aufeinander abgestimmt werden, um Doppelarbeit und überbordende Bürokratie zu vermeiden. Diese Bündelung erfolgt in der Gemeinsamen Deutschen Arbeitsschutzstrategie (GDA).

┌─ **Duale System im Arbeitsschutz** ─────

Das **duale System im Arbeitsschutz** bezeichnet das gesetzlich geregelte Zusammenwirken der staatlichen Arbeitsschutzaufsicht der Länder und des Bundes und der Unfallversicherungsträger bei der Durchsetzung und Überwachung des betrieblichen Arbeits- und Gesundheitsschutzes.

■ **Aufgabenverteilung im dualen System**

Die **Zusammenarbeit und Aufgabenverteilung** ist in § 21 ArbSchG und § 20 SGB VII gesetzlich geregelt (vgl. Pieper, 2022, S. 39 ff.), um Doppelarbeit von staatlichen und berufsgenossenschaftlichen Stellen zu vermeiden. Die zuständigen Landesbehörden und Unfallversicherungsträger sind demnach zur Zusammenarbeit verpflichtet. *„Um den Aufwand der Kontrollbehörden und*

Unternehmen im Rahmen zu halten, wirken die zuständigen Landesbehörden und Träger der gesetzlichen Unfallversicherung bei der Überwachung eng zusammen." (IFAA, 2017, S. 3) So besteht z. B. eine gegenseitige Informationspflicht über die Ergebnisse von Betriebsbesichtigungen. Der Staat erlässt Gesetze, die durch Verordnungen konkretisiert werden. Das Vorschriften- und Regelwerk orientiert sich als nationale Umsetzung an den Regelungen der Europäischen Union. Die **staatlichen Verordnungen** werden durch technische Regeln (z. B. Technische Regeln für Gefahrstoffe – TRGS) und Verwaltungsvorschriften weiter konkretisiert. Zu den staatlichen Normen gehören auch die allgemein anerkannten Regeln der Technik, der Hygiene und der Arbeitsmedizin, die in Richtlinien, Normen und Vorschriften niedergelegt sind. Neben das staatliche Arbeitsschutzrecht tritt das **autonome Recht** der Unfallversicherungsträger. Die Unfallversicherungsträger erlassen Unfallverhütungsvorschriften als autonomes Recht (DGUV Vorschriften), deren Einhaltung durch Aufsichtsdienste überwacht wird (▶ Abschn. 1.4.3). Neben den Vorschriften werden zur Konkretisierung empfehlende Regeln und Informationen als Hilfestellung sowie verbindliche Grundsätze zur Vereinheitlichung herausgegeben.

▬ **Staatliche Arbeitsschutz- bzw. Gewerbeaufsichtsämter:** Sie kontrollieren branchenübergreifend die betriebliche Umsetzung staatlicher Rechtsvorschriften. Je nach Bundesland unterscheiden sich die staatlichen Stellen in Bezeichnung und Struktur. Die staatliche Arbeitsschutzaufsicht differenziert in der Regel zwischen technischem (Gewerbeaufsichtsbeamt/innen) und medizinischem Aufsichtsdienst (Gewerbeärzte). Die Gewerbeaufsichtsbeamt*innen prüfen bei Betriebsbesichtigungen Anlagen, Arbeitsmittel und Schutzausrüstungen, führen Messungen durch, untersuchen Arbeitsverfahren und können bei Verstößen Zwangsmittel bis hin zur Betriebsschließung anwenden. Die Betriebe sind zur Mitwirkung verpflichtet. Hierarchisch ist das System *pyramidenförmig und föderal* aufgebaut. Das Bundesministerium für Arbeit und Soziales (BMAS) erarbeitet Gesetze und Verordnungen im Bereich des Arbeitsschutzes. Die Bundesanstalt für Arbeitsschutz und Arbeitsmedizin (BAuA) berät und unterstützt das Bundesministerium. Am Beispiel Nordrhein-Westfalens ist das Ministerium für Arbeit, Gesundheit und Soziales (MAGS) als oberste Gewerbeaufsichtsbehörde und Steuerungsinstanz zuständig für die Überwachung und Einhaltung der Bundesvorgaben sowie für die Erarbeitung von Landesgesetzen und -verordnungen im Sinne der konkurrierenden Gesetzgebung nach Art. 74 GG (soweit keine Bundesgesetze vorliegen) und die Aufsicht über die Arbeitsschutzbehörden. (► https://www.mags.nrw/arbeitsschutzverwaltung-nordrhein-westfalen). Die Landesministerien werden fachlich und wissenschaftlich durch Institute unterstützt (Landesinstitut für Arbeitsgestaltung NRW). Staatliche Ämter für Arbeitsschutz bzw. Gewerbeaufsichtsämter nehmen hoheitliche Aufgaben wahr. Sie bilden die Speerspitze des Vollzugs und sind Ansprechpartner für Fragen und Belange des AGS (Dezernate 55 und 56 der fünf Bezirksregierungen NRW). Neben einer Koordinierungsfunktion üben sie Aufsichts- und Beratungstätigkeiten aus.

– **Autonome Unfallversicherungsträger:** Die gewerblichen Berufsgenossenschaften und die Unfallversicherungsträger der öffentlichen Hand nehmen als Körperschaften des öffentlichen Rechts hoheitliche, d. h. vom Staat übertragene öffentliche Aufgaben zur Verhütung von Arbeits- und Wegeunfällen sowie Berufskrankheiten wahr. Seit 1996 befassen sie sich im Rahmen eines erweiterten Präventionsauftrages auch mit arbeitsbedingten Gesundheitsgefahren. Um den Besonderheiten der Branchen gerecht zu werden, sind die gewerblichen Berufsgenossenschaften entsprechend gegliedert. Die Verwaltung erfolgt demokratisch in paritätischer Selbstverwaltung durch Arbeitgeber und Versicherte (Arbeitnehmer). Spitzenverband der gewerblichen Berufsgenossenschaften und der Unfallversicherungsträger der öffentlichen Hand ist die Deutsche Gesetzliche Unfallversicherung (DGUV). Sie ist zuständig für die Durchführung, Koordinierung und Förderung gemeinsamer Maßnahmen und der Forschung, erarbeitet Unfallverhütungsvorschriften und Regeln und wirkt bei der Durchführung und Förderung der Aus-, Fort- und Weiterbildung der betrieblichen Akteure im AGS mit. Nach dem SGB VII sind Prävention, Rehabilitation und Entschädigung die zentralen Handlungsfelder. Der Schwerpunkt liegt auf der Prävention. In § 1 Abs. 1 SGB VII heißt es: *„Aufgabe der Unfallversicherung ist es, [...] mit allen geeigneten Mitteln Arbeitsunfälle und Berufskrankheiten sowie arbeitsbedingte Gesundheitsgefahren zu verhüten [...]"*

Aufgaben im Arbeitsschutz

Zu den **Aufgaben des staatlichen Arbeitsschutzes** gehören die branchenübergreifende Erarbeitung von Gesetzen, Verordnungen und Vorschriften für Bund und Länder, deren Durchsetzung und Überwachung sowie beratende und präventive Aufgaben im AGS. Zu den **Aufgaben der Unfallversicherungsträger** bzw. Berufsgenossenschaften gehören die branchenbezogene Erarbeitung von Unfallverhütungsvorschriften und Regeln, die Durchsetzung und Überwachung der eigenen

und der staatlichen Vorschriften, die fachliche Beratung und Unterstützung in den Betrieben sowie die Aus- und Weiterbildung der betrieblichen Akteure.

Gemeinsame Deutsche Arbeitsschutzstrategie

Das duale System bietet Verlässlichkeit. Um den Herausforderungen des Wandels der Arbeitswelt angemessen begegnen zu können, ist jedoch ein **koordiniertes Vorgehen im Arbeitsschutzsystem** erforderlich. Das bedeutet, dass das duale System eine Bündelung der Aktivitäten der Akteure hinsichtlich ihrer Kompetenzen erfordert. Dazu bedarf es einer Rahmenvereinbarung und einer Plattform, die im ArbSchG und SGB VII gesetzlich verankert sind (vgl. Pieper, 2022, S. 350 ff.). Die Etablierung der **Gemeinsamen Deutschen Arbeitsschutzstrategie** seit 2008 (GDA, ► https://www.gda-portal.de/) und die Konstituierung der **Nationalen Arbeitsschutzkonferenz** (NAK) als Entscheidungsgremium orientieren sich an europäischen bzw. internationalen Vorgehensweisen und Verpflichtungen. Aufgaben der GDA sind gemeinsame Arbeitsschutzziele, die in Arbeitsprogrammen wie z. B. Psyche oder Zeitarbeit konkretisiert werden, verbesserte Beratungskonzepte und Überwachungspraxis mit dem Schwerpunkt einer optimierten Abstimmung des Vorgehens und der Zusammenarbeit der Aufsichtsdienste sowie die Schaffung verständlicher Vorschriften und Regeln, um Rechtssicherheit für Betriebe und Beschäftigte zu gewährleisten. Alle Prozesse und Bausteine werden evaluiert. Wichtig ist der GDA, dass ein Vorschriften- und Regelwerk entsteht, das transparent, anwenderorientiert und frei von Doppelregelungen ist. Im Ergebnis soll die **Rechtssicherheit** für Arbeitgeber und Beschäftigte erhöht werden.

» „Ziel dieses Bündnisses ist es, das Arbeitsschutzsystem in Deutschland entlang des Wandels der Arbeitswelt kontinuierlich zu modernisieren und Anreize für Betriebe zu schaffen, die Sicherheit und Gesundheit der Beschäftigten weiter zu stärken." (GDA-Portal, ► https://www.gda-portal.de/DE/GDA/GDA_node.html, Abruf 04/2023)

Struktur des dualen Arbeitsschutzsystems

◘ Abb. 1.4 illustriert schematisch die **Struktur des dualen Arbeitsschutzsystems** in Deutschland (vgl. IFAA, 2017, S. 9 ff.). Hervorzuheben ist an dieser Stelle, dass *„ein gut organisierter Arbeits- und Gesundheitsschutz … nicht nur die umfangreichen gesetzlichen Vorgaben einzuhalten (hilft), sondern … auch betriebswirtschaftliche Vorteile (hat)."* (Vorwort von Sascha Stowasser, Direktor des Instituts für angewandte Arbeitswissenschaft e.

1

□ **Abb. 1.4**   Duales Arbeitsschutzsystem in Deutschland nach IFAA (2017, S. 9 ff.)

V., in IFAA, 2017, S. V) Das zweigliedrige System ist als verlässlicher Partner und Anwalt des BGM zu bewerten und schafft die Basis für eine **nachhaltige betriebliche Gesundheitspolitik**.

1.4.2   Leitplanken – programmatische Deklarationen

Freiwillige Regelungen im BGM basieren häufig auf **programmatische Deklarationen**, die als Meilensteine fungieren (► Abschn. 1.2.2). Das gesetzlich geregelte Arbeitsschutzsystem reicht nicht aus, um den Anforderungen an eine gesunde Organisation in ihren vielfältigen Handlungsfeldern gerecht zu werden (► Kap. 4). BGM erfordert ein erweitertes Verständnis und ein korrespondierendes Engagement der Unternehmen, in Gesundheitsförderung und Prävention zu investieren. Die Bedeutung des Arbeitsplatzes als Handlungsfeld der öffentlichen Gesundheit wächst.

■ **Leitplanken des modernen BGM**

Insbesondere **zwei Leitplanken** bestimmen die programmatische Konzeption eines modernen BGM (vgl. Faller, 2017; Ulich & Wülser, 2018). Zum einen bildet die **Otta-**wa-Charta der WHO (1986) die grundlegende konzeptionelle Referenz für die BGF und gilt als Quelle für das Verständnis einer aktivierenden Gesundheitsförderung unabhängig vom Setting, zum anderen schafft die **Luxemburger Deklaration** (1997, mehrfach aktualisiert) die Basis für Netzwerke zur Identifizierung guter Praxis in der Arbeitswelt und definiert grundlegende Prinzipien als Qualitäts- und Erfolgsfaktoren im BGM (► Abschn. 7.2) (vgl. Faller in Faller, 2017, S. 30 f.). Weitere Leitlinien finden sich in den Meilensteinen erwähnt (► Abschn. 1.2.2). So ergänzt bspw. die **Bangkok-Charta** von 2005 den Globalisierungsaspekt, da globale Trends, die die Gesundheit beeinflussen, wie z. B. neue Konsum- und Kommunikationsmuster, globale Umweltveränderungen oder Urbanisierung, aktualisierte Gesundheitsstrategien und Gesundheitsziele erfordern.

 — **Ottawa-Charta zur Gesundheitsförderung von 1986:** Gesundheit als eigenständiger Wert in Anlehnung an die ganzheitliche Definition der WHO (► Abschn. 2.1) ist nur erreichbar, wenn die Kompetenz des Individuums gestärkt wird, die eigenen Gesundheitspotenziale bzw. Gesundheitsressourcen aktiv zu nutzen, um den Herausforderungen der Umwelt angemessen zu begegnen (s. ► Box „Auszug aus der Ottawa-Charta"). Mit der Ottawa-Charta wird das Konzept der Gesundheitsförderung etabliert (Hurrelmann et al., 2018, S. 24). Die Akteure sehen in der Ottawa-Charta als gesundheitspolitisches Dokument den Kern von New Public Health und den Aufbruch in ein neues Zeitalter der Gesundheit (vgl. Hurrelmann et al., 2018, S. 62). Der Ansatz der aktiven Förderung und das Prinzip der Selbstbestimmung sind in der Ottawa-Charta verankert und haben damit einen Wandel des Gesundheitsverständnisses von der Patho- zur Salutogenese ausgelöst (*Wie lässt sich Gesundheit schaffen?*) ausgelöst (▶ Abschn. 2.2.4). Diese sind auch für BGF bzw. BGM von Bedeutung, auch wenn die Ottawa-Charta selbst das betriebliche Anwendungsfeld nicht direkt adressiert. Selbstbestimmung kann sich aber nur entfalten, wenn die Rahmenbedingungen dies ermöglichen (Empowerment). Damit definiert die Ottawa-Charta den Ausgangspunkt für den Setting-Ansatz im BGM. Die Verantwortung für Gesundheit liegt demnach nicht nur im Gesundheitswesen, sondern insbesondere auch in der Arbeitswelt (vgl. Ulich & Wülser, 2018, S. 3). Nachhaltigkeit kann nur erreicht werden, wenn Gesundheitsförderung als Aufgabe aller Politikbereiche verstanden wird (Gesundheitsförderung als Querschnittsaufgabe). Nach Naidoo und Wills (2019, S. 132) lassen sich fünf zentrale Handlungsfelder identifizieren, die sich gegenseitig verstärken: Die Gestaltung einer gesundheitsförderlichen Gesamtpolitik, die Schaffung unterstützender Lebenswelten, die Stärkung der Gesundheitskompetenz, die Förderung gesundheitsbezogener Gemeinschaftsaktionen und die Neuausrichtung der Gesundheitsdienste im Hinblick auf Zugänglichkeit und Versorgung. Viele Aussagen der Ottawa-Charta bleiben jedoch abstrakt und bedürfen der Konkretisierung und Operationalisierung.

— **Luxemburger Deklaration von 1997** (aktualisiert 2005, 2007 und 2014): Diese Erklärung der Mitglieder des Europäischen Netzwerkes für Betriebliche Gesundheitsförderung (ENWHP) hat das BGM v. a. inhaltlich geprägt, die Rahmenbedingungen für ein qualitätsgesichertes BGM festgelegt und BGM als integrativen und strategischen Ansatz definiert. Es baut auf der EG-Rahmenrichtlinie 89/391/EWG Arbeitsschutz auf und sieht BGF als wichtige Ergänzung zum Arbeitsschutz bzw. sie betont, dass BGF immer

verhaltens- und verhältnisorientierte Maßnahmen beinhaltet. BGM integriert beide Handlungsbereiche auf Augenhöhe (▶ Abschn. 1.1.2). Gestaltungsfaktoren wie aktive Mitarbeiterbeteiligung, Stärkung persönlicher Kompetenzen, Verbesserung der Arbeitsorganisation und der Arbeitsbedingungen, kulturelle Verankerung von Gesundheit, gesunde Führung und eine gesundheitsförderliche Personalpolitik lassen sich aus der Luxemburger Deklaration ableiten, die Gesundheit als ökonomischen Wert zur Sicherung der Leistungs- und Handlungsfähigkeit von Organisationen anerkennt. Als Erfolgsfaktoren gelten eine systematische Einführung in Anlehnung an das Projektmanagement und den Managementzyklus, ein ganzheitlicher Ansatz im Sinne von Verhaltens- und Verhältnisprävention, die Einbeziehung aller Beschäftigten als Partizipationsanspruch und die Integration, d. h. die Berücksichtigung bei allen wichtigen Entscheidungen in allen Organisationsbereichen. Darüber hinaus hat die Luxemburger Deklaration den Erfahrungsaustausch und den sozialen Dialog durch die Bildung von Netzwerken gefördert. Eine wachsende Zahl von Organisationen setzt sich auf freiwilliger Basis für die Verbreitung und Stärkung von BGF im Sinne der Luxemburger Deklaration ein (▶ https://www.netzwerk-unternehmen-fuer-gesundheit.de/). Die Studien zeigen jedoch, dass die Umsetzung der Leitlinien der Luxemburger Deklaration in der Praxis variiert und positive Selbstauskünfte kritisch zu hinterfragen sind. Diese Heterogenität ist zum einen auf die kontextabhängige Variation der relevanten Komponenten wie Prozess- und Strukturelemente im BGM zurückzuführen, zum anderen aber auch auf die Methodik der Studien bei der Erfassung (vgl. Faller, 2018). Generell lässt sich konstatieren, dass in der Praxis nach wie vor das Nachrangigkeitsprinzip im Gegensatz zu dem in der Luxemburger Deklaration postulierten Gleichrangigkeitsprinzip dominiert, d. h. die Verhältnisprävention hat häufig Vorrang vor der Verhaltensprävention. (▶ Abschn. 4.3, s. auch Box „Zielsetzung der Luxemburger Deklaration").

❯ Die Leitplanken haben **empfehlenden Charakter**. Sie bestimmen die programmatische Ausgestaltung eines modernen BGM. Sie fördern die Neuorientierung im traditionellen AGS.

1

Auszug aus der Ottawa-Charta

„Gesundheitsförderung zielt auf einen Prozess, allen Menschen ein höheres Maß an Selbstbestimmung über ihre Gesundheit zu ermöglichen und sie damit zur Stärkung ihrer Gesundheit zu befähigen. Um ein umfassendes körperliches, seelisches und soziales Wohlbefinden zu erlangen, ist es notwendig, dass sowohl einzelne als auch Gruppen ihre Bedürfnisse befriedigen, ihre Wünsche und Hoffnungen wahrnehmen und verwirklichen sowie ihre Umwelt meistern bzw. verändern können. In diesem Sinne ist die Gesundheit als ein wesentlicher Bestandteil des alltäglichen Lebens zu verstehen und nicht als vorrangiges Lebensziel. Gesundheit steht für ein positives Konzept, das in gleicher Weise die Bedeutung sozialer und individueller Ressourcen für die Gesundheit betont wie die körperlichen Fähigkeiten. Die Verantwortung für Gesundheitsförderung liegt deshalb nicht nur bei dem Gesundheitssektor, sondern bei allen Politikbereichen und zielt über die Entwicklung gesünderer Lebensweisen hinaus auf die Förderung von umfassendem Wohlbefinden hin.“

▶ https://www.euro.who.int/__data/assets/pdf_file/0006/129534/Ottawa_Charter_G.pdf

Zielsetzung der Luxemburger Deklaration

„Betriebliche Gesundheitsförderung umfasst alle gemeinsamen Maßnahmen von Arbeitgebern, Arbeitnehmern und Gesellschaft zur Verbesserung von Gesundheit und Wohlbefinden am Arbeitsplatz. Dies kann durch eine Verknüpfung folgender Ansätze erreicht werden:
1. Verbesserung der Arbeitsorganisation und der Arbeitsbedingungen,
2. Förderung einer aktiven Mitarbeiterbeteiligung,
4. Stärkung persönlicher Kompetenzen.“ (Luxemburger Deklaration in der Fassung von 2014)

▶ https://www.dnbgf.de/materialien/veroeffentlichung/news/luxemburger-deklaration-zur-betrieblichen-gesundheitsfoerderung/

Die Phalanx

Die **Ottawa-Charta** unterstreicht das Postulat, dass die Qualität des Arbeitslebens und die Lebensqualität in ihren Auswirkungen auf die Gesundheit keine voneinander unabhängigen Dimensionen darstellen und misst der gesundheitsförderlichen Gestaltung der Arbeit einen hohen Stellenwert bei. Gesundheitsförderung wird in Anlehnung an die ganzheitliche Gesundheitsdefinition der WHO als aktiver, selbstbestimmter und ressourcenorientierter Ansatz übersetzt.

Die **Luxemburger Deklaration** fordert ein ganzheitliches Verständnis von BGM als Integration von verhaltens- und verhältnispräventiven Maßnahmen und definiert Handlungsprinzipien, die ein qualitätsgesichertes und erfolgreiches BGM auszeichnen. Damit formuliert die Luxemburger Deklaration einen Standard für gutes BGM, das sich legitimieren und ökonomisch behaupten kann.

Die Leitlinien haben empfehlenden Charakter. In Verbindung mit den direktiven bzw. verbindlichen Vorgaben der Arbeits- und Sozialgesetzgebung wird eine Formation geschmiedet, die das BGM als unternehmensstrategisch relevantes Handlungsfeld schlagkräftig als Phalanx gegenüber aufweichenden bzw. verwässernden Ansätzen positioniert.

1.4.3 Gesetze – direktive Richtlinien

» „Die Würde des Menschen ist unantastbar. Sie zu achten und zu schützen ist Verpflichtung aller staatlichen Gewalt.“ (Art. 1 Abs. 1 GG) „Jeder hat das Recht auf Leben und körperliche Unversehrtheit.“ (Art. 2 Abs. 2 GG)

Grundlage des deutschen Arbeitsschutzes ist das Grundgesetz (◨ Abb. 1.5). Der Aufbau des deutschen Arbeitsschutzrechts folgt dem Prinzip vom Allgemeinen zum Besonderen. Diese Rangfolge ist ein wesentliches Prinzip der deutschen Rechtssystematik. Alle weiteren Gesetze, die sich mit dem AGS befassen, bauen letztlich auf dem Grundgesetz auf, wie z. B. auch der § 618 des Bürgerlichen Gesetzbuches (BGB) über die Pflicht zu Schutzmaßnahmen. Darüber hinaus wird die Gesetzgebung von der Europäisierung durch Harmonisierung bzw. Angleichung von Verordnungen und Richtlinien der Europäischen Union bestimmt.

■ **Arbeitsschutzrecht als Grundlage**

Das **Arbeitsschutzgesetz** (ArbSchG) von 1996 (Novellierung 2013) bildet die Grundlage des Arbeitsschutzrechts, da es die Grundpflichten des Arbeitgebers zum Arbeitsschutz, die Pflichten und Rechte der Beschäftigten sowie die Überwachung des Arbeitsschutzes durch staatliche Behörden regelt. Als *Inhaltsgesetz* bestimmt das ArbSchG die allgemeine Vorgehensweise im AGS zum Schutz der Beschäftigten vor arbeitsbedingten

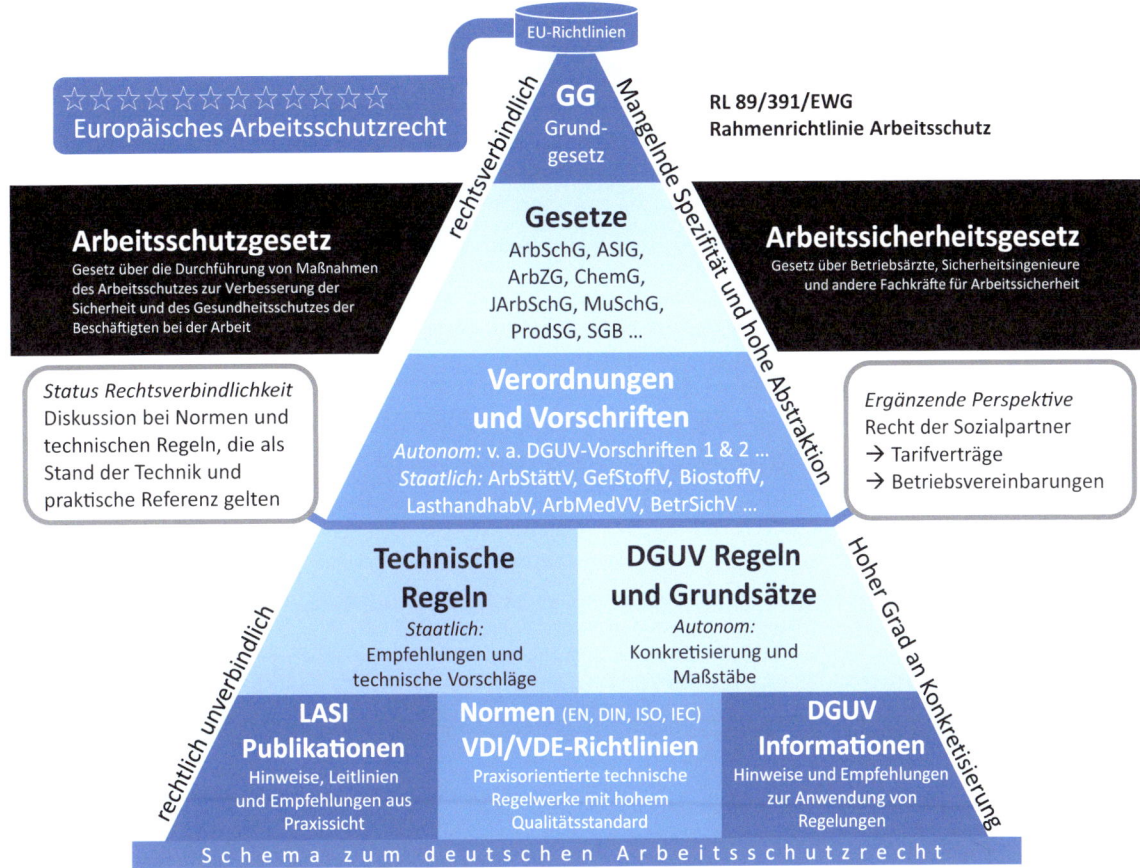

Abb. 1.5 Pyramide des deutschen Arbeitsschutzrechts nach IFA/DGUV (▶ https://www.dguv.de/ifa/)

Gefahren und schädlichen Belastungen im Zusammenhang mit einer Gefährdungsbeurteilung (vgl. Pieper, 2022). Das ArbSchG setzt die Anforderungen der europäischen Arbeitsschutz-Rahmenrichtlinie (Richtlinie 89/391/EWG) konsequent in deutsches Recht um. Diese Rahmenrichtlinie definiert hohe Anforderungen, eröffnet aber auch nationale Gestaltungsspielräume. Das **Arbeitssicherheitsgesetz** (ASiG) von 1973 ist quasi das Pendant zum Arbeitsschutzgesetz als *Organisationsgesetz* – es regelt die sicherheitstechnischen Pflichten des Arbeitgebers in Bezug auf die Bestellung und Aufgaben von Betriebsärzt*innen und anderen Fachkräften für Arbeitssicherheit sowie deren Organisation, wie z. B. die Bildung des Arbeitsschutzausschusses (ASA). Als Rahmengesetz befasst sich das ASiG somit mit den Akteuren, die den Arbeitgeber beim Arbeitsschutz und bei der Unfallverhütung beraten und unterstützen und damit die Wirksamkeit der Arbeitsschutzmaßnahmen

erhöhen. Diese Akteure sind in der Ausübung ihrer Fachkunde weisungsfrei. Die allgemeinen Vorschriften des ASiG werden durch die **Unfallverhütungsvorschriften** konkretisiert, die als autonomes Recht ebenfalls verbindlich sind (▶ Abschn. 1.4.4). Die ◘ Tab. 1.3 zeigt ausgewählte Rechtsgrundlagen für das BGM (vgl. auch Exkurs ▶ „Weitere Regelungen").

❯ Das **Arbeitsschutzrecht** bezieht sich v. a. auf das Arbeitsschutzgesetz (ArbSchG), das Arbeitssicherheitsgesetz (ASiG) und die Unfallverhütungsvorschriften (UVV). Unterhalb der Gesetzesebene gibt es eine Reihe von konkretisierenden Verordnungen, wie z. B. die Arbeitsstättenverordnung (ArbStättV). Im Mittelpunkt steht die EU-Arbeitsschutzrahmenrichtlinie als europäische Vorgabe. Das duale System mit der staatlichen und der autonomen Säule bildet die Metastruktur des Arbeitsschutzrechts.

1

☐ Tab. 1.3 Ausgewählte Rechtsgrundlagen für das BGM

Rechtsgrundlage	Kommentar
Arbeitsschutzgesetz (ArbSchG)	Grundlage für das BGM ist das Gesetz über die Durchführung von Maßnahmen des Arbeitsschutzes zur Verbesserung der Sicherheit und des Gesundheitsschutzes der Beschäftigten bei der Arbeit von 1996, das die Pflichten des Arbeitgebers sowie die Pflichten und Rechte der Beschäftigten zur menschengerechten Gestaltung der Arbeit regelt. Nach dem ArbSchG und der Unfallverhütungsvorschrift „Grundsätze der Prävention" (DGUV Vorschrift 1) sind die Unternehmen verpflichtet, durch eine Gefährdungsbeurteilung (▶ Abschn. 4.2.3.1) Gesundheitsgefahren am Arbeitsplatz zu ermitteln, zu dokumentieren und zu beseitigen. Mit der Novellierung des ArbSchG 2013 berücksichtigt die Gefährdungsbeurteilung nicht nur physische Gefährdungen, sondern ausdrücklich auch psychische Belastungen. Rechtsverordnungen wie z. B. die Arbeitsschutzverordnung SARS-CoV 2 im Rahmen einer zeitlich begrenzten epidemischen Situation von nationalem Ausmaß flankieren den gesetzlichen Arbeitsschutz.
Arbeitssicherheitsgesetz (ASiG)	Das Gesetz über Betriebsärzt*innen, Sicherheitsingenieur*innen und andere Fachkräfte für Arbeitssicherheit legt fest, dass der Arbeitgeber dafür zu sorgen hat, dass Fachkräfte bestellt werden, die den Arbeitsschutz qualifiziert unterstützen und für die Unfallverhütung sorgen. Damit regelt das Gesetz die Grundstrukturen der Organisation eines wirksamen betrieblichen Arbeitsschutzes und erhöht dessen Wirksamkeit. Die DGUV Vorschrift 2 konkretisiert und vereinheitlicht das Verfahren zur Umsetzung des ASiG und erweitert die Mitwirkungsrechte bei der Ausgestaltung.
Sozialgesetzbuch (SGB)	Das SGB enthält mehrere Bereiche, die für das BGM von Bedeutung sind. So regelt § 84 Abs. 2 SGB IX das Betriebliche Eingliederungsmanagement, das dem Erhalt der Beschäftigungsfähigkeit bei Langzeiterkrankungen dient. §14 Abs. 1 SGB VI erläutert die Beteiligung der Träger der gesetzlichen Rentenversicherung nach dem Grundsatz Prävention vor Rehabilitation. Die §§ 1 und 14 SGB VII definieren den Auftrag der gesetzlichen Unfallversicherung zur Verhütung arbeitsbedingter Gesundheitsgefahren und regeln die Zusammenarbeit mit der gesetzlichen Krankenversicherung. Der für das BGM im Bereich der Verhaltensprävention wichtigste Paragraf ist § 20 SGB V (s. ▶ Exkurs „§ 20 SGB V"). Er bezieht sich auf die betriebliche Gesundheitsförderung, die Primärprävention und die Selbsthilfe durch die gesetzlichen Krankenkassen. Gemeinsam decken Unfallversicherungsträger und Krankenkassen ein breites Spektrum der Gesundheitsförderung und Prävention ab.
Präventionsgesetz (PrävG)	Mit dem PrävG soll die Bedeutung der gesundheitlichen Prävention in Lebenswelten gestärkt und die Umsetzung qualitätsgesicherter Maßnahmen der Prävention und Gesundheitsförderung unterstützt werden. Hauptadressat sind die Krankenkassen („Krankenversicherungsrecht"). Im Setting Arbeitswelt zielt das Gesetz auf eine bessere Kooperation zwischen BGF und Arbeitsschutz und stärkt durch mehr Ressourcen die betriebliche Präventionsarbeit eines ganzheitlich ausgerichteten BGM. Ziel ist der Auf- und Ausbau gesundheitsförderlicher Strukturen in der Arbeitswelt. Im Zusammenhang mit dem Gesetz wird die Kooperations- und Koordinationsstruktur der Gesundheitsakteure mit nationalen Präventionsstrategien, -konferenzen (Nationale Präventionskonferenz) und -foren sowie Landes- und Bundesrahmenvereinbarungen ausgebaut.

Für eine Übersicht und Einordnung von Gesetzen, Verordnungen, Vorschriften und Richtlinien im Arbeits- und Gesundheitsschutz siehe Meinel (2018).

Weitere Regelungen

Aber auch **viele andere gesetzliche Regelungen** sind zu nennen, wie z. B. das Einkommensteuergesetz mit dem § 3 Nr. 34, der die Zuschüsse regelt, die Arbeitgeber ihren Beschäftigten zur Verbesserung des Gesundheitszustandes steuerfrei gewähren können. Zu nennen sind hier auch das Arbeitszeitgesetz (ArbZG) v. a. im Zusammenhang mit dem Ausbau flexibler Arbeitszeitmodelle oder die Arbeitsstättenverordnung (ArbStättV) mit der Formulierung von Mindeststandards und Schutzzielen oder das Betriebsverfassungsgesetz (BetrVG), das die Mitbestimmungs- bzw. Beteiligungsrechte von Betriebsrät*innen im Gesundheitsbereich regelt. Ferner sind auch das Allgemeine Gleichbehandlungsgesetz (AGG) im Zusammenhang mit der alternsgerechten Gestaltung von Arbeitsplätzen oder die Bildschirmarbeitsverordnung als Anhang zur ArbStättV, die einen ganzheitlichen Ansatz verfolgt und psychomentale Belastungen berücksichtigt, von Bedeutung. Weitere gesetzliche Ansätze aus Sicht des AGS finden sich u. a. im Mutterschutz im Arbeitsprozess, im Jugendarbeitsschutz, in der arbeitsmedizinischen Vorsorge, der Arbeitnehmerüberlassung bis hin zum Strahlen- und Infektionsschutz und dem Umgang mit Gefahrstoffen nach der Gefahrstoffverordnung (vgl. Meinel, 2018). Darüber hinaus gibt es zahlreiche **Sonderregelungen** für bestimmte Personengruppen wie z. B. Leiharbeitnehmer*innen, Schichtarbeitnehmer*innen, schwerbehinderte Menschen oder Beschäftigte in Telearbeit.

Gesetzliche Verankerung des BGM

Die **gesetzliche Verankerung des BGM** basiert im Wesentlichen auf vier Protagonisten: Arbeitsschutzgesetz, Arbeitssicherheitsgesetz, Sozialgesetzbuch und Präventionsgesetz. Sie haben im Gegensatz zu Leitlinien verbindlichen Charakter und erhöhen damit die **Durchschlagskraft** hinsichtlich der Ableitung und Ausgestaltung des BGM.

■ Gebot oder Kür

Manche Vorschriften haben verpflichtenden Charakter wie das ArbSchG, andere haben empfehlenden Charakter wie die BGF-Leitlinien als freiwilliges Instrument (▶ Abschn. 1.4.2). Unabhängig vom Regelungsformat benötigt das BGM eine Anwaltschaft, um Gehör zu finden, denn es gibt **keine dezidierte gesetzliche Verpflichtung** des Arbeitgebers zur Implementierung eines BGM (Uhle & Treier, 2019, S. 85 ff.). Gleichwohl finden sich rechtliche Anleihen, die die Ausgestaltung und Ableitung des BGM indirekt bestimmen und legitimieren, wie z. B. die prozess- und maßnahmenbezogene Organisation des BGM als kontinuierlicher Verbesserungsprozess (▶ Abschn. 7.1). Für den klassischen AGS ist die rechtliche Legitimation gegeben, wenngleich die zunehmende Komplexität des Arbeitsschutzrechts nicht zur Transparenz beiträgt (vgl. Pieper, 2022). Im Bereich der freiwilligen Leistungen der Gesundheitsförderung ist die Begründung eher schwach und auf das SGB fokussiert. Und hinsichtlich des Wandels der Arbeitswelt in Richtung 4.0 gibt es trotz neuer digitaler Gesetze im Gesundheitswesen noch offene Flanken (vgl. Treier, 2021b) (▶ Kap. 5). Einem guten BGM gelingt es, die *„Pflicht zur Kür und die Kür zum Erfolg"* zu machen, denn der Erfolg ist die stärkste Legitimation (vgl. Lukl et al. in Pfannstiel & Mehlich, 2018, S. 739 ff.) (▶ Kap. 6).

■ Deregulierung und Liberalisierung

Angesichts des rechtlichen Dschungels wird der Ruf nach Deregulierung und Liberalisierung immer lauter. So geht die zunehmend **europäisch geprägte Gesundheitspolitik** mit Deregulierungstendenzen einher, die allerdings auch Schlupflöcher und Grauzonen zulassen.

Grundsätzlich ist eine **liberale Ausgestaltung** der Regelungsdichte im Arbeitsschutz wünschenswert, indem Mindeststandards definiert werden, sodass die Ausgestaltung vor Ort den Besonderheiten des Settings Rechnung tragen kann. Damit wird verhindert, dass das System des AGS durch Überregulierung kollabiert. Allerdings besteht die Gefahr der Verwässerung. Der Spagat zwischen Regelungszwang und Freiheit kristallisiert sich als Gratwanderung heraus. Einerseits ist der Gesetzgeber daran interessiert, einer **Überbürokratisierung** durch eine Bürokratiebremse entgegenzuwirken, andererseits benötigt die agile Arbeitswelt Leitplanken einer gesunden Arbeitswelt, die Willkür, Beliebigkeit und Sprunghaftigkeit im Sinne der sozialen Verantwortung für einen gelebten AGS verhindern helfen. Regelwerke in ihren unterschiedlichen Ausprägungen als Richtlinien, Gesetze oder Grundsätze sollen als Navigationsinstrument und Kompass für eine gute Organisation dienen, ihre Einhaltung erfordert aber letztlich ein betriebliches Engagement, das nicht durch Regelwerke festgelegt werden kann. Vielfach ist der Gesetzgeber daran interessiert, nur **Rahmenvorschriften** zu erlassen (Richtlinienorientierung), um Spielräume für eine zielgerichtete und kreative Umsetzung zu ermöglichen. Dieser offene Ansatz kann aber auch zu Umsetzungsdefiziten führen, wenn Organisationen in Unklarheiten verharren oder die Erfüllung zwar rechtskonform umsetzen, aber inhaltlich nicht validieren – dies ist z. B. bei der Umsetzung der Gefährdungsbeurteilung der Fall, da viele Aspekte wie z. B. Methodik und Häufigkeit im ArbSchG nicht verbindlich erklärt sind. Problematisch im Hinblick auf die Orientierungsfunktion ist zudem, dass die **Novellierungsrate** von Gesetzen und Verordnungen im Gesundheitsbereich hoch ist (Anpassungs- und Änderungsgesetze), um stets aktuelle Erkenntnisse zu berücksichtigen und den realen Arbeitssituationen zu entsprechen (vgl. Meinel, 2018).

❯ Die **europäische Arbeitsschutzpolitik** zielt auf Deregulierung im Sinne von Rahmenvorschriften, um Bürokratisierung entgegenzuwirken und nationale Gestaltungsspielräume zu ermöglichen. Dies verhindert eine Überregulierung, kann aber auch zu Unsicherheiten bei der Konkretisierung führen.

1

§ 20 SGB V

Das aktuelle Regelwerk zu Ansätzen betrieblicher Prävention und Gesundheitsförderung im gesetzlichen Sozialversicherungssystem wird v. a. durch den § 20 SGB V geprägt (vgl. Maack-Schulze et al., 2020). Die Entstehungsgeschichte des § 20 SGB V ist exemplarisch für die Wankelmütigkeit der Regelungen, denn im Rahmen des Gesundheitsreformgesetzes (GRG von 1989) wurde den Krankenkassen die Aufgabe übertragen, Maßnahmen der Prävention und Gesundheitsförderung zu initiieren und bei der Verhütung arbeitsbedingter Gesundheitsgefahren mitzuwirken. In der Praxis lag der Schwerpunkt auf verhaltensbezogenen Maßnahmen und weniger auf der Verhältnisorientierung. 1992 wurde eine Kooperationsvereinbarung mit den Unfallversicherungsträgern geschlossen. Mit dem Beitragsentlastungsgesetz 1996 wurde der Handlungsspielraum jedoch wieder zurückgenommen und zur Kostendämpfung Aufgaben auf die Unfallversicherungsträger verlagert. Mit der Verabschiedung des SGB VII erhielten die Unfallversicherungsträger einen er-

weiterten Präventionsauftrag zur Verhütung arbeitsbedingter Gefahren, da sie sich bis dahin auf die Verhütung von Arbeitsunfällen und Berufskrankheiten konzentriert hatten. Darüber hinaus intensivierte der Gesetzgeber die Zusammenarbeit mit den Krankenkassen, da diese nach dem SGB V im Rahmen der Gesundheitsförderung eng mit den Trägern der GUV zusammenarbeiten sollten. Im Rahmen des GRG kam es im Jahr 2000 zu einer Neufassung des § 20 SGB V, die den Krankenkassen wiederum einen erweiterten Handlungsspielraum im Bereich der Primärprävention einräumte. Im Jahr 2007 führte das Gesetz zur Stärkung des Wettbewerbs in der gesetzlichen Krankenversicherung im Rahmen der Gesundheitsreform zu einer Novellierung, in der auch wieder eigene Leistungen im Bereich der BGF zugelassen wurden. Das PrävG hat die Rolle der Krankenkassen nochmals gestärkt. Immer wieder in der Diskussion ist der § 20 SGB V als Ausdruck **einer dynamischen Gesundheitspolitik**.

1.4.4 Grundsätze – Empfehlungen und Normen

» „Das Vorschriften- und Regelwerk soll in sich konsistent, für die Anwender leicht handhabbar und aus sich heraus verständlich und praktikabel sein." (Keller, 2013, S. 23)

Gesetze bedürfen zu ihrer **Konkretisierung** der Ausfüllung durch Normen und Grundsätze. So schreibt z. B. das ArbSchG eine Gefährdungsbeurteilung vor, bleibt aber in der Konkretisierung vage. Hier bietet die Unfallverhütungsvorschrift (DGUV Vorschrift 1, „Grundsätze der Prävention") als autonomes Recht in Verbindung mit der erläuternden DGUV Regel 100-001 eine verbindliche Konkretisierung und dient als Grundlage für die empfehlende Leitlinie „Gefährdungsbeurteilung und Dokumentation" (GDA, 2017) der Gemeinsamen Deutschen Arbeitsschutzstrategie.

▪ Ziele der Grundsätze
Die **allgemeinen Ziele** der Grundsätze, die in unterschiedlicher Form die Gesetze als Regelwerk flankieren, sind Konkretisierung bzw. Operationalisierung, adressatengerechte Information und Standardisierung bzw. Festlegung von Mindeststandards. Letztlich dienen diese Grundsätze der **Qualitätssicherung im BGM** (▶ Abschn. 7.1) und spiegeln aktuelle gesundheits- und arbeitswissenschaftliche Erkenntnisse wider. Der Gesetzgeber definiert Rahmenrichtlinien *(Was)*, die einer praxisnahen Übersetzung *(Wie)* bedürfen, um

einen gelebten AGS und damit auch ein handlungsfähiges BGM zu ermöglichen.

▪ Systematik des Regelwerks
Die Grundsätze haben unterschiedliche Formate, dies manifestiert sich bspw. im Vorschriften- und Regelwerk der Berufsgenossenschaften (BGVR). Vom Prinzip unterscheiden sich die Formate hinsichtlich ihrer Verbindlichkeit und Formalisierung. Am bekanntesten sind hier die DGUV Vorschriften (◻ Tab. 1.4). Gemäß dem Präventionsauftrag nach § 14 SGV VII erlassen die Unfallversicherungsträger Vorschriften als verbindliche autonome Rechtsnormen nach § 15 SGV VII (▶ www.dguv.de/publikationen). Die DGUV Vorschriften bedürfen einer **Evaluation**, um festzustellen, ob sie den AGS aus Sicht der Unfallversicherungsträger fachgerecht und zeitgemäß umsetzen. So wird z. B. für Kleinst- und Kleinbetriebe nach alternativen Betreuungsmodellen zur Regelbetreuung gesucht, um auch dort ein Betreuungskonzept zu realisieren. Das **Pilotprojekt Zentrumsmodell** als trägerübergreifendes Betreuungsnetzwerk für Kleinst- und Kleinbetriebe bedarf einer Überprüfung hinsichtlich Praktikabilität und Wirksamkeit (DGUV, 2021a). Es hat sich gezeigt, dass dieser Prototyp aufgrund seiner Komplexität zu ressourcenintensiv für ein dauerhaftes Angebot ist. Ansatzpunkte zur Optimierung sind Schnittstellenreduktion bei den Akteuren oder auch digitale Angebote zur Vernetzung. Die Vorschriften stellen die oberste Ebene dar. Die **Systematik für das Regelwerk** der gesetzlichen Unfallversicherung unterteilt seit 2014 die ehemals vielfältigen Formate in vier Kategorien mit einer

◻ **Tab. 1.4** DGUV Vorschriften 1 und 2

DGUV Vorschriften	Erläuterung
DGUV Vorschrift 1	Die DGUV Vorschrift 1 (Grundsätze der Prävention von 2014 als Ersatz für die bisherige BGV A1) verbindet das ArbSchG mit den berufsgenossenschaftlichen Vorschriften. Sie informiert über die Pflichten des Arbeitgebers und der Versicherten in Fragen der Sicherheit und des Gesundheitsschutzes am Arbeitsplatz, wie z. B. die regelmäßige Unterweisung oder die Durchführung der Gefährdungsbeurteilung, aber auch die Unterstützungspflicht der Versicherten bei Maßnahmen zur Verhütung arbeitsbedingter Gesundheitsgefahren. Ferner befasst sich die DGUV Vorschrift 1 mit der betrieblichen Organisation des Arbeitsschutzes, indem sie bspw. die Anzahl der Sicherheitsbeauftragten einheitlich regelt. Sie dient als Grundlagenvorschrift für die berufsgenossenschaftliche Präventionsarbeit in den Unternehmen.
DGUV Vorschrift 2	Die DGUV Vorschrift 2 (Unfallverhütungsvorschrift) regelt die Pflichten der Arbeitgeber zur betrieblichen Betreuung durch Betriebsärztinnen und -ärzte sowie anderen Fachkräften für Arbeitssicherheit und konkretisiert damit das ASiG. Neben den Pflichten wird auch die erforderliche Fachkunde zur Erfüllung der betriebsärztlichen und sicherheitstechnischen Aufgaben beschrieben.

Die DGUV Regeln werden durch weitere Regeln wie z. B. die DGUV Regel 100-001 konkretisiert.

systematischen Nummerierung als Nomenklatur, um eine bessere Übersichtlichkeit und Vereinheitlichung zu erzielen (Keller, 2013).

– **DGUV Vorschriften:** Sie stellen verbindliches autonomes Recht dar (§ 15 SGV VII) und werden von den Unfallversicherungsträgern im Rahmen ihres Auftrags nach § 14 ff. SGB VII erlassen. Ihre Einhaltung wird durch die Aufsichtsdienste der Unfallversicherungsträger überwacht. Als autonome Rechtsnormen setzen sie dort an, wo keine staatlichen Arbeitsschutzvorschriften eine Regelung treffen. Unterhalb dieser Vorschriftenebene finden sich Regeln, Grundsätze und Informationen, die die Unternehmen und Versicherten bei der Wahrnehmung ihrer Pflichten in den Bereichen Sicherheit, Arbeits- und Gesundheitsschutz unterstützen.

– **DGUV Regeln:** Sie konkretisieren und erläutern den staatlichen Arbeitsschutz bzw. ergänzen die Unfallverhütungsvorschriften inhaltlich. Sie sind praxisorientiert, geben dem Arbeitgeber konkrete Hinweise zur Erreichung der Schutzziele und dienen als Richtschnur für die Präventionsarbeit im Betrieb. Sie sind rechtlich nicht verbindlich.

– **DGUV Grundsätze:** In den Grundsätzen werden Prüfkriterien zu bestimmten Verfahren veröffentlicht, um eine einheitliche Durchführung der Prüfungen zu gewährleisten (Überwachungsleitlinien). Sie sind für die Unfallversicherungsträger verbindlich.

– **DGUV Informationen:** Als nicht formalisiertes Verfahren werden hier ergänzende Hinweise und Empfehlungen zur Arbeitssicherheit mit Anwendungsbezug gegeben.

Tipp

Vorschriften, Regeln und Informationen sind in **Datenbanken** abrufbar und recherchierbar (▶ https://www.dguv.de/de/datenbanken/). Professionelle, aber kostenpflichtige Lösungen wie die BGVR-Bibliothek ermöglichen eine effiziente Recherche im Dschungel des wachsenden Regelwerks berufsgenossenschaftlicher Vorschriften (▶ https://www.arbeitssicherheit.de/schriften.html).

Beispiel ArbMedVV

Um Rechtssicherheit und Verständlichkeit zu gewährleisten, ist es notwendig, die zahlreichen Vorschriften zu harmonisieren und zusammenzufassen. Eine solche Vereinfachung stellt z. B. die **Verordnung zur arbeitsmedizinischen Vorsorge** (ArbMedVV) als Rechtsgrundlage für die Durchführung arbeitsmedizinischer Vorsorgemaßnahmen dar. Vor Inkrafttreten der ArbMedVV im Jahr 2008 waren viele Regelungen zur arbeitsmedizinischen Vorsorge in verschiedenen Fachverordnungen wie der Gefahrstoffverordnung oder dem Unfallverhütungsrecht verstreut. Durch die Zusammenführung werden Transparenz, Kohärenz und Rechtsklarheit hinsichtlich der Pflicht-, Angebots- und Wunschvorsorge erreicht. Als Handlungsfelder berücksichtigt die ArbMedVV die arbeitsmedizinischen Vorsorgetermine und Eignungsuntersuchungen (Aufklärung, Beratung und Diagnostik), die Auswertung der Vorsorgeergebnisse und die arbeitsmedizinisch begründeten Vorschläge an den Arbeitgeber für Maßnahmen des betrieblichen Arbeitsschutzes. Die Verordnung wird durch Arbeitsmedizinische Regeln (AMR) und Arbeitsmedizinische Empfehlungen (AME) konkretisiert. Sie werden vom Ausschuss für Arbeitsmedizin erarbeitet und spiegeln den Stand des arbeitsmedizinischen Wissens wider.

1

■ **Normen zur Qualitätssicherung als Basis**

Starke Partner bei der qualitätsgesicherten Ausgestaltung und Ableitung des BGM sind neben den Vorschriften und Konkretisierungen die **DIN und ISO Normen** (vgl. Brauweiler et al., 2019; Kaminski, 2013; Weigl, 2019). Sie tragen zur Standardisierung und Qualitätssicherung bei. Häufig bilden sie als Qualitätsmodelle die **Grundlage für Gesundheitswettbewerbe** wie den Deutschen Arbeitsschutzpreis, den Unternehmenspreis Gesundheit oder den Corporate Health Award im Rahmen von Benchmarking, Auditierung und Zertifizierung (▶ Abschn. 7.1). Die **High Level Structure** (HLS) der ISO als übergeordnete Grundstruktur, auf der alle modernen Managementsysteme aufbauen, ermöglicht eine relativ einfache Integration weiterer Anforderungen, z. B. auch im Hinblick auf das BGM oder den Arbeitsschutz nach ISO 45001. Dies zeigt sich nicht nur in der gemeinsamen Struktur des Inhaltsverzeichnisses, das in zehn Abschnitte vom Anwendungsbereich über die Führung bis zur Verbesserung gegliedert ist, sondern auch in den vereinheitlichten Begriffen und prozessbezogenen Anforderungen. So schafft die kürzlich zurückgezogene und viel zitierte DIN SPEC 91020 einen Leitfaden für den Aufbau eines qualitätsgesicherten BGM. Diese BGM-Zieldefinitionen können teilweise als SGA-Ziele (Sicherheit und Gesundheit bei der Arbeit) in die ISO 45001:2018-06 übernommen werden.

— **DIN SPEC 91020:** Die DIN-Spezifikation 91020 wurde im Jahr 2012 als BGM-Vornorm veröffentlicht und 2020 zurückgezogen. Sie versteht BGM als *„systematische sowie nachhaltige Schaffung und Gestaltung von gesundheitsförderlichen Strukturen und Prozessen einschließlich der Befähigung der Organisationsmitglieder zu einem eigenverantwortlichen, gesundheitsbewussten Verhalten."* (Kaminski, 2013, S. 30) Als Fokus kristallisiert sich die Erhaltung und Förderung der Gesundheit als langfristiges und strategisches Ziel heraus. Dabei setzt sie auf den Public Health Action Cycle im Sinne des PDCA-Zyklus (Plan, Do, Check, Act) (▶ Abschn. 7.1) (vgl. Habermann-Horstmeier, 2019, S. 45 ff.). Die DIN SPEC 91020 macht keine Angaben zu konkreten Maßnahmen der Verhaltens- oder Verhältnisprävention oder zu erfolgreichen Praxisprogrammen. Sie definiert auch keinen verbindlichen Arbeitsschutzstandard. Sie beschreibt vielmehr einen systematischen Weg zu einem nachhaltigen und erfolgreichen BGM aus Organisations- und Prozesssicht (Managementzyklus) und kann als Qualitätsmodell für die Zertifizierung eines BGM dienen.

— **DIN ISO 45001:** Die DIN ISO 45001 „Managementsysteme für Sicherheit und Gesundheit bei der Arbeit" löst 2018 die BS OHSAS 18001:2007 (Occu-pational Health and Safety Assessment Series, British Standard) ab. Sie schafft die Voraussetzungen für eine Annäherung des traditionellen AGS an das BGM. Der AGS unterliegt strengen gesetzlichen Vorschriften und behördlichen Auflagen. Dies spiegelt sich u. a. in der SGA-Norm der ISO 45001 wider: *„Die beabsichtigten Ergebnisse eines SGA-Managementsystems sind die Prävention von arbeitsbedingten Verletzungen und Erkrankungen von Beschäftigten und die Bereitstellung sicherer und gesundheitsgerechter Arbeitsplätze."* Der Schwerpunkt liegt auf Prävention und Vermeidung als Ausdruck von Compliance (Rechtssicherheit), d. h. der Gewährleistung einer sicheren Arbeitsumgebung und sicherer Arbeitsbedingungen. Die Gesundheitsdimension wird berücksichtigt, nicht aber die Gesundheitsförderung im privaten Bereich. Sie erklärt den AGS zu einem unternehmensstrategisch relevanten Führungsthema und kann damit auch Teile der DIN SPEC 91020 abdecken. Der Aufbau eines zertifizierten Arbeitsschutzmanagementsystems nach DIN ISO 45001 kann BGM integrieren (SGA-Management). Aus Sicht des BGM ist jedoch kritisch anzumerken, dass der hohe Stellenwert des Arbeitsschutzes nicht explizit die BGM-spezifischen Ziele berücksichtigt.

— **Weitere ISO-Normen** sind zu beachten, wie z. B. die **DIN EN ISO 10075** „Ergonomische Grundlagen bezüglich psychischer Arbeitsbelastung", die grundlegende Begriffe und Annahmen zur psychischen Arbeitsbelastungen beschreibt (Teil 1), Gestaltungsgrundsätze formuliert (Teil 2) und Anforderungen an die Messung und Erfassung psychischer Belastungen festlegt (Teil 3). Damit ist die ISO 10075 grundlegend für die Gefährdungsbeurteilung psychischer Belastung nach dem ArbSchG (▶ Abschn. 4.2.3.1). Aus Sicht der modernen Arbeitswelt ist auch die **DIN EN ISO 9241** von besonderer Bedeutung, da sie die (kognitive) Ergonomie der Mensch-System-Interaktion beschreibt und Anforderungen an die menschengerechte Gestaltung moderner interaktiver Systeme im Rahmen der Bildschirmarbeit definiert. V. a. die Grundsätze der Dialoggestaltung nach DIN EN ISO 9241-110:2008 wie Aufgabenangemessenheit, Selbstbeschreibungsfähigkeit oder Erwartungskonformität werden bei der Softwareergonomie als Maßstab berücksichtigt und im ▶ Abschn. 4.2.3.3.2 Arbeitsplatzgestaltung 4.0 vorgestellt. Diese Erkenntnisse werden auch in den DGUV Informationen abgebildet (z. B. DGUV Information 215-450 zur Softwareergonomie). Weitere Grundlagennormen zur Arbeitsplatzgestaltung sind im ▶ Abschn. 4.2.3.3 aufgeführt.

❯ Gerade die ausgelaufene DIN SPEC 91020 hat einen **Qualitätsschub im BGM** ausgelöst und zur Professionalisierung beigetragen, da neben den Ressourcen auch Strukturen und Prozesse betrachtet werden. Darüber hinaus stellt sie den Rahmen für eine Zertifizierung zur Verfügung.

■ **Grundsätze als internationales Thema in einer globalen Welt**

Die **Richtlinien- und Leitlinienkompetenz** wird nicht nur auf nationaler Ebene von der DGUV bzw. der GDA wahrgenommen und manifestiert sich z. B. bei der GDA in Leitlinien wie „Leitlinie zur Gefährdungsbeurteilung und Dokumentation" oder „Leitlinie zur Beratung und Überwachung bei psychischer Belastung am Arbeitsplatz", sondern wird auch auf europäischer und internationaler Ebene von verschiedenen Organisationen wie der EU-OSHA als Agentur der Europäischen Union (Europäische Agentur für Sicherheit und Gesundheitsschutz am Arbeitsplatz; ▶ https://osha.europa.eu/de) aufgegriffen und vertreten. Sie setzen den strategischen Rahmen und schaffen Richtlinien, die in einer globalisierten Welt Orientierung geben. Exemplarisch sei hier die **International Labour Organization** (ILO) als Sonderorganisation der Vereinten Nationen genannt (▶ www.ilo.org). Sie hat v. a. den Auftrag, die Menschen- und Arbeitsrechte zu fördern und die Voraussetzungen für **menschenwürdige Arbeit als Grundanforderung** in einer modernen Arbeitswelt zu schaffen. Sie ist verantwortlich für die **Entwicklung und Umsetzung internationaler Arbeits- und Sozialstandards** als Mindeststandards, die sich u. a. an den programmatischen Deklarationen orientieren. **Hauptziele der Normungsarbeit** sind die Förderung menschenwürdiger Arbeit und sozialer Sicherung sowie die Stärkung des sozialen Dialogs (▶ https://www.ilo.org/berlin). Diese Kompetenz ist für das BGM notwendig, um den folgenden Trends angemessen begegnen zu können.

International Labour Organization

Die International Labour Organization (ILO) betont, dass ein gut funktionierendes Arbeits- und Gesundheitsschutzsystem in der Arbeitswelt wesentlich zur wirksamen Prävention von Berufskrankheiten beiträgt. Dies spiegelt sich auch in den strengen Standards bzw. Normen der amerikanischen OSHA (Occupational Safety and Health Administration) und der Europäischen Agentur für Sicherheit und Gesundheitsschutz am Arbeitsplatz wider.

▶ https://osha.europa.eu/de/european-standards

Die ILO ist als Sonderorganisation der Vereinten Nationen für die Entwicklung, Formulierung und Durchsetzung international verbindlicher Arbeits- und Sozialstandards zuständig.

1.5 Trends im Betrieblichen Gesundheitsmanagement

Es zeichnen sich Trends ab, die das moderne BGM in einem herausfordernden Kontext bestimmen (▶ Abschn. 1.3). Damit sich diese Schrittmacher im BGM wirksam etablieren können, ist die Umsetzung eines **ganzheitlichen BGM** als Basis die wichtigste Voraussetzung (▶ Kap. 3). Die #whatsnext-Studie (IFBG, 2020) zeigt, dass knapp ein Viertel der befragten Organisationen über ein ganzheitliches BGM verfügen, Tendenz steigend. Eine Schieflage besteht jedoch nach wie vor v. a. bei der Umsetzung von BGM im Bereich der KMU, wo der AGS teilweise auf das gesetzlich Notwendige beschränkt ist oder nur gedrosselte BGM-Konzepte implementiert werden (Uhle & Treier, 2019, S. 62). Zudem variiert der Reifegrad des BGM in Bezug auf Strukturen, Prozesse und Ressourcen in Anlehnung an die DIN SPEC 91020 und häufig fehlt bei der Umsetzung die konsequente Überführung des BGM in ein integriertes SGA-Managementsystem nach DIN EN ISO 45001 (▶ Abschn. 1.4.4). Dabei ist zu beachten, dass Trends nur dann wirksam werden und nicht in ihrer Wirkung verpuffen, wenn sie von einer **stabilen Plattform** als Voraussetzung ausgehen.

■ **Megatrends**

Als übergreifender **Megatrend** lässt sich die **Digitalisierung im Spannungsfeld neuer Arbeitsformen** ausmachen (▶ Kap. 5) (Matusiewicz & Kaiser, 2018; Treier, 2021b). Trendthemen beschäftigten sich v. a. mit den Auswirkungen der Arbeitswelt 4.0 auf die psychische Gesundheit (▶ Abschn. 1.3.2). Im Kontext der Covid-19-Pandemie wird **mobiles Arbeiten** zum Handlungsfeld des BGM erklärt – dies kristallisiert sich nicht nur als temporärer Krisenmodus heraus, sondern wird sich als stabiler Trend behaupten (vgl. Badura et al., 2021). Aber auch die zunehmende **Individualisierung und Personalisierung** des Gesundheitswesens in Verbindung mit der Digitalisierung verändert die Herangehensweise im BGM. Gesundheitskompetenz (Health Literacy) als Zielgröße soll die Teilnehmenden zu einem eigenverantwortlichen und souveränen Gesundheitshandeln befähigen (vgl. Schaeffer & Pelikan, 2017; TK, 2018). Diese skizzierten **Trends im BGM** betreffen nicht nur den Menschen (z. B. Stressregulation, Achtsamkeitstraining oder Mental Health) und die Technologie (z. B. Künstliche Intelligenz, digitale BGF-Angebote oder hybrides BGM), sondern v. a. auch die Organisation (z. B. Einbindung der Führung, strategische Integration oder mobiles Arbeiten) (vgl. Ghadiri et al., 2016; Uhle & Treier, 2019, S. 59 ff.).

1

❯ **Arbeit 4.0** verändert die Belastungs- und Beanspruchungssituation der Beschäftigten massiv, sodass das klassische BGM auf den Prüfstand gehört, ob es diesem Wandel noch gerecht wird. Insbesondere die Flexibilisierung von Ort und Zeit stellt das BGM vor neue Herausforderungen.

▪ Trends im BGM

In alphabetischer Reihenfolge lassen sich folgende **übergreifende Trends** identifizieren, die zur *„Avantgarde"* **eines modernen BGM** gehören. Sie fordern zur Konkretisierung im Bereich der Organisation des BGM (► Kap. 3), der Gestaltung in den Handlungsfeldern (► Kap. 4) und der Digitalisierung (► Kap. 5) auf. Sie erweisen sich als Schlüsselfaktoren im BGM und bestimmen damit nachhaltig den Erfolg im BGM (► Kap. 7).

A. **Aktivierung:** Gesundheitsförderliche Rahmenbedingungen funktionieren nur, wenn die Betroffenen zur Nutzung aktiviert werden. BGM sollte daher auf eine kombinierte Push- (Dienstleistung und Signalisierung) und Pull-Strategie (Erwartungs- und Bedarfsorientierung) als Gesundheitsmarketing setzen, um auch weniger gesundheitsaffine Beschäftigte zu erreichen. Sensibilisierung schafft das für eine aktive Beteiligung notwendige Gesundheitsbewusstsein (Awareness) und Empowerment die Selbstbefähigung, sich mit Hilfe zugestandener und eigener Ressourcen gesundheitsorientiert zu verhalten und die soziale Lebenswelt zu gestalten. Ressourcenorientierung wird dabei als Gesundheitshebel verstanden (► Abschn. 2.3).

B. **Balance-Orientierung:** Ausgeglichenheit ist ein Euphemismus. Work-Life-Blending kristallisiert sich als Realität der Arbeit 4.0 heraus, d. h., BGM muss angesichts der Verschmelzung der Lebenswelten alltagsbegleitend und ganzheitlich sein. Dabei geht es v. a. um Lebensrhythmusmanagement in der Work-Life-Integration, Boundary Management (Grenzsetzung zwischen den Lebenswelten). Lebensspannen- und Sozialraumorientierung sind die Ansatzpunkte.

C. **Dezentralisierung:** Dezentrale (orts- und zeitunabhängige) Angebote sind im Zeitalter mobiler Arbeit notwendig, um die Beschäftigten zu erreichen. Gesundheitsförderung muss möglichst am Arbeits- und Lebensort stattfinden. Voraussetzung für den Erfolg eines dezentral organisierten BGM ist eine gesundheitsorientierte und achtsame Führung, die auch auf Distanz sozial-empathisch führen kann (► Abschn. 4.2.3.4).

D. **Dialogisierung:** Gesundheitskommunikation und Sensibilisierung stehen im Mittelpunkt eines aktivierenden Ansatzes mit dem Ziel, Akzeptanz und Reichweite zu erhöhen. BGM steht im Dialog, schafft Authentizität und erzählt seine Geschichte (► Abschn. 4.1.3)

E. **Didaktisierung:** Es fehlt eine pädagogische Professionalisierung des Gesundheitslernens. Die moderne Gesundheitsdidaktik fordert einen konstruktivistischen Ansatz als Ermöglichungsdidaktik ohne Zwang und begreift Gesundheitslernen als Prozess der Selbstorganisation von Gesundheitskompetenz (► Abschn. 4.1.4). Hybride Ansätze (Blended Learning, Kombination von analogen und digitalen Angeboten im Sinne von *„analog meets digital"*) und eine Multikanalstrategie bestimmen die Gesundheitsbildung in Organisationen. Dabei wird auf das verhaltensökonomische Prinzip des Nudging, also des Anstoßens ohne Zwang und ohne subtile Manipulation, zurückgegriffen.

F. **Digitalisierung:** Digitale Angebote weisen im Gesundheitsbereich eine große Bandbreite auf (► Kap. 5). Entscheidend ist die zunehmende Konnektivität (Vernetzung), die sich z. B. in sozialen Netzwerken manifestiert. Das BGM sollte im digitalen Zeitalter mit widersprüchlichen Gesundheitsinformationen bis hin zu Fakenews (Infodemie) Orientierung bieten. Darüber hinaus muss BGM als BGM 4.0 nicht nur digitale BGF-Angebote bereitstellen, sondern v. a. analoge und digitale Maßnahmen über eine digitale Gesundheitsplattform verwalten und die Akteure koordinieren. Inhaltlich bewegt sich das BGM in Bezug auf die Digitalisierung auf einem schmalen Grat, denn das digitale Moment darf nicht zu Lasten der Gesundheit gehen. Die Wahrung der digitalen Balance ist daher ein wichtiges Ziel.

G. **Handlungsorientierung:** Sie bezeichnet die aktive Veränderung bzw. Wirksamkeit am Geschehen durch Interventionen mit hoher Praxisorientierung, denn BGM darf nicht zu einem Steuerungsmodell ohne Bezug zur realen Arbeitswelt und ihren Bedürfnissen degenerieren, d. h. ein hoher Anteil der zur Verfügung stehenden personellen und finanziellen Ressourcen des BGM muss in handlungsbezogene Aktivitäten umgesetzt werden. Die Steigerung der Erholungs- und Arbeitsfähigkeit sind dabei messbare Zielgrößen. Die Allokation der knappen Ressourcen muss im Gesundheitscontrolling (► Abschn. 6.2) kritisch auf ihre Wirksamkeit überprüft werden, damit am Ende eine messbare Verbesserung der Gesundheit der Beschäftigten und ihrer Leistungsfähigkeit steht und das Unternehmen zu einer gesunden und handlungsfähigen Organisation avanciert.

H. **Individualisierung:** Die Achtsamkeitsbewegung (Self Care) und die Quantified-Self-Bewegung (Selbstvermessung, Self-Tracking) durch digitale Messinstrumente sind als transformative Potenziale im BGM aufzugreifen (▶ Abschn. 5.2). Menschen nutzen Zahlen und Kurven, um sich gesundheitlich zu optimieren. Voraussetzungen für eine konstruktive Selbstbeobachtung und Selbstoptimierung sind eine ausgeprägte Selbstwirksamkeit, Eigenmotivation und Gesundheitskompetenz. Letztere können durch BGM gefördert werden. Die mit dieser Bewegung einhergehende Individualisierung hat auch zur Folge, dass hohe Erwartungen bzw. Anspruchshaltungen an das BGM gestellt werden, die ein personalisiertes BGM erfordern.

I. **Modularisierung:** Ein BGM muss sich dem Wandel der Arbeitswelt stellen – der Normalarbeitnehmer, der acht Stunden physisch im Betrieb tätig ist, wird zum Auslaufmodell. Der Orts- und Zeitflexibilität der Beschäftigten, wie z. B. Teilzeitarbeit, entsprechen modulare Ansätze im BGM, d. h. die Interventionen werden als überschaubare Learning Nuggets (Microlearning) als flexible und kombinierbare Lerneinheiten, organisiert und strukturiert als Lernhierarchien in einer digitalen Toolbox abgebildet (▶ Abschn. 5.4). Individualisiertes BGM erfordert Modularisierung und Personalisierung.

J. **Partizipationsorientierung:** Aus dem Gebot der Partizipation ergibt sich ein Mitbestimmungs- und Mitgestaltungsrecht der gesundheitsmündigen Beschäftigten bei der Ableitung und Ausgestaltung des BGM. Insbesondere benötigt das BGM die Expertise der Beschäftigten, die ihre Arbeitsprozesse am besten kennen, um gesundheitsfördernde Programme zielgerichtet umzusetzen und Maßnahmen ggf. kritisch zu hinterfragen. Je größer die Beteiligung, desto größer die Akzeptanz und Mitwirkungsbereitschaft, denn maßgeschneiderte Maßnahmen, an deren Gestaltung die Beschäftigten beteiligt sind, sind der Schlüssel zum Erfolg des BGM (▶ Abschn. 7.2). Um Konsens, Diskurs und Partizipation zu ermöglichen, sind beteiligungsfördernde Strukturen unter dem Leitbild der gesunden Organisation zu entwickeln und zu etablieren

sowie die Beschäftigten zur Partizipation zu befähigen. Voraussetzungen für echte Beteiligung sind Vertrauen, Information und Ressourcen.

K. **Personalisierung:** Keine Interventionen „von der Stange" („One-Size-Fits-All", Konfektionsware), sondern adressatengerechte und maßgeschneiderte Programme stehen im Mittelpunkt. Effektivität geht vor Effizienz. Maßnahmen, die sich nicht an den Bedürfnissen und Besonderheiten der Teilnehmenden orientieren können, werden zu Eintagsfliegen und verpuffen in ihrer Wirksamkeit. Personalisierung basiert auf Zielgruppenanalysen.

L. **Professionalisierung:** Die Vielfalt und Dynamik der Themen im BGM erfordern ein interdisziplinäres Gesundheitsteam, z. B. aus psychologischen, pädagogischen, medizinischen oder arbeitswissenschaftlichen Disziplinen (▶ Abschn. 3.2). Das qualifizierte Team sollte intern und extern vernetzt sein, ein aktives Wissensmanagement betreiben und eine konzertierte Aktion Gesundheit gewährleisten, deren Maßnahmen stets kritisch an den allgemeinen arbeits- und gesundheitswissenschaftlichen Erkenntnissen zu überprüfen sind.

M. **Qualitätsorientierung:** Qualitätsmanagement kristallisiert sich als Leitkonzept für ein standardisiertes, systematisches und qualitätsorientiertes BGM heraus (▶ Abschn. 7.1). Aus organisatorischer Sicht werden Strukturen, Prozesse und Ressourcen nach definierten Anforderungen wie z. B. den Vorgaben der DIN SPEC 91020 als Qualitätsmodell entwickelt. Evaluation und Dokumentation, Kundenorientierung, Partizipation, kontinuierliche Verbesserung, Einbeziehung des Managements oder Bedarfsermittlung sind Qualitätsprinzipien. Besonders wichtig für ein qualitätsorientiertes BGM ist die Diagnostik durch Gefährdungsbeurteilungen und Gesundheitsanalysen, um einen Blindflug im BGM zu vermeiden. Aus den Standardisierungs- und Qualitätsmodellen lassen sich Prüf- und Erfolgsfaktoren im BGM ableiten (▶ Abschn. 7.2).

N. **Wertschöpfungsorientierung:** Eine betriebswirtschaftliche Bewertung der durchgeführten BGM-Maßnahmen ist vor dem Hintergrund des steigenden Legitimationsdrucks eine conditio sine qua non für ein nachhaltiges BGM, das vom Management als Handlungsfeld anerkannt und strategisch in die Entscheidungen der Organisation eingebunden wird (▶ Abschn. 6.2.3).

1

> **Trends im BGM**
>
> **Digital, personalisiert, flexibel** sind Attribute, die die Zukunft im BGM kennzeichnen. Grundprinzipien wie Ganzheitlichkeit, Systematik, Integration und Partizipation sind zu berücksichtigen. Das *Millennium der Gesundheit in Organisationen* wird durch diese Trends beschrieben. Lebensqualität, Gesundheit und Sicherheit werden als entscheidende Wirtschaftsfaktoren erkannt. Der Weg zum gesunden Unternehmen ist eingeschlagen – und dieser kann nicht nur durch externe Angebote erfüllt werden, sondern erfordert eigene Anstrengungen im Bereich BGM.

1.6 Kernaussagen: Standort bestimmen

A. Ein funktionierendes und gelebtes BGM ist Ausdruck sowohl des **gesellschaftlichen Wertes** von Gesundheit als auch der **ökonomischen Relevanz** von Gesundheit für die Arbeits- und Leistungsfähigkeit der Mitarbeiter*innen und damit für die Fitness der Organisation als Ganzes.

B. **Herausforderungen** wie die Veränderung des Krankheitspanoramas mit der Zunahme psychosozialer Störungen, der demografische Wandel als Ausdruck alternder Belegschaften, der Fachkräftemangel mit dem Bedeutungsgewinn des Humankapitals und der Wandel der Arbeitswelt hin zu Arbeit 4.0 erfordern systematische und ganzheitliche Ansätze der Verhaltens-, Verhältnis- und Kontextprävention. Isoliertes Handeln einzelner Akteure ist kontraproduktiv und entspricht nicht dem ganzheitlichen Auftrag als konzertierte Aktion Gesundheit.

C. **Regelungen im BGM** schaffen Sicherheit bzw. bestimmen den Handlungskorridor unter dem Gesichtspunkt von Kür- und Pflichtleistungen. Die Legitimation zum Handeln ergibt sich aus Deklarationen (Programmatiken), Richtlinien (Legalitätsprinzip) und Übersetzungen (Vorschriften und Regeln). Bei den Programmatiken sind v. a. die Ottawa-Charta und die Luxemburger Deklaration zu nennen, bei den Richtlinien das ArbSchG, ASiG, SGB und PrävG, bei den Übersetzungen die DGUV-Vorschriften. Sie bestimmen die Anwaltschaft im BGM.

D. Eine **mitarbeiterorientierte Umsetzung** von BGM ist erfolgversprechend, da es nicht mehr nur um die Vermeidung bzw. Beseitigung von gesundheitsgefährdenden Arbeitsbedingungen und Belastungen geht (Schutzkonzept), sondern um die Schaffung und Erhaltung von gesundheitsförderlichen Rahmenbedingungen sowie Kompetenzentwicklung (Ressourcenansatz und Empowerment). Gesunde Führung ist dabei der verlängerte Arm des BGM.

E. Das **Ressourcenmodell** Gesundheit in der Organisation ist in seinen Maximen ganzheitlich und salutogenetisch geprägt und begreift die Beteiligten als mündige und selbstbestimmt Handelnde.

F. **Moderne Arbeits- und Lebenswelten** verändern auch die Anforderungen an das BGM. Trends wie Personalisierung, Modularisierung, Digitalisierung prägen das Gesicht der Moderne. Diese Trends entfalten ihre Wirksamkeit auf der Basis eines ganzheitlichen BGM.

? Kontrollfragen

1. Wie unterscheiden sich die Ansätze BGM, BGF und AGS?
5. Was bedeutet Dachstrategie?
6. Wie hat sich BGM historisch entwickelt?
7. Welche Meilensteine haben das BGM geprägt?
8. Welchen Herausforderungen muss sich das BGM stellen?
9. Warum ist es für das BGM wichtig, dass sich Gesundheit als gesellschaftlicher Wert behauptet?
10. Wie sieht das duale System im Arbeits- und Gesundheitsschutz aus?
11. Auf welche Deklarationen stützt sich das BGM zur Selbstbestimmung?
12. Welche Gesetze bilden die Anwaltschaft im BGM?
13. Warum können Standards bzw. Normen zur Qualitätssicherung im BGM beitragen?
14. Welche Trends zeichnen sich im BGM ab?

> **Fazit zum Einstieg**
>
> Angesichts der **Herausforderungen** wie Arbeit 4.0 oder der Zunahme psychosozialer Störungen darf es keine Beliebigkeit oder gar Willkür im Bereich des BGM oder des Arbeitsschutzes geben. Es braucht ein **starkes Plädoyer**, um der Kurzatmigkeit wirtschaftlicher Interessen die Notwendigkeit einer nachhaltigen betrieblichen Gesundheitspolitik entgegenzusetzen. Die Vorschriften als Stütze und Plädoyer für BGM dürfen aber nicht durch Überbürokratisierung ein Eigenleben führen und jegliches Engagement und jegliche Innovation im Bereich BGM ersticken – eine Bürokratiebremse ist erforderlich (Uhle & Treier, 2019, S. 110). Trends wie personalisiertes und digitales BGM müssen sich an den Anforderungen der programmatischen Leitplanken, gesetzlichen Regelungen und Standards orientieren, um ein qualitätsgesichertes BGM zu ermöglichen.

Weiterführende Literatur

- Badura, B. (Hrsg.). (2017). *Arbeit und Gesundheit im 21. Jahrhundert: Mitarbeiterbindung durch Kulturentwicklung*. Springer Gabler. [Bedeutung der Gesundheit für die Lebensqualität und die Arbeitswelt, sozialkapitalorientierte Ansätze]
- BZgA – Bundeszentrale für gesundheitliche Aufklärung. (Hrsg.). (2018). Leitbegriffe der Gesundheitsförderung und Prävention: Glossar zu Konzepten, Strategien und Methoden. ▶ https://doi.org/10.17623/BZGA:224-E-Book-2018 [Umfangreiches Expertenglossar, das ständig aktualisiert wird. Es ist im Internet abrufbar unter ▶ https://leitbegriffe.bzga.de/]
- Faller, G. (Hrsg.). (2017). *Lehrbuch Betriebliche Gesundheitsförderung* (3. Aufl.). Hogrefe. [Theoretische interdisziplinäre Grundlagen zur BGF, Konzepte und Abgrenzung zum BGM]
- Uhle, T., & Treier, M. (2019). *Betriebliches Gesundheitsmanagement: Gesundheitsförderung in der Arbeitswelt – Mitarbeiter einbinden, Prozesse gestalten, Erfolge messen* (4. Aufl.). Springer. [BGM-Fachwissen zu Ansätzen, Instrumenten bis hin zum Controlling]
- Ulich, E., & Wülser, M. (2018). *Gesundheitsmanagement in Unternehmen: Arbeitspsychologische Perspektiven* (uniscope. Publikationen der SGO Stiftung) (7. Aufl.). Springer Gabler. [Belastungen und Fehlbeanspruchungen als Ausgangspunkt für die arbeitswissenschaftlich relevanten Determinanten eines BGM-Modells]

Theoretische Grundlagen zum Betrieblichen Gesundheitsmanagement

Inhaltsverzeichnis

2

Übersicht zum Kapitel

Dieses Kapitel widmet sich den theoretischen Grundlagen des BGM. Grundlegend ist der **Gesundheitsbegriff**, um BGM inhaltlich zu entschlüsseln. Die klassische Definition der WHO stößt hier an ihre Grenzen. Die Ganzheitlichkeit begründet sich in den inhaltlichen Dimensionen des Gesundheitsbegriffs. Die Vielschichtigkeit im Spannungsfeld Gesundheit spiegelt sich in den Polen der Gesundheitsdefinition wider. Die Maximen des Gesundheitsverständnisses, die sich auf **Gesundheitsmodelle** beziehen, verdeutlichen die zugrunde liegende Philosophie eines modernen BGM. Gesundheitsmodelle dienen als Reflexionsfolien und schaffen einen Interpretationsrahmen. Dabei wird die **Ressourcenorientierung** als entscheidender Gesundheitshebel erkannt. Gesundheit findet nicht im Vakuum statt, daher sind verschiedene **Determinanten von Gesundheit** zu berücksichtigen und begründen das Setting im BGM als Systemansatz.

🎓 Lernziele

- Gesundheit als Begriff in seiner Mehrdimensionalität entschlüsseln.
- Das dem modernen BGM zugrunde liegende Gesundheitsverständnis erläutern können.
- Einflussfaktoren und Wechselwirkungen auf die Gesundheit aufzeigen können.
- Gesundheitsmodelle als Reflexionsfolien unter Berücksichtigung der unterschiedlichen wissenschaftlichen Perspektiven voneinander abgrenzen und ihre Relevanz für das BGM verdeutlichen können.
- Das salutogenetische vom pathogenetischen Paradigma abgrenzen können und erklären können, warum modernes BGM auf salutogenetischen Maximen basiert.
- Die Ressourcenorientierung als zentrales Handlungsprinzip der Gesundheitsförderung und Präventionsarbeit theoretisch begründen können.
- Das Haus der Arbeitsfähigkeit als ganzheitlichen Ansatz skizzieren und abnehmende Arbeitsfähigkeit als Herausforderung der Arbeitswelt verstehen können.

In diesem Kapitel werden die **theoretischen Grundlagen** des BGM erarbeitet. Dazu gehören v. a. der Gesundheits- und Ressourcenbegriff sowie die Darstellung der sich abgrenzenden Gesundheitsmodelle aus Sicht der Disziplinen. Weitere zentrale Begriffe im Zusammenhang mit BGM, wie z. B. Belastung versus Beanspruchung, werden erläutert. Gesundheit theoretisch zu reflektieren ist dabei keineswegs eine rein akademische Aufgabe, sondern kristallisiert sich als **Rückgrat eines modernen BGM** heraus, um sich gegen die Zufälligkeit und Beliebigkeit des Gesundheitshandelns in

Organisationen zu wappnen, die Begrifflichkeit im BGM zu schärfen, eine gemeinsame Sprache zu verwenden und eine reflektierte Sichtweise auf BGM zu erreichen.

2.1 Gesundheit als Schlüsselbegriff

Der Gesundheitsbegriff ist die **Achillesferse des BGM**, denn mit seiner Bedeutung erklärt sich sein Auftrag und definiert sich sein Inhalt. BGM wechselt die Perspektive von der Krankheit zur Gesundheit, indem Gesundheit als eigenständiger Wert und nicht als Abwesenheit von Krankheit definiert wird. Gesundheit als Menschenrecht, als gesellschaftliche Verpflichtung, als gesetzlicher Auftrag und als höchstes Gut manifestiert seine Relevanz in Organisationen (vgl. Kickbusch & Hartung, 2014; Naidoo & Wills, 2019) (▶ Abschn. 1.3.3). In der Arbeitswelt finden sich verschiedene **Übersetzungen von Gesundheit** wie Störungsfreiheit, Funktionsfähigkeit, Leistungs- und Rollenerfüllung, Wohlbefinden, Anpassungsfähigkeit bzw. Flexibilität (Heterostase) oder Gleichgewichtszustand (Homöostase) (vgl. Franke, 2012a, S. 35 ff.). Die häufig anzutreffende Behauptung, Gesundheit und Krankheit seien als Pole abzugrenzen und in ihrem Verhältnis zueinander neu zu bestimmen, erweist sich in der Praxis aufgrund der Gemengelage interagierender Gesundheits- und Krankheitsfaktoren als schwierig. Die theoretische Reflexion trägt zur Klärung bei, schafft Sicherheit im Diskurs und füllt den Begriff mit Inhalt.

2.1.1 Grundbegriff der Gesundheit

» „Im Zentrum des betrieblichen Gesundheitsmanagements steht die Gesundheit der Mitarbeitenden. In Unternehmen, die ein betriebliches Gesundheitsmanagement einführen wollen, muss deshalb eine klare Vorstellung existieren, was mit dem Begriff Gesundheit gemeint ist und welche Konsequenzen dies allenfalls für das Unternehmen hat." (Ulich & Wülser, 2018, S. 29)

In der Präambel der Verfassung der WHO von 1946 wird Gesundheit als Zustand des vollständigen körperlichen, geistigen und sozialen Wohlbefindens definiert und damit ausdrücklich nicht nur als Abwesenheit von Krankheit oder Behinderung als Ausschlussdiagnose verstanden. Gesundheit wird in der **WHO-Definition** als positives und bereicherndes Konstrukt, als mehrdimensionales und ganzheitliches Konzept, als subjektive, auf Wohlbefinden ausgerichtete Realität und als Idealzustand als kontinuierlicher und anspruchsvoller Auftrag an die Gesellschaft und die Betroffenen beschrieben (Kohlmann et al., 2018, S. 16).

Gesundheitsbegriff der WHO

Die WHO definiert Gesundheit als einen Zustand des vollständigen körperlichen, geistigen und sozialen Wohlbefindens und erweitert damit den Gesundheitsbegriff von einer verengenden und einseitigen Sicht auf Beschwerdefreiheit oder Abwesenheit von Krankheit (Verfassung der WHO von 1946).

■ **WHO-Definition kritisch bewertet**

Mit dieser WHO-Definition vollzieht sich der **Wandel von der Eindimensionalität zur Mehrdimensionalität** des Gesundheitsverständnisses. Sie verdeutlicht, dass Gesundheit nicht nur durch körperliche Unversehrtheit als Abwesenheit von objektivierbaren Krankheitszuständen erklärt wird. Auch das subjektive Erleben bzw. Befinden eines Menschen wird mit dem Wohlbefinden berücksichtigt. *Doch ist Wohlbefinden messbar? Bestimmen nicht nach wie vor Krankheit, Behinderung und Mortalität den Gesundheitsbegriff in der Praxis?* Die **Kritik** an dieser wertenden Idealdefinition bezieht sich v. a. auf die Einseitigkeit einer subjektiven Deutung von Gesundheit, ihre mangelnde Konkretisierung und das Fehlen objektiver Kriterien, ihre vermeintlich statische Sichtweise bis hin zum utopischen Denken. Dennoch hat diese Definition als Meilenstein einen **Paradigmenwechsel** von der Patho- zur Salutogenese ausgelöst, zur sozialen Konstruktion von Gesundheit geführt und damit eine Zeitenwende zu *New Public Health* eingeleitet (vgl. Egger et al., 2021; Richter & Hurrelmann, 2016) (▸ Abschn. 2.2.4). Nicht mehr Krankheit aus bio-

medizinischer Sicht steht im Mittelpunkt, sondern Gesundheit als Potenzial und gesellschaftlicher Wert. *Was bedeutet dieses Ideal für die Arbeitswelt? Ist Vollständigkeit im demografischen Wandel erreichbar oder erstrebenswert oder nur eine Utopie (s. auch Infobox* ▸ *„Anspruch auf Vollständigkeit")? Lassen sich aus der WHO-Definition konkrete Implikationen für die Gestaltung von BGM ableiten?* In den verschiedenen Lebensbereichen variiert Gesundheit in seiner Übersetzung und Ausgestaltung und entzieht sich damit als Konstrukt einem einheitlichen übergreifenden Verständnis (vgl. Naidoo & Wills, 2019). In der Arbeitswelt ist Vollständigkeit als Anspruch angesichts der Entgrenztheit und Komplexität der Zusammenhänge zwischen den Lebensbereichen faktisch nicht einlösbar, sondern die **Balance** als Aufgabe sicherzustellen (vgl. Ulich & Wiese, 2011). Unter dem Gesichtspunkt der Balance geht es nicht darum, Krankheit umzukehren oder zu negieren, indem ein lückenloses Wohlbefinden angestrebt wird, sondern vielmehr darum, die Resilienz zu steigern, die funktionale Leistungsfähigkeit zu erhalten und zu fördern, die (prospektive) Arbeitsfähigkeit zu sichern bis hin zur Steigerung der Arbeitszufriedenheit als Indikator des Wohlbefindens im Gesundheits-Krankheits-Kontinuum (vgl. Ulich & Wülser, 2018, S. 29 ff.).

❗ Es ist an der Zeit, die WHO-Definition an die Realitäten der Gesundheitsentwicklung anzupassen, damit die wichtigen Gesundheitsbotschaften dieser Definition nicht zu leeren Worthülsen werden. Die wichtigste Kernaussage ist jedoch unbestritten: Gesundheit ist *nicht* die Abwesenheit von Krankheit.

Anspruch auf Vollständigkeit

Vollständige Gesundheit ist ein nicht entschlüsselbarer Begriff. Er entzieht sich jeder Konkretisierung. Im Sinne der Salutogenese zeichnet sich ab, dass Vollständigkeit durch ein **dynamisches Gleichgewicht** zu ersetzen ist und Gesundheit kein Zustand ist, sondern sich in Anlehnung an das Gesundheitsverständnis der Ottawa-Charta als Prozess der Bewältigung in den Lebensphasen realisiert. Gesundheit ist kein unveränderlicher Zustand, was auch die WHO 1946 keineswegs so interpretiert hat. Aus der Perspektive des BGM bedeutet dies, dass es trotz vieler potenziell gesundheitsgefährdender Einflüsse in der Arbeitswelt nicht das Ziel sein kann, die Beschäftigten gesund zu machen und gesund zu erhalten, sondern sie in

ihrer eigenverantwortlichen Bewältigungskompetenz im Hinblick auf die eigene **Gesundheitsregulation** zu stärken, gesundheitsfördernde Ressourcen zu schaffen und gesundheitsbeeinträchtigende Faktoren zu minimieren. BGM kann sich nicht auf eine abstrakte Definition von Gesundheit berufen, sondern muss diese unter Berücksichtigung der Determinanten des Arbeitssystems situativ übersetzen und eine **Balance im Spannungsfeld zwischen Belastungen und Ressourcen** herstellen. Dabei ist der Mensch als Nabe im Speichenrad der vielfältigen Einflussfaktoren auf die Gesundheit zu sehen, weshalb Verhaltens- und Verhältnisprävention aufeinander auszurichten sind.

2

■ **Klärung des Gesundheitsverständnisses**

Letztlich hat BGM die **ureigene Aufgabe**, das Verständnis von Gesundheit in der jeweiligen Situation immer wieder neu zu klären bzw. in der betriebspolitischen Realität auszuhandeln und einer kritischen Diskussion zu unterziehen. Über Gesundheit als Kernbegriff zu schweigen, wäre fatal, denn ein **indifferentes Gesundheitsverständnis** entzöge dem BGM die Handlungsgrundlage. BGM schafft vielmehr den Raum für einen gesundheitsbezogenen Dialog, damit Gesundheit nicht zu einer abstrakten und utopischen Worthülse verkommt. Die aktualisierte Sichtweise des Gesundheitsbegriffs der WHO seit Ende der 80er-Jahre erweitert die allgemeine WHO-Definition zu einem **Handlungskonstrukt**, indem sie die aktive Rolle und Eigenverantwortung des Individuums, aber auch das Setting als Rahmenbedingung und damit Ressource der Arbeitsgestaltung betont (▶ Abschn. 1.2.1).

> **Tipp**
>
> Als Ausgangspunkt für dieses theoretische Kapitel empfiehlt sich die **Übersicht zum Gesundheitsbegriff** der BZgA (DOI:10.17623/BZGA:224-i023-1.0). Sie bietet einen fundierten Einstieg in die Entschlüsselung des scheinbar selbsterklärenden, tatsächlich aber relativ schwer fassbaren Kernbegriffs Gesundheit.
>
> ▶ https://leitbegriffe.bzga.de/alphabetisches-verzeichnis/gesundheit/

2.1.2 Pole der Gesundheitsbestimmung

Die mehrdimensionale Gesundheitsdefinition der WHO verdeutlicht, dass nur ein umfassender bzw. **biopsychosozialer Ansatz**, der die körperliche, psychische und soziale Dimension und deren Wechselwirkungen in einem Sozialraum mit politischen, kulturellen, ökonomischen und sozioökologischen Gesundheitsdeterminanten berücksichtigt, für ein ganzheitliches Gesundheitsmodell zielführend ist (Naidoo & Wills, 2019, S. 32 f.) (▶ Abschn. 2.1.4). Es zeigt sich, dass das Verständnis von Gesundheit milieuspezifisch ist. So finden sich bspw. in der Oberschicht bzw. in der oberen und mittleren Schicht eher Fitness und Gleichgewicht als **Gesundheitsorientierung** und in der unteren Mittelschicht bzw. in der Unterschicht eher das klassische Bild des Vakuums. Die dominierende Gesundheitsorientierung verändert auch den jeweiligen Zugang zur Gesundheitsbildung, was auch für die Arbeitswelt von Bedeutung ist und sich im Angebotsportfolio niederschlägt (▶ Abschn. 4.1.4).

■ **Wurzelmetaphern der Gesundheitsorientierung**

Wurzelmetaphern als Grundbilder prägen die Deutungen von Gesundheit im Alltag und vereinfachen die oben skizzierte Komplexität (vgl. Hoh & Barz in Tippelt & von Hippel, 2018, S. 1027 f.). Das Bild des Vakuums aus klassisch pathogenetischer Sicht ist vorherrschend.

- Gesundheit als **Vakuum**: Abwesenheit von Krankheit und Versehrtheit
- Gesundheit als **Reservoir**: Resilienz und Widerstandskraft als persönliche Ressource
- Gesundheit als **Gleichgewicht**: Ausdruck von Ausgeglichenheit im subjektiv erlebten Wohlbefinden
- Gesundheit als **Fitness**: Bewältigung von Alltagsanforderungen und Rollenerfüllung
- Gesundheit als **Selbstkontrolle**: Selbstmanagement und Gesundheitsmündigkeit

■ **Pole zur Bestimmung der Gesundheit**

Die Bestimmung von Gesundheit lässt sich schematisch über ihre **Pole** wie *subjektive versus objektive Gesundheit* ableiten, die komplementäre, aber auch konträre Positionen aufweisen und das Verhältnis von Gesundheit und Krankheit bestimmen (◘ Tab. 2.1). Sie verdeutlichen, dass Gesundheit als vielschichtiger Begriff im Spannungsfeld einer sozialen Konstruktion steht und erklären, warum sich der Gesundheitsbegriff einer einfachen Definition entzieht bzw. im Gegensatz zu objektivierbaren Kriterien der Krankheit verborgen bleibt. Die im Folgenden vorgestellte **konsensfähige Arbeitsdefinition** berücksichtigt markante Aspekte der Pole und lehnt sich an die WHO-Definition mit ihrer normativen Sichtweise an. Entscheidend ist jedoch nicht ein Idealzustand als Endergebnis, sondern der **Weg zur Gesundheit**, denn Gesundheit muss durch entsprechende Lebensweisen in unterschiedlichen Lebenswelten erarbeitet werden. Gesundheit wird dabei als **Streben und Aktivität** in Anlehnung an die soziale Konstruktion verstanden (Gesundheitsregulation) – das Streben nach Gleichgewicht ist eine kontinuierliche und lebensgeschichtliche Aufgabe als wirksame Auseinandersetzung zwischen den Polen Gesundheit und Krankheit mit dem Ziel eines positiven Selbstwertgefühls in einem unterstützenden sozialen Netzwerk (vgl. Badura et al., 2010; Hurrelmann, 2006).

▣ Tab. 2.1   Pole der Gesundheitsbestimmung

Pole als Gegensatzpaare	Kommentierung
Aktuell *versus* **habituell**	Gesundheit ist nicht das Ergebnis einer Momentaufnahme. Der aktuelle Gesundheitszustand schwankt und berücksichtigt nur einen kurzen Beobachtungszeitraum. Bei der habituellen Gesundheit geht es um den durchschnittlichen Gesundheitszustand, der über einen längeren Beobachtungszeitraum aggregiert wird.
Diagnostisch *versus* **projektiv**	Aus medizinischer Sicht ist der Gesundheitsbegriff diagnostisch geprägt (Symptome, Grenz- und Normwerte). Aus sozialer Sicht rückt das Erleben als projektives Bild stärker in den Vordergrund, da Gesundheit als subjektive bzw. soziale Konstruktion verstanden wird. Deutlich wird dies am Beispiel der Hypochondrie mit der Frage, ob die erlebte, aber diagnostisch nicht bestätigte Krankheitswahrnehmung eine Illusion oder eine subjektive Realität mit Auswirkungen auf das Wohlbefinden und ggf. sogar auf das objektivierbare Krankheitsgeschehen ist.
Dogmatisch *versus* **pragmatisch**	Gesundheit wird häufig normativ und werteorientiert definiert, wie in der WHO-Definition. Das Gesundheitsdogma steht jedoch manchmal im Widerspruch zu pragmatischen Überlegungen, die eher funktionale Aspekte in den Vordergrund stellen und situative Abhängigkeiten berücksichtigen.
Funktional *versus* **dysfunktional**	Gesundheit als Funktionsfähigkeit stellt eine bedingte oder relative Gesundheit dar und kann trotz vorhandener Krankheiten oder Befindlichkeitsstörungen vorliegen. Die betroffene Person kann ihre Ressourcen zur Bewältigung des Alltags erfolgreich einsetzen und ihre Funktionsfähigkeit entspricht der eines gesunden Menschen. Aus Sicht der Arbeitswelt ergibt sich daraus eine erwartungskonforme Arbeits- und Leistungsfähigkeit. Entscheidend ist die Ermöglichung einer aktiven Teilhabe an Lebensbereichen. Die Internationale Klassifikation der Funktionsfähigkeit, Behinderung und Gesundheit (ICF) basiert auf diesem Konzept, das insbesondere auch im Bereich der beruflichen Wiedereingliederung bzw. Rehabilitation von großer Relevanz ist. Behinderung wird definiert als Beeinträchtigung der funktionalen Gesundheit.
Ideal *versus* **real**	Gesundheit als Idealzustand völligen Wohlbefindens ohne körperliche, psychische oder soziale Störungen als Anspruch und Maßstab widerspricht der Realität, gibt aber als anzustrebendes Maximum Orientierung.
Krank *versus* **gesund**	Krank versus gesund sind klassische Antipoden. Gesundheitsmodelle betonen, dass Gesundheit und Krankheit nicht eindimensional sind und auch keine Extrempole darstellen. Vielmehr gehen moderne Gesundheitsmodelle von einem fließenden Gesundheits-Krankheits-Kontinuum aus und negieren die Dichotomisierung und klare Grenzziehung zwischen Prävention, Kuration, Diagnostik und Rehabilitation.
Psychisch *versus* **physisch**	Die psychische Gesundheit ist mit der physischen Gesundheit verknüpft. In der Krankheitsgenese wird dieser Zusammenhang u. a. in der Psychosomatik thematisiert. Körperliche Gesundheit ist abhängig von psychischen Faktoren und umgekehrt. Psychische Gesundheit ist nicht nur die Abwesenheit von psychischen Beeinträchtigungen oder Störungen, sondern ein Zustand des Wohlbefindens, der wiederum Einfluss auf das körperliche Geschehen hat. Körperliche Gesundheit ist nicht nur die Abwesenheit von Krankheit, sondern hat auch Auswirkungen auf die Psyche.
Statisch *versus* **prozessual**	Gesundheit kann als ein stabiler Zustand oder aber dynamisch als ein sich regulierendes Gleichgewicht aufgefasst werden. In der Prozesssicht schwankt der Gesundheitszustand um einen Gesundheitspol. Die Unruhe des Gleichgewichts spiegelt das Zusammenspiel von Risiko- und Schutzfaktoren zwischen Individuum und Umwelt wider. Zudem werden Veränderungs- und Lernprozesse fokussiert. Gesundheit ist „Bewegung" und befindet sich im Fluss.
Subjektiv *versus* **objektiv**	Bei diesem Antonym geht es um Fragen der Messbarkeit und Operationalisierbarkeit. In welchem Verhältnis stehen subjektive Befindlichkeiten, die in Gesundheitsbefragungen erhoben werden, zu objektiven Parametern mit präzisen Grenzwerten? Kann sich jemand gesund fühlen, obwohl er objektiv krank ist? In modernen Gesundheitsmodellen wird der Subjektivität ein höherer Stellenwert eingeräumt.

Die Pole offenbaren die Spannungszustände im Gesundheitsbegriff.

❯ Die Pole zur Bestimmung von Gesundheit machen deutlich, dass Gesundheit kein statischer und expertenbasierter Begriff ist, sondern gesellschaftlich ausgehandelt werden muss und sich im Laufe der Zeit verändert.

Arbeitsdefinition Gesundheit

Gesundheit ist ein regulativer, aktiver und produktiver Prozess der erfolgreichen Bewältigung von inneren und äußeren Belastungen bzw. Anforderungen in Abhängigkeit von den verfügbaren Ressourcen der Person, der Arbeit, des sozialen Kontextes und der Umwelt. Physische, psychische und soziale Faktoren wirken in einer immer wieder neu zu justierenden Balance von Risiko- und Schutzfaktoren zusammen, um auf Herausforderungen angemessen zu reagieren, mit eigenen und fremden Zielen in Einklang zu stehen und Gesundheitspotenziale auszuschöpfen. Die dynamische Balance drückt sich im Wohlbefinden bzw. im positiven Erleben der Person aus und resultiert in einer hohen Lebensqualität in der jeweiligen Lebensphase als Gesundheitsgewinn.

2.1.3 Maximen zum Gesundheitsverständnis

Bevor grundlegende Maximen des modernen Gesundheitsverständnisses dargestellt werden, ist es notwendig, sich mit dem **Verhältnis von Gesundheit und Krankheit** auseinanderzusetzen, da dieses Verhältnis nicht einfach

als Antipoden kontrastierend zu bestimmen ist, sondern sozial vermittelt ist (▶ Abschn. 2.1.2). Gesundheit und Krankheit stehen sich nicht als Extrempole diametral gegenüber – darüber besteht im gesundheitswissenschaftlichen Diskurs weitgehend Konsens. Allerdings variiert die **Ausprägung des Verhältnisses** in den Konzepten hinsichtlich der Annäherung der beiden Begriffe (▶ Abschn. 2.2). Aus Sicht des BGM drückt sich dies u. a. in der Gewichtung und Ausgestaltung der Handlungsfelder Prävention und Gesundheitsförderung sowie im Zusammenspiel zwischen Verhaltens- und Verhältnisprävention aus (vgl. Habermann-Horstmeier, 2019) (▶ Abschn. 4.2). Als Minimalkriterium für Gesundheit könnte die Abwesenheit diagnostizierbarer Krankheiten gelten. Dieses Kriterium ist wenig anspruchsvoll, pathogenetisch geprägt, widerspricht der WHO-Definition und steht im Gegensatz zur Realität. Daher ist ein **krankheitsunabhängiges Verständnis** als positives Maximalkriterium gemäß der WHO-Definition zu etablieren und Gesundheit nicht durch Negierung von Krankheit zu übersetzen (Kohlmann et al., 2018, S. 16).

■ **Gesundheits-Krankheits-Beziehungen**

Aus theoretischer Sicht lassen sich verschiedene **Beziehungen von Gesundheit und Krankheit** eruieren (Franke, 2012a, S. 99 ff.) (◻ Abb. 2.1). *„Dabei gibt es nicht nur die beiden Zustände ‚Gesundheit' und ‚Krankheit', sondern unzählige mögliche Zwischenstufen, die unterschiedliche Zustände des Wohlbefindens beschreiben."* (Habermann-Horstmeier, 2019, S. 25)

A. **Dichotomie:** Krankheit und Gesundheit schließen sich als unabhängige bzw. distinkte Zustände aus, d. h. man ist entweder krank oder gesund. Aus bio-

◻ **Abb. 2.1** Gesundheits-Krankheits-Beziehungen

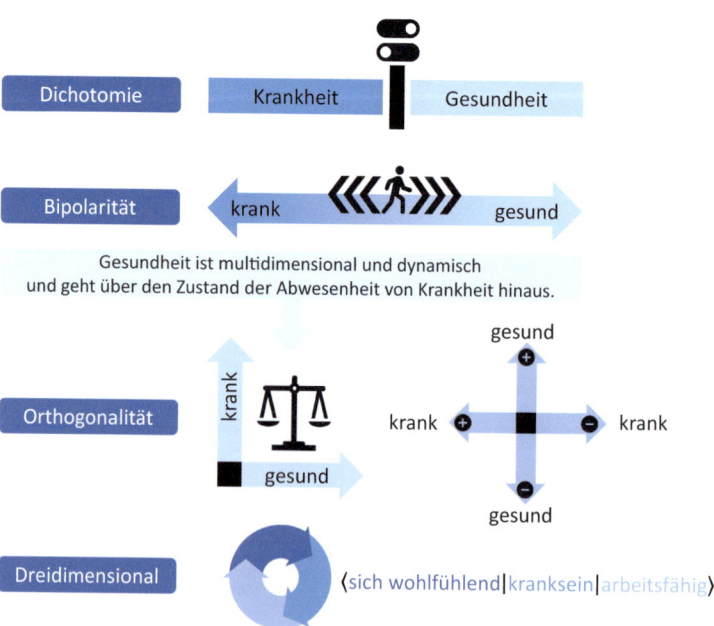

medizinischer Sicht gilt dies für Krankheiten wie Infektionen, nicht aber für psychische Störungen. Im dichotomen Konzept wird der Zustand durch objektive Kriterien bestimmt.

B. **Bipolarität:** Hier wird ein Gesundheits-Krankheits-Kontinuum als Gemengelage postuliert. Im Sinne der Salutogenese bewegt sich der Mensch je nach Gesundheitsbewältigung nach links oder rechts, d. h. ein Mehr an Krankheit bedeutet ein Weniger an Gesundheit und umgekehrt. Neben den Belastungsfaktoren sind hier v. a. die Ressourcen von Bedeutung, um trotz Belastungen im Gleichgewicht zu bleiben. Das subjektive Gesundheitserleben ist der entscheidende Erfolgsfaktor.

C. **Orthogonalität:** Im biopsychosozialen Modell werden Gesundheit und Krankheit als zwei unabhängige Größen in einem zweidimensionalen Raster bestimmt, sodass ein Mehr an Krankheit auch mit einem Mehr an Gesundheit als Zustand auftreten kann. Gesundheitserhaltende und krankmachende Faktoren werden im Gleichgewichtsmodell gegenübergestellt – subjektiv krank ist der Betroffene, wenn diese Balance zu Ungunsten der Krankheit verschoben ist. Objektive und subjektive Parameter von Gesundheit und Krankheit werden berücksichtigt.

D. **Dreidimensionalität:** Neben dem Befund als Krankheit und dem Befinden als Wahrnehmung steht als dritte Dimension die soziale Funktionsfähigkeit als Arbeits- und Leistungsfähigkeit. Das Verhältnis der drei Dimensionen ist abhängig vom soziokulturellen Kontext.

> Insbesondere der bipolare und der orthogonale Ansatz beschreiben Gesundheits-Krankheits-Beziehungen, die in den Denkmodellen des BGM positive Resonanz finden.

■ **Maximen zum Gesundheitsverständnis**

Die Verhältnisse sind grundlegend für die Maximen. In der Praxis finden sich v. a. bipolare und orthogonale Übersetzungen. Ein **integratives und konsensfähiges Konzept** basiert auf dem Salutogenese- und Sozialisationsmodell (vgl. Hurrelmann & Richter, 2013, S. 139 ff.) (► Abschn. 2.2.4). Hurrelmann (2006, S. 139–144) hat für das integrative Konzept grundlegende, interdisziplinär tragfähige **Maximen** definiert, die das moderne Verständnis widerspiegeln und sich als Leitgedanken in den Kontextfaktoren des BGM wie die Gesundheitspolitik integrieren lassen (vgl. Hurrelmann & Richter, 2013, S. 139 ff.) (► Abschn. 4.1). Die Berücksichtigung des Gleichgewichts, die konstruktive Bewältigungsorientierung sowie die Schaffung von persönlichen und sozialen Möglichkeitsräumen kennzeichnen ein modernes, **ressourcenorientiertes BGM** (► Abschn. 2.3).

1. „Gesundheit und Krankheit ergeben sich aus einem Wechselspiel von sozialen und personalen Bedingungen, welches das Gesundheitsverhalten prägt."
2. „Die sozialen Bedingungen (Gesundheitsverhältnisse) bilden den Möglichkeitsraum für die Entfaltung der personalen Bedingungen für Gesundheit und Krankheit."
3. „Gesundheit ist das Stadium des Gleichgewichts, Krankheit das Stadium des Ungleichgewichts von Risiko- und Schutzfaktoren auf körperlicher, psychischer und sozialer Ebene."
4. „Gesundheit und Krankheit als jeweilige Endpunkte von Gleichgewichts- und Ungleichgewichtsstadien haben eine körperliche, psychische und soziale Dimension."
5. „Gesundheit ist das Ergebnis einer gelungenen, Krankheit einer nicht gelungenen Bewältigung von inneren und äußeren Anforderungen."
6. „Persönliche Voraussetzung für Gesundheit ist eine körperbewusste, psychisch sensible und umweltorientierte Lebensführung."
7. „Die Bestimmung der Ausprägungen und Stadien von Gesundheit und Krankheit unterliegt einer subjektiven Bewertung."
8. „Fremd- und Selbsteinschätzung von Gesundheits- und Krankheitsstadien können sich zwischen den drei Dimensionen – der körperlichen, der psychischen und der sozialen – voneinander unterscheiden." (Hurrelmann, 2006, S. 139–144; Hurrelmann & Richter, 2013, S. 139–146)

2.1.4 Gesundheitsdeterminanten als Rahmenmodell

» „Gesundheit und Wohlergehen einer Gesellschaft sind Ausdruck ihrer sozioökonomischen und natürlichen Umwelt, sie zeigen, inwieweit die Menschen imstande sind, gesunde Entscheidungen zu treffen, und sie sind Ausdruck ihres konkreten Lebensrahmens." (WHO, 1999, S. 126)

Dass sich Gesundheit nicht im luftleeren Raum oder nur in der Person realisiert, sondern sich in einem **Kontext** abbildet und BGM die Determinanten von Gesundheit in der Präventionsarbeit und Gesundheitsförderung berücksichtigen muss, unterstreicht die BGM-Definition auf Basis des Setting-Ansatzes (► Abschn. 1.1.2). Die Einflussfaktoren sind vielfältig (vgl. Richter & Hurrelmann, 2016; Hurrelmann & Richter, 2013). Letztlich muss sich das BGM an den Lebenswelten und hier insbesondere an der Arbeitswelt hinsichtlich ihrer Bedingungen und Anforderungen orientieren. Die sich ver-

2

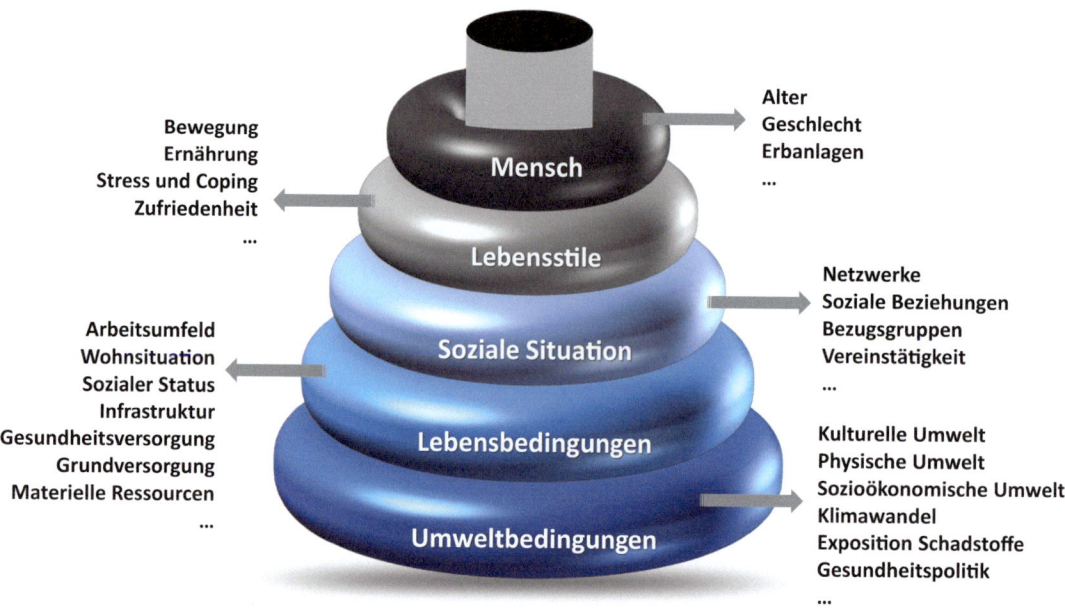

Abb. 2.2   Einflussfaktoren auf die Gesundheit nach Naidoo & Wills (2019, S. 61)

ändernden Arbeits- und Lebensbedingungen haben einen entscheidenden Einfluss auf die Gesundheit. Im Rahmenkonzept der WHO (1999, S. 81 ff.) wird die **multisektorale Strategie** zur Schaffung nachhaltiger Gesundheit als *„One Health-Project"* dargestellt und findet ihren Niederschlag in verschiedenen Regelwerken wie dem PrävG. Als wichtige **Determinanten von Gesundheit** werden dabei nicht nur die allgemeinen sozioökonomischen und umweltbedingten Faktoren genannt, sondern auch das Arbeitsumfeld, das Bildungs- und Gesundheitswesen, das Wohnumfeld, das direkte soziale Umfeld wie Netzwerke und soziale Beziehungen bis hin zu persönlichen Einflussmomenten wie individuelle Lebensstile oder biografische Faktoren wie das Alter (■ Abb. 2.2) (vgl. Naidoo & Wills, 2019, S. 55 ff.). Beim Arbeitsumfeld als Setting wird das Ziel formuliert, *„nicht nur die Expositionsrisiken zu verringern, sondern auch Arbeitgeber und Arbeitnehmer stärker in die Förderung eines sichereren und gesünderen Arbeitsumfelds und in den Abbau von Stress einzubeziehen."* (WHO, 1999, S. 123) Aufgrund der Entgrenzung der Lebensbereiche reicht es folglich nicht aus, sich ausschließlich im Setting der Arbeitswelt zu bewegen, sondern es müssen im Kontext von Arbeit 4.0 auch die angrenzenden Lebenswelten in den Blick genommen werden. Entscheidend ist, dass BGM auf eine **umfassende Strategie** setzt, die nicht nur Risikofaktoren minimiert und damit die Inzidenz und Prävalenz von Erkrankungen reduziert, sondern durch einen systemischen Ansatz den Möglichkeitsraum für eine positive Gesundheitsentwicklung der Beschäftigten erweitert. BGF setzt v. a. bei den beeinflussbaren Mikro-

faktoren wie das Gesundheitsverhalten an. BGM erweitert die Perspektive um die Rahmenbedingungen, um den Gesundheitsgewinn für Beschäftigte und Organisation zu erhöhen. Strukturelle Ungleichheiten und gesundheitsgefährdende Risikofaktoren gilt es abzubauen, aber auch die Potenziale einer gesundheitsförderlichen Arbeitsgestaltung auszuschöpfen.

❯ Gesundheit der Beschäftigten setzt aufgrund der Determinanten in der Arbeitswelt **gesunde Rahmenbedingungen** voraus, die es dem Einzelnen ermöglichen, seine Gesundheitspotenziale im Wechselspiel von Ressourcen und Anforderungen zu erkennen, zu erweitern und zu nutzen.

Gesundheitsdeterminanten

Die **Determinanten der Gesundheit** in der Arbeitswelt sind vielfältig. Man unterscheidet zwischen Mikro-, Meso- und Makrofaktoren. Der Mensch ist geprägt von unbeeinflussbaren *Mikrofaktoren* wie Alter, Geschlecht oder Erbanlagen, aber auch von beeinflussbaren Faktoren wie das Risiko- und Gesundheitsverhalten. Als *Mesofaktoren* sind v. a. Determinanten der sozialen Situation wie Netzwerke, Führung oder Familie zu subsumieren. Sie wirken aus gesundheitlicher Sicht als Ressourcen und Pufferfaktoren im Sinne von Sozialkapital. *Makrofaktoren* sind Rahmenbedingungen wie Arbeitsumfeld, Arbeitsbedingungen oder Organisation.

■ Rahmenmodell der gesunden Organisation

Das **Rahmenmodell** illustriert das Zusammenspiel der verschiedenen Einflussebenen und Determinanten auf die Gesundheit in der Arbeitswelt (□ Abb. 2.3). Das übergreifende **Modell der gesunden Organisation** erfasst sowohl Belastungen als auch Ressourcen und begreift Gesundheit als Balanceakt zwischen den vielfältigen Einflussfaktoren (Treier, 2019a, S. 3 f.; Treier, 2019b, S. 442 ff.). Die Einflussfaktoren lassen sich auf den drei Ebenen Mensch, Technik/Aufgabe und Organisation verorten. Weitere externe Einflussfaktoren wie Familie oder Lebensumfeld erweitern die Handlungsfelder des BGM über das Setting Arbeitswelt hinaus. Durch die Flexibilisierung von Ort und Zeit sind die Grenzen zwischen Arbeits- und Lebenswelt fließend (► Abschn. 1.3.2).

A. **Zum Sockel:** Der Sockel als unterstes Segment stellt die Arbeitsbedingungen dar. Die Gefährdungsbeurteilung erfasst die psychischen und physischen Belastungsfaktoren gemäß § 5 ArbSchG (► Abschn. 4.2.3.1). Aus Sicht des BGM darf das Fundament nicht schwanken oder gravierende Bruchlinien aufweisen, um die Stabilität der gesunden Organisation zu gewährleisten. Nur wenn der Sockel gesundheitsförderlich gestaltet ist, kann die Balance des Einzelnen gewährleistet werden. Neben den klassischen Arbeitsbelastungen werden auch Arbeitsqualität, Arbeitsintensität und psychosoziale Belastungen berücksichtigt.

B. **Zur Säule:** Die Säule stellt die Ressourcen der Organisation dar und verdeutlicht, wie wichtig es ist, dass BGM diese organisationalen Ressourcen wie gesunde Führung, Gesundheitskultur oder moderne Arbeitsmodelle gestalterisch aufgreift, um die Resilienz des Einzelnen zu erhöhen. Die Mitarbeitenden stehen auf der Säule und müssen sich im Gleichgewicht halten. Die Schwingungen der Säule wirken sich auf den Menschen aus, dies zeigt sich gerade im Bereich der Führung hinsichtlich ihres gesundheitsfördernden, aber auch gesundheitsschädigenden Potenzials (► Abschn. 4.2.3.4). Auch wenn sich die Basis als gesund und stabil erweist, ist eine schwankende Säule aus Sicht des Rahmenmodells der gesunden Organisation riskant, da die Schwankungen der Plattform vom Einzelnen zusätzlich zu den Anforderungen der Tätigkeit bewältigt werden müssen.

C. **Zum Menschen:** Der Mensch ist nicht starr auf der Plattform fixiert, sondern bemüht sich, mit seinen Ressourcen den Anforderungen der Arbeitswelt gerecht zu werden. Er kann gewisse Schwankungen sowohl des Sockels als auch der Säule vorübergehend kompensieren, aber ab einer längerfristigen Überschreitung der Toleranzwerte in Bezug auf die Amplitude der Auslenkungen reicht die individuelle Resilienz bzw. Elastizität des Einzelnen nicht mehr aus und der Versuch, den Anforderungen ohne entsprechende Ressourcen durch persönlichen Einsatz zu begegnen, führt zur Überbeanspruchung. BGF kann zwar die individuelle Resilienz erhöhen, aber letztlich massive Defizite in den Verhältnissen nicht dauerhaft ausgleichen.

D. **Zu den Bällen:** Die Bälle stehen bildlich für den Gesundheitsgewinn. Gelingt es, die Bälle im Spannungsfeld zwischen Ressourcen und Anforderungen dauerhaft im Gleichgewicht zu halten, hat das BGM seine Hausaufgaben gemacht. Als Ergebnisvariablen des Gesundheitsgewinns sind bspw. die aktuelle und zukünftige Arbeitsfähigkeit, der aktuelle Gesundheitszustand und das Wohlbefinden zu nennen. Als aggregierte Bewertung spiegeln sie den Status der gesunden Organisation wider.

> » „Wenn der Sockel instabil ist, wird die Aufrechterhaltung der Balance schwierig. Auch ist es diffizil, die Bälle zu jonglieren, wenn die Säule schwankt. Die individuelle Fertigkeit des Jonglierens kann nur zu einem bestimmten Umfang die Unstimmigkeiten des Sockels und der Säule kompensieren. Wenn die Bälle fallen, dann liegt eine Gesundheitsstörung vor. Der Mensch befindet sich im Ungleichgewichtszustand. Und befinden sich viele Menschen im Ungleichgewichtszustand, dann krankt die Organisation bzw. die gesamte Organisation befindet sich in Schieflage." (Treier, 2019a, S. 3)

Das Rahmenmodell der gesunden Organisation greift auf verschiedene theoretische Anleihen zurück, die v. a. in Theorien der Arbeits- und Organisationspsychologie und der Arbeitswissenschaften sowie der Gesundheitssoziologie und -psychologie bzw. der Gesundheitswissenschaften begründet sind (vgl. Bamberg et al., 2011; Treier, 2019c).

2

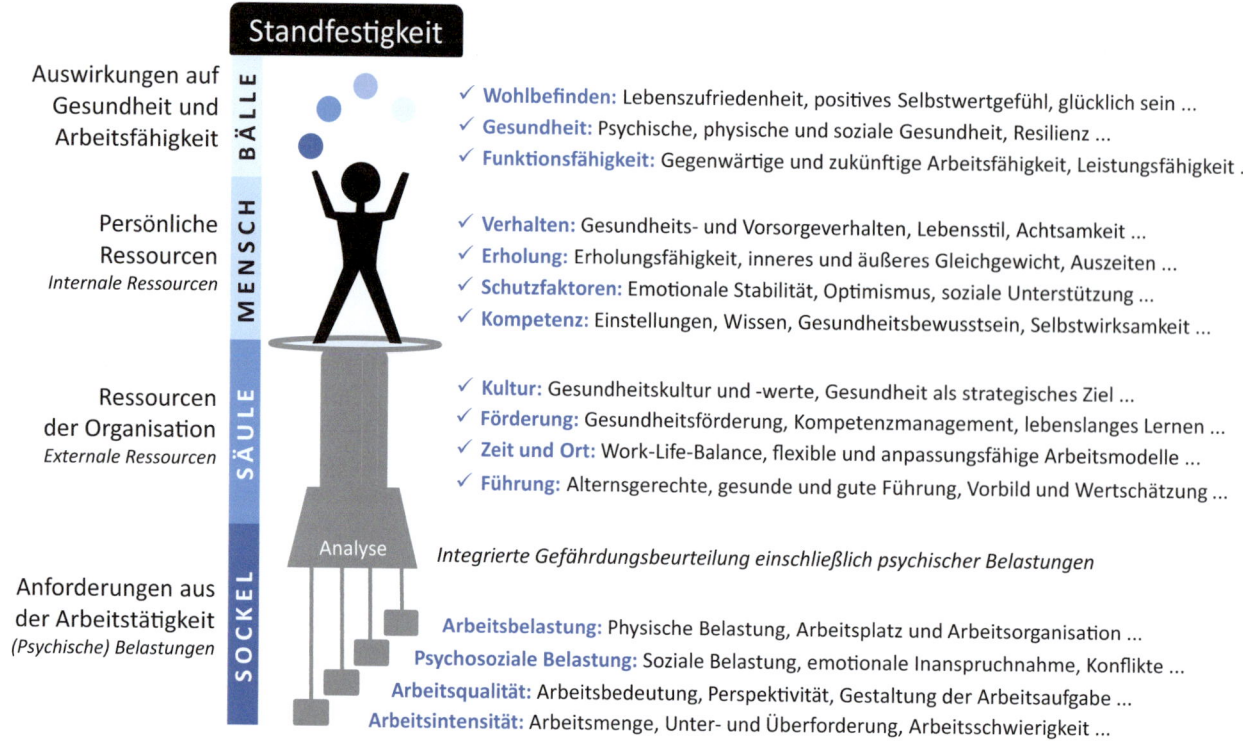

Standfestigkeit

Auswirkungen auf
Gesundheit und
Arbeitsfähigkeit

BÄLLE

✓ **Wohlbefinden:** Lebenszufriedenheit, positives Selbstwertgefühl, glücklich sein ...
✓ **Gesundheit:** Psychische, physische und soziale Gesundheit, Resilienz ...
✓ **Funktionsfähigkeit:** Gegenwärtige und zukünftige Arbeitsfähigkeit, Leistungsfähigkeit ...

Persönliche
Ressourcen
Internale Ressourcen

MENSCH

✓ **Verhalten:** Gesundheits- und Vorsorgeverhalten, Lebensstil, Achtsamkeit ...
✓ **Erholung:** Erholungsfähigkeit, inneres und äußeres Gleichgewicht, Auszeiten ...
✓ **Schutzfaktoren:** Emotionale Stabilität, Optimismus, soziale Unterstützung ...
✓ **Kompetenz:** Einstellungen, Wissen, Gesundheitsbewusstsein, Selbstwirksamkeit ...

Ressourcen
der Organisation
Externale Ressourcen

SÄULE

✓ **Kultur:** Gesundheitskultur und -werte, Gesundheit als strategisches Ziel ...
✓ **Förderung:** Gesundheitsförderung, Kompetenzmanagement, lebenslanges Lernen ...
✓ **Zeit und Ort:** Work-Life-Balance, flexible und anpassungsfähige Arbeitsmodelle ...
✓ **Führung:** Alternsgerechte, gesunde und gute Führung, Vorbild und Wertschätzung ...

Integrierte Gefährdungsbeurteilung einschließlich psychischer Belastungen

Analyse

Anforderungen aus
der Arbeitstätigkeit
(Psychische) Belastungen

SOCKEL

Arbeitsbelastung: Physische Belastung, Arbeitsplatz und Arbeitsorganisation ...
Psychosoziale Belastung: Soziale Belastung, emotionale Inanspruchnahme, Konflikte ...
Arbeitsqualität: Arbeitsbedeutung, Perspektivität, Gestaltung der Arbeitsaufgabe ...
Arbeitsintensität: Arbeitsmenge, Unter- und Überforderung, Arbeitsschwierigkeit ...

◘ **Abb. 2.3**   Rahmenmodell der gesunden Organisation nach Treier (2019b, S. 443)

2.2 Gesundheitsmodelle als Reflexionsfolien

Gesundheitstheorien und -modelle dienen als **Reflexions-folie für das BGM** (Treier, 2019c). In diesem Kapitel werden Klassiker wie das biomedizinische, das bio-psychosoziale oder das salutogenetische Modell aus Sicht der zugrunde liegenden Disziplinen erläutert, um **Determinanten von Gesundheit und Krankheit** zu bestimmen und Handlungskonzepte aus gesundheitswissenschaftlicher Sicht für das Setting Arbeitswelt abzuleiten (vgl. Razum & Kolip, 2020). Die Modelle reichen von arbeitswissenschaftlichen über psychologische und medizinische bis hin zu soziologischen Konzepten und unterscheiden sich in der Modellierung hinsichtlich des Zusammenspiels und der Reichweite der berücksichtigten Gesundheitsvariablen (vgl. Franke, 2012a; Faller & Lang, 2019, S. 15 ff.). Für das BGM ist eine Trennung zwischen Krankheits- und Gesundheitsmodellen nicht zielführend, da sich Gesundheit in der Arbeitswelt als multidimensional erweist. Die Reduktion von Krankheit auf körperliche Phänomene ist im Zeitalter der Psyche obsolet (▶ Abschn. 1.3.1). Die Relevanz sozialer Faktoren bzw. Lebensumstände, wie sie sozialepidemiologische Studien belegen, ist unbestritten. Aus Sicht der Modellierung ist es jedoch sinnvoll, diese theoretischen Sichtweisen zu kontrastieren, um die zugrunde liegenden Paradigmen zu entschlüsseln.

2.2.1 Leitplanken aus Sicht der Modellierung

Die **disziplinäre Fragmentierung** prägt den theoretischen Diskurs und setzt unterschiedliche Leitplanken. Letztlich basieren Krankheits- und Gesundheitsmodelle auf analogen Denkweisen, seien sie medizinisch, arbeitswissenschaftlich, psychologisch oder soziologisch geprägt. Sie unterscheiden sich in der Ausrichtung ihrer Suchscheinwerfer. **Krankheitsmodelle** berücksichtigen nur Informationen, die die Entstehung einer Krankheit erklären *(Was macht uns krank?)*. Neben der biomedizinischen Perspektive der Krankheitsgenese beachten Krankheitsmodelle auch Risikofaktoren aus der Umwelt. **Gesundheitsmodelle** erfassen Informationen zur Erklärung der Entstehung von Gesundheit *(Was hält uns gesund?)*. Sie betrachten nicht nur Ressourcen aus der Umwelt, sondern auch die Widerstandsressourcen des Individuums zur erfolgreichen Bewältigung von Belastungen und reflektieren den Beanspruchungsprozess. **Integrierte Gesundheitsmodelle** greifen die Relationen zwischen Gesundheit und Krankheit auf (▶ Abschn. 2.1.3) und erweitern den Blick auf die Determinanten von Gesundheit (▶ Abschn. 2.1.4). Da im BGM die Gesundheit und nicht die Krankheit im Mittelpunkt steht, wird im Folgenden vereinfachend von Gesundheitsmodellen gesprochen.

■ **Prioritäten aus Sicht der Disziplinen**

Aus der multidisziplinären Diskussion lassen sich folgende disziplinäre **Leitplanken für die Modellierung** des Phänomens Gesundheit ableiten.

– *Soziologische Leitplanken:* z. B. Lebensbedingungen, sozioökonomischer Status, Zugang zu gesellschaftlichen Ressourcen wie Bildung und Arbeit (soziale Opportunitätsstruktur)

– *Sozialpsychologische Leitplanken:* z. B. Beziehungen und Netzwerke, Rollen und Rollenkonflikte, soziale Unterstützung, Relation von Geschlecht und Gesundheit, Sozialkapital

– *Verhaltenstheoretische bzw. psychologische Leitplanken:* z. B. Gesundheitsverhalten, Gesundheitseinstellungen, Kompetenz, Compliance, Lernen, Gesundheitsmotivation

– *Biomedizinische Leitplanken:* z. B. Störungen von Körperfunktionen bzw. Fehlen biologischer Dysfunktionen, pathophysiologische Auslöser und Krankheitsphänomene

– *Psychodynamische Leitplanken:* z. B. Konflikte zwischen Triebimpulsen und sozialen Normen, Affektregulation, psychosexuelle Entwicklung

– *Psychobiologische Leitplanken:* z. B. spezifische und unspezifische Stressreaktionen, Stressgenese und Stressaktivierung als Reaktionskette im Organismus (Stressachse), inneres Gleichgewicht (Homöostase)

Krankheitsmodelle

Krankheitsmodelle konzentrieren sich auf die Bedingungen von Krankheiten (Risikofaktoren, vgl. Exkurs ► „Risikofaktoren") und auf die Erklärung der Krankheitsgenese (Ätiologie). Sie sind v. a. biologisch und medizinisch begründet. Die Pathogenese *(Was macht krank?)* ist das Leitmodell und die Krankheitsbekämpfung das Leitziel.

Gesundheitsmodelle

Gesundheitsmodelle betrachten die Ressourcen, um zu erklären, warum Menschen trotz Belastungen gesund bleiben. Sie sind v. a. sozialwissenschaftlich begründet. Die Salutogenese *(Was hält gesund?)* ist das Leitmodell und die Gesundheitsförderung das Leitziel.

Risikofaktoren

Gesundheitliche Risikofaktoren lassen sich in einem Risikocluster in verhaltensbezogene, biologisch-genetische und umweltbedingte Faktoren unterteilen (Sperlich & Franzkowiak, 2022).

– *Verhaltensbezogene Risikofaktoren* sind z. B. Bewegungsmangel, Fehlernährung, Rauchen oder Übergewicht.

– *Biologisch-genetische Risikofaktoren* sind z. B. zunehmendes Alter, männliches Geschlecht oder genetisch bedingte Stoffwechselstörungen.

– *Umweltbezogene Risikofaktoren* sind z. B. Schichtsysteme, Schadstoffexposition, Lärmbelastung, Entgrenzung der Arbeit oder mangelnde soziale Unterstützung.

Aus medizin- und gesundheitssoziologischer Sicht sind daher neben den verhaltensbezogenen Risikofaktoren auch die Lebens- und Arbeitsbedingungen zu berücksichtigen. Epidemiologische Studien wie die *„Global Burden of Disease Study"* zeigen, welche Risikofaktoren aus Sicht der Gesundheitsfolgenabschätzung besonders relevant sind (Porst et al., 2022). Die Krankheitslast wird durch die durch vorzeitigen Tod verlorenen Lebensjahre und die mit Behinderung gelebten Jahre bestimmt. In Deutschland zeigen sich deutliche Veränderungen der Krankheitslast insbesondere durch chronische Zivilisationskrankheiten wie Diabetes, Krebs oder Herz-Kreislauf-Erkrankungen (Plass et al., 2014). Als mögliche Prädiktoren werden v. a. verhaltensbezogene Risikofaktoren identifiziert.

Risikofaktorenmodelle verstehen Gesundheitsrisiken als Prädiktoren für Gesundheitsgefährdungen bzw. als potenzielle Erklärungsvariablen für die Entstehung von Krankheiten. Es dominiert eine biomedizinisch-pathogenetische Sichtweise. Risiken können dabei direkt, meist aber indirekt oder verzögert wirken. Bei der Krankheitsentstehung kann zwischen distalen und proximalen Faktoren unterschieden werden. *Distale Faktoren* wie Arbeits- oder Lebensbedingungen beziehen sich auf Strukturen und beeinflussen *proximale Faktoren* wie körperliche Aktivität oder Ernährung. Diese Verhaltensfaktoren wiederum beeinflussen physiologische Mechanismen wie Blutdruck oder Fettstoffwechsel. Diese pathophysiologischen Prozesse können Krankheiten wie Diabetes Typ 2 oder Herz-Kreislauf-Erkrankungen begünstigen. Die Folgen sind eine Verschlechterung des objektiven und subjektiven Gesundheitszustandes, ggf. ein Verlust der sozialen Teilhabe oder eine Einschränkung der Funktionsfähigkeit.

Aus Sicht der Arbeitswelt sollte Prävention darauf abzielen, gesundheitliche Risikofaktoren zu beseitigen oder zu minimieren, um die Exposition zu reduzieren. Der klassische AGS konzentriert sich auf die distalen, strukturellen Faktoren, die BGF auf die proximalen, verhaltensbezogenen Faktoren. Eine ausschließliche Fokussierung auf diese Risikofaktoren im Rahmen von Präventionsmaßnahmen ist in der Arbeitswelt jedoch nicht zielführend, vielmehr müssen die Ressourcen gleichermaßen berücksichtigt werden (► Abschn. 2.3).

Tab. 2.2 Basismodelle der Gesundheit

Basismodelle der Gesundheit	Erläuterung
Biomedizinische Modell *Risikofaktorenmodell*	Gesundheit ist das Fehlen von Krankheit. Somatische Unauffälligkeit bzw. körperliche Funktionsfähigkeit wird angestrebt und äußert sich in der Abwesenheit bzw. dem Fehlen von negativ erlebten Symptomen (Klinik). Diagnostik trägt zur Objektivierung von Zuständen bei. Ursache-Wirkungsketten pathophysiologischer Mechanismen werden entschlüsselt (Ätiologie), um Risikofaktoren zu identifizieren und zu reduzieren (Therapie und Prognose). Die Klassifikation von Krankheiten erfolgt ohne Berücksichtigung des sozialen Kontextes. Hauptziel ist die Primärprophylaxe.
Psychisches Modell *Verhaltensmodell*	Gesundheit ist das subjektive Erleben und Wahrnehmen von Vitalität und Wohlbefinden. Gesundheitskompetenz und Gesundheitsverhalten sind zentrale Ansatzpunkte. Die motivierte Eigenverantwortung für die Beseitigung vermeidbarer Risikofaktoren, wie z. B. Bewegungsmangel, steht im Mittelpunkt eines verhaltensorientierten Ansatzes. Implizit wird eine Mitverantwortung des Einzelnen für seinen Gesundheitszustand postuliert.
Biopsychosoziales Modell *Interaktionsmodell*	Gesundheit ist die erfolgreiche Anpassung an die sozioökonomischen Lebensbedingungen (Sozialraum). Das ganzheitliche Modell stellt eine Synthese und Erweiterung der biologischen und psychologischen Sichtweisen dar, indem es den sozialen Kontext und die Wechselwirkungen zwischen biologischen, psychologischen und sozialen Faktoren berücksichtigt. Nicht die Abwesenheit von krankmachenden Faktoren, wie bei chronischen Erkrankungen oder psychischen Störungen, sondern die Fähigkeit zur Kontrolle und Bewältigung dieser krankmachenden Faktoren in der sozialen Umwelt kennzeichnet Gesundheit als soziale Funktionsfähigkeit. Krankheit entsteht, wenn die Bewältigung von Anforderungen dauerhaft misslingt.

Moderne Gesundheitsmodelle greifen die Basismodelle auf. Das Salutogenese-Modell beschreibt die komplexen Zusammenhänge, die Gesundheit und *nicht* Krankheit erklären (▶ Abschn. 2.2.4).

■ **Dominanz der biopsychosozialen Sicht im BGM**

In der ◻ Tab. 2.2 sind **Basismodelle** aufgeführt (vgl. Faltermaier, 2017, S. 52 ff.; Franke, 2012a, S. 129 ff.; Knoll et al., 2017, S. 17 ff.). Das BGM greift verschiedene Ansatzpunkte dieser Basismodelle auf. Das **biopsychosoziale Modell** dient in Abgrenzung zum biomedizinischen Ansatz als Reflexionsfolie für einen ganzheitlichen Gesundheitsauftrag im BGM, weil eine passive, pathogenetisch geprägte Sicht – Gesundheit rückt erst bei einer Beeinträchtigung in den Fokus von Interventionen – dem umfassenden Präventionsauftrag und einer aktiven Gesundheitsförderung nicht gerecht werden kann (vgl. Kohlmann et al., 2018). Auf der *körperlichen Ebene* befasst sich das BGM mit Krankheiten, Ernährung, körperlichen Veränderungen bis hin zum Stoffwechsel. Auf der *psychischen Ebene* geht es um Stress, Gesundheitsverhalten, Motivation bis hin zu psychischen Störungen wie Depressionen. Auf der *sozialen Ebene* geht es um gesunde Führung, soziale Beziehungen und Netzwerke bis zu psychosozialen Konflikten wie Mobbing. Diese Verknüpfung der Ebenen kann nur durch den Betroffenen und seine pragmatische „Lebenskunst" erfolgen. Es geht es um die aktive und eigenverantwortliche Bewältigung von Belastungen in sozialen Kontexten unter Berücksichtigung der vorhandenen Ressourcen. Diese Maxime prägt viele BGM Konzepte und rekurriert auf das renommierte Gesundheitsmodell der Salutogenese, das zu den biopsychosozialen Modellen zählt (▶ Abschn. 2.2.4).

❗ Das biopsychosoziale Modell ist für das BGM als **Denkmodell** prägend, in der Umsetzung dominiert jedoch häufig das biomedizinische Modell als Leitbild für die Praxis. Dieser Widerspruch muss durch das BGM aktiv aufgelöst werden.

Multidisziplinäres Gesundheitsmodell für BGM

Das BGM benötigt ein **handlungstheoretisch orientiertes, multidisziplinäres Gesundheitsmodell**. Keine Disziplin kann der Komplexität des Gesundheitsbegriffs aus biopsychosozialer Sicht gerecht werden. Gesundheitsmodelle verstehen Gesundheit nicht als einen statischen, objektivierbaren Zustand, *„sondern als Balance zwischen den physischen, psychischen und sozialen Ressourcen einer Person bzw. Abwehr und Schutzfunktionen einerseits und potentiell krank machenden Einflüssen der physikalischen, biologischen und sozialen Umwelt andererseits."* (Ulich & Wülser, 2018, S. 55)

2.2.2 Stresstheoretische Perspektive

Arbeitspsychologische Modelle aus stresstheoretischer Perspektive bieten sich als Ausgangspunkt für eine theoretische Reflexion an, da sie grundlegende **Kernbegriffe** für ein handlungstheoretisches Gesundheitsmodell des

BGM definieren (vgl. Bamberg et al., 2011; Nerdinger et al., 2019, S. 574 ff.; Richter & Hacker, 2014; Ulich & Wülser, 2018). Aus Sicht des BGM sind personenbezogene Interventionen wie Stressmanagement (Ansatzpunkt Beanspruchung) von bedingungsbezogenen Interventionen wie Arbeitsgestaltung (Ansatzpunkt Belastung) zu differenzieren (▶ Kap. 4). Hier gibt es in der Praxis oft unklare Überschneidungen, die eine fundierte Diskussion erschweren – Auslöser ist häufig die Verwechslung von Belastung und Beanspruchung.

■ **Kernbegriffe aus stresstheoretischer Sicht**

Belastungen, Beanspruchungen, Stressoren, Ressourcen – Gesundheitsmodelle verknüpfen dieses Quartett von Stressbegriffen unterschiedlich. Deshalb steht eine **Klärung dieser Grundbegriffe** am Anfang einer theoretischen Reflexion (◘ Tab. 2.3) (Treier 2019c, S. 220 f.). Problematisch ist, dass diese Kernbegriffe bisweilen nicht voneinander abgegrenzt werden und sich dies in einem Begriffschaos von Leitsätzen und Ansprüchen im BGM niederschlägt. So werden bspw. **Belastungen und Beanspruchungen** sprachlich häufig vermischt, weshalb die ergonomische Grundlagennorm DIN EN ISO 10075-1:2017 in Teil 1 psychische Belastungen und Beanspruchungen eindeutig definiert (▶ Abschn. 1.4.4). Psychische Belastungen sind keine erlebten Stresszustände als Beanspruchungsmomente, sondern objektivierbare Anforderungen aus der Arbeitsumgebung, die auf den Menschen einwirken und mit Hilfe einer Gefährdungsbeurteilung erfasst werden können (Treier, 2019a).

◘ **Tab. 2.3** Grundbegriffe aus stresstheoretischer Sicht

Grundbegriffe	Erläuterung
Anforderungen	Hierunter werden alle internen und externen Anforderungen zusammengefasst, die von der Person bewältigt werden müssen. Grundsätzlich sind die Anforderungen entsprechend den Ressourcen zu erhöhen, um eine anspruchsvolle Tätigkeit zu ermöglichen. Eine dauerhafte Über- oder Unterforderung ist jedoch zu vermeiden. Ziel ist die Übereinstimmung mit den Kompetenzen (Kongruenz).
Beanspruchung	Beanspruchung beschreibt die unmittelbare bzw. kurzfristige Wirkung von Belastungen auf den Menschen in Abhängigkeit von seinen individuellen dispositionellen Voraussetzungen und Bewältigungsstrategien als Erfahrungswerte. Negative Beanspruchung steht für Ermüdung, positive Beanspruchung für Aktivierung. Dies wird als Doppelrolle der Beanspruchung bezeichnet.
Beanspruchungsfolgen	Die mittel- und langfristigen Beanspruchungsfolgen auf psychischer (z. B. Angst), physischer (z. B. Rückenbeschwerden) und Verhaltensebene (z. B. Suchtmittelkonsum) können unter Kosten-Nutzen-Aspekten mit dem Ziel der Beanspruchungsoptimalität bilanziert werden.
Belastungen	Darunter fallen alle erfassbaren objektiven Größen, die von außen auf den Menschen einwirken, wie z. B. Lärm oder Zeitdruck, die sowohl psychische als auch physische Auswirkungen haben. Der Begriff der Belastung ist neutral formuliert. An dieser Stelle ist zu betonen, dass psychische Belastungen *keinesfalls* mit psychischen Störungen verwechselt werden dürfen.
Fehlbelastungen	Belastungen, die sich negativ auf die psychische und physische Gesundheit auswirken, werden als Fehlbelastungen bezeichnet. Die Vorsilbe „Fehl-" weist auf die negative Konnotation hin.
Ressourcen	Hierunter werden alle Ressourcen zusammengefasst, die zur erfolgreichen Bewältigung von Anforderungen dienen. Personale (z. B. Resilienz oder Gesundheitskompetenz), soziale (z. B. Netzwerke oder soziale Unterstützung), materielle (z. B. finanzielle Mittel oder Technik) oder organisatorische (z. B. Führung oder Arbeitsorganisation) Faktoren können bei belastenden Tätigkeiten eine schützende und/oder aktivierende Pufferfunktion übernehmen. Unter Berücksichtigung von Intensitäts- und Dauergrenzen der Belastung minimieren sie aus protektiver Sicht Überbelastungen und federn Fehlbelastungen ab.
Stress	Stress bezeichnet eine erlebte Beanspruchung einer Person, die durch Stressoren ausgelöst wird. Disstress beschreibt dabei einen aversiv erlebten Zustand der Bedrohung, weil die Person in ihrer Bewältigungskompetenz überfordert ist und ein Scheitern erwartet. Eustress wird positiv erlebt, die Situation wird als Herausforderung wahrgenommen, aktiviert interne Bewältigungsressourcen und geht mit einer Leistungssteigerung einher. Ob Stress in Disstress oder Eustress umschlägt, hängt von den verfügbaren und wahrgenommenen Ressourcen ab.
Stressoren	Es handelt sich um innere und äußere Reize, die entsprechende psychische Anpassungsreaktionen des Menschen erfordern. Umgangssprachlich werden darunter häufig negative Belastungen verstanden.

Stresstheoretische Konzepte modellieren den Zusammenhang zwischen Belastungen und Beanspruchungen. Belastungen, die zu negativen Beanspruchungen führen, sind zu reduzieren. Belastungen, die zu funktionalen oder positiv erlebten Beanspruchungen führen, sind zu fördern.

2

❗ Die häufigste **begriffliche Verwechslung** ist die zwischen Belastungen und Beanspruchungen, da auch in der Umgangssprache nicht zwischen diesen Begriffen unterschieden wird.

■ **Stresstheoretische Ansätze**

Aus arbeitspsychologischer und stresstheoretischer Sicht gelten eine positive Beanspruchungsbilanz und das Kontrollerleben als Indikatoren für gesunde Arbeit (Wieland & Hammes, 2014). Das BGM muss diesen **Beanspruchungsprozess** in Abhängigkeit von den Belastungen aufgreifen und sichtbar machen – dies gelingt nur, wenn die Begriffe klar voneinander abgegrenzt werden. Der Begriff der psychischen Belastungen als objektive Zustände im Sinne des ArbSchG erschwert diese Auseinandersetzung jedoch, da das Wort „Psyche" in der Praxis teilweise mit psychischen Erkrankungen oder mit Stress als Beanspruchungserleben assoziiert und ggf. sogar tabuisiert wird. Die stresstheoretische Klärung der Kernbegriffe wird daher als notwendiger Einstieg in das BGM angesehen, um ein gemeinsames Verständnis zu erzielen. Die Vielfalt der Modelle und Konzepte aus stresstheoretischer Sicht zeigt, wie schwierig es ist, den Zusammenhang zwischen Belastung und Beanspruchung als Prozess zu modellieren. **Stresstheoretische Ansätze** lassen sich vereinfacht in drei Kategorien zusammenfassen (vgl. Kauffeld et al. in Kauffeld, 2019, S. 314 ff.; Schaper in Nerdinger et al., 2019, S. 575 ff.)

A. **Reizorientierte Ansätze:** Stress ist eine unabhängige Variable, die durch umweltbedingte Belastungsfaktoren wie physikalische (Lärm), arbeitsorganisatorische (Zeitdruck) oder soziale Stressoren ausgelöst wird. Dieser arbeitswissenschaftliche Ansatz bezieht sich nicht auf Stressreaktionen und berücksichtigt nicht die individuelle Verarbeitung von Stressoren. Belastungen können negativ (Stressoren) oder positiv (Anforderungen) sein und damit das Stresserleben bestimmen. Bedingungsbezogene Merkmale stehen im Vordergrund. Dies wird im BGM v. a. in der Verhältnisprävention berücksichtigt.

B. **Reaktionsorientierte Ansätze:** Stress ist eine abhängige Variable, die sich als Stressreaktion im Sinne einer Beanspruchung manifestiert. Auslösende situative Faktoren und individuelle Bewältigungskompetenzen bleiben bei diesem biologischen Ansatz unberücksichtigt. Stress wird in Anlehnung an das Allgemeine Adaptationssyndrom von Hans Seyle als unspezifische und kurzfristige Reaktion des Organismus auf anhaltende Stressreize verstanden. Es wird postuliert, dass nach einer gewissen Widerstandsphase Erschöpfung eintritt. Im Vordergrund steht die physische und psychische Stärkung. Dies wird im BGM v. a. in der Gesundheitsförderung bzw. Verhaltensprävention berücksichtigt.

C. **Transaktionale Ansätze:** Stress wird als Prozess der kognitiven und emotionalen Bewertung einer belastenden Situation in Abhängigkeit von den zur Verfügung stehenden Ressourcen verstanden. Der Prozess der Beanspruchung steht im Vordergrund. Die Wechselwirkung von Person und Situation und der individuelle Bewertungs- als Rückkopplungsprozess im Stresserleben ermöglichen vielfältige Ansatzpunkte in der Präventionsarbeit. Dies wird im BGM v. a. in einer als Lernprozess verstandenen Verhaltens- und Verhältnisprävention berücksichtigt.

■ **Das Bild von der „Biegsamkeit"**

Zur Veranschaulichung des **Zusammenhangs zwischen Belastungen und Beanspruchungen** eignet sich für viele Stressmodelle das **Bild der Biegsamkeit** (◻ Abb. 2.4). Ob Belastungen dazu führen, dass das Seil, das symbolisch für die Belastbarkeit des Menschen steht, reißt, hängt von den Ressourcen ab. Letztendlich wird es aber eine Grenze der Belastbarkeit geben, die der Mensch nicht mehr kompensieren kann, egal welche Ressourcen ihm zur Verfügung stehen. Nach dem *Diathese-Stress-Modell* hängt die Elastizität des Seils auch von der Wechselwirkung zwischen Vulnerabilität und Stress ab – das Seil weist dann bereits unsichtbare oder sichtbare Risse auf (vgl. ▶ Exkurs „Stressmodelle").

❗ Das **Bild der Biegsamkeit** suggeriert, dass die Arbeitswelt Belastungen steigern kann, solange die dispositionelle, individuelle Elastizität dies zulässt. Im Bereich der psychischen Gesundheit ist dieses Bild kritisch zu bewerten, da es keine messbaren Toleranzgrößen als Grenzwerte gibt, die erklären, wie weit die Kompensation von Belastungen durch den Menschen gehen kann.

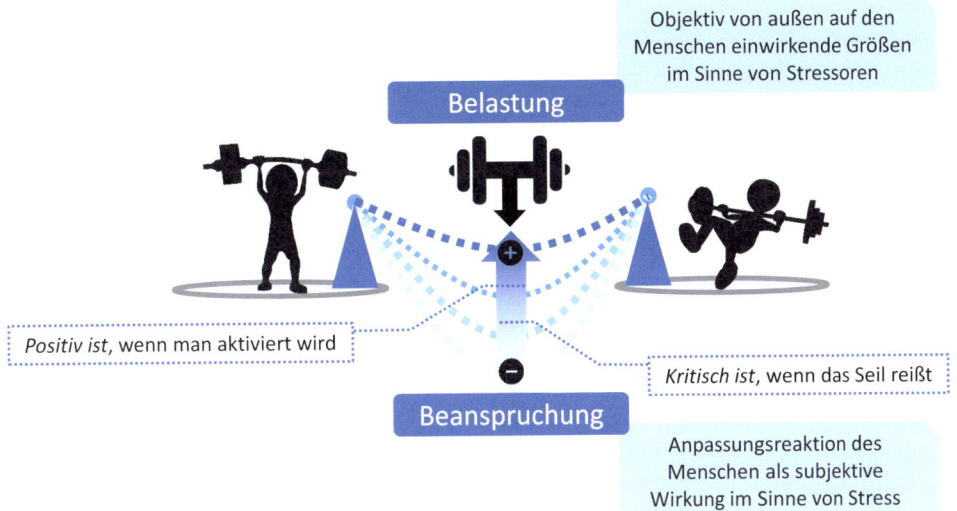

Belastung

Objektiv von außen auf den Menschen einwirkende Größen im Sinne von Stressoren

Positiv ist, wenn man aktiviert wird

Kritisch ist, wenn das Seil reißt

Beanspruchung

Anpassungsreaktion des Menschen als subjektive Wirkung im Sinne von Stress

◘ **Abb. 2.4**   Biegsamkeitsbild als Wechselspiel zwischen Belastung und Beanspruchung

Stressmodelle

Stressor-Stress-Modelle (biologisch, psychobiologisch, psychosozial orientiert), Diathese-Stress-Modelle (Vulnerabilität bzw. Zusammenhang zwischen Krankheitsneigung und Stress) und Stressor-Ressourcen-Modelle (variantenreich je nach betrachteten Ressourcen) spiegeln die Vielfalt der **Zuschreibungen im Begriffsfeld Stress** wider. Es lassen sich verschiedene Einflussfaktoren, Bedingungen und Moderatoren von Stress identifizieren, die sich bestenfalls als Passung zwischen den Fähigkeiten und Ressourcen der Person und den Anforderungen der Situation darstellen (*Person-Environment-Fit*). Aus Sicht des BGM sind an dieser Stelle folgende **stress- bzw. handlungstheoretische Modelle** zu nennen (Kauffeld et al. in Kauffeld, 2019, S. 314 ff.; Schaper in Nerdinger et al., 2019, S. 589 ff.; Semmer & Zapf, 2018, S. 28 ff.):

A. Das **Konzept der vollständigen Tätigkeit** nach Winfried Hacker (Hacker & Sachse, 2014) postuliert, dass Gesundheitsgefährdungen bestehen, wenn unvollständige Tätigkeiten ausgeführt werden. Unvollständig ist eine Tätigkeit dann, wenn sie zu geringe Anforderungen stellt (z. B. monotone Aufgaben) oder wenn die Tätigkeit in sequenzieller Hinsicht neben den ausführenden Tätigkeiten keine vorbereitenden, organisierenden und kontrollierenden Funktionen beinhaltet. Die *Handlungsregulationstheorie* baut auf dem Konzept der vollständigen Tätigkeit auf und erklärt die zugrunde liegende psychische Regulation bei der Ausführung der Tätigkeit. Diese kann gestört sein, wenn die Regulationsanforderungen zu hoch sind (z. B. Komplexität der Aufgabe), die Regulationsmöglichkeiten eingeschränkt sind (z. B. Zeitmangel)

oder Regulationsprobleme wie Hindernisse, Unsicherheit oder Überforderung vorliegen (Semmer & Zapf, 2018, S. 41 f.).

B. Das **Effort-Reward-Imbalance-Modell** bzw. das Modell beruflicher Gratifikationskrisen von Johannes Siegrist (1996) betont die Bedeutung von Anerkennung und Belohnung, da eine hohe Arbeitsintensität bzw. ausgeprägte Arbeitsanforderungen v. a. dann gesundheitsgefährdend sind, wenn die besondere Leistung des Mitarbeitenden nicht durch immaterielle oder materielle Belohnungen wie Status, Bezahlung oder Wertschätzung anerkannt wird. Diese Belohnungen sollten in einem ausgewogenen Verhältnis zu den Anforderungen stehen, um Gratifikationskrisen, die zu negativem Stress führen, zu vermeiden.

C. Das **Effort-Recovery-Modell** von Thea F. Meijman und Gijsbertus Mulder (Meijman & Mulder, 1998) betont die Bedeutung der Erholung, um Belastungen ohne irreversible negative Beanspruchungsfolgen zu bewältigen. Als Weiterentwicklung gilt das *Detachment-Modell* von Sonnentag und Fritz (Sonnentag & Fritz, 2010), das nicht nur die physiologische Erholung als Ausgleich beschreibt, sondern auch die mentale Distanzierung von der Arbeit, um sicherzustellen, dass der Stress nicht mental in den Erholungsphasen fortbesteht. Die Erholungsfähigkeit ist generell eine wichtige Puffervariable.

D. Das **Demand-Control-Modell** bzw. Anforderungs-Kontroll-Modell von Robert Karasek (Karasek & Theorell, 1990) fokussiert den Tätigkeitsspielraum als Gesundheitsvariable. So kann eine hohe Arbeits-

2

intensität bzw. hohe Arbeitsanforderung bei gleichzeitig hohem Entscheidungsspielraum als Ressource bei aktiven Tätigkeiten gesundheitsförderlich sein und Entwicklungspotenziale induzieren, wenn eine ausreichende Selbstregulationskompetenz vorhanden ist. Gesundheitsgefährdend bzw. negativ beanspruchend sind v. a. Tätigkeiten mit hoher Arbeitsintensität und geringem Tätigkeitsspielraum. In einem erweiterten Modell wird die soziale Unterstützung als Ressource berücksichtigt.

E. Das **Job-Demands-Resources-Modell** von Arnold B. Bakker und Evangelia Demerouti (Bakker & Demerouti, 2017) erweitert das Anforderungs-Kontroll-Modell um die Wirkung verschiedener organisationaler und persönlicher Ressourcen, die den Beanspruchungsprozess beeinflussen. Dabei werden alle denkbaren Ressourcen berücksichtigt, die als funktional für die Erreichung der Aufgabenziele anzusehen sind. Darüber hinaus wird nicht nur der Wirkungszusammenhang zwischen Anforderungen und Stress beschrieben, sondern auch die Arbeitsmotivation als Variable berücksichtigt, um Arbeitsengagement und Commitment als Moderatoren im Wirkungszusammenhang zu identifizieren. Das Modell weist eine hohe Komplexität und Flexibilität zur Vorhersage von Gesundheit und Wohlbefinden in spezifischen Situationen auf.

F. Das **arbeitspsychologische Modell** nach Ulich (2011) sieht die Arbeitsaufgabe und deren Gestaltung als wesentliche Einflussgröße für die Gesundheits- und Persönlichkeitsförderlichkeit (*Primat der Aufgabe*). Der Handlungsspielraum und die psychosozialen Funktionen der Arbeit – Kompetenzentwicklung, Zeitstrukturierung, soziale Anerkennung, Kooperation und Identitätsstiftung – stehen im Mittelpunkt der Betrachtung.

G. Das **transaktionale Stressmodell** von Richard Lazarus (Lazarus & Folkmann, 1984) betont, dass nicht die Reize oder Situationen an sich für die Stressreaktion entscheidend sind, sondern die kognitive Verarbeitung durch die Betroffen. Transaktional bedeutet hier, dass ein kognitiver Bewertungsprozess die Wechselwirkung zwischen Belastungen und Beanspruchungen moderiert. In der ersten Bewertung schätzt die Person ein, ob die Situation eine Bedrohung enthält. In der zweiten Bewertung stellt sich die Person die Frage, ob die Situation mit den vorhandenen Ressourcen bewältigt werden kann. Bei ausreichenden Ressourcen kann eine erfolgreiche Bewältigung instrumentell und/oder emotional erfolgen (Coping). Die dritte Bewältigungsstrategie stellt das repressive Coping mit passiven und aktiven defensiven Vermeidungsmechanismen dar. In einer Neubewertung kann die Person durch Lernprozesse für zukünftige Stresssituationen besser gewappnet sein, sodass aus bedrohlichen Situationen herausfordernde Situationen werden. In einer erweiterten Sichtweise berücksichtigt Lazarus neben kognitiven auch emotionale Faktoren (Lazarus, 2006).

◾ **Arbeitsintensität als Schlüsselbegriff**

◘ Abb. 2.5 visualisiert die verschiedenen Modelle in Form einer Synopse (Treier, 2019c, S. 221). Diese Modelle befassen sich mehr oder weniger stark mit quantitativen und qualitativen **Facetten der Arbeitsintensität** im Rahmen der Aufgabengestaltung (▶ Abschn. 4.2.3.2). Grundlegend ist die Definition der Arbeitsintensität gemäß dem Rahmenmodell von Rau und Göllner (2018) als Funktion der Arbeitsmenge pro verfügbarer Zeit multipliziert mit dem zur Aufgabenbewältigung erforderlichen kognitiven Regulationsniveau (▶ Abschn. 4.2.3.2.2). Das Netzwerk besteht aus Ressourcen in Form von Vergütungs- und Unterstützungsformen sowie aus personellen Ressourcen. Die Basis bezieht sich auf Parameter der Arbeitsintensität. In der Mitte befindet sich das Anforderungs-Kontroll-Modell. Die Kernbotschaft lautet: *Aktive Arbeit braucht ein Netz zur Absicherung.* Hohe Anforderungen in Verbindung mit Ressourcen und ein hohes Maß an kognitiver Regulation durch Handlungsspielräume wirken sich positiv auf die Gesundheit aus. Zu diesen Grundmodellen gehört auch das Belastungs-Beanspruchungs-Modell aus arbeitswissenschaftlicher Sicht. Da es für das Verständnis von BGM grundlegend ist und die Gestaltungsrelevanz von Ressourcen im Zusammenspiel mit Belastungen und Beanspruchungen verdeutlicht, wird es im ▶ Abschn. 2.2.3 vorgestellt.

2.2.3 Arbeitswissenschaftliche Perspektive

Aus arbeitswissenschaftlicher Perspektive dominieren **Risikofaktorenmodelle**. Im Vordergrund steht die primäre Verhältnisprävention (▶ Abschn. 4.2.3). Der AGS greift diese Sichtweise auf und ist bestrebt, hohe Fehlbeanspruchungen frühzeitig zu minimieren bzw. zu vermeiden. Die Gefährdungsbeurteilung ist das zentrale Diagnoseinstrument (▶ Abschn. 6.2). Diese Herangehensweise lässt sich als defizitorientierten *Regenschirm-Ansatz* verbildlichen. Als Basismodell fungiert das biomedizinische Konzept als objektives Gesundheitsmodell (▶ Abschn. 2.2.1). Bei Defiziten, wie z. B. einer un

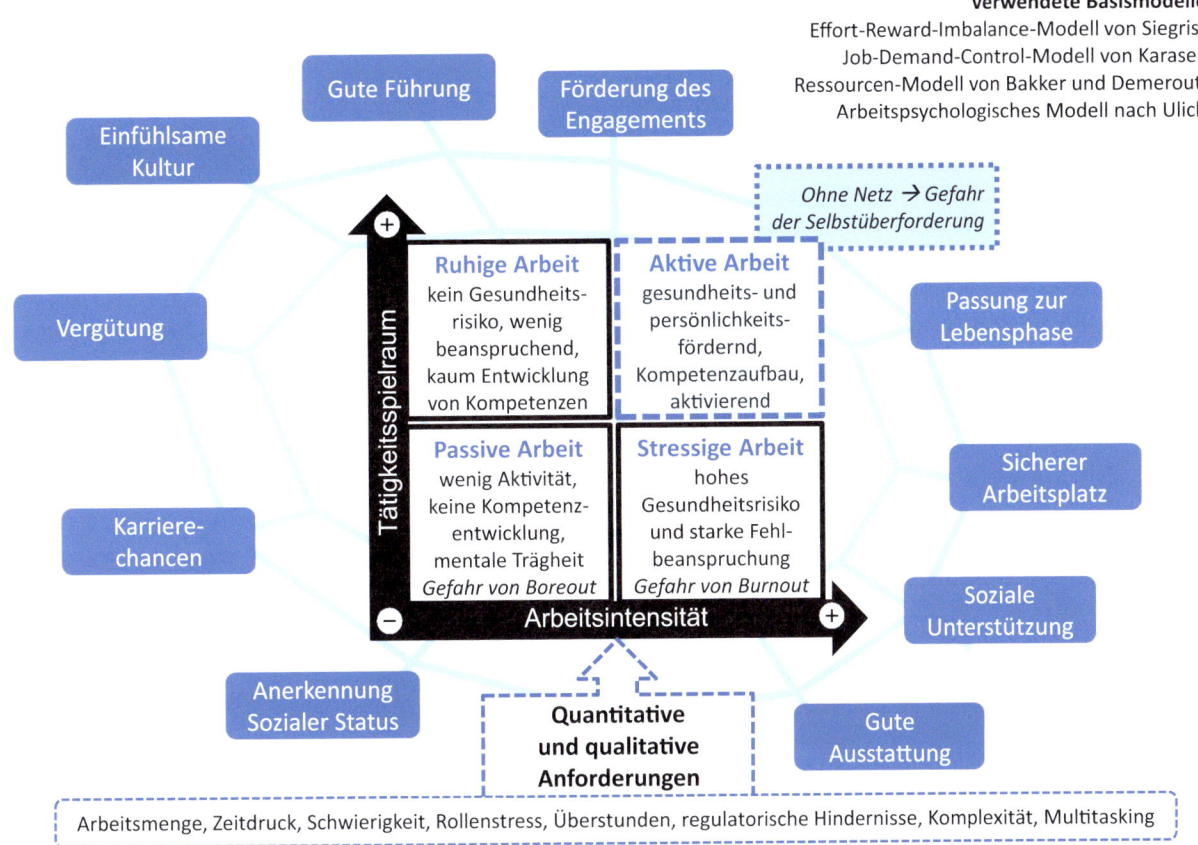

Verwendete Basismodelle
Effort-Reward-Imbalance-Modell von Siegrist
Job-Demand-Control-Modell von Karasek
Ressourcen-Modell von Bakker und Demerouti
Arbeitspsychologisches Modell nach Ulich

☐ **Abb. 2.5**   Das Netz, das die Arbeitsintensität auffängt, nach Treier (2019c, S. 221)

günstigen Bestuhlung, die zu Rückenschmerzen führen kann, wird die Bestuhlung unter ergonomischen Gesichtspunkten optimiert – Ulich (2011, S. 188 ff.) spricht hier von korrektiven Maßnahmen. Diese klassische Denkweise der Arbeitswissenschaft hat sich in den letzten Jahrzehnten zunehmend zu einem **proaktiven Paradigma** gewandelt. Es geht nicht nur darum, möglichst vorausschauend Risiken zu erkennen und zu minimieren, sondern auch darum, vorausschauend Ressourcen zu fördern. Dies kann nur gelingen, wenn die Beschäftigten partizipativ in die Arbeitsgestaltung einbezogen werden – dies gilt z. B. in besonderem Maße für das Handlungsfeld der Arbeitszeitgestaltung (vgl. Rothe et al., 2017b).

■ **Humane Arbeitsgestaltung**
Der **Mensch steht im Mittelpunkt**, wobei neben konstitutionellen Aspekten wie Geschlecht oder Alter, Dispositionen wie Persönlichkeit oder Intelligenz auch Anpassungseigenschaften wie Motivation berücksichtigt werden, die die Handlungskompetenz prägen (Schlick et al., 2018, S. 75 ff.; Uhle & Treier, 2019, S. 2). Aus Sicht des BGM manifestiert sich der Wandel v. a. in **Strategien der humanen Arbeitsgestaltung**, denn in der modernen Arbeitswelt reicht ein korrektiver Ansatz zur Opti-

mierung von Arbeitssystemen, -abläufen, -bedingungen und -aufgaben nicht mehr aus (Ulich & Wülser, 2018, S. 255 ff.). **Arbeit 4.0** als Herausforderung der modernen Arbeitswelt mit Attributen wie mobiles Arbeiten, digitale Führung und Work-Life-Blending impliziert für die Arbeitswissenschaft, Standards und Empfehlungen für flexible Arbeitsmodelle im Hinblick auf eine hybride Arbeits- und Organisationsgestaltung zu entwickeln und dabei die Arbeitsgestaltungskompetenz der Beschäftigten stärker als bisher in den Fokus zu rücken (vgl. Janneck & Hoppe, 2018) (▸ Abschn. 1.3.2). Humanisierung bedeutet v. a. auch eine Stärkung der anthropozentrischen Sicht auf die Gestaltungsanforderungen der Arbeit im Allgemeinen und der Arbeitsaufgabe im Besonderen.

■ **Strategien der Arbeitsgestaltung**
In der arbeitswissenschaftlichen Perspektive dominieren Ansätze der korrektiven und präventiven Arbeitsgestaltung. Der Wandel der Arbeitswelt in Richtung 4.0 erfordert zunehmend auch prospektive, differenzielle und dynamische Aspekte im Rahmen einer **ganzheitlichen Arbeitsgestaltung**. Diese lassen sich am besten im Rahmen eines soziotechnischen Systemansatzes als offene und dynamische Systeme realisieren, die Mensch, Technik und Organi-

2

sation als Ansatzpunkte berücksichtigen (*MTO-Konzept*) (Ulich, 2013; Ulich & Wülser, 2018, S. 261 ff.) (▶ Abb. 4.8). Technisches und soziales System sind durch die Aufgabe verbunden (*Primat der Aufgabe*) (vgl. Hacker & Sachse, 2014; Ulich, 2011). Diese **Aufgabenorientierung** spiegelt sich auch in der Gefährdungsbeurteilung psychischer Belastung wider (▶ Abschn. 4.2.3.1). Aber nicht nur die Aufgabenerweiterung im Sinne der Vollständigkeit der Aufgaben, sondern auch die sozialen Systeme, z. B. im Format der teilautonomen Gruppenarbeit oder virtueller Teams, flankiert durch eine flexible technologische Infrastruktur, sind entsprechend anzupassen, um die Kontingenz zwischen Anforderungen und Kompetenzen hinsichtlich der Kriterien der Gesundheits- und Persönlichkeitsförderlichkeit zu gewährleisten. Ulich (2011, S. 188 ff.) unterscheidet fünf **Strategien der Arbeitsgestaltung**, die den Wandel der arbeitswissenschaftlichen Denkweise unterstreichen.

- **Korrektive Arbeitsgestaltung:** Wenn physiologische, ergonomische, sicherheitstechnische oder rechtliche Anforderungen der aktuellen Umsetzung nicht mehr entsprechen, müssen im Sinne der Tertiärprävention nachträgliche Änderungen vorgenommen werden. Ein klassisches Beispiel ist die Anschaffung ergonomischer Stühle bei Rückenproblemen.

- **Präventive Arbeitsgestaltung:** Mögliche psychosoziale Beeinträchtigungen oder gesundheitliche Schädigungen werden bereits bei der Planung und Umsetzung der Arbeitsgestaltung im Sinne der Primärprävention vorausschauend berücksichtigt, um die Gesundheit und das Wohlbefinden der Beschäftigten zu verbessern. Entscheidend ist, dass Maßnahmen, wie z. B. höhenverstellbare Tische, nicht erst dann ergriffen werden, wenn ein Problem eingetreten ist, sondern so frühzeitig, dass gesundheitliche Probleme gar nicht erst entstehen können.

- **Prospektive Arbeitsgestaltung:** Bei der Gestaltung von Arbeitssystemen wird die gesundheits- und persönlichkeitsförderliche Gestaltung von Anfang an berücksichtigt. Dies betrifft z. B. die Arbeitsaufgabe im Kontext psychischer Belastungen wie die Schaffung von objektiven Handlungsspielräumen oder die Software-Ergonomie im Hinblick auf die Grundsätze der Dialoggestaltung nach DIN EN ISO 9241-110 (▶ Abschn. 4.2.3.3).

- **Differenzielle Arbeitsgestaltung:** Die Vielfalt persönlicher Einflussfaktoren wie Alter, aber auch Interessen und Qualifikationen erfordert ein breites und individualisiertes Angebot unterschiedlicher Arbeitsstrukturen, zwischen denen die Beschäftigten je nach Dispositionsfaktoren, Kompetenzen und Leistungsschwankungen wählen können. Die alternsgerechte Arbeitsgestaltung ist dabei ein wichtiges Handlungsfeld im demografischen Wandel. Arbeit 4.0 ermöglicht ein erweitertes Portfolio an Arbeitsstrukturen.

- **Dynamische Arbeitsgestaltung:** Die Kompetenzentwicklung steht bei der dynamischen Arbeitsgestaltung im Vordergrund und erweitert den Individualisierungsanspruch der differenzierten Arbeitsgestaltung, denn bestehende Arbeitsstrukturen sollten flexibel erweiterbar sein und von den Betroffenen dynamisch angepasst werden können bzw. einen Wechsel in neue Arbeitsformen ermöglichen, um dem Lernfortschritt zu entsprechen und damit kein Hemmnis für die Kompetenzentwicklung darzustellen. Dabei ist jedoch zu beachten, dass erweiterte Handlungsspielräume in der Arbeitsgestaltung entsprechendes Handlungswissen voraussetzen.

❯ In der Praxis dominieren die Formen der korrektiven und präventiven Arbeitsgestaltung. Prospektive, differenzielle und dynamische Ansätze werden zunehmend in der Mensch-Maschine-Schnittstelle, z. B. in der Software als Arbeitsmittel, realisiert. Dies hängt auch mit der Anpassungsfähigkeit digitaler Technologien zusammen.

Arbeitsgestaltung

Arbeitsgestaltung verändert die Bedingungen im Arbeitssystem so, dass Mensch, Technik und Organisation unter humanen, sozialen und ökonomischen Gesichtspunkten optimal zusammenwirken. Dabei zielt die Arbeitsgestaltung nicht nur auf die klassischen Ansatzpunkte Arbeitsplatz, Arbeitsmittel und Arbeitsumgebung, sondern auch auf die Arbeitsaufgabe und die Arbeitsorganisation (Rudow, 2014, S. 139).

Tipp

Viele Leitlinien und Vorschriften, wie z. B. die DGUV Vorschriften, erheben den Anspruch, dass ihre Empfehlungen auf dem **aktuellen Stand der arbeitswissenschaftlichen Erkenntnisse** beruhen.

Aktuelle arbeitswissenschaftliche Erkenntnisse und Standards (AWE) werden in den Leitlinien der Gesellschaft für Arbeitswissenschaft e. V. (GFA) in Zusammenarbeit mit der BAuA veröffentlicht. Auch die ILO (International Labour Organization) veröffentlicht fundierte arbeitswissenschaftliche Erkenntnisse in ihrer Enzyklopädie.

- ▶ https://www.iloencyclopaedia.org/.
- ▶ https://www.gesellschaft-fuer-arbeitswissenschaft.de/arbeitswissenschaftliche-leitlinien-gfa-baua.htm

Arbeitswissenschaft als Metadisziplin

Die **Arbeitswissenschaft** ist eine **Metadisziplin**, die u. a. die Handlungsfelder Ergonomie, Arbeits- und Sozialmedizin, Arbeitssoziologie, Arbeitspädagogik, Arbeitspsychologie, Arbeitsphysiologie und Arbeitsanthropologie sowie Arbeits- und Sozialrecht umfasst. Die arbeitswissenschaftliche Perspektive konzentriert sich auf die objektiven Bedingungen und Anforderungen der Arbeitssituation (Arbeitsplatz, Arbeitsorganisation, Arbeitstechnologie). Grundlage ist die Gefährdungsbeurteilung bzw. Arbeitsanalyse als diagnostischer Ansatz (▶ Abschn. 4.2.3.1). Bei der Gestaltung von Arbeitssystemen hat sich der **soziotechnische Systemansatz** bewährt, der verdeutlicht, dass nicht nur die technischen und räumlichen Arbeitsbedingungen relevant sind, sondern auch die Beschäftigten und ihre sozialen Beziehungen (Ulich, 2013). Gestaltungsziel ist die gemeinsame Optimierung der Teilsysteme (best match, joint optimization). Die **Arbeitsaufgabe** verbindet die beiden Teilsysteme in Anlehnung an das MTO-Konzept, das die Aufgabe in den Mittelpunkt stellt und ein Primat der Aufgabe bei der Arbeitsgestaltung postuliert. Eine gesundheits- und menschengerechte Arbeitsgestaltung in einer digitalisierten Welt erfordert einen ganzheitlichen Ansatz, der nicht nur den Menschen, die Technik und die Organisation berücksichtigt, sondern v. a. auf die verbindende Arbeitsaufgabe fokussiert.

■ Belastungs-Beanspruchungs-Modell

Das ressourcenorientierte und erweiterbare **Belastungs-Beanspruchungs-Modell** von Rohmert und Rutenfranz (1975) fungiert als arbeitswissenschaftliches Gesundheitsmodell, da es den Zusammenhang zwischen Belastungen und Beanspruchungen in Wechselwirkung mit den verfügbaren Ressourcen als Ursache-Wirkungskette erklärt und die Kernbegriffe stresstheoretisch in Anlehnung an die DIN EN ISO 10075-1:2017 übersetzt (◘ Tab. 2.3). Belastungen und Beanspruchungen sind sowohl positiv als auch negativ konnotiert. Ressourcen moderieren das Verhältnis. Das Modell differenziert dabei zwischen Ressourcen der Person, der Arbeit, der Umwelt und des sozialen Umfelds (◘ Abb. 2.6) (vgl. Schlick et al., 2018, S. 24 ff.). Das Belastungs-Beanspruchungs-Modell hat jedoch auch Grenzen, da es komplexere psychosoziale Belastungen und deren Wechselwirkungen nicht berücksichtigt und offen lässt, wie Grenzwerte für (psychische) Belastungen zu bestimmen sind (vgl. Ferreira & Vogt, 2022). Dennoch lassen sich aus dem Modell Handlungsgrundlagen für eine gesundheitsorientierte Arbeitsgestaltung ableiten.

❯ Das **Belastungs-Beanspruchungs-Modell** postuliert, dass Arbeitsplätze durch äußere Bedingungen gekennzeichnet sind, die als Belastungen für alle dort Tätigen als gleich einzustufen sind, auf die aber in Abhängigkeit von den Ressourcen unterschiedlich reagiert wird. Das bedeutet, dass bei gleicher Belastung wie Schichtarbeit die Beanspruchung von Mensch zu Mensch unterschiedlich ausgeprägt ist (vgl. Infobox zur ▶ „Schichtarbeit").

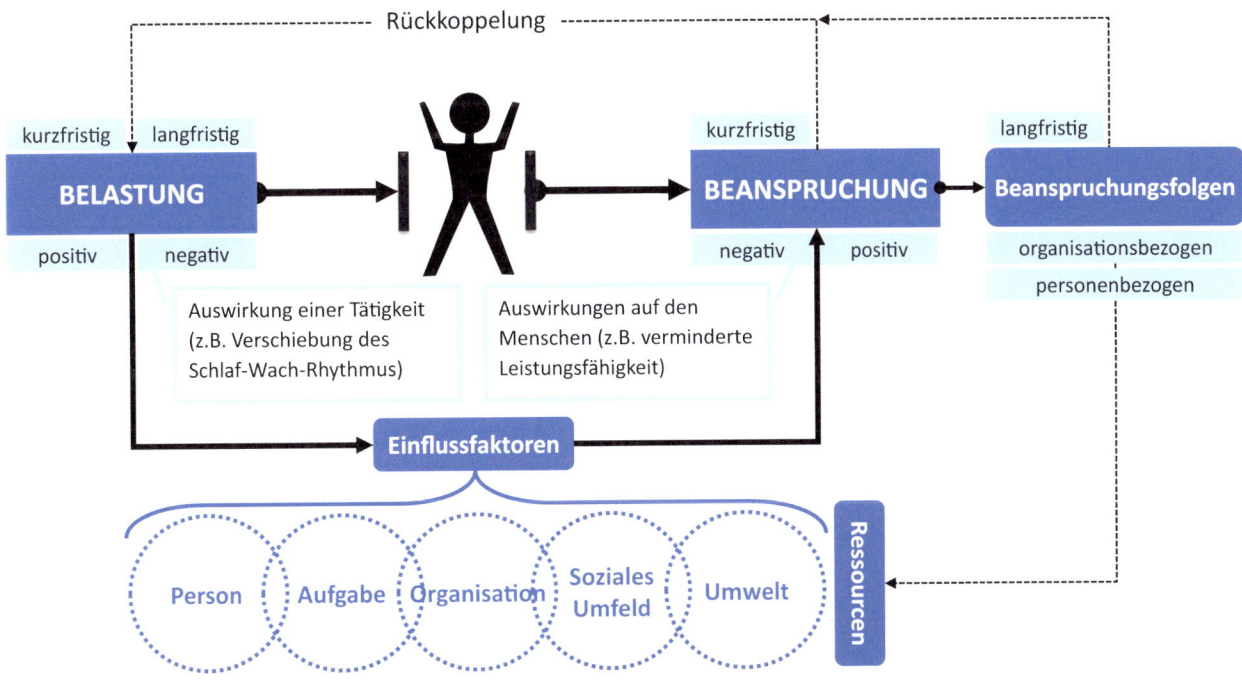

◘ **Abb. 2.6** Belastungs-Beanspruchungs-Modell nach Rohmert und Rutenfranz (1975)

2

Schichtarbeit

Ob z. B. die Verschiebung des Wach-Schlaf-Rhythmus im Rahmen von **Schichtarbeit** negative Folgen für den Menschen hat, wie Schlafstörungen, Müdigkeit oder verminderte Leistungsfähigkeit, hängt nicht nur von der Art der Belastung (Dauer, Länge der Arbeitszeit, Schichtlage und -rotation, Schichtfolge, Ruhezeiten und Zeitpunkt) ab, sondern auch von den Ressourcen, die die Betroffenen während der Schichtarbeit aktivieren können (vgl. Kutscher & Leydecker, 2018). Hierunter sind nicht nur personale Ressourcen wie Gesundheitsverhalten und Erholungsfähigkeit zu verstehen, sondern auch externe Ressourcen, um einen Ausgleich zu schaffen. Typische externe Ressourcen sind z. B. soziale Unterstützung, gesunde Führung, Ausgleich von Mehrbelastungen bis hin zu vorausschauenden Schichtplänen, die partizipativ mit den Beschäftigten entwickelt werden – es gibt keine Universallösung für einen guten Schichtplan, um flexibel auf die besonderen Umstände der Betroffenen eingehen zu können. Auch das private Umfeld erweist sich als wichtige Ressource. Das Belastungs-Beanspruchungs-Modell eignet sich als Ursache-Wirkungs-Modell für eine gesundheitsförderliche Schichtgestaltung aus präventiver, prospektiver und differenzieller Sicht.

Die arbeitswissenschaftliche Sichtweise berücksichtigt zwar die Handlungskompetenz und psychophysische Belastbarkeit der Beteiligten, bleibt aber primär objektbezogen. Der arbeitende Mensch wird als **Objekt** und nicht als Subjekt und Träger des Arbeitsprozesses bzw. des Arbeitssystems verstanden und damit einer instrumentellen Betrachtungsweise unterworfen. Dieser Objektcharakter wird in der sozial- und gesundheitswissenschaftlichen Perspektive aufgelöst.

2.2.4 Sozial- und gesundheitswissenschaftliche Perspektive

» „Seit einiger Zeit gibt es mit der Salutogenese sogar ein weiteres Denkmodell, das nicht mehr Krankheit, sondern Gesundheit in den Mittelpunkt der wissenschaftlichen Bemühungen stellt." (Faltermaier, 2017, S. 53)

Die als Paradigmenwechsel oder Revolution in den Gesundheitswissenschaften bezeichnete Wende von der Krankheit zur Gesundheit gründet auf dem **Salutogenese-Ansatz** des Gesundheitssoziologen Aaron Antonovsky (1923–1994), der sich von der pathogenetischen Denkweise abgrenzt (Antonovsky, 1979 & 1987). Dieser Ansatz ist prägend für das sozial- und gesundheitswissenschaftliche Denken. ◻ Tab. 2.4 zeigt einige markante Unterschiede zwischen Patho- und Salutogenese (vgl. Hochwälder in Mittelmark et al., 2022, S. 569). Subjektive und soziale Gesundheitstheorien sowie Modelle des Gesundheitsverhaltens wie das bekannte HAPA-Modell (Health Action Process Approach) (▶ Abschn. 4.2.4.2.1) basieren auf den Grundannahmen der Salutogenese, aus denen sich **positive Gesundheitsziele** ableiten lassen und die ein **Zeitalter der Gesundheitsförderung** einläuten (vgl. Hurrelmann et al., 2018, S. 27 f.; Faltermaier, 2017, S. 59 ff.). Biologische, medizinische und arbeitswissenschaftliche Gesundheitspostulate mit Fokus auf die Wirkung endogener und exogener Krankheitserreger hinsichtlich der Krankheitsgenese (Fehlersuche bzw. Defizitorientierung) werden sukzessive zugunsten eines positiven, selbstbestimmten und aktivierenden Gesundheitshandelns (Stärkensuche bzw. Potenzialorientierung) aus der Gesundheitstheorie verdrängt. *Kann man gesund sein, obwohl man objektiv krank ist?* Das biopsychosoziale Gesundheitsmodell erkennt bei der Beantwortung dieser Frage die Komplexität und Wechselwirkung der Einflussfaktoren auf die Gesundheit an (▶ Abschn. 2.2.1). Die Salutogenese bejaht diese Frage nach Gesundheit trotz krankmachender Faktoren ausdrücklich, indem sie die **Ressourcen als grundlegendes Wirkprinzip** hervorhebt (▶ Abschn. 2.3).

Salutogenese

Der **Begriff Salutogenese** (wörtlich: Entstehung von Gesundheit) wurde in den 1970er-Jahren von dem Gesundheitssoziologen Aaron Antonovsky geprägt. Gesundheit wird nicht als statischer Zustand verstanden, sondern als individueller Prozess der Entwicklung und Erhaltung von Gesundheit. Da in jedem Menschen gesunde und kranke Anteile gleichzeitig vorhanden sind, werden Krankheit und Gesundheit nicht getrennt, sondern als fließende Übergänge betrachtet. Entscheidend für die Bewegung auf diesem **Gesundheits-Krankheits-Kontinuum** sind die zur Verfügung stehenden Ressourcen. Damit grenzt sich die Salutogenese von der krankheitsorientierten Erklärung ab, die Gesundheit als Abwesenheit von Krankheit versteht.

◻ Tab. 2.4 Unterschiede zwischen der Patho- und Salutogenese

Pathogenese	Salutogenese
Was macht uns krank?	Was hält uns gesund?
Spezifischer Blick auf einzelne Faktoren	Ganzheitliche Betrachtung des Menschen
Gesundheit als Zustand und Gleichgewicht	Gesundheit als Prozess und Bewegung
Gesundheit als Abwesenheit von Krankheit	Sowohl Gesundheit als auch Krankheit
Fokus auf Risikofaktoren	Fokus auf Ressourcen
Reaktives Denken	Proaktives Denken
Furchtappelle und Warnung	Freude und Lebensqualität
Wie kann sich der Mensch schützen?	Was kann der Mensch selbst tun?

Untersuchungen an ehemaligen jüdischen Häftlingen in deutschen Konzentrationslagern waren der Ausgangspunkt für das Konzept der Salutogenese.

■ **Salutogenes Wirkprinzip im BGM**

Auch die für das BGM wichtige **Ottawa-Charta** zur Gesundheitsförderung ist mit der salutogenetischen Denkweise kompatibel (▶ Abschn. 1.2.2). Gesundheit impliziert Handlungsfähigkeit als positives Selbstbild (vgl. Bengel et al., 2001, S. 94). Es geht also im BGM nicht nur darum, Präventionsarbeit im Sinne einer abschirmenden betrieblichen Gesundheitspolitik zu leisten, sondern aktiv Gesundheitsförderung zu initiieren, also **salutogene Interventionen** in das BGM zu integrieren. Damit wird der Vergeblichkeit der Bemühungen im BGM, jemals alle krankmachenden Faktoren in der Arbeitswelt beseitigen oder vermeiden zu können, durch einen ressourcenorientierten Ansatz Rechnung getragen, indem die salutogenetischen Wirkfaktoren der Arbeit gestärkt werden (vgl. Ulich & Wülser, 2018). Salutogenetisches Denken im BGM setzt auf **Ressourcenorientierung**, Teilhabe (Partizipation) und Befähigung (Empowerment) in sozialen Kontexten (▶ Abschn. 2.3). Aus sozial- und gesundheitswissenschaftlicher Perspektive lässt sich die neue Sichtweise als **psychosoziales Ressourcenmodell** in Abgrenzung zum arbeitswissenschaftlichen Risikofaktorenmodell zusammenfassen.

■ **Salutogene Ansatzpunkte**

Die Salutogenese hat das Potenzial einer **Rahmentheorie der Gesundheit** bzw. Gesunderhaltung, da sie in verschiedenen Settings von der Familie über die Bildungsbereiche bis hin zur Arbeitswelt anwendbar ist (vgl. Mittelmark et al., 2022). Die theoretische Architektur ermöglicht auch eine Erweiterbarkeit, um sich als Framework der Gesundheitsförderung in variierenden Lebenskontexten zu behaupten und zu einem **interdisziplinären Leitkonzept** zu avancieren. Folgende **Ansatzpunkte** kennzeichnen dieses Leitkonzept …

A. **Kontinuum:** Gesundheit und Krankheit stellen die Pole eines Kontinuums dar (HEDE: Health Ease als völlige Gesundheit und Dis-Ease als völlige Abwesenheit von Gesundheit). Auf diesem bewegt sich der Mensch in positiver und negativer Richtung. Dabei kann sich auch ein schwer kranker Mensch in die positive Richtung bewegen.

B. **Gesundheitsprozess:** Gesundheit ist ein Prozess und kein statischer Zustand. Gesundheit bedeutet also nicht, dauerhaft in einem stabilen Gleichgewicht (Homöostase) zu sein. Aufgrund der Vielzahl von Einflussfaktoren auf die Gesundheit aus biopsychosozialer Sicht ist es nicht das Ziel, alle denkbaren krankmachenden Faktoren zu eliminieren, sondern den Menschen zu befähigen, sich im Rahmen der natürlichen Entropie (Heterostase) handlungs- und entwicklungsfähig zu erhalten bzw. dem negativen Trend des Verlusts an Ordnung durch Stressoren entgegenzuwirken. Der Verlust von Gesundheit als Ordnungsmuster ist ein natürlicher Prozess, der zu einem kontinuierlichen Wiederaufbau anregt.

C. **Stressbewältigung:** Gesundheit kann als erfolgreiche oder misslungene Bewältigung von Stressoren verstanden werden. Der Umgang mit Stressoren bestimmt maßgeblich die Positionierung auf dem Kontinuum.

D. **Stressoren:** Sowohl krankmachende (pathogene) als auch gesundheitsfördernde (salutogene) Stressoren beeinflussen die Positionierung auf dem Kontinuum. Negative Stressoren erhöhen die Entropie durch Inkonsistenz, Unter- oder Überforderung oder fehlende Teilhabe aus Sicht der Lebenserfahrung. Diese Spannungen sind omnipräsent und erfordern eine ständige Anpassung bzw. Spannungslösung (Adaption), um abgebaut zu werden.

2

E. **Ressourcen:** Entscheidend für eine positive Orientierung sind die allgemeinen psychosozialen Widerstandsressourcen, die zu einer erfolgreichen Stressbewältigung beitragen. Sie münden in eine konstruktive und selbstwirksame Lebensorientierung als stabile Disposition.

Der salutogenetische Ansatz

Die **Maxime der Salutogenese** lässt sich abstrakt ableiten aus der Frage *„Was hält Menschen trotz vielfältiger Belastungen gesund?"*. Der salutogenetische Ansatz interessiert sich weniger für Risikofaktoren als für persönliche Ressourcen, die der Mensch aktiv zur Bewältigung einsetzt, um Gesundheit zu erlangen. Die Salutogenese erklärt die Entstehung von Gesundheit nicht aus der Abwesenheit von Krankheit. Gesundheit ist kein stabiler Gleichgewichtszustand, sondern ein ständiger Prozess der Gesunderhaltung, wobei ein Wechsel zwischen Gesundheit und Krankheit der Normalzustand ist. Der Mensch bewegt sich auf einem Gesundheits-Krankheits-Kontinuum – die Dichotomie krank versus gesund wird negiert. Gesundheit als multidimensionales Konstrukt berücksichtigt biologische, psychische und soziale Faktoren. Die Art und Weise der Stressbewältigung und die Selbstwirksamkeitsüberzeugung bestimmen in Abhängigkeit von Einflussfaktoren, ob eine Person eine negative oder positive Richtung auf dem Kontinuum einschlägt. Wesentliche salutogenetische Mechanismen sind die Stärkung von Ressourcen und die Schaffung einer positiven Lebensorientierung, die zu einer resilienten psychischen Konstitution führen.

■ Das salutogenetische Gesundheitsmodell

Das **Modell der Salutogenese** verdeutlicht die Komplexität des Gesundheitsprozesses und unterscheidet sich von den relativ einfachen Ursache-Wirkungsketten der pathogenetischen Modelle hinsichtlich der berücksichtigten Sozialisations- und Interaktionsprozesse (◘ Abb. 2.7) (Faltermaier, 2017, S. 76). Das Modell wird seit vielen Jahrzehnten empirisch erforscht und hat sich als **Rahmentheorie der Gesundheitsgenese** durchgesetzt. Richter und Hurrelmann (2016, S. 11) sprechen hier statt von Gesundheitsgenese von **Gesundheitsdynamik**, um den fließenden Charakter zu betonen. Die Anatomie des Modells ist komplex und erweiterbar (vgl. Magistretti et al., 2019). So werden in erweiterten Modellen, die Aspekte der Salutogenese und der sozialen Konstruktion von Gesundheit vereinen, weitere Zusammenhänge wie das Gesundheitsbewusstsein berücksichtigt (Falter-

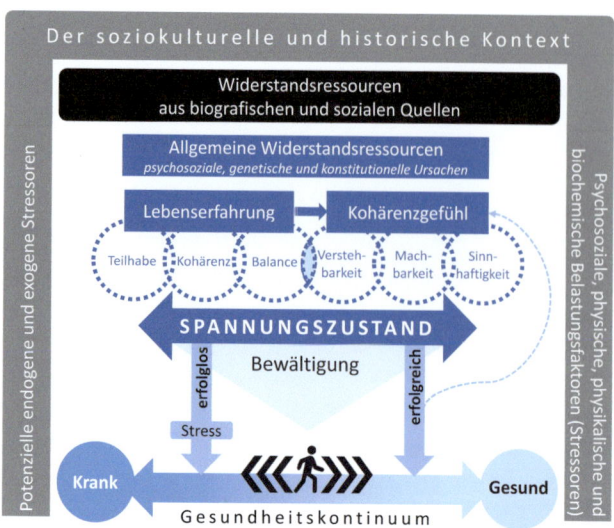

◘ **Abb. 2.7** Salutogenese-Modell von Antonovsky (1979) nach Faltermaier (2017, S. 76)

maier, 2017, S. 175). Sie alle sind systemtheoretisch fundiert und berücksichtigen verschiedene Person-Umwelt-Interaktionen. Das Grundmodell berücksichtigt psychosoziale, physische und biochemische Stressoren. Die Bewältigung dieser Stressoren steht als Wirkungsachse im Vordergrund. Der Bewältigungserfolg hängt wesentlich von den **allgemeinen Widerstands- als Gesundheitsressourcen** ab, die konstitutionell und psychosozial begründet sind. *„Allgemeine Widerstandsressourcen umfassen ein Repertoire von Merkmalen, die in einer Vielzahl von Belastungssituationen wirksam sein können und die damit wichtige Bedingungen der allgemeinen Gesundheit sind. Dazu gehören zum einen genetische und konstitutionelle Ressourcen, zum anderen psychosoziale Ressourcen wie zum Beispiel Wissen und Intelligenz, gute Coping-Fähigkeiten, Ich-Identität, soziale Bindungen oder kulturelle Stabilität."* (Faltermaier, 2017, S. 78) Wenn Menschen in ihrer Lebensgeschichte positive Bewältigungserfahrungen machen, verdichten sich diese zu einer positiven und konstruktiven Lebensorientierung. Ob es sich bei diesem Schlüsselkonzept, das als **Kohärenzsinn** oder Kohärenzgefühl (SoC, Sense of Coherence) bezeichnet wird, um eine Persönlichkeitseigenschaft, eine Disposition oder eine Einstellung handelt, ist aus praktischer Sicht unerheblich. Wichtig ist, dass diese personale Orientierung relativ settingübergreifend und biografisch stabil ist und den Umgang mit Belastungen positiv moderiert. Als gesundes Urvertrauen, das Leben selbstwirksam und überzeugt gestalten zu können, basiert sie auf drei Komponenten, die sich umgangssprachlich mit *„Ich liebe"*, *„Ich glaube"* und *„Ich vertraue"* übersetzen lassen.

1. **Verstehbarkeit:** Die Zusammenhänge in der Umwelt sind verständlich und nachvollziehbar, d. h. man verliert sich nicht im Chaos oder im Rauschen zufälliger Ereignisse. Die Zukunft wird als vorhersehbar oder zumindest im Nachhinein als erklärbar empfunden.

2. **Handhabbarkeit:** Belastungen werden als bewältigbare Herausforderungen wahrgenommen. Individuelle und soziale Ressourcen sind für die Bewältigung entscheidend. Der Mensch sieht sich nicht als Opfer, sondern als selbstwirksam Handelnder.

3. **Sinnhaftigkeit:** Das eigene Handeln wird als sinnvoll empfunden, da die eigenen Lebensziele als wertvoll erkannt werden. Damit wird Sinnhaftigkeit als Gegenpol zur Sinnlosigkeit beschrieben. Entscheidend ist hier die Teilhabe bzw. Mitbestimmung an gesellschaftlich anerkannten Aktivitäten.

■ **Kritische Reflexion**

Trotz seiner grundlegenden Bedeutung für den Paradigmenwechsel im Gesundheitsverständnis ist das Konzept der Salutogenese nicht unumstritten (Bengel et al., 2001, S. 89 ff.; Faltermaier in Kohlmann et al., 2018, S. 89 f.). Auffällig ist die immanente **Komplexität des Gesundheitsmodells**, die nicht unbedingt zur „*Entmystifizierung von Gesundheit*" im Sinne des Standardwerks von Antonovsky (1987) beiträgt. Sie führt dazu, dass die Wechselwirkungen zwischen den Einflussfaktoren nicht übersetzt werden können. Dies erschwert die Modellierung und Operationalisierung der Zusammenhänge sowie den empirischen Nachweis der Rolle des Kohärenzgefühls als Moderator bei der Stressbewältigung. Immerhin zeigen Studien, dass positive Korrelationen zwischen dem Kohärenzgefühl und verschiedenen **Gesundheitsindikatoren** als prädiktive Validität bestehen (vgl. Bengel et al., 2001). Allerdings werden hier v. a. negative Gesundheitsmaße wie Beschwerden, Arbeitsunfähigkeit oder Krankheit verwendet. Auch die theoretische Erfassung des Kerns ist umstritten, da sich in Faktorenanalysen die drei postulierten Dimensionen Verstehbarkeit, Handhabbarkeit und Sinnhaftigkeit nicht eindeutig identifizieren lassen, sodass weiterhin disputabel ist, ob das Kohärenzgefühl einen **mehrdimensionalen Generalfaktor** darstellt (fehlende Konstruktvalidität) (vgl. Eriksson & Contu in Mittelmark et al., 2022, S. 80 ff.). Dies erschwert auch die Messbarkeit des Kohärenzgefühls bzw. geht mit Einschränkungen der Gütekriterien der zugrunde liegenden Messinstrumente einher. Zudem ist die **Ent**wicklung des Kohärenzgefühls nicht, wie in der Theorie postuliert, mit der Adoleszenz bis zum 30. Lebensjahr abgeschlossen, sondern kann sich auch im Alter dynamisch entwickeln. Darüber hinaus wird kritisiert, dass die Salutogenese zwar das Subjekt stärker als bisher in den Fokus rückt, indem sie bspw. den Prozess der Stressbewältigung betont, aber die **aktive Rolle des Menschen** bei der Entstehung und Erhaltung von Gesundheit noch zu wenig berücksichtigt und die Potenziale psychischer Gesundheit nur unzureichend erfasst. Dies greifen gesundheitspsychologische Verhaltensmodelle auf, die für die Verhaltensprävention relevant sind (vgl. Knoll et al., 2017, S. 26 ff.; Schwarzer, 2004) (▶ Abschn. 4.2.4.2.1). Darüber hinaus kann das Modell die **soziale Ungleichheit von Gesundheit** in Bezug auf soziodemografische Variablen wie sozioökonomischer Status oder Geschlecht nicht erklären, da sozialstrukturelle Rahmenbedingungen zwar in ihren sozialhistorischen Wurzeln erkannt werden, ihr Einfluss jedoch ungeklärt bleibt. Ferner wird im Diskurs auf die **Überschneidung mit anderen Konstrukten** wie Resilienz als psychische Widerstandskraft, Hardiness als Robustheit gegenüber Fehlbelastungen oder Selbstwirksamkeit als Vertrauen in die eigenen Kompetenzen hingewiesen. Sie stellen wichtige persönliche Ressourcen dar, tragen zum gesundheitsbezogenen Selbstverständnis bei und stärken die psychische Gesundheit. Gemeinsam ist ihnen eine positive Erwartungshaltung, die die Vulnerabilität (Verwundbarkeit) bzw. Anfälligkeit auf emotionaler Ebene bei starken Belastungen oder Krisen reduziert. Bildlich gesprochen geht es um Spannkraft, Widerstandsfähigkeit, Biegsamkeit oder Elastizität, also um den erfolgreichen Umgang mit belastenden Ereignissen und negativen Stressfolgen unter Rückgriff auf Ressourcen (vgl. Fröhlich-Gildhoff & Rönnau-Böse, 2022, S. 9 f.). Das Kohärenzgefühl ist im Vergleich zu den angelehnten Konstrukten breiter im biopsychosozialen Gesundheitsverständnis verankert und lässt sich als positive Grundhaltung zusammenfassen.

❗ Das Hauptproblem liegt nicht in theoretischen oder empirischen Defiziten des Salutogenese-Konzepts, sondern in der **Popularität des Modells**. Viele Akteure berufen sich auf die Salutogenese und begründen Interventionen mit dem Paradigmenwechsel, oft jedoch ohne fundierte Kenntnisse des Modells und seiner Implikationen. Es fehlt an theoretischer Reflexionstiefe mit der Gefahr der Verselbstständigung von Aussagen, die das Etikett Salutogenese tragen, aber nicht salutogenetisch erklärt werden können.

2

> **Tipp**
>
> Einen fundierten **Überblick zur Salutogenese** bietet der Artikel von Faltermaier (2020b), der in den Leitbegriffen der BZgA veröffentlicht wurde (DOI:10.17623/BZGA:224-i104-2.0).
>
> ▶ https://leitbegriffe.bzga.de/alphabetisches-verzeichnis/salutogenese/

◾ **Psychische und soziale Gesundheit**

Psychische und soziale Gesundheit überwinden den restriktiven Gesundheitsbegriff, der als Abwesenheit von Krankheit definiert ist. Das Kohärenzgefühl stärkt die **psychische Gesundheit**, die mehr ist als die Abwesenheit von psychischen Beeinträchtigungen wie Burnout oder Störungen wie Depressionen. *„Die psychische Gesundheit stellt eine positive Lebenskraft dar und ermöglicht den Menschen, das Leben trotz vieler Belastungen selbstwirksam zu bewältigen."* (Treier, 2019b, S. 436) Psychische Gesundheit ist jedoch keine genetisch oder biologisch begründete Disposition, sondern resultiert aus der Wechselwirkung zwischen Individuum und Umwelt (vgl. Neuner, 2021, S. 2 f.) und lässt sich als die Fähigkeit beschreiben, die Umwelt selbstbestimmt zu regulieren bzw. mit alltäglichen Anforderungen und Belastungen umzugehen (Daily Hassles). Um in der verdichteten und emotional belastenden Arbeitswelt bestehen zu können, ist eine stabile psychische Konstitution notwendig. Gesundheit braucht nicht nur persönliche, sondern v. a. auch flankierende soziale Ressourcen. **Soziale Gesundheit** betont, dass ein gelungener Austausch von Ressourcen zwischen Individuum und Gesellschaft gesundheitsförderlich ist bzw. dass ein Mangel an Ressourcen zu Gesundheitskrisen führen kann. Die wichtigste soziale Ressource ist die soziale Unterstützung. Aus Sicht der Arbeitswelt wird dies mit dem **Begriff des Sozialkapitals** als soziales Vermögen einer Organisation aufgegriffen. (vgl. Badura et al., 2013). Führungsqualität (Menschenführung), Netzwerkqualität (Kohäsion, Kommunikation und Kooperation) und Kulturqualität (gemeinsame Normen und Werte, Gerechtigkeit, gelebte Kultur) schaffen Vertrauen und Wertschätzung als wesentliche Wirkungsvariablen und bilden die Grundlage für eine **sozialkapitalbasierte Public Health-Strategie** für die Arbeitswelt (Badura, 2011). BGM zielt daher auf eine gesunde Arbeitsumgebung, ein unterstützendes soziales Netzwerk, den Zugang zu Leistungen der BGF, einen gesunden Lebensstil und gesundheitliche Chancengleichheit. Kultur- und gruppenspezifische Perspektiven (z. B. Gendertheorien der Gesundheit. Lebensphasen- und sozialepidemiologische Modelle) sind im Salutogenese-Modell nicht explizit berücksichtigt, können aber entsprechend erweitert werden.

> **Psychische Gesundheit**
>
> **Psychische Gesundheit** ist die auf einem hohen Maß an Selbstwirksamkeit beruhende mentale und emotionale Stärke, das Leben trotz vielfältiger Belastungen zu genießen und gleichzeitig Frustrationen, Unzufriedenheit oder gar Unglücklichsein zu bewältigen. Psychische Gesundheit hilft, alltägliche Krisen konstruktiv zu bewältigen und trotz Enttäuschungen produktiv zu bleiben. Sie ist eine wesentliche Voraussetzung für Lebensqualität, Arbeits- und Leistungsfähigkeit sowie soziale Teilhabe. Eine gute psychische Gesundheit kann vor psychischen Störungen schützen.

> **Soziale Gesundheit**
>
> **Soziale Gesundheit** hat viele Facetten. Einerseits befasst sie sich mit den alltäglichen Austauschprozessen von Menschen mit anderen und betont die soziale Unterstützung als Gesundheitsressource. Gesundheit braucht ein soziales Netz. Zum anderen geht es um die Frage der gesundheitlichen Chancengleichheit und der sozialen Teilhabe. Hier stehen die sozialen Determinanten von Gesundheit im Vordergrund. Gemeinsam ist beiden Definitionsrichtungen, dass Gesundheit immer durch gemeinsames bzw. soziales Handeln entsteht und letztlich auf gemeinsam geteilten Gesundheitswerten beruht.

Die sozial- und gesundheitswissenschaftliche Perspektive bietet eine inhaltliche Bereicherung des Gesundheitsverständnisses. Allerdings bleibt aus Sicht des BGM eine offene Flanke, da Investitionen in die Gesundheit auch ökonomisch zu begründen sind.

2.2.5 Betriebswirtschaftliche Perspektive

Die **betriebswirtschaftlichen Aspekte** des BGM beziehen sich in der Praxis auf das Management, das Berichtswesen, das Gesundheitscontrolling und den Nutzennachweis (vgl. Stierle & Vera, 2014). Diese betriebswirtschaftliche Betrachtung, die sich als zentral für die Nachhaltigkeit der Umsetzung von BGM erweist, wird in Bezug auf Management und Organisation als strategischen Ansatz in ▶ Abschn. 3.1, im Hinblick auf die Nutzenorientierung in ▶ Abschn. 6.1 und hinsichtlich des Gesundheits- und Risikocontrollings sowie des Reportings in ▶ Abschn. 6.2 vertieft. An dieser Stelle wird die betriebswirtschaftliche Sichtweise durch die **volkswirtschaftliche Vogelperspektive** ergänzt. Die Kostenexplosion im Gesundheitswesen bestimmt die gesundheitspolitische Diskussion in der Gesellschaft – charakteristisch für einen Spagat zwischen ökonomischer Rationalität und „moralischer" Sinnhaftigkeit. Einerseits ist Gesundheit als Gegenstand des Wirtschaftens zu betrachten, andererseits sind politische und ethische Aspekte wie individuelle und soziale Gerechtigkeit, diskriminierungsfreier Zugang zu Gesundheitsangeboten und sozioökonomische Ungleichheiten hinsichtlich der Gesundheitschancen zu berücksichtigen, da Gesundheit ein besonders sensibles und anspruchsvolles Gut darstellt und Verteilungskonflikte mit sich bringt (vgl. Marckmann in Richter & Hurrelmann, 2016, S. 139 ff.). Die **gesundheitsethische Dimension** kann an dieser Stelle nicht weiter vertieft werden. Aus Sicht der Organisationen geht es v. a. um die betrieblichen Herausforderungen, Gesundheit als Mehrwert zu definieren, betriebliche Gesundheit als strategisches Handlungsfeld effizient und effektiv zu implementieren und BGM-Maßnahmen ökonomisch zu bewerten (Uhle & Treier, 2019, S. 332 ff.).

■ **Probleme aus gesundheitsökonomischer Sicht**

Sowohl auf betrieblicher als auch auf gesellschaftlicher Ebene stellt sich die Frage: *Wie hängen Gesundheit und Ökonomie zusammen?* Gesundheitsökonomische Modelle beantworten diese Frage, indem sie auf die **ökonomischen Probleme** bei der Abbildung von Gesundheitsleistungen verweisen (vgl. Hajen et al., 2017; Scherenberg, 2018, S. 14 f.).

— **Allokationsproblem:** Hier geht es um die Allokation knapper Ressourcen im Wettbewerb der Verwendungsmöglichkeiten in Bereichen wie Umweltschutz, Arbeitsschutz, Gesundheitsförderung oder Personalentwicklung. Die Bedarfsanalyse ist Ausgangspunkt für eine rationale und ökonomische Zuweisung. Ziel ist eine effiziente und effektive Allokation der Ressourcen unter Berücksichtigung der Qualität der Gesundheitsleistungen.

— **Effizienzproblem:** Bei einem knappen Gut ist Verschwendung zu minimieren und der Blick auf die Kosten bzw. den Aufwand zu richten. So sind z. B. unnötige Verwaltungskosten zu vermeiden. Die Gratwanderung der Effizienzorientierung bezieht sich auf den Erhalt der Qualität bei möglichst geringen Kosten. Ziel ist es, Rationalisierungspotenziale zu identifizieren und eine Bürokratiebremse zu implementieren.

— **Distributionsproblem:** Die Verteilung von Gesundheitsleistungen erfolgt unter Berücksichtigung soziostruktureller Faktoren und der Ansprüche der jeweiligen Anspruchsgruppen (Stakeholder). Dabei geht es um den richtigen Zeitpunkt, Umfang und Ort der Leistungserbringung. Ziel ist eine gesundheitspolitisch gerechte und zeitnahe Verteilung.

— **Wertschöpfungsproblem:** Gesundheit wird als Wachstums- und Wertschöpfungsfaktor verstanden. Dabei wird der Blick von der Kosten- auf die Investitionsorientierung gelenkt, um positive Wertschöpfungspotenziale zu erschließen. Ziel ist ein positiver Return on Investment (ROI) gesundheitsbezogener Interventionen.

❶ Problematisch ist die Kannibalisierung bzw. der **Kannibalismuseffekt**, der im BGM durch die konkurrierende Darstellung von Gesundheitsleistungen nach den Säulen des BGM wie AGS oder BGF entsteht (► Abschn. 3.2). Unter Ressourcengesichtspunkten besteht die Gefahr, dass der „billigere" Gesundheitsansatz den höherwertigen verdrängt. Dies gilt insbesondere für die Gesundheitsangebote im Kürbereich.

■ **Gesundheitsökonomische Herausforderungen**

Die größte **Herausforderung** ist der **zeitliche Aspekt**. Viele präventive Gesundheitsmaßnahmen wirken erst sehr viel später, sodass die *Kosteneffektivität* nur bedingt bestimmt werden kann. Gesundheitsmaßnahmen sind dann kosteneffektiv, wenn sie entweder sehr kostengünstig durchgeführt werden können und/oder sehr effektiv sind. Besteht ein hohes Präventionspotenzial bei bestimmten Gruppen, deren Humankapitalwert für die Organisation von großer Bedeutung ist, steigt die Kosteneffektivität, auch wenn die Kosten der Maßnahme vergleichsweise hoch sind. Die Schwierigkeit besteht darin, dass Nutzen, Kosten und Wirksamkeit davon abhängen, wann bzw. wie lange über den jeweiligen Wert verfügt werden kann. Daher können die Werte zu verschiedenen Zeitpunkten nicht einfach addiert werden, sondern müssen um ihren jeweiligen Zeitwert (Barwert) bereinigt werden. Bei der *Diskontierung* werden zukünftige Kosten auf den heutigen Zeitpunkt abgezinst. Es stellt sich die Frage, ob nicht nur Kosten, sondern auch Gesundheitseffekte diskontiert werden können und welche Diskontraten verwendet werden. Neben dem Zeithorizont sind die **Zuverlässigkeit** bzw. Stabilität, die mit Hilfe von Analysen zur Ermittlung der Sensitivität des Outputwertes bei Variation der Inputwerte bestimmt werden kann, sowie die Priorisierung bzw. Modellierung bei komplexen und multiattributiven Szenarien als Entscheidungsanalysen zur Problemabgrenzung und Identifizierung von Handlungsalternativen zu betrachten. Ein wichtiger Ansatzpunkt für die Bewertung ist die Verwendung weicher Indikatoren aus ökonomischer Sicht (Fritz, 2006). Folgende **Herausforderungen sind aus gesundheitsökonomischer Sicht** zusammenfassend zu berücksichtigen.

— **Dosis-Wirkungs-Beziehungen:** Sie stellen eine offene Flanke in der Diskussion um die Wirksamkeit von Gesundheitsmaßnahmen dar, da insbesondere im Bereich der psychischen Gesundheit häufig kein empirisch gesicherter Zusammenhang zwischen der Höhe der verabreichten Dosis (z. B. Anzahl von Entspannungsübungen) und dem daraus resultierenden Effekt (Erhöhung der Resilienz) besteht, sodass der Aufwand für den Effekt nur geschätzt werden kann. Relativ gute Ergebnisse liegen zu den Effekten von vermehrter körperlicher Aktivität in der Prävention von Krankheiten vor (vgl. Sammito, 2018). Hier zeigt sich, dass nicht einfach eine höhere Dosis eine höhere Wirkung impliziert, denn der größte Nutzen der körperlichen Aktivität zeigt sich beim Übergang vom Bewegungsmangel zum moderaten Training. Diese kurvilineare Beziehung steht auch im Zusammenhang mit erhöhten Verletzungsgefahren. Auch im Bereich der psychischen Belastungen, wie z. B. Handlungsspielraum, werden kurvilineare Verläufe angenommen (▶ Abschn. 4.2.3.2).

— **Variation des Zeitpunkts des Eintritts zwischen Kosten und Effekt:** Eine Diskontierung der Wirkung ist im Gegensatz zu den Kosten nur schwer möglich. Darüber hinaus ist die Entwicklung oft nicht linear, sondern exponentiell. Eine entscheidungsanalytische Modellierung auf der Basis von Evidenzdaten ist in der Regel erforderlich, um diese Variation zu berücksichtigen.

— **Erfassung der Wahrscheinlichkeit des Eintritts:** Bei hohen Kosten und ungewisser langfristiger Wirkung ist es schwierig, Maßnahmen zu legitimieren, wenn keine Evidenz aus Studien vorliegt. Häufig beschränkt sich die Evaluation daher auf kurzfristige Effekte, die jedoch nicht die tatsächliche Wirksamkeit widerspiegeln können. Dies hat auch mit der „Ungeduld" in den Entscheidungsmechanismen vieler Organisationen zu tun, da sich die Finanzierungsmodelle häufig am jährlichen Outcome orientieren.

— **Quantifizierungsproblem bzw. fehlende Metriken:** Bei den Kosten sind nicht nur die direkten, sondern auch die indirekten und intangiblen Kosten zu berücksichtigen, wie z. B. krankheitsbedingte Nutzen-

verluste durch Schmerzen (Ressourcenverluste) (Problem der Vollständigkeit). Bei Effekten ist eine umfassende Quantifizierung aufgrund fehlender Metriken bzw. Instrumente häufig nicht möglich (Operationalisierungsproblem). Dies betrifft v. a. weiche Indikatoren.

— **Unklare Ursache-Wirkungs-Zusammenhänge:** Wirkungen können verschiedenen Maßnahmen zugeordnet werden. Dies ist bei multimodalen Interventionen der Fall. Zusätzlich sind verschiedene Einflussparameter der Settings zu berücksichtigen. Theorien helfen bei der Modellbildung. Evidenzbasierte Ansätze ermöglichen die Fokussierung auf nachgewiesene Zusammenhänge. Es wird daher immer eine „unerklärte Varianz" als Residuum im Gesundheitsmodell geben.

🔴 Eine besondere Herausforderung stellen unklare oder mehrdeutige Ursache-Wirkungs-Zusammenhänge dar. Hier kann das Gleichungssystem Gesundheit helfen, **dominierende Wirkungspfade** zu identifizieren (▶ Abschn. 6.1.2).

▪ Gesundheitsökonomische Entscheidungen

Voraussetzung für fundierte und objektivierte gesundheitsökonomische Entscheidungen zu diesen Fragestellungen sind Evaluationen auf Basis von **Kosten-Nutzen-Analysen** und **Wirksamkeitsanalysen**, die neben klassischen monetarisierten Bewertungsaspekten wie Gesundheitskosten auch erweiterte Nutzenparameter wie Lebensqualitätsmaße berücksichtigen (vgl. Scherenberg, 2018). Das **Treiber-Indikatoren-Modell** fungiert dabei als Evaluationsmatrix, da es hilft, kausale Treiber und Ergebnisvariablen im BGM zu differenzieren und damit das Gleichungssystem aus unabhängigen und abhängigen Variablen für die Evaluation zu modellieren (▶ Abschn. 6.1.2). In der Praxis dominiert bisweilen eine Politik der Fokussierung auf Brennpunkte, die jedoch zu einer Fehlallokation von Ressourcen führen kann. Generell impliziert das ökonomische Denken für Gesundheitsmodelle, dass eine möglichst hohe Bedürfnisbefriedigung der berechtigten Anspruchsgruppen mit einem möglichst geringen Einsatz knapper Ressourcen erreicht werden soll (Breyer et al., 2013, S. 3). Die Infobox stellt einen Exkurs „Methoden" **zur ökonomischen Evaluation** von Gesundheitsmaßnahmen vor. Eine differenzierte Darstellung findet sich im ▶ Abschn. 6.2.3.

Methoden

Die Betriebswirtschaftslehre bietet verschiedene **Methoden zur ökonomischen Evaluation** von Gesundheitsförderung und Prävention an (vgl. König, 2022; Scherenberg, 2018; Schöffski & von der Schulenburg, 2012). Der Effektivität als Maß für den Grad der Zielerreichung steht die Effizienz als Maß für die Wirtschaftlichkeit gegenüber. Kosten und Wirkungen sind relationale Größen.

- **Kosten-Minimierungs-Analyse:** Hier werden die Kosten der jeweiligen Alternativen von Gesundheitsinterventionen verglichen, deren Effektparameter als identisch angenommen werden. Die kostengünstigste Alternative ist die bevorzugte Variante.
- **Kosten-Effektivitäts-Analyse:** Hier geht es um die Wirksamkeit einer Gesundheitsmaßnahme, z. B. Gewichtsverlust in kg als reale Einheit als Outcome. Ziel ist es, die Alternative mit den geringsten Kosten pro Einheit Wirksamkeit zu identifizieren. Bei der inkrementellen Darstellung werden die zusätzlichen Kosten der teureren Intervention im Vergleich zur günstigeren Intervention in Relation zur Nutzendifferenz der Interventionen gesetzt. Je geringer die inkrementellen Kosten im Vergleich zu den inkrementellen Effekten sind, desto vorteilhafter ist die Gesundheitsmaßnahme.
- **Kosten-Nutzen-Analyse:** Hier wird der finanzielle Gegenwert der Wirkungen einer Maßnahme berücksichtigt (Diskontierung bzw. Abzinsung des Zukunfts-

wertes auf den Gegenwartswert), d. h. der Nutzen wird als monetäre Größe operationalisiert, sodass auch der Nettonutzen einer Intervention im Vergleich zur Alternative ermittelt werden kann. Ist der monetarisierte Nutzen größer als die Kosten, so ist die Intervention angemessen.
- **Kosten-Nutzwert-Analyse:** Hier können mehrere Outcomes berücksichtigt werden, die mit Hilfe einer Bewertungsvorschrift in Nutzeneinheiten transformiert und zu einem gewichteten Nutzwert aggregiert werden. Zur Bewertung des Nutzens werden nicht-monetäre Maße verwendet. Das bekannteste Maß ist das qualitätsadjustierte oder qualitätsbereinigte Lebensjahr (QALY), das den Gewinn an Lebenserwartung und Lebensqualität den Kosten gegenüberstellt. Es variiert zwischen 0 (Tod) und 1 (vollständige Gesundheit). Der Nutzen wird mit der Lebenserwartung multipliziert.
- **Nutzwertanalyse:** Das Scoring-Verfahren ist ein Entscheidungsmodell zur Priorisierung bzw. Auswahl komplexer Alternativen. Dabei können sowohl quantitative als auch qualitative Nutzwerte berücksichtigt werden. Die Kriterien werden entsprechend ihrer Relevanz gewichtet (Zielgewicht). Der Zielnutzen jedes Kriteriums wird für jede Alternative auf einer Likert-Skala (z. B. von 0-10) ermittelt. Am Ende wird die gewichtete Punktzahl pro Handlungsalternative aufsummiert.

■ Human- und Sozialkapital

Eine Schnittstelle zwischen sozial- und gesundheitswissenschaftlicher sowie betriebswirtschaftlicher Perspektive bildet das **Sozialkapitalmodell** (Badura et al., 2013, S. 49 ff.; Badura, 2017, S. 38 ff.). Dass das Sozialkapital einer Organisation positive Auswirkungen auf die Gesundheit und den Unternehmenserfolg hat, ist empirisch vielfach bestätigt, da es sich positiv auf die Leistungsfähigkeit, die Arbeitsqualität, die Gesundheit und den Krankenstand auswirkt (vgl. Ueberle, 2013). In diesem Zusammenhang wird im **Bielefelder Unternehmensmodell** ein gesundheitsförderlicher Kreislauf des Sozialkapitals postuliert, d. h. das Sozialkapital wirkt sich direkt, aber auch indirekt über die Gesundheit der Beschäftigten positiv auf den Unternehmenserfolg aus. Der Unternehmenserfolg wiederum stellt einen Anreiz dar, in das Sozialkapital zu investieren (Ueberle, 2013, S. 14). **Sozialkapital, Mitarbeitergesundheit, Humankapital**

und Unternehmenserfolg sind die Hauptvariablen eines betriebswirtschaftlichen Gesundheitsalgorithmus (◘ Abb. 2.8). Das Treiber-Indikatoren-Modell der Gesundheit greift diese Variablen auf und verdeutlicht, dass das Sozialkapital als Treiber die Produktivität bzw. den Absentismus als Spätindikator beeinflusst (Treier & Uhle, 2019, S. 304 f.) (► Abschn. 6.1.2). Die Ressource Mitarbeitergesundheit ist nicht nur ein Mediator zwischen Sozialkapital und Unternehmenserfolg, sondern auch die Basis des Humankapitals. In der modernen Arbeitswelt nimmt zwar der Einfluss der körperlichen Gesundheit auf die Produktivität ab, die Bedeutung der psychischen Gesundheit nimmt jedoch zu (► Abschn. 1.3.1). Humankapital wird geradezu vergeudet, wenn es nicht gesundheitlich fundiert ist, denn Gesundheit ist nicht nur ein Bestandteil des Humankapitals, sondern letztlich die Voraussetzung für die Aktivierung und Erweiterung des Humankapitals im Sinne der

BETRIEBSERFOLG

Arbeitsqualität, Produktivität, Kundenzufriedenheit
Ausfallkosten, Fluktuation, Präsentismus, Absentismus
LEISTUNGSFÄHIGE ORGANISATION

HUMANKAPITAL

Kompetenzen, Erfahrungen, Motivation,
Leistungsfähigkeit, Engagement, Commitment
AKTIVIERUNG DER POTENZIALE

GESUNDHEIT

Psychische und physische Gesundheit, Gesundheitsverhalten, Arbeitsfähigkeit, Erholungsfähigkeit
PSYCHOSOZIALES WOHLBEFINDEN

SOZIALKAPITAL

Führung, Netzwerke, Kultur,
Zusammenhalt, Vertrauen
SOZIALE UNTERSTÜTZUNG

Abb. 2.8   Variablen einer betriebswirtschaftlichen Formel im BGM

Personalerhaltung und Kompetenzentwicklung (vgl. Treier, 2019b, S. 433 ff.). Aus Sicht des BGM ist das Sozialkapital eine wichtige kollektive und organisationale Gesundheitsressource, die das Netzwerkkapital als horizontale Beziehung, das Wertekapital als kulturelle Beziehung und das Führungskapital als vertikale Beziehung berücksichtigt. Zentrale Dimensionen sind Vertrauen und Wertschätzung.

> Zusammenfassend lässt sich die betriebswirtschaftliche Logik als **Stärkung des Human- und Sozialkapitals** in Zeiten knapper Humanressourcen, steigender Bedeutung von Wissen und erhöhter Ausfallwahrscheinlichkeit beschreiben.

Humankapital

Humankapital stellt das aktivierte und potenzielle Arbeitsvermögen in einer Organisation dar und manifestiert sich in den Fähigkeiten, Verhaltensweisen und Kompetenzen der Mitarbeitenden als wirtschaftlich verwertbares Leistungspotenzial. In wissensbasierten Organisationen wird v. a. das in Personen gebundene Wissen als wertschöpfendes Humankapital (intellektuelles Kapital) anerkannt. Zum Humankapital gehören neben den Kompetenzen auch Commitment und Arbeitsfähigkeit, denn das intellektuelle Kapital wird für Organisationen erst dann zu einer wertvollen und aktivierten Humanressource, wenn es auf Gesundheit als Basis der Arbeitsfähigkeit und Motivation als Katalysator aufbaut.

Gesundheitsökonomie

Gesundheitsökonomie untersucht die Allokation, Effizienz, Verteilung, Wertschöpfung und Effektivität von Gesundheitsleistungen auf der Grundlage eines nutzenmaximierenden Kosten-Nutzen-Kalküls als Verhaltensannahme und Entscheidungsgrundlage. Die gesundheitsökonomische Perspektive zielt auf die bestmögliche Befriedigung gesundheitsbezogener Bedürfnisse aus individueller, organisationaler und gesellschaftlicher Sicht unter Berücksichtigung des erforderlichen Aufwands und der verfügbaren Ressourcen. Dabei wird nicht nur rückblickend (retrospektiv) der Gesundheitszustand bewertet, sondern auch vorausschauend (prospektiv) mit Hilfe von Prognosen bzw. Trends die Gesundheitsentwicklung und deren Folgen aufgezeigt.

Sozialkapital

Sozialkapital ist die Verknüpfung von Humankapital durch externe Netzwerke (Bridging) und interne Beziehungen (Bonding). Dieses immaterielle Kapital unterstreicht die Bedeutung von sozialer Unterstützung und sozialen Netzwerken als Merkmale des sozialen Umfelds. Vereinfacht ausgedrückt beschreibt Sozialkapital die soziale Bindungskraft oder das soziale Potenzial, das Individuen als Ressource für die Entwicklung und das Wachstum ihres Humankapitals nutzen können. Soziale Beziehungen, gemeinsame Werte und Vertrauen schaffen die notwendige soziale Energie, um Kooperation (Zusammenarbeit), Kommunikation (Abstimmung) und Kohäsion (Zusammenhalt) in Organisationen zu ermöglichen.

■ **Kosten- und Wirkungsbetrachtung auf betrieblicher Ebene**

Ausgaben für Gesundheitsförderungsprogramme und Präventionsmaßnahmen als betriebliche Gesundheitsleistungen entziehen sich häufig einer einfachen ökonomischen Analyse, da gesundheitsrelevante Implikationen nur bedingt abschätzbar sind und sich der monetäre Nutzen im Rauschen vieler Einflussparameter verbirgt. Die Bestimmung des ökonomischen Nutzens von BGM auf **betrieblicher Ebene** (Mikroebene) erfordert letztlich eine Operationalisierung anhand gesundheitsrelevanter Kennzahlen (vgl. Schraub et al., 2009). Metaanalytische Befunde und Reviews dokumentieren einen **positiven Return on Investment** (ROI). Laut iga.Report 40 liegt der ROI im Mittel bei 1:2,7 €, allerdings mit einer ausgeprägten Spannweite von -3,3 bis +15,6 in Abhängigkeit von Branche bzw. Sektor, Erhebungsmethodik bzw. Art und Systematik der Interventionen (Barthelmes et al., 2019b, S. 61). Die Reviewsteckbriefe ermöglichen eine reflektierte und kritische Bewertung (vgl. Barthelmes et al., 2019a). ▶ Abschn. 6.2.3 vertieft die ökonomische Bewertung von BGM. Die **Humanvermögensrechnung** als erweiterter Ansatz des Personalcontrollings und der Humankapitalansatz beschäftigen sich mit dem immateriellen Humanvermögen. Sie bestimmen den Wert des menschlichen Lebens in der Arbeitswelt über sein Wertschöpfungspotenzial bzw. den Produktionsausfall bei Krankheit, was aus wohlfahrtsökonomischer Sicht erwartungsgemäß kritisch zu sehen ist. Der Gesundheitsnutzen bemisst sich demnach an der Vermeidung von Kosten, die durch BGM-Maßnahmen hätten vermieden werden können. *„Nach dem Humankapitalansatz ist der monetäre Wert des Lebens durch den Beitrag gegeben, den der Mensch noch zum Sozialprodukt leisten könnte."* (Breyer et al., 2013, S. 48). In der Praxis dominieren in der gesundheitsökonomischen Evaluation v. a. **Methoden der Kostenbestimmung** (vgl. Krauth, 2010). Für die Arbeitswelt sind dies z. B. die *Anschaffungskosten* (Beschaffung, Entwicklung und Erhalt von Humankapital). Darüber hinaus können auch *Opportunitätskosten* als Ansatz alternativer Verwendungsmöglichkeiten bzw. entgangener Kosten im Vergleich zur besten, aber nicht realisierten Handlungsalternative sowie *Wiederbeschaffungskosten* als Ersatz der ausgefallenen durch neue, gleichwertige Mitarbeiter*innen berücksichtigt werden. Erweiterte Ansätze berücksichtigen neben den Kosten weitere Wertfaktoren wie z. B. organisationale Verhaltensfaktoren (Führungsstil) oder auch qualitative Nutzwerte wie Commitment, die für die Effektivität der Organisation von Bedeutung sind (vgl. Treier, 2019b). Zusammenfassend lässt sich an dieser Stelle festhalten, dass sich Maßnahmen der Personalerhaltung ökonomisch begründen und legitimieren lassen. Das **Gesundheits-**controlling bietet Antworten auf die blinden Flecken des BGM, denn viele Kosten sind nicht dokumentiert, wie z. B. die mit dem BGM verbundenen Sach- und Personalkosten, sondern wirken sich indirekt durch Ressourcenverluste aufgrund von Arbeitsunfähigkeit aus (Treier, 2020a) (▶ Abschn. 6.2). Aber nicht nur die betriebswirtschaftlichen Kosten fehlender Gesundheit (Absentismus oder Präsentismus) sind zu adressieren, sondern auch Effekte wie Produktivitätssteigerung bei gesunden Arbeits- und Organisationsbedingungen oder Steigerung der Arbeitgeberattraktivität in Zeiten des Fachkräftemangels und der zunehmenden Bedeutung des Humankapitals. Gesundheit fungiert auch als Motivationsfaktor im Incentive Management. Um jedoch positive ökonomische Effekte zu erzielen, muss Gesundheit auf betrieblicher Ebene systematisch gesteuert und bewertet werden. Dazu bedarf es eines **Managementmodells der Gesundheit** (▶ Abschn. 3.1).

■ **Gemeinschaftskosten auf gesellschaftlicher Ebene**

Auch wenn der Fokus von BGM auf der betrieblichen Ebene liegt, wirken sich positive Effekte auf der **gesellschaftlichen Ebene** (Makroebene) auch auf die Organisation aus und umgekehrt. Aus gesundheitsökonomischer Sicht ist die Frage nach der Verantwortung für Gesundheit angesichts der aktuellen Herausforderungen nicht nur im Solidarsystem zu verorten, sondern vielmehr als konzertierte Aktion verschiedener Akteure in Gesellschaft und Wirtschaft abzubilden und erfordert eine **Systemanalyse** des Gesundheitswesens (vgl. Breyer et al., 2013). Gesundheit etabliert sich als wichtiger Wirtschaftsfaktor und als Konsumgut. Die **Gesundheitswirtschaft** wächst und bietet vielfältige Güter und Dienstleistungen zur Erhaltung und Wiederherstellung der Gesundheit an. Darüber hinaus belasten die volkswirtschaftlichen Kosten von Krankheit das Sozialsystem. *Der Gesundheitszustand einer Gesellschaft ist ein makroökonomischer Wachstumsfaktor.* Eine Studie, die verschiedene Nationen nach dem Niveau ihres Humankapitals vergleicht, zeigt, dass Länder, die zu wenig in Gesundheit bzw. medizinische Versorgung und Bildung bzw. Bildungsinfrastruktur investieren, Gefahr laufen, dass ihre Wirtschaft stagniert und ihr Pro-Kopf-BIP sinkt (Lim et al., 2018). Der SUGA-Report (BAuA & BMAS, 2022, S. 161) verdeutlicht den Verlust an Arbeitsproduktivität durch Arbeitsunfähigkeitstage (697,9 Mio. Tage) im Verhältnis zu den volkswirtschaftlichen Produktionsausfallkosten (89 Mrd. €) und dem Verlust an Bruttowertschöpfung (153 Mrd. €). Hier kann eine **nachhaltige Gesundheits- und Sozialpolitik** dazu beitragen, dass die betriebliche und die gesellschaftliche Ebene gemeinsam auf das Gesundheitsziel hinwirken. Dieser Zusammenhang lässt sich am Beispiel der sozialen

2

☐ **Tab. 2.5**   Übersicht zu den Perspektiven

Präventionsmodell	Psychosoziales Ressourcenmodell	Investitions- und Kostenmodell
Pathogenese als Schlüssel	Salutogenese als Schlüssel	Nachhaltigkeit als Schlüssel
Fehlen von Pathogenen (Defizitorientierung)	Stärkung der psychischen Gesundheit (Potenzialorientierung)	Steigerung des Human- und Sozialkapitals (Outcome-Orientierung)
Risikofaktorenmodelle	Biopsychosoziale Modelle	Managementmodelle
Arbeits- und Gesundheitsschutz	Betriebliche Gesundheitsförderung	Gesundheitscontrolling
Verhältnisprävention	Verhaltensprävention	Wirtschaftlichkeit und Wertschöpfung

Die gemeinsame Klammer ist die Ressourcenorientierung.

Sicherungssysteme verdeutlichen. Wenn Betriebe ungesunde Verhältnisse aufweisen und nicht aktiv auf die Gesundheit einwirken, führt dies zu einer Abwälzung des Problems auf die Gesellschaft. Die sozialen Sicherungssysteme werden stärker belastet, was wiederum zu steigenden Lohnnebenkosten führt. Zudem sinkt die Arbeitsproduktivität.

❯ Die ökonomische Perspektive lässt sich als **Investitions- und Kostenmodell der Gesundheit** beschreiben (s. auch Infobox ▸ „Gesundheit als Investition"). ☐ Tab. 2.5 stellt die drei in den Gesundheitsmodellen diskutierten Perspektiven gegenüber. Gemeinsam ist ihnen, dass die **Ressourcenorientierung als Gesundheitshebel** an Bedeutung gewinnt.

Gesundheit als Investition

Gesundheit ist ein Investitionsgut, das Arbeit erst möglich macht. Der Zusammenhang zwischen Gesundheit und Wachstum von Organisationen ist empirisch belegt – das gilt auch für die Gesellschaft. Je gesünder die Mitarbeitenden eines Unternehmens sind, desto höher sind Produktivität und Innovationskraft. Dies drückt sich in dem Satz „*Health equals Wealth*" aus (Cover des Lehrbuchs), denn ohne Gesundheit gibt es keinen Wohlstand. Nicht Kostendämpfung, sondern Investitionssteigerung ist die Forderung, denn Gesundheit ist neben

Bildung ein zentraler Wachstumsfaktor (vgl. Schneider, 2007). Unter Nutzengesichtspunkten sind die optimalen Gesundheitsinvestitionen in das Humankapital zu ermitteln und durch ein aussagekräftiges Gesundheitscontrolling zu legitimieren (vgl. Gutmann, 2019). Denn das Hauptproblem aus betriebswirtschaftlicher Sicht ist das Schweigen bzw. die **defizitäre Informations- und Berichtsfähigkeit im BGM**. Dadurch verliert das BGM seine strategische Relevanz in unternehmerischen Entscheidungsprozessen.

2.3   Ressourcenorientierung als Gesundheitshebel

❯❯ „In der Verwendung des Ressourcenbegriffs gibt es immer wieder große Unsicherheiten. Der Begriff ist konzeptionell wenig geklärt und wird oft diffus oder missverständlich verwendet. Dennoch gibt es heute zahlreiche Forschungsaktivitäten und Theorien, die sich auf gesundheitliche Ressourcen beziehen und ihre Wirkung empirisch zu belegen suchen." (Faltermaier, 2017, S. 185)

Die Erkenntnis, dass eine gesunde Organisation nicht allein auf der Einhaltung von Arbeitsschutzstandards (Defizitorientierung) beruht, ist der **Ressourcenorientierung** (Potenzialorientierung) zu verdanken. Dabei werden individuelle und organisationale Gesundheitsressourcen gleichermaßen berücksichtigt. Ressourcen sind nicht nur der wichtigste Baustein, sondern auch der integrierende Faktor der Gesundheitsmodelle (▸ Abschn. 2.2). Daher endet das Kapitel über Gesundheitsmodelle mit einer eingehenden Betrachtung der Rolle der Ressourcen als Hebel für Gesundheit.

■ **Ressource als Universalschlüssel**

Arbeits-, sozial- und gesundheitswissenschaftliche sowie betriebswirtschaftliche Ansätze identifizieren **Ressourcen als Schlüssel** zur Optimierung von Gesundheit als Ergebnis von Anpassungs- und Regulationsprozessen zwischen Individuum und Umwelt. Je nach Sichtweise ist Gesundheit das Ergebnis oder selbst die Schlüsselressource für den Unternehmenserfolg, der sich z. B. in geringeren Fehlzeiten oder höherer Produktivität ausdrückt. Der Ressourcenbegriff weist eine große inhaltliche Bandbreite auf. Die **Popularität des Ressourcenbegriffs** im Gesundheitsbereich ist seit Jahren ungebrochen (vgl. Faller, 2017; Hurrelmann et al., 2018; Naidoo & Wills, 2019). Die Ottawa-Charta betont die Ressourcenorientierung als Hebel und Potenzialfaktor (Empowerment). Ressourcen bestimmen das Wirkprinzip der BGF in der Verhaltensprävention (▶ Abschn. 1.1.2). Moderne Arbeits- und Organisationsgestaltung als Verhältnisprävention ist weniger korrektiv als prospektiv gestaltend auf der Basis arbeitsbezogener Ressourcen (vgl. Ulich & Wülser, 2018) (▶ Abschn. 2.2.3). Viele BGM-Konzepte weisen ein **ressourcenorientiertes Gesundheitsverständnis** auf. Ressourcen bieten mithin ein **konstruktives Mindset** für einen aktivierenden, eigenverantwortlichen, gestaltbaren und lösungsorientierten Ansatz im BGM zur Entwicklung einer gesunden Organisation.

❶ Die hohe Popularität des Ressourcenbegriffs hat im BGM aber auch seine Kehrseite, wenn Ressourcen nicht mit Anforderungen verknüpft werden, sondern ein Eigenleben führen. Zudem werden Ressourcen oft unreflektiert als Kompensationsmechanismus für Belastungen eingesetzt. Belastungen und Ressourcen sind jedoch keine unabhängigen Größen.

Gesundheitsressourcen

Gesundheitsressourcen sind die Gesamtheit aller subjektiv oder objektiv wahrgenommenen gesundheitsfördernden und gesundheitsschützenden Mittel, die dazu dienen, persönliche Gesundheitsziele zu erreichen, Gesundheit und Wohlbefinden angesichts zunehmender Belastungen wiederherzustellen, zu erhalten und zu stärken sowie Anforderungen ohne gesundheitliche Einbußen zu bewältigen.

■ **Aktivierung von Ressourcen**

Gesundheitliche Ressourcen stärken die Handlungsfähigkeit im Umgang mit vielfältigen Belastungen. Die **Bewertung von Ressourcen** hängt von ihrer Passung zu den Anforderungen und ihrer Verfügbarkeit ab. Gesundheitsressourcen können langfristig oder kurzfristig verfügbar sein (Zeitlichkeit) und situationsübergreifend oder situationsspezifisch wirken (Kontextabhängigkeit). Ressourcen wirken nicht isoliert, sondern interagieren in einem hierarchischen System als Gesundheitsressourcen. Ihre Ausprägung ist u. a. an Lebensphase, sozioökonomischen Status, Alter oder Geschlecht gebunden. Die **Aktivierung von Ressourcen** hängt nicht nur von ihrer Sichtbarkeit bzw. Greifbarkeit ab, sondern auch von der Vertrautheit im Umgang mit den Ressourcen und der emotional-kognitiven Bewertung der Ressourcenquelle. Entscheidend für die Wirksamkeit ist also nicht allein die Menge der Ressourcen, sondern die angemessene Wahrnehmung der Ressourcen im Bewältigungsprozess, um das Ressourcenpotenzial für die Gesundheit auszuschöpfen.

■ **Der relationale Ressourcenbegriff**

Ressourcen wirken nicht isoliert. Der **Ressourcenbegriff ist relational**, was z. B. im Konzept der Widersprüchlichen Arbeitsanforderungen (WAA) zum Ausdruck kommt (Ulich & Wülser, 2018, S. 98 ff.). *„Das Konzept Widersprüchlicher Arbeitsanforderungen definiert psychische Belastungen als Widersprüche zwischen Handlungsanforderungen und Handlungsmöglichkeiten bzw. als Diskrepanzen zwischen Zielen, Regeln und Ressourcen."* (Moldaschl in Faller, 2017, S. 144) Spannungen als psychische Belastungen entstehen durch Widersprüche bzw. Unvereinbarkeiten, wenn z. B. Aufgaben erfüllt werden sollen, die aufgrund fehlender Ressourcen und/oder Regulationsbehinderungen nicht erfüllt werden können. Der bekannteste Widerspruch zwischen Aufgabenmenge und verfügbarer Arbeitszeit manifestiert sich als Zeit- und Leistungsdruck. Auf der Subjektebene bestimmen interne Ressourcen sowie persönliche und berufliche Normen die Motivationslage *(„Was treibt den Menschen an?")*. Auf der Aufgabenebene sind Regeln für den Umgang mit Anforderungen und Ressourcen sowie externe Ressourcen für die Erfüllung der Aufgabenziele von Bedeutung *(„Was wird vom Menschen erwartet?")*. Letztlich führen Widersprüche z. B. zwischen Aufgabenzielen oder zwischen Aufgabe und Ausführungsbedingungen zu **Störungen der Handlungsregulation** und damit zu Über- und Unterforderung (vgl. Hacker & Sachse, 2014). Arbeit 4.0 erhöht die Wahrscheinlichkeit des Auftretens widersprüchlicher Anforderungen, da die entgrenzten Lebensbereiche neue Formen von Belastungen an der Schnittstelle zwischen Arbeit und Privatleben mit sich bringen (▶ Abschn. 1.3.2).

2

Widersprüchliche Anforderungen

Das **Konzept der widersprüchlichen Anforderungen** ist grundlegend für das Verständnis der Wirkungszusammenhänge und der Relationalität von Anforderungen, Ressourcen und Beanspruchungen, da Ressourcen nicht einfach als additiver Faktor Belastungen kompensieren, sondern eine Eigendynamik und Interdependenz aufweisen. Dies lässt sich am Beispiel der **Erhöhung von Handlungsspielräumen** verdeutlichen. Mehr Autonomie zu haben, gilt als zentrale Ressource menschengerechter Arbeitsgestaltung. Allerdings ist dieser Gestaltungsfaktor hinsichtlich seiner linearen Annahme zu relativieren, dass je mehr Autonomie gewährt wird, desto höher die Arbeitsqualität und die gesundheitlichen Effekte sind. Wird den Beschäftigten

ausreichend Zeit als Ressource zur Verfügung gestellt, um sich in eine qualitativ hochwertige Tätigkeit einzuarbeiten und diese dann unter Beibehaltung bisheriger Anforderungen z. B. in der Familie oder im Ehrenamt zu erfüllen, dann kann die Erweiterung des Handlungsspielraums (Job Enrichment) in Anlehnung an stress- und handlungstheoretische Ansätze kompetenz- und gesundheitsförderlich wirken (▶ Abschn. 2.2.2). Problematisch wird der eingeräumte Handlungsspielraum z. B. dann, wenn er zu Diskrepanzen zwischen den Anforderungsbereichen führt, zusätzliche beanspruchende Regelungserfordernisse entstehen, Ressourcen aus anderen Lebensbereichen abgezogen werden und ggf. unlösbare Zielkonflikte resultieren.

> ❯ Die Ressourcen sind immer in **Relation zu den Anforderungen** zu bewerten. Insbesondere bei widersprüchlichen Anforderungen können die verfügbaren Ressourcen nicht mehr absolut als Menge bewertet werden, sondern müssen auf ihre Wirksamkeit hin überprüft werden (s. Infobox ▶ „Widersprüchliche Anforderungen").

2.3.1 Theoretische Grundlagen zur Ressourcenförderung

Gesundheitsressourcen haben viele Gesichter – dies manifestiert sich in den **Ressourcenklassen** (❑ Tab. 2.6), die in den Gesundheitsmodellen adressiert werden (vgl. Semmer & Meier, 2019; Uhle & Treier, 2019, S. 144 ff.). Eine Ressourcenklasse ist eine Gruppe von Ressourcen, die eine gemeinsame Quelle hat, wie z. B. das soziale Umfeld. Grob kann unterschieden werden zwischen Gesundheitsressourcen, die in der Person selbst liegen, Gesundheitsressourcen, die in der Organisation liegen, Gesundheitsressourcen, die im sozialen Umfeld liegen und Gesundheitsressourcen, die in der allgemeinen Umwelt liegen.

▪ Ressourcentaxonomien

Je nach Disziplin gibt es unterschiedliche Ressourcentaxonomien. Sozial- und gesundheitswissenschaftliche Ansätze wie die Salutogenese stellen individuelle und soziale Ressourcen in den Vordergrund, arbeitswissenschaftliche Ansätze befassen sich v. a. mit arbeitsbezogenen und organisationalen Ressourcen. In einer

weiteren Differenzierung können interne von externen sowie immaterielle von materiellen Ressourcen unterschieden werden. **Internale Ressourcen** wie Gesundheitskompetenz oder Bewältigungsstrategien entfalten ihre Wirkung aus der Person heraus, **externale Ressourcen** wie soziale Unterstützung oder gesunde Führung wirken von außen auf die Person ein. Materielle Ressourcen sind im Gegensatz zu immateriellen Ressourcen direkt greifbar. Ein integratives gesundheitspsychologisches Modell wie das von Faltermaier (2017, S. 175 & 185 ff.) berücksichtigt eine differenzierte Taxonomie psychischer und sozialer **Formen von Gesundheitsressourcen**: personal-psychische Ressourcen (Persönlichkeitsmerkmale, Handlungskompetenzen), körperlich-konstitutionelle Ressourcen (Fitness, Immunkompetenz), sozial-interpersonelle Ressourcen (Formen sozialer Unterstützung und sozialer Bindung), sozio-kulturelle Ressourcen (Werthaltungen, Überzeugungen) und materielle Ressourcen (monetäre Mittel und andere Güter).

> ❯ Aus Sicht der Arbeitswelt sind hier insbesondere **organisationale Ressourcen** wie gesunde Führung oder eine gelebte Gesundheitskultur zu berücksichtigen (vgl. Ulich & Wülser, 2018, S. 43 ff.) (▶ Abschn. 4.2.3). Diese kristallisieren sich als nachhaltige Ansatzpunkte einer gesundheitsförderlichen Arbeits- und Organisationsgestaltung heraus.

▪ Wirkungsweisen von Ressourcen

Ulich und Wülser (2018, S. 43) erfassen in Anlehnung an stresstheoretische Modelle drei **Wirkungsweisen** von

▣ Tab. 2.6   Klassen von Gesundheitsressourcen

Ressourcenklasse	Erläuterung
Personale Ressourcen *(individuelle, internale, persönliche, biografische)*	Bei den personalen Ressourcen wirken psychische, physische und kompetenzbezogene Ressourcen zusammen. Sie wirken nicht nur schützend, sondern auch aktivierend. Persönlichkeitsmerkmale wie Optimismus, kognitive Überzeugungssysteme wie Selbstwirksamkeit, psychische Widerstandsfähigkeit (Resilienz) bis hin zum Urvertrauen (Kohärenzsinn) sind grundlegend für eine stabile psychische Gesundheit. Physische Gesundheit berücksichtigt körperlich-konstitutionelle Ressourcen wie körperliche Fitness und physische Attraktivität. Gesundheitskompetenz umfasst das Wissen, die Motivation und die Handlungsfähigkeit, Gesundheitsinformationen zu finden, zu verstehen, zu beurteilen und anzuwenden, um angemessene Entscheidungen treffen zu können.
Materielle Ressourcen *(ökonomische, greifbare, dingliche, monetäre)*	Geld wird als flexible materielle Ressource betrachtet, deren Verfügbarkeit den Zugang zu Gesundheitsmaßnahmen ermöglicht bzw. erleichtert. Materielle Ressourcen als Kapitalbesitz schaffen einen erweiterten Möglichkeitsraum zur Gestaltung eines gesunden Lebensstils und sind Mittel zur Erreichung persönlicher Ziele. Materielle Ressourcen wie Vermögen, Güter oder Dienstleistungen befinden sich im direkten Zugriff der Person, unabhängig von anderen Umständen (Greifbarkeit). Kennzeichnend für materielle Ressourcen ist das Verbrauchsprinzip, d. h. sie vermindern sich bei Gebrauch.
Soziale Ressourcen *(interpersonale, interaktionale, kommunikative, kollaborative)*	Persönliche Kontakte und Beziehungen stellen ein soziales Aktivierungspotenzial dar. Von besonderer Bedeutung ist die soziale Unterstützung z. B. durch die Familie oder Arbeitskollegen. Insgesamt können soziale Netzwerke bei der Bewältigung von Anforderungen des Alltags oder der Arbeitswelt helfen. Zu beachten ist jedoch, dass die Inanspruchnahme sozialer Ressourcen dem Prinzip der Reziprozität (Gegenleistung) unterliegt, sodass auch neue Belastungen entstehen können. Der Übergang zu den organisationalen Ressourcen beschreibt das Sozialkapital.
Organisationale Ressourcen *(arbeitsbezogene, aufgaben- und organisationsbezogene, externale)*	Aufgaben- und Arbeitsplatzqualität, Aspekte des Sozialkapitals wie gesunde Führung, Informations- und Kommunikationssysteme, Teamkonzepte oder moderne Arbeitsmodelle im Sinne der Work-Life-Balance bilden den organisatorischen Ressourcenrahmen. Sie sind situativ begründet und beziehen sich auf die Gestaltung der Arbeitsorganisation und der Arbeitsaufgaben. Beispiele sind abwechslungsreiche Arbeit, gesundheitsgerechte Arbeitsplatzgestaltung und familienfreundliche Arbeitsmodelle.
Umweltressourcen *(soziokulturelle, sozialökologische, sozioökonomische)*	Sozio-kulturelle, sozio-ökonomische und sozio-ökologische Ressourcen können als Umweltressourcen oder externe Bedingungen zusammengefasst werden. Kulturelle und rechtliche Faktoren, Werte und Überzeugungen, sozialstaatliche Hilfen oder der sozioökonomische Status sind hier zu subsumieren. Entscheidend sind v. a. Partizipations- und Gestaltungsmöglichkeiten, die möglichst stabil im gesellschaftlichen, wirtschaftlichen und kulturellen Umfeld verortet und verankert sind. Das Vorhandensein, die Erreichbarkeit und die Zugänglichkeit von Gesundheitsdiensten sind entscheidend für die Wirksamkeit.

Die Ressourcentypen entfalten ihre gesundheitsförderliche Wirkung durch ihr Zusammenwirken, wenn z. B. Handlungsspielräume durch selbstwirksame Beschäftigte aktiv genutzt und erweitert werden.

Ressourcen (► Abschn. 2.2.2 und Infobox ► „Ressourcenmanagement").

1. **Direkte Wirkungen:** Ein direkter Effekt liegt vor, wenn die Ressource unabhängig von den Belastungen einen direkten Einfluss auf das Wohlbefinden oder die Gesundheit als Outcome hat. Ressourcen wirken hier als unabhängiger Faktor in der Gesundheitsgleichung (► Abschn. 6.1.2).

2. **Indirekte Wirkungen:** Ein indirekter Effekt liegt vor, wenn die Ressource eine Belastung vermindert oder deren Entstehung entgegenwirkt und somit über die Veränderung der Belastung einen positiven Einfluss

2

Ressourcenmanagement

Die **Herausforderungen des Ressourcenmanagements** aus gesundheitlicher Sicht sind Wahrnehmung, Wechselwirkung und Gegenseitigkeit. Manchmal sind die Betroffenen blind gegenüber potenziell verfügbaren Ressourcen, d. h. die Ressource ist vorhanden, wird aber nicht als solche erkannt. Ressourcennutzung ist auch kein reines Abschreibungsmodell, sondern Ressourcen können als **Investitionsmodell** helfen, neue Ressourcen z. B. aus anderen Klassen zu generieren. So können organisationale Ressourcen Türen zur Kompetenzentwicklung öffnen. Ressourcen wirken in der Gesundheitsgleichung also nicht isoliert, sondern als **Ressourcenpool**.

Aus der Bewältigungsperspektive ist entscheidend, dass die Betroffenen lernen, ihre Ressourcen wahrzunehmen und situationsgerecht einzusetzen. Aus organisatorischer Sicht ist es wichtig, dass Ressourcen zugänglich und verfügbar gemacht werden. Die **Nutzung von Ressourcen** kann aber auch zur Belastung werden, wenn dadurch ein Gleichgewicht gestört wird, das ausgeglichen werden muss (Reziprozitätsprinzip). Externe Ressourcen haben häufig Potenzialcharakter (Ermöglichung), deren Aktivierung entsprechende interne Ressourcen voraussetzt mit dem erklärten Ziel eines selbstbestimmten Gesundheitshandelns (Empowerment).

auf die Gesundheit ausübt. Ressourcen wirken hier als Mediator in der Gesundheitsgleichung.

3. **Pufferwirkungen:** Ressourcen können als Puffer gegenüber nicht veränderbaren Belastungen wirken und je nach Dauer und Intensität die Schädlichkeit von Belastungen reduzieren bzw. die Auswirkungen von Fehlbelastungen kompensieren. Ressourcen wirken hier als Moderator in der Gesundheitsgleichung.

■ Ressourcentheorien

Ressourcentheorien modellieren Ressourcen in ihrer Relationalität. Gemeinsam ist ihnen folgende Sichtweise: *„Ressourcen können (…) alle Faktoren sein, auf die eine Person zurückgreifen kann, um den Umgang mit einer bedrohlichen Situation zu erleichtern."* (Schaper in Nerdinger et al., 2019, S. 578) Dabei wird eine **transaktionale Interdependenz** postuliert, d. h. Ressourcen wirken als moderierende Faktoren in der Interaktion von Person- und Umweltfaktoren. Ziel ist es, die **Passung zwischen Person und Umwelt** zu maximieren bzw. eine Balance zwischen Anforderungen und Ressourcen zu erreichen (Person-Environment-Fit). Je nach Perspektive werden Sozialisationsprozesse sowie das kulturelle und soziale Umfeld berücksichtigt, um die Wahrnehmung, den Austausch, die Nutzung und die Bewertung von Ressourcen zu erklären. Aus Sicht der gesunden Arbeitswelt sind die **Theorien der Ressourcenförderung und der Ressourcenerhaltung** von Bedeutung, die sich mit Ressourcengewinnen und -verlusten, ressourcenabhängigen Bewältigungsprozessen und deren Auswirkungen befassen (vgl. Schaper in Nerdinger et al., 2019, S. 584 f.). **Schlüsselressourcen** sind hier Gesundheit, Wohlbefinden, positive Selbstwahrnehmung analog zum Kohärenzgefühl und soziales Kapital. Stressoren sind alle Ereignisse oder Situationen, in

denen Ressourcen vermindert oder bedroht werden und somit Stress auslösen können. Klassische Stressoren sind unangemessenes Führungsverhalten oder Überforderung mit der Arbeitsaufgabe. Folgende Postulate kennzeichnen die **Theorie der Ressourcenerhaltung (COR, Conversation of Resources)** (vgl. Buchwald & Hobfoll, 2021).

1. Ressourcenverluste sind bedeutsamer als -gewinne hinsichtlich der Stressgenese.
2. Um sich vor Ressourcenverlusten zu schützen, müssen sich die Individuen erholen und in neue Ressourcen investieren können.
3. Ein Überhang von Ressourcen ist zum Aufbau und Ausbau des Ressourcenpools erforderlich.
4. Personen, die über viele Ressourcen verfügen, sind weniger anfällig gegenüber Ressourcenverlusten und können den Ressourcenpool schneller wieder aufbauen.
5. Ressourcenknappheit kann zu einer Verlustspirale führen, da Menschen anfälliger für weitere Ressourcenverluste werden. Erste Verluste ziehen weitere Verluste in der Zukunft nach sich.
6. Analog gilt das Prinzip der Gewinnspirale als Pendant zur Verlustspirale mit der Vergrößerung des Ressourcenpools. Vorhandene Ressourcen machen widerstandsfähiger und investitionsfreudiger und unterstützen die Erweiterung des Ressourcenpools.
7. In Extremsituationen wie Burnout, in denen massive Verluste vorherrschen, gewinnen auch kleine Ressourcengewinne vermehrt an Bedeutung.
8. Personen mit relativ wenigen Ressourcen tendieren zu einem defensiven Ressourcenverhalten. Dies hat zur Folge, dass weniger Ressourcen investiert werden und damit auch die möglichen Ressourcengewinne geringer ausfallen.

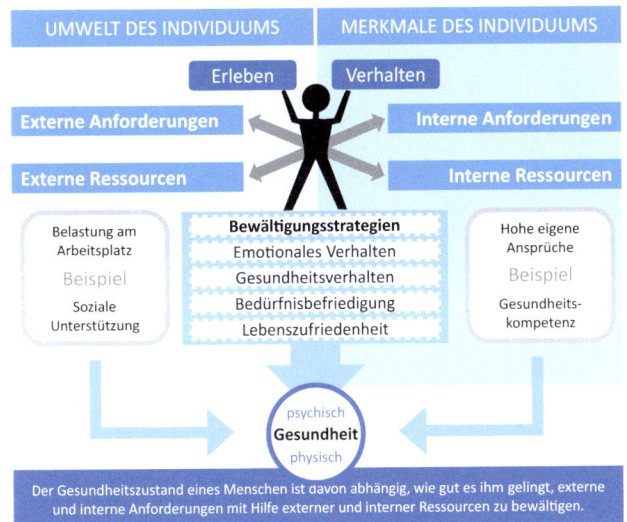

Abb. 2.9 SAR-Modell zur Erklärung von Gesundheit nach Becker (2006, S. 103)

■ **Systemisches Anforderungs-Ressourcen-Modell**

Das **systemische Anforderungs-Ressourcen-Modell** (SAR) als Rahmenmodell zur Erklärung von Gesundheit von Becker (2006) verdeutlicht für die betriebliche Gesundheitsförderung und Prävention die entscheidende Rolle von Ressourcen für Gesundheit in den Anpassungs- und Regulationsprozessen zwischen Individuum und Umwelt (■ Abb. 2.9). Es wird von einem **systemischen und interaktiven Handlungsansatz** ausgegangen. Das integrative und empirisch gut abgesicherte Modell ist kompatibel mit dem salutogenetischen Ansatz und berücksichtigt stresstheoretische Annahmen. Die Nutzung gesundheitsrelevanter Ressourcen bestimmt den Gesundheitszustand und nicht die Abwesenheit von Krankheit oder funktionellen Beeinträchtigungen. Zusammengefasst hängt der Gesundheitserfolg davon ab, wie gut es dem Individuum gelingt, Anforderungen mit Hilfe von Ressourcen zu bewältigen. Dabei ist nicht der aktuelle, sondern der habituelle Gesundheitszustand sowohl in psychischer als auch in physischer Hinsicht entscheidend für den Erfolg (▶ Abschn. 2.1.2). Die Aufgabe des BGM besteht nach diesem Modell darin, durch Minimierung von Risikofaktoren und Maximierung von Schutzfaktoren aus Ressourcensicht möglichst **optimale Voraussetzungen für die Bewältigung der Anforderungen** zu schaffen. Dies begründet multimodale und multidisziplinäre Interventionen mit dem Fokus auf Ressourcen. Das Modell verdeutlicht auch das Risiko bei fehlenden Ressourcen, denn Defizite und Verluste an internen oder externen Ressourcen gehen mit Misserfolgen bei der Bewältigung von Anforderungen einher und wirken sich negativ auf Wohlbefinden und Gesundheit aus.

2.3.2 Haus der Arbeitsfähigkeit als integratives Modell

» „Das Haus der Arbeitsfähigkeit, das wir errichten wollen, vermittelt eine realistische Vorstellung davon, wie das Zusammenwirken von Menschen am Arbeitsplatz besser gestaltet werden kann." (Tempel & Ilmarinen, 2013, S. 59)

Die Fähigkeit zu arbeiten ist die Grundlage für eine gesunde Organisation und deren Erfolg – so lautet die Maxime des **Arbeitsfähigkeitsmanagements im BGM,** das sich am Haus der Arbeitsfähigkeit als integrativem Modell orientiert (vgl. Tempel & Ilmarinen, 2013; Treier, 2016). Leistungsfähigkeit setzt Gesundheit und (funktionale) Arbeitsfähigkeit voraus. Arbeitsfähigkeit ist nicht gleichzusetzen mit Gesundheit, denn auch kranke Menschen können arbeitsfähig sein, wenn die Ressourcen vorhanden sind und die Anforderungen stimmen. Dennoch herrscht in Theorie und Praxis häufig eine überlappende Sichtweise von Gesundheit und Arbeitsfähigkeit vor (vgl. Giesert, 2011 & 2012).

■ **Kritische Einordnung des Work Ability Index**

Arbeitsfähigkeit konkurriert mit Gesundheit um Popularität in der Arbeitswelt und erweist sich als ein weiterer universeller Schlüssel. Die **Operationalisierung der Arbeitsfähigkeit** bzw. Arbeitsbewältigungsfähigkeit als WAI (Work Ability Index) verdeutlicht, dass gesundheitsbezogene Themen wie psychische Leistungsreserven, Krankenstand, diagnostizierte Krankheiten und Beschwerden für die Bestimmung des WAI fokussiert werden (https://www.wainetzwerk.de/). Kritische Anmerkungen zum Instrument beziehen sich v. a. auf die unklare Konstruktvalidität aufgrund der Mehrdimensionalität, die pathogenetische Sichtweise und die additive Verrechnungslogik – dennoch hat sich das Instrument in der Praxis bewährt, um den Dialog zur Gesundheitsförderung und Präventionsarbeit zu fundieren (vgl. Treier, 2016, S. 29 ff.). Die Dimensionen der Arbeitsfähigkeit unterliegen im Laufe des Lebens Veränderungen, die einerseits durch demografische Faktoren wie das Alter und andererseits durch Kontextfaktoren wie den Wandel der Arbeitswelt bedingt sind. Dies erfordert entsprechend aktualisierte Normwerttabellen als Interpretationsschablone. V. a. aber ist das Messinstrument zur Erfassung der Arbeitsfähigkeit (WAI) selbst hinsichtlich der **Gütekriterien** kritisch zu hinterfragen, da psychometrische Analysen darauf hindeuten, dass der WAI nicht konstruktvalide erfasst wird, z. B. in Bezug auf die Dimensionalität bzw. Faktorenstruktur des WAI (Freyer, 2019). Damit ist auch die bisherige Berechnung als ungewichteter Summenwert in

2

Frage zu stellen. Zudem bilden die Items, die im WAI v. a. durch die Abfrage des individuellen Gesundheitszustandes und der selbst eingeschätzten Arbeitsfähigkeit repräsentiert werden, nicht das umfassende Konstrukt der Arbeitsfähigkeit im Sinne der Definition ab. Hier stehen ergänzende Instrumente aus der WAI-Familie zur Verfügung. Erweiterte Instrumente wie der WAI-Radar (WAI 2.0) als Personen- oder Betriebsradar oder der Arbeitsbewältigungsindex Plus™ (ABI Plus™) erfassen zusätzlich Anforderungen und Ressourcen (zu den WAI-basierten Instrumenten vgl. INQA, 2018). Bei der Operationalisierung ist zu betonen, dass nicht das Fehlen von Krankheit, sondern das Zusammenspiel von Ressourcen und Arbeitsanforderungen die **Arbeitsfähigkeit** bestimmt. *Arbeitsfähigkeit ist also nicht einfach das Gegenteil von Arbeitsunfähigkeit.* Arbeitsfähigkeit ist ein Mehrwert und nicht nur die Abwesenheit von Arbeitsunfähigkeit. Um diesen Mehrwert zu erzielen, bilden personenbezogene Ressourcen wie Gesundheit, Kompetenz und Motivation sowie arbeits- und organisationsbezogene Ressourcen wie Arbeitsinhalt, Arbeitsorganisation, Führung und Unternehmenskultur im Arbeitsfähigkeitsmanagement den **Schlüssel zum Haus der Arbeitsfähigkeit** (vgl. Treier, 2016). Ein proaktiver, ressourcenstärkender Ansatz zur Steigerung der Arbeitsfähigkeit vermeidet nicht nur Ausfallkosten im Sinne von Arbeitsunfähigkeit, sondern macht die Mitarbeitenden kompetenter und resilienter für die Herausforderungen der modernen Arbeitswelt (Arbeit 4.0) und schafft Potenziale z. B. im Hinblick auf die Innovationsfähigkeit. **Arbeitsfähigkeit 4.0** befasst sich u. a. mit den Implikationen der digitalen Arbeitswelt (New Work) auf die Arbeitsfähigkeit (vgl. Giesert et al., 2017) (▶ Abschn. 1.3.2, s. im Vergleich die Infobox ▶ „Abgrenzung zur Beschäftigungsfähigkeit").

❗ Da viele Organisationen den **WAI** (Work Ability Index) aufgrund seiner einfachen Handhabung und freien Verfügbarkeit als Instrument zur Beurteilung der Arbeitsfähigkeit einsetzen, ist eine kritische Reflexion angezeigt. Der WAI eignet sich als Screening-Instrument für eine aktuelle Einschätzung der Arbeitsfähigkeit, sollte aber aufgrund der Hinweise auf psychometrische Einschränkungen im Gesundheitscontrolling mit Vorsicht eingesetzt werden. Interessant sind die WAI-Differenzwerte zwischen Vorher- und Nachher-Messungen, wenn vergleichbare Kohorten verwendet werden.

Abgrenzung zur Beschäftigungsfähigkeit

Der Begriff der Arbeitsfähigkeit (Work Ability) ist von dem der **Beschäftigungsfähigkeit** (Employability) zu unterscheiden. Die Beschäftigungsfähigkeit steht für die beständige Teilhabe am Wirtschaftsleben unter Berücksichtigung sozialer Zusammenhänge (Partizipation am Arbeits- und Berufsleben) und bestimmt damit nach der DIN SPEC 91020 die Fähigkeit, auf dem Arbeitsmarkt eine Beschäftigung zu finden oder in der Erwerbstätigkeit zu verbleiben und diese Fähigkeit weiterzuentwickeln, während die Arbeitsfähigkeit die dynamische, auf die aktuell ausgeübte Tätigkeit ausgerichtete Passung zwischen Person und Anforderungen beschreibt und angibt, ob der Beschäftigte die Arbeit bewältigen kann. Die Arbeitsfähigkeit kann somit als Teilmenge der Beschäftigungsfähigkeit betrachtet werden.

Arbeitsfähigkeit

Arbeitsfähigkeit (Work Ability) beschreibt das Potenzial einer Person, Arbeitsanforderungen in der konkreten Situation angemessen und flexibel bewältigen zu können. Stehen Arbeitsanforderungen und individuelle Leistungsfähigkeit in einem stabilen Gleichgewicht, liegt eine hohe Arbeitsfähigkeit vor. Voraussetzung dafür sind eine gute Lebensqualität und Wohlbefinden der Menschen, die diese Aufgabe zu bewältigen haben, sowie ausreichende Ressourcen, um den Anforderungen gerecht werden zu können.

▪ Abnehmende Arbeitsfähigkeit

Geschieht jedoch nichts, d. h. gibt es keine abgestimmten Interventionen im Bereich BGM, BEM oder demografiebewusster Personalarbeit, nimmt die Arbeitsfähigkeit quasi „naturgesetzlich" mit dem Alter ab (vgl. Prümper & Richenhagen, 2011, S. 139). Längsschnittstudien von Ilmarinen und Tuomi (Ilmarinen et al., 1997; Tuomi & Ilmarinen, 1999) bestätigen diese **Abwärtsspirale der Arbeitsfähigkeit**, zeigen aber auch Möglichkeiten auf, trotz des demografischen Wandels eine Umkehr oder Verzögerung der Abwärtsspirale zu erreichen (◻ Abb. 2.10). Die Abnahme der Arbeitsfähigkeit ist nicht nur auf die Person, sondern auch auf

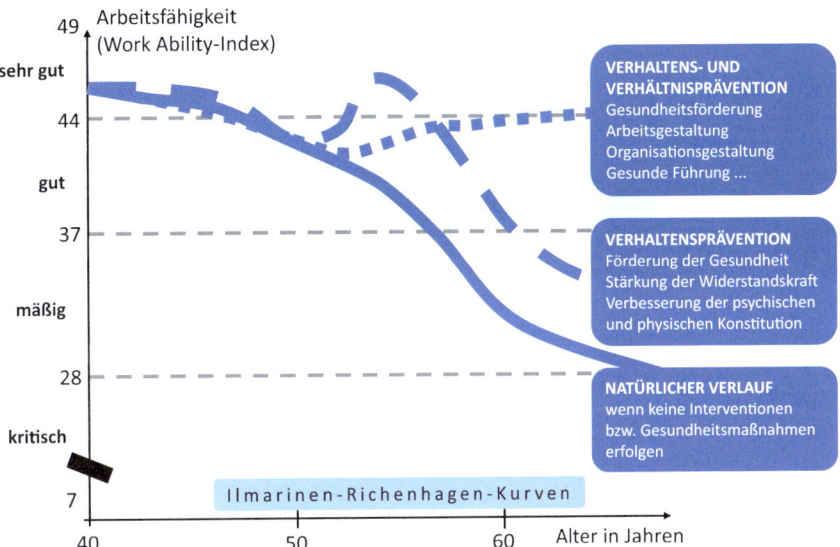

◻ Abb. 2.10 Typischer Verlauf der Arbeitsfähigkeit nach Prümper und Richenhagen (2011, S. 139)

andere Faktoren der Arbeitswelt wie Arbeitsdichte, Führungsverhalten oder Arbeitsinhalte zurückzuführen. „Circa 60 % der Gründe für die Abnahme der Arbeitsfähigkeit, der Störung der Balance, sind Folgen einer mangelnden Arbeitsgestaltung und eines bestimmten Führungsverhaltens, etwa 40 % der Möglichkeiten fallen in den Bereich des Individuums und der individuellen Förderung der bio-psycho-sozialen Fähigkeiten." (Ilmarinen in Giesert 2011, S. 25) Eine erschöpfte und auszehrende Organisation (vgl. von Oelsnitz et al., 2014) ist ein Brandbeschleuniger für die Abwärtsspirale, die die negativen gesundheitlichen Auswirkungen des demografischen Wandels verstärkt.

> Die **Abnahme der Arbeitsfähigkeit ist** *kein Naturgesetz* und daher durch Interventionen veränderbar, wie Längsschnittstudien zur Arbeitsfähigkeit in Abhängigkeit von Gesundheitsmaßnahmen auf der Verhaltens- und Verhältnisebene zeigen.

- **Arbeitsfähigkeitsmanagement**

Aus dem Personalrisikomanagement ist bekannt, dass eine Abnahme der Arbeitsfähigkeit nicht kurzfristig kompensiert werden kann, sondern ein strategisches Vorgehen und eine gemeinsame Anstrengung verschiedener Akteure erfordert (vgl. Kobi, 2012). Aufgrund des erweiterten Gesundheitsfokus und der Vernetzung der betrieblichen Akteure eignet sich das BGM als strategische Managementplattform für das **Arbeitsfähigkeitsmanagement** (▶ Kap. 3). Unter dem Aspekt der Nachhaltigkeit kann Arbeitsfähigkeit nicht nur durch reaktive Maßnahmen auf der Personenebene, wie z. B. Gesundheitsförderung, begegnet werden, sondern es sind vorausschauende Maßnahmen für eine gesunde Organisation notwendig, um die zukünftige Arbeitsfähigkeit zu sichern. Gesundheitsgesetze wie das

ArbSchG, das ASiG oder das PrävG flankieren die Förderung und den Erhalt der Arbeitsfähigkeit in Organisationen (▶ Abschn. 1.4.3). Das BGM sollte daher als Zielgröße die Steigerung der **alters- und alternsgerechten Arbeitsfähigkeit** beinhalten. Als wesentlicher Hebel kristallisiert sich die Optimierung der Arbeits- und Organisationsbedingungen heraus (vgl. Wilke et al., 2019). Grundlage des Arbeitsfähigkeitsmanagements ist ein ganzheitliches BGM mit dem Ziel der Erhaltung und Förderung der Arbeitsfähigkeit sowie der Überwindung von Arbeitsunfähigkeit. Ganzheitlich bedeutet, dass das Arbeitsfähigkeitsmanagement alle Stockwerke des Hauses der Arbeitsfähigkeit sowie das Umfeld und deren Wechselwirkungen berücksichtigt.

Arbeitsfähigkeitsmanagement

Arbeitsfähigkeitsmanagement integriert die Bemühungen verschiedener betrieblicher Akteure aus den Bereichen Gesundheitsförderung, AGS sowie Personal- und Organisationsentwicklung zur Steigerung der Arbeitsfähigkeit in der Organisation, sodass die Belegschaft dauerhaft gesund, qualifiziert und motiviert ist. Ziel ist es, mittel- bis langfristig eine Balance zwischen den Arbeitsanforderungen, den organisationalen Ressourcen und den Potenzialen der Mitarbeiter*innen zu gewährleisten.

- **Haus der Arbeitsfähigkeit**

Das **Haus der Arbeitsfähigkeit** umfasst alle Stellschrauben des Arbeitsfähigkeitsmanagements bzw. alle Bereiche guter Arbeit. Das Haus als anschauliches Bild ordnet die Einflussfaktoren den Stockwerken zu (vgl. Tempel & Ilmarinen, 2013, S. 40 ff; Treier, 2016, S. 13 ff) (◻ Abb. 2.11). Die Maxime des Modells betont eine

2

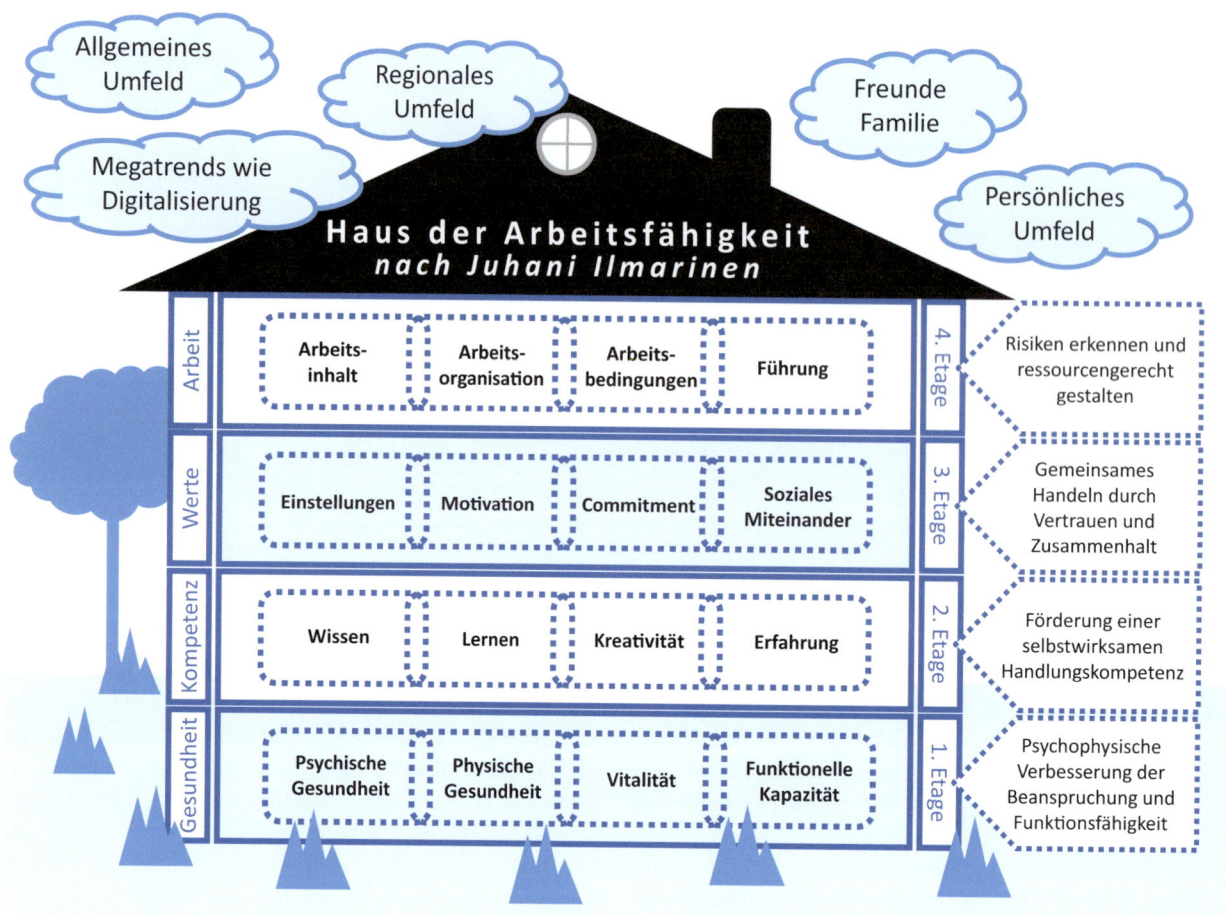

Abb. 2.11   Haus der Arbeitsfähigkeit nach Tempel & Ilmarinen (2013, S. 40 ff.)

anthropozentrische Sichtweise, denn die Arbeit muss sich dem Menschen anpassen und nicht umgekehrt (vgl. Ilmarinen & Ilmarinen, 2015). Das Fundament des Hauses der Arbeitsfähigkeit basiert auf arbeitswissenschaftlichen Erkenntnissen (▶ Abschn. 2.2.3), ist aber in seiner Ganzheitlichkeit multidisziplinär ausgerichtet und kann als integratives Modell eines ressourcenorientierten BGM dienen. *„Unter Berücksichtigung der Stockwerke und mit Blick auf relevante Umgebungsfaktoren werden im Arbeitsfähigkeitsmanagement alle Ansätze im Hausbau verknüpft, die einen Beitrag zur Aufrechterhaltung und Steigerung der Arbeitsfähigkeit leisten."* (Treier, 2019d, S. 42)

A. **Erste Etage:** Gesundheitszustand und Leistungsfähigkeit als Handlungsfeld – Das Stockwerk verfügt über zwei miteinander verbundene Räume, den Körperraum und den Psychoraum. Es wird deutlich, dass Gesundheit eine wichtige Voraussetzung für Arbeitsfähigkeit ist. Persönliche Ressourcen wie Erholungsfähigkeit, konstruktives Gesundheitsverhalten, Gesundheitskompetenz, Selbstwirksamkeit und körperliche Fitness beheizen die erste Etage.

B. **Zweite Etage:** Kompetenzen als Handlungsfeld – Das Stockwerk hat keine abgetrennten Einzelzimmer, sondern eine freundliche Halle mit Nischen. Kompetenzentwicklung als Zielgröße basiert auf Lernen, Wissen und Erfahrung. Handlungsorientierung bedeutet, dass Wissen und Fertigkeiten problemlösungsorientiert, situationsadäquat und selbstkritisch reflektiert eingesetzt werden. Alternsgerechte Lernkonzepte, arbeitsplatzimmanentes Lernen (Aufgabe regt zum Lernen an), Gesundheitskompetenz, lebenslanges Lernen und eine motivierende Empowermentstrategie, die die Handlungsautonomie fördert, beheizen die zweite Etage.

C. **Dritte Etage:** Werte als Handlungsfeld – Anerkennung, Eigenverantwortung und Vertrauen sind die Säulen der dritten Ebene. Engagement, Commitment, Fairness, Wertschätzung werden durch eine werteorientierte Personalarbeit und Unternehmenskultur gefördert und gefordert. Werteorientierte Führung (transformationale Führung), Diversity Management oder kultursensible Personalentwicklung sind Ansätze, die das dritte Stockwerk beheizen.

D. **Vierte Etage:** Arbeit als Handlungsfeld – Gute Arbeit im Sinne der Humankriterien der Arbeit von der Ausführbarkeit, Schädigungslosigkeit, Beeinträchtigungsfreiheit, Zumutbarkeit, Gesundheitsförderlichkeit, Persönlichkeitsförderlichkeit bis zur Sinn- und Werthaltigkeit. Soziale Unterstützung, konstruktives Feedback, ergonomische Arbeitsbedingungen, Aufgabenorientierung, gesundheits- und kompetenzförderliche Arbeits- und Organisationsgestaltung bis zur partizipativen und lernenden Organisationskultur sind die Verhältnisfaktoren, die den vierten Stock beheizen.

E. **Garten und Umfeld:** Ökosystem als Handlungsfeld – Der Mensch befindet sich nicht nur in seinem Haus, sondern bewegt sich in einer vielfältigen und weitläufigen Landschaft vom Mikrosystem (direkte Interaktionssysteme wie Familie oder Freunde) über das Mesosystem (Interaktion der Mikrosysteme, Work-Life-Balance) und das Exosystem (Lebensbereiche, in die der Mensch nicht direkt involviert ist, deren Ereignisse aber das eigene Mikrosystem beeinflussen können) bis hin zum Makrosystem (gesellschaftliche, wirtschaftliche und kulturelle Rahmenbedingungen wie Gesetze, Gesundheitssysteme). Die Umwelt verändert den Menschen und seine Möglichkeiten, Übergänge bzw. Transitionen schaffen Impulse zur Weiterentwicklung. Arbeit 4.0 schafft neue Bewegungs- und Elastizitätsmuster zwischen dem Haus der Arbeitsfähigkeit und der Umwelt, die v. a. durch eine Flexibilisierung von Ort und Zeit gekennzeichnet sind.

> ❗ Die **Anschaulichkeit des Modells** *„Haus der Arbeitsfähigkeit"* darf nicht dazu verleiten, die dem Modell innewohnende Komplexität zu vernachlässigen. Viel zu oft werden nur einzelne Etagen bzw. Stockwerke betrachtet, optimal wäre eine ganzheitliche und gleichzeitige Betrachtung aller Etagen unter Berücksichtigung der Interdependenzen. So ist bspw. darauf zu achten, dass die erste bis dritte Etage den Anforderungen der vierten Etage entsprechen, um ein Ungleichgewicht zwischen den unteren Etagen und der vierten Etage zu vermeiden, das sich negativ auf die Arbeitsfähigkeit auswirkt und Unwuchten bedingt.

Tipp

Das **WAI Netzwerk** der INQA, koordiniert durch das Institut für Arbeitsfähigkeit GmbH, bietet Informationen zu aktuellen Projekten, zur Erfassung und Bewertung der Arbeitsfähigkeit sowie weiterführende Publikationen an.

▶ https://www.wainetzwerk.de

Management der Arbeitsfähigkeit

Arbeitsfähigkeitsmanagement, übersetzt als ganzheitliches BGM, zielt gemäß dem Haus der Arbeitsfähigkeit auf mehrere Ansatzpunkte: Gesundheit fördern, Krankheit vorbeugen (Prävention), Anforderungen optimieren und Voraussetzungen schaffen, um Anforderungen ressourcenorientiert zu bewältigen. Dies ist eine **multidisziplinäre Aufgabe** entsprechend den Stockwerken des Hauses der Arbeitsfähigkeit. Nicht nur Personenfaktoren wie Gesundheit oder Kompetenz, sondern auch Bedingungsfaktoren wie Arbeitsgestaltung und Führung begründen die Arbeitsfähigkeit als Basis für den Unternehmenserfolg. Der Einzelne agiert im Haus aktiv, eigenverantwortlich und bewältigungsorientiert mit dem Fokus auf Verhalten und Erleben, die Organisation ist fördernd und präventiv aktiv mit dem Fokus auf Arbeits- und Organisationsbedingungen. Vier **Maximen** bestimmen das ressourcenorientierte Modell …

- Maxime der Kongruenz: Passung zwischen Anforderungen, Ressourcen und Potenzialen
- Maxime der Motivation: Bedürfnisorientierung, Wertschätzung, Kompetenzentwicklung
- Maxime der Identifikation: Gerechtigkeit, Commitment, Wertekompatibilität
- Maxime der Autonomie: Empowerment in Verbindung mit Ressourcenaktivierung
- Maxime der Partizipation: Teilhabe- und Gestaltungsmöglichkeiten, soziale Unterstützung

2.4 Kernaussagen: Ordnung schaffen

A. Gesundheit ist einerseits der **Schlüsselbegriff im BGM** und andererseits die Achillesferse je nach Gesundheitsverständnis. Der Begriff wandelt sich von der patho- zur salutogenetischen Sichtweise. Nicht was den Menschen krank macht, sondern was ihn gesund erhält, steht im Mittelpunkt moderner Gesundheitsmodelle. Dabei wird der Gesundheitsbegriff in seiner biopsychosozialen Mehrdimensionalität und Veränderungsdynamik im Spannungsfeld von Belastungen und Ressourcen verortet.

B. Die **Pole des Gesundheitsbegriffs** wie krank versus gesund, psychisch versus physisch oder statisch versus prozesshaft verdeutlichen die Spannungszustände des Gesundheitsbegriffs.

C. Als konsensfähige Arbeitsdefinition wird Gesundheit als ein regulativer, aktiver und produktiver Prozess der erfolgreichen Bewältigung von Belastungen bzw. Anforderungen in Abhängigkeit von den verfügbaren Ressourcen verstanden. Das **Streben nach**

2

Balance ist eine fortwährende Aufgabe und Gesundheit somit kein statischer Zustand.

D. Entscheidend für das Verständnis von Gesundheit ist das **Verhältnis von Gesundheit und Krankheit**, das von dichotom (Krankheit und Gesundheit schließen einander aus), bipolar (Gesundheits-Krankheits-Kontinuum), orthogonal (Gesundheit und Krankheit als unabhängige Größen) bis zu multidimensional (weitere Faktoren werden berücksichtigt) reichen kann. Bipolare und orthogonale Übersetzungen dominieren den Diskurs.

E. Die Faktoren, die Gesundheit beeinflussen, sind vielfältig und machen deutlich, dass Gesundheitsentwicklung nicht im luftleeren Raum stattfindet. Laut WHO ist eine **multisektorale Strategie** erforderlich, um nachhaltige Gesundheit zu gewährleisten. Die Arbeitswelt ist ein Schlüsselbereich. Gesunde Rahmenbedingungen in der Arbeitswelt sind die Voraussetzung dafür, dass Menschen ihre Gesundheitspotenziale ausschöpfen können. Das **Rahmenmodell der gesunden Organisation** veranschaulicht die Wechselwirkung von Anforderungen und Ressourcen auf den Balanceakt des Menschen, gesund und arbeitsfähig zu bleiben.

F. **Gesundheitsmodelle** dienen als Reflexionsfolien und bestimmen die Leitplanken für das BGM. Die Basismodelle – das biomedizinische Modell als Risikofaktorenmodell, das psychologische Modell als Verhaltensmodell und das biopsychosoziale Modell als Interaktionsmodell – bilden die Grundlage für erweiterte Gesundheitsmodelle.

G. Gesundheitsmodelle greifen auf **stresstheoretische Grundlagen** zurück, um die zentralen Begriffe Belastungen bzw. Anforderungen, Stressoren, Ressourcen, Beanspruchungen in ihren Wechselwirkungen zu definieren. Dabei wird der Beanspruchungsprozess in Abhängigkeit von den Belastungen erklärt. Die klassischen reiz- und reaktionsorientierten Ansätze, die Stress als unabhängige oder abhängige Variable definieren, werden zunehmend von transaktionalen Denkweisen abgelöst, die Stress als Prozess der kognitiven und emotionalen Bewertung einer belastenden Situation in Abhängigkeit von Ressourcen bestimmen. In der Arbeitswelt haben sich verschiedene stress- und handlungstheoretische Modelle wie das Konzept der vollständigen Tätigkeit, das Anforderungs-Kontroll-Modell oder das Belastungs-Beanspruchungs-Modell etabliert, die den Zusammenhang zwischen Belastung, Ressourcen und Beanspruchung in der Arbeitswelt erklären helfen.

H. Gesundheit ist ein **inter- und multidisziplinäres Thema**. In den Gesundheitsmodellen dominiert die jeweilige wissenschaftliche Perspektive das Denkmuster. **Arbeitswissenschaftliche Ansätze** konzentrieren sich auf Risikofaktoren, die es zu vermeiden oder zu reduzieren gilt. Neuere Ansätze erweitern jedoch den Blickwinkel von einer korrektiven und präventiven hin zu einer prospektiven und dynamischen Arbeitsgestaltung, d. h. gesundheits- und persönlichkeitsförderliche Aspekte werden von Anfang an bei der Gestaltung von Arbeitsmodellen berücksichtigt. Letztlich zeichnet sich ein ganzheitlicher und systemischer Ansatz ab.

I. **Sozial- und gesundheitswissenschaftliche Ansätze** fokussieren v. a. auf soziale und psychische Dimensionen. Das Konzept der Salutogenese ist das Leitmodell, das positive Gesundheitsziele setzt und das Zeitalter der Gesundheitsförderung einläutet. Ressourcen werden als wichtiges Wirkprinzip der Gesundheitsförderung erkannt. Die **Salutogenese** hat das Potenzial, als Rahmentheorie der Gesundheit aus interdisziplinärer Sicht zu dienen. Sie postuliert ein Gesundheits-Krankheits-Kontinuum und versteht Gesundheit als Prozess. Die Ressourcen bestimmen die Richtung der Gesundheitsbewegung auf dem Kontinuum. Der Kohärenzsinn als gesundes Urvertrauen erweist sich als Schlüsselbegriff auf der psychischen Ebene. Die soziale Perspektive wird durch das Konzept des Sozialkapitals aufgegriffen. **Sozialkapital** ist das soziale Vermögen einer Organisation, das durch die Qualität von Führung, Netzwerken und Kultur erklärt wird und auf den Säulen Vertrauen und Wertschätzung ruht.

J. Aus **betriebswirtschaftlicher Sicht** stellt sich die Frage, wie das knappe, sensible und anspruchsvolle Gut Gesundheit effizient und effektiv für den Organisationserfolg eingesetzt werden kann. Mit Hilfe verschiedener Methoden der ökonomischen Evaluation von Gesundheitsförderung und Prävention wird versucht, den Herausforderungen des Allokationsproblems (Zuweisung), des Effizienzproblems (Rationalisierungspotenziale), des Distributionsproblems (gerechte und angemessene Verteilung) und des Wertschöpfungsproblems (Wachstumsfaktor und Mehrwert) zu begegnen. Dazu bedarf es eines Modells des Gesundheitsmanagements, das Gesundheit als Investitionsgut begreift.

K. Das moderne Denken im BGM basiert auf einem **ressourcenorientierten Gesundheitsverständnis**, denn Ressourcen sind der Schlüssel zur Maximierung von Gesundheit. Gesundheitsressourcen als Gesamtheit der gesundheitsfördernden und gesundheitsschützenden Mittel dienen der Erreichung von Gesundheitszielen, der Wiederherstellung, Erhaltung und Förderung von Gesundheit und Wohlbefinden sowie der Bewältigung von Anforderungen. Der Ressourcenbegriff ist relational und immer im Zusammenhang mit den Arbeitsanforderungen zu bewerten. Als Klassen können personale (psychische, physische und kompetenzbezogene Ressourcen), materielle (Geld und andere materielle Güter), soziale (soziale Unterstützung, Beziehungen und soziale Netzwerke), organisationale (Aufgabenorientierung, Arbeitsqualität, Sozialkapital, Führung, teamorientierte und partizipative Arbeits- und Organisationsmodelle) und Umweltressourcen (soziale, ökonomische und kulturelle Faktoren) unterschieden werden. Sie bilden einen Pool von Ressourcen. Ressourcen können direkt, indirekt und puffernd auf die Gesundheit wirken.

L. **Ressourcentheorien** erklären die Wirkungszusammenhänge zwischen Gesundheit, Belastungen bzw. Anforderungen und Ressourcen. Die Theorie der Ressourcenerhaltung erklärt mit ihren Postulaten die Auswirkungen von Ressourcengewinnen/-verlusten und beschreibt den ressourcenabhängigen Bewältigungsprozess. Das systemische Anforderungs-Ressourcen-Modell (SAR) kann als Rahmenmodell zur Erklärung von Gesundheit dienen. Es ist kompatibel mit salutogenetischen Maximen und berücksichtigt grundlegende stresstheoretische Annahmen. Nach diesem Modell besteht die Aufgabe von BGM darin, aus Ressourcensicht möglichst optimale Bedingungen für die Bewältigung von Anforderungen zu schaffen.

M. Die Praxis braucht ein anschauliches Modell, um die vielfältigen Ansatzpunkte und ihre Wechselwirkungen zu verstehen. Hier hat sich das **Haus der Arbeitsfähigkeit** bewährt. Die Sorge um die abnehmende Arbeitsfähigkeit im demografischen Wandel, beschleunigt durch auszehrende und erschöpfte Organisationen und konfrontiert mit den Anforderungen einer digitalen Arbeitswelt, erfordert einen ganzheitlichen Ansatz, der Gesundheit, Kompetenz, Werte und Arbeit als Schlüsselvariablen neben verschiedenen Umfeldfaktoren im **Arbeitsfähigkeitsmanagement** berücksichtigt. Ziel ist es, die Arbeitsfähigkeit zu erhalten, zu fördern und Arbeitsunfähigkeit zu überwinden. Arbeitsfähigkeit ist nicht das Gegenteil von Arbeitsunfähigkeit, sondern beschreibt das Potenzial einer Person, Arbeitsanforderungen dauerhaft zu bewältigen. Nur wenn Arbeitsanforderungen und individuelles bzw. persönliches Leistungsvermögen in einem stabilen Gleichgewicht stehen, liegt eine hohe Arbeitsfähigkeit vor. *Die Erhaltung und Förderung der Arbeitsfähigkeit ist eine zentrale Zielgröße im BGM.*

❓ **Kontrollfragen**

1. Wie kann Gesundheit definiert werden?
2. Wie kann Gesundheit von Krankheit abgegrenzt werden?
3. Welche Determinanten von Gesundheit sind in der Arbeitswelt zu berücksichtigen?
4. Was bedeutet eine multisektorale Gesundheitsstrategie als Rahmenkonzept?
5. Welche Ebenen berücksichtigt das Modell der gesunden Organisation?
6. Warum wird in vielen Gesundheitsmodellen das Bild des Gleichgewichts bevorzugt?
7. Was erklären Krankheitsmodelle im Vergleich zu Gesundheitsmodellen?
8. Welche Grundmodelle der Gesundheit sind bekannt?
9. Was ist der Unterschied zwischen Belastungen und Beanspruchungen?
10. Welche Strategien der Arbeitsgestaltung gibt es aus arbeitswissenschaftlicher Sicht?
11. Warum eignet sich die Salutogenese als Rahmentheorie der Gesundheit? Welche Maximen bestimmen das Modell in Abgrenzung zum pathogenetischen Paradigma?
12. Welche Bedeutung hat die soziale Gesundheit aus Sicht des Sozialkapitals in der Arbeitswelt?
13. Welche Herausforderungen sind bei der Abbildung von Gesundheitsleistungen aus gesundheitsökonomischer Sicht zu bewältigen?
14. Welche Methoden werden zur ökonomischen Evaluation von Gesundheitsförderung und Prävention eingesetzt?
15. Warum fungiert die Ressourcenorientierung als Universalschlüssel im BGM? Wie wirken Ressourcen auf die Gesundheit und welche Ressourcenklassen sind zu berücksichtigen?
16. Was unterscheidet Gesundheit von Arbeitsfähigkeit? Warum setzt sich das Haus der Arbeitsfähigkeit als Modell in der Praxis durch?

Fazit zu den theoretischen Grundlagen

Die Auseinandersetzung mit den theoretischen Grundlagen ist nicht nur Kür, sondern Pflicht, um ein reflektiertes BGM zu gestalten. Vielfach werden BGM-Konzepte verwendet, ohne sich bewusst zu sein, welches **Gesundheitsverständnis** dem Konzept zugrunde liegt und welche Wechselwirkungen in der Modellierung hinterlegt sind. **Gesundheit ist der zu klärende Schlüsselbegriff**, der sich nicht einfach als Abwesenheit von Krankheit definiert. Seine Mehrdimensionalität aus biopsychosozialer Sicht, seine Dynamik aus prozessualer Sicht, seine Relationalität aus Modellierungssicht verdeutlichen, dass ein BGM-Konzept ganzheitlich, handlungsorientiert und multidisziplinär ausgerichtet sein muss. Die **Gesundheitsmodelle** manifestieren, dass der Gesundheitsbegriff in der Arbeitswelt nicht naiv oder oberflächlich verwendet

2

werden darf, sondern in seinen Implikationen theoretisch erschlossen werden muss. Der Mensch wird in seiner aktiven und eigenverantwortlichen Rolle als Bewältigungsmanager im Balanceakt anerkannt, aber nicht allein gelassen, sondern durch eine gesundheitsförderliche Arbeits- und Organisationsgestaltung als **Ressourcenkonzept** in seinem Bemühen um Gesundheit flankiert. **Arbeitsfähigkeit** ist die Basis für den Unternehmenserfolg. Daher gilt es, Gesundheit und Arbeitsfähigkeit als Zielgrößen zu identifizieren, zu erfassen, zu bewerten und die Wahrscheinlichkeit für Gesundheit und Arbeitsfähigkeit in der Organisation zu erhöhen. Die theoretische Reflexion bestimmt die Stellschrauben, die ein BGM im Management- und Strategiemodell berücksichtigen muss.

Weiterführende Literatur

- Franke, A. (2012a). *Modelle von Gesundheit und Krankheit: Lehrbuch Gesundheitswissenschaften.* (3. Aufl.). Hogrefe. [Übersicht zu den Gesundheitsmodellen]
- Hurrelmann, K., & Richter, M. (2013). *Gesundheits- und Medizinsoziologie: Eine Einführung in sozialwissenschaftliche Gesundheitsforschung* (Grundlagentexte Soziologie) (8. Aufl.). Beltz Juventa. [Sozialwissenschaftliche Reflexion des Gesundheitsverständnisses]
- Kohlmann, C., Salewski, C., & Wirtz, M. A. (Hrsg.). (2018). *Psychologie in der Gesundheitsförderung.* Hogrefe. [Psychologische Reflexion des Gesundheitsverständnisses]
- Magistretti, M. C. (Hrsg.), Lindstrøm, B. & Eriksson, M. (2019). *Salutogenese kennen und verstehen: Konzept, Stellenwert, Forschung und praktische Anwendung.* Hogrefe. [Differenzierte Reflexion zum Kernkonstrukt der Salutogenese]
- Razum, O., & Kolip, P. (Hrsg.). (2020). *Handbuch Gesundheitswissenschaften* (7. Aufl.). Beltz Juventa. [Kompendium zu Ansätzen und Modellen der Gesundheitswissenschaften]
- Scherenberg, V. (2018). *Gesundheitsökonomische Evaluationen kompakt: Für Studium, Prüfung und Beruf* (Methodenbücher) (3. Aufl.). Apollon University Press. [Verständliche Zusammenfassung zu gesundheitsökonomischen Fragen der Evaluation und Vorstellung der wichtigsten Methoden]

Organisation des Betrieblichen Gesundheitsmanagements

Inhaltsverzeichnis

3

Übersicht zum Kapitel

In diesem Kapitel geht es um die Organisation des BGM als Handlungsrahmen. Damit das BGM seiner Aufgabe gerecht werden kann, einen nachhaltigen Beitrag zur gesunden Organisation zu leisten, bedarf es eines **Managementmodells** in institutioneller, funktionaler und systemischer Hinsicht, d. h. einer konsequenten Abkehr vom Aktionismus als ziellosem Handeln. Betriebliche Gesundheit erfordert eine abgestimmte, koordinierte, systematische und strategische Ausrichtung des BGM, um Effizienz- und Effektivitätsverluste zu vermeiden. Die Gesundheitsleistungen der internen und externen Akteure sind durch eine **Dachstrategie** aufeinander abzustimmen und als koordinierte Gesundheitskraft in der Organisation abzubilden. Strukturen und Prozesse des BGM gehören auf den Prüfstand, um Gesundheit „barrierefrei" zu ermöglichen.

🛈 Lernziele

- Die institutionelle, funktionale und systemische Perspektive des Managementansatzes im BGM beschreiben und abgrenzen können.
- Den Managementansatz in seiner Bedeutung für das BGM, aber auch in seiner Ambivalenz beschreiben können.
- Die Wirkungsrichtungen des BGM erläutern und aufzeigen, wie induktive und deduktive Ansätze aus Sicht der Organisation zu verknüpfen sind.
- Erläutern können, was eine exzellente Organisation im BGM auszeichnet.
- Die Dachstrategie im BGM erläutern und die relevanten Säulen als Akteure hinsichtlich ihrer Aufgabe für eine gesunde Organisation darstellen können.
- Die Bausteine Strukturen, Prozesse und Ressourcen zur Positionierung des BGM skizzieren können.
- Den Gesundheitszyklus in der Prozessorganisation beschreiben und seine Relevanz verdeutlichen können.
- Das Basismodell des BGM hinsichtlich seiner Elemente veranschaulichen und die Inhaltsfelder und Rollen im Basismodell skizzieren können.

In diesem Kapitel wird die Organisation des BGM als tragender Unterbau der gesunden Organisation in Bezug auf Führung, Strukturen und Prozesse dargestellt. BGM ist keine isolierte betriebliche Leistung auf Abruf, sondern basiert auf einem strategisch ausgerichteten, nachhaltigen Ansatz unter Beteiligung vieler Akteure. Nur eine stabile **Verankerung zur Verstetigung des Gesundheitshandelns** in der Primärorganisation als hierarchische Grundstruktur schafft die organisatorischen Voraussetzungen, um dieser Aufgabe gerecht werden zu können. Als **Hauptprobleme** kristallisieren sich in der Praxis der Schwebezustand

des BGM, seine inkonsistente Organisation durch unklare Strukturen sowie seine Wettbewerbsorientierung heraus, die zu Verteilungskonflikten und zur Verschwendung knapper Gesundheitsressourcen führen können. Kommunikations-, Abstimmungs- und Entscheidungsprozesse im BGM erfordern ein **Organisationsmanagement**, das Strukturen, Prozesse und Ressourcen als Determinanten eines BGM-Organisationsmodells aus strategischer und ganzheitlicher Perspektive unabhängig von Partialinteressen optimiert. **Qualitätsmanagement** kann dabei als Leitkonzept fungieren, da es Qualitätsstandards für die Organisation des BGM bereitstellt (▶ Abschn. 7.1). In der Praxis ist ein langer Atem und Überzeugungsarbeit notwendig, damit sich BGM als fester Bestandteil der Unternehmenskultur und des strategischen Managements durchsetzen kann. Jedes BGM-Konzept muss an die **Rahmenbedingungen**, wie z. B. das Vorherrschen dezentraler Organisationsformen oder Besonderheiten in der Personalstruktur, angepasst werden (Kontextbezogenheit) – *einen Goldstandard für die Organisation gibt es nicht*. Ein **Basismodell** zeigt Ansatzpunkte für eine effektive Organisation des BGM auf.

3.1 Management – Institution, Funktion und System

BGM als Managementaufgabe zu begreifen, ist in vielen betrieblichen Gesundheitsansätzen als Maxime hinterlegt und wird mit der strategischen Relevanz, der Interdependenz der Handlungsfelder, der Vielzahl der Akteure und dem erweiterten Gesundheitsverständnis begründet. Die Frage nach dem geeigneten Organisationsdesign im BGM bleibt jedoch zu klären (▶ Abschn. 3.3). Auch verschwimmt die Grenze zwischen Management- und Führungsfunktion im BGM (▶ Abschn. 4.2.3.4). Eine kritische Reflexion des Managementbegriffs steht daher am Anfang des Kapitels zur Organisation des BGM.

3.1.1 Managementdenken im BGM – Die Frage nach der Wirkungsrichtung

„Managerismus" als Ideologie – kann man Gesundheit in Organisationen managen? Sind nicht die Mitarbeiter*innen selbst für ihre Gesundheit verantwortlich? Man könnte hier in Anlehnung an Hoefle (2010) von einer Selbstüberschätzung als Wesenszug des Managementdenkens sprechen und den universellen Anspruch, dass eine gesunde Organisation von oben gesteuert werden kann, durchaus in Frage stellen. BGM als Managementmodell ist daher kein Selbstläufer, son-

dern muss sich am Gesamtziel der gesunden Organisation orientieren und legitimieren, denn es geht im BGM per definitionem darum, Gesundheit durch gezielte und ineinandergreifende Maßnahmen zu erhalten, zu fördern, wiederherzustellen und den Erfolg zu evaluieren (▶ Abschn. 1.1.2).

> Um Gesundheit als Wert zu etablieren und in der Strategie zu verankern, muss sie in der Organisation gemanagt werden. Die Entwicklung der Gesundheit darf nicht dem Zufall überlassen werden.

■ **Gemanagte Gesundheitskonzepte**

Ohne Management wäre es jedoch der Willkür oder der Mikropolitik der beteiligten Akteure überlassen, welche Interventionen durchgeführt werden. Studien belegen, dass **gemanagte Gesundheitskonzepte** als koordinierte Multikomponentenprogramme wirksamer sind als Aktionen (vgl. Barthelmes et al., 2019b; Chapman, 2012). Management schafft Synergien, nutzt Effizienz- und Effektivitätspotenziale, ermöglicht zielgerichtetes Handeln und erhöht die Qualität der Interventionen. Zudem kann Gesundheit als gleichrangiges und originäres Ziel in der Unternehmensstrategie verankert und entsprechende Ressourcen eingefordert werden. Management ist jedoch keineswegs nur positiv konnotiert, denn der **Managementbegriff** wird z. B. auch mit Profitorientierung, Controlling als Eigenleben, kurzfristigem Denken, Umstrukturierungen, Vernachlässigung der Mitarbeiter*innen, Steigerung des Shareholder Value in Verbindung gebracht (vgl. Hoefle, 2010). Bekannte **Managementkonzepte** wie Lean Management oder Reengineering sind zudem aus gesundheitlicher Sicht problematisch, da sie zu einer Verschlankung der Prozesse (Nullpuffermaxime) und des Sozial- und Humankapitals (Downsizing, Outsourcing, prekäre Beschäftigungsverhältnisse) führen sowie den Leistungsdruck auf Kosten der Gesundheit der Beschäftigten erhöhen (Ulich & Wülser, 2018, S. 337 ff.). Solche Managementkonzepte schaffen **gesundheitskritische Konstellationen** einer erschöpften und auszehrenden Organisation (vgl. von Oelsnitz et al., 2014). Psychologische Verträge werden gebrochen, Stress ohne Erholung begünstigt Burnout, Gratifikationskrisen entstehen, Führung wirkt toxisch und vieles mehr, was den Personalerhalt in Frage stellt (vgl. Treier, 2019b, S. 433 ff.). Aufgrund dieser Ambivalenz ist es für das BGM wichtig, den **Kernbegriff Management** zunächst in seiner Abstraktheit und Mehrdeutigkeit aufzulösen und nicht einfach als gegeben hinzunehmen (vgl. Schreyögg & Koch, 2020).

■ **Organisationstheoretische Aspekte des Managements**

Das Phänomen Management kann nicht mit einer einzigen Theorie erklärt werden, da es sich in seiner Gegenständlichkeit um einen komplexen und kontextabhängigen Ansatz aus organisationstheoretischer Sicht handelt. So reichen die **organisationstheoretischen Grundlagen** von der Administrationstheorie über verhaltenstheoretische bis hin zu systemtheoretischen Annahmen (vgl. Schreyögg & Geiger, 2016, S. 435 ff.; Siedenbiedel, 2020, S. 45 ff.). **Aktuelle Ansätze** zur Begründung eines modernen Managementmodells im BGM sind die institutionenökonomischen Konzepte der Transaktionskostentheorie (latente Kosten in Abstimmungs-, Austausch- und Kontrollprozessen in marktlicher und hierarchischer Koordination mit dem Ziel der Kostenminimierung durch geeignete institutionelle Arrangements) und der Prinzipal-Agenten-Theorie (Fokus auf die Beziehungen zwischen den Akteuren unter Berücksichtigung der Herausforderung von Informationsasymmetrien und begrenzter Rationalität) (vgl. Stierle in Stierle & Vera, 2014, S. 12 ff.). Auch der ressourcenorientierte Ansatz (bestmögliche Nutzung von Ressourcen und Kompetenzen einschließlich des Humankapitals) und die Netzwerktheorie (Einbettung der Akteure in ihr soziales Umfeld und deren Interaktionen) eignen sich als **Reflexionsfolien für das BGM**. Diese Theorien geben Antworten auf die Frage, wie es dem BGM gelingen kann, dass begrenzte Rationalität und Nutzenmaximierung der Akteure das Gesamtziel einer gesunden Organisation unter Berücksichtigung der rechtlichen Rahmenbedingungen nicht unterminieren und das normative Ziel Gesundheit unter Beachtung betriebswirtschaftlicher Erfordernisse erreicht werden kann. Ausschlaggebend dafür sind zum einen das **geteilte Gesundheitsverständnis** der Stakeholder auf der Kommunikationsebene (▶ Abschn. 2.1) und zum anderen die **strategische Modellierung** auf der Organisationsebene. Strukturen dürfen unter Berücksichtigung von Machtverhältnissen nicht zu Barrieren werden und Anpassungs- und Lernprozesse aus gesundheitlicher Sicht verhindern („Structure follows Strategy"-Paradigma). Die **Verstetigung von Gesundheitshandeln** erfordert unabhängig vom Handlungsrahmen ein Regelsystem. Dazu müssen Steuerungs-, Berichts- und Kontrollsysteme in den Strukturen etabliert werden – ein genuines Managementanliegen, das zielorientiertes Handeln fokussiert. Diese und weitere Aspekte stellen sicher, dass die Forderung nach betrieblicher Gesundheit keine soziale Utopie bleibt (s. Infobox „Gemanagte Gesundheit").

3

> **Gemanagte Gesundheit**
>
> **Management im Handlungsfeld Gesundheit** in der Organisation hat mehrere Perspektiven. Die **institutionelle Perspektive** befasst sich mit dem verantwortlichen Personenkreis und dessen struktureller Abbildung in der Hierarchie als Rahmen. Dies ist zum Teil gesetzlich geregelt. Die **funktionale Sicht** beschreibt die aufgabenorientierten Notwendigkeiten als Management- und Sachfunktionen. Beide Sichtweisen ergänzen sich und müssen konsequent aufeinander ausgerichtet werden, um die Planung, Organisation, Koordination und Kont-
>
> rolle der Gesundheitsaufgaben in der Organisation effizient und effektiv zu bewältigen. Transaktionskosten sind zu minimieren, begrenzte Rationalität und Nutzenmaximierung der Akteure sind zu berücksichtigen. Dies erfordert einen systemorientierten Ansatz, der sich von der klassischen Top-down-Sicht löst und partizipative Ansätze in Verbindung mit Führung als exponierte Rolle im BGM einfordert. Grundlegend bleibt ein Steuerungsansatz, um Synergien zu schaffen und die Wirksamkeit zu erhöhen.

■ **Wirkungsrichtungen des BGM**

Unabhängig von der jeweiligen Konkretisierung von der funktionalen über die Matrix- bis hin zur agilen Organisation ist die **Wirkungsrichtung für das BGM** entscheidend und als Schlüsselthema zu diskutieren (vgl. Schreyögg & Koch, 2020; Siedenbiedel, 2020). *Soll das BGM aus einem übergeordneten Gesundheitsziel Teilziele ableiten oder lösungsorientiert Sachziele bearbeiten, um ein übergeordnetes Formalziel zu erreichen?*

– **Deduktion:** Das klassische Managementprinzip der Deduktion, d. h. der Weg vom strategischen Erfolgsziel zu operativen Sachzielen wie beim Management by Objectives, wirkt plandeterministisch und kann bei steilen Hierarchien den Bodenkontakt und damit die Akzeptanz verlieren. Mit dieser Wirkungsrichtung sind viele Herausforderungen verbunden, wie z. B. das Problem der Operationalisierung (Zielfindung im Gesundheitsbereich), der Kaskadierung (Informationsverlust bzw. Verdünnungseffekt), der Incentivierung (Anreize zur Gesunderhaltung und Gesundheitsförderung verlieren an Wirkung), der Bindungsschwäche (Verlust des Commitments der Betroffenen, da sie nicht in die Gesundheitsstrategie eingebunden sind), der Kommunikation (zu wenig lateral und bilateral) oder das Problem der Validierung (fehlendes Feedback über die Wirkungen von Gesundheitsmaßnahmen).

– **Induktion:** Der umgekehrte Weg der Induktion bietet die Chance, Mitarbeiter*innen frühzeitig einzubinden, ihr Engagement und Commitment für Gesundheitsprojekte zu erhöhen und ihre Kreativität zu nutzen. Aber auch hier zeigen sich Herausforderungen wie Koordinationsprobleme (Zeitaufwand und hohe Transaktionskosten), Inkonsistenzen (widersprüchliche Ansätze und Zielkonflikte z. B. hinsichtlich der Priorisierung von verhaltens- oder verhältnispräventiven Interventionen), Verantwortungsdiffusion (unklare Zuständigkeiten und Rollenkonflikte), Dominanz von Sachzielen (zu wenig Orientierung an formalen Zielen), Ressourcenprobleme (Ressortegoismen, fehlende Beteiligung

des Top-Managements, Verteilungskonflikte) und nicht zuletzt das Problem der unzureichenden Zielerreichung (Aufrechterhaltung der Anstrengungen bei Schwierigkeiten).

– **Kombination:** Eine Kompromisslösung im Sinne eines bipolaren Ansatzes (gleichzeitig Top-down und Bottom-up) schafft neue Probleme, wie z. B. die fehlende Verbindung zwischen normativer, strategischer und operativer Zielebene oder die mangelhafte Einbindung der mittleren Führungsebene.

■ **Center-Out-Strategie mit Gesundheitsprojekten**

Gemäß den Leitsätzen der Ottawa-Charta und der Luxemburger Deklaration ist ein **partizipativer Bottom-up-Ansatz** im BGM grundlegend, denn Gesundheit kann nicht verordnet, sondern muss gelebt werden (vgl. Habermann-Horstmeier, 2019, S. 40) (► Abschn. 1.4.2). Auf der anderen Seite steht außer Frage, dass nur eine verantwortungsvolle Führung den Herausforderungen wie dem Wandel der Arbeitswelt gerecht werden kann – Führungskräften kommt hier eine herausragende Schlüsselrolle zu (vgl. Rudow, 2014, S. 320 ff.; Struhs-Wehr, 2017, S. 156) (► Abschn. 4.2.3.4).

Ein bevorzugter Ansatz im Gesundheits- und Sozialwesen ist die **systemische Organisationsentwicklung**, die mitarbeiterorientiert und partizipativ Gesundheitsziele diskutiert und festlegt, ergebnisoffen ist und die soziale und kulturelle Situation bei der Umsetzung berücksichtigt (vgl. König & Volmer, 2018). Dieser systemische Bottom-up-Ansatz ist jedoch nicht unumstritten und sieht sich in der Praxis mit den Herausforderungen der zunehmenden Komplexität der interagierenden Einflussfaktoren, der divergierenden Meinungs- und Machtvielfalt der Beteiligten, der zunehmenden Regelungsdichte im AGS und der Ressourcenproblematik aus gesundheitsökonomischer Sicht konfrontiert. BGM ist kein „basisdemokratisches Organisationskonstrukt", darf aber auch nicht die **Bodenhaftung** verlieren. Aus Sicht des Managementauftrags kann BGM nur dann sein Potenzial ausschöpfen, wenn es die **Nähe zum Top-**

Management beansprucht und gleichzeitig den Kontakt zu den Mitarbeitenden hält. Das **Center-Out-Konzept** bietet sich hier als Lösungsstrategie im BGM an, indem v. a. die mittlere Führungsebene in die Verantwortung genommen wird. In Verbindung mit partizipativ ausgerichteten Initiativen, Projekten und Programmen als Ankerbeispiele in verschiedenen Bereichen (Multiple-Nucleus-Strategie mit Schneeballeffekt) kann das **Dilemma zwischen Bottom-up- und Top-down-Strategie** gelöst werden. Die faktische Regelungsdichte und Pflichtendelegation im BGM setzt evolutionären und agilen Ansätzen im BGM Grenzen (▶ Abschn. 3.3.2). Allerdings sollten dynamische Elemente der lernenden, virtuellen und agilen Organisation bis hin zur Selbstorganisation in Projekten und Initiativen genutzt werden, um inhaltlich anpassungsfähig zu bleiben. Zusammenfassend lässt sich festhalten, dass im BGM Pflicht- und Kürangebote gemanagt werden, sodass die Gleichzeitigkeit von **Stabilität und Elastizität** als Systemanforderungen einer gesunden Organisation die größte Herausforderung im BGM darstellt.

> Die Center-Out-Strategie von der Mitte aus betont die besondere **Rolle der aktivierenden Führung** (▶ Abschn. 4.2.3.4). Herausragende Projekte können zudem einen **Schneeballeffekt** auslösen und so zu einer flächendeckenden Veränderung hin zu einer gesunden Organisation führen. Die Kombination beider Organisationsentwicklungsstrategien ist für das BGM zielführend, um einerseits die Bodenhaftung (reale Projekte mit hoher Beteiligungsquote) und andererseits die strategische Zielorientierung zu gewährleisten.

Das Dilemma im BGM

BGM ist ein zielorientiertes Vorgehen auf der Basis einer Anamnese bzw. Diagnose. BGM versteht sich als eine kontinuierliche und lernende Aufgabe im Rahmen der Organisationsentwicklung. Die Einbindung und aktive Beteiligung der Mitarbeiter*innen aller Bereiche und Hierarchieebenen wird als Voraussetzung für eine **flächendeckende Umsetzungsstrategie** gesehen. Dies erfordert eine **Verknüpfung von Top-Down- und Bottom-up-Ansätzen**. Aus Managementsicht entbinden partizipative Organisationsformen wie Gesundheitszirkel jedoch nicht von der exponierten Verantwortung des Managements und der Führungskräfte für eine gesunde Organisation. Um BGM mit bestehenden Managementansätzen zu verknüpfen und Gesundheit als Managementaufgabe zu festigen, ist es notwendig, BGM in betriebliche Routinen zu integrieren und eine standardisierte Steuerung auf Basis der Regelungen zu erreichen. Das **Dilemma des BGM**, entweder deduktiv (allgemeines Gesamtziel als Ausgangspunkt) oder induktiv (spezifische Sachziele als Ausgangspunkt) zu wirken, kann durch eine Kombination von Center-out (lokale Justierung durch mittlere Führungsebene, die sowohl die strategische als auch die operative Sicht kennt) und Multiple-Nucleus-Strategie (Projekte auf allen Ebenen und in allen Bereichen mit Schneeballeffekt) gelöst werden.

3.1.2 Institutionelle, funktionale und systemische Aspekte

Eine bewusste Gestaltung der organisatorischen Strukturen des BGM ist angesichts der ausgeprägten Spezialisierung der Akteure und der damit verbundenen Koordinationserfordernisse sinnvoll. Dabei geht es um Fragen der Verantwortung, des Austauschs, der Qualitätssicherung und der Standardisierung. Aus Managementsicht sind institutionelle und funktionale Aspekte in einem integrierten System zu verbinden.

▪ Institutionelle Perspektive

Die **institutionelle Perspektive** umfasst alle Stellen, die mit Managementaufgaben betraut sind (Schreyögg & Koch, 2020, S. 5). Diese Stellen sind der Hierarchie zugeordnet (Instanzenmodell). Entscheidend ist der dispositive Faktor hinsichtlich der Entscheidungs- und Weisungsstruktur. *Wer ist für Gesundheit im Betrieb verantwortlich?* Führungskräfte sind maßgebliche Determinanten im BGM-Rollenmodell (▶ Abschn. 3.2). Die institutionelle Perspektive begründet den Top-down-Ansatz im BGM als vertikale Wirkungsrichtung (▶ Abschn. 3.1.1). Führungskräfte werden als verlängerter Arm des BGM bestellt. Damit wird unterstrichen, dass Gesundheit als Verantwortung der Führungskräfte im Sinne der Fürsorgepflicht in der Organisation zu verorten ist. Diese Führungskräfte können Gesundheitsaufgaben delegieren. Damit verändert sich die Organisation von Befugnissen und Verantwortlichkeiten als schleichender Wandel vom Direktorial- zum Kollegialprinzip, was zur Auflösung der klassischen Top-down-Kaskadierung führt. Die institutionelle Perspektive ist für das BGM Ausdruck der **unternehmenspolitischen Bedeutung** und ermöglicht es, Gesundheitspolitik als strategisches Managementthema zu platzieren (▶ Abschn. 4.1.2). Da viele Akteure im Gesundheitsbereich tätig sind (Multi-Agentensystem), bedarf es einer koordinierenden institutionellen Plattform mit dem Ziel, die Zusammenarbeit im Bereich BGM zu stärken und strukturelle Barrieren abzubauen. Hier bietet sich eine digitale Plattform an (vgl. Treier, 2021b) (▶ Abschn. 5.3). Darüber hinaus sind Schnitt-

3

stellen nach außen zu anderen Institutionen wie den Sozialversicherungsträgern zu schaffen. Die Akteurslandschaft im BGM ist nicht zufällig, sondern durch Regelungen wie das ASiG vorgegeben. **Klassische Strukturen** bestimmen also die Ausgangssituation v. a. im AGS. Allerdings verändern sich die Organisationen (Agilität und Dezentralität) und das Umfeld wird dynamischer (VUCA-Umfeld), sodass die bisherige Abbildung hinsichtlich ihrer Funktionalität auf den Prüfstand gehört. Als **Herausforderungen** kristallisieren sich institutionelle Hürden, Ressortdenken, Silopolitik, Konkurrenz zwischen den Akteuren sowie Wissens- und Verteilungskonflikte heraus. Diese **institutionellen Probleme** führen zu unabgestimmten Vorgehensweisen und innerbetrieblichen Konfliktlinien und damit zu Qualitäts-, Effizienz- und Effektivitätsverlusten im BGM. Der Wirkungsgrad von BGM muss daher durch eine moderne und flexible Organisation erhöht werden. Der Spagat ergibt sich aus dem berechtigten Anspruch auf Besitzstände der Akteure einerseits und der Aktualität und Passung der Inhalte bzw. Funktionen andererseits.

■ **Funktionale Perspektive**

Die **funktionale oder instrumentelle Perspektive** umfasst alle Handlungen, die zur Steuerung des Gesamtprozesses Gesundheit notwendig sind, unabhängig von Positionen oder Instanzen. *Wie kann Gesundheit im Unternehmen verbessert werden?* Letztlich geht es um die Mittel zur Lösung von Koordinations-, Ressourcen- und Motivationsproblemen. Sie lassen sich in Management- und Sachfunktionen unterscheiden. *„Management ist ein Komplex von Steuerungsaufgaben, die bei der Leistungserstellung und -sicherung in arbeitsteiligen Organisationen erbracht werden müssen."* (Schreyögg & Koch, 2020, S. 6) Gesunde Organisation als Handlungsfeld ist ausgeprägt arbeitsteilig organisiert. Im Kanon der **Managementfunktionen** werden die Phasen Planung (Primärfunktion auf der Basis eines analytischen Ansatzes, Festlegung der Soll-Ordnung), Organisation (Regel-, Steuerungs- und Koordinationssysteme), Personaleinsatz (Wissenskapital bzw. Humanressourcen), Führung (Managementfunktion und Menschenführung, Feinabstimmung vor Ort) und Kontrolle (Gesundheitscontrolling als Zwillingsfunktion zur Planung) subsumiert und in einem zyklischen Managementprozess (Managementzyklus) verknüpft, der sich an das PDCA-Prinzip des Qualitätsmanagements anlehnt (► Abschn. 7.1) (◻ Abb. 3.2) (Schreyögg & Koch, 2020, S. 9 ff.). Entsprechende Analogien weist der **Public Health Action Cycle** als Gesundheitszyklus auf (Habermann-Horstmeier, 2019, S. 45) (► Abschn. 3.3.1). Es gilt, den Komplex der Gesundheitsaufgaben in Bezug auf die situativen Rahmenbedingungen zu steuern, die dem Erhalt und der Förderung der Gesundheit der Beschäftigten dienen. Die institutionelle Zuordnung der Aufgaben ist nachrangig zu lösen. Im Vordergrund steht die **Sachlogik**. Instrumentelle Zielgrößen sind Konsistenz und Linearität, um plandeterministisches Gesundheitshandeln zu erreichen. Das **zyklische Vorgehen** ermöglicht ein kontinuierliches Lernen und Überarbeiten, wird aber den agilen Anforderungen und Herausforderungen nicht gerecht. Zwar entspricht eine lineare Abfolge idealtypisch dem Managementdenken, in der Praxis bestehen jedoch vielfältige sachliche und zeitliche Abhängigkeiten. Gerade auch vor dem Hintergrund der Novellierungsdynamik der Regelwerke (► Abschn. 1.4) und der vorherrschenden Trends (► Abschn. 1.5) ist hier eine erweiterte systemorientierte bzw. systemische Perspektive erforderlich.

❶ Das **Hauptproblem beim Management der Gesundheit** besteht darin, dass funktionale Notwendigkeiten, die sachlogisch begründet sind, auf überkommene rechtliche oder faktische Strukturen in der Organisation treffen, was zu Inkonsistenzen und Kooperationsproblemen (Koordinations- und Motivationsprobleme) führt und damit die Organisationsenergie bzw. das Potenzial zur Gesunderhaltung verringert. Der **funktionale Ansatz** ist daher als **dominante Leitlinie** im BGM vor den institutionellen Ansatz zu stellen, auch wenn damit unter Positionierungsgesichtspunkten Besitzstände zur Disposition gestellt werden müssen.

■ **Systemische Perspektive**

Die institutionelle und funktionale Perspektive vereinfachen die Realität des Gesundheitshandelns in Organisationen und suggerieren eine *Programmierbarkeit der gesunden Organisation* nach klassischen Managementregeln – diese Logik stößt angesichts einer zunehmend komplexen und dynamischen Arbeitswelt, die von einem VUCA-Umfeld umgeben ist, an Grenzen (► Abschn. 1.3.2). Die Breite der Gesundheitsprogrammatik und die Vielzahl verhaltens- und verhältnispräventiver Ansatzpunkte lassen sich durch lineare funktionale Organisationsmodelle nicht adäquat abbilden. Allein die Handlungsfelder Gesundheitskultur und Gesundheitspolitik machen deutlich, dass nur ein **systemischer Ansatz** im BGM aus Managementsicht erfolgreich sein kann (► Abschn. 4.1.1 und 4.1.2). Die systemische Sicht verbindet die Akteure im Multi-Agenten-System und schafft eine gemeinsame Sicht auf die gesunde Organisation, unabhängig von den Interessen und der Legitimität des Handelns der einzelnen Akteure. Der Fokus liegt auf den Akteuren im Sozialraum. Die Organisation mit ihrer Strategie, Struktur und Kultur wird in Anlehnung an das Sozialkapital als **Beziehungssystem** von Mitarbeitenden und Führungskräften verstanden – Gemeinsinn und Solidarität sind Grundfesten der gesunden Organisation (vgl. Badura et al., 2013) (▶ Abschn. 2.2.4). Ein systemischer BGM-Ansatz ist an unterschiedlichen Perspektiven interessiert. Er erfasst, beteiligt, integriert und schafft ein gemeinsames Wertebild von Gesundheit am Arbeitsplatz (▶ Abschn. 4.1.1).

Beteiligung ist Voraussetzung – in der Praxis ist jedoch häufig eine geringe Beteiligung der Beschäftigten am BGM zu konstatieren. Mitarbeitende werden nicht als aktiv Mitgestaltende anerkannt (selbstverantwortliche Experten der eigenen Gesundheit), meist dominiert ein Expertenmodell der Fachkräfte (fremdbestimmter AGS). **Partizipatives Gesundheitsmanagement** erfordert nicht nur partizipative Strukturen wie Gesundheitszirkel und Erfassungssysteme wie Gesundheitsbefragungen, die alle Perspektiven einbeziehen, sondern auch die Entwicklung von Partizipationskompetenz sowie die Sensibilisierung und Förderung durch Führungskräfte (vgl. Kratzer et al., 2011).

Zusammenfassend lässt sich systemisches Denken durch die Attribute Partizipation, Integration und Ganzheitlichkeit charakterisieren. Diese ermöglichen Verstehen, Vernetzen, Lernen und Beteiligen als Zielgrößen und Erfolgsfaktoren im BGM (Treier & Uhle, 2019, S. 46 ff.) (▶ Abschn. 7.2).

- **Partizipation:** Die gesamte Belegschaft wird in die Prozesse des BGM einbezogen. Ermöglicht wird dies durch offene Strukturen. Das Subsidiaritätsprinzip und die Freiwilligkeit sind entscheidend.
- **Integration:** Die Ziele der gesunden Organisation werden in allen Bereichen und bei allen Entscheidungen berücksichtigt. Es gibt keine blinden Flecken in der Organisation.
- **Ganzheitlichkeit:** Verhaltens- und verhältnispräventive Maßnahmen werden adressiert und aufeinander bezogen. Verhaltens- und Verhältnisprävention sind keine Gegensätze.

■ **Exzellente BGM-Modelle**

Exzellente BGM-Modelle basieren daher auf komplexeren Organisationskonfigurationen, die partizipative Ansätze integrieren und einen kontinuierlichen Lernprozess der gesunden Organisation ermöglichen. Die zugrunde liegenden Hebel beziehen sich auf allgemeine **Merkmale exzellenter Organisationen** (vgl. Vahs, 2019, S. 7 f.) (▶ Abschn. 7.2). Qualitätsmodelle im BGM, an denen sich auch die bekannten Gesundheitsawards orientieren, greifen diese Merkmale auf (▶ Abschn. 7.1). Das Qualitätsmanagement bestimmt mit den **Qualitätsmaximen** der ISO 9001 die aus Systemsicht relevanten **Attribute**: Kunden- bzw. Mitarbeiterorientierung, Führung, Partizipation, Prozessorientierung, kontinuierlicher Lernprozess, Dokumentation als sachlicher Ansatz der Informationspflicht und Kennzahlenorientierung sowie Nutzenorientierung (Nachhaltigkeit und Konsolidierung, Integration in Wertschöpfungskette) (vgl. Brug-

ger-Gebhardt, 2016, S. 4 f.). Für das BGM ergeben sich aus den Merkmalen exzellenter Organisationen folgende **Ansatzpunkte**, wobei die Integrationsfunktion die größte Herausforderung darstellt.

1. **Primat des Handelns:** lösungsorientiertes, innovatives, analytisch-systematisches Vorgehen
2. **Kundennähe:** Bodenhaftung, Mitarbeiterkontakt, Bedarfsorientierung
3. **Autonomie:** Kreativität, Selbstorganisation, Handlungsspielraum, Beteiligung
4. **Humankapital:** Erweiterung der Wissensquellen, Einbindung der Mitarbeitenden als Experten ihrer Gesundheit
5. **Wertesystem:** gelebte und sichtbare Gesundheitskultur, Wertekompatibilität, Fairness
6. **Fokussierung:** Nutzung und Ausbau eigener Stärken, Selbstorganisation, Förderung organisationaler Gesundheitsressourcen
7. **Flexibilität:** lernende und flexible Organisationsformen, Transparenz, Integration, Kollaboration
8. **Führung:** Fordern und Fördern (Empowerment), so wenig Kontrolle wie möglich, Feinjustierung und Ressourcenmanagement vor Ort
9. **Integration:** vernetzte Organisationsformen, Gesundheitsplattform, Überwindung struktureller Barrieren zugunsten von Gesundheitsprozessen, Schaffung von Synergien durch Koordination

❯ **Exzellenzinitiativen im BGM** schaffen nicht nur Impulse und Vergleichbarkeit (Benchmarking), sondern treiben BGM als relevanten Wettbewerbsfaktor voran. Festgelegte Exzellenzkriterien im Sinne des Qualitätsmanagements ermöglichen ein zielorientiertes Vorgehen und eine Zertifizierung. Ein exzellentes BGM schweigt nicht über seine Qualität, sondern kommuniziert seine Exzellenz nach innen und außen und positioniert das Unternehmen damit als sozial-empathische Organisation.

Koordination und Integration

Die **Koordination als Managementfunktion** kristallisiert sich aus systemischer Sicht als größte Herausforderung heraus, da es im BGM einerseits um die Koordination von überbetrieblichen Netzwerken und andererseits um die Koordination von betrieblichen Zielen im Hinblick auf humanitäre und ökonomische Erwartungen geht. Die Akteure bewegen sich zwischen Struktur und Interaktion, zwischen formellem und informellem Austausch und zwischen Pflicht und Freiwilligkeit. Managementansätze im BGM wie die DIN SPEC 91020 (vgl. Kaminski, 2013) oder die DIN ISO 45001 (vgl. Brauweiler et al., 2019) verdeutlichen, dass die **Integrationsfunktion des BGM** die wichtigste Managementaufgabe in einem Organisationsmodell ist.

3

3.2 Säulen – Akteure des Betrieblichen Gesundheitsmanagements

Die Notwendigkeit einer systemischen Sichtweise im BGM begründet sich u. a. durch die tragenden Säulen in struktureller Hinsicht. Strukturen schaffen eine innere Ordnung des betrieblichen Gesundheitssystems, können aber auch Barrieren darstellen und Veränderung und Entwicklung behindern.

❗ Besonders problematisch für eine gesunde Organisation ist es, wenn das organisationale Gesundheitslernen durch die **Beibehaltung eingefahrener Wege** („Trampelpfade") behindert wird. Diese Pfade sind häufig durch historisch gewachsene Zuständigkeiten und Aufgabenbereiche der Akteure in den Säulen des BGM bestimmt.

■ **Dachstrategie**

Die Organisation des BGM als **Dachstrategie** wird angesichts der Vielfalt der Handlungsfelder und der entsprechend beteiligten Akteure als einheitliche, gemeinsam gesteuerte Gesundheitspolitik übersetzt (▶ Abschn. 4.1.1). Die Dachstrategie erweist sich als Grundlage für ein exzellentes BGM (▶ Kap. 7), denn nur so können komplexe Phänomene wie arbeitsbedingte psychische Belastungen interdisziplinär angegangen, die Kräfte für eine gesunde Organisation gebündelt und dem Anspruch der Partizipation gerecht werden. Entscheidend ist, dass die **strategische Integration der Säulen** durch das BGM erfolgt. BGM selbst darf nicht als eine Säule neben den anderen stehen, sondern muss immer als Dach dargestellt werden, um ein Gesamtkonzept für einen **erweiterten AGS** und flankierende Handlungsfelder betriebspolitisch, strukturell und funktional zu ermöglichen.

■ **Vom Drei- zum Mehr-Säulen-Modell**

Im Diskurs zur strukturellen Abbildung des BGM findet sich häufig ein abstrahierendes **Drei-Säulen-Modell** als Haus des BGM (Pfannstiel & Mehlich, 2018, S. VI; Struhs-Wehr, 2017, S. 176 ff.; Wienemann, 2012, S. 181 ff.) Je nach Variante besteht das Modell aus den *Säulen AGS, BEM und BGF,* umrahmt von der Personal- und Organisationspolitik. AGS und BEM sind im Rahmen der Prävention gesetzlich vorgeschrieben – beim Arbeitsschutz gilt die Verpflichtung für Arbeitnehmer*innen und Arbeitgeber*innen, beim BEM im Rahmen der Tertiärprävention für den Arbeitgeber. BGF ist für Arbeitnehmer*innen und Arbeitgeber*innen freiwillig und auf Gesundheitsressourcen ausgerichtet. BGM verbindet als Dach die Säulen und ermöglicht eine abgestimmte Gesundheitsstrategie. In der Praxis

lassen sich Gesundheitsthemen jedoch nicht mehr eindeutig diesen drei Säulen zuordnen – dies zeigt sich spätestens, wenn eine Gefährdungsbeurteilung psychischer Belastung ansteht (vgl. Treier, 2019a) (▶ Abschn. 4.2.3.1). Viele **Querschnittsthemen** erfordern eine enge Zusammenarbeit und ein koordiniertes betriebliches Versorgungsmanagement, wenn man bspw. an die Herausforderung der Zunahme psychischer Belastungen, die Digitalisierung der Arbeitswelt oder die Anforderungen des demografischen Wandels denkt (▶ Abschn. 1.3). Das Drei-Säulen-Modell vernachlässigt darüber hinaus die zugrunde liegenden Prozesse einer konzertierten Aktion „Gesunde Organisation" (▶ Abschn. 3.3). Da die **gesundheitsrelevanten Aufgaben** in kultureller, organisatorischer, arbeits- und personenbezogener Hinsicht zunehmen (vgl. Bamberg et al., 2011), ist das Säulenmodell entsprechend um weitere Akteure in Abhängigkeit von den Rahmenbedingungen der Organisation zu erweitern. Dazu gehört bspw. die Säule der betrieblichen bzw. organisationalen Sozialarbeit mit ihren freiwilligen Beratungs- und Unterstützungsleistungen als Ausdruck der sozialen Verantwortung der Organisation von der Sozialberatung über die Krisenintervention bis hin zur Suchtprävention (vgl. Klein, 2021). ❏ Tab. 3.1 zeigt die klassischen **Akteure im Säulenmodell**. BGM versteht sich als Zusammenspiel dieser operativen Säulen, unabhängig davon, welche Säulen unter dem Dach vereint sind. Entscheidend ist, dass es **keine dominante Säule** gibt, auch wenn diese Rolle in der Praxis häufig dem AGS zugeschrieben wird, da dieser rechtlich und organisatorisch mit seinen etablierten Strukturen fest in der Primärorganisation verankert ist und über eine entsprechende Durchsetzungskraft verfügt. Ein verändertes Rollenverständnis im BGM und die Bereitschaft aller beteiligten Akteure zur interdisziplinären Zusammenarbeit sind grundlegend für das Dachkonzept – das Basismodell des BGM setzt daher auf ein rollierendes Säulenkonzept im Sinne eines „Primus inter Pares" ohne Bevorzugung einer Säule (▶ Abschn. 3.3.2). Dies entspricht auch der Forderung nach Partizipation aller beteiligten Gruppen (Habermann-Horstmeier, 2019, S. 54).

Das **Konzept des integrierten Gesundheitsmanagements** baut auf dem Säulenmodell auf, um Gesundheit als strategisches und kulturelles Leitthema zu etablieren. Entscheidend ist dabei die Zusammenarbeit aller Funktionsbereiche, die institutionalisiert Einfluss auf die gesunde Organisation nehmen. Damit die Säulen an einem Strang ziehen, sind Gesundheitskommunikation, Gesundheitscontrolling und Portfoliomanagement als Querschnittsaufgaben zu implementieren, um die vielfältigen Angebote und Unterstützungsleistungen koordiniert abzubilden (vgl. DGFP, 2014).

◘ Tab. 3.1   Akteure im Säulenmodell

Akteure	Aufgabenstellung in Stichworten
AGS *Arbeits- und Gesund-heitsschutz*	Das Arbeitsschutzmanagement hat zusammen mit der Arbeitssicherheit die primäre Aufgabe, die Beschäftigten vor arbeitsbedingten Gefährdungen und Belastungen zu schützen. Das AGS ist breit angelegt und reicht von der Unfallverhütung über die Vorbeugung arbeitsbedingter Gesundheitsgefahren bis hin zur menschengerechten Gestaltung der Arbeit. Von besonderem Interesse sind die langfristigen Auswirkungen der Arbeit auf die Gesundheit. Geregelt wird das AGS durch die Arbeitsschutzgesetze wie z. B. ArbSchG §§ 4–6,7. Das AGS ist fest in den betrieblichen Abläufen und Strukturen verankert (z. B. Arbeitsschutzausschuss), für Arbeitgeber*innen und Arbeitnehmer*innen verpflichtend und als Führungsthema zu verorten. Gefährdungsbeurteilungen und Unterweisungen gehören zu den Aufgaben des AGS. Die Komplexität der Themen im AGS erfordert eine Rollenveränderung z. B. der Fachkraft für Arbeitssicherheit (Sifa) hin zum Sicherheits- und Gesundheitsmanager und ggf. Koordinator von BGM-Projekten in Anlehnung an die DGUV Vorschrift 2.
BEM *Betriebliches Eingliederungs-management*	Langzeiterkrankungen prägen das Fehlzeitenmanagement im demografischen Wandel. Für Arbeitgeber besteht eine BEM-Pflicht, d. h. allen Beschäftigten, die innerhalb eines Jahres länger als sechs Wochen ununterbrochen oder wiederholt arbeitsunfähig sind, muss ein BEM-Angebot gemacht werden. Die Beschäftigten können das Angebot freiwillig wahrnehmen. Ziele sind die Überwindung der Arbeitsunfähigkeit eines Beschäftigten nach längerer Krankheit und die erfolgreiche Rückkehr an den Arbeitsplatz, die Verhinderung von Arbeitsausfällen und ein erweitertes Retentionsmanagement (Mitarbeiterbindung). Beim BEM sind weitere Akteure wie der Betriebsrat und die Schwerbehindertenvertretung einzubeziehen. „Return to Work" (RTW) als ganzheitlicher Ansatz berücksichtigt alle Strukturen, Maßnahmen und Aktivitäten, die eine Rückkehr an den Arbeitsplatz nach längerer Krankheit ermöglichen. Dabei werden psychische und physische Aspekte (individuelles Fallmanagement) ebenso berücksichtigt wie soziale und betriebliche Rahmenbedingungen (Team- und Organisationsentwicklung). Geregelt ist das BEM im SGB IX § 167. Um eine hohe Qualität des BEM zu erreichen, muss der BEM-Prozess systematisiert werden, d. h. Erfassung und Kontaktaufnahme, persönliche Gespräche, vertiefende Analyse der Ressourcen, Verständigung über Rückkehrbedingungen, begleitende Maßnahmen, Feedback-, Coaching- und Abschlussgespräche, Evaluation und Konsolidierung.
BGF *Betriebliche Gesund-heitsförderung*	Unter BGF werden alle freiwilligen Angebote des Arbeitgebers an seine Beschäftigten zusammengefasst, die zur Verbesserung der Gesundheit am Arbeitsplatz beitragen. Ziel ist die Stärkung der Gesundheitsressourcen unter Berücksichtigung der persönlichen Gesundheitsförderung (PGF). Meist handelt es sich um Präventionsmaßnahmen auf der Verhaltensebene in den Bereichen Bewegung, Ernährung oder Stressbewältigung. Aber auch die Verhältnisebene kann ein Ansatzpunkt in der BGF sein. Eine verhältnisbezogene Verhaltensprävention erhöht z. B. die Wirksamkeit von höhenverstellbaren Tischen. Entscheidend ist die Beteiligung der Beschäftigten, um die Maßnahmen an den Erwartungen der Beschäftigten auszurichten und die Akzeptanz zu erhöhen. Die BGF wird v. a. durch das SGB V und das PrävG geregelt.
AM *Arbeitsmedizinische Betreuung*	Das Erkennen und Behandeln arbeitsbedingter Erkrankungen, die Beratung von Arbeitgebern und Arbeitnehmern in Fragen der Gesundheitsförderung, Prävention und Rehabilitation bis hin zu versicherungsmedizinischen Fragen kennzeichnen das Aufgabenspektrum der Arbeitsmedizin. Die Arbeitsmedizin ist ein sensibler Bereich. Die arbeitsmedizinische Vorsorge und Grundbetreuung auf individueller Ebene erfolgt in einem geschützten Raum, z. B. bei Unfällen oder bei Verdacht auf eine Berufskrankheit nach der DGUV Vorschrift 2. Das Angebot ist weitgehend verpflichtend. Die Pflichtvorsorge besteht bei besonders gefährdenden Tätigkeiten und ist für Arbeitgeber*innen und Arbeitnehmer*innen verpflichtend. Angebotsvorsorge besteht bei bestimmten gefährdenden Tätigkeiten, sie ist nur für den Arbeitgeber verpflichtend. Die Initiative kann aber auch von den Beschäftigten ausgehen und zu einer Ausweitung der Vorsorgeleistungen führen (Wunschvorsorge für alle Tätigkeiten). In bestimmten Situationen, z. B. beim Umgang mit krebserzeugenden Stoffen, kann auch eine nachgehende Vorsorge bei verzögert auftretenden Gesundheitsschäden erforderlich sein. Eignungsuntersuchungen sind nicht Bestandteil der arbeitsmedizinischen Vorsorge, können aber aufgrund der Fürsorgepflicht des Arbeitgebers und spezieller Rechtsvorschriften wie der Fahrerlaubnisverordnung erforderlich sein. Die moderne Arbeitsmedizin versteht sich als kooperativer und begleitender Gesundheitspartner, der nicht nur nach Vorschrift handelt, sondern zunehmend Prinzipien der evidenzbasierten Medizin unter Berücksichtigung der Präferenzen der Beschäftigten auf arbeitsbezogene Themen anwendet, um z. B. die Wirksamkeit von Präventionsangeboten zu überprüfen. Reglementiert wird die Arbeitsmedizin v. a. durch die ArbMedVV, das ASiG und die DGUV Vorschrift 2.

(Fortsetzung)

3

◨ **Tab. 3.1**   (Fortsetzung)

Akteure	Aufgabenstellung in Stichworten
BSA *Betriebliche Sozialarbeit*	Unter Sozialarbeit/-beratung werden verschiedene freiwillige soziale Leistungen des Arbeitgebers zusammengefasst. Diese reichen von Konflikt- und Schuldnerberatung, Krisenintervention über Rentenberatung und BEM bis hin zu Schwerbehindertenbetreuung und Suchtprävention. Häufig befasst sich die BSA auch mit Fragen der Work-Life-Balance, wie z. B. der Kinderbetreuung. Ein ressourcenorientierter Ansatz ist kennzeichnend für das Case Management (Fallbetrachtung bei komplexen Fragestellungen) und Care Management (Versorgungsmanagement durch Kooperation). Ziel ist das soziale Wohlbefinden, aber auch Gesundheit und Leistungsfähigkeit in einer komplexen Lebenswelt zu steigern. BSA tritt in der Praxis unter verschiedenen Namen auf und weist heterogene Kompetenzen auf, wie z. B. Beratungsdienst für Mitarbeiter*innen, Anlaufstelle für soziale Angelegenheiten, Sozialbetreuung, psychosozialer Dienst für Beschäftigte oder betriebliche Suchtberatung. Unternehmen, die sich zu einer familienbewussten Personalpolitik (Audit berufundfamilie, ▶ https://www.berufundfamilie.de/) bekennen, erweitern häufig ihr Angebot im Bereich der BSA. Organisatorisch ist BSA heterogen abgebildet (z. B. im Personalbereich), meist werden die Angebote intern realisiert, flankiert durch externe Angebote. BSA kann sich zu einem wichtigen Baustein der betrieblichen Gesundheitsvorsorge entwickeln – dies wird im Kontext psychischer Erkrankungen bspw. in der Suchtprävention deutlich. Grundsätzlich gilt das Prinzip der Freiwilligkeit der Inanspruchnahme. Die BSA beansprucht keine Disziplinar- oder Kontrollfunktion wie das AGS. Abgesehen von allgemeinen Rechtsgrundlagen wie der Schweigepflicht nach § 203 StGB gibt es keine expliziten Rechtsgrundlagen.
PE *Personalentwicklung*	Viele Handlungsansätze im BGM setzen auf Gesundheitskompetenz bzw. kompetenzfördernde Maßnahmen als übergeordnetes Ziel im BGM. Die Maßnahmen sind freiwillig. Eine gesundheitsförderliche PE beschäftigt sich z. B. mit Themen wie Resilienz, gesunde Führung oder Selbstmanagement. PE ist traditionell fest in der Organisation verankert. Die Ressourcenorientierung steht im Vordergrund einer investitionsorientierten Personalpolitik, die sich am Humankapital orientiert. In der Praxis ist eine Annäherung von BGF und PE zu beobachten, da BGF mit dem Fokus auf Gesundheitskompetenz entsprechende pädagogische Kompetenzen erfordert. Bildungskataloge werden um Gesundheitsthemen erweitert.
BR/PR *Mitbestimmung*	Bei der Umsetzung der Regelungen im AGS besteht ein großer Gestaltungsspielraum. Bei der Ausfüllung konkreter betrieblicher Regelungen ist das Mitbestimmungsrecht im Arbeitsschutz zu beachten. Der Betriebs- oder Personalrat ist Teil der betrieblichen Arbeitsschutzorganisation. Er überwacht nicht nur zugunsten der Beschäftigten die geltenden Gesetze, Verordnungen und Vorschriften, sondern arbeitet auch mit den Berufsgenossenschaften und der Gewerbeaufsicht zusammen, z. B. bei Betriebsbesichtigungen. Der BR nimmt im AGS aber nicht nur Schutz- und Kontrollfunktionen wahr, sondern hat auch ein Initiativrecht zur Förderung von Arbeitsschutzmaßnahmen. Die Tätigkeit des BR wird u. a. durch das BetrVG (hier z. B. §§ 80, 87, 89) und das ASiG (§ 9 Abs. 3) geregelt. So ist die Bestellung von Betriebsärzten und Fachkräften für Arbeitssicherheit nur mit Zustimmung des BR zulässig. Weitere Mitbestimmungsmöglichkeiten eröffnet die DGUV Vorschrift 2. Auch bei einer BGM-Betriebsvereinbarung als Rahmenvereinbarung ist der BR maßgeblich beteiligt.

Je nach Betrachtungsweise und struktureller Abbildung können weitere Akteure aus dem Qualitätsmanagement oder der Organisationsentwicklung, ggf. auch Sonderfunktionen wie Schwerbehindertenvertretung und Gleichstellungsbeauftragte in den Säulen berücksichtigt werden. In kleineren Organisationen sind Mehrfachfunktionen häufig ein Kompromiss angesichts knapper personeller Ressourcen im Gesundheitswesen.

❯ BGM ist *keine Säule*, sondern das koordinierende Dach, das auf den Säulen ruht.

■ **Kernfunktionen der Vorsorge, Förderung und Erhaltung**

Die Begründung einer Kooperation ergibt sich aus dem wachsenden **Themenportfolio** im Zusammenhang mit guter Arbeit und gesunder Organisation (▶ Kap. 4). Die Gesundheitsakteure beschäftigen sich nicht nur mit der Gesundheit der Beschäftigten oder den Arbeitsbedingungen, sondern berücksichtigen weitere Themen wie gesunde Führung, Demografie, Work-Life-Balance (Diversity und Chancengleichheit) sowie Kompetenz- und Wissensmanagement entsprechend der INQA-Themenfelder (vgl. Richter & Sieker in Faller, 2017, S. 457 ff.). Inhaltlich lassen sich die Themen nach den **Kernfunktionen** Vorsorge, Förderung und Erhaltung gliedern. ◨ Abb. 3.1 zeigt die Säulen und Themenschwerpunkte im Überblick. Es wird deutlich, dass die Breite der Themenfelder eine Abgrenzung der Säulen in Frage stellt. Das Basismodell des BGM löst sich daher von einem strukturell abgrenzenden Säulenbild und setzt auf inhaltlich definierte Task Forces in der Präventionsarbeit (▶ Abschn. 3.3.2) (s. auch Exkurs ▶ „Inhaltsvorlage"). Dies hat den Vorteil, dass der Übergang von etablierten Strukturen zu inhaltlich be-

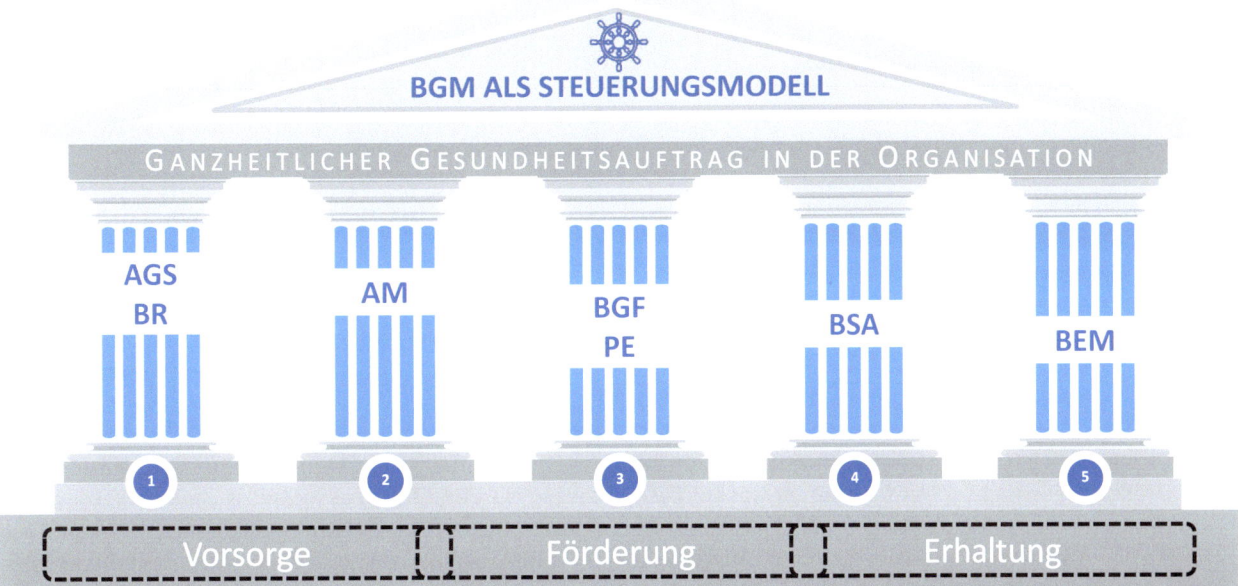

AGS
BR

AM

BGF
PE

BSA

BEM

Vorsorge · Förderung · Erhaltung

AGS = Arbeits- und Gesundheitsschutz // BR = Betriebsrat // AM = Arbeitsmedizin und Betriebsarzt // BGF = Betriebliche Gesundheitsförderung // PE = Personalentwicklung // BSA = Betriebliche Sozialarbeit // BEM = Betriebliches Eingliederungsmanagement

■ **Abb. 3.1** Das Säulen-Modell im BGM

gründeten Task Forces sukzessive erfolgen kann und keine Umstrukturierung der bekannten Strukturen erfordert. Dies reduziert mikropolitische Konflikte.
1. **Vorsorge:** verhältnispräventive Maßnahmen, oftmals im AGS verankert

2. **Förderung:** verhaltenspräventive Maßnahmen, oftmals im BGF verankert
3. **Erhaltung:** wiedereingliedernde Maßnahmen, oftmals im BEM verankert

---

Inhaltsvorlage

Die **Initiative Neue Qualität der Arbeit** (INQA) will mit den vernetzten Themenfeldern Führung, Diversity, Gesundheit und Kompetenz *„Arbeit besser machen"* (► www.inqa.de). Die Qualität der Arbeit wird als Schlüssel zu mehr Wettbewerbs- und Innovationsfähigkeit der Organisation erkannt und ist grundlegend für ein zukunftsfähiges Unternehmen. Das INQA-Audit (2014a) verdeutlicht die breite thematische Aufstellung, die als Kulturwandel verstanden wird (► www.inqa-audit.de). Diese inhaltliche Breite zeigt sich auch im Haus der Arbeitsfähigkeit mit den Stockwerken Gesundheit, Kompetenz, Werte und Arbeit, umgeben von einem relevanten Umfeld (vgl. Tempel & Ilmarinen, 2013) (► Abschn. 2.3.2). Die Herausforderung aus organisatorischer Sicht besteht darin, diesen gesundheitsrelevanten Themen eine Struktur zu geben, ohne das **Kongruenzprinzip** zu verletzen, das besagt, dass Aufgaben, Kompetenzen und Verantwortung in der Organisation möglichst deckungsgleich übertragen werden sollen.

3

3.3   Prozess- und Strukturbausteine des Betrieblichen Gesundheitsmanagements

» „BGM braucht mithin Strukturen, in denen Maßnahmen gezielt und systematisch ablaufen können. Die Organisation ist der tragende Unterbau des BGM. Diese Struktur muss durch die Prozesse der Kommunikation, Entscheidung und Abstimmung gelebt werden." (Treier & Uhle, 2019, S. 25)

Wird der theoretische Anspruch für die Organisation des BGM inhaltlich durch das Haus der Arbeitsfähigkeit mit seinen Stockwerken bestimmt (▶ Abschn. 2.3.2), so stößt das Säulenmodell aus institutioneller Sicht an seine Grenzen. Als weitere Determinanten für die Positionierung und Modellierung des BGM sind v. a. die **Prozesse** zu fokussieren. Zunächst werden wichtige Bausteine vorgestellt, die durch einen Gesundheitszyklus miteinander verbunden sind, um anschließend ein Basismodell des BGM als Blaupause für eine **Prozessorganisation** zu konstruieren.

3.3.1   Positionsbestimmung aus Struktur- und Prozesssicht

Im Organisationsmanagement lassen sich Strategien, Strukturen, Prozesse und Ressourcen als **Bausteine** identifizieren, die sich für eine Positionierung bzw. Modellierung des BGM eignen (vgl. Vahs, 2019). *Was sind die Ziele des BGM (Strategien), wie muss das BGM aufgebaut sein (Strukturen), wie können Gesundheitsaktivitäten miteinander verknüpft werden (Prozesse) und welche Mittel stehen dem BGM zur Verfügung (Ressourcen)?* Ergänzend ist die Kulturebene als Rahmen heranzuziehen, die den Auftrag der gesunden Organisation als Organisationsentwicklung versteht (▶ Abschn. 4.1.2). Die Zielebene aus strategischer Sicht wird im ▶ Abschn. 3.1 im Zusammenhang mit BGM diskutiert und an dieser Stelle nicht weiter erörtert. Eine integrative Betrachtung dieser Bausteine als Optimierungsansatz in einem umfassenden Rahmenmodell stellt einen theoretischen Anspruch dar, der zwangsläufig zu einer überbordenden Modellkomplexität führt. Für eine sinnvolle Modellierung des BGM werden neben den Ressourcen v. a. die Prozess- und Strukturbausteine als **Determinanten** betrachtet (vgl. Treier, 2019b, S. 452 ff.). Managementsysteme wie die DIN ISO 45001 oder die nicht mehr gültige DIN SPEC 91020 zeigen auf, wie diese Bausteine zu verknüpfen sind bzw. welche Anforderungen an ein integratives Modell zu stellen sind (vgl. Kaminski, 2013; Weigl, 2019)

(▶ Abschn. 1.4.4). Die DIN SPEC 91020 definiert somit prozessbezogene Mindeststandards bzw. Anforderungen an ein BGM und bietet damit einen Qualitätsrahmen für die Gestaltung eines BGM-Prozessmodells. Um Streuverluste der Gesundheitsaktivitäten durch interne Konflikte, Rollenunklarheiten oder Konkurrenzen in der Organisationsrealität zu minimieren, ist es sinnvoll, die Aufgabe der gesunden Organisation auf Basis einer unternehmenspolitischen Vereinbarung zum Stakeholdermanagement in der **Primärorganisation** zu verankern. Dabei kann auf die DIN ISO 45001 zurückgegriffen werden, die v. a. auf dem etablierten Arbeitsschutz aufbaut und erweiterte Gesundheitsziele berücksichtigt.

A. **Strukturen** werden v. a. durch die Säulen und ihre betriebliche Verankerung beschrieben (▶ Abschn. 3.2). Hier geht es um das Zusammenspiel als konzertierte Aktion im Stakeholdermanagement. Als Maxime gilt, dass Strukturen kein Eigenleben führen dürfen und dadurch Barrieren für die Weiterentwicklung einer gesunden Organisation aufbauen. Vielmehr sind sie durch eine Gesamtstrategie zu legitimieren und auf den Prüfstand zu stellen („Structure follows Strategy"). Die Struktur schafft einerseits Stabilität für das Gesundheitshandeln und gewährleistet damit Verlässlichkeit und Planbarkeit, andererseits muss die Struktur auch Flexibilität und Durchlässigkeit in einer agilen Arbeitswelt ermöglichen. Eine digitale Gesundheitsplattform kann helfen, die Balance zwischen Stabilität und Elastizität zu gewährleisten (▶ Abschn. 5.3). Unabhängig davon ist eine Verankerung in der Primärorganisation anzustreben, damit BGM nicht als Nebentätigkeit oder temporäre Projektarbeit abgetan wird. Die Strukturen müssen Anknüpfungspunkte zu externen Netzwerken ermöglichen. *Schlüsselfaktoren für die Strukturen sind Nachhaltigkeit, Verankerung und ausreichende personelle Kapazitäten.*

B. **Prozesse** dienen der systematischen Umsetzung, kontinuierlichen Verbesserung, Fortführung und Konsolidierung des BGM. Sie schaffen Beteiligungsmöglichkeiten und verknüpfen das Handeln der Akteure mit der Gesamtstrategie. Sie überwinden strukturelle, oft vertikale Barrieren und orientieren sich primär an der funktionalen Sachlogik. Der Managementzyklus als Gesundheitskreislauf verbindet die Kernprozesse Bedarfsanalyse, Planung, Durchführung bzw. Intervention und Evaluation und stellt das Schlüsselkonzept einer Prozessorganisation im BGM dar. Qualitätsmanagement kann hier zur kritischen Schnittstellenreflexion und zum Aufbau einer Prozessorganisation im BGM beitragen. Prozesse ohne Strukturen sind jedoch ebenso unrealistisch wie Strukturen ohne Prozesse – daher muss das BGM-Modell beide Perspektiven integrieren. Die Herausforderung besteht darin, eine *Prozess-Struktur-Matrix* für das BGM zu erstellen, in der die Rollen (Verantwortung, Legitimation, Beratung, Information) in Bezug auf die Kernfunktionen den jeweiligen Strukturen zugeordnet werden. Dadurch wird deutlich, welche Organisationseinheiten für welche Prozessschritte verantwortlich sind. *Die Schlüsselfaktoren für die Prozesse sind Strategie, Koordination und Legitimation.*

C. **Ressourcen**: Wenn eine Struktur-Prozess-Matrix vorliegt, können die knappen Gesundheitsressourcen entsprechend der Gesundheitsstrategie angemessen verteilt werden, ohne dass die Gefahr besteht, dass Nutzenmaximierung und Opportunismus einzelner Akteure die Verteilung einseitig bestimmen. Ausreichende Budgetierung, adäquate Allokation, Sicherung von Nachhaltigkeit und Planbarkeit, Vielfalt des Angebotsportfolios in Bezug auf Verhaltens- und Verhältnisprävention, adressatengerechte Abbildung, Zugänglichkeit, Qualität der Interventionen, Abstimmung der Maßnahmen sind typische Herausforderungen des Ressourcenmanagements. In größeren Organisationen ist ein Steuerungs- und Controllingsystem erforderlich, um fehlgeleitete Ressourcenflüsse im BGM zu erkennen und zu vermeiden. *Schlüsselfaktoren für Ressourcen sind Qualität, Ganzheitlichkeit und Konsistenz.*

❯ Strukturen, Prozesse und Ressourcen sind die klassischen Elemente des Organisationsmanagements. Sie sind zu ergänzen durch Strategien und Kultur. Diese werden hier gesondert behandelt.

■ **Organisationsmodell im BGM**

Ein **Organisationsmodell** muss bei der Zusammenstellung der Determinanten folgende **Anforderungen** erfüllen: Gesundheit ist keine Nebentätigkeit, es gibt klare Ansprechpartner und Verantwortliche, Gesundheit ist als gleichrangiges Organisationsziel anerkannt, eine verbindliche Budgetierung und Ressourcenallokation ist gewährleistet. Neben der Verankerung in der Organisation ist die Managementorientierung als Grundprinzip einzufordern, z. B. realisiert als Steuerungskreis (▶ Abschn. 3.1). *„Ein Managementsystem ist inhärenter Bestandteil des Unternehmens und dessen Prozesse: es ist mit jedem einzelnen Mitarbeiter verknüpft. Es kann nicht durch externe Gesundheitstrainer, Dienstleister für betriebsärztliche Leistungen, externe Sozialarbeiter oder gar Fitnessstudios ersetzt werden.“* (Kaminski, 2013, S. 50) Unabhängig davon, wie diese Anforderungen in der Praxis durch ein Organisationsmodell aufgegriffen werden, ist jede **Organisation ein Kompromiss** zwischen divergierenden Anforderungen der Anspruchsgruppen, zwischen dem Ressourcenbedarf konkurrierender Handlungsfelder, zwischen Stabilität und Elastizität in struktureller und prozessualer Hinsicht, zwischen zentraler und dezentraler Umsetzung, zwischen Standardisierung und Individualisierung sowie zwischen Effizienzvorteilen durch Spezialisierung und Effektivitätsvorteilen durch ganzheitliches Handeln. Entscheidend ist, dass der situativ begründete Kompromiss in Bezug auf die Gesundheitsstrategie nicht als zementierte Struktur verstanden wird und dass in einer Betriebsvereinbarung zum BGM eine **Öffnungsklausel** hinterlegt ist, um die organisatorische Ausgestaltung regelmäßig im Hinblick auf aktualisierte Anforderungen zu evaluieren (s. auch Infobox ▶ „Stolpersteine im BGM“).

Stolpersteine im BGM

In der Praxis des Gesundheitshandelns in Organisationen bestehen **Diskrepanzen** zwischen den artikulierten, ggf. auch schriftlich formulierten Visionen, Strategien und Zielen und den zur Verfügung stehenden Ressourcen. Entscheidungsbefugnisse sind teilweise nicht klar geregelt und führen zu diffusen Zuständigkeitsgrenzen. Fehlende Fachkompetenz, unzureichende Zusammenarbeit zwischen Arbeitsgruppen und Organisationseinheiten, Zielkonflikte zwischen den Akteuren (Partikularinteressen), Besitzstandswahrung als mikropolitische Realität, unklare Rollendefinition hinsichtlich der Gesundheitsakteure wie Gesundheitsmanager*innen und BGM-Beauftragte, Übernahme von BGM-Aufgaben als Neben- oder Doppelfunktion ohne Kompensation, zu geringe und konsequente Einbindung der Führungskräfte oder eine fehlende und wenig abgestimmte Kommunikations- und Marketingstrategie sind Prüfpunkte und Herausforderungen für die Organisation im BGM. Sie stellen die Realität im Organisationshandeln dar und können als **Stolpersteine im BGM** identifiziert werden. Ein Organisationsmodell sollte diese Stolpersteine in der Konzeption berücksichtigen und nicht ausblenden, um z. B. den „Betriebsfrieden“ gegenüber den Partialinteressen der Akteure zu wahren und damit letztlich das Gesamtziel der gesunden Organisation zu gefährden.

3

- **Gesundheitszyklus als Schlüssel zum prozessorientierten BGM-Modell**

Gesundheit funktioniert nicht in Strukturen, sondern in Prozessen. Im BGM ist daher eine **Prozessorganisation** zielführend – bestehende Strukturen sind an den Prozesserfordernissen auszurichten. Legale Ansprüche aus institutioneller oder funktionaler Sicht sind zu berücksichtigen. Zwischen den strukturellen Anforderungen sind Schnittstellen zu implementieren und dabei die horizontale Dimension der organisatorischen Verknüpfungen zu stärken, z. B. mit Hilfe einer integrierenden Gesundheitsplattform (vgl. zur Prozessorganisation Siedenbiedel, 2020, S. 179 ff.). Der **Funktionszyklus PDCA** (Plan, Do, Check, Act) dient dabei als Schlüssel für das prozessorientierte BGM-Modell, indem er die Forderungen nach Partizipation, Integration und Ganzheitlichkeit in einer lernenden Organisation umzusetzen hilft (vgl. Schneider, 2018, S. 121 ff.; Uhle & Treier, 2019, S. 263 f. & 277) (▶ Abschn. 7.1). Gemäß der Qualitätsmaxime im BGM ermöglicht der Zyklus einen kontinuierlichen Verbesserungsprozess. Er findet sich auch in einem strategisch ausgerichteten Gesundheitscontrolling zur Steuerung des Gesundheitshandelns in Organisationen wieder (vgl. Pfaff & Zeike, 2019, S. 61 ff.). In Anlehnung an den **Public Health Action Cycle** mit den Prozessschritten der Problemdefinition, Ziel- und Strategieformulierung, Implementierung und Evaluation bzw. Bewertung (Habermann-Horstmeier, 2019, S. 45) kann der **Gesundheitszyklus als Prozessdeterminante** zur Modellierung des BGM herangezogen werden (◘ Abb. 3.2). Einer der größten Stolpersteine

aus organisatorischer Sicht – dies gilt v. a. auch für kleine und mittlere Organisationen – ist die Nichtbeachtung des Funktionszyklus im BGM, da dies zu hohen Reibungs- und Streuverlusten durch unsystematische und unkoordinierte Gesundheitsaktivitäten führt (vgl. Schneider, 2018, S. 178). Obwohl der Zyklus eine logische Abfolge suggeriert, werden sich in der Praxis die Phasen des Zyklus aufgrund von Handlungszwängen, Ressourcenproblemen und Konflikten überlappen, durchkreuzen und umkehren.

A. **Ausgangsanalyse:** Nach einem politischen Bekenntnis zu einer gesunden Organisation ist der Ausgangspunkt immer eine Ist-Analyse als Diagnose zur Problemdefinition, um Stärken und Schwächen aus gesundheitlicher Sicht zu erkennen.

B. **Zieldefinition:** Dieses organisationsspezifische Wissen ist notwendig, um vom abstrakten Leitbild zur konkreten Gesundheitsstrategie als Zielformulierung zu gelangen. Grundlegend für ein qualitätsorientiertes BGM ist die Definition von messbaren Zielgrößen (Operationalisierung). Dazu eignen sich Gesundheitsbefragungen, Gefährdungsbeurteilungen, Gesundheitsberichte oder Kennzahlen aus dem Personalcontrolling wie Fehlzeiten und Fluktuation (▶ Abschn. 6.2). Zur Bewertung der Daten sind Qualitätsmodelle und Benchmarking wichtig, um Auffälligkeiten zu identifizieren und entsprechende Handlungsfelder zu priorisieren (▶ Abschn. 7.1).

C. **Interventionsplanung:** Die anschließende Maßnahmenplanung als Primat darf nicht einem einzel-

◘ **Abb. 3.2** Gesundheitszyklus im BGM

nen Akteur überlassen werden, sondern muss auf der Basis von Ziel-Mittel-Matrizen als gemeinsamer Ansatz im Stakeholdermanagement erfolgen. Dabei sind partizipative Ansätze anzustreben, um eine hohe Akzeptanz und Beteiligung bereits im Planungsszenario zu gewährleisten. Bei der Maßnahmenplanung sind Projekte, Zielgruppen, Budgetierung und Kommunikation zentrale Themen. Oft zu wenig beachtet wird das Gesundheitsmarketing (▶ Abschn. 4.1.3).

D. **Implementierung:** Bei der Umsetzung geht es darum, flächendeckend und zeitnah zu informieren, Aufmerksamkeit zu schaffen und die Beschäftigten zum Mitmachen zu aktivieren. Erfolgskontrollen als Zwischenfeedback eignen sich zur Kurskorrektur und können weitere Aktionen auslösen.

E. **Evaluation:** Sie erfordert einen Vorher-Nachher-Vergleich, der in der Regel eine wissenschaftliche Begleitung voraussetzt. Die Evaluation wiederum ist der Ausgangspunkt für eine kritische Reflexion, Fortschreibung und Aktualisierung der Gesundheitsstrategie.

> BGM sollte als **Prozessorganisation** implementiert werden, nur so kann es den Anforderungen der verschiedenen Stakeholder gerecht werden und entsprechende Synergien nutzen. Dies entspricht auch einem **agilen BGM**, das sich den Veränderungen der Arbeitswelt anpassen kann.

Die Struktur folgt den Prozessen

Prozesse sollten im Einklang mit der Strategie sein und die Strukturen im Einklang mit den Prozessen. Prozesse, die durch eine strategische Gesundheitslandkarte legitimiert sind, sollten als Leitmaxime vor Strukturen stehen. Strukturen können aufgrund der Vielzahl der Akteure im BGM hinderlich sein und ein gemeinsames Handeln erschweren. **BGM als ganzheitliche Querschnittsfunktion** spiegelt sich vertikal und horizontal in allen Bereichen wider. Moderne Ansätze bauen daher auf einem **Prozessmodell** im BGM auf, nutzen den **Gesundheitszyklus** als Prozessdeterminante, fokussieren auf die Mitarbeitenden als Partizipationsanspruch und setzen auf die Führung als Hebel. Um strukturelle Ungleichheiten auszugleichen und Unternehmensbereiche zu vernetzen, wird ein Lenkungskreis als Koordinierungsstelle und übergeordnetes Steuerungsteam eingesetzt. Eine (digitale) **Gesundheitsplattform** verknüpft die Gesundheitsbausteine und ermöglicht Austausch-, Informations- und Abstimmungsprozesse.

3.3.2 Basismodell des Betrieblichen Gesundheitsmanagements

Aufgrund der unterschiedlichen Organisationsformen und Kontextabhängigkeiten kann es keine allgemeingültige Blaupause als Goldstandard geben. So unterscheiden sich die Strukturen und Prozesse im Handlungsfeld AGS bzw. BGM in großen Unternehmen deutlich von denen in kleinen und mittleren Unternehmen (s. Exkurs ▶ „KMU"). Das **Basismodell** bezieht sich auf Unternehmen mit einer Organisationsgröße, die aus formalen Gründen eine strukturierte Organisation im Bereich AGS erfordert (◻ Abb. 3.3). Ein hoher Anspruch an Partizipation und Integration spricht ebenfalls für ein strukturiertes BGM. Die jeweils geeigneten Prozesse und Strukturen hängen sowohl von der Größe und Organisationsstruktur als auch vom Tätigkeitsfeld und Strategie ab.

▪ Spektrum an Organisationsformen im BGM

Das **Spektrum** reicht von Stabsstellen, Projektorganisationen, Abteilungen in der Linienorganisation bis hin zu eigenständigen Einheiten und Center-Modellen (vgl. Ulich & Wülser, 2018, S. 139 ff.). Für kleinere Organisationen empfiehlt sich die Einrichtung einer Stabsstelle. In größeren Organisationen sollte BGM in der Linie als eigenständige Abteilung oder in etablierten Strukturen im AGS aufgehängt werden, um Sichtbarkeit, Greifbarkeit und Durchsetzungsfähigkeit zu gewährleisten. In sehr großen Organisationen mit dezentraler Struktur und Diversifizierung der Bereiche ist eine relativ autonome Center-Organisation mit einem Referentenmodell vor Ort eine geeignete Konfiguration. Ein gemeinsames Vorgehen wird insbesondere in großen Organisationen durch die Zersplitterung der **Zuständigkeiten** in verschiedene Bereiche oder Abteilungen erschwert. So können die Zuständigkeiten im AGS, in der Personalabteilung, in der Arbeitsmedizin oder in der Organisationsentwicklung liegen. In diesem Fall ist ein Lenkungskreis erforderlich, um die Integration zu gewährleisten. Zukünftig werden die klassischen Strukturen im BGM durch **virtuelle Gesundheitszentren** ersetzt, um Prozesse zu optimieren, Integration, Kollaboration und Partizipation zu ermöglichen und die Schlagkraft des BGM unter Effizienz- und Effektivitätsgesichtspunkten zu erhöhen (Treier, 2021b, S. 36 ff.). Im ▶ Abschn. 5.3 wird das digitale Framework BGM 4.0 als Baukastensystem vorgestellt – es bietet sich gerade für den Bereich der KMU an. Bei der Organisation des BGM ist es sinnvoll, die BGM-Struktur aus Sicht der Ablauf- und Aufbauorganisation grundsätzlich kompatibel zur digitalen Strategie zu gestalten. BGM als Dachstrategie erfordert eine modularisierte und vernetzte Plattform und damit eine **Plattformstrategie** (vgl. Roland Berger, 2019/2020).

3

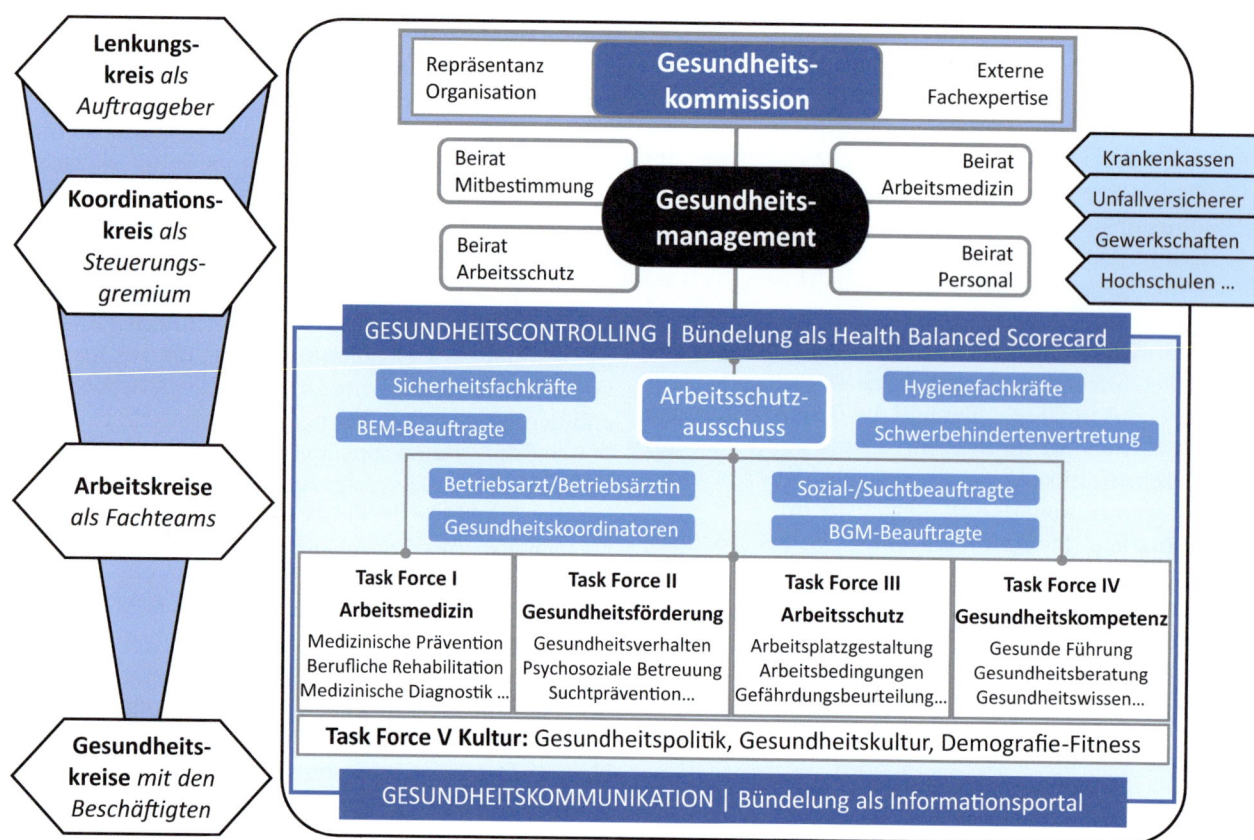

**Lenkungs-
kreis** *als
Auftraggeber*

**Koordinations-
kreis** *als
Steuerungs-
gremium*

Arbeitskreise
als Fachteams

**Gesundheits-
kreise** *mit den
Beschäftigten*

Repräsentanz Organisation

**Gesundheits-
kommission**

Externe Fachexpertise

Beirat Mitbestimmung

**Gesundheits-
management**

Beirat Arbeitsmedizin

Beirat Arbeitsschutz

Beirat Personal

Krankenkassen

Unfallversicherer

Gewerkschaften

Hochschulen ...

GESUNDHEITSCONTROLLING | Bündelung als Health Balanced Scorecard

Sicherheitsfachkräfte

**Arbeitsschutz-
ausschuss**

Hygienefachkräfte

BEM-Beauftragte

Schwerbehindertenvertretung

Betriebsarzt/Betriebsärztin

Sozial-/Suchtbeauftragte

Gesundheitskoordinatoren

BGM-Beauftragte

**Task Force I
Arbeitsmedizin**

Medizinische Prävention
Berufliche Rehabilitation
Medizinische Diagnostik ...

**Task Force II
Gesundheitsförderung**

Gesundheitsverhalten
Psychosoziale Betreuung
Suchtprävention...

**Task Force III
Arbeitsschutz**

Arbeitsplatzgestaltung
Arbeitsbedingungen
Gefährdungsbeurteilung...

**Task Force IV
Gesundheitskompetenz**

Gesunde Führung
Gesundheitsberatung
Gesundheitswissen...

Task Force V Kultur: Gesundheitspolitik, Gesundheitskultur, Demografie-Fitness

GESUNDHEITSKOMMUNIKATION | Bündelung als Informationsportal

◨ **Abb. 3.3**   Basismodell des BGM nach Treier und Uhle (2019, S. 26)

❯ Die organisatorische Entwicklung des BGM geht **vom Säulenmodell zur Plattformstrategie**, realisiert als (virtuelles) Gesundheitscenter im BGM 4.0 (▶ Abschn. 5.3).

❗ Studien zeigen, dass eine flächendeckende Umsetzung der gesetzlichen Vorgaben im AGS trotz steigender Umsetzungsquoten noch nicht erreicht ist (Lösch et al., 2022). **Das BGM hat insbesondere im Bereich der KMU keine strategische Priorität.**

KMU

Kleine und mittlere Unternehmen tun sich schwer mit der Umsetzung gesetzlicher Vorgaben. Die Vermeidung von Gesetzesverstößen ist daher häufig der Anlass, sich mit Themen des AGS zu beschäftigen. Grundsätzlich wird die Bedeutung von Sicherheit und Gesundheit erkannt, es besteht jedoch teilweise ein hoher Informations- und Beratungsbedarf, z. B. zu Themen wie psychische Gesundheit, Arbeitsplatzgestaltung oder Gesundheitsförderung (vgl. Sczesny et al., 2014). V. a. fehlt es an finanziellen, fachlichen und personellen Ressourcen zur Umsetzung eines AGS bzw. BGM. Unabhängig von der gesetzlichen Verpflichtung sind die Argumente für Investitionen in den AGS prinzipiell analog zu denen in Großbetrieben (▶ Kap. 6). Angesichts von Herausforderungen wie dem demografischen Wandel, dem Fachkräftemangel oder der Verlängerung der Lebensarbeitszeit stellt sich weniger die Frage, ob es sinnvoll ist, in Gesundheit zu investieren, als vielmehr die Herausforderung, wie AGS bei knappen Ressourcen umgesetzt werden kann. Studien zeigen, dass die arbeitsmedizinische und sicherheitstechnische Grundbetreuung in Kleinst- und Kleinbetrieben zum Teil schwierig zu gewährleisten ist, letztere aber eine Voraussetzung für die Umsetzung eines BGM darstellt.

Für Kleinbetriebe ist das AGS verpflichtend – dies betrifft v. a. die arbeitsmedizinische und sicherheitstechnische Betreuung. Aus rechtlicher Sicht bestehen Unterschiede zu Großbetrieben hinsichtlich der Bestellung der Akteure und der formalen Organisation des AGS. Nach dem ASiG in Verbindung mit der DGUV Vorschrift 2 sind auch Kleinstbetriebe (1–9 Beschäftigte) und Kleinbetriebe (10–49 Beschäftigte) verpflichtet, eine Fachkraft für Arbeitssicherheit (Sifa) zu bestellen oder sich als Unternehmer gegenüber der Berufsgenossenschaft entsprechend zu qualifizieren. In der Praxis greifen Kleinbetriebe meist auf überbetriebliche sicherheitstechnische Dienste zurück, da die Fachkraft für Arbeitssicherheit mindestens 80 h pro Jahr in dieser Funktion tätig sein und ihre Fachkunde nachweisen muss. Um den Bedürfnissen kleiner Organisationen gerecht zu werden, gibt es verschiedene **Betreuungskonzepte**. Die **Regelbetreuung** gliedert sich in eine Grundbetreuung und eine anlassbezogene Betreuung. Im Rahmen der Grundbetreuung werden wesentliche Aufgaben des AGS abgebildet. So wird sichergestellt, dass regelmäßig eine Gefährdungsbeurteilung durchgeführt wird und feste Ansprechpartner für das AGS, z. B. für Unterweisungspflichten, zur Verfügung stehen. Der Umfang der betriebsärztlichen und sicherheitstechnischen Betreuung (Intervalle und Einsatzzeiten) richtet sich nach dem Grad der Gefährdung (Betreuungsgruppen). Anlässe für eine erweiterte Betreuung können z. B. neue Betriebsanlagen, Arbeitsmittel oder besondere Unfall- und Gesundheitsgefahren sein. Für Betriebe mit weniger als 50 Beschäftigten kann anstelle der Regelbetreuung auch die **alternative Betreuung** (Unternehmermodell) in Anspruch genommen werden. Hier wird der Unternehmer in Fragen des AGS entsprechend informiert, sensibilisiert und qualifiziert, um dann als „Arbeitsschutzexperte" das AGS in seinem Betrieb selbst zu organisieren und je nach Bedarf und Anlass fachliche Unterstützung durch den Betriebsarzt oder die Sifa in Anspruch zu nehmen. Es besteht ein **Ermessensspielraum** hinsichtlich der Art und Weise der Betreuung, um eine flexible Regelbetreuung zu ermöglichen. Allerdings müssen die ermessensrelevanten Umstände aus Haftungsgründen dokumentiert werden. In der Praxis dominiert die Regelbetreuung – so gaben in einer Befragung nur 15 % der Betriebe mit bis zu 49 Beschäftigten an, das alternative Betreuungskonzept umzusetzen (Sommer & Schröder, 2019).

Die Handlungsempfehlungen für KMU berücksichtigen die eingeschränkten Rahmenbedingungen kleiner Organisationen (vgl. IFAA, 2017). Am Anfang steht die Analyse der Ausgangssituation – dabei werden nicht nur der Gesundheitszustand und besondere Gefährdungen ermittelt, sondern auch die Rahmenbedingungen für die Umsetzung von AGS und BGM. Hier bieten sich externe Dienstleister an, die eine Bestandsaufnahme durchführen. Netzwerke mit anderen Unternehmen, kommunale Zusammenarbeit oder Kooperationen mit Sportvereinen eignen sich zur Bündelung von Ressourcen – 99 Prozent der Unternehmen in Deutschland sind KMU, d. h. die Betroffenen stehen nicht alleine vor der Herausforderung, AGS und BGM zu realisieren. Auch die regionale Unterstützung durch Sozialversicherungsträger wie Krankenkassen, Berufsgenossenschaften oder Gesundheitsdienstleister mit ihren Kompetenzen und Ressourcen ist erfolgversprechend. PrävG und SGB V eröffnen hier vielfältige, teilweise refinanzierbare Ansätze. Übergreifende Veranstaltungen und regionale Portale mit Berufsgenossenschaften, Krankenkassen, Gewerkschaften, Arbeitgeberverbänden etc. sind hilfreich, um die Erreichbarkeit und den Wissenstransfer im Bereich der KMU zu erhöhen. Methoden zur Kompetenzerweiterung der Akteure, wie z. B. digitale Plattformen oder Informationsbroschüren, sind bedarfsgerecht abzubilden, um einen niederschwelligen Zugang zu schaffen. *Die Deregulierung im AGS hat kleinere Organisationen entlastet und Freiräume geschaffen, um bedarfsgerechte Betreuungskonzepte zu realisieren.* Aus interner Sicht sind partizipative Ansätze und die aktive Einbindung der Führungskräfte entscheidend, um praktisches Arbeitsschutzhandeln vor Ort zu ermöglichen und das Thema Sicherheit und Gesundheit zu leben (vgl. Ruppi-Lang & Langer in Pfannstiel & Mehlich, 2018, S. 115 ff.). Digitale bzw. **virtuelle Gesundheitszentren** können das Ressourcenproblem im Bereich der KMU lösen, insbesondere wenn das Gesundheitscenter mit externen Dienstleistern vernetzt ist (vgl. Treier, 2021b).

3

■ **Projektorganisation als Ausgangspunkt**

Eine **Projektorganisation** ist oftmals der präferierte Einstieg im Sinne der Organisationsentwicklung, jedoch in der Darstellung als ambivalent zu bewerten (vgl. Ulich & Wülser, 2018, S. 139 ff.). Die Projektorganisation impliziert eine Form der Ausgrenzung (Exklusion) und ist abhängig von der Beziehungs- und Machtsituation der Beteiligten. Zudem haben Projekte einen temporären Charakter. Das Verhältnis von Linien- und Projektorganisation kristallisiert sich als große Herausforderung heraus. „Das heißt, dass zwischen dem Projekt und dem alltäglichen Handeln im Betrieb ein nicht unbeträchtliches Konfliktpotential entstehen kann, wenn die im Projekt erarbeiteten Ideen mit den bestehenden Strukturen kollidieren." (Ulich & Wülser, 2018, S. 140) Projekte haben jedoch den Vorteil, dass sie strukturübergreifend agieren können und keine aufwändige Installation erfordern. Zudem ist eine Linienorganisation oft mit Hindernissen verbunden, die durch eine Projektorganisation als Sekundärorganisation umgangen werden können. In der Realität gibt es aber auch im Multi-Projekt-BGM Linien, wie z. B. etablierte Strukturen des AGS, die im Projekt Gehör finden. Die Empfehlung ist daher ein **Hybridmodell**, d. h. eine Projektstruktur ist sinnvoll, aber mit Arbeitsgruppen, die in der Linie verankert sind. Darüber hinaus sollte das Projekt einen direkten Zugang zum Top-Management haben und damit Einfluss auf die Unternehmensstrategie nehmen können.

■ **Basismodell des BGM**

Das **Basismodell** stellt ein etabliertes, prozessorientiertes Projektmodell für ein integriertes BGM dar (vgl. Singer & Neumann in Esslinger et al., 2010, S. 55 ff.) (◻ Abb. 3.3). Es ist kompatibel mit den klassischen Strukturen aus Sicht der Primärorganisation, erweitert diese aber um hierarchieübergreifende Ansätze, die zur Lösung von Schnittstellenproblemen und komplexen Herausforderungen notwendig sind (Sekundärorganisation). Elemente der Organisationsstruktur sind Lenkungskreis bzw. Steuerungsgruppe, Koordinierungskreis, Arbeitsgruppen und Gesundheitszirkel. Die **Steuerung** erfolgt auf der Gesundheits-, Geschäfts- und Dienstleistungsebene (Health, Business, Service), d. h. das der Steuerung zugrunde liegende Diagnoseportfolio umfasst neben Gesundheitswerten aus Gesundheitsbefragungen oder Gefährdungsbeurteilungen (Gesundheit und Wirksamkeit) auch betriebswirtschaftliche Parameter wie Fehlzeiten- und Personalkosten (Kosten und Erfolge) sowie Qualitätsfaktoren, die ein kunden- bzw. serviceorientiertes BGM kennzeichnen, wie Nutzungsindex und Zufriedenheit (Qualität und Nutzung) (Uhle & Treier, 2019, S. 394 ff.) (▶ Abb. 6.7). Das Basismodell verbindet die Wirkungsrichtungen Top-down und Bottom-up (▶ Abschn. 3.1.1), erfüllt die Integrations- und Partizipationsfunktion und ist mit den Arbeitsgruppen als Task Forces ganzheitlich ausgerichtet, ohne dass eine Priorisierung eines Handlungsfeldes vorliegt. Die **Elemente** lassen sich wie folgt skizzieren (Treier & Uhle, 2019, S. 24 ff.)

A. **Lenkungskreis:** Der Lenkungskreis „Gesunde Organisation" vertritt den Auftraggeber als Prinzipal. Als Steuerungsgremium sollte der Lenkungskreis nicht nur das Top-Management repräsentieren, sondern auch Mitglieder z. B. aus dem AGS, dem Betriebsrat und der Personalabteilung sowie ggf. externe Fachexperten gehören dem Lenkungskreis an. Der Steuerkreis verabschiedet das strategische Gesundheitskonzept bzw. die gesundheitspolitischen Leitplanken (▶ Abschn. 4.1.1). Er kontrolliert und bewertet die Ergebnisse der Fachteams, ist zuständig für die Festlegung des erforderlichen Finanz- und Investitionsrahmens, nimmt eine Promotorenfunktion wahr, ist zuständig für die Freigabe von organisationsdiagnostischen Maßnahmen wie z. B. Gesundheitsbefragungen und kommuniziert und vertritt das Gesundheitsbild der Organisation nach außen. Zu Beginn trifft er sich zweimal jährlich, nach Konsolidierung der Prozesse und Strukturen genügt ein jährliches Treffen zum Ziel- und Ressourcenabgleich mit dem Koordinierungskreis.

B. **Koordinierungskreis:** Dies ist das Kernteam als Auftragnehmer. Der Koordinierungskreis stimmt den Anforderungskatalog mit dem Auftraggeber ab und wird maßgeblich von einem gesundheitsrelevanten Fachbereich geleitet. Um eine Priorisierung eines Fachbereiches zu vermeiden, ist eine Rotation zwischen den Fachbereichen als rollierendes Modell denkbar. Unabhängig davon sollte der Koordinierungskreis durch Beiräte aus den nicht federführenden Gesundheitsbereichen begleitet werden, um die ganzheitliche Sicht zu wahren. Externe Berater können als Gäste eingeladen werden. Operative Kernaufgaben sind die Steuerung der Gesundheitsprojekte bzw. Arbeitsgruppen anhand gesundheitsrelevanter Kennzahlen im Sinne eines Multiprojektmanagements, die Qualitätssicherung der Angebote, die Abstimmung zwischen den Arbeitsgruppen, die Funktion als Ansprechpartner und Vermittler sowie die Erstellung des Legitimationsberichts für den Lenkungskreis gemäß Lasten- und Pflichtenheft. V. a. kümmert sich der Koordinierungskreis auch um Kommunikation und Marketing (▶ Abschn. 4.1.3). Aufgrund der vielfältigen Aufgaben empfiehlt es sich, ggf. ein unterstützendes Projektbüro einzurichten.

C. **Arbeitskreise:** Organisatorisch handelt es sich bei den Task Forces um Fachteams, die Teilprojekte verantworten. Eine systematische Differenzierung nach Präventionsstufen ist denkbar, um aus ganzheitlicher Sicht Primär-, Sekundär- und Tertiärprävention abzudecken und die organisatorische Passung zu bestehenden Strukturen herzustellen. Bei kleineren Organisationen erfolgt eine Bündelung in wenigen Arbeitskreisen. Bei übergreifenden Themen wie Demografiefitness können einzelne Handlungsansätze den Arbeitsgruppen zugeordnet werden. Das Kernteam koordiniert diese Querschnittsprojekte.

D. **Gesundheitszirkel:** Gesundheitszirkel sollen möglichst lebensnah unter Beteiligung der Betroffenen stattfinden. Sie bedürfen keiner festen Einrichtung und sind bedarfsorientiert. Damit diese „hierarchiefreie" Basisarbeit zur Identifikation von Belastungen und Vorschlägen zu gesundheitsfördernden Faktoren nicht verloren geht, ist eine direkte Anbindung an die Arbeitskreise durch Gesundheitsbeauftragte bzw. Gesundheitskoordinator*innen erforderlich. Diese Akteure unterstützen die Betroffenen und Führungskräfte vor Ort durch Erfahrungswissen und Moderation und fördern die Kommunikation mit den Fachteams und dem Koordinierungskreis.

■ **Fachteams als Aktionseinheiten**

Die **Task Forces** bzw. Arbeitsgruppen bilden die Handlungsfelder im Bereich der Verhaltens- und Verhältnisprävention als konkrete Ansatzpunkte ab (▶ Abschn. 4.2). Die Vielfalt der Themen erfordert die Einrichtung von Arbeitsgruppen als **Fachteams**. Bei mittelgroßen Betrieben lassen sie sich am besten im Rahmen von Projekten realisieren, bei größeren Betrieben mit etablierten Strukturen in der Linie. Kleinere Unternehmen werden die Arbeitsgruppen aggregieren und ggf. aufgrund fehlender Ressourcen gar nicht implementieren. In diesem Fall gehen die Aufgaben auf den Koordinierungskreis über. Kleinstunternehmen werden diese Struktur gänzlich auflösen und letztlich nur einen erweiterten Steuerungskreis einsetzen.

A. **TF Arbeitsmedizin**: Die TF Arbeitsmedizin befasst sich mit der arbeitsmedizinischen Betreuung, Diagnostik, ggf. psychosozialen Betreuung und Wiedereingliederung. Aus präventiver Sicht wird hier neben der Tertiärprävention auch die kurative Phase adressiert.

B. **TF Gesundheitsförderung:** Die TF Gesundheitsförderung konzentriert sich auf freiwillige Angebote der Verhaltensprävention in Bezug auf Kompetenzen, Einstellungen und Verhalten. Klassiker sind Sport, Ernährung und Bewegung, aber auch psychosoziale Betreuung und Suchtprävention. Primär- und Sekundärprävention stehen im Vordergrund.

C. **TF Arbeitsschutz**: Die TF Arbeitsschutz widmet sich den verhältnispräventiven Maßnahmen aus Sicht der Primärprävention hinsichtlich der ergonomischen Gestaltung des Arbeitsplatzes, der Opti-

mierung der Arbeitsbedingungen und der Reduzierung von Gefährdungen aus der physischen bzw. physikalischen Umwelt als Pflichtangebote. Im erweiterten Ansatz befasst sich der TF Arbeitsschutz auch mit den Arbeitsaufgaben als Gestaltungsfeld. Der TF Arbeitsschutz ist für die Gefährdungsbeurteilung zuständig.

D. **TF Gesundheitskompetenz:** Viele Gesundheitsthemen beziehen sich auf Kompetenzen oder Personalentwicklungsmaßnahmen. So kann z. B. die TF Gesundheitskompetenz das breite Thema gesundes Führen aufgreifen.

E. **TF Kultur:** Die Kontextprävention betrachtet die Herausforderungen aus dem Blickwinkel der Führungs- und Unternehmenskultur. Sie ist keine regelmäßig besetzte Task Force, sondern bearbeitet Werte- und Kulturthemen nach Bedarf in Verbindung mit den anderen operativen Arbeitsgruppen.

❗ Eine Priorisierung der Task Forces sollte vermieden werden. Das Kollegialprinzip sollte vorherrschen.

■ **Rollen im Basismodell**

Die **Rollen im Basismodell** sind vielfältig besetzt (Treier & Uhle, 2019, S. 28). Der *Lenkungskreis* legt die Gesundheitsstrategie fest, beschafft Ressourcen, vernetzt interne und externe Akteure und evaluiert die Ergebnisse der Gesundheitsbemühungen. Die *Leitung des Koordinierungskreises* verknüpft die gesundheitsrelevanten Aktivitäten und ist für die Dokumentation zum Nachweis der Maßnahmen und deren Wirksamkeit verantwortlich. Darüber hinaus versteht sich der Koordinierungskreis als gemeinsame Fachexpertise zum Gesundheitshandeln in der Organisation. Die verschiedenen Beiräte stellen sicher, dass bei den Interventionen stets die Implikationen für die jeweiligen gesundheitsrelevanten Fachbereiche berücksichtigt werden. Die Leitung kann von einem *Gesundheitsmanager oder einer Gesundheitsmanagerin* übernommen werden. Sie verfügen über eine spezifische Qualifikation und koordinieren und überwachen den gesamten BGM-Prozess und tragen zur Weiterentwicklung und Qualitätssicherung bei. Sie sind verantwortlich für den Aufbau eines Multiplikatorenteams, die Kommunikation mit Entscheidungsträgern und für das Projektmanagement und das Berichtswesen. Die *Fachteams* als Task Forces oder Arbeitsgruppen sind umsetzungsorientiert und bearbeiten ihren Auftrag innerhalb der Präventionsebene. Darüber hinaus verpflichten sie sich zur Zusammenarbeit und zum Austausch mit den Standorten und Stakeholdern bei der Umsetzung, um die Verankerung vor Ort zu gewährleisten. Die *Gesundheitskoordinator*innen* leiten das Fachteam. *BGM- bzw. Gesundheitsbeauftragte* sind Kümmerer und Ansprechpartner vor Ort ohne Weisungsbefugnis. Ihre Kompetenz ist entscheidend und wird durch entsprechende Fortbildungen aktualisiert. Sie verbinden die Arbeitsgruppen mit der Basis vor Ort und sind quasi das Sprachrohr der Arbeitsgruppen. Sie sind selbst Mitglied der jeweiligen Arbeitsgruppe.

> ❗ Gesundheitsbeauftragte, Gesundheitskoordinator-*innen oder Gesundheitsmanager*innen sind **unklare Berufsbezeichnungen** und nehmen in den Organisationen unterschiedliche Aufgaben bzw. Rollen wahr. Daher muss immer vor Ort geklärt werden, um welche Rolle es sich handelt und mit welchen Befugnissen diese Rolle ausgestattet ist.

Strukturiertes BGM als Erfolgsfaktor

Eine angemessene Ausgestaltung der Prozesse und Strukturen ist Ausdruck des Reifegrades des BGM. Standardisierungsansätze, die in Gesundheitsawards berücksichtigt werden, bewerten ein **strukturiertes BGM als Erfolgs- und Schlüsselfaktor** (▶ Kap. 7). Qualitätsmanagement dient hier als Leitkonzept auf dem Weg zum zertifizierten BGM-Modell. **Ankerpunkte für ein qualitätsgesichertes BGM** sind Ressourcen, Prozesse und Strukturen (Treier, 2019b, S. 450 ff.) (▶ Abschn. 3.3.1). Sie bilden nach DIN SPEC 91020 das Rückgrat wirksamer Gesundheitsmaßnahmen (vgl. Becker et al., 2014). Die Gestaltung von Prozessen und Strukturen ist als Managementaufgabe nicht extern delegierbar und muss mit der Gesundheitsstrategie synchronisiert werden.

3.4 Kernaussagen: Ganzheitlich denken

A. Die Organisation des BGM bestimmt die Relevanz, Wirksamkeit und Nachhaltigkeit gesundheitsfördernder Maßnahmen. **Organisationstheoretische Ansätze** wie die Transaktionskostentheorie, die Prinzipal-Agent-Theorie oder die Netzwerktheorie gehen über die Frage nach der hierarchischen Grundstruktur des BGM hinaus.

B. Aufgrund der Komplexität des Themas und der Partialinteressen der Stakeholder als berechtigte Anspruchsgruppen ist eine **funktionale Betrachtung** der Handlungsansätze der Verhaltens- und Verhältnisprävention sinnvoll. Die **institutionelle Perspektive** der verantwortlichen Akteure stößt an ihre Grenzen. Die funktionale und die institutionelle Perspektive sind komplementär und konsistent auszurichten. Dazu wird BGM als Managementsystem realisiert,

um Synergien zu schaffen, Effizienz- und Effektivitätspotenziale auszuschöpfen, zielorientiertes Handeln zu ermöglichen, Ressourcen zu beanspruchen und die Qualität der Interventionen zu steigern.

C. Der **partizipative Ansatz** als Bottom-up-Ansatz ist grundlegend für das BGM. Dieser induktive Ansatz sichert Akzeptanz und schafft Kreativität. Da BGM aber mehr ist als ein Maßnahmenpool, ist der induktive Weg mit dem deduktiven Weg einer zielorientierten Gesundheitsstrategie als Top-down-Ansatz zu verknüpfen. Das Top-Management und die Führungskräfte sind hier in die Aufgabe einer gesunden Organisation einzubinden und in die Verantwortung zu nehmen.

D. Die **Positionierung des BGM-Modells** erfolgt über die Determinanten Strukturen, Prozesse und Ressourcen. Ergänzend kommen die Faktoren Strategie und Kultur hinzu.

E. Die **Strukturen** können als **Säulenmodell** dargestellt werden. BGM wird als Dachstrategie übersetzt. Das Strukturmodell ist Ausdruck der unternehmenspolitischen Bedeutung. Der Vorteil der betrieblichen Verankerung in etablierten Strukturen ist eine höhere Durchsetzungskraft für die Anliegen der gesunden Organisation. In der Praxis sind Hemmnisse wie Partikularinteressen, Silodenken und organisatorische Barrieren zu beachten. Sie führen zu Qualitäts-, Effizienz- und Effektivitätsverlusten im BGM. Die wichtigsten Akteure im Säulenmodell sind der AGS im Bereich der verhältnisorientierten Primärprävention, das BEM im Rahmen der Tertiärprävention, die BGF im Hinblick auf die verhaltensorientierte Primär- und Sekundärprävention, die Arbeitsmedizin im Hinblick auf die Erkennung und Behandlung arbeitsbedingter Erkrankungen und Beratungsleistungen, die Betriebliche Sozialarbeit mit vielen freiwilligen Leistungen zur Verbesserung der Lebensqualität, die Personalentwicklung mit dem Anspruch der Kompetenzentwicklung und der Betriebsrat zur Umsetzung des Mitbestimmungsrechts im AGS.

F. Das **Hauptproblem beim Management der Gesundheit** ist der Widerspruch zwischen den funktionalen Notwendigkeiten, die logisch begründet sind, und den Strukturen, die de jure oder de facto in der Organisation etabliert sind.

G. **Prozesse** sind die Lebensadern eines integrierten BGM. Querschnittsprozesse wie Kommunikation und Marketing sind zu implementieren. Aus Prozesssicht ist die Rolle der Führung hervorzuheben. Die Managementfunktionen Planung, Organisation, Koordination, Führung und Kontrolle werden in Anlehnung an den **PDCA-Zyklus** des Qualitätsmanagements zu einem Gesundheitszyklus verknüpft. Der zyklische Ansatz ermöglicht Lernen im Sinne der Organisationsentwicklung.

H. Die **systemische Sichtweise des BGM** verbindet funktionale und institutionelle Aspekte des Managements. Partizipation (Einbeziehung aller Beschäftigten), Integration (Entscheidungen in allen Bereichen) und Ganzheitlichkeit (Verhaltens- und Verhältnisprävention) sind zu gewährleisten. Vernetzung, Lernen und Partizipation sind Ziel- und Erfolgsgrößen im BGM.

I. **Exzellente Modelle** basieren auf systemorientierten Darstellungen und orientieren sich an den Qualitätsmaximen der ISO 9001 wie z. B. Mitarbeiterorientierung, Partizipation, Prozessorientierung, Dokumentation oder kontinuierliches Lernen. Integrierte Arbeitsschutzmanagementsysteme nach DIN ISO 45001 oder Qualitätsmodelle des BGM wie die DIN SPEC 91020 zeigen prozessbezogene Mindeststandards und Anforderungen für ein integriertes BGM auf.

J. Die **Ressourcen** sind knapp und die Frage der Allokation stellt sich als Herausforderung einer gerechten Verteilung. Konsistenz, Qualität und Ganzheitlichkeit sind Schlüsselfaktoren. Eine ausreichend dimensionierte Budgetierung sichert die Handlungsfähigkeit. Ein funktionierendes Ressourcenmanagement erfordert ein entsprechendes Controlling.

K. Das **Basismodell** verbindet die Wirkungsrichtungen (Top-down versus Bottom-up), um dem hohen Partizipations- und Integrationsanspruch im BGM gerecht zu werden. Der Lenkungskreis als Steuerungsgremium vertritt das Top-Management als Auftraggeber (Prinzipal) und legt die Gesundheitsstrategie fest. Der Koordinierungskreis als Kernteam bildet die Schnittstelle zwischen Auftraggeber und den operativen Arbeitsgruppen als Fachteams. Aus Sicht des Multiprojektmanagements ist der Koordinierungskreis für die Steuerung der Gesundheitsprojekte, die Qualitätssicherung der Angebote, die Abstimmung zwischen den Arbeitsgruppen, die Kommunikation und das Marketing sowie die Legitimation und das Controlling zuständig. Die Gesundheitsmanager*innen koordinieren und überwachen den gesamten BGM-Prozess. In den Arbeitsgruppen werden Handlungsansätze entsprechend der Präventionsstufen erarbeitet und in Gesundheitszirkeln mit der Basis umgesetzt. Die Arbeitsgruppen repräsentieren die Handlungsfelder im Bereich der Verhaltens- und Verhältnisprävention und die Präventionsstufen. Sie sind strukturell den jeweiligen Säulen zugeordnet. Gesundheitsbeauftragte bzw. Gesundheitskoordinator*innen stellen die örtliche Nähe sicher und passen die Maßnahmen an die Rahmenbedingungen an.

? Kontrollfragen

1. Welche Gründe sprechen dafür, Gesundheit in Organisationen zu managen?
2. Welche Managementperspektiven sind zu berücksichtigen?
3. Wie lassen sich induktive und deduktive Wirkungsrichtungen im BGM verbinden?
4. Welche Akteure im BGM sind im Säulenmodell verankert und was sind ihre Kernaufgaben?
5. Welche Bedeutung hat die Dachstrategie im BGM?
6. Welche Rolle spielt der Gesundheitszyklus aus Prozesssicht im BGM?
7. Welche Ziel- bzw. Erfolgsgrößen sind aus systemischer Sicht im BGM zu beachten?
8. Was zeichnet exzellente BGM-Modelle aus?
9. Welche Bausteine sind bei der Positionierung eines BGM-Modells zu berücksichtigen?
10. Welche Hürden können sich aus struktureller bzw. institutioneller Sicht ergeben?
11. Welche Besonderheiten sind aus organisatorischer Sicht im KMU-Bereich zu beachten?
12. Welche Elemente beinhaltet das Basismodell BGM? Wie sind diese Elemente miteinander verknüpft?
13. Welche Rollen sind im Basismodell enthalten?
14. Welche Inhaltsfelder werden im Basismodell adressiert?
15. Was bedeutet ein integriertes BGM?

Fazit zur Organisation

BGM ist mehr als ein Maßnahmenpool und keine Nebentätigkeit im Unternehmen. Ganzheitlichkeit in der Verhaltens- und Verhältnisprävention erfordert ein Organisationsmodell. Gesundheitsförderung und Prävention kristallisieren sich als dezidierte **Managementaufgabe** heraus. Steuerung, Qualitätssicherung und Verankerung erfordern ein strukturiertes und integriertes BGM als **Dachstrategie** mit Beteiligung des Top-Managements. Grundlage ist der **Gesundheitszyklus** von Analyse und Planung über Kommunikation und Intervention bis zur Evaluation. Ein zertifiziertes und qualitätsgesichertes BGM basiert auf Strukturen und Prozessen, die hinsichtlich ihres Wirkungsgrades in Bezug auf die Erfüllung des Partizipations- und Integrationsanspruches auf den Prüfstand gehören. Der **Reifegrad des BGM** wird durch die bewusste Gestaltung der **Determinanten Ressourcen, Strukturen und Prozesse** bestimmt. Gesundheitsmaßnahmen sind auf der Basis einer Gesundheitsstrategie gezielt in Strukturen und Prozessen zu verankern, sodass BGM vom temporären Projektauftrag zur Organisationsentwicklung mit der Mission „Gesunde Organisation" avanciert. Konsolidierung und Standardisierung sind Ziele aus organisatorischer Sicht.

3

Weiterführende Literatur

- Bamberg, E., Ducki, A., & Metz, A. (Hrsg.). (2011). *Gesundheitsförderung und Gesundheitsmanagement in der Arbeitswelt: Ein Handbuch*. Hogrefe. [Konzeptionelle Klärung, Modelle zur Arbeit und Gesundheit sowie Methoden und Verfahren]
- Habermann-Horstmeier, L. (2019). *Von der Betrieblichen Gesundheitsförderung zum Betrieblichen Gesundheitsmanagement: Kompakte Einführung und Prüfungsvorbereitung für alle interdisziplinären Studienfächer*. Hogrefe. [Abgrenzung zwischen BGF und BGM, Gesundheitszyklus als Prozessmodell, Rahmenbedingungen für gutes BGM und Handlungsansätze]
- Kaminski, M. (2013). *Betriebliches Gesundheitsmanagement für die Praxis: Ein Leitfaden zur systematischen Umsetzung der DIN SPEC 91020*. Springer Gabler. [Bedeutung der Prozesse und Strukturen für ein qualitätsorientiertes und zertifiziertes BGM]
- Schreyögg, G., & Koch, J. (2020). *Management: Grundlagen der Unternehmensführung* (8. Aufl.). Springer Gabler. [Allgemeine Grundlagen der Organisation und des Managements]
- Treier, M. (2021). Betriebliches *Gesundheitsmanagement 4.0 im digitalen Zeitalter* (Essentials). Springer. [Bedeutung der digitalen Strategie und Realisierung eines virtuellen Gesundheitszentrums als Ergänzung oder Alternative zu klassischen BGM-Strukturen]
- Treier, M., & Uhle, T. (2019). *Einmaleins des betrieblichen Gesundheitsmanagements: Eine Kurzreise in acht Etappen zur gesunden Organisation* (Essentials) (2. Aufl.). Springer. [Reiseplanung für eine gesunde Organisation, Modell und Ansatzpunkte, Konsolidierung und Standardisierung]

Handlungsfelder des Betrieblichen Gesundheitsmanagements

Inhaltsverzeichnis

© Der/die Autor(en), exklusiv lizenziert an Springer-Verlag GmbH, DE, ein Teil von Springer Nature 2023
M. Treier, *Betriebliches Gesundheitsmanagement*, https://doi.org/10.1007/978-3-662-67152-8_4

4

Übersicht zum Kapitel

Die Handlungsfelder des Betrieblichen Gesundheitsmanagements reichen von der individuellen Gesundheitsförderung über das Arbeitsschutzmanagement bis hin zur Organisationsentwicklung. Das Kapitel widmet sich zunächst den **Kontextfaktoren** Politik und Kultur als *Werterahmen* sowie Kommunikation und Didaktik als *Handlungsrahmen*, um dann auf konkrete **Ansatzpunkte** aus Sicht der Verhältnis- und Verhaltensprävention einzugehen. Die Verhältnisprävention bezieht sich auf die Bedingungsfaktoren, die Verhaltensprävention auf den Menschen. Entscheidend für den Erfolg ist das Zusammenspiel von Verhalten und Verhältnissen. Dies kommt in der **Präventionsmatrix** zum Ausdruck. Ziel ist es, sowohl krankmachende Ursachen zu beseitigen oder zu minimieren als auch die individuellen Gesundheitsressourcen zu stärken. Eine Priorisierung der Handlungsfelder als Verhältnisse vor Verhalten erweist sich angesichts der veränderten Arbeits- und Lebenswelten als obsolet und wird hier nur aus didaktischen Gründen vorgenommen.

🔘 Lernziele

Gesundheitliche Rahmenbedingungen des BGM
- Die gesundheitspolitischen Herausforderungen und Ziele des BGM diskutieren können.
- Das Mehrebenenmodell der Gesundheitskultur darstellen und dabei die Bedeutung der Gesundheitskultur für das BGM diskutieren können.
- Den Nutzen betrieblicher Gesundheitskommunikation erläutern können.
- Erklären können, was eine erfolgreiche Gesundheitskommunikation ausmacht.
- Gesundheitskommunikation und Gesundheitsmarketing unterscheiden können.
- Erläutern können, warum die Gesundheitsdidaktik als Ermöglichungsdidaktik zu übersetzen ist.
- Gestaltungsprinzipien der Gesundheitsdidaktik skizzieren können.
- Die Paradigmen der Gesundheitsdidaktik voneinander abgrenzen und den Paradigmenwechsel und seine Implikationen für das BGM beschreiben können.

Ansatzpunkte im BGM
- Das Grundmodell menschengerechter Arbeit skizzieren können.
- Diskutieren, warum eine Priorisierung der Ansatzpunkte in der neuen Arbeitswelt obsolet ist.
- Begründen, warum die Arbeitsanalyse in Verbindung mit der Gefährdungsbeurteilung psychischer Belastung am Anfang der Präventionsarbeit stehen sollte.
- Handlungsfelder der Verhältnisprävention anhand von Beispielen skizzieren.

- Das Primat der Arbeitsaufgabe erläutern und Merkmale gut gestalteter Arbeitsaufgaben aufzählen können.
- Definieren, was unter Arbeitsstrukturierung zu verstehen ist.
- Unterschiedliche Perspektiven der Arbeitsplatzgestaltung unterscheiden und Herausforderungen der Arbeitsplatzgestaltung im Kontext von Arbeit 4.0 diskutieren können.
- Perspektiven und Aufgaben einer gesundheitsorientierten Führung darstellen und die Rolle der Führung im BGM begründen können.
- Den Setting-Ansatz für eine nachhaltige Gesundheitsstrategie beschreiben.
- Merkmale und Handlungsfelder einer gesunden Organisationsgestaltung darstellen.
- Handlungsfelder der Verhaltensprävention an Beispielen skizzieren.
- Gesundheitskompetenz und Health Literacy entschlüsseln und voneinander abgrenzen.
- Ansatzpunkte zur Erhöhung der arbeitsbezogenen Gesundheitskompetenz aufzeigen.
- Gesundheitsverhalten, Gesundheitshandeln und Lebensstile voneinander abgrenzen können.
- Modelle des Gesundheitsverhaltens hinsichtlich ihrer zugrunde liegenden Konstrukte darstellen und das sozialkognitive Prozessmodell HAPA als integrativen Ansatz beschreiben.
- Mediator- und Moderatoreffekte des Gesundheitsverhaltens erklären können.
- Aufzeigen, welche Schritte bei einer systematischen Interventionsplanung zu beachten sind.

Ganzheitliches Präventionsmanagement
- Den Anspruch der Ganzheitlichkeit in der Präventionsarbeit diskutieren.
- Erklären, was eine Präventionsmatrix ist und welche Ziele mit ihr verfolgt werden.
- Das Schichten-, Struktur- und Spezifitätsmodell der Prävention vorstellen und deren Implikationen für das Präventionsmanagement verdeutlichen können.
- Diskutieren, was das Präventionsdilemma für das BGM bedeutet.

In diesem Kapitel werden die **Handlungsfelder des BGM** konkretisiert. Dabei wird auf eine Gliederung der Handlungsfelder nach Gesundheitsakteuren bzw. Säulen des BGM wie Arbeitsschutz, Arbeitsmedizin, Personalentwicklung oder BGF verzichtet, da diese in einem integrativen Ansatz rollenbezogen zunehmend ineinander greifen (▶ Abschn. 3.2). Das Kapitel widmet sich Maßnahmen auf der Verhaltens- und Verhältnisebene (vgl. Michel & Hoppe, 2022). Die **Multiperspektivität der Interventionen** im BGM begründet

Abb. 4.1 Multiperspektivität im BGM nach Treier (2019c, S. 217)

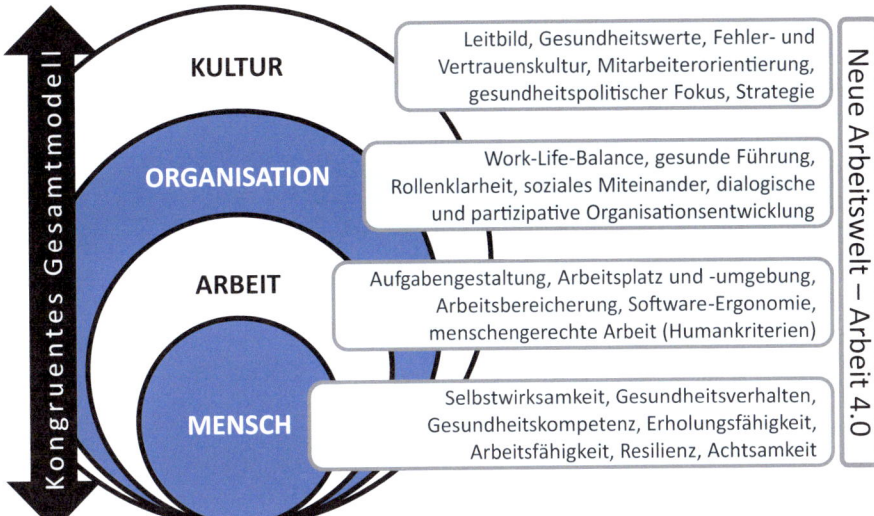

sich durch die ineinander greifenden Handlungsebenen Mensch, Arbeit, Organisation und Kultur (Treier, 2019c, S. 216 f.) (■ Abb. 4.1). Sowohl das Rahmenmodell der gesunden Organisation (▶ Abschn. 2.1.4) als auch das Haus der Arbeitsfähigkeit (▶ Abschn. 2.3.2) stehen für diesen *ganzheitlichen Ansatz als Leitbild einer gesunden Organisation*, dessen Maßnahmenportfolio sich auch in den INQA-Themenfeldern widerspiegelt – Führung, Vielfalt, Gesundheit und Kompetenz bauen auf fairen und verlässlichen Arbeitsbedingungen auf (vgl. Richter & Sieker in Faller, 2017, S. 457 ff.). Das Dach berücksichtigt **Kontextfaktoren** wie Politik und Kultur und ermöglicht ein ganzheitliches, systematisches und kohärentes BGM gemäß den gemeinsamen Gesundheitswerten (▶ Abschn. 4.1). Diese Kontextfaktoren bestimmen die Auskleidung der inhaltlichen **Bausteine**, die sich auf der Verhaltensebene mit Gesundheit und Kompetenz und auf der Verhältnisebene mit gesunden Arbeits- und Organisationsbedingungen nebst Führung befassen (▶ Abschn. 4.2). Dabei wird die Maxime vertreten, dass eine gesunde Organisation nicht nur auf gesunden Verhältnissen beruht, sondern auf aktiven und gesundheitskompetenten Menschen in gesunden Organisationen. Diese **kombinierte Strategie** wird in der Präventionsmatrix umgesetzt (▶ Abschn. 4.3) (■ Tab. 4.6).

4.1 Kontextfaktoren im Betrieblichen Gesundheitsmanagement

BGM ist nicht nur operativ unterwegs, sondern basiert auf einem politischen, kulturellen, kommunikativen und didaktischen Rahmen als **Framework**, um eine konsistente, systematische und nachhaltige Gesundheitsstrategie zu initiieren, Gesundheit als unternehmenspolitisches Ziel zu verankern, Gesundheit aus Organisationssicht in allen Be-

reichen aktiv zu gestalten, Orientierung zu geben und Barrieren in der Organisation abzubauen (vgl. Badura et al., 2010; Badura, 2017; Osterspey, 2018). Gesundheit steht dabei in der unternehmerischen Gesamtverantwortung in Analogie zum CSR-Konzept (Corporate Social Responsibility) (vgl. Kuhn, 2017). Ein **sozial verantwortlich durchgeführtes BGM** bestimmt die Handlungsparameter in einer gesundheitsorientierten Personal- und Organisationsarbeit, weshalb die bewusste Gestaltung der Kontextfaktoren kein Nebenschauplatz im BGM ist. So basiert bspw. die Planung und Legitimation von BGM auf diesen Kontextfaktoren. An erster Stelle steht die **Gesundheitspolitik**, da sie auf der Basis eines gemeinsamen Gesundheitsverständnisses im Sinne der **Gesundheitskultur** die Wirkungsketten und Prioritäten der Präventions- und Gesundheitsarbeit definiert. Politik und Kultur bestimmen in der Praxis nicht nur das gemeinsame Gesundheitsverständnis, sondern auch den ökonomischen und sozialen Wert von Gesundheit aus organisatorischer Sicht. Werte als Orientierungspunkte müssen nach dem Motto „*Tue Gutes und rede darüber*" sprechen lernen, um handlungswirksam zu werden – betriebliche **Gesundheitskommunikation** vermittelt das Anliegen der gesunden Organisation an alle Beteiligten und aktiviert. Auch methodische und pädagogische Ansätze müssen identifiziert werden, um ein effektives und qualitativ hochwertiges BGM zu erreichen – die **Gesundheitsdidaktik** bestimmt die pädagogischen Leitlinien des Gesundheitslernens und Gesundheitshandelns.

> ❯ Die Kontextfaktoren bestimmen den **Handlungs- und Werterahmen** für die gesunde Organisation und geben damit die Textur und die Dramaturgie für das BGM vor. Fehler oder Widersprüche in den Kontextfaktoren schlagen sich kritisch in den Handlungsfeldern des BGM nieder und umgekehrt stärkt ein kohärenter Rahmen das BGM.

4

4.1.1   Betriebliche Gesundheitspolitik

» „Die betriebliche Gesundheitspolitik definiert Prioritäten zum Schutz und zur Förderung von Gesundheit und Sicherheit der Mitarbeiter. Sie formuliert das dabei zur Anwendung kommende Verständnis von Gesundheit und legt die angenommenen Wirkungsketten fest. Als Teil der Unternehmenspolitik muss sie den Unternehmenszielen ebenso dienen wie dem Wohlbefinden und der Leistungsfähigkeit der Mitarbeiter." (Badura et al., 2010, S. 1)

Das **Politische im BGM** ist geprägt von Interessenpluralität, wechselnden internen und externen Akteurskonstellationen und divergierenden Wertvorstellungen (vgl. Beck, 2013). Gesundheit als hochpolitisches und normatives gesellschaftliches Thema lässt sich nicht ausschließlich sachlogisch in Anlehnung an Regelwerke wie das ArbSchG administrieren, sondern die vom Gesetzgeber eingeräumten **gesundheitspolitischen Spielräume** müssen in der politischen Arena im Betrieb ausgehandelt und ausgefüllt werden. Generell verfolgt Gesundheitspolitik aus gesellschaftlicher Perspektive das Ziel, den Gesundheitszustand und die Versorgungsqualität für alle Betroffenen zu verbessern, indem Strukturen, Akteure und Funktionsprinzipien des Gesundheitssystems auf den Prüfstand gestellt werden (vgl. Loer, 2022). *Hier wird die eingeschränkte Perspektive der Arbeitswelt betrachtet.* Dementsprechend finden sich v. a. in größeren Organisationen unterschiedliche Auffassungen darüber, was BGM leisten kann, wie BGM zu organisieren ist und welchen Stellenwert BGM in der Organisation reklamieren soll. Die **Wechselwirkungen zwischen den Interessen** des Unternehmens, der Beschäftigten und ihrer Interessenvertretung unter Berücksichtigung der Vorgaben des regulierenden Sozialstaates erzeugen Erwartungsdiskrepanzen und Widersprüche, die durch eine betriebliche Gesundheitspolitik aufgefangen und gelöst werden müssen. Die Lösung sollte möglichst nicht als singuläre Entscheidung partikularer Interessen, begründet in der jeweiligen Machtkonstellation der Akteure, sondern als **organisationaler Lernprozess** unter Einbeziehung vieler Beteiligter im Spannungsfeld zwischen individuellem Handeln und organisationaler Steuerung erfolgen, um Akzeptanz und Innovation zu erreichen (vgl. Schubert, 2019). Betriebe, Staat, Sozialpartner und überbetriebliche Akteure aus Dienstleistung, Bildung und Wissenschaft sind sich jedenfalls – bei allen Unterschieden in der politischen Umsetzung

und Ausgestaltung – einig in der **Bewertung der betrieblichen Gesundheitspolitik** als wichtigen Baustein der Prävention, weil sie den notwendigen Strategiewechsel in einer sich wandelnden Arbeitswelt in einer Gesundheitsgesellschaft mit einem veränderten und erweiterten Gesundheitsbewusstsein ermöglicht (vgl. Kickbusch & Hartung, 2014) (► Abschn. 1.3.2 und 1.3.3).

❗ Ein **Konsens ist in der betrieblichen Gesundheitspolitik** ebenso wenig erreichbar wie in der gesellschaftlichen Gesundheitspolitik, obwohl Gesundheit als selbsterklärender Wert von allen Beteiligten geschätzt wird.

4.1.1.1   Bestimmungsmomente der Gesundheitspolitik

Aus betrieblicher Sicht ist die Abgrenzung zum BGM schwierig, da sich gesundheitspolitische und managementbezogene Aktivitäten kaum voneinander trennen lassen. Grundsätzlich lässt sich festhalten, dass die betriebliche Gesundheitspolitik die zu erwartenden Standards und Zielwerte für die Umsetzung im BGM festlegt. Sie berücksichtigt Entscheidungswege, Zuständigkeiten und Ressourcen und legitimiert Maßnahmen auf der operativen Ebene der Prävention und Gesundheitsförderung.

■   **Zwei Sichtweisen**

Es lassen sich **zwei Sichtweisen** unterscheiden. BGM setzt gesundheitspolitische Forderungen mit Hilfe betrieblicher Strukturen und Prozesse um – in dieser Sichtweise ist BGM ein ausführendes Managementmodell (vgl. Weigl in Gutmann, 2016, S. 26). Ulich und Wülser (2018, S. 204) sehen hingegen das BGM selbst als politische Instanz. *„Das Gesundheitsmanagement beinhaltet sowohl die Festlegung der betrieblichen Gesundheitspolitik als auch die Planung, Organisation, Durchführung und Kontrolle von strukturellen und prozessbezogenen Gesundheitsmaßnahmen und -programmen."* Unabhängig von der Frage, ob BGM als Umsetzungskonzept oder als politische Instanz fungiert, ist für das Gesundheitshandeln in Organisationen entscheidend, dass anerkannte **Regeln als politischer Bezugsrahmen** festgelegt werden, die die betriebliche Präventionsarbeit und Gesundheitsförderung bestimmen.

❗ Dabei ist darauf zu achten, dass keine **Abkopplung von anderen Politikfeldern** wie der betrieblichen Leistungs-, Personal- oder Sozialpolitik erfolgt (► Abschn. 4.1.1.3).

> **Betriebliche Gesundheitspolitik**
>
> Die **betriebliche Gesundheitspolitik** als Teil der Unternehmenspolitik definiert das Ziel- und Strategiefeld hinsichtlich der Erhaltung, Förderung und Wiederherstellung der Gesundheit sowie der Gewährleistung der Sicherheit der Beschäftigten. Die soziale Ordnung in der Organisation bestimmt die politische Umsetzung. Betriebliche Gesundheitspolitik ist der artikulierte Ausdruck des allgemeinen Verständnisses von Gesundheit aus Sicht der Organisation und der postulierten, möglichst wissenschaftlich abgesicherten Wirkungsketten. Sie dient sowohl den Organisationszielen aus der Wertschöpfungsperspektive als auch den einzelnen Beschäftigten aus der Sozialperspektive.

■ **Politische Positionierung des BGM**

Betriebliche Gesundheitspolitik erklärt die Gesundheitsförderung in Organisationen zum Anliegen und macht Gesundheit zum Führungsthema als Ausdruck der **Anwaltschaft für Gesundheit** (▶ Abschn. 4.2.3.4). Das Top-Management sollte sich öffentlich für die Gesundheitsrechte in der Organisation im Sinne einer Positionierung als politisches Statement einsetzen. Die Vision, dass Menschen an gesunden Arbeitsplätzen in einer gesunden Organisation arbeiten, erfordert eine **Konsenspolitik** zwischen den betrieblichen Akteuren trotz unterschiedlicher Machtverhältnisse und vorherrschender Partikularinteressen. Betriebliche Gesundheitspolitik hilft, sich im Wandel der Arbeitswelt unter Berücksichtigung der gesetzlichen Grundlagen und gesellschaftlichen Rahmenbedingungen zu positionieren. Gerade die zunehmende Deregulierung im Arbeitsschutzrecht und die Flexibilisierung der Arbeitswelten erweitern das Handlungsfeld der Gesundheitspolitik, da die **Gestaltungsspielräume** zunehmen und damit auch die politisch zu verhandelnden Lücken und Grauzonen (vgl. Beck, 2013, S. 17). Dies gilt v. a. für diejenigen Bereiche des BGM, die nur eine schwache rechtliche Verankerung aufweisen, wie z. B. die BGF (▶ Abschn. 1.4).

■ **Politikwissenschaftliche Differenzierung**

Um die **Bestimmungsmomente von Gesundheitspolitik** in Organisationen zu verdeutlichen, kann auf eine politikwissenschaftliche Differenzierung der Dimensionen des Politischen im BGM rekurriert werden (vgl.

Beck, 2013, S. 10 f.; Müller, 2002). Diese analytische Unterscheidung verdeutlicht, dass Inhalte, Prozesse und Formen die gesundheitspolitische Arena konturieren.

A. **Policy = Inhalt:** inhaltliche Dimensionen und Zielvariablen, Ergebnis eines gesamt- und betriebspolitischen Prozesses der Auslegung von Anforderungen gemäß Regelwerken, z. B. erweitertes Gesundheitsverständnis mit präventiver Ausrichtung in Anlehnung an den ganzheitlichen Arbeitsschutz gemäß Arbeitsschutz-Rahmenrichtlinie 89/391/EWG oder die Berücksichtigung psychischer Belastungen gemäß Novellierung des ArbSchG von 2013.

B. **Politics = Prozess:** durch Partikularinteressen von Konflikten und mikropolitischem Verhalten geprägt, Entscheidungs- und Willensbildungsprozesse zur Umsetzung der Regelungen dominieren, z. B. aus externer Sicht die Rolle der Berufsgenossenschaften als Beratungs- oder Kontrollinstanz oder aus interner Sicht die Frage der Steuerungshoheit im BGM.

C. **Polity = Form:** formale Organisation von Gesundheit, institutionelle Abbildung als hierarchisches System, Festlegung von Regeln und Normen, z. B. Einrichtung des Arbeitsschutzausschusses als Ort betrieblicher Gesundheitspolitik nach ASiG.

❯ Die Prozesse stehen in der betrieblichen Gesundheitspolitik im Mittelpunkt.

In der praktischen betrieblichen Gesundheitspolitik stehen die **Prozesse** (Politics) im Mittelpunkt, da bei der Übersetzung der politischen Vorgaben unterschiedliche Akteure mit spezifischen Werten, Interessen und Überzeugungen interagieren (vgl. Beck, 2013, S. 13 f.). Sie nehmen Einfluss auf die praktische Übersetzung des BGM. Dabei erschweren Ressortegoismen und Silodenken die notwendigen Abstimmungs- und Aushandlungsprozesse. Die Interessenspluralität und die Konfiguration der betrieblichen Akteure im Handlungsfeld Gesundheit behindern insbesondere in größeren Organisationen mitunter die Zusammenarbeit und erfordern eine konsequente Prozesssteuerung. Ein transparentes und politisch ausbalanciertes Organisationsmodell kann der betrieblichen Gesundheitspolitik hier einen geeigneten Rahmen bieten (Treier & Uhle, 2019, S. 25 ff.) (▶ Abschn. 3.3.2 und Infobox „Verantwortungsdiffusion").

4

Verantwortungsdiffusion

Die **Berücksichtigung psychischer Belastungen** ist nach dem ArbSchG verpflichtend. Die Umsetzung kann als politischer Prozess dargestellt werden. Vom Gesetzgeber im ArbSchG vorgegeben, bleibt die Konkretisierung den Betrieben überlassen – Spielräume gibt es z. B. bei der Frage, wie psychische Belastungen überhaupt ermittelt werden, wie oft diese Erfassung erfolgen muss und was geeignete Maßnahmen bei Fehlbelastungen sind. *Die Unbestimmtheit schafft Raum für politische Deutungsprozesse.* Am Anfang steht die Problemdefinition. Aus politischer Sicht ist es aufgrund der Interessenspluralität und der damit verbundenen Perspektivenvielfalt ratsam, eine standardisierte Gefährdungsbeurteilung psychischer Belastung durchzuführen, um eine gemeinsame Wahrnehmung der Problemlage zu erreichen. Daran schließt sich die Frage nach der Relevanz an. Entscheidend ist, dass psychische Belastungen als verbindliches Thema auf die Agenda des etablierten Arbeitsschutzes gesetzt werden und damit nicht mehr als Nebenaufgabe an den Rand gedrängt werden können. Die positive Veränderung psychischer Belastungen ist eine langfristige Herausforderung, die mehrperspektivisch Aufgaben, Personen, Organisation und Kultur adressiert (Abb. 4.1). Daher ist ein **strategisches Leitbild** erforderlich. Damit dieses von allen Akteuren mitgetragen wird, bedarf es einer politischen Diskussionsebene. Auch die Umsetzung ist politisch geprägt, denn es muss geklärt werden, wer für psychische Belastungen primär zuständig ist – je nach Akteurskonstellation im Betrieb der AGS, die BGF oder die Organisationsentwicklung – hier besteht die **Gefahr einer Verantwortungsdiffusion** aufgrund fehlender Kompetenzen oder unklarer Rahmenbedingungen. Am Ende steht die Evaluation der Maßnahmen – diese ist auch im politischen Diskurs verankert, da es um Legitimation und weitere Planung geht.

4.1.1.2 Ebenen der Gesundheitspolitik

Die **allgemeine Gesundheitspolitik** in Bezug auf Versorgungsmanagement und Public Health beeinflusst die betriebliche Gesundheitspolitik mit ihren Empfehlungen und Erwartungen, die sich in Gesetzen wie dem PrävG niederschlagen (vgl. Gerlinger & Rosenbrock in Razum & Kolip, 2020, S. 954 ff.; Mosebach et al. in Hurrelmann et al., 2018, S. 451 ff.). Betriebliches Gesundheitshandeln ist nicht isoliert und kann sich auch nicht von den Ansprüchen einer Gesundheitsgesellschaft (Public Health) distanzieren, um nicht Erwartungsbrüche, Attraktivitäts- und Akzeptanzverluste zu riskieren (vgl. Habermann-Horstmeier, 2017; Kickbusch & Hartung, 2014; Schwartz et al., 2022).

■ **Ebenen der Gesundheitspolitik**

Normen und Regeln werden auf verschiedenen **Ebenen der Gesundheitspolitik** definiert und konkretisiert (Beck, 2013, S. 19 ff.) (Abb. 4.2). Auf der **Mikroebene** des Betriebes werden im Spannungsfeld von Arbeitnehmer- und Arbeitgeberinteressen die Anforderungen der Meso- und Makroebene ausgehandelt und übersetzt – Spielräume werden konstruktiv oder ggf. aus mikropolitischen Gründen destruktiv genutzt, um Gesundheit zu verorten. Entscheidend sind die beteiligten Akteure und ihre faktischen Beziehungskonstellationen, die vorhandenen Strukturen, die fördernd oder hemmend wirken, die Art und Weise der informellen und formellen Aushandlungsprozesse sowie die erzielten und dokumentierten Ergebnisse als Legitimationsbasis für zukünftiges Handeln. Auf der **Mesoebene** finden sich verschiedene Verbände, Netzwerke und Institutionen auf regionaler, Landes- oder Bundesebene, die nicht nur aus fachlicher Sicht Richtlinienkompetenz beanspruchen, sondern auch neue Themen besetzen, Betriebe begleiten und unterstützen sowie Innovationen fördern. Die größte Herausforderung ist dabei die gemeinsame Koordination der vielfältigen Anstrengungen, um die Gesundheit und Sicherheit aller Beschäftigten trotz vielfältiger und neuer Belastungsformen zu erhalten und zu fördern – die *Gemeinsame Deutsche Arbeitsschutzstrategie* (GDA) gilt als Träger und Plattform für die Koordination und Abstimmung der gesundheitsbezogenen Aktivitäten auf der Mesoebene. Die rechtlich-institutionelle Abbildung als Arbeitsschutzrecht erfolgt auf der **Makroebene**, denn hier werden auf nationaler oder supranationaler Ebene Gesetze, Regeln und Richtlinien festgelegt, um z. B. eine Integration und Harmonisierung der Arbeitsschutzpolitik auf europäischer Ebene zu erzielen. Viele Vorgaben sind hier relativ abstrakt bzw. ermöglichen den unteren Ebenen eine entsprechende eigenständige Konkretisierung.

A. **Makroebene:** Sie betrifft die nationale und supranationale Ebene und konzentriert sich auf Gesetze, Verordnungen und Richtlinien (Legislative). Diese Ebene legt Rechte und Pflichten fest und versucht z. B. auf europäischer Ebene zu harmonisieren. Für die nationalstaatliche Umsetzung ist in Deutschland das duale System prägend, das die Gesetzgebungs- und Kontrollkompetenzen festlegt (▶ Abschn. 1.4.1). Internationale Organisationen wie die Internationale Arbeitsorganisation (ILO, ▶ www.ilo.org), europäische Gremien und Netzwerke wie die Europäische Agentur für Sicherheit und Gesundheitsschutz am Arbeitsplatz (EU-OSHA, ▶ https://osha.europa.eu) oder das Europäische Netzwerk für Betriebliche

Konkretion der Rechte und Pflichten ⟷ Abstraktion der Rechte und Pflichten

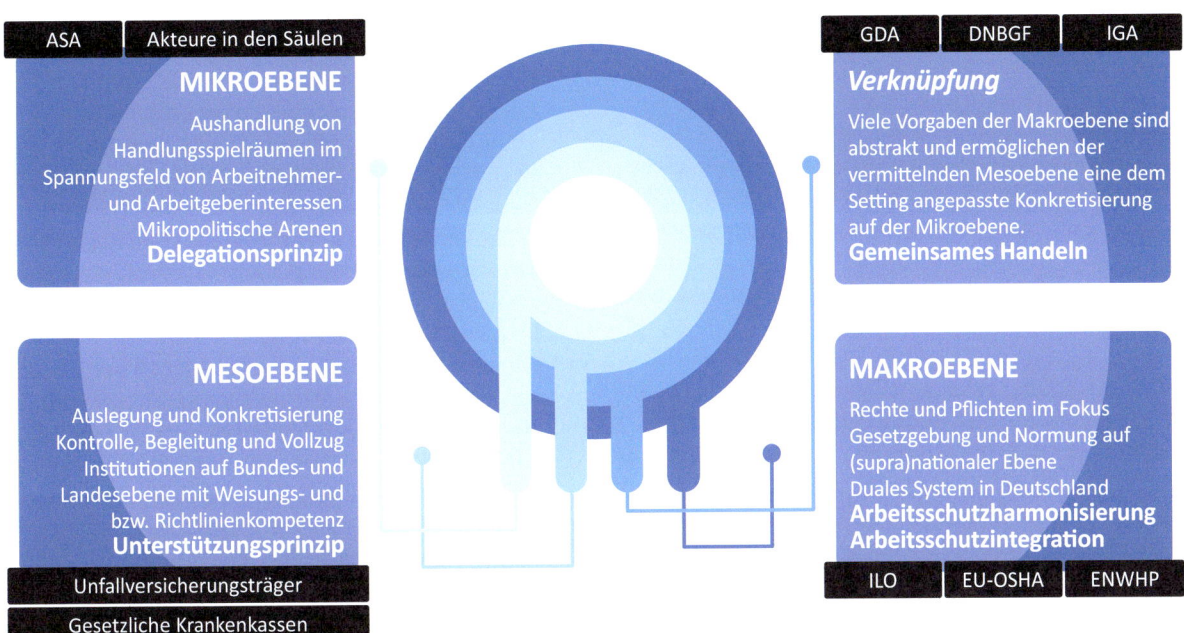

| ASA | Akteure in den Säulen |

MIKROEBENE

Aushandlung von
Handlungsspielräumen im
Spannungsfeld von Arbeitnehmer-
und Arbeitgeberinteressen
Mikropolitische Arenen
Delegationsprinzip

MESOEBENE

Auslegung und Konkretisierung
Kontrolle, Begleitung und Vollzug
Institutionen auf Bundes- und
Landesebene mit Weisungs- und
bzw. Richtlinienkompetenz
Unterstützungsprinzip

Unfallversicherungsträger
Gesetzliche Krankenkassen
Verbände der Sozialpartner

| GDA | DNBGF | IGA |

Verknüpfung

Viele Vorgaben der Makroebene sind
abstrakt und ermöglichen der
vermittelnden Mesoebene eine dem
Setting angepasste Konkretisierung
auf der Mikroebene.
Gemeinsames Handeln

MAKROEBENE

Rechte und Pflichten im Fokus
Gesetzgebung und Normung auf
(supra)nationaler Ebene
Duales System in Deutschland
Arbeitsschutzharmonisierung
Arbeitsschutzintegration

| ILO | EU-OSHA | ENWHP |

◼ **Abb. 4.2** Ebenen der Gesundheitspolitik

Gesundheitsförderung (ENWHP, ▶ https://www.enwhp.org/) agieren auf der Makroebene und bilden eine übergreifende Richtlinienkompetenz.

B. **Mesoebene:** Hier erfolgt die Auslegung, Konkretisierung und Abstimmung zu den Regelungen der Makroebene, artikuliert in Leitlinien sowie Erklärungs- und Umsetzungshilfen bei der Standardisierung des BGM, aber auch eigenständige Einflussnahme durch Platzierung neuer Themen wie Arbeit 4.0. Mit der Übersetzung befassen sich sozialstaatliche Institutionen wie Unfallversicherungen, Berufsgenossenschaften oder staatliche Gewerbeaufsicht, Verbände der Sozialpartner (Gewerkschaften, Arbeitgeberverbände), Träger der gesetzlichen Krankenversicherung und Rentenversicherungsträger. Die Zusammenarbeit ist zum Teil geregelt, z. B. in Unfallverhütungsvorschriften. Um die vielfältigen Aktivitäten zu bündeln und zu koordinieren, ist die Gemeinsame Deutsche Arbeitsschutzstrategie eine zentrale Plattform mit Nationalen Arbeitsschutzkonferenzen, Arbeitsschutzforum und Arbeitsgruppen (GDA, ▶ https://www.gda-portal.de/), aber auch Netzwerke und Initiativen wie das Deutsche Netzwerk für Betriebliche Gesundheitsförderung (DNBGF, ▶ www.dnbgf.de) oder die Initiative Gesundheit und Arbeit (IGA, ▶ www.iga-info.de) fungieren als Podien der gemeinsamen Verständigung.

C. **Mikroebene:** Es ist der Betrieb mit seinen Akteuren, der die Realität vor Ort schafft. Ziel ist es, die Spielräume, die der Gesetzgeber zulässt, unter Berücksichtigung der Richtlinienkompetenz der Meso- und Makroebene proaktiv zugunsten der Gesunderhaltung und Gesundheitsförderung sowie der Minimierung von Arbeitsrisiken zu nutzen. Dabei gilt das Delegationsprinzip, denn die Letztverantwortung liegt beim Arbeitgeber, der aber Aufgaben und Kompetenzen delegieren kann. Je nach Organisation sind unterschiedliche Präventionsfachkräfte wie Sicherheitsfachkräfte, Betriebsärzte, Sicherheitsbeauftragte und im weiteren Sinne auch Führungskräfte und Beschäftigte nach dem Prinzip der Partizipation mit der Gestaltung der gesunden Organisation betraut. Ein zentrales gesundheitspolitisches Gremium ist der Arbeitsschutzausschuss (ASA), in dem Arbeitgeber- und Arbeitnehmervertreter sowie Präventionsfachkräfte zusammenwirken.

❯ Das Zusammenspiel der gesundheitspolitischen Ebenen konkretisiert sich vor Ort im Betrieb in der politischen **Aushandlung der Handlungsspielräume**, die die betriebliche Gesundheitspolitik bestimmen. Der ASA ist dabei ein wichtiges gesundheitspolitisches Gremium.

4.1.1.3 Gestaltungsfaktoren und Herausforderungen

» „In diesem Sinne sollten Beschreibungen und Analysen betrieblicher Gesundheitspolitik auch den Blick schärfen können für die Freiräume und damit verbundenen Potenziale, bestehende ‚interessierte Ordnungen' so zu beeinflussen und weiterzuentwickeln, dass sie der Realisierung von Interessen, Wertvorstellungen und Überzeugungen, die auf die Gesunderhaltung der Beschäftigten gerichtet sind, und der Umsetzung einer entsprechenden betrieblichen Prävention und Gesundheitsförderung dienlich(er) werden." (Beck, 2013, S. 26)

Gesundheitspolitik ist nicht nur eine Frage des politischen Handelns auf der Bühne der politischen Akteure, sondern sieht sich mit konkreten Herausforderungen konfrontiert, die eine entsprechende Gestaltung auf politischer Ebene erfordern und gesundheitspolitische Entscheidungen nach sich ziehen, die alle Handlungsfelder des BGM tangieren.

▪ **Herausforderungen für die Gesundheitspolitik**

Aus gesundheitspolitischer Sicht ergeben sich einige **Herausforderungen** in Organisationen bei der Implementierung von BGM (vgl. Badura et al., 2010, S. 9 ff; Rosenbrock in Faller, 2017, S. 501 ff). Herausforderungen wie der Wandel der Arbeitswelt mit zunehmender Flexibilisierung und Verschmelzung von Berufs- und Privatleben (Work-Life-Blending), die steigenden Anforderungen durch Richtlinien und Gesetze, die Wissensexplosion in Bezug auf arbeits- und gesundheitswissenschaftliche Erkenntnisse, die Notwendigkeit der ökonomischen Bewertung von Gesundheitshandeln oder die ausgeprägte Pluralität der Interessen manifestieren, dass BGM ohne eine **entschlossene Gesundheitspolitik** scheitern wird. Gesundheitspolitik definiert das Selbstverständnis im Umgang mit diesen und anderen Herausforderungen.

— **Dokumentationsdefizite:** Der Stand der betrieblichen Gesundheitspolitik wird häufig nicht dokumentiert. Die Ergebnisse bleiben informell. Dies bezieht sich v. a. auf die Diskussionen zwischen den Akteuren und auf die Aushandlungsprozesse. Dies schafft Raum für mikropolitisches Handeln.

— **Gefahr der Entkoppelung:** Die Gesundheitspolitik darf nicht von den anderen Politikbereichen der Organisation abgekoppelt werden, sondern muss in die Unternehmenspolitik integriert werden. Eine Entkoppelung ist v. a. dann zu erwarten, wenn die Gesundheitspolitik dezentralisiert wird.

— **Interpretationsspielraum:** Die Abstraktheit der Regelungen ermöglicht eigene Kreativität, schafft aber auch Schlupflöcher, um notwendige Anforderungen aus Sicht des BGM zu umgehen.

— **Kleine Organisationen:** Viele KMU haben keine dezidierte betriebliche Gesundheitspolitik und verfügen auch nicht über die notwendigen Strukturen, um entsprechende Netzwerke aufzubauen.

— **Laienkonzepte:** Teilweise sind die Kompetenzen in Pflichtbereichen wie dem Arbeitsschutz vom Gesetzgeber vorgegeben, bei freiwilligen Leistungen wie der BGF besteht die Gefahr der Deprofessionalisierung.

— **Neue Arbeitsformen:** Hier bestehen Wissenslücken, da die gesundheitlichen Implikationen neuer Arbeitsformen (New Work, Arbeit 4.0) häufig noch nicht ausreichend berücksichtigt werden. Entsprechende betriebliche Vereinbarungen fehlen.

— **Ökonomische Zwänge:** Der Spagat zwischen betrieblichen und sozialen Zielen zeigt sich v. a. dann, wenn die Organisation in Schieflage gerät. Grundsätzlich kämpft BGM aus gesundheitspolitischer Sicht um soziale Nachhaltigkeit der Maßnahmen in Konkurrenz zu kurzfristigen ökonomischen Zielen.

— **Reparaturmentalität:** Die fehlende strategische Ausrichtung zeigt sich auch in einer Reparatur- und Kompensationsmentalität. Erst wenn Probleme auftreten – z. B. hohe Fehlzeiten oder steigende Unfallzahlen – reagiert das System.

— **Unterbewertung des Sozial- und Humankapitals:** Für die Gesundheitspolitik ist die Ressourcenfrage entscheidend. Hier konkurrieren Politikfelder um knappe Güter. Wenn in einer Organisation weiche Faktoren wie das Sozialkapital nicht im strategischen Controlling berücksichtigt werden, wird sich der Gesundheitsbereich mit Brosamen begnügen müssen.

— **Verantwortungsdiffusion:** Der Arbeitgeber ist verantwortlich und wird Weisungsbefugnisse und Kompetenzen delegieren, um der Komplexität der Thematik gerecht zu werden. In der Praxis treten Themen wie psychische Belastungen auf, deren Regelung unklar ist, d. h. niemand weiß genau, wer dafür zuständig ist (Rolleninterpretation). Personale Voraussetzungen – mangelnde Qualifizierung und Professionalisierung – und betriebliche Rahmenbedingungen – unzureichende Kommunikation, fehlende Gesundheitskultur und zurückhaltende Haltung der Führungskräfte – erschweren das Handeln. Die Verantwortung wird nach dem Ping-Pong-Prinzip hin und her geschoben.

— **Viele Akteure:** Nicht nur innerbetrieblich gibt es je nach Organisationsgröße unterschiedliche Akteure, auch die Sozialpartner, der Staat und überbetriebliche Organisationen wirken auf das betriebliche Gesundheitsgeschehen ein. Die Pluralität der Interessen erfordert aufwändige Aushandlungs- und Organisationsprozesse, um ein abgestimmtes Handeln zu erreichen.

> Angesichts der vielfältigen gesundheitspolitischen Herausforderungen muss das Thema Gesundheit als Top-Managementaufgabe in der Organisation verankert werden.

■ **Gestaltungsmaximen der Gesundheitspolitik**

Aus den Herausforderungen ergeben sich **Gestaltungsmaximen**, die aus gesundheitspolitischer Sicht den Rahmen für das BGM bilden. Sie spiegeln sich insbesondere auch in den kritischen Erfolgsfaktoren des BGM wider (vgl. Uhle & Treier, 2019; Ulich & Wülser, 2018) (▶ Abschn. 7.2).

– **Grundpfeiler:** Menschlichkeit, Wertschätzung und Vertrauen als Grundwerte im Sinne des Sozialkapitals und Realisierung des Partizipationsanspruchs zur Aktivierung betrieblicher Präventionspotenziale auf der Verhaltens- und Verhältnisebene

– **Paradigmenwechsel:** von pathogenetisch zu salutogenetisch, von passiv (Reparaturergonomie als Kompensationsstrategie) zu aktiv (Selbstbestimmung, Eigenverantwortung), von gesetzlich gefordert zu betrieblich initiiert

– **Ziel:** soziale Nachhaltigkeit, ansonsten besteht die Gefahr eines verpuffenden Strohfeuers

– **Organisation:** Steigerung der Netzwerkaktivitäten, d. h. Förderung der Koordination und Kooperation zwischen betrieblichen Akteuren und außerbetrieblichen Dienstleistern, realisiert als prozessorientierte Projektorganisation (▶ Abschn. 3.3)

– **Stellhebel:** Führung als zentraler Hebel moderner betrieblicher Gesundheitspolitik, begleitende Kompetenzentwicklung und klarer Führungsauftrag durch das Top-Management

– **Aufgaben:** Vermeidung von Arbeitsunfällen, Berufskrankheiten, Reduzierung von Absentismus und Präsentismus im Sinne eines proaktiven Risikomanagements, positive Impulse für Gesundheit und Wohlbefinden als Aktivierungsstrategie, Ansätze zur Steigerung des Sozialkapitals, positive Innen- und Außenwirkung als moderner Arbeitgeber als Teilaspekt der Arbeitgebermarkenstrategie

– **Flankierende Aufgaben:** Festlegung von Indikatoren bzw. Kennzahlen in der strategischen Gesundheitslandkarte, regelmäßige Gesundheitsberichterstattung, aktive Schnittstelle zu externen Akteuren wie den Sozialpartnern, die zur Intensivierung der betrieblichen Gesundheitspolitik beitragen

Unbestimmtheit und Verantwortungsdiffusion
Zahlreiche Herausforderungen prägen das Gesundheitshandeln in Organisationen und erfordern eine klare politische Festlegung. **Zentrale Ansatzpunkte** zur Bewältigung dieser Herausforderungen sind eine offen-

kundige Artikulation der Ziele zum Schutz und zur Förderung von Gesundheit und Sicherheit, die Implementierung einer Kommunikations- und Koordinationsplattform zur Erreichung eines gemeinsamen Gesundheitsverständnisses sowie eine eindeutige Regelung der Verantwortlichkeiten als Grundlage für Steuerung und Evaluation. Insbesondere die in der Praxis häufig anzutreffende **Verantwortungsdiffusion**, die sich z. B. in den Ergebnissen der Sifa-Langzeitstudie 2004 bis 2012 bei den Fachkräften für Arbeitssicherheit in Bezug auf psychische Belastungen als Handlungsfeld im Rahmen der ArbSchG-Novelle 2013 manifestiert (vgl. DGUV, 2013b), ist aus gesundheitspolitischer Sicht eine der gravierenden Baustellen, die sich an einem Beispiel wie folgt äußert: *„(So) kümmert sich die befragte Fachkraft intensiv um ein betriebliches Gesamtkonzept zur Gefährdungsbeurteilung, während sie sich um das Thema psychische Belastungen gar nicht oder kaum kümmert."* (DGUV, 2013b, S. 28) Psychische Belastungen als Gegenstand des Arbeitsschutzes sind seit 2013 ein gesundheitspolitisch herausforderndes Thema, das den etablierten Arbeitsschutz verändert (vgl. Beck, 2019).

4.1.2 Betriebliche Gesundheitskultur

> „Investieren Unternehmen im Zuge des BGM nur in betriebliche Ressourcen materieller und immaterieller Art, ohne (…) Normen und Werte verinnerlicht zu haben, kann nicht von einer Gesundheitskultur gesprochen werden. Kultur ist ein Tiefen- und kein Oberflächenphänomen." (Osterspey, 2018, S. 94)

Jede Organisation hat eine Gesundheitskultur entwickelt, die jedoch in unterschiedlicher Reife und Ausprägung den Stellenwert von Gesundheit im Handlungskodex der Organisation bestimmt (Treier & Uhle, 2019, S. 32). Eine **reife Gesundheitskultur** stellt Gesundheit als Wertfaktor nicht mehr in Frage, sondern erklärt Gesundheit zur *Selbstverständlichkeit* – Gesundheit ist Teil der Identität einer Organisation. Dass sich die Kulturentwicklung als Motor der gesunden Organisation herauskristallisiert, wird in vielen BGM-Modellen, wie z. B. dem Bielefelder Unternehmensmodell, betont, indem Kultur als Treibervariable für die gesunde Organisation identifiziert wird (Badura, 2017, S. 38 ff.) (▶ Abschn. 6.1.2). Die Bedeutung kultureller Faktoren als Sozialkapital nimmt mit den wachsenden Herausforderungen wie dem demografischen Wandel, neuen Arbeits- und Organisationsformen oder der VUCA-Umwelt zu (▶ Abschn. 1.3). Diesen Herausforderungen kann nicht nur durch explizite Regelungen

4

zu Strukturen, Systematik, Standards und Zielen im BGM begegnet werden, sondern erfordert ein **kultursensibles BGM**, dessen Maßnahmen auf einer **resilienzfördernden und salutogenen Organisationskultur** aufbauen (vgl. Hartwig et al., 2016; Ruppi-Lang in Herget & Strobl, 2018, S. 327 ff.). Eine Kultur des Vertrauens und der Kooperation setzt sowohl bei Führungskräften als auch bei Mitarbeitenden an und erfordert eine Verinnerlichung von Gesundheitswerten bei allen Beteiligten. Gemeinsam geteilte und gelebte Gesundheitswerte können hier als **Immunsystem der Organisation** wirken, gerade in Krisenzeiten, in denen die Gesundheitsbemühungen im Kontext einer sich aufweichenden Gesundheitspolitik oft kollabieren (▶ Abschn. 4.1.1). Im Ressourcenmodell wird die Gesundheitskultur als **Organisationsressource** definiert. Die kritische Frage bezieht sich auf das Henne-Ei-Problem bzw. auf die Frage *„Was war zuerst da: Kultur oder Gesundheit?"* Benötigt BGM eine gelebte und gedeihende Gesundheitskultur als Voraussetzung, um sich adäquat entfalten und Wirkung zeitigen zu können, oder verändern singuläre Maßnahmen im BGM als schleichender Sozialisationsprozess das kulturelle Gefüge? Es handelt sich erwartungsgemäß um einen zweiseitigen Ansatz, da Gesundheitsmaßnahmen einerseits kulturelle Impulse geben können und andererseits der kulturelle Rahmen als wertebasiertes Fundament den Nährboden bildet, auf dem Maßnahmen gedeihen.

❯ BGM muss einerseits kulturelle Fragen und Unterschiede aufgreifen, um das Thema Gesundheit kultursensibel zu lancieren, andererseits wird BGM selbst zum Kulturfaktor in der Organisation.

4.1.2.1 Bestimmungsmomente der Gesundheitskultur

» „Insbesondere die Kultur einer Organisation, verstanden als der Vorrat verbindender Überzeugungen, Werte und Regeln, übt erheblichen Einfluss aus." (Badura, 2017, S. 38)

Was macht eine Gesundheitskultur aus? Gibt es Indikatoren für eine reife Gesundheitskultur in einer Organisation? Lässt sich Gesundheitskultur gezielt gestalten und verändern? Diese und andere Fragen verdeutlichen, wie schwierig es ist, eine spür- und sichtbare Gesundheitskultur im BGM zu etablieren (▶ Abschn. 4.1.2.3). Die Gesundheitskultur ist im Rahmen des BGM oft ein diffuser Kontextfaktor, der mit Werten und Normen in Verbindung gebracht wird. Die entscheidende Frage ist, ob BGM zu einer positiven Gesundheitskultur beiträgt oder ob eine funktionierende Gesundheitskultur BGM erst ermöglicht. Um

diese Frage beantworten zu können, muss der Begriff der betrieblichen Gesundheitskultur hinsichtlich seiner Facetten entmystifiziert werden.

> **Betriebliche Gesundheitskultur**
>
> Die **Gesundheitskultur** als Teil der Unternehmenskultur stellt die Gesamtheit der in einer Organisation artikulierten Normen, meist aber unbewussten und informellen Werte und Annahmen zur gesundheitlichen Wertebasis dar und bestimmt damit den Erwartungskorridor in Bezug auf eine gesunde Arbeits- und Organisationsgestaltung.

▪ **Abgrenzung zur Gesundheitspolitik**

Gesundheitspolitik als strategische Ebene beschreibt das Zielfeld der gesunden Organisation und bestimmt das Zusammenwirken der verschiedenen Akteure (▶ Abschn. 4.1.1). Sie zielt darauf ab, die gesundheitsbezogenen Werte einer Organisation den Anspruchsgruppen durch entsprechende Zielsetzungen zu vermitteln. Die **Gesundheitskultur als normative Ebene** stellt die Internalisierung bzw. Verinnerlichung dar, die sich sowohl auf der Ebene der Personen (Werte, Wissen und Handeln) als auch auf der Ebene der Organisation (Strukturen, Führung und Leitbilder) niederschlägt. Eine Differenzierung zwischen Sicherheitskultur und Gesundheitskultur wird hier aufgrund der gemeinsamen Wertebasis nicht weiter verfolgt – Gesundheitskultur wird als Oberbegriff verwendet. Alternativ kann auch von einer **Präventionskultur** gesprochen werden (vgl. Marschall, 2017). Gesundheitskultur entzieht sich einer einfachen Implementierung, Steuerung und Planung, sondern erfordert vielmehr eine **Sozialisationsstrategie** in Anlehnung an die systemische Organisationsentwicklung als Veränderungsprozess (vgl. König & Volmer, 2020). Eine **gesundheitsförderliche Organisationsentwicklung** schafft Stabilität, indem Gesundheit als Kriterium in Veränderungs- und Entscheidungsprozessen einbezogen wird (vgl. Hajji et al., 2022). Gesundheitskultur ist dabei mehr als nur demonstrative Leitbildpolitik als Roadshow, denn Leitbilder müssen in Anlehnung an den Setting-Ansatz der Ottawa-Charta durch systematische Veränderung in Strukturen, Prozesse und Verhältnisse übersetzt und als organisationales Verhalten in den Denk- und Verhaltensmustern der Mitglieder verankert werden (vgl. Pelikan, 2007). BGM braucht diesen **gesundheitskulturellen Nährboden**, um sich entfalten und seine Wirksamkeit steigern zu können (vgl. Gutmann, 2016, S. 138).

▪ **Wirkungsweisen und Funktionen**

Es gibt **empirische Belege** für die Katalysatorwirkung bei der Einführung und Umsetzung von gesundheitssichernden und -fördernden Maßnahmen einer positiven Gesundheits-, Sicherheits- oder Präventionskultur, z. B. in Bezug auf gesunde Führung als Kulturpromotor oder die Einführung gesundheitsförderlicher Regelungen (vgl. Cooper, 2016; Elke et al., 2015; Marschall, 2017). Dieser Nachweis ist jedoch abhängig von der **Operationalisierung von Gesundheitskultur**, da die direkte Abfrage von Werten und Einstellungen aufgrund sozialer Erwünschtheit und Interpretationsbedürftigkeit weniger geeignet ist als die Verwendung messbarer Daten zur Ausprägung von Kontextvariablen und Verhaltensindikatoren, um Zusammenhänge zu ermitteln und Kultur als Prädiktor für das Gesundheitsniveau in Organisationen zu nutzen (vgl. Cooper, 2016). *„Der Zusammenhang zwischen einer gesundheitsförderlichen Unternehmenskultur und der Umsetzung einer gesundheitsförderlichen Arbeits-/Organisationsgestaltung sowie einem hohen betrieblichen Gesundheits- und Leistungsniveau ist empirisch belegt."* (Elke in Uhle & Treier, 2019, S. 248) Entscheidend für die Erfolgsrelevanz ist jedoch nicht der stabile und dokumentierte Zustand einer Gesundheitskultur, sondern die generelle Bereitschaft, das Bewusstsein und die Fähigkeit als Ausdruck einer gelebten Kultur, Gesundheit und Sicherheit als Wert anzuerkennen, sich mit Gesundheitsthemen aus Sicht der Organisation auseinanderzusetzen und Ressourcen für die Gestaltung ohne ökonomischen Legitimationsdruck zur Verfügung zu stellen. Der **Reifegrad der Kultur** zeigt sich im Grad der Durchdringung von Sicherheits- und Gesundheitsfragen in den Regeln und Systemen der Organisation, z. B. zur Personalerhaltung (vgl. Treier, 2019b, S. 433 ff.). Führungskräften kommt hier eine exponierte Rolle als Kulturträger bzw. Kulturpromotoren zu, da sie die Werte aus Sicht der Organisation repräsentieren und den Stellenwert von Sicherheit und Gesundheitsschutz in der Organisation verdeutlichen (vgl. Struhs-Wehr, 2017) (▶ Abschn. 4.2.3.5). *Gesundheitskultur ist der Weg und nicht das erklärte Ziel.* Gesundheitskultur erweist sich v. a. als wichtiger **Konsolidierungsfaktor**, da sie das Thema Gesundheit nachhaltig in allen Bereichen und Strategien verankert und ein **gemeinsames Bewusstsein** für Gesundheitsfragen schafft. Dies zeigt sich u. a. auch in den Ergebnissen der #whatsnext-Studie (IFBG, 2020), denn eine gelebte Gesundheitskultur stärkt als **Resonanzboden** die gesundheitsförderlichen Ressourcen der Beteiligten und der Organisation (▶ Abschn. 7.1). Eine nicht authentische oder gar pathologische Gesundheitskultur kann hingegen gut gemeinte Gesundheitsmaßnahmen auf der Verhaltens- oder Verhältnisebene blockieren, da sie Vertrauen und Glaubwürdigkeit untergräbt und das BGM zum Feigenblatt verkommen lässt. Bei ausreichender Reife korreliert das subjektive Maß der Gesundheitskultur mit objektiven Maßen wie dem Krankenstand und wirkt sich nicht nur positiv auf

den Absentismus, sondern nachweislich auch auf den Präsentismus aus (vgl. Hägerbäumer, 2017). Eine Kausalität lässt sich allerdings kaum nachweisen, da es sich um Korrelationen zwischen Indikatoren handelt, die nur Indizcharakter haben, aber das komplexe Konstrukt Gesundheitskultur nicht vollständig erklären können. Aus der Wirkungsperspektive lassen sich folgende **Kernfunktionen der Gesundheitskultur** zusammenfassen …

- Schaffung einer normativen Basis, die zur Konsolidierung der BGM-Maßnahmen als Nachhaltigkeitsfaktor beiträgt und die Gesundheitsbemühungen stabilisiert
- Aufbau von Vertrauen und Glaubwürdigkeit in die Gesundheitsmaßnahmen
- Umsetzung als stabiles Gesundheitsmuster durch kollektive Überzeugungen
- Orientierungs- und Koordinationsfunktion in Bezug auf die gesunde Organisation
- Erhöhung der Bindungsqualität im Hinblick auf die Gesundheitsziele (Commitment)
- Entwicklung einer organisationalen Gesundheitskompetenz
- Steigerung der Attraktivität als sozial-empathischer Arbeitgeber
- Erhöhung des Stellenwertes von Gesundheit in der Organisation

Kulturebenenmodell als Grundlage

Eine **allgemeingültige Definition**, die das komplexe Phänomen Gesundheitskultur in all seinen Facetten erfasst, ist aus theoretischer Sicht kaum formulierbar – Kulturmodelle im AGS-Bereich unterscheiden psychologische Variablen wie Werte, situative Variablen wie Führung und Verhaltensvariablen wie Compliance, um Outcomes wie mehr gesunde Anwesenheit oder weniger Unfälle zu erklären (vgl. Cooper, 2016). Das kulturelle Geschehen wird durch unspezifische Attribute wie implizit, kollektiv oder sozialisierend als Lernprozess beschrieben. Das Erleben im täglichen Handeln prägt die Qualität der Gesundheitskultur, weshalb häufig Feedbacksysteme eingesetzt werden, um den Reifegrad der Gesundheitskultur zu ermitteln. Die Gesundheitskultur einer Organisation versteht sich in Anlehnung an den Organisationskulturbegriff von Edgar Schein (vgl. Schein & Schein, 2018) als ein **kohärentes und konsistentes Muster von gesundheitsbezogenen Grundannahmen und Werten**. Gemeinsame Denk- und Deutungsmuster als Annahmen bestimmen das organisationale Verhalten und werden durch Lernen und Sozialisation weitergegeben (kulturelles Mindset). Schein postuliert in diesem Zusammenhang ein dreistufiges **Kulturebenenmodell**, das zur Entschlüsselung des Kulturbegriffs beiträgt. Diese Entschlüsselung erfordert letztlich die Bereitschaft der Organisation, sich auf kommunikative Prozesse hin-

4

sichtlich der Annahmen und Werte der Beschäftigten einzulassen und diese normative Basis bei der Weiterentwicklung der Gesundheitskultur und bei der Konzeption von Gesundheitsinterventionen zu berücksichtigen.

1. *Grundannahmen* sind unsichtbar und meist unbewusst – sie prägen das konkrete Gesundheitsverhalten. Sie bilden den Kern der Gesundheitskultur.
2. *Normen, Werte und Überzeugungen* sind teils sichtbar und geäußert, teils aber auch unbewusst – sie lassen sich in einer Gesundheitsstrategie und in Leitbildern formulieren und entsprechend in der Gesundheitskommunikation als Erwartungen artikulieren (▶ Abschn. 4.1.3).
3. Für die Organisationsmitglieder sind v. a. die *Artefakte* als gesundheitsrelevante Strukturen und Prozesse sichtbar, diese Symbole und Zeichen als Repräsentationen der Gesundheitskultur bedürfen jedoch der Interpretation bzw. müssen erschlossen werden. Zu den Symbolen gehören z. B. Führung, vorherrschende Verhaltensregeln, gesundheitsorientierte Personalkonzepte, gesunde Arbeits- und Organisationsgestaltung, Kommunikation und konkrete BGM-Maßnahmen.

■ **Abgrenzung zum Organisations- und Betriebsklima**

Aufgrund der **Wechselwirkungen zwischen den Kulturebenen** erschließt sich der Kulturansatz nicht durch eine einfache Analyse, denn es geht nicht nur um beschreibbare Orientierungsmuster, sondern auch um deren oft informelle Vermittlungsmechanismen und variable Ausdrucksformen (vgl. Schreyögg & Koch, 2020, S. 585). Gesundheitskultur ist somit eine **umhüllende Variable** als Ausgangspunkt für die Steuerung aller gesundheitsförderlichen Initiativen in der Organisation und definiert die tief verankerte, oft unbewusste Wertebasis. Die Gesundheitskultur ist abzugrenzen vom **Organisationsklima**, das eher ein relativ stabiles Bild als Wahrnehmung der Arbeits- und Organisationssituation durch die Mitglieder beschreibt und damit artikulierbare Prozesse und Faktoren der inneren Organisationsumwelt erfasst – dazu gehören u. a. Leistungen, soziales Gefüge, Aufbau- und Ablauforganisation, Führung, Partizipationsmöglichkeiten (Nerdinger in Nerdinger et al., 2019, S. 163 ff.). Das Organisationsklima wird von den Beschäftigten erlebt, bewertet und durch ihr Verhalten beeinflusst – im Vordergrund steht die geteilte Wahrnehmung des organisationsinternen Umfelds. Davon zu unterscheiden ist das **Betriebsklima**, das eher ein kurzfristiges, für die gesamte Organisation typisches Stimmungsbild der Beschäftigten einfängt – im Vordergrund steht die geteilte Bewertung der sozialen Atmosphäre – hier bleiben die strukturellen Aspekte der Organisation unberücksichtigt. In Gesundheitsbefragungen wird allerdings häufig nicht die Gesundheitskultur, sondern das gesundheitsbezogene Organisationsklima mit den betriebsklimatischen Einschätzungen der sozialen Situation erfasst, dann aber als Ausprägung der Gesundheitskultur interpretiert.

> ❗ Die Gefahr, **Gesundheitskultur mit Organisations- und Betriebsklima zu verwechseln**, ist groß, da Organisations- und Betriebsklimafaktoren leichter zu erheben sind als die tief verwurzelte Wertebasis der Gesundheitskultur. Eine Trennung dieser Begriffe findet in der Praxis kaum statt und ist daher eher akademischer Natur. Dennoch sollte man sich dieser Abgrenzung bewusst sein, da sich hier ein analoges Problem der Unschärfe wie bei den Stressbegriffen Belastung und Beanspruchung ergibt.

> **Handlungskodex der Organisation**
>
> Die Gesundheitskultur spiegelt den Stellenwert von Gesundheit im sozial akzeptierten Handlungskodex der Organisation wider. Der **Handlungskodex** ist Ausdruck gemeinsam geteilter Verhaltens-, Denk- und Problemlösungsmuster. Diese drücken sich in Symbolen, Handlungsweisen, Ritualen und Artefakten aus. In einer gesundheitsförderlichen Kultur ist Gesundheit als Wert gleichrangig mit anderen Leistungszielen in der Organisation verankert. Aus der ganzheitlichen Perspektive der Gesundheitskultur ist hier ein kontinuierlicher Organisationsentwicklungsprozess notwendig, um ein gemeinsames Verständnis der Rolle von Gesundheit als Organisationsziel zu fördern, entsprechende Verhaltensweisen zu reproduzieren und Compliance, Engagement und Commitment der Organisationsmitglieder für den Gesundheitskodex zu erreichen.

4.1.2.2 Ebenen der Gesundheitskultur

Die Kommunikation, Regulierung und Koordination eines vielschichtigen Konstrukts wie der Gesundheitskultur erfordert ein Modell, um die verschiedenen Perspektiven der kulturellen Verankerung von Gesundheitswerten zu berücksichtigen (vgl. Osterspey, 2018). Osterspey und Thom (2013) definieren dazu in Anlehnung an das allgemeine Kulturmodell von Schein (vgl. Schein & Schein, 2018) vier **Ebenen der Gesundheitskultur** – Grundwerte und Überzeugungen, Führung und Eigenverantwortung, Arbeits- und Beziehungsgestaltung sowie betriebliche Ressourcen. Im Unterschied zum Vier-Ebenen-Modell wird in ▫ Abb. 4.3 die Eigenverantwortung als eigenständiger Gesichtspunkt getrennt

☐ Abb. 4.3 Mehrebenenmodell der Gesundheitskultur nach Thom (2014, S. 21)

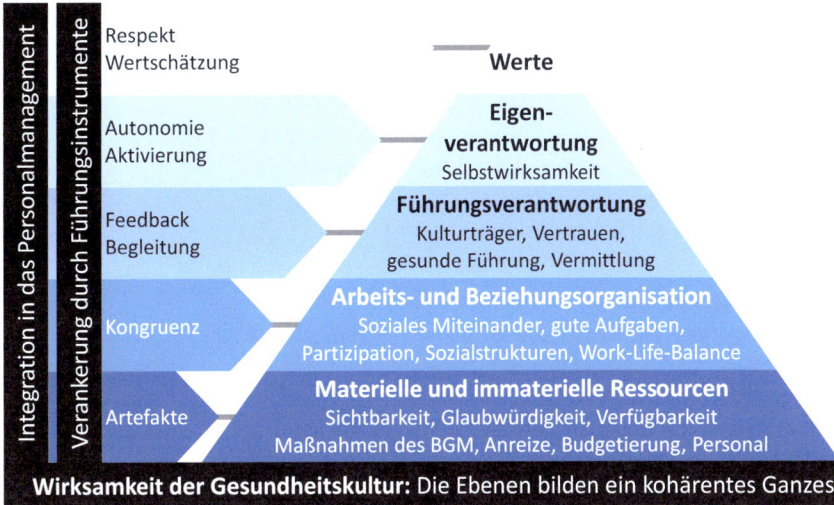

von der Führungsverantwortung aufgeführt. Die größte Herausforderung besteht darin, dass die Gesundheitskultur nur dann ihre volle Wirkung entfaltet, wenn die Ebenen ein *„kohärentes Ganzes"* bilden (Thom, 2014, S. 22). Um dies zu erreichen, sind Personalmanagement und Führung wichtige Ansatzpunkte (vgl. Treier, 2019b) (▶ Abschn. 4.1.2.3 und Infobox ▶ „Gesundheitskultur im Qualitätsmanagement").

- **Erste Ebene:** *Grundlegende Werte und Überzeugungen.* Respekt und Wertschätzung des Einzelnen sind grundlegend für die Gesundheitskultur – Verletzungen führen zu Misstrauen. Es darf keine Managemententscheidungen geben, die bewusst soziale oder gesundheitliche Nachteile für die Beschäftigten mit sich bringen, auch wenn sie ökonomisch legitimiert sind.
- **Zweite Ebene:** *Eigenverantwortung.* Hervorzuheben ist die zunehmende Bedeutung der Mitverantwortung für die Gesundheit. Die Komplexität der Einflussfaktoren und die Interdependenz der Lebensbereiche verdeutlichen, dass ein kultursensibles BGM nicht auf den passiven Konsum von Gesundheitsangeboten abzielt, sondern vielmehr selbstbestimmtes und selbstwirksames Gesundheitshandeln im Sinne von Empowerment fördert.
- **Dritte Ebene:** *Führungsverantwortung.* Die Bedeutung der Führungskräfte für eine gelebte Gesundheitskultur ist offensichtlich. Sie sind Kulturträger, geben der Gesundheitskultur ein repräsentatives Gesicht und schaffen Vertrauen und Glaubwürdigkeit. Die Erhaltung und Förderung von Gesundheit wird als dezidierte Führungsaufgabe verstanden (▶ Abschn. 4.2.3.5).
- **Vierte Ebene:** *Arbeits- und Beziehungsorganisation.* Führung kann krankmachende Arbeits- und Organisationsbedingungen nicht kompensieren.

Grundlegend ist das Kongruenzprinzip bei der Aufgabengestaltung und Stellenbesetzung, um Fehlbelastungen zu reduzieren und Entwicklungsmöglichkeiten zu schaffen. Gemäß dem Sozialkapitalansatz im BGM wirken team- und beteiligungsorientierte Organisationsformen (Sozialstrukturen) als wesentliche soziale Ressource der gesunden Organisation. Auch eine angemessene Flexibilisierung von Arbeitszeit und Arbeitsort im Sinne der Work-Life-Balance kristallisiert sich im Kontext von Arbeit 4.0 als wichtiger Gesundheitspuffer heraus.

- **Fünfte Ebene:** *Betriebliche Ressourcen.* Letztlich braucht Kultur Ressourcen, um als Artefakte sichtbar zu werden und Impulse zu geben. Die Verfügbarkeit von materiellen und immateriellen Ressourcen für den Gesundheitsbereich in Form von gebundenen Personalkapazitäten oder Maßnahmen der Verhaltens- und Verhältnisprävention ist als übergreifende Zielgröße zu definieren und bestimmt auch die Glaubwürdigkeit der normativen Gesundheitsorientierung als Leitpolitik.

Gesundheitskultur im Qualitätsmanagement
Die Verankerung einer Gesundheitskultur erfordert einen Ansatz, der verschiedene Ebenen berücksichtigt. Das **Qualitätsmanagement** kann hier mit seinen Maximen und Ansätzen wie kontinuierlicher Verbesserungsprozess, Prozessorientierung, Partizipation und Einbindung der Führung die Umsetzung unterstützen und systematisieren helfen (vgl. Thom, 2014) (▶ Abschn. 7.1). Dies ist umso wichtiger, als sich die Gesundheitskultur als Schlüsselvariable für ein qualitätsorientiertes und wirksames BGM herauskristallisiert (vgl. Uhle & Treier, 2019, S. 261 ff.).

4.1.2.3 Gestaltungsfaktoren und Herausforderungen

» „Aus der Auswertung des umfangreichen Datenmaterials lässt sich der Schluss ziehen, dass Führungskräfte zum Erfolg eines kulturverankerten BGM den wesentlichen Beitrag zu leisten haben." (Osterspey & Thom, 2013, S. 43)

Werden die Bemühungen des Managements, vertreten durch die Führungskräfte, um mehr Gesundheit der Beschäftigten von den Mitarbeiter*innen nicht als zur Unternehmenskultur passend empfunden, finden Maßnahmen des BGM häufig wenig Akzeptanz, da der **Wille zur gesunden Organisation** nicht glaubwürdig in der Unternehmensstrategie verankert ist. Es herrscht dann eher Misstrauen. Gesundheitskultur beschränkt sich nicht auf Leitbildpolitik und ist nicht gleichzusetzen mit einer Roadshow moderner Leitbilder der gesunden Organisation und deren Versprechungen („Make-up BGM") (Treier & Uhle, 2019, S. 32). Gesundheitskultur oszilliert in der Gestaltung zwischen *Leitbild und Realpolitik* im Hinblick auf die Herausforderungen.

Gesundheitskulturelle Herausforderungen

Aber nicht nur die erlebten bzw. wahrgenommenen **Differenzen zwischen Leitbild und Realpolitik** aus Sicht der Gesundheitsförderung und Präventionsarbeit erschweren eine systematische Herangehensweise aus gesundheitskultureller Perspektive, sondern es zeichnen sich weitere **Herausforderungen** ab (vgl. Osterspey, 2018).

- Die impliziten, oft unausgesprochenen Regeln der Gesundheitskultur bedürfen einer konsistenten und konsequenten Übersetzung in **explizite Regeln**. Diese müssen vom Management vorgelebt werden.
- Individuelle Gesundheitsnormen variieren und es können sich **Subkulturen** entwickeln, z. B. im Zusammenhang mit Diversity-Faktoren. Hier besteht die Gefahr der Fragmentierung, da eine starke Heterogenität der Zielgruppe zu einer schwachen Gesamtgesundheitskultur führen kann. Daher ist dem Umgang mit Diversität in Gesundheitsfragen als Potenzial, aber auch als Herausforderung besondere Aufmerksamkeit zu widmen (vgl. Badura et al., 2010). Ziel der Gesundheitskultur darf dabei nicht die Homogenisierung sein, sondern die Schaffung eines austauschfähigen Gesundheitsbewusstseins.
- Die **Gestaltbarkeit von Kultur** wird unterschiedlich wahrgenommen. Puristen oder Kulturalisten, die den Menschen als Kulturwesen definieren, postulieren, dass Organisationen organisch gewachsene Lebenswelten sind, sodass eine gezielte Beeinflussung kaum möglich erscheint. Interventionisten als Vertreter des Variablenansatzes sehen Kultur analog zu Strategie und Struktur als prinzipiell gestaltbar an.
- **Kulturelle Barrieren** sind häufig institutioneller Art (Systembarrieren), können aber auch Ressourcen betreffen (Ressourcenbarrieren). Teilweise gibt es auch normative Barrieren, wie z. B. das Nicht-Dürfen bei Führungskräften. Selten sind es Wissensdefizite und mangelnde Veränderungsbereitschaft.
- Häufig ist Gesundheit nicht systematisch als **Handlungsfeld im Personalmanagement** verankert bzw. integriert. Ein gesundheitsorientiertes Personalmanagement berücksichtigt Gesundheitsbelange in allen HR-Kernprozessen von der Planung, Beschaffung über die Entwicklung und Führung bis hin zum Austritt.
- **Führung** ist wichtig für die kulturelle Entwicklung, aber Führung darf selbst nicht überfordert werden. Deshalb ist es sinnvoll, von Führungskräften zu fordern, dass sie sich aktiv mit dem Thema Gesundheit auseinandersetzen, sie müssen aber auch selbst gefördert werden, um die dafür notwendige Führungs- und Gesundheitskompetenz zu erlangen.

❗ Wenn die Führungskräfte ihre Rolle als Botschafter der Kultur nicht wahrnehmen, wird aus dem **Leitbild** der Kultur nie ein **Vorbild** für gesundheitsbewusstes Verhalten.

Gesundheitskultur gestalten

In Anlehnung an die drei Kulturebenen nach Schein (Schein & Schein, 2018) geht es bei der **Gestaltung der Gesundheitskultur** nicht primär um den Kulturkern (Muster von Annahmen und Normen) und auch weniger um Werte und Einstellungen, sondern v. a. um Artefakte wie sichtbares Verhalten, Strukturen, Arbeitsgestaltung, Information, Kommunikation, Führung und Maßnahmen. Denn diese können durch explizite Regeln wie Anreize, Zielsysteme und Strukturen beeinflusst werden. Der Prozess der Kulturgestaltung wird jedoch auch auf implizite Regeln zurückgreifen, die das Gesundheitsbewusstsein und die generelle Bereitschaft der Beteiligten, an sich selbst und für eine gesunde Organisation zu arbeiten, fördern. Diese Veränderung sollte partizipativ nach dem **ABC-Strategie** (Austausch, Beteiligung und Commitment) erfolgen (Elke in Uhle & Treier, 2019, S. 252). Explizite und implizite Regeln zur Gestaltung der Gesundheitskultur können durch einen **Organisationsentwicklungsprozess** miteinander verknüpft werden. Voraussetzung für die Entwicklung einer Gesundheitskultur ist eine Analyse, ob die Gesundheitskultur in sicherheits- und gesundheitsrelevanten Bereichen berücksichtigt wird (vgl. Hessenmöller et al., 2022). Aus den Studien lassen sich wesentliche **Gestaltungsfaktoren** für die konstruktive Entwicklung einer Gesundheitskultur ableiten (vgl. Osterspey, 2018; Thom, 2014).

- Gesundheitsorientierung in die Personalarbeit als Wertebasis integrieren
- Gesundheitsaspekte in die Führungsinstrumente von der Personalauswahl über die Führungskräfteentwicklung bis zum Führungsfeedback berücksichtigen (Beispiel 360°-Feedbacksystem)
- Zufriedenheit statt Misstrauen als positive Grundstimmung fördern, denn auf einer Misstrauenskultur kann Gesundheit nicht gedeihen
- Partnerschaftliche, mitarbeiterorientierte und vertrauensvolle Zusammenarbeit und gegenseitige Wertschätzung für eine gesunde Sozialstruktur und zur Erhöhung des Sozialkapitals anstreben
- Ein ganzheitliches Maßnahmenpaket zur Gesundheitsförderung wie Stressmanagement und Prävention auf der Verhältnisebene wie Arbeitsplatzgestaltung schnüren
- Individualität wahrnehmen und respektieren sowie Vielfalt als wertvollen Kulturfaktor anerkennen (Diversity Management)
- Führungskräfte als Kulturträger und Vorbilder als verlängerten Arm des BGM aktiv einbinden, dies ist besonders wichtig im Hinblick auf das Handlungsfeld psychische Gesundheit
- Erfassung der bestehenden Ist-Kultur und selbstkritische Bewertung der Kultur ermöglichen (Kultur-Audit)
- Kulturbewusstes Management auf allen Hierarchieebenen forcieren und Gesundheitswerte in der Unternehmensstrategie verankern

■ Thesen zur Herausbildung einer Gesundheitskultur

Für die Entwicklung einer Gesundheitskultur lassen sich nach Thom (2014, S. 22) zusammenfassend folgende **Hauptthesen** ableiten:

1. These: *Wenn Gesundheitskultur fest verankert und als Thema platziert ist, werden höhere Qualitätsstufen im BGM erreicht.* Die Gesundheitskultur ist somit der Nährboden für ein erfolgreiches BGM.
2. These: *Damit die Gesundheitskultur glaubwürdig und authentisch wirken kann, muss das Thema Gesundheit in den übergeordneten Führungsinstrumenten einen entsprechend hohen Stellenwert erhalten.* Gesundheit ist damit explizit ein Thema des Top-Managements und erfordert ein klares Bekenntnis zu einer gesunden Organisation, das sich in wertekompatiblen Strategien, Strukturen und Prozessen niederschlägt.
3. These: *Die Umsetzung der Gesundheitskultur setzt v. a. beim Führungsverhalten an*, da die Führung als Kulturbotschafter fungiert, und bei den Prozessen des Personalmanagements, da diese das organisationale Verhalten bestimmen. Gesundheitskultur ist somit kein diffuser Begriff von Werten und Normen, sondern basiert auf beobachtbaren und gestaltbaren Faktoren in der Organisation.

❯ Die Thesen von Thom (2014) betonen die Bedeutung der Gesundheitskultur für ein erfolgreiches BGM, die notwendige Verankerung in den personalrelevanten Instrumenten und in der Führung, um Themen der Gesundheitskultur wirksam zu integrieren und authentisch in der Organisation zu leben.

Tipp

Wie kann eine gesunde Unternehmenskultur entwickelt werden? Die psyGA bietet dazu Informationen auf ihrer Website:

▶ https://www.psyga.info/ihr-weg-zum-gesunden-betrieb/unternehmenskultur-entwickeln

---

Kommmitmensch

Die Kampagne *Kommmitmensch* von 2017 bis 2021 des Instituts für Arbeit und Gesundheit der DGUV in Kooperation mit Berufsgenossenschaften und Unfallkassen zur Kultur der Prävention manifestiert die **Stellschrauben eines kulturverankerten BGM,** die sich in **Handlungsfelder** kategorisieren lassen. „Sechs Handlungsfelder sieht das Fachkonzept als entscheidend für die Integration von Sicherheit und Gesundheit ins alltägliche Handeln an: (1) Prävention als integrierter Bestandteil aller Aufgaben in Unternehmen und Einrichtungen, (2) Führung, (3) Kommunikation, (4) Beteiligung, (5) Fehlerkultur und (6) Soziales Klima/Betriebsklima." (Marschall, 2017, S. 13) (◻ Abb. 4.4). Ein Kulturcheck zur Selbstüberprüfung (Hessenmöller et al., 2022) und Kulturdialoge zur Initiierung eines Kulturveränderungsprozesses unterstützen die Entwicklung der Gesundheitskultur.

Übersicht zur Kampagne: ▶ https://www.dguv.de/de/praevention/kampagnen/praev_kampagnen/ausblick/index.jsp

Instrument zum Kulturcheck: ▶ https://www.kulturcheck.dguv.de/login

4

GANZHEITLICHE PRÄVENTIONSARBEIT

Sicherheit und Gesundheit auf der
Verhaltens- und Verhältnisebene,
Einbeziehung der Gesundheit in die
Strategie und in die Entscheidungsprozesse

GESUNDHEITSKOMMUNIKATION

Adressatengerecht informieren, im Dialog
bleiben, viele Kanäle nutzen,
Gesundheitsportale aufbauen, Gesundheit
positiv diskutieren und vermarkten

PARTIZIPATIONSORIENTIERUNG

Gemeinsam Lösungen finden,
Gesundheitszirkel, Feedbacksysteme, Wissen
über Gesundheit teilen, Verantwortung
übernehmen, Betroffene zu Beteiligten machen

Handelnde Gesundheitskultur

SOZIALORIENTIERTES KLIMA

Soziales Miteinander, gutes
Betriebsklima, Respekt, Vertrauen
und Wertschätzung der
Mitarbeiter*innen

GLAUBHAFTE FEHLERKULTUR

Offenheit und Transparenz,
Vermeidung von Gesundheitsrisiken
durch angstfreies Ansprechen, auf
Unfallgefahren hinweisen können

GESUNDE FÜHRUNG

Selbstachtsamkeit, Vorbildfunktion,
Mitarbeiterorientierung, sozial-
empathische Kompetenz,
Gesundheit als Führungsaufgabe

■ **Abb. 4.4**   Handlungsfelder der Gesundheitskultur nach Hessenmöller et al. (2022)

Gesundheitskultur ist gestaltbar

Gesundheitskultur kann gestaltet werden (Osterspey, 2018). Entscheidend ist, dass die Ansätze nicht im Widerspruch zur Würde des Menschen stehen. Sie müssen partizipativ entwickelt werden, um im sozialen System tragfähig zu sein. Führung hat hier eine hohe „kulturschaffende Kompetenz" als Kulturpromotor, aber die Grenzen von Führung sind dort gegeben, wo Führung gesundheitsschädigende Entscheidungen auf der Arbeits- oder Organisationsebene kompensieren muss, denn Wertschätzung und Anerkennung allein reichen nicht aus, um ein kultursensibles und kulturverankertes BGM zu realisieren. Ein wichtiger Ansatzpunkt ist das Personalmanagement, denn Personalinstrumente in den Kernprozessen der Personalarbeit wie Entwicklung, Führung oder Personalfreisetzung weisen eine hohe Durchdringungstiefe auf und tangieren die Gesundheit aus Sicht der Personalerhaltung (Treier, 2019b, S. 433 ff.). Es gilt daher, diese Personalsysteme auf ihre Kompatibilität mit den Anforderungen der Gesundheitskultur zu überprüfen und die Vereinbarkeit der Personalansätze in Bezug auf Gesundheit sicherzustellen.

4.1.3   Betriebliche Gesundheitskommunikation

___

» „Für eine erfolgreiche Umsetzung des BGM ist eine strategische Planung der Kommunikationspolitik von entscheidender Bedeutung. Neben der gezielten Ansprache und Information der Zielgruppen kommen den Kommunikationsmaßnahmen die Aufgaben der indivi-

duellen Überzeugung und Unterstützung einer Verhaltensänderung der Mitarbeiter zu." (Walter et al., 2012, S. 300)

Viele Unternehmen stehen vor der Herausforderung, wie sie insbesondere ihre weniger gesundheitsaffinen Mitarbeiter*innen für die Teilnahme an BGM-Angeboten gewinnen können (vgl. Walter et al., 2012). Eine neutrale und undifferenzierte *Oberflächenansprache* im Rahmen der internen Unternehmenskommunikation reicht hier oftmals nicht aus, da diese Informationen im Arbeitsalltag eher ausgeblendet oder überlagert werden. Eine *sozial-emotionale Tiefenkommunikation* mit direkter persönlicher Ansprache gilt hingegen als Erfolgsrezept, da das BGM hier in den **Dialog mit den Betroffenen** tritt (vgl. Uhle & Treier, 2019, S. 214 f.). Darüber hinaus ist darauf zu achten, dass die Gesundheitskommunikation nicht kritische Kommunikationsanlässe wie z. B. Personalfreisetzungen oder belastenden Veränderungen in der Organisation wie Umstrukturierungen kaschiert, um ihre Glaubwürdigkeit zu wahren und nicht als Feigenblatt einer abfedernden Kommunikationsstrategie zu fungieren. Ferner sollte BGM kontinuierlich thematisiert werden, da die Kommunikationsarbeit den BGM-Bemühungen Legitimität und Aufmerksamkeit verschaffen kann („*Sprich darüber, was du tust*") und dazu beiträgt, BGM in der Organisation zu vermarkten – BGM wird so zum **Kommunikationsobjekt**. *Ein BGM, das nicht wahrgenommen wird, kann nicht aktivieren und ein BGM, das schweigt, verliert seine strategische Relevanz.* Eine **systematische Gesundheitskommunikation** hilft, Stärke, Reichweite und Konsistenz der BGM-Botschaften anspruchsgruppengerecht im Sinne der Stakeholder-Orientierung zu steigern (vgl. Smorguner,

2016). Ohne kommunikative Prozesse kann sich zudem keine positive Gesundheitskultur als Nährboden für BGM etablieren (▶ Abschn. 4.1.2).

> ❗ Wenn das BGM nicht in einen Dialog mit den Betroffenen und Beteiligten tritt, wird es keine Beachtung finden und lediglich als „Vollzugsinstanz" fungieren.

4.1.3.1 Bestimmungsmomente der Gesundheitskommunikation

» „Wenn Gesundheit bzw. Gesundheitsförderung in der Kommunikation im Unternehmen nicht vorkommen, dann haben sie auch keine Bedeutung. Insofern ist es eine notwendige Bedingung für ein erfolgreiches BGM, dass Gesundheit zum Thema in der innerbetrieblichen Kommunikation gemacht wird." (Jochen Gurt in Uhle & Treier, 2019, S. 239)

Die kommunikative Positionierung von Gesundheit in der Organisation ist Aufgabe der betrieblichen **Gesundheitskommunikation**. Um Streuverluste zu vermeiden, muss sie möglichst zielgruppengerecht sein, um wahrgenommen und verstanden zu werden. Die Massenkommunikation in der Gesundheitsaufklärung wird durch personalisierte Kommunikationswege in einer multimedial vernetzten Welt zusehends abgelöst. Mehr und mehr verschwimmen dabei Kommunikation und Marketing in einer digitalen Kommunikationsstrategie, z. B. im Social Marketing und bei Social Media im Gesundheitsbereich (vgl. Gabriel & Röhrs, 2017, S. 161 ff.). Beim **Gesundheitsmarketing** (Healthcare Marketing) geht es v. a. um die Vermarktung betrieblicher Gesundheits- und Präventionsangebote sowie um die Bewerbung gesundheitsbezogener Leistungen, um die Beschäftigten für die Gesundheitsaufgabe zu aktivieren (vgl. Hoffmann et al., 2012).

> ❯ Moderne betriebliche Gesundheitskommunikation verändert sich im **Zeitalter von Social Media**. Es wird weniger darum gehen, selbst Gesundheitsinformationen zu produzieren und zu publizieren, sondern vielmehr darum, die Diskussion über Gesundheit anzuregen, die soziale Vernetzung zu fördern und zu begleiten sowie Rahmenbedingungen zu schaffen, die den Gesundheitsdialog lebendig halten. Kommunikations- und Marketingabsichten gehen hier ineinander über.

▪ Kommunikationsfeld

Das **Kommunikationsfeld** beschränkt sich jedoch nicht nur auf Marketingfragen auf der Basis von Werbeappellen und Werbetechniken, sondern befasst sich auf der *Sachebene* mit der Qualität und Zugänglichkeit von Informationen zu Inhalten der Gesundheitsförderung und Prävention, auf der *Beziehungsebene* mit den Interaktionen zwischen Gesundheitsakteuren und Beschäftigten sowie dem sozialen Austausch und auf der *Gestaltungsebene* mit der Effektivität der Modalitäten im Hinblick auf Methoden, Wege und Kanäle, um Gesundheitsinformationen zielgruppengerecht zu verbreiten (vgl. Hehlmann, 2021). Die Botschaft *„Man kann nicht nicht kommunizieren"* (Axiom von Paul Watzlawick) diffundiert in alle Sektoren und v. a. auch in das Kommunikationsfeld Gesundheit, in dem es in der Regel um den Austausch und die Vermittlung von Gesundheitswissen zwischen Akteuren geht (vgl. Hurrelmann & Baumann, 2014). *Betriebliche Gesundheitskommunikation betrachtet insbesondere die organisierten Bemühungen um eine zielgerichtete und strategische Gesundheitspositionierung.* Diese führen häufig zu einer Vielzahl interpersonaler Kommunikationsanlässe, d. h. Gesundheit wird in der Organisation thematisiert. Dabei sind **Qualitätsaspekte** wie Empathie, Wertschätzung und Selbstbestimmung zu beachten, denn im Kommunikationsprozess sollte das BGM mit den **Adressaten auf Augenhöhe** kommunizieren und nicht durch Expertokratie und Indifferenz den Kontakt bzw. die Bodenhaftung verlieren. Gesundheitskommunikation will aufklären, informieren, überzeugen und gesundheitsförderliches Verhalten ohne Zwang initiieren, angelehnt an das verhaltensökonomische Prinzip des Nudging (vgl. Faller in Faller, 2017, S. 189 ff.). Aus Sicht der Zielgruppenansprache ist dabei das **Präventionsdilemma** zu beachten, da häufig gerade diejenigen nicht erreicht werden, die gesundheitsförderliche Maßnahmen oder Aufklärung am dringendsten benötigen (Faller in Faller, 2017, S. 192).

▪ Ziele der Gesundheitskommunikation

Folgende **allgemeine Ziele** der betrieblichen Gesundheitskommunikation aus der Sach-, Beziehungs- und Gestaltungsperspektive lassen sich festhalten.

- **Aufmerksamkeitsziel:** Gesundheit erlebbar machen und das Gesundheitsinteresse im Arbeitsalltag trotz vieler Mikrostressoren (Daily Hassles) steigern
- **Dialogziel:** bedarfsgerecht, authentisch und auf Augenhöhe über Gesundheit sprechen und kommunizieren als Maxime der kommunikativen Symmetrie
- **Informationsziel:** eine verzerrungsfreie Rezeption durch einen ungestörten Informationsfluss und eine verständliche Informationsgestaltung gewährleisten sowie einen leichten Zugang zum organisationalen Gesundheitswissen ermöglichen
- **Kompetenzziel:** das Gesundheitswissen der Beschäftigten erweitern, die selbstkritische Auseinandersetzung mit Gesundheitsfragen fördern und handlungsorientiertes Wissen schaffen

4

- **Legitimitätsziel:** Investitionen in die Gesundheit rechtfertigen, Sponsoren gewinnen und eine nachhaltige Mittelausstattung gewährleisten
- **Partizipationsziel:** zur aktiven Mitgestaltung einer gesunden Organisation motivieren und den sozialen Austausch fördern
- **Reichweitenziel:** alle Interessengruppen erreichen und keine blinden Flecken zulassen, um eine diskriminierungsfreie Realisierung zu ermöglichen
- **Teilnahmeziel:** Erhöhung der Teilnahmebereitschaft und der Teilnahmequoten, Verringerung der Abbrüche (Drop-out) und Erhöhung der Mitarbeiterbindung (Compliance und Commitment)
- **Transparenzziel:** Gesundheitsangebote und deren Ablauf bekannt machen und über die Intentionen des BGM informieren
- **Überzeugungsarbeit:** aktivierende Rezeption von Informationen ermöglichen, sensibilisieren, mitreißen und umstimmen, ohne zu indoktrinieren

■ **Formen der Gesundheitskommunikation**

Gesundheitskommunikation richtet sich an Individuen, Gruppen oder Organisationen. **Organisationsintern** setzt sie auf die Kommunikation mit den Beschäftigten, **organisationsextern** sollen Gesundheitsbotschaften den Arbeitgeber in seiner Außenwirkung als sozial und nachhaltig klassifizieren (vgl. Einwiller et al., 2021, S. 3 ff.). Sie kann *unidirektional* (Informationsvermittlung ohne Antwortmöglichkeit) oder *bidirektional* (Interaktion mit Feedbackschleifen) sowie *synchron* (gleichzeitig) oder *asynchron* (zeitversetzt) über verschiedene Medien erfolgen (vgl. Hurrelmann & Baumann, 2014). Beispielhafte **Kanäle** sind Events wie Gesundheitstage, die persönliche und direkte Kommunikation durch Gesundheitsbotschafter*innen und Gesundheitsmultiplikatoren, mediale Informationswege wie Newsletter oder Intranet oder die allgemeine Öffentlichkeitsarbeit (Public Relations) z. B. auf der Website, in Social Media oder in der Presse. Neue Ansätze spielerischer und unterhaltender Formate als Infotainment und Edutainment wie Serious Games (Games4Health) und mobile Formate der digitalen Gesundheitskommunikation erweitern das Portfolio hinsichtlich interaktiver Settings (vgl. Breuer & Schmidt in Rossmann & Hastall, 2019, S. 197 ff.) (▶ Abschn. 5.4.1). Dabei sind die Grenzen in den Bereichen Information, Kommunikation und Marketing fließend. Die **Bandbreite** reicht von informellen bis organisierten, operativen bis strategischen, intentionalen bis nicht intentionalen, expliziten bis impliziten, persönlichen bis nicht-persönlichen sowie kontrollierten bis nicht-kontrollierten **Kommunikationsformen** – ein Potpourri mit dem Ziel, den Informations- und Unterhaltungswert des Themas Gesundheit zu erhöhen. Gemeinsam ist ihnen, dass Gesundheit zum zentralen Thema der innerbetrieblichen Kommunikation avanciert. Je nach **Ansatzpunkt** wandelt sich die Kommunikationsform von der **Oberflächen- zur Tiefenkommunikation**, d. h. von einer undifferenzierten bzw. unspezifischen Informationsvermittlung zu Gesundheitsthemen hin zum Dialog unter Berücksichtigung des persönlichen Erlebens. Die Oberflächenkommunikation kann das Gesundheitsbewusstsein der Organisation erweitern und verstetigen, die Tiefenkommunikation wirkt als kommunikatives Gesundheitshandeln auf der individuellen Ebene.

1. *Informationsverteilung und -darbietung:* Aktualität, Beständigkeit, Neutralität und Reichweite als Attribute einer allgemeinen unpersönlichen Informationskampagne im Rahmen der Oberflächenkommunikation
2. *Veränderung von Einstellungen und Überzeugungen:* Zunahme persuasiver und argumentativer Kommunikationsmethoden, Dominanz direkter und personalisierter Gesundheitsbotschaften im Rahmen der Tiefenkommunikation
3. *Einfluss auf das Gesundheitsverhalten:* Feedbacksysteme und dialogorientierte Kommunikationsformen im sozialen Austausch bis hin zum Sozialkontrakt, emotionale und authentische Botschaften im persönlichen Erfahrungsraum als kommunikatives Gesundheitshandeln zur Festigung positiven Gesundheitsverhaltens

❯ Die **Bandbreite der Kommunikationsformen** für die Oberflächen- und Tiefenkommunikation ist groß. Die Zahl der Kanäle hat sich durch die Digitalisierung weiter erhöht. Dabei ist zwischen organisationsinternen und organisationsexternen Kommunikationsanlässen zu unterscheiden. Die größte Herausforderung ist die **Konvergenz**, um eine einheitliche Gesundheitsbotschaft zu vermitteln.

■ **Von der Kommunikation zum Marketing**

Wie informiert das Unternehmen über Gesundheit? Als *Mitarbeiterkommunikation* will sie für gesundheitsförderliches Verhalten innerhalb und außerhalb der Organisation sensibilisieren, überzeugen und aktivieren. Dabei erweitert sie den Kommunikationsprozess von der klassischen Informationsvermittlung hin zum dialogorientierten sozialen Austausch. Kommunikationsprozesse können direkt, medienvermittelt oder durch soziale Interaktion erfolgen. Als Qualitätsmerkmale gelten Adressaten- und Zielorientierung in einer systematischen Kommunikationsstrategie unter Anerkennung der Gesundheitsmündigkeit der Adressaten. Das Recht auf informationelle Selbstbestimmung ist als Maxime in der Kommunikationsstrategie zu verankern. Im Rahmen der *Unternehmenskommunikation* informiert die Organisation über ihre Gesundheitsstrategie und stellt sich als gesunde und nachhaltige Organisation dar, z. B. gegenüber (potenziellen) Mitarbeitenden, Kunden oder Shareholdern in Sozial- und Nachhaltigkeitsberichten. Im Vergleich zur Mitarbeiterkommunikation ist sie in ihren Botschaften stärker auf externe Adressaten ausgerichtet.

Wie vermarktet das Unternehmen Gesundheitsangebote? Gesundheitsmarketing ist persuasiv ausgerichtet, um Einstellungsänderungen zu erreichen, die Teilnahmebereitschaft zu erhöhen und positive Gesundheitsergebnisse zu erzielen. Bewährte Marketingmethoden werden auf den betrieblichen Gesundheitsmarkt übertragen, um gesundheitsbezogene Leistungen positiv zu kommunizieren (Gesundheitsförderung) und als *Push-Pull-Ansatz* Adressaten einzubeziehen (Gesundheitsaktivierung). Nach einer Recherche und Bewertung marktbezogener Aktivitäten externer Anbieter werden die Gesundheitsangebote in das eigene Portfolio übernommen und im Rahmen einer konsistenten Marketingstrategie in der Organisation kommuniziert. Als Erfolgsfaktor kristallisiert sich die Bedarfsorientierung heraus, d. h. Zielgruppenbestimmung und adressatengerechte Darstellung der Angebote bilden das Koordinatensystem für die operative Umsetzung des Marketingkonzeptes. Dabei geht es im betrieblichen Gesundheitsmarketing nicht primär um die Entwicklung eines Alleinstellungsmerkmals (USP), sondern v. a. um die Kompatibilität mit gesellschaftlichen Gesundheitswerten. Das klassische Gesundheitsmarketing erweitert sich zunehmend in Richtung Beziehungsmarketing mit dem Fokus auf einen langfristigen Beziehungsaufbau zu internen und externen Anspruchsgruppen.

Betriebliche Gesundheitskommunikation

Betriebliche Gesundheitskommunikation informiert und klärt über Gesundheitsthemen mit Hilfe verschiedener, möglichst aufeinander abgestimmter innerbetrieblicher Online- und Offline-Kommunikationskanäle auf.

Betriebliches Gesundheitsmarketing

Betriebliches Gesundheitsmarketing verkauft Gesundheit als positiven und erstrebenswerten Wert im Sinne einer Dienstleistung innerhalb der Organisation, abhängig von der internen oder externen Preispolitik (von kostenlosen bis zu subventionierten Leistungen mit Eigenbeteiligung), der Angebotsgestaltung bzw. Programm-/Produktpolitik (Angebotsportfolio, Dienstleistungen, Beratung), der Distributions- und Vertriebspolitik (Online- und Offline-Kanäle, Logistik) sowie der Kommunikations- und Unternehmensstrategie.

■ **Überzeugungsmethoden als gemeinsame Klammer**

Die Grenze zwischen Gesundheitskommunikation und Gesundheitsmarketing ist dort fließend, wo Informationsvermittlung in Überzeugungsarbeit übergeht. Der **Einsatz persuasiver Methoden** des Marketings sollte jedoch bewusst und kritisch im Hinblick auf den Kommunikationsauftrag erfolgen – so können bspw. durch **Framing-Effekte** wahrgenommene Botschaften betont (Akzentuierungs-Frames) oder durch das Aufzeigen möglicher Gewinne und Verluste (Äquivalenz-Frames) die persönliche Interpretation der Relevanz von Gesundheitsmaßnahmen positiv beeinflusst werden (vgl. Sikorski & Matthes in Rossmann & Hastall, 2019, S. 307 ff.; Wagner in Rossmann & Hastall, 2019, S. 517 ff.). *„Wenn du dich bewegst, bleibt dein Herz gesund"* ist ein typischer Gewinn-Frame. *„Wenn du dich nicht gesund ernährst, riskierst du einen Herzinfarkt"* ist ein Verlust-Frame. Die **Wahrscheinlichkeit der Rezeption** und anschließenden Umsetzung auf der Verhaltensebene als konativer Effekt der „verstärkten" Botschaften wird von verschiedenen psychischen Faktoren wie Attributionsstil (Ursachenzuschreibung), Kontrollüberzeugung und Risikowahrnehmung über Selbstwirksamkeit und Intelligenz bis hin zur emotionalen Prägung, demografischen Faktoren wie Geschlecht, Kulturzugehörigkeit oder Alter sowie externen Faktoren wie Authentizität des Senders oder Setting der Kommunikationskampagne beeinflusst (vgl. Reifegerste & Ort, 2018, S. 33 ff.). Maßgeblich ist auch hier die **Gesundheitskompetenz**, die als Einordnungs- und Bewertungsschablone dienen kann (▸ Abschn. 4.2.4.1). Die Studienlage zu den Effekten des Einsatzes von Frames in der Gesundheitskommunikation ist aufgrund zahlreicher Einflussfaktoren, wie z. B. bei Impfkampagnen, inkonsistent (O'Keefe & Nan, 2012) – der wissenschaftliche Fokus liegt v. a. auf **maßgeschneiderte Frames** aus Zielgruppen- und Mediensicht. An dieser Stelle ist zu betonen, dass eine reflektierte und argumentative Überzeugungsarbeit im Rahmen einer unterstützten Entscheidungsfindung keine Manipulation darstellt, wenn die Kommunikationsstrategie transparent gestaltet ist, ihre Absichten offen legt und die rechtlichen und ethischen Implikationen ihrer Gesundheitsbotschaften berücksichtigt. Grenzen einer *„gesteuerten Gesundheit"* als Verhaltensbeeinflussung aus organisatorischer Sicht sind v. a. hinsichtlich der Verletzung der Maximen Gesundheitsmündigkeit und Selbstwirksamkeit sowie aus grundrechtlicher Sicht (Schutz von Autonomie, Selbstbestimmung und Freiheit) zu ziehen (vgl. Kreßner, 2019). Ziel ist es, das **Bewusstsein für die eigene Gesundheitskompetenz** zu stärken und dabei behutsam Überzeugungsarbeit zu leisten, z. B. in Form von Appellen (Normappelle, Furchtappelle, soziale Appelle), um eine intendierte Einstellungsänderung hinsichtlich des Gesundheitsverhaltens zu erreichen (▸ Abschn. 4.2.4.2).

4

❗ Der **Schritt von der Überzeugung zur Manipulation** ist im sensiblen Gesundheitsbereich nicht groß. Entscheidend ist, dass die Kommunikationsabsichten transparent sind und die ethischen und rechtlichen Aspekte der Gesundheitsbotschaften berücksichtigt werden.

▪ Medialisierung und ihre Nebenwirkungen

Digitale Gesundheitskommunikation setzt auf **Mediatisierung und Medialisierung** und ermöglicht personalisierte Gesundheitsbotschaften und diffundiert ungehindert in allen Lebensräumen, birgt aber auch Risiken im Bereich der Manipulation, Fehlinformation und Überforderung (vgl. Kalch & Wagner, 2020; Scherenberg & Pundt, 2018) (▶ Kap. 5). Diskutiert werden v. a. auch Social-Media-Anwendungen im Gesundheitsbereich (vgl. Gabriel & Röhrs, 2017). Generell gilt, dass **medienvermittelte Informations- und Überzeugungsstrategien** im Rahmen eines Kommunikationskonzepts hinsichtlich der Medienauswahl reflektiert zu planen, die Distribution und Rezeption in der kommunikativen Phase gezielt zu fördern und in der postkommunikativen Phase hinsichtlich der Medienaneignung zu evaluieren sind.

Kommunikative Ansätze können aber auch **gegenteilige Wirkungen** entfalten, wenn Gesundheits- und Präventionsbotschaften offensiv und fordernd präsentiert werden, im Widerspruch zu den Zielen der Organisation stehen oder als unverbindlich empfunden werden. Bei mangelndem Vertrauen können diese Botschaften sogar als Eingriff in die persönliche Freiheit interpretiert werden. **Nicht intendierte Kommunikations- und Medienwirkungen** können zu negativen Folgen im Gesundheitsverhalten führen – dysfunktionale Effekte wie Reaktanz, Bumerangeffekte, verminderte Vulnerabilitätseinschätzung, defensive Vermeidung oder verzerrende Umdeutung, Bagatellisierung bis hin zur Verleugnung sind z. B. von Furchtappellen bekannt, da sie als selbstbedrohend und aversiv wahrgenommen werden und zu kognitiver Dissonanz als erlebtem Widerspruch zwischen dem, was man faktisch tut, und dem, was man tun sollte, führen (vgl. Hastall, 2017; Meitz & Kalch in Rossmann & Hastall, 2019, S. 391 f.). Nach Hastall (in Hurrelmann & Baumann, 2014, S. 399 ff.) ist hier eine Kommunikationsstrategie zu lancieren, die eine **positiv erlebte kognitive Auseinandersetzung** mit Gesundheitsthemen steigern hilft, statt einer Kommunikationsstrategie, die mahnend und fordernd auf die Adressat*innen wirkt und ein eher angstbesetztes Klima der Rezeption und Verinnerlichung induziert.

↘ **Medien** sind für die Gesundheitskommunikation wichtig, um sich Gehör zu verschaffen und Gesundheitsbotschaften zu vermitteln, aber sie sollten nicht unreflektiert eingesetzt werden, da sie auch unbeabsichtigte Wirkungen haben können.

Überzeugungsarbeit als ambivalentes Instrument

Im **Bereich der Persuasion** ist Vorsicht geboten, denn einerseits können z. B. Furchtappelle – Angst weist ein hohes Aktivierungspotenzial auf – die Wirkung von Gesundheitskommunikation positiv beeinflussen, indem sie die emotionale und kognitive Verarbeitung unterstützen und damit intendiertes bzw. adaptives Verhalten fördern. Gleichzeitig erhöht der Einsatz von Furchtappellen die Wahrscheinlichkeit nicht-intendierter bzw. maladaptiver Reaktionen, die z. B. zur Ablehnung der Botschaft führen oder als Reaktanz sogar gesundheitsschädigendes Verhalten fördern. Aus theoretischer Sicht sind hier die Theorie der Schutzmotivation und das Modell der Gesundheitsüberzeugungen (Health-Belief-Model) von Bedeutung, da sie kommunikativ beeinflussbare Variablen wie die Einschätzung der Gefährlichkeit einer Krankheit (Bedrohung), die subjektiv empfundene Krankheitsanfälligkeit oder die Einschätzung der eigenen Bewältigungskompetenz berücksichtigen, von denen die Wahrscheinlichkeit der Inanspruchnahme von Gesundheitsangeboten abhängt (▶ Abschn. 4.2.4.2.1).

▪ Nutzen und Ziele der Gesundheitskommunikation

Der **Nutzen betrieblicher Gesundheitskommunikation** hinsichtlich Kompetenzsteigerung, Aufmerksamkeitssteuerung und Veränderungsbereitschaft ist evident, wenn die Kommunikationsstrategie zielgruppengerecht umgesetzt wird (vgl. Uhle & Treier, 2019, S. 215) (▶ Abschn. 4.1.3.6). Dies erfordert ein fundiertes Wissen über die möglichen Adressat*innen, z. B. durch die Definition von **Dialoggruppen**. Laut whatsnext-Studie (IFBG, 2020, S. 56) setzen 58,9 % der deutschen Organisationen entsprechende Kommunikationsmaßnahmen um. Weitere 9,1 % planen dies für die Zukunft. Eine besondere Rolle spielt nach wie vor der klassische Gesundheitstag, den 77,6 % der Organisationen nutzen, um über Gesundheitsthemen zu informieren. Intranet und Medienwerbung gewinnen im digitalen Zeitalter an Bedeutung. Betrachtet man jedoch die Einschätzung der Beschäftigten, so zeigt sich, dass die Gesundheitskommunikation optimiert werden sollte, denn nur etwa die Hälfte der befragten Beschäftigten gibt an, gut über die Gesundheitsangebote in ihrer Organisation informiert zu sein (IFBG, 2020, S. 57). 17,9 % fühlen sich sogar schlecht informiert. Die Überwindung dieser in Studien festgestellten *Kluft zwischen Bedeutung und Umsetzung* ist das Hauptziel einer Kommunikationsstrategie, die das Schweigen bzw. die Stille des organisationalen Gesundheitshandelns durchbrechen will. Wahrgenommen werden heißt ernst genommen werden. Gesundheitskommunikation ist letztlich **instrumentelles**

Handeln. Ihre Wirkungsweisen lassen sich zwar nicht vollständig modellhaft erschließen, aber im Sinne eines evidenzbasierten Ansatzes trägt Gesundheitskommunikation nachweislich dazu bei, die Legitimität, Akzeptanz und Compliance gesundheitsorientierten Handelns zu erhöhen, z. B. bei veränderungsresistenten Kulturen, mangelnder Bereitschaft von Führungskräften, belastenden Arbeits- und Organisationsbedingungen oder gering ausgeprägtem Gesundheitsinteresse bei den Betroffenen (vgl. Hastall & Lang in Rossmann & Hastall, 2019, S. 15 ff.). Mit einer geeigneten Kommunikationsstrategie lassen sich aus Nutzensicht folgende **Ziele** erreichen (vgl. Faller in Faller, 2017, S. 192):

- Bekanntmachung des BGM/BGF-Portfolios
- Aktivierung der Beschäftigten zur Teilnahme bzw. Mitwirkung an BGM-/BGF-Maßnahmen

- Steigerung des Gesundheitsbewusstseins und der gesundheitsbezogenen Achtsamkeit
- Erhöhung der Gesundheitskompetenz durch gesundheitsbezogene Lernprozesse
- Verbesserung des Images von BGM in der Organisation (interne Perspektive)
- Wahrnehmung als gesunder und sozialer Arbeitgeber (externe Perspektive)
- Legitimation von Investitionen in Gesundheit

> Gesundheitskommunikation ist nicht nur eine unterstützende Querschnittsfunktion im BGM, sondern stellt selbst eine Gesundheitsintervention dar – dies zeigt sich v. a. auch im BGM 4.0 im Handlungsfeld Information und Kommunikation (▶ Abschn. 5.4.1 und Infobox ▶ „Formen der Gesundheitskommunikation").

Formen der Gesundheitskommunikation

Im Bereich der Kommunikation sind verschiedene **Formen der Gesundheitskommunikation** zu unterscheiden. Dies zeigt sich in der weit gefassten Definition von Hurrelmann und Baumann (2014, S. 13). *„Gesundheitskommunikation bezeichnet die Vermittlung und den Austausch von Wissen, Erfahrungen, Meinungen und Gefühlen, die sich auf Gesundheit oder Krankheit, Prävention oder den gesundheitlichen Versorgungsprozess, die Gesundheitswirtschaft oder Gesundheitspolitik richten."*

- **Kommunikation von Gesundheit** umfasst allgemein alle Kommunikationsanlässe innerhalb und außerhalb der Organisation, die sich mit Gesundheit befassen.
- **Gesundheitsorientierte als interpersonale Kommunikation** beinhaltet den Austausch mit anderen, um die eigene Gesundheit und die des Gesprächspartners zu fördern, u. a. mit dem Ziel, die Mitwirkung und Einhaltung (Compliance) zu erhöhen.
- **Betriebliche Gesundheitskommunikation** befasst sich mit der planbaren und steuerbaren Vermittlung gesundheitsrelevanter Informationen als politisch-organisatorischer Ansatz. Im Rahmen der betrieblichen Gesundheitskommunikation geht es mithin v. a. um organisierte und weniger um informelle Kommunikationsformen.

In der Praxis verschwimmen die Kommunikationsformen, wenn z. B. Führungskräfte in der gesundheitsorientierten Kommunikation als verlängerter Arm die Kernbotschaften der betrieblichen Gesundheitskommunikation übersetzen helfen.

Ebenen der Gesundheitskommunikation

Die Komplexität einer Kommunikationsstrategie aus Sicht des BGM ergibt sich nicht nur aus den unterschiedlichen Formen, Kanälen und Anlässen, sondern auch aus der Interdependenz der verschiedenen **Ebenen der Kommunikationsstrategie**, die von der persönlichen Direktansprache über das Marketing bis hin zur Unternehmenskommunikation reichen (◻ Abb. 4.5 und Exkurs ▶ „Abgrenzungskonstrukte") (vgl. Bonfadelli, 2014, S. 20 ff.). Eine **integrierte Kommunikation** verbindet die Ebenen als Dialog-, Marketing- und Unternehmenskommunikation (Walter et al., 2012). Persönliche und nicht-persönliche Kommunikationsformen sind aufeinander abzustimmen, um eine **konsistente** **Gesundheitsbotschaft** nach innen und außen zu vermitteln. Dazu gehören persönliche Ansprachen, direkte Kommunikation über Eventmarketing, Verkaufsförderung bzw. Sales Promotion von Gesundheitsangeboten, Medienwerbung bis hin zu Public Relations. Darüber hinaus sind die **Führungskräfte** als *„Health Broker"* in die Kommunikationskaskade einzubeziehen, um eine persönliche, direkte und authentische Ansprache vor Ort zu ermöglichen (vgl. Wäsche, 2017) (▶ Abschn. 4.2.3.4). Diese Vorbildfunktion erfordert jedoch eine entsprechende Stärkung der Kompetenzen in der persönlichen Gesundheitskommunikation, z. B. durch ein begleitendes Gesundheitscoaching.

4

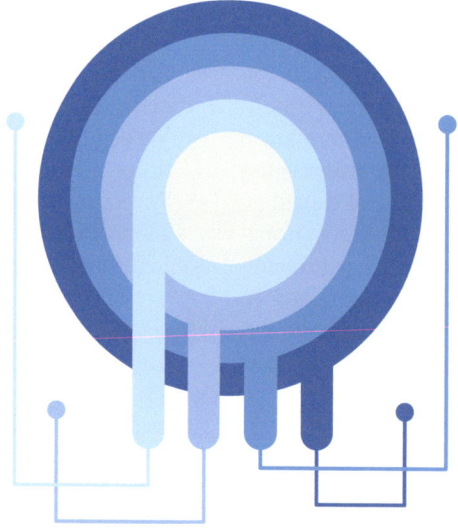

MIKROEBENE
Mediennutzung und -wirkung
Soziale Netzwerke, Gesundheitsforen
Gesundheitsgespräche/-beratung
Gesundheitseinstellungen
**Intra- und interpersonale
Kommunikationsanlässe**

Medienebene
Medial vermittelte Kommunikationsformen beeinflussen alle Ebenen,
verstärken die Wirkung von Gesundheitsbotschaften und ermöglichen
personalisierte Inszenierungen.
Medialisierung als Megatrend

MESOEBENE
Leitbild der gesunden Organisation
Events und Kampagnen
Gesundheitsmarketing
Stakeholder-Orientierung
Gesundheitspolitische Botschaften
Organisationskommunikation

MAKROEBENE
Public Relations als sozial-
empathischer Arbeitgeber
Einflüsse des gesellschaftlichen
Diskurses über Gesundheit
**Kommunikationsstrategie der
Organisation in der Gesellschaft**

◻ **Abb. 4.5**   Ebenen der betrieblichen Gesundheitskommunikation

A. Die **Mikroebene** befasst sich mit der intra- und interpersonalen Kommunikation sowie mit der Mediennutzung, -rezeption und -wirkung. Soziale Netzwerke, Alltagskommunikation, Gesundheits-
gespräche mit Führungskräften bis hin zu
coachingbasierten Kommunikationsanlässen wie
EAP können hier genannt werden.
B. Die **Mesoebene** betrachtet die Kommunikation aus
organisatorischer Sicht unter Berücksichtigung von
Akteurskonstellationen, Stakeholderorientierung
und Gesundheitspolitik (▶ Abschn. 4.1.1). Hier
sind v. a. Events und Kampagnen zu nennen, die
dazu beitragen, das Leitbild der Organisation als sozial-empathischer Arbeitgeber zu kommunizieren.
C. Die **Makroebene** erweitert die Perspektive der
Kommunikationsstrategie um die nach außen gerichtete Unternehmenskommunikation sowie den
Einfluss der Gesundheitskommunikation in Gesellschaft und Wirtschaft auf die betriebliche Gesundheitskommunikation.
D. Die **Medienebene** nimmt eine gesonderte Rolle ein,
da medienvermittelte Kommunikationsformen in
alle drei Ebenen diffundieren und Kommunikations-
effekte verstärken (Medialisierung bzw. Medien-
logik) und Gesundheit zum (digitalen) Medien-
thema machen mit Auswirkungen auf die
Informationsqualität, Inszenierung, Dramatisie-
rung, Emotionalisierung bis hin zur Kommerzia-
lisierung – ein Beispiel ist hier der Bedeutungszuwachs von Gesundheitsbloggern in Social Media
(▶ Abschn. 5.4.1).

Abgrenzungskonstrukte

▪▪ Health Campaigning
Gesundheitskampagnen orientieren sich an den Zielen
der Organisation, zielen auf Gesundheitsförderung und
Prävention ab und schaffen Aufmerksamkeit durch einen
hohen Erlebnis-, Unterhaltungs- und Sichtbarkeits-
faktor. Kampagnen sollen viele Menschen dazu bewegen, ihr Gesundheitsverhalten bzw. ihre Einstellung
zu reflektieren und ggf. zu ändern. Dabei wird ein cross-
medialer, integrativer und interdisziplinärer Mix von
Kommunikationsinstrumenten eingesetzt, um der
Heterogenität der Adressat*innen gerecht zu werden
und Impulse für alle zu setzen. Kombinierte Online- und
Offline-Ansätze ermöglichen über Social Media flexible
Formate für Gesundheitskampagnen im Kontext von
Arbeit 4.0 – z. B. hybride Formate, sodass Gesundheits-
veranstaltungen parallel in Präsenz und Online stattfinden.

▪▪ Health Counseling
Eine professionelle psychosoziale Beratung der Mitarbeiter*innen (EAP) ermöglicht eine zeitnahe Unterstützung in kritischen Situationen mit motivierenden, me-
diativen, aktiv zuhörenden und die Selbstreflexion fördernden Gesprächs- und Interventionstechniken, um die
psychische Gesundheit, Arbeits- und Leistungsfähigkeit
der Mitarbeitenden zu fördern. Herausforderungen sind

Themen wie Burnout oder Suchtprobleme. Als Trend zeichnet sich hier das Health-Online-Counseling ab.

■■ Health Coaching

Es stellt eine „schwächere" Form des Health Counseling dar und kann auch semiprofessionell oder als Peer-to-Peer-Coaching durchgeführt werden. Health Coaching ist auf die Begleitung des Individuums ausgerichtet, um Menschen bei der angestrebten Veränderung ihres Lebensstils bzw. Gesundheitsverhaltens zu unterstützen. In virtuellen Gesundheitszentren kann diese Funktion auch als Online-Gesundheitscoaching realisiert werden.

4.1.3.2 Theoretische Grundlagen zur Gesundheitskommunikation

Eine umfassende **Modellierung betrieblicher Gesundheitskommunikation** ist angesichts der Bandbreite psychologischer, soziologischer, pädagogischer und kommunikationswissenschaftlicher Parameter und vielfältiger Einflussfaktoren wie Mediengestaltung oder Setting aus theoretischer Sicht kaum möglich (vgl. Hehlmann, 2021; Rossmann & Hastall, 2019). Diese **theoretische Vielfalt** hängt u. a. damit zusammen, dass es in der Gesundheitskommunikation nicht nur um die Vermittlung von Botschaften geht, sondern vielmehr um die Kommunikation von Gemeinsamkeiten und die soziale Verständigung über Gesundheitswerte auf der Basis eines geteilten Gesundheitswissens (Common Ground). Darüber hinaus weichen die intendierte Botschaft (Intentionalität) und der erarbeitete Inhalt (Verinnerlichung) aufgrund der unterschiedlichen Lebenskontexte (Kontextualität) häufig voneinander ab. Botschaften werden oft erst im sozialen Kontext ausgehandelt (Interaktivität). Aus theoretischer Sicht ist es wichtig, dass die Teilnehmenden im Kommunikationsprozess nicht passiv sind, sondern die Gesundheitsbotschaften **reflexiv und aktiv** verarbeiten (konstruktivistische Sichtweise). Zudem hat Kommunikation viele **Modalitäten** bzw. Übertragungswege, so lassen sich Modelle der direkten interpersonalen Kommunikation auf verbaler und non-verbaler Ebene wie das bekannte Kommunikationsquadrat nach Schulz von Thun von medienvermittelten Kommunikationsformen unterscheiden, die z. B. in technischen Informationsmodellen aufgegriffen werden, und erweitert auch um Ansätze der Massenkommunikation, z. B. im Rahmen von digitalen Gesundheitskampagnen (vgl. Khabyuk, 2018; Röhner & Schütz, 2020).

■■ Health Consulting

BGM-Projekte sind in der Umsetzung oft komplex. Eine externe Gesundheitsberatung, z. B. durch Unternehmensberatungen oder Sozialversicherungsträger, kann bei der Planung, Umsetzung und Evaluation von Gesundheitsprojekten unterstützen. Struktur- und Prozessgestaltung sowie Ziel- und Ergebnisorientierung bis hin zum Projekt- und Gesundheitscontrolling stehen dabei im Vordergrund. Das Handlungsfeld der Gesundheitsberatung ist entsprechend der Ansatzpunkte breit gefächert und orientiert sich an der ganzheitlichen Präventionsmatrix (▶ Abschn. 4.3).

■ Kommunikationsparameter als theoretische Bausteine

Insbesondere die **Kommunikationsparameter** Kontextualität, Selektivität, Reflexivität, Interaktivität und Intentionalität als *Determinanten kommunikativen Gesundheitshandelns* erweitern die informationstechnische Perspektive, die semantische und pragmatische Aspekte von Gesundheitsinformationen in Bezug auf Inhalt und Bedeutung vernachlässigt und sich lediglich auf die Übertragung von Datensignalen und die Vermeidung von störendem Hintergrundrauschen konzentriert (vgl. Röhner & Schütz, 2020, S. 6 ff.; Tropp, 2019, S. 18 ff.). Die Kommunikationsparameter helfen bei der Ableitung von **Gestaltungsanforderungen an eine moderne Gesundheitskommunikation** in der Organisation (▶ Abschn. 4.1.3.3). Praxisnahe Modelle, die Prozesse, Strukturen und Management der Marketing-, Unternehmens- und Mitarbeiterkommunikation beschreiben, zeigen konkrete Wege der kommunikativen Abbildung und Übersetzung von Gesundheitsbotschaften auf (vgl. Einwiller et al., 2021; Tropp, 2019, S: 39 ff.).

A. **Selektivität:** Das Hauptproblem der betrieblichen Gesundheitskommunikation ist die Fülle an internen, externen und widersprüchlichen Informationen. Eine Selektion ist unabdingbare Voraussetzung für kommunikatives Handeln. Ziel muss es sein, die Aufmerksamkeit im Rauschen konkurrierender Informationen zu regulieren. Dies kann z. B. durch *saliente Reize* geschehen. Aber auch die Förderung von Gesundheitsschemata, Skripten und Heuristiken als kognitive Gesundheitsschablonen im Rahmen der Gesundheitsbildung ermöglichen eine selektive Kategorisierung und fokussierte Einordnung von Gesundheitsinformationen in der Rezeptionsphase.

4

B. **Reflexivität:** Ziel jeder Kommunikation ist es, verstanden zu werden. Dazu muss Kommunikation als konstitutives Merkmal zeitlich, inhaltlich und sozial selbst- und rückbezüglich sein, um ihre Relativität zu überwinden. In der Gesundheitskommunikation ist es wichtig, Informationen nicht nur rezeptiv, z. B. im Rahmen von Massenkommunikation, zu verteilen, sondern sich der Wirkungen der Informationen bei den Rezipienten bewusst zu sein (Wirkung) und offen zu sein für erfahrungsbezogene Kommunikationsanlässe durch die Mitarbeitenden selbst (Feedback). Denn die Mitarbeitenden selbst können aufgrund ihrer reflexiven Fähigkeiten zu Gesundheitsbotschafter*innen werden und ihrerseits als „Spiegelneuronen" andere Akteure adressieren. Aus sachlicher Sicht ist die Kommunikationsstrategie der Gesundheitskommunikation als Metakommunikation zu verstehen. Im Rahmen eines spiralförmigen Annäherungsprozesses entsteht ein geteiltes kollektives Wissen, das v. a. durch soziale Austauschprozesse konstituiert wird (Common Ground). Vertrauen gilt dabei als Prämisse für eine sensible Gesundheitskommunikation. In rein digital vermittelten Kommunikationsprozessen wird die soziale Kontaktaufnahme jedoch durch den fehlenden sozialen Austausch erschwert. Für die betriebliche Gesundheitskommunikation bedeutet Reflexivität, dass nicht nur die Prozesse relevant sind, sondern das Verständnis der Konsument*innen auf kognitiver und affektiver Ebene im Mittelpunkt der Kommunikation steht (Consumer Insights). Betriebliche Gesundheitskommunikation muss dabei an den Präferenzstrukturen der Kundengruppen ansetzen.

C. **Kontextualität:** Sinnstiftung ist für kommunikatives Handeln wichtig, um gesundheitsorientiertes Anschlusshandeln zu erzeugen und zu festigen. Bei Gesundheitsthemen ist dabei der Kontext des kommunikativen Handelns von Bedeutung. Betriebliche Gesundheitskommunikation sollte die Lebenswelt der Zielgruppen berücksichtigen, die Relevanz des Gesundheitsthemas durch Bezüge akzentuieren und eine crossmediale und integrative Zugänglichkeit in den Lebensbereichen ermöglichen. Bei der Lebenswelt ist zum einen das Setting der Organisation (z. B. kulturelle Rahmenbedingungen) und zum anderen der individuelle Lebenskontext zu berücksichtigen.

D. **Intentionalität:** Kommunikatives Handeln ist zielgerichtet und intentional. Gesundheitskommunikation ist ein intentionaler Prozess, der durch wechselseitige Zuschreibungen von Handlungs- und Kommunikationsabsichten gegenüber den Anspruchsgruppen gekennzeichnet ist. Entscheidend ist die strategische Perspektive, um die vielfältigen Kommunikationsanlässe durch ein Zielsystem aufeinander auszurichten. Die Intentionen der Kommunikation sollten offengelegt werden, da sonst die Gefahr der gefühlten Manipulation besteht, die im sensiblen Handlungsfeld Gesundheit zu verschiedenen Abwehrmechanismen führen kann.

E. **Interaktivität:** Kommunikatives Handeln kann als sozial vermittelter Prozess verstanden werden, um gemeinsam geteilte Gesundheitsschemata zur Kategorisierung zu entwickeln, soziale Verträge zu etablieren, soziale Unterstützung zu ermöglichen und letztlich die Grundlagen für eine gelebte Gesundheitskultur zu schaffen. Die wechselseitige Beeinflussung ist in einer partizipativ ausgerichteten Gesundheitskommunikation v. a. in dialogorientierten Ansätzen der interpersonalen Kommunikation zu verorten.

■ **Kommunikation in der Gesundheitstheorie**

Ergänzend zu den klassischen Kommunikationsmodellen (s. Info-Kasten) können **weitere Theorien** berücksichtigt werden, um gesundheitsbezogene Themen im Rahmen des kommunikativen Handelns zu verstehen. Je nach Ebene und Intention der Kommunikation sind unterschiedliche Theorien im Kommunikationsgeschehen zu verorten, z. B. auf der *Mikroebene* Furchtappell-Theorien, das Modell der Gesundheitsüberzeugungen, die Theorie der Schutzmotivation, die sozial-kognitive Lerntheorie oder die Theorie des geplanten Verhaltens in Bezug auf die wahrgenommene Verhaltenskontrolle, auf der *Mesoebene* die Theorie der sozialen Unterstützung oder Theorien sozialer Vergleichsprozesse in Bezug auf die Selbstfindung durch andere, auf der *Makroebene* Setting-Konzepte als Rahmen oder die Kultivierungsthese in Bezug auf digitale Medien als Gesundheitssozialisationsinstanz (vgl. Faller & Lang, 2019, S. 15 ff.; Reifegerste & Ort, 2018, S. 47 ff.). V. a. **gesundheitspsychologische Modelle** wie das sozial-kognitive Prozessmodell zum Gesundheitsverhalten von Ralf Schwarzer zeigen, wie wichtig Information und Kommunikation im Prozess der Intentionsbildung sowie im Prozess der Planung, Realisierung und Aufrechterhaltung gesundheitskonstruktiven Verhaltens sind (Schwarzer, 2004) (► Abschn. 4.2.4.1.1). Kommunikative Prozesse sind ein konstitutives Element von Gesundheitsförderung und Prävention, was sich auch in den Gesundheitsmodellen widerspiegelt (► Abschn. 2.2). Hier ist eine **pragmatische Denkweise** bei der Umsetzung hilfreich. Kommunikationsprozesse innerhalb der Organisation des Gesundheitswesens sind durch Feedbacksysteme auf ihre Wirksamkeit und Funktionalität bei den Adressat*innen zu überprüfen, um ggf. gesundheitsrelevante Verhaltensänderungen zu bewirken.

> Da die Anlässe für Gesundheitskommunikation in der Organisation vielfältig sind und die Kommunikation über gesundheitsrelevante Inhalte viele Formen annehmen kann, ist es wichtig, die Gesundheitskommunikation zu systematisieren und auf das Ziel der Gesundheitsförderung auszurichten. Dabei helfen Gesundheitsmodelle, die Kommunikation als wichtiges Thema aufgreifen (vgl. Exkurs über ▶ „Kommunikationsmodelle").

Kommunikationsmodelle

Klassische Kommunikationsmodelle aus Sicht der betrieblichen Gesundheitskommunikation (vgl. Röhner & Schütz, 2020, S. 28 ff.)

A. **Encoder-/Decoder-Modelle** erklären Kommunikation als einen Prozess, bei dem eine innere Repräsentation (z. B. die Definition von Gesundheit) mit Hilfe eines Codes (z. B. Sprache oder mediengestützt) verschlüsselt bzw. enkodiert wird. Der verschlüsselte Code wird über verschiedene Kommunikationskanäle an die Empfänger der Botschaft übermittelt. Um den Inhalt zu verstehen, findet auf Seiten der Empfänger wiederum eine Entschlüsselung (Dekodierung) statt. Aus Sicht dieser Übertragungsmodelle wird eine reibungslose Kommunikation angestrebt, indem denkbare Störfaktoren bereits im Vorfeld der Transmission reduziert werden. Je nach Parametrisierung des Übertragungsprozesses unterscheiden sich die Kommunikationsmodelle von rein technischen über kommunikationspsychologische bis hin zu sozialkonstruktivistischen Modellen.

B. **Technische Sender-Empfänger-Modelle** wie die von Claude Shannon oder Warren Weaver reichen für die Gesundheitskommunikation zwar nicht aus, da Gesundheitskommunikation auf subjektiven Wahrnehmungen, Empfindungen oder Verständnissen beruht, bieten aber dennoch Ansatzpunkte zur Gestaltung. Die Modellierung ist hinsichtlich der konstituierenden Kommunikationselemente vergleichsweise einfach: eine Informationsquelle (Sender), eine Verschlüsselung (Kodierung), eine Nachricht, ein Übertragungskanal, eine Entschlüsselung (Dekodierung) und ein Empfänger (Adressat). Trotz ihrer Abstraktion sind technische Modelle geeignet, das Rauschen im Kommunikationsprozess zu reduzieren, wenn es z. B. um Störfaktoren in der Kommunikation geht, wie Faktoren beim Sender (Einstellungen), im Sachverhalt (zu hohe Komplexität der Aussagen), beim Empfänger (Desinteresse), bei der Kodierung (komplexe Sätze, Fachbegriffe), in der Umgebung (Lärm oder Ablenkung) oder bei der Dekodierung (Sprachprobleme). Als Erfolgsfaktoren für die betriebliche Gesundheitskommunikation lassen sich die Schaffung gegenseitiger Aufmerksamkeit, der Aufbau eines gemeinsamen Wissens, die Verwendung eines identischen Zeichen- und Bedeutungswissens, die Gewährleistung der Entsprechung der Kodierungen, die Ermöglichung eines störungsfreien Transports und die Bereitstellung ausreichender Kanalkapazität ableiten.

C. **Intentionale Modelle** befassen sich mit der Absicht des Kommunizierenden, dem Empfänger die Botschaft so zu übermitteln, wie es geplant ist. Dies unterstreicht den zweckrationalen Charakter der Kommunikation im Rahmen einer strategischen Gesundheitskommunikation. Es geht also um die Frage, wie es im Kommunikationsprozess gelingen kann, sich über den Inhalt der Botschaft so zu verständigen, dass das geplante Kommunikationsziel der Verantwortlichen im BGM erreicht wird. Ziele können das Senden einer Botschaft (Informationsaustausch über Impfkampagnen), die gemeinsame Verständigung über Inhalte (Einsicht in die Notwendigkeit von Impfungen) bis hin zum Konsens (konsekutives Impfhandeln als Ergebnis) sein, was verdeutlicht, dass Intentionalität häufig im sozialen Austausch ausgehandelt werden muss (soziales Handeln).

D. **Modelle der Perspektivenübernahme** konzentrieren sich auf die Frage, wie Menschen einander besser verstehen können, indem die Kommunikationspartner lernen, die Situation jeweils mit den Augen des anderen zu sehen. V. a. sozialpsychologische Ansätze wie das Role-Taking zeigen, wie wichtig es ist, die Rolle des Gegenübers zu berücksichtigen, um eine gemeinsame Basis des Verstehens zu erreichen. Dies erfordert z. B. mehr Verständnis für die Situation der Beschäftigten hinsichtlich ihrer Arbeits- und Lebensbedingungen, um Gesundheitsinhalte kommunikativ angemessen zu transportieren.

E. **Dialogische Modelle** fokussieren auf die Konstruktion einer gemeinsamen Wirklichkeit durch den Kommunikationsprozess in Anlehnung an die klassischen Axiome von Paul Watzlawick. V. a. wird deutlich, dass Kommunikation auf der zwischenmenschlichen Ebene immer einen Mitteilungscharakter und einen Beziehungsaspekt aufweist und letztlich auf einem zirkulären Austauschprozess auf der Basis von Interpunktionen beruht, die den Kommunikationsverlauf strukturieren. Im Dialog ist nicht nur die Information (digitale Modalität) relevant, sondern auch die nonverbale Übersetzung (analoge Modalität). Ziel einer dialogorientierten Gesundheitskommunikation sollte eine möglichst symmetrische Interaktion sein. Dennoch wird es rollenbedingt zu komplementären bzw. ergänzenden Kommunikationsanlässen kommen, wenn sich das BGM als aufklärende Instanz versteht. Dies darf jedoch nicht zu einer Unterlegenheit der Adressaten führen, da Selbstbestimmung im Gesundheitsbereich eine zentrale Maxime ist.

4

Allgemeine Erfolgsfaktoren

Unabhängig vom Kommunikationsmodell kristallisieren sich **allgemeine Erfolgsfaktoren** für die zwischenmenschliche Gesundheitskommunikation im Betrieb heraus: Wertschätzung, Glaubwürdigkeit, kein Druck, Verwendung von Ich-Botschaften, Vermeidung überflüssiger Informationen, Mehrdeutigkeit und Weitschweifigkeit als Störfaktoren sowie keine expertokratische Bevormundung. In Anlehnung an die von Carl Roger definierten Qualitätskriterien einer „therapeutischen" Gesprächsführung sind Empathie, Wertschätzung und Authentizität (Kongruenz) möglichst auch in der betrieblichen (interpersonellen) Gesundheitskommunikation zu gewährleisten.

4.1.3.3 Gestaltungsfaktoren und Herausforderungen

» „Je mehr BGM Gesicht zeigt, emotional anspricht, die Mitarbeiter bewegt und beteiligt, desto eher lassen sich Wirkungen aus Gesundheitssicht erwarten." (Uhle & Treier, 2019, S. 2014)

Der Slogan „*Gesundheit bewegt*" für eine betriebliche Kommunikationsstrategie vermittelt ein positives Erlebnis. Für eine erfolgreiche Gesundheitskommunikation reicht ein Slogan aber nicht aus. Ein guter Nährboden für kommunikatives Handeln ist eine gelebte Gesundheits- und Vertrauenskultur, denn es geht nicht nur um den einzelnen Menschen und seine Interaktionsreichweite im Mikrokosmos, sondern bspw. auch um die Vorbildrolle der gesunden Führung im Mesokosmos (▶ Abschn. 4.2.3.4) oder das Image als gesunde Organisation im Makrokosmos (▶ Abschn. 4.1.2).

Kernfragen

Aus Gestaltungssicht sind drei **zentrale Fragen** zu berücksichtigen, die nicht allein durch einen Slogan, der die Marke Gesundheit repräsentiert, beantwortet werden können.
- Wie kann BGM die Aufmerksamkeit für das Thema Gesundheit erhöhen?
- Wie können Organisationen sowohl gesundheitsindifferente als auch gesundheitsaffine Beschäftigte für die Teilnahme an BGM-Angeboten gewinnen?
- Wie kann die betriebliche Gesundheitskommunikation gesteuert und Kommunikation als Erfolgsfaktor im BGM systematisch verortet werden?

Herausforderungen

Um Antworten auf diese Kernfragen geben zu können, sollen zunächst die **Herausforderungen** skizziert werden, mit denen die betriebliche Gesundheitskommunikation konfrontiert ist. Eine besondere Herausforderung ist der **Spagat zwischen Sachlichkeit und Emotionalität** sowie zwischen Erleben und Vermitteln. *„Der Spagat im Kommunikationsprozess des betrieblichen Engagements beim Thema Gesundheit besteht insbesondere darin, möglichst umfassende sachliche Informationen auf eine möglichst nicht belehrende Art und Weise an möglichst viele Mitarbeiter zu vermitteln und zugleich authentisch zu wirken."* (Ternès et al., 2017, S. 62 f.) Im Gesundheitsbereich wiegen zudem **Verstöße gegen Grundregeln** wie die Gewährleistung diskriminierungs- und stigmatisierungsfreier Botschaften aufgrund der hohen Sensibilität z. B. bei Übergewicht, Sucht oder psychischen Störungen schwer (Röhm et al. in Rossmann & Hastall, 2019, S. 615 ff.). Darüber hinaus ergeben sich neue Herausforderungen durch die **Verlagerung der Kommunikation in den digitalen Raum**, z. B. im Umgang mit Influencern als einflussreiche Multiplikatoren (Storytelling via Instagram & Co.), mit Bloggern als Webautoren (von Erfahrungsberichten über Journalismus bis hin zu Wissenschaftsblogs) und Testimonials (Fürsprecher für Gesundheitsprodukte und -botschaften), die Ausweitung des Social Marketing als Grauzone zwischen authentischer Aufklärung und subtilem Marketing, die Diffusion privater in berufliche Netzwerke und deren Abgrenzung, die Zunahme von Fake News (Infodemie) oder die ungeklärten Auswirkungen digitaler Kommunikationsformate wie Apps, Blogs & Co. auf die Gesundheitskompetenz (vgl. Hastall in Scherenberg & Pundt, 2018, S. 187 ff.). Fragen der **Qualität, Professionalisierung und Ethik** stellen sich insbesondere beim Einsatz von Social Media in der Gesundheitskommunikation als kollaborative Settings im Rahmen von Blogs, Online-Foren oder Chatrooms (Altendorfer, 2019). Zum anderen kann die Erreichbarkeit und Zugänglichkeit insbesondere in dezentralen Organisationen im Kontext von Arbeit 4.0 nur durch digitale Gesundheitskommunikation im BGM 4.0 gewährleistet werden (Treier, 2021b). Die **Digitalisierung** ist daher eine der größten Herausforderungen und wird im ▶ Kap. 5 vertiefend thematisiert. Die Digitalisierung ermöglicht es, auch in flexiblen Arbeitsmodellen mit den Adressat*innen in Kontakt zu treten und sie trotz Distanz als aktive Partner*innen für Gesundheitsmaßnahmen zu mobilisieren. Mit der Digitalisierung steigt aber auch die Anzahl der Kanäle und damit die Herausforderung, eine **kohärente Gesundheitsbotschaft** zu vermitteln. Hier ist v. a. die Rolle der Führung als Health Broker und Gatekeeper als Herausforderung zu sehen, denn Führungskräfte können durch Bestätigung und Selektion eine **Konsonanz der medial vermittelten Gesundheitsinformationen** kommunikativ herstellen und verstärken. Dies ist umso wichtiger, als im Gesundheitsbereich mit **Spannungen zwischen Sender und Empfänger** zu rechnen ist. Die Vielfalt möglicher negativer Effekte von Gesundheitskommunikation, die z. B. auf Furcht oder moralische Appelle setzt, wie Verdrängungs-, Reaktanz- oder Bumerangeffekte verdeutlichen, dass bereits marginale Verletzungen die positive Intention in Frage stellen und zu gegenteiligen Effekten führen können (vgl. Hastall, 2017). Daher erfordert eine

Kommunikationsstrategie immer auch eine **Evaluation der Wirkungen** der Gesundheitskommunikation, z. B. durch zeitnahe Feedbacksysteme (vgl. auch Infobox zu ▶ „Vielfalt der Medien und Kanäle").

❗ **In der Gesundheitskommunikation sind Spannungen die Regel.** So will der Sender beim Empfänger eine Verhaltensänderung erreichen, der Empfänger möchte aber sein bisheriges Verhalten beibehalten. Der Sender will über Risiken aufklären, der Empfänger möchte aber sein Selbstwertgefühl schützen. Der Sender will ein gesundheitsgerechtes Verhalten vorschreiben, der Empfänger hat aber ein Bedürfnis nach Selbstbestimmung.

Vielfalt der Medien und Kanäle

Die **Vielfalt an analogen und digitalen Kommunikationsmedien**, die sich an die Mitarbeiter*innen richten, nimmt zu. Informiert und kommuniziert wird z. B. über Intranet, Newsletter, Mitarbeiterzeitschriften, Chatgruppen, Schwarze Bretter, Führungskräfte, E-Mail-Verteiler, Flyer, Briefe oder Veranstaltungen wie Gesundheitstage. Gesundheitslotsen oder BGM-Multiplikatoren werden eingesetzt, um Kommunikationsaufgaben vor Ort oder im digitalen Raum zu übernehmen. Der **Blended-Ansatz** ist als Zukunftsstrategie im BGM 4.0 zu verorten, um die Vorteile von Online-Angeboten wie Intranet, Mitarbeiter-App, Health Bots, Online-Foren oder Chats mit den Vorteilen von Offline-Angeboten wie Mitarbeiterzeitschrift, Flyer, Schwarzes Brett, Plakate oder Veranstaltungen zu verbinden, um mehr **kommunikative Zugkraft** zu erzielen. Um die **Medienkonvergenz** als Annäherung der Einzelmedien in technischer und inhaltlicher Hinsicht voranzutreiben und die verschiedenen Kanäle aufeinander abzustimmen, sollten die Organisationen den Aufbau von Strukturen zur besseren Kommunikation und Durchdringung fördern. Die **Gesundheitsplattform** kann

als Ausgangspunkt für redaktionell aufbereitete Informationen und soziale Interaktionen dienen. Je mehr die Kommunikation im digitalen Raum stattfindet, desto wichtiger wird die Überwachung der Einhaltung von **Kommunikationsrichtlinien** wie respektvoller, moralischer und sachlicher Umgang als Netiquette. Die Medienwahl hängt davon ab, ob Nudging (individuelles Anstoßen zu gesundheitsförderlichem Verhalten) oder Eventorientierung (Erlebnisorientierung) im Vordergrund stehen. Darüber hinaus ist die Gesundheitskommunikation um Edutainment- und Infotainment-Ansätze zu erweitern und damit die Brücke zur Edukation zu schlagen (▶ Abschn. 4.1.4). Kommunikationsinstrumente von Gesundheitsblogs, Support Foren und Chats über Health Communities (Peer-to-Peer-Kommunikation unter Gleichgesinnten) bis hin zu Online-Coaching und virtuellen Gesundheits- und Präventionsteams zeigen die Vielfalt der Kommunikationsmedien im digitalen Raum. Kommunikation wird zum **agilen Moment**, wenn die Mediatisierung zur Entgrenzung (Enträumlichung), zeitlichen Flexibilisierung (Entzeitlichung) und Vervielfältigung von Gesundheitskommunikation beiträgt.

▪ Gestaltungsprinzipien

Die Vielzahl der Herausforderungen erfordert ein **systematisches Vorgehen** im Sinne einer integrierten Kommunikation (vgl. Walter et al., 2012). Die für das BGM relevanten Kommunikationsinstrumente müssen funktional eingesetzt und aufeinander abgestimmt werden. Dies bedeutet, dass persönliche Kommunikationsformen wie der Dialog und nicht-persönliche Kommunikationsformen wie die Gesundheitsberichterstattung miteinander verknüpft werden müssen – dies ist insbesondere dann relevant, wenn für bestimmte Kommunikationskanäle aus Gesundheits- und Präventionssicht unterschiedliche Akteure zuständig sind (▶ Abschn. 3.2). Hier bedarf es

einer **konzertierten Aktion**, um ein abgestimmtes Kommunikationskonzept zu gewährleisten. Die Integration sollte in inhaltlicher, zeitlicher und formaler Hinsicht erfolgen (Uhle & Treier, 2019, S. 243). Von besonderer Bedeutung für die Gesundheitskommunikation ist der **persönliche Dialog** als zweiseitige und symmetrische Kommunikation mit der Zielgruppe, z. B. durch Gesundheitszirkel. Die Sensibilität von Gesundheitsthemen und der Bedarf an persönlicher Überzeugung erfordern eine stärkere **Dialogorientierung**. Aus kommunikativer Sicht kann die Wirksamkeit des Dialogs durch nicht-persönliche Kommunikation vorbereitet werden, um die Betroffenheit und das Involvement zu erhöhen. Persönliche

Kommunikation gelingt am besten durch Begegnung (Kontakthypothese) – dies geschieht möglichst in Präsenz, kann aber auch virtuell erfolgen. Emotionalität und Glaubwürdigkeit gelten dabei als Erfolgsfaktoren. Führungskräften kommt im dialogischen Ansatz eine besondere Rolle als Türöffner und Gesundheitsbroker zu. ◘ Tab. 4.1 fasst **zentrale Gestaltungsprinzipien** zusammen, die u. a. die Adressatenorientierung, die Rolle von Aufmerksamkeitsprozessen und soziale Einflüsse als Ansatzpunkte berücksichtigen (vgl. Hastall, 2019). Ein evidenzbasierter Ansatz hilft, unabhängig von der theoretischen Übersetzung aus pragmatischer Sicht *Qualitätskriterien für erfolgreiche Gesundheitskommunikation* zu identifizieren. Dabei ist die inhaltliche, zeitliche und formale Perspektive zu berücksichtigen.

— Aus **inhaltlicher Sicht** wird nicht nur eine Einheitlichkeit und Konsistenz der Gesundheitsbotschaften im Mehrkanal-System gefordert, sondern auch eine Einordnung der Gesundheitsbotschaften in den Gesamtkontext der allgemeinen Mitarbeiter- und Unternehmenskommunikation.

— Aus **zeitlicher Sicht** darf der Kommunikationsfluss nicht abreißen, sondern Gesundheit muss als Kommunikationsobjekt kontinuierlich sichtbar sein. Dies erfordert den Einsatz verschiedener Medien und Kanäle, um eine 24/7-Präsenz zu ermöglichen. Redundanz in den Gesundheitsbotschaften ist dabei erwünscht, damit die Kernbotschaft nicht im Grundrauschen untergeht.

— Aus **formaler Sicht** ist der Bekanntheitsgrad durch ein Markenmanagement zu erhöhen. Die Sichtbarkeit kann durch ein Logo, einen Slogan, ein einprägsames Design oder durch öffentliche Artikulation erhöht werden.

◘ **Tab. 4.1**   Gestaltungsprinzipien für eine erfolgreiche betriebliche Gesundheitskommunikation

Gestaltungsprinzip	Erläuterung
Adressaten-orientierung	Berücksichtigung der Besonderheiten der Dialoggruppen, z. B. in Bezug auf Informationsdichte, sprachliche und kulturelle Sensibilität, Orientierung an den Erwartungen und Werten der Zielgruppe (Bedarfsorientierung)
Authentizität und Begeisterung	Gesicht zeigen, erlebte oder konstruierte Erfolgsgeschichten als Storytelling, um Botschaften anschaulich und glaubwürdig zu vermitteln
Barrierefreiheit	Leichte Sprache, Zugänglichkeit, Maßnahmen zum Abbau kognitiver, fachsprachlicher, kultureller oder medialer Kommunikationsbarrieren
Bi- und Multi-lateralität	Nicht nur Informationsvermittlung, sondern auch sozialen Austausch in Dialogform, Schaffung von Feedbackmöglichkeiten und Förderung von Gesundheitsgemeinschaften
Emotionalität	Empathische Ansprache, Berücksichtigung des Bedürfnisses nach positiven Emotionen (keine Angstauslöser oder Furchtappelle, keine Schuldgefühle), affektives Framing
Integration	Inhaltliche (einheitliche Botschaften), zeitliche (Kontinuität, Chronologie) und formale Aspekte (erhöhte Sichtbarkeit, Logo, öffentliche Artikulation)
Kontinuität	Keine Unterbrechung des Informations- und Kommunikationsflusses, um der Prozesshaftigkeit von Verhaltensänderungen im Gesundheitsbereich Rechnung zu tragen, Reduzierung von Rückfällen und Abbrüchen
Niederschwelligkeit	Vermeiden, dass Information und Kommunikation als belastend empfunden werden (stressfreier Zugang) und je nach Bedarf unterschiedliche Kommunikationstiefen ermöglichen, geringer Aufwand für die Inanspruchnahme von Gesundheitsinformationen
Partizipation	Wahlfreiheit und Selbstbestimmung in partizipativen Settings betonen, Gesundheitsmündigkeit anerkennen, partizipative Strukturen wie Gesundheitszirkel schaffen
Selektion	Kanalisierung des Kommunikationsaktes, Selektionshilfe bei Informationsüberflutung, Priorisierung von Impulsen, Erhöhung der Anschaulichkeit
Sensibilisierung	Schaffung von Aufmerksamkeit nach AIDA (Attention, Interest, Desire, Action) oder erweitert AIDCAS (... Conviction, Action, Satisfaction), offener Umgang mit heiklen Themen wie Sucht oder psychische Gesundheit
Wertschätzend	Kommunikation auf Augenhöhe, Führung als Vorbild
Zugänglichkeit	Nutzung mehrerer Kanäle, Schaffung von Redundanz auf verschiedenen Kanälen, orts- und zeitunabhängige Verfügbarkeit von Informationen

Die Wechselwirkungen zwischen den Gestaltungsprinzipien sind zu beachten.

> Der **persönliche Dialog** als Nukleus der Gesundheitskommunikation muss integraler Bestandteil einer betrieblichen Gesundheitskommunikation sein und darf nicht der Systematik zum Opfer fallen.

■ **Kommunikationskonzept für BGM**

Betriebliche Gesundheitskommunikation sollte nicht dem Zufall überlassen werden, sondern systematisch geplant und entsprechend gesteuert werden (Uhle & Treier, 2019, S. 215 f.). Das **Kommunikationskonzept** verdeutlicht, welche **Schritte bei der Entwicklung** zu berücksichtigen sind. Einige Schritte verlaufen parallel, wie z. B. die Identifikation und Definition von Dialog- und Zielgruppen. Ein Kommunikationskonzept ist die Grundlage für eine strategische, systematische und integrierte Informations- und Kommunikationsarbeit und berücksichtigt v. a. auch die strukturelle Ebene der Kommunikationsplanung. Das Ergebnis ist eine **Kommunikationsmatrix**, in der Themen, Phasen und Adressat*innen miteinander verknüpft sind. Zur Kommunikationsplanung gehören auch die Budgetierung und die Festlegung von Erfolgsparametern für ein **Kommunikationscontrolling** unter Berücksichtigung möglicher Barrieren.

1. Schritt: **Identifikation und Definition der Dialoggruppen** – dabei sind nicht nur interne Gruppen wie Mitarbeitende oder Führungskräfte zu berücksichtigen, sondern auch externe Gruppen wie Aktionäre oder Kunden, die angesprochen werden sollen, sowie die Reichweite sozialer Netzwerke.
2. Schritt: **Identifikation und Definition der Zielgruppen** – entsprechend der Gesundheitsstrategie im BGM sind homogene Anspruchsgruppen und deren Erwartungen zu identifizieren, um den unterschiedlichen Informations- und Kommunikationsbedürfnissen der Zielgruppen Rechnung zu tragen.
3. Schritt: **Festlegung der Kommunikationsziele** – die kommunikativen Mittel sind zu definieren und hinsichtlich ihrer intendierten Wirkung auf Gesundheitsförderung und Prävention als Aufgabe der Kommunikationspolitik zu bewerten, wobei es wichtig ist, dass die Gesundheitsziele auch in das übergeordnete Zielsystem der Organisation integriert werden.
4. Schritt: **Bestimmung der Kommunikationsinhalte** – es handelt sich um konkrete Gesundheitsbotschaften, die vermittelt werden sollen, um eine Verhaltensänderung oder einen Kompetenzzuwachs zu bewirken, wobei nicht nur die expliziten, sondern auch die impliziten Inhalte von Bedeutung sind.
5. Schritt: **Definition der Kommunikationskanäle** – im digitalen Zeitalter nehmen die Kanäle für die Verbreitung von Gesundheitsinformationen zu, wobei die Modalität (einseitig oder zweiseitig), die Ausrichtung und die Medienkonvergenz im Multikanalansatz entscheidend sind.
6. Schritt: **Festlegung der Kommunikationsphasen** – sie reichen von der Informationsvermittlung über die Sensibilisierung und Vertrauensbildung bis hin zur Aktivierung und Konsolidierung und erfordern unterschiedliche Kommunikationsimpulse, an deren Ende eine fundierte und logische Argumentationskette im Sinne der Kernbotschaft stehen sollte.
7. Schritt: **Festlegung der Kommunikationsmaßnahmen** – das Portfolio analoger und digitaler Maßnahmen von Print über Events bis Social Media ist breit, entscheidend ist die Dramaturgie bzw. die Abstimmung auf Zielgruppen und Kommunikationsziele, die zeitliche und räumliche Verteilung der Kommunikationsmaßnahmen sollte möglichst störungsfrei und verstärkend sein.
8. Schritt: **Evaluation des Kommunikationskonzepts** – Umsetzung und Erfolgskontrolle stehen im Vordergrund, Kennzahlen und Feedbackdaten helfen beim Controlling, um ein angepasstes und effektives Kommunikationskonzept zu ermöglichen.

Kommunikationsstrategie

Die Ausführungen machen deutlich, dass eine professionelle Kommunikation betrieblicher Präventionsangebote weit über ein Kursangebot und dessen Bekanntmachung als Gesundheitskatalog hinausgeht. Eine **Kommunikationsstrategie** muss insbesondere auch die Erwartungen und Wahrnehmungen benachteiligter Beschäftigtengruppen berücksichtigen. Eine authentische, konsistente und kontinuierliche Gesundheitskommunikation kann zum Aufbau einer Gesundheitskultur beitragen (▸ Abschn. 4.1.2). Für das Kommunikationskonzept ist aus Gestaltungssicht wichtig, *„dass das Thema Gesundheitskommunikation und Gesundheitsinformation sorgfältig geplant, durchgeführt und evaluiert wird. Information und Kommunikation sollten das BGM frühzeitig anbahnen, fördern und begleiten – dies ist ein wichtiger Erfolgsgarant!"* (Uhle & Treier, 2019, S. 217)

4.1.4 Betriebliche Gesundheitsdidaktik

» „Gesundheitsbildung ist (neben informationstechnischer Bildung) der Bereich, der seit Mitte der 1980er-Jahre die steilste Aufwärtsentwicklung erfahren hat." (Schlutz in Tippelt & von Hippel, 2018, S. 906)

Unternehmen setzen sich ausführlich mit Gesundheitskompetenzen auseinander und leiten daraus Ziele und Inhalte im Bereich Gesundheit ab, schweigen sich aber über den didaktisch angemessenen Weg zur Vermittlung dieser Kompetenzen aus (vgl. Kruse & Witek in Goldfriedrich & Hurrelmann, 2021, S. 503 ff.). Ohne didaktisches Engagement kann Gesundheitsbildung ihr Potenzial jedoch nicht entfalten. Die Gesundheitsbemühungen, die sich z. B. in den nationalen Gesundheitszielen ausdrücken, haben oft eine offene Flanke – es fehlt ein **gesundheitsdidaktisches Konzept**. Es fehlt eine **pädagogische Professionalisierung**. Der **didaktische Weg** berücksichtigt die Handlungsfelder Information, Kommunikation und Transaktion im BGM. Unabhängig vom Handlungsfeld ist das **edukative Moment** weniger in der Unterweisung und Schulung als vielmehr in der Beratung und Begleitung zu sehen, um zu sensibilisieren, aufzuklären und zu befähigen (vgl. Goldfriedrich & Hurrelmann, 2021). Das Spektrum der Bildungskonzepte im BGM umfasst eine Vielzahl differenzierter und personalisierter Ansätze – gemeinsame Basis ist die Maxime *„Konstruktion vor Instruktion"*, d. h. die Betonung der aktiven Rolle des Beschäftigten in der Gesundheitsbildung. Eine aktivierende und auf **Eigenverantwortung** ausgerichtete Gesundheitsdidaktik setzt sich als Trend in der Erwachsenenbildung durch, steigert die Selbstwirksamkeit und erweist sich als erfolgversprechend für den Transfer von Gesundheitskompetenz in den Alltag (vgl. Hoh & Barz in Tippelt & von Hippel, 2018, S. 1027 ff.; Uhle & Treier, 2019, S. 73 ff.).

❗ Die größte **offene Flanke** in der betrieblichen Gesundheitsbildung ist das **Fehlen eines gesundheitsdidaktischen Konzepts**, das weniger die Instruktion als vielmehr die Konstruktion als Leitmaxime bestimmt. Aufgrund der Komplexität von Gesundheitsthemen ist eine didaktisch begründete und angeleitete Reduktion auf verständliche und praxisnahe Lerninhalte sinnvoll.

❯❯ „Gesundheitspädagogik ist keine Querschnitts- oder ‚Jedermann'-Kompetenz, … . Um das geforderte Ziel von mehr Gesundheitskompetenz zu erreichen, ist mehr Professionalität gefordert, die Helfenden dabei hilft, didaktisch wertvoll in den Settings von Gesundheitsförderung und Prävention zu agieren." (Cassens & Dengler, 2018, S. 21)

▪ **Pädagogisierung – eine Notwendigkeit**

Die **Gesundheitspädagogik** trägt maßgeblich zur Ausbildung von Gesundheitskompetenz bei und beeinflusst das Gesundheitsverhalten positiv, ist aber als Disziplin aus der Perspektive der Gesundheitsförderung weitgehend verschwunden und wird durch Ansprüche wie Empowerment ohne didaktische und pädagogische Fundierung ersetzt (vgl. Cassens & Dengler, 2018,

S. 16). Gesundheitspädagogik ist als heterogenes Handlungsfeld transdisziplinär angelegt. Theoretisch ist Gesundheitspädagogik ein Dachkonzept, das auf erziehungs- und gesundheitswissenschaftlichen Erkenntnissen aufbaut. Die Gesundheitspädagogik umfasst ein Theoriebündel, in dem v. a. Ansätze der Selbsthilfe und Selbststärkung als pädagogisches Ziel und didaktisches Handeln begründet werden, denn Gesundheitslernen ist weniger konsumierend als aktivierend (vgl. Goldfriedrich, 2020; Schneider, 2017). Die **Geringschätzung der Didaktik** in Gesundheitsprogrammen zeigt sich z. B. in aufzählenden Gesundheitskatalogen, in denen Maßnahmen ohne didaktische Reflexion über Adressatenorientierung, Dramaturgie, Partizipation, Kommunikation und das Setting als Lernumgebung aufgelistet sind. Aber auch die Digitalisierung trägt zur Ausdünnung der Didaktik in der Gesundheitsbildung bei, wenn z. B. digitale Gesundheitsangebote nicht auf einer fundierten E- und Mediendidaktik basieren, sondern lediglich Inhalte in digitaler Form abbilden (vgl. Kerres, 2018). Eine **Pädagogisierung der Gesundheitsförderung** als Notwendigkeit gerade im Kontext der zunehmenden massenmedialen Darstellung von Gesundheitsthemen ist zielführend, damit die Mitarbeiter*innen selbstreflexiv und handlungsorientiert im Sinne der Gesundheitskompetenz im expandierenden Gesundheitsmarkt agieren können (▶ Abschn. 4.2.4.1). **Impulse aus der Erwachsenendidaktik** wie selbstorganisiertes bzw. selbstreguliertes Lernen können helfen, die Effektivität und den Output von Gesundheitsmaßnahmen zu steigern (vgl. Arnold & Schön, 2019; Tippelt & von Hippel, 2018). Insbesondere neuere lehr-lerntheoretische Ansätze wie der informationstheoretische, der handlungstheoretisch-interaktionistische und der systemtheoretisch-konstruktivistische Ansatz eignen sich als pädagogische Folie für eine **erwachsenengerechte Gesundheitsdidaktik**, die den Lernenden in den Mittelpunkt stellt. Damit gewinnt die Prozessgestaltung an Bedeutung, da Gesundheit als Bildungsziel nicht vorab umfassend geplant und festgelegt werden kann, sondern situativ sowie zielgruppen- und lebensphasenorientiert aktualisiert werden muss. Situativ geht es darum, die wechselnden **didaktischen Anwendungsformen** des Aufklärens, Vermittelns, Beratens und Lernens im Verlauf einer gesundheitsbezogenen Intervention im Hinblick auf die Kompetenzentwicklung unter Berücksichtigung des Settings Arbeitswelt effektiv zu modellieren. Pädagogisch unzureichend ist in diesem Zusammenhang eine reine Subjektorientierung, die das Gesundheitslernen ausschließlich den Mitarbeitenden überantwortet. Vielmehr ist die **organisationale Kontextualisierung** gesundheitspädagogischer Interaktionen zu berücksichtigen, die sich v. a. in flexiblen Arbeitsmodellen wie Homeoffice als Herausforderung manifestiert (▶ Abschn. 1.3.2).

> Der pragmatische Schwerpunkt gesundheitspädagogischer Bemühungen liegt auf der Gesundheitsdidaktik in den Handlungsfeldern Gesundheitsaufklärung, Gesundheitsberatung, Gesundheitserziehung und Gesundheitsbildung.

Gesundheitspädagogik

Gesundheitspädagogik ist eine handlungsorientierte Gesundheitswissenschaft, die sich mit der Frage beschäftigt, wie auf der Basis pädagogisch-didaktischer Erkenntnisse gesundheitsrelevantes Wissen im jeweiligen Setting, wie z. B. der Arbeitswelt, am besten vermittelt werden kann, sodass Wissen im Rahmen reflexiven Lernens zu Handlungswissen wird. Dabei steht der Lernende mit seiner persönlichen Kompetenzentwicklung im Vordergrund. Erziehung (Beeinflussung), Bildung (Selbstreflexion) und Sozialisation (Angleichung und gegenseitige Auseinandersetzung) sind allgemeine Wirkungsweisen im gesundheitspädagogischen Setting.

▶ Beispiel

Dass ein didaktisches Engagement für den Erfolg des BGM zielführend ist, um das *Wie einer gesunden Organisation* zu bestimmen, offenbart sich bspw. in der Umsetzung eines achtsamkeitsbasierten Programms zur gesundheitspädagogischen Förderung zur Stärkung der individuellen und organisationalen Resilienz (Hiendl, 2016). Achtsamkeit kann als **gesundheitspädagogischer Präventionsansatz** zur Sensibilisierung dienen. Dabei ist zu beachten, dass sich Achtsamkeit einer dozierenden Instruktion entzieht, sondern als aktiver Konstruktionsprozess in der Organisation zu begründen ist. ◀

Ermöglichungsdidaktik

Der **pädagogische Weg** in der Gesundheitsbildung setzt auf eine konstruktivistische Gesundheitsdidaktik, um zu sensibilisieren und zu aktivieren. In der betrieblichen Gesundheitsbildung ist der **Weg von der Vermittlungs- zur Ermöglichungsdidaktik** kennzeichnend, die auf den Prinzipien der Selbstbestimmung und Selbstorganisation basiert und ein handlungsorientiertes Gesundheitslernen unter Berücksichtigung der Lebenswelt der Lernenden fordert (vgl. Arnold & Schön, 2019; Siebert, 2019). Gesundheitslernen kann nur durch die handelnde Auseinandersetzung des Individuums erfolgen und entzieht sich dem Imperativ der Instruktion. Es ist Aufgabe des BGM, geeignete Rahmenbedingungen zu schaffen, um Lernprozesse bei den Mitarbeitenden zu ermöglichen.

4.1.4.1 Bestimmungsmomente der Gesundheitsdidaktik

Instruierende, partizipative und autonome Ansätze umreißen das **Spannungsfeld der Gesundheitsdidaktik** zwischen den Polen Selbst- und Fremdsteuerung in der Arbeitswelt. Ob sich die konventionelle als direkte Instruktion (Lernen durch Lehren) oder die progressive als Selbsterschließung (Lernen durch selbstorganisierte Aneignung) im Gesundheitslernen durchsetzt, hängt wesentlich von den individuellen Voraussetzungen (▶ Abschn. 4.2.4.1) und den Bedingungen in der Arbeitswelt ab (▶ Abschn. 1.3.2). Die **Flexibilisierung der Arbeitswelt** kann hier als Chance, aber auch als Risiko gesehen werden, denn mit der Flexibilisierung besteht einerseits die Gefahr der Ausdünnung der sozialen Verantwortung durch die zunehmende Distanz, andererseits können selbstorganisierte Lernprozesse unter dem Aspekt der Work-Life-Balance im Lernarrangement mit Hilfe digitaler Werkzeuge optimaler abgebildet werden (▶ Kap. 5). In diesem Kapitel werden v. a. personale Aspekte als entscheidende Herausforderungen der Gesundheitsdidaktik thematisiert.

▪ Personale Unterschiede als didaktische Herausforderung

Die Effektivität gesundheitsdidaktischer Herangehensweisen hängt u. a. vom **Reifegrad der Nutzenden** in Bezug auf ihre Kompetenzen und Motivation ab. **Gesundheit und Bildung** sind miteinander verbunden (vgl. Hannover & Kleiber in Tippelt & von Hippel, 2018, S. 1155 ff.). Menschen mit niedrigem Bildungsstatus sind häufiger von Krankheiten betroffen als Menschen mit hohem Bildungsstatus. Durch gesundheitsbezogene Lernprozesse kann die Handlungskompetenz in Bezug auf gesundheitsrelevante Verhaltensweisen und Einstellungen erhöht werden (▶ Abschn. 4.2.4.1). **Kompetenzerweiterung** ist dabei der Ansatzpunkt einer Gesundheitsdidaktik. Insbesondere das Erreichen von Menschen mit geringer Gesundheitskompetenz oder eingeschränktem Zugang zu Gesundheitsinformationen sollte aus gesundheitsdidaktischer Sicht als Zielgröße fokussiert werden (vgl. Busch et al., 2014).

Als weitere Herausforderung kristallisiert sich die **Diversität der Zielgruppen** heraus, da neben dem Kompetenz- und Motivationsniveau v. a. auch die soziale Schicht und die Werteorientierung im didaktischen Handeln berücksichtigt werden müssen. So beziehen Personen aus Bevölkerungsgruppen mit niedrigem sozialem Status Gesundheitsinformationen v. a. über Arztgespräche oder niedrigschwellige Informationskampagnen. Ihr Informationsverhalten ist eher passiv bzw. traditionell. In höheren Sozialschichten mit modernen Grundorientierungen bzw. Werthaltungen finden sich hingegen vermehrt selbstinitiierte und explorative

4

Zugänge (Hoh & Barz in Tippelt & von Hippel, 2018, S. 1034 ff.). Aus gesundheitsdidaktischer Sicht sollten daher im Sinne einer Multikomponenten- und Multi-kanalstrategie unterschiedliche Zugänge zur Verfügung gestellt werden, um z. B. sowohl traditionell verwurzelte als auch moderne Performer im Gesundheitsbereich an-zusprechen. Bildungskonzepte im Gesundheitsbereich sollten in der Arbeitswelt **diversitätssensibel** sein, d. h. Unterschiede in Bezug auf Alter, Geschlecht, kulturelle Herkunft, sexuelle Orientierung, Behinderung und Weltanschauung berücksichtigen.

Als weitere Herausforderung kristallisiert sich das **Transfermanagement** heraus. Viele Gesundheitsinter-ventionen erfahren in der Einführungsphase eine posi-tive Resonanz, die sich in hohen Teilnahmequoten widerspiegelt. In der Transferphase, in der die Mit-arbeitenden das Gelernte in die eigene Lebenswelt und den Arbeitsalltag übersetzen, ist jedoch ein signi-fikanter Rückgang zu verzeichnen. In dieser nicht mehr kontrollierten Phase sind Eigenverantwortung und

Selbstwirksamkeit entscheidende Erfolgsfaktoren. Die **Selbstwirksamkeit** als Schlüsselvariable einer gesund-heitsdidaktisch zeitgemäßen Gesundheitsarbeit, wie sie im gesundheitspsychologischen HAPA-Modell ge-fordert wird (Schwarzer, 2004), fehlt häufig (▶ Abschn. 2.2.4). Aus didaktischer Sicht muss die Selbstwirksamkeit bei Maßnahmen der Gesundheits-förderung regelmäßig überprüft werden, um die Mit-arbeitenden nicht zu früh in die Phase des eigen-ständigen Transfers zu entlassen. Gerade in der vulne-rablen Phase der eigenständigen Umsetzung bedarf es einer kontinuierlichen Begleitung durch Präventions-manager*innen oder Gesundheitsakteure und eines maßgeschneiderten Angebots, um das Risiko des Schei-terns im Sinne eines Disengagements zu minimieren (s. Infobox „ReSuDi"). **Gruppendynamische und kollabo-rative Settings** tragen aus didaktischer Sicht zur Stabili-sierung des Gelernten bei, da sie sich positiv auf die Konsolidierung der Verhaltensänderung im Sinne des sozialen Kontrakts auswirken.

ReSuDi

Das **betriebliche Präventionskonzept** ReSuDi (Ressour-cen- und Stressmanagement für un- und angelernte Mit-arbeitende) als partizipatives Interventionskonzept auf der Verhaltens- und Verhältnisebene berücksichtigt die Besonderheiten gering qualifizierter Belegschaften mit Migrationshintergrund und hoher kultureller Diversität (Busch et al., 2014). Geringe Selbstwirksamkeit und Deutschkenntnisse, ggf. negative Lernerfahrungen sowie eingeschränkte Lese- und Schreibfähigkeiten (Literalität) können zu niedrigen und sinkenden Teilnahmequoten führen. Diesen Herausforderungen wird aus gesundheits-didaktischer Sicht mit einem über- und innerbetrieblichen **Multiplikatorenkonzept** begegnet, um die Erreichbarkeit und Teilnahmebereitschaft der Zielgruppe durch effektive

und partizipative Zugangswege und mehr aufsuchendes Handeln zu verbessern. Soziale Kontakte spielen dabei eine wesentliche Rolle. Überbetriebliche Multiplikatoren sind z. B. Krankenkassen. Innerbetriebliche Multi-plikatoren wie ehrenamtliche Mitarbeiter*innen aus der Belegschaft (Peer-Mentoren), direkte Führungskräfte wie Schichtleiter im Sinne ihrer Vorbildfunktion und weitere Gesundheitsakteure zur fachlichen Unterstützung wer-den entsprechend geschult. Der Fokus liegt v. a. auf der **Prozessbegleitung** mit Hilfe einer Peer-Mentoren-Struktur als teambasierte Intervention. Ein klassischer gesundheitsdidaktischer Weg würde hier vermutlich scheitern, da die Zugangswege und Voraussetzungen nicht gegeben sind.

▪ Ziele der Gesundheitsdidaktik

Unabhängig vom konkreten Ansatz zielt die Gesund-heitsdidaktik darauf ab, angemessene Gesundheitsziele zu setzen, das notwendige Gesundheitswissen zu schaf-fen, den Gesundheitszustand aus subjektiver und objek-tiver Sicht zu erfassen, eigenverantwortliches und selbst-wirksames Gesundheitshandeln zu ermöglichen sowie allgemein gesundheitsförderliche Aktivitäten zu stei-gern – kurzum: das *Wie* der Gesundheitsbildung (vgl. Goldfriedrich & Hurrelmann, 2021). **Zielgrößen** sind die

Erhöhung der Gesundheitskompetenz, die Befähigung zum selbstwirksamen und selbstreflexiven Gesundheits-handeln sowie die Steigerung der Achtsamkeit, um vom *widerständigen zum motivierten Gesundheitsverhalten* zu gelangen. Gerade im Handlungsfeld Gesundheit ist es zielführend, wenn Gesundheitslernen aktiv und hand-lungsorientiert, selbstgesteuert und konstruktiv als bio-grafischer Prozess sowie situativ und sozial eingebettet in die Lebenswelt als Ausdruck didaktischen Handelns in der Erwachsenenbildung erfolgt (vgl. Siebert, 2019).

Gesundheitsdidaktik

Die Gesundheitsdidaktik als Teildisziplin der Gesundheitspädagogik befasst sich mit der Theorie und Praxis der Gesundheitsbildung in gesundheitspädagogischen Settings und setzt sich mit den für gesundheitspädagogische Gegenstandsbereiche relevanten Anforderungen an Lehren und Lernen auseinander (Goldfriedrich & Hurrelmann, 2021, S. 25).

■ **Keine Fachdidaktik erforderlich**

Die meisten Erkenntnisse zur Gesundheitsdidaktik stammen aus dem Setting Schule bzw. aus dem Unterrichtskontext und müssen auf ihre Anwendbarkeit in der Arbeitswelt überprüft werden. Eine eigenständige Gesundheitsdidaktik im Setting Arbeitswelt als **Fachdidaktik** ist jedoch grundsätzlich nicht erforderlich. Die Maximen und Ansätze der **erwachsenengerechten Ermöglichungsdidaktik** reichen aus, um BGM didaktisch zu fundieren und gesundheitspädagogisch zu professionalisieren (vgl. Arnold & Schön, 2019). Die Ermöglichungsdidaktik setzt auf Eigenverantwortung, denn Gesundheit ist ein Anspruch an sich selbst. Ein motivierendes und didaktisch reflektiertes Unterstützungsangebot sowie die Schaffung von Rahmenbedingungen im Sinne einer gesunden Organisation flankieren das Gesundheitslernen. Das BGM ist gefordert, pädagogische Fragen aufzugreifen und in einer ganzheitlichen Gesundheitskonzeption zu beantworten (vgl. Goldfriedrich & Hurrelmann, 2021). Die *Wie-Fragen* manifestieren die didaktischen Stoßrichtungen.

- Wie kann in der Arbeitswelt über die Wechselwirkungen zwischen Arbeit und Gesundheit aufgeklärt werden?
- Wie kann im Arbeitsalltag sensibilisiert werden?
- Wie können Arbeits- und Lebenswelt aus gesundheitlicher Sicht miteinander verknüpft werden?
- Wie kann Gesundheitskompetenz in einem belastenden Arbeitskontext vermittelt werden?

■ **Grundprinzipien der Gesundheitsdidaktik**

Gesundheitsdidaktik im Arbeitskontext ist v. a. **konstruktivistisch** orientiert, d. h. sie zielt darauf ab, Lehr- und Lernstrukturen als Lehr-Lernarrangements zu schaffen, die es dem Einzelnen ermöglichen, trotz steigender Belastungen gesund zu bleiben und sich gesund weiterzuentwickeln bzw. seine Gesundheit eigenverantwortlich zu fördern. Daher ist die **Ressourcenorientierung** aus gesundheitsdidaktischer Sicht ein wichtiger Gestaltungsfaktor, denn die Maxime der Eigenverantwortung bedarf der Begleitung und Unterstützung (vgl. Ternès et al., 2017). Darüber hinaus gilt es, trotz der belastenden Arbeitswelt praxisorientierte Zugänge zu schaffen, in denen Lernprozesse relativ nieder-

schwellig ablaufen und Gesundheitskompetenz minimalinvasiv vermittelt werden kann. Die Arbeitswelt erfordert einen **handlungsorientierten Ansatz**, der Gesundheitslernen, Aufgabengestaltung und Organisationsentwicklung mit dem Ziel der Erhöhung der Gesundheitskompetenz unter Berücksichtigung tätigkeitsspezifischer Herausforderungen verbindet. Gesundheitspsychologische und gesundheitspädagogische Modelle helfen, die aus didaktischer Sicht relevanten Gesundheitshebel wie z. B. Selbstwirksamkeit zu bestimmen (▶ Abschn. 2.2). Für das Gesundheitslernen in der Arbeitswelt lassen sich aus der Perspektive der Ermöglichungsdidaktik als **Grundprinzipien** die Handlungs-, Praxis-, Ressourcen- und Systemorientierung ableiten.

A. **Handlungsorientierung:** Gesundheitslernen erfolgt gegenständlich. Passive Unterweisungen zu Gesundheitsthemen verpuffen in einer verdichteten Lebens- und Arbeitswelt. Aktive Gestaltung hingegen ermöglicht Vertiefung und Verinnerlichung (Elaboration). Die Befähigung zu positivem Gesundheitsverhalten erfordert mehr als die Reproduktion von Gesundheitswissen. Die Betroffenen sollen in die Lage versetzt werden, gesundheitliche Probleme eigenverantwortlich zu lösen. Gesundheitslernen in der Arbeitswelt muss erfahrungsbasiert als authentisches Erleben, problemlösungsorientiert, ganzheitlich verantwortlich von der Planung, Durchführung, Kontrolle bis zur Bewertung, sozial verankert sowie aktiv und explorativ als selbstwirksames Handeln erfolgen.

B. **Praxisorientierung:** In einer verdichteten Arbeitswelt sind die Zeitfenster für gesundheitsbildende Maßnahmen fragmentiert und relativ kurz, sodass die Aufmerksamkeit und das Interesse der Mitarbeitenden fokussiert werden müssen. Aus didaktischer Sicht wird diese Fokussierung durch pragmatische und niedrigschwellige Ansätze im Bereich des Blended Learning (Kombination analoger und digitaler Angebote als integriertes Lernen), des Nudging (kleine, anregende Lerneinheiten), der Modularisierung als Strukturierung von Lehr-Lern-Prozessen (praxisnahe und flexible Umsetzung zur Erreichung übergeordneter Lernziele) und der Aktivierung durch Multiplikatoren und Führungskräften erreicht. Der organisatorische Aufwand für die Mitarbeiter*innen sollte möglichst gering sein. Dabei ist inzidentelles als beiläufiges und wenig störendes Gesundheitslernen im Setting Arbeitswelt anzustreben.

C. **Ressourcenorientierung:** Gesundheitsbildung braucht Ressourcen. Gesundheitsakteure und Führungskräfte bieten Unterstützung an, damit sich Mitarbeiter*innen handlungsorientiert aus der

4

Gesundheitsperspektive weiterentwickeln können. Beratende und begleitende Ansätze stehen im Vordergrund. Die gesunde Gestaltung der Arbeits- und Organisationsbedingungen bildet den Rahmen, in dem Gesundheit als Zielgröße wachsen kann. Ein ressourcenorientierter didaktischer Ansatz im BGM trägt zur Nachhaltigkeit bei.

D. **Systemorientierung:** Aus systemischer Sicht sind konstruktivistische Lernmethoden (wie z. B. partnerschaftliches Lernen und Teamteaching) sowie organisationsbezogene Ansätze (wie z. B. der Setting-Ansatz und die Organisationsentwicklung) erfolgversprechende Ansätze für gesundheitspädagogische Interventionen, wenn sie soziale Beziehungsgeflechte, Lebenssituationen und Lebenswelten berücksichtigen. Es wird also nicht nur die einzelne Person betrachtet, sondern das gesamte Arbeits- und Lebensumfeld, in dem sich die Person bewegt.

> ❯ **Kernaussage** ist, dass die Beschäftigten befähigt werden sollen, sich unter Berücksichtigung individueller und sozialer Ressourcen nachhaltig im beruflichen und privaten Kontext für eine gesundheitsförderliche Arbeits- und Lebensweise für sich und andere einzusetzen, Eigeninitiative und Selbstverantwortung für die eigene Gesundheit am Arbeitsplatz zu entwickeln sowie die Arbeitsfähigkeit zu erhalten und zu steigern.

4.1.4.2 Paradigmen der Gesundheitsdidaktik

Die Paradigmen der Gesundheitsdidaktik befinden sich im **Wandel** von der klassischen Gesundheitserziehung und -aufklärung zur eigenständigen Gesundheitsförderung, von der Risikoorientierung zu einem salutogenetisch orientierten Gesundheitsverständnis, von der biomedizinischen Sichtweise zur personalen Gesundheit, vom individuellen zum sozialen Gesundheitsverständnis, von allgemeinen Prinzipien des Gesundheitsverhaltens zu gesunden Lebensstilen im Setting. Der Wandel ist v. a. gekennzeichnet durch die Distanzierung von der impliziten Opferbeschuldigung im Sinne des *„blaming the victim"* und durch die Abkehr von fremdbestimmten hin zu selbstbestimmten pädagogischen Konzepten. Zwischen Aufklärung und Erziehung versus Beratung und Bildung zeichnen sich **Perspektivverschiebungen im Gesundheitsparadigma** ab, die auch die theoretischen Maximen eines modernen Gesundheitsbegriffs in der Arbeitswelt prägen (▶ Kap. 2). Der Begriff **Gesundheitsbildung** hat sich in der Erwachsenenbildung durchgesetzt, um zu verdeutlichen, dass es nicht mehr um Aufklärung und Abschreckung geht, sondern dass „Gesundheitsbildung stark die Selbstbestimmung

und Eigenaktivität als komplexe Persönlichkeitsentwicklung betont." (Hoh & Barz in Tippelt & von Hippel, 2018, S. 1031).

- ━ *Paradigma:* von der Risiko- zur Gesundheitsorientierung
- ━ *Theorie:* vom biomedizinischen Modell zur Salutogenese
- ━ *Autorität:* vom Kompetenzgefälle (Asymmetrie) zur Selbstverantwortung (Symmetrie)
- ━ *Methoden:* von fremdbestimmter Information und Aufklärung zu Selbstbestimmung und Partizipation
- ━ *Didaktik:* vom passiven zum aktivierenden Ansatz
- ━ *Ausgangspunkt:* vom generalisierten Wissen zur Ressourcenorientierung
- ━ *Zeitfenster:* vom begrenzten Lernen (Gesundheitsziel) zum lebenslangen Lernen
- ━ *Ziel:* von Krankheitsprävention zur Entwicklung von Gesundheitspotenzialen

▪ Paradigmen der Gesundheitsdidaktik

Die **nicht überschneidungsfreien Paradigmen** bzw. Ansatzpunkte im Quartett der Gesundheitsdidaktik sind Gesundheitsaufklärung, Gesundheitsberatung, Gesundheitsbildung und Gesundheitserziehung. (vgl. Hoh & Barz in Tippelt & von Hippel, 2018, S. 1027 ff.) (◘ Abb. 4.6). Der Schwerpunkt des BGM liegt auf der **Gesundheitsbildung**. Der pädagogische Ansatz der Gesundheitserziehung ist ebenfalls interessant, widerspricht aber dem Prinzip der Eigenständigkeit. Auf jeden Fall reicht eine gesundheitliche Aufklärung nicht aus. Dabei ist zu beachten, dass die Begriffe historisch und disziplinär, v. a. in der Psychologie, Pädagogik, Soziologie und Medizin, unterschiedliche Konnotationen und konzeptionelle Entwicklungen erfahren haben. Im Health Promotion Glossary der WHO (2021) wird keine Trennung vorgenommen, da viele inhaltliche Gemeinsamkeiten der Begriffe bestehen, die in den Oberbegriffen *Public Health* und *Health Education* münden. Die WHO (2012, S. 12) versteht unter **Health Education** eine intentionale Strategie, die Lern- und Kommunikationsanlässe schafft und neben der Vermittlung von Gesundheitswissen Motivation, Fähigkeiten und Fertigkeiten fördert sowie Selbstwirksamkeitsüberzeugungen stärkt. Diese breite Definition unterscheidet nicht zwischen Gesundheitserziehung und Gesundheitsbildung. Die zugrunde liegende Didaktik wird nicht konkretisiert, da sie sich an den jeweiligen Settings orientieren muss. Viele Erkenntnisse stammen aus der Schulforschung, wie z. B. der Wechsel von einer normorientierten Gesundheitsbildung als Imperativ zu einer emanzipatorischen Gesundheitsbildung (vgl. Marchwacka, 2016). Dies geschieht häufig in Anlehnung an den salutogenetischen Ansatz im Sinne der Förderung und Stärkung von Entwicklungspotenzialen (▶ Abschn. 2.2.4 und Exkurs „Psychoedukation").

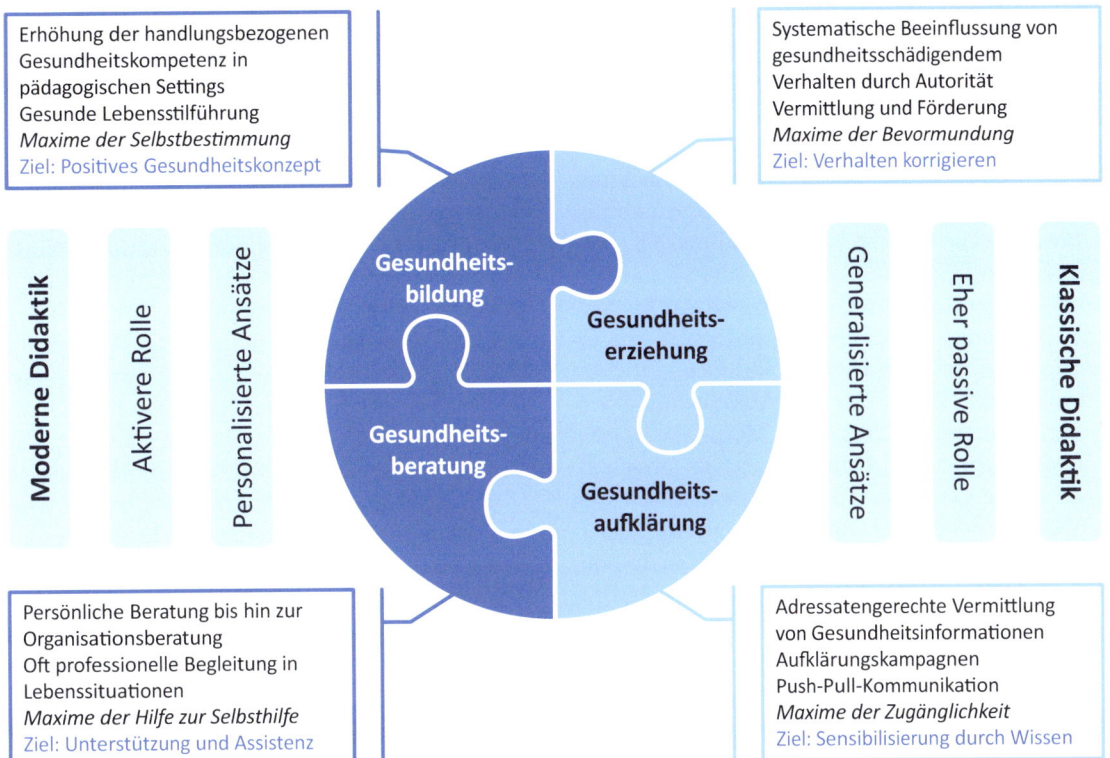

Erhöhung der handlungsbezogenen
Gesundheitskompetenz in
pädagogischen Settings
Gesunde Lebensstilführung
Maxime der Selbstbestimmung
Ziel: Positives Gesundheitskonzept

Systematische Beeinflussung von
gesundheitsschädigendem
Verhalten durch Autorität
Vermittlung und Förderung
Maxime der Bevormundung
Ziel: Verhalten korrigieren

Moderne Didaktik

Aktivere Rolle

Personalisierte Ansätze

Generalisierte Ansätze

Eher passive Rolle

Klassische Didaktik

Gesundheits-
bildung

Gesundheits-
erziehung

Gesundheits-
beratung

Gesundheits-
aufklärung

Persönliche Beratung bis hin zur
Organisationsberatung
Oft professionelle Begleitung in
Lebenssituationen
Maxime der Hilfe zur Selbsthilfe
Ziel: Unterstützung und Assistenz

Adressatengerechte Vermittlung
von Gesundheitsinformationen
Aufklärungskampagnen
Push-Pull-Kommunikation
Maxime der Zugänglichkeit
Ziel: Sensibilisierung durch Wissen

Abb. 4.6 Tetrade der Gesundheitsdidaktik

A. **Gesundheitserziehung:** In den Leitbegriffen der BZgA (2018, S. 186) wird Gesundheitserziehung als *„Strategie der individuellen Verhaltensmodifikation"* beschrieben. Kennzeichnend für Gesundheitserziehung ist die Abhängigkeit von der Autorität der erziehenden Person. Da Erziehung aber v. a. im Kontext der Primärsozialisation eingesetzt wird, findet sie in der Arbeitswelt kaum Anwendung. Zudem ist Gesundheitserziehung historisch gesehen ein heikler Begriff, da er in der nationalsozialistischen Ideologie als sozialreformerischer Ansatz zur Entwicklung und Erhaltung eines gesunden und wehrhaften Volkes assoziiert wird. Inhaltlich geht Gesundheitserziehung häufig von negativen Ereignissen wie Risiken oder Krankheiten aus. Daraus ergibt sich als Anlass für gesundheitserzieherische Maßnahmen häufig das Vorliegen von gesundheitsschädigendem Verhalten mit Hinweisen auf Störungen oder Einschränkungen des Wohlbefindens. Gesundheitsschädigendes Verhalten, wie z. B. Fehlernährung, soll entsprechend durch die Vermittlung und den Erwerb von Gesundheitskompetenz abgebaut werden. Gesundheitserziehung kann auch verhältnisbezogene Aspekte (Setting) berücksichtigen und aufzeigen, wie der Einzelne aktiv Einfluss auf gesundheitsschädigende Rahmenbedingungen nehmen kann. Vielfach ist Gesundheitserziehung rechtlich und institutionell verankert

und ggf. verpflichtend. Theoretisch ist Gesundheitserziehung v. a. durch die Annahmen des biomedizinischen Modells geprägt (► Abschn. 2.2). Die Didaktik ist systematisch und strukturiert, anleitend bzw. instruierend, ggf. mit Anreizen und Sanktionen verbunden. Sie kann auch in Gruppensettings durchgeführt werden. Der inhaltliche Schwerpunkt liegt auf der Korrektur gesundheitsschädigender Verhaltensweisen.

B. **Gesundheitsaufklärung:** Die Vollständigkeit und Verständlichkeit der als relevant identifizierten Gesundheitsinformationen ist eine Grundvoraussetzung für die Entwicklung von Gesundheitskompetenz (Health Literacy) (vgl. Schaeffer & Pelikan, 2017). Die BZgA nimmt hier eine zentrale gesellschaftliche Aufklärungsfunktion ein. Es wird davon ausgegangen, dass aufgeklärte Menschen in der Lage sind, angemessene und selbstbestimmte Entscheidungen in Bezug auf ihr Gesundheitsverhalten zu treffen. Dabei sollen auch Tabus oder heikle Themen wie Sucht angesprochen und verzerrte Darstellungen im Zeitalter von Fake News und Infodemie entmystifiziert werden. Im Arbeitskontext sollen Gesundheitsinformationen z. B. in Gesundheitsportalen adressatengerecht und barrierefrei aufbereitet werden. An die Beschäftigten wird appelliert, diese Informationen eigenverantwortlich in Handeln umzusetzen. Insgesamt ist

4

die zugrunde liegende Didaktik eher unpersönlich und neutral mit verschiedenen Methoden der Informationsvermittlung v. a. über Massenmedien. Die Besonderheiten der Lebenssituation werden nicht berücksichtigt. Der Rezipient befindet sich in einer passiven Rolle. Im Zeitalter der Digitalisierung nehmen jedoch auch personalisierte Informationsangebote zu. Die Grenze zur Gesundheitsberatung ist hier fließend.

C. **Gesundheitsberatung:** Im Gegensatz zur Aufklärung ist die Beratung persönlich und dialogisch. Sie erfolgt häufig professionalisiert im Rahmen von EAP, kann aber auch als Peer-Beratung durchgeführt werden. Mit fundierten didaktischen Methoden werden Veränderungsprozesse beim Menschen angeregt. Ziel ist es, die Gesundheit zu fördern, Krankheiten vorzubeugen oder durch die Steigerung der Selbstwirksamkeit die Bewältigung von Krankheit oder Stress zu unterstützen. Gesundheitsberatung geht damit über die reine Informationsvermittlung hinaus und bietet konkrete Unterstützung und Begleitung an. Darüber hinaus orientiert sich die Gesundheitsberatung an der individuellen Lebenssituation mit ihren Besonderheiten. Aus organisatorischer Sicht kann sie auch Teil der Organisationsentwicklung nach dem Setting-Ansatz sein. Es handelt sich dann um eine Art Strategie- und Organisationsberatung. Eine Besonderheit stellt die Gesundheitsberatung im Internet als Ergänzung oder Ersatz zur konventionellen Beratung dar (Online-Coaching) (vgl. Treier, 2021b).

D. **Gesundheitsbildung:** Gesundheitsbildung grenzt sich von Gesundheitserziehung durch das Prinzip der Selbstbestimmung ab und betont, dass Gesundheit nicht einfach gelehrt oder gelehrt werden kann.

Health Education ist ein internationaler Begriff, der Gesundheitserziehung und Gesundheitsbildung auf der Grundlage des transdisziplinären Denkens in Public Health zusammenfasst. Es handelt sich um organisierte und systematische Lern- und Entwicklungsprozesse, die die Handlungskompetenz im Umgang mit gesundheitsbezogenen Fragen erhöhen sollen. Gesundheitsbildung verändert die Gesundheitseinstellung, die Gesundheitserwartung und die Gesundheitskommunikation. Im Vergleich zu Gesundheitsaufklärung und Gesundheitsberatung ist Gesundheitsbildung stärker durch pädagogische Settings und didaktisch reflektierte Maßnahmen geprägt. In der Arbeitswelt sind dies v. a. freiwillige gesundheitspädagogische Angebote. Es ist daher zu erwarten, dass nur Zielgruppen erreicht werden, die bereits über eine ausreichende Vorbildung und Sensibilisierung verfügen. Didaktische Elemente sind Teilnehmerorientierung, Freiwilligkeit, Selbstbestimmung und Partizipation. Inhaltlich fokussiert Gesundheitsbildung auf Lebensqualität und Wohlbefinden im Sinne eines ganzheitlichen Gesundheitsverständnisses. Gesundheitsbildung orientiert sich an gesundheitsfördernden und nicht an krankheitsminimierenden Faktoren. Inhaltlicher Schwerpunkt ist die Förderung gesundheitsförderlichen Verhaltens im Sinne der Salutogenese (Antonovsky, 1987).

❯ **Gesundheitsbildung** ist das gesundheitsdidaktische Leitprinzip moderner Gesundheitsarbeit in Organisationen. Dabei werden andere Paradigmen nicht vernachlässigt, sondern in die Gesundheitsbildung integriert.

Psychoedukation

Die **Psychoedukation** ist ein Beispiel für einen didaktischen Ansatz, der die verschiedenen Paradigmen integriert. Es handelt sich um eine therapeutisch geleitete Begleitung von Patient*innen und ggf. deren Angehörigen mit dem Ziel, die Gesundheitskompetenz durch einen fundierten Überblick über Krankheiten, Therapien und Selbsthilfestrategien zu erhöhen. Sie kann einmalig oder als langfristige didaktische Intervention durchgeführt werden. Sie kann auch in digitalen Formaten des Gesundheitscoachings umgesetzt werden. In modifizierter Form bietet sich Psychoedukation auch für die Arbeitswelt an, z. B. in der Tertiärprävention bei psychischen Störungen oder chronischen Erkrankungen. So kann ein Präventionsprogramm zur Gewichtsreduktion und -stabilisierung (Rückfallprophylaxe) von der Psychoedukation in Verbindung mit verhaltenstherapeutischen Ansätzen profitieren, um Motivation und Compliance zu steigern (Uhle & Treier, 2019,

S. 203 f.). Dies gelingt, wenn die Betroffenen zu Experten ihrer eigenen Krankheit bzw. Gesundheit werden. Daher steht eine systematische, zielgerichtete und strukturierte Vermittlung von wissenschaftlich fundiertem Wissen, z. B. über psychische Erkrankungen wie Depression, im Vordergrund (vgl. Pitschel-Walz et al., 2018). Ziel dieses Ansatzes ist es, das Gesundheitsverständnis und ggf. die Krankheitsakzeptanz zu erhöhen, aber auch Empowerment und Selbstmanagement zu stärken. Gesundheitserziehung ist dabei der instruierende Teil, Gesundheitsaufklärung informiert sachlich und verständlich, Gesundheitsbildung fördert Selbstständigkeit und Reflexion und Gesundheitsberatung umfasst den begleitenden konsultativen Part der Psychoedukation. Durch den sozialen Erfahrungsaustausch in der Gruppe kann ein verstärkender sozialer Unterstützungseffekt erzielt werden. Hilfe zur Selbsthilfe als Subsidiaritätsprinzip bestimmt die Leitmaxime.

Didaktische Maxime der Konstruktion

Gesundheit lässt sich nicht ausschließlich dozieren und Gesundheitsbildung sollte sich nicht auf richtiges Verhalten beschränken, sondern Möglichkeiten des Gesundheitsverhaltens (Potenziale) aufzeigen und das Verhaltensrepertoire im Kontext der Lebenswelt (Setting) erweitern helfen. Konstruktion und nicht Instruktion ist das Grundprinzip. Letztlich geht es um den Aufbau einer **selbstwirksamen und selbstverantwortlichen Gesundheitshaltung** bei hoher Diversität und Heterogenität der Zielgruppe. Gesundheitslernen distanziert sich vom Abstrakten und wendet sich dem Konkreten im Sinne der Selbsterfahrung in authentischen, sozialen und multiplen Kontexten zu. Dabei ist ein **systemisch-konstruktivistischer didaktischer Ansatz** im Sinne der Ermöglichungsdidaktik zielführend.

4.2 Ansatzpunkte im Betrieblichen Gesundheitsmanagement

» „Die Luxemburger Deklaration betont (…), dass zur Betrieblichen Gesundheitsförderung immer auch verhältnis- und verhaltensorientierte Maßnahmen gehören. In der Praxis sieht es allerdings in der Regel ganz anders aus. … Die meisten Betriebe konzentrieren sich auf primärpräventive, verhaltensorientierte Maßnahmen in den Bereichen Bewegung, Ernährung und Stressprävention." (Habermann-Horstmeier, 2019, S. 41 f.)

» „Gesundheitsförderung fragt also nicht danach, was einen Menschen krank macht, sondern was ihn gesund erhält. Sie will die Lebens- und Arbeitsbedingungen verbessern, die sich auf die Gesundheit auswirken, d. h. sie will die Verhältnisse ändern, in denen Menschen leben und arbeiten. Gleichzeitig strebt sie aber auch an, die Menschen zu befähigen, sich gesünder zu verhalten und sich für gesunde Lebensbedingungen einzusetzen. Sie möchte damit auch auf das Verhalten der Menschen einwirken." (Habermann-Horstmeier, 2019, S. 27)

Die Regelwerke zum BGM sind sich in der Beantwortung der Frage, ob das BGM primär verhaltens- oder verhältnisorientiert agieren soll, weitgehend einig, da viele Werke die **Interdependenz** als Nachhaltigkeits- und Erfolgsfaktor betonen. Die Praxis weicht jedoch von dieser Maxime ab, denn das BGM ist hinsichtlich der Ansatzpunkte, ob primär am Verhalten bzw. an den Personen oder an den Verhältnissen anzusetzen ist, politisch und inhaltlich regelrecht „zerrissen" – dies zeigt sich v. a. in den Aktivitäten der Säulen des BGM (▶ Abschn. 3.2). *Was ist der richtige Weg zu einer gesunden Organisation?* Grundlegend ist das **gemeinsame Ziel** der Gesundheitsakteure, Wege aus der müden, erschöpften und auszehrenden Organisation zu finden (vgl. von Oelsnitz et al., 2014). Auf der einen Seite soll das BGM zeitnah auf hohe Belastungen und Beanspruchungen der Menschen reagieren und die Arbeitsfähigkeit und individuelle Resilienz steigern helfen, auf der anderen Seite sucht das BGM nach nachhaltigen Ansätzen, die v. a. Bedingungen wie Ergonomie und Aufgabengestaltung in der Gesundheitsstrategie berücksichtigen – diese benötigen aber mehr Ressourcen und Zeit zur Umsetzung (vgl. Bamberg et al., 2011; Ulich & Wülser, 2018). Der Arbeitsschutz empfiehlt auf Basis gesetzlicher Regelungen eine Fokussierung auf die Verhältnisprävention, die betriebliche Gesundheitsförderung präferiert die Verhaltensprävention als Ansatzpunkt und wird ebenfalls durch Regelungen unterstützt (▶ Abschn. 1.4). Gesundheitsexperten halten diese Trennung vor dem Hintergrund zunehmender psychischer Belastungen und Beanspruchungen für artifiziell, widersprüchlich und obsolet (vgl. Faller, 2017; Hurrelmann et al., 2018; Naidoo & Wills, 2019). Aus didaktischen Gründen erfolgt in diesem Lehrbuch dennoch eine getrennte Darstellung von personen- und verhältnisbezogenen Interventionen, um die unterschiedlichen Aspekte der Ansatzpunkte zu kontrastieren und die Realität der Säulenpolitik im Organisationsmodell BGM abzubilden (vgl. Michel & Hoppe, 2022) (▶ Kap. 3). Im ▶ Abschn. 4.3 wird ein integrierendes Modell auf inhaltlicher Ebene vorstellt, das die Vor- und Nachteile der Herangehensweisen berücksichtigt und eine **ganzheitliche Präventionsstrategie** vorschlägt, die sowohl die Verhaltens- als auch Verhältnisprävention in einer Präventionsmatrix verbindet (◘ Tab. 4.6) (Treier, 2019b, S. 446 ff.).

❗ Das Problem liegt nicht in der Bedeutungszuschreibung der gesunden Organisation, sondern in der Uneinigkeit der verantwortlichen Akteure im Gesundheitswesen darüber, auf welchen Wegen und mit welchen Ansätzen die gesunde Organisation erreicht werden kann. Hier konkurrieren in der Regel personenbezogene und bedingungsbezogene Ansätze miteinander.

4

> **Verhaltensprävention**
>
> **Verhaltensprävention** nimmt Einfluss auf den individuellen Gesundheitszustand, das Gesundheitsverhalten und die Gesundheitskompetenz. Sie stärkt individuelle Ressourcen. Sie ist personenbezogen und wirkt kurz- bis mittelfristig. Typische Maßnahmen finden sich in den Handlungsfeldern Bewegung, Ernährung und Stressbewältigung. Leitprinzip ist die Eigenverantwortung.

> **Verhältnisprävention**
>
> **Verhältnisprävention** nimmt durch Veränderung der Arbeits- und Lebensbedingungen Einfluss auf das Gesundheits- bzw. Krankheitsgeschehen der Beschäftigten und stärkt die externen Ressourcen im Sinne einer gesunden Organisation. Sie ist strukturorientiert und wirkt mittel- bis langfristig. Typische Maßnahmen finden sich in den Handlungsfeldern Arbeitsaufgabe, Arbeitszeit, Arbeitsumgebung, Team, Organisation und Führung. Leitprinzipen sind die Übereinstimmung und Widerspruchsfreiheit.

4.2.1 Grundmodell der menschengerechten Arbeit

» „Als human werden Arbeitstätigkeiten bezeichnet, die die psychophysische Gesundheit der Arbeitstätigen nicht schädigen, ihr psychosoziales Wohlbefinden nicht – oder allenfalls vorübergehend – beeinträchtigen, ihren Bedürfnissen und Qualifikationen entsprechen, individuelle und/oder kollektive Einflussnahme auf Arbeitsbedingungen und Arbeitssysteme ermöglichen und zur Entwicklung ihrer Persönlichkeit im Sinne der Entfaltung ihrer Potenziale und Förderung ihrer Kompetenzen beizutragen vermögen." (Ulich, 2011, S. 154)

Die Schwerpunkte der **Humanisierung der Arbeit** haben sich in den letzten Jahrzehnten von der physischen Schädigungsfreiheit, Beeinträchtigungsfreiheit und Ausführbarkeit hin zur psychischen Gesundheit als Kristallisationspunkt menschengerechter Arbeit verschoben. Die Humanisierung der Arbeitswelt befasst sich mit der Gestaltung auf den Ebenen der Arbeitsinhalte, der Arbeitsbedingungen und der Arbeitsorganisation, um nicht nur den Anforderungen des AGS gerecht zu werden, sondern auch positive Effekte auf das soziale Klima, die Leistungsbereitschaft und Motivation der Beschäftigten sowie deren Zufriedenheit zu erzielen. Die Maßnahmen reichen vom Abbau monotoner Tätigkeiten und ergonomischer Arbeitsplatzgestaltung über die Verbesserung des Betriebsklimas und der Mitbestimmung bis hin zu Work-Life-Balance und Arbeitszeitflexibilisierung. Humanisierung ist somit als *Kontrapunkt zu tayloristischen Ansätzen* und zur Fragmentierung der Arbeit zu sehen.

■ **Psychosoziale Funktionen der Erwerbsarbeit**

Die **psychosozialen Funktionen** der Erwerbsarbeit sind prägend für die Bestimmung von Kriterien zur Humanisierung der Arbeitswelt (vgl. Semmer & Meier, 2019). *Aktivität und Kompetenz* als Voraussetzung für die Kompetenzentwicklung, *Zeitstrukturierung* durch Arbeitsprozesse von der Tages- bis zur Lebensplanung, *Kooperation und Kontakt* als unterstützende soziale Ressourcen, *soziale Anerkennung* als Wertschätzung der eigenen Leistung und *persönliche Identität* als Persönlichkeitsentwicklung und Sinnstiftung durch die Arbeit sind **Zielgrößen einer menschengerechten Arbeits- und Organisationsgestaltung** (Ulich, 2011, S. 44 ff.). Interventionen zur menschengerechten Gestaltung setzen v. a. an den Bedingungen (§ 2 ArbSchG) an, wie bspw. der DGB-Index „Gute Arbeit" in Bezug auf Einkommen, Ressourcen und Belastungen verdeutlicht (► https://index-gute-arbeit.dgb.de/dgb-index-gute-arbeit) (► Abschn. 4.2.2). Normen wie DIN EN ISO 9241-2 und DIN EN ISO 10075-2 beschreiben **Anforderungen an menschengerechte Arbeitsbedingungen** als gesicherte arbeitswissenschaftliche Erkenntnisse, die bei der Gefährdungsbeurteilung psychischer Belastungen zu berücksichtigen sind (vgl. Treier, 2019a). Damit wird deutlich, dass nicht mehr nur die Vermeidung von krankmachenden Bedingungsfaktoren in der Arbeitswelt als Zielgröße angestrebt wird, sondern die **Verbesserung der psychischen Gesundheit**. Das Projekt „*Psychische Gesundheit in der Arbeitswelt*" der BAuA zeigt eine Vielzahl konsistenter Zusammenhänge zwischen arbeitsbedingten Faktoren und psychischer Gesundheit (Rothe et al., 2017a). Insofern kann die Ausprägung der psychischen Gesundheit als Maß für den Erfolg einer menschengerechten Arbeitsgestaltung herangezogen werden. Dieser Richtungswechsel impliziert, dass sich verhältnispräventive Maßnahmen nicht nur an Grenzwerten und Vorschriften wie z. B. MAK-Werten (Maximale Arbeitsplatzkonzentration) von Gefahrstoffen, sondern v. a. an den betroffenen Menschen orientieren müssen.

Humankriterien

Die **Humankriterien der Arbeit** als Erfolgsmaßstäbe für gesunde Arbeit betreffen die Ausführbarkeit (z. B. Einhaltung der anthropometrischen Grenzen), die Schädigungslosigkeit (z. B. Belastungen aus dem Arbeitssystem), die Beeinträchtigungsfreiheit (z. B. Fehlbeanspruchungen wie negativ erlebter chronischer Stress), die Zumutbarkeit (z. B. Passung der Arbeitsaufgabe zum Kompetenzprofil), die Gesundheitsförderlichkeit (z. B. Steigerung der Selbstwirksamkeit), die Persönlichkeitsförderlichkeit (z. B. Lernen in der Arbeit) und die Sinn- und Werthaltigkeit (z. B. gesellschaftlicher Beitrag) (Treier, 2019c, S. 217). Diese Kriterien werden nicht nur als mögliche Defizite, sondern auch als Wachstumspotenziale operationalisiert.

» „Innerhalb der Arbeitspsychologie besteht inzwischen Übereinstimmung dahingehend, dass die Konzepte, die bisher v. a. mit der Intention persönlichkeitsförderlicher Arbeitsgestaltung formuliert worden waren, zugleich entscheidende Elemente betrieblicher Gesundheitsförderung sind." (Ulich & Wülser, 2018, S. 21)

■ **Grundmodell menschengerechter Arbeit**

Das **Grundmodell der menschengerechten Arbeit** basiert auf diesen Humankriterien, die in Studien als Erfolgsmaße einer gesunden Organisation bestätigt wurden (Uhle & Treier, 2019, S. 379 ff.) (◨ Abb. 4.7). Die Humankriterien in Verbindung mit den psychosozialen Funktionen erklären die Zielgrößen im Grundmodell, das nicht nur Fehlbelastungen aufzeigt, sondern auch Potenziale erfasst. Arbeit muss zunächst unter dem Gesichtspunkt des Schutzes vor Gefährdungen ausführbar, nicht schädigend, erträglich und auf Dauer nicht beeinträchtigend sein – das ist die *defizitorientierte Perspektive*, denn es gilt, diese Mängel zu kompensieren. Humanisierung bedeutet aber mehr als nur Schutz vor Arbeitsrisiken, denn Arbeit soll auch zumutbar, gesundheits- und persönlichkeitsförderlich sowie sinnstiftend sein – dies ist die *potenzialorientierte Perspektive*, denn es geht darum, Wachstum und Gesundheit durch Arbeit zu ermöglichen (vgl. Hacker & Sachse, 2014; Ulich, 2011). Die Gestaltung humaner Arbeit in einer gesunden Organisation wird durch den **arbeitswissenschaftlichen Dreischritt** von der Arbeitsanalyse über die Arbeitsbewertung bis zur Arbeitsgestaltung berücksichtigt (vgl. Mustapha & Schweden, 2021; Rudow, 2014, S. 134 ff.). Arbeitsgestaltung beschränkt sich hier nicht auf die

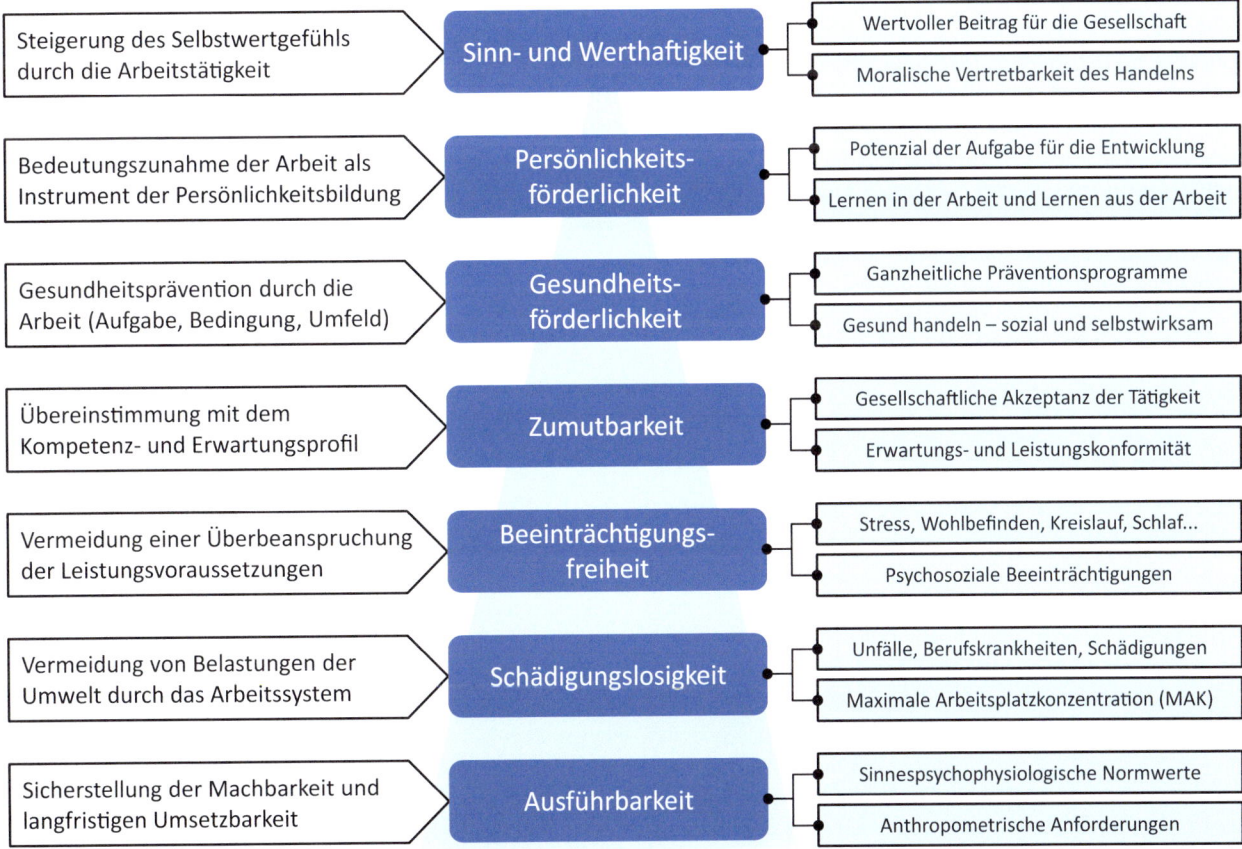

◨ **Abb. 4.7** Grundmodell der menschengerechten Arbeit nach Treier (2016, S. 22)

■ **Abb. 4.8** Ganzheitliche
Arbeitsgestaltung als Systemprävention nach Ulich (2013)

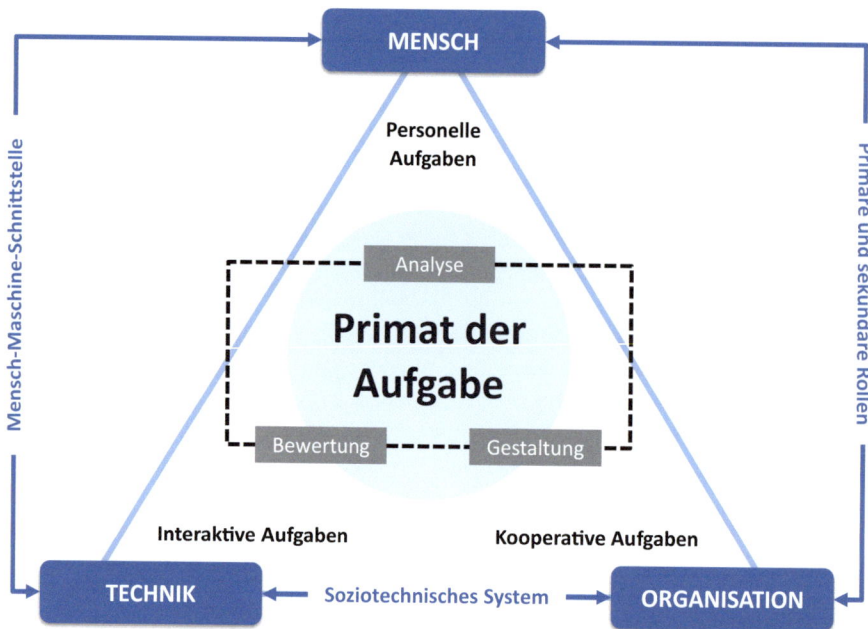

Ergonomie am Arbeitsplatz, sondern versteht sich als **ganzheitliche Arbeitsgestaltung** nach dem MTO-Konzept, das Mensch, Technik und Organisation als Ankerpunkte definiert (vgl. Ulich & Wülser, 2018, S. 186 ff.) (■ Abb. 4.8). Ganzheitliche Arbeitsgestaltung berücksichtigt technische, ergonomische, organisatorische und inhaltliche Gestaltungsfaktoren und modelliert das Arbeitssystem als **soziotechnisches System** (s. Exkurs ▶ „Soziotechnisches System"). Die Anforderungen, die sich aus der Arbeitsaufgabe ergeben, verbinden das soziale und das technische System und stehen aufgrund dieser verbindenden Funktion im Mittelpunkt des Grundmodells menschengerechter Arbeit. Aus verhältnispräventiver Sicht kristallisiert sich die **Aufgabenorientierung** als zentraler Baustein einer

gesundheits- und persönlichkeitsförderlichen Arbeits- und Organisationsgestaltung heraus – dies kann als **Primat der Aufgabe** bezeichnet werden (vgl. Ulich, 2011, S. 201). Die gesetzlich vorgeschriebene Gefährdungsbeurteilung psychischer Belastung bewertet die Arbeitsaufgabe hinsichtlich des eingeräumten Handlungsspielraums, der Ausprägung von Vollständigkeit, Ganzheitlichkeit und Vielseitigkeit, der Bedeutung und Qualität des Feedbacks sowie der inhärenten Entwicklungsmöglichkeiten als arbeitsimmanentes bzw. aufgabenbezogenes Lernen (▶ Abschn. 4.2.3.2).

❯ Die Humankriterien der Arbeit sind sozusagen die **Währungseinheit einer gesunden Organisation**.

Soziotechnisches System

Die Ansatzpunkte im Grundmodell der menschengerechten Arbeit beziehen sich auf ein **soziotechnisches System** und fordern eine gemeinsame Optimierung der Teilsysteme mit den Grundpfeilern Mensch, Arbeit und Organisation, um eine menschengerechte Arbeitswelt zu erreichen (Ulich, 2011, S. 198 ff.; Ulich & Wülser, 2018, S. 261 ff.). Der soziotechnische Systemansatz betrachtet Systeme als offen und dynamisch. Das *technische Teilsystem* umfasst bspw. Betriebsmittel, räumliche Gegebenheiten oder die technische Infrastruktur, beim *sozialen Teilsystem* werden v. a. die Beziehungen zwischen den Organisationsmitgliedern und angelehnte Konstrukte wie Team, Kultur und Führung betrachtet. Die Subsysteme werden durch die Aufgabe verbunden. Die **Aufgaben** be-

stimmen die Arbeitsrollen, sodass die Menschen über die Aufgaben mit den Organisationsstrukturen verbunden sind. Es wird zwischen primären und sekundären Aufgaben unterschieden. *Sekundäre Aufgaben* sind systemerhaltend und unterstützen die *primären Aufgaben*, die für die Zielerreichung des Systems notwendig sind. **Prinzipien der soziotechnischen Systemgestaltung** sind die Bildung relativ unabhängiger Organisationseinheiten, die Schaffung eines Bewusstseins für eine gemeinsame Aufgabe und die Rückführbarkeit des Arbeitsergebnisses auf die Organisationseinheit. Der Fokus liegt v. a. auf dem primären Arbeitssystem, das möglichst viel Autonomie ermöglichen soll und organisatorisch bspw. als teilautonome Gruppenarbeit umgesetzt werden kann. Eine Steigerung der Arbeitsmotivation wird durch Aufgabenorientierung und Feedback erreicht. Zur Identifikation von Störungen kann die **soziotechnische Systemanalyse** eingesetzt werden. Als ganzheitliches Instrument der Organisationsdiagnose betrachtet sie in mehreren Analyseschritten sowohl den Menschen in seinem sozialen Umfeld als auch den technisch-organisatorischen Kontext, um Probleme u. a. in der Unternehmenspolitik, in den Prozessen und Strukturen oder im sozialen System zu identifizieren. Um eine gesunde Organisation zu schaffen, ist eine **gemeinsame Optimierung** des technischen und sozialen Systems unter dem Primat der Aufgabe sicherzustellen. Im ▶ Abschn. 4.2.3.2.2 wird das **Primat der Aufgabe** als Ausgangspunkt für gesunde Arbeitswelten diskutiert.

4.2.2 Priorisierung der Ansatzpunkte

> » „Die Begriffe der Verhaltens- und Verhältnisprävention sollten daher nur in Zusammenhängen verwendet werden, in denen eine am Präventionsparadigma orientierte Kausalzuordnung von Krankheitseinflüssen möglich ist." (Faller in Faller, 2017, S. 35)

Die Frage der **Priorisierung von Ansatzpunkten** ist keineswegs trivial. Zur Bestimmung der Rangfolge von Maßnahmen werden häufig politische und rechtliche Begründungen herangezogen. Aber auch theoretische Ansätze wie das Treiber-Indikatoren-Modell stellen einen kausalen Zusammenhang zwischen den Treibern als unabhängigen und den Indikatoren als abhängigen Variablen dar und legen damit eine Rangfolge im Präventionsmanagement in Bezug auf Verhältnisse und Verhalten nahe (vgl. Badura in Badura, 2017, S. 38 ff.; Uhle & Treier, 2019, S. 304 ff.) (▶ Abschn. 6.1.2). Die **Gretchenfrage** lautet: Sollen zuerst die Verhältnisse gesund gestaltet werden, damit die Beschäftigten sich gesund entfalten und verhalten können, oder sollen die Beschäftigten ihr Gesundheitsverhalten ändern, um die Gesundheitspotenziale der Verhältnisse effektiv nutzen und die Bedingungen anpassen zu können? *Gibt es eine logische Kausalität oder handelt es sich eher um eine Korrelation von Einflussfaktoren auf die Gesundheit?*

■ Kombinierte Präventionsstrategie

Tatsächlich gibt es fließende Übergänge vom Arbeitsschutz (Primat der Verhältnisse) zur Gesundheitsförderung (Primat des Verhaltens), z. B. bei der kontext- oder **verhältnisgestützten Verhaltensprävention**, wenn Gesundheitsförderung im Setting betrachtet wird (Dadaczynski & Peter in Kohlmann et al., 2018, S. 259; Naidoo & Wills, 2019, S. 162). Der Setting-Ansatz der BGF findet sich bereits in den Sozial- und Hygienereformen des 19. Jahrhunderts begründet. Umgekehrt könnte man bei der Verhältnisprävention ansetzen und versuchen, die Bedingungen adressatengerecht an die Betroffenen anzupassen, sodass eine **verhaltensgestützte Verhältnisprävention** entsteht, bei der gute Arbeitsbedingungen das Verhalten nachhaltig beeinflussen und

das Verhalten selbst die Gesundheitspotenziale der Verhältnisse aktiviert. In der Praxis ist der Arbeitsschutz jedoch häufig getrennt von der Gesundheitsförderung organisiert. Die Säulen agieren mehr oder weniger unabhängig voneinander. Diese **dichotome Betrachtung** ist kritisch zu sehen, da eine Trennung zwischen Verhalten und Strukturen aufgrund der Wechselwirkungen kaum möglich ist. Vielmehr wird ein **wechselseitiger Determinismus von Arbeitsgestaltung und Arbeitsgestaltungskompetenz** postuliert. Dies manifestiert sich gerade in flexiblen Arbeitsformen, da hier Eigenverantwortung und Selbstorganisation bei der Selbstgestaltung des Arbeitsplatzes in Anlehnung an die idiosynkratische Stellenbildung als **potenzialorientierte Arbeitsgestaltung** (Job Crafting) gefordert sind (vgl. Dettmers & Uglanova in Michel & Hoppe, 2022, S. 165 ff.; Janneck & Hoppe, 2018; Holtbrügge, 2022, S. 197 ff.) (▶ Abschn. 1.3.2). *„Die Arbeitenden können und müssen eine aktivere Rolle bei der Gestaltung ihrer Arbeit übernehmen. Dies betrifft die Strukturierung ihrer Arbeitsaufgaben, -orte und -zeiten, aber auch die Beziehung zu anderen Lebensbereichen, die erforderliche Regeneration und Förderung der eigenen Gesundheit."* (Janneck et al. in Janneck & Hoppe, 2018, S. 2) Die Eigenverantwortung entbindet jedoch nicht von der Verantwortung der Arbeitgeber und hier insbesondere der Führungskräfte, optimale Bedingungen zu ermöglichen. Empirische Befunde zu den Outcomes von **Job Crafting** wie der Arbeitsleistung variieren zudem in Abhängigkeit von individuellen Kompetenzen und Persönlichkeitsvariablen (vgl. Rudolph et al., 2017). Berücksichtigt man diese Abhängigkeiten, kristallisiert sich Job Crafting als vielversprechender Ansatz einer kombinierten Verhaltens- und Verhältnisstrategie zur Gestaltung gesunder Arbeit in der Arbeitswelt 4.0 heraus (vgl. Schachler & Mißler, 2021) (▶ Abschn. 4.2.3.2.3). Da die Digitalisierung der Arbeitswelt eine partizipative Arbeitsgestaltung erfordert, ist die Gesundheits- und Arbeitsgestaltungskompetenz der Beschäftigten in der Systemgestaltung fest zu verankern (▶ Abschn. 4.2.3.3). Diese Sichtweise macht deutlich, dass eine Priorisierung zwischen Verhaltens- und Verhältnisprävention prinzipiell unsinnig und veraltet ist.

4

» „In der bisherigen Präventionsarbeit werden verschiedene Maßnahmen … oft isoliert voneinander, in Einzelinitiativen ohne Abstimmung und Koordination durchgeführt, existieren sozusagen ‚nebeneinander‘ und ‚nacheinander‘. Vieles deutet jedoch darauf hin, dass Prävention v. a. dann erfolgreich ist, wenn Maßnahmen miteinander verknüpft sind, aufeinander aufbauen und in einem konsistenten Kontext stehen.“ (Leppin in Hurrelmann et al., 2018, S. 53)

■ **Methodenpalette**

Leppin in Hurrelmann et al. (2018, S. 52) klassifiziert bei den Ansatzpunkten aus Präventionssicht folgendes auf die Arbeitswelt übertragbares **Methodenspektrum**, das die Dichotomisierung von Verhaltens- und Verhältnisprävention in Frage stellt und die Wechselwirkung betont. Gesundheitsbezogene Maßnahmen können demnach direkt bei den Betroffenen ansetzen, aber auch die Arbeits- oder Lebenswelt als Setting betreffen und damit indirekt auf die Betroffenen einwirken. Unabhängig von der Einordnung der Methoden in das Präventionsmanagement sind aus verhaltens- und verhältnisorientierter Sicht die Anforderungen der Arbeitstätigkeit, externe Ressourcen wie Führung oder Kultur sowie personale Ressourcen wie Lebensstil und Gesundheitskompetenz entsprechend dem Rahmenmodell der gesunden Organisation zu berücksichtigen (▶ Abschn. 2.1.4). Damit wird deutlich, dass nur eine aufeinander abgestimmte **Präventionsstrategie** auf der Verhaltens- und der Verhältnisebene und den ihr zugeordneten Methoden zu einer nachhaltigen Stabilisierung im Rahmenmodell beitragen kann (Treier, 2019c, S. 218).

- **Individuell-edukative Ansätze:** Gesundheitsaufklärung, Gesundheitserziehung bis hin zur Gesundheitsbildung mit dem Ziel der Steigerung der Motivation, der Compliance und des Commitment, psychoedukativ orientiert ➜ Ansatzpunkt ist v. a. die Verhaltensprävention (▶ Abschn. 4.1.4)
- **Politisch-strukturelle Ansätze:** je nach Perspektive die Gesundheitspolitik der Organisation oder die Organisation des BGM als kulturelle Dimension ➜ Ansatzpunkt ist v. a. die Verhältnisprävention (▶ Kap. 3; ▶ Abschn. 4.1.1)
- **Normativ-regulatorische Ansätze:** Festlegung des Anspruchs und Durchsetzung der Präventionsziele durch Gesetze und Verordnungen, v. a. ArbSchG und Betriebsvereinbarungen z. B. zur Suchtprävention, aber auch Normensysteme wie ISO 45001, Sanktionierbarkeit und Rechtssicherheit ➜ sowohl Verhaltens- als auch Verhältnisprävention betreffend (▶ Abschn. 1.4)
- **Ökonomische Anreizsysteme:** Kosten-Nutzen-Kalkulation, persönlicher, gruppen- und organi-

sationsbezogener Nutzen, Token-Systeme zur Erhöhung der Teilnahmequote ➜ Ansatzpunkt ist v. a. die Verhaltensprävention
- **Materiell-strukturelle Umweltveränderungen:** Angebotsstruktur, Verfügbarkeit, Zugänglichkeit von Maßnahmen im Sinne der Ressourcenorientierung als Grundlage ➜ Ansatzpunkt ist v. a. die Verhältnisprävention

■ **TOP-Prinzip**

In der Praxis ist der Diskurs eher von rechtlichen als von inhaltlichen Argumenten geprägt (▶ Abschn. 1.4.3). Im Arbeitsschutz gilt das **TOP-Prinzip** als Maßnahmenhierarchie, d. h. nach § 4 ArbSchG sind Gefahren oder Risiken unmittelbar an der Quelle zu beseitigen bzw. zu mindern (vgl. DGUV, 2017, S. 17). Gelingt dies nicht, müssen ergänzend organisatorische und, wenn diese nicht ausreichen, personenbezogene Maßnahmen ergriffen werden. Als Erweiterung gibt es noch das **STOP-Prinzip**, das z. B. bei der Arbeit mit Gefahrstoffen von Bedeutung ist. S steht für Substitution, also die Prüfung, ob Gefahrstoffe durch andere, weniger gefährliche Stoffe ersetzt werden können (s. Infobox ▶ „STOP-Prinzip“). Dies kann z. B. eine laute Maschine sein, die durch eine leisere ersetzt wird. Ulich und Wülser (2018, S. 17) sprechen hier auch von einer **sachlogischen Bewertung**, wenn die Verhaltensprävention der Verhältnisprävention nachgeordnet wird. Die Vorrang der Verhältnisprävention vor verhaltenspräventiven Maßnahmen soll auch die Nachhaltigkeit sichern, da eine Veränderung des Gesundheitsverhaltens allein „kaum über die kurzfristige Reduzierung von Belastungssymptomen“ hinausgeht (Schaper in Nerdinger et al., 2019, S. 594). Um Gesundheitsrisiken zu minimieren, setzen Interventionen primär an der Gefahrenquelle an, um das Risiko zu beseitigen. Nur wenn dies aus pragmatischen oder organisatorischen Gründen nicht möglich ist, wird versucht, die verbleibenden Restrisiken so weit wie möglich zu minimieren. Dabei wird jedoch der **Zeitfaktor** außer Acht gelassen, da eine Änderung der technischen oder organisatorischen Gegebenheiten oft relativ zeitaufwendig ist. Verhaltensprävention bzw. personenbezogene Maßnahmen können hier schneller wirken und somit Zeit für technische und organisatorische Interventionen schaffen. Darüber hinaus ist zu beachten, dass der Nutzen technischer oder organisatorischer Lösungen durch Verhaltensmaßnahmen vervielfacht, aber auch nivelliert werden kann. Daher ist eine **Kombination** unerlässlich, um die Menschen in die Lage zu versetzen, verhältnispräventive Verbesserungen tatsächlich zu nutzen (vgl. Scharper in Nerdinger et al., 2019, S. 594) (▶ Abschn. 4.3). Ein klassisches Beispiel ist das Tragen von persönlicher Schutzausrüstung

(PSA), denn das Vorhandensein von PSA bedeutet noch nicht, dass sie auch richtig benutzt wird. Daher ist die Beteiligung der Arbeitnehmer eine unabdingbare Voraussetzung. Sie kennen ihren Arbeitsplatz und die Abläufe am besten. Sie können helfen, Veränderungen am Arbeitsplatz praxisnah umzusetzen. Dies erhöht auch die Akzeptanz der Maßnahmen und das Commitment.

> Das **TOP-Prinzip als Maßnahmenhierarchie** im Arbeitsschutz verliert in der modernen Arbeitswelt an Relevanz, denn Arbeit 4.0 bzw. New Work verändert die Prioritäten, da die Beseitigung der Ursache potenzieller Gefährdungen bei mobiler Arbeit nicht einfach umzusetzen ist und da der Mensch in seiner Eigenverantwortung ernst genommen wird.

STOP-Prinzip

Priorisierung bzw. Vorrang der Verhältnisprävention am Beispiel Lärm:
- **S: Substitution** (Ersetzen einer Gefahrenquelle, z. B. Ersetzen eine lauten durch eine leise Maschine), falls dies nicht möglich ist, dann …
- **T: technische Maßnahmen** (z. B. technische Abkapselung einer Lärmquelle wie Einhausung der lauten Maschine), falls dies nicht umfänglich möglich ist, dann …
- **O: organisatorische Maßnahmen** (z. B. Arbeitszeitregelung zur Belastungsminimierung durch Verkürzung der Expositionszeiten), falls dies organisatorisch nicht umfassend möglich ist, sodass trotz Verkürzung der schädigenden Einwirkungsdauer weiterhin eine krankmachende Lärmexposition vorliegt, dann …
- **P: personenbezogene Maßnahmen** (z. B. Tragen der persönlichen Schutzausrüstung)

Diese logische Abfolge ist jedoch in vielen Handlungsfeldern des BGM in Frage zu stellen. Dies lässt sich am Beispiel der *Anschaffung eines höhenverstellbaren Tisches* verdeutlichen. Die Bereitstellung von höhenverstellbaren Tischen für alle, unabhängig von ärztlichem Attest und Alter, führt keineswegs automatisch zu einem positiven Gesundheitseffekt, da auch die Kompetenz im Umgang mit höhenverstellbaren Tischen berücksichtigt werden muss, um den Wirkungsgrad zu erhöhen. Erfolgsgrößen aus gesundheitlicher Sicht sind nicht nur die Anschaffung der Tische, sondern v. a. der Anteil der stehenden Arbeit und die richtige Einstellung auf die verschiedenen Positionierungen. Um diese Erfolgsgrößen zu erreichen, sind auch Maßnahmen in Bezug auf die Stellenschrauben O und P erforderlich. Das heißt, wenn an einer Stellschraube wie S oder T gedreht wird, müssen im Sinne eines integrierten Präventionsmanagements auch die Stellschrauben O und P berücksichtigt werden.

4.2.3 Verhältnisprävention – Arbeits- und Organisationsgestaltung

> „Durch Maßnahmen der Verhältnisprävention sollen physische und psychosoziale Arbeitsbelastungen reduziert und gesundheitsbeeinträchtigende betriebliche Verhältnisse geändert werden, um aufseiten der Beschäftigten eine höhere Arbeitsmotivation und Arbeitszufriedenheit zu erreichen. Im Allgemeinen kann man dabei zwischen Maßnahmen unterscheiden, die an der Verbesserung der Arbeitsumgebung (Arbeitsplatz) oder der Arbeitsaufgabe ansetzen." (Schaper in Nerdinger et al., 2019, S. 593)

Verhältnisprävention setzt an den technischen, organisatorischen, sozialen, kulturellen oder ökologischen Bedingungen an, die zur Entstehung und Entwicklung von Krankheiten führen oder diese begünstigen. Die **definitorische Bandbreite** dessen, was unter Verhältnisprävention zu verstehen ist, ist jedoch groß und reicht von

sozialreformerischen Maßnahmen auf der Makroebene bis hin zur ergonomischen Arbeitsgestaltung auf der Mikroebene (vgl. Kauffeld et al. in Kauffeld, 2019, S. 338 f.).

■ **Ebenen der Verhältnisprävention**

Diese umfassende Betrachtung verhältnisbezogener Faktoren spiegelt sich auch in der Differenzierung der **Verhältnisprävention nach Ebenen** wider. Gemeinsam ist den Verhältnisebenen, dass externe Ressourcen genutzt werden, um Rahmenbedingungen zu verändern (▶ Abschn. 2.3).

A. **Mikroebene der Verhältnisprävention**
- *Aufgabenorientierung:* Maßnahmen setzen an der Arbeitsaufgabe an, fördern Partizipation, Motivation und Autonomie und steigern die positiv erlebte Bedeutsamkeit.
- *Arbeitsplatzprävention:* Maßnahmen setzen an der Arbeitsumgebung an, beziehen sich v. a. auf die ergonomische Arbeits- und Organisationsgestaltung als Arbeitsstrukturierung.

4

B. **Makroebene der Verhältnisprävention**
  - *Kontextprävention:* Maßnahmen setzen an der Lebenssituation der Mitarbeiter*innen an, wie z. B. Verbesserung der Work-Life-Balance, und berücksichtigen die Wechselwirkungen zwischen den ineinander greifenden Lebensdomänen.
  - *Kulturprävention:* Maßnahmen setzen an den Werten an, definieren einen Handlungskodex für die gesunde Organisation und fördern die innerbetriebliche Zusammenarbeit unter Berücksichtigung des Sozialgefüges.
C. **Systemprävention:** Maßnahmen auf der Mikro- und Makroebene werden durch Managementsysteme unter Berücksichtigung der Hierarchie und der Wertschöpfungskette integriert.

Verhältnisprävention

Die **Verhältnisprävention** in der Arbeitswelt setzt an den Bedingungsfaktoren an, die für die Gesundheit der Beschäftigten und die Gesundheit der Organisation verantwortlich sind (vgl. auch Infobox ▶ „Steckbrief zur Verhältnisprävention"). Aus Sicht des Ressourcenmodells werden externe Ressourcen in der Arbeits- und Lebenswelt adressiert. Ansatzpunkte sind Arbeits- und Organisationsbedingungen, Kultur, Führung und Aufgabengestaltung. Entscheidend ist eine fundierte Ausgangsanalyse als Gefährdungsbeurteilung unter Berücksichtigung psychischer, physischer und sozialer Belastungsfaktoren.

Steckbrief zur Verhältnisprävention
  - Fokus: Bedingungen bzw. Belastungen
  - Ziel: Belastungsoptimierung
  - Maxime: Gesetze und Verordnungen
  - Ansatzpunkte: Gefährdungsbeurteilung
  - Zeitraum: eher mittel- bis langfristig
  - Beispiele: gesundheitsförderliche Arbeits- und Organisationssysteme, gesunde Führung, ergonomische Arbeitsplätze oder Aufgabengestaltung

---

■ **Handlungsfelder der Verhältnisprävention**

Aus Sicht der Arbeitswelt liegt der Fokus der Verhältnisprävention auf der **Struktur- und Prozessqualität** unter Berücksichtigung der Rahmenbedingungen, da langfristige Veränderungen in Strukturen und Prozessen Nachhaltigkeit versprechen. Typische Beispiele sind ergonomische Optimierungen, Veränderungen der Arbeitszeit und des Arbeitsortes als lebensphasenorientierte und flexible Arbeitsmodelle, Prozesstransparenz, gesunde Führung als Führungsqualität, partizipative Organisationsstrukturen als Organisationsentwicklung oder die Schaffung sozial förderlicher Strukturen zur Erhöhung des Sozialkapitals wie der Unternehmenskultur. Im Rahmen der betrieblichen Verhältnisprävention lassen sich vereinfacht die **Handlungsfelder** *Aufgabe, Arbeitsplatz, Führung und Organisation* identifizieren. Diese werden auch in der Gefährdungsbeurteilung psychischer Belastung erfasst (vgl. BAuA, 2014). Die Gliederung nach Handlungsfeldern erfolgt hier aus didaktischen Gründen in der Reihenfolge vom kleinsten Baustein (Aufgabe) zum Ganzen (Organisation). Im Struktursystem menschlicher Arbeit sind deren Wechselwirkungen nach dem MTO-Konzept als **ganzheitliche Arbeitsgestaltung** im Sinne der Systemprävention zu betrachten, da die Gesamtaufgabe in ein soziotechnisches System eingebettet ist und sich aus individuellen (Schnittstelle Mensch), interaktiven (Schnittstelle Technik) und kooperativ-kommunikativen Teilaufgaben (Schnittstelle Organisation) in einem sozialen Gefüge zusammensetzt (◘ Abb. 4.8) (vgl. Ulich, 2011, S. 198 ff.; Ulich & Wülser, 2018, S. 261 ff.; Treier, 2019b, S. 103).

  - **Aufgabengestaltung:** Veränderung der Arbeitsinhalte im Hinblick auf Vollständigkeit, Ganzheitlichkeit und Vielseitigkeit, gewährte Handlungsspielräume, Möglichkeit des Lernens im Arbeitsprozess bzw. Aufgabe als Entwicklungs- und Qualifizierungsangebot (▶ Abschn. 4.2.3.2)
  - **Arbeitsplatzgestaltung:** (kognitive) Ergonomie, sicherheitstechnische Themen, Gestaltung von Verkehrswegen sowie äußeren Faktoren wie Lärm, Licht oder Luftfeuchtigkeit bis hin zum digitalen Arbeitsplatz in der Arbeitswelt 4.0 (▶ Abschn. 4.2.3.3)
  - **Führung:** Gesundes bzw. gesundheitsorientiertes Führen, Führen auf Distanz in flexiblen Arbeitsmodellen, kann als Handlungsfeld auch dem Bereich Organisation zugeordnet werden, wird aber aufgrund der hohen Relevanz eigenständig thematisiert (▶ Abschn. 4.2.3.4)
  - **Organisationsgestaltung:** Anpassung von Prozessen und Strukturen im Sinne einer gesunden Organisation, Kongruenzprinzip bei der Stellenbesetzung, Sozialkapital als soziale Unterstützung bis hin zu kulturellen Fragen, Work-Life-Balance in einer modernen und flexiblen Arbeitswelt, Gesundheit als organisationaler Lernprozess (▶ Abschn. 4.2.3.5)

Partizipative Arbeitsgestaltung

Da die Arbeitsbedingungsfaktoren in Arbeitssystemen zusammenwirken, sind im Rahmen der Verhältnisprävention diejenigen als Schlüsselfaktoren zu berücksichtigen, die eine nachgewiesene Wirkung aufweisen. Dies gilt aus empirischer Sicht v. a. für die Arbeitsbedingungsfaktoren Arbeitsintensität, Handlungsspielraum, Arbeitszeit, Emotionsarbeit und Führung (vgl. Rothe et al., 2017a). Eine hohe gesundheitliche Wirksamkeit von Maßnahmen der Verhältnisprävention ist jedoch nur dann zu erwarten, wenn die Beschäftigten im Sinne einer **partizipativen Arbeits- und Organisationsgestaltung** an der Veränderung der Verhältnisse beteiligt werden bzw. mitwirken können. Verhältnisprävention hat zum Ziel, nicht die Mitarbeiter*innen, sondern sich selbst als Organisation zu verändern. Die breite Forschungs- und Studienlandschaft offenbart die relevanten Faktoren, die die Gesundheit und das Wohlbefinden der Mitarbeiter*innen beeinflussen und wie sich Verhältnisfaktoren und organisationales Verhalten gegenseitig bedingen (vgl. Sonnentag et al., 2023).

4.2.3.1 Psychologische Arbeitsanalyse als Ausgangspunkt

Die Arbeitsgestaltung ist ein maßgeblicher Verhältnisfaktor im Präventionsmanagement (vgl. Ulich & Wülser, 2018) (▸ Abschn. 2.2.3). Daher ist es für das BGM unerlässlich, im Rahmen einer Arbeitsanalyse die Kriterien einer gesunden Arbeitsgestaltung zu erfassen und zu bewerten (Ulich, 2011, S. 65 ff. & 141 ff.). **Psychologische Arbeitsanalysen** befassen sich mit der Gesundheits- und Persönlichkeitsförderlichkeit von Aufgaben im Zusammenhang mit den Arbeits- und Organisationsbedingungen (vgl. Mustapha & Schweden, 2021). Sie berücksichtigen neben den Aufgabeninhalten (▸ Abschn. 4.2.3.2.2) stets auch die Bedingungen der **Aufgabenwahrnehmung**, da die Aufgabenerfüllung durch Faktoren der Arbeitsplatz- und Organisationsgestaltung gefördert oder behindert werden kann (▸ Abschn. 4.2.3.3, 4.2.3.5). **Regulationsbehinderungen** wirken sich als *Regulationshindernisse* wie Unterbrechungen oder Erschwernisse aus informatorischer oder motorischer Hinsicht direkt auf die geforderte Regulation aus und erfordern einen zusätzlichen Aufwand oder mindern als *Regulationsüberforderungen* wie Zeitdruck, Monotonie oder Lärm die Regulationsfähigkeit (Ulich, 2011, S. 126 ff.). Im Gegensatz zur Organisationsanalyse geht es bei der Arbeitsanalyse nicht primär um menschliches Erleben und Verhalten. Allerdings ist die Trennung zwischen Arbeits- und Organisationsdiagnostik in einem soziotechnischen Arbeitssystem eher als theoretisch anzusehen, da die Wirkung von Strukturen und Prozessen auf der Organisationsebene auf das menschliche Erleben immer über die Arbeitstätigkeit vermittelt ist (Primat der Aufgabe), sodass eine ganzheitliche Mensch-Technik-Organisationsanalyse das Zusammenspiel der Verhältnisfaktoren in Bezug auf den Menschen am besten beschreibt (vgl. Ulich, 2011, S. 85 ff.) (▸ Abschn. 2.2.3).

> Bei der **psychologischen Arbeitsanalyse** geht es nicht nur um den Inhalt der Arbeitsaufgabe, sondern auch um die Art und Weise, wie die Arbeitsaufgabe ausgeführt wird, und hier insbesondere um Regulationsbehinderungen.

Arbeitsanalyse

Nach Schaper (in Nerdinger et al., 2019, S. 386) befasst sich die (psychologische) **Arbeitsanalyse** mit der Untersuchung, Bewertung und Wirkung von Arbeitstätigkeiten und deren Bedingungsfaktoren in Bezug auf den arbeitenden Menschen. Die Arbeitsanalyse beschreibt die zu erfüllenden Aufgaben aus inhaltlicher, prozessualer und struktureller Sicht. Als Hauptkomponenten der Analyse werden die Arbeitsaufgabe, die Arbeitsumgebung, die Arbeitsorganisation und die sozialen Beziehungen berücksichtigt. Dabei steht die psychische Regulation und Struktur der menschlichen Arbeitstätigkeit im Zusammenhang mit den Arbeits- und Organisationsbedingungen im Vordergrund der Arbeitsanalyse (Kauffeld & Martens in Kauffeld, 2019, S. 262).

Anforderungsanalyse

Die **Anforderungsanalyse** ermittelt auf Basis der Ergebnisse der Arbeitsanalyse die erfolgskritischen Personenmerkmale bzw. Leistungsvoraussetzungen zur Bewältigung der Tätigkeit. Die Anforderungsanalyse übersetzt die in der vorangegangenen Arbeitsanalyse ermittelten Arbeitsmerkmale in eigenschaftsbezogene Personenkonzepte, die als Grundlage für die moderne Personalarbeit in Bezug auf Personalplanung, Personalauswahl und Personalentwicklung dienen (Treier, 2019b, S. 115 ff.).

■ **Aufgaben der Arbeitsanalyse**

Arbeitsgestaltung, Personalentwicklung und Gesundheitsförderung als Handlungsfelder einer gesunden Organisation bauen auf der Arbeitsanalyse auf, *„da eine sorgfältig analysierte und bewertete Arbeitstätigkeit als Grundlage für die Gestaltung persönlichkeits- und*

4

gesundheitsförderlicher Arbeitsbedingungen sowie persona-
ler Fördermaßnahmen dient." (Schaper in Nerdinger et al.,
2019, S. 386) Die Arbeitsanalyse ermöglicht einen systematischen Blick auf die Arbeitstätigkeit. Mit Hilfe der
Arbeitsanalyse lassen sich Schwachstellen der Aufgabenorientierung in Verbindung mit der Arbeits- und
Organisationsgestaltung identifizieren sowie auf der An-
forderungsseite die erforderlichen Kompetenzen ermitteln, um im Sinne des **Person-Environment-Fit** eine
kongruente Besetzung aus stresstheoretischer Sicht mit
der Zielgröße der Passung zwischen Aufgabenanforderungen und Kompetenzen zu ermöglichen
(▶ Abschn. 2.2.2). Damit können Unter- und Über-
forderungen als **Gesundheitsrisiken** vermieden werden.
Darüber hinaus können verschiedene Arbeitstätigkeiten
unter Belastungsgesichtspunkten miteinander verglichen
werden, um einerseits das Präventions- und Risikomanagement anzupassen und andererseits die Stellen-
bewertung bzw. Arbeitswertbestimmung einschließlich
des Entgeltzusammenhangs aus Sicht der Beschäftigten
zu fundieren (vgl. Treier, 2019b, S. 322 ff.). Auf der
Grundlage der Arbeitsanalyse können auch Vorschläge
erarbeitet werden, wie durch herausfordernde und bewältigbare Aufgaben sowie humane Rahmenbedingungen
die Gesundheit erhalten und die Persönlichkeitsentwicklung auf der Grundlage der **Humankriterien der**
Arbeit gefördert werden kann (▶ Abschn. 4.2.1). Die
Analyse der Aufgabe bzw. Tätigkeit mit ihren Bedingungen und Auswirkungen kristallisiert sich somit als
Basis für die Entwicklung einer gesunden und menschengerechten Arbeit heraus und informiert als Kernbaustein
über den Stand der gesunden Organisation als Aufgabe
des Gesundheitscontrollings (▶ Abschn. 6.2).

■ **Instrumente und Methoden der Arbeitsanalyse**

Formal wird bei der Arbeitsanalyse zwischen **arbeits-**
wissenschaftlichen und psychologischen Verfahren unterschieden (Uhle & Treier, 2019, S. 375). Grundsätzlich
kann die Arbeitsanalyse an der Arbeitssituation (objektive bzw. bedingungsbezogene Analyse) oder am Erleben der Betroffenen (subjektive bzw. personenbezogene Analyse) ansetzen. Ob personenbezogene Verfahren den Anforderungen des ArbSchG genügen, wird
kritisch diskutiert, da sie je nach Konstruktionsprinzip
hinsichtlich der Operationalisierung der Belastungs-
und Beanspruchungsseite nur indirekte Rückschlüsse
auf Arbeitsmerkmale zulassen. An dieser Stelle ist zu
betonen, dass die **Objektivität von Arbeitsmerkmalen**
aus Sicht des BGM immer relativ ist, denn ein objektiv
hoher Tätigkeitsspielraum wirkt sich nur dann gesundheitsförderlich aus, wenn seine Realisierung nicht durch
Regulationsbehinderungen, fehlende Kompetenzen
oder ablehnende Haltungen behindert wird (vgl. Musta-

pha & Schweden, 2021, S. 26). Objektive Analysen
arbeiten v. a. mit Beobachtungsverfahren, subjektive
Analysen nutzen insbesondere befragungsbasierte Ansätze (Schaper in Nerdinger et al., 2019, S. 387 f.). Die
bedingungsbezogene Analyse sollte durch eine subjektive Erfassung der psychischen Regulationsprozesse und
Auswirkungen der Arbeit (Arbeitserleben) ergänzt werden, um eine ganzheitliche Sichtweise zu erhalten. Unabhängig von der Methodik bzw. dem Verfahrenstyp
gelten analog zur Personaldiagnostik nach DIN 33430
als Norm für Eignungsbeurteilungen entsprechende
Gütekriterien, um aussagekräftige Informationen zu erhalten. Die DIN EN ISO 10075-3:2004 legt Grundsätze
und Anforderungen für Verfahren zur Messung und Erfassung psychischer Arbeitsbelastung fest – die dort
festgelegten Anforderungen sind aber nicht unumstritten
(vgl. Nachreiner & Schütte, 2006). Als Hauptgüte-
kriterien gelten Objektivität (Durchführungs-, Interpre-
tations- und Beurteilungsobjektivität), Reliabilität (Zuverlässigkeit) und Validität (inhaltliche Gültigkeit). Darüber hinaus sind diagnostische Sensitivität,
Praktikabilität, soziale Akzeptanz und das Vorhandensein von Referenzwerten als sekundäre Gütekriterien zu
berücksichtigen. Es empfiehlt sich bei der Arbeitsanalyse, auf **standardisierte Instrumente** zurückzugreifen
(Metz & Rothe, 2017, S. 34 ff.; Schaper in Nerdinger
et al., 2019, S. 406 ff.). Aus Sicht der Praxis ist bei der
Anwendung dieser wissenschaftlich fundierten Verfahren zu beachten, dass sie hinsichtlich der Durchführung, Auswertung und Interpretation umfangreiche
Kenntnisse für einen **sachgerechten Einsatz** erfordern.
Auch sind nicht alle Instrumente für die Anforderungen
von Arbeit 4.0 geeignet (▶ Abschn. 1.3.2).

❶ Die **Entwicklung eigener Instrumente** ist nur zu empfehlen, wenn die entsprechende Fachkompetenz vorhanden ist, um verzerrte Aussagen durch selbst konstruierte Erhebungsinstrumente zu vermeiden. Außerdem fehlen Normwerte, um die Ergebnisse angemessen
bewerten zu können.

▶ **Beispiel**

Bei den **standardisierten Verfahren** gibt es universelle und
tätigkeitsspezifische Verfahren sowie Screening- und
expertengestützte Verfahren. Zu den standardisierten Verfahren zählen bspw. RHIA (Analyse psychischer Belastungen in der Arbeit), VERA (Verfahren zur Ermittlung
von Regulationsbehinderungen in der Arbeitstätigkeit),
TBS (Tätigkeitsbewertungssystem), ISTA (Instrument zur
stressbezogenen Arbeitsanalyse), KFZA (Kurzfragebogen
zur Arbeitsanalyse), BASA II (Psychologische Bewertung
von Arbeitsbedingungen) oder FAA (Fragebogen zur
Arbeitsanalyse). ◀

■ **Vielfalt der Erhebungsinstrumente**

Die **Familie der psychologischen Arbeits- und Tätigkeitsanalysen** ist umfangreich und bildet die Grundlage für die Konzeption der Gefährdungsbeurteilung psychischer Belastung (vgl. Treier, 2020b). Aus Sicht des BGM lassen sich Merkmale der Arbeitsanalyse auch in der gesetzlich vorgeschriebenen **Gefährdungsbeurteilung psychischer Belastung** erfassen – hier existieren neben klassischen Verfahren der Arbeitsanalyse auch speziell auf die Erfassung psychischer Belastungen ausgerichtete Instrumente wie z. B. SPA (Screening psychischer Arbeitsbelastung) oder Impuls-Test|2® (vgl. Metz & Rothe, 2017; Molnar, 2018; Treier, 2019a, S. 53 ff.) (vgl. auch Exkurs zu „Gefährdungsbeurteilung psychischer Belastung"). **Kritisch zur Anwendung** von Erhebungsinstrumenten zur Erfassung psychischer Belastungen ist anzumerken, dass diese den Belastungsbegriff teilweise nicht im Sinne des ArbSchG übersetzen, keine evidenzbasierten Grenzwerte zur Beurteilung der Belastungssituation zur Verfügung stellen und selten Hinweise zur Ableitung konkreter Maßnahmen zur Arbeitsgestaltung geben (Rau, 2022). Dies hängt u. a. mit dem unterschiedlichen Verständnis von psychischer Belastung im Hinblick auf das zugrunde liegende Belastungs-Beanspruchungs-Modell zusammen (Ferreira & Vogt, 2022) (▶ Abschn. 2.2.3). Darüber hinaus wird das Vorhandensein von Arbeitsmerkmalen aus pragmatischen Gründen häufig direkt bei den Betroffenen erfragt. Hierbei ist jedoch zu beachten, dass Arbeitsmerkmale objektiv vorhanden sein können, aber in Abhängigkeit von Personenmerkmalen wie Kompetenzen und Einstellungen nicht erkannt, nicht genutzt oder unterschiedlich erlebt werden (vgl. Mustapha & Schweden, 2021, S. 23 ff.). In erweiterter Form können **integrative Gesundheitsbefragungen** bspw. mit dem Instrument COPSOQ (Copenhagen Psychosocial Questionnaire) neben der Belastungsseite der Arbeitsanalyse auch die Beanspruchungsseite zu Arbeitszufriedenheit, Gesundheitszustand, Beschwerden oder Stress erfassen, um ein **ganzheitliches Gesundheitsbild** aus Verhaltens- und Verhältnissicht zu erhalten (▶ www.copsoq.de). Im ▶ Abschn. 6.2.1 wird die Gesundheitsbefragung als Instrument des Gesundheitscontrollings thematisiert.

– **Arbeitswissenschaftliche Verfahren:** Hier werden objektive Gestaltungselemente (Bedingungen und Anforderungen) der Arbeitssituation ermittelt, um z. B. Arbeitsabläufe hinsichtlich Bewegung, Zeit und Anstrengung zu optimieren. Beobachtende Verfahren beschreiben die Oberflächenstruktur unabhängig vom Erleben der Arbeitsplatzinhaber*innen.

– **Psychologische Verfahren:** Hier wird das Handeln der arbeitenden Person im Arbeitsumfeld untersucht und motivations-, persönlichkeits- und gesundheitsförderliche Elemente der Arbeit erfasst. Um die Tiefenstruktur aus der Sicht der psychischen Regulation nach der Handlungsregulationstheorie abzubilden, sind die Betroffenen aktiv einzubeziehen. Das Methodenspektrum reicht von klassischen Befragungen bis hin zu expertengestützten Beobachtungsinterviews.

– **Gefährdungsbeurteilung psychischer Belastung:** Diese gesetzlich vorgeschriebene Erfassung der psychischen Belastungssituation am Arbeitsplatz kann sowohl auf arbeitswissenschaftlichen als auch auf psychologischen Arbeitsanalysen basieren und reicht von einfachen Checklisten bis hin zu expertengestützten Erhebungsinstrumenten. Als schwierig erweist sich die Operationalisierung des Belastungsbegriffs gemäß ArbSchG und die Festlegung geeigneter Grenzwerte.

– **Gesundheitsbefragungen:** Sie enthalten neben der arbeitsanalytischen Ebene der Belastungsseite auch Beanspruchungsskalen und erweiterte organisationsdiagnostische Elemente, um einen ganzheitlichen Blick auf den Gesundheitszustand der Organisation zu werfen. Belastungs- und Beanspruchungsskalen sollten bei der Erhebung möglichst getrennt erfasst und in der Reihenfolge Belastung vor Beanspruchung dargestellt werden, um ein unverzerrtes Antwortverhalten zu gewährleisten.

❗ Bei der Erfassung psychischer Belastungen kommt es häufig zu Verwechslungen mit Beanspruchungen, die das subjektive Erleben bzw. die subjektiven Auswirkungen von Belastungen darstellen. Eine Trennung in befragungsbasierten Ansätzen erweist sich als schwierig, da Belastungen und Beanspruchungen bereits umgangssprachlich unscharf verwendet werden (▶ Abschn. 2.2.2).

4

Gefährdungsbeurteilung psychischer Belastung

Die **Gefährdungsbeurteilung psychischer Belastung** ermittelt Anforderungen aus der Arbeitstätigkeit, die sich auf die psychische Gesundheit auswirken (vgl. Molnar, 2018; Treier, 2020b). Sie erfasst nach DIN EN ISO 10075-1 objektive Einflüsse aus der Arbeitsaufgabe, der Organisation, der Umgebung und der sozialen Situation, die von außen auf den Menschen psychisch einwirken. Neue Anforderungen aus dem Wandel der Arbeitswelt (Arbeit 4.0), wie z. B. die ständige Erreichbarkeit oder die Auflösung der Grenzen zwischen den Lebensbereichen, sind zu ergänzen.

▪▪ Inhaltliche Sicht

Psychische Belastungen sind als objektive Sachverhalte neutral einzustufen, auch wenn das Adjektiv „psychisch" eine subjektive Dimension suggeriert. Bei angemessener Gestaltung wirken sie gesundheitsförderlich. Bei kritischer Ausprägung können sie in Abhängigkeit von Bewältigungsstrategien und verfügbaren Ressourcen zu psychischen Beeinträchtigungen wie negativem Stresserleben, Depression oder Burnout führen. V. a. monotone Tätigkeiten, starke emotionale Inanspruchnahme, hoher Termin- und Leistungsdruck, hohe Arbeitsintensität oder ständige Arbeitsunterbrechungen führen zu psychischen Beeinträchtigungen.

▪▪ Nicht Kür, sondern Pflicht

Insbesondere das ArbSchG in seiner Novellierung von 2013 legitimiert die Gefährdungsbeurteilung psychischer Belastung in Anlehnung an die Arbeitsanalyse, da zu prüfen und zu dokumentieren ist, ob eine Gefährdung durch psychische Belastung als objektiver Sachverhalt vorliegt (ArbSchG § 5 Abs. 3 Nr. 6) (▶ Abschn. 1.4.3). Die DIN EN ISO 10075 definiert die Kernbegriffe, Gestaltungsprinzipien und Anforderungen an Verfahren zur Messung psychischer Belastungen. Weitere Vorschriften und Informationen wie z. B. DGUV Vorschriften (Unfallverhütungsvorschriften 1 & 2) und berufsgenossenschaftliche Informationen wie z. B. DGUV Information 215:410 (BGI 650) konkretisieren die gesetzlichen Grundlagen. Die Leitlinien der Gemeinsamen Deutschen Arbeitsschutzstrategie (▶ https://www.gda-portal.de/), *„Beratung und Überwachung bei psychischer Belastung am Arbeitsplatz"* und *„Gefährdungsbeurteilung und Dokumentation"*, beschreiben die Durchführung und Überwachung sowie in den Anhängen die zu berücksichtigenden Qualitätsgrundsätze, Instrumente und Methoden, Merkmalsbereiche und Inhaltsfelder der Gefährdungsbeurteilung (GDA, 2017). Es werden Anforderungen an die Dokumentation definiert, Handlungsempfehlungen aus Sicht der Prozessqualität von der Vorbereitung über die Durchführung bis zur Auswertung dargestellt sowie ein Rahmenkonzept für die Qualifizierung des beteiligten Aufsichtspersonals abgeleitet.

▪▪ Variabilität der Instrumente

Das Gesetz schreibt nicht vor, wie eine Gefährdungsbeurteilung psychischer Belastung durchzuführen ist. So gibt es verschiedene methodische Zugänge von der mündlichen oder schriftlichen Befragung der Beschäftigten über die Beobachtung der Tätigkeiten durch Fachpersonal und Dokumentenanalysen bis hin zu moderierten interaktiven Analyseworkshops (Beck et al. in BAuA, 2014, S. 55 ff.). Die Qualitätsgrundsätze der GDA-Leitlinien machen deutlich, dass das Vorgehen möglichst repräsentativ und quantifizierend sein sollte, um eine flächendeckende Erfassung zu gewährleisten, Veränderungen nachzuweisen und die Dokumentationspflicht zu erfüllen. Bei den befragungsbasierten Ansätzen kann zwischen *orientierenden Verfahren* (einfache Check- und Prüflisten), *Screeninginstrumenten* (vertiefende Analyse mit mehr Merkmalen und Bewertungsstufen) und *expertenbasierten Verfahren* (oft Beobachtungsinterviews, die in der Regel von dafür ausgebildeten Psycholog*innen durchgeführt werden) unterschieden werden. Unter Aufwandsgesichtspunkten bietet es sich an, mit einem befragungsbasierten standardisierten Screeningverfahren zu beginnen, das ein Benchmarking ermöglicht, um die eigenen Ergebnisse an den Referenzdaten zu kalibrieren. Grenzwerte für die Ausprägung der Belastungsskalen sollten vorliegen. Möglichst alle Mitarbeiter*innen sind einzubeziehen und die Anonymität ist zu gewährleisten. Bei Hotspots empfiehlt sich eine Tiefenbohrung mit moderierten interaktiven Verfahren mit Mitarbeitenden und Führungskräften, z. B. in Form eines Workshops, um Unklarheiten zu beseitigen und gemeinsam Interventionen zu erarbeiten.

▪▪ Verpflichtung zur Umsetzung

Die KomNet-Wissensdatenbank als expertenbasiertes Beratungsangebot zu Themen des Arbeitsschutzes und der gesunden Arbeit wird vom Landesinstitut für Arbeitsschutz Nordrhein-Westfalen (LIA) im Auftrag des Landes Nordrhein-Westfalen betrieben. Hier stellt sich die Frage, mit welchen Sanktionen zu rechnen ist, wenn die Organisation keine Gefährdungsbeurteilung psychischer Belastung durchführt.

» „Eine Gefährdungsbeurteilung ohne Berücksichtigung der psychischen Belastung ist unvollständig. Eine unvollständige Gefährdungsbeurteilung ist nach verschiedenen Rechtsverordnungen eine Ordnungswidrigkeit und Bußgeld bewehrt (z. B. § 9 Abs. 1 Nr. 1 Arbeitsstättenverordnung, § 22 Abs. 1 Nr. 1 Betriebssicherheitsverordnung, jeweils in Verbindung mit den §§ 18, 19, 25 Arbeitsschutzgesetz)."

▶ https://www.komnet.nrw.de/_sitetools/dialog/42907

▪▪ Fristen

Es gelten die gleichen Fristen wie bei der klassischen Gefährdungsbeurteilung. In Abhängigkeit von den betrieblichen Gefährdungen finden sich unterschiedliche Vorgaben zu den Fristen. Aus rechtlicher Sicht sieht das ArbSchG keine regelmäßige, vollständige Wiederholung der Gefährdungsbeurteilung vor. Bei unveränderten Verhältnissen sind die Gefährdungen einmal zu ermitteln und zu beurteilen. Ändern sich die Verhältnisse, ist eine Wiederholung erforderlich. Gefährdungsbeurteilungen sind auch zu aktualisieren, wenn neue Erkenntnisse im Hinblick auf Sicherheit und Gesundheitsschutz vorliegen. Hinweise zu den Fristen finden sich z. B. in der DGUV Vorschrift 2 oder in der Betriebssicherheitsverordnung (BetrSichV). Die Wiederholungsprüfung ist regelmäßig durchzuführen. Bei stabilen Verhältnissen wird empfohlen, die Gefährdungsbeurteilung alle zwei bis drei Jahre zu wiederholen. Aus praktischer Sicht wird eine erste Wiederholung der Gefährdungsbeurteilung psychischer Belastung nach zwei bis drei Jahren empfohlen. Danach ist bei relativ stabilen Verhältnissen ein Rhythmus von fünf Jahren ausreichend (Treier, 2020b).

> **Tipp**
>
> Das Handlungsfeld der Gefährdungsbeurteilung psychischer Belastung ist komplex und erfordert eine inhaltliche Neuausrichtung des betrieblichen Arbeitsschutzes. Die BAuA bietet hier fundierte Informationen zu Erfahrungen und Erkenntnissen und bündelt diese in **Handlungshilfen** zur Umsetzung der Gefährdungsbeurteilung psychischer Belastung.
>
> ▶ https://www.baua.de/DE/Themen/Arbeits gestaltung-im-Betrieb/Psychische-Belastung/Gefae hrdungsbeurteilung/Gefaehrdungsbeurteilung_ node.html

▪ Ebenen der Arbeitsanalyse

Die klassische Gefährdungsbeurteilung setzt auf der **objektiven Ebene** an – sie fokussiert personenunabhängig auf die Bedingungsfaktoren. Aus Sicht des BGM hat diese Vorgehensweise jedoch den Nachteil, dass sie den Menschen als Interpret der Bedingungsfaktoren vernachlässigt. Eine Tätigkeit ist in ihrer Ausführung immer eine subjektive Repräsentation objektiver Merkmale, da jeder Mitarbeiter/jede Mitarbeiterin aufgrund seiner/ihrer persönlichen Merkmale wie Kompetenzen, Erfahrungen oder Einstellungen eine Aufgabe anders wahrnimmt. Diese **Redefinition der objektiven Bedingungen** bestimmt in der Konsequenz maßgeblich die Ausprägung der psychischen und physischen Gesundheit, weshalb bei der Gefährdungsbeurteilung psychischer Belastung der Mitarbeitende einbezogen werden sollte, um die subjektive Sicht der Aufgabenmerkmale zu erfassen. Der Mensch fungiert hier quasi als Messinstrument (Treier, 2020b, S. 389). Insbesondere **Fehlregulationen** führen nicht nur zu Fehlhandlungen, sondern wirken sich auch negativ auf die Gesundheit aus. Die Tätigkeit kann hier krankmachende Aufmerksamkeits-, Emotions- und Anstrengungsprozesse induzieren. Ärger, Ermüdung, psychische Sättigung oder das Erleben von Monotonie sind aus stresstheoretischer Sicht typische negative Beanspruchungsfolgen, die es zu vermeiden gilt (vgl. Richter & Hacker, 2014). Erledigte und bewältigte Aufgaben hingegen gehen mit Stolz und Zufriedenheit einher und wirken sich direkt oder indirekt positiv auf die Gesundheit aus. ◘ Abb. 4.9 illustriert die **Ebenen der Arbeitsanalyse** (Ulich 2011; Uhle & Treier, 2019, S. 377). Dabei reicht es nicht aus, nur die beobachtbare Oberfläche zu beschreiben, sondern es muss untersucht werden, wie die Betroffenen die Anforderungen der Arbeit verstehen und regulieren (vgl. Hacker & Sachse, 2014). Die *Handlungsregulationstheorie* erklärt, wie die psychische Regulation der Arbeit als zielgerichtete und zyklische Organisation der Handlungskomponenten in den Phasen Ausrichten (Stellen bzw. Übernehmen einer Aufgabe), Orientieren (Ziele, Ressourcen, Ausgangsbedingungen), Entwerfen (Handlungs- und Aktionsprogramme), Entscheiden (Vorgehensweisen und Alternativen) und Kontrollieren (Soll-Ist-Vergleich als kontinuierliches Monitoring) erfolgt (▶ Abschn. 2.2.2).

> ❯ Der **Mensch ist das Messinstrument**, denn die Regulation der Anforderungen durch die Betroffenen ist entscheidend für die Gesundheit. Dies birgt viele Chancen in der Partizipation, aber auch Risiken in der objektiven Erfassung und Bewertung der Ergebnisse.

4

◘ **Abb. 4.9**   Ebenen der Arbeitsanalyse nach Ulich (2011)

Analyse der Auswirkungen
auf das Befinden und
Erleben der Beschäftigten

Stress, Zufriedenheit, Wohlbefinden

Analyse der Tätigkeit im
Hinblick auf die für ihre
Ausführung erforderlichen
kognitiv-emotionalen
Regulationsprozesse

SUBJEKTIVE SICHT

*Der Mensch im Fokus mit seiner
subjektive Wahrnehmung der
Arbeitssituation*

REDEFINITION: Bewertung und Interpretation von Arbeitsaufträgen

Analyse des Auftrags, der
Bedingungen, des Umfelds

Basis der objektiven Arbeitsanalyse

OBJEKTIVE SICHT

*Organisatorische Einbettung,
Rahmenbedingungen, Tätigkeitsmerkmale*

Arbeit ist psychisch reguliert

Arbeitstätigkeit ist immer auch psychisch regulierte Tätigkeit, daher ist die Beteiligung der Beschäftigten an der Erfassung eine conditio sine qua non. Moderne psychologische Analyseverfahren interessieren sich nicht nur für die Beschreibung, sondern auch für die Auswirkungen der Bedingungsfaktoren auf das Befinden und Erleben der Beschäftigten. Dies erfordert eine Analyse der **Tiefenstruktur der Tätigkeit**. Diese berücksichtigt die hierarchisch-sequenzielle Vollständigkeit, die Beanspruchungsoptimalität und die Regulationshemmnisse aus Sicht der Betroffenen. Die Tiefenstruktur kann nicht allein durch eine funktionale Auftrags- und Bedingungsanalyse bestimmt werden, sondern muss die Regulationsprozesse und Wirkungen der Tätigkeit auf den Menschen erfassen. Als angepasste **subjektiv-bedingungsbezogene Arbeitsanalyse** eignet sich die Gefährdungsbeurteilung psychischer Belastung. Je nach Verfahren kann die Oberflächen- und Tiefenstruktur der Belastungsseite der Aufgabenorientierung unter Berücksichtigung des Arbeits- und Organisationskontextes erfasst werden. Eine Erweiterung mit Beanspruchungsskalen ist sinnvoll, um Auswirkungen frühzeitig zu erkennen.

4.2.3.2   Aufgabengestaltung

» „Das BGM muss sich im Rahmen der Verhältnisprävention mit der Frage befassen, „wie Arbeitsaufgaben konkret gestaltet werden sollen, damit eine Aufgabenorientierung entsteht, die die Entwicklung der Persön-

lichkeit – und deren Gesundheit – im Arbeitsprozess fördert und zur Aufgabenerfüllung motiviert, …" (Ulich & Wülser, 2018, S. 265)

Aus arbeitspsychologischer Sicht ist die **Bedeutung der Anforderungen** für Gesundheit und Persönlichkeit, die aus der Aufgabe bzw. Tätigkeit erwachsen, theoretisch und empirisch fundiert belegt (vgl. Ducki & Kötter, 2022; Hacker & Sachse, 2014; Nerdinger et al., 2019; Ulich, 2011). Diese Erkenntnisse werden auch in Normen wie DIN EN ISO 6385:2004 oder ISO 9241-2:1992-06 berücksichtigt (▸ Abschn. 1.4.4). Der vielfach bestätigte Zusammenhang zwischen psychischer Gesundheit und Aufgabengestaltung erfordert eine Schwerpunktverlagerung in der Verhältnisprävention von der klassischen Ergonomie zur Aufgabenorientierung.

▪ Primat der Aufgabe

Man spricht hier vom **Primat der Aufgabe** (vgl. Ulich & Wülser, 2018, S. 265 ff.). Herausfordernde Aufgaben sind dann gesundheitsförderlich, wenn die Aufgaben inhaltlich vollständig sind, die Tätigkeit Entscheidungsspielräume zulässt, Rückmeldungen über die Qualität der Arbeit gegeben werden und Möglichkeiten zur Kommunikation und Kooperation bestehen. (▸ Abschn. 4.2.3.2.2). Nach Hacker und Sachse (2014, S. 514 ff.) ist eine solche Aufgabengestaltung effizienzsteigernd, lernförderlich, gesundheitsstabilisierend und damit alters- und alternsgerecht. Der Stressreport Deutschland (BAuA, 2020) bestätigt aus empirischer Sicht die Relevanz der **Aufgabenorientierung als Schlüsselfaktor für die Gestaltung gesundheitsgerechter**

Arbeit. Dieser nachgewiesene Zusammenhang zwischen Gesundheit und Kriterien guter Aufgabenorientierung ist jedoch an den **Realitäten der modernen Arbeitswelt** (Arbeit 4.0) zu überprüfen und zu relativieren, z. B. im Hinblick auf die psychische Arbeitsbelastung (Mental Workload bei Multitasking), die Emotionsarbeit bei zunehmender Interaktion oder die zunehmende Flexibilisierung von Ort und Zeit im Kontext einer überstrapazierten Work-Life-Balance (von Balance zu Blending) (▶ Abschn. 1.3.2) (vgl. Backhaus et al., 2021; Meyer et al., 2019). Im Kontext von New Work bzw. Arbeit 4.0 sind im Rahmen einer präventiven und vorausschauenden Arbeitsgestaltung v. a. geeignete Formen der Partizipation sowie die Stärkung der Kompetenzen zur Mit- und Selbstgestaltung von Aufgaben und Kontext (Job Crafting) zu adressieren (vgl. Ducki & Kötter, 2022) (zu den Formen der Arbeitsgestaltung ▶ Abschn. 2.2.3). Als entscheidender Faktor für eine erfolgreiche Balance bei der Optimierung von Belastung und Beanspruchung kristallisieren sich die verfügbaren Ressourcen als Gesundheitshebel heraus (▶ Abschn. 2.3). An dieser Stelle wird die **Doppelrolle der Beanspruchung** deutlich, denn es gilt, diejenigen Anforderungen zu stärken, die zu positiven bzw. funktionalen Beanspruchungen führen, und diejenigen Belastungsquellen zu minimieren, die zu dysfunktionalen Beanspruchungszuständen führen (vgl. Wieland & Hammes, 2014) (▶ Abschn. 2.2.2). Wenn die Beschäftigten über die notwendigen Ressourcen verfügen, um die Aufgabe angemessen zu bewältigen, tragen anspruchsvolle, aber bewältigbare Aufgaben wesentlich zur Verbesserung der psychischen Gesundheit bei, wie das Demand-Control-Modell bestätigt (vgl. Bakker & Demerouti, 2017) (▶ Abschn. 2.2.2).

> ❯ Zusammenfassend sollte eine **gut gestaltete Aufgabe** inhaltlich vollständig, beanspruchungsoptimal ausfallen und der Arbeitsprozess möglichst wenig durch Regulationsbehinderungen gestört sein (▶ Abschn. 4.2.3.2.2).

Primat der Aufgabe
Die Arbeitsaufgaben verknüpfen im soziotechnischen Arbeitssystem das soziale mit dem technischen Teilsystem unter Berücksichtigung der Wechselwirkungen zwischen den Ebenen Mensch, Technik und Organisation (MTO-Konzept) (⬛ Abb. 4.8). Die Aufgabe bestimmt die Regelung und Organisation der Tätigkeiten und bindet den Menschen über Rollen an die Organisationsstrukturen (Ulich, 2013). Dies wird als **Primat der Aufgabe** bezeichnet. Damit wird die Aufgabe zum zentralen Element einer psychologischen Arbeitsanalyse. Eine gesundheitsgerechte Arbeitsgestaltung berücksichtigt das Zusammenwirken der

Aufgaben im soziotechnischen System – eine isolierte Betrachtung einzelner Aufgaben oder Arbeitsplätze greift aufgrund des Zusammenhangs der Aufgaben in der Organisationseinheit zu kurz.

4.2.3.2.1 Modellierung der Aufgabenorientierung
Die **Modellierung der Aufgabenorientierung** als Kern einer gesundheitsförderlichen Aufgabengestaltung ist in verschiedenen theoretischen Modellen gut fundiert, z. B. im Konzept der vollständigen Tätigkeit nach Hacker im Rahmen der Handlungsregulationstheorie, im Demand-Control-Modell von Karasek, im arbeitspsychologischen Modell von Ulich oder im Konzept von Anforderung und Belastung nach Österreich und Volpert (vgl. Uhle & Treier, 2019, S. 125 ff.). Die Theorien werden im ▶ Abschn. 2.2.2 vorgestellt und sind v. a. im handlungs- und stresstheoretischen Kontext verortet. Sie unterscheiden sich u. a. in der **Gewichtung der Aufgabenfaktoren**. So wird z. B. in der Handlungsregulationstheorie die Geschlossenheit bzw. Vollständigkeit von Aufgaben als übergeordnetes Metakonstrukt übersetzt (vgl. Hacker & Sachse, 2014). Modelle helfen, Arbeitsaufgaben menschengerecht zu gestalten und langfristig eine ausgewogene Belastungssituation zu gewährleisten, indem sie helfen, die Aufgabenfaktoren zu operationalisieren und sie in einen Ergebniszusammenhang zu bringen. Aus den Modellen lassen sich Bewertungskriterien für die Gestaltung menschlicher Arbeit ableiten (▶ Abschn. 4.2.1).

> ❯ *„Veränderungen der Arbeitsbedingungen ermöglichen Veränderungen des Verhaltens"* (Ulich & Wülser, 2018, S. 24). Die Aufgabengestaltung ist verhältnisorientiert, da die Anforderungen bzw. Aufgabenfaktoren verändert werden. Entscheidend ist aber, dass diese nur dann zu gesundheits- und persönlichkeitsförderlichem Verhalten führen, *„wenn die Beschäftigen an der Veränderung der Arbeitsbedingungen maßgeblich beteiligt werden."* (Ulich & Wülser, 2018, S. 25)

▪ Motivationspotenzial der Aufgabe
Empirisch wird v. a. das **Job Characteristics Model** (Modell der Arbeitscharakteristika) von Hackman und Oldham (1976) verwendet, um den Zusammenhang zwischen Aufgabenmerkmalen und Arbeitszufriedenheit sowie Korrelaten wie Gesundheit zu modellieren (⬛ Abb. 4.10) (vgl. Bradtke & Melzer, 2016; Kauffeld & Schermuly in Kauffeld, 2019, S. 249 ff.). Aufgabenmerkmale als Antezedenzien induzieren psychologische Erfahrungen oder Zustände wie erlebte Bedeutsamkeit oder Verantwortung, die wiederum messbare Aus-

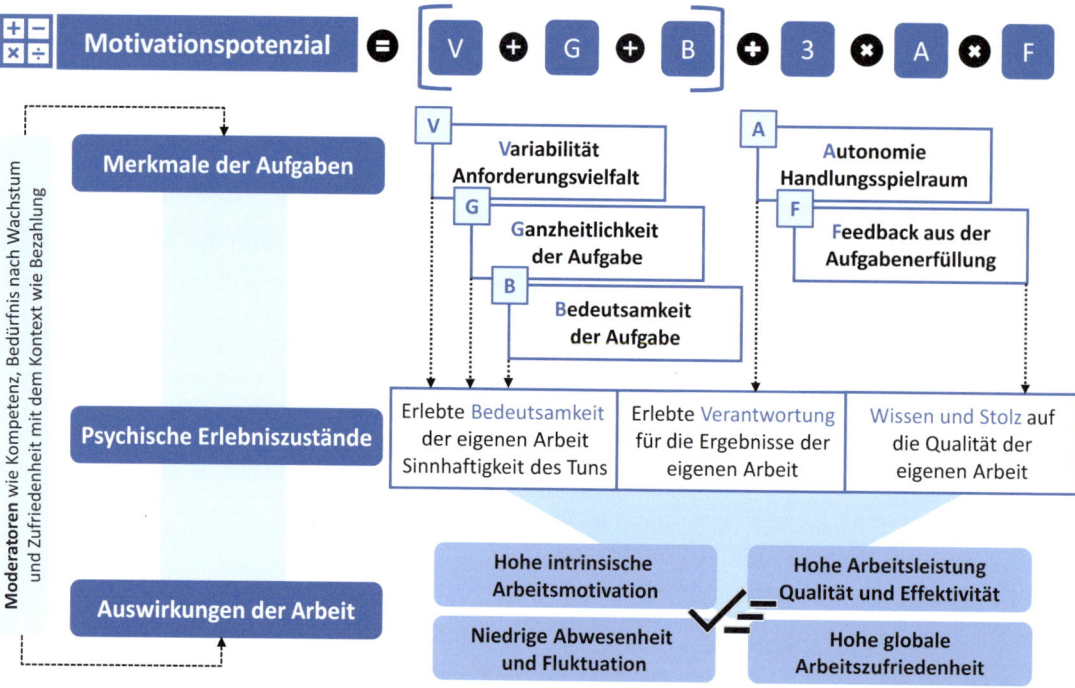

Abb. 4.10 Modell der Arbeitscharakteristika nach Hackman & Oldham (1976)

wirkungen auf Motivation, Arbeitsleistung, Arbeitszufriedenheit und Gesundheit haben. Das Modell betont v. a. in seiner Metrik zur Bestimmung des **Motivationspotenzials der Aufgabe** die Relevanz von Autonomie und Feedback als multiplikative Faktoren. In früheren empirischen Untersuchungen konnten zentrale Vorhersagen des Modells hinsichtlich der Bedeutung der Aufgabenorientierung auf Ergebnisvariablen wie Zufriedenheit oder Leistung direkt oder indirekt bestätigt werden (vgl. Fried & Ferris, 1987). Andere Studien zeigen jedoch auch die **Grenzen des Modells** auf, z. B. hinsichtlich der Rolle vermittelnder Erlebniszustände wie der erlebten Bedeutsamkeit der eigenen Arbeitstätigkeit, der Berechnungslogik des Motivationspotenzials oder auch im Hinblick auf die Validität des dem Modell zugrunde liegenden Erhebungsinstruments Job Diagnostic Survey (JDS) (vgl. Boonzaier et al., 2001). An dieser Stelle ist zu betonen, dass gesundheits- und motivationsförderliche Aufgabenfaktoren nur dann ihre volle Wirksamkeit entfalten, wenn sie auf Menschen mit einem ausgeprägten **Wachstums- und Entwicklungsbedürfnis** und entsprechenden Einstellungen treffen. Darüber hinaus ist die kompensatorische Verrechnung klassischer Aufgabenmerkmale wie Abwechslung oder Ganzheitlichkeit im Algorithmus kritisch zu hinterfragen. Weitere moderierende Faktoren wie Emotionen erweitern das Modell in seiner Erklärungskraft (vgl. Saavedra & Kwun, 2000).

4.2.3.2.2   Faktoren der Aufgabengestaltung

Wissenschaftliche Studien bestätigen, dass **Mängel der Aufgabengestaltung** mit gesundheitlichen Beeinträchtigungen einhergehen (vgl. Bradtke & Melzer, 2016; Ducki & Kötter, 2022; Rothe et al., 2017a). Eine konstruktive Aufgabengestaltung im Sinne der Aufgabenorientierung wirkt sich nachweislich persönlichkeits-, lern- und gesundheitsförderlich aus. Es zeigt sich aber auch, dass v. a. die **Arbeitsintensität** die Wirkung der Aufgabenfaktoren moderiert. Eine hohe Arbeitsintensität, die v. a. durch die Menge überfordert, kann je nach Disposition und Ressourcen ein erhöhtes Risiko für Burnout und Depressionen bedeuten. „Die Steuerung der Arbeitsintensität auf ein gesundheitsverträgliches Niveau ist daher eine Grundvoraussetzung für die menschengerechte Gestaltung von Arbeit." (DGB, 2019, S. 4)

■ **Vollständige Aufgaben als Hauptkriterium**
Zu den **Aufgabenfaktoren** zählen v. a. Ganzheitlichkeit, Vielfalt, Autonomie, Feedback und Lernförderlichkeit. Tätigkeiten mit diesen Merkmalen werden als **vollständig** klassifiziert. **Vollständigkeit** wird als Quelle psychischer Gesundheit aufgefasst (vgl. Ulich, 2011, S. 203 ff.). *„Die empirischen Befunde sprechen insgesamt für einen positiven Zusammenhang von Aufgabengeschlossenheit mit Gesundheit, positivem Befinden und Arbeitszufriedenheit/Motivation."* (Bradtke & Melzer, 2016,

S. 5). Die Aufgabenfaktoren stellen wesentliche Inhaltsfelder der Arbeitsanalyse dar und werden in der Gefährdungsbeurteilung psychischer Belastung erfasst (► Abschn. 4.2.3.1). Sie basieren auf den Kriterien der menschengerechten Arbeitsgestaltung nach ISO 9241-2:1992-06 und sind in der DIN EN 614-2:2008-12 als ergonomische Gestaltungsgrundsätze nach arbeitswissenschaftlichen Erkenntnissen formuliert (◘ Tab. 4.2) (Treier, 2019a, S. 21 ff.; Ulich & Wülser, 2018, S. 266 ff.). Allerdings muss an dieser Stelle betont werden, dass die Wirkungen der Aufgabenfaktoren auf Gesundheit, Motivation, Zufriedenheit und Leistung empirisch keineswegs eindeutig sind. Dies lässt sich z. B. am **Aufgabenfaktor Feedback** bzw. Rückmeldung verdeutlichen. Feedback kann aus der Tätigkeit selbst kommen oder sozial vermittelt sein. So gibt es sowohl Studien, die keine negativen Beanspruchungsfolgen bei fehlender Rückmeldung nachweisen, als auch Studien, die positive gesundheitliche Effekte einer angemessenen Rückmeldung im Arbeitskontext bestätigen können (vgl. Rösler & Röllman, 2016). Begründet wird dies u. a. mit dem Fehlen eines theoretischen Modells zu Feedback im Arbeitskontext, das mögliche Effekte von Feedback auf Beanspruchungsfolgen erklären kann. Andere Aufgabenfaktoren wie der Handlungsspielraum sind dagegen theoretisch besser erklärt (vgl. Hacker & Sachse, 2014).

> ❗ Ob eine Aufgabe vollständig ist oder nicht, ist oft nicht ersichtlich, da auch die Stellenbeschreibungen dies meist nicht dokumentieren. Deshalb ist es notwendig, den **Grad der Vollständigkeit** zu erfassen, unabhängig davon, wie diese Tätigkeit als Stelle ausgeschrieben ist.

◘ Tab. 4.2 Aufgabenfaktoren und ihre Wirkrichtungen

Aufgabenfaktoren	Wirkrichtungen
Bedeutsamkeit	Sinnhaftigkeit, soziale Anerkennung und Wertschätzung, sichtbarer Beitrag zum Ganzen, Erleben der Tätigkeit als Notwendigkeit ➜ Förderung von Motivation und Identifikation
Handlungsspielraum	Freiheitsgrade und Autonomie, Einflussnahme auf die Arbeit, Setzen eigener Ziele, Verringerung der Abhängigkeit von technischen und organisatorischen Systemen, Selbstregulation, Empowerment ➜ Stärkung des Selbstwertgefühls, der Identifikation und Motivation
Kooperation und sozial vermittelte Rückmeldung	Möglichkeiten der sozialen Interaktion, gegenseitige Unterstützung als Ressource, Austausch und Wertschätzung, Feedback ➜ keine soziale Isolation, Stärkung des Sozialkapitals als wesentliche Leistungs- und Gesundheitsressource
Lernförderlichkeit	Lernen aus Fehlern, Qualifizierung und Entwicklung durch Aufgaben, herausfordernde und aktivierende Tätigkeiten ➜ Erhöhung der kognitiven Flexibilität, der lebenslangen Lernfähigkeit, der Leistungsförderung und der Persönlichkeitsförderlichkeit
Passung	Berücksichtigung von Erfahrungen und Kompetenzen bei der Aufgabengestaltung, Schaffung von Kongruenz, Nutzerorientierung als Maxime ➜ keine Über- und Unterforderung, Vermeidung psychischer Fehlbelastungen und Optimierung der Mensch-Maschine-Schnittstelle
Rückmeldung aus der Tätigkeit	Rückmeldung aus der Tätigkeit, Ermöglichung von Feedback im Rahmen der Aufgabenerfüllung, Nachvollziehbarkeit und Transparenz der Aufgabenerfüllung ➜ Leistungsförderung, Arbeitszufriedenheit und Verbesserung der mentalen Gesundheit
Vielseitigkeit	Variabilität bzw. Abwechslungsreichtum, unterschiedliche Tätigkeiten in Bezug auf Bewegung, Kognition etc., Einsatz unterschiedlicher Fähigkeiten, Konzept der Mischarbeit ➜ Vermeidung von Monotonie, einseitiger Beanspruchung und Ermüdung sowie Vorbeugung der Unterforderung
Vollständigkeit	Ganzheitlichkeit, nicht nur Ausführung, sondern auch Vorbereitung, Planung, Kontrolle, keine Fragmentierung der Tätigkeit, Rückmeldung des Arbeitsfortschritts aus der Tätigkeit ➜ Erhöhung der Bedeutung und des Stellenwerts der Tätigkeit, Einordnung der Aufgabe in übergeordnete Zusammenhänge und Identifikation
Zeitelastizität	Zeitliche Flexibilität bei der Aufgabenerfüllung, Schaffung von Zeitpuffern, Passung zu den Anforderungen der Lebensdomänen, Freiräume ➜ Reduzierung der Arbeitsverdichtung und bessere Regulierbarkeit unter Stressgesichtspunkten

Die Gesamtwirkung guter Aufgaben ergibt sich aus dem Zusammenwirken der Aufgabenfaktoren. Sie wirken über psychische Regulationsmechanismen gesundheitsförderlich.

4

> **Vollständigkeit**
>
> **Vollständige Arbeitstätigkeiten** als zentraler Gestaltungsfaktor der Aufgabenorientierung umfassen in hierarchischer Hinsicht Anforderungen auf unterschiedlichen Bewusstseinsstufen der Tätigkeitsregulation (z. B. wissensbasierte und intellektuelle Regulationsanforderungen) und in sequenzieller bzw. zyklischer Hinsicht neben ausführenden auch planende, organisierende und steuernde Funktionen. Die Beschäftigten sind an allen Handlungsphasen des aufgabenbezogenen Arbeitsprozesses beteiligt. Vollständigkeit umfasst je nach Definitionsbreite Gestaltungsfaktoren wie Ganzheitlichkeit, Anforderungsvielfalt, Lern- und Entwicklungsmöglichkeiten, Möglichkeiten zur sozialen Interaktion und Autonomie.

■ **Arbeitsintensität als zentraler Einflussfaktor**

Ob Merkmale guter Aufgabengestaltung, wie z. B. gewährte Handlungsspielräume, zu mehr Leistung und Gesundheit führen, hängt von verschiedenen Faktoren ab. V. a. die **Arbeitsintensität** als zentraler Belastungsfaktor der modernen Arbeitswelt beeinflusst die Wirkung guter Aufgabengestaltung und wirkt direkt und indirekt auf die Gesundheit (BAuA, 2020, S. 12; vgl. Soucek & Voss, 2020). Der Stressreport (BAuA, 2020, S. 32 f.) und andere Studien wie der DGB-Index Gute Arbeit (DGB, 2019) zeigen, dass je nach Betrachtungsweise mehr als die Hälfte der abhängig Beschäftigten in Deutschland häufig von einer hohen Arbeitsintensität betroffen ist – v. a. Leistungs- und Zeitdruck, häufige Arbeitsunterbrechungen und Multitasking werden als Belastungsfaktoren hervorgehoben. Das Ungleichgewicht zeigt sich v. a. im Verhältnis von geforderter Arbeitsmenge und zur Verfügung gestellter Arbeitszeit.

Die **Relevanz der Arbeitsintensität** steigt mit dem Einsatz neuer Technologien im Kontext von Arbeit 4.0 – insbesondere Flexibilisierung, Digitalisierung, Vernetzung und Tertiarisierung gehen mit neuen Leistungsanforderungen und einer zunehmenden Arbeitsverdichtung einher (vgl. Rau & Göllner, 2018) (▶ Abschn. 1.3.2). Aus empirischer Sicht sind daher die Implikationen neuer Formen der Arbeitsorganisation wie agiles und mobiles Arbeiten, Homeoffice oder Projektarbeit und veränderter Leistungserwartungen wie ständige Erreichbarkeit oder Flexibilität in einer sich wandelnden Leistungskultur in Bezug auf die Ausprägung der Arbeitsintensität zu berücksichtigen (vgl. Hünefeld et al., 2022). In Gefährdungsbeurteilungen psychischer Belastung zeigen sich häufig Auffälligkeiten in Abhängigkeit von der Arbeitsintensität. Eine **erhöhte Arbeitsintensität** ist eine Anforderung, die ein zeit-

weiliges Missverhältnis zwischen Arbeitsmenge, geforderter Qualität und erwarteter Arbeitszeit als Arbeitsspitze ausdrückt. Entscheidend ist, ob die Betroffenen in der Lage sind, diese Herausforderungen mit den ihnen zur Verfügung stehenden Ressourcen zu bewältigen (▶ Abschn. 2.3). Ist dies nicht der Fall, zeigen Studien, dass eine hohe Arbeitsintensität mit gesundheitlichen Beeinträchtigungen korreliert (vgl. Stab & Schulz-Dadaczynski, 2017). Dies ist v. a. dann der Fall, wenn Erholungszeiten im Sinne einer fortschreitenden **Extensivierung der Arbeit** als Mehrarbeit wegfallen und das Nichtabschalten als Übergreifen der Erwerbsarbeit auf das Privatleben zur Normalität wird (vgl. Lott, 2020). Handelt es sich nur um vorübergehende Phasen erhöhter Arbeitsintensität, sind die negativen Auswirkungen auf die Gesundheit relativ gering. Verfestigt sich die Arbeitsintensität jedoch als Dauerstressor – nimmt z. B. der erlebte Zeitdruck über einen längeren Zeitraum nicht ab – liegt eine **zunehmende Arbeitsintensivierung** vor. Je höher die Anforderungen aus qualitativer (Komplexität und Qualität) und quantitativer Sicht (Menge und Zeit) ausfallen, desto wahrscheinlicher ist es, dass hohe Belastungen ohne ausreichende Erholungsmöglichkeiten vorherrschen, Erholungszeiten zur Kompensation fehlen und Regulationshindernisse wie Störungen und Unterbrechungen auftreten, die sich wiederum gesundheitsschädigend auswirken können, wie Erwerbstätigenbefragungen wie der DGB-Index Gute Arbeit, die BAuA-Arbeitszeitbefragung oder der Europäischen Erhebung über die Arbeitsbedingungen (European Working Conditions Survey) bestätigen (vgl. Hünefeld et al., 2022).

Gut gestaltete Arbeitsaufgaben und angemessene Belohnungen wirken dem Arbeitsstress als psychische Belastung entgegen, können aber qualitativ und/oder quantitativ ausgeprägte Arbeitsintensitäten nur bis zu einem gewissen Grad kompensieren. So können sich aktive Tätigkeiten gemäß dem Anforderungs-Kontroll-Modell positiv auf die (psychische) Gesundheit auswirken, da hohe Arbeitsintensität als Anforderung mit hoher Autonomie als Ressource verbunden ist (vgl. Karasek & Theorell, 1990) (▶ Abschn. 2.2.3). Es lässt sich ein **kurvilinearer Zusammenhang** zwischen Arbeitsintensität wie Komplexitätsgrad und gesundheitsbezogenen Indikatoren in Abhängigkeit von der Puffervariablen Autonomie postulieren (vgl. Ulich & Wülser, 2018, S. 25). Ab einem Break-even-Punkt kann auch der Handlungsspielraum ein Ungleichgewicht zwischen Intensivierung und Extensivierung der Arbeit nicht mehr ausgleichen, wenn nicht weitere Ressourcen wie soziale Unterstützung in die Belastungs-Beanspruchungs-Bilanz einfließen. Ähnliche Grenzen sind auch bei anderen Modellen wie dem Effort-Reward-Imbalance-Modell als Gratifikationsansatz zu erwarten (Siegrist, 1996).

- **Qualitative Dimensionen:** Grad der Komplexität, Schwere und Qualität der Aufgaben – Diskrepanzen sind meist auf Kompetenz- und Ressourcendefizite zurückzuführen.
- **Quantitative Dimensionen:** Arbeitsmenge und Arbeitszeit – Missverhältnisse sind zumeist auf organisatorische Defizite, falsche Personal- und Zeitbemessung sowie mangelnde Passung von Leistungsvoraussetzungen und defizitären Bewältigungsstrategien zurückzuführen.
- **Konsequenzen:** Quantitative und qualitative Über- und Unterforderung – Chronifizierung kann zu Burnout- und Boreout-Phänomenen führen als Folge nicht kongruenter Aufgabengestaltung oder herausfordernder Aufgaben ohne ausreichende Ressourcenausstattung.

❶ Gut gestaltete Arbeitsaufgaben können ab einem bestimmten Punkt zu hohe Arbeitsintensitäten aus gesundheitlicher Sicht nicht mehr abfedern, gleichviel wie viele Ressourcen zur Verfügung stehen. Daher ist der Arbeitsintensität im BGM besondere Aufmerksamkeit zu widmen.

Arbeitsintensität

Nach dem Rahmenmodell der Arbeitsintensität von Rau und Göllner (2018) wird die **Arbeitsintensität** als Funktion der Arbeitsmenge pro verfügbarer Zeit multipliziert mit dem zur Aufgabenbewältigung erforderlichen kognitiven Regulationsniveau operationalisiert. Stellschrauben der Arbeitsintensität sind Zeit, Quantität und Qualität der Arbeitsanforderungen.

■ **Einflussfaktoren der Arbeitsintensität**

Einflussfaktoren sind u. a. die gewährte Autonomie bzw. die erlaubten Bewältigungsmöglichkeiten (Qualitätsveränderung oder Verschiebung von Teilaufgaben), die Stärke der Zeitbindung (Kundenerwartungen oder organisatorische Zwänge) und das Vorhandensein von Regulationshindernissen bei der Aufgabenerledigung (Störungen und Unterbrechungen, unzureichende Personalbemessung oder fehlende Zeit für Qualifizierung). Die erlebte Arbeitsintensität und ihre Auswirkungen auf die Gesundheit werden nach dem transaktionalen Stressmodell von Lazarus durch die subjektive Bewertung der Situation und die Wahrnehmung von Bewältigungsmöglichkeiten (Coping) beeinflusst (▶ Abschn. 2.2.2) (▶ Abb. 2.5).

Monotonie und Arbeitsintensität

Fragmentierte, monotone und unvollständige Tätigkeiten sind krankmachend, nicht sinnstiftend und persönlichkeitsbeeinträchtigend. Werden diese Grundvoraussetzungen nicht erfüllt, können psychische Belastungen mit negativen Auswirkungen auf Gesundheit und Arbeitsfähigkeit entstehen. Darüber hinaus führen sie zu Fehlregulationen im Bereich der Aufmerksamkeits-, Problem-, Emotions- und Anstrengungsregulation, die wiederum das Erleben und die Beanspruchung bestimmen. Negative Folgen wie Ärger, Ermüdung, Sättigung oder Monotonie beeinträchtigen Gesundheit und Wohlbefinden. In der modernen Arbeitswelt, in der die Lebensbereiche verschmelzen, muss v. a. die zunehmende Arbeitsverdichtung in den Fokus des BGM gerückt werden. Die **Arbeitsintensität**, die sich auf einem relativ hohen Niveau eingependelt hat, ist Ausdruck einer erschöpften Arbeitswelt, in der Überlastungsereignisse immer häufiger und chronischer auftreten. Gut gestaltete Arbeitsaufgaben sind hier eine wichtige Voraussetzung für eine menschengerechte Arbeitsgestaltung.

4.2.3.2.3 Methoden der Arbeitsstrukturierung

Modelle bzw. **Methoden der Arbeitsstrukturierung** verknüpfen Arbeitsinhalte und Arbeitsbedingungen und fokussieren auf das Prinzip der Aufgabenorientierung (Ulich, 2011, S. 201 ff.; Treier, 2019b, S. 197 ff.). Aus arbeitsorganisatorischer Sicht wird die **Fit-Strategie** als Passung zwischen Aufgabenanforderungen und Kompetenzen nach dem Person-Environment-Fit-Modell verfolgt, um Gesundheit, Potenziale und Persönlichkeit zu fördern. Letztlich geht es um eine horizontale und/oder vertikale Aufgabenerweiterung. Je nach Methode verändert sich der Tätigkeits-, Entscheidungs-, Kontroll- oder Kooperationsspielraum der Mitarbeitenden bei der Arbeit (vgl. Kauffeld & Martens in Kauffeld, 2019, S. 278). Arbeitsstrukturierung ist Teil der Arbeitsgestaltung und versteht sich als **Gegenpol zum Taylorismus** und zur Arbeitsteilung (Fragmentierung). Im Sinne einer Humanisierung der Arbeitswelt sollen stark arbeitsteilige und hierarchische Arbeitsstrukturen sowie die Trennung von Kopf- und Handarbeit klassischer Organisationsmodelle überwunden werden. Die Aufgabenerweiterung wirkt der **Monotonie** entgegen, schafft mehr Identifikation und Raum für Selbstverwirklichung. Sie kann sich sowohl auf Einzelarbeitsplätze als auch

4

auf gruppenbezogene Konstellationen beziehen. Die Methoden sind kombinierbar und/oder in einer zeitlichen Abfolge darstellbar.

Arbeitsstrukturierung

Arbeitsstrukturierung überwindet stark arbeitsteilige und hierarchische Arbeitsorganisationen und versteht sich als Gegenpol zum Taylorismus im Rahmen der Humanisierung der Arbeitswelt. Sie setzt auf das Grundprinzip der Aufgabenorientierung zur Steigerung von Gesundheit, Motivation, Zufriedenheit und Leistungsfähigkeit. Die Aufgabenorientierung fordert vollständige Tätigkeiten mit den Aufgabenmerkmalen Vielseitigkeit, Ganzheitlichkeit und Handlungsspielraum. Darüber hinaus soll der Arbeitsprozess Rückmeldungen über die Qualität der Arbeitsleistung ermöglichen. Wichtigster Gestaltungsfaktor ist die Übernahme von Verantwortung.

■ **Positive Gesundheitseffekte**

Der demografische Wandel wirkt als Katalysator für die Arbeitsstrukturierung im Hinblick auf eine **alter(n)sgerechte Arbeitsgestaltung**, da sich eine gute Aufgabengestaltung im Hinblick auf Abwechslungsreichtum, Handlungsspielräume und Aufgabenkomplexität als bedeutsam für alternde Belegschaften erweist und u. a. dazu beiträgt, die kognitive Flexibilität, Lern- und Arbeitsfähigkeit der Mitarbeitenden zu erhalten und zu fördern (vgl. Mühlenbrock, 2017, S. 17 ff.). Insbesondere die aus der Arbeitsstrukturierung resultierenden gesundheitlichen Auswirkungen sind für das BGM von Bedeutung. *„Die empirischen Befunde aus den Studien zu Job Enrichment bestätigen positive Zusammenhänge mit Gesundheit, Arbeitszufriedenheit/Motivation und Leistung."* (Bradtke & Melzer, 2016, S. 5) Die positiven Gesundheitseffekte stehen im Zusammenhang mit der Vollständigkeit als Aufgabenfaktor als **Grundprinzip der Arbeitsbereicherung**. Wesentlich für den gesundheitlichen Erfolg von arbeitsstrukturierenden Maßnahmen ist eine adäquate Vorbereitung, da aufgabenerweiternde Ansätze häufig mit einer Erhöhung der Arbeitsbelastung und Arbeitsintensität einhergehen, die aus gesundheitlicher Sicht zu berücksichtigen sind. Hier eignen sich Feedbacksysteme, eine offene Kommunikation und Begleitung durch Führungskräfte sowie eine Erfassung der persönlichen Stärken und Schwächen im Rahmen der Personaldiagnostik, um Probleme frühzeitig zu erkennen, flankiert durch Personalentwicklungsmaßnahmen sowie Mentoring- und Coachingansätze. Grundsätzlich erfordert die Gestaltung der Arbeit ein ausgewogenes Verhältnis von Anforderungen und Ressourcen.

❗ **Arbeitsbereicherung** ist nicht automatisch ein gutes Prinzip im Sinne einer guten und gesundheitsförderlichen Arbeitsgestaltung, denn Arbeitsbereicherung kann bei unzureichender Vorbereitung und Begleitung auch zu hohen Belastungsspitzen (Arbeitsintensivierung) und zum Verlust von Erholungszeiten führen (Arbeitsextensivierung), wenn die Arbeitsleistung nicht mehr nur in der Arbeitswelt erbracht wird. Deshalb ist die Arbeitsbereicherung in ihrer gesundheitlich ambivalenten Wirkung immer im Zusammenhang mit der Arbeitsorganisation und den vorhandenen Ressourcen zu sehen.

■ **Methoden der Arbeitsstrukturierung**

❒ Abb. 4.11 illustriert die **Methoden**. Die Klassiker **Job Enlargement** (horizontale Aufgabenerweiterung bei gleichem Anforderungsniveau) und **Job Enrichment** (vertikale Aufgabenanreicherung bei höherem Anforderungsniveau) können z. B. im Rahmen eines systematischen Arbeitsplatzwechsels (**Job Rotation**) kombiniert werden. Je mehr die eigenen Aufgaben bzw. einzelne Arbeitselemente aktiv und individuell gestaltet werden können, desto stärkere Leistungs-, Motivations- und Gesundheitseffekte sind zu erwarten, da die Beschäftigten ihre Tätigkeit als sinnvoller und damit befriedigender erleben (vgl. Tims et al., 2013; Rudolph et al., 2017). Die Wirkung von **Job Crafting** als umfassender Ansatz der partizipativen Arbeitsgestaltung lässt sich theoretisch mit dem Job-Demands-Resources-Modell begründen (vgl. Bakker & Demerouti, 2017) (► Abschn. 2.2.2). Die Merkmale gut gestalteter Arbeitsaufgaben im Sinne von Job Crafting lassen sich anhand ihrer Dimensionen bestimmen. Die Tätigkeit erfordert mehr Ressourcen auf sozialer (Feedback, Unterstützung) und struktureller Ebene (Autonomie). Sie ist umfassend gestaltet und ermöglicht die Übernahme verantwortungsvoller und herausfordernder Aufgaben. Darüber hinaus erlaubt das Job Crafting, bei Erfüllung der vereinbarten Aufgaben, die Tätigkeit in Eigeninitiative inhaltlich zu erweitern. Damit Job Crafting nicht in Überforderung umschlägt, müssen die steigenden Anforderungen auf mentaler, emotionaler und physischer Ebene überwacht werden. Ggf. müssen hier auch Grenzen zum Selbstschutz gesetzt werden. **Partizipative Modelle** erfordern Aufgabentypen, die Raum zur Selbstverwirklichung bieten und entsprechende Kompetenzen, diesen Raum auszufüllen. Daher sollte eine proaktive Aufgabengestaltung sukzessive umgesetzt, der Erfolg kontrolliert und das Wachsen und Lernen mit der Tätigkeit begleitet und im Sinne des Empowerments unterstützt werden. Die Beibehaltung des Kurses ist dabei wichtiger als die Geschwindigkeit der Umsetzung, um Überforderung zu vermeiden. Aus Sicht der **Fit-Strategie** sollte die Aufgabenanalyse durch ein Kompetenzprofiling ergänzt werden, um die Passung zu ge-

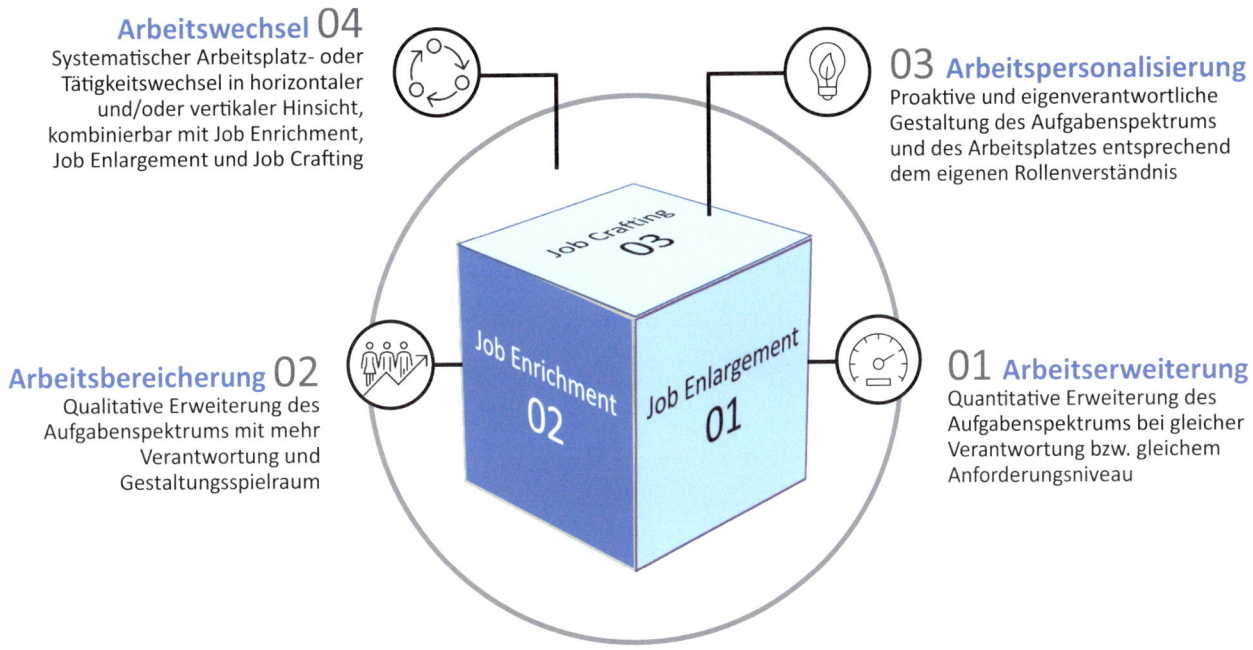

Arbeitskooperation: Aufgabenerweiterung im Teamformat (teilautonome Gruppe)

Arbeitswechsel 04
Systematischer Arbeitsplatz- oder Tätigkeitswechsel in horizontaler und/oder vertikaler Hinsicht, kombinierbar mit Job Enrichment, Job Enlargement und Job Crafting

03 **Arbeitspersonalisierung**
Proaktive und eigenverantwortliche Gestaltung des Aufgabenspektrums und des Arbeitsplatzes entsprechend dem eigenen Rollenverständnis

Arbeitsbereicherung 02
Qualitative Erweiterung des Aufgabenspektrums mit mehr Verantwortung und Gestaltungsspielraum

01 **Arbeitserweiterung**
Quantitative Erweiterung des Aufgabenspektrums bei gleicher Verantwortung bzw. gleichem Anforderungsniveau

Arbeitsförderung: Ressourcen zur Steigerung der Potenziale (Empowerment)

◘ Abb. 4.11   Modelle der Aufgabenerweiterung

währleisten. Im Folgenden werden die **Methoden der Arbeitsstrukturierung** anhand ihrer Attribute skizziert (vgl. Kauffeld & Martens in Kauffeld, 2019, S. 278 ff.; Ulich, 2011).

A. **Job Rotation (Arbeitswechsel):** Dabei handelt es sich um einen systematischen und mit den Mitarbeitenden abgestimmten Wechsel des Arbeitsplatzes bzw. des Tätigkeitsumfeldes unter Berücksichtigung von Aufgaben mit gleichem Anforderungsniveau (horizontale Rotation) oder mit unterschiedlichem Anforderungsniveau (vertikale Rotation). *Vorteile* sind der Belastungsausgleich, die Vermeidung von Arbeitsmonotonie durch Vielseitigkeit, die Erhöhung der kognitiven Flexibilität und der personellen Mobilität, Impulse zur Kompetenzentwicklung und die Ermöglichung des Wissenstransfers im Rahmen des Wissensmanagements. Allerdings sind auch *Risiken* wie erhöhte Anpassungsleistungen und die Schwächung gewachsener Teamstrukturen zu beachten. Rotationsmodelle sind daher durch Programme zur Einarbeitung (Onboarding), Team- und Personalentwicklung zu flankieren.

B. **Job Enlargement (Arbeitserweiterung):** Horizontale bzw. quantitative Aufgabenerweiterung bedeutet, dass die bisherige Tätigkeit durch vor- und nachgelagerte Aufgaben gleichen Anforderungsniveaus erweitert und der Arbeitsteilung entgegengewirkt wird. Der Aufgabenkreis und der Aufgabenradius erweitern sich. *Vorteile* sind die Erweiterung der Nutzung bisheriger Fähigkeiten und die Ermöglichung variabler Tätigkeiten (Anforderungsvielfalt), der Abbau von Monotonie und einseitigen physischen und psychischen Belastungen, die Abnahme von Schnittstellenproblemen und die Verbesserung der Prozessqualität. Die positiven Effekte ergeben sich v. a. dann, wenn die Tätigkeiten einen möglichst geschlossenen Arbeitsprozess bilden und nicht eine unverbundene Zusammenstellung von Einzelaufgaben darstellen. Aber auch *Risiken* wie die wahrgenommene Belastungszunahme ohne Kompensation (Gratifikationskrise) und die häufig fehlenden Ressourcen sind zu beachten. Kritisch ist, wenn die Autonomie bzw. der Handlungsspielraum nicht im gleichen Maße wie die Aufgabenmenge zunimmt.

C. **Job Enrichment (Arbeitsbereicherung):** Die vertikale bzw. qualitative Aufgabenerweiterung geht einher mit der Übernahme von mehr Verantwortung und der Erweiterung von Handlungsspielräumen. Anspruchsvollere Tätigkeiten, mehr Autonomie und Selbstkontrolle haben ein hohes Motivationspotenzial und tragen zur Persönlichkeits- und Kompetenzentwicklung bei. Stolz und Selbstwirksamkeit sind ver-

4

mittelnde Variablen. Gesundheit, Motivation, Zufriedenheit und Leistungsfähigkeit nehmen zu, wenn mehr Verantwortung mit ausreichenden Ressourcen einhergeht. Fehlende Ressourcen sind die größte Gefahr für die Bereicherung am Arbeitsplatz und führen zu Überforderung. Ein ausgewogenes Anforderungs-Ressourcen-Verhältnis muss gewährleistet sein. Darüber hinaus ist Job Enrichment als Lernprozess zu verstehen, denn die Erhöhung der Anforderungen erfordert entsprechende Kompetenzen.

D. **Job Crafting (Arbeitspersonalisierung):** Aufgaben werden ohne Anweisung und Anleitung aus qualitativer und/oder quantitativer Sicht selbst gestaltet und erweitert. Die Personalisierung der Arbeit erfolgt auf kognitiver, physischer und sozialer Ebene. Entscheidend ist die Eigeninitiative bei der Gestaltung der Arbeit. Die Arbeitsaufgaben sind nicht einfach vorgegeben, sondern eröffnen einen Gestaltungsspielraum. Der Mitarbeiter/die Mitarbeiterin kann Aufgabengrenzen erweitern, die Arbeitsumgebung anpassen oder soziale Beziehungen neu gestalten. Arbeitszufriedenheit, Arbeitsengagement und Arbeitsleistung steigen. Im weiteren Sinne spricht man auch von Job Sculpting (Arbeit wie ein Bildhauer gestalten). Maßgeschneiderte Arbeitsplätze sollen helfen, die Aufgaben an die Interessen und Fähigkeiten der Mitarbeitenden anzupassen. Aus Sicht der Organisation ist es eine Herausforderung, die Stärken und Interessen der Person mit den Anforderungen und Zielen der Organisation in einer Tätigkeit zu vereinen.

E. **Empowerment (Arbeitsförderung):** Die Leitmaxime „Fordern und Fördern" verdeutlicht, dass es beim Empowerment v. a. um die Bereitstellung von Ressourcen und die Identifikation von Potenzialen geht, wenn anspruchsvolle Tätigkeiten von den Mitarbeitenden bewältigt werden sollen. Partizipation und kooperative Formen der Selbststeuerung zeigen, dass Empowerment nicht nur auf individueller, sondern auch auf Gruppenebene als Methode eingesetzt werden sollte. Voraussetzung ist eine funktionierende Fehler- und Lernkultur sowie ein delegierendes und inspirierendes Führungsverständnis, das auf Vertrauen basiert.

F. **Teamwork als teilautonome Gruppenarbeit (Arbeitskooperation):** Teilautonome Gruppenarbeit (TAG) verbindet die Ansätze von Job Enrichment und Job Enlargement aus einer Gruppenperspektive. Autonomiezuwachs und Partizipation in kooperativen Netzwerken stehen im Vordergrund und schaffen eine gemeinsame Zielorientierung. TAGs planen, organisieren, steuern und kontrollieren ihr Tätigkeitsfeld und kommunizieren zur Aufgabenerfüllung mit anderen Gruppen. Die Arbeitsteilung erfolgt selbstbestimmt durch die Arbeitsgruppe und betrifft Arbeitsinhalt, Arbeitszeit und Arbeitsort. Führungskräfte greifen nur in Ausnahmesituationen ein (Management by Exception) und sind für das Ressourcenmanagement und die Abgrenzung zu anderen Organisationseinheiten verantwortlich. Zu beachten ist, dass gesetzliche Regelungen zum Arbeitsschutz oder zur Arbeitszeit als Schutzkorridore gelten.

Job Involvement

Job Involvement bezeichnet die Identifikation oder Verbundenheit mit der eigenen Tätigkeit bzw. dem Beruf und beschreibt damit die Einstellung zur aktuellen Arbeitssituation, in der eine bestimmte Tätigkeit ausgeübt wird. Es ist v. a. für die Selbstidentität von Bedeutung. Hohe Ausprägungen korrelieren nicht nur positiv mit Arbeitszufriedenheit, Leistung und Arbeitsqualität, sondern auch negativ mit Fehlzeiten. Methoden der Arbeitsstrukturierung wirken sich positiv auf das Job Involvement aus, wenn keine Ressourcendefizite vorliegen.

Proaktivität

Proaktivität ist eine Erfolgsvariable bei der Arbeitsstrukturierung. Eigeninitiative, kritisches Hinterfragen und problemorientiertes Handeln zur Optimierung der eigenen Arbeitsprozesse und Arbeitsergebnisse steigern Selbstvertrauen und Engagement und fördern die psychische Gesundheit. Proaktivität ist zum einen eine persönliche Einstellungsvariable, zum anderen eine Strukturvariable, die v. a. im Aufgabenbild als Handlungsspielraum hinterlegt ist. Die Identifikation mit der Aufgabe (Job Involvement) und mit der Organisation (Commitment) wächst.

4.2.3.3 Arbeitsplatzgestaltung

Aus arbeitswissenschaftlicher Sicht ist die Arbeitsplatzgestaltung der **Klassiker der Verhältnisprävention** (vgl. Schlick et al., 2018). Optimierte Arbeitsplatzsysteme, geeignete Arbeitsmittel und Arbeitsräume bis hin zur Sicherung der Arbeitsumgebung umreißen das Handlungsfeld. Dazu gehören Themen wie Lärm, Klima, Licht oder Arbeitszeit, aber auch modernere Ansätze, die sich auf Mensch-Computer-Interaktion, Disability Management oder psychische Belastungen im Kontext von Arbeit 4.0 beziehen (vgl. Rudow, 2014).

- **Ergonomische Arbeitsplatzgestaltung**

Unabhängig vom Thema sind bei der Arbeitsplatzgestaltung die **Grundsätze der Ergonomie** zu berücksichtigen, um das Zusammenwirken von Mensch, Technik und Organisation zu verbessern (vgl. Schmauder &

Spanner-Ulmer, 2022). **Ergonomie** als Lehre von der menschlichen Arbeit bzw. als Lehre von der menschengerechten Gestaltung der Arbeitsbedingungen hat die **Anpassung der Technik an den Menschen** zum Ziel. Dabei werden Aspekte der angewandten Arbeitsphysiologie, der Arbeitspsychologie und der Arbeitswissenschaft berücksichtigt. Dezidiertes Ziel ist eine nachhaltig gesundheitsförderliche und leistungssteigernde Arbeitsplatzgestaltung im Sinne der **Humankriterien der Arbeit** (▶ Abschn. 4.2.1). Aus ergonomischer Sicht ist zu beachten, dass im Kontext von Arbeit 4.0 v. a. psychische Belastungen zunehmen, aber laut DGB-Index *Gute Arbeit 2018* (DGB, 2018) ist auch festzuhalten, dass nach wie vor rund 30 % aller Beschäftigten körperlich schwere Arbeit verrichten und rund 50 % in ungünstigen Körperhaltungen arbeiten. Aus gesundheitlicher Sicht besonders problematisch sind **Mehrfachbelastungen**, wenn mehrere psychische und physische Belastungen vorliegen. Die Grundsätze der ergonomischen Arbeitsgestaltung müssen daher sowohl für klassische als auch für moderne Arbeitsplätze gelten. Übergeordnetes **Ziel der Ergonomie** ist es, den Arbeitsplatz sowohl in der alten als auch in der neuen Arbeitswelt so zu gestalten, dass die Beschäftigten ihre Arbeit unter bestmöglichen Bedingungen ausführen können. Unzulängliche Arbeitsbedingungen sollen möglichst proaktiv verbessert werden. Dabei werden ökonomische (Kosten-Nutzen-Relation), soziale (Teilhabe und Vermeidung von Diskriminierung) und ökologische Aspekte (Ressourcennutzung und ökologische Kriterien) berücksichtigt.

Ergonomie

Die internationale Definition von Ergonomie unterstreicht die **menschenzentrierte Sichtweise**, denn Ergonomie als *„Human Factors"* befasst sich mit den Wechselwirkungen zwischen Menschen und anderen Elementen eines Arbeitssystems. Die **ergonomische Arbeitsplatzgestaltung** befasst sich mit der Gestaltung von Arbeitssystemen – hier vereinfacht als Arbeitsplatz bezeichnet – hinsichtlich Arbeitsgegenstand, Arbeitsmittel und Arbeitsumgebung auf der Grundlage arbeitswissenschaftlicher Erkenntnisse mit dem Ziel, die Arbeitseffektivität zu erhöhen und gesundheitliche Risiken zu minimieren. Dabei werden insbesondere physiologische und anthropometrische Faktoren sowie psychische Belastungen des Menschen berücksichtigt, d. h. der Arbeitsplatz ist an die Eigenschaften des Menschen anzupassen. Die zur Erfüllung der Arbeitsaufgaben erforderlichen Arbeitsmittel sollen gebrauchstauglich sein (s. Infobox ▶ „Regelwerke der Ergonomie").

Regelwerke der Ergonomie

Die der ergonomischen Arbeitsplatzgestaltung zugrunde liegenden **Regelwerke** sind aufgrund der unterschiedlichen Anforderungen der Tätigkeitsbereiche vielfältig und gewährleisten Handlungssicherheit bei der Analyse, Bewertung und Gestaltung von Arbeitssystemen. Zu beachten sind hier insbesondere das BetrVG, GPSG, ASiG, ArbSchG, BetrSichV, LastenhandhabV und ArbStättV (▶ Abschn. 1.4). Handlungsleitfäden wie die DGUV Information 215-410 übersetzen diese Anforderungen (Richtlinien und Grenzwerte) entsprechend den Schutzzielen der ArbStättV in konkrete Gestaltungsvorschläge, z. B. für die Einrichtung eines Bildschirmarbeitsplatzes nach ergonomischen Richtlinien im Hinblick auf Arbeitsplatz, Beleuchtung, Lärm und Raumklima bis hin zur Softwareergonomie (DGUV, 2019). Die den Leitfäden zugrunde liegenden ergonomischen Prinzipien werden v. a. durch Grundlagen- und Übersichtsnormen (A-Normen) wie DIN EN ISO 26800:2011 oder DIN EN ISO 6385:2016 bestimmt.

■ **Rahmenkonzept der Ergonomie**

Die ergonomischen Übersichtsnormen DIN EN ISO 26800:2011-11 *„Ergonomie – Genereller Ansatz, Prinzipien und Konzepte"* und DIN EN ISO 6385:2016-12 *„Grundsätze der Ergonomie für die Gestaltung von Arbeitssystemen"* führen in die Welt der Ergonomie ein und helfen, die **Grundsätze eines ergonomischen Rahmenkonzepts** zu bestimmen, die sowohl gestalterisch als auch prüftechnisch von Bedeutung sind. Angesichts der Zunahme psychischer Belastungen ist hier auch die DIN EN ISO 10075-1:2018-1 *„Ergonomische Grundlagen bezüglich psychischer Arbeitsbelastung"* zu nennen (▶ Abschn. 1.4.4). Aus ergonomischer Sicht müssen alle vom Menschen benutzten Geräte sicher, zugänglich und handhabbar sein, dazu gehört z. B. auch die EDV-Ausstattung am Arbeitsplatz. Eine gute Arbeitsplatzgestaltung basiert daher auf arbeitswissenschaftlichen Erkenntnissen und ergonomischen Prinzipien. Es wird betont, dass eine kontinuierliche Bewertung und Überwachung der ergonomischen Zielerreichung anhand der Kriterien Gesundheit und Wohlbefinden, Sicherheit, Systemleistung, Gebrauchstauglichkeit und Kosten-Nutzen-Verhältnis erforderlich ist. Die **Gebrauchstauglichkeit** (Usability) gemäß der DIN EN ISO 9241-

4

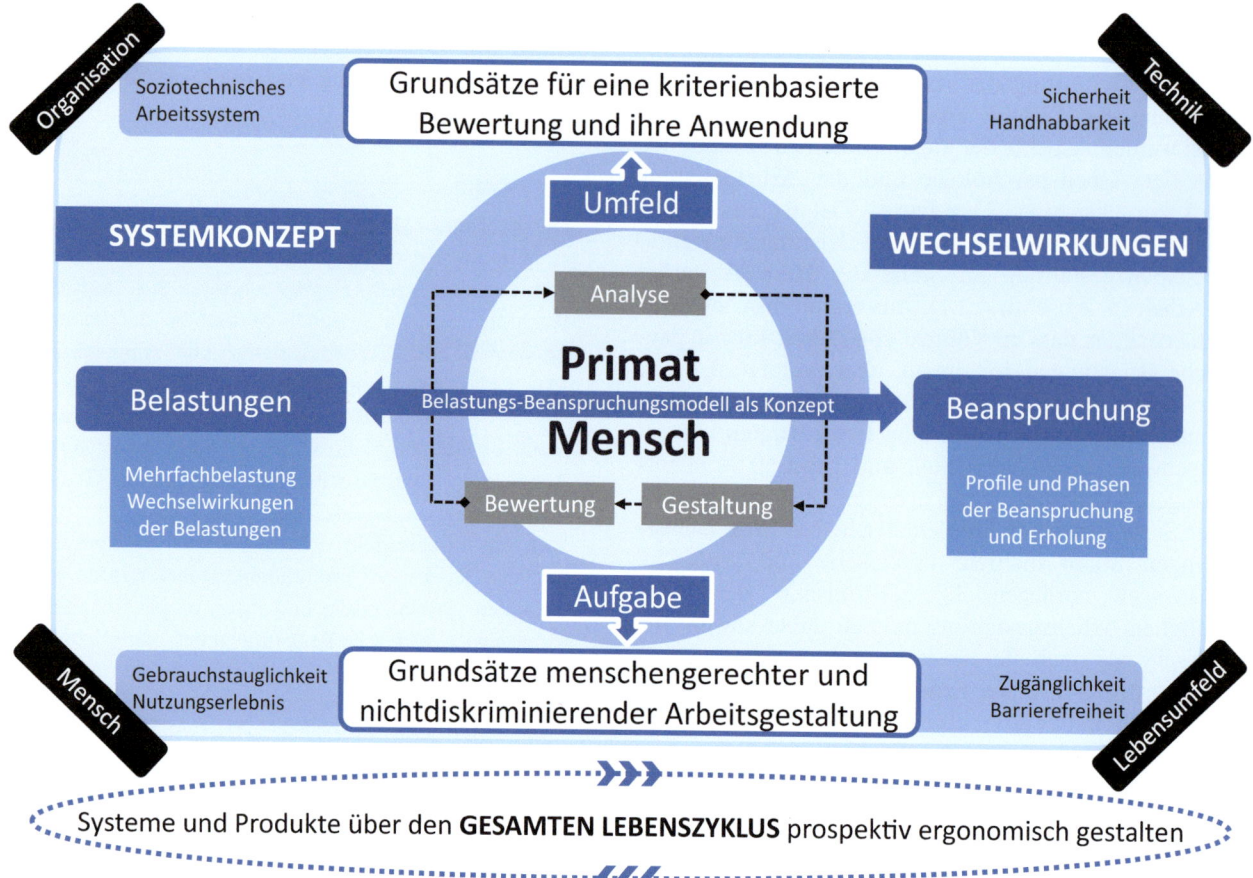

☐ Abb. 4.12   Rahmenkonzept der Ergonomie in Anlehnung an die DIN EN ISO 26800

1:2002-02 stellt in Analogie zu Betriebssystemen ein neues „Kernel" dar, denn Usability avanciert zu einer Kernanforderung moderner Arbeitsgestaltung im digitalen Zeitalter und fordert eine menschengerechte Technikgestaltung (▶ Abschn. 4.2.3.3.2). Das in den Normen hinterlegte Verständnis von Ergonomie wird im ArbSchG in § 2 als menschengerechte Gestaltung der Arbeit als Teil des Arbeitsschutzes aufgegriffen. Normen wie DIN EN ISO 26800 und DIN EN ISO 6385 verwenden das **Belastungs-Beanspruchungs-Modell** als konzeptionelle Grundlage (Stowasser, 2012) (▶ Abb. 2.6), um den **Grundsatz ergonomischen Handelns** zu modellieren sowie Belastungen des Arbeitssystems hinsichtlich ihrer Auswirkungen auf den Menschen als Beanspruchung zu bestimmen, zu bewerten und zu gestalten (☐ Abb. 4.12). Aus dem Rahmenkonzept lassen sich folgende **Maximen für ergonomisches Handeln** ableiten.

– Ergonomisches Handeln ist humanorientiert – der Mensch steht im Fokus des Arbeitssystems.
– Ergonomisches Handeln ist kriterienorientiert – arbeitswissenschaftliche Erkenntnisse stellen Richtlinien und Grenzwerte dar, an denen sich Analyse, Bewertung und Gestaltungsregeln ausrichten.

– Ergonomisches Handeln ist aufgaben- und funktionsorientiert – das Primat der Aufgabe wird anerkannt.
– Ergonomisches Handeln ist ganzheitlich – das System (Mensch, Technik, Organisation) und seine Wechselwirkungen werden berücksichtigt.
– Ergonomisches Handeln zielt auf eine Belastungs-Beanspruchungs-Optimierung – nicht nur die Bedingungen, sondern auch die Auswirkungen auf den Menschen (Wohlbefinden, Gesundheit, Leistungsfähigkeit) werden berücksichtigt.
– Ergonomisches Handeln erhöht die Zugänglichkeit, Handhabbarkeit und Sicherheit bei der Mensch-Maschine-Interaktion – unabhängig von der Nutzungsumgebung sind Gebrauchstauglichkeit und Barrierefreiheit zu gewährleisten.
– Ergonomisches Handeln beginnt nicht erst beim Endprodukt – ergonomische Maximen sind über den gesamten Lebenszyklus aus Gestaltungssicht zu berücksichtigen.
– Ergonomisches Handeln ist interdisziplinär und praxisorientiert – insbesondere psychologische, medizinische und ingenieurwissenschaftliche Aspekte werden beachtet.

> Das **Verständnis von Ergonomie** hat sich in den letzten Jahrzehnten gewandelt. Insbesondere die anthropozentrische Sichtweise und die Berücksichtigung digitaler Schnittstellen spiegeln sich in Gestaltungsprinzipien wie Usability (Gebrauchstauglichkeit) wider.

Tipp

Die Komplexität von Fragen des AGS aus ergonomischer Sicht nimmt angesichts der Regelungsdichte sowie der Dynamik und Variabilität von Arbeitssituationen zu. Das **KomNet**, ein vom Land Nordrhein-Westfalen initiierter und vom Landesinstitut für Arbeitsschutz NRW im Auftrag des Ministeriums für Arbeit, Gesundheit und Soziales NRW betriebener wissensbasierter Beratungsdienst, bietet hier eine fundierte Dialogdatenbank und erweitert die Möglichkeit, Expert*innen gezielt zu befragen.

▶ https://www.komnet.nrw.de/

4.2.3.3.1 Ansatzpunkte der Arbeitsplatzgestaltung

In Anlehnung an Schlick et al. (2018) umfasst die ergonomische Arbeits- und Organisationsgestaltung die Optimierung von Arbeitssystemen und Arbeitsplätzen sowie der erforderlichen Arbeitsmittel unter Berücksichtigung der Leistungsfaktoren bzw. Voraussetzungen des Menschen. Dabei wird die **Mensch-Maschine-Schnittstelle** (HMI, Human-Machine-Interface) nach ergonomischen Richtlinien aus anthropometrischer, physiologischer und psychologischer Sicht bewertet, um eine zielgerichtete Interaktion im Arbeitssystem bei zunehmender Automatisierung zu ermöglichen (vgl. Robelski, 2016). Als Erweiterung werden informationstechnische, organisatorische und sicherheitstechnische Aspekte berücksichtigt. Dieses **ganzheitliche Gestaltungskonzept** erfordert eine prospektive Gestaltung der technischen und organisatorischen Teilsysteme im Sinne einer Humanisierung der Arbeitswelt. Dabei ist die prospektive Arbeitsplatzgestaltung der korrektiven Arbeitsplatzgestaltung vorzuziehen, da letztere lediglich eine Nachbesserung bestehender Systeme impliziert.

■ **Ansatzpunkte der Arbeitsplatzgestaltung**

Aus didaktischer Sicht können als primäre **Ansatzpunkte der Arbeitsplatzgestaltung** im Sinne der Verhältnisprävention die Arbeitsumgebung, die Arbeitsmittel und der Arbeitsplatz genannt werden. Hinzu kommen Arbeitsinhalte (▶ Abschn. 4.2.3.2) und organisatorische Aspekte wie Arbeitszeit und Arbeitsablauf als Ansatzpunkte (▶ Abschn. 4.2.3.5). V. a. die Arbeitsauf-

gabe bestimmt wesentlich die Nutzung des Arbeitsplatzes und damit auch die Anforderungen an die Gestaltung (vgl. Ulich, 2011). In der Realität sind die Ansatzpunkte jedoch nicht trennscharf, da sie in ihren Wechselwirkungen und Auswirkungen auf den Menschen hinsichtlich ihres Gestaltungserfolgs zu bewerten sind. Gelegentlich wird das *Arbeitsumfeld als Oberbegriff* verwendet, um diese Komplexität zu beschreiben. Bei den Auswirkungen auf den Menschen sind nach dem Handbuch der Gefährdungsfaktoren immer alle Belastungsfaktoren des Arbeitsplatzes und seiner Umgebung zu betrachten (vgl. BAuA, 2019).

A. **Arbeitsplatz:** Im engeren Sinne geht es hier um den Raum bzw. die Bewegungsfläche, den Schreibtisch, die barrierefreie Gestaltung, die Qualität von Anzeigeinstrumenten, Benutzerschnittstellen und die Vermeidung einseitiger Belastungen wie z. B. Sitzhaltungen. Viele Aspekte überschneiden sich in der Arbeitsumgebung.

B. **Arbeitsmittel:** Im Fokus stehen hier ungeeignete, unzureichende oder gefährdende Werkzeuge, die allgemeine Ausstattung bis hin zu softwareergonomischen Defiziten in der Mensch-Computer-Interaktion. Als Maxime gilt die Usability, denn nicht gebrauchstaugliche Arbeitsmittel behindern die Aufgabenerfüllung und führen zu psychischen Belastungen.

C. **Arbeitsumgebung:** Raumgröße, Verkehrswege, Sicherheit (dunkle Kellerwege), Sichtbarkeit von Maschinen, physikalische Faktoren (wie Lärm, Beleuchtung, Klima oder Geruchsbelästigung bis hin zur Farbgestaltung), chemische Faktoren (Umgang mit Arbeits- und Gefahrstoffen oder Einatmen von Stäuben) und physische Faktoren (Zwangshaltungen, Überkopfarbeit, langes Sitzen, Heben und Tragen schwerer Lasten) umreißen das Spektrum der Gestaltungsmomente im Handlungsfeld Arbeitsumgebung.

■ **Perspektiven der Arbeitsplatzgestaltung**

Schmauder und Spanner-Ulmer (2022) verdeutlichen, dass die Gestaltung von Arbeitsplätzen als Aufgabe eines ganzheitlich orientierten Arbeitsschutzes zu verstehen ist. Das Spektrum der Ansatzpunkte manifestiert die Bandbreite der Gestaltungsansätze, die von interaktionsergonomischen (v. a. Informationsverarbeitung), anthropometrischen und biomechanischen (Körperbezug) über aufgabenorientierte (psychische und physische Belastungen) und arbeitsorganisatorische (Ablauf und Struktur) bis hin zu umweltbezogenen Themen (Klima, Lärm, Gefahrstoffe, Vibrationen, Licht) reichen. Zusammenfassend lassen sich vier **Perspektiven der Arbeitsplatzgestaltung** in ihrem Wirkungszusammenhang benennen.

4

- **Ergonomische Arbeitsplatzgestaltung:** Körpergerechtigkeit bzw. Körpermaße und Körperformen (anthropometrische Gestaltung), körperliche Anforderungen in Bezug auf Methoden (Überkopfarbeit) und Bedingungen (Lärm) (physiologische Gestaltung), psychische Anforderungen wie Monotonie (psychologische Gestaltung)
- **Organisatorische Arbeitsplatzgestaltung:** Strukturierung und Gestaltung der Arbeitsinhalte, Arbeitsteilung und Arbeitszeitgestaltung
- **Sicherheitstechnische Arbeitsplatzgestaltung:** Erfüllung der Sicherheitsanforderungen im Sinne des Unfallschutzes
- **Technologische bzw. informationstechnische Arbeitsplatzgestaltung:** Zusammenspiel zwischen Mensch und Maschine, Mensch-Maschine-Interface, Leistungsfähigkeit und Belastbarkeit menschlicher Informationsverarbeitungsprozesse (kognitive Ergonomie), Mechanisierungsgrad eines Arbeitsplatzes

4.2.3.3.2 Arbeitsplatzgestaltung 4.0

Aus Gestaltungssicht wird die Arbeitssituation durch New Work und Arbeit 4.0 vielfältiger, digitaler und agiler (vgl. Maier et al., 2020) (▶ Abschn. 1.3.2). Dieser kontinuierliche Wandel in der Arbeitswelt ist auch bei der Arbeitsplatzgestaltung und der Ergonomienormung zu berücksichtigen und hat Implikationen für ein modernes BGM, das trotz Dezentralisierung und Flexibilisierung der Arbeitsplätze die Beschäftigten am Arbeitsplatz erreichen sollte (vgl. Bamberg et al., 2022; Treier, 2021b) (▶ Kap. 5). Die veränderte Interaktion zwischen Mensch und Maschine und der Anspruch auf Partizipation kennzeichnen die **Arbeitsplatzgestaltung 4.0** in einer modernen Arbeitswelt. Bei der Arbeit 4.0 ist insbesondere die Qualität der Interaktion zwischen Mensch und Software zu berücksichtigen, d. h. es geht um eine nutzerorientierte Gestaltung der Schnittstellen im HMI im Sinne des Benutzererlebens (User Experience) und der Gebrauchstauglichkeit (Usability) (vgl. DGUV, 2021). Neben der Nutzerorientierung lassen sich nach DIN EN ISO 9241 weitere Kriterien bestimmen, die die Erfüllung von Informationsaufgaben als Attribut der Arbeit 4.0 unterstützen (Human Information Processing, Mental Workload). Neben der klassischen Informationsgestaltung (z. B. Farbwahl oder Schriftgröße) sind dies v. a. die Interaktionsprinzipien der Dialoggestaltung. Sie reduzieren Fehlbedienungen, verringern den Arbeitsaufwand, optimieren den Mental Workload (psychomentale Belastung), reduzieren das Stresserleben (Digital Stress), erhöhen die Motivation und steigern die Kompetenz. In Abgrenzung zur klassischen Ergonomie hat sich hier der Begriff der **kognitiven Ergonomie** etabliert (Uhle & Treier, 2019, S. 621).

❯ Die Art und Weise der Informationsverarbeitung und das Zurechtfinden in den Interfaces bestimmen das Verständnis der modernen Ergonomie, die die Qualität der Interaktion und des Dialogs des Menschen mit den technischen Schnittstellen in den Vordergrund stellt (Mental Workload).

Kognitive Ergonomie

Die **kognitive Ergonomie** erweitert den Blickwinkel der klassischen Ergonomie auf die digitale Arbeitswelt. Analog zur klassischen Ergonomie geht es auch hier um die optimale Anpassung der Arbeitsbedingungen an den arbeitenden Menschen mit dem Ziel einer gesunden Arbeit. Die kognitive Ergonomie beschäftigt sich v. a. mit den veränderten Schnittstellen zwischen Mensch, Technik und Arbeitsumgebung (Mensch-System-Interaktion), die die menschliche Informationsverarbeitung von der Wahrnehmung über Aufmerksamkeit und Gedächtnis bis hin zur Entscheidungsfindung beeinflussen. Ziel ist es, psychische Fehlbeanspruchungen zu vermeiden, um eine angemessene psychische Arbeitsbelastung (Mental Workload) zu erreichen.

■ **Ziele der Arbeitsplatzgestaltung 4.0**

Übergeordnetes **Ziel der Arbeitsplatzgestaltung 4.0** ist die Anpassung der Arbeitsbedingungen an die körperlichen und geistigen Fähigkeiten und Grenzen des Menschen unter Berücksichtigung moderner Interaktions- und Nutzungskontexte, um Gesundheit, Sicherheit, Leistungsfähigkeit und Wohlbefinden zu erhöhen. Als **Zielgrößen** ergeben sich Informationsgestaltung (Anordnung von Informationen, Textgestaltung, Schriften, Farbwahl und Kontraste, Gestaltgesetze wie das Gesetz der Nähe oder der Geschlossenheit), Interaktionsgestaltung aus softwareergonomischer Sicht, Nutzungsqualität und Barrierefreiheit (vgl. DGUV, 2021b). Insbesondere die **Barrierefreiheit** als Zielgröße hat sich als relevantes Handlungsfeld der Arbeitsplatzgestaltung in der modernen Arbeitswelt herauskristallisiert und setzt die Forderung des BGG in § 12 Abs. 2 um, dass elektronische Informationsangebote barrierefrei zu gestalten sind und berücksichtigt weitere Anforderungen gemäß BITV 2.0 (Barrierefreie Informationstechnik-Verordnung), EAA (European Accessibility Act) oder WCAG (Web Content Accessibility Guidelines). Barrierefreiheit kann nicht immer gewährleistet werden, sondern bezieht sich auf eine universelle Gestaltung von Benutzungsoberflächen, um Menschen mit Behinderungen möglichst die Nutzung in der erwarteten Weise zu ermöglichen. Die Anforderungen der modernen Arbeitswelt werden v. a. durch **Regelwerke** wie die

BildscharbV (seit 2016 durch die ArbStättV als Anhang ersetzt), die DIN EN ISO 9241-1-110:2020 mit ihren Grundsätzen der Dialoggestaltung, Regelwerke wie die DGUV Vorschrift 1, die DGUV Information 215-450, DGUV Regeln wie 114-401/402 und weitere „flankierende" Normen wie die DIN EN ISO 10075 aufgegriffen. Dies spiegelt die Dynamik in der Ergonomienormung in Bezug auf die Arbeitswelt 4.0 wider.

■ **Softwareergonomie**

In den **softwareergonomischen Anforderungen** manifestiert sich die veränderte Sichtweise auf den Arbeitsplatz im Sinne des *Human-Centered Design* als menschenzentrierte Gestaltung (vgl. Herczeg, 2018). Im Mittelpunkt steht das User Interface Design als Aufgabe der Arbeitsplatzgestaltung 4.0. Moderne Software muss benutzerfreundlich, gebrauchstauglich und barrierefrei sein. Die Technik wird an den Menschen angepasst und nicht umgekehrt. Es geht um **Usability**, also die Gebrauchstauglichkeit digitaler Produkte unter Berücksichtigung der Zielgruppen, und **User Experience**, also das Nutzungserlebnis als Motivationsfaktor. Im menschenzentrierten bzw. anthropozentrischen Gestaltungsprozess wird der Mensch von der Konzeption über die Lösungsentwicklung bis hin zur Erfolgskontrolle einbezogen, damit das fertige Produkt am Ende den Nutzungsanforderungen entspricht. Der Erfolgsfaktor Software basiert zum einen auf einer guten **Informationsgestaltung** mit den Parametern Erfassbarkeit, Lesbarkeit und Verständlichkeit und zum anderen auf einer modernen **Interaktionsgestaltung**, deren Grundprinzipien nachfolgend aufgeführt sind (DGUV, 2021b). Die Gewährleistung dieser Grundprinzipien hat Einfluss auf die psychische Gesundheit, allerdings bestehen hier noch Forschungslücken, wie sich generell Aspekte der Mensch-Maschine-Interaktion (MMI) im Zusammenspiel mit persönlichen Merkmalen auf die Leistungsfähigkeit und Gesundheit auswirken. Hier bestätigt sich auch die entscheidende Rolle des Handlungs- und Entscheidungsspielraums als „Brücke zwischen dem Arbeitsbedingungsfaktor MMI und der psychischen Gesundheit" (Robelski, 2016, S. 5) (▶ Abschn. 4.2.3.2.2). Hinsichtlich des Arbeitsbedingungsfaktors MMI lassen sich aus Sicht der Arbeitsplatzgestaltung die Bereiche Funktionsteilung, Schnittstellengestaltung und Bedienung differenzieren (Robelski, 2016). Die innovative Mensch-Maschine-Schnittstelle Software ist aufgrund ihrer zunehmenden Ubiquität, Dynamik, Intelligenz und Virtualisierung in der digitalen Arbeitswelt auf dem Vormarsch; Technologietrends wie Virtual und Augmented Reality, Ambient Intelligence, Assistenzsysteme oder der Einsatz personalisierter Avatare in Echtzeitsystemen sind hier

kennzeichnend (vgl. Kötter in Bamberg et al., 2022, S. 59 ff.). Bei der Software-Ergonomie geht es jedoch nicht „nur" um die Erfüllung der **Dialogprinzipien** der DIN EN ISO 9241-110:2020-10, sondern letztlich um die hohen Anforderungen eines benutzer- und prozessorientierten **Usability-Engineerings**. Das Interaktionsdesign muss entsprechend professionalisiert werden.

A. **Aufgabenangemessenheit:** Effizienz- und Effektivitätssteigerung bei der Aufgabenerledigung bspw. durch Standardauswahlmöglichkeiten, Berücksichtigung von charakteristischen Aufgabeneigenschaften u. a. bei der Darstellung von Informationen und Feldern

B. **Selbstbeschreibungsfähigkeit:** Sichtbarkeit von Informationen, Systemstatus bzw. Statusmeldungen, selbsterklärende Beschriftungen, möglichst automatisch ohne zusätzliche Benutzer-System-Interaktionen

C. **Erwartungskonformität:** erwartetes Systemverhalten und Konsistenz gemäß allgemein anerkannter Konventionen sowie basierend und adaptiv anpassbar an den Nutzungskontext, z. B. bei der Benennung und Anordnung von Objekten, Aktionen, Systemelementen

D. **Erlernbarkeit:** Darstellung der Bedienfunktionen, Aufzeigen von Möglichkeiten, Verständlichkeit der Meldungen, Unterstützung durch Assistenzsysteme, Zielgruppenorientierung ist grundlegend

E. **Steuerbarkeit:** Anpassbarkeit der Oberfläche, Flexibilität in der Bedienung, Unterbrechbarkeit, Kontrolle der Nutzerschnittstelle in Bezug auf Geschwindigkeit, Reihenfolge und Anpassung, z. B. Veränderbarkeit von Standardwerten (Defaults)

F. **Fehlerrobustheit:** Fehlervermeidung und -korrektur, Fehlertoleranz, Fehler können mit minimalem Aufwand korrigiert oder abgefangen werden

G. **Benutzerbindung:** Motivation, Integration, Vertrauenswürdigkeit, bspw. einladende und motivierende Ansätze

– **F**azit zu den **D**ialogkriterien: Die Qualität der Interaktion wird v. a. durch das **Basiskriterium der Gebrauchstauglichkeit** (Usability) als Gütekriterium für die Mensch-Maschine-Schnittstelle bestimmt. Die Dialogkriterien tragen zur Erhöhung der Gebrauchstauglichkeit bei, indem sie es den Benutzern ermöglichen, die Software entsprechend ihrer Aufgaben und Kompetenzen zu beeinflussen, zu steuern und zu verändern. Damit wird eine zuverlässige, effiziente und effektive Bedienung im Hinblick auf die Anforderungen der Aufgabenstellung und die Akzeptanz der Nutzenden sichergestellt.

4

❯ **Die Software muss sich adaptiv an den Menschen anpassen und nicht umgekehrt.** An dieser Stelle muss betont werden, dass Software nicht nur die wichtigste, sondern auch eine unumgängliche Mensch-Maschine-Schnittstelle in der modernen Arbeitswelt ist. Langandauernde Bildschirmarbeit erfordert nicht nur eine regelmäßige Untersuchung der Augen und des Sehvermögens, sondern auch eine kritische Bewertung der Informations- und Kommunikationstechnologien, da verstärkte Informationsverarbeitungsprozesse wie Multitasking zu psychischen Beanspruchungen mit gesundheitlichen Folgen führen können. Eine moderne Arbeitsplatzgestaltung muss neben der klassischen Ergonomie auch die Softwareergonomie, die Arbeitsorganisation und das Selbstmanagement berücksichtigen, um eine gesunde und sichere Bildschirmarbeit zu ermöglichen.

Partizipativ und personenzentriert

Als Trend kristallisiert sich die **partizipative Arbeitsplatzgestaltung** heraus. Die Arbeitswelten der Zukunft (New Work, Arbeit 4.0) schaffen immer mehr Variabilität hinsichtlich der Flexibilisierung von Arbeitsort und Arbeitszeit und damit der Kontextbedingungen. Die Anforderungen und Erwartungen an einen guten Arbeitsplatz lassen sich nicht mehr ausschließlich durch festgelegte Standards wie zulässige Lautstärke in Dezibel oder Beleuchtungsstärke in Lux bestimmen, sondern erfordern partizipative Modelle, in denen sich die Zielgruppen mit ihren Anforderungen in die Gestaltung einbringen können. Dies impliziert eine **Personenzentrierung** als Rahmen für die Mensch-Maschine-Interaktion unter Berücksichtigung der Virtualisierung, Komplexitätssteigerung und Dynamisierung der Schnittstellen. Benötigt werden digitale Mentoren im Bereich der Ergonomieberatung, also Systeme, die bei der adäquaten Gestaltung unterstützen. Der Faktor Mensch ist hinsichtlich seiner emotionalen, kognitiven und sozialen Einflussfaktoren bei der Interaktion mit technischen Systemen wie Software im Sinne des *„Human-Centered Design"* zu fokussieren.

4.2.3.4 Gesundheitsorientierte Führung

❯❯ „Die Gesundheit der Mitarbeiter gewinnt als Aufgabenbereich der Führungskraft an Bedeutung. Die Forschung zeigt, dass die Führungsqualität Gesundheit und Wohlbefinden der Mitarbeiter maßgeblich beeinflusst. Hierbei sind v. a. das Verhalten der Führungskräfte in Interaktionen mit Mitarbeitern sowie die Gestaltung der Arbeitsbedingungen entscheidend. Aber auch die Gesundheit der Führungskräfte selbst spielt eine Rolle, wie aktuelle Forschungsergebnisse zeigen." (Franke et al. in Felfe, 2015, S. 253)

Dass Arbeit sowohl krank machen als auch gesundheitsförderlich sein kann, zeigt die **Ambivalenz von Arbeit** (▶ Abschn. 2.1.4). Ein wesentlicher Einflussfaktor auf diese Zwiespältigkeit ist eine gesundheitsorientierte, gesundheitsförderliche oder **gesunde Führung**, denn Führungskräfte tragen explizit Verantwortung für die Gesundheit und Sicherheit der ihnen unterstellten Mitarbeiter*innen (vgl. DGUV, 2014a; Struhs-Wehr, 2017).

■ **Perspektiven der gesunden Führung**

Dieser Gesundheitsauftrag hat mehrere **Perspektiven**. Im Sinne der Fürsorgepflicht sind in Zusammenarbeit mit den Fachleuten des AGS Gefährdungen und Risiken der Arbeitssituation vor Ort zu erfassen und zu bewerten sowie entsprechende Maßnahmen zur Reduzierung der Gefährdungen umzusetzen und hinsichtlich ihrer Wirksamkeit zu evaluieren. Neben diesem indirekten Einfluss durch die Arbeitsgestaltung ist aber auch der direkte Einfluss des Führungsverhaltens auf die Gesundheit der Beschäftigten hervorzuheben, wobei die empirische Befundlage hier noch offene Fragen aufwirft (vgl. Gregersen et al., 2011) (▶ Abschn. 4.2.3.4.2). Das Führungsverhalten kann dabei als Ressource (z. B. soziale Unterstützung und Wertschätzung), aber auch als Stressor (z. B. unzureichende Führung oder beleidigendes Verhalten) wirken. Eine weitere Perspektive ist zu ergänzen. Führungskräfte müssen sich selbst gesund erhalten, um den wachsenden Herausforderungen der Arbeitswelt gewachsen zu sein und damit eine Vorbildfunktion im Sinne eines **gesunden Selbstmanagements** zu erfüllen. *„Führungskräfte haben nicht nur bedeutsamen Einfluss auf die Gesundheit und das Wohlbefinden von Mitarbeitern, sondern sind selbst mit erheblichen Anforderungen bei der Arbeit konfrontiert."* (Steidelmüller et al. in BAuA, 2020, S. 114) Diese Sichtweisen bilden das **Kaleidoskop der gesunden Führung** (◘ Abb. 4.13) und bestimmen seine Definition (vgl. Krick et al. in Michel & Hoppe, 2022, S. 213 ff.; Struhs-Wehr, 2017, S. 59 ff.; Uhle & Treier, 2019, S. 171 ff.). Diese Perspektiven spiegeln einen Idealzustand wider, denn die Grenzen gesunder Führung manifestieren sich v. a. bei problematischen organisationalen Kontextfaktoren. Hier ist die **Beziehungsqualität zwischen Führungskraft und Beschäftigten** (Leader-Member-Exchange) entscheidend dafür, ob das Gesundheitsbemühen der Führungskraft trotz organisationaler Restriktionen als authentisch erlebt wird (vgl. Gregersen et al., 2020). Dass die Ausprägung des **Leadership-Member-Exchange** relevant ist, zeigen auch positive Zusammenhänge mit Leistungsfaktoren (vgl. Martin et al.,

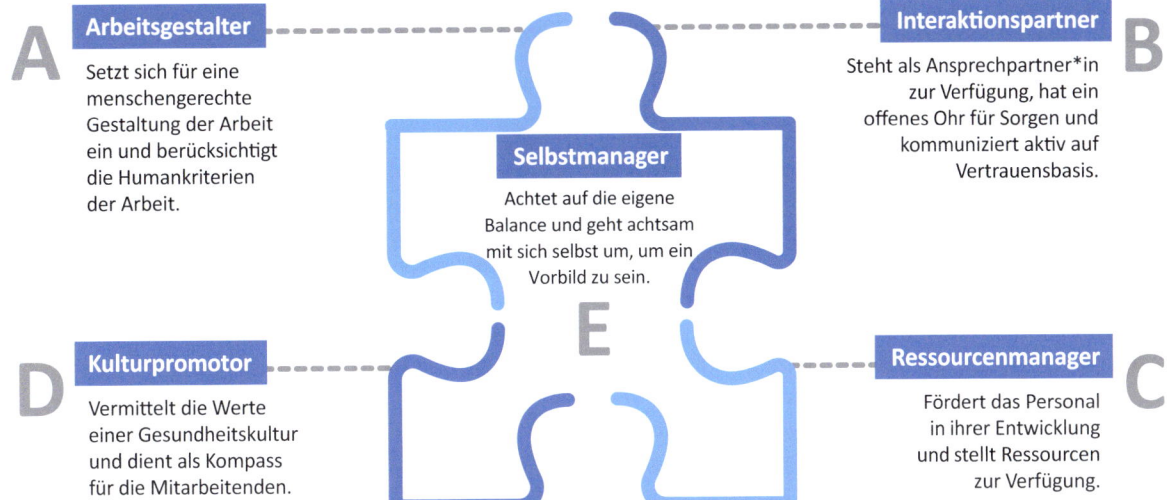

Abb. 4.13 Perspektiven gesunder Führung

2016). Führungskräfte, die Gesundheitsförderung als dezidierte Führungsaufgabe begreifen, erkennen den Zusammenhang zwischen Arbeit und Gesundheit ihrer Beschäftigten. Sie reduzieren Krankheit und Fehlzeiten nicht auf ein persönliches Problem der Betroffenen, sondern reflektieren selbstkritisch die Rahmenbedingungen und das eigene Führungsverhalten. Wesentliche **Faktoren eines gesunden Führungsstils** sind Authentizität (Glaubwürdigkeit), das Schaffen von Stabilität (Sicherheit), das Ausbalancieren von Sog und Druck (Empowerment) und die Förderung des sozialen Miteinanders (Betriebsklima) (vgl. Montano et al., 2016).

A. **Sicht auf die eigene Person:** *Führung als Selbstmanager* bedeutet, auf die eigene Balance zwischen Anforderungen und Ressourcen zu achten und durch Selbstfürsorge und Glaubwürdigkeit Vorbild zu sein. Ein guter psychischer und physischer Gesundheitszustand wirkt sich indirekt auch auf die Beschäftigten aus, da z. B. Stress nicht unkontrolliert in der Hierarchie weitergegeben wird (Cross-Over-Effekt). Die Einflussmöglichkeiten gesunder Führung setzen eigenes gesundes Verhalten und Denken voraus. Besondere Belastungen für Führungskräfte ergeben sich aus der Sandwich-Position, wenn insbesondere Rollenkonflikte aus einer krankmachenden Unternehmenskultur resultieren und/oder unlösbare Ressourcendilemmata vorliegen. Führungskräfte sind nicht nur Verantwortliche, sondern auch Betroffene. Peter Drucker, ein Pionier der modernen Managementlehre, bringt dies mit folgendem Aperçu auf den Punkt: *„Die erste und vorrangige Aufgabe von Führungskräften ist es, sich um ihre eigene Energie zu kümmern und dann zu helfen, die Energie anderer nutzbar zu machen."*

B. **Sicht auf die Arbeitssituation:** *Führung als Gestalter* setzt sich für eine menschengerechte Gestaltung nach den Humankriterien der Arbeit ein (▶ Abschn. 4.2.1). Dabei werden Arbeitsaufgabe, Arbeitsumgebung und Arbeitsorganisation als Handlungsfelder gleichermaßen berücksichtigt. Zielgrößen sind z. B. die Gesundheits-, Lern- und Persönlichkeitsförderlichkeit der Arbeit.

C. **Sicht auf beanspruchende Faktoren:** *Führung als Interaktionspartner* reagiert auf Beanspruchungen, die bspw. durch Stressoren wie Zeitdruck, Arbeitsunterbrechungen, emotionale Belastungen oder Rollenkonflikte entstehen. Führung übernimmt Verantwortung, ist dialogbereit, kommuniziert aktiv mit den Betroffenen, beteiligt und befähigt die Akteure, um gemeinsam eine angemessene und gerechte Lösung zu erarbeiten. Vertrauen und Glaubwürdigkeit bilden die Basis für eine funktionierende Interaktion trotz Asymmetrie. Um dieses Verständnis von gesunder Führung umzusetzen, benötigt die Führungskraft sozial-empathische Kompetenzen.

D. **Sicht auf fördernde Faktoren:** *Führung als Förderer* unterstützt durch einen ressourcenorientierten Ansatz, z. B. indem die Führungskraft Autonomie ermöglicht, Zeitpuffer einräumt, soziale Unterstützung bei schwierigen Problemen anbietet, wertschätzendes und zeitnahes Feedback gibt, Ziele gemeinsam vereinbart und erläutert. Die Führungskraft fördert die organisationale Gerechtigkeit bei der Ressourcenverteilung. Diese Pufferfunktion auf individueller und organisationaler Ebene berücksichtigt v. a. salutogene Einflussfaktoren (▶ Abschn. 2.3).

E. **Sicht auf die Kultur:** *Führungskräfte als Kulturpromotoren* repräsentieren in ihrer Rolle die Werte einer Gesundheitskultur und fungieren damit als Kompass für sich und ihre Mitarbeiter. Um als Wertebotschafter glaubwürdig zu sein und Orientierung zu geben, bedarf es einer überzeugenden Akzeptanz und Verinnerlichung der Gesundheitswerte der Organisation, die nicht nur proklamiert, sondern als Verpflichtung gelebt werden müssen. Gesunde Führung ist explizit werteorientiert. Mitarbeiterorientierung, Respekt, Fairness und Vertrauen sind zentrale Anforderungen im Wertekanon, aber auch die Bereitschaft, „gesundheitsbewusste" Strukturen zu schaffen und zu fördern (▶ Abschn. 4.2.3.5). Schwierig wird es, wenn die Werte der Organisation miteinander kollidieren oder das eigene Wertesystem nicht mit dem Wertemodell der Organisation kompatibel ist. Hier können kommunikative und diskursive Ansätze des Wertemanagements helfen, Lippenbekenntnisse und Doppelmoral zu vermeiden und damit die Führungskraft in ihrer Multiplikatorenrolle zu stärken.

! Viele Führungskräfte bemühen sich, gesundheitsorientiert zu arbeiten, vernachlässigen aber die **Selbstführung** im Sinne eines achtsamen Umgangs mit den eigenen Belastungen und Beanspruchungen. Ohne Vorleben kann das Anliegen der Gesundheit aber nicht authentisch vermittelt werden.

Gesunde Führung

Gesundheitsförderliche Führung bezeichnet ein persönliches Führungsverhalten, das im Rahmen der organisatorischen Möglichkeiten die Gesundheit der Beschäftigten schützt, indem es Risikofaktoren am Arbeitsplatz reduziert und Ressourcen fördert. Gesunde Führung umfasst die gesundheitsförderliche Gestaltung der Arbeits- und Organisationsbedingungen, das sozial-empathische Verhalten im Arbeitsprozess und die achtsame Selbstführung. Führungskräfte fühlen sich für die Gesundheit ihrer Mitarbeiter*innen verantwortlich und beteiligen sich aktiv als Präventionsmanager und Gesundheitsförderer. Sie achten auf gesundheitliche Warnsignale und sind selbst Vorbild für gesundheitsbewusstes Verhalten.

4.2.3.4.1 Herausforderungen und Aufgaben der gesunden Führung

» „Werte- und Gesundheitsfragen werden in Zeiten einer zunehmend angespannten psychosozialen Lage immer lauter und ‚weiche' Führungsansätze werden durch neurowissenschaftliche Erkenntnisse bestätigt und wiederbelebt, (wie etwa emotionale oder spirituelle Führung) bzw. weiter entwickelt (wie etwa gesunde oder achtsame Führung)." (Von Au, 2016, S. 13 f.)

Um Herausforderungen und Aufgaben gesunder Führung zu identifizieren, ist es notwendig, gesunde Führung als Konstrukt zu modellieren. Aus theoretischer Sicht ist die Antwort auf die Frage *„Was ist gesunde Führung?"* jedoch mehrdeutig – dies liegt zum einen an der Heterogenität der theoretischen Grundlagen von Führungskonzepten und zum anderen an der Kontingenz von Führungshandeln, denn Rahmenbedingungen unterstützen oder konterkarieren die Wirksamkeit von Führungsverhalten, wie **situationszentrierte Ansätze der Führungsforschung** verdeutlichen (vgl. Rybnikova & Lang, 2021). Offen bleibt, was gesunde Führung ausmacht, wie die offensichtlichen Zusammenhänge zwischen guter Führung und der Gesundheit der Mitarbeitenden zustande kommen und welchen Einfluss die Selbstfürsorge der Führungskraft auf die Gesundheit der Mitarbeitenden hat (Franke et al. in Felfe, 2015, S. 259).

▪ Konzepte gesunder Führung

Die meisten **Konzepte gesunder Führung** sind in allgemeinen Führungsmodellen verankert, listen Kriterien guter Führung auf und stellen Zusammenhänge zu Gesundheitsvariablen als Ergebnisvariablen dar, erklären aber nicht, wie die gesundheitlichen Effekte entstehen. Dass es sich bei gesunder Führung um ein **mehrdimensionales Modell** handelt, ist weitgehend unstrittig – so diskutiert Dost bspw. acht Bedingungsfaktoren (Dost, 2014) und auch der systematische Review von Montano et al. (2016) erlaubt es, aus den Zusammenhängen zwischen Führungsverhalten und (psychischer) Gesundheit primäre **Merkmale gesunder Führung** zu identifizieren – dazu zählen bspw. Mitarbeiterorientierung, transparente und wertschätzende Kommunikation und Interaktion, Inspiration oder die Berücksichtigung sozial-emotionaler Bedürfnisse. Integrative Ansätze wie das Konzept **Health-oriented Leadership** nach Franke (2012b) verbinden die Perspektiven gesunder Führung (◻ Abb. 4.13). So lässt sich eine gesundheitsförderliche Mitarbeiterführung (Staff-Care) mit einer gesunden Selbstführung der Mitarbeitenden und Führungskräfte (Self-Care) verknüpfen, um die Ausprägung von Gesundheitsindikatoren wie Präsentismus oder Gesundheitszustand zu erklären (vgl. Elprana et al., 2016) (◻ Abb. 4.15). Die **theoretischen Anleihen** für die Dimensionen gesunder Führung stammen aus verschiedenen Ansätzen wie z. B. aus dem Modell des umfassenden Führungsverhaltens nach Avolio und Bass (1985), dem Konzept der Salutogenese von Antonovsky (▶ Abschn. 2.2.4), dem Interaktionsansatz (Leader-Member-Exchange) von Graen und Uhl-Bien (1995), dem Demand-Control-Modell von Karasek (Karasek & Theorell, 1990) oder dem Modell der beruflichen Gratifikationskrisen von Siegrist (1996) (▶ Abschn. 2.2.2).

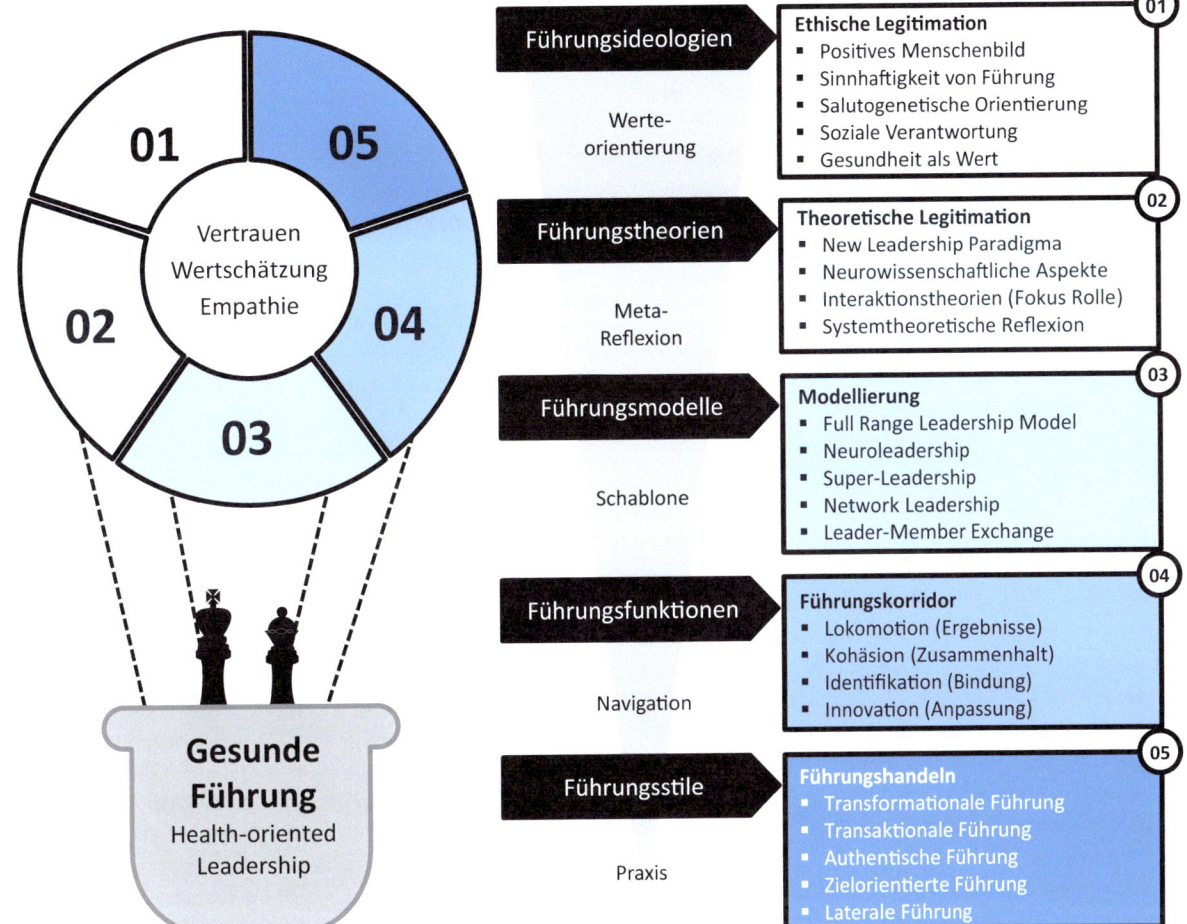

○ **Abb. 4.14** Theoretische Facetten der gesunden Führung

Mit diesen theoretischen Anleihen kann das **Fundament gesunder Führung** anhand der Kriterien guter Führung erklärt werden (○ Abb. 4.14). Sie bedürfen jedoch einer Erweiterung, um die Besonderheiten des Konstrukts gesunder Führung zu erfassen, z. B. durch neurowissenschaftliche Erkenntnisse in Bezug auf **Neuroleadership** (vgl. Peters & Ghadiri, 2013). Ob gesunde Führung einer eigenständigen Konzeption bedarf, ist angesichts der theoretischen Breite bisheriger Modelle fraglich. Sie erweitert jedoch den Blick auf ein besonders herausforderndes Handlungsfeld im Kontext einer sich wandelnden Arbeitswelt mit Dauer-, Über- und Mehrfachbelastungen, indem nicht nur die Ressourcen, sondern auch die Belastungen im Sinne gesunder Führung adressiert und gemeinsam optimiert werden. Einig sind sich viele Ansätze in der Umkehrung dessen, was gesunde Führung definitiv nicht darstellt, nämlich **keine destruktive oder toxische Form** der Führung (vgl. Franke et al. in Felfe, 2015, S. 253 ff.; Rybnikova & Lang, 2021, S. 328 ff.). Aber auch eine passiv-vermeidende Laissez-faire-Führung wirkt sich aus gesundheitlicher Sicht hemmend aus (vgl. Zwingmann et al., 2014).

A. Das **Modell des umfassenden Führungsverhaltens** (Full Range of Leadership Model) nach Bruce Avolio und Bernard M. Bass (1985) hilft bei der theoretischen Verortung, insbesondere im Hinblick auf die Wirkung von werte- und zielorientierter Führung. Das Modell postuliert drei Dimensionen des Führungsverhaltens – laissez faire (keine Führung), transaktionale Führung (Maxime des rationalen Austauschs) und transformationale Führung (Anspruch auf Emotionalität), die hinsichtlich der Ausprägungen der Effektivität und Aktivität des Führungshandelns zu bewerten sind (vgl. Judge et al., 2006). Insbesondere wird ein Zusammenhang zwischen gesunder und transformationaler Führung in Anlehnung an das *New Leadership Paradigma* gesehen. *Transformationale Führung* führt zu mehr Wohlbefinden, Leistung und Motivation der Mitarbeitenden, indem die Führungskraft den Mitarbeitenden mehr Aufmerksamkeit schenkt, sie von ihren Ideen überzeugt und zu eigenen Leistungen inspiriert, Visionen vermittelt, Werte setzt und empathisch auf persönliche Momente der Mitarbeitenden

4

eingeht (vgl. Zwingmann et al., 2014). Grundvoraussetzungen sind gegenseitige Wertschätzung und Vertrauen sowie die Ausstrahlungskraft (Charisma) der Führungskraft. Treiber der aktivierenden Führung sind Emotionalität, Authentizität und Integrität. Studien zeigen, dass vermutlich eine Kombination aus ziel- und ergebnisorientierter (transaktionaler) und inspirierender (transformationaler) Führung das Fundament guter und gesundheitsförderlicher Führung bildet, auf dem eine gesundheits- und achtsamkeitsorientierte Führung aufbauen kann (vgl. Bruch & Kowalevski, 2013) (▶ Abschn. 4.2.3.4.2).

B. Die **Leader-Member-Exchange-Theorie** von George Graen und Kollegen (Graen & Uhl-Bien, 1995) postuliert, dass effektive Führung v. a. durch dyadische Beziehungen zu den Mitarbeitenden erreicht wird (Interaktionsansatz). Die Qualität der Beziehungen drückt sich in den sozialen Austauschprozessen aus, die sich in mehreren Phasen vom traditionellen und distanzierten Rollenverhalten (Out-Group) über Vertrauen und Respekt bis hin zur Partnerschaft (In-Group) entwickeln. Gelingen diese Beziehungen, sind positive Effekte auf Engagement, Leistung und Gesundheit zu erwarten, die über Inspiration, Wertschätzung und Verantwortungsübernahme (Empowerment) vermittelt werden (vgl. Martin et al., 2016). Im Kontext von New Work nimmt die Bedeutung dieser Netzwerk- und Beziehungsarbeit zu, da Arbeit 4.0 den Abbau von Hierarchien impliziert. Problematisch ist, dass die Messbarkeit der Beziehungsqualität nur eingeschränkt möglich ist und viele Faktoren diese Interaktion beeinflussen können. Zudem besteht die Gefahr, dass Mitarbeitende aus der In-Group ausgeschlossen werden, was sich negativ auf Gesundheit und Leistungsfähigkeit auswirken kann.

C. **Neuroleadership** bezieht sich auf Erkenntnisse der Neurowissenschaften, um Mitarbeiter*innen besser zu verstehen (vgl. Garcia et al. in Lippmann et al., 2019, S. 106 ff.; Peters & Ghadiri, 2013). Demnach haben Menschen Basisbedürfnisse nach Orientierung und Gewissheit, Sinn und Sinnhaftigkeit, Selbstwerterhöhung und Selbstschutz, wahrgenommener Gerechtigkeit sowie sozialer Bindung und Gruppenzugehörigkeit, die durch einen gesunden Führungsstil berücksichtigt und befriedigt werden können. Das SCARF-Modell nach David Rock mit den Dimensionen Status, Sicherheit, Autonomie, Zugehörigkeit, Fairness oder das PERFECT-Schema nach Theo Peters und Argang Ghardiri, basierend auf der Konsistenztheorie und dem Streben nach einem stimmigen, geschlossenen und harmonischen Ganzen, mit den Faktoren Potenziale entfalten, zu neuen Lösungen ermutigen, Feedback geben, Freiräume gewähren, emotional führen, auf Augenhöhe kommunizieren und transparent handeln, verdeutlichen die Ansatzpunkte des Neuroleaderships. In diesem Kontext finden sich auch Führungsmodi, die hinsichtlich ihrer Relevanz kritisch zu diskutieren sind, wie z. B. die limbische Führung. Gesunde Führung als Vorbild in Analogie zu den Spiegelneuronen infiziert die Mitarbeitenden auf emotionaler Ebene zu gesünderem Verhalten - so zumindest die Theorie.

❯ Aus empirischer und praktischer Sicht zeigt sich, dass das Modell des ganzheitlichen Führungsverhaltens für die theoretische Verortung gesunder Führung besonders geeignet ist, da es sich auf klassische und moderne Führungssituationen beziehen lässt und Aspekte der guten Führung (s. Exkurs ▶ „Gute Führung") berücksichtigt.

Gute Führung

Was ist gute Führung? Gesunde Führung greift häufig auf allgemeingültige Merkmale guter Führung zurück. Das Verständnis von guter Führung variiert jedoch (vgl. Lippmann et al., 2019).

- „Gute Führung bedeutet, die Balance (Forderung) zwischen Herausforderung und Überforderung zu finden." (Garcia et al. in Lippmann et al., 2019, S. 115)
- „Gute Führung misst sich (…) in effektiven und somit wirksamen Lösungen." (Pfister in Lippmann et al., 2019, S. 256)
- „Formuliert wird eine gute Führungspraxis, die sich auf die Erreichung wirtschaftlicher Ziele und den fai-

ren sowie wertschätzenden Umgang mit Angestellten ausrichtet." (Nordmann & Beutter in Lippmann et al., 2019, S. 587)

Universelle Merkmale guter Führung können in Studien wie der GLOBE-Studie (Global Leadership and Organizational Behavior Effectiveness Project) identifiziert werden (House et al., 2014). Sie helfen, allgemeine und kulturübergreifende Faktoren wie transformationale und teamorientierte Führungsstile in interkulturellen Überschneidungssituationen zu identifizieren (▶ http://globeproject.com). Der Wandel der Arbeitswelt erfordert jedoch eine Anpassung dessen, was gute Führung ausmacht. So wird im Forum Gute Führung (▶ https://nextpractice-forum.de) das **Ringen um gute Führung** zwischen Wunsch und Wirklichkeit deutlich. In einer agilen Welt reicht Steuerung und Regulierung als Prinzip guter Führung nicht mehr aus. Begriffe wie Vielfalt, Resonanz, Lebensbalance, Teamflexibilität, Netzwerkdynamik, Authentizität, Ergebnisoffenheit oder Machtabgabe bestimmen das Kraftfeld und führen zu neuen Führungsstilen, die Selbstorganisation stärken, hierarchiefreie Vernetzung ermöglichen oder soziale Verantwortung übernehmen (vgl. INQA, 2014b). In Feedbacksystemen zum Führungsverhalten werden diese Erkenntnisse berücksichtigt, wie z. B. „mit Zielen führen", „natürliche Autorität haben", „Engagement zeigen", „empathisch handeln", „mit Ideen und Visionen führen", „erreichbar sein", „begeistern können" oder „Kompass sein".

Maßgeblich für die Frage, was gute Führung ist bzw. wie gute Führung kalibriert werden kann, sind die **Bewertungsansätze**, die analog auch für gesunde Führung gelten:

– *Funktionale Bewertung:* Führung ist dann gut, wenn sie in der Situation erfolgreich und wirksam ist.
– *Normative Bewertung:* Führung ist dann gut, wenn sie mit den Anforderungen einer allgemein anerkannten Führungsethik und Sozialorientierung vereinbar ist.

– *Empirische Bewertung:* Führung ist dann gut, wenn sie sich entsprechend der in Studien identifizierten Erfolgsfaktoren verhält und positive Korrelate zu erwarten sind.
– *Zuschreibende Bewertung:* Führung ist dann gut, wenn sie aus Sicht der Mitarbeiter*innen als gut bewertet wird.

Gute Führung lässt sich in Abgrenzung zu schlechter Führung (**Bad Leadership**) als dunkle Seite der Führung konturieren bzw. kontrastieren, die sich unethisch verhält, tyrannisiert, erniedrigt, bewusst manipuliert, Angst erzeugt und auszehrt (vgl. Kuhn & Weibler, 2022). Führungskräfte mit einer Persönlichkeit gemäß der dunklen Triade (Narzissmus, Machiavellismus und Psychopathie) sind aus gesundheitlicher Sicht besonders gefährlich, da sie ihre eigenen Interessen rücksichtslos in den Vordergrund stellen und ihr Verhalten nicht selbstkritisch reflektieren (vgl. Treier, 2019b, S. 474 f.). An dieser Stelle ist zu betonen, dass es nicht nur schlechte Führungskräfte, sondern auch schlechte Geführte und schlechte Situationen gibt, sodass Führungskräfte selbst aus der Spur geraten und in ihrer Rolle entgleisen können (Derailment). **Toxische Faktoren** sind v. a. Personal- und Ressourcenmangel, konformistische Mitarbeitende und stark hierarchische Strukturen.

■ **Herausforderungen an eine gesunde Führung**

Die **Bewältigung von Herausforderungen** wie demografischer Wandel, abnehmende Arbeitsfähigkeit, zunehmende psychische Belastungen, schleichender Motivationsverlust, steigende Fehlzeiten und zunehmender Präsentismus hängt vielfach davon ab, ob Führung sich für diese Herausforderungen interessiert und lösungsorientiert engagiert oder ob sie sich im Gegenteil eher gleichgültig bzw. indifferent und distanziert verhält oder sogar destruktiv und toxisch als Gesundheitsrisiko wirkt – der Stand der Forschung bestätigt jedenfalls den relevanten Zusammenhang zwischen Führung und (psychischer) Gesundheit (vgl. Pundt et al., 2018) (▶ Abschn. 4.2.3.4.2). Im Rahmenmodell der Gesundheit ist Führung als wichtige externale Ressource in der Säule verortet – die Stabilität der Säule wird wesentlich durch das Führungsverhalten bestimmt (▶ Abb. 2.3) (Treier, 2019a, S. 3). Führung ist somit ein **Grundphänomen von Organisationen** und prägt das Verhalten in Organisationen (vgl. Lippmann et al., 2019; Rosenstiel et al., 2020). Führung kann sowohl als **Gesundheitsressource** als auch als **kritischer Belastungsfaktor** wirken. Führung selbst ist in ihrer verhaltensbezogenen Gesundheitswirkung abhängig von organisationalen Kontextfaktoren wie Prozessen, Strukturen und Kulturen, die die Möglichkeiten gesunder Führung fördern oder einschränken (vgl. Struhs-Wehr, 2017). Eine erschöpfte und ggf. sogar auszehrende Organisation, wie sie sich gerade im Wandel der Arbeit manifestiert, erfordert von Führungskräften einen aktiven Beitrag zur Gesundheitsförderung im Arbeitsprozess, da der Ausgangslage mit Zunahme psychischer Beschwerden, Mehrfachbelastungen, Arbeitsverdichtung, Unsicherheit und Sorgen, Erleben von Leistungsdruck, Informationsflut und permanenten Veränderungen nicht allein auf der Sachebene einer funktionalen Führung konstruktiv begegnet werden kann (vgl. von Oelsnitz et al., 2014). Der SUGA-Report und der Stressreport bestätigen die schwierige Ausgangslage aus gesundheitlicher Sicht (vgl. BAuA, 2020; BAuA & BMAS, 2022). In dieser Gemengelage muss die Rolle der Führungskräfte neu überdacht werden. Diese

4

herausfordernde Arbeitssituation verschärft sich mit Blick auf den **Wandel der Arbeitswelt** in Richtung Arbeit 4.0 (► Abschn. 1.3.2). „Will man mobile Arbeit präventionsorientiert gestalten, muss dies auch bei den Führungsbeziehungen ansetzen." (Breisig, 2020, S. 193) Der digitale Wandel verändert die Arbeitswelt. Flexibilisierung und Dezentralisierung von Arbeitsort und Arbeitszeit, Entgrenzung bei ortsflexibler Arbeit, Zunahme der Vernetzungsdichte, Schnelligkeit und Schnelllebigkeit von Informationen, ständige Erreichbarkeit, Arbeit in virtuellen Gruppen, das Phänomen verstärkter sozialer Isolation bis hin zu verkürzten Regenerationsphasen sind hier kennzeichnend. Aus gesundheitlicher Sicht sind hier v. a. die **Kriterien guter Führung** wie Vertrauen, Commitment und Partizipation sowie mehr Kollaboration und weniger Hierarchie und Kontrolle von Bedeutung, um auf diese Herausforderungen angemessen zu reagieren (vgl. Siegermund in Matusiewicz & Kaiser, 2018, S. 99 ff.; IGA, 2015). *Führung auf Distanz* und Digital Leadership bis hin zu Agile Leadership sind Antworten auf die zunehmende Flexibilisierung (Treier, 2019b, S. 503 ff.) – die **zentrale Frage im New Leadership** lautet: *Wie kann Führung trotz Dezentralisierung und damit abnehmender persönlicher Kontaktdichte gesundheitsförderlich sein?*

■ **Aufgaben einer gesunden Führung**

Zur Bestimmung der Gesundheitsaufgaben eignen sich die **allgemeinen Führungsfunktionen** als Grundlage, d. h. Stärkung der Bindung (Identifikation und Beteiligungsorientierung), Optimierung des Zusammenhalts (Kohäsion und Beziehungsorientierung) und Erzielung von Ergebnissen (Lokomotion und Aufgaben- bzw. Zielorientierung) (Treier, 2019b, S. 496 f.) (❑ Abb. 4.13). **Generelle Ansätze** sind hier die Gestaltung von Arbeitsanforderungen, der Abbau von Stressoren und die Förderung von Ressourcen (vgl. Uhle & Treier, 2019, S. 173 ff.). Aus Sicht des BGM gilt es zunächst, Führungskräfte für das Thema Gesundheit zu sensibilisieren und zu verdeutlichen, dass Führung nicht nur kraft Amtes, sondern auch durch die Persönlichkeit erfolgt – in der Führungstheorie spricht man hier von der transformationalen Führung oder dem New Leader, der inspiriert, intellektuell anregt, auf individuelle Bedürfnisse eingeht, aber auch im Sinne der transaktionalen Führung Erwartungen, Anforderungen und Ziele transparent definiert und Grenzen aufzeigt (vgl. von Au, 2016; Rosenstiel et al., 2020). Führungskräfte müssen bspw. lernen, Warnsignale für Unter- oder Überforderung bei den Mitarbeitenden frühzeitig zu erkennen und diese auch anzusprechen.

Mit Blick auf die moderne Arbeitswelt ergeben sich daraus konkrete **Aufgaben für eine gesundheitsorientierte Führung**, wie z. B. die Stärkung einer konstruktiven Fehlerkultur, die aktive Förderung von Ko-

ordination und Kommunikation, das Festlegen von Prinzipien des sozialen Austauschs und Miteinanders (Netiquette), das empathische Eingehen auf Ängste und Überlastungen, wertschätzendes Feedback und vertrauensvolles Handeln, die Unterstützung bei der Gestaltung von Arbeitsaufgaben und Arbeitsplätzen oder die Erhöhung der Selbststeuerungskompetenz von Teams. Um wirksam zu sein, erfordert gesunde Führung darüber hinaus als **Selbstaufgabe** die Stärkung der eigenen Resilienz und Ambiguitätstoleranz in einem herausfordernden Arbeitsumfeld.

Aus Sicht der **Führungsebenen** befasst sich das Top-Management v. a. mit kulturellen Fragen, das mittlere Management mit Ressourcen auf der Prozess- und Strukturebene und das untere Management mit dem Verhalten im Kontext der erlebten Anforderungen (vgl. Zimber & Gregersen, 2011). Zu erweitern ist das Handlungsfeld im Zusammenhang mit dem demografischen Wandel hinsichtlich der Anforderungen an eine alternsgerechte bzw. **alternssensible Führung** (Age-related Leadership) – das Handlungsfeld „Arbeit und Altern" bietet hier viele Ansatzpunkte für eine gesunde Führung (vgl. Richter, 2021). Sie stellt sich aktiv den Herausforderungen des demografischen Wandels und trägt dazu bei, die Demografie-Fitness einer Organisation zu erhöhen, indem sie die Kompetenzen älterer Beschäftigter nutzt, jüngere und ältere Beschäftigte in altersgemischten Teams integriert, Wissensmanagement betreibt, eine alternsgerechte Arbeits- und Organisationsgestaltung fördert sowie die Gesundheit, Arbeits- und Lernfähigkeit älterer Beschäftigter erhöht.

> **Gesunde Führung** zeigt sich im *konkreten Handeln* als gesunder Umgang mit sich selbst und mit anderen als soziale Handlungskompetenz: Wertschätzung zeigen und Vorbild sein, Vertrauen aufbauen, gesundheitsförderliche Rahmenbedingungen schaffen, Gesundheitsrisiken in Bezug auf Mensch, Technik und Organisation erkennen, Kulturpromotor sein bzw. als Kristallisationspunkt für eine gelebte Gesundheitskultur fungieren, das soziale Miteinander fördern, für das Thema Gesundheit sensibilisieren, sich selbst achtsam und gesund führen.

► **Beispiel**

Was bedeutet gesunde Führung konkret auf der Verhaltensebene? Gesundheitsorientierte Führungskräfte pflegen eine angemessene Pausenkultur, achten auf eine ausgewogene Work-Life-Balance, unterstützen die Mitarbeiter*innen bei der Inanspruchnahme von BGF-Angeboten, achten auf gesundheitliche Warnsignale bei den Mitarbeiter*innen, stehen als Ansprechpartner*innen auch außerhalb des Arbeitskontexts zur Verfügung, geben wertschätzendes Feedback, orientieren sich an den

Stärken ihrer Mitarbeiter*innen und stehen für eine Vertrauens- und Fehlerkultur. Das, was sie für die Gesundheit ihrer Mitarbeiter*innen tun, tun sie im Sinne der Selbstachtsamkeit auch für sich selbst und erreichen damit Glaubwürdigkeit als Vorbild. ◄

Tipp

Das E-Learning-Tool für Führungskräfte **„Förderung psychischer Gesundheit als Führungsaufgabe"** der psyGA als Angebot der INQA ist ein digitaler Leitfaden, der einerseits eine Selbsteinschätzung ermöglicht und andererseits Handlungsempfehlungen zum Handlungsfeld „Führung und psychische Gesundheit" enthält. Ziel dieses E-Learning-Tools ist die Förderung der psychischen Gesundheit durch gesundes Führungsverhalten und die Sensibilisierung von Führungskräften hinsichtlich ihrer eigenen Rolle im Zusammenhang mit der Förderung der psychischen Gesundheit der Mitarbeiter*innen. Auf der Website von psyGA und auch als Anhang des E-Learning-Tools findet sich zudem eine Handlungshilfe für Führungskräfte *„Kein Stress mit dem Stress"*, die sich praxisnah mit den zunehmenden Belastungen in der Arbeitswelt aus Sicht der eigenen Rolle als Führungskraft auseinandersetzt und Wege zum Umgang mit psychischer Belastung und Stress aufzeigt.

► https://www.psyga.info/fileadmin/eLearning-Tools/eLearning-Tool_Fuehrungskraefte/

4.2.3.4.2 Wirkung gesunder Führung

» „Der Einfluss, den Führungskräfte mit ihrem Verhalten auf die Gesundheit der Mitarbeiter/-innen haben, wird in aller Regel von den Führungskräften selbst unterschätzt." (Elprana et al., 2016, S. 144)

Ein starkes Indiz für die **Wirkung gesunder Führung** wäre, wenn Führungskräfte im Rahmen von Job-Rotation ihren Krankenstand quasi mitnehmen würden – dies wird in der Praxis immer wieder beobachtet, ist aber kaum überprüfbar dokumentiert. Eine valide Studie dazu gibt es nicht, da die zu kontrollierenden Einflussfaktoren ein komplexes Forschungsdesign erfordern würden, um diesen Haupteffekt nachzuweisen. Die VW-Studie lieferte hierzu Hinweise, deren Quellenlage allerdings nicht mehr rekonstruierbar ist (vgl. Nieder, 2000). Viele Expert*innen sind sich jedenfalls einig, dass sich achtsames und gesundes Führen positiv auf das Gesundheitsverhalten, das Wohlbefinden und die Motivation der Mitarbeitenden auswirkt. Trotz theoretischer Ungereimtheiten gibt es dafür ausreichend Evidenz (vgl. Montano et al., 2016, Pundt et al., 2018). Kritische Übersichtsarbeiten weisen jedoch auf die teilweise schwache und inkonsistente Evidenz zur Wirksamkeit gesundheitsorientierter Führungsmaßnahmen in Bezug auf Stress, Fehlzeiten oder Wohlbefinden der Mitarbeitenden hin (vgl. Dannheim et al., 2022).

▪ **Wirkungsmodelle gesunder Führung**

Diese **Ambivalenz in der Empirie** ist v. a. auf fehlende **Wirkungsmodelle** zur Erklärung der kausalen Einflussmechanismen von Führung auf Gesundheit zurückzuführen (vgl. Rudolph et al., 2020). In der Theorie finden sich jedoch kaum praktikable Wirkungsmodelle, was zum einen mit der Breite der Wirkungsfelder gesunder Führung von der Verhaltens- über die Verhältnis- bis hin zur Kulturebene und zum anderen mit den vielfältigen Einflussfaktoren wie Arbeitssituation und Personenmerkmalen der Beschäftigten zusammenhängt. Gesundheitsorientierte Führung findet immer in einem gesundheitsorientierten kulturellen Kontext statt bzw. muss in diesen eingebettet sein (Struhs-Wehr, 2017). Die **Wechselwirkungen** verdeutlichen, dass gesunde Führung allein nicht gesund machen kann, auch wenn Führung zu den wichtigsten Determinanten von Gesundheit zählt (vgl. Franke, 2012b; Elprana et al., 2016, S. 146 f.; Krick et al. in Michel & Hoppe, 2022, S. 215 ff.). Führung als Verhältnisfaktor (Belastung) beeinflusst den Beanspruchungsprozess, der wiederum Auswirkungen auf die Gesundheit hat. Eine gesunde Organisation wiederum stärkt die Führung und schafft die Voraussetzungen dafür, dass die Führung selbst gesund bleibt. Diese **Wirkungskette** wird durch verschiedene Kontextfaktoren moderiert. „Neue Forschungsansätze berücksichtigen die Komplexität und Wechselwirkung der vielen beschriebenen Faktoren, die im Arbeitsalltag auf die Gesundheit wirken. Sie gehen von der Hypothese aus, dass Führungsverhalten, Personfaktoren der Mitarbeiter sowie Merkmale der Arbeit miteinander interagieren." (Struhs-Wehr, 2017, S. 107) Aus der Perspektive des Führungsverhaltens lassen sich als **Hauptkomponenten des Wirkungsmodells** die persönliche Bedeutung von Gesundheit, Achtsamkeit als bewusste Wahrnehmung von Stress und Belastungsgrenzen sowie Gesundheitsverhalten als Aktivität in Bezug auf den eigenen Lebensstil und die positive Einflussnahme auf die Arbeitssituation der Beschäftigten identifizieren (vgl. Elprana et al., 2016, S. 146 f.) (◘ Abb. 4.15). Aufgrund theoretischer Defizite und empirischer Inkonsistenzen bleibt die **Erforschung gesundheitsorientierter Führung** eine zentrale Aufgabe der betrieblichen Gesundheitsforschung (Rudolph et al., 2020).

4

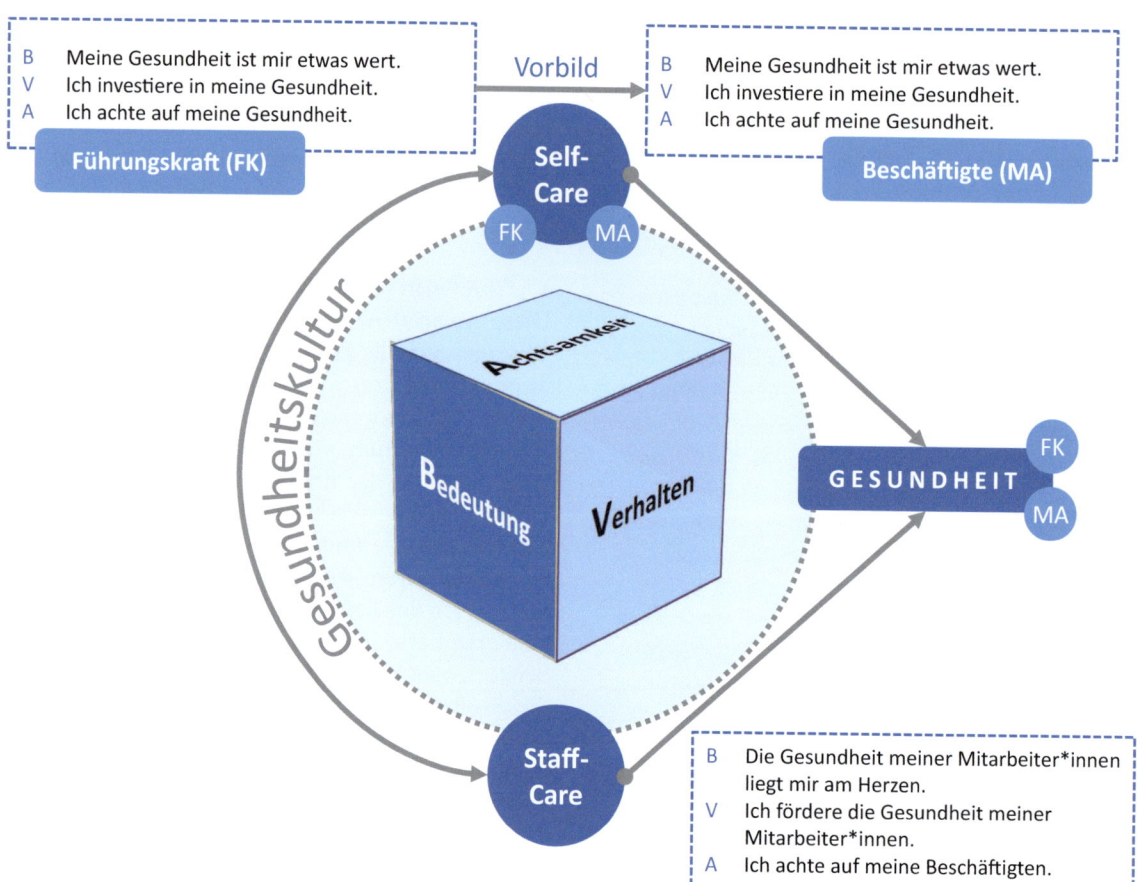

B Meine Gesundheit ist mir etwas wert.
V Ich investiere in meine Gesundheit.
A Ich achte auf meine Gesundheit.

Führungskraft (FK)

Vorbild

B Meine Gesundheit ist mir etwas wert.
V Ich investiere in meine Gesundheit.
A Ich achte auf meine Gesundheit.

Beschäftigte (MA)

B Die Gesundheit meiner Mitarbeiter*innen liegt mir am Herzen.
V Ich fördere die Gesundheit meiner Mitarbeiter*innen.
A Ich achte auf meine Beschäftigten.

Abb. 4.15   Wirkungsmodell gesunder Führung aus Verhaltenssicht nach Franke (2012b) und Elprana et al. (2016)

Ein **Wirkungsmodell gesunder Führung**, das alle Wirkungspfade berücksichtigt und in der Praxis anwendbar ist, existiert bislang nicht. Das Phänomen Führung ist Belastung und Ressource zugleich und mit nahezu allen Elementen der Organisation verwoben.

» „Gute Führung, die in ihrem Kern aus einer Kombination aus ergebnisorientierter und inspirierender Führung besteht, bildet das entscheidende Fundament für den Erhalt und die Förderung psychischer Gesundheit. Gesunde Führung baut auf diesem Fundament auf und hat einen zusätzlich positiven Effekt: Die psychische Gesundheit im Unternehmen verbessert eine ergebnisorientierte Führung um 41 Prozent, inspirierende Führung um 44 Prozent, gesunde Führung zusätzlich um 14 Prozent." (Bruch & Kowalevski, 2013, S. 5)

■ **Evidenz zur gesunden Führung**

Umfragen belegen die **Relevanz von gesunder Führung**. So nennen in der BGM-Trendstudie #whatsnext neun von zehn Befragten das Engagement der Führungskräfte als wichtigsten Faktor für die Gesundheitsförderung der Beschäftigten (IFBG, 2017, S. 6) und sechs von zehn Organisationen geben an, dass das

Handlungsfeld Gesunde Führung einen hohen Stellenwert hat (IFBG, 2020, S. 40). Die Top-Studie „Gesunde Führung" von Bruch und Kowalevski (2013) zeigt, dass gesunde Führung im Vergleich zu guter Führung einen zusätzlichen Gesundheitseffekt reklamiert. Psychische Gesundheit wirkt sich u. a. positiv auf Engagement, Leistung, Verbleib und Motivation aus. Die Studie bestätigt auch, dass gesunde Selbstführung sich positiv auf die Gesundheit der Mitarbeitenden auswirkt. *Mit dem Wandel der Arbeitswelt wird ein Bedeutungszuwachs von gesunder Führung erwartet*, da Führung einerseits zum Gesundheitsanker in einer agilen Arbeitswelt wird, andererseits aber durch die Anforderungen flexibler Arbeitsmodelle selbst unter Druck gerät, sodass Gesundheitsfragen zunehmend das Führungshandeln bestimmen (vgl. Robelski et al., 2018) (▶ Abschn. 1.3.2). **Projekte** wie der iga.Radar der Initiative Gesundheit und Arbeit (IGA, 2015) suchen in der aktuellen Führungsforschung nach Erfolgsfaktoren gesundheitsförderlicher Führung und leiten daraus Strategien und Maßnahmen zur Förderung der (psychischen) Gesundheit von Beschäftigten ab. Um den Zusammenhang zwischen Führung, Gesundheit und Wohlbefinden der Beschäftigten zu erfassen, müssen komplexe Studiendesigns entwickelt werden. So untersucht das

Verbundprojekt ReSuLead (Wertschätzende und nachhaltige gesundheitsförderliche Führung) auf der Basis einer Längsschnitt- und Interventionsstudie **Führung als sozialen Prozess**, der multifaktoriell durch individuelles Führungsverhalten, aber auch durch situative, team- und organisationsbezogene Größen bestimmt wird (Rigotti et al., 2014). „Längsschnittanalysen belegen, dass das Führungsverhalten bedeutsam für die Gesundheit der Geführten ist, insbesondere die gesundheitsförderliche Führung und die transformationale Führung. Es zeigten sich jedoch auch zahlreiche gegenläufige Kausalbeziehungen, d. h. eine Person mit guter psychischer Gesundheit schätzt ihre Führungskraft positiver ein. Es konnte gezeigt werden, dass Tätigkeitsmerkmale den Zusammenhang zwischen Führungsverhalten und (psychischer) Gesundheit vermitteln." (Rigotti et al., 2014, S. 7) Die *Relevanz der Aufgabengestaltung* als Hebel für die Gesundheitsförderung wird bestätigt (▶ Abschn. 4.2.3.2). Aber auch wenn Führungskräfte nur einen begrenzten Einfluss auf die Tätigkeitsmerkmale ihrer Beschäftigten haben sollten, können sie über das Teamklima und die Stärkung persönlicher Ressourcen positiv auf die Gesundheit der Beschäftigten einwirken. Der Stressreport Deutschland belegt, dass ein wenig wertschätzender Umgang mit den Beschäftigten, geringe Rücksichtnahme und geringe Beteiligung der Mitarbeiter*innen entsprechend der destruktiven Führung mit nachweisbaren Beeinträchtigungen der psychischen Gesundheit einhergehen (BAuA, 2020, S. 20 f.).

Nachfolgend dokumentieren ausgewählte Studien und Übersichtsarbeiten die **Wirkungskraft gesunder Führung**. Die Studienlandschaft ist jedoch heterogen in Bezug auf Forschungsdesigns, verwendete Instrumente und Führungsmodelle, was die Vergleichbarkeit der Studien und die Interpretation der Ergebnisse erschwert. Meist finden sich Korrelationen zwischen Führungsverhalten und Gesundheitsindikatoren der Mitarbeitenden. Dieser **Korrelationsansatz** ist hinsichtlich kausaler Wirkrichtungen, moderierender Einflussfaktoren des Arbeits- und Organisationskontextes wie Aufgabe, Organisationsgröße und -strukturen sowie hinsichtlich relevanter Persönlichkeitsmerkmale und Gesundheitskompetenzen von Führungskräften und Mitarbeitenden zu erweitern.

- **Review von Gregersen et al. (**2011**):** In Abhängigkeit vom Führungsstil nach dem Modell des umfassenden Führungsverhaltens finden sich in den berücksichtigten Studien unterschiedliche Ergebnisse (▶ Abschn. 4.2.3.4.1). Der transformationale oder mitarbeiterorientierte Führungsstil wirkt sich im Allgemeinen positiv auf die Gesundheit aus. Der transaktionale Führungsstil kann sich bei leistungsorientierter Belohnung positiv auswirken, bei zu

starker Kontrolle aber auch zu Dysstress bei den Mitarbeitenden führen. Die Ergebnisse des Laissez-faire-Ansatzes sind uneinheitlich. Gesundheitsschädlich sind v. a. soziale Stressoren, die die Arbeitszufriedenheit, die Anwesenheit und die psychische Gesundheit verringern. Aus ressourcenorientierter Sicht wirken Partizipation und soziale Unterstützung gesundheitsförderlich. Bezüglich der Aufgabenorientierung fallen die Ergebnisse nicht eindeutig aus. Es ist zu vermuten, dass Aufgabenorientierung mit einer hohen Mitarbeiterorientierung kombiniert werden muss, um einen gesundheitsförderlichen Effekt zu erzielen.

- **Review im Rahmen des Projektes „Psychische Gesundheit in der Arbeitswelt" der BAuA (Montano et al., 2016):** Der systematische Review berücksichtigt Zusammenhänge zwischen Führungsmerkmalen und Outcomes der psychischen Gesundheit wie Burnout, Stress, Resilienz, gesundheitliche Beschwerden. Gesunde Führung wirkt kumulativ mit statistisch kleinen bis mittleren Effekten. „Die Ergebnisse deuten darauf hin, dass Führung bei der Gestaltung von Arbeitsbedingungen und mit Blick auf die Gesundheit der Beschäftigten eine zentrale Bedeutung hat." (Pundt et al., 2018, S. 18) Diesen Effekten kommt aufgrund der Expositionswahrscheinlichkeit eine hohe Bedeutung zu, da nahezu alle Beschäftigten eine Führungskraft haben und direkt oder indirekt von den positiven und negativen Effekten von Führung betroffen sind. „Im Allgemeinen weisen die Befunde darauf hin, dass Führung als Ressource die positiven Ausprägungen transformationaler und mitarbeiterorientierter Führung, eine hohe Qualität der Führungskraft-Mitarbeiter-Interaktionen sowie – in etwas abgeschwächter Form – aufgabenorientierter Führung einschließt." (Montano et al., 2016, S. 5) Darüber hinaus zeigt sich, dass Führung nicht nur gesundheitsförderlich, sondern auch gesundheitsschädlich sein kann, wenn sie defizitär ausgeübt wird, und sogar gesundheitsgefährdend, wenn sie Merkmale destruktiver Führung aufweist.

- **Metaanalyse von Harms et al. (**2017**):** Wenn Führungskräfte Stress erleben, beeinflusst dies auch ihr Verhalten in Bezug auf einen gesunden Führungsstil. Der Führungsstil und die Beziehung zwischen Führungskraft und Mitarbeitenden haben einen signifikanten Einfluss auf das Wohlbefinden und die Stressbelastung der Mitarbeitenden. Daher muss das Stresserleben von Führungskräften als Ansatzpunkt des BGM stärker als bisher in den Fokus gerückt werden.

- **Metanalyse von Kaluza et al. (**2019**):** Im Gegensatz zu destruktiver Führung wirken konstruktive Führungsstile generell gesundheitsförderlich, indem sie das Wohlbefinden der Mitarbeitenden steigern helfen. Dabei zeigt sich, dass die veränderungsorientierte Führung im Sinne des transformationalen Führungsstils die stärkste Wirkung auf das Wohlbefinden hat, gefolgt von der beziehungsorientierten Führung und der aufgabenorientierten Führung. Wenn Führungskräfte sich selbst gesund verhalten, hat dies einen positiven Einfluss auf das Führungsverhalten. Umgekehrt neigen gestresste und erschöpfte Führungskräfte eher zu einem destruktiven oder passiven Führungsstil. Die Autoren kommen zu dem Schluss, dass die Gesundheit der Führungskräfte ein zentraler Hebel im BGM ist, da die gesunde Selbstführung das Führungsverhalten beeinflusst und sich somit direkt oder indirekt auf die Gesundheit der Beschäftigten auswirkt.

❗ Die Evidenz scheint eindeutig zu sein und weist Führung als entscheidenden Gesundheitsfaktor aus, aber die Vielzahl der Einflussfaktoren führt zu einem **Rauschen in den Ergebnissen**. Metaanalysen und systematische Reviews helfen, das Rauschen in den Ergebnissen zu beseitigen.

Führung ist existenziell

Viele Beschäftigte erleben Führung als existenziell, weil sie ihr überall begegnen, sich ihr nicht entziehen können und weil ihr Handeln von der Führung abhängt. Führung kann schlechte Arbeits- und Organisationsbedingungen nicht dauerhaft kompensieren und umgekehrt können gute Arbeits- und Organisationsbedingungen schlechte Führung nicht vollständig entschärfen. Die Wirksamkeit von Führung hängt zweifellos von der Ausprägung der Kontextfaktoren ab, was in modernen Führungskonzepten berücksichtigt wird (vgl. Rybnikova & Lang, 2021). Sie übt im Zusammenspiel mit anderen Faktoren Einfluss auf die Beschäftigten aus. Empirisch zeigt sich, dass gesundheitsorientierte Führung im Vergleich zu aufgabenorientierter Führung einen eigenständigen Beitrag zur Gesundheit leistet. Als zentraler Ansatzpunkt kristallisiert sich der Führungsstil heraus. Aus den Studien lassen sich **Merkmale gesunden Führungsverhaltens** ableiten. Gesunde Führung kommuniziert anforderungsgerecht, transparent und wertschätzend, fördert Eigeninitiative und Innovation, agiert partizipativ und dialogisch, gewährt Handlungsspielräume, berücksichtigt Gerechtigkeitserwartungen im Handeln, geht empathisch auf sozial-emotionale Bedürfnisse ein und vermeidet alle Formen destruktiver Führung (Montano et al., 2016).

▪ Führung als verlängerter Arm des BGM

Führung und Akteure des BGM interagieren eng, wenn es um die Aufgabe einer gesunden Organisation geht. Gesunde Führung ist aufgrund ihrer hohen Relevanz nicht nur mit dem BGM vernetzt, sondern fungiert direkt als *verlängerter Arm des BGM*. Führung kristallisiert sich als wesentlicher Baustein für ein wirksames BGM heraus und umgekehrt kann BGM dazu beitragen, die Eigenschaften gesunder Führung im Unternehmen zu entwickeln. Diese Bedeutungszunahme spiegelt sich auch in den Kriterien der Qualitätsmodelle des BGM wider (▶ Abschn. 7.1), denn Gesundheitsawards stellen Führung als Erfolgsfaktor heraus, die DIN SPEC 91020 definiert die systematische Umsetzung von BGM als Führungsaufgabe aus Qualitäts- und Prozesssicht und das SCOHS-Modell akzentuiert die Relevanz des Sozialkapitals v. a. in Bezug auf die Führungsqualität und identifiziert die Führungs- und Gesundheitskultur als Voraussetzung für ein erfolgreiches BGM im Sinne der Sozialkapitaltheorie (vgl. Badura et al., 2013). Die Führungsqualität fungiert im Treiber-Indikatoren-Modell als wichtiger Gesundheitstreiber (▶ Abschn. 6.1.2).

❗ Wenn die Führungskräfte nicht aktiv in das BGM eingebunden sind, fehlt die **letzte Meile** zur Umsetzung einer gesunden Organisation und das BGM scheitert. Die Führungskräfte müssen eine feste Konstante im BGM sein und helfen, die Ziele der gesunden Organisation in den Abteilungen bzw. Bereichen zu finalisieren und zu konkretisieren. Führungskräfte sind das **Aushängeschild des BGM**.

4.2.3.5 Organisationsgestaltung

❯❯ „Dabei ist von zentraler Bedeutung, dass die Organisation der Adressat der Gesundheitsförderung ist. Denn durch die Strukturen, Regeln und Kultur der Organisation werden zentrale Bedingungen für Gesundheit, deren Wahrnehmung und Umgang mit Gesundheit wesentlich beeinflusst. Betriebliche Gesundheitsförderung ist damit als Organisationsentwicklung zu konzipieren, in deren Rahmen mit den Betroffenen und den unterschiedlichen Interessengruppen die Rahmenbedingungen für Gesundheit verhandelt werden können." (Pieck in Faller, 2017, S. 179)

Organisationen beeinflussen durch ihre Strukturen, Prozesse, Wertemuster, Regeln der Ressourcenallokation, Kommunikations- und Interaktionsformen indirekt, aber auch direkt die Denk- und Verhaltensmuster der Mitarbeitenden und bestimmen die gelebte Gesundheitskultur (vgl. Badura, 2017; Osterspey, 2018) (▶ Abschn. 4.1.2). Das Ergebnis spiegelt sich im **organisationalen Verhalten** als Ausdruck der verhaltenssteuernden Wirkung von Organisationen wider (vgl. Robbins & Judge, 2021). Der prägende Einfluss der Organisation auf die Gesundheit ist bekannt, wird aber aus Sicht des BGM als Gestaltungsfaktor zu wenig systematisch berücksichtigt und mehr oder weniger dem Zufall überlassen (vgl. Pelikan et al., 2020). Daher ist es aus Sicht der Verhältnisprävention unerlässlich, eine **gesundheitsförderliche Organisationsentwicklung** voranzutreiben, um Gesundheit als Kriterium in Strategie und Kultur sowie in Strukturen und Prozessen zu verankern und dem Leitsatz des BGM *„Gesunde Menschen in einer gesunden Arbeitswelt"* gerecht zu werden. Die Wechselwirkungen zwischen Gesundheitsverhalten und organisationalen Parametern auf der Kultur-, Prozess- und Strukturebene sind bekannt und bestätigen, dass eine gesunde Organisation nur entstehen kann, wenn Veränderungen in der Organisation selbst stattfinden – dies wird auch im Rahmenmodell des gesundheitsförderlichen Wandels (Framework Model of Health Promoting Change) deutlich (Stegmaier in Michel & Hoppe, 2022, S. 302).

> ❯ **Organisationsentwicklung** als Methode der Prävention und Gesundheitsförderung zielt darauf ab, Gesundheit und Prävention als Zielgröße in Entscheidungsprozessen und Strukturen zu verankern und eine Veränderung des sozialen Gefüges im Sinne von Kultur und Kooperation zu bewirken.

■ **Das Setting im Fokus**

Die gesundheitsförderliche Organisationsgestaltung kann als **Setting-Ansatz** gemäß der Ottawa-Charta (▶ Abschn. 1.4.2) als nachhaltige Strategie der Gesundheitsförderung und Prävention übersetzt werden (vgl. Naidoo & Wills, 2019) – ihre Relevanz kommt auch im Health Promotion Glossary der WHO (2021) zum Ausdruck. Der Transformationsprozess hin zu einer gesunden Organisation als **organisationaler Lernprozess** hat Auswirkungen auf die jeweiligen Interventionsansätze in der Verhaltens- und Verhältnisprävention. Um diese Meta-Rolle zu kennzeichnen, kann dieser Ansatz in Abgrenzung zu den Ansätzen der Aufgaben- und Arbeitsplatzgestaltung (Mikroebene der Verhältnisprävention) auch als **Kontext- oder Kulturprävention** (Makroebene der Verhältnisprävention) bezeichnet werden (▶ Abschn. 4.2.3). Da der Mensch in einem soziotechnischen System agiert, sind gesundheitsförderliche Konzepte der Organisationsgestaltung erforderlich, die das Zusammenwirken von Mensch, Technik und Organisation im Sinne einer ganzheitlichen Arbeits- und Organisationsgestaltung berücksichtigen (Ulich & Wülser, 2018, S. 261 ff.) (◻ Abb. 4.8). Dabei sind insbesondere auch die Herausforderungen der Arbeit 4.0 zu berücksichtigen, da sie einerseits das System im Hinblick auf

die interdependenten Lebensbereiche verändern und erweitern und andererseits neue Belastungen und Beanspruchungsfolgen entstehen (▶ Abschn. 1.3.2) (vgl. Neuner, 2021, S. 122 ff.). Darüber hinaus stellt die Implementierung von BGM selbst einen Veränderungsprozess auf Organisationsebene dar. „Die Einführung eines systematischen BGM erfordert auf der Ebene der Beschäftigten und v. a. auf der Ebene der Führung und der Organisation Veränderungen. Sie ist ein **Change Management Prozess**." (Elke in Uhle & Treier, 2019, S. 251) Die ABC-Strategie definiert dabei die Erfolgsfaktoren des Veränderungsprozesses, der zu einer positiven Gesundheitskultur führen soll – A steht für Austausch, B für Beteiligung und C für Commitment.

Ansatz der Organisationsentwicklung

Die **gesundheitsförderliche Entwicklung der Verhältnisse** ist stets auch **Organisationsentwicklung** bzw. Organisationsgestaltung in Anlehnung an den Setting-Ansatz (vgl. Pelikan et al., 2020). Aus Sicht des BGM eignet sich die Organisationsentwicklung als **Katalysator für den Transformationsprozess zur gesunden Organisation**, da die Maximen der Organisationsentwicklung mit den Anforderungen der Gesundheitsförderung kompatibel sind, denn beide fordern ein positives Menschenbild, Offenheit und Fairness im Umgang miteinander und sehen die Kultur als Motor der Veränderung. Dabei gilt für den Veränderungsprozess die **ABC-Strategie**, da sich Akzeptanz, Beteiligung und Commitment als ihre Erfolgsfaktoren herauskristallisieren (Elke in Uhle & Treier, 2019, S. 252). Unabhängig von der Organisationsentwicklung als Gesundheitsaufgabe sollten generell relevante Veränderungen („Changes" z. B. im Rahmen von Umstrukturierungen) in der Organisation, die von den Betroffenen als Bedrohung, Verlust oder Herausforderung wahrgenommen werden und entsprechende Belastungserscheinungen hervorrufen, durch entsprechende Planung, Information, Beteiligung und Ressourcen gesundheitsförderlich gestaltet werden (vgl. Stegmaier in Michel & Hoppe, 2022, S. 301 ff.). *Organisatorische Veränderungen sind auf ihre Gesundheitsförderlichkeit zu überprüfen.*

4.2.3.5.1 Grundlagen und theoretische Einordnung

Ein modernes BGM hat nicht den Anspruch, die Beschäftigten zu einem gesünderen Verhalten zu bewegen und ungesundes Verhalten zu kritisieren, sondern zielt auf die nachhaltige **Gestaltung der organisationalen Rahmenbedingungen** für Gesundheitsförderung in An-

4

lehnung an den Setting-Ansatz als Goldstandard der Gesundheitsförderung gemäß der Ottawa-Charta (vgl. Hajji et al., 2022, S. 1). Das Setting definiert die gesundheitsförderlichen Bedingungen, unter denen sich die Beschäftigten eigenverantwortlich gesund in der Arbeitswelt bewegen und entfalten können. Insbesondere die Disziplinen der Organisationspsychologie und der Organisationssoziologie zeigen die Bandbreite der organisationalen Ansatzpunkte aus gesundheitlicher Perspektive auf (vgl. Nerdinger et al., 2019; Schubert, 2019). Aus theoretischer Sicht lassen sich als **übergreifende Gestaltungsfelder** die Veränderung der Aufbauorganisation (Strukturen, Reorganisation, Hierarchie) und der Ablauforganisation (Prozesse, Rollen, Aufgaben) sowie die systemische Veränderung des sozialen Gefüges (Werte, Team, Kultur) identifizieren.

◼ **Oszillieren zwischen Rationalität und Emotionalität**

Herausfordernd ist dabei die **Balance zwischen Rationalität** – hier erfolgt die Veränderung stringent nach den Prinzipien der Managementlogik – **und Emotionalität** als überfachliche Seite, die die weichen und individuellen Reaktionen auf Veränderungen beschreibt (vgl. Lauer, 2019; Stolzenberg & Heberle, 2021). Die Organisationsentwicklung ist mit ihrem Entwicklungskonzept anschlussfähig an das BGM und umgekehrt. Die gesunde Organisationsgestaltung berücksichtigt die Interessen der Betroffenen und schafft den Rahmen für Information, Partizipation und Identifikation mit den Werten einer gesunden Organisation gemäß der **ABC-Strategie** (Elke in Uhle & Treier, 2019, S. 252). Ihre Bedeutung spiegelt sich auch in den Kriterien der Qualitätsmodelle im BGM wider, die den Setting-Ansatz mit den Gestaltungsfeldern Strukturen, Prozesse und Ressourcen als guten Standard definieren, auditieren und zertifizieren (▶ Abschn. 7.1). Voraussetzung für das organisatorische Vorgehen ist ein klares **gesundheitspolitisches Bekenntnis** (Credo) (▶ Abschn. 4.1.1). Die nachhaltige Verbesserung der Gesundheit einer Organisation erfordert daher einen systematischen Entwicklungsprozess der gesamten Organisation. Aus Gestaltungssicht empfiehlt sich ein schrittweises Vorgehen, um nicht in die Komplexitätsfalle zu geraten. Das Qualitätsmanagement bietet sich hier mit seinen Methoden als Reflexionsfolie an (▶ Abschn. 7.1).

❯ Gesundheit nur rational als Zielgröße in die Organisationsgestaltung zu integrieren, funktioniert nicht. Der Austausch zur Information, Aufklärung und Überzeugung, die Beteiligung der Beschäftigten und das Commitment der Führungsebene sind nach der ABC-Strategie wichtige **Gestaltungsansätze**, um Akzeptanz bei den Betroffenen zu erreichen.

Organisationsentwicklung

Gesundheitsförderliche Organisationsentwicklung wird als nachhaltige Veränderungsstrategie definiert, die das Gesamtsystem der Organisation in den Blick nimmt und unter gesundheitlichen Gesichtspunkten auf den Prüfstand stellt. Es wird postuliert, dass durch Organisationsentwicklung Gesundheit erhalten und gefördert werden kann. Sie erfolgt unter aktiver Beteiligung der Betroffenen und erfüllt damit den für einen salutogenen Ansatz zentralen Partizipationsanspruch. Sie ist geplant und verankert Gesundheit in den Entscheidungsprozessen der Organisation mit dem erklärten Ziel, einerseits die Gesundheit, Resilienz und Handlungsfähigkeit der Organisation auf der Kultur-, Prozess- und Strukturebene und andererseits die Gesundheit, Resilienz und Arbeitsfähigkeit der Organisationsmitglieder zu erhöhen. Die betrachteten Arbeits- und Organisationsbedingungen orientieren sich an den Humankriterien der Arbeit als Gestaltungs- und Erfolgsgrößen einer gesunden Organisation (▶ Abschn. 4.2.1).

❯❯ „Ziel einer Organisationsentwicklung ist es, in Zusammenarbeit mit den Mitgliedern einer Organisation die Arbeits- und Produktionsbedingungen dieser Organisation humaner zu gestalten sowie deren Flexibilität und Leistungsfähigkeit in einer dynamischen Umwelt zu steigern." (Pelikan et al., 2020)

◼ **Ziele gesunder Organisationsgestaltung**

Herausfordernd hinsichtlich dieser Zielbestimmung ist der potenzielle Widerspruch zwischen den Postulaten **Effizienz-/Effektivitätssteigerung und Humanisierung**, denn eine gesundheitsgerechte Belastungsexposition und damit resultierende Beanspruchungsoptimierung bei den Beschäftigten erfordert nicht nur Investitionen in Bezug auf Ressourcen wie Humankapital, sondern auch eine kritische Überprüfung der verfestigten Aufgaben, Prozesse und Strukturen unter Effizienz- und Effektivitätsgesichtspunkten (◘ Abb. 4.16). Dieser Konflikt spiegelt sich auch im Gesundheitscontrolling wider, wenn es um die Frage geht, welche Kennzahlen für den Erfolg des BGM ausschlaggebend sind bzw. wie das BGM legitimiert werden kann (▶ Abschn. 6.2). Um die langwierigen Veränderungsprozesse der Organisationsentwicklung am Leben zu erhalten und das BGM zu institutionalisieren, werden Ressourcen benötigt (▶ Kap. 3). Der Nachweis des wirtschaftlichen Nutzens gesunder Organisationen bzw. des Einflusses eines organisationalen Gesundheitsmanagements auf die Leistungsfähigkeit der Organisation ist zielführend,

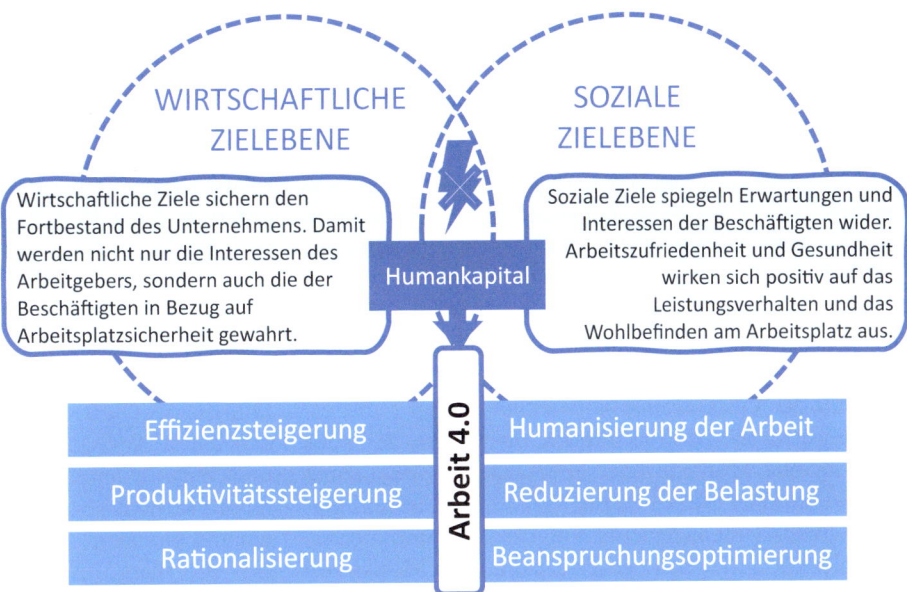

◻ Abb. 4.16 Zielkonflikt in der Organisationsgestaltung

um eine nachhaltige Gesundheitsstrategie zu erreichen (vgl. Gutmann, 2019; Maurer, 2020).

Unabhängig davon, ob Organisationsentwicklung aus Effizienz- oder Humanitätsgründen oder aus beidem abgeleitet wird, ergeben sich unterschiedliche **Handlungsziele**. Dazu gehören z. B. die Schaffung einer gesunden Prozessarchitektur, die Ermöglichung von Kontingenz zwischen den Lebensbereichen bzw. die dynamische Anpassung an sich verändernde Lebenswelten, das Setzen von organisationalen Gesundheitsimpulsen nach außen im Sinne der Emergenz (Organisation als Gesundheitsakteur), die systematische und präventive Vermeidung von Gesundheitsbeeinträchtigungen durch pathogene Verhältnisfaktoren, das Leben von Führungsgrundsätzen nach dem Leitbild der Gesundheit sowie die Entwicklung einer positiven Gesundheitskultur. Prämisse für die Zielerreichung ist die Identifikation von dysfunktionalen Strukturen, Prozessen, Aufgaben und Verhaltensmustern als Grundlage für eine **nachhaltige Gesundheitsstrategie** (Treier & Uhle, 2019) (▶ Abschn. 4.2.3.1).

❗ Die Zielkonflikte lassen sich nicht dadurch lösen, dass man sie wegdiskutiert, sondern am besten dadurch, dass man eine Kosten-Nutzen-Analyse als Instrument des Gesundheitscontrollings durchführt (▶ Abschn. 6.2.3).

■ **Gesundheit als organisationaler Lernprozess**
Aus theoretischer Sicht ist die gesunde Organisationsgestaltung mit ihrer vielschichtigen Zielmatrix ein schwieriges und komplexes Unterfangen – der Planbarkeit und Steuerbarkeit sind Grenzen gesetzt (vgl. Hajji et al., 2022). Dies zeigt sich bereits bei der Auftragsklärung, und das Vorgehen lässt sich kaum in einen idealtypischen Ent-

wicklungsprozess mit den Schritten Diagnose, Intervention und Evaluation einfangen (vgl. Schiersmann & Thiel, 2018). **Organisationstheorien** bestimmen in der Regel die **Lesart** und die Spielregeln, wie Organisationen funktionieren – vom Maschinenbild der klassischen über das Kulturbild der neoklassischen bis hin zur Organismus-Metapher der (post-)modernen Theorien – und erklären damit auch die Ansatzpunkte zur Veränderung einer Organisation (vgl. Kieser & Ebers, 2019). Je nach theoretischer Brille werden bestimmte Parameter der gesunden Organisation fokussiert – das vorliegende Verständnis basiert v. a. auf neoklassischen Postulaten zum Sozialkapital, auf modernen zum Humankapital (Arbeitsvermögen) sowie auf postmodernen Ansätzen zur Selbstorganisation und Vernetzung. Diese Theorien erklären auch, was eine gute von einer schlechten Organisationsgestaltung unterscheidet (▶ Abschn. 4.2.3.5.2).

Gesunde Organisationsgestaltung ist nicht ausschließlich zweckrational begründet, was sich v. a. in informellen Sozialisationsprozessen als ungeplanter Wandel manifestiert. Der Organisationsentwicklung liegt vereinfacht das Phasenmodell von Kurt Lewin zugrunde. Danach verläuft der **Veränderungsprozess in Transformationsschleifen** von der Initialisierung und Konzeption über die Mobilisierung und Implementierung bis hin zur Konsolidierung bzw. Verstetigung und versteht sich als zyklische Optimierung des Systems in Stufen (vgl. Krüger in Krüger & Bach, 2014, S. 39 ff.). „*Unfreezing*" verändert das Ausgangsgleichgewicht der Organisation und schafft Raum für Bewegung – bisherige organisatorische Pfade müssen verlassen werden, um neue Perspektiven aus der Gesundheitsperspektive zu ermöglichen. „*Moving*" schafft gezielte Veränderungen wie die Einführung flexibler Arbeitsmodelle – dies erfordert Investitionen und kann auch die Leistungsfähigkeit der

4

Organisation vorübergehend beeinträchtigen. Beim *„Refreezing"* wird ein neuer Gleichgewichtszustand erreicht, dessen positive Veränderungen konsolidiert werden müssen. Das Phasenmodell suggeriert ein schrittweises, inkrementelles Voranschreiten, tatsächlich zeigt sich jedoch, dass **Gesundheit bzw. gesunde Organisationsentwicklung als kontinuierlicher organisationaler Lernprozess** zu verstehen ist, der auf Selbstorganisations- und Beratungsmodellen basiert und die Bereitschaft und Fähigkeiten der Stakeholder im Kontext der Bedingungen des Transformationsmanagements berücksichtigt (vgl. Krüger & Bach, 2014; Schubert, 2019). Die **Qualität der Organisationsentwicklung** hängt dabei erwartungsgemäß von situativen Parametern ab, denn das bestimmende Moment jeder Organisationsentwicklung aus systemischer Sicht sind die Verknüpfungen und Dynamiken der Systemelemente. Um trotz der immanenten Komplexität Sicherheit, Orientierung und Motivation zu gewährleisten sowie Widerstände aus Sicht der Anspruchsgruppen zu minimieren, beansprucht die **Kommunikation** im Rahmen einer gesundheitsorientierten Organisationsentwicklung eine zentrale Rolle, um die Orchestrierung des Wandels zur gesunden Organisation zu begleiten (▶ Abschn. 4.1.3).

> **Gesunde Organisationsentwicklung** als kontinuierlicher organisationaler Lernprozess verläuft als Veränderungsprozess in Transformationsschleifen nach dem klassischen Phasenmodell von Kurt Lewin ab. Die Veränderungen spiegeln sich nach und nach im Reifegrad der gesunden Organisation wider.

■ **Organisationsentwicklungsstrategien**

Die bisherigen Darstellungen verdeutlichen, dass eine klassische Organisationsberatung als fachlicher Top-down-Ansatz im BGM als Oberflächenstruktur nicht ausreicht, um eine gesunde Organisation nachhaltig zu entwickeln. König und Volmer (2018) betonen, dass

Menschen von sozialen Systemen beeinflusst werden, aber auch umgekehrt Menschen Systeme verändern können – und dies gilt v. a. auch für Gesundheitsthemen im Sinne der Tiefenstruktur (◻ Tab. 4.3). Der Erfolg ist demnach eine **Frage der erzielten Transformationstiefe** in Anlehnung an das Schichtenmodell des organisationalen Wandels nach Krüger, denn es geht hier nicht nur um eine *Restrukturierung* in Bezug auf krankmachende Aufgaben, Strukturen und Prozesse als sachlich-rationale Dimension und um eine öffentlich kommunizierte *Reorientierung* in Bezug auf Strategien, Leitbilder oder Visionen der gesunden Organisation als politische Dimension, sondern v. a. auch um die personale Dimension einer *Revitalisierung* in Bezug auf Kompetenzen und Verhaltensweisen (▶ Abschn. 4.2.4) und in kultureller Hinsicht sogar um eine *Remodellierung* von Werten und Normen (▶ Abschn. 4.1.2) (vgl. Krüger in Krüger & Bach, 2014, S. 34 ff.). Die **systemische Organisationsgestaltung** stellt daher den Lernprozess als Bottom-up-Ansatz in den Vordergrund, der sich durch einen hohen partizipativen Charakter auszeichnet und damit Akzeptanz und Adhärenz als Compliance-Faktoren erreicht. Es handelt sich um einen langsamen und komplexen Lern- und Veränderungsprozess der gesamten Organisation. Damit in dieser Zeit der Kontakt zu den Entscheidungsträgern nicht verloren geht und der Lernprozess eine strategische Ausrichtung erfährt, ist die Einbindung der mittleren Führungsebene als **aktivierende Führungsebene** von zentraler Bedeutung (Center-out), da diese Ebene Einfluss auf Aufgaben, Ressourcen, Prozesse und Strukturen der gesunden Organisation nehmen kann und zudem noch über einen ausreichenden Kontakt zum Top-Management verfügt. Im Rahmen der **Multiplen-Nucleus-Strategie** können darüber hinaus punktuelle Impulse aus Gesundheitsprojekten hierarchie-, ebenen- und strukturübergreifend gesetzt werden, die zu einer flächendeckenden Verbreitung des Themas Gesundheit beitragen, einen inter-

◻ **Tab. 4.3**   Strategien der Organisationsentwicklungsentwicklung

	Klassische Beratung	**Systemische Organisationsentwicklung**
Tiefe	Oberflächenstruktur	Tiefenstruktur
Richtung	Top-down	Bottom-up
Ergebnis	feste Ziele	zieloffen
Ansatzpunkt	Ablauf- und Aufbauorganisation	soziales Gefüge
Akteure	Führungskräfte/Expert*innen	Mitarbeiter*innen
Beratung	Vorgaben und Benchmarking	Moderation und Begleitung
Inhalte	expertenbasiert entwickelt	partizipativ entwickelt

Zielführend ist in der Regel eine Kombination.

nen Wettbewerb auslösen und Veränderungsprozesse initiieren helfen (zu Strategien der Organisationsentwicklung vgl. Kauffeld et al. in Kauffeld, 2019, S. 76).

— **Klassische Organisationsberatung:** Sie ist Topdown geprägt, managementorientiert und setzt auf Zielsysteme. Das Ergebnis steht fest, z. B. die Reduktion von Fehlzeiten. Externe Gesundheitsexpert*innen erarbeiten hier Vorschläge zur Organisationsveränderung und nutzen das Benchmarking als Argumentationshilfe. Sie beziehen sich v. a. auf die Ablauf- und Aufbauorganisation unter Berücksichtigung der Aufgabengestaltung. Hauptakteure sind die Führungskräfte und die Gesundheitexpert*innen. Das Vorgehen entspricht dem Change-Management-Ansatz. Prozessoptimierung, Ressourcenallokation und Wertschöpfungsorientierung stehen im Mittelpunkt.

— **Systemische Organisationsentwicklung:** Sie ist Bottom-up geprägt, mitarbeiterorientiert und partizipativ. Das Ergebnis ist zieloffen. Bei der Umsetzung wird die soziale Situation berücksichtigt. Wesentliche Akteure sind dabei die Mitarbeiter*innen, die z. B. im Rahmen von Gesundheitszirkeln aktiv eingebunden werden sollen. Beratungsprozesse verstehen sich als Unterstützungsleistungen z. B. auf der methodischen Ebene, belassen aber die Definitions- und Entscheidungshoheit bei den Betroffenen.

❯ **Systemische Organisationsentwicklung** ist prinzipiell ein geeigneter Ansatz für organisationales Gesundheitslernen, muss aber in der Entscheidungskette der Verantwortlichen aufgehangen werden, da Gesundheitsziele strategisch in der Organisation verankert werden müssen (s. Infobox ▶ „Organisationales Gesundheitslernen").

Organisationales Gesundheitslernen

Gesundheit als organisationaler Lernprozess versteht Gesundheitslernen im Kontext dynamischer Umwelten, ständiger Reorganisation und sich verändernder Arbeitsanforderungen. Gesundheitsförderung wird hier nicht als diskreter interner oder externer Beratungsprozess von Gesundheitsexpert*innen und darauf folgenden sachlogischen Interventionen verstanden, sondern muss als kontinuierlicher organisationaler Lernprozess in der Organisation abgebildet und als gemeinsames Lernen übersetzt werden (Schubert, 2019). Die monokausale Deutungshoheit von Gesundheit hat dazu geführt, dass es Abteilungen gibt, die für unterschiedliche Aspekte von Gesundheit zuständig sind (▶ Abschn. 3.2). Sie konkurrieren um knappe Ressourcen und entwickeln zum Teil unterschiedliche Ansätze, sodass z. B. Maßnahmen der Verhaltens- und Verhältnisprävention nicht aufeinander abgestimmt sind. Synergien gehen verloren. Professionalisierung erfordert hier ein Umdenken als Expansion des Lernens auf der Tätigkeits- und Organisationsebene. Kollektive Lern- und Reflexionsprozesse sind notwendig. Dies erfordert entsprechende Prozesse und Strukturen mit effektiven Beteiligungsmöglichkeiten auf allen Ebenen, also eine **partizipative Organisationsgestaltung** sowie die Schaffung sozialer Interaktionsräume. Gesundheitsförderliche Organisationsgestaltung erfordert entsprechende dialogische Lernräume, wobei der Dialog selbst zur Gesundheitsressource wird (vgl. Pieck in Hajji et al., 2022, S. 17 ff.). So wird bspw. die Erfassung psychischer Belastungen nicht mehr passiv im Rahmen einer anonymisierten Gefährdungsbeurteilung ermittelt, sondern im dialogischen Format einem gemeinsamen Diskurs zugeführt. Generell beanspruchen Feedbacksysteme eine zentrale Funktion im Lernprozess. Gesundheitszirkel, Steuerungs-, Koordinierungs- und Umsetzungsgruppen sowie Workshops mit Führungskräften bestimmen die **Dialogarchitektur der gesunden Organisation** (vgl. Bindl et al., 2018; Friczewski in Faller, 2017, S. 243 ff.). Die im Projektdesign häufig pilothaft ausgerichteten Gesundheitsaktivitäten müssen zudem aus dem Schonraum in das Regelwerk der Organisation überführt und sukzessive in die Primärorganisation integriert werden. Dies erfordert ein evolutionäres Vorgehen. Aus Sicht der Organisation hängt der Erfolg von BGM davon ab, ob es gelingt, Gesundheit in der Organisationskultur zu verankern, an Strukturen anzudocken und kritische Ressourcen einzufordern (▶ Abschn. 7.2).

4.2.3.5.2 Merkmale gesunder Organisationsgestaltung

❯❯ „Ein bedeutsames Wirkprinzip gesundheitsfördernder Organisationsentwicklung besteht darin, salutogene und pathogene Arbeitsbedingungen zum Gegenstand betrieblicher Reflexion und Veränderung zu machen und somit Anlässe für eine gesundheitsbezogene Kommunikation zu schaffen." (Schubert, 2019, S. 283)

Was macht eine gesunde und widerstandsfähige Organisation aus? Antworten liefert eine **ganzheitliche Organisationsanalyse** (▶ Abschn. 6.2). Besonders sinnvoll sind kombinierte Belastungs- und Beanspruchungsanalysen im Feedbackformat als Gesundheitsbefragung, d. h. es wird nicht nur die Bedingungsseite, sondern auch das Erleben der Beschäftigten erfasst (▶ Abschn. 4.2.3.1). Die Ergebnisse einer solchen Gesundheitsanalyse dienen als Argumentationshilfe bei

Verhandlungen über gesundheitsfördernde Ressourcen. *„Eine Aufgabe gesundheitsfördernder Organisationsentwicklung liegt folglich in der Aushandlung und Einforderung dieser kritischen Ressourcen."* (Schubert, 2019, S. 284) In solchen Erhebungen lassen sich gesundheitsproblematische bzw. krankmachende Organisationsphänomene (**Organisationspathologien**) identifizieren, die als Ansatzpunkte für Veränderungsprozesse dienen. In ihrer Wechselwirkung schaffen sie ein Klima des Misstrauens und des geringen Zusammenhalts in der Organisation, also eine Art auszehrende und ausgebrannte Organisation (vgl. von Oelsnitz et al., 2014). Umgekehrt bestimmen salutogene Faktoren eine gesunde Organisation (Badura et al., 2010). Gesundheitsmaßnahmen, die lediglich an einer pathogenen Organisation ansetzen, ohne diese in ihren Grundfesten in Frage zu stellen, sind kosmetischer Natur und erzielen keine nachhaltigen Gesundheitseffekte (Gesundheitskosmetik).

> ❗ Wenn BGM-Maßnahmen dazu genutzt werden, organisationale Missstände zu kaschieren und abzufedern, wird BGM keine nachhaltigen gesundheitlichen Effekte erzielen. Vielmehr verliert das BGM an Glaubwürdigkeit und Durchsetzungskraft.

■ **Ansatzpunkte**

Die Ergebnisse der Erhebungen können vielfältige **Ansatzpunkte** auf der Prozess- und Strukturebene sowie im sozialen Gefüge aufzeigen, die mit der Aufgabenerfüllung im Zusammenhang stehen (vgl. Ulich & Wülser, 2018). Dazu gehören u. a. Arbeits- und Aufgabenteilung, Führung sowie Koordination und Kooperation.

A. **Arbeitszeit ohne Grenzen:** Lange Arbeitszeiten verdrängen Erholungsphasen. Erholungszeiten werden verschoben oder gestrichen. Die Vereinbarkeit mit der Lebenszeit steht unter dem Diktat der Arbeitszeit. Atypische Arbeitszeiten nehmen mit flexiblen Arbeitszeitmodellen zu. Länge, Lage und Flexibilität der Arbeitszeiten sind aus gesundheitlicher Sicht kritisch zu hinterfragen.

B. **Auszehrende Kultur:** Systematische bzw. strukturelle Diskriminierung, Ausgrenzung von Humankriterien der Arbeit zugunsten einer einseitigen Ideologie der Leistungssteigerung, fehlende Vertrauens- und Fehlerkultur, Angstkultur, fehlende gemeinsame Werte und Überzeugungen etc. kennzeichnen ein krankmachendes Setting (▶ Abschn. 4.1.2).

C. **Von der destruktiven zur toxischen Führung:** Führung ist ein wichtiger Baustein der Organisationsgestaltung und wird im ▶ Abschn. 4.2.3.4 thematisiert. Gesunde Führung ist einer der stärksten Einflussfaktoren auf der Verhältnisebene. Wenn sich die Führungskraft den Mitarbeitenden gegenüber dauerhaft hinderlich, demütigend oder gar feindselig verhält und das Betriebsklima stört, leidet nicht nur die Leistung, sondern auch die Gesundheit und das Wohlbefinden.

D. **Eingeschränkter sozialer Austausch:** Schnittstellenprobleme durch Silo- oder Abteilungsdenken oder Abstimmungsprobleme durch soziale Isolation, z. B. im Homeoffice, sowie Kooperations- und Kommunikationsblockaden reduzieren das Sozialkapital, das als zentrale organisationale Gesundheitsressource gilt.

E. **Fehlende Kollegialität:** Wenn der Leistungsdruck massiv zunimmt, nimmt die soziale Unterstützung häufig ab. Extrafunktionales Verhalten (Organizational Citizenship Behaviour) tritt seltener auf. Psychosoziale Konflikte, Kommunikations- und Gesundheitsprobleme sind zu erwarten. Das soziale Kapital der Organisation ist nur eingeschränkt verfügbar.

F. **Gestörte Arbeitsabläufe:** Die Prozesse erlauben es nicht, die Aufgaben in einer bestimmten Zeit oder Qualität zu erledigen oder zu planen. Es besteht eine eingeschränkte Steuerbarkeit.

G. **Informationsmängel:** Zu viele, aber auch zu wenige Informationen wirken sich negativ aus. Bisweilen sind Informationen nicht rechtzeitig verfügbar, veraltet oder aufgrund der Menge nicht kognitiv verarbeitbar wie beim Multitasking (Mental Workload).

H. **Rollenunklarheiten:** Die Organisation muss Klarheit über die Funktionen bzw. Rollen schaffen. Ist dies nicht der Fall, entstehen Widersprüche oder gar Konflikte und Dilemmata. Widersprüchlich oder unklar formulierte Ziele sowie unklare Zuständigkeiten erhöhen die Rollenambiguität und fördern Rollenstress. Eine Zunahme ist in netzwerkartigen Organisationen mit Mehrfachrollen zu erwarten.

I. **Ständige Arbeitsunterbrechungen:** Störungen können sich negativ auf die Aufmerksamkeit auswirken. Regulationsbehinderungen dominieren. Zu wenig störungsfreie Zeit führt zu Dysstress und beeinträchtigt die Arbeitsleistung. Das Prinzip der ständigen Erreichbarkeit wird nicht in Frage gestellt, sondern implizit erwartet.

> ❯ Wichtigster Ansatzpunkt ist die Führung. Insbesondere die destruktive und noch schlimmer die **toxische Führung** sind aus empirischer Sicht die krankmachendsten Organisationsfaktoren, da sie ein schleichendes Gift für die Arbeitsmoral, die Mitarbeiterbindung und die Zusammenarbeit darstellen. Die negativen Auswirkungen auf die Gesundheit sind offensichtlich (▶ Abschn. 4.2.3.4.2).

■ **Merkmale einer gesunden Organisationsgestaltung**

„Hinschauen, zuhören und mitmachen" – so könnte das Motto einer guten Organisationsgestaltung lauten. Entscheidend für eine gute Organisationsgestaltung ist, dass

zunächst eine fundierte **Organisationsdiagnose** durchgeführt wird. Dabei sind alle Perspektiven der Veränderung im Sinne des soziotechnischen Systems (M=Mensch, T/A=Technik und Aufgabe, O=Organisation) zu berücksichtigen (vgl. Ulich, 2013). Es geht also um einen umfassenden **Systemwandel**. Um die Betroffenen frühzeitig einzubinden, zu informieren und zu beteiligen, sollten **Change Agents** als Gesundheitskoordinator*innen eingesetzt werden. Entscheidend für den Veränderungsprozess ist auch, dass die Betroffenen bzw. Beteiligten erkennen, dass der Fahrplan nicht schon fertig und unwiderruflich festgelegt ist. Gesunde Organisationsgestaltung ist **zieloffen** und als Bottom-up-Ansatz zu realisieren. Veränderungsmöglichkeiten als Pilot mit Rückkehrrecht (Gebot der Reversibilität) setzen auf die lernende Organisation. Ein weiteres Handlungsfeld einer gesundheitsförderlichen Organisationsgestaltung ist die **Schaffung eines sozialen Möglichkeitsraumes** für Gesundheit, in dem aktiv und dialogisch Kommunikation und Interaktion zu Gesundheitsfragen stattfindet und in dem neue Methoden experimentell erprobt werden können (Schubert, 2019, S. 283). BGM kann dies u. a. durch eine virtuelle Gesundheitsplattform begleiten und fördern (▶ Kap. 5). Um die Vitalität der Plattform zu steigern, bedarf es vielfältiger Ressourcen, die das BGM mit dem Top-Management aushandeln muss. Ein gemeinsames Gesundheitsverständnis bzw. eine vom Top-Management getragene Gesundheitsmaxime sowie daraus abgeleitete Gesundheitsziele auf strategischer Ebene schaffen **Legitimation** (Credo) und sollten Ausgangspunkt für den Weg zur gesunden Organisation sein (▶ Abschn. 7.2). Im operativen Bereich sind Heterogenität, Konflikte und Interessenskollisionen als Lernimpulse für den Diskurs erwünscht – kein Gesundheitsakteur kann aufgrund der Systemsicht die Definitions-, Entscheidungs- und Gestaltungshoheit für sich beanspruchen (▶ Abschn. 3.2). Diese **Auseinandersetzungen** müssen jedoch immer wieder im Hinblick auf die strategischen Gesundheitsziele hinsichtlich ihrer Relevanz anhand der organisationalen Deutungsmuster kalibriert werden. Wichtig ist dabei, dass die *Abstraktion zur Konkretion* wird, indem BGM allen Beteiligten Werkzeuge, Ressourcen und Kompetenzen zur Verfügung stellt, um handlungsorientiert und systematisch auf das gemeinsame Gesundheitsziel hinzuarbeiten. **Gesundheitslernen** ist nicht mehr Vermittlung, sondern handlungsorientiertes Lernen. Hierfür eignen sich Projekträume und Netzwerke als flache und hierarchiearme Organisationsformen, sodass eine kollaborative Zusammenarbeit stattfindet. Allerdings muss das neue Wissen transferiert und in die Regeln der Organisation übersetzt werden. Hierfür eignet sich eine Art interdisziplinärer Lenkungskreis mit enger Anbindung an das Top-Management (▶ Abschn. 3.3.2).

◘ **Abb. 4.17** Merkmale gesundheitsförderlicher Organisationsgestaltung aus Sicht des BGM

Zusammenfassend lassen sich als Vision einer betrieblichen Gesundheitspolitik folgende **Merkmale gesunder Organisationen** aus Sicht des BGM als Ausdruck organisationaler Resilienz identifizieren (vgl. Badura et al., 2010; Hartwig et al., 2016) (◘ Abb. 4.17).

- Vermeidung von sozialen und strukturellen Ungleichheiten (Nicht-Diskriminierung)
- Stärkung der Identifikation mit der Organisation (Commitment)
- Stärkung des Wir-Gefühls und der sozialen Unterstützung (Kohäsion)
- Gegenseitige Wertschätzung als Maxime
- Vorrat an gemeinsamen gesundheitsorientierten Überzeugungen, Werten und Regeln
- Vertrauen in die Führung als Vorbild
- Echte Partizipation und Willensbildung in Entscheidungsprozessen
- Gegenseitiges Vertrauen zwischen den Mitgliedern der Organisation
- Ermöglichung vielfältiger sozialer Beziehungen
- Vorhandensein von Netzwerken
- Steigerung der sozialen Kompetenz als Anforderung und Anspruch
- Transparenz der Entscheidungsprozesse
- Gerechtigkeit auf distributiver, prozeduraler und interaktiver Ebene als Leitprinzip
- Fokus auf sinnstiftende Tätigkeiten
- Funktionierendes und dialogisches BGM

4

■ **Grenzen einer gesunden Organisationsgestaltung**

Dass eine gesundheitsförderliche Organisationsgestaltung an **Grenzen stößt** und häufig nicht reibungslos umgesetzt werden kann, hängt mit einigen kritischen Faktoren im Praxisalltag zusammen. Dabei spielen u. a. fehlendes Wissen, mangelndes Engagement bzw. fehlende Ressourcen und die Priorität des Tagesgeschäfts eine Rolle (Bechmann et al., 2011, S. 18 ff.). So kann trotz des positiv besetzten Gesundheitsbegriffs nicht von einer ubiquitären Akzeptanz von Interventionen ausgegangen werden, da Maßnahmen nicht nur das Individuum, sondern auch die Aufgabe und die Organisation betreffen. Ein offener und konstruktiver *Umgang mit Widerständen* ist hier erfolgversprechend. Häufig bestehen auch Ressourcenengpässe, die zu Ressourcenkonflikten zwischen den Säulen des BGM führen (▶ Abschn. 3.2). Problematisch ist es, wenn Stakeholder in ihrer Relevanz unterschätzt und nicht adäquat eingebunden werden. Wenn z. B. Führungskräfte nicht hinter der gesunden Transformation stehen, verliert das BGM die „letzte Meile" zu den Beschäftigten. Politische Interessenskonflikte und Machtspiele als *mikropolitische Arenen* werden häufig nicht erkannt. Zudem fehlen Promotoren auf der Top-Managementebene. Die Projektlandschaft ist unübersichtlich und in Einzelprojekte zersplittert. Der Nutzen von Gesundheitsprojekten wird nicht dargestellt, sodass eine Legitimationsfalle entsteht. Soziale Unterstützung bzw. Sozialkapital als Ressource wird nicht systematisch eingefordert und gefördert. Es dominieren weiterhin *defensive Routinen und organisationale Blockaden*, die organisationales Gesundheitslernen behindern. Hierarchie- und Machtprinzipien sind daher in ihren organisationalen Gesundheitswirkungen kritisch zu reflektieren und etablierte Legitimations- und Herrschaftsstrukturen zu hinterfragen. Die größte Gefahr besteht in einer **Kultur des Bewahrens**, da Gesundheit dann nur als Feigenblatt fungiert, aber nicht zu tiefgreifenden Veränderungen aus Sicht der Organisation führt. BGM muss als **Change Management-Ansatz** übersetzt werden (Elke in Uhle & Treier, 2019, S. 251). Damit muss das **Curriculum des BGM** erweitert werden, denn es geht nicht nur um Gesundheitsförderung und -gestaltung, sondern v. a. auch um Sensibilisierung, Information und Partizipation (vgl. Ternès et al., 2017). Und dies nicht nur auf der individuellen Ebene (individuelles Gesundheitsmanagement), sondern insbesondere auch auf der Organisationsebene als Ansatz der Organisationsentwicklung (organisationales Gesundheitsmanagement).

❯ Gesunde Organisationsgestaltung erfordert einen **Change-Management-Ansatz in Verbindung mit einem wissensbasierten Ansatz** im Sinne des Wissensmanagements, denn das Wissen darüber, was eine gesunde Organisation ist und wie sie sich entwickelt, ist grundlegend für die Steuerung von Veränderungsprozessen.

Dialogisch und partizipativ

Typische Aspekte eines Organisationsentwicklungsansatzes lassen sich auch auf die gesundheitsförderliche Organisationsgestaltung übertragen (Faller in Faller, 2017, S. 36 f.). Dazu gehören die ganzheitliche Betrachtung von Gesundheitsbelangen aus der Perspektive von Mensch, Organisation und Umwelt und deren Wechselwirkungen, die doppelte, aber nicht widerspruchsfreie Zielsetzung zwischen Effizienz/Effektivität und Humanität, das prozessorientierte Vorgehen als gemeinsam geteilter Entwicklungsweg, die Beteiligung der Betroffenen als Expert*innen in eigener Sache zur Erhöhung von Verständlichkeit, Akzeptanz und Compliance sowie die Diagnose im Rahmen einer gesundheitsorientierten Organisationsanalyse als Ausgangspunkt für Veränderungen. Gesundheit bzw. gesunde Organisationsentwicklung ist dabei als **organisationaler Lernprozess** zu gestalten, der BGM nicht nur als sachbezogenen Managementansatz, sondern als Sozialisationsansatz auf struktureller Ebene begreift. *Zusammenfassend versteht sich Gesundheitsförderung als dialogische und partizipative Organisationsentwicklung.*

4.2.4 Verhaltensprävention – Mentale und physische Gesundheit

❯❯ „Im Mittelpunkt von Maßnahmen zur Verhaltensprävention steht der Einzelne als eigenverantwortliches Individuum, das befähigt werden soll, mit belastenden Arbeitsbedingungen erfolgreich umzugehen und gesund zu bleiben. Dabei sollen v. a. gesundheitsgefährdende Verhaltensweisen (z. B. Alkoholkonsum als ineffektive Coping-Strategie), Einstellungen und Haltungen (z. B. Kontrollüberzeugungen) geändert werden." (Schaper in Nerdinger et al., 2019, S. 592)

Die Verhaltensprävention setzt als Präventionsstrategie direkt beim **Individuum** an und appelliert bei der Umsetzung an die Eigenverantwortung (Leppin in Hurrelmann et al., 2018, S. 51 f.) (vgl. Infobox „Steckbrief zur Verhaltensprävention"). Sie fokussiert gemäß dem Rahmenmodell der Gesundheit auf die **internalen Ressourcen** und berücksichtigt v. a. Themen wie Stressbewältigung, Ernährung, Bewegung und Suchtmittelkonsum (vgl. Mohokum & Dördelmann, 2018, S. 5 f.) (▶ Abschn. 2.1.4). Mit Blick auf die sich wandelnde Arbeitswelt kristallisiert sich als übergeordnetes Ziel heraus, die **Arbeitsfähigkeit** im Hinblick auf die veränderten Anforderungen bzw. Belastungen der Arbeit 4.0 zu erhalten und zu fördern (vgl. Treier, 2016). Verhaltensprävention zielt dabei weder auf die Korrektur des Gesundheitsverhaltens einzelner Personen noch auf dessen Sanktionierung (Faller in Faller, 2017, S. 26). Die Maximen Eigenverantwortung und Partizipation sollen nicht in Frage gestellt werden. Die Arbeitswelt greift v. a. auf **Empowerment** zurück, um selbstbestimmtes Gesundheitshandeln zu fordern und zu fördern (vgl. Naidoo & Wills, 2019, S. 165 ff.). Aus Sicht der Säulen des BGM ist in der Praxis v. a. die BGF für diese am Individuum ansetzende Präventionsstrategie zuständig – nach dem Verständnis der Ottawa-Charta ist diese Zuordnung der Verhaltensprävention zur BGF und der Verhältnisprävention zum AGS jedoch obsolet, da Gesundheit immer im Setting bzw. in den Lebenswelten stattfindet (Faller in Faller, 2017, S. 30 f.) (▶ Abschn. 3.2). Das **Spektrum verhaltenspräventiver Maßnahmen** reicht dabei von der Informationsvermittlung über Beratung und Training bis hin zur Aufklärung, um der Vielfalt der Menschen hinsichtlich ihrer Einstellungen, Erfahrungen, Kompetenzen und Verhaltensweisen gerecht zu werden. Die Digitalisierung gerade im Bereich der BGF trägt hier durch flexible Formate und erleichterte Zugänge zur *Personalisierung der Maßnahmen* bei (▶ Kap. 5). Der Aufschwung der Verhaltensprävention als Ansatzpunkt resultiert aus den wachsenden Ansprüchen der Beschäftigten im Kontext der **Gesundheitsgesellschaft**, die Gesundheit als gesellschaftliche Herausforderung und treibende Kraft deklariert und damit auch das Gesundheitsverständnis und die Gesundheiterwartungen der Menschen bestimmt (vgl. Kickbusch & Hartung, 2014).

■ **Kluft zwischen Wissen und Handeln**

Als **Hauptkomponenten** der Verhaltensprävention zählen Gesundheitskompetenz (▶ Abschn. 4.2.4.1) und Gesundheitsverhalten (▶ Abschn. 4.2.4.2) auf der physischen, psychischen und sozialen Handlungsebene. Je nach Perspektive lassen sich neben Verhalten und Kompetenzen auch Gesundheitseinstellungen, Gesundheitsziele und Gesundheitsmotivation als weitere Ansatzpunkte der Verhaltensprävention abgrenzend hervorheben (vgl. Kohlmann et al., 2018). Die **Trennung zwischen Kompetenz und Verhalten** erfolgt hier nur aus didaktischen Gründen. Die größte Herausforderung in der Verhaltensprävention ist die **Kluft zwischen Wissen und Handeln**. Häufig ist das Wissen träge und/oder verzerrt und führt nicht zu gesundheitsgerechtem Verhalten. Auch das Phänomen *„Prokrastination"* als Bezeichnung für extremes Aufschiebeverhalten ist hier zu nennen, da es nicht nur als Arbeitsstörung, sondern auch im Gesundheitsverhalten als Ausdruck defizitärer Selbstregulationskompetenz auftritt. Soziale Aktivierung wirkt hier verhaltensunterstützend. An dieser Stelle ist zu betonen, dass die individuelle Verhaltensprävention ihr Potenzial

in der Arbeitswelt nur dann entfalten kann, wenn die Verhältnisse gesundheitsförderlich gestaltet sind (Faller in Faller, 2017, S. 25 f.). Verhaltensprävention sollte möglichst nicht zur Kompensation kritischer Verhältnisse eingesetzt werden und nicht als *Feigenblatt für gesundheitsschädliche Rahmenbedingungen* dienen.

❗ **Träges Gesundheitswissen**, also Gesundheitswissen, das nicht in die Praxis umgesetzt wird, ist nicht nur ineffektiv, weil es das Gesundheitshandeln nicht aktualisiert, sondern kann auch den Zugang zu neuem Gesundheitswissen blockieren, was sich z. B. in niedrigen Teilnahmequoten niederschlägt.

> **Verhaltensprävention**
>
> **Verhaltensprävention in der Arbeitswelt** setzt direkt beim Individuum an und versucht, das individuelle, häufig als riskant eingestufte Gesundheitsverhalten wie Rauchen oder Bewegungsmangel unter Berücksichtigung der Lebensstile konstruktiv zu beeinflussen oder die Betroffenen zur Inanspruchnahme von Prävention oder medizinischen Interventionen zu motivieren. Aus Sicht des Ressourcenmodells werden internale Ressourcen adressiert. Ansatzpunkte sind die Gesundheitskompetenz und das Gesundheitsverhalten. Grundlegende Prinzipien aus Sicht der Gestaltung sind Eigenverantwortung und Partizipation.

Steckbrief zur Verhaltensprävention
– Fokus: Individuum und sein Verhalten
– Ziel: Beanspruchungsoptimierung
– Maxime: Partizipation, Eigenverantwortung und soziale Aktivierung
– Ansatzpunkte: Verhalten und Kompetenz
– Zeitraum: eher kurz- bis mittelfristig
– Beispiele: Schulungen zur gesunden Ernährung, Sportprogramme, Rückenkurse, Impfkampagnen, Beratung oder Informationsvermittlung

4.2.4.1 Gesundheitskompetenz

» „Gesundheitskompetenz umfasst das Wissen, die Motivation und die Kompetenzen von Menschen, relevante Gesundheitsinformationen in unterschiedlicher Form zu finden, zu verstehen, zu beurteilen und anzuwenden, um im Alltag in den Bereichen der Krankheitsbewältigung, der Krankheitsprävention und der Gesundheitsförderung Urteile fällen und Entscheidungen treffen zu können, die die Lebensqualität im gesamten Lebensverlauf erhalten oder verbessern." (Bitzer & Sørensen, 2018, S. 754)

4

Gesundheitskompetenz erweist sich als **gesundheitspolitischer Brennpunkt** im Handlungsfeld Gesundheitsförderung und Prävention und beansprucht im Sinne der Erklärung von Shanghai eine Schlüsselposition, da im digitalen Informationszeitalter die Bedeutung eines adäquaten Umgangs mit Gesundheitsinformationen zunimmt (vgl. Lenartz et al., 2020; Hurrelmann et al., 2020). Als besondere **Herausforderungen im Pandemiegeschehen** sind die Infodemie und die Hyperinflation gesundheitsmedialer Artikulationen als Ausdruck einer unbändigen Informationsflut in digitalen Netzwerken zu nennen, sodass immer mehr Menschen Schwierigkeiten haben, valide Gesundheitsinformationen von Fake News in sozialen Medien zu unterscheiden – Gesundheitskompetenz könnte hier zu einem *„sozialen Impfstoff"* avancieren (vgl. Wirtz & Soellner, 2022) (▶ Kap. 5). Auch in der Ottawa-Charta wird Gesundheitskompetenz im Kanon der Handlungsstrategien der Gesundheitsförderung berücksichtigt (▶ Abschn. 1.4.2), denn Befähigung und Ermöglichung (Empowerment) sowie Vermittlung und Vernetzung (Kooperation der Akteure) sind stets aus dem Blickwinkel der Gesundheitskompetenz zu reflektieren – eine Anwaltschaft für Gesundheit setzt nicht nur an den Gesundheitsdeterminanten an, sondern auch an den persönlichen Kompetenzen zur Aktivierung dieser bedingungsbezogenen Gesundheitspotenziale an (vgl. Schaeffer et al., 2021).

- **Schlüsselkonzept**

Gesundheitskompetenz ist somit ein **Schlüsselkonzept** für den Erhalt und die Förderung von Gesundheitsressourcen. Studien bestätigen, dass sich eine eingeschränkte Gesundheitskompetenz negativ auf die Gesundheit und die Inanspruchnahme des Gesundheitssystems auswirkt (vgl. Schaeffer et al., 2017). Aufhorchen lassen Befunde zur Gesundheitskompetenz, die manifestieren, dass mehr als ein Drittel eine unzureichende und sogar fast jeder Achte eine inadäquate Gesundheitskompetenz aufweist (vgl. Jordan & Hoebel, 2015). Damit verfügt nur etwas mehr als die Hälfte über eine ausreichende Gesundheitskompetenz – der Begriff wird hier in Anlehnung an den internationalen Fachbegriff **Health Literacy** operationalisiert und fokussiert v. a. auf den Umgang mit Anforderungen und Informationen des Gesundheitssystems (vgl. Exkurs ▶ „Health Literacy"). Aus Sicht einer Gesundheitsgesellschaft ist das Ergebnis trotz der Hinweise auf tendenzielle Verbesserungen unzureichend, da trotz des medialen Hypes von Gesundheitsthemen offensichtlich noch viel Förderbedarf besteht (vgl. Schaeffer et al., 2021). In den Studien zeigt sich hier v. a. die Bedeutung der **Selbstwirksamkeit**, da davon auszugehen ist, dass Befragte mit einer hohen Selbstwirksamkeit auch eine höhere Gesundheitskompetenz aufweisen. Gesundheitskompetenz lässt sich daher nicht einfach als Wissenskomponente operationalisieren, sondern versteht sich als **Handlungskompetenz**, die neben kognitiven auch soziale

und motivationale Fähigkeiten umfasst. Darüber hinaus sind bei der Entwicklung einer **diversitätsorientierten Gesundheitspolitik** soziodemografische Variablen wie ein geringes Bildungsniveau, ein niedriger sozialer Status, das Vorliegen eines Migrationshintergrundes, ein höheres Lebensalter oder das Vorliegen chronischer Erkrankungen, aber auch funktionale literale Fähigkeiten zu berücksichtigen, um *vulnerable Personengruppen* hinsichtlich ihrer Gesundheitskompetenz zu identifizieren und gezielt zu fördern (▶ Abschn. 4.1.1.2). Im Falle der Gesundheitskompetenz haben wir es „mit einem schwer zu handhabenden gesundheitspolitischen Problem zu tun (...), das in engem Zusammenhang zu Fragen gesundheitlicher Ungleichheit steht." (Hurrelmann et al., 2020, S. 19) An dieser Stelle muss betont werden, dass Wissen allein nicht ausreicht, wenn die Ressourcen zur Umsetzung des Wissens nicht vorhanden sind. Der *Nationale Aktionsplan Gesundheitskompetenz* schlägt hier eine Agenda vor, um eine nutzerfreundliche und zugängliche Informationsversorgung sowie eine von sozialen und strukturellen Ungleichheiten befreite Teilhabe zu gewährleisten. Gesundheitskompetenz wird dabei zum zentralen Schlüssel für Gesundheitspotenziale in unterschiedlichen Anwendungskontexten wie z. B. der Arbeitswelt und wirkt sich maßgeblich auf den Gesundheitszustand, das Gesundheitsverhalten und die Nutzung von Gesundheitsangeboten aus. *„Die Verbesserung der Gesundheitskompetenz stellt eine gesamtgesellschaftliche Aufgabe dar, die einer systematischen Vorgehensweise bedarf und ein umfassendes bundesweites Programm erfordert."* (Schaeffer et al., 2018, S. 10) Insbesondere die Arbeitswelt ist hier gefordert, da Erwerbstätige einen hohen Anteil ihrer Lebenszeit am Arbeitsplatz verbringen (vgl. Gimbel & Lang in Pfannstiel & Mehlich, 2018, S. 179 ff.). Gesundheitsrelevante Kompetenzen sollten daher am Arbeitsplatz in Verbindung mit der Verhältnisprävention individuell und sozial vermittelt werden, um die Potenziale der Gesundheitsförderung und Prävention auszuschöpfen. Die Bandbreite an Definitionen, Operationalisierungen, Messinstrumenten, inhaltlichen Zuschreibungen und Anwendungskontexten erschwert jedoch eine auf das jeweilige Setting bezogene **Konzeptualisierung von Gesundheitskompetenz** (vgl. Abel & Sommerhalder, 2015; Schaeffer & Pelikan, 2017; Soellner & Rudinger in Kohlmann et al., 2018, S. 59 ff.) (▶ Abschn. 4.2.4.1.1).

> **Gesundheitskompetenz ist der Türöffner** zu fast allen Bereichen einer gesunden Organisation – eine Art „Dietrich" oder Generalschlüssel. Gerade deshalb ist die Entwicklung von Gesundheitskompetenz auch bei Zielgruppen mit erschwertem Zugang besonders wichtig und im BGM-Curriculum fest zu verankern. Gesundheitskompetenz ermöglicht es, Gesundheitsinformationen besser zu verstehen und sich gesundheitsbewusster zu verhalten.

Health Literacy

Der angloamerikanische Begriff **Health Literacy** wurde zunächst in den 1970er-Jahren v. a. im Rahmen der schulischen Gesundheitserziehung als Ausdruck von Gesundheitsbildung verwendet (vgl. Sørensen et al., 2012). Zunächst wurden v. a. Defizite in den Basiskompetenzen Lesen und Schreiben thematisiert und die Implikationen dieser Basiskompetenzen für den Umgang mit Gesundheitsinformationen untersucht. Später rückte auch in der Erwachsenenbildung die edukative Komponente in den Vordergrund. In der Folge wurde der Begriff zunehmend durch Gesundheitskompetenz ersetzt und erweitert, da Gesundheitskompetenz im Sinne des Begriffsverständnisses der WHO (2021) weit über das Verstehen und An-

wenden von Gesundheitsinformationen hinausgeht. **Health Literacy als Gesundheitskompetenz** „beschreibt alltagspraktisches Wissen und Fähigkeiten im Umgang mit Gesundheit und Krankheit, mit dem eigenen Körper ebenso wie mit den gesundheitsprägenden sozialen Lebensbedingungen" (Abel et al., 2018). Je nach Anwendungskontext wird Gesundheitskompetenz unterschiedlich definiert – im Bereich der Arbeitswelt kann Gesundheitskompetenz als personengebundene, internale Gesundheitsressource für gesundheitsförderliches Verhalten unter der Maxime der Selbstbestimmung (Empowerment) beschrieben werden (vgl. Abel & Sommerhalder, 2015).

Navigation im Gesundheitswesen

Zielgrößen einer auf Gesundheitskompetenz ausgerichteten Gesundheitsstrategie sind die Stärkung der Eigenverantwortung und Selbstwirksamkeit des Einzelnen für die eigene Gesundheit sowie die Einflussnahme auf gesundheitsbeeinflussende Faktoren als Determinanten von Gesundheit in allen Lebenswelten. Dies kommt auch in den *nationalen Gesundheitszielen* und im *Nationalen Aktionsplan Gesundheitskompetenz* zum Ausdruck, wenn mehr Gesundheitskompetenz und Gesundheitssouveränität im Zeitalter der Digitalisierung angestrebt wird. Dazu müssen strukturelle und soziale Ungleichheiten abgebaut und eine umfassende Teilhabe an Gesundheitsförderung und Prävention ermöglicht werden, z. B. durch nutzerfreundliche und barrierefreie Gesundheitssysteme. Dies gilt auch für die Arbeitswelt. Eine Vernetzung der Gesundheitsakteure trägt zur Stärkung der Gesundheitskompetenz bei, indem abgestimmte ganzheitliche Gesundheitsangebote entstehen. Eine **Navigationshilfe** als Aufgabe eines Gesundheitskompetenzansatzes trägt dazu bei, dass sich die Menschen im exponentiell wachsenden Gesundheitssystem angemessen orientieren und bewegen können.

► http://gesundheitsziele.de/
► https://www.nap-gesundheitskompetenz.de/

4.2.4.1.1 Perspektiven und Modelle der Gesundheitskompetenz

Ressource, Potenzial und Einstellung – Gesundheitskompetenz hat viele Facetten. Allgemein steht Gesundheitskompetenz für die positive Erwartung, gesundheitlichen Belastungen und Beschwerden aktiv, konstruktiv und wirksam begegnen zu können, also „*Herr der eige-*

nen Gesundheit" zu sein. Selbstvertrauen und Kontrollerleben prägen eine **optimistische Gesundheitseinstellung**. Das Konzept ist salutogenetisch geprägt, fordert Selbstbestimmung auf der Basis fundierter Gesundheitsinformationen und basiert auf dem **Subsidiaritätsprinzip** als Hilfe zur Selbsthilfe. Gesundheitskompetenz zeigt sich z. B. in der verstärkten Inanspruchnahme gesundheitsbezogener Leistungen, in der symmetrischen Interaktion zwischen Gesundheitsdienstleistern und Teilnehmenden sowie in der Selbstfürsorge und Selbstachtsamkeit (vgl. Lenartz et al., 2014, S. 29). Gesundheitskompetenz wirkt in den Bereichen Gesundheitsversorgung, Krankheitsprävention und Gesundheitsförderung und betrifft alle Lebensphasen (vgl. Bitzer & Sørensen, 2018). Die ähnlichen Ansätze Gesundheitskompetenz und Health Literacy adressieren beide als wesentliches Element **Empowerment** im Sinne von Befähigung und Ermächtigung in einer zunehmend komplexen und belastenden Umwelt.

■ Kompetenzfelder

Das Spektrum der Gesundheitskompetenz zeigt sich in den **Kompetenzbereichen** nach Kickbusch und Hartung (2014), die aufgrund ihrer Interdependenzen nicht als diskrete, sondern als interpolierende Bereiche zu klassifizieren sind (vgl. Naidoo & Wills, 2019, S. 137).

A. **Kompetenzfeld Persönliche Gesundheit:** Basiswissen zu Gesundheitsthemen und dessen Anwendung, Selbstfürsorge, Fürsorge für die Familie

B. **Kompetenzfeld Systemorientierung:** Orientierung im Gesundheitssystem, Auftreten als kompetenter Partner gegenüber Akteuren im Gesundheitswesen

C. **Kompetenzfeld Konsumverhalten:** Kritische Reflexion des eigenen Konsumverhaltens unter gesundheitlichen Aspekten und Einforderung gesundheitsrelevanter Verbraucherrechte

4

D. **Kompetenzfeld Gesundheitspolitik:** Gesundheitspolitische Aktivitäten auf der Basis fundierter Informationen, Mitgliedschaft in Gesundheitsorganisationen, Eintreten für Gesundheitsrechte

E. **Kompetenzfeld Arbeitswelt:** Verhütung von Unfällen und Berufskrankheiten, Einsatz für sichere und gesunde Arbeitsplätze, Gewährleistung der Work-Life-Balance

---

Gesundheitskompetenz

Gesundheitskompetenz wird als die Fähigkeit von Individuen verstanden, sich im Gesundheitssystem Gesundheitsinformationen zu beschaffen, diese zu verstehen und entsprechend reflektiert und informiert zu handeln, sodass diese Kompetenz zur aktiven Förderung der eigenen Gesundheit beiträgt. Gesundheitskompetenz steht in engem Zusammenhang mit dem Gesundheitsverhalten als Outcome.

Health Literacy

Health Literacy bezeichnet ursprünglich die Gesundheitskompetenz und entstammt dem anglo-amerikanischen Diskurs zur Alphabetisierung und deren Implikationen für die Gesundheit. Heute umfasst der Begriff alle kognitiven und sozialen Fähigkeiten, die für einen konstruktiven Umgang mit der eigenen Gesundheit notwendig sind (vgl. Schaeffer & Pelikan, 2017, S. 11 f.).

» „Es besteht ein Missverhältnis zwischen den breiten und umfassenden Definitionen von Gesundheitskompetenz und den aktuell verfügbaren, zumeist sehr fokussierten Instrumenten. D. h., es deutet sich ein dringender Bedarf an standardisierten Erhebungsinstrumenten zur validen Erfassung aller (!) Facetten der Gesundheitskompetenz an." (Bitzer, 2017, S. 7)

▪ Modellierung und Messung von Gesundheitskompetenz

Gesundheitskompetenz als multidimensionales Konstrukt erfordert eine **Modellierung der Komponenten**, um daraus Gestaltungs- und Förderkonzepte auf Personen- und Systemebene abzuleiten (vgl. Lenartz et al., 2020; Sørensen et al., 2012; Soellner & Rudinger in Kohlmann et al., 2018, S. 61 f.). Eine Herausforderung für die Modellierung besteht darin, dass Gesundheitskompetenz nicht nur von den individuellen Fähigkeiten, sondern auch von den Anforderungen und der Komplexität des Systems abhängt (vgl. Wirtz & Soellner, 2022). Damit wird die Bedeutung des Zusammenspiels von Verhaltens- und Verhältnisprävention für die Arbeitswelt unterstrichen. Die meisten Modelle sind theoretisch, aber nicht empirisch fundiert. Häufig fehlt eine Validierung oder eine plausible konzeptionelle Herleitung der berücksichtigten Variablen – dies hängt auch mit der **Kontextualität** zusammen. Daraus ergibt sich ein Dilemma im Modellierungsprozess. Wird das Konstrukt von vornherein im Rahmen situationsspezifischer Kontexte entwickelt, sind Alternativmodelle erforderlich. Versucht man hingegen, ein Modell der Gesundheitskompetenz situationsübergreifend zu konzeptualisieren, wird es zu abstrakt, um empirisch überprüfbar zu sein (vgl. Soellner et al., 2010, S. 111 f.). Im Zusammenhang mit der Modellierung steht auch die Frage der **Operationalisierung** des Konstrukts als Prämisse für eine Instrumentenentwicklung. Die komplexen mehrdimensionalen Struktur- und Prozessmodelle der Gesundheitskompetenz und die Kontextualität erschweren ein valides Konstrukt der Gesundheitskompetenz und eine adäquate Messung von Kompetenzausprägungen als Indikatoren der Gesundheitskompetenz (vgl. Wirtz & Soellner, 2022). Die meisten Instrumente erfassen daher nur Teilaspekte der Gesundheitskompetenz entsprechend der Determinanten und Variablen des zugrunde liegenden Modells und weisen eine entsprechende begriffliche Unschärfe in der Operationalisierung auf (vgl. Soellner et al., 2009, S. 110). Bitzer (2017) zeigt, dass es sich bei den Instrumenten zumeist um **Selbsteinschätzungsbögen** mit der Gefahr subjektiver Verzerrungen handelt und nicht um standardisierte Testinstrumente, die auf der Basis objektivierbarer Testaufgaben bzw. -fragen Aussagen über die Performanz, also die in einer Situation handlungsbezogen eingesetzte Kompetenz, berichten (s. Infobox ▶ „HLS-EU-Q47").

❗ Es fehlen valide Instrumente zur Erfassung des umfassenden Konstrukts Gesundheitskompetenz. Damit besteht die Gefahr, dass ein wichtiger Ansatzpunkt im BGM aus Sicht der Steuerung nicht messbar, greifbar und damit gestaltbar ist.

Ein Beispiel für einen europaweit eingesetzten **Fragebogen zur Erfassung der Gesundheitskompetenz**, der konzeptionell auf dem Health Literacy-Modell von Sørensen et al. (2012) basiert, ist der **HLS-EU-Q47** (Health Literacy Survey) mit 47 Selbsteinschätzungsfragen zu Schwierigkeiten im Umgang mit Gesundheitsinformationen (Stadien der Informationsverarbeitung: Finden, Verstehen, Bewerten und Anwenden) in den Bereichen Krankheitsbewältigung, Prävention und Gesundheitsförderung (vgl. Hurrelmann et al., 2020).

Beispiele für Einschätzungsfragen, die von den Befragten auf einer Skala von sehr einfach bis sehr schwierig bewertet werden (Hurrelmann et al., 2020, S. 22 f.):

Wie einfach ist es Ihrer Meinung nach …

- „Informationen über Therapien für Krankheiten, die Sie betreffen, zu finden?"
- „Vor- und Nachteile von verschiedenen Behandlungsmöglichkeiten zu beurteilen?"
- „zu beurteilen, ob Informationen über eine Krankheit in den Medien vertrauenswürdig sind?"
- „Gesundheitswarnungen vor Verhaltensweisen wie Rauchen, wenig Bewegung oder übermäßiges Trinken zu verstehen?"
- „zu beurteilen, welche Alltagsgewohnheiten mit Ihrer Gesundheit zusammenhängen?"
- „sich für Aktivitäten einzusetzen, die Gesundheit und Wohlbefinden in Ihrer Umgebung verbessern?"

■ **Struktur- und Wirkungsmodelle der Gesundheitskompetenz**

Als Ausgangsmodell für die Arbeitswelt wird das **Strukturmodell** von Soellner und Lenartz empfohlen (vgl. Lenartz et al., 2014, S. 30; Soellner et al., 2010). *„Gesundheitskompetenz wird dabei als ein Netz aus grundlegenden Fertigkeiten (…), Handlungskompetenz, Wissen und Motivation verstanden."* (Soellner et al., 2010, S. 110) Das Modell beruht auf Schlüsselkompetenzen. In funktionaler Hinsicht sind zunächst die mit dem Begriff der **Literalität** verbundenen **Basiskompetenzen** zu nennen, d. h. die grundlegenden gesundheitsbezogenen Lese- und Verstehenskompetenzen, um überhaupt Zugang zu Gesundheitsinformationen zu erhalten. Die Digitalisierung verändert hier den Literalitätsbegriff, da die multimediale Aufbereitung von Gesundheitsinformationen zunimmt und die medialen Anforderungen die Literalitätsanforderungen erweitern (vgl. Treier, 2021b) (▶ Kap. 5).

Konstruktives Gesundheitsverhalten im Alltag erfordert jedoch mehr als Informationsaufnahme. Hier werden perzeptiv-motivationale Komponenten wie Selbstwahrnehmung oder Verantwortungsübernahme für die eigene Gesundheit sowie handlungsorientierte Komponenten wie Selbstregulationsfähigkeiten, kommunikative Fähigkeiten und verhaltensnahe Kompetenzen im Umgang mit Gesundheitsinformationen nach dem **Stufenmodell** von Nutbeam (funktionale, interaktive und kritische Gesundheitskompetenz) subsumiert (vgl. Nutbeam, 2000). Damit werden Konstrukte wie Selbstwirksamkeit entsprechend gesundheitspsychologischer Modelle des Gesundheitsverhaltens berücksichtigt (vgl. Brinkmann, 2021; Renneberg & Hammelstein, 2006) (▶ Abschn. 4.2.4.2.1).

Die daraus resultierende Komplexität einer gestaltungsorientierten Modellierung spiegelt sich auch im **Wirkungsmodell** zur Gesundheitskompetenz wider (Grillich et al., 2020, S. 17 ff.), denn verschiedene Einflussfaktoren aus Politik, Kultur und Gesellschaft wie das Gesundheits- und Bildungssystem oder soziodemografische Merkmale bestimmen die **Determinanten der Gesundheitskompetenz**, die situative Aspekte wie Verfügbarkeit, Verständlichkeit und Validität von Gesundheitsinformationen sowie personenbezogene Aspekte wie Alphabetisierung, Selbstregulationskompetenz oder Selbstwirksamkeit umfassen. Diese Determinanten beeinflussen die Dimensionen der Gesundheitskompetenz. „Eine Schlüssel-Determinante ist die Verfügbarkeit von zugänglichen, verständlichen und vertrauenswürdigen Gesundheitsinformationen. Ohne solche verpuffen jene Maßnahmen, die die individuellen Determinanten der Gesundheitskompetenz stärken sollen." (Grillich et al., 2020, S. 20 f.) Positive Outcomes als Gesundheitswirkungen, die sich z. B. in gesundheitsorientiertem Verhalten oder in der Inanspruchnahme des Gesundheitswesens ausdrücken, werden durch gesundheitsrelevante Entscheidungen der Betroffenen als Ausdruck ihrer Gesundheitskompetenz ausgelöst, die wiederum davon abhängen, ob Gesundheitsthemen gefunden und verstanden sowie angemessen interpretiert und bewertet werden können.

Im Zentrum steht das **Würfelmodell** der Gesundheitskompetenz mit seinen *Stadien der Informationsverarbeitung* von Informieren über Verstehen und Bewerten bis hin zum Anwenden, den *Bereichen des gesundheitsbezogenen Handelns* von der Versorgung über die Prävention bis zur Gesundheitsförderung sowie den *Domänen bzw. Wirkungsebenen* von der Versorgung über Prävention bis hin zur Förderung der psychischen, physischen und sozialen Gesundheit (Wirtz & Soellner, 2022, S. 167). In ◗ Abb. 4.18 sind wichtige Einflussfaktoren, Determinanten, Bereiche, Stadien und Stufen

4

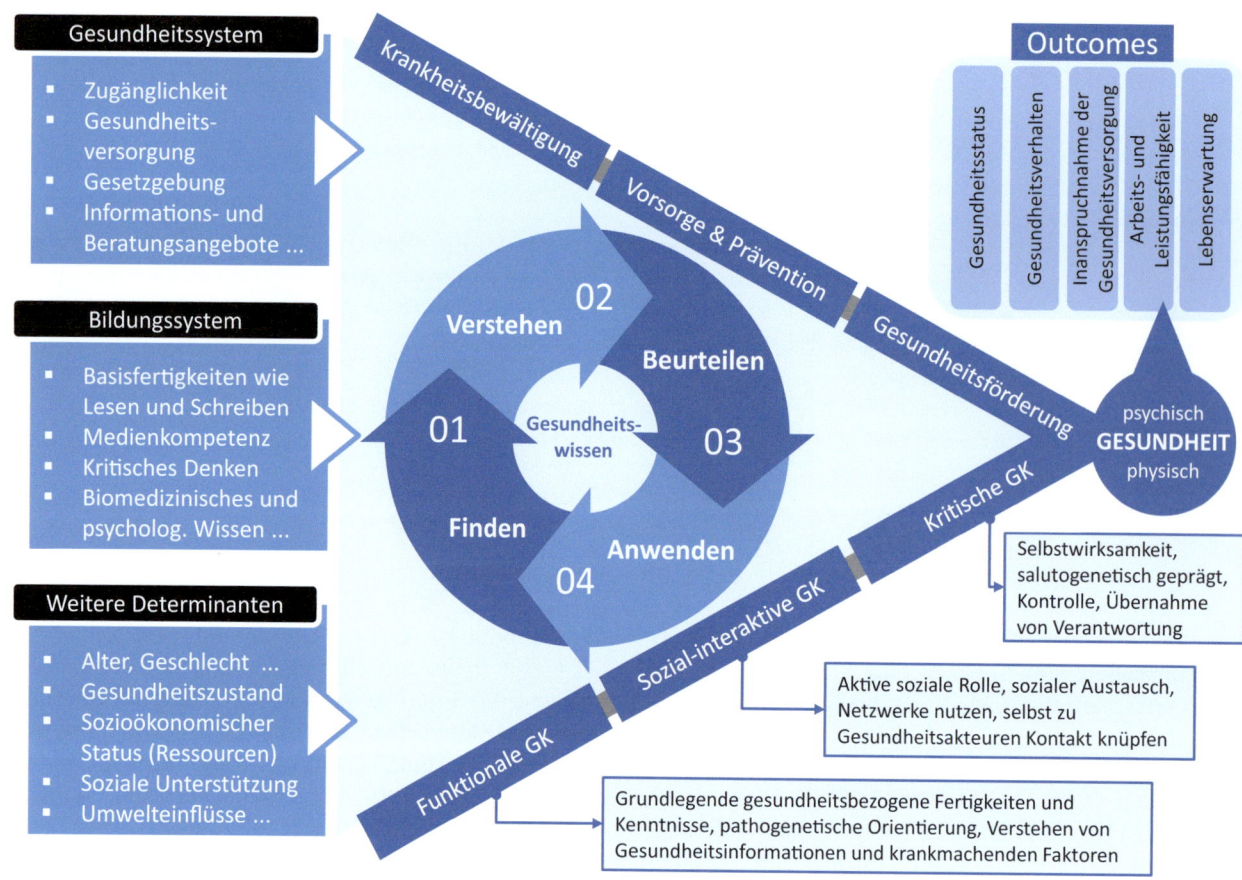

☐ **Abb. 4.18**   Modellierung von Gesundheitskompetenz (GK) als Synopse verschiedener Modelle

der Gesundheitskompetenz überblicksartig dargestellt (vgl. Grillich et al., 2020; Lenartz et al., 2014; Soellner et al., 2010; Sørensen et al., 2012).

❗ Die Modelle zur Gesundheitskompetenz sind teilweise so überfrachtet mit Einflussfaktoren und Wechselwirkungen, dass es schwierig ist, diese Modelle in eine praxisnahe Übersetzung einer gezielten Strategie zur Steigerung der Gesundheitskompetenz zu überführen. Zudem besteht das Dilemma, dass zu abstrakte Modelle in der Praxis nicht anwendbar sind und dass spezifische Modelle nicht auf andere Settings übertragbar sind.

4.2.4.1.2   Ansatzpunkte zur Steigerung der Gesundheitskompetenz

» „Arbeitsschutz der Zukunft muss mehr auf die Stärkung der Gesundheitskompetenz setzen, darf sich aber gleichzeitig nicht vom Auftrag der Verhältnisgestaltung freigemacht sehen." (Georg & Guhlemann, 2020, S. 70)

Das Wirkungsmodell nach Grillich et al. (2020) manifestiert vielfältige Handlungsansätze sowohl auf gesellschaftlicher, politischer und wirtschaftlicher Ebene

als auch auf individueller Ebene. Das BGM kann diese Ansatzpunkte jedoch aufgrund ihrer Komplexität und ihrer Verflechtung mit den Lebenswelten kaum gezielt aufgreifen. Daher ist es sinnvoll, dass sich BGM auf die arbeitsbezogene Gesundheitskompetenz konzentriert.

▪ Arbeitsbezogene Gesundheitskompetenz

An dieser Stelle wird der Fokus auf die **arbeitsbezogene Gesundheitskompetenz** (Occupational Health Literacy) gelegt und Ansatzpunkte zu deren Steigerung aufgezeigt (vgl. Ehmann et al., 2022, Georg & Guhlemann, 2020). Das Konzept der individuellen arbeitsbezogenen Gesundheitskompetenz ist gerade im Kontext von Arbeitsverdichtung, Entgrenzung von Arbeit und Privatleben und der Zunahme psychosozialer Anforderungen in der Arbeit 4.0 ein zentraler Baustein im BGM aus Sicht der **Prävention 4.0**, da die betriebliche Präventionsarbeit nur einen eingeschränkten Zugang zu mobilen und dezentralen Arbeitsplätzen hat und in „unsichtbaren" Arbeitssituationen wie dem Homeoffice häufig geschwächt bzw. aus Sicht des kollektiven AGS blind unterwegs ist (Georg & Guhlemann, 2020, S. 69) (▶ Abschn. 1.3.2 sowie Infobox „Homeoffice"). Die Arbeit 4.0 mit ihrer zunehmenden Flexibilisierung erfordert von den Beschäftigten, dass sie lernen, „ihre Arbeitsbedingungen gesundheitsgerecht zu gestalten und einen gesunden Arbeits- und Lebensstil zu pflegen" (Wanek & Hupfeld in Cernavin et al., 2018, S. 152). Die Entwicklung arbeitsbezogener Gesundheitskompetenz sollte nicht dem Zufall überlassen werden, da sie als Gesundheitsressource wesentlich zur Bewältigung, Verringerung und Vermeidung arbeitsbedingter Belastungen und Beanspruchungen beiträgt.

> ┌─ **Arbeitsbezogene Gesundheitskompetenz** ─────
>
> Die **arbeitsbezogene Gesundheitskompetenz** ist eine kontextbezogene Übersetzung der allgemeinen Gesundheitskompetenz und steht für das Wissen, die Motivation und die Einstellung der Mitarbeitenden, die notwendigen Sicherheits- und Gesundheitsinformationen in der Arbeitswelt zu finden, zu verarbeiten und im Arbeitskontext anzuwenden. Ziel ist die Entwicklung eines gesundheitsgerechten Handlungswissens in Bezug auf die Anforderungen der Tätigkeit und der Arbeitssituation.

■ **Entwicklung von arbeitsbezogener Gesundheitskompetenz**

Der **Aufbau arbeitsbezogener Gesundheitskompetenz** erfolgt als klassisches Lernen im Kontext von Aus-, Fort- und Weiterbildung bzw. Personalentwicklung als edukative Aktivität, als informelles und soziales Lernen im Arbeitsprozess im Sinne von Interaktionsarbeit sowie tätigkeitsbezogen als arbeitsorientiertes Gesundheitslernen. Führungskräfte gehen entsprechend voran, begeistern und inspirieren die Beschäftigten, sich mit ihrer Gesundheit im Arbeitskontext auseinanderzusetzen (▶ Abschn. 4.2.3.4) (vgl. Struhs-Wehr, 2017). Die Bedeutung einer gesundheitsförderlichen Arbeits- und Organisationsgestaltung als **organisationale Gesundheitskompetenz** ist hier hervorzuheben, da sie einerseits Impulse für die Entwicklung individueller Gesundheitskompetenz setzt und andererseits deren Nährboden ist (▶ Abschn. 4.2.1). Die Erhöhung der individuellen Gesundheitskompetenz entbindet das BGM nicht von der Verantwortung, Sicherheit und Gesundheit bei der Arbeit verhältnisorientiert zu gewährleisten, kann aber dazu beitragen, die Wahrscheinlichkeit einer effektiven Umsetzung verhältnisorientierter Maßnahmen vor Ort zu erhöhen.

Homeoffice

Als Beispiel für arbeitsbezogene Gesundheitskompetenz kann hier das ergonomische Wissen im Hinblick auf die **Einrichtung eines Bildschirmarbeitsplatzes im Homeoffice** genannt werden.

- Aus *funktionaler Sicht* benötigt der Beschäftigte ein Basiswissen zur ergonomischen Einrichtung, das verständlich und zugänglich zur Verfügung gestellt werden sollte. Hier empfiehlt sich der Einsatz eines digitalen Ergonomie-Coaches, um die individuellen Besonderheiten des Arbeitsplatzes im Homeoffice zu berücksichtigen.
- Aus *interaktiver Sicht* sollte sich der Beschäftigte mit anderen Beschäftigten im Homeoffice, mit Expert*innen des AGS und mit der Führungskraft

zum gemeinsamen Austausch vernetzen, um eigene Erfahrungen abzugleichen und soziale Unterstützung zu erhalten. Hier bieten sich auch videobasierte Verfahren und Online-Coaching an.

- Aus einer *kritisch-reflexiven Perspektive* sollten die Beschäftigten in der Lage sein, gesundheitliche Implikationen der eigenen Tätigkeit zu erkennen und zu bewerten, z. B. im Hinblick auf die Erholungsfähigkeit und die Wahrnehmung von Erholungszeiten, und sich aktiv an Veränderungen vor Ort zu beteiligen. Dieser Partizipationsanspruch entspricht den Anforderungen an ein selbstbestimmtes Gesundheitshandeln in der Arbeitswelt.

■ **Ansatzpunkte zur Steigerung der Gesundheitskompetenz**

Ansatzpunkte zur Erhöhung der Gesundheitskompetenz können auf der Mikro-, Meso- und Makroebene gesehen werden. Auf der *Makroebene* erfordert das Ziel einer hohen Gesundheitskompetenz einen nationalen Aktionsplan, um die Gesundheitskompetenz der deutschen Bevölkerung zu verbessern, die Qualität von Gesundheitsinformationen zu sichern und deren Verständlichkeit zu erhöhen (vgl. Schaeffer & Pelikan, 2017). Leitlinien für evidenzbasierte Gesundheitsinformationen sind dabei hilfreich. Aus Sicht der

Arbeitswelt sind auf der Mikro- und Mesoebene folgende Aspekte zu berücksichtigen, die insbesondere auch im Fokus der zunehmenden Digitalisierung stehen (▶ Kap. 5). Auf der *Mesoebene* werden v. a. Ansatzpunkte der Gesundheitskommunikation und des Gesundheitsmarketings in der Organisation erfasst (▶ Abschn. 4.1.3). Darüber hinaus können auf der Mesoebene aus organisatorischer Sicht die Beziehungen zwischen den Akteuren thematisiert werden, da das Zusammenwirken Einfluss auf die Erhöhung der Gesundheitskompetenz durch gemeinsames und abgestimmtes Handeln als Ausdruck organisationaler Gesundheits-

4

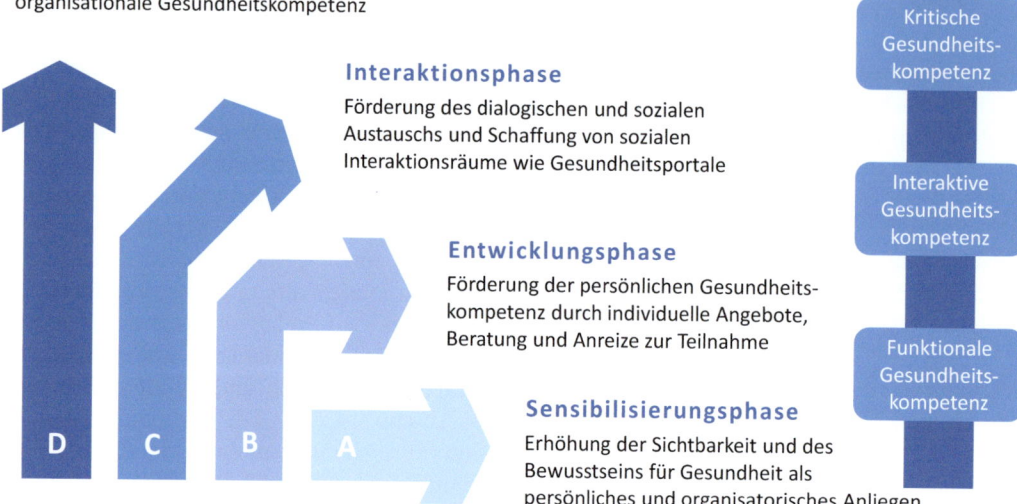

Konsolidierungsphase
Stabilisierung der erworbenen
Gesundheitskompetenz im Setting
Arbeitsplatz und Verankerung als
organisationale Gesundheitskompetenz

Interaktionsphase
Förderung des dialogischen und sozialen
Austauschs und Schaffung von sozialen
Interaktionsräume wie Gesundheitsportale

Entwicklungsphase
Förderung der persönlichen Gesundheits-
kompetenz durch individuelle Angebote,
Beratung und Anreize zur Teilnahme

Sensibilisierungsphase
Erhöhung der Sichtbarkeit und des
Bewusstseins für Gesundheit als
persönliches und organisatorisches Anliegen

Kritische Gesundheits-kompetenz

Interaktive Gesundheits-kompetenz

Funktionale Gesundheits-kompetenz

D C B A

◼ Abb. 4.19   Phasenmodell der arbeitsbezogenen Gesundheitskompetenz

kompetenz hat. Auf der *Mikroebene* geht es um die konkreten Handlungen und Entscheidungen der Mitarbeitenden, an Maßnahmen zur Förderung der
Gesundheitskompetenz teilzunehmen oder Angebote
am Arbeitsplatz zu nutzen. In Bezug auf Prävention und
Gesundheitsförderung sollte hier ein **Phasenmodell** in
Anlehnung an das Change Management als Leitansatz
dienen (◼ Abb. 4.19) (vgl. Lauer, 2019; Stolzenberg &
Heberle, 2021). Die Phasen greifen ineinander über und
werden hier nur aus didaktischen Gründen als Prozess
abgebildet. In der *Phase der Sensibilisierung* geht es primär um die Wahrnehmung und Definition des Themas
Gesundheit in der Arbeitswelt – dies soll niederschwellig
und adressatenorientiert erfolgen. In der *Entwicklungsphase* werden personalisierte Instrumente angeboten,
um die persönliche Gesundheitskompetenz zu erhöhen
und eine proaktive Haltung zu erwirken. In der *Interaktionsphase* wird v. a. die dialogische Auseinandersetzung zur Vertiefung und kritischen Reflexion gefördert – hier ist es Aufgabe des BGM, entsprechende
Interaktionsräume zur Verfügung zu stellen. In der
Konsolidierungsphase sollen die neu erworbenen Inhalte,
Handlungen und Einstellungen aus Sicht der persönlichen Gesundheitskompetenz unter Berücksichtigung
der kontextuell-strukturellen Rahmenbedingungen stabilisiert und im Sinne der organisationalen Gesundheitskompetenz verankert werden. Um dieses Stufenmodell erfolgreich anwenden zu können, müssen einige
Ansatzpunkte in der Arbeitswelt berücksichtigt werden.
Das allgemeine **Stufenmodell zur Health Literacy** nach
Nutbeam (2000, S. 263 f.) in Anlehnung an den Public
Health-Ansatz ist geeignet, diese Ansatzpunkte zu

identifizieren. Ziel von Gesundheitsförderung und Prävention im Sinne der Ottawa-Charta ist letztlich nicht
die passive Rezeption, sondern ein selbstbestimmtes und
aktives Gesundheitshandeln in einer gesunden Arbeitswelt – dies erfordert eine hohe arbeitsbezogene Gesundheitskompetenz.

- **Funktionale Stufe:** Verstehen von gesundheitsrelevanten Informationen und dafür notwendigen
  Grundfertigkeiten ➔ *Implikationen für die Arbeitswelt:* Selektions- und Navigationshilfe in Bezug auf
  Gesundheitsthemen, Fokussierung und Aufmerksamkeitsregulation auf Basis valider und verständlicher Gesundheitsinformationen, Plattformstrategie
  als Informationszentrum als Ausgangspunkt für
  eigene Gesundheitsrecherchen, Schaffung von
  Wissensgrundlagen zur Arbeitssituation und zur
  tätigkeitsbezogenen Arbeitsgestaltung.
- **Interaktive Stufe:** Austausch über gesundheitsrelevante Informationen und Informations-
  beschaffung im sozialen Umfeld, gemeinsames Ex-
  trahieren sowie Verstehen und Diskutieren von
  Gesundheitsinformationen, Stärkung der kommunikativen und sozialen Kompetenzen im Gesund-
  heitsfeld ➔ *Implikationen für die Arbeitswelt:* Schaffung von Räumen für sozialen Austausch wie
  Gesundheitszirkel, Moderation und Unterstützung
  im sozialen Umfeld bei Gesundheitsinterventionen,
  Ermöglichung von Gesprächen zwischen Führungskräften und Mitarbeitenden zu Gesundheitsthemen,
  Stärkung der aktiven Rolle im sozialen Arbeitsumfeld und eines gemeinsamen Gesundheitsbewusstseins.

– **Kritisch-reflektierende Stufe:** Bewertung von Gesundheitsinformationen und Empfehlungen für einen gesunden Lebensstil, informierte Entscheidungen auf der Grundlage des Subsidiaritätsprinzips, Kontrolle der eigenen Lebenssituation, komplexe kognitive und soziale Fähigkeiten zur Einschätzung des eigenen Gesundheitsverhaltens und der Verhältnisse im Rahmen eigener Bewertungsprozesse → *Implikationen für die Arbeitswelt:* Coaching und Begleitung der individuellen Entwicklung, Nutzung gesundheitsbezogener Feedbacksysteme im Rahmen des Qualitätsmanagements im BGM, selbstkritische Überprüfung der eigenen Arbeitsbedingungen und der Work-Life-Balance, Beteiligung der Mitarbeiter*innen, eine aktive Rolle in der gesundheitsförderlichen Arbeits- und Organisationsgestaltung zu übernehmen, sowie Empowerment, um die Mitarbeitenden in die Lage zu versetzen, ihre Arbeit und ihr Arbeitsumfeld unter gesundheitlichen Gesichtspunkten aktiv mitzugestalten.

❯ Das Stufenmodell suggeriert eine Art allgemeine Kompetenzreife von der funktionalen über die interaktive bis zur kritisch-reflektierenden Stufe. Es ist jedoch zu erwarten, dass je nach Themenfeld im Gesundheitsbereich verschiedene Stufen parallel existieren. Insbesondere bei tabuisierten Themen wie der psychischen Gesundheit ist es schwieriger, die kritisch-reflektierende Stufe zu erreichen.

Eine nachhaltige Strategie zur Steigerung der Gesundheitskompetenz zielt auf eine **Verhaltensänderung** der Mitarbeitenden ab. Die Verhaltensänderung wiederum wirkt sich auf die Gesunderhaltung aus, fördert Gesundheitspotenziale, stärkt das Wohlbefinden und die Arbeitszufriedenheit und hat weitere positive Effekte, z. B. auf das Commitment. Der Bereich der **psychischen Gesundheit** ist unter Kompetenzgesichtspunkten besonders herausfordernd, da „Mental Health Awareness" trotz fortschreitender Informations- und Kommunikationspolitik immer noch ein Stiefkind des BGM ist und sich in einer zurückhaltenden Auseinandersetzung äußert, wenn man z. B. an das sensible Themenfeld Depression und Burnout in der Arbeitswelt und deren auslösende bzw. verstärkende Faktoren wie quantitative Arbeitsanforderungen denkt (vgl. Brendel & Martus, 2018; Montano et al., 2016).

■ **Zusammenspiel von Kompetenz und Verhalten**

Gesundheitskompetenz und Gesundheitsverhalten sind eigentlich siamesische Zwillinge (vgl. Infobox ▶ „Führerschein für Gesundheitskompetenz"). Bei der Förderung der Gesundheitskompetenz ist das **Zusammenspiel von Wissen und Verhalten** entscheidend für den Erfolg. „Über die komplexen Beziehungen zwischen Gesundheitskompetenz, Gesundheitsverhalten und Gesundheit können am ehesten lineare Strukturgleichungsmodelle oder Pfadanalysen Auskunft geben. Ansätze dieser Art weisen darauf hin, dass die Beziehung zwischen Gesundheitskompetenz und Gesundheit über den Zugang zu Gesundheitsinformationen und teilweise auch über Gesundheitsverhalten mediiert wird" (Soellner & Rudinger in Kohlmann et al., 2018, S. 66). Grundsätzlich umfassen die Modelle zur Gesundheitskompetenz auch das Gesundheitsverhalten, sodass eine Trennung inhaltlich nicht sinnvoll erscheint. Sie wird hier aus didaktischen Gründen vorgenommen. Das Zusammenspiel von Kompetenz und Verhalten erhöht die Compliance, die sich als relevanter Vermittlungsfaktor herauskristallisiert, da Personen mit gering ausgeprägter Gesundheitskompetenz – hier v. a. die funktionale Gesundheitskompetenz betreffend – nicht nur BGF-Angebote seltener wahrnehmen oder vorzeitig abbrechen (Drop-out), sondern sich teilweise auch riskanter verhalten (Beispiel ungesunde Ernährung, Bewegungsmangel oder Rauchen). In einigen Lehrbüchern wird der Begriff Gesundheitskompetenz auch eher als **Oberbegriff für Gesundheitswissen und Gesundheitsverhalten** übersetzt (vgl. Naidoo & Wills, 2019). Zusammenfassend lässt sich festhalten, dass Gesundheitskompetenz Wissens-, Verhaltens- und Einstellungskomponenten integriert. Es geht also nicht nur um Wissen, sondern auch um Aktivierung als Ausdruck emotional-motivationaler Stärke. Die Nutzung der verschiedenen Angebote der BGF setzt jedenfalls eine ausreichende Gesundheitskompetenz voraus.

4

Führerschein für Gesundheitskompetenz

Angesichts der zunehmenden Informationsflut in einem exponentiell wachsenden Gesundheitsmarkt stellt sich die Frage nach Ansatzpunkten zur Steigerung der Gesundheitskompetenz weniger in der Vorgabe konkreter Inhalte als vielmehr in der **Steigerung der Navigations- und Orientierungskompetenz**, insbesondere im Hinblick auf die Suche nach validen Gesundheitsinformationen. Das Projekt OriGes (Orientierungshilfe im Umgang mit digitalen Gesundheitsangeboten, ▶ www.gesund-im-netz.net) zeigt, wie die Navigationskompetenz gesteigert werden kann,

indem die Nutzer*innen bei der Suche nach Gesundheitsinformationen darin unterstützt werden, selbst einzuschätzen, ob diese valide und für die eigene Gesundheit relevant sind. Die Steigerung der Gesundheitskompetenz erfordert nicht nur die Schaffung eines Zugangs zu validen Gesundheitsinformationen und die Förderung einer adäquaten Auseinandersetzung und Verarbeitung dieser Informationen, sondern auch einen (digitalen) **Führerschein für Gesundheitskompetenz**, der auch entsprechende Methoden- und Medienkompetenzen berücksichtigt (vgl. Langkafel & Matusiewicz, 2021) (▶ Abschn. 5.4).

4.2.4.2 Gesundheitsverhalten

» „Wenn die Gesundheit aktiv durch das Individuum beeinflusst werden kann, dann müssen in den Gesundheitstheorien auch das individuelle und soziale Handeln einen wesentlichen Stellenwert erhalten." (Faltermaier, 2017, S. 204)

Die Ära einer Schirmphilosophie als Expositionsschutz im BGM wird im Sinne der Maximen der Salutogenese abgelöst durch eine **proaktive Gesundheitsdiskussion** mit Fokus auf Wahrnehmungs- und Bewertungsprozesse (kognitiv-emotionale Dimension) und Verhaltensweisen (aktional-motivationale Dimension) der Betroffenen – dies ist nicht nur eine Akzentverschiebung, sondern ein Paradigmenwechsel (vgl. Uhle & Treier, 2019, S. 40 ff.) (▶ Abschn. 2.2.4). **Der Mensch steht im Mittelpunkt** einer aktivierenden Gesundheitsförderung und Präventionsarbeit. Dieser Wandel korreliert mit dem Bedeutungszuwachs der psychischen Gesundheit im Sinne einer **Kultur der Achtsamkeit** auf individueller, gesellschaftlicher und organisationaler Ebene (vgl. Badura in Faller, 2017, S. 497 ff.).

Hammelstein, 2006, S. 35 ff.) (▶ Abschn. 4.2.4.2.1). Einhellig wird in der Gesundheitspsychologie gefordert, Verhaltensweisen und begleitende psychosoziale Konstrukte wie Selbstwirksamkeit stärker in den Fokus von Gesundheitsinterventionen zu rücken, da sie einen entscheidenden Einfluss darauf haben, ob Menschen gesund bleiben oder krank werden.

Gesundheitspsychologie

Die Gesundheitspsychologie als Teilgebiet der Psychologie ist die Wissenschaft vom Erleben und Verhalten des Menschen in Bezug auf Gesundheit und Krankheit. Sie befasst sich mit der Erhaltung und Förderung von Gesundheit aus der Perspektive von Dispositionen (Persönlichkeitsmerkmalen), Einstellungen, Kompetenzen und Verhalten. Im Mittelpunkt stehen dabei Risiko- und Vorsorgeverhalten, psychische und soziale Einflussfaktoren sowie deren Wechselwirkungen auf körperliche Erkrankungen und Behinderungen (Lippke & Renneberg in Renneberg & Hammelstein, 2006, S. 3).

▪ Verhalten als gesundheitspsychologische Domäne

Dass das Verhalten als Ansatzpunkt sowohl bei der Förderung und Erhaltung von Gesundheit als auch bei der Vermeidung, Entstehung und Bewältigung von Krankheit eine entscheidende Rolle beansprucht, wird v. a. von der **Gesundheitspsychologie** als Disziplin aufgegriffen (vgl. Brinkmann, 2021; Conner & Norman, 2015; Knoll et al., 2017; Schwarzer, 2004). In Handlungsfeldern wie Ernährung, Bewegung, Stressbewältigung oder Suchtverhalten lassen sich vielfältige Ansätze des Gesundheitsverhaltens in Bezug auf Gesundheitsförderung, Prävention, Therapie und Rehabilitation identifizieren. Entsprechend breit ist auch das **Spektrum der Theorien** zur Modellierung und Erklärung des Gesundheitsverhaltens (vgl. Brinkmann, 2021, S. 53 ff.; Glanz et al., 2015, S. 65 ff., Lippke & Renneberg in Renneberg &

▪ Lebensstile als Ausgangspunkt

Gesundheitsverhalten und Lebensstile stehen in einem engen Zusammenhang (Abel in Egger et al., 2021, S. 201 ff.). Bewegungsmangel, ungesunde Ernährung, Rauchen, übermäßiger Alkoholkonsum, zu wenig Erholung oder ein Leben unter Dauerstress sind Verhaltensweisen, die häufig nicht temporär sind, sondern auf relativ stabilen gesundheitsrelevanten Lebensstilen beruhen. **Lebensstiländerungen** stellen daher eine schwierige Herausforderung für den Einzelnen dar und erfordern ein hohes Maß an Gesundheitskompetenz (▶ Abschn. 4.2.4.1). Soziale und strukturelle Faktoren verfestigen Lebensstilmuster, sodass es dem Einzelnen oft nicht leicht fällt, aus diesen auszubrechen. V. a. die gesundheitssoziologisch orientierte Lebensstilforschung beschäftigt sich mit dem Zusammenhang von Gesundheit/Krankheit und Lebensstilen/Einstellungen unter Berücksichtigung sozialer und struktureller Ungleichheiten (vgl. Röding, 2018). Ungünstige Lebensstile als verhaltensbasierte, routinisierte und wenig reflektierte Handlungsmuster werden als **Aufforderung zu einer gesunden Lebensführung** auf körperlicher, psychischer und sozialer Ebene verstanden – dies entspricht auch dem gesellschaftlichen Auftrag, die allgemeine Gesundheit der Bevölkerung im Sinne von Public Health zu verbessern (vgl. Habermann-Horstmeier, 2017; Egger et al., 2021). Dabei reicht die Betrachtung von verhaltensmedizinischen Ansätzen bis hin zu Lifestyle-Themen unter Berücksichtigung der Lebensbedingungen als Setting- bzw. Lebensweltansatz. **Langzeituntersuchungen zum Lebensstil** wie die EPIC-Studie und Gesundheitsstudie NAKO als bevölkerungsbezogene Langzeitstudien (s. Exkurs ► „EPIC-NAKO") oder die Gesundheitsbefragungen DEGS und GEDA des RKI als repräsentative Gesundheitssurveys (► https://www.degs-studie.de/ & ► https://www.geda-studie.de/gesundheitsstudie.html) dokumentieren die Relevanz von Gesundheitsverhalten und gesundheitsbezogenen Lebensstilen und machen deutlich, dass das Unterlassen von **vermeidbarem Risikoverhalten** zu mehr Lebenszeit und **Lebensqualität** führt. Unter Berücksichtigung soziodemografischer Faktoren und des Sozialstatus werden u. a. der objektive Gesundheitszustand, die subjektiv erlebte Gesundheit und Lebensqualität, die Inanspruchnahme von Leistungen des Gesundheits- und Versorgungssystems, der gesundheitsrelevante Lebensstil, das Gesundheitsverhalten sowie die Lebens- und Umweltbedingungen erfasst (Uhle & Treier, 2019, S. 15 ff.). Die Ergebnisse zeigen, dass gesundheitsrelevante Aspekte des Lebensstils im Sinne eines gesundheitsbewussten Verhaltens ein **breites Verhaltensspektrum** zur Prävention von Krankheiten sowie zur Erhaltung und Förderung von Gesundheit eröffnen (vgl.

Rapp & Klein, 2020). Zur Konkretisierung ist der Setting-Ansatz grundlegend, da sich Lebensstile in den jeweiligen Lebenswelten aktualisieren. So verändert sich der allgemeine Lebensstil, wenn bspw. die Arbeitswelt im Rahmen flexibler und mobiler Arbeitsmodelle in die private Lebenswelt eindringt. Die Arbeitswelt betrachtet die Verhaltensweisen aber meist nur in ihrem Kokon und schafft den Transfer in die allgemeine Lebenswelt nicht, sodass sie auch für die verschmelzende Arbeits- und Lebenswelt der New Work blind ist. Viele **Präventionsmodelle in der Arbeitswelt** sind verhaltensorientiert und damit auf der Mikroebene angesiedelt (vgl. Kryspin-Exner & Pintzinger in Hurrelmann et al., 2018, S. 35 ff.). Die Lebensstilforschung zeigt jedoch, dass diese Modelle auf der Meso- und Makroebene erweitert werden müssen. So ist z. B. in der Suchtprävention die primäre Prävention als Reduktion von Risikofaktoren, die zu einem erhöhten Gesundheitsrisiko führen, in den Mittelpunkt zu stellen. Die **Präventionsmatrix** verdeutlicht, dass Verhaltens- und Verhältnisprävention auf allen Präventionsebenen von der Primär- bis zur Tertiärprävention miteinander verknüpft werden müssen, um im Sinne einer ganzheitlichen Präventionsstrategie gesundheitsrelevante Lebens- und Verhaltensweisen in gesunde Lebenswelten zu übersetzen (► Abschn. 4.3).

► **Beispiel**

Verhaltensbezogene Maßnahmen im Arbeitskontext setzen zumeist an den **klassischen Themen** an und fokussieren auf spezifische Baustellen in Bezug auf Beschwerden oder arbeitsbezogene „Sorgenkinder". Dazu gehören z. B. Bewegungsförderung am Arbeitsplatz, Ernährungskurse, Gewichtsmanagement, Maßnahmen zur Reduktion des Alkoholkonsums, Raucherentwöhnung, rückenschonendes Arbeiten und Sitzen, Stressmanagement oder die Erhöhung der Akzeptanz von Arbeitsschutzmaßnahmen (Tragen der persönlichen Schutzausrüstung). ◄

EPIC-NAKO

Was hält uns gesund? Die salutogenetische Kernfrage ist charakteristisch für Gesundheitsstudien. Sie kann letztlich nur durch aufwendige Panel- und Kohortenstudien beantwortet werden, in denen die Untersuchungseinheiten (hier Personen) über einen längeren Zeitraum untersucht und begleitet werden, da Gesundheit ein multivariates und sich evolvierendes Phänomen ist.

Der Zusammenhang zwischen Lebensstilfaktoren und Lebenserwartung wird in der epidemiologischen **Langzeitstudie EPIC** (European Prospective Investigation into Cancer and Nutrition) untersucht. Die Daten stammen aus einer europaweiten prospektiven Kohortenstudie zum Zusammenhang von Ernährung, Lebensstilfaktoren und

Krebs, die seit fast zwei Jahrzehnten die Lebensstilfaktoren von einer halben Million Europäern dokumentiert. Allein das EPIC-Zentrum am Deutschen Krebsforschungszentrum (DKFZ) betreut knapp 26.000 Teilnehmer*innen. Die Ergebnisse belegen den relevanten Zusammenhang zwischen Gesundheitsverhalten und Krebs. Ungünstige Lebensstile können zu einem Verlust an Lebensjahren von bis zu 17 Jahren führen (vgl. Li et al., 2014). Die *„lebensstiloptimierte"* Person ist Nichtraucher, hat einen BMI zwischen 22,5 und 24,9, trinkt wenig Alkohol, ist körperlich aktiv, isst wenig rotes Fleisch, dafür viel Obst und Gemüse. Die **NAKO Gesundheitsstudie** wird von einem Netzwerk deutscher Forschungseinrichtungen wie der Helmholtz-

4

und Leibniz-Gemeinschaft sowie einer Vielzahl beteiligter Universitäten organisiert. Sie ist umfassend als Längsschnittstudie bzw. prospektive bevölkerungsbezogene Kohortenstudie angelegt und ermöglicht wiederholte Untersuchungen der zu Beginn definierten Studienpopulation (vgl. Ahrens et al., 2020; Peters et al., 2022). Die Kernfrage lautet: *Erklären bestimmte Merkmale (Expositionen) das Auftreten von Krankheiten?* Dabei werden genetische, umweltbedingte und lebensstilbedingte Einflüsse auf die Krankheitsentstehung berücksichtigt. Die Langzeit-Bevölkerungsstudie mit rund 200.000 Teilnehmenden und einer Laufzeit von 20 bis 30 Jahren soll die Ursachen von Volkskrankheiten wie Diabetes, Herzinfarkt oder Krebs ermitteln und dabei v. a. auch Lebensstil und Umweltfaktoren als Einflussgrößen berücksichtigen.

NAKO Gesundheitsstudie (ehemals Nationale Kohorte):
▶ https://nako.de

EPIC-Studie im Deutsches Krebsforschungszentrum (DKFZ):
   ▶ https://www.dkfz.de/de/epidemiologie-krebserkrankungen/

■ **Selbstwirksamkeit als Hebel**

Zielgrößen des Gesundheitsverhaltens sind angesichts der engen Verzahnung mit Lebensstilen nicht primär Outcome-Variablen des Gesundheitszustandes (z. B. Gewichtsabnahme, Suchtmittelfreiheit oder Steigerung des Bewegungspensums), da diese einerseits kontextabhängig und andererseits in ihrer Ausprägung dynamisch sind. Vielmehr gilt es, die **vermittelnden Konstrukte** für eine Veränderung des Gesundheitsverhaltens zu einem gesunden Lebensstil zu identifizieren und durch Maßnahmen aus Sicht einer betrieblichen Gesundheitsdidaktik gezielt zu entwickeln und zu fördern (▶ Abschn. 4.1.4). Dazu zählen v. a. die Konstrukte Compliance, Empowerment, Kontrollüberzeugung, psychische Widerstandskraft (Resilienz), Risikowahrnehmung und Selbstwirksamkeit (vgl. Faller & Lang, 2019; Schwarzer, 2004; Treier, 2019c, S. 222). Die Empirie bestätigt, dass diese gesundheitspsychologischen Konstrukte entscheidende Hebel auf der Verhaltensebene sind – dies gilt insbesondere für die **Selbstwirksamkeit**. Sie tragen dazu bei, dass Aufklärung und Gesundheitsinformationen nicht an den Betroffenen abprallen, Rückfälle in alte Verhaltensmuster vermieden werden oder Gesundheitsinterventionen nicht vorzeitig als Drop-out abgebrochen werden (▶ Abschn. 4.2.4.2.2).

A. **Compliance:** Der Begriff hat verschiedene Bedeutungen. Häufig wird er als juristische Umschreibung für die Einhaltung von Regeln in Organisationen verwendet (Regeltreue). Sie ist aber auch Ausdruck einer aktiven Beteiligung an gesundheitsfördernden Maßnahmen und setzt auf partizipative Ansätze, um das Commitment und damit die Befolgungsquote zu erhöhen. Im medizinischen Kontext spricht man auch von Therapietreue und im weiteren Sinne von Adhärenz (aktive Teilnahme) als Ausdruck eines Therapieverhaltens, das sich an vereinbarten Empfehlungen zur Diät, Lebensstiländerung oder Medikamenteneinnahme orientiert. Aus gesundheitsdidaktischer Sicht basiert die Motivation zum Aufbau gesundheitsförderlichen Verhaltens bzw. zur Reduktion gesundheitlichen Risikoverhaltens auf einer vertrauensvollen sozialen Interaktion zwischen Gesundheitsakteuren und Mitarbeitenden. Fehlverhalten ist in der Arbeitswelt nicht kontrollierbar und sollte auch nicht sanktioniert werden – daher ist nur ein Ansatz auf Augenhöhe angemessen. Als zentrale Herausforderung verhaltensorientierter Präventionsmodelle kristallisiert sich Non-Compliance heraus, die sich in Verweigerung sowie mangelnder Kooperation und Mitarbeit bei Interventionen äußert und den Erfolg verhaltensorientierter Maßnahmen signifikant schmälert.

B. **Empowerment:** Der Einzelne erhält durch Ressourcen mehr Einfluss, seine Gesundheit und seinen Lebensstil selbst zu steuern bzw. durch selbstbestimmtes Handeln seine Gesundheitschancen zu erhöhen – das Motto lautet *„Fordern und Fördern"*. Aus Sicht des BGM wird der Mitarbeitende in die Lage versetzt bzw. befähigt, Gesundheit am Arbeitsplatz eigenverantwortlich und effektiv umzusetzen.

C. **Kontrollüberzeugung:** Der Mensch nimmt an, dass das Eintreten eines gesundheitsrelevanten Ereignisses vom eigenen Verhalten (internal) und nicht von äußeren Umständen (external) abhängt. Diese Wahrnehmung stärkt die Bereitschaft, Verhaltensmaßnahmen zu ergreifen und beizubehalten. Kontrollüberzeugungen wirken als vermittelndes Konstrukt einer gesundheitsbezogenen Lebensstiländerung. Aus der Sicht verhaltensorientierter Präventionsmodelle ist es wichtig, diese Kontrollüberzeugungen durch angemessene Anforderungen und Dosierungen von Maßnahmen, durch Coaching und sozialen Austausch sowie durch Selbsterfahrung und konstruktive Attributionen als Ursachenzuschreibungen zu stärken. Kontrollüberzeugungen gehören zu den persönlichen Gesundheitsressourcen und sind v. a. bei der Stressbewältigung von Bedeutung.

D. **Resilienz:** Als psychische Widerstandskraft erhöht sie die Anpassungsfähigkeit bei steigendem Belastungsdruck. Protektive Faktoren wie Optimismus, Selbstvertrauen und Lösungsorientierung, Distanzierung von der Opferrolle (Selbstmitleid) sowie Nutzung sozialer Netzwerke erhöhen die Resilienz. Bildlich gesprochen wird die Biegsamkeit gesteigert (▶ Abb. 2.4).

E. **Risikosensibilisierung:** Die Wahrnehmung der eigenen Vulnerabilität bzw. Verletzlichkeit ist eine zentrale Prämisse für gesundheitsbezogenes und präventives Handeln. Das Wissen um gesundheitsgefährdende Lebensstile, die adäquate Einschätzung der Gefährlichkeit des eigenen Verhaltens und das Wissen um die Kontrollierbarkeit sind Ansatzpunkte, um eine verzerrte Risikowahrnehmung oder einen optimistischen Fehlschluss, der die Tendenz ausdrückt, das eigene Risiko geringer einzuschätzen als das durchschnittliche Risiko vergleichbarer Personengruppen, zu revidieren. Hier gilt es, Risikostereotype als Grundlage der eigenen Risikoeinschätzung selbstkritisch und im gesellschaftlichen Kontext zu hinterfragen.

F. **Selbstwirksamkeitserwartung:** Sie stellt die Überzeugung bzw. Erwartung einer Person dar, aufgrund der eigenen Gesundheitskompetenz das gewünschte Gesundheitsverhalten selbst erfolgreich ausführen zu können. Sie wird gemeinhin als Meta- oder Schlüsselkonzept des Gesundheitsverhaltens angesehen. Empirisch zeigen Personen mit hoher Selbstwirksamkeit eine größere Ausdauer bei der Bewältigung von Aufgaben, eine geringere Anfälligkeit für Angststörungen und Depressionen sowie mehr Erfolg im Berufsleben. Selbstwirksamkeit hat sich in der Gesundheitspsychologie als zentrales psychologisches Konstrukt etabliert und fungiert als individuelle Gesundheitsressource. Ansatzpunkte zur Steigerung der Selbstwirksamkeit sind u. a. persönliche Erfolgserlebnisse, die stellvertretende Beobachtung selbstwirksamer und relevanter Personen, die Regulation des Einflusses sozialer Gruppen sowie eine konstruktive Emotionsregulation. Aufgrund ihrer herausragenden Rolle wird sie im ▶ Abschn. 2.2.4 und ▶ Abschn. 4.2.4.2.1 näher erläutert.

❯ **Selbstwirksamkeit ist das wirksamste Konstrukt der Gesundheitsförderung,** dessen Einfluss auf präventives Gesundheitsverhalten und die Vermeidung von Risikoverhalten evident ist. Viele gesundheitspsychologische Verhaltensmodelle berücksichtigen daher die Selbstwirksamkeit.

Selbstwirksamkeit

Selbstwirksamkeit oder Selbstwirksamkeitserwartung bezeichnet die generelle Erwartung, gewünschte Handlungen oder schwierige Herausforderungen aus eigener Kraft und mit eigenen Ressourcen erfolgreich bewältigen zu können.

Ohne Verhalten keine Gesundheit

Gesundheit ist untrennbar mit Verhalten verbunden (Glanz et al., 2015, S. xi). Verhalten allein kann jedoch ungünstige strukturelle oder situative Risikofaktoren nicht kompensieren. Bei sehr ungünstigen Schichtsystemen wird bspw. ein optimiertes Schlafverhalten die dadurch eingeschränkte Erholungsfähigkeit nicht vollständig ausgleichen können. Entscheidend für verhaltensorientierte Präventionsmodelle ist weder die Korrektur des Gesundheitsverhaltens noch die Sanktionierung von Risikoverhalten mit Ausnahme der Arbeitssicherheit, sondern die Schaffung von Rahmenbedingungen, in denen sich gesundheitsorientiertes Verhalten entwickeln und verstärken kann (Faller in Faller, 2017, S. 26). Gesundheitsverhalten kann als **unabhängige Variable** den Gesundheitszustand beeinflussen (mehr Bewegung führt zu einem gesunden Herz-Kreislauf-System), aber auch als **abhängige Variable** das Ergebnis von gesundheitsfördernden Maßnahmen sein, z. B. in Bezug auf die Arbeitsgestaltung (höhenverstellbare Tische führen zu mehr Bewegung). Diese Sichtweisen variieren in der Gesundheitsberichterstattung (vgl. Naidoo & Wills, 2019, S. 91 ff.).

4.2.4.2.1 Perspektiven und Modelle des Gesundheitsverhaltens

» „Modelle des Gesundheitsverhaltens helfen, Verhaltensänderungen besser zu verstehen, und können durch die Entwicklung theoriebasierter Interventionsmaßnahmen dazu beitragen, diese zu unterstützen." (Heuse & Knoll in Kohlmann et al., 2018, S. 243)

Der Ausgangspunkt für eine Modellierung des Gesundheitsverhaltens ist eine eindeutige **Begriffsdefinition**. Und hier zeichnet sich im Diskurs eine bedeutsame Unschärfe ab, die in ◻ Abb. 4.20 als **Wortwolke** illustriert wird (▶ Abschn. 2.1.2). Wird Krankheit als Ausgangspol bestimmt, dann werden v. a. Vermeidungsverhaltensweisen mit Gesundheitsverhalten assoziiert – *„Vermeide das*

4

□ **Abb. 4.20**   Wortwolke zum Gesundheitsverhalten

Rauchen!" als Gesundheitsimperativ. Wird Gesundheit als Ausgangspol bestimmt, dann stehen fördernde Verhaltensweisen im Vordergrund – *„Bewege dich!"* als affirmative Gesundheitsaufforderung. Darüber hinaus stellt sich beim Gesundheitsverhalten die diffizile Frage, was überhaupt als gesund zu definieren ist (▶ Abschn. 2.1). So kann der **Maßstab** von außen (Expertenansatz) oder von innen (Laienansatz) kommen.

■ **Verwandte Konstrukte**

Faltermaier (2017, 2020a) verdeutlicht aus gesundheitspsychologischer Sicht, dass Gesundheitsverhalten nicht gleichbedeutend mit Krankheitsverhalten und auch nicht gleichbedeutend mit Gesundheitshandeln ist und grenzt diese Begriffe entsprechend voneinander ab. Aus Sicht der Arbeitswelt sind zudem das Risikoverhalten und das Sicherheitsverhalten als weitere **Perspektiven** zu ergänzen (vgl. Bördlein, 2015; Schaper in Nerdinger et al., 2019, S. 554 ff.).

A. **Gesundheitsverhalten:** Dazu gehören alle Verhaltensweisen gesunder Menschen, die nach wissenschaftlichen Erkenntnissen die Wahrscheinlichkeit erhöhen, Krankheiten zu vermeiden bzw. die Gesundheit zu erhalten oder zu fördern. Was krankheitsverhütend, gesundheitserhaltend oder gesundheitsfördernd ist, wird von Fachleuten auf der Basis epidemiologischer Studien festgelegt. Wenn z. B. die WHO als Mindestmaß an körperlicher Aktivität pro Woche 150 min moderate Aktivität oder 75 min intensive Aktivität festlegt, handelt es sich um einen externen Maßstab. Gesundheitsverhalten ist somit eine normativ geprägte Handlungskompetenz für alle individuellen Gesundheitsaktivitäten.

B. **Krankheitsverhalten:** Darunter wird das Verhalten von kranken Menschen verstanden, das zur Besserung, Heilung oder Stabilisierung der Krankheit beiträgt. Krankheitsgerechtes Verhalten dient der Abklärung, Diagnose und Behandlung der Krankheit.

So wird z. B. soziale Unterstützung gesucht, professionelle Hilfe in Anspruch genommen, weitere Vorsorgeuntersuchungen durchgeführt oder nach Informationen über die Krankheit gesucht. Krankheitsverhalten zeigt sich, wenn Symptome vorhanden sind, sich abzeichnen oder erwartet werden.

C. **Gesundheitshandeln:** In Abgrenzung zum normativen Gesundheitsverhalten ist Gesundheitshandeln als subjektive Konstruktion in die soziale und kulturelle Lebenswelt eingebettet. Es drückt ein subjektiv reflektiertes und bedeutungsvolles Handeln von gesunden und kranken Menschen mit dem Ziel der Gesunderhaltung im alltäglichen Lebenskontext aus. Als Handlungskompetenz aus Laiensicht ist Gesundheitshandeln eng mit Gesundheitskompetenz verbunden und manifestiert sich in gesundheitsorientierten bzw. präventiven Lebensstilen. Mentalitäten und Gesundheitsvorstellungen prägen das Gesundheitshandeln – hier ist das Handlungsfeld der Gesundheitsinformation im Zeitalter der Infodemie von hoher Relevanz, um verzerrende Gesundheitsstereotype zu revidieren.

D. **Gesundheitsbezogenes Risikoverhalten:** Dieser tritt als Gegenspieler zum Gesundheitsverhalten auf und umfasst alle Gewohnheiten und Einstellungen, die aus empirischer Sicht nachweislich die Erkrankungswahrscheinlichkeit erhöhen. Risikoverhalten wird häufig mit Persönlichkeitsmerkmalen in Verbindung gebracht – so wird zwischen „Risikofreudigen" und „Risikoscheuen" unterschieden als Ausdruck der individuellen Bereitschaft, sich einem Gesundheitsrisiko auszusetzen bzw. gesundheitsschädigendes Verhalten zu zeigen, z. B. in Bezug auf Alkoholkonsum. Eine ausschließliche Personalisierung von Risikoverhalten als bewusste Kosten-Nutzen-Abwägung auf der Basis von Risikowissen (Risikokalkül) ist problematisch, da in der Arbeitswelt bedingungsbezogene Auslöser oder Barrieren vorliegen können, die gesundheitlich riskantes Verhalten induzieren und keine Alternativen zulassen. So kann riskantes Ernährungsverhalten durch Bedingungen wie Schichtarbeit ausgelöst werden. Noch deutlicher wird dies beim Hirndoping am Arbeitsplatz. Wenn die Arbeitswelt eine Leistungssteigerung bei gleichzeitig zunehmender Arbeitsdichte ohne Kompensation fordert, besteht die Gefahr, dass die Mitarbeiterin bzw. der Mitarbeiter durch die Einnahme von leistungssteigernden Mitteln (Neuro-Enhancement) den Zielen der Organisation entspricht, um die erwartete Arbeitsleistung zu erbringen. Psychische Belastungen sind somit häufig Auslöser für ein erzwungenes und persönlich nur bedingt kontrollierbares Risikoverhalten (▶ Abschn. 4.2.3.1). Aber auch informelle und sozial vermittelte Gesundheitsrisikonormen sind als Parameter bzw. Referenzwerte in den Risikoalgorithmus zu integrieren.

E. **Sicherheitsverhalten:** Dieser Begriff taucht im Zusammenhang mit der Unfallverhütung im Bereich des AGS als Ziel einer verhaltensorientierten Arbeitssicherheitsstrategie (Behavior Based Safety) auf. Es geht darum, das sicherheitsgerechte Verhalten der Mitarbeitenden zu fördern bzw. zu gewährleisten (z. B. Tragen der persönlichen Schutzausrüstung), die Teilnahme an sicherheitsrelevanten Veranstaltungen zu erhöhen und generell für Unfallgefahren zu sensibilisieren, um Nachlässigkeiten zu minimieren. Unterweisungen sind im Hinblick auf das Sicherheitswissen hilfreich, reichen aber zur Veränderung des Sicherheitsverhaltens nicht aus. Das Denken und Handeln aller Beteiligten muss unabhängig von Hierarchien auf das eigene und das kollektive Sicherheitshandeln ausgerichtet werden – dies kann durch Training, Anreize oder auch Sanktionen geschehen. Integrative Modelle berücksichtigen darüber hinaus situative Faktoren der Arbeitsumgebung, der Führung und der Sicherheitskultur. Die Sicherheitspsychologie zeigt, dass Unfälle v. a. dann auftreten, wenn eine ungünstige Konstellation von situativen bzw. organisatorischen Merkmalen und persönlichen Einflussfaktoren vorliegt. So trifft z. B. eine hohe Arbeitsdichte auf chronische Müdigkeit, die zu Aufmerksamkeitsdefiziten und Fehlern führt. Nicht mehr aktuell ist die Annahme, dass es so genannte „Unfäller" gibt, die eine besondere Disposition für Verhaltensweisen aufweisen, die relativ leicht zu Unfällen führen (Theorie der Unfallpersönlichkeit).

> ❗ In der Praxis der Gesundheitsförderung wird Gesundheitsverhalten als Anforderung des Expertenansatzes adressiert, vernachlässigt aber die Handlungskompetenz der Betroffenen als Laienansatz im Sinne des Gesundheitshandelns.

Gesundheitsverhalten

Gesundheitsverhalten beschreibt den aktiven Beitrag des Einzelnen zur Erhaltung und Förderung seiner Gesundheit. Dieser Beitrag wird auf der Basis objektiven Wissens bewertet und gesteuert (*Expertenkonzept*) und unterscheidet sich von der Subjektivität des Gesundheitshandelns als Lebensstil (*Laienkonzept*). Durch die Zugänglichkeit von Gesundheitsinformationen und die proaktive Gesundheitsrecherche der Betroffenen verschmelzen Laien- und Expertenkonzept zunehmend. Aus Sicht des patho- und salutogenetischen Paradigmenwechsels in der BGF ist eine Trennung zwischen Laien- und Expertensicht obsolet oder zumindest artifiziell (vgl. Infobox ▶ „Expertenansatz").

4

Expertenansatz am Beispiel der Bewegungsförderung

Das Gesundheitsverhalten orientiert sich in erster Linie an **Richtwerten**. Solche Richtwerte können bei der Planung von Interventionen als Zielgrößen dienen (▶ Abschn. 4.2.4.2.2). Um die Richtwerte erfolgreich umzusetzen, müssen bei der Konzeption, Umsetzung und Evaluation von Bewegungsprogrammen Qualitätskriterien berücksichtigt werden (Messing & Rütten, 2017). Dazu gehören bspw. eine theoretische Fundierung (vgl. Gesundheitsmodelle), ein Kontext- und Zielgruppenbezug, eine differenzierte Interventionsplanung, ausreichende Ressourcen, eine fundierte Kompetenz des Personals, eine transparente Kommunikation und eine strukturelle Verankerung. Der qualitätsorientierte Ansatz beinhaltet eine Ergebnis- und Prozessevaluation sowie die Erfassung des Kosten-Nutzen-Verhältnisses.

Die BZgA hat auf Basis wissenschaftlicher Studien **nationale Empfehlungen für Bewegung und Bewegungsförderung** als Expertenansatz abgeleitet (Rütten & Pfeifer, 2017). Dabei ist körperliche Aktivität als muskuläre Beanspruchung mit geringer Steigerung des Energieumsatzes von körperlicher Fitness und Leistungssport mit hohen Spitzenbelastungen abzugrenzen (vgl. Löllgen & Leyk, 2012). V. a. die *Steigerung der allgemeinen körperlichen Aktivität* und ggf. die Erweiterung als körperliche Fitness sind Ziele von Gesundheitsprogrammen in der Arbeitswelt.

Um die Gesundheit aus Sicht der Bewegung zu erhalten und zu fördern, gelten folgende **Mindestempfehlungen** für Erwachsene in Anlehnung an internationale Richtlinien als Physical Activity Guidelines (Rütten & Pfeifer, 2017, S. 33 f.). Der Bewegungsreport der WHO (2022, S. vii) verdeutlicht, dass hier großer Handlungsbedarf besteht, denn 27,5 % der Erwachsenen erreichen derzeit nicht das von der WHO empfohlene Maß an körperlicher Aktivität. Deutschland schneidet hier vergleichsweise schlecht ab, denn 44 % der Frauen und 40 % der Männer sind als bewegungsarm einzustufen – dies bestätigen auch Studien der Krankenkassen (vgl. TK, 2022). In Studien wird häufig die Einheit MET (**metabolisches Äquivalent**) als 1 Kilokalorie pro Kilogramm Körpergewicht pro Stunde bzw. als ca. 3,5 Milliliter Sauerstoffaufnahme pro Kilogramm Körpergewicht pro Minute als Stoffwechselumsatz in Ruhe zur Bewertung herangezogen, um eine Vergleichbarkeit hinsichtlich der Intensitäten von Bewegungsaktivitäten zu erreichen (vgl. Ainsworth et al., 2011). Die aktuellen Richtlinien der WHO empfehlen je nach Voraussetzungen (Alter, Gewicht, Geschlecht, Trainingszustand etc.) 600 bis 1200 MET pro Woche. Es

wird diskutiert, ob diese Mindestmenge ausreicht, um einen nachhaltigen gesundheitlichen Nutzen zu erzielen.

- *Alternative Wege zur Erreichung des geforderten Bewegungsumfangs:* Ausdauerorientierte Bewegung mit moderater Intensität von mindestens 150 min/Woche (entspricht ca. 600 MET) oder mit höherer Intensität von mindestens 75 min/Woche oder entsprechende Kombinationen beider Intensitätsarten
- *Verteilung der Aktivität:* Darstellung der Gesamtaktivität von mindestens 10 min über den Tag und die Woche verteilt (z. B. mindestens 3 × 10 min/Tag an fünf Tagen einer Woche)
- *Weitere Empfehlungen:* Gleichgewichts- und Kräftigungsübungen für Ältere (funktionelles Aufbautraining), Vermeidung von ununterbrochenem Sitzen (Extremsitzen), Berücksichtigung gesundheitlicher Einschränkungen, z. B. bei Behinderungen

Die **Liste der positiven Gesundheitseffekte** ist beeindruckend, z. B. erfolgreiche Beeinflussung von Stoffwechselerkrankungen wie Diabetes, Wirksamkeit bei mittelschweren Depressionen, verbesserte Blutdruckregulation, Vermeidung vorzeitiger Herzinfarkte, Reduktion des Schlaganfallrisikos, verminderter Knochenschwund (Osteoporose), positive Effekte auf die neurokognitive Gesundheit und teilweise auf Krebserkrankungen (Neoplasie) (vgl. Hu et al., 2020; Löllgen et al., 2020; Miko et al., 2020). Eine vermittelnde Variable in Bezug auf verschiedene Gesundheitseffekte könnte die verbesserte **Stressregulation** durch körperliche Aktivität sein (vgl. Fuchs & Gerber, 2018). Auch wenn die Effekte größtenteils als moderat einzustufen sind, zeigen sie, dass BGM den traditionellen Klassiker Betriebssport in modernem Gewand bis hin zur digitalen Begleitung wiederbeleben sollte, denn Bewegung ist das **effektivste Präventionsmittel** und zeigt bereits innerhalb weniger Wochen nachweisbare Effekte (▶ Kap. 5). Dabei verläuft die **Dosis-Wirkungs-Beziehung** zwischen körperlicher Aktivität und Gesundheit nicht linear, sondern kurvilinear, d. h. sie steigt zunächst exponentiell an und flacht dann ab (Rütten & Pfeifer, 2017, S. 30). V. a. inaktive Personen erzielen dadurch hohe Gesundheitsgewinne. Insgesamt ist das Ausmaß wichtiger als die Art der körperlichen Aktivität. Zudem wird davon ausgegangen, dass die Dosis-Wirkungs-Beziehung je nach Ausgangsfitness-Level und angestrebtem Gesundheitseffekt (Gewichtsreduktion, Kreislaufstabilität oder Diabetesprävention) unterschiedlich ausfällt.

Tipp

Im Jahr 2008 wurde der Nationale Aktionsplan zur Prävention von Fehlernährung, Bewegungsmangel, Übergewicht und damit zusammenhängenden Krankheiten **IN FORM** ins Leben gerufen. "IN FORM – Deutschlands Initiative für gesunde Ernährung und mehr Bewegung" bündelt bereits bestehende vielfältige Initiativen von Bund, Ländern, Kommunen und der Zivilgesellschaft in einer nationalen Strategie und trägt zur Etablierung gesundheitsförderlicher Alltagsstrukturen bei.

▶ https://www.in-form.de/

■ **Gesundheitspsychologische Modelle**

Um Gesundheitsverhalten in komplexen Situationen erklären zu können, bedarf es **mehrdimensionaler sozial-kognitiver Modelle** (vgl. Conner & Norman, 2015). Dabei wirken kognitive, emotionale und motivationale Prozesse unter Berücksichtigung situativer Rahmenbedingungen zusammen – die Annahme der interagierenden Einflüsse von Persönlichkeits- und Umweltfaktoren wird als *reziproker Determinismus* bezeichnet. Die Modelle unterscheiden sich darin, inwieweit sie das Zusammenwirken auf wenige Variablen bzw. praktikable Stellschrauben reduzieren können. Für die Praxis ist nicht nur die Umsetzbarkeit und Veränderbarkeit von Bedeutung, sondern auch der Anspruch, ob sich aus der Veränderung der Dimensionen Verhaltensprognosen ableiten lassen. **Modelle zum Gesundheitsverhalten** beschreiben Determinanten, Prozesse und Ressourcen, um zu begründen, ob sich eine Person in einer Situation gesundheitsförderlich oder gesundheitsschädlich verhält (vgl. Finne et al., 2021; Fuchs in Egger et al., 2021, S. 181 ff.; Heuse & Knoll in Kohlmann et al., 2018, S. 243 ff.). Die Modelle geben somit Antworten auf die zentrale Frage, was das Gesundheitsverhalten steuert. Viele Theorien bauen dabei auf lern- und kognitionstheoretischen Grundlagen auf, um die **Black Box des Gesundheitsverhaltens** zu öffnen (vgl. Faller in Faller & Lang, 2019, S. 16 ff.). Zu nennen sind hier v. a. der Behaviorismus und sozial-kognitive Lerntheorien, ergänzt um psychologische Modelle von Risiko- und Schutzfaktoren sowie psychosozialen Einflüssen wie Normen und Einstellungen (vgl. Naidoo & Wills, 2019, S. 304 ff.; Uhle & Treier, 2019, S. 229 ff.). Komplexere Ansätze berücksichtigen auch soziologische Aspekte, um den Einfluss sozialer, ökonomischer und ökologischer Umweltfaktoren auf das Verhalten zu erklären.

Bei den primär **personenbezogenen Ansätzen** wird zwischen kontinuierlichen und dynamischen Modellen unterschieden (Heuse & Knoll in Kohlmann et al., 2018, S. 244 ff.; Kryspin-Exner & Pintzinger in Hurrelmann

et al., 2018, S. 35 ff.). **Kontinuierliche oder statische Modelle** identifizieren Faktoren, die eine Verhaltensänderung beeinflussen, und berücksichtigen diese Prädiktoren in geeigneten Interventionen, um die Wahrscheinlichkeit einer Verhaltensänderung zu erhöhen. Dazu gehören Modelle der Gesundheitsüberzeugungen oder die Theorie des geplanten Verhaltens. **Dynamische Stadienmodelle** betrachten Verhaltensänderung als Prozess, identifizieren die Stadien und versuchen, den Prozessfortschritt in den jeweiligen Stadien durch maßgeschneiderte Interventionen gezielt zu begleiten. Zu Beginn geht es v. a. um Überzeugung und Auseinandersetzung (Intentionsbildung), später um Vorbereitung, Umsetzung und Festigung des Verhaltens. In den Stadien wirken sozial-kognitive Konstrukte wie Selbstwirksamkeit oder Risikoeinschätzung phasenabhängig oder diskontinuierlich auf das Gesundheitsverhalten ein. Zu den Modellen zählen insbesondere das transtheoretische Modell und das Prozessmodell präventiven Handelns (PAPM, Precaution Adoption Process Model). **Hybride Modelle** berücksichtigen sowohl zentrale Einflussfaktoren der kontinuierlichen Modelle wie die Selbstwirksamkeit als auch die motivationale und volitionale Zugehörigkeit zu Stadien bzw. Phasen. Darüber hinaus können hemmende und fördernde Umwelteinflüsse als Barrieren oder Ressourcen in die Modellierung integriert werden. Eine Synopse bietet das HAPA-Modell (Health Action Process Approach) (◘ Abb. 4.23) (vgl. Schwarzer, 2004 & 2008).

A. **Modelle der Gesundheitsüberzeugungen** arbeiten mit Appellen, die z. B. auf Angst oder Furcht setzen, um die Risikowahrnehmung zu verändern (◘ Abb. 4.21). Der Ursprung ist das Health Belief Model von Irwin M. Rosenstock (1974) und Marshall H. Becker (Janz & Becker, 1984), das die wahrgenommene Verwundbarkeit (*„Ich habe ein erhöhtes Risiko, an einer Lungenkrankheit zu erkranken"*) dem Schwergrad (*„Eine Lungenkrankheit kann tödlich sein"*) unter Berücksichtigung der Kosten (*„Wenn ich ich mit dem Rauchen aufhöre, kann ich mich nicht mehr entspannen"*) und des Nutzens (*„Wenn ich mit dem Rauchen aufhöre, dann muss ich nicht ernsthaft leiden"*) gegenüberstellt. Zu den erweiterten Furchtappell-Theorien gehört die Protection Motivation Theory von Ronald W. Rogers (1975), die je nach Konzeptualisierung Informationsquellen (Person oder Umwelt, Art und Bedeutung), Handlungs- und Selbstwirksamkeit für die Bewältigungseinschätzung sowie Handlungskosten und Anreize für die Kosten-Nutzen-Abwägung erfasst. Die *Modelllogik* ist relativ einfach – nach der Information verlaufen zwei Bewertungsstränge als Mediatoren (s. u.) parallel, der Bewertungsprozess der Bedrohung (Furchtinduktion) und der Be-

4

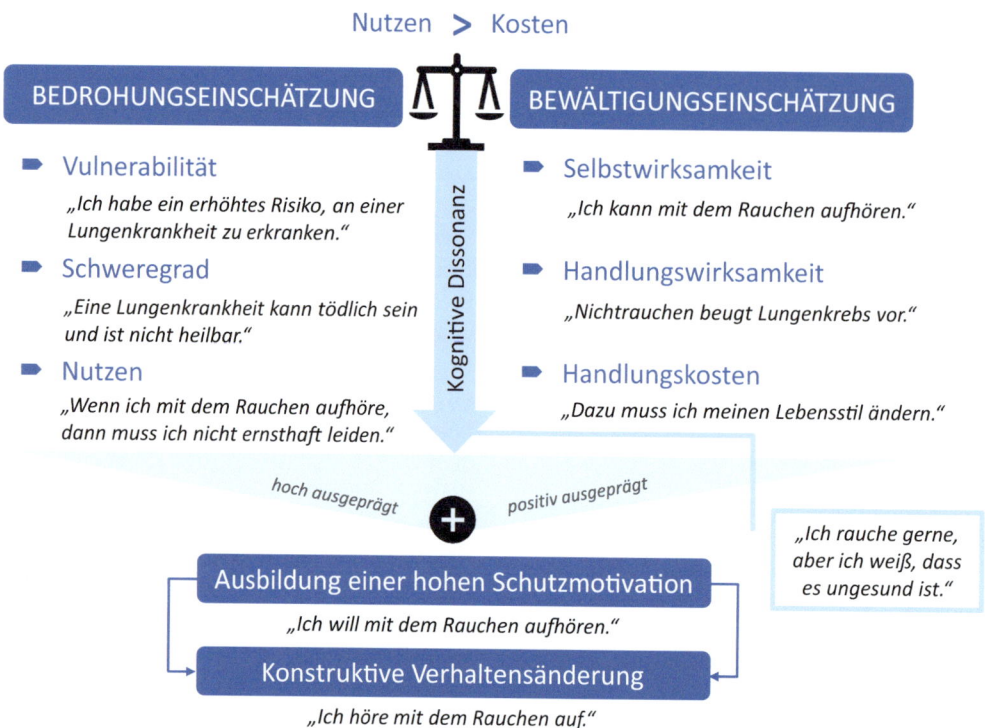

■ Abb. 4.21   Schema zu den Modellen der Gesundheitsüberzeugungen

wältigung (Coping). Es wird postuliert, dass Furcht-appelle die Bedrohungseinschätzung (Vulnerabilität und Schweregrad) beeinflussen und die aktivierte Bedrohungswahrnehmung in Verbindung mit der Selbstwirksamkeit (*„Ich kann mit dem Rauchen auf-hören"*) und Handlungseffektivität (*„Nichtrauchen beugt Lungenkrebs vor"*) sowie den Handlungs-kosten (*„Dazu muss ich meinen Lebensstil ändern"*) zu einer erhöhten Schutzmotivation bzw. Intention (*„Ich will mit dem Rauchen aufhören"*) und damit zur gewünschten Verhaltensänderung führt. Modelle der Gesundheitsüberzeugungen wurden in erster Linie zur Vorhersage des Vorsorgeverhaltens ent-wickelt, eignen sich aber prinzipiell auch zur Förde-rung eines gesunden Lebensstils. Sie basieren auf der Grundannahme der Erwartungs-Wertmodelle, dass sich die Handlungsmotivation aus dem Pro-dukt von Erwartung (durch die Handlung werden bestimmte Ergebnisse erzielt) und Wert (das Ergeb-nis ist attraktiv) ergibt. Menschen werden nur dann aktiv, wenn sich eine Verhaltensänderung als Ergeb-nis der Risikokonfrontation intrinsisch oder extrin-sisch lohnt, *d. h. wenn der Gesundheitsgewinn die er-warteten Handlungskosten übersteigt.* Das **Kosten-Nutzen-Verhältnis** kann durch Anreize, Appelle oder sozialen Druck beeinflusst bzw. die Intentions-bildung entsprechend verstärkt werden. Je nach Theorie werden verschiedene psychologische oder demografische Mediatoren oder Moderatoren wie

Alter und Geschlecht, Gesundheitskompetenz, so-ziale Vergleichsgruppen oder Bildungsstand be-rücksichtigt. Handlungsauslöser können Kampag-nen wie Gesundheitstage oder persönliche Be-ratungen im Rahmen von EAP, eine durch soziale Betroffenheit verstärkte Bedrohungswahrnehmung (Schicksalsschläge bei Kolleg*innen) oder die selbst oder stellvertretend erlebte Erfolgswahrscheinlich-keit einer Handlung sein. Furchtappelle und Warn-hinweise reichen jedoch bei stabilen internalisierten Verhaltensmustern kaum aus, um eine Verhaltens-änderung zu induzieren, da mit emotionalen und ko-gnitiven Abwehrprozessen zu rechnen ist, die die ko-gnitive Dissonanz als aversiv erlebten Gefühls-zustand minimieren (*„Ich rauche gerne, aber ich weiß, dass es ungesund ist"*). Sie können aber als primär-präventiver Ansatz dienen, wenn das Risikover-halten noch nicht manifest ist. Metaanalysen zeigen allerdings auch die **Grenzen dieser Modelle** auf (vgl. Carpenter, 2010; Milne et al., 2000; Skinner in Glanz et al., 2015, S. 75 ff.) Das aktuelle Gesundheitsver-halten lässt sich zum Teil gut vorhersagen, nicht aber das zukünftige. Zudem weisen einige Prädikto-ren eine relativ geringe Erklärungskraft auf. Für die spezifische Krankheitsprävention können auf-klärende Ansätze unterstützend sein. Für die Arbeitswelt sind sie jedoch nur bedingt geeignet, da Furchtappelle eher kontraproduktiv sind und zu nicht-adaptiven Reaktionen durch Kontrollverlust

(Bumerang- und Reaktanzeffekte) führen und als Einmischung in private Angelegenheiten erlebt werden.

B. **Theorie des geplanten Verhaltens** (Theory of Planned Behavior, TPB) von Icek Ajzen (1991): Diese Theorie postuliert drei gesundheitspsychologische Konstrukte, die über die Intentionsbildung das Gesundheitsverhalten bestimmen und beschreibt den Zusammenhang zwischen Einstellungen, Überzeugungen und Verhalten: die *positive oder negative Bewertung des Zielverhaltens* (Einstellungen und Verhaltensüberzeugungen), der *erlebte soziale Druck* (subjektive Einschätzung bestehender sozialer Normen, normative Überzeugungen) und die *wahrgenommene Verhaltenskontrolle* (Selbstwirksamkeitserwartung und Kontrollüberzeugungen unter Berücksichtigung externer Einflüsse). Wenn der Mitarbeiter/die Mitarbeiterin Bewegung als positiven Wert für sich selbst erkennt (Einstellung), dieser Wert durch die Führungskraft und die Kolleg*innen verstärkt wird (sozialer Druck) und der Mitarbeiter/die Mitarbeiterin sich in der Lage fühlt, die von der Organisation zur Verfügung gestellten Bewegungsangebote wahrzunehmen, dann wird sich eine starke Intention zu mehr Bewegung im Arbeitsalltag entwickeln. Ist der Mitarbeiter darüber hinaus überzeugt, sein Verhalten kontrollieren zu können und wird das Erwartungsmodell durch die Realität bestätigt, kommt es zu einer stabilisierenden Verhaltensänderung. Das bedeutet, dass es nicht ausreicht, eine positive Einstellung zu haben, um das erwünschte Gesundheitsverhalten zu zeigen, sondern die Betroffenen müssen sich auch dazu in der Lage fühlen. Gegenüber dem Modell der Gesundheitsüberzeugungen betont die Theorie die **Bedeutung sozialer Normen** als Haupteinflussfaktor auf das individuelle Gesundheitsverhalten durch relevante soziale Bezugsgruppen (Peers) – hier kommt der gesunden Führung als Multiplikator in der Arbeitswelt eine wesentliche Rolle zu (▸ Abschn. 4.2.3.4). Diese Theorie erweist sich in Metaanalysen in vielen Verhaltensbereichen als bedeutsam, insbesondere für die Intentionsbildung im Bereich Ernährung und Bewegung (vgl. Hagger et al., 2002; McEachan et al., 2011). Die kognitive Dominanz in diesem Modell ist kritisch zu diskutieren, da das Gesundheitshandeln von vielfältigen emotionalen und situativen Faktoren beeinflusst wird.

C. **Sozial-kognitive Theorie (SCT)** als lerntheoretischer Ansatz von Albert Bandura (2004): Diese Theorie erweitert die klassischen Lerntheorien um kognitive Erwartungen, die zwischen Person, Verhalten und Verhältnissen vermitteln. Ob sich eine Person gesund ernährt, hängt von ihren Vorlieben, Gewohn-

heiten und Einstellungen (Person), von der Fähigkeit, gesunde Lebensmittel zuzubereiten (Verhalten) und von der Verfügbarkeit gesunder Lebensmittel (Umwelt) ab. Dieses Prinzip wird auch als *reziproker Determinismus* bezeichnet. Entscheidend ist die **Selbstwirksamkeitserwartung**, ob man sich zutraut, sich gesund zu ernähren und damit auch gesünder zu leben. Dabei sind nicht nur eigene Erfahrungen wichtig, sondern auch stellvertretende Erfahrungen und Überzeugungen, die die Selbstwirksamkeit erhöhen helfen (Modelllernen). So berücksichtigt diese umfassende Theorie das Wissen um Gesundheitsrisiken, die Selbstwirksamkeitserwartungen sowie die Handlungs- und Ergebniserwartungen in Bezug auf die Intentionen sowie verschiedene fördernde und hemmende soziale und kulturelle Faktoren. Ein wichtiger Aspekt ist dabei die soziale Unterstützung. Gesundheitsziele sollten partizipativ entwickelt werden und das Ausmaß der Selbstwirksamkeit berücksichtigen. Auch die Fähigkeiten zur Selbstregulation im Prozess der Verhaltensänderung werden in der Modellierung berücksichtigt. Selbstbeobachtung, Feedback und Selbstverstärkung können hier den Veränderungsprozess aufrechterhalten. Die sozial-kognitive Theorie ist mit den Maximen der Salutogenese kompatibel, da sie den Menschen als aktiv handelnde Person sieht. Aus empirischer Sicht ist diese Theorie aus gesundheitlicher Sicht zu komplex, um sie in Gänze zu bestätigen. Die Bedeutung der Selbstwirksamkeit für das Gesundheitsverhalten ist jedoch empirisch sehr gut belegt.

D. **Transtheoretisches Modell (TTM):** Das u. a. von James O. Prochaska (vgl. Prochaska et al. in Glanz et al., 2015, S. 125 ff.) entwickelte Stadien- bzw. Stufenmodell postuliert nicht wie die kontinuierlichen Modelle eine Intentionsbildung, sondern einen **Entwicklungsprozess**. Da dieser Entwicklungsprozess von verschiedenen Faktoren abhängig ist, integriert das transtheoretische Modell verschiedene psychologische Ansätze und Theorien. Der Mensch entwickelt sein Gesundheitsverhalten und seine Gesundheitskompetenz in qualitativ unterschiedlichen Stadien. In diesen Phasen wirken unterschiedliche Faktoren auf das Gesundheitsverhalten ein. In den frühen Stadien werden v. a. kognitiv-affektive Strategien wie die Steigerung der Aufmerksamkeit und des Problembewusstseins, emotionales Erleben oder Neubewertung eingesetzt. Sie beziehen sich auf Einstellungen. Später dominieren verhaltensorientierte Strategien wie Selbstverstärkung, Gegenkonditionierung, Umweltkontrolle oder soziale Unterstützung. Da Verhaltensänderung im Gesundheitsbereich kein glatter Prozess ist, kann man davon ausgehen, dass kaum jemand diese Stadien in einer idealtypischen Reihenfolge durchläuft. Rückfälle sind hier ein zu erwartendes Szenario – man spricht auch vom *Drehtürmodell*. Nach dem TTM gibt es fünf bzw. sechs Stufen, die wiederum große Ähnlichkeit mit dem Prozessmodell der Motivation, dem Rubikon-Modell der Handlungsphasen, aufweisen (vgl. Heckhausen & Heckhausen, 2018, S. 7 ff.). Der Prozess beginnt mit einer gewissen Gleichgültigkeit (*„Es gibt kein Problem"*). In der Präkontemplationsphase geht es um die Bewusstwerdung und Entwicklung einer konstruktiven Einstellung zur Gesundheit und damit um die Aufhebung der Absichtslosigkeit (Einstellung) (*„Es zeichnet sich ein Problem ab"*). In der Kontemplation tragen Gesundheitsinformationen zur weiteren abwägenden Entscheidungsfindung (Intentionsbildung) bei (*„Ich könnte etwas tun"*). Ist der Rubikon überschritten, werden in der Phase der Vorbereitung konkrete Pläne geschmiedet, erste Vorbereitungen bezüglich der benötigten Ressourcen getroffen und die Selbstwirksamkeit steigt (*„Ich tue schon etwas"*). In der Phase des Handelns sind Kontrollmechanismen relevant, um die Aufnahme und Aufrechterhaltung des Gesundheitsverhaltens zu gewährleisten, da ein hohes Rückfallrisiko in alte Gewohnheiten (Handeln) besteht (*„Ich bleibe dabei"*). In der letzten Phase geht es um die Konsolidierung, d. h. um die Beibehaltung und Stabilisierung des Gesundheitsverhaltens als selbstverständliche Routine bzw. um den Verzicht auf das Risikoverhalten wie z. B. das Rauchen (*„Es wird zur Selbstverständlichkeit"*). Um gezielte Interventionen einsetzen zu können, ist es notwendig zu wissen, in welchem Stadium sich eine Person befindet – dies erfordert diagnostische Maßnahmen oder persönliche Assessments. Das Prinzip des *„Matched Design"* gewährleistet einen effizienten und effektiven Einsatz von Gesundheitsmaßnahmen, indem z. B. Informationskampagnen gezielt nur für Personen eingesetzt werden, die sich noch in der Phase der Absichtsbildung befinden. Gerade dieser praktisch erscheinende Ansatz stößt jedoch auf eine Vielzahl methodischer und theoretischer Probleme, wie z. B. die unklare Operationalisierung und Abgrenzung der Stadien (vgl. Lippke & Renneberg in Renneberg & Hammelstein, 2006, S. 51 ff.). In der Suchtprävention ist es ein geeignetes und bewährtes Modell, z. B. im Bereich der Prävention riskanten Alkoholkonsums. Es kann aber auch in den Bereichen Ernährung und Bewegung eingesetzt werden.

> ❯ **Gesundheitspsychologische Modelle** erklären Gesundheitsverhalten unter Berücksichtigung motivationaler, kognitiver und volitionaler Ansätze – sie helfen, gesundheitsrelevante Verhaltensweisen zu verstehen und zeigen Ansatzpunkte zur Veränderung von Gesundheitsverhalten bzw. Gesundheitshandeln auf. Ihre praktische Relevanz wird u. a. durch den Gesundheitskontext und die Typologie der Gesundheitsintervention bestimmt.

■ **Gesundheitseffekte – methodisch betrachtet**

Die Effektstärken einzelner veränderbarer Parameter in den Modellen sind relativ gering, sodass gesundheitsrelevantes Verhalten nur bedingt durch einzelne Konstrukte vorhergesagt werden kann. Vielmehr wirken die Maßnahmen langfristig durch die Aggregation vieler kleiner und mittlerer Effekte. Erschwerend kommt hinzu, dass häufig unklar ist, wie die Effekte zustande kommen – so gibt es eine Vielzahl konfundierender Störfaktoren und intervenierender Mediatoren, die das in den Modellen abgebildete „Kausalgefüge" auflösen und Scheinassoziationen erzeugen (vgl. Kohlmann et al., 2018). Dabei ist zwischen **direkten, indirekten und totalen Effekten** zu unterscheiden (vgl. Urban & Mayerl, 2018, S. 325 ff.). Wenn ein Stressor einen direkten Einfluss auf den Gesundheitszustand hat, ist die Vorhersage der Wirksamkeit relativ eindeutig, wenn der Stressor entsprechend variiert wird. Indirekte Effekte sind in der Praxis kaum empirisch beobachtbar. Bei einem totalen Effekt wird die Variable Gesundheit nur durch eine Drittvariable erklärt. Aus theoretischer Sicht wird darüber hinaus zwischen Mediator- und Moderatoreffekten unterschieden. Bei vielen Effektvariablen, wie z. B. dem Alter, ist jedoch davon auszugehen, dass es sich je nach theoretischer Modellierung sowohl um einen Mediator- als auch um einen Moderatoreffekt handeln kann. Daher wird aus praktischer Sicht kaum zwischen Moderator- und Mediatoreffekten unterschieden.

– **Mediatoreffekte:** Meist handelt es sich um schwer zu identifizierende indirekte Mediatoreffekte, d. h. bei einem partiellen Mediatoreffekt hat der Stressor einerseits noch einen direkten Einfluss auf die Gesundheit, andererseits tritt eine dritte Variable, z. B. das Bewältigungsverhalten, als Stressmediator auf und vermittelt den Zusammenhang zwischen Stressor und Gesundheit verstärkend oder abschwächend (◻ Abb. 4.22). Bei einem totalen Mediatoreffekt wird die Variable Gesundheit nur durch die Drittvariable erklärt. Gemäß der Gefährdungsbeurteilung psychischer Belastung wirkt sich z. B. die Ausprägung des Handlungsspielraums (Prädiktor)

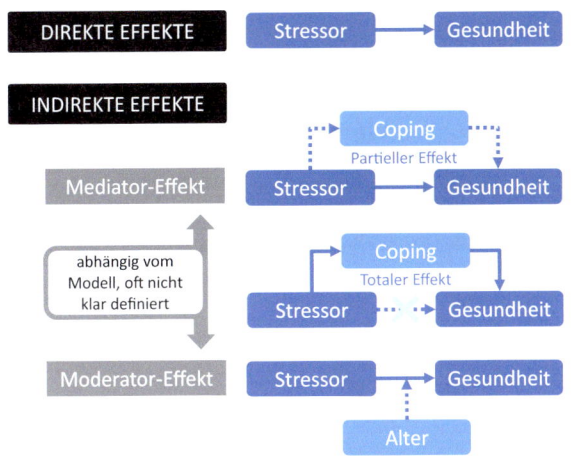

□ Abb. 4.22   Gesundheitseffekte aus methodischer Sicht

positiv auf die psychische Gesundheit (Kriterium) aus. Allerdings kann auch eine schwierige Aufgabe mit gewährtem Handlungsspielraum die psychische Gesundheit beeinträchtigen, wenn keine ausreichenden Bewältigungsstrategien und Kompetenzen vorhanden sind. In diesem Fall könnte das Vorhandensein von Versagensängsten den Zusammenhang zwischen Handlungsspielraum und psychischer Gesundheit herstellen bzw. aufrechterhalten. Sind keine Ängste vorhanden, wird die Aufgabe als Herausforderung wahrgenommen. Entstehen Versagensängste, z. B. weil Kompetenzen fehlen, wird die Aufgabe als unlösbare Bedrohung erlebt und beeinträchtigt die psychische Gesundheit. Auch bei der folgenden Frage *„Führen schlechte Arbeitsbedingungen zu einer kürzeren Lebensarbeitszeit?"* sind Mediatoreffekte zu erwarten, wie z. B. die Ausprägung der Arbeitsfähigkeit. Aus Sicht der BGF ist die Lebensqualität in der Praxis als relevanter Mediator anzusehen, da sie zwischen Intervention und Outcome vermittelt (vgl. Bullinger & Brütt in Kohlmann et al., 2018, S. 163). Ein klassisches Beispiel für einen Mediatoreffekt aus dem Gesundheitsbereich ist die Therapiemotivation, die sich positiv auf die Compliance auswirkt, welche sich wiederum positiv auf den Therapieerfolg auswirkt.

- **Moderatoreffekte:** Darüber hinaus finden sich vielfältige Moderatoreffekte, wenn z. B. Alter oder Geschlecht die Wirkung des Belastungsfaktors auf die Gesundheit beeinflussen. So könnte z. B. der Umfang der Schichtarbeit als Stressor in seiner Wirkung auf die Erholungsfähigkeit mit dem Geschlecht interagieren bzw. dieser Zusammenhang durch das Geschlecht moderiert werden. Die entscheidende Frage ist hier, ob der Zusammenhang zwischen dem Ausmaß der Schichtarbeit und der Erholungsfähigkeit durch das Geschlecht verstärkt oder abgeschwächt wird. Der Moderator beeinflusst also

den Effekt der Schichtarbeit auf die Ausprägung der Erholungsfähigkeit, wirkt aber nicht direkt auf die Erholungsfähigkeit. Ein klassisches Beispiel aus dem Gesundheitsbereich ist die Verstärkung eines negativen Zusammenhangs zwischen Übergewicht und Ausdauer durch den Moderator Rauchen. Je höher das Übergewicht, desto geringer die Ausdauer. Dieser Zusammenhang ist bei Rauchern stärker ausgeprägt als bei Nichtrauchern.

❗ In der Praxis werden aufgrund der Vielzahl von Einflussfaktoren nur **selten direkte Gesundheitseffekte** gefunden. Oft ist auch unklar, ob eine Einflussvariable als Mediator oder Moderator wirkt. Da kontrollierte Evaluationsdesigns kaum durchführbar sind, können die Effekte der Einflussvariablen kaum gemessen werden.

■ **Hybridmodell als Integrationskonzept**
Das **sozial-kognitive Prozessmodell HAPA** von Schwarzer verbindet als Hybridmodell die Annahmen des kontinuierlichen und des diskontinuierlichen Ansatzes, d. h., es handelt sich um ein Stadien- und Prozessmodell der Gesundheitsmotivation (Schwarzer & Luszczynska in Conner & Norman, 2015, S. 252 ff.; vgl. Finne et al., 2021; Schwarzer, 2004) (▶ Abschn. 2.2.4). Aufgrund seiner **motivationalen Ausrichtung** eignet sich HAPA als Praxismodell zum Gesundheitsverhalten. Es lässt sich von der Metastruktur auf das Rubikon-Motivationsmodell von Heckhausen als Stufenmodell zurückführen (vgl. Heckhausen & Heckhausen, 2018). Die zentrale Herausforderung im Arbeitsalltag besteht darin, dass nicht gesundheitsförderliche Motivationstendenzen mit der Bereitschaft zu gesundheitsförderlichem Verhalten um knappe Ressourcen konkurrieren. Als Variablen werden im HAPA die Selbstwirksamkeitserwartung, die Handlungsergebniserwartung und die Risikowahrnehmung berücksichtigt (vgl. Knoll et al., 2017, S. 49 ff.). Gleichzeitig berücksichtigt das Modell die Annahmen der sozial-kognitiven Theorie von Bandura (Heuse & Knoll in Kohlmann et al., 2018, S. 251 ff.). HAPA schließt damit die Lücke zwischen Intention und Verhalten und konkretisiert Ansatzpunkte. Die **Integrationskraft** des Modells lässt sich anhand der Phasen verdeutlichen (vgl. Schwarzer, 2008) (□ Abb. 4.23). In der *motivationalen Phase* wird gemäß den Modellen der Gesundheitsüberzeugungen die Risikowahrnehmung als Ausgangspunkt identifiziert. Kosten-Nutzen-Überlegungen nach der Theorie der Schutzmotivation bestimmen die Ergebniserwartungen des Handelns. Nach dem Rubikon-Modell finden in der *volitionalen Phase* willentlich gesteuerte Prozesse statt. Die Selbstwirksamkeitserwartung wird analog zur sozial-kognitiven Theorie phasenspezifisch abgebildet. Aus Interventionssicht sind die **phasenspezifischen Besonderheiten** der Zielgruppen zu beachten und ent-

4

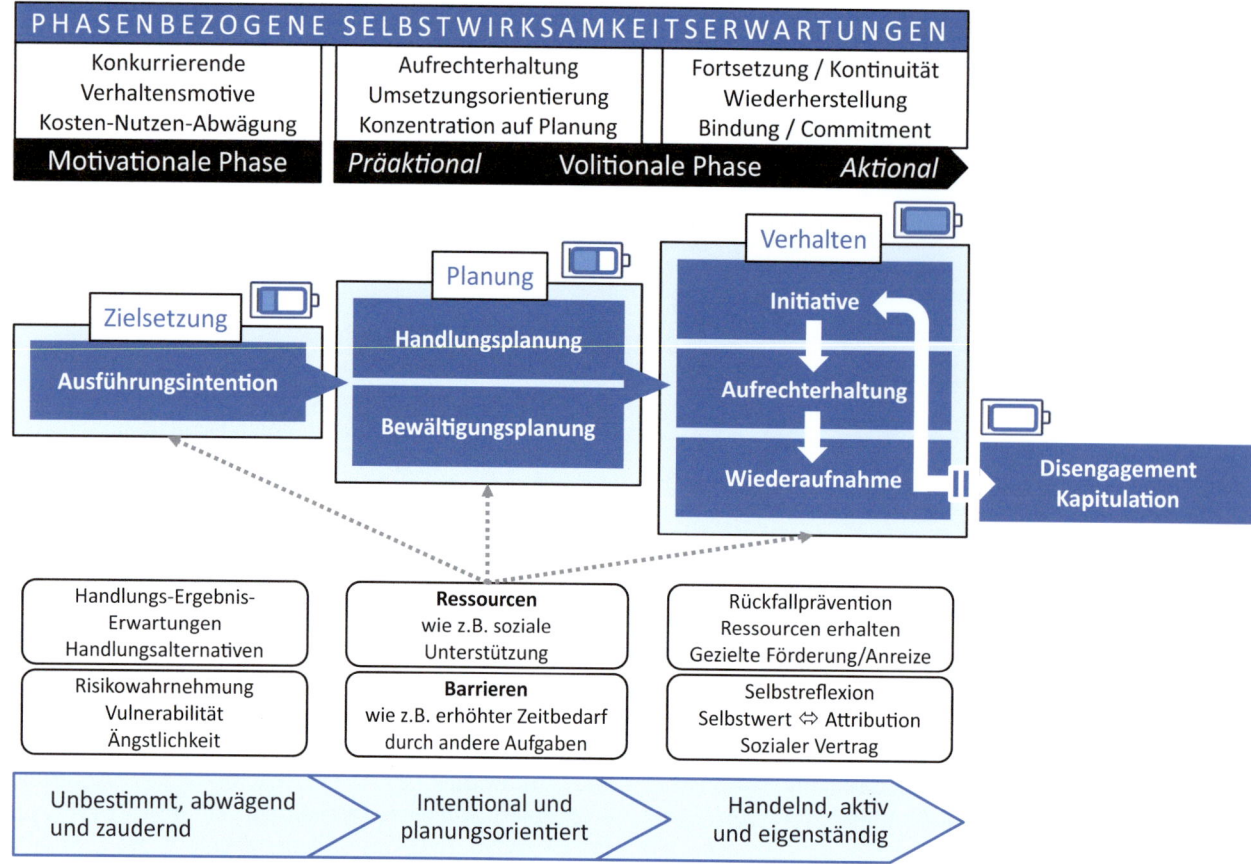

PHASENBEZOGENE SELBSTWIRKSAMKEITSERWARTUNGEN

| Konkurrierende Verhaltensmotive Kosten-Nutzen-Abwägung | Aufrechterhaltung Umsetzungsorientierung Konzentration auf Planung | Fortsetzung / Kontinuität Wiederherstellung Bindung / Commitment |

Motivationale Phase   *Präaktional*   Volitionale Phase   *Aktional*

Zielsetzung

Ausführungsintention

Planung

Handlungsplanung

Bewältigungsplanung

Verhalten

Initiative

Aufrechterhaltung

Wiederaufnahme

Disengagement Kapitulation

| Handlungs-Ergebnis-Erwartungen Handlungsalternativen | **Ressourcen** wie z.B. soziale Unterstützung | Rückfallprävention Ressourcen erhalten Gezielte Förderung/Anreize |
| Risikowahrnehmung Vulnerabilität Ängstlichkeit | **Barrieren** wie z.B. erhöhter Zeitbedarf durch andere Aufgaben | Selbstreflexion Selbstwert ⇔ Attribution Sozialer Vertrag |

| Unbestimmt, abwägend und zaudernd | Intentional und planungsorientiert | Handelnd, aktiv und eigenständig |

Abb. 4.23   Sozial-kognitives Prozessmodell nach Schwarzer (2004 & 2008)

sprechende Konstrukte aus motivationaler und volitionaler Sicht zu adressieren. Personen ohne Veränderungsabsicht (Non-Intender) sind zu unterscheiden von Personen mit Veränderungsabsicht (Intender) und Personen, die bereits mit einer Verhaltensänderung begonnen haben (Actors). Damit berücksichtigt das HAPA-Modell mehrere sozial-kognitive Determinanten des Gesundheitsverhaltens – dazu gehören die Selbstwirksamkeitserwartung, die Handlungsergebniserwartung, die Risikowahrnehmung, Gesundheitsziele und Gesundheitspläne (vgl. Lippke & Renneberg in Renneberg & Hammelstein, 2006, S. 56 ff.). Aus empirischer Sicht finden sich Bestätigungen, aber erwartungsgemäß bei komplexen Modellen auch Einschränkungen, da solche Modelle kaum in Gänze überprüft werden können (vgl. Zhang et al., 2019). Kritisiert wird v. a. die Grundannahme, dass Menschen rational handeln. Zudem werden Einflussfaktoren aus dem sozialen Umfeld zu wenig berücksichtigt und es liegen zu wenige Befunde zu situativen Barrieren oder Ressourcen vor.

> Das HAPA-Modell weist eine große Nähe zum bekannten **Rubikon-Prozess-Modell der Motivation** auf und kann in der Praxis als Schablone für die Entwicklung von Gesundheitskonzepten zur gezielten Verhaltensänderung verwendet werden.

■ **Rückfallmanagement als Herausforderung**

Aus Sicht der Verhaltensmodifikation ist der wichtigste Erfolgsfaktor die **Verhinderung des Rückfalls** in alte Handlungsmuster mit ungesundem Risikoverhalten bzw. des Disengagements nach Misserfolgen (Zielabbruch). Es kann sogar vorkommen, dass es nicht nur zu einem passiv motivierten Rückfall, sondern sogar zu einer aktiven Unterlassung als Reaktanz kommt. Dann wird es sehr schwierig, den eingeschlagenen Gesundheitspfad wieder aufzunehmen. Der Klassiker in der BGF ist die *Raucherentwöhnung*, denn hier zeigt sich, dass die Rückfallquote sehr hoch ist, weil eine dauerhafte Verhaltensänderung durch das Suchtpotenzial und durch situative Auslöser schwer zu erreichen ist (vgl.

Infobox ► „Raucherentwöhnung"). Hier stellt die **Rückfallprophylaxe** eine wichtige Modellerweiterung dar (vgl. Kryspin-Exner & Pintzinger in Hurrelmann et al., 2018, S. 43 ff.). Die meisten Modelle zum Rückfallprozess wie das *Relapse-Prevention-Modell* von Marlatt und Gordon (1985) finden sich im Anwendungsfeld der Suchtprävention. Hier werden verschiedene personenbezogene Faktoren wie Selbstwirksamkeit und situative Parameter wie Hochrisikosituationen in die Modellierung einbezogen. Problematisch wird es, wenn der Ausrutscher (lapses) nicht positiv als Lernprozess erlebt wird, sondern als Rückfall im Sinne eines sich verstetigenden Scheiterns (relapse). Hier deutet sich ein *Circulus vitiosus* als Chronifizierung des Rückfalls an. Ein Rückfallverhalten hat Auswirkungen auf die Ausprägung der **Selbstwirksamkeit**, eine geringe Selbstwirksamkeit wiederum erhöht die Rückfallwahrscheinlichkeit. Aber auch die Wirkung sozialer Faktoren ist nicht zu unterschätzen, da der soziale Vertrag die Bindung an

positives Gesundheitsverhalten verstärken kann. Generell ist **soziale Unterstützung** als fördernder Faktor bei der Rückfallbewältigung zu berücksichtigen und kann sowohl durch informelle Unterstützung in Selbsthilfegruppen als auch durch formelle Ansätze wie Gesundheitscoaching realisiert werden. Unabhängig vom Ansatz ist es wichtig, einen dauerhaften Ausstieg zu verhindern, da der Wiedereinstieg sowohl für die Betroffenen als auch für die Organisation mit hohen Investitionen verbunden ist.

❶ Viele verhaltensbasierte Ansätze unterschätzen die **Bedeutung des Rückfallmanagements**. Das Rückfallmanagement muss integraler Bestandteil des Verhaltensprogramms sein und als konstruktiver Lernprozess umgesetzt werden. Ein Rückfall führt häufig dazu, dass der Betroffene die gesundheitliche Herausforderung nicht mehr annimmt und die Hürde für eine Wiederaufnahme steigt.

Raucherentwöhnung

Beispiel für Raucherentwöhnung (Treier, 2019c, S. 223 f.): Rauchen ist ein Gewohnheitsverhalten mit physiologischer Abhängigkeit. Daher stellt der Rauchstopp aus Sicht des Gesundheitsverhaltens eine große Herausforderung dar. Zunächst müssen Risikowahrnehmung und Selbstwirksamkeit gestärkt werden. Die Betroffenen sollten das Vertrauen haben, selbst mit dem Rauchen aufhören zu können und den Entwöhnungsprozess zu kontrollieren. Zudem sollte der Mehrwert des Rauchstopps erkennbar sein – hier reicht es nicht aus, nur auf Spätfolgen wie die Vermeidung von Lungenerkrankungen oder eine erhöhte Sterblichkeit zu verweisen. Es ist wichtig, den *Mehrwert direkt zu aktualisieren* und sichtbar zu machen, indem z. B. der Rauchstopp mit positiven Handlungsergebniserwartungen wie Leistungssteigerung im Sport verknüpft wird. Auch wenn

sich eine positive Zielbildung aufgrund des persönlichen Kalküls entwickelt und auch die Ausführungsabsicht vorhanden ist, kann es bei unerwarteten Schwierigkeiten immer noch zum Ausstieg kommen. Daher ist es wichtig, im Handlungsplan immer auch alternative Wege zu berücksichtigen, falls der ursprüngliche Plan scheitern sollte. Um sich vor *ablenkenden Motivationstendenzen* zu schützen, ist es sinnvoll, sich öffentlich zu seinem Vorhaben zu bekennen, um es in einem sozialen Vertrag zu fixieren. Gruppendynamische Effekte unter dem Aspekt der sozialen Unterstützung können das Vorhaben flankieren. In der letzten Phase ist eine realistische Bewertung anzustreben, um die Hindernisse zu identifizieren, die bei einem zweiten Versuch umgangen werden können, falls der erste Versuch gescheitert ist.

Selbstwirksam und erfolgreich mit Gesundheitsproblemen umgehen zu können, ist das erklärte Ziel im Handlungsfeld Gesundheitsverhalten.

» „Die Selbstwirksamkeit hat sich als wichtigste Einflussgröße auf das Gesundheitsverhalten erwiesen. Sie ist in vielen Lebensstilbereichen vorhersagekräftig, wie Zigarettenrauchen, gesunde Ernährung, körperliche Aktivität und Kondombenutzung. Menschen, die eine hohe Selbstwirksamkeit besitzen, setzen sich höhere Ziele, beginnen schneller mit dem Gesundheitsverhalten, strengen sich mehr an und geben nicht so schnell auf. Auch von einem Rückschlag erholen sie sich schneller." (Faller in Faller & Lang, 2019, S. 369)

4.2.4.2.2 Interventionsplanung zum konstruktiven Gesundheitsverhalten

Von der Theorie zur Praxis – eine **theoriebasierte Interventionsplanung** liefert Ansatzpunkte, die aus Modellsicht erfolgversprechend sind und eine hohe Plausibilität versprechen (vgl. Bartholomew et al. in Glanz et al., 2015, S. 359 ff.; Bartholomew Eldredge et al., 2016; Gohres et al., 2021; Green et al., 2019). Modelle eignen sich daher sowohl als Legitimationsfolie als auch als Planungsgrundlage für Interventionen im Bereich des Gesundheitsverhaltens. Die Relevanz theoretischer Modelle zur Vorhersage von Gesundheitsverhalten ist aus empirischer Sicht unterschiedlich, da sich viele Interventionen zwar auf Modelle beziehen, diese aber in der Konzeptualisierung ihrer Maßnahmen nicht konsistent

4

abbilden, sodass viele Unschärfen in der praktischen Umsetzung bestehen. Studien zeigen, dass ein modellbasierter Ansatz nicht ausreicht, um die Wirksamkeit von Interventionen zu erhöhen (vgl. Prestwich et al., 2014). In diesem Zusammenhang sind weitere Qualitätskriterien zu berücksichtigen (vgl. Messing & Rütten, 2017). Aus Sicht des Qualitätsmanagements ist eine **systematische Planung** anzustreben, um Ziele zu definieren, Prozesse zu standardisieren und Wirkungen zu evaluieren (▶ Abschn. 7.1) (Uhle & Treier, 2019, S. 261 ff.). Insbesondere Stadien- und Hybridmodelle des Gesundheitsverhaltens eignen sich aufgrund ihrer kompatiblen Systematik grundsätzlich für das Planungsdesign, da sie eine Initiierungs-, Veränderungs- und Konsolidierungsphase sowie eine Evaluationsphase definieren. Aber auch kontinuierliche Modelle sind geeignet, da sie helfen, relevante Erfolgsfaktoren wie die Risikowahrnehmung zu adressieren, um entsprechende Verstärkungseffekte zu erzielen.

■ **Interventions-Mapping**

Gohres et al. (2021) fordern eine Art **Planungsszenario als Interventions-Mapping** in Anlehnung an den PDCA-Zyklus (Plan, Do, Check, Act) des Qualitätsmanagements. Aus planerischer Sicht sind vor der Umsetzung v. a. die Bestandsaufnahme, die Zieldefinition, das Interventionsdesign und die Evaluation als logische Ausgangspunkte zu berücksichtigen (vgl. Bartholomew Eldredge et al., 2016). Als Hauptziele kristallisieren sich Akzeptanzsteigerung und Compliance heraus. Eine koordinierende Planungsgruppe dient als Ausgangspunkt für eine fundierte Interventionsplanung. Das Mapping weist Ähnlichkeiten der Metastruktur hinsichtlich der Phasen mit dem bekannten **PRECEDE-PROCEED-Modell** (PPM) von Lawrence W. Green auf, das für die vorausschauende Kosten-Nutzen-Abwägung und zielgerichtete Planung von Gesundheitsprogrammen entwickelt wurde (vgl. Green & Kreuter, 2005). PRECEDE steht für eine systematische und ganzheitliche Analyse der Ausgangsbedingungen unter Berücksichtigung mehrerer Ebenen (Predisposing, Reinforcing, and Enabling Constructs in Educational/Ecological Diagnosis and Evaluation) und PROCEED für eine zielorientierte Strategie zur Veränderung der Ausgangsbedingungen (Policy, Regulatory, and Organizational Constructs in Educational and Environmental Development). Die folgenden **Phasen** werden im Interventions-Mapping berücksichtigt.

A. **Bedarfsanalyse:** Identifikation von Gesundheitsproblemen und prädisponierenden Faktoren (Problemschwerpunkte), Adressatenorientierung und Zielgruppenbildung, Ursachenanalyse, Analyse von Veränderungsbedingungen bis hin zu Fragen der Lebensqualität

B. **Programmziele:** Veränderungsmatrix als zentrales Element, um relevante Determinanten zu identifizieren und festzulegen, was verändert werden soll (Gegenüberstellung von Handlungszielen und veränderbaren Determinanten in Bezug auf Verhalten und Umwelt), Evidenzbasierung und Machbarkeit als Erfolgskriterien, Ansatzpunkte v. a. psychologische Komponenten aus Verhaltenssicht

C. **Interventionskonzept:** Interventionsmethoden im Hinblick auf Eignung, Angemessenheit und Verhältnismäßigkeit unter Berücksichtigung der Kosten-Nutzen-Relation, evidenzbasierte Auswahl

D. **Programmdesign:** Organisation und Administration (Zugänglichkeit und Niederschwelligkeit, keine organisatorischen Barrieren), Umsetzungsschritte als Feinplanung von Struktur und Prozessen bis hin zu Pretests

E. **Implementierungsplanung:** Planungsmatrix als zentrales Element zur Erhöhung der Partizipation, Qualifizierung und Vernetzung der verantwortlichen Akteure, übergreifende Planungsgruppe, Sicherstellung der planmäßigen Umsetzung und Berücksichtigung möglicher Einflüsse, um eine nachhaltige Umsetzung in der Arbeits- bzw. Lebenswelt zu gewährleisten (Realitätscheck)

F. **Evaluationsplanung:** Prozess- und Ergebnisevaluation (Output und Outcome), formativ (begleitend) und summativ (zusammenfassend), inhaltliche Parameter wie Gesundheitszustand, Akzeptanz, Zufriedenheit und Lebensqualität sowie monetäre Werte zur Kosten-Nutzen-Bewertung

---

Interventions-Mapping

Interventions-Mapping ist ein Planungsansatz zur Entwicklung wirksamer Interventionen zur Verhaltensänderung im Gesundheitsbereich, der auf Erkenntnissen aus Gesundheitsmodellierungen und empirischer Evidenz basiert, um verschiedene Gesundheits- und Verhaltensdeterminanten aus ganzheitlicher bzw. sozial-ökologischer Sicht bei der Planung und Bewertung von Gesundheitsproblemen zu berücksichtigen und die Partizipation der Betroffenen zu erhöhen (vgl. Bartholomew Eldredge et al., 2016, S. 7).

▶ https://interventionmapping.com/ (Webseite zum Buch von Bartholomew Eldredge et al., 2016)

Bei der Frage, welche Methoden bei der Interventionsplanung zu berücksichtigen sind, kann auch auf externe Expertise zurückgegriffen werden. So wird die Umsetzung des § 20 SGB V (▶ Abschn. 1.4.3) im Bereich der Primärprävention und der betrieblichen Gesundheitsförderung durch den **Leitfaden Prävention** des GKV-Spitzenverbandes bestimmt, der den aktuellen wissenschaftlichen Kenntnisstand widerspiegelt. Dieser Leitfaden existiert seit dem Jahr 2000 und wurde bis heute mehrfach aktualisiert. Mit der Änderung vom April 2022 werden auch digital unterstützte Leistungen berücksichtigt. Der Leitlinie kommt eine hohe Bedeutung zu, da Maßnahmen, die nicht den in der Leitlinie dargestellten Kriterien bzw. Handlungsfeldern entsprechen, von den Krankenkassen nicht gefördert werden dürfen. Eine **Zertifizierung** verhaltensbezogener individueller Präventionsangebote erfolgt im Auftrag der Krankenkassen durch die *Zentrale Prüfstelle Prävention* (▶ https://www.zentrale-pruefstelle-praevention.de/). Zertifizierte verhaltensbezogene Angebote können hier eine Orientierung bieten.

> ▶ https://www.gkv-spitzenverband.de/krankenversicherung/praevention_selbsthilfe_beratung/praevention_und_bgf/leitfaden_praevention/leitfaden_praevention.jsp

■ **Herausforderungen aus Evidenzperspektive**

Die Interventionsplanung suggeriert eine rationale Herangehensweise an die Umsetzung. Dies entspricht jedoch nicht den Erkenntnissen aus der Praxis. Zahlreiche Studien und Metaanalysen zeigen zwar Erfolgsfaktoren auf, die für die Planung geeigneter Maßnahmen für ein positives Gesundheitsverhalten relevant sind. In der Praxis handelt es sich jedoch meist nicht um isolierte und kontrollierte Ansätze, sondern um **Multikomponentenprogramme** der Verhaltens- und Verhältnisprävention. Metaanalysen wie die von Chapman (2012) unterstreichen die Relevanz von systematischen Multikomponentenprogrammen im BGM unter dem Gesichtspunkt der Effektivität (▶ Abschn. 6.1). Diese kombinierten Programme erschweren es aus Sicht der Evaluation, die Wirksamkeit einzelner Maßnahmen gezielt zu überprüfen. Verhaltens- und verhältnispräventive Interventionen wirken aus Sicht des Modells unterschiedlich und interagieren miteinander. Zielt BGF z. B. darauf ab, die sitzende Arbeitszeit zu reduzieren, so wird das Ergebnis nicht nur von der fokussierten Maßnahme beeinflusst, sondern auch von einer Vielzahl konfundierender und interagierender Variablen, wie z. B. persönlichen Faktoren wie Alter oder Gesundheitszustand oder organisationalen Faktoren wie Art der Tätigkeit oder Kundenkontakt (vgl. Chu et al., 2016; Kreis et al., 2018). Nach Lippke und Hessel (2018) zeigen Verhaltensinterventionen einen geringeren Effekt auf die körperliche Aktivität und das Sitzverhalten am Arbeitsplatz als verhältnispräventive Interventionen. Hingegen zeigen sich bei der Verhaltensintervention höhere **Transfereffekte** als bei der Verhältnisprävention, d. h. die Mitarbeitenden bewegen sich in ihrer Freizeit mehr, was sich wiederum auf die Arbeitsfähigkeit auswirkt. Ergonomische Maßnahmen der Verhältnisprävention, wie höhenverstellbare Tische oder bildschirmgeführte Erinnerungssysteme für Bewegung am Arbeitsplatz, wirken nur punktuell im Arbeitsbereich. Betriebssport hingegen kann auch Auswirkungen auf das Gesundheitsverhalten im privaten Umfeld haben. Noch schwieriger ist es, Programme zur Stressbewältigung am Arbeitsplatz zu evaluieren. Aus empirischer Sicht korrelieren die **Gesamteffekte** systematischer Stressmanagement-Trainingsansätze positiv mit der psychischen Gesundheit, während die Befunde zu Fehlzeiten und Leistung unklar sind. In diesen Studien zeichnet sich eine große Heterogenität der Zusammenhänge ab – kognitiv-behaviorale Programme scheinen im Vorteil zu sein, Entspannungstechniken werden bevorzugt und organisationale Stressprogramme eher selten eingesetzt (vgl. Richardson & Rothstein, 2008). Trotz der empirischen Ambivalenzen lassen sich aus solchen **evidenzbasierten Ansätzen** allgemeine Empfehlungen für die Praxis ableiten, die in systematischen Planungen berücksichtigt werden können. So schlussfolgern die Autoren (Kröll et al., 2017, S. 688) auf Basis einer umfassenden Metaanalyse zur verhältnis- und verhaltensbezogenen Stressbewältigung am Arbeitsplatz. *„Unsere Ergebnisse weisen eindeutig darauf hin, dass Unternehmen Gleitzeit, Telearbeit, kognitives Verhaltenstraining, Training von Entspannungstechniken und multimodale SMT (Stressmanagement-Trainings) einführen sollten, um die psychische Gesundheit ihrer Mitarbeiter zu verbessern und damit die mit der psychischen Gesundheit verbundenen Kosten zu senken."* (übersetzt vom Autor)

Als **praktische Herausforderung** für die Interventionsplanung zur Ableitung konstruktiver Maßnahmen für das Gesundheitsverhalten kristallisiert sich aus Sicht der Organisation weniger die Legitimation des Vorgehens und die Beherrschung der multiplen Faktoren heraus, als vielmehr die **Überwindung der Trägheit der Mitarbeitenden**, ein BGF-Angebot gleich welchen Formats zu nutzen, da sie das Angebot für sich als nicht notwendig erachten oder konkurrierende Motivationstendenzen dominieren. Die Illusion der eigenen Unverwundbarkeit bzw. der optimistische Trugschluss verhindern häufig eine hohe Aktivitätsquote. *Wer sich gesund fühlt, sieht keinen Grund, etwas zu tun.* Krankheit

4

bleibt abstrakt, solange man nicht persönlich betroffen ist. Verhaltenskrankheiten wie Rauchen, ungesunde Ernährung, Alkoholkonsum, Bewegungsmangel oder mangelndes Vorsorgeverhalten werden nicht abgestellt oder aktiv angegangen. Auch die Gesundheitsaufklärung kann an dieser *defensiven Umdeutung* (Reinterpretation) scheitern. Bewusst oder unbewusst findet eine Informationsverzerrung statt, sodass die Betroffenen letztlich die Risikorückmeldungen der Gesundheitsaufklärung bagatellisieren. Eine stabile Veränderungsresistenz kann die Folge sein und die Hürde für eine erfolgreiche Intervention erhöhen. Solche und andere Herausforderungen müssen bei der Planung von Interventionen berücksichtigt werden, sonst scheitert die Rationalität an der Realität.

> Das Ziel von Interventionen auf der Verhaltensebene ist die Überwindung der Trägheit im Gesundheitsverhalten bzw. im Gesundheitshandeln – im Volksmund wird dies als „innerer Schweinehund" bezeichnet. V. a. dann, wenn gesundheitsbezogene Aktivitäten als unangenehm oder belastend erlebt werden, nimmt die Trägheit zu. Andererseits steigt die kognitive Dissonanz, wenn das Gesundheitsverhalten zwar als sinnvoll und wichtig erkannt wird, man sich aber nicht dazu motivieren kann, sich entsprechend zu verhalten.

■ **Anforderungen an das Interventionsdesign**

Viele Modelle des Gesundheitsverhaltens setzen **Rationalität** voraus und postulieren, dass bei Beachtung der Variablen und des Prozesses der Erfolg vorprogrammiert ist – die Herausforderungen zeigen, dass diese Prämisse oft nicht erfüllt ist und viele Faktoren letztlich das tatsächliche Gesundheitsverhalten bestimmen (vgl. Faltermaier, 2017, S. 218 ff.; Naidoo & Wills, 2019, S. 321 f.). Die Planung ist erwartungslogisch, sollte sich aber der Grenzen der Verhaltensänderung im Arbeitskontext bewusst sein, um einen affirmativen und keinen monierenden und sanktionierenden Ansatz der Verhaltensänderung zu vertreten.

Eine fundierte Interventionsplanung sollte bei der Konzeption drei **Anker** setzen, um konstruktives Gesundheitsverhalten im Arbeitsalltag zu fördern (vgl. Norman et al., 2000; Schwarzer, 2004) (◘ Abb. 4.24). *Der erste Anker bezieht sich auf die Gesundheitsaufklärung* (► Abschn. 4.1.3). Wissen über Gesundheitsrisiken und gesundheitsförderliche Verhaltensweisen sollten ohne Ermahnungen und Drohungen im Sinne des verhaltensökonomischen Prinzips des Nudging als sanfte Anstöße niedrigschwellig vermittelt werden, ohne die Betroffenen zu bevormunden (vgl. Faller in Faller, 2017, S. 189 ff.). Wichtig ist, dass Gesundheitsrisiken deutlich gemacht werden. Die Schwierigkeit besteht darin, dass Gesundheitsrisiken oft nicht anschaulich

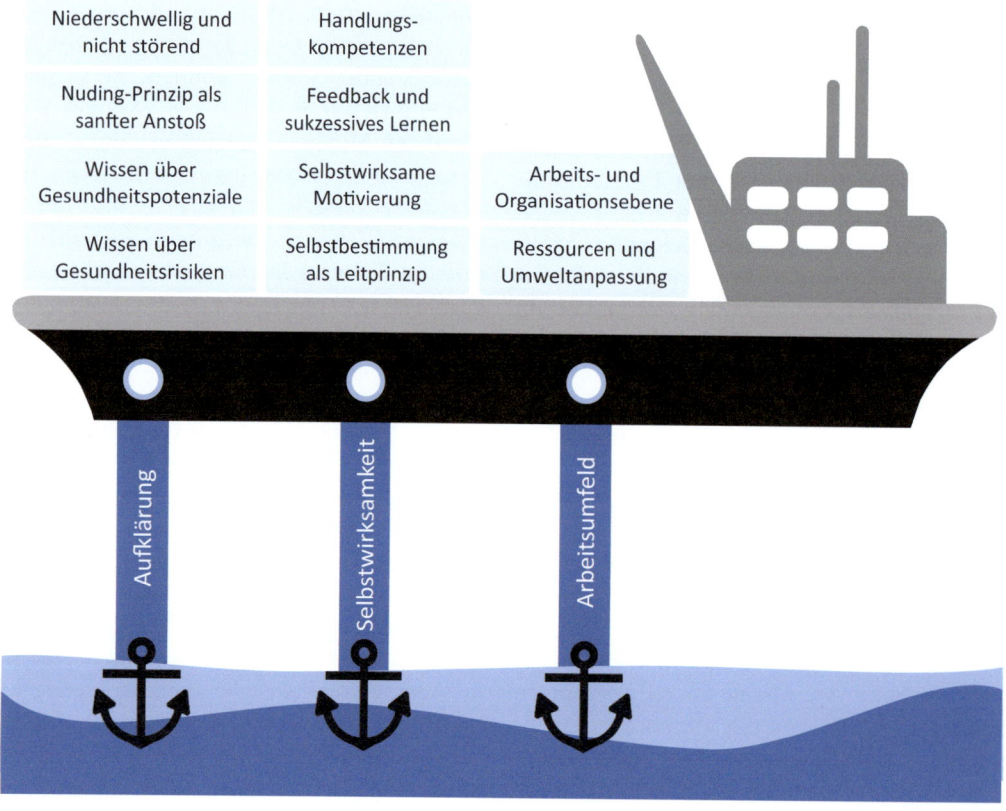

◘ **Abb. 4.24**   Anker für gesundes Verhalten

(abstrakt), zeitlich verzögert (es dauert bis zu einer eigenen negativen Erfahrung) und multikausal (viele verschiedene Ursachen, keine eindeutige Ätiologie und damit viel Raum für Ausflüchte) sind. *Der zweite Anker fokussiert die Selbstwirksamkeit.* Die Gesundheitsmodelle zeigen übereinstimmend die Relevanz von Selbstwirksamkeitserwartungen und Selbstbestimmung (Autonomie), um der Falle des trägen Wissens und der Abhängigkeit zu entkommen (vgl. Faller & Lang, 2019). Programme sollten ein schrittweises Lernen ermöglichen, zeitnahes Feedback erlauben und nicht überfordern, um das eigene Kontrollerleben positiv zu steigern. *Der dritte Anker befasst sich mit dem Arbeitsumfeld.* Das Verhalten hat dort seine Grenzen, wo die Verhältnisse ein gesundes Verhalten nicht zulassen oder sogar faktisch torpedieren. Umweltanpassung berücksichtigt die Ressourcen auf der Aufgaben- und Organisationsebene.

Aus Sicht der Praxis sind Interventionen im Bereich des Gesundheitsverhaltens dann erfolgreich, wenn sie folgende **Anforderungen an das Interventionsdesign** als Maßstab anlegen (vgl. Michel & Hoppe, 2022; Naidoo & Wills, 2019, S. 322 ff.; Uhle & Treier, 2019, S. 232 ff.).

A. **Selbstverantwortung steigern:** Im Bereich des Gesundheitsverhaltens sollte nicht belehrt oder sanktioniert werden (Indoktrination) – die Veränderung muss von den Betroffenen gewollt und akzeptiert werden (Akzeptanz). Damit wird das Gesundheitsverhalten zum aktiven Gesundheitshandeln.

B. **Aktualität schaffen:** Gewohnheiten in Frage zu stellen erfordert eine Neubewertung und damit einen Durchbruch in der selektiven Wahrnehmung. Verhaltensänderung muss sich zum aktuellen und salienten Thema mausern und Sichtbarkeit beanspruchen. So reicht der Gesundheitsimperativ als Mantra „Mehr bewegen!" nicht aus, sondern der Bewegungsanspruch muss im Lebenskontext aktualisiert werden, indem z. B. das bewegte Sitzen am Arbeitsplatz verhaltens- und verhältnisorientiert forciert wird.

C. **Alltagsorientierung gewährleisten:** Neue Verhaltensweisen können nur dann zur Gewohnheit werden, wenn sie in den Alltag integriert werden. Dies erfordert v. a. niederschwellige Ansätze, die kontinuierlich über einen längeren Zeitraum stattfinden. Appelle an Angst und Furcht können zu einer defensiven Umdeutung in Schutzmechanismen führen, daher empfiehlt sich eine prospektive und motivierende Vermittlung, die auf positive Emotionen setzt. Wissen muss so aufbereitet werden, dass es als umsetzbar erlebt wird, um nicht abzuschrecken. So könnte die BGF auch im Bereich des Gesundheitsverhaltens verstärkt auf das modulare Prinzip der Learning Nuggets als kurze und flexible Lerneinheiten in digitaler Form zurückgreifen (▶ Kap. 5).

D. **Aufwandsdosierung regulieren:** Nicht überfordern ist die wichtigste Botschaft, um die Selbstwirksamkeit nicht zu untergraben. Häufig sind die Ressourcen begrenzt, insbesondere wenn gravierende Probleme in der Arbeits- und Lebenswelt zu bewältigen sind. Zudem ist oft nur eine begrenzte Veränderungsfähigkeit zu erwarten. Man spricht hier auch von „gradual change", um z. B. Jo-Jo-Effekte im Gewichtsmanagement zu reduzieren. Schließlich basieren Verhaltensänderungen im Gesundheitsbereich häufig auf langfristigen und abgestuften Zielen.

E. **Soziale Unterstützung ermöglichen:** Bei der Planung von Interventionen sollte der sozialen Unterstützung Aufmerksamkeit geschenkt werden, da andere Menschen zu Verhaltensänderungen ermutigen oder dabei helfen können, erreichte Gesundheitsziele beizubehalten. Soziale Unterstützung ist das wichtigste Instrument zur Bewältigung von Rückfällen. Peergroups, soziale Kontrolle, sozialer Vertrag, gruppendynamische Effekte tragen dazu bei, das soziale Engagement und Commitment zu erhöhen. Neben den Kolleg*innen im Betrieb sind hier auch die Familie bzw. der Freundeskreis im privaten Umfeld zu aktivieren, sodass zu überlegen ist, BGF-Maßnahmen nicht nur auf die Arbeitssituation, sondern auf die gesamte Lebenssituation auszuweiten.

F. **Gesundheitskompetenz fördern:** Das Wissen über Gesundheitsrisiken und gesundheitsförderliche Verhaltensweisen ist grundlegend, aber es ist wichtig, dass dieses Wissen handlungsorientiert und personalisiert ist, damit es nicht zu einem trägen Schubladenwissen wird. Der Zusammenhang zwischen Gesundheitskompetenz und Gesundheitsverhalten wird im ▶ Abschn. 4.2.4.1 diskutiert.

G. **Selbstwirksamkeit steigern:** Die Förderung der Selbstwirksamkeit ist in fast allen Modellen zum Gesundheitsverhalten der Schlüssel zum Erfolg. Selbstwirksamkeit trägt dazu bei, Gesundheitswissen in Handeln umzusetzen, d. h. die Lücke zwischen Wissen und Handeln zu schließen. Kompetenzerwartungen sind entscheidend für die Bereitschaft, an Maßnahmen teilzunehmen, Selbstwirksamkeitserwartungen sind v. a. wichtig, um auch bei Rückschlägen an Maßnahmen festzuhalten.

❯ Adressatengerechte Gesundheitsaufklärung, Steigerung der Selbstwirksamkeit und gesundheitsgerechte bzw. gesundheitsförderliche Gestaltung des Arbeitsumfelds sind die **Erfolgstrias für ein nachhaltiges Interventionsdesign** (vgl. Infobox ▶ „Allgemeine Gestaltungsparameter").

4

Allgemeine Gestaltungsparameter

Unabhängig von der konkreten Maßnahme im Bereich Bewegung, Ernährung oder Stressmanagement lassen sich einige **allgemeine Gestaltungsparameter der Verhaltensprävention** identifizieren, die bei der Interventionsplanung berücksichtigt werden sollten. Sie erhöhen die Teilnahme, Akzeptanz, Adhärenz und Compliance und tragen zur Verfestigung des intendierten positiven Gesundheitsverhaltens bei. Maßnahmen sollten möglichst interaktiv und sozial aktivierend gestaltet werden, niedrigschwellig im Sinne des Nudging-Prinzips sein, als Gesundheitszeit in die Arbeitszeit integriert werden, kompetitive Elemente zur Motivationssteigerung enthalten, nicht nur intrinsisch, sondern auch extrinsisch motivieren (Belohnung und Bonifizierung), Selbstkontrolle im Sinne von Self-Tracking ermöglichen und neben analogen auch digitale Wege nutzen.

Vorrang des salutogenetischen Prinzips

Aus Sicht der Arbeitswelt geht es v. a. um den inhärenten Konflikt zwischen Gesundheits- und Leistungsverhalten sowie um arbeitsbedingte Barrieren für gesundheitsförderliches Verhalten. Der Fokus liegt dabei weniger auf der pathogenetischen Beseitigung krankmachender Verhaltensweisen als vielmehr auf der **salutogenetischen Stärkung gesundheitsförderlicher Verhaltensweisen**. Handlungsvektoren sind hier Selbstwirksamkeit, Eigenverantwortung und Partizipation. Ziele müssen erreichbar, ggf. revidierbar und auch kleine Erfolge sichtbar sein. Zusammenfassend kann festgestellt werden, dass die pathogenetische Sichtweise in der Verhaltensprävention nicht zielführend ist. Es sollte nicht primär um die Reduzierung oder Vermeidung von riskanten und gesundheitsgefährdenden Verhaltensweisen als Negation gehen, sondern affirmativ um die **Stärkung von Selbstregulationskompetenzen**. Hier ist die salutogenetische Sichtweise zielführend, d. h. die Förderung gesundheitsförderlicher und positiver Verhaltensweisen sowie die Stärkung personaler Ressourcen wie z. B. der Selbstwirksamkeit.

4.3 Präventionsmatrix – Gesundheitsressourcen fördern, Risiken minimieren

» Präventive Maßnahmen sind breit gefächert. „In der bisherigen Präventionsarbeit werden verschiedene Maßnahmen jedoch oft isoliert voneinander, in Einzelinitiativen ohne Abstimmung und Koordination durchgeführt, existieren sozusagen „nebeneinander" und „nacheinander". Vieles deutet jedoch darauf hin, dass Prävention v. a. dann erfolgreich ist, wenn Maßnahmen miteinander verknüpft sind, aufeinander aufbauen und in einem konsistenten Kontext stehen." (Leppin in Hurrelmann et al., 2018, S. 53)

Prävention ist zum **Schlüsselbegriff im BGM** geworden – eine Unterscheidung zwischen Prävention und Gesundheitsförderung löst sich in der praktischen Gesundheitsarbeit auf. Präventionsarbeit verabschiedet sich von ihrem Selbstbezug auf das Krankheitsgeschehen und transzendiert ihre Leistungen auf den Prozess der Entwicklung und Erhaltung von Gesundheit. Der **Nutzen der Präventionsarbeit** ist nicht nur plausibel, sondern durch vielfältige Studien belegt – die Evidenzlage zur Wirksamkeit ist ermutigend (Barthelmes et al., 2019 a & b) (▶ Abschn. 4.2.4.1). Für die Mitarbeitenden ergeben sich individuelle Gesundheitsgewinne, bessere und risikoärmere Arbeitsbedingungen sowie eine Erhöhung der prospektiven Arbeitsfähigkeit. Aus organisatorischer Sicht sind Leistungs- und Produktivitätsgewinne sowie geringere Ausfallkosten zu erwarten. Konformität schafft zudem Rechtssicherheit. Nicht zuletzt wird der Arbeitgeber in seiner sozial-empathischen Kompetenz imagefördernd wahrgenommen. Die rechtliche Relevanz der Präventionsarbeit kommt auch im **Präventionsgesetz** (PrävG) zum Ausdruck, wenngleich hier noch das klassische biomedizinische Verständnis zum Tragen kommt, das v. a. auf die Vermeidung von Krankheiten abzielt (▶ Tab. 2.2) (▶ Abschn. 1.4.3). Das Gesetz verspricht mehr Mittel und eine bessere Zusammenarbeit der Gesundheitsakteure – entscheidend für die Arbeitswelt ist dabei die Abstimmung der nationalen Präventionsziele mit der GDA (vgl. Drupp, 2018, S. 80 ff.). Präventionsarbeit in der Arbeitswelt konnotiert dabei nicht mehr nur die Vermeidung, Verringerung oder Abmilderung als Expositionsschutz bspw. in Bezug auf das Unfallgeschehen (▶ Abschn. 2.2.3), sondern ist auf die Entwicklung eines gesunden und arbeitsfähigen Humankapitals ausgerichtet (Treier, 2019b, S. 433 ff.). *Der Präventionsbegriff befreit sich generell vom Korsett der Krankheitsorientierung* und versteht sich als Kontrapunkt zum nosologischen Ansatz im Zeitalter der ganzheitlichen Prävention.

■ Perspektiven der Präventionsarbeit

Im Vordergrund steht die Gegenüberstellung der **Perspektiven von Verhaltens- und Verhältnisprävention** als Hauptstrategien (vgl. Leppin in Hurrelmann et al., 2018, S. 50 f.) (▶ Abschn. 4.2). Gemäß der *Verhältnisorientierung* können negative Fehlbelastungen beseitigt oder positive Anforderungen verstärkt werden. Gemäß der *Verhaltensorientierung* soll die Resilienz als individuelle Abwehr oder Immunität der Person gestärkt werden. Franzkowiak (2022) betont perspektivisch die **Einheit von Belastungsreduktion und Ressourcenförderung** als Erfolgsfaktor in Anlehnung an das Rahmenmodell der Gesundheit (▶ Abb. 2.3). Der Vorrang der Verhältnisprävention im Sinne des TOP-Prinzips des AGS in der Präventionsarbeit wird angesichts des Wandels der Arbeit (New Work) in Bezug auf die Flexibilisierung von Ort und Zeit kritisch hinterfragt (▶ Abschn. 4.2.2). Die verhältnisorientierte Dominanz im AGS und damit auch im BGM ist v. a. auf den gesetzlichen Auftrag zurückzuführen (▶ Abschn. 1.4.3). Dabei ist jedoch zu beachten, dass auch das Verhalten selbst zu einer Veränderung der Verhältnisse führen kann, wie dies bei der Einführung von höhenverstellbaren Schreibtischen deutlich wird, wenn diese falsch eingesetzt werden. Generell ist die **Gewährleistung von Mindestempfehlungen** in struktureller Hinsicht jedoch nicht nur ein gesetzlicher Auftrag, sondern auch ein logischer Ansatz im Interventionsdesign. Die Arbeitswelt sollte zunächst ihre Bedingungen auf den Prüfstand stellen, um mögliche **Barrieren für Verhaltensänderungen** zu identifizieren und abzubauen. Dies ist u. a. eine Aufgabe der Gefährdungsbeurteilung (Treier, 2019a) (▶ Abschn. 4.2.3.1). Der Abbau von Barrieren aus präventiver Sicht muss aber gleichzeitig mit einer Stärkung der Eigenverantwortung einhergehen, den so geschaffenen gesundheitsförderlichen Raum aktiv zu nutzen bzw. auszufüllen (vgl. Infobox ▶ „Subjektivierung von Verantwortung"). Unabhängig von der Perspektive ist dabei partizipativen Ansätzen der Vorzug zu geben – **Partizipation** wirkt sich aus präventiver Sicht positiv aus, da sie Akzeptanz und Compliance stärkt. Studien zur Erhaltung und Förderung der Arbeitsfähigkeit nach Ilmarinen (Ilmarinen et al., 1997) belegen, dass verhaltens- und verhältnisbezogene Interventionen als **kombinierte Strategie** der Schlüssel zum Erfolg sind und helfen, die Arbeitsfähigkeit trotz demografischen Wandels nachhaltig zu steigern. Die Trennung zwischen Verhaltens- und Verhältnisprävention hat nur noch didaktischen Wert. Dies wird auch deutlich, wenn von kontextorientierter oder **verhältnisgestützter Verhaltensprävention** bzw. personalisierter oder **verhaltensgestützter Verhältnisprävention** gesprochen wird (vgl. Dadaczynski & Peter in Kohlmann et al., 2018, S. 259). Vom Setting können gesundheitsförderliche Impulse ausgehen, die vom Individuum aufgegriffen werden und sich im Verhaltensrepertoire verfestigen. Umgekehrt können Verhaltensanforderungen auch Auswirkungen auf die Verhältnisse bzw. auf die Gestaltung von Arbeit und Organisation haben. Der verhaltensbezogene Kontextbezug zeigt sich auch in den Metafaktoren Gesundheitspolitik, Gesundheitskultur, Gesundheitskommunikation und Gesundheitsdidaktik (▶ Abschn. 4.1). Fließende Übergänge sind zu erwarten, wobei es in der neuen Arbeitswelt keine Priorisierung oder Richtungspräferenz gibt (vgl. Badura et al., 2019). Dies erfordert **mehrstufige integrative Kampagnen** (vgl. Franzkowiak, 2022).

▬ **Perspektive der Krankheitsvermeidung:** Reduzierung von Fehlbelastungen, Expositionsschutz, Vermeidung von Noxen, d. h. Ausschaltung „absoluter" Gesundheitsgefahren ➜ Voraussetzung ist eine Gefährdungsbeurteilung.

▬ **Perspektive der Gesundheitsförderung:** Erhöhung der persönlichen, sozialen oder materiellen Ressourcen, Erfüllung des Partizipationsanspruchs, Selbstbestimmung als Maxime, Steigerung der Eigenaktivität ➜ Voraussetzung ist eine hohe Gesundheitskompetenz.

▬ **Perspektive der Integration:** Krankheitsvermeidung und Gesundheitsförderung sind auf struktureller Ebene zu verknüpfen und in ihrer Relativität zu betrachten ➜ Ziel ist nicht die Kompensation der jeweiligen Defizite durch die andere Perspektive, sondern ein Gesundheitsgewinn durch das Zusammenwirken.

❯ *Belastungen reduzieren und Ressourcen fördern* ist das Ziel einer kombinierten Präventionsstrategie, die sowohl auf Krankheitsvermeidung als auch auf Gesundheitsförderung abzielt.

4

Subjektivierung von Verantwortung

Die größte Gefahr liegt in der **Subjektivierung präventiver Verantwortung**. Präventionsarbeit darf nicht einseitig unter der Maxime der Eigenverantwortung auf das Subjekt abgewälzt bzw. übertragen werden. Diese Gefahr wächst mit dem Wandel der Arbeitswelt, da die Erreichbarkeit der Verhältnisse durch die Flexibilisierung der Arbeitsorte erschwert wird. Der Arbeitsplatz ist für die Gesundheitsakteure oft nicht greifbar und sichtbar. Barrieren aus verhältnisorientierter Sicht, unabhängig vom Ort des Arbeitshandelns, müssen als Präventionsaufgabe immer wieder gemeinsam mit den Betroffenen thematisiert und abgebaut werden. Dabei geht es im Ordnungsschema der Präventionsarbeit nicht nur um Arbeitsunfälle, Berufskrankheiten oder arbeitsbedingte Gesundheitsgefahren gemäß den sicherheits- und arbeitsschutzbezogenen Auflagen, sondern eine moderne Prävention umfasst auch den aktivierenden Gesundheitsschutz und die Gesundheitsförderung im Setting Arbeitsplatz.

☐ **Abb. 4.25**   Präventionswürfel im BGM

▪ Gliederungskonzept der Präventionsarbeit

Aufgrund der Komplexität der Präventionsarbeit ist es sinnvoll, ein **Gliederungskonzept** zu verwenden. Die Präventionsebenen bzw. Ansätze der Präventionsstrategie werden im ► Abschn. 4.2.3 (Verhältnisse) und im ► Abschn. 4.2.4 (Verhalten) behandelt. Sie stellen die erste Gliederungsebene der Präventionsarbeit dar (*Ebenenmodell*). Es ist sinnvoll, diese Ebenen weiter zu differenzieren, erstens nach Interventionsebenen (*Schichtenmodell*), zweitens nach Entwicklungsstufen (*Strukturmodell*) und drittens nach Schwerpunkten der Risikogruppen (*Spezifitätsmodell*), um eine ganzheitliche Sicht der Präventionsarbeit im Sinne der Präventionsmatrix zu erreichen. Der Präventionswürfel illustriert das Gliederungskonzept nach Ebenen, Stufen und Schwerpunkten (☐ Abb. 4.25). Zu ergänzen wären hier noch die Schichten (Interventionsebenen) der Mikro-, Meso- und Makroebene.

❯ Das **Gliederungskonzept der Präventionsarbeit** berücksichtigt Ebenen, Schichten, Stufen und Schwerpunkte und macht damit deutlich, was ganzheitliche Prävention bedeutet.

▪ Interventionsebenen der Präventionsarbeit

Eine fundierte Interventionsplanung erfordert eine **Systematisierung der Interventionsebenen** (► Abschn. 4.2.4.2.2). Aus gesundheitspolitischer Sicht eignet sich für die Prävention von Krankheiten ein **Schichtenmodell**, das zwischen den Interventionsebenen Individuum, Setting bzw.

Lebenswelt und Gesamtbevölkerung unterscheidet. Der individuelle Ansatz richtet sich v. a. auf einzelne Personen und deren konkretes Verhalten. Der Setting-Ansatz nimmt Lebenswelten in den Blick. Dabei ist zu beachten, dass Menschen zunehmend den größten Teil ihrer Lebenszeit in der Arbeitswelt verbringen bzw. die Lebensbereiche zunehmend verschmelzen (Work-Life-Blending). Aus der Vogelperspektive können auch Interventionen für die Gesamtbevölkerung oder Teile der Bevölkerung dargestellt werden. Dies können z. B. Gesetze, Verordnungen oder allgemeine Aufklärungskampagnen sein. Mit Blick auf die Arbeitswelt lässt sich ein analoges Schichtenmodell für eine verhältnisgestützte Verhaltensprävention konzipieren (vgl. Franzkowiak, 2022). Dieses Schichtenmodell orientiert sich am Etagenmodell des Hauses der Arbeitsfähigkeit als integratives Gesundheitsmodell (Tempel & Ilmarinen, 2013, S. 40 ff.) (► Abschn. 2.3.2). Als **Interventionsmatrix** lassen sich sechs Interaktionsfelder identifizieren, indem Maßnahmen auf der Verhaltensebene mit und ohne Kontextbezug der *Mikro-, Meso- und Makroebene als Schichten* zugeordnet werden (☐ Tab. 4.4). In der Praxis ergeben sich zwischen den Interventionsebenen **Allokationsprobleme und Ressourcenkonflikte**, die sich auch auf der Organisationsebene widerspiegeln, wenn z. B. BGF als klassischer Akteur auf der Mikroebene mit AGS als Akteur auf der Meso- und Makroebene interagiert (► Abschn. 3.2). Entsprechend der Einheit von Belastungsreduktion und Ressourcenförderung ergibt sich letztlich in der Arbeitswelt ein Wechselspiel der Interventionsebenen zwischen den Polen *Prävention im Setting* und *Entwicklung eines gesundheitsförderlichen Settings* (vgl. Franzkowiak, 2022).

◻ Tab. 4.4 Verhaltenspräventive Maßnahmen in Bezug auf die Interventionsebenen

Verhaltensprä-vention	Mikroebene *Individuum*	Mesoebene *Setting Arbeitsplatz*	Makroebene *Gesamtsystem*
Ohne Kontext-bezug	Standardisierte Gesundheits-angebote wie analoge oder digitale Gesundheitskurse in den Bereichen Bewegung, Ernährung oder Stress-management	Allgemeine gesundheitsfördernde An-gebote im Setting wie z. B. Ver-besserung der Kantine, Einrichtung eines virtuellen Gesundheitscenters oder Informationen zur Gesundheit am Arbeitsplatz	Allgemeine Motivations- und Informationskampagnen wie Gesundheitstage, generelle An-sätze der Gesundheitskultur wie Leitbilder oder bereichsüber-greifende Schrittwettbewerbe
Mit Kontext-bezug	Lebensstilorientierte Ansätze, die die Rahmenbedingungen des Ver-haltens berücksichtigen, Gesund-heitscoaching zum Lebensstil oder Gesundheitsaktionen, wie z. B. mit dem Fahrrad zur Arbeit fahren	Maßnahmen für ein gesundheitsförder-liches Setting, wie z. B. Ernährung bei Schichtarbeit, verkürzte Sitzzeiten in Verbindung mit höhenverstellbaren Ti-schen oder partizipative Organisations-konzepte	Kampagnen mit Einfluss auf den Kontext, z. B. zur psychischen Gesundheit mit Erfassung der psy-chischen Belastungen am Arbeits-platz, Kulturansätze mit Ein-beziehung der Führungskräfte

Der Kontextbezug verweist auf verhältnispräventive Ansätze und verdeutlicht das Zusammenspiel von Verhaltens- und Verhältnisprä-vention als Ansatzpunkte.

❯ Das **Schichtenmodell** macht deutlich, dass Verhaltens-prävention mit und ohne Kontextbezug nicht nur das Individuum als Mikroebene betrifft, sondern auch Maßnahmen am Arbeitsplatz (Mesoebene) und im Gesamtsystem (Makroebene). Die Herausforderung liegt in den Wechselwirkungen, weshalb eine Inter-ventionsmatrix zur Systematisierung der Maßnahmen sinnvoll ist.

■ **Entwicklungsstufen der Prävention**

Verhaltens- und Verhältnisprävention bestimmen die Strategien der Präventionsarbeit hinsichtlich der An-satzpunkte bzw. Ebenen (▶ Abschn. 4.2). Zusätzlich ist die **Zeitachse der Präventionsarbeit** zu berücksichtigen, die sich an der Progredienz der Krankheitsgenese oder am Interventionszeitpunkt orientiert (vgl. Kühlein et al., 2018; Leppin in Hurrelmann et al., 2018, S. 48 f.; Faller et al. in Faller & Lang, 2019, S. 373 ff.) (◻ Abb. 4.25). Das **triadische Strukturmodell** umfasst drei Stufen. Maßnahmen, die vor dem Auftreten einer Krankheit oder eines kritischen Gesundheitszustandes ansetzen, sind der *Primärprävention* zuzuordnen. Maßnahmen, die in frühen Stadien der Krankheitsentstehung ab-gebildet werden, sind der *Sekundärprävention* zuzu-ordnen. Dies sind v. a. Maßnahmen der Früherkennung. Interventionen, die nach der Manifestation einer Krank-heit erforderlich sind, gehören zur *Tertiärprävention*. Sie zielen auf die Wiedereingliederung und die Ver-

minderung von Folgeproblemen. Gelegentlich wird eine vierte Stufe hinzugefügt. Die *quartäre Prävention* befasst sich mit dem Schutz vor Überintervention und Über-diagnostik. Bei zunehmender Infodemie besteht die Ge-fahr, dass sich Menschen krank fühlen, obwohl keine Krankheit vorliegt. Die quartäre Perspektive ist in der Arbeitswelt scheinbar unbedeutend, könnte aber z. B. im Zusammenhang mit der Zunahme digitaler Self-Tracking-Tools ein wichtiger Ansatzpunkt werden (vgl. Treier, 2021b) (▶ Abschn. 5.2). Mit den Entwicklungs-stufen lässt sich ein **Vier-Felder-Schema** hinsichtlich des Vorliegens einer Krankheit oder eines Gesundheits-risikos aus der Sicht des Betroffenen (Laiensicht) und aus der Expertensicht nach medizinischer Diagnose als Kontrastierung von *Kranksein zu Krankheit* erstellen (vgl. Kühlein et al., 2018) (◻ Tab. 4.5). Diese Gegen-überstellung ist aus Sicht der Arbeitswelt hinsichtlich der Gesundheitsmotivation relevant, wenn es z. B. um die gezielte Ansprache in der Sekundärprävention geht, da die Betroffenen sich nicht krank fühlen, aber mög-licherweise bereits latent erkrankt sind.

❯ Das **Strukturmodell** berücksichtigt den zeitlichen As-pekt der Präventionsarbeit in Bezug auf die Entstehung von Krankheiten. Die Tertiärprävention gewinnt auf-grund der Zunahme von Langzeitkranken und der Ver-schiebung des Krankheitsspektrums hin zu psychi-schen und chronischen Erkrankungen an Bedeutung.

4

◼ **Tab. 4.5**   Vierfelder-Schema der Prävention nach Kühlein et al. (2018, S. 176)

		Vorliegen einer Krankheit oder eines Gesundheitsrisikos aus diagnostischer Sicht (Expertensicht)	
		–	**+**
Vorliegen einer Krankheit oder eines Gesundheitsrisikos aus Sicht der Betroffenen (Laiensicht)	**–**	Primärprävention	Sekundärprävention
	+	Quartärprävention	Tertiärprävention

Wenn die Mitarbeitenden kein „Kranksein" oder Gesundheitsrisiko wahrnehmen, ist eine Aktivierung oft nur durch Aufklärung, Bonifizierung bzw. Incentivierung und Frühdiagnostik möglich. Entscheidend ist jedoch die Freiwilligkeit als Herausforderung.

Entwicklungsstufen

Primärprävention

Sie zielt darauf ab, das erstmalige Auftreten von Krankheiten oder unerwünschten Gesundheitszuständen zu verhindern. Sie richtet sich an alle gesunden Mitarbeiter*innen und setzt an den möglichen Ursachen an, um durch die Vermeidung auslösender bzw. vorhandener Risikofaktoren das Krankheits- bzw. Gesundheitsrisiko zu verringern oder zu beseitigen. Klassische Maßnahmen sind die Grippeschutzimpfung, die Gesundheitsaufklärung an Gesundheitstagen und die obligatorischen Maßnahmen des Arbeitsschutzes.

Sekundärprävention

Durch die Früherkennung von symptomlosen Krankheitsvorstufen wie Bluthochdruck oder Prädiabetes oder durch das Erkennen von zugrunde liegenden Risikofaktoren kann ein fortschreitender Krankheitsverlauf verhindert oder die Krankheitsentwicklung eingedämmt werden. Die Sekundärprävention richtet sich an Menschen, die selbst zu ihrer Gesunderhaltung beitragen können, indem sie aktiviert und sensibilisiert werden, an sich selbst im Sinne einer Lebensstiländerung zu arbeiten. Ziel ist es, die Inzidenz manifester oder fortgeschrittener Erkrankungen durch Früherkennung wie Gesundheitschecks zu reduzieren.

Tertiärprävention

Nach einer manifesten Erkrankung ist es wichtig, Folgeschäden möglichst zu vermeiden, weiterer Manifestationen vorzubeugen und die Intensität negativer Folgen zu minimieren. Letztlich geht es hier um Rezidivprophylaxe und Rehabilitation. Im Rahmen des BEM werden gesundheitsfördernde Rahmenbedingungen geschaffen und die Wiedereingliederung in den Arbeitsalltag bzw. die Wiederherstellung der Arbeits- und Leistungsfähigkeit unterstützt.

» „Zwar nimmt die Zahl der Menschen zu, die Präventionsangebote wahrnehmen, aber noch immer wird nur ein kleiner Teil der Bevölkerung von solchen Angeboten erreicht." (Faller in Faller & Lang, 2019, S. 364)

◼ **Spezifitätsmodell der Prävention**

Dieses Missverhältnis zeigt sich auch in der Arbeitswelt in Bezug auf die betriebliche Präventionsarbeit. So wird bspw. bei der Suchtprävention im Rahmen der betrieblichen Sozialarbeit deutlich, dass unspezifische Interventionen als Gesundheitsinformationen häufig nicht ausreichen und die Betroffenen nicht erreichen (vgl. Klein, 2021). Das **Spezifitätsmodell** erweitert die zeitliche Perspektive des Strukturmodells, um solche Fragen zu diskutieren. Das Modell unterscheidet zwischen *universellen, selektiven und indizierten Präventionsmaßnahmen*, um die gruppenspezifische Affinität bzw. Vulnerabilität (Ausprägung der Risikofaktoren der Zielgruppe) und das Kosten-Nutzen-Verhältnis (Interventionsrisiken und Aufwand der Maßnahme) bei Präventionsangeboten zu berücksichtigen (vgl. Schwartz et al., 2022). Gemäß einer nosologisch geprägten Logik der Reduktion von Inzidenzen und Prävalenzen ist das Spezifitätsmodell dem Strukturmodell untergeordnet. Franzkowiak (2022) weist jedoch in diesem Zusammenhang darauf hin, dass das Spezifitätsmodell das Strukturmodell komplementär ergänzen kann, da der Spezifitätsbezug zu einer besseren Adressierung, Erreichbarkeit und Umsetzung der Präventionsziele auf den jeweiligen Ebenen beiträgt.

‒ **Universelle Prävention** richtet sich an alle Mitarbeitenden. Dies gilt v. a. für Maßnahmen, die für alle gleichermaßen relevant sind oder die aus unternehmenspolitischen oder gesetzlichen Gründen keine Differenzierung vorsehen. Dazu gehören Impfkampagnen, Gesundheitstage, allgemeine Gesundheitsaufklärung oder die gesetzlich vorgeschriebene Arbeitsplatzergonomie.

- **Selektive Prävention** richtet sich an definierte Zielgruppen, die ein überdurchschnittliches Risiko aufweisen oder bei denen ein erhöhtes Risiko vermutet wird. Dies können z. B. Mitarbeitende in Schichtarbeit in Bezug auf Ernährung oder Erholungsfähigkeit sein. Gezielte Angebote und Leistungen können hier auf die Besonderheiten von Mitarbeitenden in Schichtarbeit abzielen. Gerade in der Sekundärprävention gilt es, Risikogruppen frühzeitig zu identifizieren.

- **Indizierte Prävention** berücksichtigt Mitarbeitende, die bereits manifeste gesundheitliche Störungen oder Defizite aufweisen oder relevanten Risikofaktoren ausgesetzt sind. Als Handlungsfeld ist hier z. B. das BEM zu nennen. Ziel ist es hier, schadensminimierend und rückfallpräventiv zu wirken.

> Das **Spezifitätsmodell** ermöglicht einen gruppenspezifischen Ansatz in Abhängigkeit von der Vulnerabilität. Die größte Herausforderung aus betrieblicher Sicht besteht darin, dass universelle Maßnahmen den gefährdeten Gruppen in der Regel wenig nützen und Maßnahmen für Risikogruppen wiederum für die gesamte Belegschaft unwirksam sind (Präventionsdilemma). Damit entsteht ein Ressourcenkonflikt bzw. ein Allokationsproblem.

Präventionsdilemma

Bei der Umsetzung nach dem Spezifitätsmodell ist das **Präventionsparadoxon** in Anlehnung an das Rose-Theorem zu beachten, da universelle Maßnahmen den spezifisch Hilfebedürftigen wenig nützen und spezifische Maßnahmen für besondere Risikogruppen einen relativ geringen Nutzen für die Gesamtbelegschaft haben (vgl. Infobox ▶ „Rose-Theorem"). Wenn also im Rahmen der Sekundärprävention v. a. in Hochrisikostrategien investiert wird, ist der Nutzen für einige wenige Betroffene hoch, für die Gesamtheit jedoch eher gering, während eine umfassende Strategie wiederum den Vorteil hätte, dass die Zahl der Hochrisikobegegnungen sinken würde und somit aus Sicht der Gesamtheit ein hoher Nutzen entstünde (vgl. Kühlein et al., 2018, S. 176). Hier stellt sich die Frage, ob es der Arbeitswelt mit begrenzten Ressourcen gelingen kann, neben einer allgemeinen Präventionsstrategie auch **Hochrisikostrategien** zu platzieren bzw. Angebote für Personen mit hohem Gesundheitsrisiko zu machen. Hier sind Akzeptanz- und Ressourcenkonflikte zu erwarten, da präventive Maßnahmen für eine kleine Gruppe kostenintensiv sind und das Budget für Maßnahmen für die Gesamtbelegschaft schmälern. Letztlich ist zu überlegen, ob ein spezifischer Ansatz aus Sicht der Organisation vorteilhaft ist, weil z. B. eine vulnerable Gruppe besonders stark vertreten ist (z. B. ältere Beschäftigte).

Für die Arbeitswelt manifestiert sich das Präventionsparadox als **Präventionsdilemma**, da viele Angebote freiwilliger Natur sind. Hier besteht die Gefahr, dass gerade diejenigen Präventionsangebote nicht wahrnehmen, die am meisten davon profitieren würden (vgl. Altgeld, 2021; Bauer, 2005). Gezielte Ansprache und maßgeschneiderte Konzepte, verbunden mit Boni, können helfen, die **Inanspruchnahme von Präventionsangeboten** zu erhöhen, allerdings muss das BGM darauf achten, dass solche zielgruppenorientierten Angebote nicht zu einer Polarisierung mit allgemeinen Gesundheitsangeboten führen. Ein **zielgruppenorientierter Ansatz** als Erfolgsfaktor eines modernen BGM erfordert in jedem Fall ein differenziertes Präventionsangebot im Sinne eines diversitätsgerechten BGM sowie ein ausgewogenes Verhältnis von allgemeinen und spezifischen Präventionsstrategien (▶ Abschn. 7.2). Das Spezifitätsmodell kann hier zur Fokussierung beitragen und helfen, die Potenziale einer heterogenen Belegschaft adäquater anzusprechen und auszuschöpfen (vgl. Grimm & Brodersen, 2016). Die Digitalisierung von Präventionsangeboten unterstützt die notwendige Differenzierung, indem personalisierte, flexible, attraktive und zielgruppengerechte Formate eingesetzt werden können (vgl. Matusiewicz & Kaiser, 2018) (▶ Abschn. 5.4). Allerdings wird es in der Arbeitswelt kaum möglich sein, für jedes Risikofeld eine eigene spezifische Präventionsstrategie zu entwickeln. Die Querschnittsthemen Bewegung, Ernährung, Sucht und psychische Gesundheit decken jedoch ein breites Spektrum der Verhaltens- und Verhältnisprävention ab (vgl. Infobox „Suchtprävention").

▶ **Beispiel**

Ein typisches Beispiel für das Präventionsdilemma ist der Betriebssport. Man möchte durch Betriebssport zu mehr Bewegung anregen. Es werden jedoch v. a. diejenigen erreicht, die bereits Bewegungsangebote in ihrer Freizeit wahrnehmen und eine hohe Teilnahmeakzeptanz zeigen, nicht aber diejenigen, die einen erhöhten Präventionsbedarf aufweisen, weil sie sich generell zu wenig bewegen und somit als Risikogruppe einzustufen sind. Wenn die Bewegungsangebote dann auch noch kontingentiert sind, werden sich die Motivierten diese Plätze schnell sichern. Problematisch ist zudem, dass gerade die Zielgruppe, die einen hohen Bedarf an mehr Bewegung hätte, aufgrund ihrer Lebensumstände oder verschiedener Belastungsfaktoren, ggf. gepaart mit einer vergleichsweise geringer ausgeprägten Gesundheitskompetenz, Angebote ablehnt oder als unwichtig erachtet. Spezielle Angebote für diese Risikogruppe wirken ebenfalls abschreckend, da sie zu einer Art Sonderbehandlung und damit zu einer auffälligen Zuschreibung führen (Stigmatisierung). Zudem sind die Ressourcen begrenzt, sodass allgemeine und spezielle Bewegungsangebote um das Gesamtbudget konkurrieren. ◄

Rose-Theorem

Das **Rose-Theorem** des Epidemiologen Geoffrey Rose beschreibt ein grundlegendes Dilemma als **Präventionsparadoxon**. *Sollen Präventionsstrategien v. a. auf Hochrisikopersonen oder auf die Gesamtbevölkerung abzielen?* Eine Präventionsmaßnahme, die der Bevölkerung einen hohen Gesundheitsgewinn bringt, nützt dem Einzelnen oft relativ wenig. Umgekehrt profitiert eine kleine Gruppe mit hohem Risiko von spezifischen Maßnahmen, der Effekt auf die Gesamtbevölkerung ist jedoch eher gering. Dies führt letztlich zu einer perspektivisch verzerrten Bewertung des Nutzens von Prävention und aus Public Health-Sicht zu einer Polarisierung gesundheitlicher Ungleichheit und sozialer Diskriminierung, wenn z. B. Präventionsangebote im Bereich Ernährung vorwiegend von der aufgeklärten und wohlhabenden Mittelschicht wahrgenommen werden und sozial benachteiligte Gruppen aufgrund struktureller Deprivation und fehlender Ressourcen keinen Zugang finden.

In der Arbeitswelt stellt sich das Paradoxon eher als Dilemma dar und lässt sich am Thema Bewegung verdeutlichen. Eine Strategie für mehr Bewegung am Arbeitsplatz für alle Mitarbeitenden ist von der Intensität her als gering einzustufen, hat aber viele Nutznießer, sodass der Gesamtnutzen für die Belegschaft hoch ist. Eine *Hochrisikostrategie* für ausgewählte Mitarbeitende mit spezifischen Risikofaktoren, wie z. B. ein intensives Lebensstilinterventionsprogramm, ist von der Intensität hoch einzustufen, erreicht aber nur wenige und ist nur für die ausgewählten Mitarbeitenden effektiv. Da das Problem der sitzenden Tätigkeit jedoch immer mehr Menschen an Bildschirmarbeitsplätzen betrifft, kann auch eine Hochrisikostrategie für die gesamte Belegschaft sinnvoll sein. Bei lebensstilbedingten Zivilisationsproblemen („Volkskrankheiten") relativiert sich das Paradoxon in der Arbeitswelt zunehmend, da sich eine Hochrisikostrategie in eine *Breitenstrategie* wandelt.

Suchtprävention

Darstellung der Ebenen, Stufen und Schwerpunkte des Präventionswürfels am Beispiel der Suchtprävention:

Präventionsebenen als grundsätzliche Ansatzpunkte für Interventionen:

- **Verhaltensprävention:** Sie zielt darauf ab, auffälligem Suchtverhalten vorzubeugen oder entgegenzuwirken. *Allgemein* kann die Gesundheitskompetenz erhöht, die Stressbewältigung verbessert, mehr Bewegung am Arbeitsplatz ermöglicht und ein positives Betriebsklima gefördert werden. *Suchtmittelspezifisch* kann über bestimmte Suchtformen aufgeklärt, ein Angebot zur individuellen Konsumreduktion geschaffen, Kommunikationsmöglichkeiten angeboten, Führungskräfte sensibilisiert und qualifiziert sowie bei Auffälligkeiten im Zusammenhang mit Suchtmittelkonsum oder riskantem Konsum in einem geschützten Raum diskret interveniert werden.
- **Verhältnisprävention:** Sie zielt darauf ab, die Lebens- und Arbeitsbedingungen so zu gestalten, dass Suchtverhalten gar nicht erst entsteht bzw. nachgewiesene Katalysatoren der Suchtentstehung wie z. B. unkontrollierte Arbeitsverdichtung abgebaut werden. *Allgemein* können hier nach einer Gefährdungsbeurteilung psychischer Belastung die Ansatzpunkte gesunde Führung und Work-Life-Balance-Konzepte hilfreich sein. *Suchtmittelspezifisch* sind u. a. suchtfördernde Arbeitsbedingungen zu reduzieren, Betriebsvereinbarungen zur Prävention von riskantem Konsum im betrieblichen Alltag zu erarbeiten, Rege-

lungen zu treffen, die Risikoverhalten entgegenwirken oder die Verfügbarkeit von Suchtmitteln im betrieblichen Umfeld einzuschränken.

Präventionsstufen bezogen auf den zeitlichen (potenziellen) Krankheitsverlauf:

- **Primärprävention:** Sie richtet sich an alle Personengruppen mit dem Ziel, Suchterkrankungen vorzubeugen, bevor sie entstehen. Dabei steht die Sensibilisierung im Vordergrund. Die Aufklärungsarbeit erfolgt u. a. durch Informationsveranstaltungen rund um das Thema Sucht. Ziel ist es, Ängste und Vorbehalte gegenüber der Krankheit Sucht und den Hilfsangeboten abzubauen, das Thema also zu enttabuisieren.
- **Sekundärprävention:** Sie richtet sich an gefährdete Personengruppen mit dem Ziel, kritisches Suchtverhalten frühzeitig zu erkennen. Die Früherkennung von Verhaltensänderungen steht im Vordergrund. Selbsttests, Coaching-Angebote, interne und externe Ansprechpartner und die Aktivierung von Führungskräften, hinzuschauen und auffälliges Verhalten anzusprechen, sind hier geeignete Ansatzpunkte. Ziel ist es, die Mauer des Schweigens zu durchbrechen und mögliche Wege in der Arbeitswelt zur Vermeidung einer manifesten Suchterkrankung aufzuzeigen.
- **Tertiärprävention:** Sie richtet sich an manifest Suchtkranke und ehemals Suchtkranke nach erfolgreicher Therapie mit dem Ziel, die Folgen der Erkrankung zu

mildern und einen Rückfall nach erfolgreicher Therapie zu verhindern. Die Rückfallprophylaxe steht im Vordergrund. Ansatzpunkte sind hier die Anpassung der Arbeitsbedingungen an die Person unter Berücksichtigung der Suchtproblematik (z. B. bei Spielsucht kein unbeaufsichtigter Einzelarbeitsplatz), Begleitung durch Coaching oder BEM. Ziel ist es, auslösende und begünstigende Einflussfaktoren der Arbeitswelt im Hinblick auf eine erneute Suchtentwicklung auszuschalten.

Präventionsschwerpunkte in Abhängigkeit von der Gefährdung der Adressat*innen (Risikogruppen):

- **Universelle Prävention:** Hier werden Gesundheitsmaßnahmen dargestellt, die sich an die gesamte Belegschaft richten. Dazu gehören v. a. Maßnahmen zur Suchtprävention und zur Stärkung der Gesundheitsressourcen. Kampagnen, Informationsmaterialien, betriebsübergreifende Workshops, Schulungen und Seminare, Aufklärung über Suchtrisiken im gesamten Betrieb sind hier beispielhaft zu nennen. Die universelle Ausrichtung ist dann sinnvoll, wenn die Risiken in der gesamten Belegschaft breit gestreut sind, also keine ungleiche Verteilung vorliegt.
- **Selektive Prävention:** Hier werden Gesundheitsmaßnahmen initiiert, die sich an Personen mit erhöhtem Risiko richten bzw. an Personen, die statistisch gesehen ein überdurchschnittlich hohes Risiko für Substanzmissbrauch oder -abhängigkeit aufweisen (Risikoträger*innen). Dabei wird auf empirisch belegte Risikofaktoren Bezug genommen. Vulnerable Gruppen können Auszubildende, Mitarbeiter*innen mit familiären Vorerfahrungen, mit psychischen Störungen oder Einschränkungen in Bezug auf die Resilienz sein. Konkrete Maßnahmen sind Beratungsangebote, Workshops und Seminare für die Zielgruppen sowie die Installation von Vertrauenspersonen oder Suchtbeauftragten. Eine selektive Ansprache ist dann sinnvoll, wenn die Risiken in der Belegschaft ungleich verteilt sind und die gefährdete Zielgruppe identifiziert werden kann.
- **Indizierte Prävention:** Hier werden Gesundheitsmaßnahmen für Personen angeboten, die bereits manifeste Symptome einer Abhängigkeitserkrankung aufweisen oder bei denen ein verfestigtes und auffälliges riskantes Suchtverhalten besteht. Die diagnostischen Kriterien einer Abhängigkeitserkrankung sind noch nicht erfüllt. Konkrete Maßnahmen sind direkte Interventionen im geschützten Raum, Mitarbeitergespräche, Mentorenprogramme, mitarbeiterbezogene Regelungen oder Vereinbarungen zur Reduzierung des Suchtmittelkonsums. Eine indizierte Beratung ist dann sinnvoll, wenn klare Kriterien zur Unterscheidung von gefährdeten und nicht gefährdeten Personen vorliegen, um eine Stigmatisierung zu vermeiden.

Unschärfe in der Präventionsarbeit

In der praktischen Arbeit im Bereich der Prävention herrscht oft eine **begriffliche Unschärfe** vor. Je nach Konzept werden die Begriffe Ansätze, Ebenen, Stufen und Schwerpunkte in der Präventionsarbeit unterschiedlich belegt. Ansätze und Ebenen werden häufig synonym verwendet – bei den Ebenen kann nach dem Schichtenmodell noch zwischen Interventionsebenen (Mikro-, Meso- und Makroebene) unterschieden werden. Ebenen werden hier als grundsätzliche Differenzierung von Ansatzpunkten in strategischer Hinsicht verstanden, die sich in der Gegenüberstellung von Verhalten und Verhältnissen ausdrückt, ggf. ergänzt durch die Interventionsebenen bzw. Schichten. Im Diskurs werden Präventionsstufen auch als Präventionsebenen oder Präventionsarten bezeichnet. Die Stufen sollen zum Ausdruck bringen, in welcher Phase sich eine drohende Krankheit befindet, d. h. sie orientieren sich an Zeitpunkten. Die Schwerpunkte orientieren sich an den Zielgruppen. Die Unterscheidung zwischen Stufen und Schwerpunkten ist eher systematischer als inhaltlicher Natur.

■ Präventionsmatrix nach dem POT-TOP-Prinzip

Die Ebenen und Stufen der Prävention können in einer **Präventionsmatrix** auf der Grundlage des Präventionswürfels verknüpft werden (◨ Tab. 4.6) (Treier, 2019b, S. 446; Uhle & Treier, 2019, S. 495 ff.; vgl. Naidoo & Wills, 2019, S. 134). Die Verhaltenssicht fokussiert auf die Stärkung und Entwicklung gesundheitsförderlicher Faktoren beim Individuum, wie z. B. die Gesundheitskompetenz. Die Verhältnissicht wird hier weiter unterteilt in arbeitsplatznahe Bedingungen wie Ergonomie am Arbeitsplatz und Kontextfaktoren wie Kultur oder Umwelt (vgl. Bamberg et al., 2011). Der Kontextbezug ermöglicht eine homogene Ausrichtung von verhaltens- und verhältnispräventiven Maßnahmen. Die Präventionsmatrix eignet sich für die Ausgangsanalyse und Interventionsplanung und verdeutlicht, dass Präventionsstrategien (Ebenen) immer in Wechselwirkung mit den Entwicklungsstufen zu sehen sind. Ein **umfassendes Präventionsmanagement** sollte keine blinden Flecken in der Präventionsmatrix zulassen. Sie kann durch gezielte Ansatzpunkte in Bezug auf das Spezifitätsmodell erweitert werden – diese ergänzende Klassifikation der Prävention sollte v. a. im Rahmen der Aus-

4

◻ Tab. 4.6 Präventionsmatrix in der Arbeitswelt

	Primär *Vorbeugung*	**Sekundär** *Früherkennung*	**Tertiär** *Wiederherstellung*
Ver-halten *Person*	Stärkung der Resilienz, Aufklärung und Sensibilisierung	Coachingbasierte Ansätze, Vorsorge und Gesundheitschecks	Rückfallmanagement, Rehabilitationskurse und Maßnahmen zur Stärkung der Resilienz
Verhält-nisse *Arbeits-platz*	Ergonomische Arbeitsbedingungen, Aufgabenqualität und Gefährdungsbeurteilung	Ansprache durch Führungskräfte, Frühintervention bei Risikogruppen und Gesundheitserhebungen	Rückkehrgespräche, Anpassung des Arbeitsplatzes, Belastungsoptimierung und soziale Unterstützung
Kontext *Setting*	Gesundheit im Leitbild, Commitment des Top-Managements, Gesundheit als strategisches Ziel, Work-Life-Balance und Vertrauenskultur	Gesunde Führung, internes und externes Expertennetzwerk, soziale und familiäre Kontextbedingungen	Rehabilitationskuren, Kooperation mit Externen, stufenweise Wiedereingliederung

In der Arbeitswelt stellt die Primärprävention in den meisten Fällen eine universelle Präventionsstrategie dar. In der Sekundär- und Tertiärprävention werden auch selektive und indizierte Präventionsansätze behandelt.

führungsplanung bei der Priorisierung von Maßnahmen berücksichtigt werden. Darüber hinaus lassen sich die Herangehensweisen entsprechend dem im ▶ Abschn. 4.2.2 dargestellten Methodenspektrum den Matrixfeldern zuordnen (vgl. Leppin in Hurrelmann et al., 2018, S. 52).

Hinsichtlich der Priorisierung der Ansatzpunkte (▶ Abschn. 4.2.2) basiert die Präventionsmatrix auf dem **POT-TOP-Prinzip** einer ganzheitlichen Präventionsstrategie (Treier, 2019a, S. 27). **TOP-Maßnahmen** (Technik vor Organisation und Organisation vor Personen) nach § 4 ArbSchG auf der strukturellen Ebene benötigen oft Zeit bis zur Umsetzung, da Veränderungen auf der Verhältnisebene nicht nur inhaltliche, sondern auch organisatorische und unternehmenspolitische Implikationen haben. Kulturorientierte Ansätze wie gesunde Führung sind systemischer Natur und können nicht ausschließlich durch ein Seminar „Gesunde Führung" abgebildet werden (vgl. Struhs-Wehr, 2017). **POT-Maßnahmen** (Mensch vor Organisation und Organisation vor Technik) sind in der Regel zeitnah und risikogruppenspezifisch umsetzbar, wirken unmittelbar, berücksichtigen die Maxime der Eigenverantwortung und Partizipation und überbrücken die zeitliche Lücke, bis flächendeckende TOP-Ansätze Fuß fassen können. Da aber personenbezogene Präventionsansätze „schlechte" Arbeits- und Organisationsbedingungen nicht kompensieren können und sollen, muss parallel eine TOP-Strategie entwickelt werden, die die Rahmenbedingungen schafft, damit sich verhaltensbezogene Ansätze nachhaltig entfalten können. Die **Kontextprävention** – und hier v. a. Führung und Kultur – ist dafür verantwortlich, dass sich die beiden Stränge eines gemeinsamen POT-TOP-Ansatzes aufeinander zu bewegen und ausrichten

und sich nicht gegenseitig in ihrer Wirksamkeit aufheben. Die Präventionsmatrix und das POT-TOP-Prinzip verlangen „systematische und konsistente Maßnahmen – dies ist umso wichtiger, je weniger Ressourcen zur Verfügung stehen. Problematisch wird es, wenn sich die Ansätze ‚kannibalisieren'. Die Maßnahmen werden je nach Ausrichtung (Verhalten, Verhältnisse oder Kultur) von unterschiedlichen Akteuren wie AGS oder Personalentwicklung betrieben, die sich oft nicht untereinander abstimmen." (Treier, 2019b, S. 448) Das **Zusammenwirken von POT und TOP** zeigt sich z. B. beim BEM, wo neben verhaltensbezogenen Ansätzen auch vermittelnde Ansätze auf der Ebene der Arbeitsprozesse und -strukturen bis hin zu technischen Anpassungen erforderlich sind, um eine erfolgreiche Wiedereingliederung zu ermöglichen. Organisatorische Faktoren wie gesunde Führung vermitteln zwischen personenbezogenen und technischen Präventionsansätzen bzw. richten diese aufeinander aus (▶ Abschn. 4.2.3.4).

— **POT-Prinzip:** Hierunter fallen v. a. freiwillige Leistungen der BGF, die direkt am Menschen und seinem Gesundheitsverhalten bzw. seiner Gesundheitskompetenz ansetzen. Typische Beispiele sind Gesundheitsberatung, Gesundheitsaufklärung, Programme zur Gesundheitsförderung in den Handlungsfeldern Ernährung, Bewegung, Stressbewältigung oder zur Steigerung der Arbeits- und Erholungsfähigkeit.

— **TOP-Prinzip:** Hierbei handelt es sich v. a. um Pflichtangebote, die an den Verhältnissen ansetzen und dazu beitragen, bestehende oder potenzielle Gefährdungen zu minimieren. Sie betreffen die Gestaltung des Arbeitsplatzes, der Arbeitsaufgabe und der Arbeitsumgebung.

> POT und TOP sind in der Präventionsarbeit nicht gegeneinander auszuspielen, sondern können, da zeitlich versetzt, gut kombiniert werden. POT wirkt schneller und wird von den Beschäftigten meist positiv aufgenommen, TOP braucht mehr Zeit, wirkt aber nachhaltiger. Personenbezogene Maßnahmen können auch auf die Lebenswelt übertragen werden, wodurch die gesundheitlichen Effekte verstärkt werden.

Prävention hat viele Facetten

Die Präventionsarbeit orientiert sich hinsichtlich der Hauptstrategien an den Ansatzpunkten bzw. Ebenen Verhalten, Verhältnisse und Kontextbedingungen (**Ebenenmodell**). Damit verbunden sind Interventionsebenen als Schichten auf der Mikro-, Meso- oder Makroebene (**Schichtenmodell**). Hinsichtlich des Interventionszeitpunktes wird zwischen primärer, sekundärer und tertiärer Intervention unterschieden (**Strukturmodell**). Hinsichtlich der Zielgruppen bietet sie universelle, selektive oder indizierte Angebote und fokussiert damit auch auf Risikogruppen (**Spezifitätsmodell**). Die **Präventionsmatrix** verdeutlicht, dass neben den Ansatzpunkten auch die Präventionsstufen primär (Vorbeugung), sekundär (Früherkennung) und tertiär (Verhütung von Folgeerkrankungen) zu berücksichtigen sind. Sie ermöglicht damit eine Einordnung der Präventionsmethoden und eine Priorisierung der Interventionen, um Lücken im ganzheitlichen Präventionsmanagement zu identifizieren und zu schließen. Das Maßnahmenspektrum reicht von individuellen Ansätzen der Gesundheitsaufklärung und Gesundheitsbildung über Aufgaben-, Arbeitsplatz- und Arbeitsorganisationsgestaltung bis hin zu normativen Ansätzen gesunder Führung und betrieblicher Gesundheitspolitik. Ökonomische Anreizsysteme können das Anliegen der Präventionsarbeit flankieren, um Präventionsbarrieren aus individueller Sicht zu überwinden (Bonifizierung). Je mehr Perspektiven im Präventionsmanagement vorhanden sind, desto eher ergeben sich auch Widersprüche, die sich z. B. als **Präventionsdilemmata** manifestieren. Das BGM hat die Aufgabe, die Kohärenz der Ausdifferenzierung von Präventionsangeboten nach dem Ebenen-, Schichten-, Struktur- und Spezifitätsmodell zu gewährleisten, um inhaltliche Aufhebungseffekte und ressourcenseitige Verdrängungseffekte zu vermeiden. Ganzheitliches Präventionsmanagement versteht sich als kombinierte Strategie von Verhaltens- und Verhältnisprävention im Sinne des **POT-TOP-Prinzips**, wobei bei der Umsetzung stets die Maximen der Eigenverantwortung und Partizipation zu berücksichtigen sind. Technische und organisatorische Maßnahmen benötigen unter dem Gesichtspunkt der Wirkungsdosis häufig Zeit, während personenbezogene Maßnahmen zwar zeitnah wirken, aber für sich genommen nicht nachhaltig sind. Darüber hinaus hängt der Nutzen technischer und organisatorischer Maßnahmen von den aktualisierten Verhaltensweisen im veränderten Setting ab.

4.4 Kernaussagen: Präventiv handeln

A. Gesundheitsförderung findet nicht im Vakuum statt. Der **Gesundheitsrahmen** umfasst Gesundheitspolitik, Gesundheitskultur, Gesundheitskommunikation und Gesundheitsdidaktik.

B. Den politischen Rahmen setzt die **betriebliche Gesundheitspolitik**. Sie definiert das Zielfeld der gesunden Organisation und bestimmt das Zusammenspiel der beteiligten Akteure. Die Gesundheitsarena ist durch eine Pluralität von Interessen und Akteurskonstellationen gekennzeichnet, sodass die Abstimmung von Gesundheitsstrategien von grundlegender Bedeutung ist. Konsenspolitik ist anzustreben, damit Gesundheit nicht zum Spielball mikropolitischen Handelns wird. Dabei ist das Spannungsfeld zwischen betrieblichen und gesellschaftlichen Zielen zu beachten.

C. Die **Gesundheitskultur** bildet den kulturellen Rahmen. Werte schaffen einen normativen Bezugspunkt für gesundheitspolitisch definierte Ziele. Die Gesundheitskultur drückt eine organisationsübergreifende Erwartungshaltung aus und spiegelt den Stellenwert von Gesundheit im Handlungskodex der Organisation wider. Führungskräfte fungieren dabei als Kulturträger. Die größte Herausforderung besteht darin, die oft unartikulierten Werte konsistent und konsequent in explizite Regeln zu übersetzen. Gesundheitskultur beschränkt sich nicht auf eine Roadshow moderner Leitbilder der gesunden Organisation, sondern ihre Maximen bilden die normativen Anker eines gesundheitsorientierten Personal- und Organisationsmanagements.

D. Der **kommunikative Rahmen** verdeutlicht, dass Gesundheit im Dialog stattfindet – von der Vermittlung von Gesundheitsinformationen über den sozialen Austausch der Beteiligten bis hin zum Gesundheitsmarketing. Die Kommunikationskanäle müssen aufeinander abgestimmt und mit der Unternehmenskommunikation in Einklang gebracht werden, um Widersprüche zu vermeiden. Gesundheitskommunikation wandelt sich von asymmetrischen Sender-Empfänger-Konstellationen zu symmetrischen Kommunikationsformen sowie von nicht-persönlichen zu persönlichen Kommunikationsanlässen. Kommunikation sollte immer adressaten- und zielorientiert sein. Informationsver-

4

mittlung und nicht belehrende Überzeugungsarbeit werden verstärkt in Begegnungsanlässen inszeniert. Die größte Problematik liegt in inkonsistenten Gesundheitsbotschaften und die größte Herausforderung in der digitalen Kommunikation 4.0. Glaubwürdige Gesundheitskommunikation ist die Lebensader des BGM.

E. Der **didaktische Rahmen** der betrieblichen Gesundheitsarbeit ist im eigenverantwortlichen Gesundheitslernen in Anlehnung an die **Ermöglichungsdidaktik** verortet. Sie schafft Lernstrukturen, die es dem Einzelnen ermöglichen, trotz vielfältiger Belastungen gesund zu bleiben und sich gesund zu entwickeln (Salutogenese). Vielen Gesundheitsinterventionen fehlt eine didaktische Grundkonzeption. Diese ist notwendig, da Gesundheitslernen in der Arbeitswelt im Spannungsfeld von Autonomie und Abhängigkeit sowie von Instruktion und Partizipation stattfindet. Gesundheitslernen reicht von der Erziehung über Aufklärung und Beratung bis hin zur Bildung als Gesundheitsparadigma. Insbesondere **Gesundheitsbildung** ermöglicht die Entwicklung selbstbestimmter Handlungskompetenz. Didaktische Kernelemente sind Teilnehmerorientierung, Freiwilligkeit, Selbstbestimmung und Eigenverantwortung sowie Aktivierung und Partizipation.

F. Der Weg aus der müden, erschöpften und auszehrenden Organisation führt über ein ganzheitliches und systematisches **Präventionsmanagement**. Dabei ist v. a. das konstruktive Zusammenwirken von Ansatzpunkten auf der Verhaltens- und Verhältnisebene zu fokussieren. Eine Trennung zwischen Verhaltens- und Verhältnisprävention ist mitunter politisch und organisatorisch begründet, aber nicht zielführend, da nur eine verhältnisgestützte Verhaltensprävention erfolgreich ist.

G. Verhaltens- und Verhältnisprävention werden in ihrer Umsetzung durch Interventionszeitpunkte und -ebenen bestimmt. Dabei dominiert häufig das **TOP-Prinzip**, nach dem Risiken bzw. Gefährdungen möglichst direkt an der Quelle durch technische Maßnahmen zu beseitigen sind. Erst wenn dies nicht gelingt, sind ergänzend organisatorische und, wenn diese nicht ausreichen, personenbezogene Maßnahmen zu ergreifen. Der Vorrang der Verhältnisprävention ist jedoch in einer modernen Arbeitswelt im Hinblick auf neue Belastungsformen zu hinterfragen. Zudem hängt der Erfolg einer technischen Maßnahme davon ab, ob sie durch entsprechendes Verhalten aktiviert wird.

H. Die **Handlungsfelder auf der Verhältnisebene** beziehen sich v. a. auf die Aufgaben- und Arbeitsplatzgestaltung sowie auf Führung und Organisation.

Eine **Arbeitsanalyse** bzw. Gefährdungsbeurteilung ist Voraussetzung für die Bewertung der Einflussfaktoren und die Ableitung gezielter Maßnahmen. Nach DIN EN ISO 10075-1 erfassen standardisierte Verfahren objektive Einflüsse aus der Aufgabe, der Organisation, der Umgebung und der sozialen Situation, die von außen auf den Menschen psychisch einwirken.

I. Es gilt das **Primat der Aufgabe**. Die Aufgabe ist möglichst umfassend, lernförderlich, gesundheitsförderlich und herausfordernd zu gestalten. Der Handlungsspielraum ermöglicht die Einflussnahme auf die eigene Arbeit. Werden die Grundanforderungen an gute Arbeit im Sinne der Humankriterien nicht berücksichtigt, kann dies zu psychischen Belastungen führen und krank machen (z. B. monotone Tätigkeiten). **Modelle der Arbeitsstrukturierung** befassen sich daher mit der horizontalen und vertikalen Aufgabenerweiterung wie Job Enlargement und Job Enrichment, um ausgeprägt arbeitsteilige und hierarchische Arbeitsorganisationen durch potenzialorientierte Ansätze zu überwinden.

J. Eine gute Arbeit erfordert einen guten Arbeitsplatz. Bei der **Arbeitsplatzgestaltung** geht es um die gesundheits- und leistungsförderliche Gestaltung von Arbeitsplätzen. Dabei geht es nicht nur um die ergonomische Gestaltung des Arbeitsplatzes, sondern auch um organisatorische, informationstechnische und sicherheitstechnische Anforderungen. Ansatzpunkte des Arbeitsschutzes sind die Arbeitsumgebung, die Arbeitsmittel und der Arbeitsplatz. Herausfordernd sind die neuen Anforderungen im Kontext von Arbeit 4.0, z. B. im Hinblick auf Softwareergonomie und kognitive Ergonomie. Es gilt die Maxime, dass sich die Technik dem Menschen anpassen muss und nicht umgekehrt. Arbeitsplatzgestaltung ist nicht mehr nur Kontrolle und Anpassung von Arbeitsplätzen nach arbeitswissenschaftlichen Standards, sondern versteht sich explizit als **partizipative Arbeitsplatzgestaltung**.

K. **Führung** kann einerseits als kritischer Belastungsfaktor identifiziert werden (z. B. destruktive und toxische Führung), andererseits fungiert Führung als verlängerter Arm des BGM und wirkt gesundheitsfördernd. Führung hat im BGM eine Promotoren-, Multiplikatoren- und Vorbildfunktion. Da Führung von den Mitarbeitenden existenziell erlebt wird und die tägliche Exposition unvermeidbar bzw. Führung ubiquitär ist, zeigen Studien, dass der kumulierte Wirkungsgrad von Führung aus gesundheitlicher Sicht, z. B. bezogen auf die Ausprägung von Fehlzeiten oder die Manifestation psychischer Störungen, hoch ist. Führungskräfte, die gesundheitsgerecht führen, interessieren sich für die gesundheitlichen Belange ihrer Mitarbeitenden und beteiligen sich aktiv als Präventionsmanager*innen und Gesundheitsförderer*innen. Sie loten gemeinsam mit ihren Mitarbeitenden den Möglichkeitsraum für gesundheitsfördernde Aktivitäten aus. Sie achten auf gesundheitsrelevante Warnsignale und sind selbst Vorbild im eigenen Gesundheitsverhalten. Wesentliche **Faktoren eines gesunden Führungsstils** sind Authentizität, Sicherheit geben, soziales Miteinander und Empowerment. Entscheidend ist, dass sich das Abwesenheitsmanagement zu einem Anwesenheitsmanagement wandelt. Arbeit 4.0 ist eine Herausforderung für die Vertrauensbildung, da Führung auf Distanz bzw. digitales Führen eine Abnahme sozialer Kontakte als Gesundheitsressource zeitigt.

L. Gute Arbeit, gutes Arbeitsumfeld und gute Führung brauchen eine **gesunde und lernende Organisation**, um sich entfalten zu können. Auf der Ebene der Organisation sind vielfältige Ansatzpunkte in Bezug auf Prozesse und Strukturen zu berücksichtigen. Sie müssen auf ihre gesundheitlichen Wirkungen hin überprüft werden. Eine Organisationsdiagnostik ermöglicht es, pathogene und salutogene Organisationsfaktoren zu identifizieren. **Merkmale gesunder Organisationsgestaltung** sind z. B. Begleitung, umfassende Systemveränderung und erfahrungsbasiertes Lernen in einer Fehlerkultur. Die Veränderung sollte immer partizipativ im Sinne der systemischen Organisationsentwicklung erfolgen. Letztlich stellt sich **Gesundheit als organisationaler Lernprozess** dar. Die Organisation schafft einen interaktiven Möglichkeitsraum, in dem Gesundheit im sozialen Setting aktiv und dialogisch erfahrbar wird.

M. Eine gesunde Organisation braucht gesunde Mitarbeitende. Bedingungen schaffen Voraussetzungen. Menschen müssen motiviert werden, diese Voraussetzungen aktiv zu nutzen, auf risikobehaftetes Verhalten zu verzichten und einen gesunden Lebensstil zu führen. Dabei ist zu beachten, dass Verhalten ungünstige strukturelle Risikofaktoren nicht kompensieren kann. Entscheidend für den Erfolg ist das **Zusammenspiel von Wissen und Verhalten. Verhaltensprävention setzt auf Eigenverantwortung**. Die größte Herausforderung ist die Kluft zwischen Wissen und Handeln (träges Wissen).

N. Die Erhöhung der **Gesundheitskompetenz** ist ein prioritärer Ansatzpunkt in der Gesundheitsförderung. Menschen mit hoher Gesundheitskompetenz beschaffen sich adäquate Gesundheitsinformationen, verstehen diese und können gesundheitsförderlich und reflektiert handeln. Gesundheitskompetenz integriert dabei Wissens-, Verhaltens- und Einstellungskomponenten. Das

Kompetenzfeld lässt sich in mehrere Bereiche gliedern. Zum einen geht es um die eigene Gesundheit und das eigene Konsumverhalten. Zum anderen geht es auch um die Orientierung im Gesundheitssystem bzw. fokussiert auf das Setting Arbeitsplatz.

O. Eine **eingeschränkte Gesundheitskompetenz** wirkt sich negativ auf die Gesundheit aus und reduziert die Wahrscheinlichkeit, sich aktiv an gesundheitsfördernden Maßnahmen der Organisation zu beteiligen (Compliance). Ziel ist die selbstwirksame und eigenverantwortliche Beeinflussung der Gesundheitsdeterminanten durch den Einzelnen. Um das Gesundheitswissen zu erhöhen, sind niedrigschwellige und personalisierte Zugänge erforderlich. Eine besondere Herausforderung stellt die **Orientierungslosigkeit im Umgang mit digitalen Gesundheitsinformationen** und dem exponentiell wachsenden Gesundheitsmarkt dar.

P. **Gesundheitsverhalten** bezieht sich in der Arbeitswelt nicht nur auf gesundheitsförderliche Verhaltensweisen, sondern auch auf Risiko- und Sicherheitsverhalten. Das Gesundheitsverhalten orientiert sich an Richtwerten aus Expertensicht. Gesundheitshandeln ist das subjektive Pendant aus Laiensicht und spiegelt sich in Lebensstilen wider.

Q. Gesundheitsverhalten wird durch verschiedene **Theorien** modelliert. Zu unterscheiden sind hier kontinuierliche Modelle der Gesundheitsüberzeugungen wie die Appelltheorien von diskontinuierlichen Stadien- oder Stufenmodellen wie dem transtheoretischen Modell, die postulieren, dass das Individuum seine Entwicklung in Bezug auf das Gesundheitsverhalten und die Gesundheitskompetenz in qualitativen Stufen vollzieht. Das **HAPA-Modell** verbindet als Hybridmodell die Annahmen beider Modellsichten und berücksichtigt nicht nur Selbstwirksamkeitserwartungen, sondern stellt Gesundheitsverhalten als motivationalen Prozess in Stufen dar. Diese Modelle helfen, Interventionen zu entwickeln, die zum richtigen Zeitpunkt an den richtigen Stellschrauben des Gesundheitsverhaltens ansetzen.

R. **Gesundheitseffekte** von Interventionen auf der Verhaltensebene variieren, da eine Vielzahl konfundierender Störfaktoren und intervenierender Vermittlungsfaktoren auf das tatsächliche Gesundheitsverhalten beeinflussen. Hierbei wird zwischen **Moderator- und Mediatoreffekten** unterschieden. Beim Mediator-Effekt beeinflussen Drittvariablen die Beziehung zwischen unabhängiger und abhängiger Variable, beim Moderator-Effekt beeinflussen Variablen die Wirkung der unabhängigen Variable auf die abhängige Variable in ihrer Stärke.

4

S. In der Praxis berücksichtigen **Multikomponenten-programme** verschiedene Hebel wie z. B. Selbstwirk-samkeitserwartung, soziale Unterstützung oder Empowerment, um das Gesundheitsverhalten zu verändern. Voraussetzung für eine kritische Auseinandersetzung mit dem eigenen Gesundheits-verhalten ist eine ausreichende **Risikosensibilisierung**, um die Wahrnehmung der eigenen Vulnerabilität zu erhöhen. Problematisch sind Rückfalltendenzen und die Gefahr des Disengagements sowie eine verzerrte Wahrnehmung des eigenen Verhaltens, wie z. B. der optimistische Fehlschluss. Interventionsprogramme sollten daher dem **Rückfallmanagement** und der Sensibilisierung besondere Aufmerksamkeit widmen.

T. Eine **systematische Interventionsplanung** nach dem Interventions-Mapping erhöht den Erfolg. Eine Interventionsplanung sollte den Bedarf erfassen, Programmziele auf der Basis einer Veränderungs-matrix festlegen, geeignete Interventionsmethoden aus der Methodenpalette auswählen, die Um-setzungsschritte aus organisatorischer und ad-ministrativer Sicht festlegen sowie die beteiligten Ak-teure durch eine Planungsgruppe vernetzen. Schließ-lich sollte eine umfassende formative und summative Evaluation geplant werden. Erfolgreiche Inter-ventionen sind salutogenetisch orientiert und auf Selbstregulation ausgerichtet. Dabei geht es v. a. um die Förderung gesundheitsgerechten Verhaltens und die Stärkung personaler Ressourcen wie der Selbst-wirksamkeit.

U. **Ganzheitliches Präventionsmanagement** berück-sichtigt als Strategien gleichermaßen Ansatzpunkte der Verhaltens- und Verhältnisprävention (Ebenen-modell). Dabei wird die Präventionsarbeit durch die Interventionsebenen als Schichtenmodell (Mikro-, Meso- und Makroebene), durch die Interventions-zeitpunkte als Strukturmodell (Primär-, Sekundär- und Tertiärprävention) und durch die Risiko-gruppenorientierung als Spezifitätsmodell (uni-verselle, selektive und indizierte Maßnahmen) bestimmt.

V. Die **Präventionsmatrix** verbindet Strategien der Ver-haltens- und Verhältnisprävention als Ansatzpunkte und betont als Erfolgsfaktor die **Einheit von Be-lastungsreduktion und Ressourcenförderung**. Bei der Verhältnisprävention wird zwischen arbeitsplatz-bezogenen Bedingungsfaktoren (z. B. Ergonomie) und allgemeinen Kontextfaktoren (Setting wie Kul-tur oder Umwelt) unterschieden. Die Präventions-matrix verknüpft die Strategien mit den Ent-wicklungsstufen des Strukturmodells, um Lücken im ganzheitlichen Präventionsauftrag zu identifizieren und zu schließen. Primäre Prävention zielt auf Vor-beugung, sekundäre Prävention auf Früherkennung

und tertiäre Prävention auf Wiederherstellung. Das Spezifitätsmodell als ergänzendes Umsetzungs-modell unterstützt die Ausdifferenzierung des Prä-ventionsprogramms, die Sicherstellung der Balance zwischen allgemeinen und spezifischen Präventions-strategien und die Adressierung der gesundheitlichen Potenziale einer heterogenen Belegschaft im Sinne eines diversitätsgerechten BGM.

W. Für die Arbeitswelt kann sich aus dem Spezifitäts-modell ein **Präventionsdilemma** ergeben. Universelle Maßnahmen erreichen die gesamte Belegschaft, sind aber für Gruppen mit spezifischen Risikofaktoren re-lativ unwirksam. Umgekehrt sind Hochrisiko-strategien für die gesamte Belegschaft wenig wirk-sam und zunächst nur für Risikogruppen rentabel.

X. Die Präventionsmatrix basiert auf dem **POT-TOP-Prinzip**. Das TOP-Prinzip gemäß ArbSchG bevor-zugt in der Präventionsarbeit technische Maß-nahmen, die v. a. auf verpflichtenden Angeboten im Verhältnisbereich beruhen. Die Umsetzung erfordert jedoch Zeit und Ressourcen. Das POT-Prinzip setzt auf personenbezogene Faktoren und bietet frei-willige Angebote, die vergleichsweise effizient und ef-fektiv umgesetzt werden können. Sie sind jedoch nicht so nachhaltig wie technische Maßnahmen. Or-ganisatorische Maßnahmen vermitteln zwischen personenbezogenen und technischen Maßnahmen und richten sie aufeinander aus. Hier spielt Führung eine wichtige Rolle. TOP und POT müssen im Zu-sammenspiel betrachtet werden, da der Nutzen tech-nischer und organisatorischer Maßnahmen erst dann zum Tragen kommt, wenn sich auch das Ver-halten entsprechend ändert.

? **Kontrollfragen**

1. Welche Kontextfaktoren bestimmen den gesund-heitlichen Rahmen der Präventionsarbeit?
2. Was ist der Unterschied zwischen Gesundheits-kommunikation und Gesundheitsmarketing?
3. Welche Schritte sind bei einem Kommunikations-konzept im BGM zu beachten?
4. Welche Gesundheitsdidaktik erweist sich als zeit-gemäß?
5. Welche didaktischen Grundprinzipien sind bei den Ansätzen zu berücksichtigen?
6. Welche Paradigmen der Gesundheitsdidaktik sind bekannt?
7. Welche Zielgrößen einer menschengerechten Ar-beits- und Organisationsgestaltung kennen Sie?
8. Was bedeutet das TOP-Prinzip in der Prävention und warum ist es in der modernen Arbeitswelt nicht unumstritten?
9. Welche grundlegenden Methoden gibt es in der Präventionsarbeit?

10. Welche Handlungsfelder der Verhältnisprävention sind Ihnen bekannt?

11. Welche Handlungsfelder der Verhaltensprävention kennen Sie?

12. Was sind psychische Belastungen und wie können sie erfasst werden?

13. Was bedeutet das Primat der Aufgabe?

14. Was zeichnet eine gut gestaltete Aufgabe aus gesundheitlicher Sicht aus?

15. Was bedeutet Arbeitsstrukturierung und welche Ansätze kennen Sie?

16. Welche Perspektiven der Arbeitsplatzgestaltung sind relevant?

17. Was sind die Besonderheiten der Arbeitsplatzgestaltung 4.0?

18. Welche Perspektiven sind für gesunde Führung relevant?

19. Was zeichnet eine gesunde und gute Führung aus?

20. Was sind die Ziele einer gesunden Organisationsgestaltung?

21. Was kennzeichnet eine pathogene bzw. krankmachende Organisation?

22. Was ist der Unterschied zwischen der Gesundheitskompetenz und Health Literacy?

23. Welche Determinanten der Gesundheitskompetenz kennen Sie?

24. Wie lässt sich eine arbeitsbezogene Gesundheitskompetenz entwickeln?

25. Was unterscheidet Gesundheitsverhalten von Gesundheitshandeln?

26. Warum ist Selbstwirksamkeit für das Gesundheitsverhalten so wichtig?

27. Wie unterscheiden sich kontinuierliche von diskontinuierlichen Modellen des Gesundheitsverhaltens?

28. Warum ist das sozial-kognitive HAPA-Modell ein Hybridmodell?

29. Welche Schritte sind bei der Planung von Interventionen zu beachten?

30. Was verbindet die Präventionsmatrix und welcher Mehrwert ergibt sich daraus?

31. Was unterscheidet das Spezifitätsmodell vom Strukturmodell der Prävention?

32. Was bedeutet das Präventionsparadoxon? Ist das Paradoxon für die Arbeitswelt relevant?

Fazit zu den Handlungsfeldern

Das **Spektrum der Methoden und Instrumente** im BGM ist breit. Sie reicht von der Gesundheitsaufklärung und Gesundheitsbildung über strukturelle Ansätze bis hin zu normativen Programmen. Die Perspektive der Krankheitsprävention als pathogenetische Sichtweise wird erweitert durch den salutogenetischen Ansatz der Gesundheitsförderung. Beide Perspektiven sind strukturell miteinander zu verknüpfen. Als Herausforderungen kristallisieren sich die Auswahl geeigneter Ansätze in Bezug auf die Variabilität der Arbeits- und Lebenswelt und die Berücksichtigung individueller Erwartungen und Ansprüche einer heterogenen Belegschaft heraus. Dies erfordert eine **Differenzierung der Präventionsarbeit**. Um eine bloße Addition von Einzelmaßnahmen auf der Verhaltens- und Verhältnisebene zu vermeiden, benötigt die gesunde Organisation einen **Gesundheitsrahmen**, der politische, kulturelle, kommunikative und didaktische Kontextfaktoren berücksichtigt. Eine Priorisierung von Strategien der Verhaltens- und Verhältnisprävention nach dem klassischen TOP-Prinzip des Arbeitsschutzes ist in der modernen Arbeitswelt nicht mehr zeitgemäß, vielmehr ist eine konsequente **Kombinationsstrategie** zu bevorzugen, um Gesundheits- und Präventionsgewinne zu erzielen. Dabei gilt die Einheit von Belastungsreduktion und Ressourcenförderung sowohl aus verhaltens- als auch verhältnisorientierter Sicht. **Ganzheitliches Präventionsmanagement** ist nicht nur in Strategien bzw. Ebenen verortet, sondern berücksichtigt auch Interventionsebenen als Schichten, Interventionszeitpunkte als Entwicklungsstufen und Risikogruppenorientierung als Umsetzungsmodell zur Spezifizierung. Die **Präventionsmatrix** hilft, Lücken in der Präventionsarbeit zu identifizieren und durch entsprechende Interventionsprogramme zu schließen. Inhaltlich und organisatorisch zu erwartende Verteilungs- und Ressourcenkonflikte im Rahmen der Präventionsarbeit können durch eine systematische **Interventionsplanung** reduziert werden.

Weiterführende Literatur

- Badura, B. (Hrsg.). (2017). *Arbeit und Gesundheit im 21. Jahrhundert: Mitarbeiterbindung durch Kulturentwicklung*. Springer Gabler. [Zusammenhänge zwischen Mitarbeiterbindung, Gesundheit und Unternehmensergebnissen unter besonderer Berücksichtigung des Sozialkapitals]
- Faller, G. (Hrsg.). (2017). *Lehrbuch Betriebliche Gesundheitsförderung* (3. Aufl.). Hogrefe. [Umfangreiches Wissen für fundiertes und zeitgemäßes Gesundheitshandeln im Setting Betrieb]
- Glanz, K., Rimer, B. K., & Viswanath, K. (Eds.). (2015). *Health Behavior and Health Education: Theory, Research, and Practice* (5th ed.). Jossey-Bass. [Theorie und Praxis der Gesundheitsbildung unter besonderer Berücksichtigung von Theorien des Gesundheitsverhaltens]
- Goldfriedrich, M., & Hurrelmann, K. (Hrsg.). (2021). *Gesundheitsdidaktik*. Beltz Juventa. [Die Re-

4

flexion über die Gesundheit in pädagogischen Kontexten aus einer didaktischen Perspektive]

- Green, J., Cross, R., Woodall, J., & Tones, K. (2019). *Health Promotion: Planning and Strategies* (4th ed.). Sage. [Grundlagen der Gesundheitsförderung für ein vertieftes Verständnis des Planungs-, Umsetzungs- und Evaluationsprozesses von Programmen in der Praxis]
- Hajji, R., Kitze, K., & Pieck, N. (Hrsg). (2022). *Gesundheitsfördernde Organisationsentwicklung: Theorien, Ergebnisse und Ansätze.* Springer. [Gesundheitsfördernde Organisationsentwicklung aus verschiedenen Perspektiven]
- Hurrelmann, K., & Baumann, E. (Hrsg.). (2014). *Handbuch Gesundheitskommunikation.* Hogrefe. [Systematischer Überblick über Modelle, Konzepte, Strategien und Programme der Gesundheitskommunikation]
- Hurrelmann, K., Richter, M., Klotz, T., & Stock, S. (Hrsg.). (2018). *Referenzwerk Prävention und Gesundheitsförderung: Grundlagen, Konzepte und Umsetzungsstrategien* (5. Aufl.). Hogrefe. [Grundlagen der Prävention und Gesundheitsförderung aus interdisziplinärer Sicht]
- Kohlmann, C., Salewski, C., & Wirtz, M. A. (Hrsg.). (2018). *Psychologie in der Gesundheitsförderung.* Hogrefe. [Bandbreite psychologischer Themen der Gesundheitsförderung]
- Michel, A., & Hoppe, A. (Hrsg.). (2022). *Handbuch Gesundheitsförderung bei der Arbeit: Interventionen für Individuen, Teams und Organisationen.* Springer. [Interventionsansätze der betrieblichen Gesundheitsförderung von personenbezogenen bis zu verhältnisbezogenen Interventionen]
- Rossmann, C., & Hastall, M. R. (Hrsg.). (2019). *Handbuch der Gesundheitskommunikation: Kommunikationswissenschaftliche Perspektiven.* Springer VS. [Umfassender Überblick über den Forschungsstand zur Gesundheitskommunikation aus kommunikationswissenschaftlicher Sicht]
- Schlick, C., Bruder, R., & Luczak, H. (2018). *Arbeitswissenschaft* (4. Aufl.). Springer Vieweg. [Umfassende Darstellung der arbeitswissenschaftlichen Sicht von Arbeitsorganisation, Arbeitswirtschaft, Ergonomie, Arbeitstechnologie, Arbeitsschutz und Arbeitsökologie]
- Schmauder, M., & Spanner-Ulmer, B. (2022). *Ergonomie: Grundlagen zur Interaktion von Mensch, Technik und Organisation* (2. Aufl.). Hanser. [Ergonomische Grundausbildung zur wirtschaftlichen und menschengerechten Gestaltung von Arbeitssystemen]

Digitalisierung im Betrieblichen Gesundheitsmanagement

Inhaltsverzeichnis

Übersicht zum Kapitel

Die Anforderungen von Arbeit 4.0 bestimmen das Gesundheitsmanagement der Moderne als **BGM 4.0**. Der Megatrend **Digitalisierung** diffundiert in alle Bereiche des Gesundheitswesens. Intelligente, personalisierte und telemedizinische Informations-, Kommunikations- und Interventionsangebote bereichern das Gesundheitsportfolio. Das BGM stellt sich diesem Trend und greift den erweiterten Möglichkeitsraum der Digitalisierung auf, um mit digitalen Ansätzen das BGM an die moderne Arbeitswelt anzupassen und zu optimieren und gleichzeitig die regulatorischen Anforderungen zu erfüllen. Die Potenziale beziehen sich dabei nicht nur auf die Angebotserweiterung durch digitale Gesundheitstools in der Gesundheitsförderung, sondern auch auf den Einfluss der Digitalisierung auf das Organisationsmodell des BGM als **virtuelles Gesundheitscenter**. Um die digitale Anschlussfähigkeit des BGM zu gewährleisten, bedarf es einer **Transformationsstrategie**, die alle Bereiche des BGM in Bezug auf Ressourcen, Strukturen und Prozesse umfasst.

✍ Lernziele

- Die Treiber der Digitalisierung im BGM in Bezug auf Gesetzgebung, Wirtschaft, Gesellschaft und Bildung benennen können.
- Die Entwicklung des BGM im Hinblick auf die Digitalisierung beschreiben können.
- Den Zusammenhang zwischen BGM 4.0 und Arbeitswelt 4.0 erläutern können.
- Potenziale und Risiken von Gesundheits-Apps abwägen und Wege zu einer positiven Bilanz aufzeigen können.
- Strategievarianten bei der Digitalisierung gegenüberstellen und aufzeigen, warum BGM 4.0 einer Transformationsstrategie bedarf.
- Die Maxime „Analog trifft Digital" als Blended-Konzept skizzieren können.
- Das virtuelle Gesundheitscenter als Steuerungsmodell im BGM 4.0 vorstellen und aufzeigen, warum das Gesundheitscenter als Framework auf eine Plattformstrategie setzt.
- Die digitale Toolbox anhand der Handlungsebenen Information, Kommunikation und Transaktion systematisieren und die wichtigsten Zielgrößen benennen können.
- Diskutieren, warum kommerzielle Komplettsysteme kein Ersatz für BGM 4.0 sind.
- Qualitätsanforderungen an digitale Gesundheitstools anhand der Qualitätsdimensionen benennen können und aufzeigen, warum Qualität ein Erfolgsfaktor im digitalen BGM ist.

In diesem Kapitel werden nach einer einführenden Skizze zu den **Treibern der Digitalisierung** (▶ Abschn. 5.1), die zu einer hohen digitalen Durchdringungstiefe in allen Lebensdomänen führen und Gesundheit als digitale Normalität in der medialen Lebenswelt verankern, die **Potenziale und Risiken des Digitalmodells** im BGM diskutiert. Das digitale Moment weist viele positive Effekte wie Attraktivitätssteigerung, Effizienzgewinne oder die Bereitstellung personalisierter Gesundheitsangebote auf, stellt das BGM aber auch vor Herausforderungen wie Risiken des Daten- und Persönlichkeitsschutzes, Verlust des persönlichen Kontakts, Verdrängung analoger Angebote oder Überforderung der Nutzenden aus Sicht der Medienkompetenz (▶ Abschn. 5.2). Um diesen Herausforderungen adäquat begegnen zu können, bedarf es einer umfassenden **Digitalstrategie**, die das BGM als Ganzes hinsichtlich der Anforderungen der Digitalisierung im Sinne einer Transformationsstrategie kritisch überprüft und verändert (▶ Abschn. 5.3). Die bloße Addition digitaler Tools und Services im klassischen BGM führt zu Widersprüchen und Effektivitätsverlusten und entpuppt sich als digitales Feigenblatt, um modern zu erscheinen und gleichzeitig Kosten zu sparen. BGM 4.0 benötigt vielmehr eine **integrierende Plattform** für moderne Formate im digitalen BGM (D-BGM) sowie flankierende Unterstützungs- und Kommunikationsansätze, um die digitale Teilhabe im virtuellen Gesundheitscenter zu ermöglichen. Die **Instrumente der digitalen Toolbox** reichen von Wearables, Gesundheits-Apps über EAP-basiertes Online-Coaching bis hin zu Gesundheitsplattformen und Komplettsystemen (▶ Abschn. 5.4). Das BGM wird mit vielfältigen Innovationen wie Gamification als Integration spielerischer Elemente in Gesundheits-Apps oder smarte Kleidung mit Gesundheitssensoren konfrontiert und sollte daher eine reflektierte und möglichst evidenzbasierte Integration der digitalen Tools in das bestehende Portfolio vornehmen. Die Zuordnung der digitalen Ansätze zu den Handlungsebenen der Information, Kommunikation und Transaktion sowie die Berücksichtigung von Klassifikationssystemen schaffen **Ordnung im digitalen Bauchladen** und verhindern ein unzusammenhängendes Potpourri analoger und digitaler Vorgehensweisen im BGM (▶ Abschn. 5.4.1). Unter Beachtung der rechtlichen Rahmenbedingungen wie E-Health-Gesetz, DVG oder BDSG sind **Qualitätsanforderungen an digitale Werkzeuge** im BGM zu bestimmen, damit das D-BGM und erweitert das BGM 4.0 unter Berücksichtigung der Veränderungen in der Arbeitswelt nicht Gefahr läuft, dass technologische

Trends inhaltliche Erfordernisse der Präventionsarbeit und Gesundheitsförderung überlagern, verdrängen oder blockieren.

❗ Die digitale Strategie im BGM darf keine **Feigenblatt-politik der Moderne** sein, sondern muss eine integrative Plattformstrategie sein, um die Potenziale der Digitalisierung für die gesunde Organisation auszuloten. Eine digitale Maskerade führt im Gegenteil eher zu Verlusten für eine gesunde Organisation, da sie zur Verdrängung funktionierender analoger Angebote führt.

BGM 4.0

BGM 4.0 passt sich den Rahmenbedingungen und der Realität der Arbeit 4.0 an und ist Ausdruck einer modernen betrieblichen Gesundheitsstrategie im digitalen Zeitalter. Eine Digitalstrategie ermöglicht die erforderliche Konnektivität und Adaptivität der organisationalen Gesundheitsaktivitäten auf den Handlungsebenen Information, Kommunikation und Transaktion, um die Anschlussfähigkeit an Arbeit 4.0 zu gewährleisten.

» „BGM 4.0 ist etabliert, wenn die Silos überwunden sind und es zu einer bereichsübergreifenden Zusammenarbeit hinsichtlich gemeinsamer Analyse, Zielsetzung, Maßnahmenergreifung und Erfolgssteuerung kommt." (Lotzmann in Badura et al., 2019, S. 402)

■ **Vom D-BGM zum BGM 4.0**

Der Einsatz digitaler Werkzeuge greift das **D-BGM** (digitales BGM) auf. BGM 4.0 nutzt dieses digitale Moment, um den Anforderungen an Selbstbestimmung, der

Individualisierung und Partizipation im Gesundheitshandeln in einer entgrenzten Arbeits- und Lebenswelt gerecht zu werden. Der Wandel der Arbeitswelt verändert das Gesundheitsgeschehen und erfordert eine Auflösung des Ressortdenkens der traditionellen Säulen im BGM wie Arbeitsschutz oder Gesundheitsförderung. BGM 4.0 ist mehr als nur ein Portfolio digitaler Werkzeuge in den Handlungsfeldern Information, Kommunikation und Transaktion, sondern eine ganzheitliche, strategisch ausgerichtete und vernetzte Gesundheitsdienstleistung der Organisation als anschlussfähiges Pendant zur Arbeit 4.0 (Treier, 2021b, S. 6). Das D-BGM ergänzt das organisationale Gesundheitshandeln um einen Werkzeugkasten digitaler Angebote und Services und manifestiert sich als das geläufige Verfahren zur Modernisierung des BGM. Das BGM 4.0 begreift sich erweiternd als eine **vernetzende Plattformstrategie** im Sinne eines virtuellen Gesundheitscenters im Bereich der Gesundheitsförderung und Präventionsarbeit. Damit wird die inhaltliche und organisatorische Trennung von Verhaltens- und Verhältnisprävention aufgehoben (▶ Abschn. 4.2). ◻ Abb. 5.1 illustriert die **Evolutionsstufen des BGM** in Anlehnung an Industrie 1.0 bis Industrie 4.0 (Lotzmann in Badura et al., 2019, S. 399 f.). Die Analogie zu den industriellen Revolutionsstufen hinkt jedoch, da sich BGM 2.0 und BGM 3.0 nicht als eigenständige Stufen etabliert haben. BGM 4.0 nutzt als integrierende Gesundheitsdienstleistung der Organisation die Potenziale der Digitalisierung bspw. zur Erhöhung der Konnektivität und Zielgruppenorientierung, ist aber nicht ausschließlich durch das digitale Moment begründet (vgl. Matusiewicz et al., 2021). Entscheidend für die **Transformation des BGM zum BGM 4.0** ist daher nicht das Motto *„Digital vor Analog"*, sondern *„Analog trifft Digital"* als gegenseitige Bereicherung im Blended-Format (Treier, 2021a).

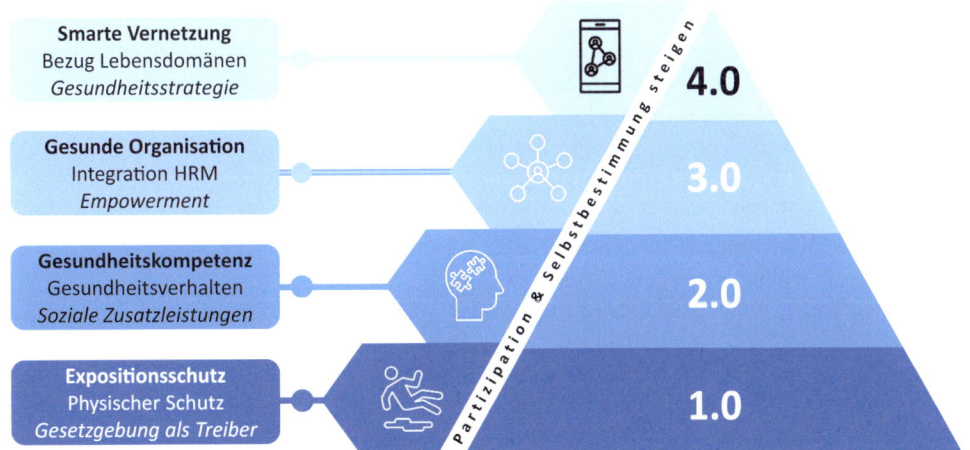

◻ **Abb. 5.1**　Evolutionsstufen des BGM in Anlehnung an Lotzmann in Badura et al. (2019, S. 400)

5

> Die **Transformation zum BGM 4.0** versteht sich als gegenseitige Bereicherung von analogen und digitalen Wegen im BGM. Die Potenziale der Digitalisierung müssen auf der Basis der inhaltlichen Anforderungen an Administration, Management und Ressourcen abgebildet werden, ohne die Wirksamkeit der Gesundheitsinterventionen zu beeinträchtigen.

5.1 Treiber der Digitalisierung – Vom BGM zum BGM 4.0

> » „Gesundheitsthemen dürfen im digitalen Zeitalter nicht auf dem Abstellgleis stehen, während sich die Digitalisierung auf Überholspur befindet. (Treier, 2021b, S. 2)

Die Zukunft der Gesundheit ist auch die Zukunft des BGM. Aphoristisch lässt sich die Zukunft der Gesundheit als *„vernetzt, digital und menschlich"* beschreiben (Baas, 2019). Zentrale Treiber für ein zukunftsorientiertes BGM sind die **Megatrends** Digitalisierung, Individualisierung, demografischer Wandel und zunehmende Vernetzung (Burkhart & Hanser in Matusiewicz & Kaiser, 2018, S. 41). Diese Megatrends hinterlassen Spuren im BGM, die sich in den BGM-Trends widerspiegeln (▸ Abschn. 1.5). Hervorzuheben ist hier v. a. die Individualisierung als Anforderung an ein personalisiertes BGM. *Das BGM der Zukunft ist kein BGM der Masse* (Treier, 2021b, S. 11), sondern ein **maßgeschneidertes BGM**, das die Besonderheiten und Ansprüche der selbstbestimmten Adressat*innen berücksichtigt. **Personalisierung** setzt die Digitalisierung als Schlüsseltechnologie voraus, um trotz knapper Ressourcen vielfältige und zielgruppengerechte Angebote realisieren zu können und den gestiegenen Erwartungen der Nutzer*innen an moderne Formate gerecht zu werden.

▪ Zeitalter von E-Health

Die Digitalisierung schafft neue Wege und Formate im Gesundheitssektor und läutet eine **Innovationsoffensive im Gesundheitswesen** ein, wobei jedoch stets die rechtlichen und ökonomischen Rahmenbedingungen hinsichtlich der technologischen Innovationsdichte zu beachten sind (vgl. Grinblat et al., 2022; Jorzig & Sarangi, 2020). Die Digitalisierung im Gesundheitswesen ist unaufhaltsam und allgegenwärtig. Früher als erwartet hat sie zu einem radikalen Wandel der Gesundheitsbranche geführt und das **Zeitalter von E-Health** eingeläutet (vgl. Hoffmann & Becker, 2023; Müller-Mielitz & Lux, 2017; Roland Berger, 2019/2020). E-Health impliziert mehr als die Nutzung von Informations- und Kommunikationstechnologien im Gesundheitsbereich in Form von Apps & Co. Vielmehr geht es um die **Vernetzung der Gesundheitsakteure**, die Integration der Gesundheitsprozesse in das Versorgungsmanagement und die Interoperabilität der Gesundheitsansätze (vgl. Lux, 2020, S. 1155 f.). **Indikatoren** wie bspw. der Digital Health Index der Bertelsmann Stiftung oder der eHealth Monitor von McKinsey & Company zeigen, dass digitale Ansätze im Gesundheitssektor auf der Überholspur sind. Das digitale Konzept ist kein Zukunfts-, sondern ein Gegenwartsmodell (vgl. Haring, 2019). Die **digitale Begegnung** ist im Alltag vorprogrammiert, wenn der Puls der Gesundheit über Streaming-Dienste, Social Media, das Internet der Dinge, E-Commerce bis hin zu Video-Chats, Webinaren und Online-Plattformen schlägt. Influencer*innen und Blogger*innen übernehmen zunehmend die Rolle von Gesundheitsberatern im Internet. Dieser Informationsboom birgt viele Chancen, aber auch Risiken für die digitale Gesundheitskompetenz (vgl. Langkafel & Matusiewicz, 2021) (▸ Abschn. 5.4.1). Aber auch im Gesundheitswesen wird die **Brücke zur digitalen Welt** geschlagen, z. B. durch die Einführung der elektronischen Gesundheitskarte (eGK) und der elektronischen Patientenakte (ePA), durch das Angebot mobiler digitaler Gesundheitsanwendungen auf Rezept (DiGA) und digitaler Pflegeanwendungen (DiPA), durch die Möglichkeiten des elektronischen Rezepts (eRezept), durch die zunehmende Bedeutung von Telemedizin und Telematik bis hin zum Nationalen Gesundheitsportal als Informationsplattform (▸ https://gesund.bund.de) (vgl. Hoffmann & Becker, 2023; Pfannstiel et al., 2017–2020). Die **Durchdringungstiefe digitaler Tools** nimmt in allen Lebensdomänen zu. *Alles was digitalisiert werden kann, wird digitalisiert* (vgl. D21-Digital-Index, ▸ https://initiatived21.de). Dies bestätigen auch Umfragen des Digitalverbands Bitkom (▸ https://www.bitkom.org). Berührungsängste mit Gadgets und Widgets im Gesundheits-, Lifestyle- oder Fitnessbereich gibt es kaum, im Gegenteil: Die digitale Selbstvermessung wird zur transformativen Kraft in Sachen Gesundheit und läutet die Geburt des **Homo Digivitalis** ein (TK, 2018). Trotz der Gegenbewegung *Digital Detox* für den Erhalt der mentalen Gesundheit ohne „Verkabelung" ist die digitale Nabelschnur im Gesundheitsbereich untrennbar (vgl. Otto, 2022).

> Die Digitalisierung im Gesundheitswesen schreitet voran, darf aber nicht um ihrer selbst willen durchgesetzt werden und die Selbstbestimmung als oberste Maxime in Frage stellen. E-Health muss vernetzt, adressatengerecht und sicher umgesetzt werden.

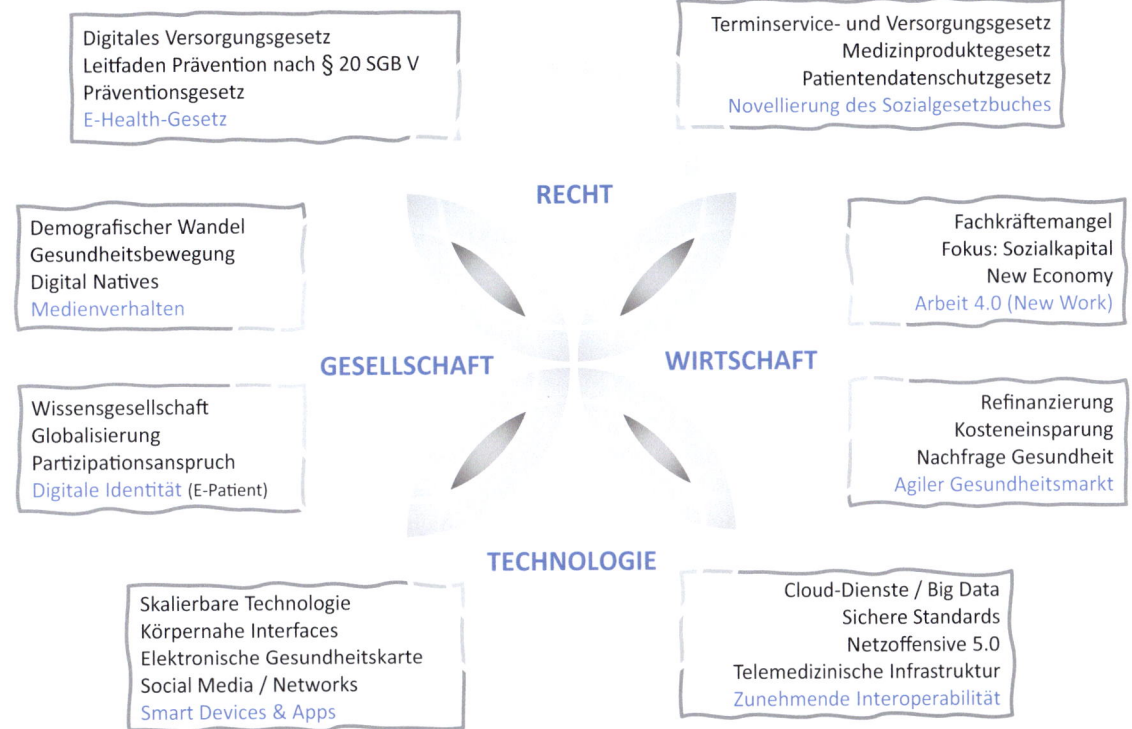

Digitales Versorgungsgesetz
Leitfaden Prävention nach § 20 SGB V
Präventionsgesetz
E-Health-Gesetz

Terminservice- und Versorgungsgesetz
Medizinproduktegesetz
Patientendatenschutzgesetz
Novellierung des Sozialgesetzbuches

RECHT

Demografischer Wandel
Gesundheitsbewegung
Digital Natives
Medienverhalten

Fachkräftemangel
Fokus: Sozialkapital
New Economy
Arbeit 4.0 (New Work)

GESELLSCHAFT   **WIRTSCHAFT**

Wissensgesellschaft
Globalisierung
Partizipationsanspruch
Digitale Identität (E-Patient)

Refinanzierung
Kosteneinsparung
Nachfrage Gesundheit
Agiler Gesundheitsmarkt

TECHNOLOGIE

Skalierbare Technologie
Körpernahe Interfaces
Elektronische Gesundheitskarte
Social Media / Networks
Smart Devices & Apps

Cloud-Dienste / Big Data
Sichere Standards
Netzoffensive 5.0
Telemedizinische Infrastruktur
Zunehmende Interoperabilität

■ **Abb. 5.2** Treiber des BGM 4.0 nach Treier (2021b, S. 12)

■ **Treiber der Digitalisierung**

Treiber aus Wirtschaft, Gesellschaft, Bildung, Rechtsprechung und Technologie erhöhen den digitalen Druck im Gesundheitswesen und führen zu einem **digitalen Dammbruch** (vgl. Bertelsmann, 2016, Matusiewicz & Kaiser, 2018; Treier, 2021b) (■ Abb. 5.2).

A. **Rechtliche Impulse:** Das E-Health-Gesetz, das PrävG, das SGB V/IX, das DVG und das PDSG sowie weitere flankierende Regelungen zur Digitalisierung des Gesundheitswesens treiben die digitale Infrastruktur im Gesundheitswesen voran und bauen rechtliche Hürden für die Nutzung digitaler Werkzeuge ab (vgl. Krüger-Brand, 2019). Dennoch hinkt die Regulierung weiterhin der Realität technologischer Innovationen und Machbarkeiten hinterher.

B. **Technologische Impulse:** Das Spektrum reicht von skalierbaren Technologien, körpernahen Schnittstellen, der elektronischen Gesundheitskarte, Smart Devices und Apps, Netzwerken und Social Media bis hin zu Cloud-Diensten, der Netzoffensive 5.0 und dem Ausbau der telemedizinischen Infrastruktur. Entscheidend für den technologischen Fortschritt ist die Förderung der Interoperabilität als reibungslose Kommunikation und Interaktion zwischen den Systemen, die Verknüpfung von Gesundheitsdaten sowie die Gewährleistung von Datensicherheit und Datenschutz durch moderne und manipulationssichere Standards (s. Exkurs ▶ „Blockchain").

C. **Ökonomische Impulse:** Kosteneinsparungen und Effizienzsteigerungen im Sinne des SGB V (Beachtung des Wirtschaftlichkeitsgebots) erfordern bei gleichzeitiger Angebotsausweitung digitale Werkzeuge und Dienste. Die Gefahr besteht in einer Überschwemmung des Gesundheitsmarktes mit ungeprüften „Billigangeboten". Daher ist der Fokus auf qualitätsgesicherte Tools mit gesundheitlichem Nutzen zu legen (GKV, 2020, ZPP, 2020). Grundsätzlich sind digitale Formate wie Online-Kurse, Webinare, Gesundheitscoachings bis hin zu Health Serious Games im Sinne einer Refinanzierung förderfähig, wenn sie entsprechende Qualitätskriterien erfüllen. Nicht förderfähig sind Communities, Foren, Informationsplattformen und reine Self-Tracking-Apps. Online Präventionskurse können auch nach § 3,34 Einkommensteuergesetz steuerbefreit sein. Zu beachten ist, dass das Wettbewerbsfeld Gesundheit außerhalb der Regelversorgung explodiert und die Nachfrage extrem wächst. Man spricht hier vom *agilen Gesundheitsmarkt*. Die E-Health-Ökonomie ist jedoch hinsichtlich ihrer gesundheitlichen Implikationen kritisch zu reflektieren (vgl. Lux et al., 2022).

5

D. **Gesellschaftskulturelle Impulse:** Gesundheitsanwender*innen beanspruchen für sich und ihr Gesundheitshandeln im digitalen Zeitalter eine autonome Rolle, die sich als souverän, proaktiv und emanzipiert beschreiben lässt. Der passiv erduldende Patient im Gesundheitswesen ist passé. Die *informationelle Selbstbestimmung* in Gesundheitsfragen wird durch E-Health gestärkt. Es besteht jedoch die Gefahr, dass gesundheitliche Polaritäten und Disparitäten entstehen, wenn die Selbstbestimmung von Ressourcen und Kompetenzen abhängig gemacht wird.

E. **4.0-Prozesse und digitale Arbeit:** Die digitale und vernetzte Arbeitswelt ist auf dem Vormarsch. Studien zeigen, dass Gesundheit und Arbeit 4.0 miteinander verwoben sind – neue Belastungsformen führen zu neuen gesundheitlichen Herausforderungen. 4.0-Attribute wie Agilität, Flexibilität und Adaptivität bestimmen alle Lebensbereiche in einer dynamischen und unsicheren VUCA-Umwelt (vgl. Bamberg et al., 2022; Hackl et al., 2017). Die größte Gefahr liegt in der zunehmenden Arrythmisierung der Lebenszeit, sodass sich BGM 4.0 mit der *digitalen Balance* auseinandersetzen sollte.

F. **Medienverhalten der Menschen:** Das Medienverhalten hat sich grundlegend und drastisch verändert. Abwehrreaktionen gegenüber digitalen Gesundheits- und Präventionsangeboten nehmen ab. Es muss jedoch darauf geachtet werden, dass es nicht zu einer Diskriminierung älterer Nutzer*innen kommt, da diese keine Digital Natives sind. Usability und User Experience von Gesundheitsangeboten gewinnen an Bedeutung, um *digitale Teilhabe* zu ermöglichen.

G. **Datenschutz und Datensicherheit:** Im sensiblen Gesundheitsbereich sind höhere Sicherheitsstandards zu gewährleisten. Daraus ergibt sich ein Paradoxon: Der Fortschritt im Gesundheitswesen erfordert einen ungehinderten Transfer von Gesundheitsdaten, der aber aufgrund der hohen Sensibilität und Sicherheitsanforderungen regulatorisch eingeschränkt ist. Neue Datensicherheitstechnologien und Authentifizierungswege wie die Blockchain-Technologie können helfen, dieses Paradoxon aufzulösen (vgl. Million, 2019, S. 89 ff.) (s. Exkurs ▶ „Blockchain").

Blockchain

Blockchain-Technologie im Gesundheitswesen

Die Blockchain-Technologie als Distributed-Ledger-Technologie ist im Bereich der Kryptowährungen wie Bitcoins etabliert und beansprucht ein hohes Potenzial hinsichtlich Interoperabilität, Sicherheit und Datenschutz (vgl. Million, 2019). In einer Blockchain werden Daten gespeichert und ausgetauscht, ohne dass ein dritter Agent notwendig ist, der diese Transaktionen verwaltet. Die Transaktionen bzw. die zugrunde liegenden Daten werden in Blöcke aufgeteilt und kryptografisch miteinander verkettet. Jeder Block hat eine Prüfsumme, die sich auf die aktuelle Transaktion und frühere Transaktionen bezieht (Hashwert). Die Daten werden nicht zentral gespeichert, sondern dezentral als Peer-to-Peer-Netzwerk ohne zentrale Instanz. Der Vorteil ist die hohe Sicherheit der eigenen Daten, die Nachvollziehbarkeit der Historie und der Schutz vor Manipulation, da eine nachträgliche Veränderung innerhalb der Kette ausgeschlossen ist und bei Kryptowährungen u. a. durch die Verifizierung durch das Netzwerk mittels Konsensmechanismen (Protokollierung) und Mining (Schürfen) gewährleistet wird. *Disruptive Potenziale weist die Blockchain-Technologie auch im Gesundheitswesen auf*, wo sensible Gesundheitsdaten geschützt und dennoch interoperabel genutzt werden können (vgl. Formica-Schiller, 2021; Rusep in Grinblat et al., 2022, S. 115 ff.; Stawicki, 2023). Datenintegrität, Rückverfolgbarkeit und Effizienzgewinne durch Automatisierung mittels Smart Contracts im Bereich der Prozessoptimierung eröffnen im Gesundheitsbereich ein **patientenzentriertes Gesundheitsökosystem**. Konkrete Ansätze reichen von Bonusprogrammen, tragbaren Technologien zum Fitness- und Gesundheitsmonitoring, Medikamentenmanagement, dem elektronischen Rezept, Qualitätssicherung, Schutz vor Missbrauch von Medizinprodukten und Betrugsprävention z. B. bei der Rezeptabrechnung bis hin zu einer patientenzentrierten Gesundheitsversorgung. Dieses Ökosystem ist notwendig, weil Gesundheitsdaten besonders sensibel sind und vor Missbrauch geschützt werden müssen, die Datenmengen im Gesundheitswesen geradezu explodieren und die Anforderungen an einen reibungslosen Datenaustausch zwischen den verschiedenen Akteuren im Gesundheitswesen steigen. Dabei geht es weniger um die Speicherung statischer Informationen als vielmehr um die Bewegungsdaten, die Demokratisierung bzw. Verwaltung der Zugriffsrechte im Sinne der Selbstbestimmung (Data-Ownership) unter der Maxime der Transparenz. Am Ende der Entwicklung könnte eine **Blockchain-basierte Gesundheitsakte** stehen. Die **Vorteile** sind die Integration kryptografischer Funktionen, reduzierte Transaktionskosten, Schaffung eines dezentralen Frameworks für digitale Gesundheitsidentitäten, hohe Standardisierung und sicherer als regel- und berechtigungsbasierter Zugriff auf Gesundheitsdaten. Allerdings sind auch die **Grenzen** zu beachten, da die Blockchain Standard-Datenbanken nicht ersetzen kann und auch Probleme bei der Speicherung großer Datenmengen (v. a. Bild- und Videodaten) hat. Eine weitere Problematik betrifft das öffentliche Image, da Blockchains im Zusammenhang mit Kryptowährungen auch kritisch im Zusammenhang mit Betrugsfällen und Kriminalität diskutiert werden.

■ **Arbeit 4.0 als Treiber der Digitalisierung im BGM**

Das BGM der Moderne darf den Anschluss an die digitale Normalität im E-Health-Zeitalter nicht verlieren. Die Sicherstellung der Anschlussfähigkeit an das digitale Zeitalter ist daher die dezidierte Aufgabe der Modernisierung des BGM (Treier, 2021b, S. 11 ff.). Dies ist v. a. auf den **Wandel der Arbeitswelt** als Treiber der Digitalisierung im BGM zurückzuführen (vgl. Badura et al., 2019; Bamberg et al., 2022; BMAS, 2017) (▶ Abschn. 1.3.2). Die Corona-Pandemie kristallisiert sich hier als Auslöser und Verstärker zugleich heraus und hat den **Turbomodus für mobiles Arbeiten** gezündet (DKV Report, 2021). Mobile Arbeit ist jedoch ein **Boom mit gesundheitlichen Schattenseiten** (▶ Abschn. 1.3.2) (▶ Abb. 1.3). Die Studie Social Health@Work (2022) bestätigt, dass die Digitalisierung der Arbeitswelt im Sinne von Arbeit 4.0 gesundheitliche Herausforderungen mit sich bringt. Neue Arbeitsformen führen durch neue Belastungsformen wie ständige Erreichbarkeit oder Abgrenzungsschwierigkeiten zu neuen Gesundheitsproblemen wie Arbeitsverdichtung mit der Gefahr der Selbstausbeutung, Zunahme von Digital- oder Technostress, Bewegungsmangel an digitalen Arbeitsplätzen, fehlende Mindestschutzstandards, Zunahme der physischen sozialen Isolation oder Abnahme der Erholungsfähigkeit (vgl. Treier, 2021b). Um die **digitale Balance** zu halten, reicht es daher nicht aus, das Digitale als Normalität stärker im BGM zu verankern, sondern BGM 4.0 muss sich präventiv und proaktiv mit den Gesundheitsproblemen des digitalen Zeitalters auseinandersetzen.

Digitale Arbeitswelt ⇔ Digitales BGM

Die Arbeitswelt wird digitaler, daher müssen auch Gesundheitsmaßnahmen digitaler werden, um die Zugänglichkeit und Kompatibilität mit der Arbeitswelt (Anschlussfähigkeit) zu gewährleisten und die Mitarbeitenden in vernetzten Arbeitswelten zu erreichen. Dies setzt ein **personalisiertes BGM** voraus, was im traditionellen BGM aus Effizienzgründen kaum realisierbar ist. E-Health setzt sich hier als positiver und fortschrittlicher Trend durch und löst das One-Size-Fits-All-Prinzip als Konfektionsware zugunsten maßgeschneiderter Gesundheitsprogramme ab. Angesichts des allgemeinen Vordringens der Digitalisierung in Gesellschaft und Wirtschaft sowie des sich verstärkenden Trends zu personalisierten Gesundheitsangeboten, z. B. im Bereich der Quantified-Self-Bewegung (Selbstmanagement und Selbstmonitoring als Lifestyle) (vgl. Selke, 2016), ist das BGM gefordert, sich der **digitalen Offensive als Potenzialfaktor** zu stellen, dabei die Risiken der Arbeitswelt 4.0 zu berücksichtigen und Barrieren in personeller, organisatorischer und technischer Hinsicht in der digitalen Strategie abzubauen.

5.2 Potenziale und Risiken – Abwägung zur Digitalisierung

Studien zu digitalem Stress offenbaren die **Ambivalenz digitaler Prozesse** im Arbeitsleben (vgl. Gimpel et al., 2018). Zweifellos verändert die Arbeitswelt 4.0 das Belastungs- und Beanspruchungsprofil am Arbeitsplatz, denn ständige Erreichbarkeit (Omnipräsenz), Entgrenzung, Leistungsüberwachung, Unzuverlässigkeit und Nichtverfügbarkeit von Equipment, Kommunikations- und Interaktionsdruck sowie Arbeitsverdichtung hinterlassen gesundheitliche Spuren. Die Frage drängt sich auf: *Können digitale Ansätze im BGM hier unterstützen oder verschlechtern sie eher die gesundheitliche Situation in der Arbeit 4.0?* Pro und Contra halten sich im Diskurs die Waage. Das Projekt CHARISMHA beschäftigt sich mit den Chancen und Risiken von Gesundheits-Apps und zeigt, dass es weniger um das Für und Wider geht, sondern vielmehr um die qualitätsgerechte Einführung und Gestaltung (Albrecht, 2016). Digitale Konzepte sollten trotz hoher Popularität und Always-on-Mentalität nicht vorschnell und unreflektiert in das BGM implementiert werden, auch wenn sie aufgrund ihrer Orts- und Zeitunabhängigkeit vielfältige Potenziale für die dezentrale Arbeitswelt bieten. Die Empirie zeigt auch die **Schattenseiten** wie Fake News, Instrumentalisierung sensibler Gesundheitsdaten, Datenkriminalität im Gesundheitswesen oder digitale Irrwege (vgl. Schirrmacher et al. in Pfannstiel & Mehlich, 2018, S. 317 ff.). Für digitale Angebote im Bereich der BGF ist daher ein **Evaluationskonzept** erforderlich (Walter et al., 2019) (▶ Abschn. 5.4.1). Aber auch das BGM 4.0 selbst kann durch neue Wege des Gesundheitsmonitorings wie onlinebasierte Feedbacksysteme und durch Online-Coaching frühzeitig auf negative Effekte des Einsatzes digitaler Tools reagieren (vgl. Schaff in Matusiewicz & Kaiser, 2018, S. 171 ff.; Treier, 2020a).

> ❗ Die größte Gefahr liegt in der Konkurrenz zwischen analogen und digitalen Angeboten. Es kann zu einem **Verdrängungswettbewerb** kommen, bei dem Effizienz vor Effektivität geht.

■ **Pro und Contra digitaler Angebote im BGM**

Je nach Perspektive (Teilnehmer, Krankenkassen, Arbeitgeber, Leistungserbringer und Hersteller) halten sich Potenziale und Risiken die Waage (Treier, 2021b, S. 54 ff.). ▢ Tab. 5.1 stellt einige markante **Risiken und Potenziale** gegenüber. **Positive Effekte** finden sich sowohl auf Arbeitgeberseite (Arbeitgeberimage, Kostensenkung) als auch auf Arbeitnehmerseite (personalisierte Angebote, Nutzung an dezentralen Arbeitsplätzen), aber auch kritische Aspekte wie Sicherheitsbedenken, Qualitätsverluste im intransparenten Gesundheitsmarkt, fehlende Wirksamkeits-

◻ Tab. 5.1   Gegenüberstellung der Potenziale und Risiken digitaler Gesundheitsangebote

Potenziale	Risiken ⇔ Chancen
Modernität (Attraktivität der Anbieter, Employer Branding, Sichtbarkeit, Kompatibilität mit der digitalen Normalität) → Visitenkarte eines zeitgemäßen und modernen BGM	**Digital Overload** als Zunahme des Medienkonsums, Angst vor Verlust der körperlichen Intelligenz, Störung der digitalen Balance mit Zunahme von digitalem Stress und Onlinemüdigkeit sowie Risiken durch Selbstvermessung und Selbstoptimierung (Lifelogging) ⇔ andererseits effektive Initiierung und Aktivierung, um mit sich selbst zu befassen (Meditation, Muskelentspannung, Bewegung am Arbeitsplatz), Überwindung des „inneren Schweinehundes" (Prokrastination) und Empowerment
Reichweite (keine Ortsbegrenzung, angepasste und vernetzte Formate, Zielgruppenerweiterung, 24/7-Angebote, Portabilität im Sinne der Einbeziehung aller Lebensbereiche) → Orts- und Zeitunabhängigkeit als Anspruch der Arbeitswelt 4.0	**Datenschutz und Datensicherheit** hinsichtlich Überwachung, unberechtigter Datenweitergabe oder Verletzung von Persönlichkeitsrechten, Big Data und Cloud als Risikoquellen ⇔ andererseits Entwicklung von ausgereifter Technik zum Schutz der Daten und flankierende gesetzliche Regelungen (Data-Ownership-Ansatz)
Wirtschaftlichkeit (digitale Administration, keine Wartezeiten, Senkung der Transaktionskosten, geringe Technikkosten, hohe Skalierbarkeit) → Effizienzgewinne und Minimierung des Erfüllungsaufwands, positives Kosten-Nutzen-Verhältnis trotz hoher Anfangsinvestitionen	**Einseitige Verdrängung** bzw. Substitution analoger Gesundheitsangebote aus Effizienzgründen ⇔ andererseits vermehrt Blended-Angebote als Strategiemodell, die analoge und digitale Ansätze kombinieren und analoge Ansätze anreichern
Personalisierte Formate (adressatenorientiert, keine Konfektionsware, Adaptivität, kein One-Size-Fits-All-Prinzip) → maßgeschneiderte Programme für heterogene Belegschaften und Sicherstellung der Diversitätskonformität von Gesundheitsaktivitäten	**Unklare Qualität** der Angebote, Intransparenz im explodierenden und unkontrollierten Gesundheitsmarkt sowie fehlende Gütekriterien und Wirksamkeitsnachweise ⇔ andererseits erste Ansätze zur Qualitätsbewertung und Zertifizierung vorhanden
Gesundheitsmotivation (Mikroformate, geringes Störungspotenzial, kontinuierliche Gesundheitsimpulse als Nudging, keine Lücke zwischen den Angeboten, Stimuli durch neuartige Formate wie Gamification und Integration von Bonussystemen in E-Health) → Gesundheit als leichtes und spielerisches Moment	**Manipulation** durch Gesundheitsinfluencer*innen und Infodemie in einem widersprüchlichen Informationsnetzwerk ⇔ andererseits Orientierungshilfen zur Unterscheidung von neutralen und persuasiven Informationsangeboten sowie Steigerung der digitalen Gesundheitskompetenz
Inhalte (variabler Stufenansatz von light bis intensiv, Modularisierung, Ganzheitlichkeit im Sinne der Präventionsmatrix, hohe Aktualität, größere Vielfalt an inhaltlichen Alternativen, niederschwellige und innovative Zugänge) → Öffnung und Erhöhung der Compliance durch Passung der Inhalte an das Setting	**Zugangsbarrieren** für nicht technikaffine Adressaten und Diskriminierung von digitalen Analphabeten und Nonlinern als Digital Health Divide ⇔ andererseits zunehmend verschwindend angesichts digitaler Diffusion, zudem vereinfachte Zugänge, Barrierefreiheit und Usability als Qualitätskriterien, kostengünstigere Technik und Aufbau von Medienkompetenz
Smarte Technologien (Vital- und Aktivitätsmessung, Bewegungsaktivierung, nicht-invasive Feedbackmethoden, KI-Ansätze) → digitale Normalität und geringe Berührungsängste im Alltag	**Fehlende Interoperabilität und Standards** ⇔ andererseits technologische Ansätze zur Standardisierung und zur Optimierung der reibungslosen Kommunikation zwischen den Systemen
Selbstbestimmung (Deregulierung, Passung zum digitalen Lebensstil) → mündige Gesundheitskonsument*innen	**Soziale Isolation** mit Fehlen der menschlichen Ebene ⇔ andererseits positive Effekte durch Social Media mit vielfältigen Konnektivitätsformen, kollaboratives Gesundheitslernen und Gesundheitsverhalten, Online-Beratung und Coaching

Viele Argumente sind in ihrer Bewertung ressourcen- und kontextabhängig. Den Risiken kann durch Partizipation, Transparenz und Evaluation begegnet werden.

nachweise sowie die kolportierte Gegenbewegung zur Digitalisierung als digitale Entgiftung (Digital Detox) und Kontrapunkt zu Self-Hacking und Lifelogging sind zu beachten (Otto, 2022, Selke 2016). **Risiken** sind z. B. die Zunahme von digitalem Stress, steigende Drop-out-Raten, soziale Isolation und fehlende menschliche Interaktion, steigender Medienkonsum, Gefahr der Selbstoptimierung und des Self-Trackings, unzureichende Beachtung der persönlichen Voraussetzungen, Manipulation durch Gesundheitsinfluencer*innen, Desorientierung durch Überflutung mit teils widersprüchlichen Gesundheitsinformationen sowie Nutzungs- und Akzeptanzprobleme bei nicht technikaffinen Mitarbeitenden. Als **Chancen** kristallisieren sich v. a. die Möglichkeiten der Personalisierung, der erweiterten Zugänglichkeit, des modernen didaktischen Designs, des zeitnahen Feedbacks, der Evaluation von Maßnahmen als Gesundheitsmonitoring und der Effizienzgewinne heraus. Die Herausforderung besteht darin, die Information und Kommunikation im digitalen Raum zu gestalten und die Datensicherheit zu gewährleisten. Denn laut DSGVO sind Gesundheitsdaten als *„besondere Kategorien personenbezogener Daten"* einzustufen und unterliegen damit der höchsten Datenschutzstufe. Eine **positive Bilanz** ist umso wahrscheinlicher, je konsequenter die Digitalisierung vorangetrieben wird. Wichtigster Moderator ist die digitale Gesundheitskompetenz (vgl. Langkafel & Matusiewicz, 2021).

> Je konsequenter die digitale Strategie im BGM umgesetzt wird, desto positiver fällt die Gesamtbilanz aus. Digitale Gesundheitskompetenz ist entscheidend, um Risiken zu minimieren, und sollte daher als Erfolgsfaktor in einer Gesundheitsstrategie priorisiert werden.

Digitale Gesundheitskompetenz

Unter digitaler Gesundheitskompetenz wird die Fähigkeit verstanden, Informations- und Kommunikationstechnologien im Handlungsfeld Gesundheit selbstkritisch, zielgerichtet und souverän zu nutzen, um die eigene Gesundheit zu erhalten, zu fördern oder wiederherzustellen.

Gesamtbilanz

Letztlich hängt die **Gesamtbilanz** davon ab, ob die Digitalstrategie umfassend, systematisch und konsequent umgesetzt wird (▶ Abschn. 5.3). Eine Feigenblattpolitik der Moderne ohne Anpassung des BGM-Rahmens als Framework ist tunlichst zu vermeiden. Dies ist jedoch häufig der Fall, da eine kohä-

rente und konsequente Digitalisierung eine Umstrukturierung des BGM erfordert (▶ Kap. 3). Das Für und Wider kann nur aufgelöst werden, wenn die Organisation eine digitale und soziale Verantwortung als Auftrag der Gesundheitspolitik übernimmt (▶ Abschn. 4.1.1), die Mitarbeitenden aktiv in die Digitalisierung einbezogen werden, die Digitalstrategie laufend evaluiert wird und die Mitarbeitenden in ihrer digitalen Gesundheitskompetenz gefördert werden (▶ Abschn. 4.2.4.1).

5.3 Digitale Strategien – Konzepte und Steuerung

» „Eine digitale Plattform als zentrales Steuerungselement für ein Betriebliches Gesundheitsmanagement könnte die Nachhaltigkeit fördern und einen integrierten BGM-Prozess unterstützen." (Hasselmann et al. in Badura et al., 2019, S. 190)

Die Zukunft liegt im digitalen BGM – die Delphi-Studie bestätigt, dass digitale Werkzeuge an Bedeutung gewinnen, aber die persönliche Interaktion nicht ersetzen (Käfer & Niederberger, 2019). Dabei ist zu beachten, dass digitale BGF noch kein digitales BGM ist. Digitale BGF zeigt den Möglichkeitsraum der Digitalisierung in Bezug auf Angebote zum Gesundheitsverhalten auf, digitales BGM setzt hinsichtlich der **Digitalstrategie** verstärkt auf Administration und Management, um die Gesundheitsakteure zu vernetzen sowie Online- und Offline-Maßnahmen als *Blended Corporate Health Management* zu verknüpfen (Treier, 2021b, S. 7). Eine einfache **Blaupause für die Digitalisierung** gibt es hier nicht. Vielmehr müssen situationsspezifische Parameter berücksichtigt werden, wie z. B. die Struktur der Belegschaft (Altersstruktur, Größe, Teilzeitquote), der Anteil von Arbeit 4.0 und Bildschirmarbeit, das Vorhandensein dezentraler Arbeitsplätze und die Verfügbarkeit von BGM-Ressourcen. Die Frage ist also nicht ob, sondern wie digitalisiert werden soll. Je integrierter und umfassender die Digitalisierung im Managementsystem verankert ist, desto eher können die Potenziale der Digitalisierung im Bereich der betrieblichen Gesundheit realisiert werden.

■ Strategische Varianten der Digitalisierung

Die **Stufen der Digitalisierung** reichen von einer reinen Erweiterungs- über eine Substitutions- bis hin zu einer Transformationsstrategie. Aktuell dominieren die Anhängsel- und die Substitutionsstrategie. Unidirektionale und unpersönliche Informationen werden im Digitalraum abgebildet. Präferiert werden bspw. videobasierte

Gesundheitsübungen für den Arbeitsplatz als Workouts. Teilweise findet eine Erweiterung mit EAP-Angeboten als Online-Coaching als externe Dienstleistung statt. Einige Unternehmen kaufen sich in digitale Gesundheitsplattformen kommerzieller Anbieter ein, die ein Portfolio aus analogen und digitalen Angeboten unter Berücksichtigung von Settings wie Arbeitswelt oder Zuhause anbieten. Diese ersetzen jedoch nicht das betriebliche BGM. Digital angereicherte Angebote sind nicht als BGM 4.0 zu klassifizieren.

A. **Extension:** Die Adnex-Strategie lässt alles beim Alten. Digitale Angebote werden als Erweiterung v. a. auf der Informationsebene eingesetzt. Es handelt sich um einen rudimentären, eher oberflächlichen Einstieg, der die Strukturen und Prozesse des BGM nicht in Frage stellt.

B. **Step by Step:** Die Substitutionsstrategie löst analoge Ansätze nach inhaltlicher und didaktischer Prüfung sukzessive auf. Das BGM als Organisationsmodell bleibt in seinen Grundpfeilern erhalten. Verwaltung und Management nutzen digitale Methoden, sind aber weitgehend analog verankert.

C. **Blended:** Die Transformationsstrategie räumt dem digitalen Modell Priorität ein. Auch Verwaltung und Management sind konsequent in die digitale Strategie eingebunden. Digitale Ansätze bereichern analoge Angebote und umgekehrt. Das BGM entwickelt sich zum BGM 4.0 (vgl. Exkurs zum ▶ „Blended-Format").

🛇 Solange die Strukturen und Prozesse des BGM unter dem Gesichtspunkt der Digitalisierung unangetastet bleiben und nur die Oberfläche mit digitalen Werkzeugen erweitert wird, handelt es sich nicht um ein BGM 4.0.

Blended-Format

Eine nachhaltige Veränderung des Gesundheitsverhaltens wird durch eine **Verzahnung von Präsenz- und Online-Phasen** erreicht, indem sich digitale und analoge Gesundheitsmaßnahmen im **Blended-Learning-Format** gegenseitig verstärken und ergänzen. Die positiven Effekte solcher hybriden Ansätze in digitalen Lernumgebungen sind aus bildungstechnologischer Sicht vielfach bestätigt – niemand wird im Zeitalter von E-Learning 4.0 die digitale Nabelschnur zum Lernen durchtrennen, andererseits wird auch niemand den analogen Stecker ziehen wollen (vgl. Dittler, 2017; Niegemann & Weinberger, 2020). Entscheidend für die **Wirksamkeit dieser Verzahnung** ist, ob es gelingt, Präsenz- und Online-Phasen funktional aufeinander abzustimmen, das Instruktionsdesign an moderne Formate anzupassen, kollaborative Elemente zu integrieren und die digitale Kompetenz der Teilnehmenden zu berücksichtigen. Der digitale Raum bietet vielfältige didaktische Erweiterungsmöglich-

keiten. So kann im digitalen Raum entsprechend dem eigenen Lernstand trainiert, analoge Konzepte durch digitale Inhalte erweitert, über klassische Angebote der Gesundheitsförderung informiert und der eigene Lernfortschritt zeitnah mit anderen geteilt werden (vgl. Baxheinrich & Henssler in Matusiewicz und Kaiser, 2018, S. 301 ff.). Vor dem Hintergrund der physischen Relevanz sollten Gesundheitsangebote jedoch nicht ausschließlich in den virtuellen Raum verlagert werden, sondern immer auch den konkreten Arbeitskontext sowie die soziale und physische Realität (Körperwahrnehmung) im Blick behalten. So erleichtert z. B. im Stressmanagement der soziale Kontext das Erlernen der Muskelentspannung nach Jacobson, um die Methode dann individuell mit einem Online-Tool zu vertiefen und in den Alltag zu integrieren. Eine weitere Präsenzveranstaltung könnte dann die Probleme der Alltagsintegration in der Gruppe aufgreifen und Lösungswege aufzeigen.

■ **Virtuelles Gesundheitscenter als Steuerungsmodell**

Entscheidend für die Transformation ist die Implementierung eines **virtuellen Gesundheitscenters** als Koordinations- und Interaktionsplattform sowie als Managementsystem (Treier, 2021b, S. 36 ff.) (🖸 Abb. 5.3). Das Gesundheitscenter ist *kein digitaler Bauchladen* aus Multimedia, Lernquiz, Games4Health, Smart Textiles oder Wearables, „sondern im Kern fungiert das Center als Managementmodell mit dem Ziel der Integration multimodaler Interventionen als Multikomponenten-Programm." (Treier, 2021b, S. 38 f.) Das Gesundheitscenter basiert hierzu auf einer flexiblen **Plattformstrategie**, die sich im Bereich der vernetzten

Gesundheit als Anspruch einer agilen Gesundheitsstrategie durchsetzt sowie digitale und analoge Dienstleistungen modular miteinander verbindet (vgl. Roland Berger, 2019/2020). Virtuell impliziert nicht, dass das bisherige BGM in seiner physischen Repräsentanz aufgelöst wird, sondern dass die Schnittstellen zwischen den Säulen auf der Prozessebene modernisiert werden, Beteiligung ermöglicht und eine bessere Zugänglichkeit zu Gesundheitsthemen geschaffen wird. Eine modulare, sich selbst steuernde **Netzwerkorganisation** ist als finaler Transformationsschritt anzustreben. Konsequent weitergedacht führt dies letztlich zu einer Auflösung des Säulenmodells im BGM

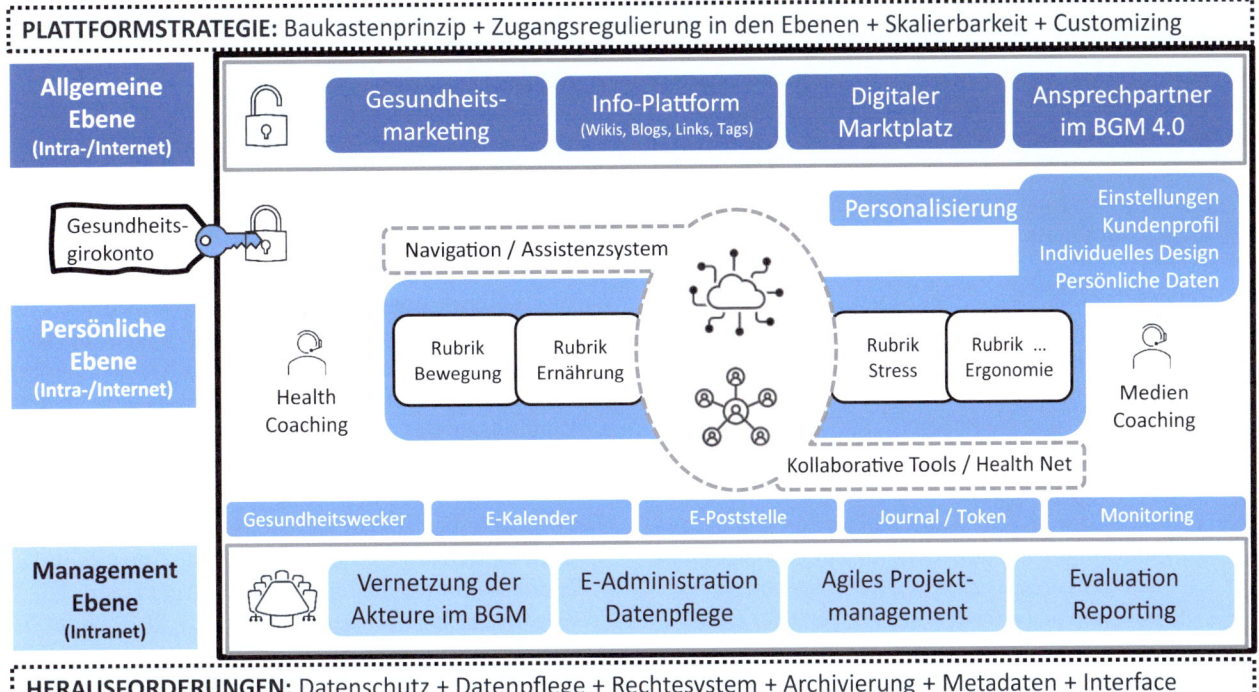

PLATTFORMSTRATEGIE: Baukastenprinzip + Zugangsregulierung in den Ebenen + Skalierbarkeit + Customizing

HERAUSFORDERUNGEN: Datenschutz + Datenpflege + Rechtesystem + Archivierung + Metadaten + Interface

☐ **Abb. 5.3**   Framework BGM 4.0 als virtuelles Gesundheitscenter nach Treier (2021b, S. 37)

(▶ Abschn. 3.2). Beim Gesundheitscenter stehen die klassischen **Managementfunktionen** der Planung und Entscheidungsfindung (Gesundheitsstrategie), der Koordination der Gesundheitsakteure (konzertierte Aktion), der Vernetzung der Stakeholder durch kollaborative Ansätze, des Monitorings und der Evaluation als Gesundheitscontrolling, der Innovation und der effektiven Ressourcenallokation im Vordergrund.

A. **Ebenen der Plattform:** Ein virtuelles Gesundheitscenter besteht aus drei Ebenen als Metastruktur. *Die allgemeine und frei zugängliche Ebene* im Intra- und Internet stellt die Information in den Vordergrund. Auf dem Marktplatz finden Marketingaktivitäten statt. Ansprechpartner*innen stellen sich vor, um eine Kontaktaufnahme zu ermöglichen. Die *persönliche Ebene* im Intra- und/oder Internet erfordert einen autorisierten und authentifizierten Zugang. Als Schlüssel kann hier das Gesundheitskonto als analoge oder virtuelle Karte dienen. Das Prinzip „*Privacy by default*" gewährleistet den Persönlichkeits- und Datenschutz in Bezug auf die datenschutzrelevanten Einstellungen. In diesem persönlichen Tresor werden die den Nutzenden zugeordneten Angebote nach Rubriken wie Bewegung, Ernährung oder Stress hinterlegt. Ein coachingbasiertes Assistenzsystem begleitet bei der Umsetzung. Kollaborative Werkzeuge und weitere Tools wie Gesundheitswecker, E-Kalender oder ein persönliches Monitoring unterstützen das individuelle

Gesundheitsmanagement. Die *Managementebene* im Intranet zielt auf die Vernetzung der professionellen Gesundheitsakteure und bietet Management-Tools für Administration, Evaluation, Reporting und Projektmanagement.

B. **Erstellung der Plattform:** Plattformen mit Fokus auf Präventions- und Aktivkurse können selbst entwickelt oder von Full-Service-Anbietern mit Möglichkeiten zum Customizing geleast werden. Wichtig ist, dass die Plattform *DSGVO-Konformität* sicherstellt, eine effiziente Steuerung der Interventionen aus administrativer Sicht ermöglicht, standardisierte Ein- und Ausgabeformate zur Gewährleistung der Interoperabilität aufweist und einen einfachen Zugang für die Mitarbeitenden bietet. Bei der Eigenentwicklung ist zu beachten, dass nicht nur die Inhalte, sondern auch das *didaktische Design* für den Erfolg entscheidend ist (vgl. Kerres, 2018). Die Professionalisierung des Instruktionsdesigns aus psychologischer und pädagogischer Sicht hinkt häufig der technologischen Innovation im Bildungsbereich hinterher (vgl. Niegemann & Weinberger, 2020). Um Akzeptanz- und Umsetzungsprobleme frühzeitig zu erkennen, ist eine interne und/oder externe Qualitätssicherung wichtig.

C. **Zugang zur Plattform:** Je komplexer Präventionsprogramme sind, desto wichtiger ist es, den Präventionsverlauf in einer Art Tagebuch zu erfassen und die jeweiligen Maßnahmen miteinander zu ver-

5

knüpfen. Hierfür eignet sich ein *Gesundheitsgirokonto* als individuelle elektronische Gesundheitsakte. Das Gesundheitsgirokonto kann nicht nur zur Erfassung und nach Freigabe auch zur Auswertung gesundheitsbezogener Parameter aus verschiedenen Programmen dienen, sondern auch als Betreuungsinstrument für jeden Teilnehmenden im Online-Gesundheitscoaching. Die Datenhoheit hinsichtlich der Datenfreigabe liegt dabei immer beim Teilnehmer als Dateneigentümer, da die Erfassung und Speicherung von Gesundheitsaktivitäten bis hin zu Vitalparametern ein sensibles Gut darstellt (Data-Ownership).

❯ Ein betriebliches **Gesundheitskonto**, das wie ein Girokonto funktioniert, ist keine Zukunftsmusik, sondern kann durch die elektronische Patientenakte schneller als gedacht Realität werden – die gesetzlichen Rahmenbedingungen liegen vor (▶ Abschn. 1.4.3). Es könnte im Falle des virtuellen Gesundheitscenters als flexibler und sicherer Zugang und zur Verrechnung von Leistungen bis hin zur Verwaltung genutzt werden.

■ **Integration in bestehende Managementsysteme**

BGM 4.0 ist keine Nebentätigkeit, sondern die Transformation erweist sich als Mammutaufgabe, denn mit der Digitalisierung müssen die bisherigen Angebote, Prozesse und Strukturen des BGM kritisch auf ihre Wirksamkeit hinsichtlich der Anforderungen der Arbeitswelt 4.0 überprüft werden. Kriterien für die Überprüfung sind z. B. Erreichbarkeit, Reichweite, Responsivität, Modularisierung, Qualität oder Kosten der digitalen Angebote auf der Informations-, Kommunikations- und Transaktionsebene (▶ Abschn. 5.4.1). Damit die Plattform reibungslos funktioniert, ist eine **Integration in bestehende Arbeitsschutzmanagementsysteme** sinnvoll (vgl. Brauweiler et al., 2019). Die ISO 45001 stellt Anforderungen an ein übergreifendes Arbeitsschutzmanagementsystem, um die gesunde Organisation als Ganzes zu betrachten (vgl. Walle in Matusiewicz et al. 2021, S. 35 ff.) (▶ Abschn. 1.4). Im Gegensatz zu den bisherigen Normen, die sich auf die Beseitigung bzw. Reduzierung von Arbeitsschutzrisiken konzentrieren, berücksichtigt die ISO 45001 auch die Chancen im AGS, was dem Präventions- und Fördergedanken eines ganzheitlichen BGM entgegenkommt. Die Berücksichtigung von Qualitätsmanagementmodellen eignet sich grundsätzlich auch als Ansatzpunkt für eine Plattformstrategie im BGM (vgl. Uhle & Treier, 2019, S. 261 ff.) (▶ Abschn. 7.1). Der PDCA-Zyklus sollte bei der Umsetzung einer digitalen Strategie im BGM als Lernprozess fest verankert werden.

❯ Die konsequente Digitalisierung erfordert ein Managementmodell, um eine **Plattformstrategie im BGM** zu initiieren. Ganzheitliche Arbeitsschutzmanagementsysteme, aber auch Qualitätsmanagementmodelle sind grundsätzlich geeignet, diese Basis zu schaffen und ein Sammelsurium unzusammenhängender digitaler Ansätze zu vermeiden.

■ **Weitere Erfolgsfaktoren**

Weitere **Erfolgs- und Gestaltungsfaktoren** sind die Einbindung der Führungskräfte, eine mehrkanalige Gesundheitskommunikation und die aktive Beteiligung der Mitarbeitenden.

A. **Einbindung der Führungskräfte:** Führung kann in Anlehnung an das Konstrukt der gesunden Führung als Katalysator und Bindeglied im digitalen Modell fungieren, die Teilnahmebereitschaft und das Engagement steigern sowie die Akzeptanz des digitalen Modells erhöhen helfen (vgl. Ghadiri & Peters, 2020; Siegemund in Matusiewicz & Kaiser, 2018, S. 99 ff.) (▶ Abschn. 4.2.3.4). Vorbildverhalten, Vertrauen und Aktivierung im Rahmen einer zielorientierten, wertschätzenden und inspirierenden Führung sind hier Schlüsselvariablen – die größte Gefahr liegt in einem Laissez-faire-Führungsstil. Aus Sicht des Blended Approach wird der Erfolg des digitalen Ansatzes durch die persönliche Interaktion mit der Führungskraft als lokaler Repräsentant erhöht. Darüber hinaus erweitern digitale Tools die Handlungsfähigkeit von Führungskräften im Kontext flexibler Arbeitsmodelle, gesundheitsförderliches Verhalten im Arbeitskontext positiv zu beeinflussen, auch wenn die Mitarbeiter*innen nur auf Distanz begleitet werden können (Digital Leadership). Als *„Gatekeeper und Gesundheitsbroker"* zur Erhöhung der Teilnahmebereitschaft im Team fungiert die gesunde Führung als verlängerter Arm des BGM 4.0.

B. **Betriebliche Gesundheitskommunikation:** BGM muss im Dialog bleiben und selbst zum Kommunikationsobjekt werden (vgl. Uhle & Treier, 2019, S. 214 f.). Aus Sicht des BGM 4.0 geht es also nicht nur um das Gesundheitsmarketing, um auf BGM-Angebote aufmerksam zu machen, sondern um medial vermittelte Informations- und Überzeugungsstrategien im Rahmen personalisierter Gesundheitsbotschaften. Hier bietet sich die digitale Gesundheitskommunikation aufgrund ihrer Bandbreite, Kanäle und synchronen Formate an, um Botschaften adressatengerecht sowie orts- und zeitunabhängig im Sinne von Arbeit 4.0 zu vermitteln (vgl. Scherenberg & Pundt, 2018). Allerdings müssen auch nicht-intendierte Kommunikations- und Medienwirkungen beachtet werden (▶ Abschn. 4.1.3). Insbesondere bei der Nutzung digitaler Kommunikationskanäle wie Blogs, On-line-Foren oder Chatrooms stellen sich Fragen nach Qualität und Ethik (vgl. Altendorfer, 2019). Eine weitere Herausforderung stellt die Medienkonvergenz dar. Auch hier kann ein Blended-Ansatz als Zukunftsstrategie im BGM 4.0 identifiziert werden, wenn es gelingt, Online-Kommunikation (z. B. Mitarbeiter-App, Intranet, Health Bots) mit Offline-Kommunikation (z. B. Mitarbeiterzeitschrift, Flyer oder Events) zu verbinden, um eine höhere *kommunikative Durchschlagskraft* zu erzielen. Die Gesundheitsplattform dient dabei als Ausgangspunkt, um die Kommunikationsprozesse online und offline zu steuern. Das Kommunikationskonzept für BGM 4.0 sollte aufgrund der Herausforderungen der Medialisierung sorgfältig geplant, umgesetzt und evaluiert werden.

C. **Partizipation der Mitarbeiter*innen:** Das BGM 4.0 ist stärker mitarbeiterorientiert als das klassische BGM aus Sicht der Arbeit 4.0, da die Schnittstelle zu den Mitarbeitenden durch die Digitalisierung trotz Distanz und Flexibilisierung bidirektional und synchron gehalten werden kann. Grundlage des BGM ist ein partizipativer Ansatz, der die Mitarbeitenden einlädt, sich am Gesundheitsgeschehen in der Organisation zu beteiligen. Viele Online-Formate wie Foren, Blogs oder Chats bieten einen Partizipationsraum, der in analoger Form nur

eingeschränkt umsetzbar ist. Das Gesundheitszentrum kann hier als moderierte kollaborative Plattform fungieren und die Richtlinien der Kommunikation und Beteiligung festlegen (Netiquette 4.0). Die Rollenverteilung im klassischen BGM ist zum Teil noch „expertokratisch" und distanzierend durch Fachlichkeit geprägt, die Rollenverteilung im BGM 4.0 ist demgegenüber auf Augenhöhe gemäß der Maxime der Selbstbestimmung und Gesundheitsmündigkeit übersetzt. Partizipation setzt aber Empowerment voraus – hier ist die Führungskraft gefragt.

■ **Fahrplan zum Digitalmodell**

Der **Fahrplan** lässt sich anhand der Meilensteine in ▣ Abb. 5.4 illustrieren. Die Identifikation von Digitalisierungspotenzialen, die Bedarfsermittlung und die Ableitung möglicher digitaler Szenarien sind essenziell, um den digitalen Werkzeugkasten im BGM in den Handlungsfeldern Information, Kommunikation und Transaktion adäquat zu füllen und mit bestehenden Angeboten zu verknüpfen (▶ Abschn. 5.4). Allzu oft zeigt sich in der Praxis, dass Organisationen ihre Voraussetzungen nicht ausreichend prüfen, sondern direkt mit Gesundheitsmaßnahmen im digitalen Raum starten. Bei der Umsetzung empfiehlt sich ein sukzessives Vor-

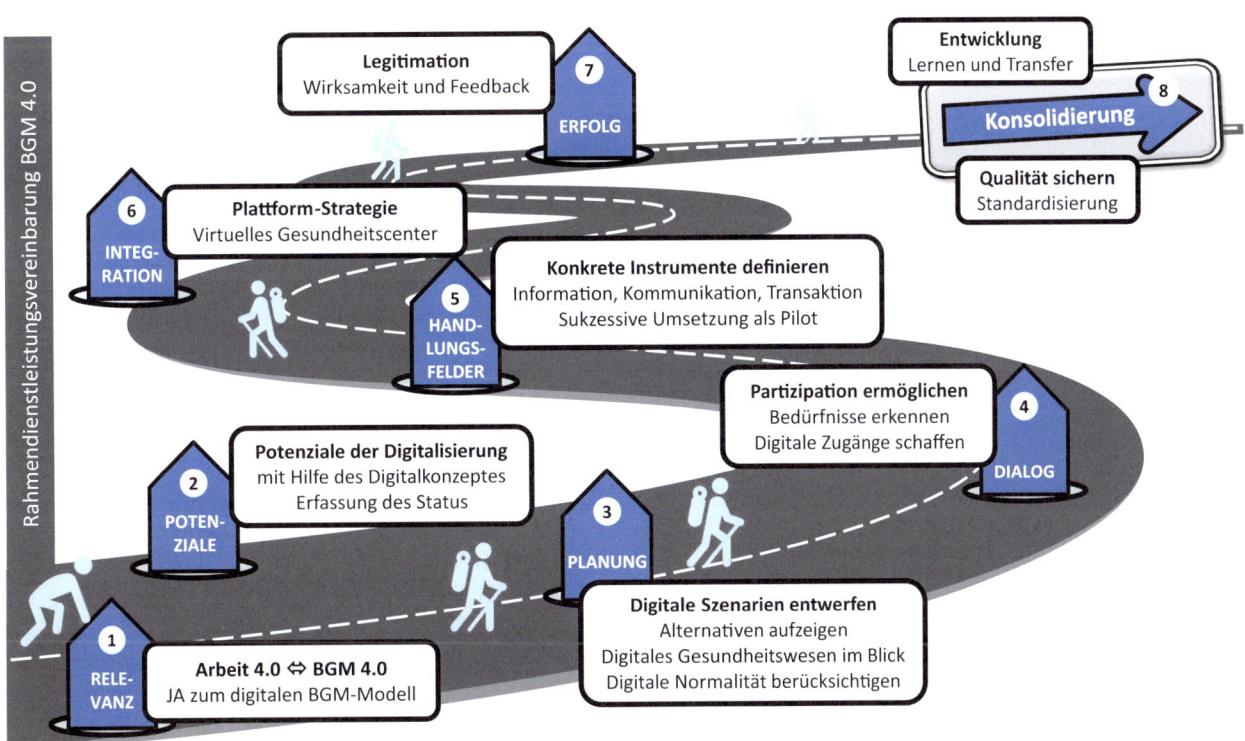

Für BGM 4.0 gibt es keine einfache Blaupause.

▣ **Abb. 5.4**   Roadmap zum digitalen Modell im BGM

5

gehen, ggf. sogar eine Pilotierung im Projektdesign und eine Beschränkung auf bestimmte Handlungsfelder. Die Informationsebene ist relativ einfach zu realisieren, da der Gesundheitsmarkt vielfältige qualitätsgesicherte Angebote bereithält und die Anforderungen an die technische Qualität geringer sind als bei den Tools im Kommunikations- und Transaktionsbereich. Ab einem gewissen Wachstum der Tools im digitalen Raum der Präventionsarbeit und Gesundheitsförderung ist es notwendig, eine Plattformstrategie als virtuelles Gesundheitscenter voranzutreiben, um dem erhöhten Verwaltungs-, Steuerungs- und Managementaufwand sowie den Partizipations- und Interaktionsanforderungen der Arbeitswelt 4.0 gerecht zu werden. Wirksamkeitsnachweise und Rückmeldungen der Beteiligten sind zeitnah einzuholen. Die digitale Roadmap wird durch die folgenden **Handlungsempfehlungen** bestimmt.

- Durchführung einer Multikanal-Kommunikationskampagne
- Begleitende Stärkung der digitalen Gesundheitskompetenz
- Digitales Angebotsportfolio für Arbeit 4.0
- Schaffung effektiver Strukturen für übergreifende Gesundheitsaktivitäten
- Bündelung von Angeboten und Maßnahmen auf einer prozessorientierten Plattform
- Einfache und mobile Nutzung über alle Endgeräte
- Individuelles Gesundheitsmonitoring mit Freigabeoption als „Datenspende" für Evaluationszwecke
- Ergänzung durch Coaching und informationsbasierte Assistenzfunktionen
- Nutzung kollaborativer Kommunikationstools
- Förderung der Qualität von Interventionen durch Evaluation
- Ermöglichung von Eigenentwicklungen und angepassten Designs

---

Transformationsstrategie

Eine einfache **Blaupause für BGM 4.0** gibt es nicht, da die Rahmenbedingungen in der digitalen Strategie berücksichtigt werden müssen. Ob flächendeckend oder projektbezogen vorgegangen wird, hängt von der Ähnlichkeit der Organisationsbereiche und der strukturellen Verankerung des traditionellen BGM ab. Eine digitale Anhängselstrategie kann die Potenziale von BGM 4.0 nicht ausschöpfen. Vielmehr bedarf es einer **Transformationsstrategie**, die alle Bereiche des BGM (Ressourcen, Strukturen und Prozesse) hinsichtlich ihrer digitalen Anschlussfähigkeit betrachtet und ggf. anpasst. Eine **digitale Plattform** unterstützt die Vernetzung der Akteure und bietet vielfältige Verwaltungs-, Steuerungs- und Managementfunktionen. Um einen zeitnahen Start zu ermöglichen und den Ent-

wicklungsaufwand in Grenzen zu halten, ist es aus inhaltlicher Sicht (E-Health) sinnvoll, zunächst Angebote im Bereich der Gesundheitskommunikation und Verhaltensprävention im Gesundheitscenter zu platzieren, da diese bereits aus dem privaten Umfeld bekannt sind und somit weniger Berührungsängste zu erwarten sind (Gateway-Modell). Zudem gibt es vielfältige Angebote auf dem Gesundheitsmarkt, sodass das virtuelle Gesundheitscenter schnell Gestalt annehmen und in Betrieb genommen werden kann und damit von der *Abstraktion zur Konkretion* übergeht.

5.4 Digitale Toolbox – Gesundheitsförderung und Prävention

» „Die dynamische Entwicklung im Bereich Occupational e-Mental Health hat zu einer erfreulichen Vielfalt an Trainings geführt, die sich sicherlich in den kommenden Jahren noch erweitern wird. Entsprechend ist es bereits aktuell möglich, Berufstätigen je nach persönlichem Bedürfnis oder Präferenz unterschiedliche evidenzbasierte Trainingsmöglichkeiten anzubieten." (Lehr & Boß in Bamberg et al., 2022, S. 243)

Der **positive Trend von E-Health-Angeboten** in den Bereichen psychische Gesundheit, Fitness oder Ernährung in der betrieblichen Gesundheitspraxis stabilisiert sich (vgl. IFBG 2020). Dies spiegelt sich auch in der Gesellschaft wider. Bitkom-Umfragen bestätigen eine steigende Nachfrage nach digitalen Gesundheitsangeboten (► www.bitkom.org). Die Beteiligten erwarten mehr *„Zugkraft via App und Web"* im Gesundheitsbereich (Konnopka in Pfannstiel & Mehlich, 2018, S. 327 ff.). Bei aller Euphorie sind aber auch die **Risiken der digitalen Toolbox** zu vergegenwärtigen (vgl. Treier, 2021b, S. 41 ff.). Insbesondere besteht die Gefahr einer Klick-Mentalität via App und Web bzw. eines unsteten App-Hoppings. Diese kurzen Verweildauern führen zu Wirksamkeitsverlusten. Zudem ist für viele Akteure unklar, ob es sich bei den digitalen Gesundheitsangeboten um Lifestyle-, Fitness-, Health- oder Medical-Apps handelt. So entsteht auf dem Gesundheitsmarkt ein Sammelsurium von Produkten, die häufig nicht qualitätsgeprüft und bedarfsgerecht entwickelt wurden (► Abschn. 5.4.2). Zudem werden situative Faktoren des Settings, in dem digitale Gesundheitsangebote eingesetzt werden, zu wenig berücksichtigt. Auch diese Kontextlosigkeit mindert die Wirksamkeit digitaler Angebote. *Grundsätzlich darf hier die Technik als Innovationstreiber nicht über die Inhalte gestellt werden.* Um sich im Dschungel der digitalen Angebote zu orientieren und das virtuelle Gesundheitscenter als Plattform der Angebote zu optimieren, sind als Metastruktur die Handlungsebenen des digitalen Werkzeugkastens zu differenzieren und in einem weiteren Schritt die Gesundheitstools zu klassifizieren (▶ Abschn. 5.4.1). Anschließend müssen Qualitätskriterien definiert werden, um eine qualitätsgesicherte Selektion zu ermöglichen (▶ Abschn. 5.4.2).

5.4.1 Systematik der digitalen Toolbox

Mögliche Risiken digitaler Tools im BGM 4.0 ergeben sich aus der Unübersichtlichkeit der Gesundheitsangebote und deren Einordnung in die Ziele einer gesunden Organisation. Eine **Systematisierung der Inhalte** der Toolbox ist daher notwendig.

■ **Drei-Stufen-Modell**

Die Anforderungen der Systematik und Ganzheitlichkeit erfordern eine Metastruktur, um den digitalen Ansatz im BGM konsistent, kohärent und konsequent umzusetzen. Um den Grad der Digitalisierung und die Leistungstiefe von E-Health Aktivitäten (E-Performanz) zu verdeutlichen, kann auf ein Stufenmodell zurückgegriffen werden, das auch in anderen Kontexten wie E-Government im Zusammenhang mit der Digitalisierung der Verwaltung Anwendung findet (vgl. Klenk et al., 2020; Wirtz, 2022). Die im BGM 4.0 zu integrierenden Inhaltsbereiche lassen sich hierzu anhand eines **Drei-Stufen-Modells der Digitalisierung** nach den Handlungsebenen Information, Kommunikation und Transaktion kategorisieren (vgl. Treier, 2021b, S. 17 ff.) (◻ Abb. 5.5). Dabei wird zwischen Risiken, Ansätzen

und Zielen differenziert, um zu verdeutlichen, dass jede Handlungsebene mit spezifischen Herausforderungen konfrontiert ist, die korrespondierende Maßnahmen im virtuellen Gesundheitscenter erfordern (◻ Tab. 5.2). Das Drei-Stufen-Modell lässt sich um weitere Stufen erweitern. So können die digitale Teilhabe als *Partizipationsstufe* und die Verknüpfung der Gesundheitsaktivitäten als *Integrationsstufe* dargestellt werden. Da es hier aber v. a. um die Inhalte in den Handlungsfeldern geht, werden im Folgenden die Information als Wissensvermittlung, die Kommunikation als Austausch und die Transaktion als Ausführung thematisiert. Personen- und bedingungsbezogene Interventionen im BGM sind oftmals multimodal, d. h. sie berücksichtigen mehrere Handlungsebenen (vgl. Michel & Hoppe, 2022) (▶ Abschn. 4.2).

❯ Die **Stufen der Digitalisierung** sind Information, Kommunikation und Transaktion und umreißen das Handlungsfeld des digitalen Umbruchs. Mit den Stufen ändern sich die Anforderungen. Ein virtuelles Gesundheitscenter fördert die Integration der Handlungsebenen und schafft den Rahmen für digitale Teilhabe als Partizipation.

■ **Handlungsebene Information**

Die **Handlungsebene Information** ist der grundlegende Baustein des digitalen Gesundheitsmodells und zielt auf die Gesundheitskompetenz ab (▶ Abschn. 4.2.4.1). Ziel ist es, gefiltertes, geprüftes und adressatenbezogenes Gesundheitswissen im Gesundheitscenter zur Verfügung zu stellen. Aufgaben im Bereich der Informationsdarbietung lassen sich im BGM 4.0 effizient umsetzen, da

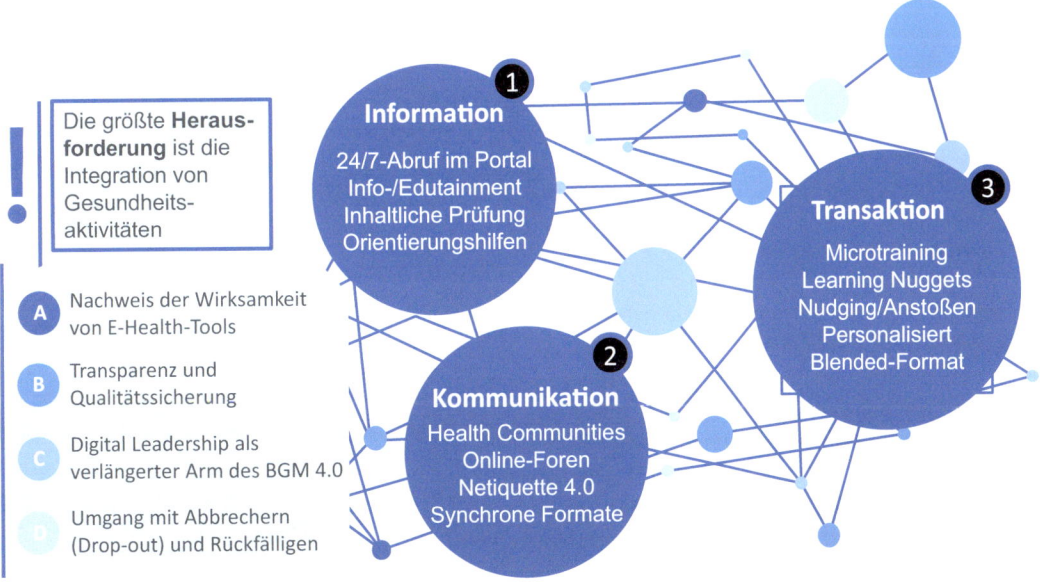

◻ **Abb. 5.5**   Handlungsebenen und Herausforderungen im BGM 4.0

◻ Tab. 5.2 Handlungsebenen im BGM 4.0 nach Treier (2021b, S. 18)

	INFORMATION	KOMMUNIKATION	TRANSAKTION
Ziele	**Gesundheitskompetenz**	**Gesundheitsdialog**	**Gesundheitsverhalten**
Herausforderung	Validität des Wissens Orientierungsanker Selbstverantwortung	Überzeugungsarbeit Sozialer Vertrag Austausch im Netzwerk	Aktivierung (Tun) Konsolidierung (Bleiben) Monitoring (Fortschritt)
Ansätze	**Edu- und Infotainment**	**Synchrone Formate**	**Microtraining**
Herausforderung	Medienkompetenz Verfügbarkeit Zugänglichkeit Konvergenz der Medien	Moderation der Health Communities Netiquette 4.0 Multiplikatoren im Netz	Benutzerfreundlichkeit Nudging ohne digitalen Stress Niedrigschwelligkeit
Risiken	**Wissensinflation**	**Subtile Persuasion**	**Persönlichkeitsschutz**
Herausforderung	Fehlende Aktualität Meinungsbildung durch einseitige Information Widersprüchlichkeit	Verlust der Empathie Influencer-Marketing Abnehmendes Engagement	Selbstvermessung Selbstoptimierung Hohe Ausfallrate Missbrauch von Daten
Sockel	Gesundheitsfördernder Kontext → Aufgabe, Führung und Organisation		

Integration der Handlungsebenen in ein virtuelles Gesundheitscenter im Rahmen des BGM 4.0

der öffentliche und kommerzielle Gesundheitsmarkt eine Vielzahl von Angeboten bereithält. Als Herausforderungen kristallisieren sich hier die Selektion, Prüfung und redaktionelle Aufbereitung der überbordenden Gesundheitsinformationen im *Zeitalter von Fake News* (Infodemie) und inflationären Gesundheitstipps bei Dr. Net heraus. Die Handlungsebene Information sollte daher auch die **digitale Gesundheitskompetenz** adressieren und einen *„digitalen Führerschein"* für Gesundheitskompetenz ermöglichen (Langkafel & Matusiewicz, 2021). Nichtkommerzielle Informationsplattformen wie das Portal für psychische Gesundheit am Arbeitsplatz PsyGA (▶ www.psyga.info), die Initiative IN FORM (▶ www.in-form.de) oder das Nationale Gesundheitsportal (▶ https://gesund.bund.de) eignen sich als Orientierungs- und Informationsanker. Eine weitere Strategie zeigt das Projekt *„Orientierungshilfe im Umgang mit digitalen Gesundheitsinformationsangeboten"* (OriGes) auf, um Nutzer*innen Hilfestellung zu geben, bei der Suche nach Gesundheitsinformationen selbst einzuschätzen, ob diese valide und für die eigene Gesundheit relevant sind (▶ https://www.gesund-im-netz.net/). Neben der Gewährleistung der **Validität** sollen Impulse für eine eigenständige und aktive Informationsrezeption gegeben werden. Ansätze des **Info- und Edutainment** zeigen, wie Informationen unterhaltsam und begeisternd aufbereitet werden können. Dies ist umso wichtiger, als das Beschäftigte in der Arbeitswelt 4.0 mit Informationen überflutet werden und nur kurze Aufmerksamkeitsspannen für Gesundheit haben. Portale, Webinare, Health Podcasts, Foren oder Newsletter zeigen die **Bandbreite der** **Informationsformate**, die unabhängig von Ort und Zeit uneingeschränkt zugänglich sein sollten. Dies erfordert ein responsives und adaptives Design, d. h. dass sich z. B. die Darstellung flexibel an die Größe des Bildschirms anpassen kann. Neben der inhaltlichen Qualität sind **softwareergonomische Qualitätskriterien** nach ISO 9241-11:2020 und die Anforderungen der Barrierefreiheit zu berücksichtigen (▶ Abschn. 4.2.3.3.2).

Leichtigkeit und Zugänglichkeit sind neben Validität zentrale Attribute zur **Operationalisierung und Bewertung** der Handlungsebene Information im BGM 4.0.

> Auf der Handlungsebene der Information ist die Erhöhung der digitalen Gesundheitskompetenz eine Prämisse und die Verbesserung der Informationsqualität das Gestaltungsziel.

Informationsqualität im Zeitalter der Infodemie
Leichtigkeit, Verständlichkeit, Zugänglichkeit und Validität sind Zielgrößen in der Handlungsebene Information und bestimmen die **Informationsqualität**. Nicht die Menge an Informationen ist für die Qualität ausschlaggebend, sondern ein gefiltertes Angebot an verständlichen **Orientierungsankern**, die zur eigenständigen und qualifizierten Informationsrecherche anregen. Die größte Herausforderung ist die unkontrollierte Verbreitung von richtigen und falschen Gesundheitsinformationen im Netz – die WHO hat diese Informationsflut als **Infodemie** respektive informationsbezogene Epidemie bezeichnet.

■ **Handlungsebene Kommunikation**

Die **Handlungsebene Kommunikation** ist für den Dialog im BGM 4.0 zuständig (vgl. Uhle & Treier, 2019, S. 238 ff.). Kommunikation ist das agile Moment im BGM 4.0 und zeichnet sich v. a. durch das Attribut der Synchronizität aus (▶ Abschn. 4.1.3). Gesundheitskommunikation umfasst dabei auch das Gesundheitsmarketing. **Digitale Kommunikationsformate** wie Wikis, Micro- oder Weblogs wie Twitter über soziale Netzwerke wie Facebook bis hin zu Sharing-Portalen wie Instagram ermöglichen einen mediengestützten Dialog. In diesem Zusammenhang gewinnt die C-to-C-Kommunikation (Consumer-to-Consumer) als Austausch mit Betroffenen über soziale Medien zu Gesundheitsfragen immer mehr an Bedeutung und ersetzt ggf. auch das persönliche Gespräch mit Fachleuten (vgl. Gabriel & Röhrs, 2017, S. 194 ff.). Peer-to-Peer-Kommunikationsformate profitieren von der Digitalisierung. Als **Herausforderungen** für das BGM 4.0 ergeben sich u. a. die Wahrung der Netiquette (respektvoller, moralischer und sachlicher Umgang miteinander), die ggf. notwendige Distanzierung von Influencer*innen und Blogger*innen als mögliche Akteure des subtilen Gesundheitsmarketings, die Sicherung der Kommunikationsqualität aufgrund der Dynamik und Synchronizität der Online-Formate, die Moderation von Health Communities in sozialen Netzwerken sowie die Verknüpfung analoger und digitaler Kommunikationswege im Sinne der Medienkonvergenz (s. auch Infobox ▶ „Blogger*innen, Influencer*innen und Testimonals"). So können **Health Communities** entstehen, die zum sozialen Austausch, zur sozialen Aktivierung und zum Engagement beitragen (z. B. Lauftreffs oder Selbsthilfegruppen). In der Praxis werden Health Communities selten professionell moderiert und steuern sich weitgehend autonom. Aus Sicht des Digitalmodells sollten diese Health Communities durch ein professionalisiertes Coaching-Angebot begleitet werden. Der wesentliche Unterschied zur Informationsebene ist, dass es hier nicht nur um Informationskonsum geht, sondern

um aktive Einflussnahme, Austausch und soziale Motivation (Altendorfer, 2019), S. 34 f.). Im Gegensatz zu klassischen Informationsangeboten wird hier durch das dialogische Moment eine **aktivierende Informationsrezeption** erzielt, da Multiplikatoren das Gesundheitswissen online oder offline repräsentieren und das Thema mit ihrer Persönlichkeit vorantreiben. Die **Authentizität** als affektives Moment in der Kommunikation darf durch die Digitalisierung jedoch nicht verloren gehen, denn *Emotionen und Geschichten* sind im Gesundheitsbereich wichtig, wenn es um Erleben und Erfahren geht. Ansätze in der digitalen Patientenkommunikation zeigen, wie eine **digitale Empathie** trotz fehlendem physischen Kontakt aufgebaut werden kann (vgl. Kalch & Wagner, 2020). Chatbots sind daher nur bedingt geeignet, um reibungslose und nahtlose Kommunikationsprozesse in der betrieblichen Gesundheitskommunikation aufrechtzuerhalten, da ihnen das persönliche Moment fehlt. BGM 4.0 kann hier nicht alle Dialogwege begleiten, aber eine **Kommunikationsplattform mit einem Verhaltenskodex** zur Verfügung stellen (vgl. Schnell in Scherenberg & Pundt, 2018, S. 277 ff.). Darüber hinaus muss die betriebliche Gesundheitskommunikation als organisierter Ansatz des Austauschs zwischen den Gesundheitsakteuren und Stakeholdern mit der interpersonellen Gesundheitskommunikation in Health Communities und Foren synchronisiert werden, um kommunikative Dissonanzen zu vermeiden.

Hinsichtlich der **Operationalisierung und Bewertung** der Handlungsebene Kommunikation sind v. a. die kollaborativen Möglichkeiten, das Vorhandensein von Coaching- bzw. Unterstützungsangeboten, die Netiquette im virtuellen Gesundheitsraum sowie das professionalisierte Response-Management zu adressieren.

❯ Authentisch und sensibel im digitalen Raum zu kommunizieren und dabei die Netiquette zu beachten, ist die Herausforderung auf der Handlungsebene der Kommunikation.

Blogger*innen, Influencer*innen und Testimonals
Im Gesundheitsbereich unterscheidet man zwischen *Blogger*innen* (Autor*innen im Netz in unterschiedlichen Formaten vom Erfahrungsbericht über Journalismus bis zum Wissenschaftsblog), *Influencer*innen* (Storytelling auf Instagram & Co. als Micro- bis Mega-Influencer oder als Betroffene bis Professionelle) und *Testimonials* (Fürsprecher*innen für Gesundheitsprodukte oder -bot-

schaften). Die Rollen verschieben sich angesichts des wachsenden Bedürfnisses nach Austausch und Information zu Gesundheitsthemen zunehmend ineinander – gemeinsam ist ihnen, dass die Protagonisten im Netz **Orientierung geben**. Für Follower oder Suchende ist es jedoch oft schwer zu erkennen, ob es sich um subtile Marketingformate (Persuasion), unkritische Selbsterfahrung oder authentische Fachinformation handelt (Treier, 2021b, S. 21).

Im Dialog bleiben

Trotz Dezentralisierung im Kontext von Arbeit 4.0 **im Dialog** zu bleiben, ist das wichtigste Ziel auf der Handlungsebene Kommunikation. Dabei sind verstärkt moderne synchrone Kommunikationskanäle zu nutzen und der soziale Austausch mit **kollaborativen Tools** zu fördern, da der sozial-kommunikative Bedarf im Gesundheitswesen steigt. **Authentizität** ist als Basis für vertrauensvolle Kommunikationsprozesse anzustreben und im digitalen Raum glaubwürdig durch Menschen zu vermitteln. BGM 4.0 unterstützt die Kommunikation durch die Bereitstellung einer Kommunikationsplattform mit Verhaltenskodex (Code of Conduct) und begleitenden Assistenz- und Moderationshilfen.

■ **Handlungsebene Transaktion**

Die **Handlungsebene Transaktion** zielt auf das Gesundheitslernen. Kommunikation kann aus Sicht der Gesundheit bewegen, daher ist der Schritt zur Transaktion fließend. Beispiele sind hier Challenges wie Schrittwettbewerbe. Durch die Digitalisierung und mit Blick auf die Herausforderungen der Arbeit 4.0 erfährt das BGM der Moderne eine signifikante **Veränderung seiner Gesundheitsarchitektur** in Bezug auf das Gesundheitsportfolio (vgl. Matusiewicz et al., 2021). Diese Transformation lässt sich mit dem Begriff **Microtraining** beschreiben, da das Kurzformat vom digitalen Wandel profitiert und die Art und Weise des Lernens im Gesundheitsbereich verändert (vgl. Burkhart & Hanser in Matusiewicz und Kaiser 2018, S. 51 f.). Gesundheitslernen wird im BGM 4.0 niederschwellig als Microtraining übersetzt. In Anlehnung an das verhaltensökonomische **Prinzip des Nudging** (Anstupsen ohne Ermahnung und Druck) ermöglichen modulare Konzepte als Learning Nuggets (Goldstückchen) ein individuelles, orts- und zeitunabhängiges Gesundheitslernen im Arbeitsalltag und damit einen niederschwelligen und nicht-invasiven Zugang zur Gesundheitsbildung. Der Mitarbeitende als gesundheitsmündiger und selbstbestimmter Kunde bestimmt das Tempo. Die Gesundheitsbildung findet überwiegend beiläufig statt. Gesundheitskompetenzen können als hierarchisch strukturierte Lernziele systematisch aufgebaut, der Lernweg durch Online-Coaching oder Assistenzsysteme begleitet, Anreize oder Token mit den Lerneinheiten verknüpft (Incentivierung) sowie das Gelernte im Alltagshandeln gefestigt (Adhärenz) und verinnerlicht (Elaboration) werden (vgl. Treier, 2021b, S. 24 ff.). Das **digitale Format** bietet sich für diese Learning Nuggets an, da es vielfältige Gestaltungsmöglichkeiten bspw. in Bezug auf Multimedialität, Gamification (spielerische Elemente) und Interaktion bietet. Darüber hinaus erweitert sich der Spielraum in Bezug auf

VR- (Virtual Reality), AR- (Augmented Reality) und MR-Applikationen (Mixed Reality). So können bspw. Avatare eingesetzt werden, um tabuisierte oder prekäre Fragestellungen im Bereich der psychischen Gesundheit oder der Suchtprävention im *digitalen Multiversum* zu thematisieren. Aber auch kleinere Transaktionen wie Mikro-Pausen in Form von animierten Videosequenzen auf dem Bildschirm zur Stärkung der Nackenmuskultur leisten einen wirksamen Beitrag zur Gesundheitsförderung. Durch **Scoring** (Bewertung und Feedback) können gezielt Motivationsimpulse gesetzt werden, um positives Gesundheitshandeln zu konsolidieren. Teilweise ist ein Token-Modell zur **Incentivierung** von Transaktionen sinnvoll, um die intrinsische Motivation (Aktivierung durch Inhalte) und soziale Motivation (Aktivierung durch andere) durch extrinsische Motivation (Aktivierung durch Belohnung) gezielt zu steigern. Belohnungen dürfen jedoch nicht das Konstrukt der Selbstwirksamkeit korrumpieren, das sich in gesundheitspsychologischen Studien als entscheidender Erfolgsfaktor für Gesundheitsverhalten erwiesen hat (vgl. Schwarzer, 2004) (▶ Abschn. 4.2.4.2.1). Besonders erfolgreich ist das Training im **Blended-Modus** als Kombination von analogen und digitalen Lernwegen. So werden bspw. die Grundlagen der Progressiven Muskelrelaxation im Rahmen einer analogen Gruppensitzung erlernt. Diese Übungen können durch digitale Mikroformate vertieft werden. Probleme und Lernerfahrungen können sowohl analog als auch digital in kollaborativen Settings diskutiert werden. Das **modulare Konzept** im BGM 4.0 schafft Freiheiten hinsichtlich der Sequenzierung (zeitliche Abfolge) und Segmentierung (Tiefe und Umfang der Informationseinheiten) und wirkt damit auch dem Belastungsfaktor der mentalen Überlastung in der Arbeitswelt 4.0 entgegen. Um einen personalisierten Gesundheitsplan zu erstellen, sollte den Teilnehmern bei Bedarf eine pädagogische und fachliche Begleitung in Form eines Online-Coachings zur Verfügung gestellt werden. **Herausforderungen im BGM 4.0** sind bei den Transaktionen die hohe Drop-out-Rate (Abbrüche, die ein Rückfallmanagement erfordern), das Problem des „Lost in Hyperspace" (kein Kontakt mehr und keine Verbindung zu den Gesundheitsakteuren), die unterschiedliche Qualität der Angebote und die hohen Anforderungen an die Selbstwirksamkeit und Medienkompetenz der Nutzer*innen. Darüber hinaus stellen die ständige Verfügbarkeit sowie der Umfang und die Reichweite der Transaktionen administrative Herausforderungen an ein virtuelles Gesundheitscenter.

Niedrigschwelligkeit, Modularisierung und Personalisierung der Angebote sind neben Incentivierung und Rückfallmanagement die zentralen Attribute zur **Operationalisierung und Bewertung** der Handlungsebene Transaktion im BGM 4.0.

> Microtraining, Nudging und Blended Format sind die wichtigsten Trends im BGM 4.0 auf der Handlungsebene der Transaktion, da sie kurzweiliges und nicht-invasives Gesundheitslernen ermöglichen und den Mehrwert einer Kombination von analogen und digitalen Ansätzen nutzen.

Learning Nuggets

Im Rahmen der Transaktionen werden die Teilnehmenden als **mündige und selbstbestimmte Gesundheitskonsument*innen** respektiert. Im Vordergrund stehen das **Microtraining** als Kurzformat und das **Nudging** als verhaltensökonomisches Prinzip, um Transaktionen ohne Mahnung und Druck sowie mit weniger Aufwand und Zeit zu realisieren. Die **Learning Nuggets** können zu einem personalisierten Gesundheitslernplan verknüpft werden. Durch niederschwellige, leicht zugängliche, aktivierende und intuitiv bedienbare Applikationen können sie in den Arbeitsalltag integriert werden. Die Handhabung der digitalen Tools ist alltagstauglich und orientiert sich am Qualitätskriterium der **Usability** (Benutzerfreundlichkeit). Scoring (Bewertung und Feedback), Gamification (spielerische Aktivierung) und interaktive Bausteine (Social Media, kollaborative Lernsettings) steigern die Performanz der Transaktionen. Ein **Anreizmanagement** erhöht die Teilnahmebereitschaft und Compliance und reduziert Abbrüche. Niederschwelligkeit, Modularisierung, Personalisierung, Erhöhung der Reichweite, Anreiz- und Rückfallmanagement, abwechslungsreiche Gestaltung (Edutainment) sind die Basisanforderungen. Das 24/7-Modell unterstreicht die **Orts- und Zeitunabhängigkeit** des Gesundheitslernens.

■ Phasenkonzept zu den Handlungsebenen

Das **Phasenkonzept** *„Analog trifft Digital"* (analog meets digital) zeigt auf, wie analoge und digitale Angebote auf den Handlungsebenen zeitlich miteinander verknüpft werden können (Treier, 2021a & b).

A. In der **Initialphase** können analoge Angebote dazu beitragen, einen psychologischen Vertrag über das soziale Commitment abzuschließen. Darüber hinaus sollten in der Einführungsphase ggf. notwendige Kompetenzen im Bereich der Selbstregulation und Medienkompetenz vermittelt und auf die zu erwartenden Herausforderungen des digitalen Gesundheitslernens hingewiesen werden.

B. In der **Trainingsphase** bietet sich das Blended-Modell an, um Erarbeitungs-, Vertiefungs- und Intensivierungsschritte im Training zu verbinden (vgl. Dittler, 2017). Die größte Hürde stellt die praktische Umsetzung der Gesundheitsmaßnahmen im Alltag dar. Hier sind digitale Modelle im Vorteil, da sie ständig präsent sind und zeitnah unterstützen können. Adaptive digitale Werkzeuge können sich dem Lernfortschritt des Lernenden anpassen und so eine Überforderung vermeiden.

C. In der **Transferphase** geht es v. a. um die Konsolidierung, das Rückfallmanagement, die Nachsorge und die Alltagsintegration. Hier sind digitale Unterstützungsangebote im Präventionsmanagement im Vorteil, um zeit- und ortsflexibel Kontakt zu halten, die Gesundheitsmotivation zu stärken und die Wahrscheinlichkeit eines Disengagements nach dem HAPA-Modell zu reduzieren (► Abschn. 4.2.4.2.1). Gemäß dem Blended Learning-Konzept können in der Transferphase weitere Präsenzphasen folgen, um eine Festigung des bis dahin erreichten konstruktiven Gesundheitsverhaltens bzw. der Lebensstiländerung zu gewährleisten und damit einen nachhaltigen Gesundheitseffekt zu erzielen.

■ Klassifikationssystem

Ordnung in den digitalen Bauchladen zu bringen, ist das primäre Ziel einer klassifikatorischen Sortierung (vgl. auch den Exkurs zu ► „Komplettsysteme"). Die Bandbreite digitalisierter Gesundheitsangebote (Digital Health) erfordert ein **Klassifikationssystem** aus technischer und funktionaler Sicht zur Einordnung (vgl. Bertelsmann, 2016; Peters & Klenke in Ghadiri et al., 2016, S. 107 ff.). In der Praxis handelt es sich bei den Interventionen häufig um Hybridlösungen (Burkhart & Hanser in Matusiewicz & Kaiser 2018, S. 37 ff.). Generell lässt sich ein **Paradigmenwechsel** von statischen, rezeptiven hin zu interaktiven und partizipativen Ansätzen im Bereich Digital Health konstatieren. Inhaltlich finden sich diverse **Anwendungstypen** wie Programme zur Stärkung der Gesundheitskompetenz und Ansätze zur Selbsteinschätzung (Self-Assessment) sowie Interventionen im Bereich der Verhaltens- und Verhältnisprävention bis hin zu flankierenden Instrumenten für das individuelle Gesundheitsmanagement (Bertelsmann, 2016). Für BGM 4.0 sind insbesondere **E-, M- und P-Health Angebote** relevant (Treier, 2021b).

A. **E-Health (Electronic Health):** Oberbegriff für digitale Werkzeuge und Dienste, die von der elektronischen Unterstützung im Gesundheitswesen über telemedizinische Anwendungen und die elektronische Gesundheitskarte bis hin zu Gesundheits-Apps reichen.

B. **M-Health (Mobile Health):** Angebote für mobile Endgeräte als Trendsetter im Sinne von *„Gesundheit to go"* mit Fokus auf Prävention und Aktivkurse (Lifestyle-Apps) unter Nutzung der Sensorik von Endgeräten wie Smartphones (Mobile Software Application).

C. **P-Health (Personalized Health):** maßgeschneiderte digitale Angebote und Dienstleistungen als persönliche digitale Assistenten und aktive Beteiligung der Nutzer*innen z. B. bei der Erfassung persönlicher Gesundheitsdaten (Self-Tracking und Life-Logging).

D. **C-Health (Connected Health):** Austausch personalisierter Gesundheitsinformationen mit Akteuren des Gesundheitswesens zur effektiven Beratung und Therapie (Leistungserbringer-Patienten-Interaktion)

über Gruppensettings bis hin zu Selbsthilfegruppen in Netzwerken.

E. **I-Health (Integrated Health):** integrierte Versorgung, die nicht nur auf Gesundheitsförderung und Lebensstil abzielt, sondern auch Diagnose, Behandlung, Pflege und Rehabilitation umfasst und auf Kooperation und Kollaboration zwischen den professionellen Akteuren im Gesundheitswesen beruht, um der Fragmentierung der Gesundheitsdienste entgegenzuwirken.

Komplettsysteme

Kommerzielle Komplettsysteme wie Fitbase (▶ https://fitbase.de), Humanoo (▶ https://www.humanoo.com), Machtfit (▶ https://www.machtfit.de) oder Move (▶ https://www.my-moove.de/) versprechen sowohl inhaltlich als auch administrativ effiziente und effektive **Lösungen im D-BGM**. Daten- und Persönlichkeitsschutz gemäß DSGVO sowie ein IT-Basisschutz sollen den Schutz der sensiblen Gesundheitsdaten gewährleisten. Die webbasierte Technologie ermöglicht einen flexiblen Zugriff aus verschiedenen Systemen im Sinne der Interoperabilität. Diese Systeme bieten Gesundheitsangebote zur Verhaltensprävention (Bewegung, Ernährung und psychische Gesundheit) und multimedial aufbereitete Gesundheitsinformationen (Infotainment). Aktuelle Themen der Arbeit 4.0 wie Erholungsfähigkeit, Entgrenzung oder digitaler Stress werden zum Teil berücksichtigt. Wichtig ist die *Zertifizierung der digitalen Angebote nach § 20 SGB V*, um qualitätsgeprüfte Präventionskurse refinanzieren zu können (vgl. ZPP, 2020). Teilweise wird auch zwischen Settings wie Arbeitswelt und Zuhause beim Angebotsportfolio unterschieden. Einige Komplettsysteme warten auch mit analogen Angeboten auf. Die soziale Vernetzung erfolgt über Challenges, Foren, Kollaborationstools und Online-Coaching. Self-Tracking und echtzeitbasiertes Gesundheitsmonitoring ermöglichen es den Teilnehmenden, ihre Entwicklungsschritte zu bewerten und in Form einer Historie oder eines Journals nachzuvollziehen. Die Systeme lassen sich zum Teil personalisieren bzw. an das Corporate Design anpassen (Customizing). Aus Sicht des BGM 4.0 zeichnen sich aber auch **Grenzen** ab. Das Angebot zur Verhältnisprävention ist oftmals begrenzt. Zudem gibt es nur wenige Module zur individuellen Bedarfsanalyse (Selfchecks). Intelligente Funktionalitäten der Endgeräte werden nur eingeschränkt genutzt. Blended-Modelle, die analoge und digitale Angebote didaktisch sinnvoll verknüpfen, sind noch relativ selten. Problematisch ist zudem, dass die Komplettsysteme nicht zwischen Arbeits- und Privatwelt unterscheiden und die Endgeräte in allen Lebensbereichen (M-Health) genutzt werden. Damit stellt sich die Frage, ob diese privaten Geräte in die digitale Toolbox integriert bzw. ob privates Equipment vom Smartphone bis zur App in der Organisation genutzt werden dürfen. Unterschiedliche Soft- und Hardware kann bei einer Plattformstrategie im BGM zu Problemen führen (vgl. Waldhör in Matusiewicz & Kaiser, 2018, S. 155). Diese und weitere datenschutz-, haftungs- und arbeitsrechtliche Herausforderungen erfordern ein **BYOD- und UYOD Konzept** (*B*ring and *U*se *Y*our *O*wn *D*evice), um zu regeln, wie technische Geräte und Anwendungen im Arbeitsalltag und in Verbindung mit der Plattform BGM 4.0 genutzt werden können. An dieser Stelle muss betont werden, dass diese Komplettsysteme nur Instrumente im BGM sind. Selbst wenn es gelingen sollte, diese Komplettsysteme nahtlos in das BGM zu integrieren, sind sie **kein Ersatz für ein BGM 4.0**, auch wenn das Marketing dies bisweilen suggeriert.

Personalisierung im Fokus

„*F₃ = Fun, Fitness und Faszination*" könnte die Erfolgsformel der Moderne im BGM 4.0 in Bezug auf die digitale Toolbox werden. Nicht mehr Konfektionsware (One-Size-Fits-All-Approach), sondern maßgeschneiderte Produkte stehen im Fokus. *Das BGM der Moderne ist kein BGM der Masse*, sondern erfordert personalisierte Instrumente. Die **Informationsseite** berücksichtigt synchrone und asynchrone Informations- und Kommunikationsansätze bis hin zu Methoden des Gesundheitsmarketings. Gesundheitsportale, Webinare oder Online-Seminare bis hin zu Online-Coaching und Health Communities unterstützen die Wissensvermittlung und fördern die Gesundheitskompetenz. Die **Angebotsseite** wird im D-BGM insbesondere mit Apps & Co. assoziiert und spiegelt sich im Hype um Fitness-Apps wider. Plattformen helfen, diese Angebote zu systematisieren sowie analoge und digitale Gesundheitsaktivitäten als Blended-Modell zu verknüpfen. Einfacher Zugang,

Barrierefreiheit und Benutzerfreundlichkeit (Usability) sind Erfolgsfaktoren. Technologische Innovationen im Bereich Gamification und Virtualisierung erweitern hier das Portfolio und vollziehen damit den Schritt zum Edutainment. Bei der **Datenerhebung** lassen sich individuelle Feedbacksysteme und Echtzeitauswertungen mit Hilfe von Wearables und Apps von Ansätzen des betrieblichen Gesundheitscontrollings und -monitorings zur Evaluation und Qualitätssicherung differenzieren. Personalisierte Daten unterliegen der Datensouveränität der Nutzer*innen, können aber nach Freigabe („Datenspende") auch aggregiert zur organisationalen Evaluation von Maßnahmen beitragen.

5.4.2 Qualitätsanforderungen an digitale Gesundheitswerkzeuge

» Ein wesentlicher Faktor blockiert die Entwicklung: „Die Sicherstellung der Qualität der Angebote. Ein einheitliches Urteil über den derzeitigen Stand digitaler Gesundheitsangebote abzugeben ist schlichtweg nicht möglich. … Kritisch wird aber betrachtet, dass es für Gesundheits-Apps, deren Inhalt nicht als Medizinprodukt verstanden wird und demnach in ihrer Gestaltung und Zulässigkeit auch nicht dem Medizinproduktegesetz unterliegt, keine einheitlichen Regeln im Sinne von Mindeststandards der Qualitätskriterien gibt." (Bellinghausen et al., 2022, S. 249 f.)

Der digitale Gesundheitsmarkt wächst exponentiell – viele Anwendungen werden ohne Wirksamkeitsnachweis auf den Markt gebracht. Auf der Plattform der Landesvereinigung für Gesundheit und Akademie für Sozialmedizin Niedersachsen e. V. *„Highways to Health"* wird kritisch u. a. die Qualität und Evidenz von digitalen Gesundheitsanwendungen diskutiert (► https://highways2health.de/). Erste Übersichtsplattformen zu Gesundheits-Apps und digitalen Gesundheitsanwendungen (DiGA) versuchen Orientierung zu geben und entwickeln eine Art **Prüfsiegel** als HealthOn-App Ehrenkodex (► www.healthon.de) (vgl. Kramer, 2017). Auch die Krankenkassen arbeiten an Prüfsiegeln. Diese können gemäß dem Leitfaden Prävention zur Zertifizierung digitaler Präventions- und Gesundheitsförderungsangebote genutzt werden (vgl. GKV, 2020; ZPP, 2020) (► https://www.zentrale-pruefstelle-praevention.de/). Das BfArM (2022) hat Prüfkriterien für die datenschutzrechtlichen Anforderungen an DiGA veröffentlicht. Diese Kriterien bilden die Grundlage für Zertifikate zum Nachweis der Datenschutzkonformität von Anwendungen (vgl. erweiterte Regelungen nach

§ 139e Abs. 11 SGB V und § 78a Abs. 8 SGB XI). Bei Gütesiegeln sollte v. a. die **Evidenzbasierung** im Vordergrund stehen, bevor sie auf den Markt gebracht werden (Bellinghausen et al., 2022, S. 262). Mehr als 150.000 Gesundheits-, Fitness- und Lifestyle-Apps mit steigender Tendenz finden sich in den bekannten App-Stores in unterschiedlichen Anwendungskontexten, die von der Bereitstellung von Gesundheitsinformationen und Gesundheitsaufklärung über Trainings-Apps und Assessment-Tools zur Gesundheitseinschätzung bis hin zu therapeutischen Anwendungen reichen. Die Qualität dieser digitalen Gesundheitstools ist größtenteils kritisch zu bewerten und viele Apps haben nur eine relativ kurze Lebensdauer im Netz.

> **Tipp**
>
> **HealthOn** bietet eine Plattform, um sich über Gesundheits-Apps, medizinische Apps und Apps mit Medizinprodukt-Kennzeichnung sowie DiGAs zu informieren und deren Qualität zu bewerten. Darüber hinaus werden Trends im Bereich Digital Health bzw. E-Health aufgezeigt. Der Fokus der Plattform liegt v. a. auf der Qualitätssicherung (vgl. Kramer, 2017). Ein Prüfsiegel hilft, qualitätsgesicherte Apps zu finden. Ähnliche Ansätze finden sich auch bei anderen Akteuren wie der Bertelsmann Stiftung mit dem Projekt *„Trusted-Health-Apps"* bei den DiGAs (Bertelsmann Stiftung, 2022).
>
> ► https://healthon.de/

▪ Qualitätsanforderungen

Um sich auf dem digitalen Gesundheitsmarkt zu orientieren und qualitätsgeprüfte und wirksame Tools zu finden – was mit der Suche nach der Nadel im Heuhaufen vergleichbar ist –, müssen **Qualitätsanforderungen** für digitale Gesundheitswerkzeuge entwickelt werden (Hoffmann et al., 2019; Walter et al., 2019). Das Projekt CHARISMHA zeigt, dass diese Qualitätsperspektive entscheidend dafür ist, dass die Chancen von Gesundheits-Apps die Risiken überwiegen (vgl. Albrecht, 2016) (► Abschn. 5.2). Die Vielfalt der Angebote in den Bereichen Wellness, Fitness, Lifestyle und Health erschwert jedoch die Entwicklung einer **generalisierten Bewertungslogik** unter Qualitätsgesichtspunkten. So sind zwar häufig grundlegende konzeptionelle und strukturelle Merkmale für ein effektives Training vorhanden, in der Umsetzung zeigen sich jedoch gravierende Unterschiede, die sich v. a. auf den Grad der Individualisierung und die inhaltliche Umsetzung beziehen (Hoffmann et al., 2019). Die Potenziale digitaler Angebote steigen durch technologische Innovationen um ein Vielfaches, die **Qualitätssicherung bleibt jedoch oftmals auf der Strecke**. Dies be-

5

trifft nicht nur kritische Fragen des Persönlichkeits- und Datenschutzes oder der IT-Sicherheit, sondern auch didaktisch-curriculare Themen wie das Instruktionsdesign (▶ Abschn. 4.1.4) oder die Ausgestaltung softwareergonomischer Anforderungen hinsichtlich Usability und Barrierefreiheit (▶ Abschn. 4.2.3.3.2). Bereits bei der Entwicklung digitaler Gesundheitsinterventionen sollten die Erwartungen der Nutzer*innen partizipativ berücksichtigt werden, um die Wirksamkeit und Akzeptanz digitaler Gesundheitsprodukte zu erhöhen (vgl. Hochmuth et al., 2020). Eine verpflichtende Prüfung von digitalen Gesundheitsprodukten, die nicht dem Medizinproduktegesetz unterliegen, anhand von Mindeststandards ist jedoch nicht vorgesehen. Damit bleiben digitale Gesundheitsprodukte, die für die Arbeitswelt relevant sind, weitgehend ungeprüft. Als zentrales Anliegen kristallisiert sich die **Ableitung eines praktikablen Qualitätssicherungskonzeptes** für E-Health in der betrieblichen Präventionsarbeit und Gesundheitsförderung heraus. Dieses sollte in ein Gesamtkonzept

zur Qualitätssicherung von BGM eingebettet sein (▶ Abschn. 7.1). Eine Bewertung der Apps in den Stores durch subjektive Ratings ist jedenfalls unzureichend. Vielmehr bedarf es **systematischer Bewertungslogiken** analog zu MARS (Mobile App Rating Scale), die eine mehrdimensionale Bewertung von Apps anhand der Qualitätsindikatoren Engagement, Funktionalität, Ästhetik, Informationsqualität und subjektive Qualität ermöglichen (vgl. Stoyanov et al., 2015). Der erste Schritt der Qualitätssicherung besteht in der Ableitung eines **Sets von Qualitäts- bzw. Gütekriterien**. Der Meta-Katalog AppKri des Fraunhofer-Instituts und das Nachfolgeprojekt AppQ der Bertelsmann Stiftung definieren hierzu Kernsets (Bertelsmann Stiftung, 2019 und vgl. Infobox ▶ „AppKri").

❗ Da **Mindeststandards im digitalen Gesundheitsmarkt** fehlen, wird die Qualitätssicherung zum zentralen Anliegen des BGM 4.0. Dies erfordert nicht nur externe Expertise, sondern auch eine Erweiterung der Medienkompetenz im BGM.

AppKri

Im Projekt AppKri des Fraunhofer-Instituts für offene Kommunikationssysteme FOKUS (▶ https://www.fokus.fraunhofer.de/) wurden mögliche Qualitätsanforderungen an Gesundheits-Apps aus der bisherigen Studienlandschaft und unter Berücksichtigung gesetzlicher Vorgaben wie Datenschutz DSGVO, Barrierefreiheit (BITV 2.0), E-Health-Gesetzgebung, Transparenz (Telemediengesetz) und Medizinproduktegesetz abgeleitet und in standardisierter Form als **Meta-Katalog** von etwa 300 Kriterien in ca. 60 Themengebiete über ein semantisches Netz systematisiert (Veröffentlichung 2018) (▶ https://websites.fraunhofer.de/appkri/). Das Ziel ist die Identifikation, Strukturierung und systematische Beschreibung von Kriterien, die zur Bewertung und zum Vergleich von Gesundheits-Apps herangezogen werden können. Dieses **Set an Gütekriterien**

(Baukasten) schafft Orientierung und Vergleichbarkeit von Produkten im intransparenten digitalen Gesundheitsmarkt. Die Herausforderung liegt im Zusammenspiel mit Geräten, Plattformen und anderen Anwendungen, weshalb eine Interoperabilität über standardisierte Schnittstellen Voraussetzung ist. Das auf dem Projekt AppKri aufbauende Folgeprojekt AppQ der Bertelsmann Stiftung für digitale Gesundheitsanwendungen (DiGA) trägt zur **Qualitätstransparenz** bei und könnte am Ende zu einer „Whitelist" digitaler Anwendungen im Gesundheitsbereich führen (▶ https://www.weisse-liste.de/) (Bertelsmann Stiftung, 2019). Die freiwilligen Selbstauskünfte der Anbieter werden mit einem datenbankgestützten Kriterienkatalog abgeglichen, gewichtet und bewertet, um ein inhaltliches und qualitatives Ranking der digitalen Tools zu ermöglichen.

◾ **Prüfliste der Qualitätsfaktoren**

Die **Anforderungen an digitale Gesundheitstools** sind vielfältig und betreffen den Persönlichkeitsschutz, den Datenschutz, die Informationssicherheit, die technische Sicherheit, die Interoperabilität, die Benutzerfreundlichkeit, die Zugänglichkeit und nicht zuletzt die Qualität der zugrunde liegenden Inhalte. Die meisten Angebote sind *keine Medizinprodukte*, sondern im Wellness- und Fitnessbereich angesiedelt. Gleichwohl zeigen die Entwicklungen bei den **Digitalen Gesundheitsanwendungen** (DiGA) als Medizinprodukte niedriger Risikoklasse seit der Einführung des Digitalen-Versorgungs-Gesetzes

2019 in der Gesundheitsversorgung, welche Qualitätskriterien und Vorgaben für die Ausgestaltung einer digitalen Gesundheitsversorgung zukünftig zu erwarten sind (vgl. Zandtner in Hoffmann & Becker, 2023, S. 33 ff.; Pfannstiel et al., 2017–2019). Bei der Bewertung sind die unterschiedlichen Zielsetzungen und Indikationen der digitalen Gesundheitstools zu berücksichtigen. Darüber hinaus sind die digitalen Angebote kontextabhängig in Nutzungsszenarien zu klassifizieren, ob sie in der Arbeitswelt, zu Hause oder unter kontrollierten klinischen Bedingungen eingesetzt werden (vgl. Bertelsmann, 2016). Auch wenn sich nicht für jeden Anwendungstyp im Bereich E-Health differenzierte Qualitätsanforderungen benennen lassen, gibt es für alle digitalen Angebote **übergeordnete Qualitätsstandards**, die sich an bekannten Qualitätsmodellen im BGM orientieren (▶ Abschn. 7.1) (vgl. Uhle & Treier, 2019, S. 261 ff.). Das psyGA-Qualitätsmodell ordnet bspw. Kriterien eines qualitätsorientierten BGM den betrieblichen Strukturen, Prozessen und Ergebnissen zu (▶ https://www.psyga.info/ueber-uns/qualitaetskriterien). Aus Sicht des Qualitätsmanagements finden sich hier Analogien zum EFQM-Modell (European Foundation for Quality Management) und zur inzwischen ausgelaufenen DIN SPEC 91020 (vgl. Kaminski, 2013). Diese Qualitätsansätze umfassen verschiedene Kriterien bzw. Faktoren (vgl. Albrecht, 2016; Ducki in Bamberg et al., 2022, S. 190 ff.; Treier, 2021b, S. 45 ff.). Für eine erste Einschätzung aus Sicht der Arbeitswelt eignen sich hierfür **Qualitätsfaktoren**, die in Form von Checklisten dargestellt werden können (vgl. auch den Exkurs über ▶ „Qualitätsdimensionen").

A. **Organisatorische Faktoren:** Vorhandensein von technischem und fachlichem Support, Möglichkeit der Modularisierung, des Customizing und der Personalisierung, Einsatz kollaborativer Werkzeuge, benutzerfreundliche Administration, Integration von Feedback-Optionen, systematische Bedarfsermittlung

B. **Technische Faktoren:** Interoperabilität, Informationssicherheit, Multimedialität, Robustheit gegen Fehlbedienung, Erfüllung softwareergonomischer Anforderungen nach ISO 9241, CE-Kennzeichnung nach Richtlinie 93/42/EWG für Medizinprodukte, Hinweise zur sicheren Verwendung, Nachweise zum Datenschutz, Transparenz über angeforderte Rechte, Vorhandensein eines Dokumentationssystems (Reporting), Gewährleistung der Barrierefreiheit nach der BITV 2.0 (Barrierefreie-Informationstechnik-Verordnung) und die Erfüllung der Forderung des BGG (Behindertengleichstellungsgesetz) in § 12a zur barrierefreien Informationstechnik sowie weitere Anforderungen wie EU-Richtlinien wie 2016/2102 oder EAA (European Accessibility Act), ggf. DIN ISO Zertifizierung (allgemein Normenreihe 900x als Maßstab für Prozessqualität oder spezifisch ISO 250xx wie z. B. ISO/IEC 25000:2014 oder ISO/IEC 25010:2011 als Maßstab für Softwareentwicklung)

C. **Inhaltsfaktoren:** klare Zielbeschreibungen, Adressatenorientierung, individuelle Gestaltungsmöglichkeiten (Personalisierung), Vorgabe der Belastungsdosierung, Ausschlusskriterien bzw. Aufklärung über Anwendungszwecke, Interaktivität (interpersonale Kommunikation), Aktualität und Validität der Gesundheitsinformationen, wissenschaftliche Fundierung, mediendidaktische Konzepte, Blended-Ansätze, Lern- und Erfolgskontrollen, Ganzheitlichkeit des Gesamtportfolios

D. **Hersteller- bzw. Anbieterfaktoren**: Prüfsiegel (z. B. Zertifizierung der digitalen Angebote nach § 20 SGB V oder diverse Qualitätssiegel), Kompetenzindikatoren wie Mitgliedschaften in einschlägigen Verbänden wie der Gesellschaft für Prävention, Professionalisierungsgrad der Mitarbeiter*innen, Kooperationen mit Hochschulen, Auflistung von Publikationen bzw. Referenzen, Evaluationsnachweise wie Begleit- und externe Studien, Selbstverpflichtungserklärungen, Qualitätssicherungsprozesse beim Hersteller, Offenlegung der Finanzierungsquellen

---

Qualitätsdimensionen

In einem **Reifegradkonzept im D-BGM** werden aus Sicht der Qualität fünf **Dimensionen der Qualität** berücksichtigt (vgl. Treier, 2021b) (◨ Abb. 7.2).

1. Die **Inhaltsqualität** unterstreicht, dass die Inhalte digitaler Gesundheitsapplikationen den aktuellen gesundheitswissenschaftlichen Standards entsprechen müssen, dass die Wirksamkeit evidenzbasiert nachgewiesen ist und valide Informationen als Basis vorliegen. Darüber hinaus ist die medien- und instruktionsdidaktische Übersetzung aus inhaltlicher Sicht entscheidend für den Erfolg digitaler Tools (vgl. Kerres, 2018).

2. Die **Technikqualität** verdeutlicht die Relevanz von Datensicherheit, Daten- und Persönlichkeitsschutz im sensiblen Gesundheitsbereich, deren Verletzung aus datenschutzrechtlichen Gründen zum Scheitern der Digitalstrategie führen kann. Der Aufwand zur Sicherung der technischen Qualität steigt mit der Handlungsebene von der Information über die Kommunikation bis zur Transaktion (▶ Abschn. 5.4.1). Insbesondere Angebote auf der Kommunikations- und Transaktionsebene erfordern flankierende Maßnahmen zum Schutz der Persönlichkeit und der verarbeiteten Gesundheitsdaten.

3. Die **Adressatenqualität** orientiert sich an den Erwartungen der Nutzer*innen. Gerade bei digitalen Angeboten besteht die Gefahr, dass aus Effizienzgründen die Maxime *„Masse vor Klasse"* bei der Implementierung Vorrang hat. Dies führt zum Einsatz universeller, undifferenzierter Tools. Für den Erfolg der digitalen Gesundheitsstrategie ist es jedoch entscheidend, adressatengerechte, bedarfsorientierte und

personalisierte Angebote in die Toolbox zu integrieren. Dies erfordert eine Bedarfsanalyse unter Berücksichtigung demografischer Faktoren.

4. Die **Designqualität** akzentuiert die Benutzerfreundlichkeit als Qualitätskriterium und steht im Zusammenhang mit der Technikqualität. Softwareergonomische Kriterien sind bei den Gesundheitsportalen und Apps & Co. hinsichtlich der Grundsätze der Dialoggestaltung und Interaktionsprinzipien nach ISO 9241-11:2020 zu erfüllen, d. h. Gesundheits-Apps sollten möglichst selbstbeschreibend, erwartungskonform, fehlertolerant, lernförderlich und aufgabenangemessen gestaltet sein. Usability und User Experience stehen im Vordergrund und erhöhen die Akzeptanz und Compliance bei der Nutzung. Mobile Angebote müssen so gestaltet sein, dass sie auf unterschiedlichen Endgeräten funktionieren (responsives Design) und keine zu hohen technischen Voraussetzungen und Medienkompetenzen als Einstiegshürde für nicht technikaffine Nutzer erfordern.

5. Die **Prozess- und Strukturqualität** in Anlehnung an die DIN SPEC 91020 stellt eine erweiterte Qualitätsdimension dar, die nicht nur die einzelnen digitalen Gesundheitstools aus Qualitätssicht betrachtet, sondern auch den Rahmen bzw. die Plattform der Tools. Die bisherigen Prozesse im BGM sollen aus Sicht der Digitalisierung hinsichtlich Kriterien wie Effizienz, Reichweite und Partizipationsmöglichkeiten überprüft werden. Die Aktivitäten sind in einem virtuellen Gesundheitscenter zu bündeln (vgl. Treier, 2021b) (▶ Abschn. 5.3).

Qualität als Erfolgsfaktor im BGM 4.0

Die Schwerfälligkeit bzw. Trägheit bei der Modernisierung des BGM (BGM 4.0) steht im Widerspruch zur Dynamik des digitalen Gesundheitsmarktes. Die Vielfalt und Intransparenz der Angebote sowie fehlende Wirksamkeitsnachweise erfordern jedoch eine **qualitätsorientierte und evidenzbasierte Auswahlstrategie**. **Qualität** wird damit zum **Erfolgsfaktor im BGM 4.0**, allerdings hinkt die Qualitätssicherung in der Praxis der technologischen Innovationsgeschwindigkeit hinterher. Ziel ist es, digitale Tools mit hohen Qualitäts- und Sicherheitsstandards nach der Maxime „*Analog trifft Digital*" in das bestehende BGM zu integrieren. **Bewertungskriterien** in Bezug auf Inhalts-, Adressaten-, Technik-, Design-, Prozess-/Strukturqualität helfen, digitale Gesundheitstools unter Qualitätsgesichtspunkten einzuordnen. Eine **digitale Toolbox** als Kernstück im BGM 4.0 ist dann funktional, wenn sie nicht als „Bauchladen" konzipiert ist, sondern mit Hilfe eines **systematisierenden Ordnungsrahmens** reflektiert befüllt wird und die Anwendungen hinsichtlich Akzeptanz und Wirksamkeit evaluativ begleitet werden. Darüber hinaus sind die Schnittstellen zu den analogen Angeboten im Sinne eines **Blended-Health-Ansatzes** prozessual und strukturell zu optimieren. Dem Rückfallmanagement ist im digitalen Raum besondere Aufmerksamkeit zu widmen.

5.5 Kernaussagen: Mit der Zeit gehen

A. Die Digitalisierung der Arbeits- und Lebenswelt schreitet schneller voran als erwartet. Um den Zugang und die Kompatibilität mit der Arbeitswelt (Anschlussfähigkeit) zu gewährleisten, erfordert dies eine konsequente und konsistente digitale Strategie im BGM. **Treiber** aus Wirtschaft, Gesellschaft, Rechtsprechung und Bildung erhöhen den **digitalen Druck im Gesundheitswesen** und führen zu einem digitalen Dammbruch. Die Rechtsprechung hinkt allerdings der digitalen Realität hinterher, gibt aber Impulse für die zukünftige Gestaltung der digitalen Infrastruktur im Gesundheitswesen und baut rechtliche Hürden für die Nutzung digitaler Gesundheitstools ab.

B. **Ziele** sind die Erhöhung des Aktivitätsniveaus im Gesundheitsverhalten, die selbstwirksame und kritische Auseinandersetzung mit Gesundheitsfragen und die Schaffung gesundheitsförderlicher Rahmenbedingungen in der Arbeitswelt 4.0. Zukunftsziel könnte eine tragbare und alltagsbegleitende und alltagstaugliche Gesundheitsförderung sein, die nicht zwischen Arbeitswelt und anderen Lebensbereichen unterscheidet. Die **Datensicherheit** ist eine Grundvoraussetzung. Technologieakzeptanz wird durch Selbstbestimmung und das Prinzip „Privacy by default" erreicht.

C. **BGM 4.0** ist nicht nur ein Portfolio digitaler Werkzeuge von Apps & Co. auf den Handlungsebenen Information, Kommunikation und Transaktion, sondern eine qualitätsgesicherte, ganzheitliche, vernetzte und personalisierte Dienstleistung im Bereich der betrieblichen Prävention und Gesundheitsförderung auf der Verhaltens- und Verhältnisebene. BGM 4.0 versteht sich dabei als integrierte Lösung und ist trotz der Priorisierung des Digitalen nicht ausschließlich auf das digitale Moment ausgerichtet.

D. Eine agile und digitale Gesundheitsstrategie erfordert ein **virtuelles Gesundheitscenter** im Sinne einer Plattformstrategie, die dazu beiträgt, die Konnektivität, Systematik und Ganzheitlichkeit des BGM zu steigern.

E. Digitale Modelle erreichen alle Mitarbeitenden auch in dezentralen Organisationen. Orts- und Zeitunabhängigkeit ist die Gestaltungsmaxime in der Arbeitswelt 4.0. Modernes Gesundheitslernen ist vernetzt, digital und personalisiert. **Personalisierung** ist das Gebot der Stunde, denn das BGM der Zukunft ist kein BGM der Masse, sondern ein maßgeschneidertes BGM.

F. **Vorteile** für Arbeitgeber sind u. a. Imagegewinn, Effizienzgewinne, erweitertes Gesundheitscontrolling, verbesserte Zusammenarbeit der Gesundheitsakteure, dynamische Kommunikationswege sowie flexible und skalierbare Bereitstellung von Gesundheitsangeboten. Vorteile für Arbeitnehmer*innen sind personalisierte Angebote, Nutzung bei dezentralen Arbeitsplätzen, mehr Gesundheitsmotivation durch kollaborative und spielerische Formate. **Nachteile** für Arbeitgeber sind u. a. Aufwand für die Umstrukturierung des bestehenden BGM, Notwendigkeit flankierender Maßnahmen zur Gewährleistung der Datensicherheit, Investitionen zur Auswahl qualitätsgesicherter digitaler Gesundheitstools in einem intransparenten Gesundheitsmarkt. Nachteile für Beschäftigte sind die Gefahr der Selbstvermessung und Selbstoptimierung, die Zunahme von digitalem Stress, Ausgrenzung durch mangelnde Medienkompetenz, die Verdrängung klassischer Angebote, die Sorge um den Persönlichkeitsschutz und soziale physische Isolation. Insgesamt überwiegt die **positive Bilanz**, wenn ein konsistenter und konsequenter Ansatz im Digitalmodell erfolgt, die Maxime „Analog trifft Digital" als Blended-Konzept realisiert wird und die digitale Gesundheitskompetenz bei den Nutzer*innen ausgebaut wird.

G. Als **Herausforderungen** im digitalen BGM kristallisieren sich die **eingeschränkte Qualität der Angebote**, der fehlende Wirksamkeitsnachweis und die Anforderungen an die Datensicherheit heraus. Zudem steht die traditionelle Verankerung im BGM der Plattformstrategie als virtuelles Gesundheitscenter entgegen, da im Säulenmodell das Ressortdenken vorherrscht. Damit aus dem Digitalmodell kein Bauchladen wird, ist ein **Managementmodell** erforderlich. Um den digitalen Wandel im BGM zu vollziehen, bedarf es daher eher einer Transformations- und weniger einer Anhängselstrategie als Feigenblattpolitik der Moderne. Die **Transformationsstrategie** priorisiert das digitale Modell nicht nur inhaltlich in Bezug auf die Anwendungen, sondern überprüft bestehende Prozesse und Strukturen auf ihr Digitalisierungspotenzial, um die Vernetzung und Integration betrieblicher Gesundheitsaktivitäten voranzutreiben. Digitale Angebote bereichern dabei analoge Angebote im Sinne einer **Blended-Strategie**.

H. Die **Plattformstrategie** gelingt am besten, wenn die Plattform in bestehende Managementsysteme z. B. nach der ISO 45001 (Anforderungen an ein Arbeitsschutzmanagementsystem) integriert wird. Weitere **Erfolgsfaktoren** sind die Einbindung der Führungskräfte als Katalysator und Bindungsglied im digitalen Modell, die Nutzung der erweiterten Kanäle in Bezug auf die betriebliche Gesundheitskommunikation als Dialoganspruch und die Beteiligung der Mitarbeiter*innen im kollaborativen Design. Die Partizipation erfordert ein hohes Maß an Eigenverantwortung und Medien- bzw. Digitalkompetenz. Um nicht Gefahr zu laufen, nur technikaffine oder Digital Natives anzusprechen, gewinnen Usability und User Experience als Qualitätskriterien an Bedeutung.

I. Die **digitale Toolbox** ist das Nukleon der Plattformstrategie und umfasst zur Systematisierung drei Handlungsebenen in Anlehnung an das Drei-Stufen-Modell der Digitalisierung. Auf der **Handlungsebene Information** geht es angesichts der unkontrollierten Verbreitung von richtigen und falschen Gesundheitsinformationen (Infodemie) darum, Orientierung durch valide Informationsanker zu geben und die digitale Gesundheitskompetenz zu erhöhen. Die Qualität der Information ist die Zielgröße. Auf der **Handlungsebene Kommunikation** steht der Dialog im Vordergrund, indem kollaborative Ansätze im Gesundheitslernen gefördert und synchrone Kommunikationskanäle genutzt werden. Herausforderungen sind dabei die Einhaltung der Netiquette im virtuellen Gesundheitsraum, die Sicherstellung eines zeitnahen Response-Managements und die Vermeidung subtiler Beeinflussung durch Influencer*innen und Blogger*innen. Das BGM 4.0 unterstützt die Kommunikation durch die Bereitstellung einer Kommunikationsplattform mit Verhaltenskodex und coachingbasierten Assistenz- und Moderations-hilfen. Auf der **Handlungsebene Transaktion** stehen das Microtraining als Kurzformat und das Nudging als verhaltensökonomisches Prinzip im Vordergrund, um Gesundheitslernen en passant zu ermöglichen. Niederschwellige, personalisierte, aktivierende, mo-dularisierte, kollaborative, abwechslungsreiche Ge-sundheitstools bereichern das Portfolio. Das **Rück-fallmanagement** erfordert besondere Aufmerksam-keit auf der Handlungsebene Transaktion.

J. Die Vielfalt der digitalisierten Gesundheitsangebote erfordert ein **Klassifikationssystem**. E-Health (Elect-ronic Health) ist der Oberbegriff für alle elektronisch unterstützten Aktivitäten im Gesundheitswesen. M-Health (Mobile Health) bezieht sich auf Angebote für mobile Endgeräte wie Apps. P-Health (Personal-ized Health) setzt auf digitale Assistenten und ist auf individuelle Bedürfnisse ausgerichtet und spiegelt sich im Trend zum Self-Tracking wider. C-Health (Con-nected Health) fokussiert auf das Teilen von persona-lisierten Gesundheitsinformationen, z. B. im Rahmen von Online-Coaching, um eine effektive Beratung zu ermöglichen. I-Health (Integrated Health) setzt auf kollaborative und integrierte Ansätze in der Gesund-heitsversorgung. Dabei geht es nicht nur um Gesund-heitsförderung, sondern auch um Diagnose, Be-handlung, Pflege und Rehabilitation bzw. Nachsorge.

K. Die Transformation des BGM zum BGM 4.0 erfordert **Qualitätsstandards**. Dies gilt insbesondere für die digi-talen Gesundheitswerkzeuge. In der Praxis bleibt die Qualitätssicherung im intransparenten Gesundheits-markt jedoch häufig auf der Strecke. Da die meisten di-gitalen Angebote im Fitness-, Wellness- und Life-style-Bereich keine Medizinprodukte sind, fehlen hier Mindeststandards. Bewertungskonzepte für digitale Programme, die technische, organisatorische und inhaltliche Faktoren berücksichtigen, definieren hier ein Set an **Güte- bzw. Qualitätskriterien**, die bei der Auswahl von digitalen Gesundheitstools herangezogen werden können. Prüfsiegel können hier Orientierung bieten. Übergeordnete Qualitätsstandards zu Barriere-freiheit, softwareergonomischer Benutzerfreundlich-keit, Interoperabilität, Datenschutz und Informations-sicherheit sind zu beachten. Eine qualitätsorientierte und evidenzbasierte Auswahlstrategie unter Berück-sichtigung von Qualitätsanforderungen auf der In-halts-, Adressaten-, Technik-, Design-, Prozess- und Strukturebene stellt sicher, dass die Transformation zum BGM 4.0 nicht an Qualitätsdefiziten scheitert. Eine Evaluation sichert die Nachhaltigkeit.

? Kontrollfragen

1. Welche Treiber führen zum digitalen Damm-bruch im Gesundheitswesen?
2. Was unterscheidet BGM 4.0 vom klassischen BGM?
3. Welcher Zusammenhang besteht zwischen Arbeitswelt 4.0 und BGM 4.0?
4. Welche Vor- und Nachteile sind aus Arbeitgeber- und Arbeitnehmersicht von digitalen Angeboten im BGM zu erwarten?
5. Was bedeutet eine Plattformstrategie im BGM 4.0?
6. Wie ist ein virtuelles Gesundheitscenter als Fra-mework im BGM 4.0 aufgebaut?
7. Warum benötigen wir eine Transformations-strategie?
8. Was bedeutet ein Blended-Konzept in Bezug auf die Maxime „Analog trifft Digital"?
9. Wie kann die digitale Toolbox systematisiert wer-den?
10. Welche Zielgrößen sind auf den Handlungs-ebenen im BGM 4.0 entscheidend?
11. Wie können digitalisierte Gesundheitsangebote klassifiziert werden?
12. Welche Qualitätsanforderungen sind an digitale Gesundheitsangebote zu stellen?

Fazit zur Digitalisierung im Betrieblichen Gesundheitsmanagement

Digitalisierung ist kein Selbstzweck, sondern bietet viel-fältige Potenziale für ein modernes BGM, das an die Arbeitswelt 4.0 und die digitale Lebenswelt anschluss-fähig ist. Technologische Innovationen ermöglichen neue Ansätze für ein orts- und zeitunabhängiges, nicht-invasives Gesundheitslernen durch moderne Kurzformate im Bereich Wellness, Fitness, Lifestyle und Health als **Microtraining**. Allerdings hinken die rechtlichen Rahmenbedingungen und die Qualitäts-sicherung im Bereich E-Health hinterher. Das BGM hat den Digitalisierungstrend in der Gesellschaft und Wirtschaft verschlafen, da es seine bisherigen Prozesse und Strukturen nicht auf den Prüfstand gestellt hat, sondern lediglich digitale Tools an der Oberfläche im Bereich der BGF ergänzt hat. BGM 4.0 erfordert je-doch eine **Transformationsstrategie**, die das bisherige BGM kritisch auf seine Digitalisierungspotenziale überprüft, die Vernetzung der Gesundheitsakteure er-höht und die Systematik des Gesundheitsportfolios als Blended-Konzept erweitert. Dies setzt eine **Plattform-strategie** voraus.

Weiterführende Literatur

- Badura, B., Ducki, A., Schröder, H., Klose, J., & Meyer, M. (Hrsg.). (2019). *Fehlzeiten-Report 2019: Digitalisierung – gesundes Arbeiten ermöglichen.* Springer. [Auseinandersetzung mit den gesundheitlichen Auswirkungen der Digitalisierung in der Arbeitswelt aus gesellschaftlicher, betrieblicher und individueller Perspektive]
- Bellinghausen, M., Waerdt, L. M., & Baumeister, H. (2022). Herleitung eines möglichen Qualitätssicherungskonzepts für digitale M-Health-Angebote in der Prävention und Gesundheitsförderung. In M. Harwardt, P. F.-J. Niermann, A. M. Schmutte & A. Steuernagel (Hrsg.), *Praxisbeispiele der Digitalisierung: Trends, Best Practices und neue Geschäftsmodelle* (S. 237–269). Springer. [Qualitätskonzept und Qualitätsfaktoren für digitale Gesundheitsanwendungen]
- Langkafel, P., & Matusiewicz, D. (Hrsg.). (2021). *Digitale Gesundheitskompetenz – Brauchen wir den digitalen Führerschein für die Medizin?* medhochzwei Verlag. [Multidisziplinärer Überblick über die digitale Gesundheitskompetenz und Möglichkeiten zu ihrer Verbesserung]
- Matusiewicz, D., & Kaiser, L. (Hrsg.). (2018). *Digitales Betriebliches Gesundheitsmanagement: Theorie und Praxis* (FOM-Edition). Springer Gabler. [Entwicklungen, Handlungsfelder und Maßnahmen des D-BGM]
- Treier, M. (2021b). *Betriebliches Gesundheitsmanagement 4.0 im digitalen Zeitalter* (Essentials). Springer. [Überblick über BGM 4.0 von der Gesundheitskommunikation über Gesundheits-Apps bis zum Online-Coaching im Hinblick auf die Anforderungen von Arbeit 4.0]

Legitimation des Betrieblichen Gesundheitsmanagements

Inhaltsverzeichnis

6

Übersicht zum Kapitel

Zur **Legitimation von BGM-Maßnahmen** sind die betrieblichen Gesundheitsakteure aufgefordert, deren Wirksamkeit regelmäßig nachzuweisen. Der Mehrwert von Gesundheitsaktivitäten im BGM lässt sich am besten durch **Ursache-Wirkungsketten** im Rahmen eines Wirkungsmodells aufzeigen, das Treiber als Stellhebel über Frühindikatoren auf der Verhaltens- und Kompetenzebene mit Spätindikatoren als Erfolgsgrößen über ein Gleichungssystem verknüpft. Die empirische Evidenz für die **Wirksamkeit von BGM** ist hoch, wenn es sich um systematische Multikomponentenprogramme im Bereich der Verhaltens- und Verhältnisprävention handelt und wenn das Zusammenspiel von Belastungen und Ressourcen und deren Einfluss auf die Gesundheit berücksichtigt wird. Der Nachweis eines positiven Einflusses auf den Unternehmenserfolg (Impact) erfordert darüber hinaus eine ökonomische Bewertung. Bei der **gesundheitsökonomischen Evaluation** steht das Kosten-Nutzen-Verhältnis von BGM-Maßnahmen im Vordergrund. Dabei rückt die vergleichende Kosteneffektivität alternativer Maßnahmen in den Vordergrund. Da die Komplexität von Gesundheitsinterventionen hoch ist, bedarf es eines Cockpits als **Steuerungs- und Navigationsinstrument** in Anlehnung an die Balanced Scorecard.

Lernziele

- Den Nutzen von BGM-Maßnahmen aus verschiedenen Perspektiven aufzeigen können.
- Herausforderungen des Nutzennachweises erkennen und erläutern können.
- Die Evidenz zum Nutzen aus empirischer Sicht unter Berücksichtigung des Studiendesigns beschreiben können.
- Das Treiber-Indikatoren-Modell als Grundlage des Gleichungssystems Gesundheit beschreiben und seine Komponenten erklären können.
- Funktionen und Aufgaben des Gesundheitscontrollings als Managementprozess im BGM darstellen können.
- Den Zusammenhang zwischen Gesundheitscontrolling, Risikomanagement und Qualitätsmanagement erläutern können.
- Herausforderungen des Gesundheitscontrollings skizzieren.
- Bereiche von Steuerungsmodellen im BGM aufzählen und Beispiele nennen können.
- Die besondere Bedeutung des Gesundheitsrisikomanagements verdeutlichen und den Risikozyklus beschreiben können.

- Verstehen, was Kosteneffektivität im BGM bedeutet.
- Verschiedene gesundheitsökonomische Evaluationsarten zur Kosten-Nutzen-Bewertung vergleichen können.
- Erklären können, was der prospektive ROI in Abgrenzung zum klassischen ROI im BGM bedeutet.
- Herausforderungen der Wirtschaftlichkeitsmessung im BGM kennen.

In diesem Kapitel werden die Grundlagen für die Legitimation von BGM dargestellt. Es wird deutlich, dass **kein Legitimationsdefizit** besteht. (◨ Tab. 6.2) (vgl. Treier, 2019b, S. 441 f.). Die Legitimation ist das Rückgrat der gesunden Organisation, denn sie zeigt, dass die gesunde Organisation kein Zufall ist und hilft, den **Wirkungsgrad des BGM** zu steigern. Zunächst wird der **Nutzen von BGM** aus empirischer und theoretischer Sicht diskutiert (▶ Abschn. 6.1). Während der Nutzen für Arbeitgeber und Arbeitnehmer für ausgewählte Gesundheitsaktivitäten empirisch gut belegt ist, ist die Wirksamkeit von BGM-Systemen aufgrund der variablen Ausgestaltung und der unterschiedlichen Rahmenbedingungen schwieriger zu beurteilen (▶ Abschn. 6.1.1). Die Aufzählung von Vorteilen reicht als Legitimationsbasis jedoch nicht aus. Vielmehr muss das Legitimationskonzept im BGM als **Gleichungssystem der gesunden Organisation** mit Treibervariablen, Indikatoren und Erfolgsfaktoren modelliert werden, um die Ursache-Wirkungs-Zusammenhänge aufzuzeigen und die Bedeutung gesundheitsbezogener Faktoren für das Organisationsergebnis zu eruieren (vgl. Badura et al., 2013) (▶ Abschn. 6.1.2 und Infobox ▶ „Legitimationskonzept"). Anschließend wird **Gesundheitscontrolling als Instrument des Risikomanagements** skizziert sowie Herausforderungen und Instrumente des Gesundheitscontrollings diskutiert (▶ Abschn. 6.2). Dass Gesundheit und Arbeitsfähigkeit erfolgskritisch für das Human- und Sozialkapital sind, ist unbestritten (vgl. Uhle & Treier, 2019). Je mehr sich die Arbeitswelt in Richtung Arbeit 4.0 wandelt (▶ Abschn. 1.3.2), desto wichtiger wird es, das BGM mit aussagekräftigen Kennzahlen zu steuern, Risiken frühzeitig zu identifizieren und den Nutzen zu dokumentieren (▶ Abschn. 6.2). Dieser Nachweis wird jedoch häufig nicht erbracht. Insbesondere fehlt der **Nachweis der Wirtschaftlichkeit**, da viele Akteure im BGM davor zurückschrecken, den Return on Investment gesundheitsfördernder Maßnahmen auf der Verhaltens- und Verhältnisebene zu ermitteln, obwohl die empirische Evidenz keinen Anlass zur Zurückhaltung gibt (▶ Abschn. 6.2.3).

> Das Fehlen eines Legitimationsdefizits entbindet jedoch nicht von der Nachweispflicht.

> **Legitimationskonzept**
>
> Das **Legitimationskonzept im BGM** setzt zum einen auf die Früherkennung von Risiken als Prävention im Rahmen der erweiterten Gefährdungsbeurteilung, zum anderen auf die Messung und Berichterstattung von Erfolgen in inhaltlicher und ökonomischer Hinsicht als Gesundheitscontrolling sowie auf die Sicherung der Nachhaltigkeit als Aufgabe des Transfermanagements.
>
> *Das Legitimationskonzept begnügt sich nicht mit dem Argument, dass Gesundheitsförderung und Prävention den Beschäftigten etwas Gutes bringt, da dies das schwächste Argument ist und durch ökonomischen Druck schnell entkräftet werden kann.*

6.1 Nutzen des Betrieblichen Gesundheitsmanagements

» „Wenn der Mitarbeiter gesund ist, dann kann er bei hoher Motivation eine optimale Leistungsabbildung erzielen. Wenn der Mitarbeiter gesund und motiviert ist, dann ist er auch offen für Neues und bereit, sich weiter zu entwickeln und zu lernen. Wenn der Mitarbeiter gesund, motiviert und lernbereit ist, dann sind alle Voraussetzungen gegeben, damit der Mitarbeiter sich emotional mit seiner Organisation identifiziert." (Treier, 2019b, S. 39)

Plausibilitätsannahmen prägen den Diskurs über die Legitimation von BGM. In der Praxis bestreitet niemand den Sinn und Nutzen von gesundheitsfördernden Aktivitäten in der Organisation. Zudem stärkt der gesetzliche Auftrag das BGM unabhängig von der Nutzendiskussion (vgl. Faber & Faller in Faller, 2017, S. 57 ff.) (▶ Abschn. 1.4). Dennoch reicht es nicht aus, die logisch anmutende Nutzenformel *„Gesunde Mitarbeiter*innen in einer gesunden Organisation schaffen gute Organisationsergebnisse."* zu replizieren. „Der Verweis auf mittlerweile durchgeführte Untersuchungen zum sogenannten Return on Investment (ROI) und der immer wieder beschworene Benefit eines reduzierten Krankenstandes bei gleichzeitig mehr Zufriedenheit und Motivation seitens der Beschäftigten scheint als allgemeine Rechtfertigungslinie nicht ausreichend." (Wellmann, 2018, S. 9) Vielmehr benötigt das BGM ein kennzahlenbasiertes und modernes **Gesundheitscontrolling** (vgl. Gutmann, 2019; Pfaff & Zeike, 2019; Treier, 2020a). In Betriebs- und Dienstvereinbarungen wird die Erfolgs-

kontrolle zwar gefordert, aber häufig fehlen entsprechende Kennzahlen zu den Zielen. Ein konsequentes Monitoring findet nicht statt, sodass es bei Plausibilitäten bleibt (Wellmann, 2018, S. 43 f.). In nahezu allen Fachbüchern zum BGM ist unisono zu lesen, dass BGM die Zufriedenheit und das Commitment steigert oder die Produktivität und die Arbeitgeberattraktivität erhöht (◘ Tab. 6.1) (vgl. Klaffke & Bohlayer, 2021, S. 198 f.; Ulich & Wülser, 2018, S. 221). Nicht nur Arbeitgeber*innen und Arbeitnehmer*innen gewinnen durch BGM, sondern auch die Gesellschaft, die ihr Gesundheitssystem entlasten kann, mehr Arbeitskräfte zur Verfügung hat, eine produktive Wirtschaft aufweist, dem demografischen Wandel mit arbeitsfähigen älteren Menschen begegnen kann und letztlich auch ihre Wettbewerbsfähigkeit im internationalen Vergleich steigert – damit wird BGM zu einem wichtigen Baustein von **Public Health** (vgl. Egger et al., 2021; Habermann-Horstmeier, 2017).

❗ Plausibilität ist eine schwache Rechtfertigung für BGM, dennoch verlassen sich viele Verantwortliche auf bekannte **Plausibilitätsannahmen**, die den Benefit von Gesundheitsinterventionen umreißen.

■ **Personalerhaltung im Fokus**

Diese Erfolgsgrößen werden umso wichtiger, je mehr sich die Arbeitswelt wandelt, denn neue Informationstechnologien, längere Lebensarbeitszeiten infolge der demografischen Entwicklung, moderne Arbeits- und Organisationskonzepte haben Auswirkungen auf die Gesundheit. Der Unternehmenserfolg wird zunehmend durch die **Schlüsselkonzepte Human- und Sozialkapital** bestimmt, zu denen die Schlüsselbegriffe Gesundheit, Motivation, Kompetenz und Identifikation gehören. Die Widerstandsfähigkeit des Personals gegenüber Störungen und Veränderungen im Kontext der Herausforderungen ist im salutogenetischen Sinne zu stärken. Letztlich geht es um die **Personalerhaltung als Herausforderung** eines modernen gesundheitsorientierten Personalmanagements, das sich aktiv mit den Personalrisiken auseinandersetzt (vgl. Kobi, 2012). Die **Ebenen der Personalerhaltung** skizzieren den **ganzheitlichen Nutzen** des BGM, der sich nicht nur auf die Ebene des Menschen beschränkt (vgl. Treier, 2019b, S. 434).

A. **Mensch:** Erhalt der Arbeitsfähigkeit, Steigerung von Resilienz und Gesundheit sowie Impulse zur Kompetenzentwicklung

B. **Arbeit:** Erhöhung der Arbeitssicherheit, Reduzierung negativer Belastungsfaktoren, Steigerung der Produktivität sowie persönlichkeits- und gesundheitsförderliche Arbeits- und Aufgabengestaltung

C. **Organisation:** Work-Life-Balance, achtsame und gesundheitsorientierte Führung, mehr Partizipation

◻ Tab. 6.1   Nutzen des BGM für Arbeitgeber und Arbeitnehmer

Perspektive der Arbeitgeber	Perspektive der Arbeitnehmer*innen
Sicherung der Arbeits- und Leistungsfähigkeit des Personals	Verbesserung bzw. Erhalt des Gesundheitszustandes
Erhöhung der Identifikation mit der Organisation	Verringerung von Gesundheitsrisiken
Kostensenkung durch weniger Krankheits- und Produktionsausfälle (Ausfallkosten)	Abbau von Fehlbelastungen
Steigerung der Produktivität und Qualität der Dienstleistungen	Steigerung der Lebensqualität und Ausgleich zum Berufsalltag
Verbesserung des Images der Organisation als sozial-empathischer bzw. sozialverantwortlicher Arbeitgeber	Erhalt bzw. Steigerung der eigenen Leistungs- und Arbeitsfähigkeit
Steigerung der Wettbewerbsfähigkeit	Erhöhung der Arbeitszufriedenheit
Positive Motivationseffekte	Verbesserung des Betriebs- und Organisationsklimas
Vermeidung von Fachkräftemangel bzw. Stärkung der vorhandenen Fachkräfte	Mitgestaltung einer humanen und gesundheitsgerechten Arbeitswelt
Erhöhung der Demografie-Fitness	Entwicklung von Gesundheitskompetenzen
Reduzierung der Fluktuation als Auftrag des Retentionsmanagements	Verbesserung der psychischen Gesundheit trotz Arbeitsintensivierung
Erhalt von Wissen und Erfahrung im Sinne des Wissensmanagements	Verringerung des Präsentismus und der Gefahr der Verschleppung und Chronifizierung

Diese Aufzählung erhebt keinen Anspruch auf Vollständigkeit. Die Bedeutung von Human- und Sozialkapital in der modernen Wirtschaft nimmt zu und damit steigt auch die Relevanz von BGM.

D. **Kultur:** Strategische Verankerung von Gesundheitswerten, Stärkung der Mitarbeiterorientierung, Vertrauens- und Fehlerkultur, Verbesserung des Organisationsklimas

Mittlere Wirksamkeit

Die Liste der Vorteile von BGM ist lang. Zur Legitimation reicht dieser Nutzenkatalog jedoch nicht aus, da es sich meist um Plausibilitätsannahmen handelt. In vielen Organisationen findet kein fundiertes Gesundheitscontrolling statt, um aussagekräftige Antworten zur Effizienz und Effektivität von BGM abzuleiten. Häufig entsprechen die *Methoden zur Ermittlung der Wirksamkeit von BGM* nicht den Richtlinien der Forschungsmethodik und Evaluation, da es sich um praxisorientierte Interventionsstudien handelt (vgl. Döring & Bortz, 2016). So dominieren bspw. Querschnittdesigns ohne Kontrolle möglicher Störvariablen. Unklar ist auch, welche Outcome-Faktoren auf individueller (Gesundheitsverhalten, Gesundheit oder Wohlbefinden) und organisationaler Ebene (finanzielle Parameter, strategische und kulturelle Werte) zu berücksichtigen sind und wie diese Faktoren zu einem Erfolgsfaktor aggregiert werden können. Wenige Studien – meist Metaanalysen oder systematische Re-

views – werden von vielen als starke Evidenz für die Wirksamkeit von BGM zitiert, aber oft nicht kritisch auf ihre Passung zu den eigenen Rahmenbedingungen wie Organisationsgröße und Personalstruktur hinterfragt. Die zentrale Frage ist, ob es überhaupt eine starke Evidenz für die Wirksamkeit von BGM gibt und ob sich BGM aus Sicht der Organisation ökonomisch rechnet (vgl. Basinska-Zych & Springer, 2021; Bödeker in Faller, 2017, S. 263 ff.). In der allgemeinen Fachliteratur wird dem BGM überwiegend eine **mittlere Wirksamkeit** bescheinigt (vgl. Uhle & Treier, 2019, S. 332 ff.). „Die Übersichtsstudien berichten insgesamt eine akzeptable Wirksamkeit und Wirtschaftlichkeit von Maßnahmen der Gesundheitsförderung.“ (Ulich & Wülser, 2018, S. 223)

6.1.1   Empirische Evidenz

» „BGF/BGM gelten in Deutschland als sehr erfolgreiche Ansätze lebensweltbezogener Gesundheitsförderung. … Zudem hat die gesundheitsökonomische Forschung der BGF bzw. dem BGM in den letzten Jahren deutliche Nutzeneffekte und Effizienzgewinne zugesprochen. Daher erscheint es naheliegend, wenn

Unternehmer aus ökonomischen Erwägungen ebenso wie aus Gründen einer gelebten Unternehmerverantwortung und eines zeitgemäßen Arbeits- und Gesundheitsschutzes gesundheitsfördernde Programme implementieren." (Faller, 2018, S. 279)

Die **Ausgangslage** für eindeutige Antworten zur Evidenz ist schwierig, da die Studienlandschaft von unterschiedlichen und teilweise auch **widersprüchlichen Ergebnissen** geprägt ist (vgl. Maurer, 2020). „Die große Vielfalt an Methoden in den analysierten Studien, die unterschiedliche Qualität der Ergebnisse und die unterschiedliche Größe der Stichproben erschweren es, eindeutige Schlussfolgerungen zu ziehen." (Basińska-Zych & Springer, 2021., S. 24; übersetzt vom Autor) Rücklauf, Teilnahmequoten, Interventionen und Ergebnisse variieren von Studie zu Studie. Es liegen zahlreiche Studien zu einzelnen Programmen der Verhaltens- und Verhältnisprävention mit unterschiedlichen Umsetzungskonzepten und unter Berücksichtigung verschiedener Treibervariablen, Indikatoren und Erfolgsmaße vor, die das Gleichungssystem Gesundheit beschreiben (▶ Abschn. 6.1.2). Die meisten Studien sind jedoch kaum vergleichbar und viele Studiendesigns lassen eine systematische Auswertung vermissen, sodass eine aggregierte und pauschale **Gesamtaussage zur Evidenz** schwierig ist. Zudem sind betriebswirtschaftliche Kennzahlen relativ selten vertreten, sodass im Bereich der ökonomischen Legitimation ein *blinder Fleck* besteht (▶ Abschn. 6.2.3). Erschwerend kommt hinzu, dass die meisten Studien als Querschnittsstudien angelegt sind und keine längsschnittliche Interpretation zulassen. So werden eher Korrelationen als Kausalitäten dargestellt, teilweise aber auch als Kausalitäten interpretiert (Uhle & Treier, 2019, S. 336 ff.). Für die Evaluation von BGM oder BGF reicht es zudem nicht aus, Output und Outcome aus unterschiedlichen Datenquellen miteinander zu vergleichen, zu verknüpfen und zu berichten, sondern entscheidend ist, dass die **Programme selbst nach Qualitätskriterien** bewertet und entsprechend in ein Qualitätsrating eingeordnet werden (vgl. Elkeles & Beck in Faller, 2017, S. 253 ff.). Die Messung des Nutzens stellt somit eine **Herausforderung im BGM** dar, da sie eine systematische und umfassende Analyse der Ist-Situation, eine Evaluation der durchgeführten Maßnahmen sowie eine Erfolgs- und Transferprüfung erfordert. Dabei sind diverse Moderatoren und Mediatoren als vermittelnde Variablen wie Kompetenzen, Alter, Geschlecht oder sozialer Status zu berücksichtigen. Die folgenden beispielhaften Aspekte skizzieren die **Problematik dieser Nutzenmessung**.

- Verflechtung verschiedener Faktoren in Form von Gemengelagen und Interdependenzen, die die Komplexität erhöhen und das Erkennen von Ursache-Wirkungs-Zusammenhängen erschweren
- Fehlen einer umfassenden Theorie oder eines Modells als Bezugsrahmen zur Beschreibung des Zusammenhangs zwischen den Faktoren des BGM und der Leistungsfähigkeit der Organisation
- Evaluationsdesign meist kurzzyklisch angelegt, aber mindestens 2–3 Jahre sind als Evaluationszeitraum erforderlich, um stabile und relevante Effekte zu identifizieren
- Interventionszeiträume zu kurz, um konsolidierte Gesundheitseffekte zu erzielen
- Vorliegen unbereinigter Daten, z. B. fehlerhafte oder verzerrte Fehlzeiten in den Personalinformationssystemen
- Verzerrende Stichprobenauswahl z. B. als Positivauswahl, da sich gesundheitskompetente Mitarbeiter*innen in stärkerem Maße von den Gesundheitsangeboten angesprochen fühlen und diese Angebote wahrnehmen
- Effekte von Moderatoren wie Altersgruppe werden nicht systematisch berücksichtigt
- Mangelnde Kontrolle möglicher Störvariablen, z. B. parallel laufende Umstrukturierungsprozesse, die die Wirksamkeit von Gesundheitsaktivitäten einschränken
- Unzureichende Kontrolle des Settings bzw. der Kontextfaktoren wie z. B. Ausmaß von Homeoffice als Arbeitsmodell
- Kaum Einsatz standardisierter Erhebungsinstrumente, sondern häufig selbst konstruierte Instrumente mit der Gefahr, dass allgemeine Gütekriterien bzw. Qualitätsanforderungen an Fragebögen unberücksichtigt bleiben
- Keine transparente Erfassung der Gesundheitskosten als blinder Fleck im Gesundheitscontrolling, sondern überwiegend Erhebung subjektiver Meinungen und Erwartungen
- Seltene Bewertung von Interventionen nach Qualitätskriterien, sodass unklar bleibt, wie die Wirksamkeit durch das Design der Maßnahme beeinflusst wird
- Gefahr, dass v. a. Studien mit positiven Effekten publiziert werden und durch diese Überrepräsentation Scheineffekte entstehen

> **❶ Eine pauschal gesicherte Evidenz für den Nutzen von BGM gibt es nicht,** da die Studien hinsichtlich ihres Evaluationsdesigns zu stark variieren. Es besteht zudem die Gefahr, dass die Ergebnisse verschiedener Studien verallgemeinert und aggregiert werden, ohne sich der unterschiedlichen Methodik und Aussagekraft bewusst zu sein.

6

■ **Ziel der Evidenzbasierung**

Evidenzbasierung setzt qualitativ hochwertige Studien mit maximaler Aussagekraft und systematischer Analyse und Begründung auf der Basis empirischer Daten voraus, um wissenschaftliche Belege zu finden und nicht von den Meinungen der Expert*innen abhängig zu sein. Als besonders hochwertig gelten *randomisierte kontrollierte Studien und Metaanalysen,* die die Ergebnisse mehrerer experimenteller Primärstudien systematisch zusammenfassen. Hinzu kommen die klinische Evidenz, die Erfahrungswissen der Kliniker berücksichtigt, und die Präferenz der Betroffenen als Ausdruck individueller Werte und Wünsche. Empirische Evidenz dient als Grundlage für die Entscheidungsfindung, wird in der Medizin zur Erstellung von Leitlinien genutzt und trägt damit zur Qualitätssicherung im Gesundheitswesen bei.

Evidenz

Der Begriff **Evidenz** wird in der Gesundheitsforschung v. a. im Kontext der evidenzbasierten, patientenzentrierten Medizin verwendet und bedeutet den empirischen Nachweis eines verlässlichen Zusammenhangs oder einer zuverlässigen Wirksamkeit von Maßnahmen, die als allgemein anerkannter Stand des medizinischen Wissens unter Berücksichtigung des medizinischen Fortschritts gelten (vgl. Greenhalgh, 2015).

» „The majority of studies confirmed that WHPIs (workplace health promotion interventions) led to a positive change in the healthy behavior of employees and effected an organizational change, and more rarely led to savings or a reduction in costs resulting from sickness absenteeism, presentism, turnover, etc., and return on investment (ROI)." (Basińska-Zych & Springer, 2021, S. 1)

■ **Evidenzbasierte Nutzenübersicht**

Verschiedene Studien bestätigen den **Nutzen und die Wirksamkeit von BGF** in Bezug auf die physische und psychische Gesundheit als Outcome (vgl. Proper & van Oostrom, 2019). Evidenzbasiert können positive Effekte von Maßnahmen am Arbeitsplatz in den Bereichen Bewegung und Ernährung bestätigt werden. Generell lässt sich konstatieren, dass für verhaltenspräventive Maßnahmen stärkere Effekte berichtet werden als für verhältnispräventive Maßnahmen. Dies hat jedoch häufig auch forschungsmethodische Gründe (Goldgruber & Ahrens, 2009). **Multimodale Programme** mit aufeinander abgestimmten verhaltens- und verhältnispräventiven Komponenten erzielen in Studien die größten Effekte (vgl. Elke et al., 2015; Goldgruber & Ahrens, 2010). Je umfangreicher solche Programme sind, desto schwieriger ist es jedoch, je nach Forschungsdesign die Wirksamkeit eindeutig nachzuweisen. Da viele Kontextfaktoren die Aussagekraft der Primärstudien und damit auch das Ausmaß des ermittelten Nutzens beeinflussen, ist die Studienlandschaft hinsichtlich der Nutzenbewertung als heterogen einzustufen und die Ergebnisse fallen entsprechend variabel bzw. uneindeutig aus (vgl. Díaz-Benito et al., 2020; Goetzel et al., 2014). Für die Darstellung der Evidenz zum Nutzen wird aufgrund der **heterogenen Studienlandschaft** eine Fokussierung auf systematische Reviews und Metaanalysen empfohlen, die eine aggregierte und qualitätsgesicherte Sichtweise ermöglichen (vgl. Barthelmes et al., 2019b, S. 18). Darüber hinaus ist der **Nutzen ein relativer Begriff**, der für individuelle gesundheitliche Outcome-Variablen wie Gewichtsreduktion leichter zu spezifizieren ist als die Wirksamkeit von BGM aus Sicht der gesunden Organisation, da hier unterschiedliche Akteursperspektiven zu berücksichtigen sind (► Kap. 3). Noch schwieriger gestaltet sich die Bewertung, wenn es um den **Return on Investment** von BGM- bzw. BGF-Maßnahmen als Gesundheitsrendite geht, da dieser stark von der methodischen Qualität der berücksichtigten Studien abhängt. So zeigen Studien mit höherer methodischer Qualität vergleichsweise geringere finanzielle Erträge (vgl. Baxter et al., 2014). Die **methodische Qualität** und das **Studiendesign** sind somit relevante Determinanten für die Nutzenbewertung. **Beispiele von Übersichtsarbeiten** dokumentieren, dass aus empirischer Sicht jedenfalls ausreichende Evidenz für den Nutzen von BGM und BGF vorliegt. Weitere Indikatoren wie die Verbreitung von BGM in Organisationen und der Grad der Umsetzung deuten auf eine zunehmende Akzeptanz in der Arbeitswelt hin.

A. **Übersichtsarbeiten der Initiative Gesundheit und Arbeit (IGA):** Die literaturbasierte Zusammenfassung der Evidenz zur Gesundheitsförderung und Prävention in der Arbeitswelt bescheinigt der Gesundheitsarbeit seit vielen Jahren ein hohes Maß an Evidenz (Barthelmes et al., 2019 a & b). Diese Wirksamkeit zeigt sich nicht nur auf inhaltlicher, sondern auch auf finanzieller Ebene, denn im Durchschnitt können für jeden in die Gesundheitsarbeit investierten Euro im Schnitt 2,70 € durch Fehlzeitenreduktion bzw. Minimierung von Ausfallkosten eingespart werden. Die 47 berichteten ROI-Werte variieren dabei zwischen minus 3,3 und plus 15,6. 85 % der berichteten ROI-Werte sind größer als eins und bestätigen den ökonomischen Nutzen. Hierbei ist jedoch die Qualitätsbewertung der berücksichtigten Studien zu beachten, da höher bewertete Studien in der Regel einen geringeren ROI-Wert berichten (Baxter et al., 2014).

B. **Reduktion krankheitsbedingter Fehlzeiten:** Die renommierte und viel zitierte Metaanalyse von Chapman (2012) auf Basis von 62 Studien zeigt, dass rund 25 % der krankheitsbedingten Fehlzeiten durch systematische BGM-Programme reduziert werden können. Der durchschnittliche ROI-Wert liegt bei 5,3.

C. **Positive Präventionsbilanz:** Die International Social Security Association (ISSA, 2011; DGUV, 2013a) erfasst weitere Nutzenvektoren wie Image- und Qualitätssteigerung und erweitert damit die Perspektive des ROI. Auf Basis von Studien in rund 300 Unternehmen aus 15 Ländern ergibt sich eine positive Präventionsbilanz in Bezug auf den ROP (Return on Prevention) von 1:2,2.

D. **Steigerung der Leistungsfähigkeit der Organisation:** Der Einfluss eines BGM auf die Unternehmensperformance lässt sich metaanalytisch sowohl für die gesundheitsspezifische als auch für die wirtschaftliche Leistungsfähigkeit der Organisation quantifizieren (Maurer, 2020). Die Metaanalyse macht aber auch deutlich, dass es viele Faktoren gibt, die den Zusammenhang zwischen dem BGM und der Organisationsleistung moderieren. Je systematischer ein BGM ist, desto höher ist der Zusammenhang mit der gesundheitsspezifischen Organisationsleistung. Unabhängig von der Datenlage wird empfohlen, nicht nur pathogene, sondern auch salutogene Komponenten im BGM zu berücksichtigen.

E. **Steigerung der psychischen Gesundheit in der Arbeitswelt:** Die wissenschaftliche Standortbestimmung der BAuA belegt, dass es sich lohnt, Programme zur Stärkung der psychischen Gesundheit in der Arbeitswelt systematisch zu implementieren. Positive Ergebnisse zeigen sich in Bezug auf Wohlbefinden, Motivation und Arbeitszufriedenheit (Rothe et al., 2017a). Die Wirkungszusammenhänge sind überwiegend als evident und konsistent zu bewerten. Die Effektstärke ergibt sich aus einem Aggregationseffekt, da sich viele kleine Effekte zu einem positiven Gesamteffekt kumulieren. Es gibt messbare Verbesserungen der physischen Verfassung und des psychischen Befindens, aber auch nachweisbare Effekte auf der Organisationsebene. Allerdings sind die einzelnen Effektstärken in Metaanalysen oft nur gering (Rongen et al., 2013). Sie steigen jedoch bei jüngeren Zielgruppen, bei Interventionen mit regelmäßigem Kontakt und bei Studien mit einem Kontrollgruppendesign.

F. **Verbreitung und Inanspruchnahme als Indikator:** Auch die Verbreitung und Umsetzung von BGM kann als Indiz für den Nutzen herangezogen werden (vgl. Faller, 2018). Die Studie #whatsnext 2020 bestätigt den Aufwärtstrend bei großen Unternehmen, zeigt aber auch einen erheblichen Beratungs- und Unterstützungsbedarf bei kleinen Organisationen (IFBG, 2020). Rund ein Viertel der Organisationen verfügt über ein ganzheitliches BGM und ein weiteres Viertel gibt an, dass bereits Maßnahmen zur BGF umgesetzt werden und sich ein BGM im Aufbau befindet. In einem Drittel der Organisationen werden nur einzelne BGF-Maßnahmen durchgeführt. (Vgl. IFBG, 2020, S. 20)

G. **Models of Good Practice:** Viele Unternehmensberichte und unternehmensspezifische Evaluationen belegen, dass engagierte Unternehmen mit BGM erfolgreich sind. Problematisch ist hier jedoch, dass diese Erfolgsstories oft nicht empirisch überprüfbar sind und die Beteiligten ein Interesse an einer erfolgreichen Darstellung im Sinne des Employer Branding haben können. Good-Practice-Netzwerke wie die INQA Datenbank Guter Praxis, das Europäische Netzwerk für Betriebliche Gesundheitsförderung auf Basis der Luxemburger Deklaration (▶ Abschn. 1.4.2) (▶ https://www.enwhp.org/?i=portal.en.model-of-good-practice), Enterprise for Health (EfH) (Träger Bertelsmann Stiftung und BKK BV) und das DNBGF (Deutsches Netzwerk für Betriebliche Gesundheitsförderung) dokumentieren diese Erfolgsgeschichten und zeigen die relevanten Stellhebel für ein wirksames BGM auf.

❯ Der ausgewählte Überblick zeigt, dass BGM eine **Nutzenmessung** nicht scheuen muss. Es wird jedoch davor gewarnt, die Ergebnisse zu verallgemeinern und vorschnell als Generalabsolution für Investitionen in BGM zu deklarieren. Eigene Nutzenmessungen sind aufgrund der spezifischen Rahmenbedingungen der Organisation unerlässlich.

■ **Multiperspektivisches Legitimationskonzept**

Aus der Nutzendiskussion lässt sich das **Legitimationskonzept im BGM** ableiten (vgl. Treier, 2019b, S. 441 f.). Das Legitimationskonzept basiert auf vier Begründungsansätzen (◻ Tab. 6.2). Die *wirtschaftliche Rechtfertigung* bezieht sich auf die Senkung von Ausfallkosten, die Erhöhung der Kundenzufriedenheit oder die Verbesserung von Produkten und Qualität. Die *psychologische Rechtfertigung* fokussiert auf die Steigerung des Wohlbefindens, die Erhöhung der Arbeitszufriedenheit und des Commitments sowie die Verbesserung des subjektiven Gesundheitszustandes. Die *gesetzliche Rechtfertigung* greift auf Regelungen wie das ArbSchG zurück, um den AGS in der Organisation zu gewährleisten. Die *ethisch-soziale Rechtfertigung* verweist auf die positiven Auswirkungen auf die Organisationskultur und das Betriebsklima und wirkt als Kontrapunkt zu Nutzenmaximierung und Opportunismus im Sinne der Steigerung des Sozialkapitals.

6

Tab. 6.2 Übersicht zu den Legitimationsfaktoren des BGM

Legitimationsbereich	Beispielhafte Erfolgsindikatoren
Wirtschaftliche Rechtfertigung *Ein ROI von 1:2,5 in den ersten drei Jahren ist bei systematischen Ansätzen realistisch. Die Kosteneffektivität von Gesundheitsmaßnahmen ist darzustellen.*	- Reduzierung der Ausfallkosten - Weniger Arbeits- und Betriebsstörungen - Positiver Imageeffekt - Steigerung der Innovation - Erhöhung der Kundenzufriedenheit - Produkt- und Qualitätssteigerung - Wertschöpfung durch soziales Kapital
Inhaltlich psychologische Rechtfertigung *Die psychische Gesundheit der Mitarbeiter*innen ist die Grundlage für eine gesunde Organisation und BGM kann helfen, diese zu steigern.*	- Steigerung des Wohlbefindens und der Gesundheit - Zunahme der Arbeitszufriedenheit - Stärkung des Commitments - Erhöhung der Resilienz - Verbesserung des sozialen Klimas - Positive Motivationseffekte
Gesetzliche und programmatische Rechtfertigung *Eine Vielzahl von Gesetzen, Verordnungen und Regelungen bilden die Legitimationsgrundlage.*	- Ottawa Charta - Luxemburger Deklaration - ArbSchG - SGB - PrävG - ▶ Abschn. 1.4
Ethisch-soziale Rechtfertigung *Gesunde Belegschaften sind im Zeitalter der sozialen Verantwortung ein wichtiger Maßstab für angemessenes Handeln im Spannungsfeld zwischen sozialen und wirtschaftlichen Zielen.*	- Humanität, Solidarität und Gerechtigkeit als zentrale Werte der gesunden Organisation - Positive Gesundheitssozialisation - Humanisierung der Arbeitswelt - Reduzierung moralischer Risiken (Moral Hazard) - Gegenprinzip zu Opportunismus und Nutzenmaximierung - Positive Auswirkungen auf die Organisationskultur - Soziale Verantwortung

Diese Übersicht dokumentiert die Legitimation von BGM aus verschiedenen Perspektiven

Empirische Belege mehren sich

Übersichtsarbeiten zeigen, wie organisationales Verhalten und Verhältnisfaktoren Gesundheit und Wohlbefinden beeinflussen und bieten damit Ansatzpunkte für Handlungsempfehlungen (vgl. Sonnentag et al., 2023). Die Empirie bestätigt, dass v. a. **systematische Multikomponentenprogramme** im BGM erfolgreich sind. Auch hinsichtlich der ökonomischen Legitimation zeichnet sich eine Evidenz ab, die sich in positiven ROI-Werten niederschlägt. Ein nachhaltiges BGM verbessert nicht nur die gesundheitliche Situation der Beschäftigten, sondern wirkt sich auch positiv auf die Wirtschaftlichkeit und Wettbewerbsfähigkeit eines Unternehmens aus. So werden Fehlzeiten und Fluktuation reduziert und das Sozialkapital erhöht. Aus den Nutzenanalysen ergeben sich auch die Prüfpunkte für ein qualitätsgesichertes BGM (▶ Abschn. 7.1). Für eine positive Kosten-Nutzen-Bilanz sind Mehrkomponentenprogramme, systematische Abbildung und Evaluierung grundlegend.

6.1.2 Treiber-Indikatoren-Modell als theoretische Grundlage

Die Studienlandschaft zeigt, wie wichtig es ist, bei der Nutzenbewertung auf ein theoretisches Modell zurückzugreifen, um Zusammenhänge zwischen den vielfältigen Variablen zu identifizieren und die Wirksamkeit nachzuweisen. Wellmann (2018, S. 12 ff.) spricht hier von Regelungsinhalten und greift auf das **Treiber-Indikatoren-Modell** als Schablone zurück. Studien aus der Arbeitswissenschaft, der Arbeits- und Organisationspsychologie und der Arbeitsmedizin manifestieren, welche Risiken und Ressourcen eine gesunde Organisation beeinflussen (vgl. Sonnentag et al., 2023; Ulich & Wülser, 2018). Dabei wird eine Art **Kausalsequenz** postuliert: Arbeits- und Organisationsbedingungen beeinflussen den Gesundheitszustand, die Gesundheitskompetenz und das Gesundheitsverhalten des Individuums. Eine verbesserte subjektive oder objektive Gesundheit wirkt sich wiederum auf das Arbeitsverhalten, die Arbeitszufriedenheit und die Anwesenheit aus und beeinflusst die Ergebnisse auf Organisationsebene. Treiber-Indikatoren-Modelle werden in adaptierten **Varianten** im Gesundheits- und Personalbereich eingesetzt (Treier, 2019b, S. 237). So verknüpfen bspw. Wieland und Hammes (2014, S. 51) in ihrem **Fünf x Fünf-Wirkungsmodell** zur Gestaltung gesunder und effektiver Arbeit verursachende Faktoren der Arbeitssituation wie Anforderungen, Führung und Zusammenarbeit sowie Personenmerkmale wie Gesundheits-

kompetenz über die Beanspruchungsbilanz und das Kontrollerleben als Prozessmerkmale mit den Ergebnissen wie Leistung, Fehlzeiten oder Gesundheit als Output. Auch ältere Modelle wie das Modell der Arbeitscharakteristika verbinden Aufgaben- und Organisationsmerkmale über individuelle Parameter als psychische Erlebenszustände mit den Auswirkungen auf die Arbeit (Hackman & Oldham, 1976) (▶ Abschn. 4.2.3.2.1).

> **Bielefelder Modell**
>
> Ein renommiertes Beispiel für ein Treiber-Indikatoren-Modell im BGM ist das **Bielefelder Unternehmensmodell** von Bernhard Badura, das mit Hilfe pfadanalytischer Befunde die positive Wirkung der Arbeitsbedingungen bzw. der Arbeitsqualität sowie der sozialen Beziehungen (Führung, Sozialkapital, Netzwerke) auf die Gesundheit bestätigt und als Grundlage für ein systematisches Vorgehen im BGM zur Verbesserung von Gesundheit und Zusammenarbeit dient (Badura et al., 2013, S. 50 ff.; Badura in Badura, 2017, S. 38 ff.). Das aus dem **Sozialkapitalansatz** abgeleitete Modell postuliert zwei Wirkungsrichtungen. So wirkt Sozialkapital als Treiber direkt auf Ergebnisse wie
>
> Produktivität, Absentismus oder Präsentismus (Outcome), aber auch vermittelt über Humankapital (z. B. Gesundheit oder Kompetenz) oder über verschiedene Frühindikatoren wie Commitment oder psychisches Wohlbefinden, die wiederum das Betriebsergebnis beeinflussen. Das empirisch fundierte Modell unterstreicht die Relevanz gesundheitsbezogener Faktoren für den Unternehmenserfolg und die Wettbewerbsfähigkeit von Unternehmen. Das **Qualitätskonzept SCOHS** (Social Capital and Occupational Health Standard) basiert auf dem Bielefelder Unternehmensmodell. Seine Ergebnisse begründen die Etablierung von Qualitätsstandards im BGM (▶ Abschn. 7.1).

■ **Kernbegriffe**

Treiber-Indikatoren-Modelle basieren auf grundlegenden Konzepten, die durch die **Kernbegriffe** definiert werden. Je nach Modell unterscheiden sich die berücksichtigten Variablen, die Grundlogik bleibt jedoch gleich. Treiber sind die Verursacher, Indikatoren sind je nach Operationalisierung die Messgrößen und vermitteln die Wirkungen der Treiber auf die Gesundheitsergebnisse als Outcome. Verschiedene Einflussfaktoren wie Geschlecht oder Alter sind als Moderatoren zu berücksichtigen.

A. **Treibervariablen:** Sie sind verhältnisorientierte Stellschrauben, die auf der Arbeits- und Organisationsebene ansetzen und den Nährboden für eine gesunde Organisation bilden. Die Gefährdungsbeurteilung psychischer Belastung unterstützt bei der Erfassung und Bewertung der Treiber als psychische Belastungsfaktoren (▶ Abschn. 4.2.3.1). Nach dem Bielefelder Unternehmensmodell für Gesundheit gehört insbesondere das Sozialkapital zu den Treibern (s. Infobox ▶ „Bielefelder Modell“).

B. **Indikatorvariablen:** Sie fungieren oft als Zwischenvariablen und vermitteln zwischen den Treibern und dem Outcome. Da sie sich auf den Menschen und seiner *Redefinition* der Situation beziehen, sind sie oft nicht direkt messbar, sondern müssen durch Be-

fragungsinstrumente ermittelt werden. Eine modellbasierte Abbildung ist sinnvoll, da viele Indikatoren in ihrer Wirkung nicht eindeutig sind bzw. eine unklare Wirkungs-Dosis-Beziehung aufweisen. Einige Modelle wie das Bielefelder Unternehmensmodell differenzieren zwischen Früh- und Spätindikatoren. *Frühindikatoren* sind oft Output-Variablen und wirken quasi als Frühwarnsysteme. Eine durch Dauerstress beeinträchtigte psychische Gesundheit kann langfristig zu einer schlechteren Arbeitsqualität oder zu höheren Fehlzeiten führen. Wenn psychische Gesundheit entsprechend operationalisiert und mit einem Instrument erfasst wird, kann sie zur Früherkennung im Rahmen der Sekundärprävention eingesetzt werden, bevor negative Folgen in den Spätindikatoren sichtbar werden. Frühindikatoren berücksichtigen die biopsychosoziale Sichtweise (▶ Abschn. 2.2.1) und haben aus Sicht der Akteure eine höhere Steuerungsrelevanz und Erklärungskraft. *Spätindikatoren* sind häufig Outcome-Variablen und spiegeln in verdichteter Form die Betriebsergebnisse wider. Meist sind mehrere Indikatoren vonnöten, da Indikatoren fällt Hinweise geben, aber das Phänomen nicht vollständig erklären können. Die Rolle der Indikatoren fällt je nach Modell unterschiedlich aus.

6

C. **Output-Variablen:** Sie spiegeln das Ergebnis einer Aktivität wider, wie bspw. die Erhöhung der Teilnahmequote, die Steigerung des Gesundheitswissens oder verbesserte Fitnessdaten. Sie beschreiben das Gesundheitsergebnis aufgrund des Gesundheitshandelns. Die Wirksamkeit dieser Ergebnisvariablen in Bezug auf eine gesunde Organisation bleibt jedoch unklar.

D. **Outcome-Variablen:** Sie lassen sich als Impact oder Mehrwert definieren und beschreiben die Wirkung, die mit dem Output erzielt wird. Die Ergebnisse resultieren aus verschiedenen Ansatzpunkten (Multikausalität), sind stark verdichtet und nicht eindeutig einer Maßnahme im Gesundheitsbereich zuzuordnen. Daher müssen die Ausprägungen durch das Modell über die Indikatoren und Treiber entsprechend entschlüsselt werden, um keine Fehlschlüsse zu ziehen. So kann der Rückgang der Fehlzeiten nicht nur auf Maßnahmen des BGM zurückgeführt werden, sondern möglicherweise auch auf eine stärkere Repression im Fehlzeitenmanagement.

E. **Moderatoren:** Moderatoren sind Einflussfaktoren wie Alter, Geschlecht, Bildung, sozialer Status. Sie verändern die Wirkung der Treiber über die Indikatoren (Frühindikatoren) auf die Ergebnisse (Spätindikatoren). Daher ist eine gruppenspezifische Reflexion der Kennzahlen im BGM erforderlich. Aus statistischer Sicht wird zwischen Moderatoren und Mediatoren unterschieden. Der Moderator verändert den Zusammenhang zwischen unabhängiger und abhängiger Variable. Der Mediator vermittelt als Drittvariable zwischen der unabhängigen und der abhängigen Variable bzw. stellt den Zusammenhang zwischen ihnen erst her.

■ **Gleichungssystem Gesundheit**

Warum wird ein Gleichungssystem benötigt? „Der Zusammenhang zwischen Arbeit und Gesundheit ist komplex." (Naidoo & Wills, 2019, S. 446) Die Richtung ist dabei nicht eindeutig definiert. In der Regel werden die Auswirkungen der Arbeit auf die Gesundheit betrachtet, es gibt aber auch Hinweise darauf, dass die Gesundheit die Arbeit bzw. die Qualität der Arbeit beeinflusst, indem sie bspw. die Chancen auf einen guten Arbeitsplatz verringert oder die Gesundheitspotenziale der Arbeitssituation erschließt. Das **Gleichungssystem Gesundheit** dient dazu, den Zusammenhang zwischen unabhängigen und abhängigen Variablen bzw. zwischen Treibern und Ergebnissen zu modellieren (Treier & Uhle, 2019, S. 36; Treier, 2020a, S. 29). ◻ Abb. 6.1 illustriert das Gleichungssystem. Die in der Gesundheitsgleichung berücksichtigten Variablen wurden in Metaanalysen als relevante Faktoren bestätigt. Der Zusammenhang wird durch die Indikatoren vermittelt bzw. beeinflusst, da sich gesundheitsbezogene Prozesse zwischen Treibern und Ergebnissen v. a. auf der Personenebene aktualisieren bzw. konkretisieren. Die **Logik des Gleichungssystems** basiert auf dem Treiber-Indikatoren-Modell. Um gesundheitsgerechte Arbeitsbedingungen zu schaffen, kristallisieren sich die Treiberfaktoren als nachhaltige Stellhebel heraus. Das Gleichungssystem entspricht der Maxime des Qualitätsmanagementmodells im EFQM-Modell, das zwischen Befähigern und Ergebnissen differenziert (▶ Abschn. 7.1). Je plausibler dabei die Indikatoren als beobachtbare und messbare Merkmale das Phänomen beschreiben, desto eher lassen sich Interventionen im Bereich der Treiber legitimieren und damit nachhaltig positive Effekte auf der Organisationsebene erzielen. Das Gleichungssystem benötigt quantifizierbare **Kennzahlen**. Da diese häufig nicht direkt messbar sind, müssen sie zum Teil indirekt über Befragungen erfasst werden. So ist bspw. das Gesundheitsbewusstsein ein latentes Konstrukt, das erfragt werden muss. Zum Teil können auch nicht-befragungsbasierte Parameter wie die Teilnahmequote berücksichtigt werden (vgl. Gutmann, 2019; Naidoo & Wills, 2019, S. 104 ff.). Das Gleichungssystem dient unterschiedlichen **Zwecken**. Mit der Gleichung der gesunden Organisation kann zum einen eine gezielte Organisationsdiagnostik begründet werden und zum anderen kann sie als Strukturmodell für ein erweitertes Gesundheitscontrolling fungieren (Health Balanced Scorecard) und als Frühwarn- und Kennzahlensystem die Datenströme im Gesundheitsbereich steuern helfen (vgl. Stierle & Vera, 2014). Auf diese Weise stellt das Gleichungssystem sicher, dass keine Datenfriedhöfe durch inkonsistente Datenquellen entstehen. Darüber hinaus kann die Gesundheitsgleichung auch als Strukturgleichungsmodell für evidenzbasierte Studien verwendet werden. Durch Gewichtungen, die sich aus strategischen Festlegungen, Benchmarking, Studien oder statistischen Analysen ergeben, können relevante **Wirkungspfade im BGM** identifiziert werden und ein aggregierter Wert der gesunden Organisation als **BGM-Systemindex** berechnet werden.

❯ Das **Gleichungssystem Gesundheit** kann als Schablone für die Nutzenmessung dienen, indem es hilft, die Wirkungspfade in der gesunden Organisation zu identifizieren. Eine Verknüpfung der Faktoren in einem **BGM-Systemindex** ist anzustreben.

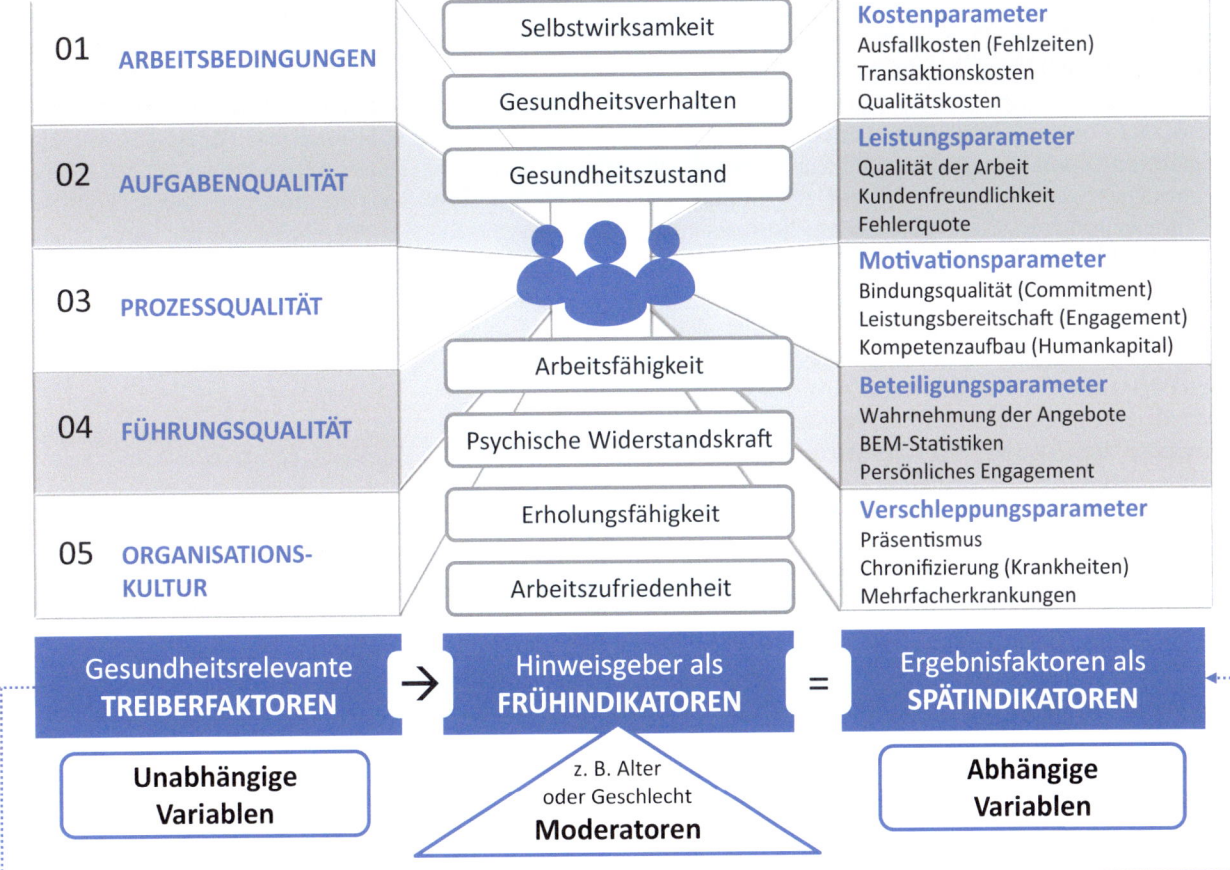

Abb. 6.1   Gleichungssystem Gesundheit im BGM nach Treier (2020a, S. 29)

Das Gleichungssystem bildet die Grundlage für ein modernes Gesundheitscontrolling und Risikomanagement. Die Unterscheidung zwischen Treibern, Indikatoren und Ergebnissen ermöglicht eine adäquate Einordnung und Bewertung der gesundheitsbezogenen Ergebnislandschaft sowie die Identifikation dominanter Wirkungspfade im BGM. Das Treiber-Indikatoren-Modell bildet nicht nur die theoretische Grundlage der Gesundheitsgleichung, sondern kann auch als Ausgangspunkt für die Auswahl relevanter Handlungsfelder im BGM dienen.

6.2   Gesundheitscontrolling als Managementfunktion

» „Das Management von BGM benötigt, wie andere Managementaktivitäten auch, ab einer gewissen Größe und Komplexität ein Controlling als maßgebliches Steuerungsinstrument." (Pfaff & Zeike, 2019, S. 1)

Gesundheitscontrolling wird mit unterschiedlichen Assoziationen verbunden. *Im engeren Sinne* steht es für ein Fehlzeitencontrolling im Bereich der Personalerhaltung im Personalcontrolling (vgl. Schulte, 2020; Treier, 2013). Eine andere Sichtweise fokussiert auf das Monitoring der Gesundheit der Beschäftigten und das Aufzeigen möglicher Ursache-Wirkungsketten, um den Gesundheitszustand gezielt beeinflussen zu können (vgl. Stierle & Vera, 2014, S. 6 ff.). *Im weiteren Sinne* fungiert es als Unterstützungsprozess für eine zahlenbasierte Steuerung im BGM. So soll das Gesundheitscontrolling entscheidungsrelevante Gesundheitsinformationen liefern, die Gesundheitsziele priorisieren, Risiken frühzeitig erkennen, BGM-Leistungen legitimieren und eine adäquate Ressourcenallokation steuern helfen. Dabei beschränkt sich das Controlling meist auf **Ergebnisgrößen bzw. Spätindikatoren** wie Fehlzeiten oder Gesundheitskosten aus gesundheitsökonomischer Sicht. Diese retrospektive Erfassung verdichteter Kennzahlen greift als Steuerungsansatz jedoch zu kurz, da in Anlehnung an das Qualitätsmanagement der **Reifegrad der gesunden Organisation** in Bezug auf Strukturen, Prozesse und

Ressourcen ermittelt werden muss, um dem mehrdimensionalen Gesundheitsbegriff in der Organisation gerecht zu werden (vgl. Kaminski, 2013; Treier, 2012) (▶ Abschn. 7.1). Eine **ganzheitliche Perspektive** erwartet nicht nur ein Controlling von Zielgrößen (Spätindikatoren), sondern auch von Maßnahmen und Steuerungsprozessen in Bezug auf Qualitäts- und Leistungsparameter. Pfaff und Zeike (2019, S. 43 ff.) unterscheiden daher folgerichtig zwischen Gesundheits-, Determinanten-, Maßnahmen-, und Management-Controlling, um die Bandbreite des erweiterten Gesundheitscontrollings zu verdeutlichen. Dieser **systemorientierte Controlling-Ansatz** ermöglicht eine effiziente und effektive Steuerung der Gesundheitsaktivitäten der Organisation unter Berücksichtigung der Bedingungsfaktoren (vgl. Siller & Stierle, 2011).

> Ein **ganzheitliches Gesundheitscontrolling** ist notwendig, um den Reifegrad der gesunden Organisation darzustellen.

■ **Kernfunktionen**

Das Gesundheitscontrolling berücksichtigt die Anforderungen der betrieblichen Gesundheitsakteure und geht insbesondere auf die im AGS gesetzlich verankerte Gefährdungsbeurteilung als Früherkennung ein (vgl. Rötzel, 2011). Seine **Kernfunktion** besteht darin, durch die systematische Erfassung und Bewertung der Struktur-, Prozess- und Ergebnisqualität der Gesundheitsaktivitäten in der Organisation die Performanz der gesunden Organisation und ihre Präventionsleistung zu entschlüsseln (vgl. Treier, 2012). Dabei ist für das Gesundheitscontrolling weniger der individuelle Gesundheitszustand einzelner Mitarbeiter*innen als vielmehr der aggregierte Organisationswert von Bedeutung. Das Gesundheitsmonitoring dient v. a. der Frühwarnung und zur Justierung von Gesundheitsinterventionen und kann als dynamisches und zeitnahes Gesundheitscontrolling verstanden werden (vgl. Infobox ▶ „Gesundheitsberichterstattung").

Gesundheitscontrolling

Das **Gesundheitscontrolling** als funktionsspezifische Ausprägung des Controllings erfasst sowohl den Gesundheitszustand der Organisationsmitglieder als auch den der Organisation als Ganzes. Beim Gesundheitscontrolling stehen die Ergebnisse des BGM im Mittelpunkt der Betrachtung (Pfaff & Zeike, 2019, S. 43).

Gesundheitsmonitoring

Beim **Gesundheitsmonitoring** aus betrieblicher Sicht werden in Abgrenzung zum Gesundheitscontrolling weniger Ergebnisvariablen bzw. Spätindikatoren als vielmehr Frühindikatoren wie Arbeitsfähigkeit oder Commitment betrachtet. Diese sollen möglichst regelmäßig beobachtet werden, um Trends und Veränderungen von Gesundheitswerten und Risikofaktoren zu erkennen und den Entscheidungsträgern frühzeitig Hinweise auf notwendige Maßnahmen zur Stärkung der gesunden Organisation geben zu können.

Gesundheitsberichterstattung

An dieser Stelle ist eine Abgrenzung des betrieblichen Gesundheitsmonitorings zur **Gesundheitsberichterstattung** vorzunehmen. Im Gesundheitswesen bezeichnet das Gesundheitsmonitoring die systematische, kontinuierliche und repräsentative Erfassung von Gesundheitsdaten und Risikofaktoren in der Bevölkerung oder in spezifischen Kohorten. Sie dient als Grundlage für epidemiologische Forschung und Risikoabschätzung. Für die Gesundheitsberichterstattung werden u. a. die Gesundheitssurveys des RKI herangezogen.

▶ https://www.rki.de/DE/Content/Gesundheitsmonitoring/gesundheitsmonitoring_node.html

---
■ **Qualitätsorientiertes Gesundheitscontrolling**

Im Folgenden wird Gesundheitscontrolling als **Oberbegriff** für die Erfassung von Zielgrößen im Bereich der **Struktur-, Prozess- und Ergebnisqualität** in Anlehnung an die Anforderungen von Qualitätsmodellen wie der DIN SPEC 91020 definiert (Kaminski, 2013) (▶ Abschn. 7.1). „Daraus ergibt sich die Frage nach Qualitätsanforderungen an gesundheitsförderliche Veränderungsprozesse im Allgemeinen sowie Risikokriterien und Kennzahlen zur Prozesssteuerung und Erfolgskontrolle im Speziellen." (Burnus et al., 2014, S. 80) Da die organisationale Gesundheit multifaktoriell determiniert ist und sich in Bezug auf das Setting als dynamisch erweist, sollte das Gesundheitscontrolling im laufenden Umsetzungsprozess sensitive Instrumente als **Gesundheitsmonitoring** einsetzen, um die Leistung und Qualität des BGM über **kennzahlenbasierte Modelle** zu steuern sowie Kausalzusammenhänge und Wirkungsketten aufzudecken. Als Schablone und Referenz eignet sich das Treiber-Indikatoren-Modell (▶ Abschn. 6.1.2) in Verbindung mit dem Qualitätsmanagementmodell

EFQM mit seinen Befähiger- und Ergebnisvariablen für ein erweitertes Gesundheitscontrolling, um einen **qualitätsorientierten BGM-Systemindex** in Anlehnung an eine Health Balanced Scorecard zu konstruieren und zu ermitteln (▶ Abschn. 6.2.1) (vgl. Gutmann, 2019, S. 113 ff.; Uhle & Treier, 2019, S. 288 ff.). „Zur Steuerung von Gesundheit ist es notwendig, ein ganzheitliches Gesundheitscontrolling zu etablieren. Mit Hilfe von ausgewählten Kennzahlen integriert in ein Gesundheits-EFQM ist es möglich, ein ganzheitliches Bild des Gesundheitscontrollings zu gewinnen." (Günther et al., 2009, S. 367) Dieses Bild kann dann als **BGM-Cockpit** oder BGM-Dashboard übersetzt werden, um Transparenz zu schaffen und die Zusammenhänge zwischen den Bereichen des ganzheitlichen Gesundheitscontrollings zu illustrieren (◨ Abb. 6.4).

> ❯ Der Anspruch, Qualität im BGM zu fordern und zu fördern, erfordert im Sinne des Qualitätsmanagements ein Cockpit bzw. Dashboard, um den kontinuierlichen Verbesserungsprozess nach dem PDCA-Zyklus zu dokumentieren und zu evaluieren.

6.2.1 Bestimmungsmomente und Instrumente des Gesundheitscontrollings

Ganzheitliches Gesundheitscontrolling geht über die reine Erfassung und Auswertung von Fehlzeiten hinaus. Inhaltlich werden nicht nur Kennzahlen zum Ausfallrisiko auf Basis einer Fehlzeitenanalyse berichtet, sondern auch rechtliche, wirtschaftliche, soziale, menschliche und kommunikative **Wertfaktoren** berücksichtigt, die den Reifegrad der gesunden Organisation definieren. Um keinen Datenfriedhof zu generieren, ist es wichtig, die Kennzahlen im Gesundheitscontrolling aus der Gesundheitsstrategie der Organisation abzuleiten, die die Gesundheitsziele gemäß den gesundheitspolitischen Vorgaben definiert (▶ Abschn. 4.1.1). Dabei kann man sich an der Selbstbewertung im Qualitätsmanagement orientieren (▶ Abschn. 7.1).

▪ Ansatzpunkte und Aufgaben

Um diese erweiterte Funktion als **BGM-Controlling** abzubilden, lassen sich als **Ansatzpunkte** das Gesundheitsassessment, das Gesundheitsmonitoring und das Gesundheitsbenchmarking identifizieren. Die in der Gesundheitsstrategie festgelegten Zielgrößen sind zu operationalisieren und messbar zu machen *(Gesundheitsassessment)*. Die kontinuierliche Überwachung des Fortschritts und des Status der gesunden Organisation anhand von Indikatoren dient der Konkretisierung der Gesundheitsstrategie auf Maßnahmenebene *(Gesundheitsmonitoring)* und leistet einen Beitrag zum Risikocontrolling (▶ Abschn. 6.2.2). Der Vergleich mit anderen und das Lernen von anderen durch Best Practice und BGM-Wettbewerbe sowie die Standardisierung der eigenen Leistung ermöglichen eine Kalibrierung der Gesundheitsleistung *(Gesundheitsbenchmarking)*. Mit diesen Ansatzpunkten sind die vielfältigen **Aufgaben des Gesundheitscontrollings** verbunden (vgl. Günther et al., 2009; Rötzel, 2011; Siller & Stierle, 2011; Stierle & Vera, 2014). Dieses Aufgabenspektrum spiegelt die verschiedenen **Funktionen** des Gesundheitscontrollings wider, die von der Berichts- und Frühwarnfunktion über die Navigations- und Legitimationsfunktion bis hin zur Innovationsfunktion reichen.

- **Datengestützte Vorbereitung der Gesundheitsplanung** und Unterstützung bei der Priorisierung von Gesundheitszielen in der Gesundheitsstrategie
- Entwicklung und Pflege eines auf die Gesundheitsstrategie abgestimmten **Kennzahlensystems** (vgl. Exkurs zur ▶ „Kennzahlenqualität")
- **Erfassung und Bewertung der Bedingungsfaktoren** einer gesunden Organisation mit Hilfe von Arbeits- und Organisationsanalysen
- **Erstellung eines Risikokatasters** in Bezug auf Mensch, Technik und Organisation mit Hilfe von Gesundheitsrisikoanalysen wie die Gefährdungsbeurteilung (Risikomatrix)
- **Systematische und strukturierte Darstellung der Ergebnisse** zu Absentismus, Präsentimus und Arbeitsunfällen sowie Diskussion möglicher Ursachenfaktoren
- **Benchmarking** von Krankenständen und Arbeitsunfällen durch Gesundheitsberichte
- **Ermittlung des Wohlbefindens**, der Fitness und der Zufriedenheit der Beschäftigten als regelmäßige Erhebung durch Befragungstools
- **Finanzielle Bewertung** von Maßnahmen unter Kosten- und Investitionsgesichtspunkten
- **Legitimation von Gesundheitsinvestitionen** im Rahmen von Gesundheitsbudgets
- **Berichterstattung** über den aggregierten Gesundheitszustand und mögliche Gesundheitsrisiken

6

Kennzahlenqualität

Ob das Gesundheitscontrolling seinen Aufgaben gerecht wird, hängt maßgeblich von der **Qualität der Kennzahlen** ab (vgl. Pfaff & Zeike, 2019, S. 49 ff.; Treier, 2013, S. 81 ff.). Kennzahlen sollten möglichst effizient zu erheben sein, zielorientiert formuliert sein, explorative Trends abbilden können, Vergleichbarkeit ermöglichen, kontextbezogen interpretierbar sein, vollständig erhoben werden, verständlich und transparent sein, manipulationssicher und aktuell sein. Die Auflistung der **Qualitätsattribute** verdeutlicht die Problematik von Kennzahlen, da die Qualitätsanforderungen oftmals nicht erfüllt werden. Durch ihre Verdichtung und Vereinfachung können komplexe Sachverhalte abgebildet werden (vgl. Schulte, 2020, S. 6 ff.). Je nach Algorithmisierung handelt es sich um absolute Basiszahlen oder um relative Zahlen wie Index-, Relations- oder Strukturzahlen, die Größen zueinander in Beziehung set-zen. Je nach Fragestellung dominiert der deskriptive Ansatz zur Beschreibung von Sachverhalten oder der normative Ansatz zur Bewertung dieser Sachverhalte anhand von Zielvorgaben und kritischen Schwellenwerten. **Kennzahlensysteme** im BGM informieren über und quantifizieren Gesundheitszustände, verfolgen Veränderungen durch Gesundheitsmaßnahmen und bewerten deren gesundheitlichen Nutzen. Dabei ist der *Kausalbezug* für die Evaluation und Evidenzsicherung, der *Stakeholderbezug* für die Bedarfsorientierung, der *Interventionsbezug* für die Ableitung von Gesundheitsmaßnahmen und der *Legitimationsbezug* für die Überzeugungsarbeit relevant. Die **Herausforderung** im Gesundheitscontrolling besteht darin, aussagekräftige Kennzahlen zu identifizieren, zu operationalisieren, adressatengerecht zu kommunizieren und einen Zahlenfriedhof zu vermeiden.

■ Schritte im Gesundheitscontrolling

Die Ansatzpunkte und Aufgaben machen deutlich, dass das Gesundheitscontrolling keine statische Auflistung verdichteter Kennzahlen aus verschiedenen Datenströmen ist, sondern ein lernender Prozess in Anlehnung an den PDCA-Zyklus (Schaff in Matusiewicz & Kaiser, 2018, S. 172). Pfaff und Zeike (2019, S. 61 ff) leiten daraus ein **7-Schritte Modell** ab. In jedem Schritt sollte das Gesundheitscontrolling vertreten sein, um eine lückenlose Bewertung des Fortschritts im BGM zu ermöglichen. Dabei unterscheiden die Autoren zwischen operativem und strategischem Gesundheitscontrolling. Das *strategische Gesundheitscontrolling* ermöglicht es, in der Gesundheitspolitik der Organisation das Richtige zu tun (Gesundheitsziele zu setzen), und das *operative Gesundheitscontrolling* stellt sicher, dass das Richtige dann auch angemessen umgesetzt wird. Dies erfordert Selbstbewertung und Benchmarking sowie einen qualitätsorientierten Ansatz im Gesundheitscontrolling als lernendes System.

1. **Schritt: Festlegung der Gesundheitsstrategie.** Die *SWOT-Analyse* dient als Ausgangsanalyse, um die Stärken und Schwächen der gesunden Organisation als Organisationsanalyse sowie die Risiken und Chancen als Umweltanalyse zu identifizieren. Die Datenbasis ist geeignet, die grundlegende Gesundheitsstrategie als Referenz festzulegen und den gesundheitspolitischen Kurs zu bestimmen. Für die Umweltanalyse kann auf das Instrument der *PESTEL-Analyse* zurückgegriffen werden, um keine blinden Flecken zu hinterlassen. PESTEL steht für politische (*political*, z. B. Gesundheitspolitik), wirtschaftliche (*economic*, z. B. Ausbau der Gesundheitsversorgung oder der boomende Gesundheitsmarkt), soziokulturelle (*social*, z. B. Ausrichtung des Bildungssystems auf Gesundheitsbelange), technologische (*technological*, z. B. Telemedizin oder Verfügbarkeit von Gesundheitstechnologien), ökologisch-geografische (*environmental*, z. B. Emissionen oder Klima) und rechtliche (*legal*, z. B. E-Health Gesetzgebung) Einflussfaktoren.

2. **Schritt: Festlegung von operationalisierbaren Gesundheitszielen.** Um eine ausgewogene Zielmatrix zu erhalten, kann auf die *Balanced Scorecard* (s. u.) zurückgegriffen werden. Dieses Instrument des strategischen Controllings stellt sicher, dass monetäre und nicht-monetäre Faktoren gleichermaßen berücksichtigt werden und es nicht zu einseitigen Priorisierungen wie der Fokussierung auf Kosteneffizienz kommt. Diese Ziele müssen entsprechend operationalisiert und in Kennzahlen abgebildet werden. Herausforderungen sind dabei die Festlegung von Schwellenwerten nach der Ampellogik, die Erstellung von Ziel-Mittel-Hierarchien in Anlehnung an das Wirkungsmodell des BGM sowie die Verknüpfung der vielfältigen Kennzahlentypen zur Verhaltens- und Verhältnisprävention mit flankierenden Gesundheitskennzahlen.

3. **Schritt: Ist-Erfassung als Zustandsbericht.** Die Diagnose bezieht sich auf das konkrete Gesundheitsgeschehen. Sie variiert je nach Handlungsfeld und reicht von der mitarbeiterbezogenen Gesundheits- über die Arbeits- bis hin zur Organisationsdiagnostik. Die *Gesundheitsdiagnostik* erfasst den subjektiven und objektiven Gesundheitszustand, die Gesundheitskompetenz und das Gesundheitsverhalten. Sie aggregiert diese individuellen Werte zu aggregierten Organisationswerten. Die *Arbeitsdiagnostik* ermittelt die Risikofaktoren in Bezug auf die Aufgaben- und Arbeitsbedingungen. Die *Organisationsdiagnostik*

stellt mögliche Organisationspathologien in den Bereichen Strukturen, Prozesse und Führung fest. Die Gefährdungsbeurteilung psychischer Belastung eignet sich als kombinierte Arbeits- und Organisationsdiagnostik (▶ Abschn. 4.2.3.1).

4. **Schritt: Planung der Gesundheitsinterventionen.** Aufgrund der Komplexität der zu erwartenden Maßnahmenbündel sollte die Planungsphase durch das Gesundheitscontrolling unterstützt werden. So können Daten des Gesundheitscontrollings bei der Maßnahmenplanung von der Problemanalyse über die Identifikation von Problemlösungen bis hin zum vereinbarten Maßnahmenplan dazu beitragen, dass Gesundheitsszenarien bedarfsorientiert entwickelt werden und bspw. nicht durch mikropolitische Interessen beeinflusst werden.

5. **Schritt: Umsetzung der Planung.** Bei der Umsetzung können Probleme und Barrieren auftreten, die im Vorfeld nicht erkannt wurden. Deshalb sollte Gesundheitscontrolling auch hier prozessbegleitende bzw. formative Instrumente anbieten.

6. **Schritt: Evaluation der Umsetzung.** Die Qualität der Umsetzung bezieht sich auf die Strukturen, Ressourcen und Prozesse der Gesundheitsaktivitäten. Dies

ist häufig ein blinder Fleck im Gesundheitscontrolling. Es stellen sich die Fragen, ob die zur Verfügung gestellten Ressourcen angemessen waren und ob die Ressourcen entsprechend der Ziel-Mittel-Hierarchie allokiert wurden, ob die Zielbereiche und Zielgruppen erreicht wurden oder ob die Teilnahmequoten den Erwartungen entsprachen.

7. **Schritt: Bewertung der Zielgrößen.** Dieser Schritt wird bisweilen als die Königsdisziplin des Gesundheitscontrollings bezeichnet, da es hier um den Nachweis der Wirksamkeit von Gesundheitsmaßnahmen geht (Impact bzw. Outcome). An dieser Stelle ist darauf hinzuweisen, dass Veränderungen von Zielgrößen wie z. B. Fehlzeitenquoten häufig keine Rückschlüsse auf die Ursachen zulassen. Ob dies möglich ist, hängt von der Aussagekraft des Evaluationsdesigns ab (s. Exkurs zum ▶ „Evaluationsdesign").

❯ Die Schritte verdeutlichen, dass nur ein **systematisches Gesundheitscontrolling** eine lückenlose Bewertung der Fortschritte im BGM gewährleisten und als Transmissionsriemen für Veränderungsprozesse fungieren kann.

Evaluationsdesign

Die korrekte Interpretation des Endergebnisses hängt wesentlich vom **Evaluationsdesign** ab. So werden in der Praxis häufig unkontrollierte Querschnittsuntersuchungen durchgeführt. Die ermittelten Zusammenhänge lassen keine Rückschlüsse auf Ursache-Wirkungsketten zu und können durch nicht berücksichtigte Störvariablen verzerrt sein. Eine hohe Beweiskraft der Evaluation erfordert quasi-experimentelle oder experimentelle Designs (vgl. Döring & Bortz, 2016). Eine randomisierte kontrollierte Studie (RCT) wie in der Medizin ist in der Praxis nicht durchführbar. Auch echte Längsschnitt- und Kohortenstudien sind im betrieblichen Gesundheitscontrolling eher

die Ausnahme und meist mit einer Forschungsintention verbunden. Hinsichtlich der Durchführbarkeit sind jedoch **Trendstudien** denkbar. Damit können die Ergebnisse von Gesundheitsbefragungen zu verschiedenen Zeitpunkten miteinander verglichen und strukturelle Unterschiede erhoben werden. Dabei ist – soweit möglich – eine Pseudonymisierung anzustreben, um Veränderungen auf Personenebene nachvollziehbar und aggregiert sichtbar zu machen. Prä-Post-Messungen sind zudem auf mögliche Störvariablen zu kontrollieren. Inferenzstatistische Analysen erlauben eine Aussage über die Signifikanz, ob sich Werte überzufällig verändert haben.

■ **Instrumente des Gesundheitscontrollings**

Die Schritte erfordern unterschiedliche **Instrumente des Gesundheitscontrollings** (◘ Abb. 6.2). Es kann zwischen quantitativem und qualitativem Gesundheitscontrolling unterschieden werden. Das **quantitative Gesundheitscontrolling** basiert auf harten Kennzahlen aus Kosten-, Bestands- und Altersstrukturanalysen wie bspw. Fehlzeiten oder Ausfallkosten. Auch anonymisierte und aggregierte Fitness- und Gesundheitsdaten aus der digitalen BGF können hier berücksichtigt werden. Das quantitative Gesundheitscontrolling ist in der Regel vergangenheitsorientiert und berichtet Häufigkeiten und Verhältniszahlen. Die harten Daten lassen

sich aus Datenbanken wie Personalinformationssystemen oder ERP-Systemen (Enterprise-Resource-Planning) abrufen. Ggf. müssen die Zahlen von Fehlern bereinigt werden, bevor sie vom Controlling übernommen werden können. Das **qualitative Gesundheitscontrolling** interessiert sich für die Gesundheitskompetenz, Motivation und Einstellungen, aber auch für Gesundheitsscores wie Arbeitsfähigkeit oder Erholungsfähigkeit (Uhle & Treier, 2019, S. 369 ff.). Es basiert auf weichen Daten, die eher prospektiv ausgerichtet sind. Sie werden in der Regel durch Befragungen erhoben und quantifiziert. Zu den qualitativen Faktoren gehören auch die Bedürfnisse und Erwartungen der Be-

6

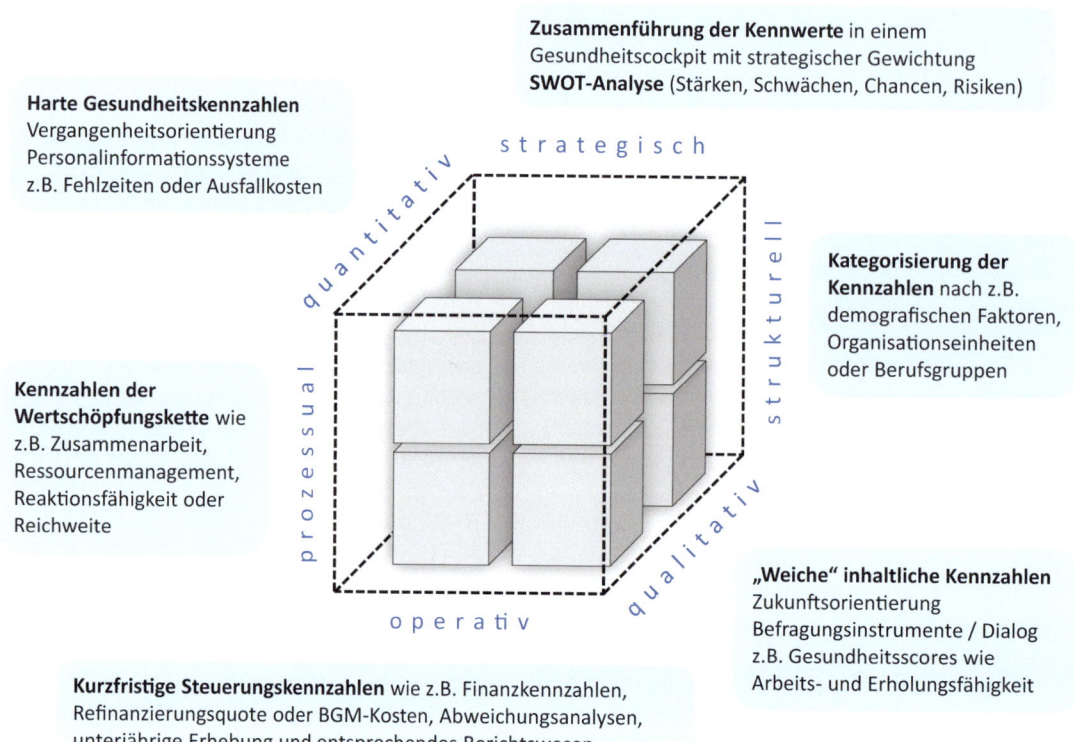

Zusammenführung der Kennwerte in einem
Gesundheitscockpit mit strategischer Gewichtung
SWOT-Analyse (Stärken, Schwächen, Chancen, Risiken)

Harte Gesundheitskennzahlen
Vergangenheitsorientierung
Personalinformationssysteme
z.B. Fehlzeiten oder Ausfallkosten

s t r a t e g i s c h

q u a n t i t a t i v

s t r u k t u r e l l

**Kategorisierung der
Kennzahlen** nach z.B.
demografischen Faktoren,
Organisationseinheiten
oder Berufsgruppen

**Kennzahlen der
Wertschöpfungskette** wie
z.B. Zusammenarbeit,
Ressourcenmanagement,
Reaktionsfähigkeit oder
Reichweite

p r o z e s s u a l

q u a l i t a t i v

o p e r a t i v

„Weiche" inhaltliche Kennzahlen
Zukunftsorientierung
Befragungsinstrumente / Dialog
z.B. Gesundheitsscores wie
Arbeits- und Erholungsfähigkeit

Kurzfristige Steuerungskennzahlen wie z.B. Finanzkennzahlen,
Refinanzierungsquote oder BGM-Kosten, Abweichungsanalysen,
unterjährige Erhebung und entsprechendes Berichtswesen

Abb. 6.2   Instrumente des Gesundheitscontrollings

schäftigten an Gesundheitsprogramme. Aus **struktureller Sicht** können die Ergebnisse des quantitativen und qualitativen Gesundheitscontrollings u. a. nach Organisationseinheiten oder demografischen Faktoren kategorisiert werden, um gruppenspezifische Werte abzubilden und zielgerichtete Maßnahmen abzuleiten. Aus **prozessualer Sicht** werden Daten zur Wertschöpfungskette Gesundheit erhoben, um bspw. die Zusammenarbeit der Gesundheitsakteure, das Ressourcenmanagement und die Reichweite der Gesundheitsaktivitäten zu bewerten. Die Optimierung der Kunden-, Ressourcen- und Prozesssicht steht dabei im Vordergrund. Die Herangehensweisen zur Messung der Zielerreichung orientieren sich ebenfalls an den **Handlungsfeldern** (► Kap. 4). So sollten Maßnahmen der Verhaltensprävention möglichst partizipativ und befragungsbasiert evaluiert werden, da sie die subjektive Dimension abbilden. Maßnahmen der Verhältnisprävention erfordern objektive Kriterien, wenn es bspw. um die Arbeitsbedingungen und die Einhaltung gesetzlicher Mindeststandards geht (vgl. Pfaff & Zeike, 2019). Die Überprüfung und Bewertung von gesundheitsfördernden Maßnahmen auf der Verhaltens-, Verhältnis- und Kulturebene ist abhängig von der Konkretisierung. Sie sollte möglichst begleitend erfolgen und als normaler und erwartbarer Bestandteil der Maßnahme und nicht als Fremdkörper wahrgenommen werden. Um den Reifegrad der gesunden Organisation abzu-

bilden, benötigt das Gesundheitscontrolling mithin ein **Arsenal an befragungsbasierten, beobachtenden und inhaltsanalytischen Instrumenten**. Für die Erstellung des Risikokatasters bieten sich Gesundheitsrisikoanalysen wie die Gefährdungsbeurteilung psychischer Belastung an, zumal hier eine gesetzliche Notwendigkeit bzw. Mitwirkungspflicht der Beschäftigten besteht (► Abschn. 4.2.3.1) (BAuA, 2019; Molnar, 2018). Zur Erfassung des Gesundheitszustandes bietet sich eine freiwillige und anonyme Befragung zu den Gesundheitsscores an. Die Gesundheitswerte werden aggregiert nach Strukturvariablen ausgewertet, um die Präventionsstrategie bedarfsgerecht anzupassen. Aus finanzieller Sicht sind zusätzlich die Gesundheitskosten zu ermitteln und eine ROI-Messung durchzuführen, um den finanziellen Nutzen abzubilden (► Abschn. 6.2.3).

■ **Herausforderungen im Gesundheitscontrolling**
Das Handeln im BGM ist häufig zu wenig rational und datenbasiert (vgl. Gutmann, 2019, S. 36 ff.; Kaminski, 2013). Der Mangel an aussagekräftigen Kennzahlen, die unzureichende Erfassung und Priorisierung, die fehlende Verknüpfung von Kennzahlen in Kennzahlensystemen und die oft intransparente Aufbereitung und Bewertung von Gesundheitsdaten (Gesundheitsreporting) machen das *BGM blind* und anfällig für konkurrierende Ressourcenansprüche (vgl. Uhle & Treier, 2019, S. 279 ff.). Es lassen sich verschiedene **Heraus-**

forderungen identifizieren, die verdeutlichen, dass es dem Gesundheitscontrolling gelingen muss, einerseits die Effizienz und Effektivität der Gesundheitsaktivitäten nachzuweisen und andererseits eine zielgerichtete Steuerung bzw. Navigation als Lotse der gesunden Organisation zu ermöglichen. Gesundheitscontrolling ist somit eine zentrale Managementfunktion im BGM.

A. **Kosten- vor Inhaltsorientierung:** Häufig findet nur eine sporadische Evaluation einzelner Maßnahmen statt. Erforderlich ist jedoch eine kontinuierliche Beobachtung gesundheitsrelevanter Organisationsparameter im Sinne eines Gesundheitsmonitorings, um systemrelevante Veränderungen des organisationalen Gesundheitszustandes und der Risikofaktoren frühzeitig zu eruieren und den Entscheidungsträgern Hinweise auf Handlungsbedarf zu geben. Viele Kennzahlen sind reaktiv und erlauben nur eine kostenorientierte Sichtweise (Kostenfokus) und sind weniger vorausschauend und wertschöpfungsorientiert (Inhaltsorientierung).

B. **Dokumentation von Einzelwerten ohne Zusammenhang:** Wenn überhaupt eine systematische Dokumentation erfolgt, fehlt oft der Zusammenhang zwischen den Kennzahlen in den Einzelberichten. Hier bietet sich das EFQM-Modell oder das Treiber-Indikatoren-Modell als Folie in Verbindung mit der Health BSC an, um ein Cockpit zur gesunden Organisation zu konzipieren (◘ Abb. 6.4). Dabei geht es nicht nur um die systematische Erfassung, sondern auch um die Verknüpfung der Kennzahlen zu einem Gesamtbild. Die Gesundheitsquote allein ist wenig

aussagekräftig, aber in Verbindung mit Kennzahlen zur Gefährdungsanalyse können relevante Risikoherde identifiziert und Maßnahmen im BGM priorisiert werden.

C. **Mangelnde Qualität der Kennzahlen:** Kennzahlen sind das Rückgrat eines modernen BGM, denn ohne sie ist das BGM nicht steuerbar und damit angreifbar und wehrlos gegenüber Forderungen und Budgetverhandlungen. Vor dem Hintergrund der Zunahme von befragungsbasierten weichen Indikatoren ist es wichtig, möglichst auf standardisierte Instrumente zurückzugreifen bzw. die eigenen Instrumente kritisch zu evaluieren. Häufig sind die Kennzahlen nicht standardisiert und nicht ausreichend auf die Fragestellung kalibriert. Ampelwerte als Schwellenwerte stehen nicht zur Verfügung, sodass ein großer Interpretationsspielraum bei der Bewertung besteht. Eine Zuordnung zu unabhängigen, abhängigen oder beeinflussenden Variablen nach dem Gleichungssystem Gesundheit erfolgt nicht – dies führt zu Verwirrung bei der Interpretation (◘ Abb. 6.1). Im Kontext des BGM sind Zugänglichkeit, Zielorientierung, Dynamik, Vergleichbarkeit, Situationsbezug, Manipulationsschutz und Aktualität wesentliche Qualitätsattribute der Kennzahlenabbildung.

❗ Häufig sind die Ergebnisse wenig aussagekräftig, schlecht dokumentiert und die Kennzahlen beschränken sich auf wenige Klassiker wie Fehlzeiten (vgl. Infobox zum ▶ „Absentismus").

Absentismus

Interpretation des Spätindikators Fehlzeiten – eine besondere Herausforderung im Gesundheitscontrolling

■■ **Das Problem der Ätiologie**

Einfach zu erheben und leicht mit Personalstrukturdaten zu verknüpfen, ist der Krankenstand aus gesundheitsökonomischer Sicht ein guter Indikator für Investitionen in die Gesundheit, da er mit den Ausfallkosten korreliert. In den Personalinformationssystemen können Erfassungs- und Zuordnungsfehler auftreten, die vor der Analyse zu korrigieren sind. Trotz bereinigter Fehlzeiten sind die **Herausforderungen bei der Interpretation** jedoch vielfältig. Denn es geht nicht nur um die absolute Kennzahl des Krankenstandes in Form verschiedener Metriken wie Gesundheits-, Krankheits- oder Fehlzeitenquote. Die Interpretation wird v. a. dadurch erschwert, dass die Ursachen für das Fernbleiben von der Arbeit sehr vielfältig sein können (Ätiologie). So kann zwischen motivations-, krankheits- und kulturbedingten Fehlzeiten unterschieden werden, aber auch externe Faktoren wie die konjunkturelle Lage beeinflussen das aktuelle Fehlzeitenbild.

■■ **Gute versus schlechte Fehlzeiten**

Maßnahmen des BGM können v. a. krankheitsbedingte Fehlzeiten beeinflussen (vgl. Chapman, 2012). Beeinflussbare Fehlzeiten können als **gute Fehlzeiten** klassifiziert werden. **Schlechte Fehlzeiten** wie bspw. sozial motivierte Fehlzeiten haben sich quasi kulturell verselbstständigt und als Normalität im organisationalen Verhalten etabliert. Misstrauenskulturen fördern dieses kritische Arbeitsethos. Die Unterscheidung zwischen guten und schlechten Fehlzeiten ist im Controlling allerdings nicht vorgesehen, da es sich um einen hochaggregierten Spätindikator handelt, der von vielen Einflussfaktoren abhängt, sodass eine **Kausalitätsbetrachtung** diffizil ist und die Ausprägung nicht eindeutig auf eine Ursache schließen lässt. Daher gibt es verschiedene Modelle zur Erklärung des Krankenstandes. Das **Belastungsmodell** beschäftigt sich mit dem Zusammenhang zwischen Arbeitsbedingungen und Arbeitsunfähigkeit, das **Bewältigungsmodell** sieht Fehlzeiten als Ausgleich für Überlastung bzw. als notwendige Regenerationszeit und das **Verhaltensmodell** betrachtet Fehl-

6

zeiten als instrumentellen Ansatz, um persönliche Zeitspielräume zu gewinnen (Missbrauchstheorie). Dies ist insbesondere bei Mehrfachtätigkeiten und bei flexiblen Arbeitsmodellen zu erwarten. Aus empirischer Sicht ist das Belastungsmodell im BGM die wichtigste Erklärungsform für die Zunahme psychischer Belastungen (vgl. Ulich & Wülser, 2018).

▪▪ Absentismus versus Präsentismus

Grundsätzlich stellt sich im Fehlzeitenmanagement die Frage, ob eine Fokussierung auf die **registrierte Anwesenheit** tatsächlich im Sinne einer gesunden Organisation ist, denn es besteht die Gefahr, dass der Rückgang des Absentismus durch einen Anstieg des **Präsentismus** als verdeckte Fehlzeiten (ein Beschäftigter geht trotz Krankheit zur Arbeit) erkauft wird – und der Präsentismus ist der größere Risikofaktor für eine gesunde Organisation und verursacht höhere Produktivitätsverluste als der Absentismus (vgl. Hägerbäumer, 2017). Die Zunahme des Präsentismus führt zu einer verzerrten Einschätzung der Fehlzeitenquote, da nach dem Eisbergmodell die Kosten des Präsentismus die Kosten des Absentismus um ein Vielfaches übersteigen (Steinke & Badura, 2011, S. 5). Die Präsentismusquote sollte daher als zu schätzende Korrekturgröße berücksichtigt werden. Eine achtsame Gesundheitskultur ist die beste Prävention gegen Präsentismus (▶ Abschn. 4.1.2).

▪▪ Trends und Faustregeln

Bei der Interpretation sollten auch **allgemeine Entwicklungen** berücksichtigt werden, denn die Zunahme der inneren Kündigung als Ausdruck von Bindungsverlusten sowie die Bedeutungszunahme chronischer und psychischer Erkrankungen im Zusammenhang mit dem demografischen Wandel verändern langfristig das Krankenstandsbild. Bei der Interpretation kann auch auf **Faustregeln** zurückgegriffen werden (Uhle & Treier, 2019, S. 319 f.). So ist aus den Gesundheitsreporten der Krankenkassen bekannt, dass die Variable Alter v. a. die durchschnittliche Dauer der Fehlzeiten beeinflusst, nicht aber

die absolute Zahl der Fehltage. Zudem werden die Fehlzeiten von einem relativ kleinen Teil der Belegschaft verursacht, denn rund 80 % der Arbeitsunfähigkeiten betreffen 20 bis 30 % der Beschäftigten. Bekannt ist auch, dass rund 50 % des Fehlzeitenvolumens auf Langzeiterkrankungen (>42 Tage) entfallen oder dass Teilzeitbeschäftigte – gemessen an der Arbeitskapazität – vergleichsweise weniger fehlen als Vollzeitbeschäftigte.

▪▪ Steigerung der Aussagekraft

Durch bestimmte Modifikationen kann die **Aussagekraft der Fehlzeitenquote** durch eine erweiterte statistische Fehlzeitenanalyse erhöht werden (Treier, 2020a, Uhle & Treier, 2019, S. 310 ff.), indem nicht nur Absolutwerte, sondern auch Qualitätswerte (z. B. Verteilung, Ausreißer, Streuung) erfasst werden und die Fehlzeitenquote auf die zugrunde liegenden Strukturvariablen (Bezug auf Verteilungen, z. B. Alter und Geschlecht, in Form einer z-Transformation als Standardnormalverteilung) standardisiert wird. Der Wert kann durch einige statistische Veränderungen sensitiver gemacht werden, sodass bereits kleine Veränderungen unter Effektivitätsgesichtspunkten erkennbar werden (Sensitivitätsindex).

▪▪ Fazit

Der **Aufwand für eine aussagekräftige Analyse des Krankenstandes** ist relativ gering, da keine neuen Daten benötigt werden, die Auswirkungen auf die Interpretation sind jedoch erheblich, da der Krankenstand als dominierendes Endergebnis im Gesundheitscontrolling gilt und relativ unantastbar ist. In diesem Zusammenhang sind auch andere Kennzahlen wie z. B. der LPT-Wert (health-related lost productive time) als Parameter für eine gesundheitsbedingte Leistungseinschränkung als Erweiterung interessant (Stewart et al., 2004). Darüber hinaus sind bei der Interpretation von Fehlzeiten vielfältige Stör- und Kostenfaktoren zu berücksichtigen, die sich z. B. in Transaktionskosten, aber auch in Störungen wie Konflikten und Teamproblemen niederschlagen (vgl. Brandenburg & Nieder, 2009).

▪ Modernes Gesundheitscontrolling

Modernes Gesundheitscontrolling zielt nicht mehr auf einen retrospektiven, statischen Gesundheitsbericht, sondern auf ein visualisiertes, digitales und dynamisches Cockpit oder *BGM-Dashboard* zur fundierten Entscheidungsfindung und Strategieentwicklung. Es ist weniger retrospektiv als antizipativ ausgerichtet, indem es Trends berechnet und Aussagen über den Gesundheitszustand der Organisation in der Zukunft ermöglicht. Es ist weniger deskriptiv als vielmehr proaktiv bzw. präskriptiv ausgerichtet, indem es datengestützt

Handlungsempfehlungen ableitet, zur Evidenzbasierung des organisationalen Gesundheitshandelns beiträgt und damit auch gesundheitspolitische Standards bestimmt. Diese Entwicklungen werden durch die Digitalisierung verstärkt, da sich die Möglichkeiten einer echtzeitbasierten Erfassung und die Verknüpfung von Datenströmen erweitern (vgl. Treier, 2020a). Zudem stehen aus gesellschaftlicher und ökonomischer Sicht mehr Gesundheitsinformationen aus dem Gesundheitswesen zur Verfügung, die Anwendungsszenarien für Big Data nehmen zu und Gesundheitsdaten werden als

Wert an sich realisiert und ermöglichen die Entwicklung neuer „Geschäftsmodelle" (vgl. Landrock & Gadatsch, 2018). Diese Daten können auch zur Kalibrierung und Bewertung der eigenen Datenlandschaft genutzt werden. **Healthcare Analytics** nimmt an Fahrt auf, da neue Technologien wie Sensorik, Ambient Intelligence, Smartphones im Bereich E-Health enorme Datenmengen versprechen und die Branche im Bereich Digital-Health wächst (vgl. Islam et al., 2018; Rüping & Sander in Haring, 2019, S. 15 ff.). **Data-Mining** als systematische Anwendung statistischer Methoden auf große Datenmengen wird hier zur neuen Herausforderung eines Gesundheitscontrollings, um Trends und Zusammenhänge zu erkennen. Dass diese Datenmengen als „*Goldgrube*", aber auch als „*Dynamit*" aus Sicht des Daten- und Persönlichkeitsschutzes bewertet werden können, wird derzeit kontrovers diskutiert. Unabhängig davon wird die Zunahme digitaler Infrastrukturen im Gesundheitswesen zu einer Explosion gesundheitsrelevanter Datenmengen führen – eine Entwicklung, die auch für Organisationen relevant ist. Schließlich hat die digitale Transformation im Gesundheitswesen auch Auswirkungen auf das Gesundheitscontrolling, das zunehmend interne und externe Datenströme verknüpft, um die Gesundheitsstrategie datenbasiert zu fundieren und dem Management Entscheidungshilfen zu liefern.

❯ **Modernes Gesundheitscontrolling** ist digital, echtzeitbasiert und vernetzt. Es verknüpft interne Daten mit öffentlich zugänglichen Gesundheitsdaten, um die eigene Entwicklung an allgemeinen Gesundheitstrends zu kalibrieren (vgl. Infobox ▶ „Digitales Gesundheitscontrolling").

Digitales Gesundheitscontrolling

BGM 4.0 bzw. die Digitalisierung des BGM verändert auch das Gesundheitscontrolling (vgl. Gutmann, 2019, S. 159 ff.; Schaff in Matusiewicz & Kaiser, 2018, S. 171 ff.; Treier, 2020a) (▶ Kap. 5). Das **digitale Gesundheitscontrolling** setzt auf smarte Technologien wie das Self-Tracking von Wearables und kann als Baustein nicht-invasiv in digitale Angebote integriert werden. Es nutzt die digitale Vernetzung der Lebensbereiche, um erweiterte Aussagen zur Work-Life-Balance treffen zu können. Dies ermöglicht ein mobiles, effizientes und echtzeitbasiertes Gesundheitsmonitoring. Online-Befragungen und die mobile Erfassung gesundheitsrelevanter Daten erweitern das Portfolio des Gesundheitsmonitorings im Bereich E- und M-Health. Diese Datenströme können intelligent miteinander verknüpft werden. Open Data und Big Data ermöglichen aber auch auf Systemebene neue Wege einer datengestützten Planung von Gesundheitsaktivitäten. Dies zeigt sich bspw. im Bereich der telemedizinischen Versorgung oder der Risikoanalyse. Aber auch klassische Instrumente wie die Fehlzeitenanalyse können mit digitalen Werkzeugen zu einem intelligenten Fehlzeitenlotsen weiterentwickelt werden, der nicht nur absolute Werte aus der Vergangenheitsperspektive erfasst, sondern die Aussagekraft und Tiefenschärfe der Fehlzeiten erhöht. Auch die Effizienz und Effektivität von Maßnahmen im BGM können durch digitale Ansätze im Gesundheitscontrolling einfacher und zeitnäher als bisher erfasst und bewertet werden, da die Maßnahme mit dem Monitoring als Einheit verknüpft wird und das Controlling kein Fremdkörper mehr darstellt.

■ **Health Balanced Scorecard**

Als Steuerungsansatz für Gesundheitsvisionen und für das BGM kann die **Health Balanced Scorecard** (Health BSC) dienen (Gutmann, 2019, S. 113 ff.; Horváth et al., 2009; Uhle & Treier, 2019, S. 288 ff.). In Verbindung mit dem EFQM-Modell kann eine Strategy Map erstellt werden (▶ Abschn. 7.1). Sowohl EFQM als auch die BSC sind anerkannte, verbreitete und anschauliche Instrumente. Ziel ist die Entwicklung eines **BGM-Systemindex** unter Berücksichtigung verschiedener Perspektiven wie Finanzen (ROI, Absenzenreduktion, Personalkosten), Kunden/Adressaten (Zufriedenheit, Partizipation, Gesundheitsverhalten, Gesundheitszustand, Beschwerden), Prozesse (Vernetzung, Schnittstellen, Effizienz, Reaktionsfähigkeit, Reichweite) und Potenziale bzw. Entwicklung (Kompetenzen der Akteure, Funktionsfähigkeit der Strukturen, Implikationen der Arbeit 4.0, Gesundheitskultur) (vgl. Burnus et al., 2014 und Infobox ▶ „BGM-Systemindex"). Der Systemindex liefert Informationen zu verschiedenen **Teilindizes** in den Bereichen Wirtschaftlichkeit, Kompetenzen, Arbeit und Organisation und grenzt sich damit von einer reinen Ausfall- und Gesundheitskostenrechnung ab (vgl. Burnus et al., 2014, S. 82 ff.). Das Qualitätsmanagementmodell definiert die Ziele und Kriterien, die oft noch interpretationsoffen ausfallen. Eine Selbstbewertung ermöglicht eine Stärken-Schwächen-Analyse in Bezug auf die Bedeutung und den Erfüllungsgrad der Kriterien. In diesem Zusammenhang ist ein Benchmarking sinnvoll. Die Datenerhebung erfolgt dabei aggregiert und qualitativ. Die BSC operationalisiert diese Kriterien durch Indikatoren als konkrete Messgrößen, die quantitativ ausgerichtet sind. Sie ermöglichen ein Veränderungsmonitoring. Dabei werden sowohl monetäre als auch nicht-monetäre Messgrößen sowie retrospektive (rückwärts gerichtete) und prospektive (vorwärts gerichtete) Messgrößen verwendet. Kombiniert man diese Instrumente, ist eine ergebnisorientierte Steuerung nach dem PDCA-Zyklus möglich.

- Das **EFQM-Modell** als Qualitätsansatz stellt ein Referenzmodell dar und bietet einen strategischen Rahmen für die gesunde Organisation (▶ Abb. 7.1). Daraus lassen sich entsprechende Prüfpunkte und Erfolgskriterien ableiten (▶ Abschn. 7.2). Problematisch ist allerdings, dass das Modell zwar eine Selbsteinschätzung hinsichtlich Stärken und Schwächen ermöglicht und auch Zusammenhänge zwischen Befähigern und Ergebnissen als Ursache-Wirkungsketten herstellt (Relativmessung), sich aber nicht als Controllinginstrument im Sinne einer Absolutmessung eignet. Bildlich gesprochen ist das EFQM-Modell der Kompass.

- Hier kann die **BSC als ausgewogenes Kennzahlensystem** unterstützen (Kaplan & Norton, 2018) (◘ Abb. 6.3). Die BSC ist eine Art Cockpit, das alle erforderlichen Informationen über den Gesundheitszustand der Organisation erfasst (Controlling-

funktion), übersichtlich darstellt (Berichtsfunktion) und den Verantwortlichen aufzeigt, welcher Kurs zur gesunden Organisation aus strategischer Sicht gemäß dem Kompass einzuschlagen ist (Navigationsfunktion). Die BSC übersetzt die im EFQM-Modell definierten Stellgrößen der Gesundheitsstrategie (Relativmessung) in operative bzw. messbare Größen (Absolutmessung). Da die BSC sowohl monetäre als auch nicht-monetäre Kriterien berücksichtigt und im Rahmen einer gewichteten Betrachtung miteinander verknüpfen kann, eignet sie sich besonders gut für das Gesundheitscontrolling, da bei der Nutzwertanalyse nicht einseitig nur ökonometrische Aspekte, sondern auch immaterielle Werte wie Arbeitszufriedenheit oder Image von Bedeutung sind. Die BSC eignet sich damit einerseits zur Legitimation und zum Nachweis des betriebswirtschaftlichen Nutzens von BGM, andererseits zur Abschätzung und Bewertung der Wirksamkeit von BGM, um begründete Prioritäten für Maßnahmen setzen zu können.

- Als **Kennwertfelder** eines BGM-Cockpits sind zu definieren: Arbeitsqualität (Arbeitszufriedenheit, Arbeitsinhalte, Mehrarbeitsquote, Belastungsprofile …), Gesundheit (personale Ressourcen, Gesundheitszustand, Beanspruchungswerte …),

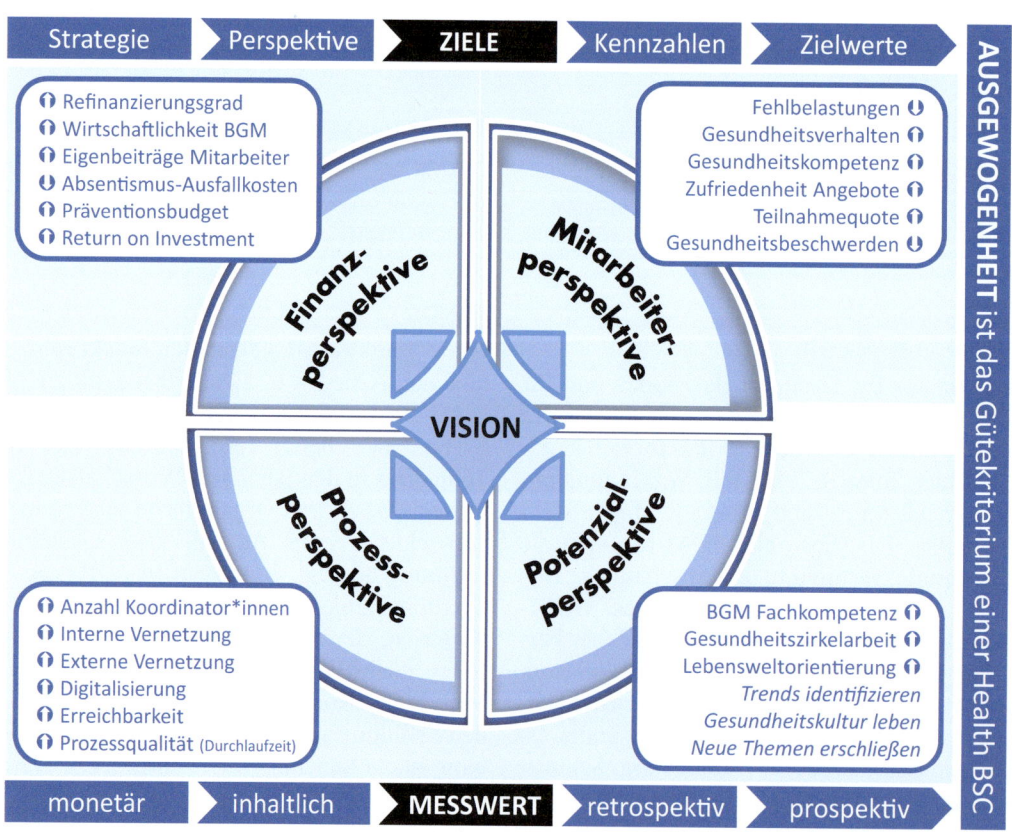

◘ **Abb. 6.3**   Health Balanced Scorecard

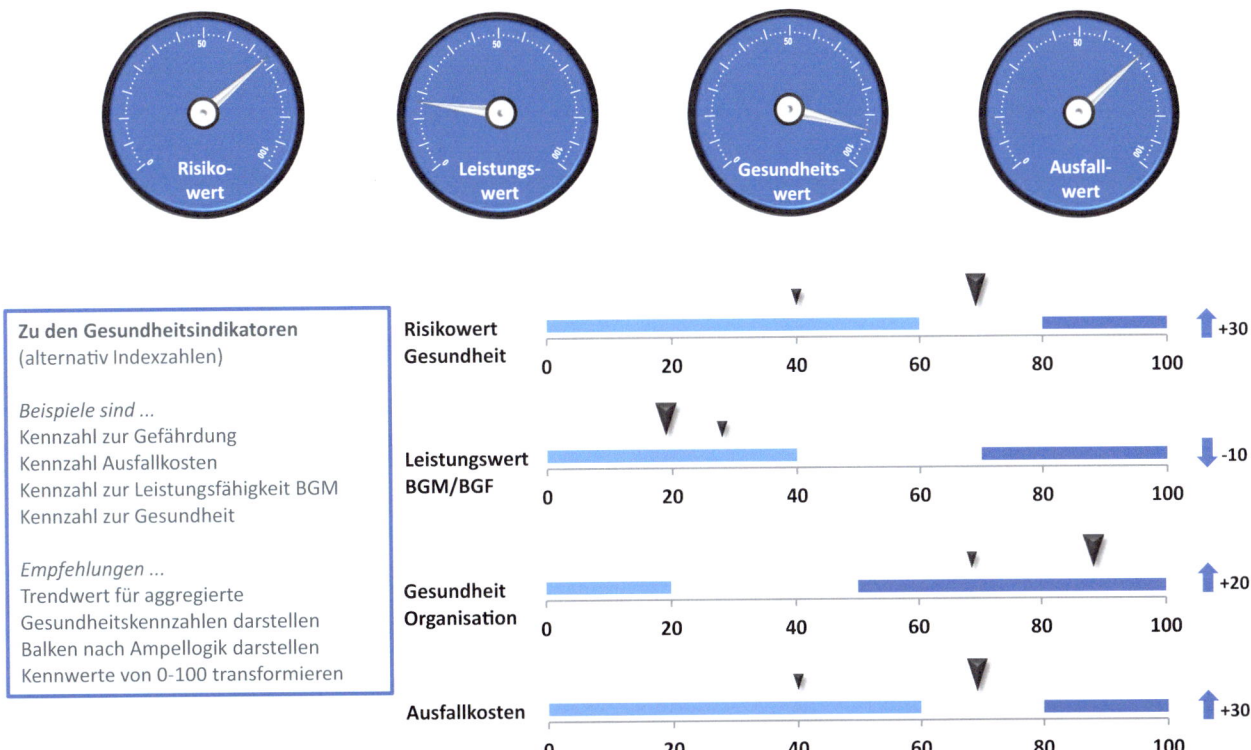

Zu den Gesundheitsindikatoren
(alternativ Indexzahlen)

Beispiele sind …
Kennzahl zur Gefährdung
Kennzahl Ausfallkosten
Kennzahl zur Leistungsfähigkeit BGM
Kennzahl zur Gesundheit

Empfehlungen …
Trendwert für aggregierte
Gesundheitskennzahlen darstellen
Balken nach Ampellogik darstellen
Kennwerte von 0-100 transformieren

☐ Abb. 6.4   BGM-Cockpit für eine gesunde Organisation nach Treier (2020a, S. 33)

Ausfall (Arbeitsunfähigkeit, Krankenstand, BEM-Verfahren …), Organisation (gesunde Führung, Gesundheitsbudget pro Kopf, gebundene Arbeitskapazität der Gesundheitsakteure, Beteiligungsquoten …) (☐ Abb. 6.4).

> **Die Health BSC ist nicht standardisiert.** In der Health BSC ist nicht einheitlich definiert, welche Ziele und Messgrößen den Perspektiven zugeordnet werden – dies leitet sich oft auch aus der Vision und der Gesundheitsstrategie sowie den Rahmenbedingungen der Organisation ab. Daher variiert die Health BSC in der Praxis. Auch die Perspektiven selbst können ver-

ändert werden, um Schwerpunkte zu setzen. So wird die Kundenperspektive häufig zur Perspektive „Gesundheit und Wohlbefinden". Wichtig ist, dass jede Zielgröße in den Perspektiven operationalisiert wird, d. h. es werden Messgrößen definiert und auch Zielwerte festgelegt, die erreicht werden sollen. Zudem sollte die Anzahl der Zielgrößen pro Perspektive überschaubar bleiben, um die Handhabbarkeit zu gewährleisten. In der Regel sind 3–5 Zielgrößen pro Perspektive ausreichend. Besonderes Augenmerk ist auf die Ausgewogenheit der Zielgrößen, z. B. in Bezug auf monetäre und nichtmonetäre sowie retrospektive und prospektive Kennzahlen, zu legen.

BGM-Systemindex

Ein **ganzheitlicher BGM-Systemindex** lässt sich in Teilindizes gliedern und mit beispielhaften Indikatoren füllen (vgl. Burnus et al., 2014):

- *Teilindex Managementsystem BGM:* z. B. Strategie und Planung, Verknüpfung der Gesundheitsaktivitäten im Steuerungsmodell, Ressourcenallokation, Partizipationsquote

- *Teilindex Maßnahmenportfolio des BGM:* z. B. Teilnahmequote und Zufriedenheit, Umfang bezogen auf die Handlungsfelder der Präventionsmatrix, Durchdringungstiefe und Reichweite, Qualitätssicherung der Maßnahmen, Transfer in den Arbeitsalltag
- *Teilindex Gesundheit:* z. B. Wohlbefinden, subjektiv erlebte Gesundheit oder objektive Gesundheitspara-

meter, Commitment, Parameter der Gesundheits-kompetenz und des Gesundheitsverhaltens
- *Teilindex Gesunde Organisation:* z. B. gesunde Führung, Verankerung von BGM, Gesundheitskultur, Vereinbarkeit von Beruf und Familie, Mehrarbeitsquote
- *Teilindex Arbeitsqualität:* z. B. Arbeitszufriedenheit, Arbeitsinhalte, Belastungen, Sicherheit am Arbeitsplatz

- *Teilindex Ausfallrisiken:* z. B. Fehlzeiten- und Fluktuationsrate, Produktivitätsverlust, Präsentismus, Arbeitsunfallkennzahlen, BEM-Verfahren
- *Teilindex Finanzen:* z. B. Gesundheitskosten, Refinanzierungsgrad, Transaktionskosten, gruppenbezogene Investitionen

Reifegrad des Gesundheitscontrollings
Die Kernfunktionen des Gesundheitscontrollings sind die Bereitstellung eines intelligenten, digital administrierten Fahr- und Lenkassistenten, die Steuerung über ein Cockpit und die Integration von Risikoanalysen zur Frühwarnfunktion als Seismograf. Das Gesundheitscontrolling hinkt häufig den Innovationszyklen im BGM hinterher, wenn man bspw. an die Anforderungen der Digitalisierung im BGM denkt (▶ Kap. 5). Vielfach verbleibt das Gesundheitscontrolling noch auf der kalkulatorischen und strukturellen Ebene (Kosten- und Verteilungsorientierung). Höhere **Reifegrade des Gesundheitscontrollings** berücksichtigen Effizienz (Vergleich von geplantem und tatsächlichem Ressourceneinsatz als Produktivität), Effektivität (Input und Output-Relation als Wirtschaftlichkeit) und Erfolgsgrößen (wertschöpfungsorientierte Sichtweise).

6.2.2 Risikomanagement im Gesundheitscontrolling

» „Ein SGA-Risiko (SGA = Sicherheit und Gesundheit bei der Arbeit) entsteht aus dem Zusammenwirken von Gefahrenquellen bzw. Gefährdungen, dem Beschäftigten und der Exposition in einer Gefahr bringenden Bedingung." (Brauweiler et al., 2019, S. 38)

Das **Ausfall- und Gesundheitsrisiko** in Organisationen muss in den Fokus gerückt werden, da das Humankapital eine fragile, schwer zu beschaffende und teure Ressource darstellt (vgl. Kobi, 2012). „Ausmaß und Kosten solcher Motivationsrisiken werden stark unterschätzt. Mangelndes Commitment und ungesunde Arbeitsatmosphäre schlagen sich sehr direkt auf den Unternehmenserfolg nieder." (Kobi 2012, S. 115) Die **Personalerhaltung** ist somit die wichtigste Zielgröße des Personalrisikomanagements in einer erschöpften und auszehrenden Organisation (vgl. von Oelsnitz et al., 2014, Treier, 2019b, S. 5 ff.). Aus Sicht des Personal-

risikomanagements steigt die **Ausfallwahrscheinlichkeit des Personals** aufgrund des demografischen Wandels bei gleichzeitig steigenden Anforderungen insbesondere im psychischen Bereich. In der Bestandsaufnahme möglicher Risiken sind zum einen **organisationale Risiken** wie hohe Ausfallzeiten, Gefährdungen am Arbeitsplatz, schlechtes Betriebsklima, steigende Fluktuation, Zunahme psychischer Belastungen oder Herausforderungen im Zusammenhang mit dem demografischen Wandel zu erfassen und zu bewerten. Zum anderen müssen **individuelle Risiken** wie Burnout, psychische Störungen, chronische Erkrankungen, familiäre Herausforderungen oder Suchtprobleme im Risikotableau berücksichtigt werden. So ist bspw. die abnehmende Arbeitsfähigkeit sowohl ein individueller als auch ein organisationaler Gesundheitsrisikofaktor im Bereich des Personalrisikomanagements (vgl. Kobi, 2012). Viele dieser Risiken können durch gesundheitsförderliche Rahmenbedingungen und die Befähigung zu gesundheitsförderlichem Verhalten (Gesundheitskompetenz) positiv beeinflusst werden. Die positiven Effekte von Maßnahmen der BGF auf die Arbeits- und Leistungsfähigkeit, den Absentismus und das Wohlbefinden sind für systematische Mehrkomponentenansätze des BGM belegt (▶ Abschn. 6.1.1). Die demografische Entwicklung, aber auch die Prävalenz und Inzidenz lebensstilbedingter Erkrankungen zeigen, dass die Organisation nicht unreflektiert von einer heilen Welt normal leistungsfähiger Mitarbeiter*innen ausgehen darf. Vielmehr bedarf es eines **Frühwarnsystems** (Health Risk Management), um die Gefahren und Folgen nicht oder unzureichend umgesetzter Maßnahmen im Bereich des BGM zu verdeutlichen und damit die Zielgrößen in der gesundheitspolitischen Strategie der Organisation festzulegen. Das Gesundheitscontrolling fungiert dabei als Instrument des Risikomanagements, insbesondere im Controlling der **Gesundheitsdeterminanten** in der Verhaltens- und Verhältnisprävention (vgl. Pfaff & Zeike, 2019, S. 43 ff.). Risikokennzahlen lassen sich aus den vorhandenen Instrumenten des Gesundheits- und Personalcontrollings bestimmen. Hier bieten sich insbesondere Gefährdungsbeurteilungen und Organisationsanalysen an, aber auch Auffälligkeiten in der Fehlzeitenanalyse können Hinweise auf Risiken geben. **Ziele** sind die Implementierung eines Frühwarnsystems, die Bewertung des Fortschritts von Gegenmaßnahmen und die Legitimation entsprechender Investitionen. Wichtig ist dabei, dass die Risiken systematisch und regelmäßig erfasst werden, um zeitnah und angemessen reagieren zu können. Viele **Risikokennzahlen** können aus dem Gesundheitsmonitoring und dem Risikoscreening gewonnen werden. Gesundheitsund Ausfallrisiken sowie die Minderung der Arbeitsfähigkeit im Kontext des demografischen Wandels lassen sich zum einen in einem Arbeitsschutz- und Gesundheitscontrolling gemäß den Anforderungen an Arbeitsschutzmanagementsysteme (DIN ISO 45001:2018-06) und zum anderen in einem integrierten Personalrisikomanagement als Ansatz eines ganzheitlichen Personalcontrollings abbilden. Entscheidend ist, dass das Risikomanagement fest im BGM verankert ist (vgl. Treier, 2013). Die Präventionsmatrix bietet sich hier als inhaltliche Anker für Instrumente der Risikoanalyse an, um die entsprechenden Risikofaktoren den Präventionsansätzen und Präventionsstufen zuzuordnen (▶ Abschn. 4.3).

> ❗ Ein **Frühwarnsystem für Ausfall- und Gesundheitsrisiken** ist notwendig, denn die heile Welt normal leistungsfähiger Beschäftigter ist angesichts von Herausforderungen wie dem Wandel des Krankheitsspektrums eine Illusion (▶ Abschn. 1.3.1). Insbesondere der demografische Wandel hat Auswirkungen auf Arbeitsfähigkeit und Gesundheit.

Gesundheitsrisikomanagement

Gesundheitsrisikomanagement (Safety and Health Risk Management) ist die systematische Erfassung und Bewertung von Gesundheitsrisiken im Personal- und Arbeitssystem. Das rechtzeitige Erkennen von Risiken, die angemessene Analyse und Bewertung der Risiken sowie deren Steuerung und Bewältigung und die Kommunikation mit den relevanten Interessengruppen in der Organisation sind Teil des Gesundheitscontrollings.

▪ Risikobewältigungsstrategien

Risikomanagement befasst sich mit verschiedenen Formen des **passiven und aktiven Umgangs mit Risiken** (vgl. Treier, 2013, S. 63ff.). Aktive Maßnahmen des Risikomanagements sind ursachenbezogen und verändern das Risiko direkt an der Quelle, während passive Maßnahmen Risiken verlagern und als wirkungsbezogene Ansätze interpretiert werden können (Brauweiler, 2019, S. 12). Am bekanntesten sind das Risikomanagement und das Risikocontrolling im Finanzsektor (vgl. Vanini

& Rieg, 2021). Im Risikomanagement werden bspw. **Risikoszenarien** in der Finanzwelt simuliert, um zu verdeutlichen, was passieren kann, wenn bestimmte Faktoren kritische Schwellenwerte überschreiten (vgl. Holtrup et al., 2018). Diese Erkenntnisse lassen sich teilweise auf das Risikomanagement im BGM übertragen. Entscheidend ist, dass Risikomanagement mehr ist als die Erfassung und Bewertung singulärer Risikokennzahlen wie Fehlzeiten. Letztlich geht es im Handlungsfeld Gesunde Organisation um Wenn-Dann-Beziehungen unter Berücksichtigung der Ursache-Wirkungsketten des Treiber-Indikatoren-Modells (▶ Abschn. 6.1.2). Daraus lassen sich verschiedene **Risikobewältigungsstrategien** ableiten, die auch kombiniert werden können (vgl. Brauweiler, 2019, S. 12 f.; Treier, 2013, S. 63). Gefährlich ist es, wenn Risiken einfach hingenommen, als unvermeidbar toleriert oder durch Kompensationen wie Entgelte ausgeglichen werden. Ein solches Vorgehen widerspricht den Anforderungen des ArbSchG, wonach erkannte Gefährdungen möglichst zu vermeiden oder nach sorgfältiger Abwägung zu verringern sind (§ 1 Abs. 1 & § 3 Abs. 1 ArbSchG). Es gilt die Maxime, Risiken nicht zu ignorieren, sondern kompetent mit ihnen umzugehen bzw. sie zu managen. Arbeitsschutzmanagementsysteme nach DIN ISO 45001:2018-06 thematisieren das Risikomanagement (vgl. Brauweiler et al., 2019).

A. **Risikovermeidung:** Die wirksamste Bewältigungsstrategie ist die proaktive Risikovermeidung, d. h. der Verzicht auf krankmachende und risikobehaftete Verhaltensweisen und Verhältnisse. Die primäre Präventionsstrategie zielt insbesondere auf die Vermeidung ab.

B. **Risikominderung:** Die aktive Risikominderung greift u. a. die sekundäre Präventionsstrategie auf, indem durch Früherkennung die Eintrittswahrscheinlichkeit eines Schadens ursachengerecht verringert wird, indem rechtzeitig Gegenmaßnahmen auf der Verhaltens- oder Verhältnisebene eingeleitet werden.

C. **Risikotransfer:** Problematisch ist eine passive Risikoüberwälzung, wenn erkannte Risiken aus gesundheitlicher Sicht quasi ausgelagert bzw. aus dem Blickwinkel einer gesunden Organisation entfernt werden und/oder die Folgen durch „Versicherungen" abgefedert werden.

D. **Risikobegrenzung:** Sie setzt auf flankierende gesundheitliche Maßnahmen, um eine zu erwartende gesundheitliche Beeinträchtigung in ihrem Ausmaß oder ihrer Ausprägung zu minimieren. Risikobegrenzende Maßnahmen sind wirkungsorientiert auszurichten.

E. **Risikokompensation:** Die Risikokompensation als Ausgleich eines bestehenden Risikos ist im BGM häufig anzutreffen, wenn das Risiko im Verhältnisbereich, wie z. B. ungünstige Schichtarbeit, nicht ohne größeren Aufwand veränderbar ist, aber durch

6

Interventionen zur Verbesserung der Gesundheit und der Erholungsfähigkeit im Verhaltensbereich kompensiert wird. Dieser Ansatz ist insofern problematisch, als unter dem Gesichtspunkt der Risikokompensation keine nachhaltige Veränderung der Risikofaktoren als Sockel erfolgt. Verfügbare Ressourcen auf der Verhaltensebene wie z. B. Resilienz können zwar die *Risikotragfähigkeit* des Einzelnen erhöhen, sind aber gemäß dem Rahmenmodell der gesunden Organisation in ihrer Wirksamkeit begrenzt (▶ Abschn. 2.1.4) (▶ Abb. 2.3).

F. **Risikodiversifikation:** Sie bedeutet die Streuung eines Gesamtrisikos auf verschiedene Bereiche oder Beschäftigtengruppen. Das Prinzip besteht darin, ein geringeres Gesamtrisiko zu schaffen, indem es auf viele kleine Einzelrisiken verteilt wird. Dieses Prinzip kann bei voneinander unabhängigen Risiken sinnvoll sein, um eine Begrenzung der Gefährdung zu erzielen.

❗ Das größte Problem im Umgang mit Risiken sind **Unwissenheit und Gleichgültigkeit**. Risikomanagement schafft Wissen und Bewusstsein. Die **Risikobewältigungsstrategien** Kompensation und Diversifikation sind kritisch, da sie das Risiko nicht an der Wurzel packen, sondern nur die Auswirkungen des Risikos abmildern.

Risiko

Nach DIN EN ISO 12100:2011-03 (Norm zur Sicherheit von Maschinen) ist das **Risiko** die Kombination aus der Wahrscheinlichkeit des Schadenseintritts und der Schwere des Schadens im Schadensfall und kann mit der **Risikoprioritätszahl** (RPZ) quantifiziert werden, um festzustellen, ob das Risiko noch akzeptabel ist oder ob Handlungsbedarf besteht (vgl. Infobox ▶ „Denkmodell der Risikoentstehung"). Die DIN ISO 45001 beschreibt das Risiko als „*Auswirkung von Ungewissheit*" bzw. das Fehlen belastbarer Informationen. Sie betrachtet ein SGA-Risiko als „Kombination aus der Eintrittswahrscheinlichkeit arbeitsbezogener gefahrbringender Ereignisse oder Expositionen und der Schwere der Verletzung und Erkrankung, die durch die Ereignisse oder die Expositionen hervorgerufen werden kann." (Weigl, 2019, S. 37) Im Sinne des Risikomanagements können neben der Eintrittswahrscheinlichkeit und der Schwere der Bedrohung auch die zeitliche Nähe (Proximität) und die Entwicklungsgeschwindigkeit des Ereignisses (Dynamik) als Dimensionen berücksichtigt werden (vgl. Brauweiler, 2019, S. 11).

Denkmodell der Risikoentstehung

Risiken werden in den Gesetzen, Verordnungen und Regeln des AGS unterschiedlich definiert. Das ArbSchG fordert eine Gefährdungsbeurteilung, die Norm für Arbeitsschutzmanagementsysteme DIN ISO 45001:2018-06 sieht eine Risikobeurteilung und Risikobeherrschung vor und verweist auf die Normen zum Risikomanagement DIN EN 31000:2018 und 31010:2010-11 (vgl. Weigl, 2019). Ein eigenes Risikomanagement nach den Vorgaben der DIN EN 31000 ist jedoch nicht erforderlich (vgl. Brauweiler et al., 2019, S. 37).

Das von der BAuA und DGUV beschriebene **Denkmodell** zur Entstehung von Unfällen und arbeitsbedingten Erkrankungen erklärt die Zusammenhänge (vgl. Brauweiler et al., 2019, S. 39). Eine Gefährdung ist eine potenzielle Schadensquelle als Risiko, z. B. eine krankmachende Arbeitsumgebung. Diese trifft auf persönliche Voraussetzungen wie Bewältigungsfähigkeit, Alter oder Kompetenz der Beschäftigten. Die Möglichkeit des Zusammentreffens wird als als Exposition bezeichnet und kann bei ungünstiger Konstellation zu einem Unfall- oder Gesundheitsrisiko führen. Ob die Gefährdung wirksam wird, hängt von weiteren Faktoren ab wie z. B. von außerberuflichen Umständen wie Krankheit oder Sucht oder von gefährdenden Bedingungen wie unzureichender Unterweisung oder Zeitdruck. Am Ende der Gleichung steht der Gesundheitsschaden, der Unfall oder die Berufskrankheit.

Die DIN EN ISO 45001 befasst sich in diesem Zusammenhang nicht nur mit den SGA-Risiken, sondern auch mit den **SGA-Chancen**, da ein erkanntes und wirksam reduziertes Risiko auch eine Chance als Verbesserungspotenzial darstellt. Um die Höhe des Risikos zu bestimmen, ist eine Quantifizierung oder eine qualitative Einschätzung in Form einer Risikomatrix erforderlich. Die Art und Weise der Messung zur Erstellung eines Chancen- und Risikokatasters ist jedoch nicht vorgegeben. Vorgesehen ist jedoch eine laufende Aktualisierung der potenziellen SGA-Risiken und SGA-Chancen sowie eine Überprüfung der Wirksamkeit aller Maßnahmen des AGS.

Ziel des modernen AGS ist es, das Risiko so gering wie möglich zu halten und ggf. auf ein akzeptables Maß zu reduzieren.

Abb. 6.5 Risikomanagement im Bereich der Gesundheitsförderung

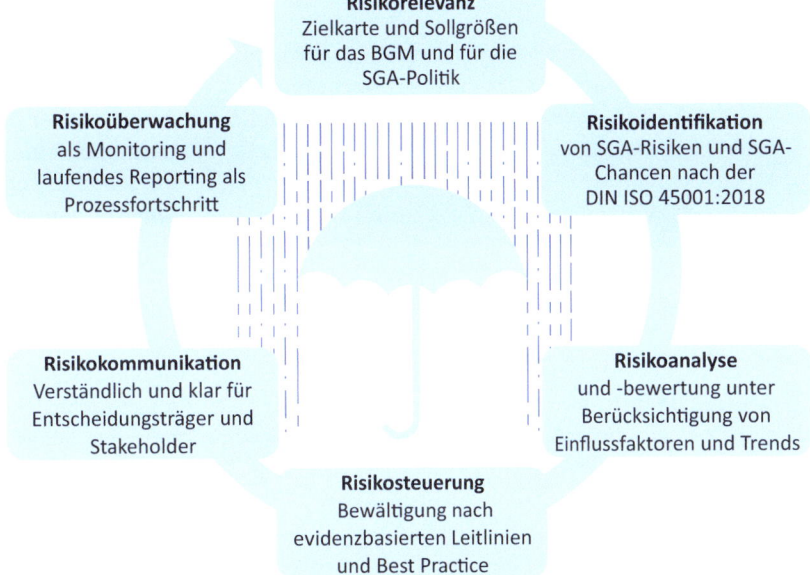

» Risikomanagement ist der systematische Umgang mit Risiken bzw. „die systematische Analyse, Bewertung, Behandlung und Steuerung von Unternehmensrisiken." (Brauweiler, 2019, S. 1)

■ ■ Risikozyklus

Grundlage der Systematik im Risikomanagement ist der **Risikozyklus** in Anlehnung an den PDCA-Zyklus (vgl. Brauweiler et al., 2019, S. 39 ff.; Uhle & Treier, 2019, S. 284 ff.; Weigl, 2019) (■ Abb. 6.5). Das 7-Schitte Modell des Gesundheitscontrollings lässt sich mit dem Risikozyklus kombinieren (Pfaff & Zeike, 2019, S. 61 ff.) (▶ Abschn. 6.2.1). Der Risikozyklus beginnt mit der *Erstellung der Zielkarte* für eine gesunde Organisation, um die Zielgrößen der SGA-Politik aus interner und externer Sicht festzulegen. Anschließend erfolgt die *Risikoidentifikation*, denn nicht identifizierte Gesundheitsrisiken sind besonders problematisch, da hier die Organisation quasi blind ist. Aus externer Sicht gilt es, zukünftige Trends zu potenziellen Gesundheitsrisiken, wie z. B. die Corona-Pandemie, zu beobachten und zu bewerten (vgl. Pfaff & Schubin in Badura et al., 2021, S. 43 ff.). Aus interner Sicht eignet sich insbesondere die Gefährdungsbeurteilung psychischer Belastung als gesetzlich vorgeschriebenes Kerninstrument zur Erfassung von Risiken (vgl. Bamberg & Mohr, 2016). Aber nicht nur Risiken, sondern auch Chancen müssen erfasst werden, um ein umfassendes und ausgewogenes Risikokataster nach DIN EN 45001 zu erstellen.

Gesundheitsbefragungen stellen hier eine sinnvolle Ergänzung dar. Anschließend werden die *Risiken analysiert und bewertet* unter Berücksichtigung diverser Einflussfaktoren. Dies sollte möglichst im Längsschnitt erfolgen, um Trends und Veränderungswerte zu erfassen. In gewisser Weise wird eine unternehmensinterne Epidemiologie zu den SGA-Risiken und SGA-Chancen entwickelt. Der nächste Schritt ist das *Steuern und Bewältigen*. Das Maßnahmenportfolio sollte v. a. in der Primär- und Sekundärprävention verankert sein und evidenzbasierte Leitlinien und Best Practice als Maßstab berücksichtigen. Gleichzeitig müssen *Risiken kommuniziert* werden, denn nur so können Entscheidungsträger und Stakeholder die Relevanz bzw. das Ausmaß der Risiken verstehen. Dies trägt auch zur Erhöhung der Compliance bei der Umsetzung bei. Ergänzt wird das Risikomanagement durch eine *flankierende Gesundheitsbildung,* denn Gesundheitskompetenz erhöht den Umsetzungserfolg und die Akzeptanz. Schließlich bedarf es einer kontinuierlichen *Überwachung als Gesundheitsmonitoring*. Ein durchlaufendes *Reporting* flankiert den Prozessfortschritt.

❯ Um ein aussagekräftiges Risikokataster zu erstellen, muss der Risikozyklus, der in der ISO 45001 als Grundkonzept nach dem PDCA-Zyklus gefordert wird, nicht nur die SGA-Risiken, sondern auch die SGA-Chancen berücksichtigen, um Sicherheit und Gesundheit bei der Arbeit zu gewährleisten und zu fördern.

6

Risikomanagement

Gesundheitscontrolling ist das **Rückgrat der gesunden Organisation** und trägt zur Qualität der Entscheidungsfindung des Managements in Bezug auf die gesundheitlichen Chancen und Risiken der Organisation bei. Im Gegensatz zur vorherrschenden Fehlzeitenlogik ist modernes Gesundheitscontrolling prospektiv, investitionsorientiert und strategisch ausgerichtet. Die dominierende Fehlzeitenlogik ist nicht mehr zeitgemäß und muss um **ressourcen- bzw. chancenorientierte Gesundheitskennzahlen** im BGM-Cockpit erweitert werden. Die Kombination von Chancen- und Risikoanalysen eröffnet neue Steuerungs- und Bewertungsmöglichkeiten im AGS und BGM. **Gesundheitscontrolling in Verbindung mit Risikomanagement** definiert den Fahrplan zur gesunden Organisation (Navigationsfunktion), ermöglicht die Rechtfertigung (Legitimationsfunktion) und sichert die Nachhaltigkeit der Maßnahmen (Wirksamkeitsnachweis). Das **Qualitätsmanagement** kann als Leitkonzept für ein operatives und strategisches Gesundheitscontrolling fungieren. Die **Digitalisierung** ermöglicht neue Ansätze der Erfassung (Monitoring) und fangen das dynamische Gesundheitsgeschehen in der Organisation zeitnah ein. Der Nachweis der Wirksamkeit als Maxime der **Evidenzbasierung** ist nicht nur aus inhaltlicher, sondern auch aus ökonomischer Sicht unverzichtbar.

Der **Dreisatz des Gesundheitscontrollings** lautet: Risikomanagement als zielgerichteter Umgang mit Chancen und Risiken, Qualitätssicherung und Qualitätssteigerung bei verhaltens- und verhältnispräventiven Maßnahmen und Wirtschaftlichkeit als effektiver und effizienter Einsatz von Ressourcen.

6.2.3 Wirtschaftlichkeitsmessung als Herausforderung

» „Der ökonomische Nutzen von BGF gilt als wissenschaftlich eindrucksvoll belegt. Systematische Zusammenstellungen einer großen Anzahl von – meist US-amerikanischer – Interventionsstudien zeigen, dass durch betriebliche Gesundheitsförderung sowohl die Krankheitskosten als auch die krankheitsbedingten Fehlzeiten um durchschnittlich 25 % reduziert werden können. Qualitativ hochwertige Studien errechnen einen durchschnittlichen Return-on-Investment (ROI) von 2,4." (Bödeker in Faller, 2017, S. 263)

Lohnt sich BGM oder kostet es nur Geld? Aperçus wie *„Health is Wealth"* oder *„Taking Care of People is Good Business"* unterstreichen, dass Präventionsarbeit und Gesundheitsförderung nicht nur Ausdruck sozial-empathischer Kompetenz des Arbeitgebers sind, sondern auch eine **gesundheitliche Rendite** abwerfen. *Ist es nur die Erfüllung einer sozialen Norm oder handelt es sich um eine lohnende Investition oder beides?* Diese Frage stellt sich v. a. bei freiwilligen Angeboten (Kür), denn die Erfüllung gesetzlicher Auflagen steht nicht zur Diskussion. Pfaff und Zeike (2019) betonen, dass Gesundheit, Arbeits- und Leistungsfähigkeit im Zentrum des ökonomischen Interesses rücken. Gesundheit ist ein wesentlicher Schlüssel für Human- und Sozialkapital, teilweise sogar dessen Grundlage (vgl. Badura, 2017; Treier, 2019a).

▪▪ Gesundheitsökonomische Betrachtung

Eine **gesundheitsökonomische Betrachtung** ist mithin nicht nur für das Gesundheitswesen im Allgemeinen wichtig, sondern insbesondere auch für die Arbeitswelt von Bedeutung (vgl. Fleßa & Greiner, 2020; Hajen et al., 2017; Uhle & Treier, 2019, S. 332 ff.). Wenn BGM als Investition und nicht nur als Pflicht verstanden werden soll, sind **ökonomische Erfolgskriterien** zu definieren und zu ermitteln. Der monetäre Nutzen muss eruiert werden, um die Gesundheitsthemen stärker als bisher in unternehmerische Entscheidungen einzubeziehen. Aufgrund des nachgewiesenen Nutzens (▶ Abschn. 6.1) kann postuliert werden, dass BGM einen Zusatznutzen gegenüber der Situation ohne BGM hat. Die entscheidende Frage ist jedoch, ob die dafür erforderlichen Kosten in Relation zum Nutzen betriebswirtschaftlich sinnvoll bzw. vertretbar sind. Die **Kosteneffektivität** setzt eine Gegenüberstellung von Kosten und Nutzen gesundheitsfördernder Maßnahmen voraus, um eine Wirtschaftlichkeitsprüfung durchführen zu können (vgl. Lüngen und Galler in Pfannstiel & Mehlich, 2018, S. 835 ff.; Neumann et al., 2017). Die Renditen variieren je nach Studie, insgesamt sind die Effekte jedoch überzeugend (vgl. Fritz, 2006; Fritz & Richter, 2011). **Renditefaktoren** sind gesteigerte Leistungsfähigkeit, höhere Attraktivität, stärkere Kunden- und Mitarbeiterbindung, geringere Fehlzeiten, effizientere und effektivere Geschäftsprozesse, Steigerung der Produktivität und Wettbewerbsfähigkeit. Das Ziel ist es, mit einem vertretbarem bzw. betriebswirtschaftlich angemessenem Aufwand, die Gesundheit der Beschäftigten zu erhalten und zu fördern sowie präventive arbeits- und organisationsbezogene Maßnahmen gemäß den gesetzlichen Anforderungen umzusetzen. Eine **Kosten-Nutzen-**

Betrachtung ist daher auch aus monetärer Sicht erforderlich. Dabei ist zu berücksichtigen, dass der *Schattenpreis eingesparter BGM-Maßnahmen* erhebliche Ausmaße annehmen kann (Opportunitätskosten). Die Abwägung zwischen Eigenerbringung und Fremdvergabe (Outsourcing) ist daher sorgfältig vorzunehmen, und Qualitätseinschränkungen sind trotz Kostenvorteilen hinsichtlich ihrer Auswirkungen kritisch zu reflektieren. Das **gesundheitsökonomische Ziel** ist es, Kosten und Nutzen von BGM-Interventionen als Kalkül und das Denken in möglichen Alternativen nach dem Opportunitätskostenprinzip näher zu beleuchten.

> Aus gesundheitsökonomischer Sicht stellt sich v. a. die Frage nach der **Kosteneffektivität von BGM-Interventionen**. Dazu werden Kosten und Nutzen der Maßnahmen gegenübergestellt. Dies ist in der Praxis schwierig, da es sich in der Regel um komplexe Interventionen handelt, die eine Evaluation aufwändig machen und bei der Interpretation mehrere Erklärungsmöglichkeiten zulassen.

Gesundheitsökonomie

Die **Gesundheitsökonomie** befasst sich mit der Allokation (Verteilung knapper Ressourcen und Prioritätensetzung), der Effizienz (Ressourceneinsatz ohne Verschwendung), der Distribution (Zugang und gerechte Verteilung unabhängig von sozialen Faktoren) und der Wertschöpfung von Gesundheitsleistungen, unabhängig davon, in welchem Setting sie erbracht werden. Die Ressourcen im Gesundheitssystem sollen effektiv eingesetzt werden. Grundsätzlich kann zwischen **normativer und positiver Gesundheitsökonomie** unterschieden werden. Die positive oder deskriptive Gesundheitsökonomik begründet rational auf der Basis von Statistiken und Ursache-Wirkungsketten, die normative oder präskriptive Gesundheitsökonomie begründet politisch-ethisch.

Tipp: Deutsche Gesellschaft für Gesundheitsökonomie e. V. (dggö):

▸ https://www.dggoe.de/

■ **Ökonomische Evidenz vorhanden**

Der **Nachweis von Effizienz und Effektivität** von BGM wird häufig gefordert, um Gesundheit in die Unternehmenssteuerung zu integrieren. Die Herausforderung besteht darin, einen *Return on Health and Social Investment (SROI)* als Mehrwert von Gesundheitsmaßnahmen zu ermitteln und die langfristigen Wirkungen von BGM zu monetarisieren, indem der Mehrwert den zugrunde liegenden Investitionen gegenübergestellt

wird. Bei dieser Wirkungsanalyse geht es weniger um kurzfristige Effekte als Outputs, sondern um mittel- und langfristige Effekte als Outcomes. Dazu werden auch Näherungswerte benötigt. Die Evidenz ist zwar plausibel, kann aber nur durch qualitativ **hochwertige Studien** empirisch belegt werden. Hierfür eignen sich v. a. Metaanalysen und systematische Reviews (vgl. Lerner et al., 2013) (s. Exkurs zur ▸ „Metaanalyse"). Der Wert des ROI hängt wesentlich von der Qualität der Studien ab, d. h. von der verwendeten Methodik und dem Studiendesign. Viele Studien sind Interventionsstudien, die versuchen, positive Effekte kausal auf die Intervention zurückzuführen und von allgemeinen Effekten abzugrenzen. Der **Goldstandard** in der gesundheitsökonomischen Evaluation wäre ein randomisiertes kontrolliertes Studiendesign (RCT), was in der Praxis jedoch kaum umsetzbar ist (vgl. Schöffski & von der Schulenburg, 2012). Die Ergebnisse von Primärstudien sind daher immer hinsichtlich ihrer methodischen Qualität zu relativieren (vgl. Shea et al., 2017). Positiv zu bewerten sind Studien, in denen Dosis-Wirkungseffekte nachweisbar sind oder andere Einflussfaktoren kontrolliert werden (vgl. Barthelmes et al., 2019a, S. 14). Studien ohne Kontrollgruppe liefern nur eingeschränkte Evidenz. Die Ergebnisse von Reviews und Metaanalysen unter Berücksichtigung der methodischen Qualität, wie z. B. von Barthelmes et al. (2019a & b), Baxter et al. (2014), Chapman (2012), ISSA (2011), DGUV (2013a), Grimani et al. (2018) und Rongen et al. (2013), manifestieren **variierende ROI-Werte**. Im systematischen Review von Barthelmes et al. (2019a) sind 85 % der 47 berücksichtigten ROI-Werte positiv oder größer als eins und erreichen einen Mittelwert von 1:2,7. Die ROI-Werte variieren zwischen minus 3,3 und plus 15,6 (Barthelmes et al., 2019b, S. 61). Realistischerweise kann für systematische und nachhaltige Multikomponentenprogramme im BGM von einem **positiven ROI** von 1:2,5 bis 1:3,0 ausgegangen werden (Uhle & Treier, 2019, S. 332 ff.). Eine Senkung krankheitsbedingter Fehlzeiten um ca. 25 % ist möglich, wie die Metaanalyse von Chapman (2012) bestätigt. Allerdings sind viele Parameter in ihrer monetären Wirkung schwer zu beziffern, wie z. B. Steigerung der Arbeitszufriedenheit oder Imagegewinne. Die Annahme noch höherer Effekte ist daher legitim.

> Ein Euro, der in eine gesunde Organisation investiert wird, bringt zwei bis drei Euro Gewinn, wenn systematische Mehrkomponentenprogramme im BGM eingesetzt werden. Dabei ist zu beachten, dass sich **positive ROI-Werte** in der Regel erst nach einem längeren Umsetzungszeitraum einstellen. Im Durchschnitt wird von zwei bis drei Jahren ausgegangen.

6

Metaanalyse

Im Zeitalter der evidenzbasierten Gesundheitsforschung erfreuen sich **Übersichtsarbeiten** großer Beliebtheit (vgl. Patole, 2021). Metaanalysen und systematische Reviews werden bisweilen synonym verwendet. Eine **Metaanalyse** bezeichnet jedoch ein statistisches Verfahren, während ein **systematischer Review** eine nach festgelegten Kriterien erstellte Zusammenfassung der Ergebnisse und Schlussfolgerungen mehrerer Studien darstellt (Döring & Bortz, 2016, S. 893 ff.). Systematische Übersichtsarbeiten geben einen Überblick über den Stand der Forschung zu einer wissenschaftlichen Fragestellung. Dabei werden Qualität der eingeschlossenen Primärstudien bewertet und vordefinierte Ein- und Ausschlusskriterien festgelegt. Die **methodische Qualität** eines systematischen Reviews kann mit Bewertungsinstrumenten wie „A Measurement Tool to Assess systematic Reviews 2" (AMSTAR2), „Grading of Recommendations, Assessment, Development and Evaluation" (GRADE) oder „Risk of Bias in Systematic Reviews" (ROBIS) beurteilt werden (vgl. Shea et al., 2017). Sie unterstützen die Bewertung der Ergebnisse insbesondere bei heterogener oder inkonsistenter Datenlage. Metaanalysen ermöglichen ergänzend die Berechnung gepoolter **Effektschätzer** bzw. die Neuberechnung der Primärdaten mit Hilfe eines aggregierenden statistischen Modells und können auch in systematischen Übersichten berücksichtigt werden. Damit verlässt die Metaanalyse die vorherrschende inferenzstatistische Denkweise der Signifikanz einzelner Studien hin zu einer Bewertung der Effektgrößen auf Basis aller verfügbaren Informationen, um ein aussagekräftiges Ergebnis zu berechnen.

■ **Ökonomische Schlüsselbegriffe**

In den Studien und Übersichtsarbeiten werden verschiedene ökonomische **Schlüsselbegriffe** verwendet, um die Effizienz und Effektivität von Gesundheitsmaßnahmen zu dokumentieren (◘ Tab. 6.3) (vgl. Neumann et al., 2017; Treier, 2012). Die *Effektivität* von Maßnahmen und Programmen ist ein Maß für den Grad der Zielerreichung bzw. der Wirksamkeit. Die *Effizienz* bezieht sich auf das Kosten-Nutzen-Verhältnis und ist somit ein Maß für die Wirtschaftlichkeit. Um gesundheitsbezogene Maßnahmen ökonomisch bewerten zu können, lassen sich die folgenden **Kennzahlen** heranziehen.

A. **Return on Investment:** Die Rentabilität einer Investition in die Gesundheit wird definiert als das Verhältnis zwischen dem eingesetzten Kapital (Input) und dem Nutzen bzw. Gewinn (Output). Zahlt sich die Investition in gesundheitsfördernde Maßnahmen aus? Können die Auswirkungen von Gesundheitsinterventionen auf den Unternehmenserfolg ermittelt werden? Um den ROI zu berechnen, können die Kosten bzw. der Aufwand (Gesundheitsbudget) vom Nutzen bzw. Ertrag (z. B. erhöhte Anwesenheit) abgezogen werden. Dieser Nettonutzen wird dann durch die Kosten bzw. den Aufwand dividiert (Verhältniswert) und ggf. mit 100 multipliziert (Prozentsatz). Ist der ROI > 1 bzw. > 100 %, so haben sich die investierten Kosten gelohnt.

B. **Nutzen-Kosten-Relation:** Dieser Wert ist nicht mit dem ROI gleichzusetzen, da das Nutzen-Kosten-Verhältnis die Effizienz bzw. Wirtschaftlichkeit und nicht die Effektivität bestimmt. Hier wird der Gesamtnutzen einer gesundheitsfördernden Maßnahme im Verhältnis zu den Kosten ermittelt. Beim ROI hingegen geht es um den Nettonutzen einer gesundheitsfördernden Maßnahme.

◘ Tab. 6.3   Ökonomische Schlüsselbegriffe

Kriterium	Definition	Ziel
Aktivitäten	Alle Maßnahmen zur Transformation von Input in Output	Qualitätssicherung
Effektivität	Wirksamkeit der Maßnahme in Bezug auf die Zielgrößen	Identifikation gesundheitsrelevanter Zielgrößen und Festlegung von Kennzahlen für die Zielerreichung bzw. Wirksamkeit
Effizienz	Verhältnis von Aufwand und Nutzen der Maßnahme gemäß der Input-Output-Relation	Festlegung von Kennzahlen für das Kosten-Nutzen-Verhältnis und Quantifizierung des Nutzens
Input	Zuordnung der Ressourcen zur Erreichung des angestrebten Ergebnisses (Output)	Angemessene Ressourcenallokation auf Basis der Risikomatrix bzw. der Priorisierung
Output	Messbare Ergebnisse auf der Grundlage von Inputs und Aktivitäten	Kontinuierliches Monitoring
Outcome	Wirkung des Outputs in Bezug auf die strategischen Wirkungsziele	Wirtschaftliche Reflexion, Quantifizierung und Evaluation

C. **Return on Prevention:** Diese Kennzahl als spezielles ROI-Maß für das Präventionsmanagement erweitert den ROI-Ansatz und berücksichtigt neben klassischen Größen wie der Zahl der Arbeitsunfälle auch Erfolgsfaktoren wie Qualitäts- und Imagesteigerung oder Verbesserung der Unternehmenskultur. Die Präventionsbilanz wird auf Basis von Befragungen ermittelt bzw. subjektiv geschätzt, da die betriebswirtschaftlichen Einzeleffekte von AGS und BGM oft nur indirekt messbar sind (DGUV, 2013a). In Studien zeigen sich hier Relationen von 1:2,2, d. h. den Kosten wie Investitions- oder Organisationskosten steht ein Mehrwert durch Imagegewinn, Motivations- und Zufriedenheitssteigerung oder Kosteneinsparungen durch vermiedene Betriebsstörungen gegenüber. Die Präventionsbilanz als Instrument des Präventionsmonitorings basiert auf Wirkungsanalysen und ermöglicht eine monetäre Bewertung des Präventionserfolgs als Gegenüberstellung von Präventionskosten zum Präventionsnutzen.

D. **Kosten ungestörter Arbeitsstunden**: Es handelt sich um ein Effizienzmaß. Die Kosten für BGM und AGS werden ins Verhältnis zu einem Nutzenwert „Anzahl ungestörter Arbeitsstunden" gesetzt, der sich aus der Differenz zwischen eingekauften Arbeitsstunden und Ausfallstunden ergibt (Uhle & Treier, 2019, S. 345 f.). Diese Kennzahl stellt den Aufwand der Organisation dar, um eine Stunde ungestörte Arbeit zu gewährleisten. Investitionen lohnen sich, wenn der Aufwand über die Zeit sinkt. Die Zahl der ungestörten Arbeitsstunden steigt, wenn die krankheitsbedingten Fehlzeiten sinken. Entsprechend sinken die Kosten einer ungestörten Arbeitsstunde. Die Kosten einer ungestörten Arbeitsstunde liegen je nach Branche im Durchschnitt zwischen 0,20 € und 0,30 €.

E. **Stanford-Formel:** Häufig werden auch spezielle Formeln verwendet, die auf Schätzungen beruhen, z. B. die bekannte Stanford-Formel zur Ermittlung der Ausfallkosten durch nicht erbrachte Leistung pro Jahr (Minderleistung), z. B. beim Präsentismus. So geht man davon aus, dass 20 % der Beschäftigten eines Unternehmens betroffen sind und der Faktor für Minderleistung bei etwa 25 % liegt. Es wird geschätzt, dass bis zu 60 % der Gesundheitskosten auf Präsentismus zurückzuführen sind (vgl. Steinke & Badura, 2011).

F. **Bruttonutzen von BGM aus psychosozialer Sicht:** Die Berechnung der ökonomischen Wirksamkeit (Impact) von BGM-Interventionen unter Berücksichtigung psychosozialer Faktoren beruht auf evidenzbasierten Schätzungen. Die Formel von Schmidt et al. (1982, S. 346) berechnet den Bruttonutzen als Produkt aus der Effektstärke der Veränderung (z. B. Arbeitszufriedenheit vor und nach der Maßnahme), der Standardabweichung der Arbeitsleistung (Faustregel: 20 % Leistungsvarianz entsprechen etwa 40 % des Bruttojahresverdienstes), der gemeinsamen Varianz zwischen Arbeitszufriedenheit und Arbeitsleistung (hier eignen sich Metaanalysen zur Bestimmung der gemeinsamen Varianz), der Anzahl der teilnehmenden Mitarbeiter*innen und der Wirkungszeit (Zeitfenster zwischen Vor- und Nacherhebung, falls unbekannt, auf 1 setzen). So können Fritz und Richter (2011, S. 217 f.) mit dieser Formel zeigen, dass die Anschaffung ergonomischer Stühle zu einem positiven ROI führt, wenn die Rückenbeschwerden zunehmen (Abb. 6.6).

❗ Es ist immer wieder zu beobachten, dass Verantwortliche im BGM vor der Verwendung ökonomischer Kennzahlen zurückschrecken, obwohl es keinen Grund gibt, sich nicht mit der Wirtschaftlichkeit von BGM zu befassen. Dabei ist es wichtig, die Wirtschaftlichkeit nicht nur rückblickend (retrospektiv) nachzuweisen, sondern aufgrund des zeitlichen Charakters von BGM-Maßnahmen auch **prospektive Methoden der ROI-Berechnung** auf Basis von Trendwerten anzuwenden (s. Exkurs ▶ „Prospektiver ROI" und die Infoboxen mit den Berechnungen von ▶ „ROI-Wert" und ▶ „Stanford-Formel").

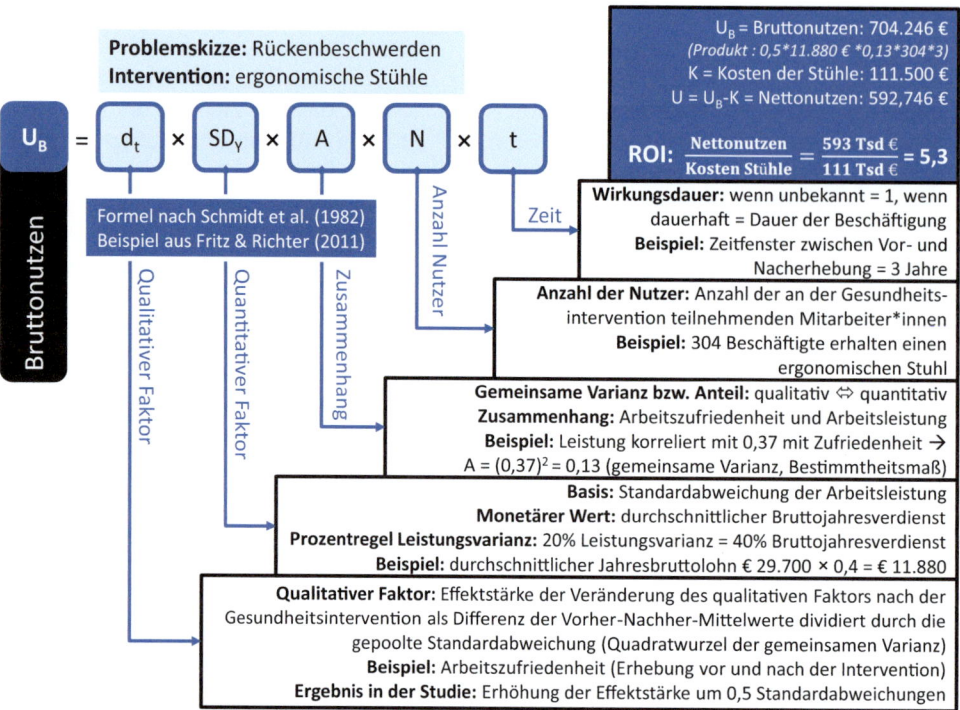

Abb. 6.6   Bestimmung des Bruttonutzens (Beispiel aus Fritz & Richter, 2011) nach Uhle & Treier (2019, S. 350)

ROI-Wert

Beispielrechnung für einen ROI-Wert

■■ **Rahmendaten**

Betrachtet werden 1000 Beschäftigte mit jeweils durchschnittlichen Gehaltskosten von 50.000 € inkl. Nebenkosten pro Jahr.

■■ **BGM Ertragsrechnung**

Der Krankenstand ohne BGM liegt bei 5 % (Annahme der Entgeltfortzahlung). Dies entspricht 2.5 Mio. €. Der Krankenstand mit BGM beträgt 4 %. Dies entspricht 2 Mio. €. Es wird eine Einsparung von 500 Tsd. € erzielt.

■■ **Kosten für BGM**

Sach- und Personalkosten, Marketing, Weiterbildung, Analysen belaufen sich auf 200 Tsd. € abzüglich der Refinanzierung durch Krankenkassen und Steuervorteile etc. von 50 Tsd. €. Die Gesamtkosten belaufen sich auf 150 Tsd. €.

■■ **Ertrag durch BGM**

Die Einsparung durch BGM beträgt 500 Tsd. €. Abzüglich der Kosten von 150 Tsd. € ergibt sich ein Wert von 350 Tsd. €. Dieser Wert ist konservativ geschätzt, da viele zusätzliche positive Effekte wie geringere Fluktuation, geringere Transaktionskosten, höhere Leistungsbereitschaft, minimierte Präsentismuskosten hier nicht berücksichtigt sind. Daraus ergibt sich ein ROI von 1:2,3 (350 Tsd. € geteilt durch 150 Tsd. €).

Stanford-Formel

Beispiel für die Berechnung der Minderleistung mit der Stanford-Formel

■■ **Ausgangszahlen**

500 Beschäftigte mit einem durchschnittlichen Bruttogehalt von 40.000 €

■■ **Schätzwert**

20 % der Belegschaft = 100 auffällige oder betroffene Beschäftigte (500*0,2)

■■ **Entgelt der Betroffenen**

100 Beschäftige multizipliziert mit 40.000 € = 4.000.000 € Durchschnittsgehalt auffälliger Mitarbeiter*innen

■■ **Gesamtkosten der Minderleistung**

25 % „reduzierte Arbeitskraft" in Verbindung mit dem Entgelt = 1.000.000 € (4.000.000 € * 0,25), d. h. das Unternehmen verliert 1 Mio. Euro durch Präsentismus bzw. es entstehen 1 Mio. Euro Kosten durch nicht erbrachte Leistungen.

Prospektiver ROI

Der klassische ROI ist retrospektiv. Die Kosten einer Gesundheitsmaßnahme fallen in der Regel unmittelbar an. Ob und in welcher Höhe ein Effekt in der Zukunft eintritt, ist jedoch schwer abzuschätzen. Angesichts der relativ langen Zeitfenster, in denen BGM-Maßnahmen ihre Wirksamkeit entfalten, ist ein **prospektiver Ansatz** erforderlich, der es erlaubt, die Kosteneffektivität von Präventionsmaßnahmen im Voraus abzuschätzen bzw. aufgrund der verzögerten Effekte auf den heutigen Zeitpunkt zu diskontieren (**prospektiver ROI**) (vgl. Kramer & Bödeker, 2008). In Deutschland können die Krankheitskosten nicht berücksichtigt werden, da sie für deutsche Unternehmen aufgrund des Solidarsystems bzw. des Krankenversicherungssystems nur indirekt relevant sind. Mit Hilfe von ROI-Kalkulatoren (Berechnungsmodelle zur Ermittlung des Verhältnisses von investiertem Kapital und Gewinn) für beeinflussbare Risikofaktoren wie Bluthochdruck, Alkoholkonsum, Substanzmissbrauch, Depression oder Diabetes könnten die Krankenkassen jedoch einen Teil des „Gewinns" von Präventionsmaßnahmen direkt oder indirekt an die Organisationen zurückgeben, die diese Maßnahmen systematisch durchführen. Diese Schätzungen beruhen auf Studienergebnissen. Die **HERO-Datenbank** (Health Enhancement Research Organization) zeigt die Kosten der gesundheitlichen Folgen von beeinflussbaren Risikofaktoren. Begleitstudien (Goetzel et al., 2014) manifestieren, dass die Kostenunterschiede zwischen Beschäftigten mit hohem und niedrigem Gesundheitsrisiko zum Teil erheblich sind: So liegen die Gesundheitskosten bei Beschäftigten mit hohem Stresslevel um fast 50 % höher als bei Beschäftigten mit niedrigem Stresslevel oder bei depressiven Beschäftigten um 70 % höher als bei nicht depressiven Beschäftigten (Beobachtungszeitraum drei Jahre bei über 46.000 Beschäftigten). Bei multiplen Risikoprofilen steigen diese Werte deutlich an, z. B. bei psychosozialen Problemen auf 147 %. Es lohnt sich also, vorausschauend in BGM zu investieren. **Ein Zusammenhang zwischen BGM (und hier Prävention) und Wertschöpfung (Value of Health) ist nachweisbar.**

■ **Leistungs- versus Finanzkennzahlen**

Hinsichtlich der Wirtschaftlichkeit von BGM-Maßnahmen können mit Einschränkungen auch klassische Kennzahlen wie HCVA (Wertschöpfung des Humankapitals, Human Capital Value Added) oder EBIT-Marge (Aussage zur Rentabilität unter Berücksichtigung von Gewinn und Umsatz) herangezogen werden, wobei der Beitrag zur finanziellen Wertschöpfung erst längerfristig und meist nur indirekt abgebildet werden kann. Daher wird empfohlen, sich in der Praxis auf **Leistungskennzahlen** zu konzentrieren (Uhle & Treier, 2019, S. 343 ff.). In der **Leistungsstatistik des BGM** werden die variablen und fixen Kosten den Strukturvariablen zugeordnet. Die Struktur kann z. B. bei einem dezentral organisierten Unternehmen durch die Standorte bestimmt sein. Neben den Kosten (Gesamtkosten, fixe und variable Kosten) wie Maßnahmen-, Infrastruktur- und Leasingkosten sowie verbrauchsabhängige Kosten und Personalkosten werden auch die Betreuungsdichte (Anzahl der betreuten internen und externen Mitarbeiter*innen), Einsatzstunden, Ressourcen und Kapazitätsverteilung nach bestimmten BGM-Schlüsseln berücksichtigt. Dabei wird zwischen Pflichtleistungen und freiwilligen Leistungen unterschieden.

❗ Häufig fehlt es aber bereits an einer qualifizierten **Gesundheitskostenrechnung** (s. Infobox zu ▶ „Gesundheitskostenrechnung"). Diese ist aber Voraussetzung, um den Mehrwert des BGM mit Finanzkennzahlen zu belegen und die in der Leistungsstatistik zu berücksichtigenden Kostenflüsse nachzuweisen.

Gesundheitskostenrechnung

Häufig fehlt es aber bereits an einer adäquaten **Gesundheitskostenrechnung**. Diese ist jedoch Voraussetzung für die Ermittlung der Effizienz und für einen Kostenvergleich im Hinblick auf die Effektivität von Maßnahmen (Gutmann, 2019). Die Kosten sind teils direkt, wie Personalkosten oder Fremdleistungen, teils indirekt, wie erhöhte Arbeitsunfähigkeit durch Früherkennung, teils nicht monetarisierbar, wie Stress bei der Programmeinführung. Eine weitere Kategorisierung der Kostenarten könnte in „Kosten im Rahmen des Gesetzes" (eigentlich nicht zu berücksichtigen), „Kosten durch Zusatzangebote" (außerhalb des Gesetzes), „Kosten im Zusammenhang mit der sozialen Verantwortung" und „Präventionskosten" erfolgen.

– *Direkte Kosten:* Kosten für die Wiederherstellung, Erhaltung und Förderung der Gesundheit der Beschäftigten sowie allgemeine Personal- und Organisationskosten, insbesondere die Präventionskosten für Maßnahmen und Anreize, Kosten für ex-

terne Dienstleistungen, Arbeitsausfall durch Teilnahme, ggf. auch Prüfkosten (z. B. Gefährdungsbeurteilung)…
- *Indirekte Kosten:* Imageverlust, Fluktuationsneigung oder Qualitätsverlust, Zeit- und Organisationsaufwand, Transaktionskosten, negative Kosten durch erhöhte Arbeitsunfähigkeit aufgrund von Früherkennung oder Unfälle beim Fitnesssport…
- *Folgekosten:* Transaktionskosten (Koordination, Reorganisation, Überstunden), Präsentismuskosten bei

fehlgeleiteter Fehlzeitenpolitik (einseitige Reduktionsstrategie ohne Reflexion der ursächlichen Faktoren, z. B. Fehlzeitenreduktion in Zielvereinbarungen), Entgeltfortzahlungen im Krankheitsfall, Wertschöpfungsverluste…
- *Nicht monetär erfassbare, intangible Kosten:* psychosoziale Kosten, Zusatzbelastungen, temporäre Beeinträchtigungen des Wohlbefindens…

6

» „Besonders erwähnt werden muss an dieser Stelle, dass der Begriff Kosten-Nutzen-Analyse oft sehr allgemein verwendet wird, er gilt häufig als Synonym für alle Formen von ökonomischen Evaluationen." (Schöffski in Schöffski & von der Schulenburg, 2012, S. 58)

- **Instrumente der ökonomischen Evaluation**

Unabhängig davon, ob Leistungs-, Finanzkennzahlen oder beides verwendet werden, ist die Legitimationsbasis für BGM durch eine **gesundheitsökonomische Evaluation** grundlegend (vgl. König, 2022; Scherenberg, 2018; Schöffski & von der Schulenburg, 2012). Hierbei geht es v. a. um den Vergleich verschiedener Handlungsoptionen (Alternativen) aus ökonomischer Sicht. Dies kann bspw. die Unterscheidung zwischen einer digitalen und einer analogen BGF-Intervention sein. Reine Kostenanalysen sind hier weniger geeignet, tragen aber in der Praxis faktisch wesentlich zur Entscheidungsfindung bei. Die **Hauptaufgabe** der gesundheitsökonomischen Evaluation besteht darin, die Informationen über Kosten und gesundheitliche Effekte der verglichenen Handlungsalternativen übersichtlich und nachvollziehbar darzustellen (Kosten-Nutzen-Bewertung). Bei der gesundheitsökonomischen Bewertung von BGM-Maßnahmen ist zu beachten, dass eine negative Kosten-Nutzen-Bewertung diese nicht in Frage stellen oder zu ihrem Verzicht führen darf. Vielmehr ist zu prüfen, inwieweit die zur Verfügung stehenden finanziellen Mittel optimal eingesetzt werden können, um den größtmöglichen Gesundheitsgewinn zu erzielen. Grundsätzlich kann zwischen der traditionellen und der **erweiterten Wirtschaftlichkeitsanalyse** unterschieden werden. Während die **traditionelle Wirtschaftlichkeitsanalyse** nur monetär quantifizierbare Größen berücksichtigt, bezieht die erweiterte Wirtschaftlichkeitsanalyse auch indirekte und nicht monetäre Aspekte mit ein – hier eignet sich v. a. die Balanced Scorecard, um die verschiedenen Kennzahlen miteinander zu verknüpfen und auszubalancieren. Viele Methoden sind ungeeignet, da sie nur kurzfristige Kosten und Effekte berücksichtigen, während Gesundheitseffekte eher lang-

fristiger Natur sind. Nach König (2022) gibt es zwei **grundlegende Anforderungen**, die unabhängig vom eingesetzten Instrument sind: Es werden mindestens zwei Handlungsalternativen verglichen (z. B. Prävention versus Nicht-Prävention eines Gesundheitsproblems) und es werden sowohl die Kosten als auch die Gesundheitseffekte der verglichenen Alternativen berücksichtigt. Bei gleicher Effektivität der Handlungsalternativen können die Kosten für die Entscheidung ausschlaggebend sein. Problematisch wird es, wenn sich Wirksamkeit und Kosten zwischen den Handlungsalternativen unterscheiden, dann ist häufig eine **Wertentscheidung** erforderlich, um sich trotz höherer Kosten für die wirksamere Maßnahme zu entscheiden. Als Instrumente der ökonomischen Evaluation können folgende Ansätze bzw. vergleichende **Studientypen** genannt werden, die als Komponenten den Ressourceneinsatz, ausgedrückt in direkten, indirekten oder intangiblen Kosten, den Ergebnissen (Outcomes), ausgedrückt in direkten, indirekten oder intangiblen Nutzen in monetären Einheiten, gegenüberstellen. Sie unterscheiden sich in der Art und Weise, wie der Nutzen von Gesundheitsmaßnahmen ausgedrückt wird, während die Kostenperspektive in der Regel ähnlich ist.

A. **Kosten-Minimierungs-Analyse (KMA)**: Bei der KMA oder auch Kosten-Kosten-Analyse werden nur die Kosten der Interventionsalternativen betrachtet. Dabei wird unterstellt, dass die Alternativen hinsichtlich der gesundheitsökonomisch relevanten Effektparameter gleich sind. Ein entsprechender Nachweis sollte in einer empirischen Studie erbracht werden. Z. B. könnten verschiedene Formen von Entspannungstechniken miteinander verglichen werden. Außerdem sollten die Maßnahmen im gleichen Kontext bzw. Setting durchgeführt werden, um die Kosten vergleichen zu können. Das Design kann vereinfacht als Minimum (K_1, K_2) (direkte und indirekte Kosten) ausgedrückt werden.

B. **Kosten-Nutzen-Analyse (KNA)**: Die KNA berücksichtigt nur die monetarisierbaren Zielkriterien (Kosten und Outcomes). BGM erfordert jedoch umfassendere Bewertungen, die auch nicht monetäre bzw. intangible Faktoren einbeziehen. Es zeigt sich jedoch, dass über Schätzformeln und Erwartungswerte auch nicht monetäre Nutzenwerte berücksichtigt werden können. Man spricht dann von einer *erweiterten Kosten-Nutzen-Analyse*. Die Geldwerte als Effektmaße werden ggf. entsprechend abgezinst, da erwartete Folgeeffekte erst später eintreten (Diskontierung). Die KNA prüft mithin, ob sich der Aufwand (Kosten) für ein Ergebnis (Nutzen) lohnt. Der Nutzen einer Gesundheitsintervention kann auch aus den Kosten der alternativen Handlung (z. B. nichts zu tun) berechnet werden, die durch die Intervention vermieden werden können (z. B. erhöhte Ausfallkosten). Dieser Nutzen wird dann von den Kosten der Maßnahme subtrahiert. Ist der Saldo positiv, lohnt sich die Maßnahme. Sowohl bei den Kosten als auch beim Nutzen werden je nach Design direkte, indirekte und intangible Werte berücksichtigt. Das Design kann vereinfacht als $(N_{direkt+indirekt+intangibel}) - (K_{direkt+indirekt+intangibel})$ (N=monetärer Nutzen bzw. Benefit, K=Kosten) ausgedrückt werden.

C. **Kosten-Wirksamkeits-Analyse (KWA):** Die KWA oder Kosten-Effektivitäts-Analyse ist für das BGM besser geeignet, da sie verschiedene Zielgrößen des BGM erfasst und sich nicht auf die monetäre Bewertung beschränkt. Auch nicht-monetäre Größen werden berücksichtigt. Die Einheiten werden standardisiert und damit einer gemeinsamen Verrechnung zugänglich gemacht. Die Outcomes bzw. nicht-monetären Nutzenfaktoren werden in realen Einheiten bzw. natürlichen Größen gemessen. Die Bewertung der Teilwirkungen erfolgt nach einem gewichteten Punktesystem zur Ermittlung einer Gesamtwirksamkeit. Das Verhältnis der Wirkungszahlen zu den Kosten zeigt, mit welchem Aufwand (Kosten) ein Punkt auf der Wirkungsskala erreicht werden kann. Dies ermöglicht eine Priorisierung der Maßnahmen mit den geringsten Kosten-Wirksamkeits-Quotienten (Kosten-Effektivitäts-Rate). Auf diese Weise können Effizienzaussagen in Form von Zielwirkungsgraden im Verhältnis zu den Kosten getroffen werden. Einschränkend ist anzumerken, dass der Nutzen der Alternativen möglichst auf der gleichen Nutzenskala abgebildet werden sollte. Das Design kann vereinfacht als K_x/E_x oder inkrementell als $(K_1-K_2)/((E_1-E_2)$ (E=Effekte, K=Kosten) ausgedrückt werden.

D. **Kosten-Nutzwert-Analyse (KNWA):** Sie ist eine Unterform der Kosten-Effektivitäts-Analyse und überwindet die Beschränkung auf ein spezifisches Nutzenmaß, da häufig mehrere Nutzenvektoren vorliegen. Die Effekte werden hier auf das Nutzen-

maß der *Lebensqualität* projiziert. Kosten-Nutzwert-Analysen können somit mehrere Outcomes berücksichtigen. Die verschiedenen Outcomeparameter werden durch eine Bewertungsregel in ein zusammengesetztes Nutzenmaß transformiert. Dazu werden als nicht reales Nutzenmaß die qualitätsadjustierten Lebensjahre definiert (quality-adjusted life years, QALYs). Ein **QALY** ist rechnerisch ein zusätzliches Lebensjahr bei optimaler Gesundheit. Im QALY-Konzept werden die beiden Dimensionen der Lebensqualität und der Lebenserwartung zu einem neuen Wert, dem QALY, aggregiert. Die Kosten-Nutzwert-Analyse ermöglicht damit den Vergleich von Interventionen in verschiedenen Indikationen. Das Design kann vereinfacht als K_x/U_x oder inkrementell als $(K_1-K_2)/(U_1-U_2)$ (U=QALYs, K=Kosten) ausgedrückt werden.

E. **Nutzwertanalyse (NWA):** Die NWA dient dem Vergleich mehrerer komplexer Handlungsalternativen, wie sie im BGM häufig vorkommen. Dabei werden nicht monetär erfassbare Wirkungen durch eine gewichtete qualitative Einstufung ihrer Zielerreichung berücksichtigt. Das zugrunde liegende *Scoring-Verfahren* normiert die verschiedenen Handlungsalternativen und Zielerreichungsgrade und macht sie damit vergleichbar. Durch die Zerlegung des Oberziels in Einzelziele wird die Analyse transparent und nachvollziehbar. Eine NWA erleichtert die Entscheidungsfindung durch die Zerlegung in Teilentscheidungen. Nachteile können sich aus der unklaren Formulierung des Zielsystems und der Ableitung der Bewertungskriterien ergeben. Die Vollständigkeit der Zielkriterien ist oft nicht gewährleistet, sodass Lücken im Zielsystem bestehen. Eine Scheingenauigkeit der Punktwerte verleitet zu Fehlentscheidungen, die sich nicht in realen Effektivitätswerten niederschlagen. Zudem sind die variierenden Erwartungen der Stakeholder zu berücksichtigen. Häufig sind die Zielkriterien auch nicht überschneidungsfrei, sodass es zu Mehrfachzählungen kommt. Eine objektive Analyse ist daher nur möglich, wenn alle betroffenen Stakeholder aktiv in die Analyse einbezogen werden und die Regeln der Zielbildung und Priorisierung (Zielgewichte) nachvollziehbar sind.

F. **Erweiterte Wirtschaftlichkeitsanalyse (EWA):** Sie kombiniert die Kosten-Nutzen-Analyse zur Ermittlung der Wirtschaftlichkeit und die Nutzwertanalyse zur Ermittlung des Gesamtnutzens. Bei dieser sehr umfassenden Methode handelt es sich um ein Verfahren der *Arbeitssystembewertung*, bei dem die direkten und die nicht monetarisierbaren Effekte einer BGM-Maßnahme getrennt betrachtet werden. Die Systembewertung basiert auf den direkten bzw.

indirekten monetären Effekten einer Gesundheitsinvestition auf Basis einer finanzanalytischen Investitionsrechnung. Zusätzlich werden nichtmonetäre Zielwirkungen in Form einer Nutzenanalyse einbezogen und mit den finanzanalytischen Bewertungsergebnissen in einem Ergebnisportfolio zusammengeführt. Grundvoraussetzung ist eine genaue Bestandsaufnahme der betrieblichen Ist-Situation einschließlich der Ermittlung von Defiziten und angestrebten Zielen. Nachteile dieses Vorgehens ergeben sich aus dem hohen Ressourcenaufwand und der Problematik der richtigen Einschätzung von Ursache-Wirkungs-Prognosen sowie der Objektivität bei der Festlegung von Gewichtungen und Zielkriterien.

G. **Balanced Scorecard (BSC):** Die Health- bzw. Gesundheits-BSC wird in ▶ Abschn. 6.2.1 vorgestellt. Sie kann als betriebswirtschaftliches Rahmenkonzept zur Legitimation, zur Priorisierung von Handlungsoptionen, zur Beurteilung der Wirtschaftlichkeit und zur Steuerung eingesetzt werden (vgl. Horváth et al., 2009).

❗ In der Praxis schrecken viele vor der **Health BSC** zurück, da dieses Instrument viele Datenströme benötigt, um die Perspektiven abzubilden (◻ Abb. 6.3). An dieser Stelle muss jedoch betont werden, dass der größte Vorteil in der Ausgewogenheit der verschiedenen Gesundheitsinformationen liegt, sodass es nicht zu einer einseitigen Fokussierung z. B. auf Fehlzeiten oder Gesundheitskosten kommt.

Gesundheitsökonomische Evaluation

Im Zentrum der **gesundheitsökonomischen Evaluation** steht die vergleichende Analyse verschiedener Handlungsoptionen bzw. Alternativen hinsichtlich ihrer Kosten und Nutzen. Herausforderungen sind dabei versteckte und verzögerte Kosten sowie unterschiedliche Nutzenvektoren bzw. die Frage, wie der Nutzen von Gesundheitsmaßnahmen ausgedrückt und operationalisiert werden kann. Gesundheitsökonomische Evaluationen leisten hier einen wertvollen Beitrag, um knapper werdende Ressourcen nutzenmaximierend einzusetzen und eine gleichbleibende oder verbesserte Qualität der Gesundheitsleistungen bei reduziertem Mitteleinsatz zu erreichen. Die Entscheidungsregeln basieren auf Kosten-Nutzen-Abwägungen und ökonomischen Verhaltensannahmen wie begrenzte Rationalität, Risikoneutralität, Opportunismus oder Nutzenmaximierung.

» „Insgesamt kann festgehalten werden, dass die Komplexität von Maßnahmen des BGM eine sorgfältige Vorbereitung der Evaluation der Kosten-Effektivität erfordert." (Lüngen und Galler in Pfannstiel & Mehlich, 2018, S. 844)

▪ Herausforderungen der Wirtschaftlichkeitsmessung

Managementinstrumente im Gesundheitswesen einzusetzen und die Wirtschaftlichkeit von Gesundheitsleistungen zu optimieren, ist das erklärte Ziel von **Managed Care**. Managed Care ist ein in den USA entwickeltes vernetztes Versorgungssystem, das Marktmechanismen wie die freie Arztwahl zugunsten vertraglich geregelter Prozesse (Selektivverträge) einschränkt und die Trennung von Leistungserbringung und Finanzierung teilweise aufhebt, um Kosten zu senken und die Versorgungsqualität zu erhöhen (Amelung, 2022). Dieser Ansatz wird insbesondere auch bei chronischen Erkrankungen favorisiert (Disease Management), um aus Sicht der Kosteneffektivität die Versorgungsleistung zu optimieren und aus Sicht der Tertiärprävention Folgeerkrankungen zu reduzieren. Ökonomische Konzepte wie die Transaktionskostentheorie oder die Prinzipal-Agenten-Theorie der Institutionenökonomik helfen, das Gesundheitswesen mit seinen besonderen Anforderungen ökonomisch zu steuern (Stierle in Stierle & Vera, 2014, S. 12 ff.). Aus Sicht des BGM lassen sich hier Anleihen für eine **integrierte Gesundheitsleistung** in der Arbeitswelt ableiten, da sich nicht jeder Aspekt betriebswirtschaftlich rechnen muss, sondern sich auch der gestiegenen Verantwortung der Unternehmen im Kontext von CSR (Corporate Social Responsibility) stellen muss. Die **Herausforderungen** der Wirtschaftlichkeitsmessung liegen im Spannungsfeld zwischen ökonomischen und sozialen Zielen sowie den unterschiedlichen Interessen der betrieblichen Gesundheitsakteure. Eine rein ökonomische Bewertung wird erschwert durch die Komplexität der Gesundheitsinterventionen, die unklare Kausalität (multifaktorielle Ätiologie), die Nichterfassung von Späteffekten (viele Maßnahmen wirken erst nach zwei bis drei Jahren), die Mängel der Evaluation (wenn überhaupt vorhanden, kaum Längsschnitt- oder Kontrollstudien, keine Kontrolle von Einflussfaktoren, verzerrte Stichprobenauswahl, keine standardisierten Instrumente), die ausgeprägte Heterogenität der Interventionen und die Unkenntnis der Implikationen des Nichthandelns (Zustand ohne BGM). Weitere Probleme sind zu kurze Interventionszeiträume und zu geringe Teilnahme- und Compliance-Raten. Aufgrund der zahlreichen Einschränkungen sind die **Effektstärken erwartungsgemäß relativ gering** (Rongen et al., 2013). Hier sind teilweise evidenzbasierte Ansätze erforderlich. Entscheidend für positive Werte sind Multikomponentenprogramme, Beharrlichkeit und Ausdauer in der Umsetzung und eine reflektierte begleitende Evaluation (vgl. Barthelmes et al., 2019b) (▶ Abschn. 7.2). Typische Herausforderungen sind…

- **Herausforderung der Vergangenheitsorientierung:** Die Dominanz einer rückwärtsgewandten Diskussion steht im Widerspruch zu den positiven gesundheitlichen Folgeeffekten, d. h. eine ROI Berechnung erfolgt im Rahmen der Evaluation und wird nachträglich ermittelt.

- **Herausforderung der Schätzung von Faktoren:** Viele Input- und Outputfaktoren lassen sich im Gesundheitsbereich nur schätzen und nicht absolut messen. Zudem herrscht die Erwartung vor, dass sich Investitionen in BGM allein durch die Reduktion von Ausfallkosten rechtfertigen lassen. Indirekte und intangible Nutzen in Geldeinheiten auszudrücken, erweist sich in der Regel als schwierig und aufwändig. Hinzu kommt, dass bestimmte Kosten- und Nutzengrößen (z. B. Lebensqualität, Motivation) nur diffizil zu erfassen sind.

- **Herausforderung der Stakeholderorientierung:** Die verschiedenen Gesundheitsakteure und ihre Perspektiven führen dazu, dass unterschiedliche Ziele und Kriterien formuliert werden und der Erfolg nicht einheitlich definiert und gemessen werden kann. Zu unterscheiden sind die drei Ebenen Volkswirtschaft (Krankheitskosten), Unternehmen (Arbeitsproduktivität) und Mitarbeitende (Gesundheit, Wohlbefinden).

- **Herausforderung eines schrittweisen Vergleichs:** In vielen Fällen bauen Gesundheitsinterventionen auf bestehenden Maßnahmen auf oder sollen diese ersetzen. In solchen Situationen ist es relevant zu bestimmen, welche zusätzlichen Kosten entstehen, um einen zusätzlichen Nutzen zu erzielen. Dies wird als inkrementelle Perspektive bezeichnet und in Grenzkosten und Grenznutzen ausgedrückt. Dabei wird nicht das durchschnittliche Kosten-Nutzen-Verhältnis der beiden Optionen berechnet und verglichen, sondern das inkrementelle Kosten-Nutzen-Verhältnis. Dazu wird die Differenz der Kosten (Kosten der neuen Maßnahme abzüglich der Kosten der bestehenden Alternative) ins Verhältnis zur Differenz des Nutzens der beiden Optionen gesetzt.

- **Herausforderung eines fundierten Eigencontrollings:** Im Bereich der Leistungsstatistik fehlen häufig valide Daten, um eine adäquate Bewertung vornehmen zu können (Kosten, Betreuungsdichte, Einsatzzeiten, Ressourcen und Kapazitätsverteilung in Bezug auf verschiedene Strukturfaktoren wie Organisationseinheiten, Altersgruppen, Berufsgruppen).

- **Herausforderung der zeitlichen Wirkungsverzögerung:** Studienergebnisse zeigen, dass Maßnahmen der Gesundheitsförderung und Prävention erst mit einer gewissen zeitlichen Verzögerung zu positiven Effekten führen (▶ Abschn. 6.1.1). Wenn Kosten bzw. Einsparungen zu unterschiedlichen Zeitpunkten und teilweise erst nach vielen Jahren anfallen, können die Geldbeträge in der Regel nicht einfach addiert werden, sondern sind unterschiedlich zu bewerten, wenn sie zu unterschiedlichen Zeitpunkten anfielen. Daher muss der Nutzen auf den Zeitpunkt der Bewertung abgezinst werden. Bei der Diskontierung (Abzinsung) werden Kosten, die zu unterschiedlichen Zeitpunkten anfallen, auf ihren Gegenwartswert (Barwert) und damit auf eine vergleichbare Basis gebracht. Der Diskontierungssatz liegt häufig zwischen 3 und 5 %. Darüber hinaus besteht die Möglichkeit, mit Hilfe mathematischer Modelle (Regressionsmodelle) die zu erwartenden langfristigen Wirkungen von Maßnahmen über den Betrachtungszeitraum hinaus abzuschätzen. Entscheidungsanalytische Modelle, in denen die langfristigen Kosten und Wirkungen modelliert werden, sind für die Beurteilung der Kostenwirksamkeit sinnvoll. Uneinigkeit besteht darüber, ob auch Gesundheitseffekte diskontiert werden sollten und/oder ob für Effekte und Kosten die gleiche Diskontrate gewählt werden sollte.

- **Herausforderung der multifaktoriellen Verursachung:** Die Zuordnung von Wirkungen zu einzelnen Maßnahmen ist schwierig, da verschiedene Maßnahmen des BGM parallel auf unterschiedlichen Ebenen (Verhaltens-, Verhältnis- und Kontextprävention) ansetzen bzw. stattfinden und Gesundheit auch von individuellen, sozialen und Umweltbedingungen abhängt.

❶ Die zeitliche Verzögerung der Effekte, die monetäre Bewertung und die multifaktorielle Kausalität stellen besondere **Herausforderungen** dar, sodass häufig kommuniziert wird, dass eine ökonomische Bewertung nicht möglich sei. Dies sind jedoch vorgeschobene Argumente.

■ **Diagnoseportfolio**

Die Perspektive eines ganzheitlichen Gesundheitscontrollings stellt das **Diagnoseportfolio** dar (Treier, 2012, S. 107 f.; Uhle & Treier, 2019, S. 396) (◻ Abb. 6.7). Der Datenpool setzt sich aus unterschiedlichen Datenarten zusammen. Die monetären Kennzahlen zur Ermittlung des Kosten-Nutzen-Verhältnisses stammen aus dem Finanz- und Personalcontrolling (KPI) sowie aus Evidenzzahlen aus ROI-Studien zum BGM. Die Nutzungszahlen beziehen sich auf die Leistungsstatistik

6

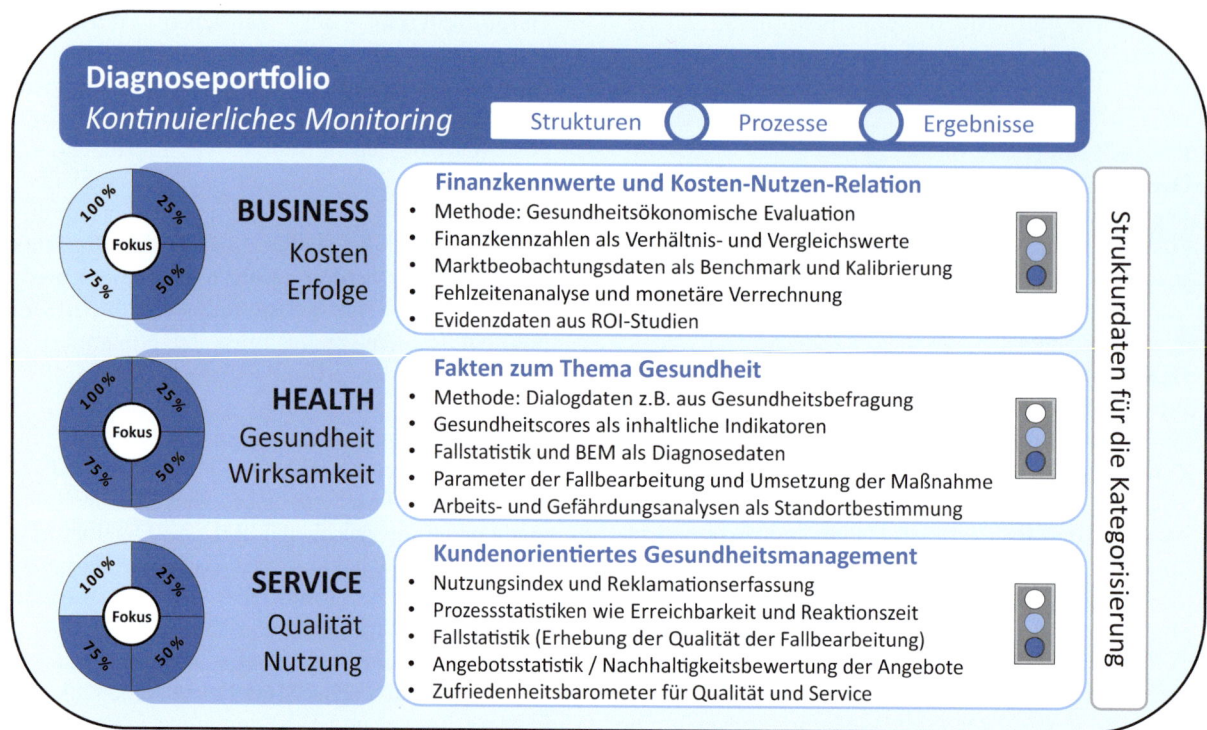

■ **Abb. 6.7**   Ganzheitliches Diagnoseportfolio im Gesundheitscontrolling nach Uhle & Treier (2019, S. 396)

der Gesundheitsmaßnahmen und berücksichtigen u. a. Teilnahmequoten, Drop-outs oder Ressourceneinsatz. Dialogdaten sind Ergebnisse aus Gesundheitsbefragungen, Gefährdungsbeurteilungen und Expertenratings. Externe Daten sind Ergebnisse von Sozialversicherungsträgern und Studien, die zur Kalibrierung der eigenen Daten herangezogen werden können. Das Diagnoseportfolio orientiert sich am Design der Balanced Scorecard und ermöglicht eine Gewichtung zwischen den **Kennzahlenbereichen** Ökonomie, Gesundheit und Qualität. Kennzahlen aus diesen Bereichen werden den **Qualitätsdimensionen** Prozess-, Struktur- und Ergebnisqualität zugeordnet (▶ Abschn. 7.1). Die Strukturqualität bezieht sich u. a. auf Kompetenzen, Infrastruktur, Vernetzung, Systematik. Die Prozessqualität berücksichtigt Parameter wie Verlässlichkeit, Reichweite, Bearbeitungszeit, Adressatenorientierung. Die Ergebnisqualität spiegelt den Soll-Ist-Vergleich wider und stützt sich v. a. auf Früh- und Spätindikatoren nach dem Treiber-Indikatoren-Modell (▶ Abschn. 6.1.2).

1. **Business-Dimension:** Der Fokus liegt auf Kosten und Ergebnissen. Finanzkennzahlen und Kosten-Nutzen-Relationen bestimmen diese Dimension, die sich v. a. auch auf die gesundheitsökonomische Evaluation stützt. Finanzkennzahlen, Leistungsstatistiken, Fehlzeitenanalysen und deren monetäre Verrechnung sowie Evidenzzahlen aus ROI-Studien werden hier berücksichtigt.

2. **Health-Dimension:** Gesundheit und Wirksamkeit stehen im Mittelpunkt. Hier geht es darum, gesundheitsrelevante Fakten zu ermitteln. Ein wesentlicher Bestandteil der Dimension Gesundheit sind die Gesundheitsscores. Aber auch Daten aus Fallstatistiken (z. B. BEM) und Gefährdungsanalysen sowie Krankenkassenberichte sind hier zu berücksichtigen.

3. **Quality-Dimension:** Qualität und Service stehen im Mittelpunkt. Das BGM orientiert sich am Qualitätsmanagement. Die Kundenorientierung ist ein wichtiger Faktor. Qualität, Service und tatsächliche Nutzung müssen erfasst werden. So kann ein Nutzungsindex ermittelt, die Bedarfsgerechtigkeit mit einem Zufriedenheitsbarometer gemessen und Prozessdimensionen wie Erreichbarkeit und Wartezeiten berücksichtigt werden.

Kosteneffektivität als Zielgröße

Eine Leistung der Gesundheitsförderung oder Prävention ist dann besonders kosteneffektiv, wenn sie entweder besonders kostengünstig oder besonders wirksam ist oder im Idealfall beides zutrifft. Für viele Leistungen der Gesundheitsförderung und Prävention ist die **Kosteneffektivität** unbekannt oder kann nur indirekt abgeleitet werden. Zudem treten die Gesundheitseffekte in der Regel zeitlich verzögert gegenüber den direkt anfallenden Kosten auf. Trotz dieser möglichen Problembereiche gesundheitsökonomischer

Evaluationen sind Maßnahmen und Projekte der BGF aus betriebswirtschaftlicher Sicht nur dann zu rechtfertigen, wenn sie Effizienzvorteile in der Leistungserbringung bieten und wirtschaftlich umsetzbar sind. Dies macht **ökonomische Evaluationen notwendig** und legitimiert ihren Einsatz unter Berücksichtigung der Problemfelder. Eine belastbare Messbarkeit des ROI ist nach ca. 2 bis 3 Jahren nach Beginn eines systematischen BGM zu erwarten. Die klassische Wirtschaftlichkeitsmessung ist mit einem VOI (Value in Investment) zu kombinieren, der auch Werte berücksichtigt, die nicht direkt monetarisierbar bzw. quantifizierbar sind. Hier werden zusätzliche Faktoren wie Identifikation (Commitment), Retention (Bindung) oder Mitarbeiterengagement erfasst.

6.3 Kernaussagen: Es wirkt

A. Es besteht **kein Legitimationsdefizit**. Der Nutzen von BGM ist evident und plausibel. Empirische Studien und Best-Practice-Fälle bestätigen die Nutzenformel „Gesunde Mitarbeiter in gesunden Organisationen schaffen Mehrwert und erzielen gute Betriebsergebnisse". Diese allgemeine Begründungslinie reicht jedoch nicht mehr aus. Modernes BGM muss kontextbezogen Risiken erfassen und Erfolge messen, um nachhaltig zu sein und als strategischer Wertfaktor in der strategischen Landkarte anerkannt zu werden. Dies ist ein Garant für Investitionen in die Gesundheit der Organisation.

B. Der Hauptnutzen lässt sich mit Personalbindung und -erhaltung als Herausforderung an ein modernes Personalmanagement beschreiben. Nutzenvektoren sowohl auf Arbeitgeberseite wie z. B. Imagegewinn oder Stärkung der Wettbewerbsfähigkeit als auch auf Arbeitnehmerseite wie z. B. Steigerung der Arbeits- und Leistungsfähigkeit zeigen, dass es sich um eine **WIN-WIN-Situation** für alle Beteiligten handelt.

C. Die Ausgangslage ist jedoch komplex, da eine Vielzahl von Gesundheitsprogrammen und variierende Kontextfaktoren eine **evidenzbasierte BGM-Strategie** erschweren. Viele kleine Effekte summieren sich zu **Gesamteffekten**, werden aber selten systematisch erfasst oder die Interventionszeiträume sind zu kurz, um messbare und von Störfaktoren bereinigte Effekte zu eruieren. Häufig fehlen aussagekräftige und standardisierte Evaluationsansätze.

D. Um die Risiko- und Ressourcenfaktoren hinsichtlich ihres Einflusses auf die Gesundheit der Organisation und ihrer Mitglieder angemessen bewerten zu können, ist eine Modellierung der interdependenten Gesundheitsfaktoren in der Organisation erforderlich. Das **Treiber-Indikatoren-Modell** ermöglicht hierbei die Abbildung der Abhängigkeiten. Das aus dem Treiber-Indikatoren-Modell resultierende **Gleichungssystem Gesundheit** ermöglicht die Ableitung von Kausalverläufen und damit die Erklärung des komplexen Zusammenhangs zwischen Arbeit und Gesundheit unter Berücksichtigung verschiedener Einflussfaktoren.

E. Zur Lösung des Gleichungssystems ist eine **kennzahlenbasierte Betrachtung** erforderlich. Neben klassischen Gesundheitskennzahlen wie dem Krankenstand (Spätindikator) sind auch qualitative, befragungsbasierte Gesundheitskennzahlen wie das Gesundheitsverhalten (Frühindikator) zur Lösung des Gleichungssystems heranzuziehen. Entscheidend ist, dass die Kennzahlen eine hohe Qualität aufweisen. Sie müssen Kausalzusammenhänge zulassen, zielgruppenorientiert sein, die Ableitung von Maßnahmen ermöglichen und aussagekräftig sein.

F. Aus der Nutzenanalyse lassen sich die **Legitimationsfaktoren** ableiten. Die ökonomische Rechtfertigung, z. B. durch die Reduktion von Ausfallkosten, muss ergänzt werden durch die psychologische Rechtfertigung, z. B. durch die Erhöhung der Arbeitsfähigkeit, die rechtliche Rechtfertigung, z. B. durch die Erfüllung von Vorschriften, und die ethische Rechtfertigung, z. B. durch die soziale Verantwortung.

G. Gesundheit in Organisationen zu erhalten und zu fördern ist also eine komplexe Aufgabe. Die immanente Komplexität kann nur durch ein **Gesundheitscontrolling im Rahmen des Risikomanagements** bewältigt bzw. entschlüsselt werden. Interventionen müssen zielgerichtet gesteuert werden, dazu bedarf es eines datenbasierten Ansatzes im BGM.

H. Die Ableitung von Gesundheitszielen aus strategischer Sicht (Assessment), die Überwachung des Fortschritts und des Zustands der gesunden Organisation (Monitoring) und die Kalibrierung der eigenen Gesundheitsleistung (Benchmarking) sind die **Aufgabenfelder des Gesundheitscontrollings**.

I. Das Gesundheitscontrolling wird jedoch häufig vernachlässigt und stellt einen **blinden Fleck im BGM** dar, da die Datenqualität oft unzureichend ist, die Datenerhebung nur sporadisch erfolgt, die Dokumentation unzureichend ist oder der Zusammenhang zwischen Gesundheitsdaten und Outcome nicht berücksichtigt wird.

J. **Standardisierte Instrumente** sind vorhanden, werden aber nicht systematisch eingesetzt. Gesundheitsrisikoanalysen, Gesundheitsbefragungen, Gesundheitskostenanalysen, ROI-Messungen bis hin zu Ausfallkostenanalysen sind Instrumente des Gesundheitscontrollings, die aufeinander abgestimmt werden müssen. Aus der Sicht des Risikomanagements ist v. a. die Gefährdungsbeurteilung hinsichtlich klassischer und psychischer Belastungen von Bedeutung, um das Ausfall- und Gesundheitsrisiko in Organisationen als Standortbestimmung zu ermitteln. Belastungen sind unabhängige Variablen, die sich auf verschiedene abhängige Variablen wie z. B. Fehlzeiten auswirken. Ein reflektiertes Gesundheitscontrolling stellt diese Zusammenhänge im Sinne eines Cockpits dar.

K. Das **Cockpit zur gesunden Organisation** muss verschiedene Messgrößen bzw. Metriken erfassen, um das BGM auf Kurs zu halten. Die **Health Balanced Scorecard** (Health BSC) eignet sich hier als Steuerungsinstrument, da sie in Verbindung mit einem Qualitätsmanagementmodell wie der EFQM als Strategierahmen einen belastbaren **BGM-Systemindex** unter Berücksichtigung verschiedener Perspektiven wie Finanzen, Kunden, Prozesse und Potenziale erstellen kann. Die Health BSC übersetzt die durch das Qualitätsmodell definierten Stellgrößen der Gesundheitsstrategie in operative Größen. Dabei werden monetäre und nicht-monetäre Kriterien in einem ausgewogenen Kennzahlensystem berücksichtigt und gewichtet.

L. Gesundheitscontrolling ist das **Rückgrat der gesunden Organisation** und darf nicht auf die vorherrschende Absenzenlogik reduziert werden. Gesundheitscontrolling definiert den Fahrplan zur gesunden Organisation (Navigationsfunktion), ermöglicht die Rechtfertigung von Kosten und Investitionen (Legitimationsfunktion) und sichert die Nachhaltigkeit (Wirksamkeit). Die Digitalisierung ermöglicht neue Erfassungsansätze, um das dynamische Gesundheitsgeschehen in der Organisation zu erfassen.

M. Das BGM wird letztlich nicht nur an seiner Wirksamkeit, sondern v. a. auch an seiner **Wirtschaftlichkeit** gemessen. Denn Ziel ist es, mit einem betriebswirtschaftlich vertretbaren Aufwand die größtmögliche Wirksamkeit zu erzielen. Daher ist eine **Kosten-Nutzen-Diskussion** aus monetärer Sicht unerlässlich und das Gesundheitscontrolling entsprechend um eine ökonomische Betrachtung zu erweitern. Vergleichende **gesundheitsökonomische Evaluationsdesigns** zur Abbildung von Kosten und Nutzen sind erforderlich, um die **Kosteneffektivität** von Gesundheitsmaßnahmen auf der Verhaltens- und Verhältnisebene nachzuweisen.

N. Eine ertragsorientierte gesundheitsökonomische Betrachtung basiert auf einer fundierten und differen-

zierten **Gesundheitskostenrechnung** zur Beurteilung der Kosteneffektivität. Dabei sind direkte, indirekte und intangible Kosten sowie Folgekosten gesundheitsfördernder Maßnahmen zu berücksichtigen.

O. Metaanalysen und systematische Reviews bestätigen die positiven Effekte. So sind bei systematischen Mehrkomponentenprogrammen **ROI-Werte** von 1:2,5 nach wenigen Jahren erreichbar. Auch eine Reduktion der krankheitsbedingten Fehlzeiten um ca. 25 % ist realistisch. Die Messung der Wirtschaftlichkeit sollte jedoch nicht nur retrospektiv, sondern auch prospektiv erfolgen. Angesichts der relativ langen Zeitfenster, in denen BGM-Interventionen ihre Wirksamkeit sukzessive und inkrementell entfalten, ist eine prospektive Abschätzung der Kosteneffektivität von Präventionsmaßnahmen sinnvoll, um die Potenziale von BGM auszuschöpfen. Entsprechende Kostenrechner und Schätzformeln ermöglichen diese zukunftsorientierte und investitionsfreundliche Vorgehensweise.

P. Für die ökonomische Bewertung werden in erster Linie **Leistungsindikatoren** verwendet. **Finanzkennzahlen** können ergänzend herangezogen werden. Der Beitrag des BGM zur finanziellen Wertschöpfung kann jedoch nur indirekt und geschätzt ermittelt werden. Dies zeigt sich bspw. an den zu erwartenden Produktivitätsverlusten bei steigendem Präsentismus.

Q. Um den Nutzen aus ökonomischer Sicht zu bestimmen, sind nicht nur monetäre Werte zu berücksichtigen, sondern auch qualitative Faktoren wie z. B. psychosoziale Faktoren, die sich einer ökonometrischen Bewertung scheinbar entziehen. Mit Hilfe von Schätzwerten kann der **Bruttonutzen** bestimmt und schließlich ein ROI-Maß berechnet werden.

R. Zusammenfassend benötigt ein modernes BGM ein **Diagnoseportfolio**, das neben der Business-Dimension (Wirtschaftlichkeit, Finanzkennzahlen, Ausfallkosten, Return on Investment) die Health-Dimension (Health Scores als inhaltliche Determinanten der gesunden Organisation und der Wirksamkeitsmessung) und die Quality-Dimension (Prüfpunkte aus Qualitätssicht, Service, Nutzung und Adressatenorientierung) gleichermaßen berücksichtigt.

? Kontrollfragen

1. Welchen Nutzen haben Arbeitgeber*innen und Arbeitnehmer*innen von BGM?
2. Wie ist die empirische Evidenz zu Nutzen und Wirksamkeit von BGM-Maßnahmen auf der Verhaltens- und Verhältnisebene einzuordnen?

3. Wie hoch ausgeprägt ist die Präventionsbilanz?

4. Was versteht man unter Treiber, Früh- und Spätindikatoren?

5. Welche Komponenten sind im Gleichungssystem Gesundheit verknüpft?

6. Was ist der Unterschied zwischen dem Gesundheitscontrolling und Gesundheitsmonitoring?

7. Welche Funktionen erfüllt das Gesundheitscontrolling im BGM?

8. Vor welchen Herausforderungen steht das Gesundheitscontrolling im BGM?

9. Was ist ein BGM-Systemindex? Welche Kennwertfelder werden berücksichtigt?

10. Warum braucht das BGM ein Risikomanagement? Wie sieht der Risikozyklus aus?

11. Was ist eine gesundheitsökonomische Evaluation?

12. Wie kann die Kosteneffektivität von Gesundheitsmaßnahmen ermittelt werden?

13. Was bedeutet ein prospektiver ROI?

14. Welche Kostenarten müssen in einer Gesundheitskostenrechnung berücksichtigt werden?

15. Welche Herausforderungen ergeben sich bei der Wirtschaftlichkeitsmessung?

16. Welche Bereiche berücksichtigt ein ganzheitliches Diagnoseportfolio im BGM?

Fazit zur Legitimation

„There are strong economic, legal, psychological and ethical reasons why managers should take health and safety seriously, …" (Bratton & Gold, 2017, S. 395) Ökonomische, inhaltlich-psychologische, rechtliche und sozial-ethische **Legitimationsfaktoren** bilden eine starke Phalanx für Investitionen in Gesundheit in der Organisation. Angesichts der zunehmenden Bedeutung des Engpassfaktors Humankapital gewinnt die gesunde Organisation als Hafen leistungs- und arbeitsfähiger Mitarbeiter*innen an Relevanz. Risikominimierung, Qualitätssicherung und Wirtschaftlichkeit der Gesundheitsmaßnahmen sind anzustreben. Das **Gleichungssystem der gesunden Organisation** zeigt die Ursache-Wirkungspfade und damit die wirksamen Stellhebel zur gesunden Organisation auf. Die Königsdisziplin des Gesundheitscontrollings ist der Wirkungsnachweis, der Investitionen in Gesundheit legitimiert. Die dominierende Fehlzeitenlogik ist nicht mehr zeitgemäß und muss um ressourcenorientierte Gesundheitskennzahlen erweitert werden. Aufgrund der Vielzahl von Kennzahlen ist ein **Cockpit als Navigationsinstrument** zielführend, um Entscheidungs- und Allokationsprozesse zu optimieren und Risiken frühzeitig zu erkennen.

Weiterführende Literatur

— Barthelmes, I., Bödeker, W., Sörensen, J., Kleinlercher, K.-M., & Odoy, J. (2019). *Wirksamkeit und Nutzen arbeitsweltbezogener Gesundheitsförderung und Prävention: Zusammenstellung der wissenschaftlichen Evidenz 2012 bis 2018* (iga.Report 40, hrsg. von der Initiative Gesundheit und Arbeit). [Darstellung der Evidenzlage zu BGF und Prävention anhand einer methodisch reflektierten Qualitätsbewertung der berücksichtigten Studien in Form von Review-Steckbriefen]

— Gutmann, J. (2019). Controlling im betrieblichen Gesundheitsmanagement: Instrumente, Kennzahlen und Best Practices. Haufe-Lexware. [Übersicht über Kennzahlen und Methoden zur Messung und Steuerung von Maßnahmen im BGM]

— Hajen, L., Paetow, H., & Schumacher, H. (2017). *Gesundheitsökonomie: Strukturen – Methoden – Praxisbeispiele* (8. Aufl.). Kohlhammer. [Überblick über allgemeine Themen der Gesundheitswirtschaft und Ländervergleiche bis hin zu spezifischen Handlungsfeldern wie ambulante oder stationäre Versorgung oder gesetzliche Krankenversicherung]

— Neumann, P. J., Sanders, G. D., Russell, L. B., Siegel, J. E., & Ganiats, T. G. (Eds.) (2017). *Cost-effectiveness in health and medicine* (2nd ed.). Oxford University Press. [Referenz für Methoden der Kosten-Wirksamkeits-Analyse im Gesundheitsbereich]

— Pfaff, H., & Zeike, S. (2019). Controlling im Betrieblichen Gesundheitsmanagement: Das 7-Schritte-Modell. Springer Gabler. [Modell als Orientierungsrahmen für die Planung und Bewertung wirksamer und nachhaltiger Gesundheitsmaßnahmen]

— Schöffski, O. & von der Schulenburg, J.-M. Graf (Hrsg.). (2012). *Gesundheitsökonomische Evaluationen* (4. Aufl.). Springer. [Erläuterung methodischer Grundlagen, aktueller Forschungsergebnisse, Evaluationsdesigns unter Berücksichtigung von Lebensqualitätseffekten]

— Stierle, J., & Vera, A. (Hrsg.). (2014). Betriebliches Gesundheitsmanagement: Unternehmenserfolg durch Gesundheits- und Leistungscontrolling. Schäffer-Poeschel. [Grundlagen, Konzepte und Praxisbeispiele zum BGM unter Berücksichtigung des Gesundheitscontrollings]

— Uhle, T., & Treier, M. (2019). Betriebliches Gesundheitsmanagement: Gesundheitsförderung in der Arbeitswelt – Mitarbeiter einbinden, Prozesse gestalten, Erfolge messen (4. Aufl.). Springer. [Ganzheitliche Betrachtung des BGM aus verhaltens- und verhältnisorientierter Sicht mit besonderem Fokus auf die Nutzen- und Wirtschaftlichkeitsbetrachtung]

Schlüsselfaktoren des Betrieblichen Gesundheitsmanagements

Inhaltsverzeichnis

© Der/die Autor(en), exklusiv lizenziert an Springer-Verlag GmbH, DE, ein Teil von Springer Nature 2023
M. Treier, *Betriebliches Gesundheitsmanagement*, https://doi.org/10.1007/978-3-662-67152-8_7

7

Übersicht zum Kapitel

Isolierte Gesundheitsmaßnahmen verpuffen und sind wenig wirksam. Erfolgreich und nachhaltig ist dagegen ein qualitätsorientiertes, systematisches und evidenzbasiertes Vorgehen im BGM. Gesundheitsförderliche Strukturen schaffen den Nährboden, auf dem verhaltensbezogene Maßnahmen ihre Wirksamkeit entfalten können. Auf der Basis von **Qualitätsmodellen** können die den Qualitätsdimensionen zugrunde liegenden Bausteine und Prüfpunkte für ein modernes BGM identifiziert werden. Daraus lassen sich modellgestützt und empirisch fundiert **Erfolgsfaktoren** ableiten, die die Grundlage für einen qualitätsgesicherten Leitfaden zur Standardisierung von BGM bilden und auch den Rahmen für eine Zertifizierung abstecken. Sie sind der **Schlüssel zum Haus der Arbeitsfähigkeit** und sichern die Nachhaltigkeit des betrieblichen Gesundheitshandelns. Das Kapitel versteht sich als Zusammenfassung der Schlüsselfaktoren des BGM.

🎯 Lernziele

- Den Zusammenhang zwischen Gesundheits- und Qualitätsmanagement aufzeigen können.
- Die Qualitätsstrategie im BGM skizzieren können.
- Darstellen, welche Grundsätze und Prüfpunkte ein qualitätsgesichertes BGM auszeichnen.
- Die Bausteine für ein qualitätsgesichertes BGM in Anlehnung an die DIN SPEC 91020 für ein qualitätsgesichertes Vorgehen im BGM benennen können.
- Die Stellhebel der gesunden Organisation nach dem EFQM-Modell als Qualitätsmodell darstellen können.
- Die Qualitätsmodelle DIN SPEC 91020, SCOHS, Health Awards und psyGA skizzieren und voneinander abgrenzen können.
- Die Qualitätsdimensionen der BGM-Reife anhand von Beispielen darstellen können.
- Allgemeine, übergreifende Erfolgsfaktoren für ein modernes BGM aufzählen können.
- Die Leitplanken des Fahrplans zur gesunden Organisation darstellen können.

» „Der Blick in die Praxis zeigt (…), dass die gesundheitlichen Aktivitäten in vielen Organisationen entwicklungsbedürftig sind. Allzu häufig noch ist das Handeln geprägt von einer unzureichenden Datengrundlage und einer mangelhaften Evaluation." (Walter in Badura, 2017, S. 111)

Dieses Fazit fasst die in den vorangegangenen Kapiteln identifizierten **Schlüsselfaktoren eines qualitätsgesicherten BGM** zusammen. BGM folgt dem Leitbild der gesunden Organisation, d. h. einer lernenden Organisation, die sich der Maxime der kontinuierlichen Ver-

besserung unter Qualitätsgesichtspunkten verpflichtet, sich an den Zielgruppen orientiert und sich an Qualitätsstandards messen lässt (Badura et al., 2015; Uhle & Treier, 2019, S. 261 ff.; Walter in Badura, 2017, S. 109 ff.). Der Erfolg von BGM darf nicht dem Zufall überlassen werden, nur ein systematisches BGM wird aus Sicht der Organisation nachhaltige Gesundheitseffekte erzielen. Die Bausteine, Grundsätze und Prüfpunkte eines qualitätsgesicherten BGM spiegeln sich in **BGM-Qualitätsmodellen** wider, die eine Selbstbewertung und ein Benchmarking des eigenen BGM im Wandel der Arbeitswelt anhand von **Mindeststandards** ermöglichen und Gestaltungspotenziale aufzeigen helfen (▶ Abschn. 7.1). Diese Qualitätsperspektive unterstützt die gesunde Organisation, die angesichts gesellschaftlicher und wirtschaftlicher Transformationsprozesse zwischen **Utopie und Dystopie** oszilliert, bei der zielgerichteten Fokussierung ihrer Gesundheitsaktivitäten, um eine positive Gesundheitsbilanz zu erreichen. Denn BGM hat nachweislich viele positive Effekte und Potenziale (▶ Kap. 6), birgt aber auch Risiken z. B. hinsichtlich der Verstärkung der Entgrenzung von Arbeit 4.0, indem Gesundheitsangebote die Grenzen zwischen Arbeit und Privatleben weiter verschwimmen lassen (Petzi & Kattwinkel, 2016, S. 36). Der qualitätsorientierte Ansatz im BGM ist selbstkritisch und stellt das BGM regelmäßig auf den Prüfstand. Für die Selbstbewertung sind **Erfolgsfaktoren** zu identifizieren, die eine gesundheitsbewusste Organisation angesichts des raschen Wandels in Gesellschaft und Wirtschaft berücksichtigen sollte (▶ Abschn. 7.2). Diese Erfolgsfaktoren lassen sich in 10 Geboten als **Dekalog der gesunden Organisation** zusammenfassen. Letztlich wird BGM nur dann erfolgreich sein, wenn der **Fahrplan zur gesunden Organisation** in seinen Etappen als Managementansatz systematisch geplant und verfolgt und BGM als Organisationsentwicklung verstanden wird (vgl. Pelikan et al., 2020; Treier & Uhle, 2019).

7.1 Grundsätze eines qualitätsgesicherten Betrieblichen Gesundheitsmanagements

» „Eine Integration von Qualitäts- und betrieblichem Gesundheitsmanagement ist sinnvoll, aber nur dann, wenn ein umfassendes, partizipatives Gesundheitsverständnis vorliegt und Gesundheit nicht technischen/wirtschaftlichen Sachzwängen untergeordnet wird." (Thul in Faller, 2017, S. 295)

Ausgangspunkt für die Suche nach einer **Qualitätsstrategie im BGM** sind die Leitlinien für ein erfolgreiches BGM nach der Luxemburger Deklaration und der Ottawa-Charta (▶ Abschn. 1.4.2). Partizipation, Integration, Projektmanagement und Ganzheitlichkeit lassen sich hier als Qualitätsdimensionen identifizieren. Auch wenn die Luxemburger Deklaration sprachlich primär auf BGF ausgerichtet ist, trägt sie letztlich einem erweiterten Verständnis von BGF in Richtung BGM Rechnung (vgl. Faller in Faller, 2017, S. 27 ff.). Die Qualitätskriterien nach dem Leitfaden Prävention des GKV Spitzenverbandes definieren **Qualitätsstandards**, so werden z. B. eine Organisationsrichtlinie, eine Ist-Analyse, ein Partizipations- und Steuerungskonzept sowie eine Dokumentation erwartet (vgl. GKV, 2022). Um ein erfolgreiches BGM im Sinne der Nachhaltigkeit zu etablieren, ist ein **prozessorientiertes Vorgehen** unabdingbar. Dabei steht der PDCA-Zyklus bzw. Deming-Kreis im Vordergrund (Diagnose, Maßnahmenplanung, Umsetzung, Erfolgskontrolle, Anpassung der Strukturen). Dies wird auch in den Qualitätskriterien der DGUV für die Präventionsarbeit betont (DGUV, 2014b). Zusammenfassend lassen sich bedarfs- und prozessorientiertes Vorgehen, strukturelle Verankerung, Einbindung der Führungskräfte, Partizipation der Betroffenen, Ganzheitlichkeit, niedrigschwelliger Zugang und Gesundheitskommunikation als **Zielgrößen** darstellen. Um Gesundheit in Organisationen zu etablieren, bedarf es neben der Durchsetzung durch Rechtssysteme (▶ Abschn. 1.4.3) auch eines unterstützenden Managementsystems (▶ Abschn. 3.3), da diese Vielfalt an Erfolgsfaktoren nur durch ein **Managementsystem** systematisch verknüpft und umgesetzt werden kann.

❯ Die Festlegung von Qualitätsstandards und die Prozessorientierung sind die Leitplanken einer **Qualitätsstrategie im BGM**.

▪ Leitkonzept Qualitätsmanagement

Als Leitkonzept und Grundmodell kann das **Qualitätsmanagement** dienen (Uhle & Treier, 2019, S. 261 ff.; Treier, 2012). Es genießt eine hohe Reputation und ermöglicht zudem die Ableitung von Prüfpunkten für ein **qualitätsgesichertes BGM**. Qualitätsmanagement wird hier als ganzheitlicher Ansatz im Sinne des Total Quality Management (TQM) verstanden und setzt einen normativen Rahmen, der wirtschaftliche und soziale Ziele berücksichtigt (vgl. Brüggemann & Bremer, 2020; Pfeifer & Schmitt, 2014). Die Systemsicht (Mensch, Technik/Aufgabe und Organisation), der Lernzyklus, die Kundenorientierung, die Selbstbewertung und die Wirksamkeitsprüfung sind zentrale Merkmale des TQM. Im Mittelpunkt des Interesses steht nicht nur die *Ergebnisqualität*, sondern v. a. die *Befähigerqualität*, d. h. die Führungs-, Struktur- und Prozessqualität im BGM. Gesundheit ist somit eine Top-Managementaufgabe (▶ Abschn. 3.1.1).

> **Qualitätsmanagement**
>
> In Anlehnung an die DIN EN ISO 9000:2015-11 (Grundlagen und Begriffe zu Qualitätsmanagementsystemen) umfasst das **Qualitätsmanagement im BGM** alle Aktivitäten, mit denen die gesunde Organisation ihre Gesundheitsstrategie festlegt und die Prozesse und Strukturen bestimmt, die zur Erreichung des gewünschten Gesundheitsergebnisses erforderlich sind.

▪ Systemmodell als Basis

Die Verbindung von Qualitätsmanagement und BGM als qualitätsgesichertes BGM beinhaltet mehr als nur die Bereitstellung qualitätsgesicherter Angebote. Vielmehr sind **Ressourcen, Prozesse und Strukturen** gemäß der DIN SPEC 91020:2012-07 zu berücksichtigen, die als Vornorm die Diskussion um ein qualitätsorientiertes BGM mit ihren Spezifikationen angestoßen hat, im Oktober 2020 zurückgezogen wurde und in die DIN ISO 45001:2018-06 eingeflossen ist (vgl. Kaminski, 2013; Walle, 2022; Weigl, 2019) (▶ Abschn. 1.4.4 und Infobox ▶ „DIN SPEC 91020 → DIN EN ISO 45001"). Problematisch für das BGM ist, dass die DIN ISO 45001 wesentlich komplexer, umfangreicher und strenger ist als die transparenten Anforderungen der DIN SPEC 91020, sodass die Hürde für eine Zertifizierung des BGM zukünftig höher liegen wird. Gemeinsam ist beiden, dass sie **Gesundheit als Managementaufgabe** verstehen. Ein **systemorientierter Managementansatz** im BGM erfordert ein in den Organisationen etabliertes Modell. **Managementsysteme** der Gesundheit und des Arbeitsschutzes basieren auf den grundlegenden Qualitätsanforderungen der DIN EN ISO 9001:2015 in Verbindung mit der DIN ISO 45001:2018-06, die die Anforderungen an ein Arbeitsschutzmanagementsystem beschreibt und sich sowohl mit den SGA-Risiken als auch SGA-Chancen befasst, und der ISO 14001:2015-09 zum Umweltmanagement. Sie befassen sich nicht nur mit der Vermeidung von Risiken im Rahmen der Gefährdungsbeurteilung, sondern setzen auf eine **proaktive Präventionskultur** als ganzheitlichen Ansatz. Mit der DIN EN ISO 45001 ist eine Annäherung zwischen den Anforderungen des traditionellen AGS und der verhaltensorientierten BGF gelungen. „Deshalb sollten weder Qualitäts- noch Betriebliche Gesundheitsmanagementsysteme als isolierte Elemente in einer Organisation aufgebaut und betrieben werden. Wesentlich günstiger ist es, sie als Bestandteile eines integrierten Managementsystems anzulegen und weiterzuentwickeln." (Thul in Faller, 2017, S. 307)

❯ Um Gesundheit als Managementaufgabe zu implementieren, bedarf es eines **Managementmodells**. Hier empfiehlt es sich, auf etablierte Modelle wie die ISO 45001:2018-06 zurückzugreifen. Die ISO 45001 ermöglicht eine Annäherung zwischen den Anforderungen des AGS und der BGF.

7

DIN SPEC 91020 → DIN EN ISO 45001

BGM nach der zurückgezogenen Spezifikation DIN SPEC 91020 versteht sich als *„systematische sowie nachhaltige Schaffung und Gestaltung von gesundheitsförderlichen Strukturen und Prozessen einschließlich der Befähigung der Organisationsmitglieder zu einem eigenverantwortlichen, gesundheitsbewussten Verhalten.“* (Kaminski, 2013, S. 62) Die DIN EN ISO 45001 ist stärker auf den Arbeitsplatz fokussiert als die DIN SPEC 91020, hat aber das Potenzial, den Kulturwandel aufzugreifen und damit auch die erweiterten

Anforderungen der DIN SPEC 91020 zu integrieren. Der Aufbau eines BGM auf Basis einer „schwergewichtigen“ ISO-Norm ist herausfordernd, trägt aber wesentlich zur Legitimation und Konsolidierung des BGM bei, denn die strategische Relevanz, die stärkere Zielorientierung und Erfüllung der Anforderungen und damit die konsequente Umsetzung eines kontinuierlichen Verbesserungsprozesses (KVP) führen auf den erfolgversprechenden Weg zur gesunden Organisation (vgl. Walle, 2022).

■ **Ansatzpunkte für ein qualitätsorientiertes BGM**

■ Tab. 7.1 fasst die Bausteine bzw. Ansatzpunkte für ein qualitätsorientiertes BGM in Anlehnung an die DIN SPEC 91020 zusammen (vgl. Treier, 2019b, S. 452). Dabei gilt der Dreisatz, dass *Ressourcen, Prozesse und Strukturen* die Dimensionen des **Qualitätswürfels im BGM** bestimmen. Diese Dimensionen werden auch von verschiedenen BGM-Qualitätsmodellen wie dem Corporate Health Award berücksichtigt (s. u.). Letztlich basieren diese Modelle auf den **Grundsätzen des Qualitätsmanagements** nach der Normenfamilie ISO 9000 ff. (vgl. Brugger-Gebhardt, 2016, S. 4 f.). Diese Normenfamilie bietet einen Rahmen für die Qualitätssicherung – dazu gehören v. a. die ISO 9000:2015 für die Begriffssystematik, die ISO 9001:2015 für die Zertifizierung und die ISO 9004:2018 für die Anleitung und Umsetzung. Mit der **HLS-Struktur** (High-Level-Structure) wird die Einführung von integrierten Managementsystemen vereinfacht. Wichtig ist an dieser Stelle, dass diese Normen nicht erklären, was Qualität im BGM inhaltlich konkret bedeutet. Die Ausgestaltung der konkreten **Qualitätskriterien** muss situativ anhand von Mindeststandards erfolgen. Ein zentraler und übergreifender Aspekt ist die Kundenzufriedenheit, die es zu verbessern gilt. Dies wird erreicht, indem Kundenbedürfnisse und Standardanforderungen erfüllt und die eigenen Gesundheitsleistungen diesbezüglich kritisch reflektiert und optimiert werden (vgl. Wagner in Pfeifer & Schmitt, 2014, S. 180 ff.). Neben der Kundenorientierung zählen Partizipation, Prozessorientierung, ständige Verbesserung (KVP), Einbindung der Führung (Qualitätsziele erreichen), Systemorientierung (Beziehungsmanagement der Akteure), Dokumentation (Transparenz) und qualitätsgerechte Leistungserstellung zu den Grundsätzen

(vgl. Brüggemann & Bremer, 2020, S. 124 ff.). Erweiterte Qualitätsmodelle beziehen sich darüber hinaus auf die **Maxime der Exzellenz**. Die kritische Reflexion sollte auf der Grundlage der Selbstbewertung erfolgen. Sie stellt sicher, dass BGM kein „Einwegprodukt" ist, sondern eine **Prozessaufgabe**, die im PDCA-Zyklus ständig aktualisiert werden muss (► Abschn. 3.3). In diesem Zusammenhang stellen die Qualitätsdimensionen der Ganzheitlichkeit, Integration, Partizipation und Strategie eine besondere Herausforderung für das BGM dar und können als **Leitplanken für ein qualitätsgesichertes BGM** identifiziert werden (Klaffke & Bohlayer, 2021, S. 203).

A. **Ganzheitlichkeit:** Maßnahmen der Verhaltens- und Verhältnisprävention in einem Gesamtkonzept – dies erfordert die Berücksichtigung der Präventionsmatrix und die Zusammenarbeit der traditionellen Gesundheitsakteure.

B. **Integration:** Systematische und zielgerichtete Berücksichtigung der Gesundheitsförderung und Prävention in allen Entscheidungen, Prozessen und Strukturen der Organisation – dies erfordert Kooperation und Verankerung des BGM in der Organisation und eine Absicherung in der Unternehmenskultur.

C. **Partizipation:** Einbindung und Beteiligung der Mitarbeiter*innen an allen gesundheitsrelevanten Entscheidungen und Prozessen von der Konzeption bis zur Umsetzung – dies erfordert partizipative Strukturen im BGM als lernende Organisation.

D. **Strategie:** Strategische Abbildung und Integration in die Gesamtstrategie – nur so ist ein Beitrag zum Unternehmenserfolg und eine konsistente und langfristige Ausrichtung gewährleistet.

◻ **Tab. 7.1**   Bausteine für ein qualitätsgesichtes BGM nach Treier (2019b, S. 452)

Bausteine	Qualitätskriterien	Erläuterung
Ressourcen	Inhaltsqualität	- Referenz- bzw. Evaluationspflicht (Wirksamkeit) - Anforderungs- und Bedarfsanalyse - Maßgeschneiderte Konzepte - Ermöglichung von Partizipation
	Ganzheitlichkeit	- Ebenen: Verhältnis-, Verhaltens-, Kulturprävention - Stufen: primäre, sekundäre, tertiäre Präventionsstufe - Fokussierung: universell, selektiv, indiziert
	Konsistenz	- Abstimmung der Maßnahmen aus inhaltlicher, zeitlicher und örtlicher Hinsicht - Aufbauendes Maßnahmenportfolio - Verhinderung von Verdrängungseffekten
Prozesse	Strategie	- Aktive Einbindung der Führungskräfte - Gesunde Organisation in der Strategiekarte - Strategische Partnerschaften - Systematisches Zielsystem „Gesunde Organisation" - Positives Bekenntnis vom Top-Management - Cockpit als Navigationssystem
	Koordination	- Implementierung eines Lenkungskreises - Arbeitsgruppen (Task Forces) nach Präventionsmatrix - Internes BGM-Wissensmanagement - Agiles Multi-Projektmanagement
	Legitimation	- Gesundheitscontrolling und Evaluation - Gesundheitsmonitoring (Gesundheitszustand) - Integrierte Gefährdungsbeurteilung als Risikocheck - Gesundheits- und Sozialreporting
Strukturen	Verankerung	- Primärorganisation (nicht nur Projekt) - Vernetzung mit externen Kompetenzen - Konzertierte Aktion der betrieblichen Akteure - Virtuelles Gesundheitscenter als Basis
	Personal	- Keine Nebentätigkeit „Gesundheit" - Professionalisierung der betrieblichen Akteure - Regelmäßige Qualifizierungen - Klare Ansprechpartner*innen
	Nachhaltigkeit	- Verbindliche Budgetierung - Planbarkeit durch langen Planungshorizont - Konsolidierung als Zielgröße

Zertifizierung und Auditierung sind Ziele eines qualitätsorientierten Ansatzes.

7

Selbstcheck

Viele Selbstchecks für Arbeitgeber als erster Einstieg zur **Selbstbewertung** und Potenzialanalyse orientieren sich an den Bausteinen und Grundsätzen eines qualitätsorientierten BGM, wie z. B. der INQA-Check „Gesundheit" (INQA, 2022), um Anregungen zur Optimierung von Strukturen und Prozessen für eine gesunde Organisation zu geben. Eine entsprechende Alternative bietet das Europäische Netzwerk für Betriebliche Gesundheitsförderung (ENWHP), das bei der Entwicklung von Qualitätskriterien u. a. die Prinzipien der Luxemburger Deklaration und das EFQM-Modell berücksichtigt (s. u.).

▶ https://www.inqa-check-gesundheit.de

▶ https://www.enwhp.org/?i=portal.en.how-good-is-your-whp

■ EFQM-Modell als Basismodell

Ein qualitätsorientierter Ansatz sollte sich am Treiber-Indikatoren-Modell orientieren, das dem Gleichungssystem Gesundheit zugrunde liegt (▶ Abschn. 6.1.2). Es dient mit seinen Ursache-Wirkungsketten der Ver-

besserung von Gesundheit in der Organisation (vgl. Badura in Badura, 2017, S. 38 ff.). Aus Sicht des Qualitätsmanagements findet sich mit dem von der European Foundation for Quality Management entwickelten **EFQM-Modell** (▶ www.efqm.org) ein Pendant, das ebenfalls zwischen Treibern als Befähigern und Ergebnissen unterscheidet und diese mit einem Lernprozess als kontinuierlichem Verbesserungsprozess verbindet und die **Selbstbewertung** als zentrales Instrument bestimmt (vgl. Brüggemann & Bremer, 2020, S. 198 ff.). Damit kann EFQM als Managementfolie für ein qualitätsgesichertes BGM dienen, das nicht nur Qualitätssicherung, sondern auch **Exzellenz** im Benchmarking anstrebt (vgl. Moll & Khayati, 2021; Thul in Faller, 2017, S. 301 f.). Es berücksichtigt Befähigerkriterien (Führung, Mitarbeiterorientierung, Prozesse, Politik/Strategie, Ressourcen und Partnerschaften) und Ergebniskriterien (mitarbeiter-, kunden- und gesellschaftsbezogene Ergebnisse, Schlüsselergebnisse) (■ Abb. 7.1). Darüber hinaus betont das aktualisierte EFQM-Modell 2020 stärker die Rolle von Führung und Steuerung, was einem modernen BGM entspricht. Die im EFQM-Modell definierten **Stellgrößen** können an betriebliche Gesundheitsfragen angepasst werden und betreffen die Organisation von gesunder Führung, Gesundheitszielen

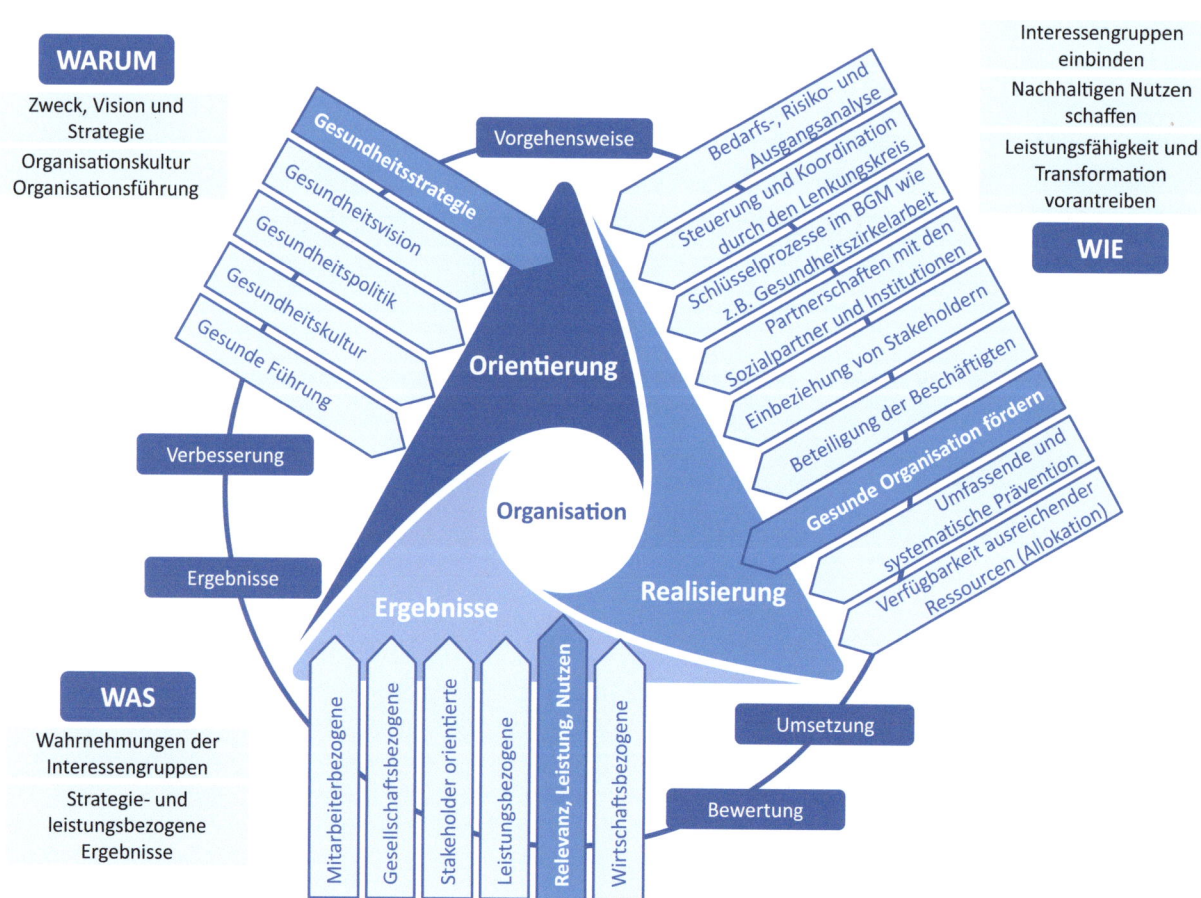

■ **Abb. 7.1**   Stellgrößen der gesunden Organisation nach dem EFQM-Modell 2020

und Gesundheitstrategien, die Befähigung der Beschäftigten als Empowerment, die Organisation von Partnerschaften, die Ressourcenausstattung sowie die Prozessgestaltung im Hinblick auf Leistungsplanung und -erbringung (Struhs-Wehr, 2017, S. 183 ff.; Uhle & Treier, 2019, S. 270). Das Modell fordert ein ausgewogenes Verhältnis der Stellschrauben. **Exzellenz** kann nur durch ein klares Bekenntnis zur Verantwortung für eine nachhaltige Zukunft und unter Berücksichtigung der Bedürfnisse aller Stakeholder und Ebenen einer Organisation erreicht werden. Nachhaltige Verantwortung bedeutet hier auch, eine gesunde und gesundheitsfördernde Organisation zu schaffen. Die Nutzung des EFQM-Modells als **Managementansatz für das BGM** lässt sich mit der übergeordneten Kompassfunktion zur Integration gesundheitsbezogener Anforderungen in das Management, der integrierten Konsensfindung mit den verschiedenen Gesundheitsakteuren im BGM-Säulenmodell (▶ Abschn. 3.2), der hohen Reputation und Anschlussfähigkeit an andere Managementansätze, der wirkungsorientierten Steuerung in Anlehnung an das Treiber-Indikatoren-Modell sowie der Identifikation von Stärken und Schwächen zur Ausgangsanalyse begründen (Uhle & Treier, 2019, S. 271). Durch die Anwendung seiner Methoden, unterstützt durch Best Practices, können Organisationen Gesundheitsverbesserungen an ihren Prioritäten, ihrem Zweck und ihren Mitarbeiter*innen ausrichten. Eine erfolgversprechende **Kombination** besteht zwischen dem EFQM Modell als Referenzrahmen mit der Definition des Gleichungssystems Gesundheit als Gesundheitsstrategie und der Health Balanced Scorecard (▶ Abschn. 6.2.1) als Cockpit zur gesunden Organisation in Verbindung mit dem PDCA-Zyklus.

❯ Das EFQM-Modell ist kompatibel mit dem Gleichungssystem Gesundheit (▶ Abb. 6.1 und s. Infobox ▶ „EFQM-basierte Health BSC"). Damit kann die gesundheitsstrategische Ausrichtung aus Qualitätssicht mit den Anforderungen an ein Gesundheitscontrolling verknüpft werden.

■ **Qualitätsmodelle im BGM**

Für das BGM liegen konkrete **Qualitätsmodelle** vor, die das Rückgrat eines qualitätsorientierten Vorgehens im BGM bilden (Walter in Badura, 2017, S. 109 ff.). Sie fokussieren in unterschiedlicher Weise auf Struktur-, Prozess-, Ressourcen- und Ergebnisfaktoren und haben sich als **Leuchttürme** etabliert, die beim Aufbau eines BGM zur Orientierung für ein modernes und qualitätsgesichertes BGM beitragen können. Ein Audit für gutes BGM mit anschließender Zertifizierung wird angestrebt. Ein **Audit** ist eine systematische Überprüfung und Bewertung von Prozessen und Aktivitäten, um nachzuweisen, dass alle erforderlichen Standards, Richtlinien und Normanforderungen erfüllt werden. Eine **Zertifizierung** ist eine Konformitätserklärung einer unabhängigen und akkreditierten Organisation wie z. B. dem TÜV, die bescheinigt, dass die zertifizierte Organisation mit ihrem Managementsystem die Anforderungen einer Bezugsnorm erfüllt. Bis zur Zurückziehung der DIN SPEC 91020:2012 konnten Organisationen ihr BGM nach dieser Norm zertifizieren lassen (vgl. Becker et al., 2014). Mit der Umstellung auf die DIN EN ISO 45001:2018-06 können Organisationen nun ihr BGM-System als Teil eines integrierten Arbeitsschutzmanagementsystems zertifizieren lassen. Mit diesen Modellen können Anforderungen an Rahmenbedingungen, Strukturen, Prozesse und Ergebnisse definiert werden. Die Anforderungen spiegeln sich in den Prüfpunkten wider und werden von den Erfolgsfaktoren aufgegriffen (▶ Abschn. 7.2).

A. **DIN SPEC 91020:** Sie ist eine Vorstufe zur entwicklungsbegleitenden Normung für konsensbasierte Normungsvorhaben. Sie eignet sich als Grundlage für Zertifizierungsprozesse, da sie qualitätsorientierte Anforderungen an das BGM definiert. Die DIN SPEC 91020 wurde auf Initiative der B-A-D GmbH in einem Arbeitskreis mit verschiedenen Akteuren wie der Universität Bielefeld, der TÜV Nord CERT GmbH und dem Bundesverband Betriebliches Gesundheitsmanagement e. V. unter Federführung des Fraunhofer IAO er-

EFQM-basierte Health BSC

Das **EFQM-Modell** gibt die Vision, Mission und Ziele sowie die Kriterien vor und repräsentiert die *Managementebene im BGM*. Durch die Selbstbewertung erfolgt eine relative Messung in den Dimensionen „Bedeutung" und „Erfüllungsgrad". Die Datenebene ist aggregiert und eher qualitativ ausgerichtet. Im Rahmen der EFQM-basierten **Health Balanced Scorecard** werden die Kriterien als Indikatoren operationalisiert. Hier findet eine absolute Messung im Sinne des Gesundheitscontrollings statt, die quantitativ ausgerichtet ist und die *Informationsebene* darstellt. Die **EFQM-basierte Health Balanced Scorecard** ist somit das geeignete Instrument, um die angestrebten Gesundheitsziele auf Managementebene zu verfolgen. Mit ihrer Hilfe können die Maßnahmen kontinuierlich evaluiert und in eine ergebnisorientierte Steuerung nach dem PDCA-Zyklus integriert werden.

7

arbeitet. Die DIN SPEC 91020 erklärt die Gesundheit der Mitarbeiter*innen zum strategischen Erfolgsfaktor und fokussiert im Sinne des Qualitätsmanagements v. a. auf die Prozesse und die betriebliche Gesundheitspolitik (vgl. Becker et al., 2014; Kaminski, 2013).

B. **SCOHS** (Social Capital & Occupational Health Standards): Dieser Ansatz der Universität Bielefeld betont die Verantwortung der Führung und die Bedeutung des Sozialkapitals für BGM als sozialkapitalbasierte Public Health-Strategie in der Arbeitswelt (vgl. Badura, 2011; Badura et al., 2010; Badura et al., 2013) (► Abschn. 2.2.5). SCOHS deckt weitere Aspekte der Standardisierung ab. Dazu gehören neben der Führungsaufgabe auch Strukturen und Ressourcen sowie die Überprüfbarkeit der Zielerreichung. SCOHS kann mit der DIN EN ISO 9001:2015 verknüpft werden. Eine Zertifizierung des BGM nach Auditierung ist nach SCOHS möglich (vgl. auch Infobox ► „Landesverwaltung NRW").

C. **Health Awards:** Aus Benchmarking-Sicht sind der Deutsche Unternehmenspreis [BKK Bundesorganisation, Umsetzung der Qualitätskriterien für betriebliche Gesundheitsförderung des Europäischen Netzwerks (ENWHP)] und der Corporate Health Award [Fokus auf Prozesse, Strukturen und Ressourcen; eine Gemeinschaftsaktion des Marktforschungsinstituts EUPD, des Handelsblatts und des TÜV Süd Life Services unter der Schirmherrschaft der Initiative Neue Qualität der Arbeit] hervorzuheben. Der seit 2009 verliehene Corporate Health Award (CHA) definiert die Bewertungskriterien entlang der drei Modelldimensionen Struktur (Einbindung, Kooperation, Qualitätssicherung etc. zur Bestimmung des Integrationsgrades), Strategie (Führung, Ziele, Prozesse, Gesundheitscontrolling, Gesundheitskommunikation, Sensibilisierung etc. zur Sicherstellung der systematischen Ausrichtung) und Leistung (Maßnahmen auf der Verhaltens- und Verhältnisebene von Ergonomie und medizinischer Vorsorge über psychische Gesundheit, Bewegung und Ernährung bis hin zu Work-Life-Balance etc., um ein ganzheitliches Angebotsportfolio aus Ressourcensicht zu ermöglichen) mit derzeit 28 Themenclustern. Es bietet eine branchenspezifische Gewichtung und ein Benchmarking. Grundlage für die Qualitätseinstufung sind die CHES (Corporate Health Evaluation Standards). Das Qualitätsmodell basiert auf den drei Grundprinzipien Wissenschaftlichkeit, Praktikabilität und Dynamik. Der CHA wird kontinuierlich weiterentwickelt und reagiert damit auf Entwicklungen in der Arbeitswelt wie Arbeit 4.0.

D. **psyGA-Qualitätsmodell:** Im Rahmen von psyGA wurden Kriterien für ein qualitätsorientiertes BGM mit dem Schwerpunkt psychische Gesundheit entwickelt. Es setzt die Ergebnisse des Projekts „Psychische Gesundheit in der Arbeitswelt – Wissenschaftliche Standortbestimmung" der BAuA um (vgl. Rothe et al., 2017a). Das Modell orientiert sich am EFQM-Modell und ordnet die Kriterien den betrieblichen Strukturen, den Prozessen oder den Ergebnissen zu. Dabei unterscheidet das Modell zwischen den Befähigern „Strukturen und Organisation" (Unternehmenskultur und betriebliche Gesundheitspolitik), „Prozesse und Maßnahmen" (Führung, Arbeitsorganisation und Förderung der psychischen Gesundheit) und den Ergebnissen (mitarbeiterorientierte Führung, Identifikation und Engagement, verbesserte psychische Gesundheit und Geschäftsergebnisse).

❯ **Qualitätsmodelle** bilden das Rückgrat für ein erfolgreiches BGM, mit dem Ziel, auditiert und zertifiziert zu werden. Diese Qualitätsmodelle unterscheiden sich in der Gewichtung der berücksichtigten Qualitätskriterien, sind aber in ihrer Gesamtkonzeption kompatibel, da sie zwischen Treibern (Befähigern) und Indikatoren (Ergebnissen) unterscheiden und den kontinuierlichen Verbesserungsprozess als Lernzyklus integrieren. Grundlage für das Verständnis der Qualitätsmodelle ist die DIN EN ISO 9001:2015.

Landesverwaltung NRW

Die **Landesverwaltung NRW** hat in Anlehnung an SCOHS Mindeststandards im behördlichen Gesundheitsmanagement definiert (Badura & Steinke, 2019). Die Anforderungen beziehen sich auf *Rahmenbedingungen* (Formulierung einer Gesundheitsstrategie, Gesundheit als Daueraufgabe, Bereitstellung ausreichender Ressourcen, schriftliche Vereinbarungen zum BGM, Kontinuität der internen Gesundheitskommunikation), *Strukturen* (Einrichtung einer BGM-Koordinierungsstelle, Festlegung personeller Verantwortlichkeiten, Qualifizierung und Professionalisierung der BGM-Akteure oder Aufbau einer Dateninfrastruktur), *Prozesse* (angelehnt an den PDCA-Zyklus von Diagnose über Planung und Umsetzung bis zur Evaluation) sowie *Ergebnisse und deren Sicherung* (Ergebnissicherung durch interne Audits, kennzahlenbasiertes Gesundheitscontrolling, Dokumentation). Entscheidend für den Erfolg ist, dass Gesundheitsexpert*innen unterschiedlicher Disziplinen weniger nebeneinander als vielmehr miteinander arbeiten (Badura & Steinke, 2019, S. 22).

■ **BGM-Qualitätsreife**

Aus der bisherigen Diskussion um einen qualitätsorientierten Ansatz im BGM lässt sich als Ergebnis die **BGM-Reife** ableiten. Dabei handelt es sich um ein mehrdimensionales Konstrukt in Anlehnung an das Reifegradmodell im Personalcontrolling (Treier, 2013) (■ Abb. 7.2). Die BGM-Reife berücksichtigt vier Bereiche und kann anhand einer Bewertungsvorschrift ermittelt werden (vgl. Treier, 2013, S. 100 f.). Bei der *Datenreife* werden die Qualität der verfügbaren Gesundheitsdaten, die Zugänglichkeit und die Vernetzung der Informationskanäle untersucht. Bei der *funktionalen Reife* werden technische und inhaltliche Aspekte sowie die Qualitätssicherung der BGM-Konzepte bzw. Gesundheitsmaßnahmen bewertet. Die *organisatorische Reife* wird durch die organisatorische Verankerung, Stabilität, Kontinuität und Adressatennähe bestimmt. Bei der *kommunikativen Reife* werden die Handlungsfelder Adressatenorientierung, Gesundheitsmarketing sowie Durchdringung und Reichweite bewertet. Zur Bestimmung des Reifegrades können folgende **Reifedimensionen** herangezogen werden

– **Datenreife:** Qualität der Gesundheitsdaten und deren Verknüpfung, Überprüfbarkeit, Aussagekraft der Indikatoren, nicht nur *Lagging Indicators* als ergebnisorientierte und retrospektive Kennzahlen, sondern auch *Leading Indicators* als prozessorientierte und vorausschauende Kennzahlen. Keine Zahlenfriedhöfe zu generieren ist das Ziel einer hohen Datenreife.

– **Funktionsreife:** Technische und inhaltliche Aspekte, umfassendes Angebotsportfolio im Bereich der Verhaltens- und Verhältnisprävention, Umsetzungstiefe, Zugänglichkeit, Bedarfsorientierung. Angemessenheit, Funktionalität und Qualitätssicherung sind die Ziele einer hohen funktionalen Reife.

– **Organisationsreife:** Einbettung in die Organisationsstruktur, Stabilität und Kontinuität in der Prozessabbildung, Ermöglichung dezentraler Ansätze, Professionalisierung des Personals, Verknüpfung mit externer Expertise. Eine stabile Verankerung in der Primärorganisation ist das Ziel einer hohen Organisationsreife.

– **Kommunikationsreife:** Adressatenorientierung, Gesundheitsmarketing, Durchdringungstiefe, Nutzung der Vielfalt der Dialogkanäle im digitalen Zeitalter. Aktivierende Botschaften sind das Ziel einer hohen Kommunikationsreife.

■ **Abb. 7.2** BGM-Reifegrad

7

Qualität verpflichtet

Qualität verpflichtet im BGM. Die Prüfpunkte setzen ganzheitlich an Ressourcen, Prozessen und Strukturen an. Sie berücksichtigen die strukturellen und kulturellen Voraussetzungen, das Vorhandensein bedarfs- und adressatengerechter Ressourcen, den reibungslosen Ablauf der Prozesse und das Funktionieren der Schnittstellen, die Wirksamkeit der abgestimmten Maßnahmen als Evaluationsauftrag und die Dokumentationspflichten.

7.2   Erfolgsfaktoren im Betrieblichen Gesundheitsmanagement

» „Gesunde Arbeit … ist nicht nur als Leitbild zu definieren, sondern in den Strukturen, Prozessen und Ressourcen abzubilden. So sollte das Bemühen um gesunde Arbeit keine Nebentätigkeit aus struktureller Sicht sein, sondern durch qualifiziertes Personal abgebildet werden. Planbarkeit und Verbindlichkeit sind nur im Rahmen einer Verankerung in der Primärorganisation zu gewährleisten. Bei den Prozessen benötigt man u. a. einen koordinierenden Lenkungskreis und die Einbindung der Führungskräfte als verlängerten Arm der gesunden Arbeit. Ein Gesundheitscontrolling ist unerlässlich, um die Zielgrößen zur Steuerung zu erfassen. Im Hinblick auf die Ressourcen sind Ganzheitlichkeit und Konsistenz der Maßnahmen in Bezug auf die Verhaltens- und Verhältnisprävention anzustreben. Es ist beispielsweise darauf zu achten, dass es nicht zu ‚Kannibalisierungseffekten‘ kommt, wenn sich unterschiedliche Ressorts um das Anliegen Gesundheit bemühen. Außerdem sind stets die Machbarkeit und Wirksamkeit der Maßnahmen zu bewerten. Dieser Anspruch auf nachhaltige Gesundheitsarbeit, die sich in den Strukturen, Prozessen und Ressourcen widerspiegelt, korrespondiert mit der Qualitätsmaxime.“ (Treier, 2019d, S. 48)

Dass BGM ein Erfolgsfaktor für Organisationen ist, zeigt die Nutzenanalyse und wird in zahlreichen Fachbüchern durch eine Vielzahl von Best Practices zu den Handlungsfeldern des BGM bestätigt (vgl. Pfannstiel & Mehlich, 2018) (▸ Abschn. 6.1.1). Das obige Zitat fasst die kritischen Erfolgsfaktoren zusammen, die sich aus den Best Practices ergeben. Es stellt sich die Frage, woher diese Erfolgsfaktoren kommen bzw. welche Begründungen es dafür gibt.

■ **Auf der Suche nach den Erfolgsfaktoren**

Empirische Erfolgsfaktoren lassen sich indirekt aus den systematischen Reviews und Metaanalysen über die Wirksamkeit von BGM-Maßnahmen ableiten, wenn die Nutzenfaktoren als Spätindikatoren mit den Treibern überzufällig

korrelieren (Treiber-Indikatoren-Modell; ▸ Abschn. 6.1.2). So zeigt bspw. die Metaanalyse von Chapman (2012), dass sich v. a. systematische Multikomponentenprogramme als Schlüsselfaktor für ein effektives BGM erweisen. Unternehmensbefragungen wie die #whatsnext-Studie (IFBG, 2017; IFBG, 2020) unterstreichen die Bedeutung der Einbindung der Führungskräfte als Hebel. Problematisch an diesen und anderen Studien ist, dass sie meist keine Kontrollstudien beinhalten oder die Treiber zur Ermittlung der Effekte nicht systematisch variieren, um die Erfolgsfaktoren eindeutig zu identifizieren. Zudem sind die Ergebnisse der Studien nur bedingt verallgemeinerbar, da sie in unterschiedlichen Settings durchgeführt und mit variierenden Methoden erhoben wurden. Aus Sicht der Forschung ist es zudem wichtig, neben den unterschiedlichen Qualitäten und Kontextfaktoren von Gesundheitsinterventionen auch die Interventionsphasen zu berücksichtigen (vgl. Rojatz et al., 2017). In der im ▸ Abschn. 6.1.1 vorgestellten Studienlandschaft manifestieren sich drei **Generalfaktoren**, nämlich die Partizipation der Mitarbeiter*innen, die Einbindung der Führungskräfte sowie ein ganzheitliches und integriertes BGM, das auf den Säulen Sensibilisierung, Kommunikation und Motivation aufbaut (vgl. Ternès et al., 2017).

Die Suche nach den kritischen Erfolgsfaktoren für ein erfolgreiches BGM kann sowohl empirisch (s. o.) als auch modellbasiert erfolgen. Eine **modellbasierte Bestimmung** der Erfolgsfaktoren hat den Vorteil, dass die Abhängigkeiten zwischen den Erfolgsfaktoren berücksichtigt und die Ursache-Wirkungsketten abgebildet werden können und ggf. eine Gewichtung der Erfolgsfaktoren vorgenommen werden kann. Die Grundsätze eines qualitätsgesicherten BGM zeigen die Ansatzpunkte und Prüfpunkte auf, die zu berücksichtigen sind, damit BGM erfolgreich umgesetzt werden kann. Die Qualitätsperspektive spiegelt die Erfolgsfaktoren wider und findet sich in den **Qualitätsmodellen** wieder (▸ Abschn. 7.1). Das EFQM-Modell ist aufgrund seiner mit dem Treiber-Indikatoren-Modell kompatiblen Struktur, seiner breiten Akzeptanz im Qualitätsmanagement und seiner Exzellenzorientierung besonders geeignet (vgl. Brüggemann & Bremer, 2020). Es unterscheidet zwischen Befähigern und Ergebnissen, die durch einen Lernprozess miteinander verbunden sind. In Verbindung mit einer Health Balanced Scorecard hat dieses Modell das Potenzial, die Suche nach kritischen Erfolgsfaktoren zu systematisieren, sodass die Zusammenhänge zwischen den Erfolgsfaktoren berücksichtigt werden und die Suche nicht zur Suche nach der Nadel im Heuhaufen wird (vgl. Infobox ▸ „HERO Scorecard").

❯ **Kritische Erfolgsfaktoren** können empirisch oder modellgestützt abgeleitet werden. Als generelle Erfolgsfaktoren kristallisieren sich die Partizipation der Mitarbeiter*innen, die Einbindung der Führungskräfte und die Ganzheitlichkeit des BGM-Konzeptes heraus.

HERO Scorecard

Die **HERO Health and Well-being Best Practices Scorecard** ist ein befragungsbasiertes Instrument zur systematischen Erfassung von Erfolgsfaktoren im BGM. Das Tool unterstützt dabei, die beste Herangehensweise zur Steigerung der Gesundheit und des Wohlbefindens der Mitarbeiter*innen zu bestimmen. Schwerpunkte sind strategische Planung, organisatorische und kulturelle Unterstützung, Maßnahmen und deren Systematik und Integration, Beteiligungskonzepte, Information und Kommunikation sowie Evaluation und Bewertung.

▶ https://hero-health.org/hero-scorecard/
▶ https://hero-health.org/

HERO (Health Enhancement Research Organization) ist eine gemeinnützige Organisation in den USA, die sich der Ermittlung und dem Austausch bewährter und erfolgreicher Verfahren im Bereich Gesundheit und Wohlbefinden am Arbeitsplatz als Forschungsaufgabe widmet, um die Gesundheit und das Wohlbefinden von Arbeitnehmer*innen, Angehörigen und Rentner*innen zu verbessern. Sie wurde in den 1990er-Jahren mit dem Ziel gegründet, systematische Strategien zur Gesundheitsförderung zu entwickeln und zu verbreiten (Case Studies) und zu verdeutlichen, dass Gesundheit und Wohlbefinden am Arbeitsplatz eine gesellschaftliche, politische und unternehmerische Verpflichtung sind.

Eine Fundgrube für die Suche nach kritischen Erfolgsfaktoren sind v. a. die „Best Studies" zum Wohlbefinden am Arbeitsplatz.

■ Stolpersteine und Erfolgsfaktoren im BGM

Die **Liste der Erfolgsfaktoren** zeigt, was ein erfolgreiches BGM ausmacht, das ganzheitlich in die jeweiligen Handlungsfelder im Unternehmen integriert ist (Uhle & Treier, 2019, S. 258 ff.; Treier & Uhle, 2019, S. 46 ff.). Zahlreiche Studien beschäftigen sich mit der Suche nach dem **Schlüssel zu einem guten BGM** und arbeiten generelle Erfolgsfaktoren für ein funktionierendes BGM heraus (◘ Abb. 7.3). Offen ist jedoch, wie diese zusammenwirken. Daher empfiehlt sich ein modellbasiertes Vorgehen, z. B. auf Basis des EFQM-Modells. Die einzelnen Erfolgsfaktoren basieren letztlich auf einer reifen Organisationskultur bzw. entfalten ihre Wirkung auf dem Nährboden einer Gesundheitskultur, denn BGM bedeutet immer auch Organisations- und Kulturentwicklung (▶ Abschn. 4.1.2.1). Einige Erfolgsfaktoren ergeben sich bereits aus den praktischen Herausforderungen in den Handlungsfeldern (▶ Kap. 4), andere finden sich in der Steuerung und Administration aus Sicht der BGM-Organisation (▶ Kap. 3).

Entscheidende **Erfolgskriterien** sind das Vorhandensein eines internen Motors als Impulsgeber, konsequente Zielvereinbarungen abgeleitet aus einer konsistenten Gesundheitsstrategie, intensive Beteiligung auf allen Ebenen, umfassende Information der Beschäftigten und aktive Einbindung der Führungsebene. Flankierend lassen sich weitere Kriterien wie die Erfolgskommunikation einzelner Projekte, externe Unterstützung, ganzheitliche Abbildung der Gesundheitsinhalte auf der Verhaltens- und Verhältnisebene oder die Implementierung von Koordinationskreisen als Regelsysteme identifizieren (vgl. Faller in Faller, 2017, S. 399). BGM erfordert Maßnahmen auf der inhaltlichen, organisatorischen und Steuerungsebene, die ineinander greifen und aufeinander aufbauen. Die Liste der Erfolgsfaktoren fasst relevante Punkte aus den vorangegangenen Kapiteln zusammen.

Mit diesen Erfolgsfaktoren können Hürden bzw. **Stolpersteine** umgangen werden, die gerade bei der Einführung eines BGM auftreten (Kaminski, 2013, S. 49 ff.). So wird BGM häufig nicht als Managementsystem, sondern lediglich als Summe von Gesundheitsmaßnahmen wahrgenommen. Es können aber auch Widerstände und Ängste bei den Betroffenen auftreten, denen durch Kommunikation und Beteiligung entgegengewirkt werden muss. Darüber hinaus können zwischen den betrieblichen Gesundheitsakteuren mikropolitische Konflikte um Ressourcen, Zuständigkeiten oder Entscheidungskompetenzen entstehen, die durch das Säulenmodell im BGM begründet sind. Hier geht u. a. auch um Besitzstandswahrung. Kaminski (2013, S. 52) betont an dieser Stelle die Bedeutung eines Stakeholdermanagements mit Unterstützung externer Moderatoren, um aus Betroffenen Beteiligte zu machen. Zusammenfassend lassen sich folgende Erfolgsfaktoren identifizieren, deren Potenzial im Zusammenwirken liegt.

A. **Verantwortung:** Verantwortliches Handeln reicht von der Gesundheitspolitik bis zur gesunden Führung im Rahmen einer zielorientierten Unternehmensethik und einer gesundheitsbewussten Unternehmenskultur und drückt sich in den Unternehmenswerten aus. BGM wird als Führungsaufgabe verstanden. Die Einbindung der Führungskräfte vor Ort als Schlüsselpersonen steht im Vordergrund, denn vom Verständnis, von der Vorbildfunktion und dem Engagement der Führungskräfte hängt es ab, ob die Gesundheitsmaßnahmen zum Ziel führen oder nicht. Ein Feedbacksystem stellt sicher, dass die Verantwortungsrealität in Bezug auf Gesundheitsorientierung aus Sicht der Mitarbeiter*innen zeitnah widergespiegelt wird.

B. **Strategisches Denken:** Gesundheit muss in einer langfristigen Gesamtstrategie verankert sein und

7

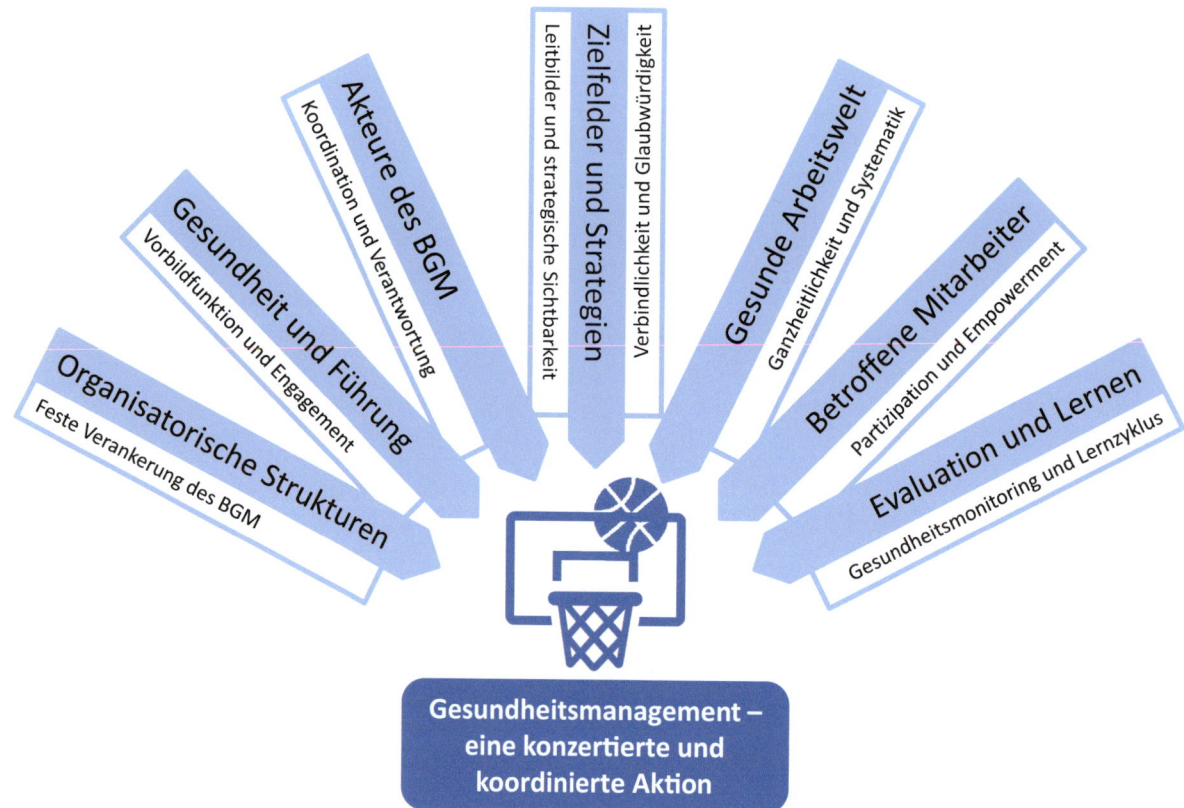

□ **Abb. 7.3**   Erfolgsfaktoren im BGM nach Treier & Uhle (2019, S. 45)

darf nicht isoliert von anderen Strategiefeldern betrachtet werden. Daher sind Schnittstellen zu Managementsystemen wie Umwelt- und Arbeitsschutzmanagement zu schaffen. Die Gesundheitsstrategie definiert das Zielsystem der gesunden Organisation. Eine Ausgangsanalyse als Gefährdungsbeurteilung stellt sicher, dass sich die Strategie an den vorhandenen Gegebenheiten orientiert.

C. **Organisation:** Wichtig ist eine stabile Verankerung des BGM in der Primär- bzw. Legalorganisation, denn BGM ist keine Nebentätigkeit und kein temporäres Projekt. Die Komplexität erfordert entsprechende Arbeitskreise und Steuerungsgremien. Die Festlegung von Zuständigkeiten und Verfahrensregeln erhöht die Verlässlichkeit des Gesundheitshandelns in der Organisation. Der Abschluss einer Betriebsvereinbarung zur Organisation des BGM ist anzustreben.

D. **Partizipation:** Teilhabe als demokratisches Prinzip schafft hohe Akzeptanz und sichert die Bodenhaftung des BGM. Partizipation braucht Knowhow und Ressourcen (Empowerment). Damit Partizipation gelingt, sind ferner Information und Kommunikation als kontinuierliche Aufgabe vorzunehmen. Der Dialog trägt zur Sensibilisierung und Aktivierung bei. Dabei findet ein Wandel von der Push- zur Pull-Kommunikation statt. Eine hohe

Akzeptanz und Compliance kann durch adressatengerechtes Gesundheitsmarketing und Gesundheitskommunikation erreicht werden.

E. **Diversity-Sensitivität:** Die Heterogenität der Belegschaften u. a. in Bezug auf Alter, Geschlecht, kulturelle Vielfalt erfordert multiple Wege im BGM unter Berücksichtigung der Besonderheiten der Zielgruppen. BGM versteht sich als Teil des Generationenmanagements.

F. **Empowerment:** Eigenverantwortung gilt als Maxime, d. h. fördern, aber auch fordern. BGM ist ein Beteiligungsangebot, um einerseits die Arbeits- und Umweltbedingungen gesundheitsgerecht zu gestalten und andererseits das eigene Gesundheitsverhalten zu verbessern. Fort- und Weiterbildung flankieren diese Bemühungen, da Gesundheitskompetenz als Schlüsselfaktor angesehen wird. Auf der Angebotsseite sind maßgeschneiderte bzw. personalisierte Lösungen anzustreben. Dabei sollte das Subsidiaritätsprinzip leitend sein. Wichtig ist, dass kein passiver Gesundheitskonsum entsteht.

G. **Ressourcen:** Ressourcen beziehen sich nicht nur auf ausreichende und planbare Budgets und die zeitliche Abbildung von Gesundheitsaktivitäten in der Arbeitszeit, sondern auch auf eine bedarfsgerechte, umfassende, zugängliche und qualitätsgesicherte Umsetzung der Maßnahmen.

H. **Bonifizierung:** Ein Anreizmodell für Gesundheitsförderung und Präventionsarbeit in Analogie zu den Bonusmodellen der Krankenversicherungen kann als verhaltensökonomischer Katalysator im Sinne des Nudging fungieren und das Engagement der Beteiligten für eine gesunde Organisation honorieren und die Motivation zu eigenverantwortlichem Gesundheitshandeln stärken helfen. Boni können für Beteiligung, Reflexion und Weiterentwicklung gezahlt werden und sollten im Sinne einer doppelten Rendite wieder in gesundheitsförderliche Ressourcen investiert werden. Das Bonusmodell sollte mit der Gesundheitsstrategie kompatibel sein und entsprechende Zielkategorien aufweisen.

I. **Ganzheitlichkeit:** Verhalten, Verhältnisse, Kultur sind in einer Präventionsmatrix zu verknüpfen (▶ Abschn. 4.3). Unsystematische und unkoordinierte Einzelaktivitäten (Aktionismus) sind zu vermeiden. Auf die Qualität der Maßnahmen ist zu achten.

J. **Vernetzung:** Die interne Vernetzung soll im Rahmen eines Gesundheitscenters ausgebaut werden. Vernetzung bezieht sich aber auch auf externe Akteure. Kooperationen mit Hochschulen, Bildungseinrichtungen, Sozialversicherungsträgern, Gewerkschaften, Berufsgenossenschaften, Sportvereinen verdeutlichen, dass es sich beim BGM um Multi-Agentensysteme handelt. Die Sicherung von Know-how und die Schaffung von Synergien sind Ziele der Vernetzung.

K. **Evaluation und Legitimation:** Das BGM soll kontinuierlich evaluiert werden, um seine Wirksamkeit, Wirtschaftlichkeit und Effizienz nachzuweisen. Diagnostik und Evaluation basieren auf verschiedenen Datenströmen aus dem Gesundheitsmonitoring sowie dem Gesundheits- und Risikocontrolling. Die Integration in ein Gesundheitscockpit, das monetäre und nichtmonetäre Aspekte sinnvoll verknüpft, ist anzustreben. Evaluation dient nicht nur der Legitimation und Anamnese des Gesundheitszustandes der Organisation, sondern auch der Navigation.

> Nicht nur die Erfolgsfaktoren im Blick zu haben, sondern auch die **Stolpersteine** zu berücksichtigen, garantiert einen erfolgreichen Start des BGM (vgl. auch den Exkurs zum ▶ „Dekalog").

Dekalog

Gebote für ein modernes und qualitätsgesichertes BGM als Dekalog (Treier & Uhle, 2019, S. 49 ff.)

1. Gebot: **Führungskräfte sind aktiv einzubinden,** da sie die entscheidende Schnittstelle zwischen den Mitarbeiter*innen und den Gesundheitszielen der Organisation darstellen. Dabei sind Führungskräfte einerseits selbst Adressaten von gesundheitsfördernden Maßnahmen und andererseits Unterstützer von gesundheitsfördernden Maßnahmen bei den Beschäftigten. Eine gesunde Organisation mit gesunden Beschäftigten ist eine Führungsaufgabe und liegt im Sinne der Fürsorgepflicht in der Verantwortung der Führungskräfte.

2. Gebot: **Interne und externe Akteure müssen aktiviert und vernetzt werden,** da die Aufgabe einer gesunden Organisation zu komplex ist, um von einem Akteur allein bewältigt zu werden. Unterschiedliche Perspektiven tragen zu einer gesunden Organisation bei. Intern sind dies der AGS, die BGF, die Personalentwicklung, das BEM oder die Arbeitsmedizin. Extern sind Sozialversicherungsträger, Gewerkschaften, Hochschulen und Institute zu nennen, die eine Vielzahl von Unterstützungsangeboten und begleitender Expertise anbieten. Das BGM koordiniert diese Akteure und richtet ihre Anstrengungen auf das gemeinsame Ziel aus.

3. Gebot: **Es braucht ein klares Bekenntnis zur gesunden Organisation,** denn nur so bleibt das Thema trotz aller Widrigkeiten im Arbeitsalltag lebendig und kann seine positive Wirkung entfalten. Engagement und Glaubwürdigkeit bilden hier eine Phalanx. Es bedarf einer strategischen Positionierung des Themas innerhalb der „Strategy Map" der Organisation. Ein klares Bekenntnis des Top-Managements ist notwendig und sollte auch öffentlich vertreten werden. Und zu einem solchen Credo gehört auch eine belastbare Budgetzusage. Wer es ernst meint, darf hier nicht zurückweichen!

4. Gebot: **Das BGM muss in der Organisation fest verankert sein,** da nur so Kurzatmigkeit vermieden werden kann. Die Komplexität erfordert Abstimmungsprozesse, z. B. durch Arbeitsgruppen oder Gremienarbeit. Zu Beginn bietet sich aufgrund der unklaren Rollen eine Projektorganisation an, die jedoch kein Dauerzustand sein sollte. Es sollte frühzeitig überlegt werden, wie das Projekt „Gesunde Organisation" stabil in die Regelorganisation überführt werden kann und welche Steuerungssysteme dafür erforderlich sind. Vorteilhaft ist eine Besetzung der Koordinierungs- und Steuerungskreise nach Präventionsstufen oder nach inhaltlichen

7

Schwerpunkten. So kann z. B. die Verhältnisprävention am besten durch den AGS, das Altersmanagement durch die Personalentwicklung oder die Verhaltensprävention durch die BGF berücksichtigt werden.

5. Gebot: **Die Mitarbeiter*innen sind nicht Duldende, sondern Beteiligte**, denn die Organisation kann Impulse geben und Angebote schaffen, aber gesunde Lebens- und Denkweisen müssen von den Mitarbeiter*innen kommen. Deshalb ist es wichtig, die Eigeninitiative zu fördern. Eigenverantwortung im Sinne des Subsidiaritätsprinzips steht im Vordergrund. Partizipation setzt aber Befähigung voraus, d. h. die Beschäftigten brauchen entsprechende Ressourcen, um trotz der vielfältigen Belastungen gesund und arbeitsfähig zu bleiben.

6. Gebot: **Es ist eine Maßnahmenmatrix zu entwickeln,** denn allzu oft dominieren einzelne Angebote z. B. im Verhaltensbereich (Ernährung, Bewegung oder Stress). Dadurch werden notwendige Maßnahmen z. B. im Verhältnisbereich (Ergonomie, Arbeitsplatzgestaltung oder Führung) vernachlässigt. Verhaltens- und Verhältnismaßnahmen müssen in der Maßnahmenmatrix in einem ausgewogenen Verhältnis zueinander stehen. Erst dann entfaltet die Maßnahmenmatrix ihre Wirkung.

7. Gebot: **Lernen ist für eine gesunde Organisation unerlässlich.** Evaluation und Gesundheitsmonitoring sind kein Selbstzweck, sondern geben wesentliche Impulse für einen Lernzyklus im Sinne des Qualitätsmanagements. Ein kontinuierlicher Verbesserungsprozess sichert den Fortschritt der gesunden Organisation.

8. Gebot: **Dialog ist ein Muss.** Gesundheitskommunikation muss in allen Phasen der gesunden Organisation gepflegt werden, denn Verstehen und Erleben sind die Katalysatoren für eine gelebte gesunde Organisation. Nicht nur Push-, sondern auch Pull-Kommunikation ist anzustreben. Ein dynamischer Dialog kann selbst als Gesundheitsmaßnahme wirken.

9. Gebot: **Der Erfolg muss evaluiert werden**, denn nur so kann dem allgegenwärtigen Stigma des „Sozialklimbim" entgegengewirkt werden. Studien zeigen, dass systematische und langfristig angelegte Mehrkomponentenprogramme im BGM einen positiven ROI (Return on Investment) von 1:2,5 bis 1:5 bei den Fehlzeiten oder einen ROP (Return on Prevention) von 1:2 bis 1:3 bei der Leistungsqualität bis hin zu beobachtbaren Imageeffekten im Rahmen der Arbeitgebermarke erzielen. Es lohnt sich zu zeigen, dass Investitionen in die Gesundheit keine Verschwendung sind. Im Gegenteil, mit einer gesunden Organisation lässt sich „Geld verdienen".

10. Gebot: **Auch bei Rückschlägen weitermachen**, denn die langfristigen Effekte sind entscheidend. Viel zu oft wird bei Rückschlägen reflexartig das Budget gekürzt oder das Programm eingestellt. Dann fehlt aber das Geld, um die langfristigen Wirkungen zu erzielen. Viele haben zu knapp kalkuliert und müssen dann auf halber Strecke umkehren. Dann geht ihnen buchstäblich die Luft aus. Man spricht hier von einem „asthmatischen" BGM.

▪ Fahrplan zu einer gesunden Organisation

Die Erfolgsfaktoren bestimmen den **Fahrplan zur gesunden Organisation** (vgl. Treier & Uhle, 2019). „Es beginnt bei den Entscheidern und Verantwortlichen im Kopf – die Maßnahmen und deren Umsetzung sind die logische Konsequenz in der Praxis. Kommunikation, Kooperation und Ko-Konstruktion sind die Schlüsselwörter." (Stähr, 2010, S. 270) BGM ist als systematischer und systemischer Veränderungsansatz im Sinne der Organisationsentwicklung zu definieren (Neuner & Delfs in Neuner, 2021, S. 117 ff.). Die entsprechende logische Abfolge orientiert sich am Managementzyklus. Auf dem Weg zur gesunden Organisation sind zudem verschiedene betriebliche Barrieren, **Hürden** und Stolpersteine zu überwinden (vgl. Halbe-Haenschke & Reck-Hog, 2017, S. 71 ff.), wie z. B. personelle Hürden (eingeschränktes Problembewusstsein bei den Mitarbeiter*innen, fehlende personelle Ressourcen bzw. kompetente Ansprechpartner*innen), unternehmenskulturelle Hürden (v. a. mangelnde Information, Transparenz und Konsequenz), organisatorische Hürden (v. a. mangelnde Verankerung und Koordination sowie unklare Verantwortlichkeiten) und finanzielle Hürden (v. a. unzureichende Budgetierung). Die **Leitplanken** für die Entwicklung zu einer gesunden Organisation sind die Etappen bzw. Stufen (◘ Abb. 7.4) (Treier, 2019e, S. 37). Aus didaktischen Gründen werden sie hier Schritt zu Schritt dargestellt. Der Weg zur gesunden Organisation beginnt mit dem öffentlichen *Bekenntnis als klares Credo* und der Definition von Mission und Vision (▶ Abschn. 4.1.1). Anschließend erfolgt die *Erfassung der Ausgangssituation* in Form einer Anamnese, um sich im Setting zu orientieren und eine geeignete Gesundheitsstrategie entwickeln zu können (▶ Abschn. 6.2). Als Ausgangsanalyse eignet sich v. a. eine Gefährdungsbeurteilung psychischer Belastung ergänzt durch Beanspruchungswerte (▶ Abschn. 4.2.3.1). Die *Strategiefindung* sollte verschiedene Szenarien berücksichtigen, um Alternativen aufzuzeigen. Entscheidend ist nicht die Überfrachtung mit unerreichbaren Zielen, sondern die Fokussierung und Legitimierung des Gesundheitshandelns durch die Anamnese als

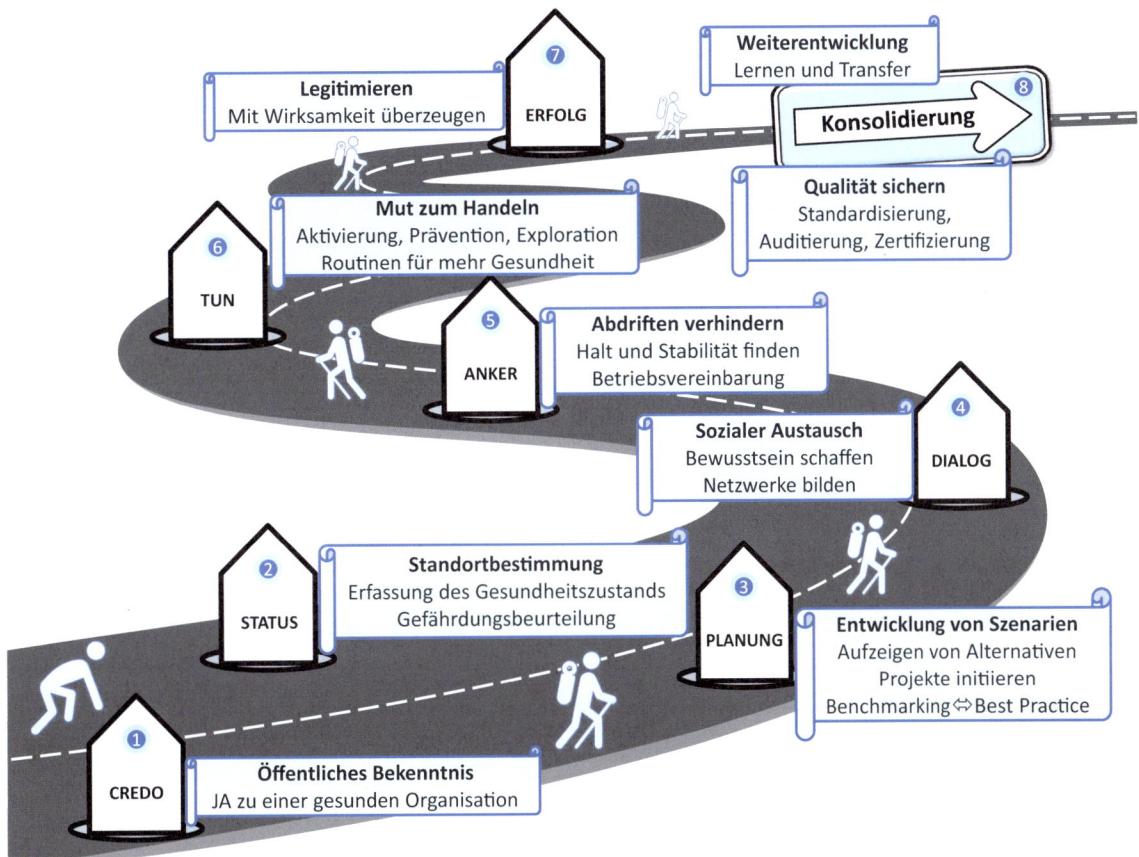

● **Abb. 7.4** Fahrplan zur gesunden Organisation nach Treier (2019e, S. 37)

Ausgangsanalyse und die Bündelung zur Gesamtstrategie (▶ Abschn. 3.1). Der *Dialog* muss frühzeitig beginnen. Gesundheitskommunikation und Gesundheitsmarketing tragen zur Sensibilisierung, Vertrauensbildung und Motivation bei (▶ Abschn. 4.1.3). *Koordination und Organisation* sichern die Nachhaltigkeit und sorgen für die Stabilisierung und Verankerung des Gesundheitshandelns. Der Projektstatus ist kein Dauerstatus, vielmehr muss Kontinuität und Verlässlichkeit in organisatorischer Hinsicht geschaffen werden (▶ Abschn. 3.2). Bei der Organisation des BGM ist darauf zu achten, dass eine aktive Beteiligung der Mitarbeiter*innen und eine vernetzte Koordination der Gesundheitsakteure möglich ist. Strukturen und Prozesse sind die Ansatzpunkte für die Organisation des BGM. Die *Gesundheitsmaßnahmen* sind strategiekonform, authentisch und bedarfsgerecht mit ausreichenden Ressourcen umzusetzen (▶ Abschn. 4.2). Eine *Präventionsmatrix* hilft, die Vielfalt der Maßnahmen zu systematisieren (▶ Abschn. 4.3). Ein aufgesetztes BGM („Make-up BGM") schafft Scheinwelten bzw. Potemkinsche Dörfer und trägt nicht nur nicht zur Wirksamkeit bei, sondern verschleiert möglicherweise gesundheitliche Missstände. Beim Handeln

sind vernetztes Lernen und Digitalisierung als Ansätze zu berücksichtigten (▶ Kap. 5). Die Maßnahmen zielen auf Veränderungen auf der Verhaltens-, Verhältnis- und Kulturebene ab. Evaluation zeigt Erfolge auf und dient der Legitimation. Sie erfolgt begleitend als *formative Evaluation* und orientiert sich am Gleichungssystem Gesundheit, um Wirkungspfade sichtbar zu machen. Die Herausforderung besteht in der Verknüpfung von Gesundheitsdaten in einem Cockpit (▶ Abschn. 6.2). *Konsolidierung* führt zu Nachhaltigkeit. Aus der Perspektive der lernenden Gesundheitsorganisation lassen sich **Nachhaltigkeitsfaktoren** wie Organisationskapazität (Gesundheitsressourcen), interne und externe Partnerschaften, strategische Planung, Finanzierungsstabilität, integrierte und formative Evaluation, Kommunikation, Unterstützung durch das Top-Management identifizieren, die das Gesundheitsdesign in der Organisation als **Nachhaltigkeitsrahmen** (Sustainable Framework) bestimmen. Entsprechende Ansätze aus der Nachhaltigkeitsperspektive finden sich im Gesundheitswesen allgemein (Bodkin & Hakimi, 2020). Der letzte Schritt zielt auf *Standardisierung, Transfer und Qualität* ab. Das Streben nach Exzellenz ist der Motor für ein qualitätsorientiertes und nachhaltiges BGM.

> **Nachhaltigkeit** ist teilweise zu einer Worthülse verkommen. Ein qualitätsgesichertes BGM ist in der Lage, diesen Begriff für eine gesunde Organisation mit Leben zu füllen. Der Fahrplan zu einem nachhaltigen BGM ist entscheidend, da die Konsolidierung auf den Veränderungen und Ergebnissen der systematisch zu durchlaufenden Etappen basiert.

Qualitätsgesichertes und nachhaltiges BGM

Ein **qualitätsgesichertes und nachhaltiges BGM** sollte v. a. der psychischen Gesundheit mehr Aufmerksamkeit schenken, nicht einseitig auf die Fehlzeiten schauen, sondern die Förderung von Gesundheit und Wohlbefinden im Blick haben und nicht zuletzt Investitionen in eine gesunde Organisation diagnostisch begründen können, um den Handlungsbedarf zu objektivieren, Ziele zu priorisieren und bedarfsgerechte Maßnahmen abzuleiten (Walter in Badura, 2017, S. 123).

Ein modernes BGM-Konzept ist der **Schlüssel zum Haus der Arbeitsfähigkeit** nach Juhani Ilmarinen (vgl. Tempel & Ilmarinen, 2013) (▶ Abschn. 2.3.2). Der Schlüsselbart besteht aus mehreren Zacken. Die *erste Zacke* bezieht sich auf die Standortanalyse und Risikobeurteilung. Sie dient der Anamnese und der Sensibilisierung. Die *zweite Zacke* bezieht sich auf das strategische Modell, um Verantwortlichkeiten festzulegen und Aktionspläne zu entwickeln. Die *dritte Zacke* befasst sich mit der Organisation bzw. der strukturellen Abbildung des BGM. Zuständigkeiten und Schnittstellen werden definiert und machen das BGM handlungsfähig. Die *vierte Zacke* beschäftigt sich mit den Interventionen. Hier ist die Partizipation entscheidend, denn ohne überzeugte Beschäftigte und Führungskräfte bleibt der Bauplan für eine gesunde Verwaltung eine Blaupause. Die *fünfte Zacke* fokussiert auf die Qualitätssicherung und trägt mit der Forderung nach Evaluation und Wirksamkeitsnachweis zur Konsolidierung bei.

7.3 Kernaussagen: Nachhaltig sein

A. Wer BGM nur als Aushängeschild versteht, wer BGM nur auf eine Säule oder Disziplin stellt, wer BGM an Ressourcen verhungern lässt, wer BGM nur operativ umsetzt und die Strategie vernachlässigt, wer BGM ohne die Betroffenen plant, wird keine **Nachhaltigkeit** erreichen.

B. Der Nutzen steht in engem Zusammenhang mit der Qualität des BGM. Ein modernes BGM sollte sich an **qualitätsgesicherten Prüfpunkten** orientieren, um den größtmöglichen Nutzen zu erzielen. Leitgedanke ist das Qualitätsmanagement. Total Quality Management gibt hier den Rahmen vor. Systemsicht, Lernzyklus, Adressatenorientierung, Selbstevaluation, Transparenz und Wirksamkeitsprüfung sind zentrale Attribute. Letztlich geht es nicht nur um Ergebnisse, sondern um Führungs-, Struktur- und Prozessqualität im BGM.

C. Ein qualitätsorientiertes BGM kann auf **Qualitätsmodellen** wie ISO 9001:2015 oder EFQM aufbauen, um Grundsätze zu definieren. Anhand der aus den Grundsätzen ableitbaren Prüfpunkte kann der **Reifegrad des BGM** bestimmt werden, der durch Reifegraddimensionen operationalisiert werden kann. Die Datenreife bezieht sich auf die Qualität der Gesundheitsdaten sowie deren Erfassung und Verknüpfung. Die funktionale Reife bewertet das Angebotsportfolio in systematischer, technischer und inhaltlicher Hinsicht. Die Organisationsreife bezieht sich auf die Verankerung des BGM in den Strukturen und Prozessen. Die Kommunikationsreife betrifft die Qualität der Information und des Dialogs.

D. Auf der Basis des TQM sind spezifisch auf das BGM ausgerichtete Standardisierungs- und Qualitätsmodelle entstanden, die eine Zertifizierung des BGM ermöglichen. So weist z. B. das **SCOHS-Modell** (Social Capital and Occupational Health Standards) entsprechende Bezüge zum Qualitätsmanagement auf und ermöglicht die Ableitung von **Mindeststandards im BGM**. Entsprechende Anforderungen sind als Prüfpunkte in Bezug auf die Rahmenbedingungen wie z. B. strategische Zielsetzung oder Bereitstellung von Ressourcen, in Bezug auf die Strukturen wie z. B. personelle Verantwortlichkeiten, Qualifikation der BGM-Akteure und Einbindung der Führungskräfte, in Bezug auf die Prozesse als Managementkreislauf und in Bezug auf die Ergebnissicherung zu definieren und im Rahmen einer Selbstbewertung und ggf. eines Audits zu überprüfen.

E. Unter Qualitätsgesichtspunkten gelten neben den Prüfpunkten generell die Prinzipien der Partizipation (Beteiligung), Integration (Vernetzung) und Ganzheitlichkeit (Verhaltens- und Verhältnisprävention) als **Erfolgsfaktoren**.

F. Die **Liste der Erfolgsfaktoren** kann empirisch und/oder modellbasiert abgeleitet werden. Verantwortungsübernahme bedeutet Führungsaufgabe, strategisches Denken bedeutet Zielorientierung, organisatorische Verankerung bedeutet Stabilität und Verlässlichkeit, Partizipation bedeutet Akzeptanz und Compliance, Vielfalt bedeutet Adressatenorientierung, Empowerment bedeutet Eigenverantwortung und Gesundheitskompetenz, Ressourcen bedeuten Ausdauer und Machbarkeit, Ganzheitlichkeit bedeutet Wirksamkeit und Nachhaltigkeit, Vernetzung bedeutet Gesundheitswissen und Lernen, Evaluation bedeutet Orientierung und Legitimation.

G. Die **Leitplanken zur gesunden Organisation** verdeutlichen, dass es sich um einen Organisationsentwicklungsansatz handelt. Die Schritte orientieren sich prozessual am Managementkreislauf und inhaltlich an den Erfolgsfaktoren. Sie stellen eine Blaupause für einen Handlungsleitfaden dar.

H. Nach einem öffentlichen und nachdrücklichen Bekenntnis (Credo) ist die Ausgangssituation neutral und objektiv zu erfassen. Die Informationen aus der Diagnose dienen dazu, die Gesundheitsstrategie bedarfsgerecht festzulegen. Diese Strategie muss von Anfang an kommuniziert werden, um eine hohe Akzeptanz zu erreichen. Eine Verankerung in der Organisation ist notwendig, damit die Gesundheitsziele Bestand haben. Die Umsetzung der Maßnahmen auf der Verhaltens-, Verhältnis- und Kulturebene muss inhaltlich und organisatorisch aufeinander abgestimmt sein. Eine Evaluation zeigt den Erfolg als Impulsgeber, aber auch die Möglichkeit des Lernens und der Kalibrierung. **Letztlich geht es im Sinne der Qualitätsmaxime darum, das Gesundheitswissen der Organisation zu aktualisieren und zu festigen**.

❓ Kontrollfragen

1. Welche Ansatzpunkte gibt es für eine Qualitätsstrategie im BGM?
2. Welche Bedeutung hat der PDCA-Zyklus für das BGM?
3. Welche Qualitätskriterien fordert die DIN SPEC 91020 für das BGM?
4. Welcher Zusammenhang besteht zwischen der DIN SPEC 91020 und der DIN ISO 45001?
5. Welche Grundsätze sind für ein qualitätsorientiertes BGM zu beachten?
6. Wie kann qualitätsorientiertes BGM bei den Ressourcen, Prozessen und Strukturen ansetzen?
7. Warum eignet sich das EFQM-Modell als TQM-Modell für das BGM?
8. Welche Qualitätsmodelle sind Ihnen bekannt, die eine Zertifizierung von BGM ermöglichen?
9. Wie kann die BGM-Reife aus Qualitätssicht operationalisiert werden?
10. Welche generellen Erfolgsfaktoren zeichnen ein modernes BGM aus?
11. Welche Leitplanken bestimmen den Weg zur gesunden Organisation?

Fazit zu den Schlüsselfaktoren

Die **Grundsätze eines qualitätsgesicherten BGM** definieren die Prüfpunkte und Erfolgsfaktoren und stellen sicher, dass BGM mehr ist als die Addition von Gesundheitsmaßnahmen. **Qualitätsmodelle** helfen, die Wirkungspfade der gesunden Organisation zu identifizieren und die Gesundheitsstrategie festzulegen. Aus empirischer Sicht sind insbesondere die generellen **Erfolgsfaktoren** *Ganzheitlichkeit* im Sinne der Präventionsmatrix, *Partizipation* als dialogisches Beteiligungsformat, *Integration* als Koordination der Gesundheitsakteure im Stakeholdermanagement und *Evaluation* als Wirksamkeitsnachweis zu berücksichtigen. **Qualität** basiert auf der effizienten und effektiven Abbildung von Ressourcen, Prozessen und Strukturen im BGM – dies erfordert einen systemorientierten Managementansatz, eine Organisationsentwicklung und eine klare Verantwortung der Führungskräfte für die gesunde Organisation.

Weiterführende Literatur

— Kaminski, M. (2013). *Betriebliches Gesundheitsmanagement für die Praxis: Ein Leitfaden zur systematischen Umsetzung der DIN SPEC 91020*. Springer Gabler. [Bedeutung der Prozesse und Strukturen für ein qualitätsorientiertes und zertifiziertes BGM]

— Treier, M., & Uhle, T. (2019). *Einmaleins des betrieblichen Gesundheitsmanagements: Eine Kurzreise in acht Etappen zur gesunden Organisation* (Essentials) (2. Aufl.). Springer. [Darstellung der Schritte oder Etappen auf dem Weg zu einer gesunden Organisation]

— Walter, U. (2017). Qualitätsstandards im BGM. In B. Badura (Hrsg.), *Arbeit und Gesundheit im 21. Jahrhundert* (S. 109–125). Springer Gabler. [Betriebliches Gesundheitsmanagement evidenzbasiert und qualitätsgesichert umsetzen]

Serviceteil

Glossar

Das umfangreiche Glossar enthält Kurzbeschreibungen wichtiger und/oder nicht selbsterklärender Begriffe aus dem Lehrbuch Betriebliches Gesundheitsmanagement. Ausführliche Informationen zu den Begriffen finden sich im Text – hier empfiehlt sich die Suche über das Stichwortverzeichnis. Einige Begriffe beziehen sich aufeinander. Bei relevanten Verweisen ist dies mit „siehe" gekennzeichnet.

Glossar der Schlüsselbegriffe

ABC-Strategie Gesundheitsentwicklung in der Organisation als Change-Management-Ansatz mit Fokus auf Maßnahmen zur Steigerung von Akzeptanz, Beteiligung und Commitment.

Absentismus Motivationsbedingte Fehlzeiten als Indikator für psychosoziale Probleme in einer Organisation, aber schwierige Abgrenzung zu krankheitsbedingten Fehlzeiten, insbesondere bei Bagatellerkrankungen.

Achtsamkeit Die Fähigkeit des Menschen, bei etwas zu verweilen, sich nicht ablenken zu lassen, etwas in Erinnerung zu behalten und mit hoher Aufmerksamkeit präsent zu sein, ohne die damit verbundenen Empfindungen zu bewerten, gefördert durch Meditation und Selbstwahrnehmung.

Adhärenz Einhaltung der von Betroffenen und Behandelnden im Prozess der Behandlung gemeinsam festgelegten Therapieziele als Ausdruck der aktiven Beteiligung der Patient*innen in Abgrenzung oder Erweiterung zur Compliance, die die einseitige Befolgung von Therapievorgaben als Therapietreue fokussiert – Beispiele hierfür sind die Wahrnehmung von Kontrollterminen, die regelmäßige Einnahme von Medikamenten oder die Umsetzung von lebensstilbezogenen Verhaltensweisen wie Diät oder körperliche Aktivität im vereinbarten Umfang.

Alternative Betreuung im Arbeitsschutz Arbeitsschutz in Eigenregie für Kleinbetriebe als eigenverantwortliche Durchführung der in den Unfallverhütungsvorschriften geforderten betriebsärztlichen und sicherheitstechnischen Betreuung mit begleitender Qualifizierung.

Anforderungsanalyse Identifikation von erfolgskritischen Personenmerkmalen bzw. Leistungsvoraussetzungen zur Bewältigung einer Tätigkeit auf der Basis der Ergebnisse der Arbeitsanalyse als Übersetzung der Arbeitsmerkmale in eigenschaftsbezogene Kompetenzbegriffe.

Anthropozentrische Sichtweise Position, die den Menschen in den Mittelpunkt rückt und in der Arbeitswelt die Anpassung der Technik und des Arbeitssystems an den Menschen fordert.

Arbeit 4.0 Bezeichnung für die digitale, vernetzte und flexible Arbeits- und Lebenswelt, die Ort und Zeit entgrenzt, die Präsenzkultur aufhebt und mit erhöhten Anforderungen an die Selbstregulationskompetenz der Beschäftigten einhergeht.

Arbeit 5.0 Balance im digitalen Zeitalter in Bezug auf die Gestaltung des Arbeits- und Lebensrhythmus mit Fokus auf Zeit für sich selbst (Muße).

Arbeits- und Gesundheitsschutz (AGS) Verpflichtende und freiwillige Angebote des Arbeitgebers, die dazu beitragen, Sicherheit und Gesundheit bei der Arbeit zu gewährleisten und die Beschäftigten vor arbeitsbedingten Gefährdungen und Belastungen zu schützen, insbesondere auf der Verhältnisebene (Bedingungsfaktoren).

Arbeitsanalyse Systematische Erfassung und Bewertung von Schwachstellen und Stärken der Arbeitsbedingungen, der Arbeitsorganisation und der Arbeitsinhalte aus arbeits- und organisationspsychologischer und arbeitswissenschaftlicher Sicht in ihrem Bedingungs- und Wirkungszusammenhang mit dem Ziel, Stellschrauben für eine menschengerechte Arbeitsgestaltung zu identifizieren.

Arbeitsbezogene Gesundheitskompetenz Gesundheitskompetenz im Arbeitskontext als Ausdruck des Wissens, der Motivation und der Einstellung der Beschäftigten, die notwendigen Sicherheits- und Gesundheitsinformationen in der Arbeitswelt zu finden, zu verarbeiten und im Arbeitskontext anzuwenden.

Arbeits-Erholungs-Zyklus Erholungsphasen nach jeder physischen oder psychischen Belastungsphase unter Berücksichtigung der Chronobiologie bzw. des biologischen Rhythmus zur Wiederherstellung der Arbeits- und Leistungsfähigkeit.

Arbeitsextensivierung Nichtabschalten von der Arbeit in der Freizeit durch Eindringen beruflicher Verpflichtungen in den privaten Raum als Entgrenzungsphänomen mit Verlust oder Verschiebung von Erholungszeiten.

Arbeitsfähigkeit Gesamtheit der personen- und situationsbezogenen Faktoren als Wechselwirkung zwischen Arbeit und Individuum, die es einer Person in einer Arbeitssituation ermöglichen, die Anforderungen der Aufgaben erfolgreich zu bewältigen.

Arbeitsfähigkeit 4.0 Auswirkungen der digitalen Arbeitswelt auf die Arbeitsfähigkeit im Umgang mit Entgrenzung, zunehmender Informationsverarbeitung und erhöhten Anforderungen an die Selbstregulation.

Arbeitsfähigkeitsmanagement Integriertes Steuerungs- und Handlungskonzept zur langfristigen Steigerung der aktuellen und zukünftigen Arbeitsfähigkeit im betrieblichen Kontext unter Berücksichtigung aller Stockwerke des Hauses der Arbeitsfähigkeit, d. h. Gesundheit, Kompetenzen, Werte, Arbeitsbedingungen, Führung und Umfeld.

Arbeitsgestaltung Schaffung von Voraussetzungen für ein konstruktives Zusammenwirken von Mensch, Technik und Organisation im Arbeitssystem mit dem Ziel menschengerechter Arbeit, d. h. Maßnahmen zur Anpassung der Arbeit an den Menschen.

Arbeitsimmanentes Lernen Lernen am Arbeitsplatz, d. h. der Arbeitsplatz ist der Lernort mit dem Schwerpunkt Selbstlernen, auch arbeitsplatznahes Lernen oder arbeitsbegleitendes Lernen mit dem Ziel der Kompetenzentwicklung durch Lernen im Prozess der Arbeit.

Arbeitsintensivierung Permanenter und sich beschleunigender Zeit- und Leistungsdruck als gesundheitsgefährdende Belastung als Ausdruck des Missverhältnisses zwischen Anforderungen (Arbeitsmenge) und Aufwand (Ressourcen) mit Auswirkungen auf die erlebte Qualität des Arbeitslebens.

Arbeitsmedizin Teilgebiet der Medizin, das sich mit den Wechselwirkungen zwischen Arbeit und Beruf und dem Menschen, seiner Gesundheit und seinen Krankheiten befasst und diese Wechselwirkungen bewertet, beurteilt und konstruktiv beeinflusst, um die Gesundheit und Leistungsfähigkeit des arbeitenden Menschen zu erhalten und zu fördern.

Arbeitsmedizinische Betreuung Erkennung und Behandlung arbeitsbedingter Erkrankungen, Beratung von Arbeitgebern und Arbeitnehmern in Fragen der Gesundheitsförderung, Prävention und Rehabilitation bis hin zu versicherungsmedizinischen Fragen.

Arbeitsorganisation Strukturierte und systematische Gestaltung von Arbeitsabläufen und Zusammenarbeit mit dem Ziel, das Arbeitssystem in Bezug auf Arbeitsort, Arbeitszeit und Arbeitsaufgaben entsprechend der Organisationsstrategie und den Rahmenbedingungen organisatorisch zu optimieren.

Arbeitsschutz Umgang mit Sicherheit und Gesundheit bei der Arbeit, umfasst alle Maßnahmen zur Verhütung von Unfällen und arbeitsbedingten Gesundheitsgefahren sowie Maßnahmen zur menschengerechten Gestaltung der Arbeit; hat sich im Laufe der Zeit zu einer ganzheitlichen Sichtweise entwickelt, die auch psychische Belastungen berücksichtigt.

Arbeitsschutzausschuss Betriebliches Arbeitsschutzgremium als Plattform, auf der die verschiedenen Akteure einer Organisation Arbeitsschutzthemen diskutieren, Maßnahmen planen und Entscheidungen vorbereiten.

Arbeitsschutzgesetz Basis des Arbeitsschutzrechts, das die Grundpflichten des Arbeitgebers zum Arbeitsschutz, die Pflichten und Rechte der Arbeitnehmer*innen sowie die Überwachung des Arbeitsschutzes durch staatliche Behörden als inhaltliches Rahmengesetz regelt.

Arbeitsschutzmanagement Integriertes Managementkonzept für eine sichere und gesunde Arbeitswelt (Arbeitsschutz, Arbeitssicherheit, Gesundheitsschutz) unter Berücksichtigung der Aufbau- und Ablauforganisation, der Ermittlung von Risiken und Gefährdungen am Arbeitsplatz, der Strategieentwicklung und der Ableitung von systematischen und ganzheitlichen Maßnahmen zur Gewährleistung der Sicherheit und Gesundheit der Beschäftigten (siehe ISO 45001 und SGA-Management).

Arbeitssicherheitsgesetz Regelung der sicherheitstechnischen Pflichten des Arbeitgebers im Hinblick auf die Bestellung und Aufgaben der Akteure des Arbeits- und Gesundheitsschutzes als organisatorisches Rahmenrecht.

Arbeitsstrukturierung Maßnahmen zur Überwindung arbeitsteiliger und hierarchischer Arbeitsorganisationen mit dem Ziel der Verringerung der Arbeitsteilung bei gleichzeitiger Erweiterung der Arbeitsinhalte und ggf. der Arbeitsverantwortung.

Arbeitsunfähigkeit Versicherungsrechtlich und inhaltlich teilweise unklarer Begriff, der einen durch Krankheit oder Unfall hervorgerufenen psychischen oder physischen Zustand beschreibt, aufgrund dessen die Person ihre bisherige berufliche Tätigkeit überhaupt nicht mehr oder nur unter der Gefahr einer in absehbarer Zeit zu erwartenden Verschlechterung weiter ausüben kann und der einen Anspruch auf Krankengeld auslöst.

Arbeitswissenschaften Interdisziplinäres Fachgebiet zur Erforschung der menschlichen Arbeit und ihrer Bedingungen mit dem Schwerpunkt der systematischen Analyse, Bewertung und Gestaltung der technischen, organisatorischen und sozialen Bedingungen von Arbeitsprozessen und ihren Wechselwirkungen in Arbeitssystemen mit dem Ziel, unter schädigungslosen, ausführbaren, erträglichen und beeinträchtigungsfreien sowie gesundheitsförderlichen Arbeitsbedingungen effizient und effektiv arbeiten zu können

Aufgabenfaktoren Kennzeichnende Merkmale der Aufgabeninhalte wie z. B. Bedeutsamkeit, Handlungsspielraum, Kooperationsmöglichkeiten, Lernförderlichkeit, Passung zu den Kompetenzen, Rückmeldung aus der Arbeitstätigkeit, Vielseitigkeit oder Vollständigkeit.

Aufgabenorientierung Einfluss von Aufgabenmerkmalen auf das psychische Erleben und Befinden mit Feststellung des Primats der Aufgabe aus Belastungs- und Beanspruchungsperspektive.

Autonomes Recht im Arbeitsschutz Erlass von Unfallverhütungsvorschriften über Maßnahmen zur Verhütung von Arbeitsunfällen, Berufskrankheiten und arbeitsbedingten Gesundheitsgefahren der Unfallversicherungsträger unter Mitwirkung der Deutschen Gesetzlichen Unfallversicherung e. V., soweit dies für die Prävention zweckmäßig ist und staatliche Arbeitsschutzvorschriften keine Regelungen enthalten.

Balanced Scorecard Steuerungs- und Controlling-Instrument für die wertschöpfenden Aktivitäten in der Organisation unter Berücksichtigung verschiedener Perspektiven (Prozesse, Potenziale, Kunden, Finanzen) in Form einer ausgewogenen Kennzahlenmatrix, die sowohl monetäre als auch nicht-monetäre Indikatoren in Beziehung setzt.

Bangkok-Charta Erklärung der WHO zu den globalen Herausforderungen für die Gesundheit im Zusammenhang mit neuen Konsum- und Kommunikationsmustern, globalen Umweltveränderungen oder der Urbanisierung.

Barrierefreiheit Nutzung von Produkten, Dienstleistungen, Orten oder Software unabhängig von persönlichen Einschränkungen und technischen Möglichkeiten und unabhängig davon, ob eine Behinderung vorliegt oder nicht.

Beanspruchung Unmittelbare Wirkung von Belastungen auf den Menschen in Abhängigkeit von seinen Voraussetzungen, z. B. die Aktivierung als positive Beanspruchung oder die Ermüdung als negative Beanspruchung.

Beanspruchungsfolgen Mittel- und langfristige Beanspruchungsfolgen auf psychischer, physischer und Verhaltensebene, wie z. B. Leistungsabfall oder Blutdruckanstieg als negative Beanspruchungsfolgen oder Lerneffekte oder Motivationssteigerung als positive Beanspruchungsfolgen.

Beanspruchungsoptimalität Maß für das Kosten-Nutzen-Verhältnis in Bezug auf die Doppelrolle der Beanspruchung mit dem Ziel, die Belastungen mit negativer Beanspruchung zu reduzieren und die Belastungen mit positiver Beanspruchung zu erhöhen.

Belastungen Neutrale, von außen auf den Menschen einwirkende Bedingungsfaktoren einer Tätigkeit mit psychischen und/oder physischen Auswirkungen.

Beschäftigungsfähigkeit Beschäftigungsfähigkeit steht für eine beständige Teilhabe am Wirtschaftsleben unter Berücksichtigung sozialer Zusammenhänge (Partizipation am Arbeits- und Berufsleben) und erklärt damit die Fähigkeit, auf dem Arbeitsmarkt eine Beschäftigung zu finden, in das Erwerbsleben einzutreten oder im Erwerbsleben zu verbleiben und diese Fähigkeit weiterzuentwickeln.

Betriebliche Gesundheitsförderung (BGF) Freiwillige Angebote des Arbeitgebers zur Verbesserung der Gesundheit am Arbeitsplatz, die v. a. auf der Kompetenz- und Verhaltensebene ansetzen und den Verhältnisbezug als Ansatz einer gesundheitsförderlichen Organisationsentwicklung berücksichtigen – die Abgrenzung zum Betrieblichen Gesundheitsmanagement ist teilweise fließend.

Betriebliche Gesundheitspolitik Festlegung und Aushandlung der Priorität zum Schutz und zur Förderung der Gesundheit und Sicherheit der Mitarbeiter*innen, Bestimmung der Rahmenbedingungen und Festlegung des Gesundheitsverständnisses als Teil der Unternehmenspolitik unter Berücksichtigung der Interessen, Werte und Handlungsstrategien der jeweiligen Gesundheitsakteure und ihrer innerbetrieblichen Vernetzung.

Betriebliche Sozialarbeit (BSA) Freiwillige Sozialleistungen des Arbeitgebers von Konflikt- und Schuldnerberatung, Krisenintervention über Rentenberatung und Betriebliches Eingliederungsmanagement bis hin zu Schwerbehindertenbetreuung und Suchtprävention.

Betriebliches Eingliederungsmanagement (BEM) Aufgabe des Arbeitgebers nach SGB IX bei Langzeiterkrankungen, die Arbeitsunfähigkeit der Arbeitnehmer*innen möglichst zu überwinden, erneuter Arbeitsunfähigkeit vorzubeugen und den Arbeitsplatz des Betroffenen zu erhalten.

Betriebliches Gesundheitsmanagement (BGM) Koordinations- und Steuerungskonzept für alle Aktivitäten im Bereich gesunde Arbeit und gesunde Organisation unter Berücksichtigung der Interessen der Arbeitgeber und Arbeitnehmer*innen sowie der gesetzlichen Regelungen – die Abgrenzung zur Betrieblichen Gesundheitsförderung ist teilweise fließend.

Betriebliches Gesundheitsmanagement 4.0 (BGM 4.0) Betriebliches Gesundheitsmanagement, das sich den Rahmenbedingungen und Gegebenheiten von Arbeit 4.0 anpasst und eine digitale Gesundheitsstrategie umsetzt.

Biomedizinisches Modell Krankheitsmodell, das sich auf die kausalen Beziehungen zwischen körperlichen Veränderungen und Gesundheit konzentriert, Krankheit als Störung der Körperfunktionen definiert und erklärt, warum Menschen krank werden.

Biopsychosoziales Modell Integrativer medizinischer Ansatz, der Krankheit nicht rein mechanistisch, sondern als Störung des Zusammenspiels physischer, psychischer und sozialer Faktoren versteht. Im Mittelpunkt steht nicht das Krankheitsbild, sondern der Mensch mit seiner Erkrankung.

Blended-Learning-Formate Verzahnung der verschiedenen Lernformen in der Gesundheitsbildung in Bezug auf Präsenz- und Online-Formate, um die Reichweite, Vertiefung und Auseinandersetzung mit Gesundheitswissen zu erhöhen und die Nachteile der jeweiligen Formate auszugleichen.

Boreout Zustand ausgeprägter und anhaltender Unterforderung im Arbeitsleben mit psychischen und gesundheitlichen Folgen. Unterforderung entsteht entweder durch eine zu geringe Arbeitsmenge oder durch ein Missverhältnis zwischen Kompetenz und Aufgabenanforderungen. Dies kann nicht nur zum Verlust der Lebensqualität, sondern auch zu körperlichen Symptomen wie Schlafstörungen führen.

Bundesanstalt für Arbeitsschutz und Arbeitsmedizin (BAuA) Ressortforschungseinrichtung des Bundes, die das Bundesministerium für Arbeit und Soziales (BMAS) in allen Fragen der Sicherheit und des Gesundheitsschutzes bei der Arbeit berät und mit ihren Forschungen und Projekten zur menschengerechten Gestaltung der Arbeit beiträgt.

Bundeszentrale für gesundheitliche Aufklärung (BZgA) Bundeseinrichtung und Fachbehörde im Geschäftsbereich des Bundesministeriums für Gesundheit (BMG) mit den Aufgaben, auf Bundesebene Grundsätze und Richtlinien für Inhalte und Methoden der Gesundheitserziehung und -aufklärung zu erarbeiten, Fachkräfte in der Gesundheitserziehung und -aufklärung zu qualifizieren, die Gesundheitserziehung und -aufklärung zu fördern und mit internationalen Institutionen zusammenzuarbeiten. Gesetzliche Aufklärungspflichten, wie z. B. die Aufklärung zum Thema Organspende nach dem Transplantationsgesetz, werden erfüllt. Als Schwerpunkte der Aufklärungsarbeit sind u. a. die Suchtprävention, die gesunde Entwicklung von Kindern und Jugendlichen, die Prävention von Infektionskrankheiten zu nennen, um zu den Zielen der Gesundheitsvorsorge und Gesundheitserhaltung beizutragen. Hinzu kommen Forschungs- und Entwicklungsaufgaben.

Burnout Psychisches Problem im Zusammenhang mit Schwierigkeiten bei der Lebensbewältigung, das mit einem Zustand völliger Erschöpfung einhergeht und Symptome aufweist, die sich mit denen einer depressiven Störung überschneiden. Die Frage, ob es sich bei Burnout um eine eigenständige Krankheit bzw. medizinische Diagnose oder um ein unspezifisches Syndrom mit verschiedenen Symptomen handelt, ist nach wie vor umstritten; in der seit Anfang 2022 gültigen ICD-11 (siehe ICD-Schlüssel) wird Burnout als ein Berufsphänomen definiert, das durch chronischen Stress am Arbeitsplatz entsteht, der nicht erfolgreich bewältigt wird.

BYOD (Bring Your Own Device) Bezeichnung für die Integration privater mobiler Endgeräte wie Laptops, Tablets oder Smartphones in Netzwerke von Organisationen, d. h. die Mitarbeiter*innen nutzen ihre eigenen mobilen Endgeräte für berufliche Tätigkeiten.

Case-Management Fallmanagement mit dem Ziel, die Versorgung von Menschen in akuten Krankheitsphasen so zu steuern, dass in einem koordinierten Prozess der involvierten Gesundheitsakteure die individuell notwendigen Gesundheitsleistungen zeitnah zur Verfügung gestellt werden können, begleitet durch sogenannte Case-Manager*innen, die für die Prozessbegleitung verantwortlich sind und die Compliance und Adhärenz der Erkrankten im Sinne von Befolgung des Therapieplans und Motivation zur Umsetzung erhöhen helfen.

C-Health (Connected Health) Vernetzte Gesundheit als Austausch personalisierter Gesundheitsinformationen mit den Akteuren des Gesundheitswesens für eine effektive Beratung und Therapie unter Nutzung digitaler und kollaborativer Werkzeuge.

Chronische Erkrankung Langwierige oder dauerhafte Erkrankung, die nicht oder nur schwer heilbar ist und eine kontinuierliche Behandlung und strukturierte Behandlungsprogramme (siehe Disease Management) sowie eine hohe Therapietreue der Betroffenen (siehe Adhärenz und Compliance) erfordert – typische Beispiele sind koronare Herzkrankheit, Asthma bronchiale, Depression oder Rheuma; durch den demografischen Wandel nimmt die Chronifizierung zu und manifestiert sich auch in den Fehlzeitenstatistiken der Unternehmen und im Anteil der Langzeitkranken.

Coaching Ein personenzentrierter, interpersoneller, nicht-invasiver und symmetrischer Begleitungs- und Beratungsprozess, der Hilfe zur Selbsthilfe bietet und insbesondere im Gesundheitsbereich in der psychosozialen Gesundheitsberatung Anwendung findet.

Commitment Ausmaß der Identifikation eines Beschäftigten mit seiner Organisation bzw. Tätigkeit als Ausdruck der Bindungsqualität auf affektiver („Ich will"), normativer („Ich soll") oder kalkulatorischer („Ich muss") Ebene.

Compliance Ausdruck von Regeltreue bzw. Regelkonformität im Verhalten (Rechtsbegriff), aber auch Therapietreue als Befolgung der Anweisungen und im erweiterten Verständnis aktive Mitwirkung und Kooperationsbereitschaft im Gesundheitsbereich (siehe Adhärenz).

Coping Die Bewältigung von Anforderungen bzw. das Vorhandensein von Bewältigungsstrategien im Umgang mit Stress oder belastenden Situationen auf der problem- und emotionsbezogenen Ebene.

Corporate Health Award Auszeichnung für exzellentes Betriebliches Gesundheitsmanagement in Deutschland mit den Schwerpunkten Struktur, Strategie und Leistungen und der Möglichkeit zum Benchmarking.

Corporate Social Responsibility Soziale Verantwortung der Unternehmen im Kontext der Unternehmensethik und die Bereitschaft, in soziale und nachhaltige Projekte zu investieren und z. B. Gesundheit als interne und externe Aufgabe zu begreifen.

Datenschutz und Datensicherheit Gesundheitsdaten zeichnen sich als besondere Kategorie personenbezogener Daten durch eine hohe Sensibilität aus, weshalb der Datenverarbeitung nach der Datenschutz-Grundverordnung (DSGVO) und dem Bundesdatenschutzgesetz (BDSG) im Betrieblichen Gesundheitsmanagement eine besondere Bedeutung zukommt – dies betrifft v. a. das Gesundheitscontrolling als Querschnittsfunktion. So ist die Verarbeitung von Gesundheitsdaten zur Beurteilung der Arbeitsfähigkeit der Beschäftigten, zur Gesundheitsvorsorge oder zur Erfüllung der Fürsorgepflicht des Arbeitgebers grundsätzlich zulässig. Für viele Gesundheitsdaten ist jedoch die Einwilligung der Betroffenen in die Datenverarbeitung erforderlich. Das direkte Erfragen von Beschwerden und Erkrankungen durch den Arbeitgeber ist datenschutzrechtlich unzulässig, nur bestimmte Gesundheitsakteure wie der Betriebsarzt, die einer entsprechenden Schweigepflicht unterliegen, sind dazu berechtigt.

DEGS-Studien Studien im Rahmen des Gesundheitsmonitorings des Robert Koch-Instituts mit dem Ziel, kontinuierlich Daten zur gesundheitlichen Lage von Kindern und Erwachsenen in Deutschland bereitzustellen.

Demografischer Wandel Veränderung der altersstrukturellen Zusammensetzung einer Gesellschaft durch steigende Lebenserwartung der Bevölkerung bei gleichzeitigem Rückgang der Geburtenrate; typische Entwicklungen sind der Rückgang der Bevölkerungszahl, der Rückgang der Zahl der Personen im erwerbsfähigen Alter und der Anstieg der Zahl der Personen im erwerbsfähigen Alter über 50 Jahre. Die Ausprägung des Wandels wird durch Migration moderiert.

Depressionen Depression als schwerwiegende Erkrankung mit tiefgreifenden Auswirkungen auf das Denken, Fühlen und Handeln der Betroffenen (allgemeiner Leistungsabfall, Freudlosigkeit, Interessenverlust, Gleichgültigkeit, Antriebslosigkeit und soziale Isolation), die mit diffusen körperlichen Beschwerden und Störungen der Körperfunktionen einhergeht und erheblichen Leidensdruck verursacht; aus Sicht der Symptome Überschneidungen mit Angststörungen und Burnout; die Zunahme von Depressionen in der Arbeitswelt als Hinweis darauf, dass Arbeitsbelastungen möglicherweise nicht bewältigt werden können und die psychische Gesundheit durch Arbeitsverdichtung und fehlende Erholungszeiten leidet.

Derailment Entgleisung als Ausdruck für „aus der Spur geraten" als plötzliches Versagen, z. B. in der Führung, in Abhängigkeit von Persönlichkeitsmerkmalen, Ressourcen und Bewältigungsstrategien.

Deregulierung Maßnahmen zum Abbau staatlicher bzw. behördlicher Eingriffe in das Wirtschaftsgeschehen mit dem Ziel des Bürokratieabbaus, der Vereinfachung von Regelungsprozessen durch Abbau staatlicher Vorschriften und Normen und/oder der Schaffung rechtlicher Handlungsspielräume.

Destruktive und toxische Führung Führungsverhalten, das von Mitarbeitern als feindselig und/oder hinderlich für die Aufgabenerfüllung wahrgenommen wird, bis hin zu toxischem Führungsverhalten, das als unfair, diskriminierend oder aggressiv wahrgenommen wird, mit Auswirkungen auf Arbeitsmoral, Arbeitsleistung, Arbeitszufriedenheit bis hin zu Gesundheit und Wohlbefinden.

Deutsche Gesetzliche Unfallversicherung e. V. (DGUV) Als Spitzenverband der gewerblichen Berufsgenossenschaften und der Unfallversicherungsträger der öffentlichen Hand nimmt der Dachverband die gemeinsamen Interessen seiner Mitglieder wahr, vertritt sie gegenüber Sozialpartnern, Politik und diversen Institutionen und trägt zur Verhütung von Arbeits- und Wegeunfällen, arbeitsbedingten Gesundheitsgefahren sowie Berufskrankheiten und deren Folgen zum Wohl der Organisationen und der Versicherten bei. Dabei spielen Prävention, Rehabilitation und Entschädigung sowie Forschung eine wichtige Rolle. Die Unfallverhütungsvorschriften sind verbindliche Richtlinien des autonomen Arbeitsschutzrechts.

Deutsches Netzwerk für Betriebliche Gesundheitsförderung (DNBGF) Nationale Plattform für Betriebliche Gesundheitsförderung auf Initiative des Europäischen Netzwerks für betriebliche Gesundheitsförderung (ENWHP) mit dem Ziel, die Betriebliche Gesundheitsförderung in Deutschland weiter zu verbreiten, die Zusammenarbeit mit nationalen Akteuren zu stärken und die Qualität der betrieblichen Gesundheitsförderung zu verbessern (siehe Europäisches Netzwerk für Betriebliche Gesundheitsförderung).

Differenzielle Arbeitsgestaltung Individualisierte Formen der Arbeitsgestaltung unter Berücksichtigung persönlicher Einflussfaktoren, wie z. B. Alter oder Kompetenzen.

Digital Detox Gegenbewegung zur digitalen Durchdringung aller Lebensbereiche als digitale Entgiftung v. a. bei der Smartphone-Nutzung als bewusster Verzicht.

Digitale Gesundheitsanwendungen (DiGA) Medizinprodukte niedriger Risikoklasse mit gesundheitsbezogener Zweckbestimmung, deren Funktion überwiegend auf digitalen Technologien wie z. B. Apps beruht und die wie andere Medizinprodukte von den Krankenkassen erstattet werden können.

Digitale Gesundheitskompetenz Fähigkeit, Informations- und Kommunikationstechnologien im Handlungsfeld Gesundheit selbstkritisch, zielgerichtet und souverän zur Erhaltung, Förderung oder Wiederherstellung der eigenen Gesundheit einzusetzen.

Digitales-Versorgungs-Gesetz (DVG) Gesetz zur Förderung der Digitalisierung und der technologischen Innovation im Gesundheitswesen, z. B. durch die Verschreibungsfähigkeit digitaler Gesundheitsanwendungen wie Arzneimittel oder den Ausbau telemedizinischer Angebote.

DIN EN ISO 10075 Norm zu den ergonomischen Grundlagen psychischer Arbeitsbelastungen unter Berücksichtigung der Begriffsbestimmung, der Gestaltungsgrundsätze und der Erfassung psychischer Belastungen.

DIN EN ISO 9241 Norm, die sich mit der kognitiven Ergonomie von Mensch-System-Interaktionen befasst und die Grundprinzipien einer menschengerechten Dialoggestaltung mit Grundsätzen wie z. B. Erwartungskonformität, Steuerbarkeit, Selbstbeschreibungsfähigkeit oder Fehlertoleranz beschreibt.

DIN ISO 45001 Siehe ISO 45001.

DIN SPEC 91020 Ausgelaufene Spezifikationsnorm zur Zertifizierung des Betrieblichen Gesundheitsmanagements mit den Schwerpunkten Prozesse, Strukturen und Ressourcen – sie hat wesentlich dazu beigetragen, dass ein qualitätsgesicherter Ansatz im Betrieblichen Gesundheitsmanagement in der Praxis Fuß gefasst hat.

Disability Management Systematische Herangehensweise, um die berufliche Beschäftigungsfähigkeit (Employability) und Arbeitsfähigkeit (Work Ability) von Arbeitnehmer*innen mit gesundheitlichen Einschränkungen zu erhalten und zu verbessern.

Disease Management Systematischer Ansatz im Rahmen von Managed Care (s. u.) zur koordinierten und strukturierten Versorgung v. a. chronischer Erkrankungen mit dem Ziel, die Versorgungsleistung zu optimieren und vermeidbaren Komplikationen als Folgeerkrankungen durch rechtzeitige Prävention und Behandlung als Ansatz der Tertiärprävention entgegenzuwirken.

Disengagement Die Handlung oder der Prozess, sich aus einer Aktivität, einer Situation oder einer Gruppe zurückzuziehen und nicht mehr kognitiv, emotional oder konativ involviert zu sein, z. B. die Maßnahme der Raucherentwöhnung aufzugeben.

Diversität Anerkennung und Wertschätzung demografischer, soziokultureller und psychologischer Faktoren wie Alter, Geschlecht, Kultur oder Lebensstil als Ausdruck von Vielfalt, die gerade im Gesundheitsbereich ein sensibler Faktor ist.

Diversity Management Systematischer Ansatz, die Vielfalt und die Potenziale einer heterogenen Belegschaft in der Organisation als wertschöpfenden Faktor zu begreifen und in allen Bereichen des organisationalen Handelns zu nutzen, wozu auch ein diversitätssensibles Betriebliches Gesundheitsmanagement gehört.

Dosis-Wirkungs-Beziehung Zusammenhang zwischen der verabreichten Dosis einer Intervention und der daraus resultierenden Wirkung bei einem Individuum oder einer Gruppe von Individuen als Maß für die konzentrations- bzw. dosisabhängige Wirksamkeit einer Intervention (meist Medikament); Verläufe sind häufig nicht linear, sondern kurvilinear.

DSM – Diagnostisches und Statistisches Manual Psychischer Störungen Weltweit anerkanntes und etabliertes Klassifikationssystem psychischer Störungen zur Verbesserung der diagnostischen Qualität, zur Objektivierung der Beurteilung klinischer Erscheinungsbilder und als Orientierungshilfe für Fachleute, herausgegeben von der APA (American Psychological Association).

Duales Arbeitsschutzsystem Gesetzlich geregeltes Zusammenwirken der staatlichen Arbeitsschutzaufsicht der Länder und des Bundes und der Unfallversicherungsträger bei der Durchsetzung und Überwachung des betrieblichen Arbeits- und Gesundheitsschutzes.

Dynamische Arbeitsgestaltung Flexible Formen der Arbeitsgestaltung mit dem Ziel der Kompetenzentwicklung und Anpassung an den Lernfortschritt.

Edutainment Komposition als Wortschöpfung aus Bildung (Education) und Unterhaltung (Entertainment), um Unterhaltung und Bildung zu verbinden, z. B. durch spielerische Elemente in der Wissensvermittlung mit hohem Unterhaltungswert (Gamification, Serious Games). In der Gesundheitsbildung ist es wichtig, den Unterhaltungswert von Gesundheit zu erhöhen, um die Betroffenen zu aktivieren.

Effektstärke Erfassung eines Merkmals vor und nach einer Intervention und statistische Bestimmung des Ausmaßes der Veränderung mit verschiedenen Effektmaßen, meist auf der Basis von Mittelwerten.

EFQM-Modell Modell des ganzheitlichen Qualitätsmanagements der European Foundation for Quality Management mit Befähiger- und Ergebniskriterien, verbunden als lernender Ansatz, für Selbstbewertung und Benchmarking mit Exzellenzorientierung.

E-Health (Electronic Health) Oberbegriff für digitale Werkzeuge und Dienste, die von der elektronischen Unterstützung im Gesundheitswesen über telemedizinische Anwendungen und die elektronische Gesundheitskarte bis hin zu Gesundheits-Apps und Gesundheitsplattformen reichen.

E-Health-Gesetz Rahmengesetz für sichere digitale Kommunikation und Anwendungen im Gesundheitswesen zur Stärkung der Umsetzung moderner Informations- und Kommunikationstechnologien im Gesundheitswesen, zum Ausbau der Telematikinfrastruktur, zur digitalen Vernetzung der Akteure im Gesundheitswesen und zum Einsatz telemedizinischer Anwendungen mit dem übergeordneten Ziel, die Qualität und Wirtschaftlichkeit der Versorgung zu verbessern.

Employability Siehe Beschäftigungsfähigkeit.

Employee Assistance Program Programme oder Angebote zur Beratung von Mitarbeiter*innen durch externe Organisationen v. a. im psychosozialen Bereich, die ohne Wissen des Arbeitgebers im geschützten Raum stattfinden, z.B. bei Suchtproblemen.

Employer Branding Bezeichnung für die Arbeitgebermarkenbildung als systematische Umsetzung von kommunikativen und gestalterischen Maßnahmen einer Organisation zum Aufbau und zur Pflege einer eigenen Marke als attraktiver Arbeitgeber aus interner und externer Sicht (internes und externes Branding) – aus der Zielgröße einer gesunden Organisation wird v. a. auch auf die sozial-empathischen Kompetenzen des Arbeitgebers fokussiert.

Empowerment Strategien und Maßnahmen zur Erhöhung des Grades an Autonomie, Selbstbestimmung und Teilhabe an Entscheidungsprozessen unter Berücksichtigung der Ressourcenbereitstellung nach dem Prinzip „Fordern und Fördern".

Enterprise for Health (Unternehmen für Gesundheit) Internationales Unternehmensnetzwerk für Gesundheit (das deutsche Netzwerk ist beim BKK Dachverband e. V. angesiedelt), das sich im Bewusstsein seiner sozialen Verantwortung der Entwicklung einer partnerschaftlichen Unternehmenskultur und einer modernen Gesundheitspolitik widmet und als Plattform im Sinne des Wissensmanagements Erfahrungen und Wissen austauscht.

EPIC-Studien Eine der weltweit größten Kohortenstudien zur Untersuchung der Zusammenhänge zwischen Ernährung, Lebensstil und Umweltfaktoren und der Entstehung von Krebs und anderen chronischen Erkrankungen wie Typ-2-Diabetes als Verbundprojekt, gefördert durch die Europäische Kommission und nationale Förderorganisationen (EPIC = European Prospective Investigation into Cancer and Nutrition).

Erfolgsfaktoren im BGM Allgemeine Schlüsselfaktoren für ein erfolgreiches Betriebliches Gesundheitsmanagement wie Partizipation, Integration, ganzheitliche Maßnahmen, ausreichende Ressourcen oder Einbindung der Führungskräfte.

Ergonomie Lehre von der Arbeit mit dem Ziel, die Arbeitsbedingungen, die Arbeitsorganisation und die Arbeitsumgebung an den Menschen und seine Eigenschaften anzupassen, um sowohl die Leistungsfähigkeit des Arbeitssystems zu erhöhen als auch die Gesundheit des Menschen nachhaltig zu sichern – Kerndisziplin der Arbeitswissenschaft. Eine besondere Herausforderung wird in der altersgerechten und kognitiven Ergonomie gesehen.

Ermöglichungsdidaktik Erwachsenengerechte konstruktivistische Didaktik in Bezug auf Selbstverantwortung und handlungsorientiertes Lernen mit Fokus auf die Schaffung lernförderlicher Rahmenbedingungen nach dem Motto „von der Instruktion zur Konstruktion".

Europäische Agentur für Sicherheit und Gesundheitsschutz am Arbeitsplatz (EU-OSHA) Agentur der Europäischen Union mit Richtlinienkompetenz für Sicherheit und Gesundheitsschutz bei der Arbeit durch Sammlung, Analyse und Verbreitung von Fachinformationen für Arbeitnehmer*innen, Arbeitgeber und politische Instanzen sowie Förderung einer Kultur der Risikoprävention zur Verbesserung der Arbeitsbedingungen in Europa.

Europäische Stiftung zur Verbesserung der Lebens- und Arbeitsbedingungen (Eurofond) 1975 vom Europäischen Rat gegründete Agentur und unabhängige Forschungseinrichtung der Europäischen Union zur Verbesserung der Lebens- und Arbeitsbedingungen in Europa, die die EU-Institutionen und ihre Mitglieder wissenschaftlich berät; hervorzuheben sind die europaweiten Erhebungen, die vergleichbare Daten über die Qualität der Lebens- und Arbeitsbedingungen in der gesamten EU liefern.

Europäisches Netzwerk für Betriebliche Gesundheitsförderung (ENWHP) Aufgabe des Netzwerkes im Rahmen des europäischen Aktionsprogramms zur Gesundheitsförderung ist es, ein gemeinsames Verständnis von Betrieblicher Gesundheitsförderung in Europa nach der Vision „Gesunde Mitarbeiter*innen in gesunden Unternehmen" zu formulieren, einheitliche Kriterien für eine qualitätsgerechte Betriebliche Gesundheitsförderung zu entwickeln, relevante verfügbare Informationen wie Forschungsergebnisse, Projekte oder Best Practice zu sammeln und Interessierten zugänglich zu machen.

Evaluationsdesigns im BGM Systematische Untersuchung des Nutzens bzw. Wertes gesundheitsfördernder Maßnahmen; häufig unkontrollierte Querschnittsuntersuchungen und Trendstudien, sodass die gefundenen Zusammenhänge keine Rückschlüsse auf Ursache-Wirkungsketten zulassen und durch nicht berücksichtigte Störvariablen verzerrt sein können; für hohe Evidenz sind quasi-experimentelle oder experimentelle Designs erforderlich, z. B. eine randomisierte kontrollierte Studie (RCT) wie in der Medizin oder unter Trendgesichtspunkten echte Längsschnitt- und Kohortenstudien.

Evidenz Zuverlässigkeit eines beobachteten Ursache-Wirkungs-Zusammenhangs als Beleg für die nachgewiesene Wirksamkeit oder vereinfacht als offenkundige Tatsache.

Evidenzbasierung Im Mittelpunkt steht die Frage, ob mit den geplanten Maßnahmen die angestrebten Ziele

erreicht werden können. Diese Herangehensweise ist bekannt aus der evidenzbasierten Medizin, die fordert, dass bei der Entscheidung über eine medizinische Behandlung v. a. die empirisch nachgewiesene Wirksamkeit von Therapieformen (klinische Erfahrung und Forschungsergebnisse) berücksichtigt werden soll.

Expertenansatz der Gesundheitsförderung Orientierung des Gesundheitsverhaltens an Richtwerten und Empfehlungen von Expertengremien, z. B. Mindestrichtwerte für körperliche Aktivität der WHO oder Ernährungsempfehlungen nach der Lebensmittelpyramide der Deutschen Gesellschaft für Ernährung e. V. (DGE).

Exzellenz Qualitätsoffensive mit den Eckpfeilern Ergebnisorientierung, Kundenorientierung, Führung und Zielkonsequenz, Management mittels Prozessen und Fakten, kontinuierliches Lernen, Entwicklung von Partnerschaften und soziale Verantwortung (siehe EFQM) mit dem Ziel, sich kontinuierlich weiter zu entwickeln, auf Veränderungen angemessen zu reagieren und im Vergleich herausragende Leistungen zu erzielen und die Erwartungen der Stakeholder zu übertreffen.

Fluktuation Austrittsrate der Beschäftigten einer Organisation, differenziert nach Früh- und Spätfluktuation, häufig Ausdruck schlechter oder nicht erwartungskonformer Arbeitsbedingungen im weiteren Sinne.

Framing Effekte auf Wahrnehmung, Bewertung und Entscheidung durch die Darstellungsformate als „Rahmen" einer Botschaft, insbesondere relevant im Bereich der Risikowahrnehmung und bei Entscheidungen unter Unsicherheit.

Funktionale Perspektive im BGM Beschreibung der aufgabenorientierten Notwendigkeiten als Management- und Sachfunktionen wie z. B. betriebliches Gesundheitscontrolling oder betriebliche Gesundheitskommunikation.

Gamification Nutzung von Spielen in Online- oder Offline-Varianten und/oder als Einzel- oder Gruppensettings in spielfremden Kontexten u. a. zur Motivation und Leistungssteigerung – auch als „Serious Games" bezeichnet.

Ganzheitliche Arbeitsgestaltung Arbeitsgestaltung unter Berücksichtigung der Ebenen Mensch, Technik und Organisation und deren Wechselwirkungen (siehe MTO-Konzept).

Gefährdungsbeurteilung psychischer Belastung Erfassung und Bewertung der Ausprägung psychischer Belastungen auf den Menschen im Zusammenhang mit Arbeits- und Aufgabenanforderungen sowie Ausführungsbedingungen als gesetzliche Verpflichtung des Arbeitgebers – psychische Belastungen sind objektive Sachverhalte (siehe Psychische Belastungsfaktoren).

Gemeinsame Deutsche Arbeitsschutzstrategie (GDA) Gemeinsames und koordiniertes Handeln im deutschen Arbeitsschutzsystem von Bund, Ländern und Unfallversicherungsträgern unter Beteiligung der relevanten Arbeitsschutzakteure wie der Sozialpartner mit dem Ziel, die Sicherheit und Gesundheit der Beschäftigten in einer modernen Arbeitswelt zu erhalten und eine gemeinsame Arbeitsschutzstrategie zu entwickeln.

Gesunde Arbeit Arbeit mit einem ausgewogenen Verhältnis von erbrachter Leistung und Anerkennung, mit herausfordernden, aber nicht überfordernden Aufgaben, mit relativ hoher Autonomie und Sinnerfüllung sowie mit einem vertrauensvollen und sozial unterstützenden Klima der Zusammenarbeit und des Miteinanders – u. a. erfasst im DGB-Index Gute Arbeit.

Gesunde Führung Führungsstil mit dem Ziel, gesundheitsförderlich auf das Arbeitssystem und die Mitarbeiter*innen einzuwirken und als Vorbild achtsam mit sich selbst umzugehen – gesunde Führung gehört zu den wichtigsten Einflussfaktoren auf die psychische Gesundheit in der Arbeitswelt.

Gesunde Organisation Konsequente und konsistente Ausrichtung von Prozessen, Strukturen und Führungsprinzipien an Gesundheitswerten und Schaffung einer Kultur des Vertrauens, des sozialen Miteinanders und der Wertschätzung mit gesunden Mitarbeiter*innen.

Gesundheit Kein eindeutig definiertes Konstrukt, da es individuelle, soziale und umweltbezogene Determinanten aufweist und je nach Gesundheitsmodell als subjektive Konstruktion (Prozess als Erleben) oder als objektive Zustandsbeschreibung (Status) definiert wird; wesentliche Merkmale sind Mehrdimensionalität, psychosoziale und ganzheitliche Sichtweise, also mehr als nur ein biomedizinisches Pendant und klare Abgrenzung zum Krankheitsbegriff als eigenständiges Konstrukt und nicht als Abwesenheit von Krankheit definiert.

Gesundheitsaufklärung Aufbereitung und Verbreitung von verständlichen und adressatengerechten Gesundheitsinformationen im analogen oder digitalen Raum, um Menschen zu befähigen, informierte und selbstbestimmte Entscheidungen über ihr Gesundheitsverhalten zu treffen.

Gesundheitsbeauftragte Gesundheitsfachkräfte in der Organisation, die für die Umsetzung des Betrieblichen Gesundheitsmanagements vor Ort zuständig sind und als fachlich versierte Ansprechpartner*innen zur Ver-

fügung stehen, meist ohne Weisungsbefugnis – unklare Berufsbezeichnung mit unterschiedlichen Qualifikationen und Anforderungen.

Gesundheitsbefragung Erfassung der gesundheitsrelevanten Belastungen und Beanspruchungen sowie der Gesundheitsressourcen auf Arbeits- und Organisationsebene, häufig als Omnibusbefragung oder im Zusammenhang mit der Gefährdungsbeurteilung psychischer Belastung durchgeführt.

Gesundheitsberatung Persönliche, dialogische Begleitung und Unterstützung zur Anregung von Veränderungsprozessen beim Menschen mit dem Ziel, Gesundheit zu fördern, Krankheit vorzubeugen oder Unterstützung im Umgang mit Krankheit oder Stress durch Steigerung der Selbstwirksamkeit zu erreichen, aber auch Expertenberatung für Organisationen, die sich auf den Weg zur gesunden Organisation machen wollen.

Gesundheitsberichterstattung (GBE) Darstellung des Gesundheitszustandes der Bevölkerung, der medizinischen und pflegerischen Versorgung und der damit verbundenen Kosten in Deutschland für die interessierte Öffentlichkeit, insbesondere für Politik, Wissenschaft und die Akteure des Gesundheitswesens.

Gesundheitsbildung Organisierte und systematische Lern- und Entwicklungsprozesse zur Erhöhung der Handlungskompetenz im Umgang mit Gesundheitsfragen mit den didaktischen Prinzipien der Teilnehmerorientierung, Freiwilligkeit, Selbstbestimmung und Partizipation.

Gesundheitscontrolling Erfassung des Gesundheitszustandes der Organisationsmitglieder und der Organisation als Ganzes unter dem Gesichtspunkt der Gesundheitsergebnisse (Outcome) als indikatorengestützter, kennzahlenbasierter Ansatz unter Berücksichtigung verschiedener Perspektiven (siehe Health Balanced Scorecard). Das Gesundheitscontrolling dient als Instrument des Risikomanagements in Bezug auf Personal-, Arbeits- und Organisationsrisiken.

Gesundheitsdidaktik Auseinandersetzung mit der methodischen und inhaltlichen Frage, wie selbstbestimmtes Gesundheitslernen in pädagogischen Settings unter Berücksichtigung der Grundprinzipien der Handlungs-, Praxis-, Ressourcen- und Systemorientierung am besten initiiert, gestaltet und aufrechterhalten werden kann.

Gesundheitserziehung Systematische Ansätze zur individuellen Änderung gesundheitsrelevanter Verhaltensweisen und zur Korrektur gesundheitsschädigender Verhaltensweisen, unterstützt durch Autoritäten als Erziehungspersonen.

Gesundheitsförderliche Organisationsentwicklung Nachhaltige Veränderungsstrategie, die das Gesamtsystem der Organisation in den Blick nimmt und unter gesundheitlichen Gesichtspunkten auf den Prüfstand stellt und v. a. auf Partizipation als Bottom-up-Ansatz setzt (siehe systemische Organisationsentwicklung).

Gesundheitsgesellschaft Konzepte für eine gesundheitsförderliche Politik, die Gesundheit als gesellschaftliche Herausforderung und treibende Kraft deklariert, gesellschaftliche Anliegen an Gesundheitswerten ausrichtet und damit das Gesundheitsverständnis der Menschen bestimmt.

Gesundheitsgleichung Verknüpfung der unabhängigen Variablen (Treiber und Frühindikatoren) mit den abhängigen Variablen (Erfolgsfaktoren bzw. Spätindikatoren) in Form von Ursache-Wirkungs-Beziehungen (siehe Treiber-Indikatoren-Modell).

Gesundheitskommunikation Aufklären, informieren, überzeugen als Leitplanken einer dialogorientierten Gesundheitsarbeit in der Organisation, die im Zeitalter der Digitalisierung v. a. mehrkanalig, synchron und vernetzt abläuft und auch die sozialen Medien nutzt.

Gesundheitskompetenz Die Fähigkeit des Einzelnen, im Alltag handlungsorientierte Entscheidungen zu treffen, die sich positiv auf seine Gesundheit auswirken, bzw. die Fähigkeit, Gesundheitsinformationen zu finden, zu verstehen, zu bewerten und anzuwenden (siehe Health Literacy) – Gesundheitskompetenz gewinnt angesichts der Zunahme von Fake News oder verzerrten Gesundheitsinformationen im Internet an Bedeutung (siehe Infodemie).

Gesundheitskoordinator*innen Gesundheitsfachkräfte in der Organisation, die Fachteams im Betrieblichen Gesundheitsmanagement leiten, den Veränderungsprozess vor Ort unterstützen und ggf. auch Kontrollfunktionen wahrnehmen, oft synonym zu Gesundheitsbeauftragten – unklare Berufsbezeichnung mit unterschiedlichen Qualifikationen und Anforderungen.

Gesundheitskostenrechnung Kostenbetrachtungs- und Planungsinstrument unter dem Aspekt der Wirtschaftlichkeit durch Ermittlung der direkten Präventionskosten, der Unfall- und Krankheitsfolgekosten und ggf. auch der indirekten Gesundheitskosten wie Imageverlust abzüglich der Subventionen mit dem Ziel, Gesundheitskosten bewertbar und steuerbar zu machen und den Erfolgsfaktor Mitarbeitergesundheit als Element des Humankapitals in das Controlling zu integrieren.

Gesundheits-Krankheits-Kontinuum Keine Dichotomie von krank und gesund, sondern fließende Übergänge mit oft gleichzeitigen gesunden und kranken Anteilen oder Zuständen und vielen Zwischenstadien mit Fokus auf den Gesundheitsprozess.

Gesundheitskultur Gesundheitskultur als Teil der Unternehmenskultur, die sich mit den Auswirkungen von Gesundheitswerten und -normen auf das Gesundheitsverhalten und die gesundheitlichen Rahmenbedingungen in der Organisation befasst und dabei insbesondere die Führungskräfte als Botschafter für Gesundheit berücksichtigt.

Gesundheitsmanager*innen Gesundheitsfachkräfte in der Organisation als Beauftragte der Unternehmensleitung, die die Gesamtverantwortung für das Betriebliche Gesundheitsmanagement tragen und gemeinsam mit den Interessenvertretungen und anderen betrieblichen Akteuren Strategien, Ziele und Organisation festlegen – unklare Berufsbezeichnung mit unterschiedlichen Qualifikationen und Anforderungen.

Gesundheitsmarketing Verkauf von Gesundheit als positivem Wert im Sinne einer Dienstleistung mit dem Ziel, Individuen oder Gruppen zur Inanspruchnahme von Gesundheitsangeboten oder zur Änderung ihres Gesundheitsverhaltens zu bewegen, als Schnittstelle zwischen Marketing, Gesundheitsökonomie und Gesundheitswissenschaften wie der Gesundheitspsychologie.

Gesundheitsmodelle Ressourcenorientierte Ansätze, die erklären, warum Menschen trotz Belastungen gesund bleiben, mit dem Leitziel der Gesundheitsförderung – sie sind häufig salutogenetisch orientiert (siehe Salutogenese).

Gesundheitsmonitoring Auf gesellschaftlicher Ebene systematische, regelmäßige und repräsentative Erfassung von Gesundheitsdaten und Risikofaktoren in der Bevölkerung als Gesundheitsberichterstattung (siehe oben); auf betrieblicher Ebene Erfassung von Frühindikatoren wie Arbeitsfähigkeit, um Veränderungen und Trends von Gesundheitswerten und Risikofaktoren zu erkennen, bevor sie sich auf gesundheitsrelevante Outcomes wie Fehlzeiten auswirken.

Gesundheitsökonomie Auseinandersetzung mit der Frage, wie die Verteilung von Gesundheitsgütern und die Gesundheitsversorgung unter den Gesichtspunkten der Allokation (Verteilung knapper Ressourcen und Prioritätensetzung), der Effizienz (Ressourceneinsatz ohne Verschwendung), der Distribution (Zugang und gerechte Verteilung unabhängig von sozialen Faktoren) und der Wertschöpfung von Gesundheitsleistungen unabhängig vom Setting, in dem sie erbracht werden, ökonomisch, d. h. mit hoher Qualität und Effektivität bei gleichzeitiger Reduktion der verbrauchten Ressourcen im Sinne der Kosteneffizienz, gestaltet werden können.

Gesundheitsökonomische Evaluationsmethoden Untersuchung der Wirtschaftlichkeit gesundheitsförderlicher und präventiver Maßnahmen mit den Methoden der ökonomischen Evaluation, um den Einsatz knapper Ressourcen zu optimieren, z. B. durch den Vergleich von Kosten und Effekten verschiedener Handlungsalternativen, die Kosteneffektivitätsperspektive, das Konzept der qualitätsadjustierten Lebensjahre zur Messung von Gesundheitseffekten als Nutzwert oder die Rolle der Diskontierung langfristiger Kosten und Effekte.

Gesundheitspädagogik Vermittlung und Förderung von gesundheitsrelevantem Wissen, Können und Verhalten durch pädagogisch qualifizierte Fachkräfte in pädagogischen Settings unter Berücksichtigung eines gesundheitsdidaktischen Ansatzes als Teildisziplin der Gesundheitswissenschaften.

Gesundheitsparadigmen Prägende Sichtweisen des Gesundheitsbegriffs, die den Wandel des Gesundheitsverständnisses aufzeigen, z. B. von der pathogenetischen zur salutogenetischen Sichtweise oder von der Gesundheitserziehung zur Gesundheitsbildung.

Gesundheitsplattform Gesundheitsbereich, der auf die Vernetzung der Akteure abzielt, die Gesundheitsmodule miteinander verknüpft und Austausch-, Informations- und Abstimmungsprozesse ermöglicht, meist auf digitaler Ebene realisiert, als Ausdruck der Konzertierten Aktion Gesundheit.

Gesundheitspolitik Gesamtheit aller staatlichen und nichtstaatlichen politischen Bemühungen und Zielsetzungen, Gesundheit als gesellschaftliches und wirtschaftliches Handlungsfeld prioritär zu behandeln, die auf bevölkerungs- oder gruppenbezogene Maßnahmen auf der Programm-, Prozess- und Strukturebene gerichtet sind, um Gesundheit zu fördern, zu erhalten und wiederherzustellen sowie Krankheit und ihre Folgen zu verhüten und zu bewältigen.

Gesundheitspsychologie Wissenschaft vom gesundheitsbezogenen Erleben und Verhalten des Menschen, der Erfassung und Erklärung möglicher gesundheitlicher Risiken und Belastungen und deren Einfluss auf die psychische Gesundheit sowie der Entstehung von Krankheiten aus psychologischer Sicht mit dem Ziel der Verbesserung von Gesundheit und Wohlbefinden als Teil der Gesundheitswissenschaften – insbesondere die gesundheitspsychologischen Modelle zum Gesundheitsverhalten

sind für die Konzeption entsprechender Ansätze der Betrieblichen Gesundheitsförderung von Bedeutung.

Gesundheitsrisikomanagement Systematische Erfassung und Bewertung von Gesundheitsrisiken im Personalbereich und im Arbeitssystem mit dem Ziel der zeitigen Einleitung und Priorisierung von Maßnahmen zur Vermeidung oder Verminderung von Risiken und Risikofolgen als Frühwarnsystem.

Gesundheitsverhalten Alle Verhaltensweisen von Gesunden (siehe Gesundheits-Krankheits-Kontinuum), die nach wissenschaftlicher Evidenz die Wahrscheinlichkeit erhöhen, Krankheiten zu vermeiden oder die Gesundheit zu erhalten, wie z. B. ausreichende körperliche Aktivität gemäß den Empfehlungen der WHO (siehe Expertenansatz der Gesundheitsförderung).

Gesundheitszirkel Treffen von Beschäftigten, um ausgewählte Gesundheitsprobleme aus Sicht der Betroffenen zu erörtern und Verbesserungsvorschläge zu erarbeiten als basisnahe Arbeit vor Ort.

Gratifikationskrise Ein als defizitär erlebtes und als ungerecht empfundenes Verhältnis zwischen Arbeitsaufwand (Leistung, Engagement, Ressourceneinsatz etc.) und Entlohnung im weiteren Sinne (Lohn, Arbeitsplatzsicherheit, Weiterbildung, soziale Anerkennung etc.).

Gute Arbeit Menschengerechte Arbeit, die Wert legt auf gelebten Arbeits- und Gesundheitsschutz, faire Entlohnung, Partizipations- und soziale Austauschmöglichkeiten, persönlichkeits- und entwicklungsfördernde Aufgaben, soziale Sicherheit und Diskriminierungsfreiheit – erfasst im DGB-Index Gute Arbeit.

Gütekriterien Eine Reihe von Merkmalen zur Beurteilung der Qualität von Messinstrumenten und Erhebungsverfahren wie der Gefährdungsbeurteilung psychischer Belastung, ihrer Gestaltung und Anwendung unter besonderer Berücksichtigung der Objektivität (Unabhängigkeit von den Erhebungspersonen), der Reliabilität (Zuverlässigkeit bzw. Messgenauigkeit) und der Validität (Gültigkeit) – sie erhöhen die Aussagekraft von Gesundheitsdaten, die auf Befragungen beruhen.

Handlungsregulationstheorie Ein zielbasiertes psychologisches Handlungsmodell, das Pläne als Grundlage für die Zielerreichung nutzt und über Feedback in Form von Rückkopplungsschleifen schrittweise zur Korrektur von Plänen und Handlungen führt als Ausdruck der psychischen Regulation von Wissen, Denken und körperlicher Arbeit. Zielorientierung sowie hierarchische und zyklische Organisation der Handlungskomponenten sind zentrale Merkmale der Handlungsregulation.

Handlungsspielraum Freiheitsgrade bei der Arbeitsausführung mit Betonung der Eigenverantwortung und Autonomie des Handelns.

Hardiness Widerstandsfähigkeit gegenüber Fehlbelastungen als persönliche Ressource (siehe Resilienz).

Haus der Arbeitsfähigkeit Mehrebenenmodell und Gestaltungsansatz zum Erhalt und zur Steigerung der Arbeitsfähigkeit im betrieblichen Kontext mit den Ebenen Gesundheit der Beschäftigten auf psychischer und physischer Ebene, Kompetenzen als Fähigkeiten und Fertigkeiten und Werte als Einstellung und Motivation sowie der Ebene der Verhältnisfaktoren wie Führung, Arbeitsbedingungen, Arbeitsinhalte und Arbeitsorganisation, umgeben von einem Garten, der externe Einflussfaktoren wie Familie, persönliches oder regionales Umfeld auf die Arbeitsfähigkeit berücksichtigt.

Health Balanced Scorecard Instrument des Gesundheitscontrollings zur Verknüpfung verschiedener betrieblicher Gesundheitsindikatoren zu aussagekräftigen Kennzahlen aus der Potenzial-, Prozess-, Mitarbeiter- und Finanzperspektive in Anlehnung an die Balanced Scorecard als Basis für ein BGM-Cockpit.

Health in All Policies Multisektorale bzw. intersektorale Gesundheitsstrategie im Gesundheitswesen, um Gesundheit als Zielgröße in allen Bereichen öffentlichen Handelns zu priorisieren und als gesamtgesellschaftliche Aufgabe zu definieren.

Health Literacy Soziale und kognitive Kompetenzen zur Bewältigung der Anforderungen der Gesundheitsversorgung und zum Verstehen der Informationen des Gesundheitssystems, beginnend mit Literalität als Grundfertigkeit des Lesens und Schreibens – je nach Verwendung synonym mit Gesundheitskompetenz.

Humankapital Aktiviertes und potenzielles Arbeitsvermögen in einer Organisation, insbesondere Kompetenzen, Motivation, Gesundheit und Arbeitsfähigkeit als personengebundene Elemente – die abnehmende Arbeitsfähigkeit verdeutlicht die Fragilität des Humankapitals als knappe Ressource in Zeiten des demografischen Wandels und des Fachkräftemangels.

Humankriterien der Arbeit Erfolgskriterien für gesunde Arbeit im Sinne von Ausführbarkeit, Schädigungslosigkeit, Beeinträchtigungsfreiheit, Zumutbarkeit, Gesundheitsförderlichkeit, Persönlichkeitsförderlichkeit sowie Sinn- und Werthaltigkeit.

Idiosynkratische Arbeitsgestaltung Umgestaltung der Arbeit bzw. der Aufgabe nach individuellen Vorstellungen und Erwartungen.

ICD-Schlüssel Verschlüsselung von Diagnosen nach der Internationalen Klassifikation der Krankheiten der WHO im ambulanten und stationären Bereich zur Vereinfachung der Abrechnung und für statistische Zwecke. Die aktuelle Version ist die ICD-11 (2022), mit der ein modernisiertes und differenzierteres Klassifikationssystem eingeführt und insbesondere die psychischen Störungen aktualisiert worden sind.

I-Health (Integrated Health) Integrierte Versorgung, die nicht nur auf Gesundheitsförderung und Lebensstil abzielt, sondern auch Diagnose, Behandlung, Pflege und Rehabilitation umfasst und auf der kollaborativen Zusammenarbeit zwischen den professionellen Akteuren des Gesundheitswesens auf der Grundlage digitaler Instrumente beruht, um der Fragmentierung der Gesundheitsdienste entgegenzuwirken.

Indizierte Prävention Maßnahmen, die sich an Personen oder Gruppen richten, die bereits ein nachgewiesenes Risikoverhalten, z. B. Anzeichen einer Abhängigkeitserkrankung, oder manifeste Störungen bzw. Problemausprägungen aufweisen, aber noch nicht die Kriterien einer Erkrankung erfüllen (Hochrisikogruppen).

Infodemie Wortschöpfung der WHO zur kritischen Diskussion der unkontrollierten Verbreitung von richtigen und falschen Gesundheitsinformationen im Internet als Informationsepidemie mit der Herausforderung, sich im Dschungel der Gesundheitsinformationen zu orientieren und valide Informationen zu identifizieren.

Informationelle Selbstbestimmung Das Recht jeder Person, grundsätzlich selbst über die Preisgabe und Verwendung ihrer personenbezogenen Daten zu bestimmen – dies betrifft insbesondere auch Gesundheitsdaten als besondere Kategorie personenbezogener Daten (siehe Datenschutz).

Infotainment Komposition als Wortschöpfung aus Information und Unterhaltung (Entertainment), um zu verdeutlichen, dass eine unterhaltende Information mit multimedialen Vermittlungsformen die Aufnahme- und Verarbeitungskapazität des Rezipienten im Zusammenhang mit der Zunahme konkurrierender Informationen erhöhen kann.

Initiative Gesundheit und Arbeit (iga) Eine Initiative der Verbände der gesetzlichen Unfall- und Krankenversicherung mit dem Ziel, die Gesundheit in der Arbeitswelt zu fördern, die Zusammenarbeit und Vernetzung der Gesundheitsakteure zu unterstützen, aktuelle Erkenntnisse und Erfahrungen zur Prävention und betrieblichen Gesundheitsförderung zu vermitteln, Präventionskonzepte weiterzuentwickeln sowie Modellprojekte zu initiieren und zu begleiten. Dabei greift die iga neue Trends in der Arbeitswelt wie New Work oder die zunehmende Bedeutung der psychischen Gesundheit auf.

Initiative Neue Qualität der Arbeit (INQA) Vom Bundesministerium für Arbeit und Soziales (BMAS) ins Leben gerufene Initiative verschiedener sozialpartnerschaftlicher und überparteilicher Gesundheitsakteure zur Schaffung einer neutralen, nicht-kommerziellen Praxisplattform mit vielfältigen Beratungs-, Informations- und Vernetzungsangeboten zur Gestaltung einer gesunden und zukunftsfähigen Arbeitskultur und zur Erreichung einer hohen Arbeitsqualität – v. a. das Lernen von anderen durch Best Practice wird angestrebt.

Innere Kündigung Bewusste und stillschweigende Entscheidung des Arbeitnehmers/der Arbeitnehmerin, seine/ihre Leistungsfähigkeit im Sinne von Leistungsbereitschaft und Arbeitseinsatz zu reduzieren.

Institutionelle Perspektive im BGM Darstellung des verantwortlichen Personenkreises und dessen organisatorische Abbildung in der Hierarchie als strukturelle Determinanten im BGM und Abbildung der Interessenskonstellationen.

International Labour Organization (ILO oder IAO) Sonderorganisation der Vereinten Nationen zur Förderung der Menschen- und Arbeitsrechte und zur Schaffung menschenwürdiger Arbeitsbedingungen. Zu ihren Hauptaufgaben gehören die Festlegung von Normen als international verbindliche Arbeits- und Sozialstandards für die Mitgliedstaaten, die Überwachung der Einhaltung und Durchsetzung der ILO-Normen sowie die Verbreitung von Informationen und Forschungsergebnissen.

Interoperabilität Fähigkeit zur Interaktion unterschiedlicher Systeme und Techniken unter Nutzung standardisierter Schnittstellen und einheitlicher Dateiformate – gerade in der Telemedizin-Infrastruktur eine wichtige Voraussetzung für ein reibungsloses digitales integriertes Versorgungsmanagement. Die Forderung nach nahtloser Zusammenarbeit ist jedoch aus Sicht des Datenschutzes kritisch zu sehen, da die gemeinsame Nutzung von Gesundheitsdaten schwierig ist, da es sich um sensible Daten handelt, die ein hohes Maß an Datenschutz und Sicherheit erfordern. Wenn aufgrund von Datenschutzbedenken nicht auf diese Daten zugegriffen werden kann, wenn sie benötigt werden, verringert dies die Interoperabilität. Die Blockchain-Technologie kann hier Abhilfe schaffen.

Interventions-Mapping Ansatz zur Entwicklung wirksamer Interventionen zur Verhaltensänderung als iterativer Weg von der Problemerkennung zur Problemlösung oder -minderung.

Inzidenz Häufigkeit von Neuerkrankungen in einer definierten Bevölkerungsgruppe in einem bestimmten Zeitraum als Maß der Epidemiologie zur Berechnung der Ausbreitungswahrscheinlichkeit von Krankheiten im Bereich Public Health.

ISO 45001 Managementnorm, die die Anforderungen an ein integriertes Arbeitsschutzmanagementsystem (siehe SGA-Management) beschreibt. Sie ersetzt die bisherige Norm British Standard BS OHSAS 18001, um Sicherheit und Gesundheit bei der Arbeit (SGA) als strategisches Führungsthema zu stärken und die Mitarbeiterorientierung stärker als bisher in den Vordergrund zu rücken. Strukturell folgt die DIN ISO 45001 der gemeinsamen Grundstruktur der ISO-Familie (High Level Structure – HLS) mit Kerntexten, Begriffen und Definitionen, sodass alle SGA-Aspekte in ein bereits bestehendes Managementsystem, z. B. nach ISO 9001 oder 14001, integriert werden können. Die Anforderungen der DIN SPEC 91020 sind weitgehend kompatibel mit den Anforderungen der ISO 45001 und entsprechend berücksichtigt, sodass auch eine Zertifizierung des BGM mit der ISO 45001 möglich ist.

Job Crafting Proaktive Selbstgestaltung der Arbeitsaufgabe und des Arbeitsplatzes mit dem Ziel einer besseren Passung zwischen Individuum, Arbeit und Organisation.

Job Enlargement Horizontale Aufgabenerweiterung als Vergrößerung des Aufgabenfeldes bei gleichem Verantwortungsniveau zur Vermeidung einseitiger Belastungen und Monotonie.

Job Enrichment Vertikale Aufgabenerweiterung als Bereicherung des Aufgabenfeldes mit höherem Verantwortungsniveau mit positiven Auswirkungen auf die psychische Gesundheit und die Arbeitszufriedenheit.

Job Involvement Das Ausmaß, in dem sich ein/e Beschäftigte/r mit seiner/ihrer Arbeit identifiziert, sich aktiv daran beteiligt und daraus Selbstwert schöpft.

Job Rotation Systematischer Arbeitsplatzwechsel als horizontale oder vertikale Rotation zur Vermeidung von Arbeitsmonotonie und zur Weiterentwicklung als strukturelle Personalentwicklung.

Job Sculpting Erhöhung der Passung zwischen Anforderungen und Kompetenzen durch Berücksichtigung der Interessen und Kompetenzen der Mitarbeiter*innen.

Key Performance Indicator (KPI) Schlüssel- oder erfolgskritische Kennzahlen, mit denen der Fortschritt oder der Grad der Erfüllung der Ziele der Unternehmensstrategie gemessen werden kann, einschließlich der kritischen Erfolgsfaktoren innerhalb einer Organisation. Damit die Gesundheitsstrategie in der Organisation als Teil der Gesamtstrategie anerkannt wird, ist es wichtig, dass gesundheitsrelevante KPIs identifiziert und erfasst werden.

Ko- und Multimorbidität Doppel- oder Mehrfacherkrankungen mit Wechselwirkungen zwischen den Erkrankungen bzw. Störungen – mit zunehmendem Alter ist eine Zunahme zu erwarten.

Kognitive Dissonanz Aversiv erlebter Spannungszustand, der aus einem unvereinbaren Widerspruch zwischen mehreren Kognitionen (Wahrnehmungen, Absichten, Einstellungen) resultiert, z. B. Rauchen, weil es soziale Kontakte ermöglicht und entspannt, aber gleichzeitig das Wissen, dass es gesundheitsschädlich ist.

Kognitive Ergonomie Vermeidung von Fehlbeanspruchungen durch die anthropozentrische Gestaltung der Mensch-Maschine-Schnittstelle (siehe unten) in Bezug auf menschliche Informationsverarbeitungsprozesse in einer digitalen Arbeitswelt – zu den Prozessen der Informationsverarbeitung gehören Aufmerksamkeit, Gedächtnis, Schlussfolgerung und Wahrnehmung.

Kohärenzsinn Kernkonstrukt der Salutogenese mit den drei Faktoren Verstehbarkeit, Handhabbarkeit und Bedeutsamkeit, die sich als Vertrauen in die eigene Selbstwirksamkeit und Lebensführung als positive Grundhaltung niederschlagen und als personale Gesundheitsressource wirken.

Kohäsion Bezeichnung für den Zusammenhalt in sozialen Kontexten als Qualität sozialer Bindungen (siehe Sozialkapital).

Kohorte Eine Bevölkerungs- oder Personengruppe, die sich durch ein gemeinsames, langfristiges und prägendes Ausgangsereignis definiert.

Kohortenstudie Epidemiologisches Studiendesign mit dem Ziel, einen Zusammenhang zwischen einer oder mehreren Expositionen (Kontakt zu Risikofaktoren) und dem Auftreten einer Krankheit aufzudecken, wobei eine definierte Gruppe (Kohorte) über einen bestimmten Zeitraum beobachtet wird, um zu untersuchen, wie viele Personen in Abhängigkeit von den Expositionen eine bestimmte Krankheit entwickeln und damit kausale Zusammenhänge aufzudecken.

Kollaborative Lernformen Aktive und synchrone Lernprozesse zwischen Lernenden und Lehrenden in Peer-to-Peer- oder Gruppenkonstellationen im Zeitalter der Digitalisierung mit Fokus auf Selbststeuerung und Par-

tizipation – ein innovativer Ansatz sozialen Lernens insbesondere in der Gesundheitsbildung.

KomNet Eine vom Land Nordrhein-Westfalen initiierte und finanzierte qualitätsgesicherte Beratungsstelle für Bürger*innen und Unternehmen zu Arbeitsschutz und zu Themen der gesunden Arbeit und damit verbundenen Handlungsfeldern im Sinne des Wissensmanagements.

Kontextprävention Präventionsmaßnahmen, die sich mit den Rahmenbedingungen einer gesunden Organisation auf politischer, kultureller, kommunikativer und didaktischer Ebene befassen.

Kontrollüberzeugung Beschreibung der Überzeugung einer Person, durch eigenes Verhalten eine Situation beeinflussen bzw. das eigene Leben bestimmen zu können.

Korrektive Arbeitsgestaltung Nachträgliche Änderungen der Arbeitsbedingungen im weiteren Sinne aufgrund von Anforderungen des Arbeitsschutzes – z. B. Einbau von Blendschutz bei flimmernden Bildschirmen.

Kosten ungestörter Arbeitsstunden Verhältnis der Gesundheitskosten zu einem Nutzwert (Anzahl ungestörter Arbeitsstunden), berechnet als Differenz zwischen eingekauften Arbeitsstunden und Ausfallstunden, als Effizienzmaß für den Aufwand, den die Organisation betreiben muss, um eine Stunde ungestörte Arbeit zu ermöglichen.

Kosteneffektivität Präferenz von Gesundheitsleistungen mit vergleichsweise geringen Kosten pro Nutzwert (z. B. QALY als qualitätsadjustiertes Lebensjahr), d. h. Maßnahmen, die bei gleicher oder besserer Effektivität langfristig geringere Kosten verursachen.

Kosten-Nutzen-Analyse Oberbegriff für verschiedene Analysen zum Vergleich von Nutzen und Kosten in der gesundheitsökonomischen Evaluation (siehe Gesundheitsökonomie).

Kovariate Merkmal, das weder als abhängige noch als unabhängige Variable fungiert, aber ebenfalls erhoben wird, um zu prüfen, ob es einen Einfluss auf das Untersuchungsergebnis hat.

Krankheitsmodelle Risikobasierte Ansätze, die erklären, welche Risikofaktoren krank machen mit dem übergeordneten Ziel der Krankheitsbekämpfung – sie sind häufig pathogenetisch orientiert (siehe Pathogenese).

Laienansatz der Gesundheitsförderung Ausrichtung des Gesundheitshandelns an eigenen Erwartungen oder inneren Maßstäben.

Leader-Member-Exchange Wirksame Führung v. a. durch dyadische Beziehungen zu den Mitarbeitenden (Interaktionsansatz) als soziale Austauschprozesse (siehe Sozialkapital) – Austauschprozesse betreffen Ressourcen, Informationen, soziale Unterstützung.

Lebensqualität Oberbegriff für die Gesamtheit der Faktoren, die die Lebensbedingungen des Einzelnen prägen und sich im Grad des subjektiven Wohlbefindens ausdrücken, wobei nicht nur der materielle Wohlstand und die Versorgungslage, sondern auch allgemeine Lebensbedingungen wie eine saubere Umwelt oder die Teilhabe an politischen Entscheidungsprozessen erfasst werden.

Legitimationskonzept Ökonomische, inhaltliche, rechtliche und ethisch-soziale Begründung von Investitionen in das Betriebliche Gesundheitsmanagement unter Berücksichtigung der Evidenz und Plausibilität des Nutzens gesundheitsfördernder Maßnahmen in der Organisation.

Lernende Organisation Adaptive bzw. anpassungsfähige Organisation, die Veränderungen als Chance begreift und sich in einem agilen Umfeld besser behaupten kann, mit Fokus auf Wissensmanagement – eine gesunde Organisation sollte sich als lernende Organisation verstehen.

Luxemburger Deklaration Erklärung der Mitglieder des Europäischen Netzwerkes für Betriebliche Gesundheitsförderung (ENWHP) (siehe oben) zu den Zielen und Inhalten Betrieblicher Gesundheitsförderung als Handlungsfeld von Public Health und moderner Unternehmensstrategie mit den Leitlinien Partizipation, Integration und Ganzheitlichkeit des organisationalen Gesundheitshandelns in Anlehnung an die EG-Rahmenrichtlinie 89/391/EWG – Unternehmen, die die Luxemburger Deklaration unterzeichnet haben, dokumentieren, dass sie die Grundsätze teilen und ihren Arbeits- und Gesundheitsschutz im Sinne der Deklaration betreiben.

Managed Care Steuerungsmodell im Gesundheitswesen zur Kostensenkung und Qualitätsverbesserung der Versorgung, z. B. durch Einschränkung der freien Arztwahl oder von Marktmechanismen zugunsten geplanter, vertraglich geregelter Abläufe, besonders wichtig bei chronischen Erkrankungen (siehe Disease Management).

Mediatisierung/Medialisierung Der Bedeutungszuwachs der Medien, der sich in Veränderungen in Kultur und Gesellschaft ausdrückt, die durch den Medienwandel hervorgerufen oder verstärkt werden, da sich Kommunikationsprozesse zunehmend an (digitalen) Medien orientieren.

Mediatoren Ko-Variablen, die mit den unabhängigen und abhängigen Variablen interagieren oder eine partielle oder totale Beziehung zwischen ihnen herstellen.

Medienkonvergenz Annäherung verschiedener Einzelmedien, Medientypen und Medienkanäle mit der Tendenz zur Vereinheitlichung, Vernetzung und Verschmelzung.

Mensch-Maschine-Schnittstelle (Human Machine Interface, HMI) Mensch-Maschine-Schnittstelle, die zur funktionalen Interaktion zwischen Mensch und technischem System beiträgt, bei Bildschirmtätigkeiten meist Bildschirme oder Touchscreens mit grafischen Benutzeroberflächen; in der weiteren Entwicklung wird die Mensch-Maschine-Interaktion durch Cloud Computing, Internet der Dinge (Internet of Things), AR und MR (Augmented und Mixed Reality) oder KI (Künstliche Intelligenz) bestimmt.

Mental Workload Darstellung der kognitiven oder informationsverarbeitenden Beanspruchung als geistiger Aufwand einer Person zur Erfüllung von Aufgabenanforderungen in Mensch-Maschine-Systemen; analog zum Konstrukt der Aufmerksamkeit sinkt die Leistung, wenn die mentale Arbeitsbelastung zu hoch oder zu niedrig ausfällt.

Mentoring Instrument der arbeitsplatznahen Personalentwicklung – eine erfahrene Person (Mentor) unterstützt und begleitet eine weniger erfahrene Person (Mentee), um deren Handlungskompetenz zu erhöhen.

Metaanalyse Zusammenfassung des empirischen Forschungsstandes zu einer Fragestellung aus quantitativer Sicht mit Hilfe von Effektgrößen, die aus Primärstudien mit mathematischen Methoden aggregiert werden.

Metabolisches Syndrom Beschwerden im Zusammenhang mit multiplen Stoffwechselstörungen (Fettstoffwechsel und Zuckerhaushalt betreffend), Blutdruckregulation und Adipositas.

M-Health (Mobile Health) Angebote für mobile Endgeräte mit den Schwerpunkten Prävention und Aktivkurse unter Nutzung der Sensorik von Endgeräten wie Smartphones.

Moderatoren Ko-Variablen, die den Zusammenhang zwischen zwei Variablen beeinflussen; im Gesundheitsbereich v. a. Alter und Geschlecht.

Monotonie Verminderte psychophysische Aktivität infolge einer anregungsarmen Arbeitssituation, die eine länger andauernde Ausführung gleichartiger oder einförmiger Tätigkeiten erfordert. Die Folgen können Müdigkeit, Leistungsabfall oder verminderte Reaktionsfähigkeit sein, langfristig sind je nach Veranlagung auch psychische Störungen wie Depressionen möglich.

Morbidität Statistische Größe, die die Krankheitshäufigkeit bezogen auf eine bestimmte Bevölkerungsgruppe in einem definierten Zeitraum beschreibt und mit deren Hilfe die Erkrankungswahrscheinlichkeit abgeschätzt werden kann (siehe Inzidenz und Prävalenz).

Mortalität Begriff aus der Todesursachenstatistik, der die Anzahl der Sterbefälle bezogen auf die Bevölkerung oder Bevölkerungsgruppen als Sterberate oder Sterbeziffer ausdrückt.

Motivationspotenzial der Aufgabe Potenzielle Motivationsstärke, die Aufgaben auslösen können, berechnet aus dem gewichteten Produkt der Merkmale Anforderungsvielfalt, Ganzheitlichkeit und Bedeutsamkeit, multipliziert mit den Merkmalen Autonomie und Feedback.

MTO-Konzept Das Zusammenwirken von Mensch, Technik und Organisation in einem integrierten Arbeitssystem unter besonderer Berücksichtigung ihrer Wechselwirkungen.

Multimorbidität Gleichzeitiges Vorliegen mehrerer Krankheiten, nimmt typischerweise mit dem Alter zu als Aspekt des demografischen Wandels.

Multisektorale Gesundheitsstrategie Leitbild für eine Gesundheitspolitik, die Gesundheitsförderung und Krankheitsprävention in allen relevanten Politik- und Handlungsfeldern berücksichtigt, mit dem Ziel, gesundheitliche Aspekte in sektorale Planungen und Entscheidungen einzubeziehen (siehe Ottawa-Charta und Health in All Policies).

NAKO-Gesundheitsstudie Langzeitbevölkerungsstudie, in der rund 200.000 Menschen im Alter von 20 bis 69 Jahren regelmäßig zu ihren Lebensumständen, Lebensgewohnheiten und ihrer Krankheitsgeschichte befragt und medizinisch untersucht werden, um den Einfluss von Genen, Umweltbedingungen und Lebensstil auf die Entstehung von Volkskrankheiten wie Diabetes, Krebs, Demenz und Depression oder Herz-Kreislauf-Erkrankungen zu ermitteln (siehe Gesundheitsberichterstattung).

Nationale Arbeitsschutzkonferenz Entscheidungsgremium, das die Gemeinsame Deutsche Arbeitsschutzstrategie konzipiert, steuert, umsetzt und fortschreibt.

Nationales Gesundheitsportal Informationsportal für Bürger*innen mit wissenschaftlich fundierten, neutralen und verständlichen Informationen zu ausgewählten Gesundheitsthemen, Krankheitsbildern und Behandlungsmöglichkeiten als Ansatz der Gesundheitsaufklärung.

Nationale Präventionskonferenz Umsetzung, Überprüfung und Fortschreibung der Präventionsstrategie als bundeseinheitliche Rahmenempfehlungen zur Gesundheitsförderung und Primärprävention der beteiligten Gesundheitsakteure als Arbeitsgemeinschaft der Spitzenverbände (Krankenkassen, Träger der gesetzlichen Renten- und Unfallversicherung und Pflegekassen) gemäß Präventionsgesetz (siehe unten).

Neuroleadership Übertragung neurowissenschaftlicher bzw. neurobiologischer Erkenntnisse, z. B. über Belohnungssysteme im Gehirn, auf Führungs- und Managementansätze zur Verbesserung der Mitarbeiterführung und zur Stärkung der psychischen Gesundheit der Beschäftigten. Die positive emotionale Gesundheitsaktivierung der Mitarbeiter*innen durch ein Führungsverhalten, das sich an den Prinzipien des Neuroleaderships orientiert, basiert auf neurobiologischen Prozessen, die Wohlbefinden und Leistungsfähigkeit steigern. Deshalb spricht man manchmal auch von limbischer Führung, da das limbische System im Gehirn an der Verarbeitung und Entstehung von Emotionen beteiligt ist.

New Public Health Fokussierung auf die Gesundheit bzw. Gesunderhaltung des Menschen unter Berücksichtigung der gesellschaftlichen Einflussfaktoren auf Gesundheit und Krankheit sowie der Strukturen des Gesundheitswesens als Ansatz der multisektoralen Gesundheitsstrategie (siehe Health in All Policies).

New Work Bezeichnung für die moderne Arbeitswelt, in der Individualisierung, Autonomie und Selbstorganisation im Vordergrund stehen und die durch flache, partizipative Arbeits- und Organisationsmodelle gekennzeichnet ist.

Nudging Begriff aus der Verhaltensökonomie zur subtilen Beeinflussung des Verhaltens von Menschen durch leichte Anstöße und positive Verstärkungen ohne Sanktionen, wenn das erwünschte Verhalten nicht gezeigt wird, d. h. die Gesundheitsmotivation allein reicht oft nicht aus, um eine Verhaltensänderung herbeizuführen, sondern es bedarf eines entsprechend förderlichen Umfelds. Nudges dürfen aber keinen Druck ausüben, sondern müssen auch umgangen werden können, sodass das Prinzip der Freiwilligkeit vorherrscht. So wird in der gesunden Kantine das Ungesunde nicht verteuert oder vom Speiseplan gestrichen, sondern nur etwas versteckter und unattraktiver gegenüber dem Gesunden platziert, dann fällt es dem Interessierten leichter, die richtige Entscheidung zu treffen.

Omnibusbefragung Mehrthemenumfrage, um verschiedene Themen mit einer Umfrage abzubilden und Zusammenhänge aufzuzeigen.

Operationalisierung Festlegung messbarer Indikatoren zur Beschreibung und Messung eines theoretischen Konstrukts, das nicht direkt durch Beobachtung zugänglich ist.

Opportunitätskosten Kosten, die dadurch entstehen, dass vorhandene Möglichkeiten nicht genutzt werden, als Verzichts- oder Alternativkosten, da sie sich aus dem entgangenen Nutzen im Vergleich zur besten, aber nicht realisierten Handlungsalternative ergeben.

Ottawa-Charta Aufruf der WHO zur Gesundheitsförderung und Gesundheit für alle und in allen Settings mit Stärkung des Gesundheitsbewusstseins und aktivem Gesundheitshandeln zur Steigerung des umfassenden Wohlbefindens (siehe Adhärenz).

Paneluntersuchung Spezielles Längsschnittdesign zur Beobachtung von Veränderungen innerhalb einer bestimmten Personengruppe in Bezug auf bestimmte Merkmale im Laufe der Zeit.

Pathogenese Krankheitsorientierte Denkweise des biomedizinischen Modells mit Schwerpunkt auf der Identifizierung und Vermeidung von krankheitsverursachenden Faktoren als Schutz vor Exposition.

PDCA-Zyklus Universelles Modell zur Optimierung des Qualitätsmanagements als iterativer Lern- und Verbesserungsprozess in vier Phasen (Akronym: Plan, Do, Check, Act) – findet Widerhall im Gesundheitszyklus und in Konzepten der lernenden Organisation.

Person-Environment-Fit Hohe Übereinstimmung zwischen den Ressourcen auf der Personenseite und den Anforderungen auf der Aufgaben- bzw. Organisationsseite als Ausdruck der Passung zwischen Person und Arbeitsumfeld (Kongruenz).

P-Health (Personalized Health) Maßgeschneiderte digitale Angebote und Dienstleistungen als persönliche digitale Assistenten und verstärkte aktive Beteiligung der Nutzer*innen mit ihren Eigenheiten, z. B. umsetzbar bei Selftracking-Tools und Gesundheits-Apps.

Pole der Gesundheit Verschiedene Gegenüberstellungen, die die unterschiedlichen Perspektiven im Verständnis von Gesundheit beschreiben, wie z. B. krank versus gesund, psychisch versus physisch oder subjektiv versus objektiv.

POT-Prinzip Priorisierung von Präventionsmaßnahmen nach dem Prinzip personenbezogene vor organisatorischen und organisatorische vor technischen Maßnahmen als klassischer Ansatz der Betrieblichen Gesundheitsförderung – personenbezogene Maßnahmen wirken in der Regel schneller, aber weniger nachhaltig als verhältnisbezogene Maßnahmen.

Präsentismus Beschreibung des Phänomens des Arbeitens trotz Krankheit, die eigentlich ein Fernbleiben von der Arbeit erfordert, als „krank zur Arbeit" mit hohen Produktivitätsverlusten und gesundheitlichen Folgekosten – bisweilen als Gegenbegriff zum Absentismus verstanden. Eine repressive Fehlzeitenpolitik und eine hohe Arbeitsverdichtung bei Personalmangel sowie die zunehmende Entgrenzung im Rahmen der Arbeit 4.0 können den Präsentismus erhöhen.

Prävalenz Häufigkeit einer Erkrankung bzw. einer Krankheit in einer Bevölkerung zu einem bestimmten Zeitpunkt (Punktprävalenz) oder in einem bestimmten Zeitraum (Periodenprävalenz) als Maß der Epidemiologie, u. a. interessant für gesundheitsökonomische Fragestellungen bei Kosten-Nutzen-Analysen.

Präventionsansätze Verhaltens-, Verhältnis-, Kontext- und Kulturprävention als Schwerpunkte des Präventionsmanagements, die aufeinander abzustimmen sind – das Betriebliche Gesundheitsmanagement verbindet die Ansätze zu einem ganzheitlichen Präventionsmanagement.

Präventionsdilemma Beschreibung der Situation, dass häufig gerade diejenigen nicht erreicht werden, die gesundheitsfördernde Maßnahmen oder Aufklärung am dringendsten benötigen – dies steht auch im Zusammenhang mit der Gesundheitskompetenz, und die Auflösung dieses Dilemmas ist auch eine Aufgabe der Gesundheitskommunikation und des Gesundheitsmarketings (siehe Präventionsparadoxon).

Präventionsgesetz Gesetz zur Verbesserung der Zusammenarbeit von Sozialversicherungsträgern, Ländern und Kommunen auf dem Gebiet der Prävention und Gesundheitsförderung, erweitert die Regelungen des Fünften Sozialgesetzbuches (SGB V); der Ausbau von Leistungen zur Prävention und Gesundheitsförderung erfolgt unabhängig vom Setting und unabhängig von demografischen Variablen wie z. B. Alter.

Präventionsmanagement Systematische Maßnahmen zur Vermeidung von Krankheit und zur Stärkung der Gesundheit, als Prämisse ist eine funktionierende Präventionskultur anzustreben – eine inhaltliche Trennung zwischen Betrieblichem Gesundheitsmanagement und Präventionsmanagement ist nicht sinnvoll.

Präventionsmatrix Verknüpfung der Präventionsansätze (Verhalten und Verhältnisse) mit den Präventionsstufen (primär, sekundär und tertiär), um blinde Flecken im Präventionsmanagement zu vermeiden und die Präventionsbilanz (siehe Return on Prevention) zu erhöhen.

Präventionsparadoxon Grundlegendes Dilemma der Präventionsarbeit, dass eine Präventionsmaßnahme mit hohem Nutzen für die Gesamtbevölkerung oder eine größere Gruppe in der individuellen Bewertung oft nur einen geringen Nutzen für den Einzelnen hat und umgekehrt, d. h. der Gesundheitsgewinn durch Prävention bei Personen mit hohem Gesundheitsrisiko für sie selbst höher ist als der nur geringe Effekt für die Gesamtbevölkerung und umgekehrt.

Präventionsschwerpunkte Schwerpunkte je nach Vulnerabilität der Adressaten als Einteilung in Risikogruppen und korrespondierende Präventionsansätze von universellen über selektive bis hin zu indizierten Präventionsstrategien.

Präventionsstufen Vorbeugung (primär), Früherkennung (sekundär), Rehabilitation und Verhütung von Folgeschäden (tertiär) als zeitliche Abfolge der Präventionsarbeit.

Präventive Arbeitsgestaltung Berücksichtigung möglicher Beeinträchtigungen oder Schädigungen der Gesundheit bereits bei der Planung und Durchführung der Arbeitsgestaltung.

Primärprävention Maßnahmen, die in frühen Stadien der Krankheitsentstehung, möglichst vor Krankheitsbeginn ansetzen und dazu dienen, den Ausbruch einer Krankheit zu verhindern – primärpräventive Maßnahmen im Betrieblichen Gesundheitsmanagement setzen insbesondere an den Verhältnissen an.

Primat der Aufgabe Verknüpfung des sozialen und technischen Subsystems über die Arbeitsaufgabe, die zur zentralen Kategorie einer tätigkeitspsychologischen Sichtweise und Gestaltung wird.

Prospektive Arbeitsgestaltung Gesundheits- und persönlichkeitsförderliche Arbeits- und Aufgabengestaltung.

Psychische Belastungsfaktoren Faktoren der Arbeitsumgebung, der Arbeitsaufgabe oder der Arbeitsorganisation, die sich auf die Psyche auswirken können – es handelt sich mithin nicht um persönliches Erleben, sondern um objektive und messbare Merkmale (siehe Gefährdungsbeurteilung psychischer Belastung).

Psychische Ermüdung Vorübergehende Beeinträchtigung der psychischen und physischen Leistungsfähigkeit in Abhängigkeit von der psychischen Vorbeanspruchung mit Auswirkungen auf die Arbeitsqualität.

Psychische Gesundheit Nicht eindeutig definiertes Konstrukt, das mit einer hohen Selbstwirksamkeit als Ausdruck mentaler und emotionaler Stärke im Umgang mit alltäglichen Belastungssituationen und einem ausgeprägten Wohlbefinden trotz Frustrationen einhergeht und eine wesentliche Voraussetzung für Lebensqualität, Leistungsfähigkeit und soziale Teilhabe darstellt.

Psychische Sättigung Beschreibung eines negativen, affektiven und kritischen Zustands der Ablehnung von sich wiederholenden Tätigkeiten oder Situationen, in denen man auf der Stelle tritt und nicht weiterkommt, was zu einem Zustand erhöhter Anspannung mit negativer Erlebnisqualität führt, die auch zu Risiken im Sicherheitsverhalten führen kann.

Psychische Störung Signifikante Abweichung im Erleben und Verhalten des Individuums im kognitiven, emotionalen und/oder Verhaltensbereich mit psychischem Leidensdruck der Betroffenen als Ausdruck einer gestörten psychischen Gesundheit, meist verbunden mit Einschränkungen in der Alltagsbewältigung.

Psychoedukation Strukturierte und systematische Vermittlung von wissenschaftlich fundiertem Wissen über (psychische) Erkrankungen als Voraussetzung für eigenverantwortliches Gesundheitshandeln zur Steigerung von Compliance und Motivation (siehe Adhärenz).

Psychologischer Vertrag Abbildung der gegenseitigen Erwartungen und Versprechen zwischen Mitarbeiter*innen und Arbeitgeber, die über einen juristischen Vertrag hinausgehen und meist nicht schriftlich dokumentiert sind – ein Bruch des psychologischen Vertrags führt zu einem starken Commitment-Verlust und ggf. sogar zur inneren Kündigung.

psyGA – Psychische Gesundheit in der Arbeitswelt Nichtkommerzielles Portal für psychische Gesundheit in der Arbeitswelt, entwickelt und betrieben von der INQA, steht für psychische Gesundheit in der Arbeitswelt und bietet praxisnahe Begleitung und Unterstützung für Organisationen und Führungskräfte bei der Förderung der psychischen Gesundheit und stellt kostenlose Handlungshilfen und Instrumente zur Verfügung.

Public Health Wissenschaft und Praxis der Krankheitsverhütung, Lebensverlängerung und Gesundheitsförderung durch organisierte gesellschaftliche und wirtschaftliche Anstrengungen unter Berücksichtigung systemischer Faktoren (siehe New Public Health).

Public Health Action Cycle Gesundheitskreislauf in Anlehnung an den PDCA-Zyklus des Qualitätsmanagements, um ein kontinuierliches Gesundheitslernen in der Organisation zu erreichen und den dynamischen Anforderungen der agilen Arbeitswelt gerecht zu werden.

Qualitätsadjustiertes Lebensjahr (QALY) Einheit des gesundheitsökonomischen Nutzens einer gesundheitsfördernden oder medizinischen Intervention, die die durch die Intervention gewonnene Lebenszeit mit der in diesem Zeitintervall verfügbaren Lebensqualität in Beziehung setzt, um ein Lebensjahr in Bezug auf die Gesundheit zu bewerten, indem der Nutzwertfaktor von Null (Tod) bis Eins (vollständiges Wohlbefinden) mit der Anzahl der gewonnenen Lebensjahre multipliziert wird – ein QALY entspricht einem Jahr in vollständiger Gesundheit.

Qualitätsgesichertes BGM Ganzheitlichkeit, Integration, Partizipation und strategische Ausrichtung als Leitplanken für ein qualitätsgesichertes Betriebliches Gesundheitsmanagement – Qualitätsmodelle dienen als Grundlage für ein modernes Betriebliches Gesundheitsmanagement.

Qualitätskriterien der BGF Zu den Qualitätskriterien, die das Europäische Netzwerk für Betriebliche Gesundheitsförderung in Anlehnung an die Prinzipien der Luxemburger Deklaration vorgelegt hat, gehören, dass Gesundheit als Führungs- und Managementaufgabe wahrgenommen wird, dass die Beschäftigten qualifiziert und beteiligt werden, dass die betriebliche Gesundheitsförderung auf der Grundlage eines strategischen Konzepts geplant wird, dass die Organisation ihre soziale Verantwortung ernst nimmt, dass Maßnahmen der Gesundheitsförderung nicht losgelöst von den Verhältnissen und nachhaltig umgesetzt werden und dass Indikatoren gemessen werden, die die Qualität dokumentieren. Diese Qualitätskriterien gelten vom Prinzip analog für das Betriebliche Gesundheitsmanagement.

Qualitätsmodelle im BGM DIN SPEC 91020 mit dem Fokus auf Prozesse, Strukturen und Ressourcen (ausgelaufen und in ISO 45001 integriert), das SCOHS-Modell als sozialkapitalbasierter Ansatz, das psyGA-Modell in Anlehnung an das EFQM-Kriterienmodell als ganzheitlicher Ansatz und diverse Gesundheitspreise, hier v. a. der Corporate Health Award mit seinen Qualitätsanforderungen auf der Strategie-, Struktur- und Leistungsebene.

Quantified Self Selbstüberwachung, Messung und Quantifizierung aller Aspekte des täglichen Lebens (Self-Tracking, Life-Logging), insbesondere in Bezug auf die Gesundheit (Bewegungsumfang, Schlafmuster, Ernährung) mit Hilfe von Apps, mobilen intelligenten Geräten mit Sensoren wie Aktivitäts-, Ernährungs- oder Schlaftracker.

Quartäre Prävention Maßnahmen zum Schutz vor Überintervention und Überdiagnostik zur Vermeidung unnötiger medizinischer Interventionen – angesichts zunehmender digitaler Information und Aktivierung im Bereich des Gesundheitsverhaltens auch Schutz vor übertriebenen Maßnahmen ohne positiven Nutzen.

Rahmenmodell der Gesundheit Gesundheit als Balanceakt des Menschen in Abhängigkeit von der Stabilität der Säule als Sinnbild für organisationale Ressourcen wie Führung, auf der der Mensch steht, und in Abhängigkeit von der Stabilität des Sockels, auf dem die Säule wiederum steht, als Sinnbild für gute Aufgaben- und Arbeitsbedingungen.

Rahmenrichtlinie (Arbeitsschutz) 89/391/EWG Europäische Rahmenrichtlinie von 1989, erstellt vom Rat der Europäischen Union, zur Durchführung von Maßnahmen zur Verbesserung der Sicherheit und des Gesundheitsschutzes der Arbeitnehmer*innen am Arbeitsplatz. Sie enthält allgemeine Grundsätze und Mindestanforderungen, z. B. zur Prävention und zur Gefährdungsbeurteilung und legt die Pflichten von Arbeitgeber und Arbeitnehmer*innen fest. Die Rahmenrichtlinie ist u. a. durch das Arbeitsschutzgesetz in nationales Recht überführt worden.

Redefinition Kognitive und emotionale Interpretation, Neubewertung oder subjektive Umstrukturierung objektiver Aufgaben- oder Tätigkeitsmerkmale – subjektive Ansätze der Arbeitsanalyse erfassen diese interpretierten Aufgaben- oder Tätigkeitsmerkmale. Damit kann ein objektiv gegebener Handlungsspielraum von einem subjektiv erlebten Handlungsspielraum unterschieden werden.

Regelbetreuung im Arbeitsschutz Umsetzung des Arbeitsschutzes als Grundbetreuung und betriebsspezifische Betreuung mit vertraglich vereinbarter Unterstützung und Beratung durch Betriebsärztinnen/Betriebsärzte und Fachkräfte für Arbeitssicherheit.

Regulationsbehinderungen Auswirkungen von Regulationshindernissen wie Unterbrechungen oder Erschwernisse informationeller oder motorischer Art auf die geforderte psychische Regulation mit zusätzlichem Aufwand zur Kompensation oder Minderung der Regulationsfähigkeit durch Regulationsüberforderungen wie Zeitdruck, Monotonie oder Lärm.

Rehabilitation Gesamtheit der interdisziplinären Maßnahmen v. a. der Sozialversicherungsträger, die darauf abzielen, den Einfluss behindernder und benachteiligender Umstände zu verringern und behinderte und benachteiligte Menschen in die Lage zu versetzen, soziale Integration zu erreichen – dies ist insbesondere für die berufliche Wiedereingliederung von großer Bedeutung, um die Teilhabe am Arbeitsleben zu ermöglichen.

Resilienz (individuelle und organisationale) Erhalt der psychischen Gesundheit trotz vielfältiger Belastungen als Ausdruck psychischer Widerstandskraft mit Faktoren wie Selbstwirksamkeit und Optimismus als individuelle Resilienz; organisationale Resilienz ist ein mehrdeutiger Sammelbegriff für die Anpassungsfähigkeit und Widerstandskraft einer Organisation angesichts zunehmender Herausforderungen und Risiken einer unsicheren und dynamischen VUCA-Umwelt (siehe unten).

Ressourcen Populärer, aber auch unscharfer Begriff im Betrieblichen Gesundheitsmanagement für schützende und/oder aktivierende Mittel, Kompetenzen oder Eigenschaften, die z. B. als Puffer gegen negative Auswirkungen von Fehlbelastungen oder als stärkende Faktoren zur Gesundheitsförderung bzw. Erhöhung der Arbeitsfähigkeit wirken oder gesundheitliche Bedürfnisse zur Steigerung des Wohlbefindens befriedigen können.

Ressourcenklassen Differenzierung zwischen personalen, materiellen, sozialen, organisationalen und Umweltressourcen, insbesondere in der Arbeitswelt zwischen internen bzw. personalen Ressourcen wie Kompetenzen oder Stressbewältigungsstrategien und externen bzw. organisationalen Ressourcen wie soziale Unterstützung, gesundheitsförderliche Führung oder Gesundheitskultur.

Retention Ausdruck der Stärke der Mitarbeiterbindung bzw. Ausprägung der Bindungsqualität, die durch Programme und Instrumente der Mitarbeiterbindung systematisch verbessert wird – gesundheitsfördernde Maßnahmen sind ein wichtiger Baustein im Retentionsmanagement.

Return on Investment Kapitalrendite als Maß für den finanziellen Erfolg des im Unternehmen gebundenen Kapitals (Rentabilitätsmaßstab), definiert als Umsatzrendite bzw. Umsatzrentabilität (Verhältnis von Gewinn zu Nettoumsatz) multipliziert mit dem Kapitalumschlag (Verhältnis von Umsatzerlösen zu eingesetztem Kapital) oder vereinfacht als Verhältnis von Gewinn zu eingesetztem Gesamtkapital.

Return on Prevention Spezifische Messung des Return on Investment aus Sicht des Präventionsmanagements als Ausdruck der Wertschöpfungsleistung der Präventionsarbeit.

Reziproker Determinismus Annahme einer Wechselwirkung bzw. Interdependenz zwischen Personen- und Umweltfaktoren wie Erwartungen, Verhalten oder Umweltbedingungen, d. h. dass z. B. das Verhalten einer Person durch das Verhalten anderer Personen beeinflusst wird und umgekehrt.

Risikofaktorenmodelle Identifizierung von Gesundheitsrisiken als Prädiktoren für Gesundheitsgefährdungen bzw. Aufklärung über potenziell krankmachende Faktoren auf der Grundlage des biomedizinischen Gesundheitsverständnisses.

Robert Koch-Institut (RKI) Zentrale Einrichtung der Bundesregierung auf dem Gebiet der Krankheitsüberwachung und -prävention sowie der anwendungs- und maßnahmenorientierten biomedizinischen Forschung mit den Kernaufgaben der Erkennung, Verhütung und Bekämpfung von (Infektions-)Krankheiten.

Salutogenese Rahmenkonzept für Faktoren, die zur Entstehung und Erhaltung von Gesundheit beitragen, unter der Prämisse, dass Gesundheit kein Zustand, sondern ein Prozess im Gesundheits-Krankheits-Kontinuum ist, und als Paradigmenwechsel im Gesundheitsverständnis weg von einem primär krankheitsorientierten Denken hin zu der Frage, was Menschen trotz vielfältiger Belastungen gesund erhält, mit dem Fokus auf Selbstbestimmung und Ressourcenorientierung im Gesundheitshandeln. Das zentrale Konstrukt ist der Kohärenzsinn (siehe oben), der eine positive Grundeinstellung definiert.

Säulen im BGM Zusammenwirken der verschiedenen Gesundheitsakteure aus Arbeits- und Gesundheitsschutz, Personalentwicklung, Betrieblicher Gesundheitsförderung, Betrieblichem Eingliederungsmanagement, Betriebsrat, Arbeitsmedizin und betrieblicher Sozialarbeit unter dem steuernden Dach des Betrieblichen Gesundheitsmanagements (Dachstrategie), um einseitige Vorgehensweisen, opportunistisches Handeln und Ressortegoismen zu vermeiden und Synergien für eine gesunde Organisation zu nutzen und damit die Wertschöpfung zu steigern.

SCOHS-Modell (Social Capital and Occupational Health Standards) Sozialkapitalbasiertes Qualitätsmodell im Betrieblichen Gesundheitsmanagement mit Fokus auf die gesunde Führung und soziale Unterstützung als Gesundheitsressourcen, um ein zertifizierbares Betriebliches Gesundheitsmanagement auf Basis der in SCOHS definierten Mindeststandards zu ermöglichen.

Sekundärprävention Maßnahmen zur Früherkennung, die die Wahrscheinlichkeit einer manifesten Erkrankung mit Symptomen verringern – aus Sicht der Betrieblichen Gesundheitsförderung sind hier u. a. Maßnahmen zu potenziellen Stoffwechselerkrankungen, lebensstilbedingten Erkrankungen und Suchterkrankungen zu adressieren, die lange im Hintergrund schwelen, bevor sie eine manifeste Symptomatik aufweisen, die die Arbeitsfähigkeit einschränkt.

Selbstbewertung Instrument des Qualitätsmanagements als Ausgangspunkt für Auditierung und Zertifizierung, mit dem die Zielerreichung unter Qualitätsgesichtspunkten in Bezug auf die eigene Praxis bzw. Realität hinterfragt wird und damit eine Selbstbewertung erfolgt, die die Grundlage für die Fremdbewertung bildet – dieser Ansatz ist grundlegend für Qualitätsmodelle im BGM wie den Corporate Health Award.

Selbstwirksamkeit Erwartung, aufgrund der eigenen Möglichkeiten Handlungen selbst erfolgreich ausführen zu können als Vertrauen in die eigene Tüchtigkeit – sie ist nach psychologischen Gesundheitsmodellen die wichtigste persönliche Gesundheitsressource und muss daher im Bereich des Gesundheitsverhaltens gestärkt werden.

Selektive Prävention Maßnahmen für ausgewählte Risikogruppen mit überdurchschnittlichem Risikoprofil, die zu Beginn der Intervention noch keine Krankheitssymptome aufweisen, bei denen aber bereits Risikofaktoren erkennbar sind, z. B. im Rahmen der Suchtprävention.

Setting-Ansatz Grundstrategie der Gesundheitsförderung mit Fokus auf die Lebensräume (Rahmenbedingungen), in denen Menschen leben, lernen, arbeiten und konsumieren. Gesundheitsförderliche Interventionen müssen diese Kontextfaktoren berücksichtigen – dazu gehört im Rahmen der Betrieblichen Gesundheitsförderung auch der Arbeitsplatz.

SGA-Risiken und SGA-Chancen Faktoren für Sicherheit und Gesundheit am Arbeitsplatz als SGA-Risiken, die mit gefährlichen Ereignissen oder Expositionen verbunden sind, und als SGA-Chancen als Umstände, die zu einer Verbesserung der Leistungen im Bereich Sicherheit und Gesundheitsschutz bei der Arbeit führen können.

SGA-Managementsystem Ein integriertes Arbeitsschutzmanagementsystem nach ISO 45001, um Sicherheit und Gesundheit bei der Arbeit zu steigern, als Ergänzung der gesetzlichen Arbeitsschutzvorschriften

durch Schaffung eines systematischen, auf dem PDCA-Zyklus basierenden Rahmens, der bei Nachweis der Erfüllung aller Anforderungen der ISO 45001 (Konformität) zur Zertifizierung führen kann – Elemente des Betrieblichen Gesundheitsmanagements (BGM) werden in das neue Arbeitsschutzmanagementsystem integriert, und Sicherheit und Gesundheit avancieren zu einem strategischen Führungsthema in der Organisation.

Sicherheitsverhalten Hier im engeren Sinne verstanden als sicherheitsgerechtes Verhalten der Beschäftigten, z. B. Tragen der persönlichen Schutzausrüstung oder Teilnahme an sicherheitsrelevanten Veranstaltungen.

Softwareergonomie Darstellung von Mindestanforderungen an Software mit Schwerpunkt auf Prinzipien einer angemessenen Dialoggestaltung wie Aufgabenangemessenheit, Selbstbeschreibungsfähigkeit oder Erwartungskonformität mit Schwerpunkt auf Gebrauchstauglichkeit (Usability).

Soziale Gesundheit Gesundheit und Krankheit sind nicht ausschließlich individuelle Begriffe, sondern die materiellen, kulturellen und sozialen Determinanten und Ressourcen von Gesundheit, wie z. B. soziale Unterstützung, müssen berücksichtigt und in eine Gesundheitspolitik zur Erreichung sozialen und gesellschaftlichen Wohlbefindens umgesetzt werden. Aus betrieblicher Sicht sind v. a. soziale und emotionale Unterstützung, soziale Integration und soziale Aktivitäten als Ansatzpunkte sozialer Gesundheit in den Blick zu nehmen, denn Gesundheit ist letztlich gemeinsames Handeln.

Soziale Unterstützung Ressourcen aus dem sozialen Kontext wie Unterstützung durch Kolleg*innen und Führungskräfte, die die Arbeits- und Leistungsfähigkeit des Einzelnen sowie sein Wohlbefinden steigern helfen – soziale Unterstützung gehört zu den wichtigsten organisationalen Gesundheitsressourcen.

Sozialgesetzbuch (SGB) Kodifizierung des Sozialrechts als maßgebliche Sammlung von Sozialgesetzen zur Gewährleistung sozialer Gerechtigkeit und sozialer Sicherheit als Grundlage für die Ausgestaltung von Sozialleistungen – insbesondere Betriebliches Eingliederungsmanagement, Betriebliche Gesundheitsförderung und Betriebliche Sozialarbeit greifen auf das SGB zurück.

Sozialkapital Immaterielles Vermögen in der Organisation, das die Bedeutung von sozialer Unterstützung und sozialen Netzwerken für die Verknüpfung von Humankapital hervorhebt, mit den Subdimensionen Netzwerkkapital, Führungskapital und Wertekapital sowie Vertrauen und Wertschätzung als Schlüsselfaktoren.

Soziotechnisches System Modell zur Beschreibung der Beziehungen und Wechselwirkungen zwischen sozialen (z. B. Mitarbeiter*innen und deren Rollen, Gruppen) und technischen (z. B. Maschinen, IT-Infrastruktur oder Vorschriften) Systemen mit der Arbeitsaufgabe als Bindeglied (siehe MTO-Konzept).

Stolpersteine im BGM Fehlende Strategie, mangelnde Ressourcen, keine konsequente Einbindung der Führungskräfte oder eine wenig abgestimmte Kommunikations- und Marketingstrategie als Hemmnisse für die Umsetzung eines ganzheitlichen Betrieblichen Gesundheitsmanagements.

Stressmanagement Systematische Ansätze zur Erhöhung der Bewältigungskompetenz der Beschäftigten und zur Optimierung des Umgangs mit Stresssituationen, wobei zwischen instrumentellen Ansätzen (Veränderung der Stressoren als Ursachen, z. B. Zeitmanagement), kognitiven Ansätzen (Veränderung von Bewertungen und Einstellungen, z. B. positive Neubewertung) und regenerativen Ansätzen (Veränderung der emotionalen Beanspruchung, z. B. Entspannungstechniken) unterschieden wird.

Stufen der Digitalisierung im BGM Von der Erweiterung bestehender Gesundheitsangebote mit digitalen Tools über die Substitution analoger Angebote bis hin zur Transformation unter Berücksichtigung von Verwaltung und Management mit dem Ziel der digitalen Anschlussfähigkeit an die Lebenswelt.

Subsidiaritätsprinzip Gesellschaftspolitische Sichtweise, nach der die Wahrnehmung von Gesundheitsbelangen durch übergeordnete Einheiten nur dann erfolgen soll, wenn untergeordnete Einheiten dies nicht gewährleisten können; in der Arbeitswelt Maxime der Hilfe zur Selbsthilfe als Ausdruck von Eigenverantwortung, d. h. die Organisation soll nur dort unterstützen, wo der Einzelne diese Aufgabe nicht selbst wahrnehmen kann.

Systematische Reviews Übersichtsarbeiten zum Fachthema aus Sicht der Literatur zur Darstellung zuverlässiger und evidenzbasierter Informationen unter Berücksichtigung der Qualität der Primärstudien ohne statistische Aufbereitung der Primärstudien bzw. integrierende statistische Analysen (siehe Metaanalyse).

Systemindex Berücksichtigung unterschiedlicher Perspektiven wie Finanzen (ROI, Absenzenreduktion, Personalkosten), Kunden/Adressaten (Zufriedenheit, Partizipation, Gesundheitsverhalten, Gesundheitszustand, Beschwerden), Prozesse (Vernetzung, Schnittstellen, Effizienz, Reaktionsfähigkeit, Reichweite) und Potenziale bzw. Entwicklung (Kompetenzen der Akteure, Funktionsfähigkeit der Strukturen, Implikatio-

nen von Arbeit 4.0, Gesundheitskultur), um zu einer ausgewogenen Beurteilung der Leistungsfähigkeit des Betrieblichen Gesundheitsmanagements zu gelangen (siehe Health Balanced Scorecard).

Systemische Organisationsentwicklung Moderierter Organisationsentwicklungs- und Lernprozess als Bottom-up-Ansatz, der sich durch einen hohen partizipativen Charakter und Zieloffenheit auszeichnet und damit eine hohe Akzeptanz bei den Betroffenen erreicht. Change Agents begleiten methodisch, geben aber keine Inhalte vor, die von den Beteiligten selbst erarbeitet werden müssen. Wichtiger als Effizienzvorteile ist, das soziale Gefüge zu stärken.

Systemische Perspektive im BGM Integration, Vernetzung und Partizipation der Gesundheitsakteure als Beziehungssystem und Schaffung einer gemeinsamen Vision einer gesunden Organisation, unabhängig von den Interessen und der Legitimität des Handelns der einzelnen Akteure.

Systemprävention Wertschöpfungsorientierte Verknüpfung von Maßnahmen auf der Mikro- und Makroebene der Präventionsarbeit durch Managementsysteme.

Teilautonome Gruppenarbeit Funktionseinheiten einer Organisation, die für die Erstellung eines Produkts oder einer Dienstleistung von der Planung über die Durchführung bis zur Kontrolle mehr oder weniger selbstständig bzw. eigenverantwortlich zuständig sind und die Arbeitsteilung selbstständig durchführen.

Telemedizinische Infrastruktur Unter Telemedizin versteht man allgemein die Überbrückung von zeitlichen und/oder räumlichen Distanzen zur Lösung medizinischer Probleme, was eine entsprechende digitale Infrastruktur im Versorgungsmanagement und eine Verbesserung des sicheren Datenaustausches (siehe Interoperabilität) erfordert.

Tertiärprävention Reintegrationsmaßnahmen nach Manifestation einer Erkrankung zur Minimierung von Spätfolgen mit dem Ziel der bestmöglichen Wiederherstellung der Arbeitsfähigkeit und Lebensqualität – das Betriebliche Eingliederungsmanagement befasst sich mit der Tertiärprävention nach Langzeiterkrankungen, die aufgrund des demografischen Wandels und der Zunahme psychischer Störungen und chronischer Erkrankungen immer mehr in den Fokus des Fehlzeitenmanagements rücken.

TOP-Prinzip Priorisierung von Präventionsmaßnahmen nach dem Prinzip technische vor organisatorischen und organisatorische vor personenbezogenen Maßnahmen als klassischer Ansatz des Arbeitsschutzes gemäß dem

Arbeitsschutzgesetz. Der Abbau von Fehlbelastungen wirkt sich nachhaltig auf einen gesunden Organismus aus.

Total Quality Management Ein umfassendes Qualitätsmanagement, das sich an Kunden, Mitarbeiter*innen, Prozessen usw. orientiert, dabei alle Bereiche einer Organisation erfasst und Qualität als Systemziel bestimmt und nicht mehr nur auf die technische Gewährleistung der Produktqualität fokussiert.

Transaktionale Führung Führungsstil mit Fokus auf Rationalität und Reziprozität als Kriterien des Führungshandelns als soziales und gerecht erlebtes Austauschprinzip in geregelten Arbeitssituationen.

Transaktionale Stressbewältigung Moderation der Wechselwirkung zwischen Belastungen und Beanspruchungen durch kognitive Bewertungsprozesse und anschließende Anwendung adäquater Bewältigungsstrategien (Coping) – der Bewertungsprozess erfolgt in zwei Phasen: in der primären Bewertung wird der Stressor als solcher bewertet (z. B. Herausforderung oder Bedrohung), in der sekundären Bewertung werden die zur Verfügung stehenden Bewältigungsressourcen berücksichtigt.

Transaktionskosten Kosten für die Übertragung der Verfügungsrechte an Gütern und Dienstleistungen von einem Wirtschaftssubjekt auf ein anderes vor und nach Vertragsabschluss bzw. Kosten, die im Rahmen wirtschaftlicher Austauschprozesse entstehen, wie z. B. Vereinbarungskosten, Kontrollkosten oder Koordinationskosten.

Transformationale Führung Führungsstil mit Fokus auf Emotionalität, Vertrauen, Vorbildverhalten und Charisma, um die Mitarbeiter*innen zu hohem Arbeitsengagement zu begeistern – transformationale Führung wird häufig als Grundlage für einen gesunden Führungsstil diskutiert.

Treiber-Indikatoren-Modell Grundmodell zur Bestimmung der Gleichung einer gesunden Organisation. Treiber sind die nachhaltigen Stellhebel zur Schaffung gesundheitsförderlicher Arbeits- und Organisationsbedingungen wie Führung, Arbeitsgestaltung und Aufgabenorientierung (siehe Verhältnisprävention) und fungieren als unabhängige Variablen im Gleichungssystem. Investitionen in diese Treiber können zu erwünschten Ergebnissen wie Fehlzeitenreduktion oder Steigerung der Arbeitsqualität als hoch verdichtete Kennzahlen (Spätindikatoren) führen und stellen das Outcome als abhängige Variable dar. Diese Wirkung kann direkt eintreten, wird aber meist durch Frühindikatoren v. a. auf der individuellen und psychosozialen Ebene wie Arbeitszufriedenheit, Commitment oder subjektiv erlebte

Gesundheit vermittelt, die auch als Frühwarnsystem fungieren und in Gesundheitsbefragungen als Gesundheitsscores erfasst werden können.

Unfallverhütungsvorschriften Verbindliche Regeln und Richtlinien zur Konkretisierung des Arbeitsschutzrechts im Hinblick auf Arbeitssicherheit und Gesundheitsschutz am Arbeitsplatz, die von den Trägern der gesetzlichen Unfallversicherung (siehe DGUV), zu denen v. a. die Berufsgenossenschaften gehören, erlassen werden.

Universelle Prävention Maßnahmen, die bei Zielgruppen ohne Auffälligkeiten oder erhöhtes Risiko ansetzen, bevor ein spezifisches Problem auftritt als Breitenstrategie.

Usability Gebrauchstauglichkeit von Software oder Mensch-Maschine-Schnittstellen als Ausmaß, in dem ein technisches System oder ein Dienst den Benutzer dabei unterstützt, seine Ziele effizient und effektiv zu erreichen – in der Software-Ergonomie ist sie ein wichtiges Qualitätskriterium für eine angemessene Dialoggestaltung.

User Experience Benutzererfahrung bei der Interaktion mit Produkten, Dienstleistungen oder Software.

Verantwortungsdiffusion Tendenz zur Abwälzung der Verantwortung auf andere, da genügend Personen vorhanden sind, auf die die Verantwortung verteilt werden kann, bei gleichzeitiger Abnahme der subjektiv empfundenen Verantwortung des Einzelnen – aus Sicht des Betrieblichen Gesundheitsmanagements kann es bei der Vielzahl der Gesundheitsakteure (siehe Säulen im BGM) zu unklaren Rollen kommen, die eine Verantwortungsdiffusion begünstigen.

Verhaltensmodell Orientierung der gesundheitsfördernden Maßnahmen an den individuellen Gesundheitspotenzialen in den Bereichen Psyche, Bewegung und Ernährung mit Fokus auf das Gesundheitsverhalten.

Verhaltensorientierte Arbeitssicherheit „Behavior Based Safety" (BBS) als erfolgreiche Methode zur Förderung des sicherheitsgerechten Verhaltens der Beschäftigten – die verhaltensorientierte Arbeitssicherheit identifiziert die Ursachen unsicherer Arbeitsweisen und betont die Bedeutung des Verhaltens für die Arbeitssicherheit. Sie konzentriert sich auf das beobachtbare Verhalten und versucht, sicheres Arbeiten durch Feedback und positive Verstärkung zu belohnen, da der Beschäftigte unmittelbar positive Konsequenzen erfährt, wenn er sicheres Verhalten zeigt. Aus lerntheoretischer Sicht ist Modelllernen hier mit positiver Konditionierung verbunden. Studien bestätigen, dass ein konsequenter

BBS-Prozess zu weniger Arbeitsunfällen führt und sich auch positiv auf die gelebte Sicherheitskultur auswirkt.

Verhaltensprävention Präventionsmaßnahmen, die bei den Menschen und ihrem Gesundheitsverhalten ansetzen, insbesondere in den Bereichen Bewegung, Ernährung, Stressbewältigung und Gesundheitskompetenz – dies ist der typische Ansatz der Betrieblichen Gesundheitsförderung.

Verhältnismodell Orientierung der gesundheitsförderlichen Maßnahmen auf der Arbeits- und Organisationsebene mit dem Ziel einer ausführbaren, schädigungs- und beeinträchtigungsfreien sowie gesundheitsförderlichen Arbeits- und Organisationsgestaltung.

Verhältnisprävention Präventionsmaßnahmen, die sich an den betrieblichen Verhältnissen orientieren und insbesondere die Bereiche Arbeitsaufgabe, Arbeitsorganisation, Arbeitsumgebung und Führung betreffen – dies ist der typische Ansatz des Arbeits- und Gesundheitsschutzes.

Vollständigkeit Zentraler Aufgabenfaktor, der Aufgaben beschreibt, die Planung, Durchführung und Kontrolle ermöglichen und mit unterschiedlich hohen Denkanforderungen einhergehen – vollständige Aufgaben wirken gesundheitsförderlich.

VUCA-Umwelt Akronym aus "volatility" (Volatilität), "uncertainty" (Unsicherheit), "complexity" (Komplexität) und "ambiguity" (Mehrdeutigkeit) als Ausdruck einer unvorhersehbaren und agilen Umwelt.

Vulnerabilität Ausdruck von emotionaler und psychischer Verletzlichkeit oder Verwundbarkeit mit der Gefahr der Zunahme psychischer Störungen – das Diathese-Stress-Modell verdeutlicht, dass Stressoren nur dann zu psychischen Störungen oder zu starken Beeinträchtigungen der psychischen Gesund führen, wenn eine entsprechende Anfälligkeit (Vulnerabilität) vorliegt.

Weltgesundheitsorganisation   (WHO) Sonderorganisation der Vereinten Nationen für öffentliche Gesundheit mit den Hauptaufgaben, die internationale öffentliche Gesundheit zu koordinieren, Standards und Ziele für die Gesundheitsforschung zu setzen und mögliche gesundheitspolitische Maßnahmen zu identifizieren, mit dem übergeordneten Ziel, die globale Gesundheitsversorgung zu verbessern und die Gesundheit aller Menschen zu fördern.

WHO-Definition Gesundheit Ganzheitliches, multidimensionales Gesundheitsverständnis in psychischer, physischer und sozialer Hinsicht, das Gesundheit nicht als Abwesenheit von Krankheit, sondern als umfassendes Wohlbefinden und Idealzustand versteht.

WHO Konferenzen Die Konferenzen sind prägend für die Entwicklung und Fortschreibung des Konzepts der Gesundheitsförderung im weiteren Verständnis der Weltgesundheitsorganisation und manifestieren sich v. a. in den Chartas als Leitlinien; für das BGM gibt die Ottawa-Charta von 1986 einen entscheidenden Entwicklungsimpuls für einen Setting-Ansatz der Betrieblichen Gesundheitsförderung.

Wohlstandskrankheiten Lebensstilbedingte Erkrankungen mit den Schwerpunkten Bewegung, Ernährung und Stressbewältigung, die durch den zivilisatorischen Lebensstil mit verursacht werden, z. B. Diabetes Typ 2, Adipositas, Allergien, Bluthochdruck oder Tumorerkrankungen wie Darmkrebs, aber auch depressive Störungen – bisweilen umgangssprachlich als Volkskrankheiten bezeichnet.

Work Ability Die Arbeitsfähigkeit des Menschen, die es ihm ermöglicht, die Herausforderungen und Anforderungen des Arbeitsalltags angemessen zu bewältigen.

Work-Life-Balance Idealzustand der Vereinbarkeit von Beruf und Privatleben im Sinne einer harmonischen Koexistenz – Work-Life-Balance ist ein euphemistischer Begriff, der die Konflikte zwischen Arbeit und Freizeit verschleiert.

Work-Life-Blending Verschwimmende Grenzen zwischen Arbeit und Privatleben als Ausdruck ihrer Vermischung bzw. als Aufhebung der klar abgegrenzten Lebensbereiche Arbeit und Privatleben – aus gesundheitlicher Sicht entscheidend ist, ob bei diesem Verschmelzen ein Bereich eine höhere Dominanz reklamiert, d. h. ob z. B. die Arbeitswelt mit ihren Anforderungen den privaten Bereich maßgeblich infiltriert und nicht umgekehrt.

Work-Life-Integration Vereinbarkeit von persönlichen und beruflichen Anforderungen durch eine Annäherung von Berufs- und Privatleben, indem eine integrative Verbindung zwischen diesen Bereichen hergestellt wird, um die personenbezogenen Kapazitäten in flexiblen Lebens- und Arbeitsmodellen aufgabenangemessen und zweckdienlich zu verteilen.

Wurzelmetaphern der Gesundheit Visualisierung von Gesundheit als Vakuum, Reservoir, Gleichgewicht, Fitness oder Selbstkontrolle, um die Vielschichtigkeit von Gesundheit zum Ausdruck zu bringen.

Quellen

Abel, T. & Sommerhalder, K. (2015). Gesundheitskompetenz/Health Literacy. *Bundesgesundheitsblatt, 58*, 923–929. https://doi.org/10.1007/s00103-015-2198-2

Abel, T., Bruhin, E., Sommerhalder, K., & Jordan, S. (2018). *Health Literacy/Gesundheitskompetenz* (Leitbegriffe der Gesundheitsförderung und Prävention im Glossar zu Konzepten, Strategien und Methoden, hrsg. von der Bundeszentrale für gesundheitliche Aufklärung). https://doi.org/10.17623/BZGA:224-i065-2.0

Ahrens, W., Greiser, K. H., Linseisen, J., Pischon, T., & Pigeot, I. (2020). Erforschung von Erkrankungen in der NAKO Gesundheitsstudie: Die wichtigsten gesundheitlichen Endpunkte und ihre Erfassung. *Bundesgesundheitsblatt – Gesundheitsforschung-Gesundheitsschutz, 63*(4), 376–384. https://doi.org/10.1007/s00103-020-03111-0

Ainsworth, B. E., Haskell, W. L., Herrmann, S. D. et al. (2011). 2011 Compendium of Physical Activities: a second update of codes and MET values. *Medicine & Science in Sports & Exercise, 43*(8), 1575–1581. https://doi.org/10.1249/MSS.0b013e31821ece12

Ajzen, I. (1991). The Theory of Planned Behavior. *Organizational Behavior and Human Decision Processes, 50*(2), 179–211. https://doi.org/10.1016/0749-5978(91)90020-T

Albrecht, U.-V. (Hrsg.). (2016). *Chancen und Risiken von Gesundheits-Apps (CHARISMHA).* (Medizinische Hochschule Hannover). https://doi.org/10.24355/dbbs.084-201210110913-53

Altendorfer, L. (2019). *Influencer in der Digitalen Gesundheitskommunikation: Instagramer, Youtuber und Co. zwischen Qualität, Ethik und Professionalisierung* (Medien und Kommunikation, Bd. 7). Nomos.

Altgeld, T. (2021). Präventionsparadox und Präventionsdilemma: Konsequenzen für die Praxis. In H. Schmidt-Semisch & F. Schorb (Hrsg.), *Public Health – Sozialwissenschaftliche Gesundheitsforschung* (S. 215–231). Springer VS.

Amelung, V. E. (2022). *Managed Care – neue Wege im Gesundheitsmanagement* (6. Aufl.). Springer Gabler.

Antonovsky, A. (1979). *Health, stress and coping.* Jossey-Bass.

Antonovsky, A. (1987). *Unravelling the mystery of health: How people manage stress and stay well.* Jossey-Bass.

Arnold, R., & Schön, M. (2019). *Ermöglichungsdidaktik: Ein Lernbuch.* hep verlag.

Baas, J. (Hrsg.). (2019). *Zukunft der Gesundheit – vernetzt, digital, menschlich.* Medizinisch Wissenschaftliche Verlagsgesellschaft.

Backhaus, N., Tisch, A., & Beermann, B. (2021). *Telearbeit, Homeoffice und Mobiles Arbeiten: Chancen, Herausforderungen und Gestaltungsaspekte aus Sicht des Arbeitsschutzes* (Reihe baua:Fokus, hrsg. von Bundesanstalt für Arbeitsschutz und Arbeitsmedizin). https://doi.org/10.21934/baua:fokus20210505

Badura, B. (2011). Sozialkapitalbasierte Public Health-Strategie für die Arbeitswelt. *Public Health Forum: Forschung – Lehre – Praxis, 19*(3), 7–9. https://doi.org/10.1016/j.phf.2011.06.004

Badura, B. (Hrsg.). (2017). *Arbeit und Gesundheit im 21. Jahrhundert: Mitarbeiterbindung durch Kulturentwicklung.* Springer Gabler.

Badura, B., & Steinke, M. (2019). Mindeststandards im Behördlichen Gesundheitsmanagement (BGM) der Landesverwaltung Nordrhein- Westfalen Abschlussbericht zum Vergabeverfahren „Entwicklung und Festlegung von Standards für BGM in der Landesverwaltung" (Auftragsnummer ZVSt-2018-192/BGM). https://www.landtag.nrw.de/portal/WWW/dokumentenarchiv/Dokument/MMV17-2114.pdf

Badura, B., Ducki, A., Schröder, H., & Meyer, M. (Hrsg.). (2021). *Fehlzeiten-Report 2021: Betriebliche Prävention stärken – Lehren aus der Pandemie.* Springer.

Badura, B., Ducki, A., Schröder, H., Klose, J., & Meyer, M. (Hrsg.). (2015). *Fehlzeiten-Report 2015. Neue Wege für mehr Gesundheit – Qualitätsstandards für ein zielgruppenspezifisches Gesundheitsmanagement.* Springer.

Badura, B., Ducki, A., Schröder, H., Klose, J., & Meyer, M. (Hrsg.). (2019). *Fehlzeiten-Report 2019: Digitalisierung – gesundes Arbeiten ermöglichen.* Springer.

Badura, B., Greiner, W., Rixgens, P., Ueberle, M., & Behr, M. (2013). *Sozialkapital: Grundlagen von Gesundheit und Unternehmenserfolg* (2. Aufl.). Springer Gabler.

Badura, B., Walter, U., & Hehlmann, T. (2010). *Betriebliche Gesundheitspolitik: Der Weg zur gesunden Organisation* (2. Aufl.). Springer.

Bakker, A. B., & Demerouti, E. (2017). Job demands–resources theory: Taking stock and looking forward. *Journal of Occupational Health Psychology, 22*(3), 273–285. https://doi.org/10.1037/ocp0000056

Bamberg, E., & Mohr, G. (2016). Psychologisches Wissen für die Praxis: Gefährdungsbeurteilungen im Arbeits- und Gesundheitsschutz. *Psychologische Rundschau, 67*(2), 130–134. https://doi.org/10.1026/0033-3042/a000314

Bamberg, E., Ducki, A., & Janneck, M. (Hrsg.). (2022). *Digitale Arbeit gestalten: Herausforderungen der Digitalisierung für die Gestaltung gesunder Arbeit.* Springer.

Bamberg, E., Ducki, A., & Metz, A. (Hrsg.). (2011). *Gesundheitsförderung und Gesundheitsmanagement in der Arbeitswelt: Ein Handbuch.* Hogrefe.

Bandura, A. (2004). Health promotion by social cognitive means. *Health Education & Behavior, 31*(2), 143–164. https://doi.org/10.1177/1090198104263660

Barthelmes, I., Bödeker, W., Sörensen, J., Kleinlercher, K.-M., & Odoy, J. (2019a). *Review-Steckbriefe zum iga.Report 40.* (Hrsg. von der Initiative Gesundheit und Arbeit). https://www.iga-info.de/fileadmin/redakteur/Veroeffentlichungen/iga_Reporte/Dokumente/iga-Report_40_Review-Steckbriefe_barrPDF.pdf

Barthelmes, I., Bödeker, W., Sörensen, J., Kleinlercher, K.-M., & Odoy, J. (2019b). *Wirksamkeit und Nutzen arbeitsweltbezogener Gesundheitsförderung und Prävention: Zusammenstellung der wissenschaftlichen Evidenz 2012 bis 2018* (iga.Report 40, hrsg. von der Initiative Gesundheit und Arbeit). https://www.iga-info.de/fileadmin/redakteur/Veroeffentlichungen/iga_Reporte/Dokumente/iga-Report_40_Wirksamkeit_und_Nutzen_Gesundheitsfoerderung_Praevention.pdf

Bartholomew Eldredge, L. K., Markham, C. M., Ruiter, R. A. C., Fernández, M. E., Kok, G., & Parcel, G. S. (2016). *Planning health promotion programs: An intervention mapping approach* (4th ed.). Jossey-Bass.

Basińska-Zych, A., & Springer, A. (2021). Organizational and Individual Outcomes of Health Promotion Strategies-A Review of Empirical Research. *International Journal of Environmental Research and Public Health, 18*(2): 383. https://doi.org/10.3390/ijerph18020383

Bass, B. M. (1985). *Leadership and performance beyond expectations.* Free Press.

BAuA – Bundesanstalt für Arbeitsschutz und Arbeitsmedizin (Hrsg.) (2019). *Gefährdungsbeurteilung: Handbuch – Gefährdungsfaktoren.* https://www.baua.de/gefaehrdungsfaktoren

BAuA – Bundesanstalt für Arbeitsschutz und Arbeitsmedizin. (Hrsg.). (2014). *Gefährdungsbeurteilung psychischer Belastungen: Erfahrungen und Empfehlungen.* Erich Schmidt.

BAuA – Bundesanstalt für Arbeitsschutz und Arbeitsmedizin. (Hrsg.). (2020). *Stressreport Deutschland 2019: Psychische Anforderungen, Ressourcen und Befinden.* https://doi.org/10.21934/baua:bericht20191007

BAuA & BMAS – Bundesanstalt für Arbeitsschutz und Arbeitsmedizin und Bundesministerium für Arbeit und Soziales. (Hrsg.). (2022). *Sicherheit und Gesundheit bei der Arbeit – Berichtsjahr 2021. Unfallverhütungsbericht Arbeit.* https://doi.org/10.21934/baua:bericht20220718

Bauer, U. (2005). *Das Präventionsdilemma: Potenziale schulischer Kompetenzförderung im Spiegel sozialer Polarisierung.* Springer Fachmedien.

Baxter, S., Sanderson, K., Venn, A. J., Blizzard, C. L., & Palmer, A. J. (2014). The Relationship between Return on Investment and Quality of Study Methodology in Workplace Health Promotion Programs. *American Journal of Health Promotion, 28*(6), 347–363. https://doi.org/10.4278/ajhp.130731-LIT-395

Bechmann, S., Jäckle, R., Lück, P., & Herdegen, R. (2011). *Motive und Hemmnisse für Betriebliches Gesundheitsmanagement (BGM): Umfrage und Empfehlungen* (iga.Report 20, hrsg. von der Initiative Gesundheit und Arbeit). https://www.iga-info.de/fileadmin/redakteur/Veroeffentlichungen/iga_Reporte/Dokumente/iga-Report_20_Umfrage_BGM_KMU_final_2011.pdf

Beck, D. (2013). Betriebliche Gesundheitspolitik. Überlegungen zur Analyse der Praxis betrieblicher Prävention und Gesundheitsförderung als Gegenstand von Politik. *Jahrbuch für Kritische Medizin und Gesundheitswissenschaften, 49*, 10–28. http://www.beck-berlin.de/JKMG-49_Beck.pdf

Beck, D. (2019). Psychische Belastung als Gegenstand des Arbeitsschutzes: Typische Herausforderungen in der betrieblichen Praxis. *Arbeit, 28*(2), 125–147. https://doi.org/10.1515/arbeit-2019-0009

Becker, E., Krause, C., & Siegemund, B. (2014) *Betriebliches Gesundheitsmanagement nach DIN SPEC 91020: Erläuterungen zur Norm für den Anwender.* Beuth

Becker, P. (2006). *Gesundheit durch Bedürfnisbefriedigung.* Hogrefe.

Bellinghausen, M., Waerdt, L. M., & Baumeister, H. (2022). Herleitung eines möglichen Qualitätssicherungskonzepts für digitale M-Health-Angebote in der Prävention und Gesundheitsförderung. In M. Harwardt, P. F.-J. Niermann, A. M. Schmutte & A. Steuernagel (Hrsg.), *Praxisbeispiele der Digitalisierung: Trends, Best Practices und neue Geschäftsmodelle* (S. 237–269). Springer.

Bengel, J., Strittmatter, R., & Willmann, H. (2001). *Was erhält Menschen gesund? Antonovskys Modell der Salutogenese – Diskussionsstand und Stellenwert.* (Forschung und Praxis der Gesundheitsförderung, Bd. 6, hrsg. von der Bundeszentrale für gesundheitliche Aufklärung). https://shop.bzga.de/pdf/60606000.pdf

Bertelsmann Stiftung. (Hrsg.). (2016). *Digital-Health-Anwendungen für Bürger: Kontext, Typologie und Relevanz aus Public-Health-Perspektive – Entwicklung und Erprobung eines Klassifikationsverfahrens.* https://www.bertelsmann-stiftung.de/fileadmin/files/BSt/Publikationen/GrauePublikationen/Studie_VV_Digital-Health-Anwendungen_2016.pdf.

Bertelsmann Stiftung. (Hrsg.). (2019). *Gütekriterien-Kernset für mehr Qualitätstransparenz bei digitalen Gesundheitsanwendungen – Studienbericht Oktober 2019.* https://www.bertelsmann-stiftung.de/de/publikationen/publikation/did/appq/

Bertelsmann Stiftung. (Hrsg.). (2022). *Medizinische Begutachtung digitaler Gesundheitsanwendungen im Projekt „Trusted-Health-Apps" – Methodendokumentation* (Version 1.0.0). https://www.bertelsmann-stiftung.de/fileadmin/files/user_upload/VV_Methodendokumentation_DiGA.pdf

BfArM – Bundesinstitut für Arzneimittel und Medizinprodukte. (Hrsg.). (2022). *Prüfkriterien für die von digitalen Gesundheitsanwendungen (DiGA) und digitalen Pflegeanwendungen (DiPA)* nachzuweisenden Anforderungen an den Datenschutz (Version 0.1 vom 09.08.2022). https://www.bfarm.de/SharedDocs/Downloads/DE/Medizinprodukte/diga-dipa-datenschutzkriterien.pdf?__blob=publicationFile

Bindl, C., Held, U., & Pieck, N. (2018). Betriebliches Gesundheitsmanagement im Dialog – Lernen in Theorie und Praxis. In H. Johns & G. Vedder (Hrsg.), *Organisation von Arbeit und berufsbegleitendem Lernen* (S. 187–208). Rainer Hampp.

Bitzer, E. M. (2017). Gesundheitskompetenz messen – Kritischer Blick auf standardisierte Verfahren. *Public Health Forum, 25*(1), 6–9. https://doi.org/10.1515/pubhef-2016-2112

Bitzer, E. M., & Sørensen, K. (2018). Gesundheitskompetenz – Health Literacy. *Gesundheitswesen, 80* (08/09), 754–766. https://doi.org/10.1055/a-0664-0395

BMAS – Bundesministerium für Arbeit und Soziales. (Hrsg.). (2015). *Grünbuch Arbeiten 4.0.* https://www.bmas.de/DE/Service/Publikationen/A872-gruenbuch-arbeiten-vier-null.html

BMAS – Bundesministerium für Arbeit und Soziales. (Hrsg.). (2017). *Weißbuch Arbeiten 4.0.* https://www.bmas.de/DE/Service/Publikationen/Broschueren/a883-weissbuch.html

Bodkin, A., & Hakimi, S. (2020). Sustainable by design: a systematic review of factors for health promotion program sustainability. *BMC Public Health, 20*(1):964. https://doi.org/10.1186/s12889-020-09091-9

Bonfadelli, H. (2014). Gesundheitskommunikation: Ein Forschungsfeld in Bewegung. In E. Baumann et al. (Hrsg.), *Gesundheitskommunikation als Forschungsfeld der Kommunikations- und Medienwissenschaft* (S. 12–35) (Gesundheitskommunikation, Bd. 9). Nomos.

Boonzaier, B., Ficker, B., & Rust, B. (2001). A review of research on the Job Characteristics Model and the attendant job diagnostic survey. *South African Journal of Business Management, 32*(1), 1–24. https://doi.org/10.4102/sajbm.v32i1.712

Bördlein, C. (2015). *Verhaltensorientierte Arbeitssicherheit – Behavior Based Safets (BBS)* (2. Aufl.). Erich Schmidt Verlag.

Bradtke, E., & Melzer, M. (2016). *Psychische Gesundheit in der Arbeitswelt – Vollständigkeit.* Hrsg. von der Bundesanstalt für Arbeitsschutz und Arbeitsmedizin (BAuA). https://doi.org/10.21934/baua:bericht20160713/1c

Brandenburg, U,. & Nieder, P. (2009). *Betriebliches Fehlzeiten-Management: Instrumente und Praxisbeispiele für erfolgreiches Anwesenheits- und Vertrauensmanagement* (2. Aufl.). Gabler.

Bratton, J., & Gold, J. (2017). *Human Resource Management – Theory and Practice* (6th ed.) Palgrave Macmillan Education.

Brauweiler, H.-C. (2019). *Risikomanagement in Unternehmen: Ein grundlegender Überblick für die Management-Praxis* (essentials) (2. Aufl.). Springer Gabler.

Brauweiler, J., Will, M., Zenker-Hoffmann, A., & Wiesner, J. (2018). *Arbeitsschutzrecht: Ein Einstieg in die Materie* (Essentials) (2. Aufl.). Springer Gabler.

Brauweiler, J., Zenker-Hoffmann, A., & Will, M. (2019). *Arbeitsschutzmanagementsysteme nach ISO 45001:2018: Grundwissen für Praktiker* (Essentials) (2. Aufl.). Springer Gabler.

Breisig, T. (2020). Führung auf Distanz und gesunde Führung bei mobiler Arbeit. *Zeitschrift für Arbeitswissenschaft, 74*(3), 188–194. https://doi.org/10.1007/s41449-020-00219-6

Brendel, B., & Martus, P. (2018). *Arbeits- und individuumsbezogene Determinanten für die Vulnerabilität gegenüber Burnout und Depressionen* (Projektbericht F 2318, hrsg. von der Bundesanstalt für Arbeitsschutz und Arbeitsmedizin). https://www.baua.de/DE/Angebote/Publikationen/Berichte/F2318-1.html

Breyer, F., Zweifel, P., & Kifmann, M. (2013). *Gesundheitsökonomik* (Springer-Lehrbuch) (6. Aufl.). Springer Gabler.

Brinkmann, R. (2021). *Angewandte Gesundheitspsychologie* (2. Aufl.). Pearson Studium.

Bruch, H., & Kowalevski, S. (2013). *TOP JOB Trendstudie 2013 – Gesunde Führung: Wie Unternehmen eine gesunde Performance-

kultur entwickeln. Institut für Führung und Personalmanagement, Universität St. Gallen.

Brüggemann, H., & Bremer, P. (2020). *Grundlagen Qualitätsmanagement – Von den Werkzeugen über Methoden zum TQM* (3. Aufl.). Springer Vieweg.

Brugger-Gebhardt, S. (2016). *Die DIN EN ISO 9001:2015 verstehen: Die Norm sicher interpretieren und sinnvoll umsetzen* (2. Aufl.). Springer Fachmedien.

Buchwald, P., & Hobfoll, S. E. (2021). Die Theorie der Ressourcenerhaltung: Implikationen für Stress und Kultur. In T. Ringeisen, P. Genkova & F.T.L. Leong (Hrsg.), *Handbuch Stress und Kultur: Interkulturelle und kulturvergleichende Perspektiven* (2. Aufl.) (S. 77–89). Springer.

Burnus, M., Benner, V., Becker, L., Müller, D., & Stock, S. (2014). Entwicklung eines Instruments zur Bedarfsermittlung und zum Monitoring im Betrieblichen Gesundheitsmanagement (BGM) eines Versicherungskonzerns. *Versicherungsmedizin, 66*(2), 79–87.

Busch, C., Cao, P., Clasen, J., & Deci, N. (2014). *Betriebliches Gesundheitsmanagement bei kultureller Vielfalt: Ein Stressmanagement-Programm für Service, Gewerbe und Produktion*. Springer.

BZgA – Bundeszentrale für gesundheitliche Aufklärung. (Hrsg.). (2018). *Leitbegriffe der Gesundheitsförderung und Prävention: Glossar zu Konzepten, Strategien und Methoden*. https://doi.org/10.17623/BZGA:224-E-Book-2018

Carpenter, C. J. (2010). A meta-analysis of the effectiveness of health belief model variables in predicting behavior. *Health Communication, 25*(8), 661–669. https://doi.org/10.1080/10410236.2010.521906

Cassens, M., & Dengler, R. (2018). Was Gesundheitspädagogik zur Gesundheitskompetenz beitragen kann. *GGW, 18* 2), 15–22. https://www.wido.de/fileadmin/Dateien/Dokumente/Publikationen_Produkte/GGW/wido_ggw_0218_cassens_dengler.pdf

Cernavin, O., Schröter, W., & Stowasser, S. (Hrsg.). (2018). *Prävention 4.0 – Analysen und Handlungsempfehlungen für eine produktive und gesunde Arbeit 4.0*. Springer.

Chapman, L. S. (2012). Meta-Evaluation of Worksite Health Promotion Economic Return Studies: 2012 Update. *American Journal of Health Promotion, The Art of Health Promotion, March/April 2012, 26*(4), 1–12. https://doi.org/10.4278/ajhp.26.4.tahp

Chu, A. H., Ng, S. H. X., Tan, C. S., Win, A. M., Koh, D., & Müller-Riemenschneider, F. (2016). A systematic review and meta-analysis of workplace intervention strategies to reduce sedentary time in white-collar workers. *Obesity Reviews, 17*(5), 467–481. https://doi.org/10.1111/obr.12388

Conner, M., & Norman, P. (Ed.). (2015). *Predicting and Changing Health Behaviour: Research and Practice with Social Cognition Models* (3rd ed.). McGraw Hill – Open University Press.

Cooper, D. (2016). *Navigating the Safety Culture Construct: A Review of the Evidence*. https://www.researchgate.net/publication/305636897_Navigating_the_safety_culture_construct_a_review_of_the_evidence_July_2016

DAK – DAK-Gesundheit. (Hrsg.) (2022). *Psychreport 2022 – Entwicklungen der psychischen Erkrankungen im Job von 2011 bis 2021* (Auswertung des IGES Instituts). https://www.dak.de/dak/download/report-2533050.pdf

Dannheim, I., Ludwig-Walz, H., Buyken, A. E., Grimm, V., & Kroke, A. (2022). Effectiveness of health-oriented leadership interventions for improving health and wellbeing of employees: a systematic review. *Journal of Public Health, 30*(2), 2777–2789. https://doi.org/10.1007/s10389-021-01664-1

Deinert, O. (2014). Unfallversicherung und Arbeitsschutz. *JURA – Juristische Ausbildung, 36*(10), 1033–1038. https://doi.org/10.1515/jura-2014-0119

DGB – Deutscher Gewerkschaftsbund. (Hrsg.). (2018). *DGB-Index Gute Arbeit – Körperlich harte Arbeit: So beurteilen die Beschäftigten ihre Belastungen* (Sonderauswertung Report 18, hrsg. vom Institut DGB-Index Gute Arbeit). https://index-gute-arbeit.dgb.de/++co++beafcd42-763e-11e9-b5d3-52540088cada

DGB – Deutscher Gewerkschaftsbund. (Hrsg.). (2019). *DGB-Index Gute Arbeit – Arbeiten am Limit: Themenschwerpunkt Arbeitsintensität* (Report 19, hrsg. vom Institut DGB-Index Gute Arbeit). https://index-gute-arbeit.dgb.de/++co++caa19028-1511-11ea-81ba-52540088cada

DGFP – Deutsche Gesellschaft für Personalführung e.V. (Hrsg.) (2014). *Integriertes Gesundheitsmanagement. Konzept und Handlungshilfen für die Wettbewerbsfähigkeit von Unternehmen* (DGFP PraxisEdition, Bd. 107). W. Bertelsmann.

DGUV – Deutsche Gesetzliche Unfallversicherung e.V. (Hrsg.). (2019). *Bildschirm- und Büroarbeitsplätze: Leitfaden für die Gestaltung* (DGUV Information 215-410). https://publikationen.dguv.de/regelwerk/dguv-informationen/409/bildschirm-und-bueroarbeitsplaetze-leitfaden-fuer-die-gestaltung

DGUV – Deutsche Gesetzliche Unfallversicherung e.V. (Hrsg.). (2013a). *Berechnung des internationalen „Return on Prevention" für Unternehmen: Kosten und Nutzen von Investitionen in den betrieblichen Arbeits- und Gesundheitsschutz* (DGUV Report 1/2013). https://publikationen.dguv.de/dguv/pdf/10002/dguv-rep1-2013.pdf

DGUV – Deutsche Gesetzliche Unfallversicherung e.V. (Hrsg.). (2013b). Sifa-Langzeitstudie: Tätigkeiten und Wirksamkeit der Fachkräfte für Arbeitssicherheit (Forschungsgemeinschaft Sifa-Langzeitstudie, beteiligte Autoren R. Trimpop et al.). https://www.dguv.de/projektdatenbank/0205/sifa_langzeitstudie_abschlussbericht.pdf

DGUV – Deutsche Gesetzliche Unfallversicherung e.V. (Hrsg.). (2014a). *Führung und psychische Gesundheit – Fachkonzept*. https://publikationen.dguv.de/widgets/pdf/download/article/2874

DGUV – Deutsche Gesetzliche Unfallversicherung e.V. (Hrsg.). (2014b). *Qualitätskriterien im Präventionsfeld „Gesundheit im Betrieb" der gesetzlichen Unfallversicherungsträger und der DGUV*. https://www.dguv.de/medien/inhalt/praevention/fachbereiche_dguv/fb-gesund_wohlfahrt/sg-gesund/qualitaet_uv_traeger.pdf

DGUV – Deutsche Gesetzliche Unfallversicherung e.V. (Hrsg.). (2017). *Sicherheitsbeauftragte* (DGUV Information 211-042). https://www.arbeitssicherheit.de/download-pdf/download/0:7864130,10

DGUV – Deutsche Gesetzliche Unfallversicherung e.V. (Hrsg.). (2021a). Pilotprojekt Zentrumsmodell: ein Netzwerk für die betriebliche Betreuung. *DGUV Forum, 9*, 31–38.

DGUV – Deutsche Gesetzliche Unfallversicherung e.V. (Hrsg.). (2021b). *Softwareergonomie* (DGUV Information 215-450). https://publikationen.dguv.de/regelwerk/dguv-informationen/3046/softwareergonomie

Díaz-Benito, V. J., Vanderhaegen, F., & Barriopedro Moro, M. I. (2020) Physical activity and health promotion programs in the workplace: A meta-analysis of effectiveness in European organizations, *Journal of Workplace Behavioral Health, 35(4)*, 232–255, https://doi.org/10.1080/15555240.2020.1720515

Dittler, U. (Hrsg.). (2017). *E-Learning 4.0 – Mobile Learning, Lernen mit Smart Devices und Lernen in sozialen Medien*. De Gruyter Oldenbourg.

DKV – Deutsche Krankenversicherung. (Hrsg.). (2021). *Der DKV-Report 2021 – Wie gesund lebt Deutschland?* Wissenschaftliche Leitung: Institut für Bewegungstherapie und bewegungsorientierte Prävention und Rehabilitation der Deutschen Sporthochschule Köln (Ingo Froböse und Birgit Wallmach-Sperlich). https://www.ergo.com/-/media/ergocom/pdf-mediathek/studien/dkv-report-2021/dkv-report-2021.pdf?la=de&hash=AF1CC3CE84768D6B6D6957A0DA60DED64C7C3092

Döring, N., & Bortz, J. (2016). *Forschungsmethoden und Evaluation in den Sozial- und Humanwissenschaften* (5. Aufl.). Springer.

Dörr, Nikolas. (2004). 165 Jahre Einschränkung der Kinderarbeit in Preußen: Ein Beitrag zum Beginn der Sozialgesetzgebung in Deutschland. *MRM – MenschenRechtsMagazin, 2*(9), 141–151.

Dost, J. (2014). *Arbeit, Führung und Gesundheit: Entwicklung, Überprüfung und Anwendung eines Acht-Faktoren-Modells gesunder Führung* (Dissertation an der TU Dortmund). Josef Eul.

Drupp, M. (2018). Gesundheitsförderung in der Arbeitswelt. In A. Ternès & C.-D. Wilke (Hrsg.), *Agenda HR – Digitalisierung, Arbeit 4.0, New Leadership: Was Personalverantwortliche Management jetzt nicht verpassen sollten* (S. 67–85). Springer Gabler.

Ducki, A., & Kötter, W. (2022). Gesundheitsförderliche Gestaltung von Arbeitsaufgaben und Arbeitssystemen. In A. Michel & A. Hoppe (Hrsg.), *Handbuch Gesundheitsförderung bei der Arbeit – Interventionen für Individuen, Teams und Organisationen* (S. 233–249). Springer.

Egger, M., Razum, O., & Rieder, A. (Hrsg.). (2021). *Public Health Kompakt* (4. Aufl.). De Gruyter.

Ehmann, A. T., Ög, E., Rieger, M. A., & Siegel, A. (2022). Arbeitsbezogene Gesundheitskompetenz: Ergebnisse eines Scoping Reviews. *Public Health Forum, 30*(2), 86–90. https://doi.org/10.1515/pubhef-2022-0006

Einwiller, S., Sackmann, S., & Zerfaß, A. (Hrsg.). (2021). *Handbuch Mitarbeiterkommunikation: Interne Kommunikation in Unternehmen.* Springer.

Elke, G., Gurt, J., Möltner, H., & Externbrink, K. (2015). *Arbeitsschutz und betriebliche Gesundheitsförderung – vergleichende Analyse der Prädiktoren und Moderatoren guter Praxis.* (Projektbericht F 2342, hrsg. von der Bundesanstalt für Arbeitsschutz und Arbeitsmedizin). https://www.baua.de/DE/Angebote/Publikationen/Berichte/Gd82.html

Elprana, G., Felfe, J., & Franke, F. (2016). Gesundheitsförderliche Führung diagnostizieren und umsetzen. In J. Felfe & R. van Dick (Hrsg.), *Handbuch Mitarbeiterführung: Wirtschaftspsychologisches Praxiswissen für Fach- und Führungskräfte* (Springer Reference Psychologie) (S. 143–156). Springer.

Esslinger, A. S., Emmert, M., & Schöffski, O. (Hrsg.). (2010). *Betriebliches Gesundheitsmanagement: Mit gesunden Mitarbeitern zu unternehmerischem Erfolg.* Gabler.

Eurofound – European Foundation for the Improvement of Living and Working Conditions. (Ed.). (2022). *Seventh European Working Conditions Survey – Overview report.* Publications Office of the European Union.

Faller, G. (2008). Betriebliche Gesundheitsförderung oder Betriebliches Gesundheitsmanagement? Beitrag zu einer konzeptionellen und terminologischen Klärung. *Prävention – Zeitschrift für Gesundheitsförderung, 31*(3), S. 71–74.

Faller, G. (2018). Umsetzung Betrieblicher Gesundheitsförderung/Betrieblichen Gesundheitsmanagements in Deutschland: Stand und Entwicklungsbedarfe der einschlägigen Forschung. *Gesundheitswesen, 80*(3), 278–285. https://doi.org/10.1055/s-0042-100624

Faller, G. (Hrsg.). (2017). *Lehrbuch Betriebliche Gesundheitsförderung* (3. Aufl.). Hogrefe.

Faller, H., & Lang, H. (Hrsg.). (2019). *Medizinische Psychologie und Soziologie* (Springer-Lehrbuch) (5. Aufl.). Springer.

Faltermaier, T. (2017). *Gesundheitspsychologie* (Grundriss der Psychologie, 21) (2. Aufl.). Kohlhammer.

Faltermaier, T. (2020a). *Gesundheitsverhalten, Krankheitsverhalten, Gesundheitshandeln* (Leitbegriffe der Gesundheitsförderung und Prävention im Glossar zu Konzepten, Strategien und Methoden, hrsg. von der Bundeszentrale für gesundheitliche Aufklärung). https://doi.org/10.17623/BZGA:224-i060-2.0

Faltermaier, T. (2020b). *Salutogenese* (Leitbegriffe der Gesundheitsförderung und Prävention im Glossar zu Konzepten, Strategien und Methoden, hrsg. von der Bundeszentrale für gesundheitliche Aufklärung). https://doi.org/10.17623/BZGA:224-i104-2.0

Felfe, J. (2015). *Trends der psychologischen Führungsforschung: Neue Konzepte, Methoden und Erkenntnisse* (Psychologie für das Personalmanagement). Hogrefe.

Ferreira, Y., & Vogt, J. (2022). Psychische Belastung und deren Herausforderungen. *Zeitschrift für Arbeitswissenschaft, 76*(6), 202–219. https://doi.org/10.1007/s41449-021-00292-5

Finne, E., Gohres, H., & Seibt, A. C. (2021). *Erklärungs- und Veränderungsmodelle 1: Einstellungs- und Verhaltensänderung* (Leitbegriffe der Gesundheitsförderung und Prävention im Glossar zu Konzepten, Strategien und Methoden, hrsg. von der Bundeszentrale für gesundheitliche Aufklärung). https://doi.org/10.17623/BZGA:Q4-i012-2.0

Fleßa, S., & Greiner, W. (2020). *Grundlagen der Gesundheitsökonomie: Eine Einführung in das wirtschaftliche Denken im Gesundheitswesen.* Springer.

Formica-Schiller, N. (2021). *Künstliche Intelligenz und Blockchain im Gesundheitswesen: Wie COVID-19 und zukunftsweisende Technologien den Status quo revolutionieren.* Urban & Fischer.

Franke, A. (2012a). *Modelle von Gesundheit und Krankheit: Lehrbuch Gesundheitswissenschaften.* (3. Aufl.). Hogrefe.

Franke, F. (2012b). *Leadership and follower health: The effects of transformational and health-oriented leadership on follower health outcomes.* Dissertation, Helmut-Schmidt-Universität Hamburg.

Franzkowiak, P. (2022). *Prävention und Krankheitsprävention* (Leitbegriffe der Gesundheitsförderung und Prävention im Glossar zu Konzepten, Strategien und Methoden, hrsg. von der Bundeszentrale für gesundheitliche Aufklärung). https://doi.org/10.17623/BZGA:Q4-i091-3.0

Freyer, M. (2019). *Eine Konstruktvalidierung des Work Ability Index anhand einer repräsentativen Stichprobe von Erwerbstätigen in Deutschland* (F 2250, hrsg. von der Bundesanstalt für Arbeitsschutz und Arbeitsmedizin). https://doi.org/10.21934/baua:bericht20190529

Fried, Y., & Ferris, G. R. (1987). The validity of the Job Characteristics Model: A review and meta-analysis. *Personnel Psychology, 40*(2), 287–322. https://doi.org/10.1111/j.1744-6570.1987.tb00605.x

Fritz, S. (2006). *Ökonomischer Nutzen 'weicher' Kennzahlen: (Geld) Wert von Arbeitszufriedenheit und Gesundheit* (Mensch, Technik, Organisation, Bd. 38) (2. Aufl.). vdf Hochschulverlag.

Fritz, S., & Richter, P. (2011). Effektivität und Nutzen betrieblicher Gesundheitsförderung: Wie lässt sich beides sinnvoll messen? *Prävention und Gesundheitsförderung, 6*(2), 124–130. https://doi.org/10.1007/s11553-010-0271-0

Fröhlich-Gildhoff, K., & Rönnau-Böse, M. (2022). *Resilienz* (6. Aufl.). UTB.

Fuchs, R., & Gerber, M. (Hrsg.). (2018). *Handbuch Stressregulation und Sport* (Springer Reference Psychologie). Springer.

Gabriel, R., & Röhrs, H.-P. (2017). *Social Media: Potenziale, Trends, Chancen und Risiken.* Springer.

GDA – Gemeinsame Deutsche Arbeitsschutzstrategie. (Hrsg.). (2017). *Leitlinie Gefährdungsbeurteilung und Dokumentation.* https://www.gda-portal.de/DE/Downloads/pdf/Leitlinie-Gefaehrdungsbeurteilung.pdf?__blob=publicationFile

Georg, A., & Guhlemann, K. (2020). Arbeitsschutz und individuelle Gesundheitskompetenz: Perspektiven der Prävention von Arbeitsintensivierung in der „Arbeit 4.0". *WSI Mitteilungen, 73*(1), 63–70. https://doi.org/10.5771/0342-300X-2020-1-63

Gerdenitsch, C., & Korunka, C. (2019). *Digitale Transformation der Arbeitswelt: Psychologische Erkenntnisse zur Gestaltung von aktuellen und zukünftigen Arbeitswelten* (Die Wirtschaftspsychologie). Springer.

Ghadiri, A., & Peters, T. (2020). *Betriebliches Gesundheitsmanagement in digitalen Zeiten* (Essentials). Springer Gabler.

Ghadiri, A., Ternès, A., & Peters, T. (Hrsg.). (2016). *Trends im Betrieblichen Gesundheitsmanagement: Ansätze aus Forschung und Praxis.* Springer Gabler.

Giesert, M. (2012). Arbeitsfähigkeit und Gesundheit erhalten: Fördermöglichkeiten im ganzheitlichen betrieblichen Gesundheitsmanagement. *Arbeitsrecht im Betrieb, Heft 5,* 336–340.

Giesert, M. (Hrsg.). (2011). *Arbeitsfähigkeit in die Zukunft: Willkommen im Haus der Arbeitsfähigkeit!* VSA Verlag.

Giesert, M., Reuter, T., & Liebrich, A. (Hrsg.) (2017). *Arbeitsfähigkeit 4.0: Eine gute Balance im Dialog gestalten.* VSA.

Gimpel, H., Lanzl, J., Manner-Romberg, T., & Nüske, N. (2018). *Digitaler Stress in Deutschland: Eine Befragung von Erwerbstätigen zu Belastung und Beanspruchung durch Arbeit mit digitalen Technologien* (Working Paper Forschungsförderung, Nr. 101, hrsg. von der Hans Böckler Stiftung). http://nbn-resolving.de/urn:nbn:de:101:1-2018112311322213317372

GKV – Spitzenverband Bund der Krankenkassen. (Hrsg.). (2020). *Kriterien zur Zertifizierung digitaler Präventions- und Gesundheitsförderungsangebote gemäß Leitfaden Prävention 2020, Kapitel 7.* https://www.gkv-spitzenverband.de/media/dokumente/krankenversicherung_1/praevention__selbsthilfe__beratung/praevention/praevention_leitfaden/Kriterien_zur_Zertifizierung_digitaler_Angebote_12_2020.pdf

GKV – Spitzenverband Bund der Krankenkassen. (Hrsg.). (2022). *Leitfaden Prävention: Handlungsfelder und Kriterien nach § 20 Abs. 2 SGB V zur Umsetzung der §§ 20, 20a und 20b SGB V vom 21. Juni 2000 in der Fassung vom 21. Dezember 2022.* https://www.gkv-spitzenverband.de/media/dokumente/krankenversicherung_1/praevention__selbsthilfe__beratung/praevention/praevention_leitfaden/Leitfaden_Pravention_GKV_2022_barrierefrei.pdf

Glanz, K., Rimer, B. K., & Viswanath, K. (Eds.). (2015). *Health Behavior and Health Education: Theory, Research, and Practice* (5th ed.). Jossey-Bass.

Goetzel, R. Z., Henke, R. M., Tabrizi, M. et al. (2014). Do workplace health promotion (wellness) programs work? *Journal of Occupational and Environmental Medicine, 56* (9),927–934. https://doi.org/10.1097/JOM.0000000000000276

Gohres, H., Finne, E., & Seibt, A. C. (2021). *Erklärungs- und Veränderungsmodelle 2: Theoriebasierte Interventionsplanung* (Leitbegriffe der Gesundheitsförderung und Prävention im Glossar zu Konzepten, Strategien und Methoden, hrsg. von der Bundeszentrale für gesundheitliche Aufklärung). https://doi.org/10.17623/BZGA:Q4-i013-2.0

Goldfriedrich, M. (2020). *Erziehung, Bildung und Gesundheit: Theoretische und empirische Grundlegungen zur Gesundheitspädagogik* (Kultur und Bildung, Bd. 19). Brill/Schöningh.

Goldfriedrich, M., & Hurrelmann, K. (Hrsg.). (2021). *Gesundheitsdidaktik.* Beltz Juventa.

Goldgruber, J., & Ahrens, D. (2009). Gesundheitsbezogene Interventionen in der Arbeitswelt. *Prävention und Gesundheitsförderung, 4*(1), 83–95. https://doi.org/10.1007/s11553-008-0155-8

Goldgruber, J., & Ahrens, D. (2010). Effectiveness of workplace health promotion and primary prevention interventions. A review. *Journal of Public Health,18*(1), 75–88. https://doi.org/10.1007/s10389-009-0282-5

Graen, G. B., & Uhl-Bien, M. (1995). Relationship-based approach to leadership: Development of leader-member exchange (LMX) theory of leadership over 25 years: Applying a multi-level multi-domain perspective. *The Leadership Quarterly, 6*(2), 219–247. https://doi.org/10.1016/1048-9843(95)90036-5

Green, J., Cross, R., Woodall, J., & Tones, K. (2019). *Health Promotion: Planning and Strategies* (4th ed.). Sage

Green, L. W., & Kreuter, M. W. (2005). *Health Promotion Planning: An Educational and Environmental Approach* (4th ed.). McGraw Grill-Hill.

Greenhalgh, T. (2015). *Einführung in die evidenzbasierte Medizin* (3. Aufl.). Huber.

Gregersen, S., Kuhnert, S., Zimber, A., & Nienhaus, A. (2011). Führungsverhalten und Gesundheit – Zum Stand der Forschung. *Gesundheitswesen, 73*(1), 3–12. https://doi.org/10.1055/s-0029-1246180

Gregersen, S., Vincent-Höper, S., Schambortski, H., & Nienhaus, A. (2020). Führung und Gesundheit der Beschäftigten. In P. Kriwy & M. Jungbauer-Gans (Hrsg.), *Handbuch Gesundheitssoziologie* (S. 559–579). Springer VS.

Grillich, L., Szelag, M., & Ebenberger, A. (2020). *Wirkmodell zur Stärkung der Gesundheitskompetenz.* Hrsg. vom Department für Evidenzbasierte Medizin und Evaluation, Universität für Weiterbildung Krems. https://www.donau-uni.ac.at/dam/jcr:470b7643-a5a4-420a-8358-9322fc33214e/Wirkmodell_Gesundheitskompetenz_2021.pdf

Grimani, A., Bergström, G., Casallas, M. I. R., Aboagye, E., Jensen, I., & Lohela-Karlsson, M. (2018). Economic Evaluation of Occupational Safety and Health Interventions From the Employer Perspective: A Systematic Review. *Journal of Occupational and Environmental Medicine, 60*(2), 147–166. https://doi.org/10.1097/JOM.0000000000001224

Grimm, S., & Brodersen, S. (2016). *Potenziale der Vielfalt in der Prävention und betrieblichen Gesundheitsförderung* (iga.Fakten 8, hrsg. von der Initiative Gesundheit und Arbeit). https://www.iga-info.de/veroeffentlichungen/igafakten/igafakten-8

Grinblat, R., Etterer, D., & Plugmann, P. (Hrsg.). (2022). *Innovationen im Gesundheitswesen: Rechtliche und ökonomische Rahmenbedingungen und Potenziale.* Springer Gabler.

Günther, T., Albers, C., & Hamann, M. (2009). Kennzahlen zum Gesundheitscontrolling in Unternehmen. *Controlling & Management, 53*(6), 367–375. https://doi.org/10.1007/s12176-009-0116-x

Gutmann, J. (2019). *Controlling im betrieblichen Gesundheitsmanagement: Instrumente, Kennzahlen und Best Practices.* Haufe-Lexware.

Gutmann, J. (Hrsg.). (2016). *Betriebliche Gesundheit managen – ein Praxisleitfaden.* Haufe.

Habermann-Horstmeier, L. (2017). *Public Health – Kompakte Einführung und Prüfungsvorbereitung für alle Studienfächer im Gesundheitsbereich* (Kompaktreihe Gesundheitswissenschaften). Hogrefe.

Habermann-Horstmeier, L. (2019). *Von der Betrieblichen Gesundheitsförderung zum Betrieblichen Gesundheitsmanagement: Kompakte Einführung und Prüfungsvorbereitung für alle interdisziplinären Studienfächer.* Hogrefe.

Hacker, W., & Sachse, P. (2014). *Allgemeine Arbeitspsychologie: Psychische Regulation von Tätigkeiten* (3. Aufl.). Hogrefe.

Hackl, B., Wagner, M., Attmer, L., Baumann, D., & Zünkeler, B. (2017). *New Work: Auf dem Weg zur neuen Arbeitswelt: Management-Impulse, Praxisbeispiele, Studien.* Springer Gabler.

Hackman, J. R., & Oldham, G. R. (1976). Motivation through the Design of Work: Test of a Theory. *Organizational Behavior and Human Performance, 16*(2), 250–279. https://doi.org/10.1016/0030-5073(76)90016-7

Hägerbäumer, M. (2017). *Risikofaktor Präsentismus: Hintergründe und Auswirkungen des Arbeitens trotz Krankheit.* Springer.

Hagger, M., Chatzisarantis, N. L. D., & Biddle, S. J. H. (2002). A Meta-Analytic Review of the Theories of Reasoned Action and Planned Behavior in Physical Activity: Predictive Validity and the Contribution of Additional Variables. *Journal of Sport and Exercise Psychology, 24*(1), 3–32. https://doi.org/10.1123/jsep.24.1.3

Hähner-Rombach, S. (2014). Von der Salutogenese zum Gesundheitsdiktat. In B. Badura, A. Ducki, H. Schröder, J. Klose & M. Meyer (Hrsg.), *Fehlzeiten-Report 2014: Erfolgreiche Unternehmen von morgen – gesunde Zukunft heute gestalten* (S. 221–228). Springer.

Hahnzog, S. (2014). *Betriebliche Gesundheitsförderung: Das Praxishandbuch für den Mittelstand*. Springer Gabler.

Hajen, L., Paetow, H., & Schumacher, H. (2017). *Gesundheitsökonomie: Strukturen – Methoden – Praxisbeispiele* (8. Aufl.). Kohlhammer.

Hajji, R., Kitze, K., & Pieck, N. (Hrsg.). (2022). *Gesundheitsfördernde Organisationsentwicklung: Theorien, Ergebnisse und Ansätze*. Springer.

Halbe-Haenschke, B., & Reck-Hog, U. (2017). *Die Erfolgsstrategie für Ihr BGM: Methoden und Umsetzung eines effektiven betrieblichen Gesundheitsmanagements*. Springer Gabler.

Haring, R. (Hrsg.). (2019). *Gesundheit digital – Perspektiven zur Digitalisierung im Gesundheitswesen*. Springer.

Harms, P., Crede, M., Tynan, M., Leon, M., & Jeung, W. (2017). Leadership and stress: A meta-analytic review. *The Leadership Quarterly, 28*(1), 178–194. https://doi.org/10.1016/j.leaqua.2016.10.006

Hartwig, M., Kirchhoff, B., Lafrenz, B., & Barth, A. (2016). *Psychische Gesundheit in der Arbeitswelt –Organisationale Resilienz* (F 2353, hrsg. von der Bundesanstalt für Arbeitsschutz und Arbeitsmedizin). https://doi.org/10.21934/baua:bericht20160713/5

Hastall, M. R. (2017). Abwehrreaktionen und negative Effekte von Gesundheitsinformationen. *Public Health Forum, 25*(1), 63–65. https://doi.org/10.1515/pubhef-2016-2127

Hastall, M. R. (2019). Effektive Gesundheitskommunikation: Grundlagen, Barrieren und Erfolgsfaktoren aus kommunikationswissenschaftlicher Sicht. *Zeitschrift für Evidenz, Fortbildung und Qualität im Gesundheitswesen, 149*, 66–72. https://doi.org/10.1016/j.zefq.2020.01.003

Heckhausen, J., & Heckhausen, H. (Hrsg.). (2018). *Motivation und Handeln* (5. Aufl.). Springer.

Hehlmann, T. (2021). Interpersonale Gesundheitskommunikation in der Prävention und Gesundheitsförderung. In M. Tiemann und M. Mohokum. (Hrsg.), *Prävention und Gesundheitsförderung* (Springer Reference Pflege – Therapie – Gesundheit) (S. 263–283). Springer

Herczeg, M. (2018). *Software-Ergonomie: Theorien, Modelle und Kriterien für gebrauchstaugliche interaktive Computersysteme* (De Gruyter Studium) (4. Aufl.). De Gruyter Oldenbourg.

Herget, J., & Strobl, H. (Hrsg.). (2018). *Unternehmenskultur in der Praxis: Grundlagen – Methoden – Best Practices*. Springer Gabler.

Hessenmöller, A.-M., Rahnfeld, M., & Wetzstein, A. (2022). *Der KulturCheck: Ein Analysetool für Unternehmen zur Erfassung der eigenen Kultur der Prävention* (IAG Report 2/2018, 4. Aufl.). DGUV. https://publikationen.dguv.de/forschung/iag/iag-report/3493/iag-report-2/2018-der-kulturcheck

Hiendl, C. O. (2016). *Achtsamkeit im Unternehmen – Idee, Konzeption, Implementierung und Evaluation eines achtsamkeitsbasierten Programms zur gesundheitspädagogischen Förderung im Betrieb*. Zugelassene Dissertation an der Katholischen Universität Eichstätt-Ingolstadt. https://opus4.kobv.de/opus4-ku-eichstaett/files/310/Achtsamkeit%20im%20Unternehmen%20-%20die%20Doktorarbeit%20final%20korrigiert.pdf

Hochmuth, A., Exner, AK., & Dockweiler, C. (2020). Implementierung und partizipative Gestaltung digitaler Gesundheitsinterventionen. *Bundesgesundheitsblatt, 63*, 145–152. https://doi.org/10.1007/s00103-019-03079-6

Hoefle, M. (2010). *Managerismus: Unternehmensführung in Not*. Wiley-VCH.

Hoffmann, A., Tiemann, M., & Bös, K. (2019). Digitale Bewegungsangebote – Bestandsaufnahme, Qualitätskriterien, Perspektiven. *Prävention und Gesundheitsförderung, 14*(5), 60–68. https://doi.org/10.1007/s11553-018-0648-z

Hoffmann, F., & Becker, K. (Hrsg.). (2023). *Digital Health – Technologien, Vernetzung, Fortschritt* (Beiträge aus der Hochschule). Apollon University Press.

Hoffmann, S., Schwarz, U., & Mai, R. (Hrsg.). (2012). *Angewandtes Gesundheitsmarketing*. Springer.

Holtbrügge, D. (2022). *Personalmanagement* (8. Aufl.). Springer.

Holtrup, H.-J., Cormann, U., Denny, T., & Krasenbrink, B. (2018). Mit Risikoszenarien steuern. *Controlling & Management Review, 62*(1), 16–23. https://doi.org/10.1007/s12176-017-0128-x

Horváth, P., Gramm, N., Möller, K., Kastner, M., Schmidt, B., Iserloh, B., Kliesch, G., Otte, R., Braun, M., Matter, M., Pennig, St., Vogt, J., & Köper, B. (2009). *Betriebliches Gesundheitsmanagement mit Hilfe der Balanced Scorecard* (F 2126, hrsg. von Bundesanstalt für Arbeitsschutz und Arbeitsmedizin). https://www.baua.de/DE/Angebote/Publikationen/Berichte/F2126.html

House, R. J., Dorfman, P. W., Javidan, M., Hanges, P. J., & de Luque, S. M. (Hrsg.). (2014). *Strategic Leadership Across Cultures: GLOBE Study of CEO Leadership Behavior and Effectiveness in 24 Countries*. SAGE Publications.

Hu, M. X., Turner, D., Generaal, E., Bos, D., Ikram, M. K., Ikram, M. A., Cuijpers, P., & Penninx, B. (2020). Exercise interventions for the prevention of depression: a systematic review of meta-analyses. *BMC Public Health, 20*:1255, 1–11. https://doi.org/10.1186/s12889-020-09323-y

Hünefeld, L., Ahlers, E., Vogel, S.E., & Meyer, S.-C. (2022). Arbeitsintensität und ihre Determinanten. Eine Übersicht über das Analysepotential von Erwerbstätigenbefragungen. *Zeitschrift für Arbeitswissenschaft, 76*(1), 1–9. https://doi.org/10.1007/s41449-021-00273-8

Hurrelmann, K. (2006). *Gesundheitssoziologie: Eine Einführung in sozialwissenschaftliche Theorien von Krankheitsprävention und Gesundheitsförderung* (6. Aufl.). Beltz Juventa.

Hurrelmann, K., & Baumann, E. (Hrsg.). (2014). *Handbuch Gesundheitskommunikation*. Hogrefe.

Hurrelmann, K., & Richter, M. (2013). *Gesundheits- und Medizinsoziologie: Eine Einführung in sozialwissenschaftliche Gesundheitsforschung* (Grundlagentexte Soziologie) (8. Aufl.). Beltz Juventa.

Hurrelmann, K., Klinger, J., & Schaeffer, D. (2020). *Gesundheitskompetenz der Bevölkerung in Deutschland – Vergleich der Erhebungen 2014 und 2020*. Hrsg. vom Interdisziplinären Zentrum für Gesundheitskompetenzforschung (IZGK) der Universität Bielefeld. https://doi.org/10.4119/unibi/2950303

Hurrelmann, K., Richter, M., Klotz, T., & Stock, S. (Hrsg.). (2018). *Referenzwerk Prävention und Gesundheitsförderung: Grundlagen, Konzepte und Umsetzungsstrategien* (5. Aufl.). Hogrefe.

IFAA – Institut für angewandte Arbeitswissenschaft e. V. (Hrsg.). (2017). *Handbuch Arbeits- und Gesundheitsschutz: Praktischer Leitfaden für Klein- und Mittelunternehmen*. Springer Vieweg.

IFBG – Institut für Betriebliche Gesundheitsförderung. (Hrsg.). (2017). *Studienband #whatsnext – Gesund arbeiten in der digitalen Arbeitswelt (Sonderveröffentlichung des Personalmagazins)*. In Zusammenarbeit mit der Techniker Krankenkasse und Haufe-Verlag. https://www.tk.de/resource/blob/2033608/c27f647a9999aaaa8c9bce15e31ae1f5/whatsnext-data.pdf

IFBG – Institut für Betriebliche Gesundheitsförderung. (Hrsg.). (2020). *Studienband #whatsnext2020 – Erfolgsfaktoren für gesundes Arbeiten in der digitalen Arbeitswelt*. In Zusammenarbeit mit der Techniker Krankenkasse und Haufe-Verlag. https://www.tk.de/resource/blob/2089982/6b926c725e94cff77332e98702d1e835/trendstudie-whatsnext-2020-data.pdf

IGA – Initiative Gesundheit & Arbeit. (Hrsg.). (2015). *Führungskräfte sensibilisieren und Gesundheit fördern – Ergebnisse aus dem Projekt „iga.Radar"* (iga.Report 29). https://www.iga-info.de/veroeffentlichungen/igareporte/igareport-29

Ilmarinen, J., & Ilmarinen, V. (2015). Work Ability and Aging. In L. M. Finkelstein, D. M. Truxillo, F. Fraccaroli and R. Kanfer (Eds.), *Facing the Challenges of a Multi-Age Workforce: A Use-Inspired Approach* (SIOP Organizational Frontiers Series) (pp. 134–156). Routledge; Taylor & Francis.

Ilmarinen, J., Tuomi, K., & Klockars, M. (1997). Changes in the Work Ability of Active Employees over an 11-year Period. *Scandinavian Journal of Work, Environment and Health, 23* (SUPPL. 1), 49–57.

INQA – Initiative Neue Qualität der Arbeit. (Hrsg.). (2014a). *INQA-Audit Zukunftsfähige Unternehmenskultur.* (Hrsg. von der Bundesanstalt für Arbeitsschutz und Arbeitsmedizin (BAuA)). https://www.inqa-audit.de/fileadmin/Pdf/Produktblatt_Audit_Zukunftsfaehige_Unternehmenskultur.pdf

INQA – Initiative Neue Qualität der Arbeit. (Hrsg.). (2014b). *Führungskultur im Wandel – Kulturstudie mit 400 Tiefeninterviews* (Redaktion P. Kruse † & A. Greve der nextpractice GmbH). (Hrsg. von der Bundesanstalt für Arbeitsschutz und Arbeitsmedizin (BAuA)). https://inqa.de/DE/wissen/fuehrung/fuehrungskultur/gute-fuehrungskultur-fuenf-fuehrungstypen.html

INQA – Initiative Neue Qualität der Arbeit. (Hrsg.). (2018). *Eine Familie stellt sich vor: WAI-basierte Instrument – Arbeits- und Beschäftigungsfähigkeit wiederherstellen, erhalten und fördern.* (Hrsg. von der Bundesanstalt für Arbeitsschutz und Arbeitsmedizin (BAuA)). https://www.wainetzwerk.de/de/instrumente-rund-um-den-wai-684.html

INQA – Initiative Neue Qualität der Arbeit. (Hrsg.). (2022). *INQA-Check „Gesundheit" (OM-Praxis A-2.3): Die Potenziale für ein gesundes Unternehmen ausschöpfen – Selbstcheck für Unternehmer*innen.* Hrsg. von der „Offensive Mittelstand – Gut für Deutschland". https://www.inqa-check-gesundheit.de/check-gesundheit/daten/mittelstand/index.htm

Islam, M., Hasan, M., Wang, X., Germack, H., & Noor-E-Alam, M. (2018). A Systematic Review on Healthcare Analytics: Application and Theoretical Perspective of Data Mining. *Healthcare, 6*(2), 54. https://doi.org/10.3390/healthcare6020054

ISSA – International Social Security Association. (Ed.). (2011). *Prävention lohnt sich: Kosten und Nutzen von Präventionsmaßnahmen zu Sicherheit und Gesundheit am Arbeitsplatz für die Unternehmen: Zusammenfassung der Ergebnisse (IVSS-Publikationen).* Internationale Vereinigung für Soziale Sicherheit. https://ww1.issa.int/de/node/25672

Jaeschke, L., Steinbrecher, A., Greiser, K.H. et al. (2020). Erfassung selbst berichteter kardiovaskulärer und metabolischer Erkrankungen in der NAKO Gesundheitsstudie: Methoden und erste Ergebnisse. *Bundesgesundheitsblatt, 63*, 439–451. https://doi.org/10.1007/s00103-020-03108-9

Janneck, M., & Hoppe, A. (Hrsg.). (2018). *Gestaltungskompetenzen für gesundes Arbeiten – Arbeitsgestaltung im Zeitalter der Digitalisierung.* Springer.

Janz, N. K., & Becker, M. H. (1984). The Health Belief Model: A Decade Later. *Health Education Quarterly, 11*(1), 1–47. https://doi.org/10.1177/109019818401100101

Jordan, S., & Hoebel, J. (2015). Gesundheitskompetenz von Erwachsenen in Deutschland. *Bundesgesundheitsblatt, 58*, 942–950. https://doi.org/10.1007/s00103-015-2200-z

Jorzig, A., & Sarangi, F. (2020). *Digitalisierung im Gesundheitswesen: Ein kompakter Streifzug durch Recht, Technik und Ethik.* Springer.

Judge, T. A., Woolf, E. F., Hurst, C., & Livingston, B. (2006). Charismatic and transformational leadership: a review and an agenda for future research. *Zeitschrift für Arbeits- und Organisationspsychologie, 50*(N.F. 24) (4), 203–214. https://doi.org/10.1026/0932-4089.50.4.203

Kaba-Schönstein, L. (2018). *Gesundheitsförderung 3: Entwicklung nach Ottawa* (Leitbegriffe der Gesundheitsförderung und Prävention im Glossar zu Konzepten, Strategien und Methoden, hrsg. von der Bundeszentrale für gesundheitliche Aufklärung). https://doi.org/10.17623/BZGA:224-i035-1.0

Käfer, A., & Niederberger, M. (2019). Die Zukunft des digitalen Betrieblichen Gesundheitsmanagements. *Prävention und Gesundheitsförderung, 15*(2), 151–158. https://doi.org/10.1007/s11553-019-00741-4

Kaiser, S., Kozica, A., Böhringer, F., & Wissinger, J. (Hrsg.). (2021). *Digitale Arbeitswelt: Wie Unternehmen erfolgreich die digitale Transformation gestalten können.* Springer Gabler.

Kalch, A., & Wagner, A. (Hrsg.). (2020). *Gesundheitskommunikation und Digitalisierung: Zwischen Lifestyle, Pravention und Krankheitsversorgung* (Reihe Gesundheitskommunikation, Bd. 20). Nomos.

Kaluza, A. J., Boer, B., Buengeler, C., & van Dick, R. (2019). Leadership behaviour and leader self-reported well-being: A review, integration and meta-analytic examination. *Work & Stress, 34*(1), 34–56. https://doi.org/10.1080/02678373.2019.1617369

Kaminski, M. (2013). *Betriebliches Gesundheitsmanagement für die Praxis: Ein Leitfaden zur systematischen Umsetzung der DIN SPEC 91020.* Springer Gabler.

Kaplan, R. S., & Norton, D. P. (2018). *Balanced Scorecard: Strategien erfolgreich umsetzen* (Sonderausgabe). Schäffer-Poeschel.

Karasek, R., & Theorell, T. (1990). *Healthy Work: Stress, Productivity, and the Reconstruction of Working Life.* Basic Books.

Kauffeld, S. (Hrsg.). (2019). *Arbeits-, Organisations- und Personalpsychologie für Bachelor: Extras online* (Springer-Lehrbuch) (3. Aufl.). Springer.

Keller, H., Robelski, S., Harth, V., & Mache, S. (2017). Psychosoziale Aspekte bei der Arbeit im Homeoffice und in Coworking Spaces: Vorteile, Nachteile und Auswirkungen auf die Gesundheit. *ASU Arbeitsmedizin Sozialmedizin Umweltmedizin, 52*(11), 840–845. https://doi.org/10.17147/ASU.2017-11-03-02

Keller, S. (2013). Neue Systematik im DGUV Vorschriften- und Regelwerk. *DGUV Forum, 4*(13), 23–25.

Kerres, M. (2018). *Mediendidaktik: Konzeption und Entwicklung digitaler Lernangebote* (5. Aufl.). De Gruyter Oldenbourg.

Khabyuk, O. (2018). *Kommunikationsmodelle: Grundlagen – Anwendungsfelder – Grenzen* (Reihe BWL Bachelor Basics). Kohlhammer.

Kickbusch, I., & Hartung, S. (2014). *Die Gesundheitsgesellschaft: Konzepte für eine gesundheitsförderliche Politik* (2. Aufl.). Hogrefe.

Kieser, A., & Ebers, M. (2019). *Organisationstheorien* (8.Aufl.). Kohlhammer.

Klaffke, M., & Bohlayer, C. (2021). Gesundheitsmanagement – Gesundheit nachhaltig in Organisationen etablieren. In M. Klaffke (Hrsg.), *Generationen-Management: Konzepte, Instrumente, Good-Practice-Ansätze* (S. 195–219). Springer Gabler.

Klein, M. (2021). *Eine kleine Einführung in die Betriebliche Soziale Arbeit* (Betriebliche Soziale Arbeit, Bd. 1). Beltz Juventa.

Klenk, T., Nullmeier, F., & Wewer, G. (2020). *Handbuch Digitalisierung in Staat und Verwaltung.* Springer VS.

Knieps, F., & Pfaff, H. (Hrsg.). (2021). *Krise – Wandel – Aufbruch: Zahlen, Daten, Fakten – mit Gastbeiträgen aus Wissenschaft, Politik und Praxis* (BKK Gesundheitsreport 2021). MWV Medizinisch Wissenschaftliche Verlagsgesellschaft. https://www.bkk-dachverband.de/fileadmin/Artikelsystem/Publikationen/2021/Gesundheitsreport_2021/BKK_Gesundheitsreport_2021.pdf

Knoll, N., Scholz, U., & Rieckmann, N. (2017). *Einführung Gesundheitspsychologie* (4. Aufl.). Ernst Reinhardt.

Kobi, J. (2012). *Personalrisikomanagement: Strategien zur Steigerung des People Value* (3. Aufl.). Gabler.

Kohlmann, C., Salewski, C., & Wirtz, M. A. (Hrsg.). (2018). *Psychologie in der Gesundheitsförderung.* Hogrefe.

König, E., & Volmer, G. (2018). *Handbuch Systemische Organisationsberatung* (3. Aufl.). Beltz.

König, E., & Volmer, G. (2020). *Einführung in das systemische Denken und Handeln* (2. Aufl.). Beltz.

König, H.-H. (2022). *Ökonomische Evaluation von Gesundheitsförderung und Prävention* (Leitbegriffe der Gesundheitsförderung und Prävention im Glossar zu Konzepten, Strategien und Methoden, hrsg. von der Bundeszentrale für gesundheitliche Aufklärung). https://doi.org/10.17623/BZGA:224-i048-1.0

Kramer, I., & Bödeker, W. (2008). *Return on Investment im Kontext der betrieblichen Gesundheitsförderung und Prävention – Die Berechnung des prospektiven Return on Investment: eine Analyse von ökonomischen Modellen* (iga-Report 16, hrsg. von der Initiative Gesundheit und Arbeit). https://www.iga-info.de/fileadmin/redakteur/Veroeffentlichungen/iga_Reporte/Dokumente/iga-Report_16_Analyse_ROI-Kalkulatoren.pdf

Kramer, U. (2017). Wie gut sind Gesundheits-Apps? Was bestimmt Qualität & Risiko? Welche Orientierungshilfen gibt es? *Aktuelle Ernährungsmedizin, 42*(3), 193–205. https://doi.org/10.1055/s-0043-109130

Kratzer, N., Dunkel, W., Becker, K., & Hinrichs, S. (Hrsg.). (2011). *Arbeit und Gesundheit im Konflikt: Analysen und Ansätze für ein partizipatives Gesundheitsmanagement*. edition sigma.

Krauth, C. (2010). Methoden der Kostenbestimmung in der gesundheitsökonomischen Evaluation. *Gesundheitsökonomie & Qualitätsmanagement, 15*(5), 251–259. https://doi.org/10.1055/s-0029-1245680

Kreis, L., Backé, E.-M., & Latza, U. (2018). Interventionen zur Reduktion des sitzenden Verhaltens am Arbeitsplatz – ein systematischer Review. *ASU Arbeitsmedizin Sozialmedizin Umweltmedizin, 53*(12), 798–813.

Kreßner, M. (2019). *Gesteuerte Gesundheit: Grund und Grenzen verhaltenswissenschaftlich informierter Gesundheitsförderung und Krankheitsprävention*. Zugelassene Dissertation der LMU München. Nomos.

Kröll, C., Doebler, P., & Nüesch, S. (2017). Meta-analytic evidence of the effectiveness of stress management at work. *European Journal of Work and Organizational Psychology, 26*(5), 677–693. https://doi.org/10.1080/1359432X.2017.1347157

Krüger, W., & Bach, N. (Hrsg.). (2014). *Excellence in Change: Wege zur strategischen Erneuerung* (5. Aufl., uniscope, Publikationen der SGO Stiftung). Springer Gabler.

Krüger-Brand, H. E. (2019). Digitale-Versorgung-Gesetz: Schub für die digitale Versorgung. *Deutsches Ärzteblatt, 116*(46), A-2111.

Kühlein, T., Maibaum, T., & Klemperer, D. (2018). „Quartäre Prävention" oder die Verhinderung nutzloser Medizin. *ZFA – Zeitschrift für Allgemeine Medizin, 94*(4), 174–178. https://doi.org/10.3238/zfa.2018.0174-0178

Kuhn, E. (2017). Corporate Social Responsibility und Betriebliches Gesundheitsmanagement zusammen denken? *Zeitschrift für Wirtschafts- und Unternehmensethik, 18*(3), 416–419, https://doi.org/10.5771/1439-880X-2017-3-416

Kuhn, T., & Weibler, J. (2022). Die „dunkle Seite" der Führung. In B. Badura, A. Ducki, M. Meyer & H. Schröder (Hrsg.), *Fehlzeiten-Report 2022: Verantwortung und Gesundheit* (S. 225–236). Springer.

Kutscher, J., & Leydecker, J. M. (2018). *Schichtarbeit und Gesundheit: Aktueller Forschungsstand und praktische Schichtplangestaltung*. Springer Gabler.

Landrock, H., & Gadatsch, A. (2018). *Big Data im Gesundheitswesen kompakt: Konzepte, Lösungen, Visionen*. Springer Vieweg.

Langkafel, P., & Matusiewicz, D. (Hrsg.). (2021). *Digitale Gesundheitskompetenz – Brauchen wir den digitalen Führerschein für die Medizin?* medhochzwei Verlag.

Lauer, T. (2019). *Change Management: Grundlagen und Erfolgsfaktoren* (3. Aufl.). Springer Gabler.

Lazarus, R. S. (2006). *Stress and Emotion: A New Synthesis*. Springer Publishing Company.

Lazarus, R. S., & Folkmann, S. (1984). *Stress, Appraisal, and Coping*. Springer.

Lenartz, N., Soellner, R., & Rudinger, G. (2014). Gesundheitskompetenz: Modellbildung und empirische Modellprüfung einer Schlüsselqualifikation für gesundes Leben. *DIE Zeitschrift für Erwachsenenbildung, 2*, 29–32. https://doi.org/10.3278/DIE1402W029

Lenartz, N., Soellner, R., & Rudinger, G. (2020). Health Literacy. In P. Kriwy & M. Jungbauer-Gans (Hrsg.), *Handbuch Gesundheitssoziologie* (S. 275–292). Springer VS.

Lerner, D., Rodday, A. M., Cohen, J. T., & Rogers, W. H. (2013). A Systematic Review of the Evidence Concerning the Economic Impact of Employee-Focused Health Promotion and Wellness Programs, *Journal of Occupational and Environmental Medicine, 55*(2), 209–222. https://doi.org/10.1097/JOM.0b013e3182728d3c

Li, K., Hüsing, A., & Kaaks, R. (2014). Lifestyle risk factors and residual life expectancy at age 40: a German cohort study. *BMC Medicine, 12*:59, 1–10. https://doi.org/10.1186/1741-7015-12-59

Lim, S. S., Updike, R. L., Kaldjian, A. S., Barber R. M., Cowling, K., York, H., Friedman, J., Xu, R., Whisnant, J. L., Taylor, H. J., Leever, A. T., Roman, Y., Bryant, M. F., Dieleman, J., Gakidou, E., & Murray, C. JL. (2018). Measuring human capital: a systematic analysis of 195 countries and territories, 1990–2016. *The Lancet, 392*, 1217–1234. https://doi.org/10.1016/S0140-6736(18)31941-X

Lippke, S., & Hessel, A. (2018). Verhaltens- und Verhältnisinterventionen in der Prävention: Metaanalytische Befunde und Implikationen. *Prävention und Rehabilitation, 30*(4), 121–132. https://doi.org/10.5414/PRX0533

Lippmann, E., Pfister, A., Jörg, U., & Leuenberger, T. (Hrsg.). (2019). *Handbuch Angewandte Psychologie für Führungskräfte: Führungskompetenz und Führungswissen* (5. Aufl.). Springer.

Loer, K. (2022). *Gesundheitspolitik – Eine Einführung* (Reihe Elemente der Politik). Springer VS.

Löllgen, H., & Leyk, D. (2012). Prävention durch Bewegung – Bedeutung der körperlichen Leistungsfähigkeit. *Der Internist, 53*(6), 663–670. https://doi.org/10.1007/s00108-011-2932-2

Löllgen, H., Wismach, J., & Bachl, N. (2020). Körperliche Aktivität als Medikament. *Zeitschrift für Komplementärmedizin, 12*(01), 54–59. https://doi.org/10.1055/a-1070-8052.

Lösch, R., Amler, N., & Drexler, H. (2022). Arbeits- und Gesundheitsschutz und Betriebliches Eingliederungsmanagement in Deutschland – Ein systematisches Review zum Umsetzungsstand gesetzlicher Vorgaben. *Gesundheitswesen, 84*(05), 422–437. https://doi.org/10.1055/a-1354-6227

Lott, Y. (2020). (Fehlende) Selbstbestimmung über die Arbeitszeit und Abschalten von der Arbeit – Welche Rolle spielen Intensität und Extensivierung der Arbeit? *WSI Mitteilungen, 73*(1), 38–46. https://doi.org/10.5771/0342-300X-2020-1-38

Lux, T. (2020). E-Health. In T. Kollmann (Hrsg.), *Handbuch Digitale Wirtschaft* (S. 1151–1168). Springer Gabler.

Lux, T., Köberlein-Neu, J., & Müller-Mielitz, S. (Hrsg.). (2022). *E-Health-Ökonomie II: Evaluation und Implementierung*. Springer Gabler.

Maack-Schulze, M., Kauffmann, A. L., Baß, T., Agor, K., Kaestner, R., & Hartweg, H. (2020). *Betriebliches Gesundheitsmanagement in der Entwicklung: Perspektiven und Grenzen nationaler Gesundheitsförderungs- und Präventionsansätze* (Essentials). Springer Gabler.

Magistretti, M. C. (Hrsg.), Lindstrøm, B., & Eriksson, M. (2019). *Salutogenese kennen und verstehen: Konzept, Stellenwert, Forschung und praktische Anwendung*. Hogrefe.

Maier, G. W., Engels, G., & Steffen, E. (Hrsg.). (2020). *Handbuch Gestaltung digitaler und vernetzter Arbeitswelten*. Springer.

Marchwacka, M. A. (2016). Gesundheitsbildung als Herausforderung für den Schulentwicklungsprozess. *DDS – Die Deutsche Schule, 108*(3), 239–255.

Marlatt, A. G., & Gordon, J. R. (Eds.). (1985). *Relapse Prevention*. Guilford Press.

Marschall, J. (2017). *Präventionskultur – Scoping Review. Nutzen von Präventionskultur und Möglichkeiten ihrer Gestaltung*. (Abschlussbericht für DGUV, hrsg. IGES Institut GmbH). https://www.iges.com/sites/igesgroup/iges.de/myzms/content/e6/e1621/e10211/e15829/e21021/e21027/e21028/attr_objs21055/IGESPublikationPrventionskulturWEB_ger.pdf

Martin, R., Guillaume, Y., Thomas, G., Lee, A., & Epitropaki, O. (2016). Leader–member exchange (LMX) and performance: A meta-analytic review. *Personnel Psychology, 69*(1), 67–121. https://doi.org/10.1111/peps.12100

Matusiewicz, D., & Kaiser, L. (Hrsg.). (2018). *Digitales Betriebliches Gesundheitsmanagement: Theorie und Praxis* (FOM-Edition). Springer Gabler.

Matusiewicz, D., Kardys, C., & Nürnberg, V. (Hrsg.). (2021). *Betriebliches Gesundheitsmanagement: analog und digital.* MWV Medizinisch Wissenschaftliche Verlagsgesellschaft.

Maurer, T. (2020). *Der Einfluss eines Betrieblichen Gesundheitsmanagements auf die Unternehmensperformance: Eine Metaanalyse* (Dissertation Universität Ulm). Nomos.

McEachan, R. R. C., Conner, M., Taylor, N. J., & Lawton, R. J. (2011). Prospective prediction of health-related behaviours with the theory of planned behaviour: A meta-analysis. *Health Psychology Review, 5*(2), 97–144. https://doi.org/10.1080/17437199.2010.521684

Meijman, T. F., & Mulder, G. (1998). Psychological aspects of workload. In P. J. D. Drenth, H. Thierry, & C. J. de Wolff (Eds.), *Handbook of work and organizational: Work psychology* (pp. 5–33). Psychology Press.

Meinel, H. (2018). *Betrieblicher Gesundheitsschutz: Vorschriften, Aufgaben und Pflichten für den Arbeitgeber* (7. Aufl.). ecomed Sicherheit.

Messing, S., & Rütten, A. (2017). Qualitätskriterien für die Konzipierung, Implementierung und Evaluation von Interventionen zur Bewegungsförderung: Ergebnisse eines State-of-the-Art Reviews. *Das Gesundheitswesen, 79* (Suppl. 1), 60–65. https://doi.org/10.1055/s-0042-123378

Metz, A.-M., & Rothe, H.-J. (2017). *Screening psychischer Arbeitsbelastung: Ein Verfahren zur Gefährdungsbeurteilung* (Essentials). Springer Fachmedien.

Meyer, S.C., Tisch, A., & Hünefeld, L. (2019). Arbeitsintensivierung und Handlungsspielraum in digitalisierten Arbeitswelten – Herausforderung für das Wohlbefinden von Beschäftigten? *Industrielle Beziehungen, 2*, 207–231. https://doi.org/10.3224/indbez.v26i2.06

Michel, A., & Hoppe, A. (Hrsg.). (2022). *Handbuch Gesundheitsförderung bei der Arbeit: Interventionen für Individuen, Teams und Organisationen.* Springer.

Miko, H.-C., Zillmann, N., Ring-Dimitriou, S., Dorner, T. E., Titze, S., & Bauer, R. (2020). Auswirkungen von Bewegung auf die Gesundheit. *Gesundheitswesen, 82*(S 03), 184–195. https://doi.org/10.1055/a-1217-0549

Million, C. (2019). *Crashkurs Blockchain – Einführung, Grundprinzipien, Use Cases.* Haufe.

Milne, S., Sheeran, P., & Orbell, S. (2000). Prediction and intervention in health-related behavior: A meta-analytic review of protection motivation theory. *Journal of Applied Social Psychology, 30*(1), 106–143. https://doi.org/10.1111/j.1559-1816.2000.tb02308.x

Mittelmark, M. B., Bauer, G. F., Vaandrager, L., Pelikan, J. M., Sagy, S., Eriksson, M., Lindström, B., & Magistretti, C. M. (2022). *The Handbook of Salutogenesis* (2nd ed.). Springer Publishing.

Mohokum, M., & Dördelmann, J. (2018). *Betriebliche Gesundheitsförderung – Ein Leitfaden für Physiotherapeuten.* Springer.

Moll, A., & Khayati, S. (Hrsg.). (2021). *Excellence-Handbuch: Grundlagen und Anwendung des EFQM Modells 2020.* Weka.

Molnar, M. (2018). *Gefährdungsbeurteilung psychischer Belastung – aus der Praxis für die Praxis. Fahrpläne, Stolpersteine und Erfolgsfaktoren.* Asanger.

Montano, D., Reeske-Behrens, A., & Franke, F. (2016). *Psychische Gesundheit in der Arbeitswelt – Führung* (F 2353, hrsg. von der Bundesanstalt für Arbeitsschutz und Arbeitsmedizin). https://doi.org/10.21934/baua:bericht20160713/2a

Mühlenbrock, I. (2017). *Alterns- und altersgerechte Arbeitsgestaltung: Grundlagen und Handlungsfelder für die Praxis.* Hrsg. von der Bundesanstalt für Arbeitsschutz und Arbeitsmedizin. https://doi.org/10.21934/baua:praxis20161016

Müller, R. (2002). Betriebliche Gesundheitspolitik. *ZeS Report, 7*(1), 13–18. https://www.ssoar.info/ssoar/bitstream/document/38022/1/ssoar-zesrep-2002-1-muller-Betriebliche_Gesundheitspolitik.pdf

Müller-Mielitz, S., & Lux, T. (Hrsg.). (2017). *E-Health-Ökonomie.* Springer Gabler.

Mustapha, V., & Schweden, F. (2021). *Arbeitsanalyse – Arbeitsbewertung – Arbeitsgestaltung: Anforderungen der Gegenwart und Zukunft bewältigen* (Essentials). Springer.

Nachreiner, F., & Schütte, M. (2006). DIN EN ISO 10075-3 – eine Ergonomie-Norm mit Anforderungen an Verfahren zur Messung psychischer Belastung, Beanspruchung und ihrer Folgen. *Zeitschrift für Arbeits- und Organisationspsychologie, 49*(3), 154–160. https://doi.org/10.1026/0932-4089.49.3.154

Naidoo, J., & Wills, J. (2019). *Lehrbuch Gesundheitsförderung: Erweitert mit Beiträgen zum Entwicklungsstand Deutschland* (3. Aufl.). Hogrefe.

Nerdinger, F. W., Blickle, G., & Schaper, N. (2019). *Arbeits- und Organisationspsychologie* (Springer-Lehrbuch) (4. Aufl.). Springer.

Neumann, P. J., Sanders, G. D., Russell, L. B., Siegel, J. E., & Ganiats, T. G. (Eds.) (2017). *Cost-effectiveness in health and medicine* (2nd ed.). Oxford University Press.

Neuner, R. (2021). *Psychische Gesundheit bei der Arbeit: Gefährdungsbeurteilung und gesunde Organisationsentwicklung* (4. Aufl.). Springer Gabler.

Nieder, P. (2000). Führung und Gesundheit. Die Rolle des Vorgesetzten im Gesundheitsmanagement. In U. Brandenburg, P. Nieder & B. Susen (Hrsg.), *Gesundheitsmanagement im Unternehmen: Grundlagen, Konzepte und Evaluation* (S. 149–161). Juventa.

Niegemann, H., & Weinberger, A. (Hrsg.). (2020). *Handbuch Bildungstechnologie – Konzeption und Einsatz digitaler Lernumgebungen.* Springer.

Norman, P., Abraham, C., & Conner, M. (Eds.) (2000). *Understanding and Changing Health Behaviour from Health Beliefs to Self-Regulation.* Harwood Academic Publishers.

North, K. (2021). *Wissensorientierte Unternehmensführung: Wissensmanagement im digitalen Wandel* (7. Aufl.). Springer Gabler.

Nutbeam, D. (2000). Health literacy as a public health goal: A challenge for contemporary health education and communication strategies into the 21st century. *In Health Promotion International, 15*(3), 259–267. https://doi.org/10.1093/heapro/15.3.259

O'Keefe, D. J., & Nan, X. (2012). The relative persuasiveness of gain- and loss-framed messages for promoting vaccination: A meta-analytic review. *Health Communication, 27*(8), 776–783. https://doi.org/10.1080/10410236.2011.640974

Osterspey, A. (2018). *Gesundheitskultur: Entwicklung und Verankerung durch Personalmanagement* (Edition KWV) (Nachdruck von 2012). Springer Gabler.

Osterspey, A., & Thom, N. (2013). Wie sich in einem Unternehmen eine Gesundheitskultur verankern lässt. *Personal quarterly, 65*(1), 40–45. https://doi.org/10.7892/boris.90092

Otto, D. (2022). *Digital Detox – Die ideale Anleitung für eine gesunde Smartphonenutzung* (2. Aufl.). Springer.

Patole, S. (Ed.). (2021). *Principles and Practice of Systematic Reviews and Meta-Analysis.* Springer.

Pelikan, J. M. (2007). Gesundheitsförderung durch Organisationsentwicklung – ein systemtheoretischer Lösungszugang. *Prävention und Gesundheitsförderung, 2*(2), 74–81. https://doi.org/10.1007/s11553-007-0058-0

Pelikan, J. M., Metzler, B., & Dietscher, C. (2020). *Organisationsentwicklung als Methode der Gesundheitsförderung.* (Leitbegriffe der Gesundheitsförderung und Prävention im Glossar zu Konzepten, Strategien und Methoden, hrsg. von der Bundeszentrale für gesundheitliche Aufklärung). https://doi.org/10.17623/BZGA:224-i083-1.0

Peters, A. et al., German National Cohort (NAKO) Consortium. (2022). Framework and baseline examination of the German National Cohort (NAKO). *European Journal of Epidemiology, 37*(10), 1107–1124. https://doi.org/10.1007/s10654-022-00890-5

Peters, T., & Ghadiri, A. (2013). *Neuroleadership – Grundlagen, Konzepte, Beispiele: Erkenntnisse der Neurowissenschaften für die Mitarbeiterführung* (2. Aufl.). Springer Gabler.

Petzi, M., & Kattwinkel, S. (2016). *Das Gesunde Unternehmen zwischen Utopie und Dystopie: Betriebliches Gesundheitsmanagement auf dem Prüfstand* (Essentials). Springer Gabler.

Pfaff, H., & Zeike, S. (2019). *Controlling im Betrieblichen Gesundheitsmanagement: Das 7-Schritte-Modell.* Springer Gabler.

Pfannstiel, M. A. et al. (Hrsg.). (2017–2019). *Digitale Transformation von Dienstleistungen im Gesundheitswesen* (Band I bis VII). Springer Gabler.

Pfannstiel, M. A., & Mehlich, H. (Hrsg.). (2018). *BGM – Ein Erfolgsfaktor für Unternehmen: Lösungen, Beispiele, Handlungsanleitungen.* Springer Gabler.

Pfeifer, T., & Schmitt, R. (Hrsg.). (2014). *Masing Handbuch Qualitätsmanagement* (6. Aufl.). Hanser.

Pieper, R. (2022). *ArbSchR – Arbeitsschutzrecht: Arbeitsschutzgesetz, Arbeitssicherheitsgesetz und andere Arbeitsschutzvorschriften* (Kommentar für die Praxis) (7. Aufl.). Bund-Verlag.

Pitschel-Walz, G., Bäuml, J., & Kissling, W. (2018). *Psychoedukation bei Depressionen: Manual zur Leitung von Patienten- und Angehörigengruppen* (2. Aufl.). Urban & Fischer Verlag/Elsevier.

Plass, D., Vos, T., Hornberg, C., Scheidt-Nave, C., Zeeb, H., & Krämer, A. (2014). Trends in Disease Burden in Germany Results, Implications and Limitations of the Global Burden of Disease Study. *Deutsches Ärzteblatt International, 111*(38), 629–638. https://doi.org/10.3238/arztebl.2014.0629

Porst, M., von der Lippe, E., Leddin, J., Anton, A. et al. (2022). The Burden of Disease in Germany at the National and Regional Level-Results in Terms of Disability–Adjusted Life Years (DALY) from the BURDEN 2020 Study. *Deutsches Ärzteblatt International, 119*(46), 785–792. https://doi.org/10.3238/arztebl.m2022.0314

Prestwich, A., Sniehotta, F. F., Whittington, C., Dombrowski, S. U., Rogers, L., & Michie, S. (2014). Does theory influence the effectiveness of health behavior interventions? Meta-analysis. *Health Psychology, 33*(5), 465–474. https://doi.org/10.1037/a0032853

Proper, K. I., & van Oostrom, S. H. (2019). The effectiveness of workplace health promotion interventions on physical and mental health outcomes – a systematic review of reviews. *Scandinavian Journal of Work, Environment & Health, 45*(6), 546–559. https://doi.org/10.5271/sjweh.3833

Prümper, J., & Hornung, S. (2016). Arbeits- und Gesundheitsschutz 4.0: Gefährdungsbeurteilung bei mobiler Bildschirmarbeit. *Arbeit und Arbeitsrecht, 71*(10), 588–592. https://people.f3.htw-berlin.de/Professoren/Pruemper/publikation/2016/Pruemper_Hornung-Arbeits-und-Gesundheitsschutz4_0_in_Arbeit_und_Arbeitsrecht.pdf

Prümper, J., & Richenhagen, G. (2011). Von der Arbeitsunfähigkeit zum Haus der Arbeitsfähigkeit: Der Work Ability Index und seine Anwendung. In B. Seyfried (Hrsg.), *Ältere Beschäftigte: Zu jung, um alt zu sein. Konzepte – Forschungsergebnisse – Instrumente* (S. 135–146). Bertelsmann.

Pundt, F., Thomson, B., Montano, D., & Reeske, A. (2018). Führung und psychische Gesundheit. *ASU – Arbeitsmedizin, Sozialmedizin, Umweltmedizin, 53* (Sonderheft, Ausgabe Dezember), 15–19. https://www.baua.de/DE/Angebote/Publikationen/Aufsaetze/artikel2285.html

Rapp, I., & Klein, T. (2020). Lebensstil und Gesundheit. In P. Kriwy & M. Jungbauer-Gans (Hrsg.), *Handbuch Gesundheitssoziologie* (S. 193–211). Springer VS.

Rau, R. (2022). Grenzwertdiskussion – Gefährdungsbeurteilung Psychischer Belastung. *Zeitschrift für Arbeitswissenschaft, 76*(6), 229–232. https://doi.org/10.1007/s41449-022-00313-x

Rau, R., & Göllner, C. (2018). Rahmenmodell der Arbeitsintensität als objektiv bestehende Anforderung. *Arbeit, 27*(2), 151–174. https://doi.org/10.1515/arbeit-2018-0012

Razum, O., & Kolip, P. (Hrsg.). (2020). *Handbuch Gesundheitswissenschaften* (7. Aufl.). Beltz Juventa.

Reifegerste, D., & Ort, A. (2018). *Gesundheitskommunikation: Ein Lehrbuch.* Nomos.

Renneberg, B., & Hammelstein, P. (Hrsg.). (2006). *Gesundheitspsychologie.* Springer.

Richardson, K. M., & Rothstein, H. R. (2008). Effects of occupational stress management intervention programs: A meta-analysis. *Journal of Occupational Psychological Health Psychology, 13*(1), 69–93. https://doi.org/10.1037/1076-8998.13.1.69

Richter, G. (Hrsg.). (2021). *Arbeit und Altern: Eine Bilanz nach 20 Jahren Forschung und Praxis.* Nomos.

Richter, M., & Hurrelmann, K. (Hrsg.). (2016). *Soziologie von Gesundheit und Krankheit: Ein Lehrbuch.* Springer VS.

Richter, P., & Hacker, W. (2014). *Belastung und Beanspruchung: Stress, Ermüdung und Burnout im Arbeitsleben* (4. Aufl.). Asanger.

Rigotti, T., Holstad, T., Mohr, G., Stempel, C., Hansen, E., Loeb, C., Isaksson, K., Otto, K., Kinnunen, K., & Perko, K. (2014). *Rewarding and sustainable healthpromoting leadership* (F 2199, hrsg. von der Bundesanstalt für Arbeitsschutz und Arbeitsmedizin). https://www.baua.de/DE/Angebote/Publikationen/Berichte/F2199.html

Robbins, S. P., & Judge, T. A. (2021). *Organizational Behavior* (18. Aufl.). Pearson.

Robelski, S (2016). *Psychische Gesundheit in der Arbeitswelt – Mensch-Maschine-Interaktion* (F 2353, hrsg. von der Bundesanstalt für Arbeitsschutz und Arbeitsmedizin (BAuA)). https://doi.org/10.21934/baua:bericht20160713/4d

Robelski, S., Harth, V., & Mache, S. (2018). Anforderungen an Führung im Kontext flexibler Arbeitswelten. *Zbl Arbeitsmed ,68*, 118–124. https://doi.org/10.1007/s40664-017-0226-9

Röding, D. (2018). *Lebenslagen, Lebensstile und Gesundheit: Theoretische Reflexionen und empirische Befunde.* LIT Verlag.

Rogers, R. W. (1975). A protection motivation theory of fear appeals and attitude change. *Journal of Psychology, 91*(1), 93–114. https://doi.org/10.1080/00223980.1975.9915803

Rohmert, W., & Rutenfranz, J. (1975). *Arbeitswissenschaftliche Beurteilung der Belastung und Beanspruchung an unterschiedlichen industriellen Arbeitsplätzen.* Bundesministerium für Arbeit und Sozialordnung.

Röhner, J., & Schütz, A. (2020). *Psychologie der Kommunikation* (Basiswissen Psychologie) (3. Aufl.). Springer.

Rojatz, D., Merchant, A., & Nitsch, M. (2017). Factors influencing workplace health promotion intervention: a qualitative systematic review. *Health Promotion International, 32*(5), 831–839. https://doi.org/10.1093/heapro/daw015

Roland Berger. (Hrsg.). (2019/2020). *Future of Health 1 & 2* (Studie 1: Eine Branche digitalisiert sich – radikaler als erwartet; Studie 2: Der Aufstieg der Gesundheitsplattformen). https://www.rolandberger.com/de/Insights/Publications/Future-of-Health-Der-Aufstieg-der-Gesundheitsplattformen.html

Rongen, A., Robroek, S., Lenthe, F., & Burdorf, A. (2013). Workplace Health Promotion: A Meta-Analysis of Effectiveness. *American Journal of Preventive Medicine, 44*(4), 406–415. https://doi.org/10.1016/j.amepre.2012.12.007

Rosenstiel, L. V., Regnet, E., & Domsch, M. E. (Hrsg.). (2020). *Führung von Mitarbeitern: Handbuch für erfolgreiches Personalmanagement* (8. Aufl.). Schäffer-Poeschel.

Rosenstock, I. M. (1974). The Health Belief Model and Preventive Health Behavior. *Health Education Monographs, 2*(4), 354–386. https://doi.org/10.1177/109019817400200405

Rösler, U., & Röllman, L. (2016). *Psychische Gesundheit in der Arbeitswelt – Rückmeldung* (F 2353, hrsg. von der Bundesanstalt für Arbeitsschutz und Arbeitsmedizin (BAuA)). https://doi.org/10.21934/baua:bericht20160713/2c

Rossmann, C., & Hastall, M. R. (Hrsg.). (2019). *Handbuch der Gesundheitskommunikation: Kommunikationswissenschaftliche Perspektiven.* Springer VS.

Rothe, I., Adolph, L., Beermann, B., Schütte, M., Windel, A., Grewer, A., Lenhardt, U., Michel, J., Thomson, B., & Formazin, M. (2017a). *Psychische Gesundheit in der Arbeitswelt: Wissenschaftliche Standortbestimmung.* Hrsg. von der Bundesanstalt für Arbeitsschutz und Arbeitsmedizin (BAuA). https://doi.org/10.21934/baua:bericht20170421

Rothe, I., Beermann, B., & Wöhrmann, A. M. (2017b). Arbeitswissenschaftlicher Erkenntnisse zur Arbeitszeit und Gesundheit. In L. Schörder & H.-J. Urban (Hrsg.), *Gute Arbeit 2017: Streit um Zeit – Arbeitszeit und Gesundheit* (S. 123–135). Bund-Verlag.

Rötzel, P. (2011). Gesundheitscontrolling. *Controlling – Zeitschrift für erfolgsorientierte Unternehmenssteuerung, 23*(12), S. 657–659. https://doi.org/10.15358/0935-0381-2011-12

Rudolph, C. W., Katz, I. M., Lavigne, K. N., & Zacher, H. (2017). Job crafting: A meta-analysis of relationships with individual differences, job characteristics, and work outcomes. *Journal of Vocational Behavior, 102*(6), 112–138. https://doi.org/10.1016/j.jvb.2017.05.008

Rudolph, C. W., Murphy, L. D., & Zacher, H. (2020) A systematic review and critique of research on "healthy leadership". *The Leadership Quarterly, 31*(1), Article 101335. https://doi.org/10.1016/j.leaqua.2019.101335

Rudow, B. (2014). *Die gesunde Arbeit: Psychische Belastungen, Arbeitsgestaltung und Arbeitsorganisation* (3. Aufl.). De Gruyter Oldenbourg.

Rütten, A., & Pfeifer, K. (Hrsg.). (2017). *Nationale Empfehlungen für Bewegung und Bewegungsförderung* (Forschung und Praxis der Gesundheitsförderung, Sonderheft 3, hrsg. von der Bundeszentrale für gesundheitliche Aufklärung (BZgA)). https://www.bundesgesundheitsministerium.de/fileadmin/Dateien/5_Publikationen/Praevention/Broschueren/Bewegungsempfehlungen_BZgA-Fachheft_3.pdf

Rybnikova, I., & Lang, R. (2021). *Aktuelle Führungstheorien und -konzepte* (2. Aufl.). Springer Gabler.

Saavedra, R., & Kwun, S. K. (2000). Affective states in job characteristics theory. *Journal of Organizational Behavior, 21*(2), 131–146. https://doi.org/10.1002/(SICI)1099-1379(200003)21:2<131::AID-JOB39>3.0.CO;2-Q

Sammito, S. (2018). Betriebliche Gesundheitsförderung. *Zentralblatt für Arbeitsmedizin, Arbeitsschutz und Ergonomie, 68*(6), 357–366. https://doi.org/10.1007/s40664-018-0312-7

Schachler, V., & Mißler, M. (2021). *Job Crafting im Betrieb – Zufriedener und gesünder durch die Selbstgestaltung von Arbeit* (iga.Wegweiser, hrsg. von der Initiative Gesundheit und Arbeit (iga)). https://www.iga-info.de/veroeffentlichungen/igawegweiser-co/wegweiser-job-crafting

Schaeffer, D., & Pelikan, J. (Hrsg.). (2017). *Health Literacy: Forschungsstand und Perspektiven.* Hogrefe.

Schaeffer, D., Berens, E.-M., & Vogt, D. (2017). Gesundheitskompetenz der Bevölkerung in Deutschland: Ergebnisse einer repräsentativen Befragung. *Deutsches Ärzteblatt, 114*(4), 53–60. https://doi.org/10.3238/arztebl.2017.0053

Schaeffer, D., Hurrelmann, K., Bauer, U., & Kolpatzik, K. (Hrsg.). (2018). *Nationaler Aktionsplan Gesundheitskompetenz. Die Gesundheitskompetenz in Deutschland stärken.* KomPart.

Schaeffer, D., Klinger, J., Berens, E.-M., Gille, S., Griese, L., Vogt, D., & Hurrelmann, K. (2021). Gesundheitskompetenz in Deutschland vor und während der Corona-Pandemie. *Gesundheitswesen, 83*(10), 781–788. https://doi.org/10.1055/a-1560-2479

Schein, E. H., & Schein, P. (2018). *Organisationskultur und Leadership* (5. Aufl.). Vahlen.

Scherenberg, V. (2018). *Gesundheitsökonomische Evaluationen kompakt: Für Studium, Prüfung und Beruf* (Methodenbücher) (3. Aufl.). Apollon University Press.

Scherenberg, V., & Pundt, J. (Hrsg.). (2018). *Digitale Gesundheitskommunikation: Zwischen Meinungsbildung und Manipulation.* Apollon University Press.

Schiersmann, C., & Thiel, H.-U. (2018). *Organisationsentwicklung: Prinzipien und Strategien von Veränderungsprozessen* (5. Aufl.). Springer VS.

Schlick, C., Bruder, R., & Luczak, H. (2018). *Arbeitswissenschaft* (4. Aufl.). Springer Vieweg.

Schmauder, M., & Spanner-Ulmer, B. (2022). *Ergonomie: Grundlagen zur Interaktion von Mensch, Technik und Organisation* (2. Aufl.). Hanser.

Schmidt, F. L., Hunter, J. E., & Pearlman, K. (1982). Assessing the Economic Impact of Personnel Programs on Workforce Productivity. *Personnel Psychology, 35*(2), 333–347. https://doi.org/10.1111/j.1744-6570.1982.tb02199.x

Schneider, B. S. (2007). *Gesundheit und Bildung: Theorie und Empirie der Humankapitalinvestitionen* (zugelassene Dissertation an der Universität Bayreuth). Peter Lang.

Schneider, C. (2018). *Praxis-Guide Betriebliches Gesundheitsmanagement: Tools und Techniken für eine erfolgreiche Gesundheitsförderung am Arbeitsplatz* (3. Aufl.). Hogrefe.

Schneider, V. (2017). *Gesundheitspädagogik: Einführung in Theorie und Praxis* (3. Aufl.). Springer VS.

Schöffski, O., & von der Schulenburg, J.-M. Graf (Hrsg.). (2012). *Gesundheitsökonomische Evaluationen* (4. Aufl.). Springer.

Schraub, E. M., Stegmaier, R., Sonntag, K., Büch, V., Michaelis, B., & Spellenberg, U. (2009). Bestimmung des ökonomischen Nutzens eines ganzheitlichen Gesundheitsmanagements. In B. Badura, H. Schröder & C. Vetter (Hrsg.), *Fehlzeiten-Report 2008: Betriebliches Gesundheitsmanagement – Kosten und Nutzen* (S. 101–110). Springer.

Schreyögg, G., & Geiger, D. (2016). *Organisation: Grundlagen moderner Organisationsgestaltung. Mit Fallstudien* (6 Aufl.). Springer Gabler.

Schreyögg, G., & Koch, J. (2020). *Management: Grundlagen der Unternehmensführung* (8. Aufl.). Springer Gabler.

Schubert, A. (2019). *Gesundheit als organisationaler Lernprozess: Eine lern- und organisationstheoretische Analyse von Betrieblicher Gesundheitsförderung* (Schriftenreihe zur interdisziplinären Arbeitswissenschaft, Bd. 11). Rainer Hampp, Nomos.

Schulte, C. (2020). *Personal-Controlling mit Kennzahlen: Instrumente für eine aktive Steuerung im Personalwesen* (4. Aufl). Vahlen.

Schwartz, F. W., Walter, U., Siegrist, J., Kolip, P., Leidl, R., Busse, R., Amelung, V., & Dierks, M.-L. (Hrsg.). (2022). *Public Health – Gesundheit und Gesundheitswesen* (4. Aufl.). Urban & Fischer, Elsevier.

Schwarzer, R. (2004). *Psychologie des Gesundheitsverhaltens: Einführung in die Gesundheitspsychologie* (3. Aufl.). Hogrefe.

Schwarzer, R. (2008). Modeling health behavior change: How to predict and modify the adoption and maintenance of health behaviors. *Applied Psychology, 57*(1), 1–29. https://doi.org/10.1111/j.1464-0597.2007.00325.x

Sczesny, C, Keindorf, S., Droß, P., & Jasper, G. (2014). *Kenntnisstand von Unternehmen und Beschäftigten auf dem Gebiet des Arbeits- und Gesundheitsschutzes in KMU* (F 1913, hrsg. von der Bundesanstalt für Arbeitsschutz und Arbeitsmedizin). https://www.baua.de/DE/Angebote/Publikationen/Berichte/F1913-2.html

Selke, S. (2016). *Lifelogging: Digitale Selbstvermessung und Lebensprotokollierung zwischen disruptiver Technologie und kulturellem Wandel.* Springer VS.

Semmer, N. K., & Meier, L. L. (2019). Bedeutung und Wirkung von Arbeit. In H. Schuler und K. Moser (Hrsg.), *Lehrbuch Organisationspsychologie* (6. Aufl.) (S. 473–510). Hogrefe.

Semmer, N. K., & Zapf, D. (2018). Theorien der Stressentstehung und -bewältigung. In R. Fuchs & M. Gerber (Hrsg.), *Handbuch Stressregulation und Sport* (Springer Reference Psychologie) (S. 23–50). Springer.

Sennett, R. (2006). *Der flexible Mensch: Die Kultur des neuen Kapitalismus*. Berlin Verlag Taschenbuch.

Shea, B. J., Reeves, B. C., Wells, G., Thuku, M., Hamel, C., Moran, J., Moher, D., Tugwell, P., Welch, V., Kristjansson, E., & Henry, D. A. (2017). AMSTAR 2: a critical appraisal tool for systematic reviews that include randomised or non-randomised studies of healthcare interventions, or both. *BMJ, 358:j4008*. https://doi.org/10.1136/bmj.j4008

Siebert, H. (2019). *Didaktisches Handeln in der Erwachsenenbildung: Didaktik aus konstruktivistischer Sicht* (Grundlagen der Weiterbildung) (8. Aufl.). Ziel-Verlag.

Siedenbiedel, G. (2020). *Organisationale Gestaltung: Einführung in Grundelemente und charakteristische Ausgestaltungen* (2. Aufl.). Springer Gabler.

Siegrist, J. (1996). Adverse health effects of high-effort/low-reward conditions. *Journal of Occupational Health Psychology, 1*(1), 27–41. https://doi.org/10.1037/1076-8998.1.1.27

Siller, H., & Stierle, J. (2011). Gesundheitscontrolling: Früherkennung und Eigenverantwortung zur nachhaltigen Gesundheitssicherung. *CFO aktuell – Zeitschrift für Finance & Consulting, 5*(3), 103–106.

Simon, M. (2017). *Das Gesundheitssystem in Deutschland: Eine Einführung in Struktur und Funktionsweise* (6. Aufl.). Hogrefe.

Singer, S. (2010). Entstehung des Betrieblichen Gesundheitsmanagements. In A. S. Esslinger, M. Emmert & O. Schöffski (Hrsg.), *Betriebliches Gesundheitsmanagement: Mit gesunden Mitarbeitern zu unternehmerischem Erfolg* (S. 25–48). Gabler.

Smorguner, M. (2016). Zunehmende Bedeutung der strategischen Gesundheitskommunikation in Unternehmen. *Corporate Communication Journal, 1*(1), 17–23.

Social Health@Work. (2022). *Eine Studie zur Auswirkung der Digitalisierung der Arbeitswelt auf die Gesundheit der Beschäftigten in Deutschland*. Hrsg. von Barmer und Universität St. Gallen. https://www.barmer.de/firmenkunden/gesund-arbeiten/social-health-at-work-firmen

Soellner, R., Huber, S., Lenartz, N., & Rudinger, G. (2009). Gesundheitskompetenz – ein vielschichtiger Begriff. *Zeitschrift für Gesundheitspsychologie, 17*(3), 105–113. https://doi.org/10.1026/0943-8149.17.3.105

Soellner, R., Huber, S., Lenartz, N., & Rudinger, G. (2010). Facetten der Gesundheitskompetenz – eine Expertenbefragung. Projekt Gesundheitskompetenz. In E. Klieme, D. Leutner & M. Kenk (Hrsg.), *Kompetenzmodellierung – Zwischenbilanz des DFG-Schwerpunktprogramms und Perspektiven des Forschungsansatzes* (S. 104–114) (Zeitschrift für Pädagogik, Beiheft 56). Beltz.

Sommer, S., & Schröder, C. (2019). Arbeitsschutzpraxis von Kleinst- und Kleinbetrieben mit und ohne alternative Betreuung: Ergebnisse der GDA-Betriebsbefragung 2015. *baua: Fokus, Februar 2019*, 1–10. https://doi.org/10.21934/baua:fokus20190221

Sonnentag, S., & Fritz, C. (2010). Arbeit und Privatleben: Das Verhältnis von Arbeit und Lebensbereichen außerhalb der Arbeit aus Sicht der Arbeitspsychologie. In U. Kleinbeck & K.-H. Schmidt (Hrsg.), *Enzyklopädie der Psychologie: Arbeitspsychologie* (S. 669–704). Hogrefe.

Sonnentag, S., Tay, L., & Nesher Shoshan, H. (2023). A review on health and well-being at work: More than stressors and strains. *Personnel Psychology*, 1–35. Advance online publication. https://doi.org/10.1111/peps.12572

Sonntag, Kh. (Hrsg.). (2017). *Projektatlas – Arbeit 4.0 präventiv gestalten. Universität Heidelberg, Arbeits- und Organisationspsychologie*. http://gesundearbeit-mega.de/sites/gesundearbeit-mega.de/files/u8/projektatlas_arbeit_4.0_praeventiv_gestalten_abo_uni_heidelberg.pdf

Sørensen, K., van den Broucke, S., Fullam, J., Doyle, G., Pelikan, J., Slonska, Z., & Brand, H. (2012). Health literacy and public health: a systematic review and integration of definitions and models. *BMC Public Health, 12* (Article 80). https://doi.org/10.1186/1471-2458-12-80

Soucek, R., & Voss, A. S. (2020). Arbeitsverdichtung: Ursachen, Formen und Folgen. ASU *Arbeitsmedizin, Sozialmedizin, Umweltmedizin, 55*(9), 543–546. https://doi.org/10.17147/asu-2009-8158

Sperlich, S., & Franzkowiak, P. (2022). *Risikofaktoren und Risikofaktorenmodell*. (Leitbegriffe der Gesundheitsförderung und Prävention im Glossar zu Konzepten, Strategien und Methoden, hrsg. von der Bundeszentrale für gesundheitliche Aufklärung). https://doi.org/10.17623/BZGA:Q4-i102-3.0

Stab, N., & Schulz-Dadaczynski, A. (2017). Arbeitsintensität: Ein Überblick zu Zusammenhängen mit Beanspruchungsfolgen und Gestaltungsempfehlungen. *Zeitschrift für Arbeitswissenschaft, 71*(1), 14–25. https://doi.org/10.1007/s41449-017-0048-9

Stähr, U. (2010). Vom Konzept zur praktischen Umsetzung: Erfolgsfaktoren und Stolpersteine. In A. S. Esslinger, M. Emmert & O. Schöffski (Hrsg.), *Betriebliches Gesundheitsmanagement: Mit gesunden Mitarbeitern zu unternehmerischem Erfolg* (S. 270–281). Gabler.

Stawicki, S. (Ed.). (2023). *Blockchain in Healthcare – From Disruption to Integration (Series Integrated Science, 10)*. Springer.

Steinke, M., & Badura, B. (2011). *Präsentismus: Ein Review zum Stand der Forschung*. Hrsg. von der Bundesanstalt für Arbeitsschutz und Arbeitsmedizin. https://www.baua.de/DE/Angebote/Publikationen/Berichte/Gd60.pdf

Stewart, W. F, Ricci, J. A., & Leotta, C. (2004). Health-related lost productive time (LPT): recall interval and bias in LPT estimates. *Journal of Occupational and Environmental Medicine, 46*(6 Suppl.), 12–22. https://doi.org/10.1097/01.jom.0000126685.59954.55

Stierle, J., & Vera, A. (Hrsg.). (2014). *Betriebliches Gesundheitsmanagement: Unternehmenserfolg durch Gesundheits- und Leistungscontrolling*. Schäffer-Poeschel.

Stolzenberg, K., & Heberle, K. (2021). *Change Management – Veränderungsprozesse erfolgreich gestalten – Mitarbeiter mobilisieren. Vision, Kommunikation, Beteiligung, Qualifizierung* (4. Aufl.). Springer.

Stowasser, S. (2012). Die neue Ergonomie-Grundnorm DIN EN ISO 26800. *KAN Brief – Kommission Arbeitsschutz und Normung, 2/12*, 3.

Stoyanov, S. R., Hides, L., Kavanagh, D. J., Zelenko, O., Tjondronegoro, D., & Mani, M. (2015). Mobile App Rating Scale: A New Tool for Assessing the Quality of Health Mobile Apps. *JMIR mHealth and uHealth, 3*(1), e27. https://doi.org/10.2196/mhealth.3422

Struhs-Wehr, K. (2017). *Betriebliches Gesundheitsmanagement und Führung: Gesundheitsorientierte Führung als Erfolgsfaktor im BGM*. Springer.

Tempel, J., & Ilmarinen, J. (2013). *Arbeitsleben 2025: Das Haus der Arbeitsfähigkeit im Unternehmen bauen*. VSA.

Ternès, A., Klenke, B., Jerusel, M., & Schmidtbleicher, B. (2017). *Integriertes Betriebliches Gesundheitsmanagement: Sensibilisierungs-, Kommunikations- und Motivationsstrategien*. Springer Gabler.

Thom, N. (2014). Die vier Ebenen der Gesundheitskultur. *Personalwirtschaft, Sonderheft 11/2014*, 20–23. https://doi.org/10.7892/boris.89953

Tims, M., Bakker, A. B., & Derks, D. (2013). The impact of job crafting on job demands, job resources, and well-being. *Journal of Occupational Health Psychology, 18*(2), 230–240. https://doi.org/10.1037/a0032141

Tippelt, R., & von Hippel, A. (Hrsg.). (2018). *Handbuch Erwachsenenbildung/Weiterbildung* (Springer Reference Sozialwissenschaften) (6. Aufl.). Springer VS.

TK – Techniker Krankenkasse. (Hrsg.). (2018). *Homo Digivitalis – TK-Studie zur Digitalen Gesundheitskompetenz 2018.* https://www.tk.de/resource/blob/2040318/a5b86c402575d-49f9b26d10458d47a60/studienband-tk-studie-homo-digivitalis-2018-data.pdf

TK – Techniker Krankenkasse. (Hrsg.). (2021). *Gesundheitsreport Arbeitsunfähigkeiten – 20 Jahre Gesundheitsberichterstattung der TK.* https://www.tk.de/resource/blob/2103660/ffbe9e82aa-11e0d79d9d6d6d88f71934/gesundheitsreport-au-2021-data.pdf

TK – Techniker Krankenkasse. (Hrsg.). (2022). *Beweg dich, Deutschland!* (Bewegungsstudie der TK). https://www.tk.de/resource/blob/2137718/e36e0c1b6bf74908d1c8e541eaa4a0c3/tk-studie-bewegungsstudie-2022-data.pdf

Treier, M. (2012). Gesundheitscontrolling: Erfolge messen und Nachhaltigkeit schaffen. In A. Gourmelon (Hrsg.), *Personalressourcen sichern – eine Zukunftsaufgabe für den öffentlichen Sektor* (S. 95–110) (PöS-Reihe). Rehm-Verlag.

Treier, M. (2013). *Personalcontrolling für den öffentlichen Sektor: Ein Kompass für wertschöpfungsorientierte Personalarbeit* (PöS Reihe). Rehm Verlag.

Treier, M. (2016). *Betriebliches Arbeitsfähigkeitsmanagement: Mehr als nur Gesundheitsförderung* (Essentials) (2. Aufl.). Springer.

Treier, M. (2019a). *Gefährdungsbeurteilung psychischer Belastungen: Begründung, Instrumente, Umsetzung* (Essentials) (2. Aufl.). Springer.

Treier, M. (2019b). *Wirtschaftspsychologische Grundlagen für Personalmanagement: Fach- und Lehrbuch zur modernen Personalarbeit.* Springer.

Treier, M. (2019c). Betriebliches Gesundheitsmanagement – Gesunde Verwaltung als Auftrag der Verwaltungspsychologie. In T. Porsch & B. Werdes, B. (Hrsg.), *Verwaltungspsychologie: Ein Lehrbuch für Studiengänge der öffentlichen Verwaltung* (S. 211–237). Hogrefe.

Treier, M. (2019d). Gesunde Arbeit als Anspruch moderner Personalarbeit im öffentlichen Sektor – Auswirkungen, Tendenzen, Zukunftsszenarien. In A. Gourmelon (Hrsg.), *Quo vadis Personalmanagement?* (S. 35–52). Rehm.

Treier, M. (2019e). Reise zur gesunden Verwaltung. *Innovative Verwaltung, 1–2,* 36–37.

Treier, M. (2020a). Moderne Instrumente des Gesundheitscontrollings und -Monitorings. *Controlling – Zeitschrift für erfolgsorientierte Unternehmenssteuerung, 32*(5), 26–34. https://doi.org/10.15358/0935-0381-2020-5-26

Treier, M. (2020b). Impuls zur gesunden Arbeitswelt: Erfassung und Bewertung psychischer Belastungen am Arbeitsplatz. In V. Scherenberg & J. Pundt (Hrsg.), *Psychische Gesundheit wirksam stärken – aber wie?* (S. 371–398). Apollon University Press.

Treier, M. (2021a). Analog trifft digital. *Innovative Verwaltung, 11,* 12–16.

Treier, M. (2021b). *Betriebliches Gesundheitsmanagement 4.0 im digitalen Zeitalter* (Essentials). Springer.

Treier, M., & Uhle, T. (2019). *Einmaleins des betrieblichen Gesundheitsmanagements: Eine Kurzreise in acht Etappen zur gesunden Organisation* (Essentials) (2. Aufl.). Springer.

Tropp, J. (2019). *Moderne Marketing-Kommunikation: Grundlagen, Prozess und Management markt- und kundenorientierter Unternehmenskommunikation* (3. Aufl.). Springer VS.

Tuomi, K., & Ilmarinen, J. (1999). Work, lifestyle, health, and work ability among aging municipal workers in 1981–1992. In J. Ilmarinen & W. Louhevaara (Hrsg.), *FinnAge – Respect for the aging: Action programme to promote health, work ability, and well-being of aging workers in 1990–96* (pp. 220–232). Finnish Institute of Occupational Health.

Ueberle, M. (2013). *Sozialkapital, Mitarbeitergesundheit, Betriebserfolg: Zum Nachweis eines Zusammenhangs zwischen der individuellen und kollektiven Ausstattung mit Sozialkapital, der Gesundheit von Mitarbeitern und dem Betriebserfolg* (zu-gelassene Dissertation der Universität Bielefeld). https://d-nb.info/1036111962/34

Uhle, T., & Treier, M. (2019). *Betriebliches Gesundheitsmanagement: Gesundheitsförderung in der Arbeitswelt – Mitarbeiter einbinden, Prozesse gestalten, Erfolge messen* (4. Aufl.). Springer.

Ulich, E. (2011). *Arbeitspsychologie* (7. Aufl.). Schäffer-Poeschel.

Ulich, E. (2013). Arbeitssysteme als Soziotechnische Systeme – eine Erinnerung. *Journal Psychologie des Alltagshandelns, 6*(1), 4–12. https://doi.org/10.15203/1998-9970-6-1-01

Ulich, E., & Wiese, B. S. (2011). *Life Domain Balance: Konzepte zur Verbesserung der Lebensqualität* (uniscope. Publikationen der SGO Stiftung). Gabler.

Ulich, E., & Wülser, M. (2018). *Gesundheitsmanagement in Unternehmen: Arbeitspsychologische Perspektiven* (uniscope. Publikationen der SGO Stiftung) (7. Aufl.). Springer Gabler.

Urban, D., & Mayerl, J. (2018). *Angewandte Regressionsanalyse: Theorie, Technik und Praxis* (Studienskripte zur Soziologie, 5. Aufl.). Springer VS.

Vahs, D. (2019). *Organisation: Ein Lehr- und Managementbuch* (10. Aufl.). Schäffer-Poeschel.

Vanini, U., & Rieg, R. (2021). *Risikomanagement: Grundlagen – Instrumente – Unternehmenspraxis* (2. Aufl.). Schäffer-Poeschel.

Von Au, C. (Hrsg.). (2016). *Wirksame und nachhaltige Führungsansätze: System, Beziehung, Haltung und Individualität* (Leadership und Angewandte Psychologie). Springer.

Von Oelsnitz, D., Schirmer, F., Wüstner, K., & Burisch, M. (Hrsg.). (2014). *Die auszehrende Organisation: Leistung und Gesundheit in einer anspruchsvollen Arbeitswelt.* Springer Gabler.

Walle, O. (2022). Arbeitsschutz als Grundlage – erfolgreich mit BGM in der DIN ISO 45001. In M. Lange, D. Matusiewicz & O. Walle (Hrsg.), *Praxishandbuch Betriebliches Gesundheitsmanagement: Grundlagen – Standards – Trends* (S. 284–297). Haufe.

Walter, N., Scholz, R., Nikoleizig, L., & Alfermann, D. (2019). Digitale betriebliche Gesundheitsförderung – Entwicklung eines Bewertungskonzepts für digitale BGF-Programme. *Zentralblatt für Arbeitsmedizin, Arbeitsschutz und Ergonomie, 69*(6), 341–349. https://doi.org/10.1007/s40664-019-00359-5

Walter, U. N., Wäsche, H., & Sander, M. (2012). Dialogorientierte Kommunikation im Betrieblichen Gesundheitsmanagement. *Prävention und Gesundheitsförderung, 7*(4), 295–301. https://doi.org/10.1007/s11553-012-0357-y

Wäsche, H. (2017). Betriebliche Gesundheitskommunikation: Strategischer Einsatz von Kommunikationsinstrumenten und Gesundheitsbrokern. *Bewegungstherapie und Gesundheitssport, 33*(4), 154–160. https://doi.org/10.1055/s-0043-113030

Weigl, C. (2019). *Praxishandbuch DIN ISO 45001 – inkl. Arbeitshilfen online: Arbeits- und Gesundheitsschutz in Organisationen umsetzen und managen.* Haufe-Lexware.

Wellmann, H. (2018). *Monitoring im Betrieblichen Gesundheitsmanagement.* Studie der Hans Böckler Stiftung. https://www.boeckler.de/pdf/p_study_hbs_mbf_bvd_389.pdf

WHO – World Health Organization (Ed.). (2012). *Health education: theoretical concepts, effective strategies and core competencies* (Regional Office for the Eastern Mediterranean). https://apps.who.int/iris/handle/10665/119953

WHO – World Health Organization (Ed.). (2020). *Decade of Healthy Ageing: Baseline Report* (Department of Maternal, Newborn, Child & Adolescent Health & Ageing). https://www.who.int/publications/i/item/9789240017900

WHO – World Health Organization (Ed.). (2021). *Health promotion glossary of terms.* https://www.who.int/publications/i/item/9789240038349

WHO – World Health Organization (Ed.). (2022). *Global status report on physical activity 2022.* https://www.who.int/publications/i/item/9789240059153

WHO – World Health Organization (Hrsg.). (1999). *Gesundheit 21* (Europäische Schriftenreihe „Gesundheit für alle"; Nr. 6. Weltgesundheitsorganisation, Regionalbüro für Europa.) https://www.euro.who.int/__data/assets/pdf_file/0009/109287/wa540ga199heger.pdf

Wieland, R. (2013). Status-Bericht: Psychische Gesundheit in der betrieblichen Gesundheitsförderung – eine arbeitspsychologische Perspektive. In H. Nold & G. Wenninger (Hrsg.), *Rückengesundheit und psychische Gesundheit* (S. 103–128). Assanger.

Wieland, R., & Groenewald, S. (2021). Homeoffice – Ein arbeitspsychologischer Blick über die Coronakrise hinaus. *Psychologie des Arbeitshandelns, 14*(1), 20–32.

Wieland, R., & Hammes, M. (2014). Wuppertaler Screening Instrument: Psychische Beanspruchung (WSIB) – Beanspruchungsbilanz und Kontrollerleben als Indikatoren für gesunde Arbeit. *Journal Psychologie des Alltagshandelns, 7*(1), 30–50.

Wienemann, E. (2012). Betriebliches Gesundheitsmanagement. In G. Hensen & P. Hensen (Hrsg.), *Gesundheits- und Sozialmanagement: Leitbegriffe und Grundlagen modernen Managements* (S. 175–194). Kohlhammer.

Wilke, C., Portnicki, M., Froböse, I., & Biallas, B. (2019). Steigerung der Arbeitsfähigkeit – Entwicklung eines Konzepts im Rahmen des betrieblichen Gesundheitsmanagements. *Prävention und Gesundheitsförderung, 14*, 392–397. https://doi.org/10.1007/s11553-019-00709-4

Wirtz, B. W. (2022). *Digital Government: Strategy, Government Models and Technology.* Springer.

Wirtz, M. A., & Soellner, R. (2022). Gesundheitskompetenz – Konstruktverständnis und Anforderungen an valide Assessments aus Perspektive der psychologischen Diagnostik. *Diagnostica, 68*(4), 163–171. https://doi.org/10.1026/0012-1924/a000299

Zhang, C.-Q., Zhang, R., Schwarzer, R., & Hagger, M. S. (2019). A meta-analysis of the health action process approach. *Health Psychology, 38*(7), 623–637. https://doi.org/10.1037/hea0000728

Zimber, A., & Gregersen, S. (2011). Gesundheitsfördernd führen – Ein Projekt der Berufsgenossenschaft für Gesundheitsdienst und Wohlfahrtspflege (BGW). In B. Badura, A. Ducki, H. Schröder, J. Klose & K. Macco (Hrsg.), *Fehlzeiten-Report 2011 – Führung und Gesundheit: Zahlen, Daten, Analysen aus allen Branchen der Wirtschaft* (S. 111–119). Springer Medizin.

ZPP – Zentrale Prüfstelle Prävention. (Hrsg.). (2020). *Information für Anbieterinnen und Anbieter von IKT-basierten Selbstlernprogrammen nach § 20 SGB V.* https://www.zentrale-pruefstelle-praevention.de/wp-content/uploads/2021/06/Informationen_fuer_Anbieter_von_IKT-basierte_Selbstlernprogramme_Oktober_2020.pdf

Zwingmann, I., Wegge, J., Wolf, S., Rudolf, M., Schmidt, M., & Richter, P. (2014). Is Transformational Leadership Healthy for Employees? A Multilevel Analysis in 16 Nations. *German Journal of Human Resource Management, 28*(1–2), 24–51. https://doi.org/10.1177/239700221402800103

Stichwortverzeichnis

FSC
www.fsc.org

MIX
Papier aus verantwortungsvollen Quellen
Paper from responsible sources
FSC® C105338

If you have any concerns about our products,
you can contact us on
ProductSafety@springernature.com

In case Publisher is established outside the EU,
the EU authorized representative is:
**Springer Nature Customer Service Center GmbH
Europaplatz 3, 69115 Heidelberg, Germany**

Printed by Libri Plureos GmbH
in Hamburg, Germany